Lars Rensmann

Demokratie und Judenbild

Lars Rensmann

Demokratie und Judenbild

Antisemitismus in der politischen Kultur
der Bundesrepublik Deutschland

VS VERLAG FÜR SOZIALWISSENSCHAFTEN

Bibliografische Information Der Deutschen Bibliothek
Die Deutsche Bibliothek verzeichnet diese Publikation in der Deutschen Nationalbibliografie;
detaillierte bibliografische Daten sind im Internet über <http://dnb.ddb.de> abrufbar.

Eine frühere Fassung dieser Arbeit wurde als Dissertation zur Erlangung des Grades des Doktors (Dr. phil.) am Fachbereich Politik- und Sozialwissenschaften – Otto-Suhr-Institut für Politikwissenschaften – der Freien Universität Berlin angenommen.

1. Auflage Januar 2004

Alle Rechte vorbehalten
© VS Verlag für Sozialwissenschaften/GWV Fachverlage GmbH, Wiesbaden 2004

Lektorat: Frank Schindler / Sigrid Scheel

Der VS Verlag für Sozialwissenschaften ist ein Unternehmen von Springer Science+Business Media.
www.vs-verlag.de

Das Werk einschließlich aller seiner Teile ist urheberrechtlich geschützt. Jede Verwertung außerhalb der engen Grenzen des Urheberrechtsgesetzes ist ohne Zustimmung des Verlags unzulässig und strafbar. Das gilt insbesondere für Vervielfältigungen, Übersetzungen, Mikroverfilmungen und die Einspeicherung und Verarbeitung in elektronischen Systemen.

Die Wiedergabe von Gebrauchsnamen, Handelsnamen, Warenbezeichnungen usw. in diesem Werk berechtigt auch ohne besondere Kennzeichnung nicht zu der Annahme, dass solche Namen im Sinne der Warenzeichen- und Markenschutz-Gesetzgebung als frei zu betrachten wären und daher von jedermann benutzt werden dürften.

Umschlaggestaltung: KünkelLopka Medienentwicklung, Heidelberg
Druck und buchbinderische Verarbeitung: MercedesDruck, Berlin
Gedruckt auf säurefreiem und chlorfrei gebleichtem Papier
Printed in Germany

ISBN 3-531-14006-X

Inhalt

0.	Vorbemerkung	11
I.	Einleitung: Zur Erforschung des Antisemitismus in der politischen Kultur der Gegenwart	13

1. Einleitung 13
1.1 Fragestellung, Gegenstand und Untersuchungsperspektive 18
1.2 Theoretisches Framing und Thesen 25
1.2.1 Theoretische Modelle und Faktoren 26
1.2.2 Thesen und Korrelationshypothesen 32
1.3 Methodologie, Methodik und Forschungsdesign 40
1.3.1 Methodologische Horizonte einer integrierten politischen Kommunikations- und Kulturforschung 40
1.3.2 Forschungsdesign und Methoden 54
1.3.3 Vorgehen und Aufbau 66

II. Theoretische Modelle: Motive, Ursachen und Formen zeitgenössischer Judenfeindlichkeit nach dem Holocaust und die Demokratie 71

2. Begriffliche Grundlagen, analytische Kriterien und theoretische Zugänge 71
2.1 Vom modernen zum ‚modernisierten' Antisemitismus: Formen, Typen und Kriterien 71
2.1.1 Moderner, rassistischer und politischer Antisemitismus, Judeophobie und Judenfeindschaft 72
2.1.2 Neue Typen: Modernisierter, codierter und symbolischer Antisemitismus 78
2.1.3 Postnazistische Typen: Philosemitismus, Israelfeindschaft, sekundärer Antisemitismus und Bagatellisierung des Holocaust 86
2.1.4 Neuer Antisemitismus im Kontext von Rechtsextremismus, Neuer Rechte und Rechtspopulismus 92
2.2 Theoretische Zugänge der Antisemitismusforschung in den Politik- und Sozialwissenschaften 95
2.2.1 Sozioökonomische Begründungen: Krisen-, Klassen- und Deprivationstheorien 96
2.2.2 Sozialpsychologische Deutungen: „Sündenbock"-Theorien und Theorien psychosozialer Projektion 100
2.2.3 Antisemitismus als „wahrheitsfähige" Ideologie? Korrespondenztheorien und „interaktionistische Gruppentheorien" 100
2.2.4 Antisemitismus im Spiegel von Extremismustheorien 102

2.2.5 Antisemitismus als Identitäts- und Ausgrenzungsmuster: Differenztheorien	105
2.2.6 Antisemitismus als Personifikation des Abstrakten und des Geldes: Funktionalistische und kausale Theorieansätze in der Tradition kritischer Theorie	106
2.2.7 Neue wissenssoziologische Theorien: Antisemitismus und politische Semantik	110
2.2.8 Antisemitismus und Theorien ethnozentrischer soziokultureller Modernisierungsabwehr	113
2.2.9 Antisemitismus und kontextorientierte Ansätze der politischen Kultur- und Bewegungsforschung	118
2.2.10 Zur Bedeutung der Antisemitismus-Theorien der Frankfurter Schule	120
3. Politische Psychologie des Antisemitismus: Kritisch-theoretische Modelle	**123**
3.1 Moderner Antisemitismus im Kontext von politischem Autoritarismus und ethnischem Nationalismus: Formen, Ursachen und politisch-psychologische Wirkungen	131
3.1.1 Autoritarismus-Theoreme und die Rezeptivität für modernen Antisemitismus	132
3.1.2 Vom Vorurteil zur Welterklärung: Moderne antisemitischer Stereotypmuster und ihre politisch-psychologischen Funktionen	138
3.2 Sekundärer Antisemitismus aus Erinnerungsabwehr und konventionelle nationale Identitätsnarrative: Formen, Ursachen und politisch-psychologische Wirkungen	162
3.2.1 Nationale Identifikation und Abwehraggression	165
3.2.2 Die Opfer als Täter: Ideologische Konstruktionen eines sekundären Antisemitismus aus Erinnerungsabwehr	170
3.3 Moderner und sekundärer Antisemitismus und seine politische Mobilisierung in der Demokratie	176
4. Konzeptionalisierungen eines Post-Holocaust-Antisemitismus im Kontext politisch-kultureller Gelegenheitsstrukturen in der Demokratie	**180**
4.1 Neue Fundamente der Theorien zum Antisemitismus in der politischen Kultur und zu seinen gesellschaftlichen Ursachen	184
4.1.1 Kommunikation, deliberative Demokratie und Anerkennung: Dimensionen politisch-kultureller Lebenswelt im Zeitalter der Globalisierung nach Habermas und Honneth	184
4.1.2 Sozialpsychologische Revisionsvorschläge der Autoritarismus- und Antisemitismustheorie	192
4.2 Politische Psychologie des Antisemitismus und politische Kulturforschung: Theoretische Deutungen und politisch-kulturelle Gelegenheitsstrukturen eines ‚postmodernen Antisemitismus'	196
4.2.1 Politisch-psychologische, soziale und sozialstrukturelle Dimensionen des Antisemitismus heute	196
4.2.2 ‚Politische Kultur' und zeitgenössische Bedingungen von Judenfeindlichkeit: Kontextualisierung und Situierung der theoretischen Modelle	200
4.2.3 Politische Psychologie des Antisemitismus und nationale Identitätsnarrative in der Perspektive der politischen Kulturforschung	206
4.2.4 Zur Analyse der Opportunitäts- und Gelegenheitsstrukturen judenfeindlicher Vorurteile in der demokratischen politischen Kultur	211

Inhalt 7

III. Empirische Analysen: Politische Mobilisierungen, Dynamiken und Wirkungen von Antisemitismus in der politischen Kultur 216

5. Historische und empirische Befunde: Politisch-kulturelle Ausgangskonstellationen für Antisemitismus nach der deutschen Einheit 216
5.1 Nach Auschwitz: Antisemitismus und seine Bekämpfung im Horizont der politischen Kulturgeschichte wie Politik in der Bundesrepublik und der DDR 217
5.2 Judenfeindlichkeit, Erinnerungsabwehr, Autoritarismus und Nationalismus in der Gegenwart: Empirische Befunde zu politischen Einstellungen, Korrelationen und Entwicklungslinien 223
5.2.1 Primär-antisemitisches Einstellungspotenzial und autoritäre Dispositionen 224
5.2.2 Ethnozentrismus, nationale Identifikation, sekundärer Antisemitismus und Einstellungen zum Holocaust 228
5.2.3 Tendenzen politischer Orientierungen in der Gegenwart: Zum relativen Anstieg von Antisemitismus, Autoritarismus, Nationalismus und Erinnerungsabwehr nach 1990 234
5.3 Soziokulturelle Modernisierung, die Renaissance nationaler Identitätspolitik und das Problem des Antisemitismus: Zum Kontext der politischen Gelegenheitsstrukturen von Judenfeindschaft nach der deutschen Einheit und im Zeitalter der Globalisierung 237

6. Politischer Antisemitismus der extremen Rechten und in der radikalen Linken: Parteien, Akteure, Ideologien, Politikfelder und Mobilisierungen 241
6.1 Rechtsextremer Antisemitismus: NS-Apologie, Weltverschwörungstheorien und politischer Antisemitismus als konstitutive Ideologien der extremen Rechten 241
6.1.1 Zur Bedeutung und Funktion des Antisemitismus in rechtsextremen Parteien 243
6.1.2 Ideologische Strömungen des ‚historischen Negationismus' und Revisionismus 265
6.1.3 Antisemitismus in neonazistischen Organisationen 266
6.1.4 Antisemitismus und der „Rechtsextremismus neuen Typs" 271
6.2 Antisemitismus im Rechtspopulismus und in der „Neuen Rechten": Vom Neo-Nationalismus zu Geschichtsrevisionismus und neuer Judenfeindlichkeit 276
6.2.1 Die intellektuelle „Neue Rechte", nationale Affekte gegen die Westbindung und sekundärer Antisemitismus 281
6.2.2 Politisch-ideologische Interaktionen der „Neuen Rechten" mit dem Nationalkonservatismus und der antisemitischen extremen Rechten 287
6.3 Vom antiimperialistischen Weltbild zur Israelfeindschaft: Linksradikaler Antisemitismus, seine politisch-psychologischen Funktionen und seine Wirkungen 296
6.3.1 Quellen eines linken Antisemitismus: Anti-imperialistische Weltbilder, binäre Codes, Nationalismus und sekundäre Judenfeindschaft 297
6.3.2 Linker „Antizionismus" und Israelfeindschaft: Politischer Antisemitismus in der radikalen Linken und seine politisch-psychologischen Funktionen 310
6.4 Gesamtgesellschaftliche Wirkungen und Grenzen des ‚modernisiertem' politischen Antisemitismus im politischen System und in der politischen Kultur 321

7. Antisemitismus in öffentlichen Konflikten der ‚Berliner Republik': Judenfeindlichkeit als Gegenstand zeitgenössischer politischer Diskurse im Kontext von ‚Vergangenheitsbewältigung' ... 334

7.1 Die ‚Goldhagen-Debatte': Zur öffentlichen Kontroverse um die Bewertung des Antisemitismus und deutscher Schuld im Nationalsozialismus ... 335

7.1.1 Goldhagens Buch als Diskursanlass ... 336
7.1.2 Politische und mediale Wahrnehmungsmuster ... 339
7.1.3 Eskalationsdynamik des politischen Diskursprozesses und gesellschaftliche Reaktionsbildungen ... 346
7.1.4 Politisch-kulturelle Bewertung ... 350

7.2 Die Walser-Debatte und der erste ‚Antisemitismusstreit' der ‚Berliner Republik': Zu Dynamik und Wirkung von Erinnerungsabwehr und sekundärer Judenfeindlichkeit in der politischen Kommunikarion über das Gedenken ... 356

7.2.1 Zum Kontext des politischen Diskurses und seiner Entwicklung ... 356
7.2.2 Die politisch-psychologische Textur der Walser-Rede als Diskursanlass ... 359
7.2.3 Zwischen Normalisierungsdiskurs und „Antisemitismusstreit": Politische Deutungsmuster, diskursive Formationen und Entwicklungslinien der Walser-Debatte ... 371
7.2.4 Gesellschaftliche Reaktionsmuster und ihre Bedeutung für die politische Kultur ... 399
7.2.5 Von der ersten zur zweiten Walser-Debatte: Umbrüche im politischen Diskurs ... 403
7.2.6 Zur Gesamtbewertung der Walser-Debatte und ihrer Bedeutung für den Umgang mit Antisemitismus und ‚Vergangenheitsbewältigung' in der politischen Kultur ... 409

7.3 Die erinnerungspolitische Debatte um das „Denkmal für die ermordeten Juden Europas" im Deutschen Bundestag als symbolische Politik und als Auseinandersetzung mit Erinnerungsabwehr und Antisemitismus ... 415

7.3.1 Zehn Jahre Mahnmalsstreit: Zum gedenkpolitischen Kontext der parlamentarischen Debatte zu einem „Denkmal für die ermordeten Juden Europas" ... 415
7.3.2 Positionen im Bundestag ... 417
7.3.3 Zur Gesamtbewertung der Mahnmalsdebatte und zu ihrer politisch-kulturellen Bedeutung ... 427

7.4 Judenfeindlichkeit und Fragen materieller Kompensation im politischen Diskurs: Von der Debatte zur Zwangsarbeiter-Entschädigung zur Finkelstein-Kontroverse ... 428

7.4.1 Dimensionen von Erinnerungsabwehr und Antisemitismus im politischen Diskurs zur Entschädigung von NS-Zwangsarbeitern ... 430
7.4.2 Reaktionsbildungen in der Politik und im Deutschen Bundestag ... 433
7.4.4 Anbindungen an rechtsextreme Ideologeme und manifesten Antisemitismus ... 436
7.4.5 Die Finkelstein-Kontroverse als Teil des Entschädigungsdiskurses ... 437
7.4.6 Zur Gesamtbewertung der Entschädigungsdebatte und ihrer politisch-kulturellen Bedeutung ... 440

7.5 Die FDP-Affäre, der Bundestagswahlkampf 2002 und der zweite ‚Antisemitismusstreit' der ‚Berliner Republik': Neuer politischer Antisemitismus als Mobilisierungsgrundlage einer liberal-demokratischen Partei? ... 442

7.5.1 Zum politisch-historischen Kontext rechtspopulistischer und antisemitischer Bestrebungen in der FDP ... 443

Inhalt 9

7.5.2 Die Affäre Karsli-Möllemann als politisch-kulturelle Grenzüberschreitung: Antisemitismus, Israelfeindschaft und politisches ‚Agenda Setting' 446
7.5.3 Politische und gesellschaftliche Reaktionsbildungen: Muster der Kritik durch Bundesregierung und demokratische Medien 449
7.5.4 Politischer Antisemitismus? Die Radikalisierung der FDP zwischen Judenhass, Erinnerungsabwehr und Israelfeindschaft und politische Skandalisierungsprozesse 453
7.5.5 Politische Konfliktlinien und Reaktionen im Deutschen Bundestag 460
7.5.6 ‚Flugblatt-Affäre' und Wahlergebnisse der FDP bei der Bundestagswahl 2002 467
7.5.7 Politisch-kulturelle Resonanzböden, das Elektorat der FDP und gesellschaftliche Wirkungen 469
7.5.8 Neuer politischer Antisemitismus, Israelfeindschaft, Rechtspopulismus und Erinnerungsabwehr als Wahlkampf-Programmatik einer liberal-demokratischen Partei? Zur politisch-kulturellen Bedeutung des zweiten ‚Antisemitismusstreits' 472

8. Interaktionsverhältnisse im politischen Prozess der Gegenwart: Zur zeitgenössischen diskursiven Opportunitätsstruktur von Judenfeindlichkeit und zur Entwicklung antisemitischer Einstellungen in der politischen Kultur 482
8.1 Konstellationen, Dynamiken und Opportunität in der politischen Öffentlichkeit 483
8.2 Korrespondenzen: Zur gegenwärtigen Entwicklung antisemitischer Einstellungskomplexe in der Gesellschaft 489

IV. Resümee und Forschungsperspektiven 495

V. Literatur 504

1. Zitierte und analysierte Nachrichtenmagazine, Zeitschriften, Tages- und Wochenzeitungen 504

2. Wissenschaftliche Literatur 505

0. Vorbemerkung

Die vorliegende Studie ist die überarbeitete, gekürzte und aktualisierte Fassung meiner am Fachbereich Politik- und Sozialwissenschaften im Sommersemester 2002 verteidigten politikwissenschaftlichen Inaugural-Dissertation zur Erlangung der Doktorwürde. Sie wurde eingereicht und angenommen unter dem Titel „Demokratie und Judenbild: Antisemitismus in der zeitgenössischen politischen Kultur". Vom Beginn ihrer Konzipierung im Jahre 1998, als Studie zur öffentlichen Auseinandersetzung mit Antisemitismus in der politischen Kultur und zu Mobilisierungsversuchen eines politischen Antisemitismus im vereinigten Deutschland im Zeitraum 1990 – 2000, bis zu ihrer Fertigstellung im Jahre 2002 haben sich manche ihrer Teil-Untersuchungsgegenstände selbst durch neuere, markante öffentliche Debatten erst ergeben, wie auch verschoben und modifiziert. Der Aktualität und der Bedeutung wegen, die diese jüngsten Auseinandersetzungen und die jüngeren rechtspopulistischen parteipolitischen Mobilisierungsversuche für den Prozess des Umgangs mit antisemitischen Vorurteilen in der politischen Kultur sowie für die Bewertung ihrer zeitgenössischen politischen Gelegenheitsstrukturen zu haben scheinen, habe ich jene neuesten Entwicklungstendenzen in den empirischen Teil ebenso mit einbezogen wie neue Erhebungen, und deshalb den Untersuchungszeitraum bis auf das Jahr 2002 erweitert.

Der Autor ist zahlreichen Personen wie Institutionen zu besonderem Dank verpflichtet, die bei der Realisierung dieser Studie unterstützend zur Seite standen. Mein Dank gilt dem Cusanuswerk (Bischöfliche Studienförderung), das mein Hochschul-Studium im In- und Ausland sowie später mein Promotionsvorhaben ideell und finanziell gefördert hat; dem Otto-Suhr-Institut für Politikwissenschaft der Freien Universität Berlin (und insbesondere dem Lehrstuhl für Politik und Kultur und dem Bereich Grundlagen der Politik) für das gute, offene, interdisziplinär orientierte und stets unterstützende Forschungsklima sowie die guten Arbeitsmöglichkeiten seit Antritt meiner Stelle als Wissenschaftlicher Mitarbeiter im Herbst 1999; dem äußerst hilfreichen Zeitschriftenarchiv des Otto-Suhr-Instituts und seinen Mitarbeitern; der University of California at Berkeley, die mir als Visiting Scholar seit dem Spring Term 1999 bei wiederkehrenden Aufenthalten stets optimale Forschungs- und Arbeitsbedingungen sowie ein intellektuelles Umfeld geboten hat, von dem jeder Wissenschaftler nur profitieren kann; sowie der Blaustein Library des American Jewish Committee, New York City, und insbesondere Cyma M. Horowitz und Michele Anish für die außergewöhnliche logistische Unterstützung bei meinem frühen Forschungsaufenthalt im Sommer 1998. Für Betreuung, Anregungen und Kritik danke ich ganz besonders meinem Doktorvater Prof. Hajo Funke (FU Berlin) und Prof. Martin Jay (UC Berkeley). Meine ausdrückliche Anerkennung und mein Dank für viele Diskussionen, Anmerkungen und Anregungen gilt überdies John Abromeit (UC Berkeley), Prof. Micha Brumlik (Fritz Bauer Institut Frankfurt a.M./Universität Frankfurt a.M.), Prof. Friedemann Büttner (FU Berlin), Angelika Ebrecht-Laermann (FU Berlin), Prof. Samir Gandesha (Simon Fraser University Vancouver), Norman Geißler (Universität Potsdam), Prof. Peter Grottian (FU Berlin), Günter Klingenberg (Göttingen), Christoph Kopke (FU Berlin), Eric Oberle (Stanford University), Jörg Rensmann (Berlin), Prof. Paul Lawrence Rose (Penn State University), Prof. Hans-Peter Waldhoff (Universität Hannover) und Dagmar Vinz (FU Berlin). Die Betreuung seitens des Westdeutschen Verlags, allen voran die kooperative Zusammenarbeit mit Frank Schindler, haben die Produktion der Buchversion erheblich erleichtert. Besonders danke ich meinen Eltern, Ingrid und Gerd Rensmann, für ihren anhaltenden Beistand, und Ina Klingenberg (Berlin) für Jahre der intellektuellen und moralischen Unterstützung. Ohne sie hätte die Studie so nicht verfasst werden können. Die Verantwortung für die Arbeit und die in ihr gezogenen Schlussfolgerungen, und besonders für ihre Fehler und Schwächen, liegt indes einzig beim Autor.

Berlin, im Sommer 2003   Lars Rensmann

I. Einleitung: Zur Erforschung des Antisemitismus in der politischen Kultur der Gegenwart

1. Einleitung

Judenfeindlichkeit ist in jüngerer Zeit wieder verstärkt zum Gegenstand öffentlicher Debatten geworden. Antisemitismus ist somit erneut in den Fokus der politischen Kultur gerückt, entgegen weithin gängiger Beschwörungen, es handele sich nur um ein Problem der Vergangenheit. Hierzu haben ein seit der deutschen Vereinigung zu verzeichnender, insgesamt und gerade in jüngster Zeit fortschreitender Anstieg antisemitischer Delikte[1], breitere öffentliche Debatten über die nationalsozialistischen Verbrechen und deren politisch-moralische Bewertung sowie nicht zuletzt die jüngeren politischen Diskussionen zum Antisemitismus im Vorfeld der Bundestagswahl 2002 und, vor allem seit Beginn des neuen Jahrtausends, zu Israel respektive dem ‚Nahost-Konflikt' beigetragen, welchen Antisemiten seit je vielfach als Medium nutzen, um ehedem versteckte oder latente Vorurteile öffentlich zu machen. Das Problem des Antisemitismus, der als solcher in der liberalen Demokratie nach wie vor als illegitim gilt, ist mittlerweile selbst wieder zunehmend Gegenstand parteipolitischer Auseinandersetzungen, ja parlamentarischer Auseinandersetzungen im Bundestag[2] geworden, und er hat nunmehr erstmals in einem Wahlkampf einer etablierten demokratischen Partei eine zeitweise zentrale Rolle gespielt.[3]

---

[1] Vgl. Institute for Jewish Policy Research/American Jewish Committee (eds.), Antisemitism World Report (New York and London: JPR/AJC, 1992 – 2000). Nach neuen Erfassungskriterien rückwirkend zum 1.1.2001, die einen Vergleich nur bedingt zulassen, ist die Zahl antisemitischer Straftaten im Jahre 2000 auf 1378 und im Jahre 2001 auf 1406 gestiegen. Dies ist die höchste Zahl seit der deutschen Einheit. Während neben rechtsextremen Straftaten insgesamt auch die rechtsextremen *Gewalttaten* insgesamt gestiegen sind (zuletzt von 746 auf 998), ist der Anstieg antisemitischer Gewalttaten im Besonderen *proportional* deutlich höher gestiegen; lag der Anteil antisemitischer Straftaten an den rechtsextrem motivierten Straftaten seit 1991 bei knapp unter 10%, so erreichten die antisemitischen Straftaten 2001 einen signifikant höheren Anteil von fast 14%; vgl. Bundesamt für Verfassungsschutz, Die Bedeutung des Antisemitismus im aktuellen deutschen Rechtsextremismus (Köln: BfV, 2002), S. 7 und S. 40. Gab es noch 1996 nur 45 Straftaten gegen jüdische Einrichtungen und vereinzelte Gewaltübergriffe, so gab es allein im ersten Quartal 2002 127 Anschläge und Angriffe auf Juden, jüdische Einrichtungen, Friedhöfe und Gedenkstätten; vgl. Der Tagesspiegel, 12. Mai 2002. Neben fremdenfeindlichen Aktivitäten und Parteien haben nach Angaben des Europarats-Komitees gegen Rassismus und Intoleranz (ECRI) in ganz Europa im Jahre 2002 antisemitische Gewaltakte gegen jüdische Einrichtungen und Bürger ebenso drastisch zugenommen wie die Zahl antisemitischer Veröffentlichungen; vgl. Frankfurter Rundschau, 8. Mai 2003, S. 5.
[2] Vgl. Protokoll der Sitzung des Deutschen Bundestages vom 27.6.2002 sowie die Anträge auf Beschlussempfehlung Drucksachen 14/9226, 14/4245, 14/9261, 14/9480.
[3] Siehe „Nahost erreicht den Wahlkampf," Süddeutsche Zeitung, 17. April 2002.

Binnen einer Woche im Mai 2002 drohte die Ehrenvorsitzende Hildegard Hamm-Brücher der Freien Demokratischen Partei (FDP) mit ihrem – später erfolgten – Austritt nach 54jähriger Mitgliedschaft, weil die Partei mit anti-israelischen Positionen eine „neue Variante von Antisemitismus salonfähig" mache;[4] proklamierte öffentlichkeitswirksam Außenminister Joseph Fischer (Bündnis 90/Die Grünen), dass der – mittlerweile verstorbene – führende FDP-Politiker Jürgen W. Möllemann „schlicht den Bombenterror [der Hamas] rechtfertige." Doch kein Aufschrei sei durchs Land gegangen, kein „fälliger Rücktritt" habe stattgefunden, so Fischer damals: „Es scheint sich etwas verändert zu haben in Deutschland, und niemand spürt dies unmittelbarer und bedrängender als die deutschen Juden."[5] In derselben Woche kam es überdies zu einer öffentlich viel beachteten und deutlich von jüdischen und deutschen Intellektuellen sowie dem Zentralrat der Juden in Deutschland[6] kritisierten Diskussionsveranstaltung der regierenden Sozialdemokratischen Partei Deutschlands (SPD), in der Bundeskanzler Gerhard Schröder mit dem Schriftsteller Martin Walser über „Nation. Patriotismus. Demokratische Kultur: Wir in Deutschland"[7] diskutierte. Walser steht seit Jahren in der öffentlichen Kritik, u.a. weil er in einer großen von ihm ausgelösten, in einen ‚Antisemitismusstreit' mündenden Debatte (in dessen Verlauf er der nationalistischen Apologetik[8] und des Antisemitismus bezichtigt worden war) gegen eine vermeintlich von Medien und Intellektuellen lancierte „Moralkeule" Auschwitz und „die Instrumentalisierung unserer Schande zu gegenwärtigen Zwecken" räsoniert hatte. Nur wenige Wochen später, Ende Mai 2002, wurde Walser wegen seines neuen Buches von seinem einstigen Laudator Frank Schirrmacher in der *Frankfurter Allgemeinen Zeitung* dafür öffentlich attackiert, antisemitische Stereotype zu bedienen; und die FDP hatte durch ihren damaligen Partei-Vize Möllemann mit dessen offenbar programmatischen antisemitischen Angriffen auf den damaligen Vize-Präsidenten des Zentralrats der Juden in Deutschland, Michel Friedman, und Israel mittlerweile einen weiteren ‚Antisemitismusstreit in der Berliner Republik' ausgelöst.

Diese beispielhaften Schlaglichter aus dem Frühjahr 2002 mögen illustrieren, wenn auch wie durch ein Brennglas verdichtet, wie sehr Antisemitismus als Problem und

---

[4] Zitiert nach: „FDP debattiert über Antisemitismus," in: Der Tagesspiegel, 12. Mai 2002, S. 1.
[5] Joseph Fischer, „Deutschland, deine Juden: Wider die neue Sprachlosigkeit im deutsch-jüdischen Verhältnis," in: Frankfurter Allgemeine Zeitung, 11. Mai 2002, S. 11. Bundeskanzler Gerhard Schröder warf der FDP in der Folge eine „Haiderisierung" der Partei vor; vgl. Süddeutsche Zeitung, 15. Mai 2002, S. 1. Fischers Einladung des syrischen Staatspräsidenten Assad nach Berlin mit dem Ziel, die politischen Beziehungen zwischen Syrien und der Bundesrepublik zu stärken, war indes zuvor selbst auf Protest gestoßen. Assad ist Holocaustleugner und überdies einer der führenden Unterstützer der Hizbollah und des antiisraelischen bzw. antijüdischen Terrorismus.
[6] Spiegel betonte dabei, dass die Juden in Deutschland „zur Zeit ein Antisemitismus [umtreibe], wie wir ihn seit 1945 nicht haben feststellen können." Zitiert nach: Süddeutsche Zeitung, 13. Mai 2002, S. 6.
[7] Sozialdemokratische Partei Deutschlands (SPD), „Nation. Patriotismus. Demokratische Kultur: Wir in Deutschland," Berlin, Willy-Brandt-Haus, 8. Mai 2002. In der Einladung zur Veranstaltung schreibt SPD-Generalsekretär Franz Müntefering: „Wir in Deutschland – das sagen wir heute mit Stolz auf unserer Land, selbstkritisch aber auch selbstbewusst patriotisch. [...] Als eine normale Nation."
[8] Diese Kritik erneuerte der Historiker Heinrich August Winkler anhand der Rede, die Walser bei der SPD-Veranstaltung hielt; vgl. Heinrich August Winkler, „Die Fallstricke der nationalen Apologie," in: Der Tagesspiegel, 12. Mai 2002, S. 27.

1. Einleitung

Gegenstand der politischen Kultur der Bundesrepublik wieder und immer noch auf der politischen Tagesordnung steht. Das Thema spielt eine Rolle in der politischen Öffentlichkeit, und es affiziert demokratiepolitisch relevante Positionierungen von Parteien, Staat und Medien sowie gesellschaftliche Einstellungshorizonte und Sentimente. Die Frage der ‚Bewältigung', Verarbeitung und Bekämpfung von Antisemitismus berührt zweifellos zentrale Fragen des Selbstverständnisses der Bundesrepublik und ihrer demokratischen politischen Kultur. Hajo Funke hält den Grad der Bereitschaft zum antisemitischen Vorurteil gerade im Nach-Hitler-Deutschland für „*den* zentrale[n] Indikator für Toleranz und Demokratie."[9] Zumindest aber ist die Auseinandersetzung mit dem Holocaust, deutscher Verantwortung und Antisemitismus als politisch-kulturelle Erbschaften der Bundesrepublik sowie mit deren gesellschaftlichen Ermöglichungsbedingungen für die Frage eines „kollektiven Lernens"[10] und für die Entwicklung der Bundesrepublik zu einer „postnationalen Demokratie"[11] von größter Bedeutung. Jene ist nach Jürgen Habermas gefordert, auf gewichtige konventionalisierte Dimensionen und politische Sozialisationsmuster einer antidemokratischen kulturellen Tradition zu reflektieren und mit diesen zu brechen, die Geschichte der antisemitischen Verbrechen als negative Folie in ein entidealisiertes kollektives Selbstbild aufzunehmen, und kommunikativ Formen pluralisierter post-konventioneller Identitätsbildung einzuüben. Insofern ist die Untersuchung von vorherrschenden ‚Judenbildern', von politischem und öffentlichem Antisemitismus, wie auch die Erforschung seiner soziokulturellen Fundamente und politisch-kulturellen Verarbeitungsformen zugleich in normativer wie empirischer Hinsicht von hoher *demokratiewissenschaftlicher* Relevanz.[12]

Für Helmut König ist, mit diesem Aspekt korrespondierend, die Frage nach einer offenen Auseinandersetzung mit der NS-Vergangenheit „ein guter Indikator für den Zustand des demokratischen Bewusstseins in der Bundesrepublik [...], und umgekehrt [gehen] die Tabus über der NS-Vergangenheit mit vordemokratischen Formen der

---

9 Siehe stellvertretend Hajo Funke, „Bitburg und ‚die Macht der Juden': Zu einem Lehrstück antisemitischen Ressentiments in Deutschland," in Alphons Silbermann und Julius H. Schoeps (Hg.), Antisemitismus nach dem Holocaust: Bestandsaufnahme und Erscheinungsformen in deutschsprachigen Ländern (Köln: Verlag Wissenschaft und Politik, 1986), S. 41 – 52, hier S. 51.
10 Dies ist die Untersuchungsperspektive von Werner Bergmann, Antisemitismus in öffentlichen Konflikten: Kollektives Lernen in der politischen Kultur der Bundesrepublik 1949 – 1989 (Frankfurt a.M.: Campus, 1997).
11 Diese normative Zielsetzung auf Basis der post-nationalsozialistischen Westbindung der Bundesrepublik und der jüngeren transnationalen gesellschaftlichen Wandlungsprozesse wurde entfaltet von Jürgen Habermas, „Die postnationale Konstellation und die Zukunft der Demokratie," in Ders., Die postnationale Konstellation: Politische Essays (Frankfurt a.M.: Suhrkamp, 1998), S. 91 – 169.
12 Die empirisch-normative Frage nach dem Stand einer liberal-demokratischen politischen Kultur, die über die Etablierung und Identifizierung mit demokratischen Institutionen und Parteien hinausweist, zeigt sich überdies in besonderer Weise am Umgang mit und den Einstellungen zu Ethnozentrismus, Einwanderung, politischem Autoritarismus, politischer Konfliktfähigkeit und Toleranz sowie dem Verhältnis zu kulturellen respektive ‚ethnischen' nationalen Identitätskonstruktionen – eben diese Variablen korrelieren indes teils in beträchtlichem Maße mit Antisemitismus-Variablen, obschon das Phänomen der Judenfeindlichkeit selbst qualitativ verschieden ist, nicht etwa nur eine Ausprägungsform des Ethnozentrismus darstellt und auch spezifische politisch-psychologische wie ideologiehistorische Funktionen übernimmt.

Mentalität einher."[13] Laut König ist die Auseinandersetzung mit der NS-Vergangenheit, und mithin auch mit dem deutschen Antisemitismus, gar zum „Zentralthema der politischen Kommunikation" avanciert.[14] Nach der Erfahrung nationalsozialistischer Ideologie und Herrschaft wird Antisemitismus überdies gleichsam als ein gesellschaftliches Phänomen verstanden, das als Paradigma für die Bildung von Vorurteilen und die politische Instrumentalisierung daraus konstruierter Feindbilder in Deutschland dient.[15]

Die politischen Kulturen in den post-nationalsozialistischen deutschen Staaten hatten sich die Abkehr vom rassistischen Antisemitismus der Nationalsozialisten auf die Fahnen geschrieben. Offener Antisemitismus war in beiden deutschen Staaten politisch inopportun und ‚tabu'. Damit ist das Problem über längere Zeitabschnitte in eine politisch-öffentliche „Kommunikationslatenz"[16] abgedrängt worden und infolgedessen in Teilen diffundiert, freilich jedoch nicht verschwunden. Schon in den staatsoffiziellen Neu-Definitionen des Verhältnisses der deutschen Nachkriegs-Staaten zu Juden, wesentlich geprägt durch den überwiegenden offiziellen Philosemitismus und eine zunächst pro-israelische staatliche Positionierung in der Bundesrepublik einerseits[17] und durch staatlich proklamierten „Antizionismus" und „Anti-Kosmopolitanismus" in der DDR andererseits,[18] wurden Stereotypmuster mitunter subtil und unbewusst politisch-kulturell transportiert. In der Bundesrepublik hatten ferner neben einer zeitweise stark marginalisierten radikalen Rechten seit dem erfolgreichen israelischen Sechs-Tage-Krieg 1967 vor allem Teile der in den 1970er und 1980er relativ bedeutenderen radikalen und alternativen Linken mit einem teils aggressiven „Antizionismus" – nur dürftig chiffrierte – antisemitische Bilder und Stereotype vom „machtgierigen" „jüdischen Unmenschen" als „Zionisten" stellvertretend im öffentlichen Raum legitimiert und mobilisiert, und zwar trotz aller diskursiven Anstrengungen, Juden und „Zionismus" zumindest nominell auseinander zu halten.[19]

---

[13] Helmut König, Die Zukunft der Vergangenheit: Der Nationalsozialismus im politischen Bewusstsein der Bundesrepublik (Frankfurt a.M.: Fischer, 2003), S. 156.
[14] Ibid, S. 159.
[15] Vgl. Wolfgang Benz, „Antisemitismusforschung als gesellschaftliche Notwendigkeit und akademische Anstrengung," in Ders., Bilder vom Juden. Studien zum alltäglichen Antisemitismus (München: C.H. Beck, 2001), S. 129 – 142, hier S. 129.
[16] Vgl. Werner Bergmann/Rainer Erb, „Kommunikationslatenz, Moral und öffentliche Meinung: Theoretische Überlegungen zum Antisemitismus in der Bundesrepublik Deutschland," Kölner Zeitschrift für Soziologie und Sozialpsychologie 38 (1986), S. 223 – 246.
[17] Vgl. Frank Stern, The whitewashing of the yellow badge: Antisemitism and philosemitism in postwar Germany (Oxford, Pergamon Press, 1992); Thomas Altfelix, „The ‚post-Holocaust Jew' and the instrumentalization of philosemitism," Patterns of Prejudice 34 (2000), pp. 41 – 56.
[18] Vgl. u.a. Thomas Haury, „‚Finanzkapital oder Nation': Zur ideologischen Genese des Antizionismus der SED," Jahrbuch für Antisemitismusforschung 5 (1996), S. 148 – 171; Jan Herman Brinks, Children of a New Fatherland: Germany's Post-War Right-Wing Politics (New York: I.B. Tauris, 2000), insbesondere pp. 52 – 58; vgl. auch Jeffrey Herf, Divided Memory: The Nazi Past in the Two Germanys (Cambridge, MA: Harvard University Press, 1997), pp. 106ff.
[19] Vgl. Friedemann Büttner, „Germany's Middle East Policy: The Dilemmas of a ‚Policy of Evenhandedness'," in Haim Goren, Germany and the Middle East: Past, Present, and Future (Jerusalem: The Hebrew University Magnes Press, 2003) pp. 115 – 159, hier p. 140. Vgl. insgesamt auch Martin W. Kloke, Israel und die deutsche Linke: Zur Geschichte eines schwierigen Verhältnisses (Frankfurt a.M.: Campus, 1990). Einige linksradikale antizionistische Gruppen haben dabei auch offen Angriffe auf jüdische Einrichtungen in Deutschland propagiert und verteidigt.

1. Einleitung

Das Problem judenfeindlicher Ressentiments erscheint heute nun auch in der politischen Öffentlichkeit der Bundesrepublik wieder aktueller denn je, und hat offenbar nicht nur Bedeutung in der politisch-sozialen Peripherie. Antisemitische Stereotype fungieren offenbar mithin zunehmend auch wieder als Form der politisch-sozialen Weltdeutung: Laut einer aktuellen repräsentativen quantitativen Erhebung des Sigmund-Freud-Instituts Frankfurt a.M. und der Medizinischen Psychologie der Universität Leipzig zu politischen Einstellungen in Deutschland teilt jeder Fünfte Deutsche heute die Schuld an großen Weltkonflikten Juden zu, und 36% ist es 2002 verständlich, dass manchen Leuten Juden unangenehm sind (1999: 20%).[20] Die Einstellungsforschung zum Antisemitismus belegt insgesamt, dass judenfeindliche Stereotypie und Wahrnehmungsmuster, in unterschiedlichen Formen und Intensitäten, entgegen landläufiger Meinung auch gegenwärtig noch, fast sechzig Jahre nach dem Holocaust, gesellschaftlich virulent sind, und dass das antisemitische Potenzial weit über den organisierten Rechtsextremismus, die rechtsextreme Parteienlandschaft und auch das rechtsextreme Elektorat hinaus weist.[21] Trotz ihrer Diffusionen, Modifikationen und Eindämmungen durch die demokratischen Veränderungen und Tabus der Nachkriegskultur wirken antisemitische Deutungsmuster offenbar nach bzw. in neuer Weise. Ihre Rolle als integraler Bestandteil der autoritären Ideologie und der Mobilisierungsversuche rechtsextremer, rechtspopulistischer, aber auch linksradikaler Parteien und Bewegungen ist ohnehin kaum übersehbar. Rechtsextreme Parteien zumal, allen voran die laut Funke „neo-nationalsozialistische Bewegungspartei"[22] NPD (Nationaldemokratische Partei Deutschlands), gewähren seit den Terroranschlägen in New York und Washington vom 11. September 2001 „anti-imperialistischen" und „anti-globalistischen" Kampagnen gegen ein von der „jüdischen Ostküste" dominiertes Amerika und gegen eine vermeintliche „judäo-amerikanische Besatzungsmacht im Nahen Osten" jüngst sogar programmatischen Vorrang vor ihrem Rassismus.[23] Antisemitische Ideologeme von einem „globalen" jüdischen, „zionistischen" bzw. jüdisch-amerikanischen Weltmachtstreben reüssieren heute allerdings auch wieder in Teilen der radikalen Linken. Seit der deutschen Vereinigung besteht zudem ohnehin die Sorge, dass es als Folge des neuen kollektiven Identitäts- und Selbstwertgefühls der Deutschen für Antisemiten langfristig wieder möglich sein könnte, offen antisemitisch in der politischen Öffent-

---

20 Vgl. Elmar Brähler und Horst-Eberhard Richter, Politische Einstellungen in Deutschland: Ergebnisse einer repräsentativen Erhebung (Frankfurt a.M.: Sigmund Freud-Institut, Juni 2002). Die Befunde wurden zusammen mit dem Meinungsforschungsinstitut USUMA (Berlin) erhoben. Es wurden 1.001 Ostdeutsche und 1.050 Westdeutsche im April 2002 befragt.
21 Weitere systematische vergleichende empirische Untersuchungen identifizieren zunächst regelmäßig einen festen Anteil in der Bevölkerung von 15% Antisemiten und 5% extremen Antisemiten, bei weiteren 21 % finden sich antisemitische Vorbehalte; vgl. Horst Dichanz, Antisemitismus in Medien (Bonn: Bundeszentrale für politische Bildung, 1997), S. 13; Klaus Ahlheim und Bardo Heger, Der unbequeme Fremde: Fremdenfeindlichkeit in Deutschland – empirische Befunde (Schwalbach,Ts.: Wochenschau Verlag, 1999) sehen ebenfalls eine „deutlich" antisemitische Einstellung bei 23% der West- und 17% der Ostdeutschen (S. 53f.). Im öffentlichen Bewusstsein wird dieser Anteil im Unterschied hierzu meist deutlich geringer veranschlagt.
22 Siehe Hajo Funke, Paranoia und Politik: Rechtsextremismus in der Berliner Republik (Berlin: Verlag Hans Schiler [Schriftenreihe Politik und Kultur am Fachbereich Politik- und Sozialwissenschaften Bd.4], 2002).
23 Zitiert nach: Frankfurter Rundschau, 10. Oktober 2001, S. 4. Siehe auch Claus Leggewie, „Rechts gegen Globalisierung," Internationale Politik 58, 4 (2003), S. 33 – 40.

lichkeit aufzutreten und sich gar öffentlich als solche zu bekennen.[24] Diese aktuellen empirischen Erscheinungsformen, Befunde und Befürchtungen lassen es geboten erscheinen, dass sich die politikwissenschaftliche Forschung, und insbesondere eine qualitative politische Kultur- und Kommunikationsforschung dem Phänomen des Antisemitismus stellt.[25]

Judenfeindlichkeit ist, in Deutschland zumal, sowohl ein gesellschaftliches Problem wie eine gesellschaftliche Herausforderung für die insgesamt noch junge, 1945 militärisch erzwungene und durch *re-education* forcierte Demokratie wie ihre politisch-kulturelle Demokratisierung. Jene Herausforderung des Antisemitismus berührt zentrale Aspekte einer post-konventionellen demokratischen Identität, wie jener seit je zugleich mit spezifischen exkludierenden Konstruktionen von (kollektiver) Identitätsbildung verbunden gewesen ist. Diese dem Gegenstand, der Geschichte und der politischen Aktualität des Antisemitismus zu- wie eingeschriebene Bedeutung in der deutschen politischen Kultur begründet die Problem- und Fragestellung dieser Untersuchung. Sie fragt nach den Ermöglichungsbedingungen sowie den Opportunitätsstrukturen und Mobilisierungschancen von Antisemitismus und seiner demokratisch-diskursiven Bearbeitung seit der politischen Zäsur, den die deutsche Vereinigung im Jahre 1990 bedeutete.

1.1 Fragestellung, Gegenstand und Untersuchungsperspektive

Die Studie will folgerichtig das Problem des Antisemitismus wie seine politische Thematisierung in der zeitgenössischen politischen Kultur[26] in Deutschland seit der deut-

---

[24] Vgl. Werner Bohleber, „Antisemitismus als Gegenstand interdisziplinärer Erforschung," in Ders. Und John S. Kafka (Hg.), Antisemitismus (Bielefeld: Aisthesis Verlag, 1992), S. 11 – 18, hier S. 11.

[25] Die bisher einzige entsprechende Studie von Werner Bergmann wird hier selbst methodisch wie analytisch zum Gegenstand der Auseinandersetzung. Der Untersuchungszeitraum von Bergmann endet, im Unterschied zu der hier vorgelegten Studie, im Jahr 1989 und behandelt ausschließlich die Bundesrepublik bzw. Westdeutschland. Allerdings beansprucht Bergmann einen Geltungsanspruch seiner Ergebnisse auch für die Zeit nach 1989, weil sich die öffentlichen „Bearbeitungsmuster" nicht tief greifend geändert hätten – eine These, die nicht weiter empirisch substantiiert wird; vgl. Werner Bergmann, Antisemitismus in öffentlichen Konflikten, a.a.O., S. 9.

[26] ‚Politische Kultur' wird hier im Sinne der neueren Politikwissenschaft verstanden als „die sich in den Prozessen der politischen Sozialisation ausprägende, auf historische und aktuelle Erfahrungen reagierende spezifische Verteilung von politisch relevanten Wertüberzeugungen, Kenntnissen, Einstellungen, Symbolen und Verhaltensmustern in einer Gesellschaft zu einem bestimmten Zeitpunkt, die als die subjektive Dimension eines politischen Systems in einem wechselseitigen Wirkungsverhältnis einerseits von politisch-historischen, systemischen, sozialstrukturellen, wirtschaftlichen und anderen Faktoren beeinflusst wird, andererseits jedoch diese objektiven Faktoren selbst konditioniert." Siehe Wolfgang Bergem, Tradition und Transformation: Eine vergleichende Untersuchung zur politischen Kultur in Deutschland (Wiesbaden: Westdeutscher Verlag, 1993), S. 53f. Die politische Kultur zielt auf die spezifischen subjektiven Dimensionen der Politik in einem bestimmten Kontext. Sie umfasst also die Gesamtheit der politischen Sozialisationserfahrungen, politischen Norm- und Wertorientierungen der Gesellschaft, ihre politisch-ideologischen ‚Mentalitätsbestände', politischen Identitätsbildungsformen genauso wie die politische Kommunikation, die politische Symbolik oder die politischen Modi der Konfliktaustragung innerhalb einer Gesellschaft oder eines Nationalstaates, die das politische System und die Rechtsordnung stützen respektive mit ihnen interagieren. Dieses Verständnis erweitert mithin die ‚klassische' Definition von Almond und Verba, da im Unterschied zu deren Begriff der politischen Kultur auch indirekte Aspekte der sozial sedimentierten 'Mentalität' einbezogen

schen Einheit erhellen. Ihr Ziel ist es, die Ursachen, Ermöglichungsbedingungen, Motive und politischen wie diskursiven Gelegenheits- und Opportunitätsstrukturen von antisemitischen Mobilisierungsversuchen in der Demokratie qualitativ zu erforschen. Hierzu werden theoretische Erklärungsmodelle, Parameter und Faktoren für eine politisch-psychologisch und gesellschaftstheoretisch fundierte politische Kulturforschung zum Antisemitismus entwickelt und vorgeschlagen, die die empirische Untersuchung strukturieren und ihr als Deutungsrahmen dienen. Um Motive, Auseinandersetzungsformen mit und Gelegenheitsstrukturen von Antisemitismus zu erforschen, werden gegenwärtige politische Mobilisierungsversuche der extremen und populistischen Rechten wie der radikalen Linken, welche sich auf Antisemitismus stützen, ebenso zum Gegenstand wie parteipolitische Akteure, die, wie jüngst im Fall der FDP, aus der ‚Mitte' der Demokratie heraus handeln und mitunter bestimmte ‚Judenbilder' zu mobilisieren suchen, aber auch die Formen demokratischer Öffentlichkeit und das Handeln etablierter Akteure im politischen System, auf die diese Mobilisierungen stoßen. Insbesondere werden überdies öffentlich-politische Debatten über Antisemitismus und die (Bearbeitung der) NS-Vergangenheit, in deren Kontext heute Judenfeindlichkeit zumeist hervortritt respektive deutsch-jüdische Verhältnisse thematisiert werden, zum Gegenstand empirischer Analyse.

In besonderer Weise ist zu fragen, wie Juden/Judenbilder in der politischen Öffentlichkeit und politischen Kommunikationsprozessen repräsentiert werden, welche symbolischen Ordnungen und kollektiven/nationalen Selbstbilder dabei konstruiert und bearbeitet werden, und wie sich jene Bilder im Kontext ideologischer Begründungsmuster, diskursiver Opportunitätsgrenzen und gesellschaftlicher Vorurteilsbereitschaften im politischen und kommunikativen Prozess verschieben oder transformieren. Da der Einfluss medialer Diskurse im politischen Prozess nicht zu unterschätzen ist, ja der Staat und die Parteien heute von den Medien und der öffentlichen Meinung (‚Mediatisierung der Politik') in der „Mediendemokratie" heute mindestens bestimmt werden wie umgekehrt,[27] muss sich neben der qualitativen Untersuchung kollektiver Akteure (im besonderen Parteien und deren Programmatik) die politologische Analyse entsprechend auch auf den öffentlichen Raum und die Medien erweitern. Dies betrifft insbesondere die Analyse der Strukturierung von Agenden, Diskursen, Normvorstellungen und soziokulturellen Konflikten. Dadurch sollen sowohl die spezifische politisch-kultu-

---

werden, die nicht unmittelbar auf politische Objekte und Verfahren zielen; vgl. Gabriel A. Almond and Sidney Verba, The Civic Culture: Political Attitudes and Democracy in Five Nations (Princeton, NJ: Princeton University Press, 1963), p. 14: „The political culture of a nation is the particular distribution of patterns of orientation toward political objects among the members of the nation." Vgl. zum Forschungsfeld der ‚politischen Kultur' auch einführend Martin und Sylvia Greiffenhagen, „Politische Kultur," in Dies. (Hg.), Handwörterbuch zur politischen Kultur der Bundesrepublik Deutschland (Wiesbaden: Westdeutscher Verlag, 2002), S. 387 – 401.

27 Vgl. Frank Decker, Parteien unter Druck: Der neue Rechtspopulismus in den westlichen Demokratien (Opladen: Leske & Budrich, 2000), S. 231; Klaus von Beyme, „Die Massenmedien und die politische Agenda des parlamentarischen Systems," Kölner Zeitschrift für Soziologie und Sozialpsychologie SH 34 (1994), S. 320 – 336; Andreas Dörner, Politainment: Politik in der medialen Erlebnisgesellschaft (Frankfurt a.M.: Suhrkamp, 2001); Steven B. Wolinetz, „Party System Change: The Catch-all Thesis Revisited," West European Politics 14 (1991), pp. 113 – 128; sowie einführend Hans-Joachim Reeb, Mediendemokratie (Schwalbach, Ts.: Wochenschau Verlag, 2001).

relle Konstellation als auch die Bedeutung politischer *Interaktionsdynamiken* als Mobilisierungsfaktoren und -hemmnisse sichtbar gemacht werden. Somit werden in einer doppelten Untersuchungsperspektive gleichsam theoretisch triftige, multifaktorielle und empirisch differenzierte Modelle zur Erforschung des Antisemitismus in der (deutschen) politischen Kultur avisiert und getestet, die auf einer Mehrebenenanalyse basieren, wie zum anderen durch jene sozialwissenschaftliche Theoriebildung erhellte empirische Befunde zur aktuellen politischen Opportunitäts- und Gelegenheitsstruktur antisemitischer Mobilisierung in der Bundesrepublik.

Der Gegenstand des Antisemitismus, als Variable politischer Orientierungen und Vorstellungen und als spezifischer Issue in der Nachkriegsrepublik[28], wird hierbei nicht eng gefasst und reduziert auf die Formen rassistisch-eliminatorischer und exterminatorischer Ideologie, die im Nationalsozialismus vorherrschten und die Vernichtung der europäischen Juden als „Gegenrasse" motivierten, obschon indes heute judenfeindliche Ideologeme auch nicht mehr ohne die Geschichte von Auschwitz und Treblinka gedacht werden können. Vielmehr wird ‚Antisemitismus' verstanden und operationalisierbar gemacht als besondere, moderne und politisch-kulturell situierte Form der Stereotypbildung, sowie – analog zur Theorie des Neo-Rassismus oder „kulturellen Rassismus"[29] – als Ensemble von Vorurteilen, Klischees, fixierten kollektiven Bildern, binären Codes und kategorialen Attribuierungen sowie diskriminierenden Praktiken gegenüber Juden, die sich zur politischen Ideologie und zum Weltbild verdichten können. Wiewohl sich Kriterien zu ihrer Erfassung systematisch begründen lassen, manifestieren sich antisemitische Vorurteilsmuster und Ideologeme demnach im ideologiegeschichtlichen Prozess nicht starr und identisch, sondern sind in Abhängigkeit von der politischen Konstellation und dem politisch-kulturellen Gefüge zu deuten. Im demokratischen Kontext finden sie sich vielfach auch in codierten, indirekten und symbolischen Formen,[30] die auf das augenzwinkernde ‚Wissen' und Einverständnis des angesprochenen Elektorats zu zielen suchen (z.B. wenn in Bildern von Juden bestimmte Stilisierungen verdichtet und repetitiv im Diskurs auftreten, die zugleich antisemitische Klischees konnotieren, etwa bei der Bezeichnung von Juden als „Großinquisitoren" oder „unnachgiebigen moralischen Instanzen").

Vor dem Hintergrund verschiedener theoretischer Modelle sollen zeitgenössische Formen, etwa des ‚modernisierten' rechtsextremen und linksradikalen Antisemitismus oder des latenten politischen Antisemitismus einer autoritär-rechtspopulistischen „Neuen Rechten", in ihren Motiven, Formen und Bedingungsgefügen in der heutigen Zeit gedeutet werden. Vor allem aber werden Dynamiken, Prozesse und Wirkungen von neuen Formen von Judenfeindlichkeit in ihrem Verhältnis zur gegenwärtigen demokratischen politischen Kultur im Rahmen einer (theoretisch fundierten) politischen Psychologie und empirischen politischen Kulturforschung untersucht. Die demokrati-

---

[28] Vgl. Werner Bergmann, Antisemitismus in öffentlichen Konflikten, a.a.O., S. 58ff.
[29] Vgl. Kent A. Ono, „Communicating Prejudice in the Media," in Michael L. Hecht, Communicating Prejudice (London: Sage, 1998), pp. 206 – 220; Pierre-André Taguieff, Die Macht des Vorurteils: der Rassismus und sein Double (Hamburg: Hamburger Institut für Sozialforschung, 2000).
[30] Zur Theorie des *symbolic antisemitism* vor dem Hintergrund des „symbolic racism"-Ansatzes vgl. Kapitel 2.

schen Reaktionsbildungen im Umgang mit Judenfeindlichkeit und die politischen Diskurse zum Antisemitismus werden dabei in besonderer Weise fokussiert, und zwar vor allem anhand von öffentlich-politischen Konflikten zum Problem des heutigen Antisemitismus, zum deutsch-jüdischen Verhältnis, zur Geschichte des Holocaust wie zu seiner ‚Verarbeitung'. Hiermit sollen die aktuellen Bedingungen, Potenziale wie auch die Grenzen von antisemitischen Vorurteilen und Mobilisierungsmöglichkeiten in der Demokratie bestimmt werden, also deren *political opportunity structure (POS)* in der zeitgenössischen politischen Kultur.

Während zahlreiche politikwissenschaftliche Forschungsansätze zum Rechtsextremismus, Rechtspopulismus und zur radikalen Rechten heute den aus der Forschung zu Neuen Sozialen Bewegungen stammenden Begriff der politischen Gelegenheitsstruktur inkorporieren,[31] so sind damit unterschiedlich enge oder weite Konzeptionalisierungen und Faktoren-Cluster verbunden. So beschränkt Frank Decker den Begriff der politischen Gelegenheitsstruktur in seiner vergleichenden Analyse rechtspopulistischer Mobilisierungschancen und Akteure in Europa auf die situativen Bedingungen der Angebotsseite, also im engen Kontext von Faktoren des politischen Systems und der politischen Machtverhältnisse, wie Regierungskonstellation oder Reaktionsweise der parteipolitischen Konkurrenz und Medien, wobei freilich Decker mit dem „öffentlichen Umfeld" auch den ‚weiteren' Aspekt der politischen Öffentlichkeit mit einbezieht.[32] Das Modell von Ruud Koopmans und Paul Statham unterscheidet dagegen konzeptionell zwischen politisch-institutionellen und politisch-diskursiven Gelegenheitsstrukturen. Koopmans und Statham differenzieren analytisch dergestalt zwischen: a) formal-institutionellen Strukturen und Restriktionen, politischen Machtkonfigurationen wie strategischen Interaktionen, die sich zwischen Herausforderern/Bewegungen und etablierten Parteien einer Polity herausbilden, sowie b) der *qualitativen* Sphäre symbolischer Interaktionen und diskursiver Horizonte, die von der POS-Forschung bisher nur unzureichend berücksichtigt worden seien, durch die aber einzig erklärt werden könne, warum bestimmte politisch-ideologische Mobilisierungen im politischen System und in der politischen Kultur erfolgreicher sind als andere.[33] Diese „discursive opportunity

---

31 Ruud Koopmans und Dieter Rucht interpretieren als erste den Rechtsextremismus selbst als „soziale Bewegung", die sie als „mobilisierte Netzwerke von Individuen, Gruppen und Organisationen, die mittels Protest grundlegenden sozialen Wandel herbeiführen oder verhindern wollen" definieren; vgl. Ruud Koopmans und Dieter Rucht, „Rechtsradikalismus als soziale Bewegung?," in Jürgen W. Falter, Hans-Gerd Jaschke und Jürgen R. Winkler, Rechtsextremismus: Ergebnisse und Perspektiven der Forschung, PVS-Sonderheft 27 (1996), S. 265 – 287, S. 270. Der Begriff ist bereits seit längerem insgesamt für die Erforschung der Bedingungsgefüge und Erfolgschancen von Rechtsextremismus und Rechtspopulismus in post-industriellen kapitalistischen Demokratien adaptiert worden; vgl. Herbert Kitschelt und Thomas McGann (eds.), The Radical Right in Western Europe (Ann Arbor: University of Michigan Press, 1995); Herbert Kitschelt, „Politische Konfliktlinien in westlichen Demokratien: Ethnisch-kulturelle und wirtschaftliche Verteilungskonflikte," in Dietmar Loch und Wilhelm Heitmeyer (Hg.), Schattenseiten der Globalisierung: Rechtsradikalismus, Rechtspopulismus und separatistischer Regionalismus in westlichen Demokratien (Frankfurt a.M.: Suhrkamp, 2001), S. 418 – 442.
32 Vgl. Frank Decker, Parteien unter Druck, a.a.O., S. 208ff.
33 Ruud Koopmans and Paul Statham, „Ethnic and Civic Conceptions of Nationhood and the Differential Success of the Extreme Right in Germany and Italy," in Marco Giugni, Doug McAdam, and Charles Tilly (eds.), How Social Movements Matter (Minneapolis: University of Minnesota Press, 1999), pp. 225 – 251, p. 227.

structure" bezieht sich hinsichtlich rechtsextremer (und in unserem Fall spezifisch antisemitischer) politischer Mobilisierungen auf die strukturellen Möglichkeiten und Grenzen, die übergreifende Diskursprozesse zu Ethnizität, Einwanderung und Juden ebenso wie aktualisierbare, gesellschaftlich wirkungsmächtige diskursive Konstruktionen ‚nationaler Identität' implizieren (wobei Koopmans und Statham der historischen Differenz ethnischer und ziviler Nationalstaatsverständnisse eine besondere Bedeutung zumessen[34]). Diese neue diskursive und symbolische Dimension hat konzeptionelle Konsequenzen für den Begriff der politischen Gelegenheitsstruktur im Ganzen: „In extending itself so, however, the political opportunity model, to an important extent, has already exceeded its conceptual limits and moved into the domain of the framing perspective, which has concentrated on the discursive aspect of mobilization. [...] The framing model, however, has difficulty in explaining why some frames fail while others succeed in convincing the public, and why similar frames have differential impacts in different political contexts." Koopmans und Statham schlagen deshalb vor, die frames (von rechtsextremer oder antisemitischer Mobilisierung) im Kontext der diskursiven, politisch-kulturellen Gelegenheits- und Mobilisierungsressourcen, der ‚weiteren politischen Kultur einer bestimmten Gesellschaft' zu situieren, die das Zwischenglied zu politisch-institutionellen Möglichkeiten darstellen, und schließlich die Konvergenzen der POS- und framing-Perspektiven im Kontext politischer Kultur konzeptionell anzuerkennen: „The political opportunity model still has its own domain, where it is concerned with institutional structures, power relations, or the strategic stance of potential alliance partners, about which the framing perspective has little to say. Conversely, the opportunity model is unable to account for the ways in which social movement mobilize symbolic resources to advance their cause – which is the particular strength of the framing perspective. Between the two domains, a common ground has developed where both perspectives refer to political-cultural or symbolic external constraints and facilitators of [social movement] mobilization. We propose to denote this set of variables by the term *discursive opportunity structures*, which may be seen as determining which ideas are considered 'sensible', which constructions of reality are seen as 'realistic', and which claims are held as 'legitimate' within a certain polity at a specific time."[35]

Der von Koopmans und Statham vorgeschlagene Begriff der *discursive opportunity structure* als gewichtigem neuen Set von Variablen lässt sich analytisch folgerichtig noch einmal zweiteilen: in den kulturellen Horizont von Ideologemen, Mentalitäten und kulturellen Mustern (kulturelle Gelegenheitsstruktur) sowie die zeitgenössische Legitimität/die Opportunitätsgrenzen politischer Diskurse (diskursive Opportunitätsstruktur). Ein solches Konzept der *discursive opportunity structure* als Teil einer erweiterten, übergreifenden Konzeptionalisierung von *politisch-kulturellen Gelegenheitsstrukturen* (als die ich die Gesamtheit politischer, kultureller und diskursiver *opportunity structures* bezeich-

---

[34] In der politischen Kulturforschung wird die Frage nach den Modi der ‚nationalen Identitätsbildung' seit je als eine zentrale Dimension untersucht; vgl. Sidney Verba, „Comparative Political Culture," in Lucian W. Pye and Sidney Verba (eds.), Political Culture and Political Development (Princeton, NJ: Princeton University Press, 1965); Wolfgang Bergem, Tradition und Transformation, a.a.O., S. 25ff.
[35] Ruud Koopmans and Paul Statham, „Ethnic and Civic Conceptions of Nationhood and the Differential Success of the Extreme Right in Germany and Italy," a.a.O., p. 228.

1. Einleitung

nen möchte), verweist somit jenseits politisch-systemischer, d.h. organisatorischer, rechtlicher und institutioneller äußerer Bedingungen, also der *formalen* Integrations- und Handlungsbedingungen politischer Akteure, auch auf das Mögliche, Sagbare und Legitime im politischen Diskurs wie auf das politische Imaginäre innerhalb einer politischen Kultur im weiteren Sinn: also auf das, was in ihr im Wortsinn politisch „opportun", akzeptabel oder gar kollektiv identitäts- und mobilisierungsgenerierend sein kann, beziehungsweise, mit Thomas Herz gesprochen, auf die spezifische politisch-kulturelle „Basiserzählung" und deren (mögliche) Wandlungen.[36] Jene Konzeptionalisierung soll am Ende des theoretischen Teils dieser Studie als Modell der politischen Kulturforschung nicht nur für soziale Bewegungen, sondern auch für politische Akteure und Ideologien (im Besonderen in Bezug auf das Problem des Antisemitismus) ausführlich begründet und systematisiert werden. Die Studie fragt somit im Besonderen auch danach, was gegenwärtig demokratisch „sagbar" und gesellschaftlich gewünscht ist, aber auch, wie sich dies im politisch-diskursiven Prozess verändert[37] – und welche symbolischen Dispositive und symbolische Ordnungen dabei konstitutiv wirken und aktualisiert werden.

Wie interagieren (vor allem, aber nicht nur rechtsextrem artikulierte) öffentliche antisemitische Ressentiments mit dem Verhalten und den Äußerungen der staatlichen und sonstigen Repräsentanten der politischen Willensbildung? Werden gesellschaftliche Stereotypen und politische Mobilisierungsversuche in der politischen Öffentlichkeit inhaltlich skandalisiert, ausgegrenzt, ignoriert, adaptiert oder akzeptiert? Wie entwickeln sich, im Anschluss an die Untersuchungsfrage Bergmanns, die politischen Skandalisierungsschwellen in öffentlichen Konflikten[38], die als Maßstab für den liberaldemokratischen Umgang mit anti-demokratischen und antisemitischen Tendenzen dienen können, und was bedeutet dies für die – heute in der Politikwissenschaft breit diskutierten[39] – ‚Identitätsbildungen' und Selbstverständigungsprozesse in der politischen Kultur? Andererseits bezieht sich der Begriff der „political opportunity structure" hier nicht auf Opportunitätsverhältnisse, sondern im Sinne von *Gelegenheitsstrukturen* insgesamt auch auf die strukturellen gesellschaftlichen wie politischen Ermöglichungsbedingungen rechts-autoritärer und antisemitischer Mobilisierung im weiteren Verständnis. Diese kann gefördert oder behindert werden durch sozialstrukturelle Bedingungen in der postindustriellen kapitalistischen Demokratie und mit ihnen verknüpfte soziokulturelle

---

36 Siehe Thomas A. Herz, „Rechtsradikalismus und die ‚Basiserzählung': Wandlungen in der politischen Kultur Deutschlands," in Jürgen W. Falter, Hans-Gerd Jaschke und Jürgen R. Winkler, Rechtsextremismus: Ergebnisse und Perspektiven der Forschung, Politische Vierteljahresschrift/PVS-Sonderheft 27 (1996), S. 485 – 501. Herz sieht den „historischen Kontext" als zentralen Faktor zum Verständnis von Rechtsextremismus.
37 Hierbei kommen auch politisch-rechtliche Aspekte hinzu, etwa im Umgang mit Volksverhetzung und der entsprechenden Gesetzgebung; die Konzentration auf den politischen Diskurs und neue diskursive Methoden in der politischen Kulturforschung begründet sich auch mit dem Umstand, dass es in einer liberalen Demokratie kaum eine offene/offizielle „antisemitische Politik" im engeren Sinn staatlichen oder sonstigen politischen Handelns geben kann, die sich auf Antisemitismus als Ideologie beruft.
38 Werner Bergmann, Antisemitismus in öffentlichen Konflikten, a.a.O., S. 14ff.
39 Vgl. jüngst Andreas Dornheim und Sylvia Greiffenhagen (Hg.), Identität und politische Kultur (Stuttgart: Kohlhammer, 2003).

und politische Transformationen, sowie die partikulare gesellschaftliche Rezeptivität für kulturell tradierte nationale und antisemitische Ideologeme.

Zu fragen ist deshalb: Welche Motive bestimmen antisemitische Ideologeme in der Gegenwart, welche „recurring patterns", also welche Muster antisemitischer Ideologiebildung und politischer Mobilisierungsstrategien treten in Erscheinung und werden im politischen Raum repliziert oder transformiert? Welche *Faktoren* begünstigen das Entstehen und die Wirkung von Antisemitismus, seine potenzielle und faktische Mobilisierungsfähigkeit? Inwieweit bietet sich in einer politischen Kultur Gelegenheit, sich antisemitisch politisch zu artikulieren, und auf welche Sanktionen stoßen entsprechende Mobilisierungsversuche? Wie ‚offen' ist hierbei das politische System und welche Grenzen werden gesetzt, aber auch: auf welche soziokulturellen und politischen Transformations- und Modernisierungsprozesse wird in welcher Weise politisch-psychologisch reagiert? Welche identitätsgenerierenden, unbewussten historischen Identifikationen, Narrative, Imaginationen und Mythen des kulturellen Unbewussten spielen dabei eine Rolle und sind mitunter aktualisierbar? Wie gesellschaftlich verankert sind hierbei judenfeindliche Motivlagen, welche mentalitätsgeschichtlichen Reservoirs von Vorurteilen existieren oder werden modifiziert, und auf welche Veränderungen in der politischen Kultur kann gehofft werden? Was leisten bzw. bewirken die *Prozesse* der öffentlich-kommunikativen Auseinandersetzungen und ideologische Positionierungen im Hinblick auf Formen von offenem oder chiffriertem Antisemitismus, auf kulturelle/nationale Identitätsnarrative, ‚Vergangenheitsbewältigung' und ‚Judenbilder'? Was für empirische Effekte zeitigen öffentliche Auseinandersetzungen wie politisch-psychologische Dynamiken hinsichtlich der Entwicklung und des Wandels gesellschaftlicher Einstellungen, antisemitischer sozialer Diskurse und judenfeindlicher politisch-kultureller Mobilisierungschancen, bzw. hinsichtlich der Demokratisierung der Gesellschaft im Ganzen?

Als qualitative Deutungsmodelle zum Post-Holocaust-Antisemitismus sollen insbesondere die theoretischen Konzeptionalisierungen und politisch-psychologischen Analyseinstrumente herangezogen werden, die die Kritische Theorie des Frankfurter Instituts für Sozialforschung – vornehmlich Theodor W. Adorno, Max Horkheimer und Leo Löwenthal – entwickelt haben und die, so Wolfgang Benz, „als Erklärungsmodelle bis heute fortwirken."[40] Folgerichtig wird zunächst davon ausgegangen, dass deren autoritarismustheoretisch geprägte Ansätze zur Deutung von Judenfeindlichkeit vor und nach dem Holocaust für gegenwärtige Analysen fruchtbar gemacht und auch zum Verständnis neuerer Dynamiken von Antisemitismus – wie seiner sich wandelnden Grenzen – in der politischen Kultur beitragen können. Gleichwohl müssen diese Erklärungsansätze politikwissenschaftlich und politisch-kulturell spezifiziert, mittels neuerer und konkurrierender theoretischer Modelle modifiziert und angesichts neuer Formen

---

[40] Wolfgang Benz, „Antisemitismusforschung als gesellschaftliche Notwendigkeit und akademische Anstrengung," a.a.O., S. 131f. Zahlreiche der in dieser Studie entfalteten Theoreme sind ursprünglich diskutiert und konzeptionalisiert worden im Rahmen meiner Auseinandersetzung mit der Antisemitismus- und Autoritarismusforschung der Frankfurter Schule; vgl. Lars Rensmann, Kritische Theorie über den Antisemitismus: Studien zu Struktur, Erklärungspotenzial und Aktualität (Hamburg: Argument, 1998).

1. Einleitung

und Konstellationen aktualisiert werden, um sie in gegenwärtige empirische Forschung überführen zu können, in der die Theoreme ihre Geltungskraft beweisen müssen. Dabei geht es zunächst um ein Verständnis der politischen, sozialen und sozialpsychologischen Bedingungen, Modi und Wirkungsweisen von antisemitischen Bildern und Wahrnehmungsformen, also um ein grundlegendes Verständnis möglicher Ursachenbündel und Dimensionen von modernem Antisemitismus nach dem Holocaust in der deutschen Demokratie.

Die Aufgabe, die spezifischen Ursprünge, Funktionen, Wirkungsweisen und politischen Wirkungen der Stereotype des Antisemitismus zu erforschen, hat im Zeitalter einer unter demokratischen Voraussetzungen lange Zeit in eine öffentliche und halböffentliche ‚Kommunikationslatenz' abgedrängte Judenfeindlichkeit an Komplexität nicht verloren, wobei zunehmend auch manifeste Vorurteile eine Rolle spielen dürften. Beide Erscheinungen nötigen m.E. insgesamt erneut zu einer *theoretischen* und *politisch-psychologischen* Orientierung der Forschung, um dem erklärungsbedürftigen Phänomen mit seinen eigentümlichen Kontinuitäten und Diskontinuitäten in der politischen Öffentlichkeit, im gesellschaftlichen Bewusstsein und im kulturellen Unbewussten, also der politischen Kultur im weiten Sinn, gerecht zu werden[41]; vor allem aber, um angesichts der im Antisemitismus kristallisierten wirkungsmächtigen, offensichtlich *irrationalen* Reaktionsweisen und Projektionen nicht nur in deskriptiver Bescheidenheit und Ratlosigkeit zu verharren.

1.2 Theoretisches Framing und Thesen

In den merkwürdigen und logisch immanent höchst widersprüchlichen Mustern antisemitischer Vorurteile verbinden sich bis heute gegensätzliche mythische Bilder: Juden gelten in antisemitischen Konstrukten als Über- und als Untermenschen, der Zivilisation als kritische Intellektuelle und Vertreter des Geistes allzu weit voran und zugleich allzu ‚trieborientiert' und lüstern, als ‚raffgierige' Börsenspekulanten, die mit Geld und abstraktem Reichtum identifiziert werden, wie als Repräsentanten von Liberalismus, Kommunismus und korrupter Politik, als heimatlose, weltweit verschworene Interessengemeinschaft und Weltmacht, als Teil einer ‚jüdischen Lobby', die Medien, Politik und vor allem das ‚jüdische Finanzkapital' beherrsche, die ‚Völker' ausbeute und die Gemeinschaft ‚zersetze', als Vertreter bürgerlichen Rechts und universalistischer Moral wie mithin als ‚rachsüchtige' (israelische) ‚Kindermörder', die die Palästinenser ‚vernichten' wollen, um nur einige drastische Bilder zu nennen. Oft werden heute solche ‚Ju-

---

41 Es genügt eben nicht festzustellen, dass „heute ausgesprochen antisemitische Stellungnahmen nur noch in der rechtsradikalen Presse zu finden sind, die deshalb auch vom Verfassungsschutz überwacht wird und rechtlichen Sanktionen ausgesetzt ist." (So Werner Bergmann, Antisemitismus in öffentlichen Konflikten, a.a.O., S. 59). Abgesehen davon, dass diese Beobachtung angesichts neuer Erscheinungsformen empirisch insgesamt in Zweifel zu ziehen ist, gleichwohl aber auch die rechtsextremen Medien ihre antisemitischen Aussagen modifizieren, um sich eben diesem beobachteten Verfolgungsdruck zu entziehen, wäre mit dieser Feststellung das Problem des Antisemitismus als Gegenstand wissenschaftlicher Erörterung eigentlich schon erledigt.

denbilder' in subtiler, indirekter oder codierter Weise adaptiert und artikuliert, scheinen fragmentiert auf. Und sie werden vielfach auf neue politisch-kulturelle Konfliktlinien, seit der unmittelbaren Nachkriegszeit insbesondere in die Themenfelder ‚Vergangenheitspolitik' und Israel, übertragen, in deren Kontext sie teils in vermeintlicher Absetzung vom ‚alten' Antisemitismus mobilisiert werden. Trotz verschiedener Diffusions- und Transformationsprozesse können die unterschiedlichen antisemitischen Bilder und Bedeutungshöfe jedoch unter bestimmten Bedingungen reüssieren.

1.2.1 Theoretische Modelle und Faktoren

Von Theodor W. Adorno wurden zuerst spezifische politisch-kulturelle Begründungszusammenhänge eines Post-Holocaust-Antisemitismus, also neuer partikularer Motivationskomplexe judenfeindlicher Bilder, Projektionen und Rationalisierungen, in der unmittelbaren Nachkriegsdemokratie empirisch erforscht und konzeptionalisiert. Dessen Theoreme werden in dieser Studie zu einem zentralen analytischen Zugang zum Problemfeld und zum theoretischen Ausgangspunkt einer politischen Psychologie über Formen des Antisemitismus in der Bundesrepublik. Demnach konnten sich früh Formen der Erinnerungs- und Schuldabwehr gegenüber den deutschen Verbrechen entwickeln, die in nationale Identifikationen und Idealisierungsmuster verwoben sind und einen neuartigen „sekundären Antisemitismus"[42] aus Erinnerungsabwehr motivieren. Antisemitismus wird heute nicht zufällig vielfach zum Gegenstand und politisch kommuniziert im Kontext von so genannter ‚Vergangenheitsbewältigung' oder ‚Geschichtspolitik', und im Horizont von Agenden ‚nationaler Identitätsbildung' und kollektiver Selbstverständigung in Deutschland nach dem Holocaust thematisiert respektive strukturiert. Darüber hinaus ist aber auch nach anderen konstitutiven politisch-psychologischen Funktionen antisemitischer Ideologeme wie Verschwörungstheorien zu fragen. In den Mittelpunkt theoretischer Überlegungen rücken dergestalt weitere politische Mobilisierungsanlässe und -hintergründe im Zeitalter von Globalisierung, sozialer Deregulierung und rapider soziokultureller Modernisierung, die in spezifischer, verdinglichter Weise anti-modernistisch besetzt und antisemitisch personifiziert werden können, und die hier zunächst mit kritisch-theoretischen Modellen analytisch konzeptionalisiert werden.

Theoretisch begründet und hypothetisch unterstellt wird dabei in der Untersuchung, dass a) antisemitische Stereotype und Gesellschaftsdeutungen einerseits eine spezifische, fiktive und dadurch ‚ideale' wirkungsmächtige historische/politisch-kulturelle wie autoritäre Variante verschwörungstheoretischer ‚Erklärungen' kapitalistisch induzierter soziokultureller, sozioökonomischer wie politischer Modernisierungs- und Globalisierungsprozesse darstellen. Komplexe moderne Vergesellschaftungs- und

---

[42] Siehe Theodor W. Adorno, „Schuld und Abwehr: Eine qualitative Analyse zum 'Gruppenexperiment'," in Ders., Soziologische Schriften II: Gesammelte Schriften Bd. 9.2 (Frankfurt a.M.: Suhrkamp, 1975), S.121 - 324; Theodor W. Adorno, „Zur Bekämpfung des Antisemitismus heute," in Ders., Kritik. Kleine Schriften zur Gesellschaft (Frankfurt a.M.: Suhrkamp, 1971), S. 105 – 133.

Transformationsprozesse können schlechthin auch und gerade im post-industriellen, postmodernen Medien-Zeitalter im Bild von Juden griffig personifiziert werden. Andererseits wird unterstellt, dass b) antisemitische Formen und Formierungen im Post-Holocaust-Deutschland aufs innigste mit Fragen der Generierung und Rekonstruktion ‚nationaler Identität' verbunden sind, also mit der (narzisstischen) ‚Beschädigung' konventioneller nationaler Identifikationsfolien durch die Erinnerung an die deutschen Verbrechen. Hierbei fungieren Juden im Sinne des ‚sekundären' ‚Antisemitismus aus Erinnerungsabwehr' vielfach unbewusst als sozialpsychologische Repräsentanten einer abgewehrten und externalisierten nationalen Verbrechensgeschichte, die sich kaum in ein ungebrochen positives, konventionelles kulturelles bzw. kollektives Selbstbild einfügen lässt.

Beide Dimensionen sind in politisch-kulturellen Reaktionsbildungen und antisemitischen politischen Mobilisierungsversuchen miteinander verschränkt und nur analytisch streng zu separieren. Im ‚sekundären' Antisemitismus scheint stets auch die Stereotypie und das Weltdeutungsmuster des ‚primären' auf. Seine Mobilisierungschancen sind, so die Grundannahme der Studie, von zahlreichen Faktoren abhängig: sie erhöhen sich u.a. in Dependenz von soziokulturellen Transformations- und Modernisierungsprozessen; der internationalen und regierungspolitischen Konstellation; dem Verhalten der politisch-systemischen Akteure und der mobilisierbaren Teile der politischen Öffentlichkeit; einer (gegenwärtigen) Kulturalisierung und Nationalisierung sozialer Konflikte wie kultureller gesellschaftlicher Deutungsmuster im politischen Raum und mit der Bedeutung neuer, *soziokulturell* bestimmter Konfliktlinien (*new cleavages*)[43], die zugleich freilich auf spezifische politisch-kulturell tradierte Reaktionsweisen gegenüber moderner Vergesellschaftung zurückweisen können; der politisch-kulturellen Opportunität und Legitimität von Verschwörungstheorien und judenfeindlichen Ideologemen; den gesellschaftlichen Reservoirs nationaler Sentimente und aktualisierbarer Feindbilder bzw. liberal-demokratischer Grundwerte; wie im besonderen von der Art der öffentlichen Kommunikation und Durcharbeitung der NS-Vergangenheit wie konventioneller nationaler Identitätsmuster, und von der Art des Umgangs mit den daraus resultierenden Zumutungen für die Herausbildung eines post-nationalen demokratischen Bewusstseins.

Vor dem Hintergrund dieses Faktoren-Clusters wird als Ausgangshypothese vermutet, dass sich mit der neuen politischen Konstellation seit der politischen Zäsur der deutschen Einheit und im Zuge der kapitalistischen wie soziokulturellen Modernisierung und Globalisierung neue Formen von Judenfeindschaft in verschiedenen politischen Kontexten erneuerte Geltung verschafft haben, und dass sich die politischen Gelegenheits- und Opportunitätsstrukturen für antisemitische Mobilisierungsversuche in Politik und Öffentlichkeit insgesamt ‚verbessert' haben.

Mit den öffentlich-politischen Versuchen einer ‚Neubestimmung' nationaler Identität, Souveränität und Selbstverständnisse im Umgang mit der NS-Vergangenheit

---

43 Vgl. Ronald Inglehart, Culture Shift in Advanced Industrial Society (Princeton, NJ: Princeton University Press, 1990); Michael Minkenberg, Die neue radikale Rechte im Vergleich: USA, Frankreich, Deutschland (Wiesbaden: Westdeutscher Verlag, 1998).

haben auch konventionelle, nationalistische politische Integrationsideologien und – teils codierte – antisemitische Feindbilder in das politische Feld zurückgefunden. In der extremen Rechten scheinen sie heute zunehmend wieder zur zentralen, konstitutiven politisch-psychologischen Projektions- und Agitationsfläche geronnen zu sein. Zugleich haben sich die politisch-kulturellen Diskursformationen, geprägt durch kulturell fortschwelende Kontinuitäten und Brüche, seit Beginn einer schon in den 1980er Jahren geschichts- und identitätspolitisch von Regierungsseite avisierten „geistig-moralischen Wende" (Helmut Kohl), den durch sie ausgelösten Kontroversen und im Besonderen seit der Zäsur von 1990 insgesamt neu konfiguriert. Diese neue Konstellation setzt nicht nur die Geschichte der Bundesrepublik fort, wie Bergmann insinuiert, sondern erfordert zunächst neue Forschungen und theoretische Interpretationen. Hinzu kommen veränderte Problemlagen durch neue, kulturalisierte bzw. soziokulturelle Konfliktlinien/new cleavages zwischen post-materialistischen und post-konventionellen Orientierungen einerseits und europaweit reüssierenden anti-universalistischen, antimodernen kulturell reifizierten Identitätsmobilisierungen und ‚Leitkulturen' andererseits, deren apostrophierte ‚Selbstbehauptung' in der politischen Öffentlichkeit und im Elektorat in jüngerer Zeit zunehmend an politischem Gewicht gewonnen haben. Der entsprechend verstärkt von rechts mobilisierte autoritäre wie nationalistische, m.E. mit Antisemitismus korrespondierende „Aufstand gegen die Moderne"[44] sollte insofern sowohl im Kontext nationalstaatlicher Spezifik der politischen Kultur[45] als auch im Horizont neuer europäischer Nationalismen situiert werden. Diese fordern liberaldemokratische, pluralistische und universalistische Werte heraus[46] – trotz (oder auch wegen) eines fortschreitenden europäischen Einigungsprozesses.

Die allgemeinen Modernisierungsschübe in westlichen Demokratien stoßen genauso wie die mit ihnen in jüngerer Zeit einhergehenden Dialektiken von Globalisierung/Fragmentierung in Deutschland freilich auf spezifische Chancen und Hemmnisse kulturalistischer, ethno-nationalistischer und antisemitischer Mobilisierungen[47] entlang der neuen Konfliktlinien und im Konnex neuer politischer Diskurse zu nationaler Identität. Zu diesem spezifischen Bedingungsgefüge zählen der historische Kontext, die öffentlichen Debatten zur NS-Vergangenheit, oder auch die spezifische internationale Aufmerksamkeit gegenüber rechtsextremen und antisemitischen Tendenzen, vor allem aber die besondere Ausprägung politisch-kultureller Reaktionsbildungen, tradierter Ideologeme und fortschwelender Dynamiken des kulturellen Unbewussten. Diese besondere politisch-kulturelle Ausgangssituation für antisemitische Mobilisierungsversuche verweist auf eine historische *Doppelstruktur* in der Bundesrepublik, die sich nach 1990 in einem Umbruchprozess befinden mag: sie bestimmt sich aus einer liberaldemokratischen Staatsräson, der Abkehr vom Nationalsozialismus als sukzessiv etabliertem Legitimationsmodus der Nachkriegsrepublik, und anderseits der Problematik

---

[44] Frank Decker, Parteien unter Druck, a.a.O., S. 248ff.
[45] Vgl. Cas Mudde, „The War of the Words Defining the Extreme Right," West European Politics 9 (1996), pp. 225 – 248.
[46] Vgl. Richard Caplan and John Feffer, „Introduction," in Caplan/Feffer (eds.), Europe's New Nationalism: States and Minorities in Conflict (Oxford: Oxford University Press, 1996), pp. 3 – 14.
[47] Vgl. Ulrich Menzel, Globalisierung versus Fragmentierung (Frankfurt a.M.: Suhrkamp, 1998).

1. Einleitung

vielfach unbearbeiteter, intergenerativer Identifizierungen und Idealisierungen. Sie erweisen sich im Gesamtkontext einer politischen Kultur und der in ihr dominanten tradierten Vorstellungsmuster[48], die sich weitaus mühseliger verändern lässt als etwa ein politisches System, das sich theoretisch ‚über Nacht' verändern kann, als zähe historische Matrix kultureller Muster und Bilder, über die sich nationale Selbstbilder und in Deutschland besonders nachhaltig tradierte ethnozentrische und judenfeindliche Abwertungen der ‚Anderen' reproduzieren können. Die Codierungen, semantischen und politisch-psychologischen Subtexte, Bedeutungshöfe, Chiffren und Konnotationen von Judenbildern erweisen sich folgerichtig im öffentlichen Diskurs in Deutschland im Vergleich etwa zu Österreich (wo entsprechende Legitimationsfragen, die sich auf die ‚Aufarbeitung' historischer Schuld und auf nationalsozialistische Elemente in der Demokratie beziehen, bis in die 1980er Jahre praktisch keine Rolle spielten) zunächst als subtiler und ‚verfeinerter'. Die Untersuchung neuerer politisch-kultureller Interaktionsprozesse muss indes nicht nur in den Blick bekommen, inwieweit sich identitätsgenerierende Muster, symbolische Politikformen und Dispositive in Bezug auf Juden, Antisemitismus und ‚Vergangenheitsbewältigung' in der politischen Kommunikation seit 1990 verändert haben oder in neuer Weise im Kontext polarisierter politischer Diskurse mobilisiert werden konnten. Sondern es muss auch berücksichtigt werden, dass sich in den öffentlichen Diskursen und bei den etablierten politischen Akteuren zumeist im Unterschied zu Haltungen in der Bevölkerung liberal-demokratisch ‚gefilterte' Positionen darstellen, die gleichwohl mit der Verschiebung von Diskursgrenzen die ‚soziale Erwünschtheit' von Ressentiments erhöhen oder mindern können. Diese Rolle politischer Repräsentanten ist insbesondere vor dem Hintergrund einer trotz einer allgemeinen ‚Politikverdrossenheit' nach wie vor hohen (wohl auch durch staatsautoritäre Traditionen begünstigten) Identifikation des Elektorats mit dem Staat und den politischen Parteien sowie einer ausgeprägten politischen Konsenskultur[49] und Tradition der Konfliktscheu[50] von Bedeutung.

Die stets prekären öffentlichen Auseinandersetzungsprozesse in der Demokratie zeitigen hierbei eine Anpassungsfähigkeit und Modernisierung des Antisemitismus selbst, und nicht nur der ‚neuen' Themenfelder (Israel, Globalisierung, Nationalsozialismus, nationale Identität etc.), innerhalb deren antisemitische Ideologeme artikuliert werden. Die politische Mobilisierung von Antisemitismus, etwa in neuen Rechtsparteien und -bewegungen wie in Teilen der radikalen Linken oder mitunter auch durch

---

48 Diese Vorstellungsmuster bezeichnet Karl Rohe als „politische Soziokultur", die er von der „politischen Deutungskultur" analytisch unterscheidet, durch die politische Akteure affektive Bindungen stiften oder reproduzieren; vgl. Karl Rohe, „Politische Kultur und der kulturelle Aspekt von politischer Wirklichkeit: Konzeptionelle und typologische Überlegungen zu Gegenstand und Fragestellung Politischer Kultur-Forschung," in Dirk Berg-Schlosser und Jakob Schissler (Hg.), Politische Kultur in Deutschland: Bilanz und Perspektiven der Forschung (Wiesbaden: Westdeutscher Verlag, 1987), S. 39 – 48.
49 Vgl. zur Staats- und Parteienidentifikation und Identifikation mit der Demokratie in Deutschland Oskar Niedermayer, Bürger und Politik: Politische Orientierungen und Verhaltensweisen der Deutschen (Wiesbaden: Westdeutscher Verlag, 2001), S. 28 – 32, S. 80ff.
50 Kurt Sontheimer und Wilhelm Bleek, Grundzüge des politischen Systems der Bundesrepublik Deutschland (München: Piper, 1997), S. 187; ausführlich Kurt Sontheimer, Deutschlands politische Kultur (München: Piper, 1990).

Akteure bürgerlich-demokratischer Parteien, funktioniert vielfach unter Berücksichtigung der Notwendigkeit einer chiffrierten Adaption antisemitischer Klischees im öffentlichen Raum. Ihre Artikulation wird vielfach stilisiert als mutiger Tabubruch gegenüber „oktroyierten" normativen Selbstverständnissen der öffentlichen Meinung in der Demokratie, und sie zielt zugleich meist codiert auf das erhebliche gesellschaftliche Vorurteilspotenzial, indem die Angesprochenen geschickt als „In-Group behandelt [werden], die schon alles weiß, was der Redner ihr sagen will,"[51] ohne dass also der Antisemitismus offen ausgedrückt werden muss. Nach 1945 und unter Bedingungen eines liberal-demokratischen Verfassungsstaates deklarieren und perzipieren sich Antisemiten – selbst innerhalb rechtsextremer Parteien – ohnehin subjektiv bzw. öffentlich zumeist nicht als solche, auch wenn sie objektiv antisemitisch denken und handeln.

Schließlich ist vor dem Hintergrund der hohen Parteien- und Staatsidentifikation und des seit der Adenauer-Zeit bis auf wenige periodische Ausnahmen schwachen rechtsextremen Parteiensektors in der Bundesrepublik zu erwarten, dass mittelfristig – auch elektorale – nachhaltige Mobilisierungserfolge nur, oder in besonderer Weise, von etablierten Parteien oder Akteuren zu erzielen sind. Dies, so ist zu vermuten, ist ein zentrales Element der spezifischen Mobilisierungsbedingungen in der deutschen politischen Kultur. Entgegen der These Frank Deckers, Antisemitismus sei das „denkbar ungeeignetste Thema" für rechtspopulistische Politik, da diese der Stigmatisierung als rechtsextrem unter allen Umständen entgehen müsse[52], wird hier jedoch überdies erwartet, dass sich ein moderierter, sich als ‚demokratischer Ausdruck' einer homogenisierten Volksmeinung gegenüber ‚Tabus' gerierender Antisemitismus geradezu ideal auch als Mobilisierungsthema neuer Rechtsparteien und populistischer Akteure eignen dürfte, gerade weil er in der Geschichte der Bundesrepublik aus verschiedenen Gründen im Unterschied zu anderen ethnozentrischen Vorurteilsensembles nicht als politisches Mobilisierungsthema von den etablierten Parteien bzw. den großen Volksparteien aufgegriffen worden ist. Populistische Mobilisierungsversuche insgesamt, die auf die konventionelle Rehabilitierung einer ‚selbstbewussten Nation' setzen, sind in Deutschland dabei nicht ohne die Idealisierung der Vergangenheit und mithin nicht ohne Antisemitismus denkbar. Dieser dürfte für rechtspopulistische Mobilisierungen deshalb gerade das ‚adäquate', effektive Feindbild verkörpern, mit dem politisch nur partiell repräsentierte gesellschaftliche Vorurteile aufgegriffen werden könnten, und mit dem man in ein politisches, gleichwohl öffentlich schwelendes Vakuum stoßen und womöglich mit Berechtigung auf Rezeptivität in beträchtlichen Teilen des Elektorats hoffen könnte. Am Fall der FDP wird im Besonderen zu extrapolieren sein, inwiefern die Bundestagswahlkampagne 2002 eine politische Mobilisierungsstrategie darstellt, die beide hier hypothetisch formulierten Voraussetzungen – rechtspopulistische Agitation, die sich *gerade* auf Antisemitismus stützt und im Rahmen etablierter demokratischer

---

[51] Theodor W. Adorno, „Antisemitismus und faschistische Propaganda," in Ernst Simmel (Hg.), Antisemitismus (Frankfurt a.M.: Fischer, 1993 [1946]), S. 148 – 161, S. 159.
[52] Frank Decker, „Insel der Seligen? Warum deutsche Rechtspopulisten oft scheitern," Internationale Politik 58, 4 (2003), S. 13 – 22, S. 20.

Parteien formuliert wird – synthetisch inkorporiert, und inwieweit sie damit erfolgreich war.

Michael Minkenberg entwickelt vor dem Hintergrund der zeitgenössischen soziokulturellen Modernisierungsschübe und neuen Konfliktlinien ferner die Hypothese eines allgemeinen „Rechtsruckes" in den post-industriellen Demokratien,[53] der in den unterschiedlichen politischen Kulturen freilich unterschiedliche Ausprägungsformen zeitigt und sich in divergierenden Konstellationen entfalte. Unterstellt man mit Minkenberg einen „Rechtsruck der Volksparteien", eine in Hinsicht auf Immigration und Mobilisierung eines ethnisch-kulturellen Nationsverständnisses in Deutschland nach 1990 eine „dialektische Interaktion zwischen den Volksparteien und den neuen Rechtsparteien, die diese zwar überflüssig zu machen schien, deren Politik jedoch weitgehend übernahm"[54], so wäre auch nach den politischen Wirkungen und Interaktionen jener neuen nationalen Diskurse, Positionen und Identitätspolitiken für antisemitische Gelegenheitsstrukturen zu fragen. Meine anhand der spezifischen diskursiven Prozesse diesbezüglich zu verifizierende oder falsifizierende These ist, dass insbesondere im Kontext der deutschen politischen Kultur, trotz mannigfacher liberaler Brechungen im Horizont institutioneller und demokratischer Selbstverständnisse, zunehmende politisch-kulturelle Remobilisierungs- und Rehabilitierungsversuche konventioneller nationaler historischer Mythen und Narrative in politischen Kommunikationsprozessen nicht nur einem postmodernen Nationalismus wie Ethnozentrismus das Feld bereiten, sondern auch korrespondierenden antisemitischen Deutungsmustern von Juden als ‚Störenfrieden der Nation'. Diese ideologischen Deutungsmuster suchen sich freilich meist neue Themenfelder und Artikulationsformen. Hiermit korrelieren – nicht ohne Brechungen und Bearbeitungen – intergenerative, sozialpsychologisch transferierte Idealisierungen, kollektive Identitätskonstruktionen und kulturell tradierte Vorstellungen, wie Opfermythen und ‚Judenbilder', über die sich ambivalenzfrei überhöhte Attribuierungen des ‚Eigenen' und Devaluierungen der ‚Anderen' reproduzieren können.

Neue nationale Identitätspolitiken, die die Nation als ethnokulturelle Identifikationsfläche zu rekonstruieren suchen, richten sich im Besonderen gegen ambivalente post-industrielle ökonomische Globalisierungsprozesse und die soziokulturellen Aspekte moderner Vergesellschaftung. Diese werden in „selektiv rückwärtsgewandte[n], personifizierende[n] Deutungsmuster[n]"[55], die mittels Stereotypisierung die gesellschaftliche Komplexität reduzieren, Widersprüche oder Ambivalenzen homogenisieren und die ethnische Gemeinschaft in Anschlag bringen, vielfach autoritär-konformistisch mit Bildern von ‚Fremden', Minderheiten, Homosexuellen, Differenz, Individualismus, Abweichung von der Norm, und insbesondere mit Juden *identifiziert*. Antisemitische Verschwörungstheorien, die die mit sozialen Ängsten und Möglichkeiten verbundenen Modernisierungsprozesse antisemitisch personifizieren, bilden dergestalt gleichsam die Kehrseite von nationalistischer Mobilisierung und Formen stereotyper kollektivistischer Ordnungsmoral, die sich gegen den abstrakten Reichtum, den Geld- und Warenver-

---

[53] Michael Minkenberg, Die neue radikale Rechte im Vergleich, a.a.O., S. 340ff.
[54] Ibid, S. 355.
[55] Ibid, S. 314.

kehr, ja anonyme abstrakte Macht schlechthin genauso richten wie gegen das moderne Glücks- und Freiheitsversprechen, Mobilität, Pluralität und multikulturelle Urbanität, Heimatlosigkeit, Individualismus, Autonomie, universalistische Normen und soziokulturelle Identitätsdiffusionen.[56] Diese erscheinen im fiktiven Bild vom ‚heimatlosen Juden' ideologisch verdichtet. Die fiktiven Imaginationen fremder Mächte, die ‚hinter den Weltprozessen' stehen, sind als ideologisches Gegenbild somit verbunden mit autoritären, homogenisierten kollektiven Selbstbildern von anti-modernen ethnokulturellen Gegenbewegungen, die vermeintlich Schutz gewähren und ‚Ordnung' ins perzipierte Chaos komplexer moderner Gesellschaften bringen.[57] Solche spezifischen Homogenisierungs- und Weltdeutungssysteme stellen demnach ein besonderes, *potenzielles* politisch-kulturelles Verarbeitungsmuster der ‚Zumutungen der Moderne' dar.

1.2.2 Thesen und Korrelationshypothesen

Die Tendenz, nationale Identitätskonstruktionen zu re-mobilisieren, soziale Konflikte in Nationalismen zu naturalisieren und zu ethnisieren, hat, so ist begründet anzunehmen, insgesamt im letzten Jahrzehnt international zugenommen[58] – und dies in Deutschland vor dem besonderen Hintergrund einer wirkungsmächtigen ethnokulturellen Matrix wie der zeitgleichen Renaissance weitgehend informalisierter rechtsextremer Bewegungen. Jene Tendenz hat hierbei teils parallel, teils innerhalb, teils auch in spannungsreicher Interaktion mit den neuen vergangenheitspolitischen Diskussionen der 1990er Jahre Wirkung gezeigt. Diese Entwicklung hat das politisch-kulturelle Verhältnis zum Antisemitismus, gemäß der hier vorgeschlagenen Korrelationshypothese von (deutschem) Ethno-Nationalismus und Judenfeindschaft, nicht unberührt gelassen. Jene ethnokulturelle ‚Bewegung' im politischen Prozess kann ebenfalls gedeutet werden im Kontext der modernen Vergesellschaftungsmodi und zugleich als reaktive, spezifische politisch-kulturelle Mobilisierung gegenüber sozialen Umwälzungen, Komplexitäten und Modernisierungsprozessen. An diese sind so unterschiedliche wie zusammenhängende Phänomene wie etwa transnationale ‚Globalisierung'[59], soziale Deregulierung, zunehmender ökonomischer Druck auf den Einzelnen wie gestiegene soziale Atomisierung, die elektronisch-technologische ‚Revolution', rapider sozialer Wandel im Zuge post-industrieller Umgestaltung, Erosionen nationalstaatlicher politischer Ordnungssysteme und Restrukturierung des politischen Raumes[60], post-nationale Identitätsdiffusionen und Diffusionen traditionaler Bindungen, Migration und Multikulturalisierung geknüpft. Die Prozesse des Wandels sind gesellschaftlich geschwächten Individuen

---

[56] Ibid.
[57] Adorno, Theodor W., „Antisemitismus und faschistische Propaganda," a.a.O.
[58] Vgl. u.a. die empirischen Ergebnisse bei Michael Minkenberg, Die neue radikale Rechte im Vergleich, a.a.O.
[59] Zu den Effekten von Globalisierungsdruck und neuen Identitätsbildungen auf Inklusionen und Exklusionen in Europa vgl. Martin Kohli and Alison Woodward (eds.), Inclusions and Exclusions in European Societies (London: Routledge, 2001).
[60] Vgl. hierzu jüngst Albert Scharenberg und Oliver Schmidtke (Hg.), Das Ende der Politik? Globalisierung und der Strukturwandel des Politischen (Münster: Westfälischen Dampfboot, 2003).

erfahrbar als eine neue Stufe der Unübersichtlichkeit in der widersprüchlichen kapitalistischen Moderne und im ‚nach-metaphysischen' Zeitalter.[61] Diese widersprüchlichen soziokulturellen und ökonomischen Prozesse werden vielfach mit verdinglichten kollektiv-identitären Konstruktionen, kulturellen Reaktionsbildungen, resakralisierten Mythen und antisemitischen Deutungssystemen ‚handhabbar' gemacht, verarbeitet und beantwortet. Die verbreitete Erfahrung de facto globalisierter Alltagskontexte[62], und mit ihnen verbundener Ambivalenzen, Wünsche und sozialer Zwänge, kann mit diesen Deutungsschemen ideologisch ausgesondert, abgespalten und personifiziert werden. Autoritäre wie jüngst erneuerte antisemitische stereotyp-ideologische Wahrnehmungsstrukturen konstituieren sich hierbei umso leichter, desto stärker entsprechende langfristig nachwirkende politisch-kulturelle Ressourcen und tradierte Muster von ‚Identität' verankert und mobilisierbar sind.[63] Jene Stereotypen vermitteln u.a. spezifische kulturell-ideologische Varianten politisch-psychologischer ‚Lösungen' und Verarbeitungsformen von inneren (persönlichkeitsstrukturellen) wie sozialen Konflikten, die selbst beide nicht zuletzt in den gesellschaftlichen Bedingungen gründen.

Trotz eines allgemeinen Diffusionsprozesses ‚klassischer' moderner Ideologien in der postmodernen Periode stellen Nationalismus und Antisemitismus scheinbar beharrliche, teils wiederauflebende Phänomene dar. Die neue Bedeutung ‚nationaler Identität' und die ethnozentrische Re-Nationalisierung sind im zeitlichen Horizont von transnationalen Prozessen der Globalisierung und Migration, in der traditionelle Identifikationspunkte mit Nation und Nationalstaat tendenziell zu verblassen schienen, zweifellos erstaunliche Erscheinungen.[64] Auch die Diffusion von Antisemitismus als existenziellem Weltbild in der deutschen Nachkriegs-Demokratie, die judenfeindliche Vorurteilsensembles in kryptischere und modernisierte Formen gezwungen hat, wird derzeit offenbar mannigfach mit einer neuen Aktualität von Formen ‚sozialer Paranoia' beantwortet, die mit antisemitischen Verschwörungstheorien besetzt werden kann. Ein steigendes Potenzial und eine zunehmende soziale Attraktivität insbesondere bei Jugendlichen[65] sowie insgesamt ein „neuer Antisemitismus"[66] als Katalysator für rechtsextreme und rechtspopulistische, aber auch ‚antizionistische' linke Formierungen in der gegen-

---

61 Vgl. Jürgen Habermas, Die neue Unübersichtlichkeit: Kleine Politische Schriften V (Frankfurt a.M.: Suhrkamp, 1985).
62 Vgl. hierzu Peter Kemper und Ulrich Sonnenschein (Hg), Globalisierung im Alltag (Frankfurt a.M.: Suhrkamp, 2002).
63 Vgl. Wolfgang Benz: „Antisemitismusforschung als gesellschaftliche Notwendigkeit und akademische Anstrengung," a.a.O., S. 133
64 Herbert Kitschelt, „Politische Konfliktlinien in westlichen Demokratien: Ethnisch-kulturelle und wirtschaftliche Verteilungskonflikte," a.a.O., S. 421.
65 Vgl. Rudolf Welskopf, Ronald Freytag und Dietmar Sturzbecher, „Antisemitismus unter Jugendlichen in Ost und West," Jahrbuch für Antisemitismusforschung, 9 (2000), S. 35 – 70.
66 Ein „neuer Antisemitismus", der also neue Formen annimmt und sich mittels verschiedener Codes, symbolischer Zuschreibungen von der alten, nazistischen Propaganda unterscheidet sowie sich vornehmlich der Themenfelder Israel und Geschichtspolitik bedient, wurde zuerst konstatiert von Arnold Foster und Benjamin Epstein, The New Antisemitism (New York: McGraw Hill, 1974). Vgl. jüngst die maßgebliche Arbeit von Peter Pulzer, „The new antisemitism, or when is a taboo not a taboo?," in Paul Iganski and Barry Kosmin (eds.), A New Antisemitism? Debating Judeophobia in 21st-century Britain (London: Profile Books, 2003), pp. 79 – 101.

wärtigen post-industriellen kapitalistischen Demokratie nach dem Holocaust sind in jedem Fall nicht nur zu konstatieren, sondern auch in ihren Bedingungsgefügen zu *erklären*.

Nach dem Holocaust berühren Antisemitismus und deutsch-jüdische Beziehungen, wenn auch unter demokratischen Bedingungen und in veränderter Weise, erst recht Fragen kollektiver Identitätsbildung in ihrem Kern.[67] Diese Fragen affizieren nicht nur offene Antisemiten und Rechtsextremisten. Anti-jüdische Ressentiments sind heute im besonderen verbunden mit Problemen und Fragen der Erinnerungsabwehr und ihrer speziellen kulturellen Bedeutung für kollektive Identitätsbildung in der Post-Holocaust-Gesellschaft; sie werden auch zumeist öffentlich in erinnerungs- und vergangenheitspolitischen Debatten und Kontexten sowie in Diskussionen um ‚nationale Identität'. Die Suche nach einer neuen nationalen *identity creation*[68] und „compulsive normalization"[69] stößt notwendig auf das Problem der deutschen Verbrechen und des Antisemitismus, der sie motivierte. Antisemitismus ist dabei freilich „nicht trotz Auschwitz wiedergekehrt, sondern der Antisemitismus nach Auschwitz hat Auschwitz in sein System der Abwehr von Schuld aufgenommen."[70] Auch das Problem der Erinnerungsabwehr wie -verdrängung und eines sekundären Antisemitismus *wegen Auschwitz*, für den die Juden als wahrgenommene Repräsentanten des Holocaust die ‚nationale Schande' in der Nationalgeschichte verkörpern und somit einer ungebrochenen Identifizierung mit der nationalen deutschen Geschichte im Wege stehen, stellt sich so unter der Frage kollektiv-nationaler Identifikationen und Gratifikationen auch als Dimension des Autoritarismus.

Insgesamt sind Aspekte der gesellschaftlichen wie politischen ‚Aufarbeitung' der Vergangenheit in Deutschland für die Untersuchung von Antisemitismus von herausragender Bedeutung und bilden ein wichtiges Element seiner Erforschung.[71] Das antijüdische Denken erhält, neben manchen untergründigen post-nazistischen Kontinuitäten im politischen Unbewussten, „einen Großteil seiner Dynamik aus der Bearbeitung der nationalsozialistischen deutschen Vergangenheit."[72] Das Verhältnis zur nationalsozialistischen Vergangenheit ist für heutigen Antisemitismus und seine Ermöglichungsbedingungen somit mitentscheidend. Alle Formen von Judenfeindlichkeit sind unvermeidlich Manifestationen eines Post-Holocaust-Antisemitismus, d.h. zunächst, ihre Ideologeme reagieren explizit oder implizit auf die Shoah. In großen Teilen der westlichen Gesell-

---

[67] Vgl. Lars Rensmann, „Reexamining the Political Psychology of Antisemitism: Origins, Dynamics, and Transitions in the Contemporary Post-Holocaust Era," Paper presented at the Conference ‚Remembering for the Future: The Holocaust in the Age of Genocide', Oxford University, July 16 – 23, 2000.
[68] Vgl. Karl Wilds, „Identity creation and the culture of contrition: Recasting ‚normality' in the Berlin Republic," German Politics 9 (2000), pp. 83 – 102.
[69] Micha Brumlik, „The Situation of the Jews in Today's Germany," in Y. Michal Bodemann (Ed.), Jews, Germans, Memory: Reconstructions of Jewish Life in Germany (Ann Arbour: The University of Michigan Press, 1996), pp. 1 – 16, hier p. 11.
[70] Detlev Claussen, „Vom Judenhass zum Antisemitismus," in Ders. (Hg.), Vom Judenhass zum Antisemitismus: Materialien einer verleugneten Geschichte (Darmstadt: Luchterhand, 1988), S. 8 – 46, hier S. 41.
[71] Vgl. Wolfgang Benz, „Antisemitismusforschung als gesellschaftliche Notwendigkeit und akademische Anstrengung," a.a.O., S. 134f.
[72] Vgl. Werner Bohleber, „Antisemitismus als Gegenstand interdisziplinärer Erforschung,"a.a.O., S. 12.

schaften hat der Holocaust Antisemitismus politisch und moralisch diskreditiert. Wahrnehmungsformen von Juden sind im kollektiven Bewusstsein von diesem Verbrechen, wenn auch in unterschiedlicher Weise, gezeichnet. Dazu haben die Medialisierung des Holocaust und die Erinnerungskultur in westlichen Demokratien beigetragen, in denen der Holocaust in Teilen zu einem negativen moralischen Paradigma geworden ist.[73] Noch der rechtsextreme, offene ‚politische' Antisemitismus muss somit auf den Holocaust und die veränderte historische Konstellation reagieren – wenn er dies auch vielfach mit Formen der Relativierung, Leugnung[74] oder Rechtfertigung ‚bewerkstelligt'. Mit dem Antisemitismus als Welterklärung wird notwendig auch die Frage nach den Verbrechen mobilisiert, in die der moderne Antisemitismus mündete. Insofern impliziert Antisemitismus als Weltbild auch, nach der Geschichte des Holocaust zumal, die Legitimierung oder Verharmlosung der Vernichtung der Juden als dem der Gemeinschaft gegenübergestelltem Übel der modernen Welt. Zugleich mag gelten, dass die Geschichte des modernen Antisemitismus als Geschichte der Vernichtung es kaum mehr erlaubt, judenfeindliche Klischees quasi unabhängig vom Antisemitismus als Weltbild und vom Holocaust zu thematisieren. Im Horizont der verschiedenen Parameter, des Faktoren-Clusters und der theoretischen Deutungsperspektiven lassen sich mehrere komplexe Korrelationshypothesen für die Studie formulieren:

1. Antisemitismus korreliert in hohem Maße sowohl mit politischem Autoritarismus, als auch mit konventionellen, anti-universalistischen Narrativen zur ‚nationalen Identität', und zwar vor allem im Kontext eines wirkungsmächtigen ethnisch-kulturellen Nationsverständnisses in Deutschland[75], sowie im Besonderen vor dem Hintergrund der Desavouierung idealisierter nationaler Selbstbilder durch die Verbrechen der NS-Vergangenheit. Diese Korrelation ist neben der spezifischen Tradition und Funktion antisemitischer Images in der politischen Kulturgeschichte einerseits und der Legitimation der Nachkriegsrepublik durch die Abkehr vom Nationalsozialismus andererseits einer der bedeutendsten Aspekte der besonderen politisch-kulturellen Ausgangskonstellation bezüglich der Gelegenheitsstruktur von Antisemitismus in der Bundesrepublik. Politischer wie kultureller Antisemitismus wird entsprechend heute gerade in politischen Kommunikationen zu nationaler Identitätspolitik und zur ‚Vergangenheitsbewältigung' zum Gegenstand oder artikuliert.

2. Neue politische Formen des Antisemitismus, die diskriminierende historische ‚Judenbilder' des ‚kollektiven Unbewussten' reaktivieren, korrespondieren und korrelieren vielfach mit Formen der anti-modernen, unspezifischen, *autoritären* Abwehr der ambivalenten Prozesse soziokultureller und sozioökonomischer Modernisierung und Globalisierung. Juden personifizieren in antisemitischen Denkformen die abstrakte gesellschaftliche *Macht* wie das universelle Glücksversprechen, welche der Konstruktion der ‚ursprünglichen Gemeinschaft' gegenüber gestellt werden. Der antisemitisch besetz-

---

[73] Siehe Jeffrey Shandler, While America Watches: Televising the Holocaust (New York and Oxford: Oxford University Press, 1998), p. xii.
[74] Vgl. im Überblick Deborah Lipstadt, Denying the Holocaust: The Growing Assault on Truth and Memory (New York: Plume, 1994).
[75] Ruud Koopmans and Paul Statham, „Ethnic and Civic Conceptions of Nationhood and the Differential Success of the Extreme Right in Germany and Italy," a.a.O.

te Kampf gegen jene Modernisierungsprozesse ist wieder ein zunehmend integraler Bestandteil der ethnopluralistisch orientierten ‚Neuen' wie der gegenwärtigen extremen Rechten, die verstärkt gegen das „internationale Finanzkapital" und „multinationale Konzerne" agitiert, hinter denen die „jüdische Lobby", der „US-Imperialismus" oder die „jüdisch-amerikanische Ostküste" stünden. Antisemitischen Ressentiments nimmt aber offenbar auch in nicht unerheblichen Teilen von „antiimperialistischen" und „alternativen" Gruppen, Parteien und Organisationen, die ein linkes oder linksradikales Selbstverständnis haben, wieder zunehmend Raum ein. Judenfeindliche Vorurteile wirken dergestalt auch, obgleich meist unbewusst oder latent, im ideologischen Weltbild identitätspolitischer und ‚gegenkultureller' Bewegungen vermehrt als politisch-psychologisches Bindemittel. Dieses Motiv integriert vielfach einen ganzen Komplex von tradierten wie reaktiven anti-modernen, anti-amerikanischen, anti-zivilisatorischen, antidemokratischen/autoritären wie „verkürzt antikapitalistischen" (Moishe Postone) politischen Orientierungen in Teilen der Linken, die mit unbewussten kulturellen Vorurteilen und Codes legiert sind. Solche Vorurteile reüssieren auch zunehmend in Teilen der politisch international mobilisierenden ‚Antiglobalisierungsbewegung', die sich in mitunter fundamentalistischer Weise gegen soziokulturelle Globalisierung, abstrakte Vergesellschaftungsmodi sowie universalistische zivilisatorische Normen und Werte (‚Verwestlichung') richten,[76] denen nicht selten (analog zur extremen Rechten) dichotom die „Rechte der Völker" kontrastiert werden. Jene universalistischen, liberalen und multikulturellen Werte, sowie zugleich „Imperialismus" und moderner Kapitalismus, werden dabei oftmals in den USA und Israel als „Schurkenstaaten" (Peter Sloterdijk) verkörpert gesehen bzw. negativ personifiziert – und dabei „die Amerikaner", „die multinationalen Konzerne", „die Börse" und „die Zionisten" zum Feindbild erklärt, die dergestalt als scheinbar einzige Bedrohung für den Weltfrieden und ein ansonsten vermeintlich harmonisches „Völkerleben" ausgesondert werden.[77] Eine solche Vorstellung trifft sich nicht nur mit immer noch im Massenbewusstsein virulenten Verschwörungstheorien, sondern auch mit der anti-demokratischen Politik, dem Antisemitismus

---

[76] Vgl. zur Kritik Klaus Faber, „Globalisierung – nur ein neues Wort für Verwestlichung?," Die Neue Gesellschaft/Frankfurter Hefte 5 (2000), S. 274ff.

[77] Dies trifft freilich nicht auf alle ‚globalisierungskritischen' kollektiven Akteure zu, und hat nicht in gleicher Weise Geltung. Die lebensweltlich rationalisierenden, differenzierenden, pluralisierenden und auch demokratischen Potenziale alternativer Lebens- und Assoziationsformen, sozialer Bewegungen und zivilgesellschaftlicher Kommunikationszusammenhänge außerhalb staatlicher Institutionen sollten nicht grundsätzlich oder pauschal in Abrede gestellt werden. Allerdings ist einigen dieser Bestrebungen ein anti-zivilisatorisches Ressentiment zueigen, das mit der pauschalen Wut auf die anonymen, abstrakten und marktvermittelten sozialen Machtverhältnisse wie Rechtsformen diese nicht selten negativ personifiziert, zugleich vorgeblich ‚ursprüngliche', kollektivistische Vergemeinschaftungsformen vergötzt, und begrifflich zwischen bürgerlich-liberalen (westlich-universalistisch begründeten) Rechtssystemen, terroristischer Gesetzlosigkeit oder religiöser Diktatur nicht zu unterscheiden vermag. Die damit nicht selten verbundene Verharmlosung oder Rechtfertigung des antisemitischen und antiamerikanischen Terrorismus in der extremen Rechten wie in Teilen der radikalen Linken (bei denen oftmals der US-amerikanische Präsident zum „wahren Terroristen" erklärt wird) ist somit vielfach verknüpft mit der Verachtung von Universalismus, bürgerliche Freiheiten, Individualismus, Liberalismus, Rechtsstaatlichkeit und Demokratie schlechthin, die dann als ‚überflüssig', ‚kolonialistisch' oder als bloße ‚Fassade' westlich-demokratischer Gesellschaften erscheinen können, hinter der imperialistische Verschwörungen organisiert würden oder „zionistische Agenten" operierten. Zur genauen empirischen Analyse vgl. Kapitel 6.

Errata

Lars Rensmann
Demokratie und Judenbild
Antisemitismus in der politischen Kultur der Bundesrepublik Deutschland
Wiesbaden 2004, VS Verlag für Sozialwissenschaften

Für die genannten Seiten möchten wir noch auf folgende Fehler hinweisen:

S. 18, Zeile 17, statt „…Zäsur, *den* die deutsche Vereinigung…" muss es heißen: „…Zäsur, **die** die deutsche Vereinigung…"

S. 23, Zeile 15, statt „…*symbolische* Ordnungen…": „…symbolische**n** Ordnungen…"; Zeile 25, statt „in der Politikwissenschaft breit diskutierte…" „…breit diskutierte**n**…"

S.24, Zeile 31, statt „Kritische Theorie…entwickelt *haben*...": „…entwickelt **hat**…"

S. 25, Zeile 11, statt „…abgedrängt*e* Judenfeindlichkeit…": „…abgedrängt**en** Judenfeindlichkeit…"

S.29, Zeile 3, statt „…mühseliger verändern *lässt*...": „…verändern **lassen**…"

S. 31, Zeile 10, „*eine*" entfällt

S.36, Zeile 6, statt „Antisemitische*n* Ressentiment*s*…": „Antisemitisch**es** Ressentiment"

S. 37, Zeile 20, statt „…*mit dem* rassistischen…": „**zum** rassistischen…"; Zeile 22f, statt „…*immer* innerfamilialen…": „**im** innerfamilialen",

S.45, Zeile 27f „*eben nicht mehr*" entfällt

S. 46, Zeile 6 „*muss*" entfällt, Z. 27, „*auf*" entfällt

S.47, Zeile 4f „*Die Anwendung von*" entfällt, statt „…mehr oder minder große*n*…theoretische*n*": „mehr oder minder große…theoretische Abstraktionen…"

S. 48, Zeile 27 „*mitunter*" entfällt

S. 51, Zeile 10 „*die*" entfällt

S. 56, Zeile 12, „*in der 1990er*" entfällt

S. 60, Zeile 4, statt „…politischen Diskursen.": „…politischen Diskursen **rücken.**"

S. 61, Zeile 31, statt „…rezipiert *wird* und ‚*ankommt*'…": „…rezipiert **werden** und ‚**ankommen'**…"

1. Einleitung

und Antiamerikanismus der extremen Rechten, der seit dem 11. September 2001 noch verstärkt in Erscheinung tritt und auf eine lange ideologiehistorische wie aktuelle politisch-psychologische Verbindung mit antisemitischen Feindbildern in Deutschland zurückweist.[78]

3. Je konsequenter Judeophobie und Nationalismus innerhalb des politischen Systems und der demokratischen Öffentlichkeit neben rechtlicher Ahndung politisch-kommunikativ delegitimiert und negativ sanktioniert werden, desto weniger können sich gesellschaftlicher und politischer Antisemitismus entfalten und Wirkungskraft erzielen; umgekehrt haben sich empirisch trotz der und teils durch die vergangenheitspolitischen Kontroversen der 1990er Jahre, durch neue öffentlich-politische Debatten zu nationaler Identität und der zunächst bei der Rechten und nunmehr auch bei beträchtlichen Teilen der Linken reüssierenden Idee einer ‚selbstbewussten Nation', sowie durch öffentlich perpetuierte negative Israel-Bilder und politische Kampagnen wie die der FDP die soziale Erwünschtheit, gesellschaftliche Bedeutung und politische Opportunität von Antisemitismus in der politischen Kultur erhöht. Gerade in der deutschen politischen Kultur kommt dabei neben den Medien und demokratischen politischen Parteien dem Staat als Akteur eine immer noch durchaus gewichtige Rolle beim Einfluss auf politische Sozialisationsmuster und Demokratisierung zu.[79]

4. Öffentlich-politische Auseinandersetzungen und geschichtspolitische Kommunikationen zur NS-Vergangenheit und vor allem mit dem rassistischen Vernichtungs-Antisemitismus der NS-Zeit sind ein wichtiger Faktor zur Bearbeitung antisemitischer Stereotypie und unbewusster kultureller Anteile bei den Einzelnen wie immer innerfamilialen und sozialen Dialog. Seit dem ‚Historikerstreit' 1986 und insbesondere seit der deutschen Einheit ist eine beachtliche „Thematisierungswelle" gegenüber der NS-Zeit und dem Holocaust zu beobachten. Dabei ist jedoch nicht die bloße Quantität der Thematisierung und Debattenstränge entscheidend, also nicht nur das *ob*, sondern vor allem das *wie* der Thematisierung. Insofern ist zu vermuten, dass politische oder symbolische Kommunikationen zu Geschichte und Gedenken, in denen Elemente der NS-Vergangenheit unwidersprochen idealisiert bzw. verharmlost werden, oder in denen historische Mythen, Identitäts-Narrative und intergenerativ transferierte kulturelle Muster reüssieren (wie etwa das politisch-psychologische Motiv kollektiver Selbst-Viktimisierung) mit der sozialen Disposition zu Erinnerungsabwehr, Schlussstrich-Mentalität und Antisemitismus in problematischer Weise interagieren und korrelieren. Erinnerungsabwehr und moralische Externalisierung gegenüber den Verbrechen der NS-Zeit werden dabei als eine Variante von politischem Autoritarismus begriffen. Wenn Juden

---

[78] Für diese Verbindung von Antiamerikanismus und Antisemitismus, die heute erneut zu reüssieren scheint, gibt es viele geschichtliche Belege. Während Antiamerikanismus und Antisemitismus keineswegs dasselbe sind, so sind Koppelungen der Feindbilder evident. Die amerikanische „Plutokratie" wurde seit je mit Juden, und beide mit den bürgerlichen Glücksversprechen, universalistischer Moral, der (finanz-)kapitalistischen Macht, dem „Mammonismus" und der Börse („Wall Street"), ja mit „Weltherrschaft" identifiziert. Bereits 1906 hatte der völkische Autor Otto Ladensdorf diesen Konnex pointiert formuliert: „Heute kann man schon in gewissem Sinne den Juden als den Vertreter des Amerikanismus bei uns bezeichnen. Verjudung heißt eigentlich Amerikanisierung." Zitiert nach Thomas von der Osten-Sacken, „Aggressiver Antisemitismus: Kein Platz für Juden," Rundbrief Kirche und Israel in Baden 64 (2003).
[79] Vgl. Wolfgang Bergem, Tradition und Transformation, a.a.O.

in diesen öffentlichen Debatten zu „Moralaposteln" oder „moralischen Instanzen" hypostasiert und als „Gewissen der Nation" projiziert werden, so erscheinen sie insofern als Personifikation eines im Hinblick auf die Geschichte externalisierten Gewissens, der für die nationale Identifikation bedrohlich wirkenden *Macht der Erinnerung*. So kann auch *in* der öffentlich-politischen Kommunikation über den Nationalsozialismus, die auch seit den 1980er zwischen Lernprozessen und Erinnerungsabwehr oszilliert[80], mitunter ein politisches Klima von ‚unbekümmerten Tabubrüchen' perpetuiert werden, dass post-konventionellen Selbstverständigungsverständigungsprozessen und Sensibilisierungen, der selbstreflexiven Durchdringung der kulturellen Tradition und Vorurteilsbilder entgegensteht. Insbesondere der in der politischen Kommunikation zunehmend öffentlich proklamierte Wunsch nach *Normalisierung* des deutsch-jüdischen Verhältnisses und der deutschen Geschichte, das Insistieren auf der nunmehr erreichten bzw. wieder hergestellten „nationalen Normalität" Deutschlands grundiert seit der deutschen Einheit in besonderer Weise Formen der Erinnerungsabwehr und des sekundären Antisemitismus,[81] da die Erinnerung an die Präzedenzlosigkeit des Holocaust dieser Normalitätsdiktion genauso entgegensteht wie diejenigen, die jene Erinnerung im sozialen Bewusstsein qua Existenz repräsentieren. Je mehr indes der Wunsch nach Normalität und ‚Schlussstrich' artikuliert und erzwungen werden soll, desto stärker wird in einer eigentümlichen diskursiven Dialektik auch die Geschichte thematisiert und die unerwünschte Erinnerung wach gehalten.

Die politischen, diskursiven wie kulturellen Opportunitäts- und Gelegenheitsstrukturen für antisemitische Mobilisierungen (im Sinne des in dieser Arbeit operationalisierten Begriffs von Antisemitismus) haben sich, so die Gesamt-Hypothese dieser Studie, im Entstehungsprozess der ‚Berliner Republik' nicht verschlechtert, auch nicht durch den politisch-kulturell nicht unbedeutenden Wandel der Regierung im Jahre 1998 nach der Ära Kohl. Vielmehr haben sie sich im Kontext der neuen politischen und gesellschaftlichen Konstellation – vor dem Hintergrund neuer soziokultureller Konfliktlinien in der post-industriellen Demokratie und im Kontext neuer, veränderter Diskursprozesse in der politischen Kultur – seit der deutschen Einheit transformiert und tendenziell eher ‚verbessert'. Mit der These von komplexen, teils widersprüchlichen Prozessen und Effekten öffentlich-politischer Kommunikation zu Antisemitismus und ‚Vergangenheitsbewältigung' und korrespondierender gesellschaftlicher Vorurteile wie konventioneller nationaler Identifikationen wird zugleich die von Werner Bergmann vertretene Auffassung von einem historisch quasi linearen kollektiven Lernprozess gegenüber Antisemitismus auf der Ebene der politischen Öffentlichkeit und der gesellschaftlichen Einstellungen in der Bundesrepublik hinterfragt. Bergmann argumentiert, dass durch die „öffentliche Kommunikationsnorm des Anti-Antisemitismus" sowie durch öffentliche Konflikte eine stets zunehmend größere Bereitschaft zur Skandalisierung von

---

[80] Vgl. Saul Friedlander, Memory, History, and the Extermination of the Jews of Europe (Bloomington and Indianapolis: Indiana University Press, 1993); das Nazi-System, so Friedlander resümierend an gleichem Ort in seiner Analyse öffentlicher Texte zur Auseinandersetzung mit der NS-Vergangenheit und zum Gedenken, „only partly confronted at the elite level."
[81] Vgl. hierzu früh Jürgen Habermas, „Die zweite Lebenslüge der Bundesrepublik: Wir sind wieder ‚normal' geworden," Die Zeit Nr. 51, 1992/11.12.1992, S. 48.

1. Einleitung

Normverstößen auf diesem Feld evoziert worden sei, und dass jene öffentliche „Konsonanz der Ablehnung" schließlich eine weitgehende, scheinbar linear verlaufende Aufhebung der anfänglichen Dissonanz zwischen öffentlich vertretenem ‚Anti-Antisemitismus' und Einstellungen in der Bevölkerung der Bundesrepublik bewirkt habe.[82] Ähnlich wie Bergmann hegt Helmut König „keinen Zweifel, dass die Ächtung des antisemitischen Codes zum Konsensbestand der politischen Ordnung und politischen Kultur der Bundesrepublik gehört", und er zählt im Anschluss an Erwin K. Scheuchs und Hans-Dieter Klingemanns modernistische Rechtsextremismus-These die restlich verbliebenen Antisemiten in der Bundesrepublik zur „unvermeidlichen ‚normalen Pathologie westlicher Industriegesellschaften."[83] Dass in der öffentlichen Kommunikation laut König der Antisemitismus in der Bundesrepublik in toto außer Gebrauch gesetzt worden sei, ja ein undurchlässiges „Kommunikationstabu über dem Antisemitismus" verhängt worden sei, habe, so König im Unterschied zu Bergmanns Auffassung, jedoch die „wuchernden" alten anti-jüdischen Klischees der nicht-öffentlichen Meinung nicht verhindert, sondern diese Klischees stellten gleichsam eine „eine Reaktion auf dieses Tabu" dar.[84] Auch dieser – abenteuerlich anmutenden – Argumentation wird in den Leitthesen dieser Untersuchung widersprochen. Denn nach Königs Argument produziere gerade die Ächtung des Antisemitismus Judenfeindschaft in der Bevölkerung, und diese Feindschaft nähme folgerichtig ausgerechnet mit der Zunahme öffentlich geäußerten und legitimierten Antisemitismus ab.

Dem entgegen wird hier mit Bergmann angenommen, dass nur die kritische öffentliche Durchdringung der mit antisemitischen Bildern verbundenen kulturellen Selbst-Anteile und politisch-psychologischen Motive in Koppelung mit einer konsequenten öffentlichen Diskreditierung antisemitischer Vorurteile kurz- wie langfristig zu einem Abbau judenfeindlicher Stereotypie beitragen können, insofern also die Bedeutung politischer Diskurse und Selbstverständigungsprozesse nicht unterschätzt werden sollte. Gleichwohl ist die Hypothese dieser Arbeit, dass die vermeintlich ‚konsensuelle' Ablehnung des Antisemitismus nie so einhellig und hermetisch gewesen ist, wie sowohl von Bergmann als auch König vermutet, sondern dass sich die Grenzen dieser politischen Ablehnung im öffentlichen Raum als durchlässiger erwiesen haben und vielfach, etwa durch den Antizionismus der Linken oder die Geschichtsrelativierung neu-rechter Akteure, in teils chiffrierter Form immer wieder auch Eingang in die demokratische öffentliche Kommunikation gefunden haben. Von der von Bergmann behaupteten „fast totalen Konsonanz in der Berichterstattung"[85] hinsichtlich der Skandalisierung von und Sensibilisierung gegenüber antisemitischen Äußerungen ist angesichts der politischen wie öffentlichen Kontroversen der 1990er Jahre kaum auszugehen; vielfach scheint es vielmehr oftmals Juden überlassen, Antisemitismus zu thematisieren und zu kritisieren. Ferner wird angenommen (und soll empirisch nachgewiesen werden), dass

---

82 Vgl. Werner Bergmann, Antisemitismus in öffentlichen Konflikten, a.a.O., S. 502ff.
83 Helmut König, Die Zukunft der Vergangenheit, a.a.O., S.138; siehe auch Erwin K. Scheuch und Hans-Dieter Klingemann, „Theorie des Rechtsradikalismus in westlichen Industriegesellschaften," Hamburger Jahrbuch für Wirtschafts- und Gesellschaftspolitik 12, 1967, S. 11 – 29.
84 Siehe Helmut König, Die Zukunft der Vergangenheit, a.a.O., S. 142.
85 Werner Bergmann, Antisemitismus in öffentlichen Konflikten, a.a.O., S. 59.

seit 1990 die oftmals als ‚Tabu' denunzierten liberal-demokratischen normativen Grenzen politischer Kommunikation im Hinblick auf national-apologetische Ideologeme, Erinnerungsabwehr und Antisemitismus teils erodiert sind, sich jedenfalls geöffnet und verschoben bzw. sich neue Wege gesucht und erschlossen haben (u.a. über das Themenfeld Israel). Bei dieser vermuteten Veränderung der Opportunitäts- und Gelegenheitsstrukturen und der Entwicklung eines *postmodernen Antisemitismus* insgesamt dürfte es sich freilich um einen umstrittenen, widersprüchlichen und nicht eindimensionalen politischen Prozess handeln, der von zahlreichen Faktoren abhängig ist.

Die sich wandelnden wie die beharrlichen Formen, Motive, Funktionen und politischen Wirkungen von Antisemitismus in der politischen Kultur, die es zu untersuchen gilt, sind nichts ‚objektiv notwendig' Gegebenes oder Determiniertes, obschon sie vielfach ‚unbewusst' transportiert werden; sondern sie sind kontingent und im Besonderen abhängig vom spezifischen Handeln sozialer und politischer Akteure in historisch-politischen Kontexten. So ist in dieser Studie gerade der Interaktions*prozess* von sich verändernden Gelegenheitsstrukturen, Mobilisierungschancen und -versuchen sichtbar zu machen. Als kultureller Code können antisemitische Vorurteile nach der hier entwickelten Konzeptionalisierung von Judeophobie ihre *politische* Wirkkraft verlieren, wenn sie öffentlich und institutionell geächtet werden, als unbewusstes Phantasma einer politischen Kultur können sie freilich andererseits auch als Abgedrängte langfristig am Leben bleiben und drohen, unter veränderten politischen Rahmen-Bedingungen und in neuen, modernisierten Formen wieder zu reüssieren.[86]

1.3 Methodologie, Methodik und Forschungsdesign

1.3.1 Methodologische Horizonte einer integrierten politischen Kommunikations- und Kulturforschung

Mit der Rekonstruktion seiner politisch-kulturellen Rahmenbedingungen, Mobilisierungschancen und –hemmnisse wie seiner Opportunität im politischen Raum wird in dieser Studie Antisemitismus zum Gegenstand einer systematischen wie historisch-genealogisch orientierten Politikwissenschaft und Forschung zur politischen Kultur. Im Unterschied zu jüngeren anderen Studien zu Antisemitismus und Rechtsextremismus sollen hierbei theoretische Orientierungen der Forschung, hermeneutische Sekundär-

---

[86] „Ein solches Phantasma ist nicht in demselben Sinne Teil einer politischen Kultur wie ein Code, der gesprochen werden muss, um erhalten zu bleiben, und der also Sanktionen zugänglich ist." Siehe Jan Philip Reemtsma, „Eine ins Lob gekleidete Mahnung: Daniel Jonah Goldhagens ‚Modell Bundesrepublik' und das Echo," Blätter für deutsche und internationale Politik 42, 6 (1997), S. 695. Ähnlich konzediert Helmut König, dass die psychoanalytisch inspirierte Politische Psychologie im Blick auf gesellschaftliche Tiefenwirkungen demokratisch-öffentlicher Kommunikationsnormen skeptisch „ein ganzes Arsenal an Abwehrmöglichkeiten gegen die Zumutungen einer Einstellungs- und Bewusstseinsänderung namhaft gemacht" habe. Viele Deutsche seien gegenüber einem tief greifenden Einstellungswandel „unempfänglich" geblieben und hätten sich „ihm mit den wohlbekannten Abwehrmechanismen der selektiven Wahrnehmung, verzerrten Erinnerung, Leugnung, Regression, Verschiebung etc. entzogen." Siehe Helmut König, Die Zukunft der Vergangenheit, a.a.O., S. 140.

analysen des empirischen Materials und die Deutung politisch-psychologischer Wirkungsweisen als integraler Teil des Forschungsprozesses verstanden und dergestalt aufgewertet werden.

Die Untersuchung avisiert dabei nicht ‚abstrakt' positivistisch, schematisch oder bloß additiv die Bestimmung und Bedeutung verschiedener Indikatoren und konstitutiver bzw. einflussreicher *Faktoren*, die in einem konzeptionellen Teil erarbeitet werden. Sondern die hier vorgelegte politikwissenschaftliche Forschung sucht jene Faktoren in ihren politischen *Interaktionsprozessen* in Beziehung zu setzen. Die dabei zu Beginn erarbeiteten und entfalteten zentralen Variablen wie Faktoren zur Analyse politischer Gelegenheitsstrukturen von Antisemitismus in der politischen Kultur in Deutschland werden überdies konzeptionell wie empirisch aufeinander bezogen und in begründeter Weise gewichtet. Dabei sollen bewusst, wie im theoretischen Teil in sonders ausgeführt wird, auch unterschiedliche, plausible, teils zunächst konkurrierende Analyse- und Erklärungsansätze in einem Mehrebenenmodell adaptiert wie ins Gespräch gebracht werden, die eine sinnvolle und triftige analytische Konzeptionalisierung wie empirische Deutung der spezifischen politisch-kulturellen Gelegenheitsstrukturen, ideologischen Mobilisierungen von Antisemitismus und seiner öffentlich-politischen Akteure in der gegenwärtigen Demokratie ermöglichen. Ein eindimensionales Erklärungsmodell, das einen einzelnen Faktor hypostasiert, nach diesem Faktor die empirische Forschung strukturiert und dabei Gefahr läuft, den Teil für das Ganze zu nehmen oder aus einem Faktor ein eingleisiges Kausal- oder Ausdrucksverhältnis abzuleiten, soll also ebenso vermieden werden wie ein additives, „unreflektiertes Faktorendenken", das nur mehrere Faktoren unsystematisch nebeneinander stellt.[87]

Dabei sollten sich nach der hier vertretenen Auffassung die Politik- und Sozialwissenschaften generell soweit als möglich von einem ‚Ausdrucksdenken' verabschieden, das ein bestimmtes soziales Handeln als bloßen Ausdruck von etwa anderem, etwa einer Persönlichkeits- oder Gesellschaftsstruktur begreift und daraus ableitet, und nicht etwa als komplexes wie kontingentes *Interaktions- wie Interdependenzverhältnis* versteht, in denen das tätige Denken und Agieren von Akteuren eine gewichtige Rolle spielt, wiewohl es nachhaltig von strukturellen Gegebenheiten und spezifischen politisch-kulturellen Parametern bzw. Determinanten geprägt wird.[88] Zu einem frühen Zeitpunkt haben Erwin K. Scheuch und Dieter Klingemann im Hinblick auf die Analyse des Rechtsextremismus in Frage gestellt, den sie selbst eng an den politischen Autoritarismus gekoppelt sehen, dass sich „autoritäre Denkweisen [...] automatisch in der Politik als manifest extremes Verhalten [ausdrückten]"[89]. So fraglos freilich *kausale* Erklärungs-

---

[87] Jürgen Winkler, „Bausteine einer allgemeinen Theorie des Rechtsextremismus: Zur Stellung und Integration von Persönlichkeits- und Umweltfaktoren," in Jürgen W. Falter, Hans-Gerd Jaschke und Jürgen R. Winkler, Rechtsextremismus: Ergebnisse und Perspektiven der Forschung, Politische Vierteljahresschrift/PVS-Sonderheft 27 (1996), S. 25 – 47, S. 28.

[88] Das bedeutet wiederum nicht, dass nicht bestimmte, spezifische gesellschaftliche Bedingungen wie sedimentierte Persönlichkeitsdispositionen, reifizierte Bewusstseinsformen und politisch-kulturelle ‚Mentalitäten' ineinander verschränkt wären und eine formative, konstitutive Rolle für die Wirkungsmächtigkeit von Antisemitismus spielten.

[89] Erwin K. Scheuch und Hans-Dieter Klingemann, „Theorie des Rechtsradikalismus in westlichen Industriegesellschaften," a.a.O., S. 201; vgl. auch Ina Ketelhut, Rechtsextremismus in den USA und Frankreich: Eine

versuche notwendig sind, will man überhaupt in der Wissenschaft noch *Theorie* betreiben, um soziale und politische Prozesse zu *erklären* und nicht nur zu beschreiben oder lediglich empirische Korrelationen festzustellen, so nachdrücklich ist also von (mono-)kausalen Ableitungstheorien Abstand zu nehmen, die nur den Reduktionismus der eigenen theoretischen Position in der Empirie zu bestätigen suchen.

Eine tief greifende Analyse des Antisemitismus als Phänomen in der politischen Kultur nötigt m.E. in besonderer Weise zu einer grundsätzlichen theoretischen wie analytischen Offenheit gegenüber verschiedenen, auch konkurrierenden Deutungsmodellen (von verschiedenen Ansätzen zur politischen Psychologie des Autoritarismus zu neueren Ansätzen der Gesellschaftstheorie, von Theorien allgemeiner soziokultureller Modernisierung zu politisch-kulturellen, kontextorientierten Ansätzen[90] zum Rechtsextremismus und Antisemitismus). Zugleich ist indes durchaus eine *theoriegeleitete*, gleichwohl genau an der Empirie ausgerichtete Forschung zum Antisemitismus vonnöten, die sich nicht – zugunsten etwa der Verifikation einer allgemeinen These – den Widersprüchen, spezifischen Bedeutungshöfen und Semantiken, strukturierenden Faktoren, historisch-politischen Folien und eigensinnigen Dialektiken in politisch-kulturellen Transformationsprozessen, also der Komplexität des Gegenstandes verschließt. Die in dieser Studie entfalteten theoretischen Modelle begründen vor diesem Hintergrund operationalisierbare Hypothesen, nicht aber ein streng deduktives Verfahren. Die Theorien und Konzeptionalisierungen sollten vielmehr in der empirischen Analyse selbst daraufhin befragt werden, inwieweit sie dem Gegenstand gerecht werden, und sie werden in einem zirkulär orientierten Forschungsprozess selbst revidiert, was zu „einer permanenten Reflexion des gesamten Forschungsvorhabens und seiner Teilschritte im Licht der anderen Schritte zwingt."[91]

Ein differenziertes Verständnis des zeitgenössischen Antisemitismus in der politischen Kultur ist auf einen mehrfachen disziplinären Kontext verwiesen, um nicht den hoch gegriffenen und vielfach missverstandenen Begriff der Interdisziplinarität zu bemühen.[92] Politikwissenschaft wird dementsprechend hierbei nicht nur als Staatswissenschaft und politische Institutionenlehre im engen Sinn verstanden, sondern als Wissenschaft von der Politik, die ihre gesellschaftlichen und kulturellen Bedingungen und Kontexte ausleuchtet, und die folgerichtig bei den Nachbardisziplinen der Psychologie, Soziologie, Gesellschaftstheorie und Medienwissenschaft theoretische, methodische und analytische Anleihen macht.[93] Die vorliegende Untersuchung zielt entsprechend auf eine Verbindung von politischer Theorie, psychologisch und soziologisch

---

Fallstudie über das Wählerpotenzial von Jean-Marie Le Pen und George Wallace (Frankfurt a.M.: Peter Lang Europäischer Verlag der Wissenschaften, 1999), S. 69ff.
90 Vgl. zu diesen Ansätzen im Überblick Ina Ketelhut, Rechtsextremismus in den USA und Frankreich, a.a.O., S. 71ff.
91 Uwe Flick, Qualitative Sozialforschung: Eine Einführung (Reinbek bei Hamburg: Rowohlt, 2002), S. 72.
92 Zu Recht eingefordert bei Werner Bohleber, „Antisemitismus als Gegenstand interdisziplinärer Erforschung," a.a.O.
93 Im Besonderen ist die Forschung dabei auf die Konzeptionalisierungen, Verfahren und Ergebnisse der eigenständigen Forschungsfelder der Antisemitismus-, Autoritarismus- und Rechtsextremismusforschung verwiesen, die sich selbst aus vielfach interdisziplinären Kontexten als autonome Teildisziplinen profiliert haben.

orientierter qualitativer Politikforschung und politikwissenschaftlicher Kommunikationsforschung im Horizont einer übergreifenden Politische-Kulturforschung, um zu einer gehaltvollen Analyse und Erklärung der gegenwärtigen Phänomene zu gelangen. Zu einem weiteren Begriffsverständnis ihres Untersuchungsobjekts scheint die Politologie schon deshalb genötigt, weil in der modernen Gesellschaft der Gegenstand des Politischen längst den Rahmen staatlichen Handelns verlassen hat. Die moderne Gesellschaft, so Michael Greven, ist nämlich „fundamentalpolitisiert", weil alles immer auch politisch sein kann: „Alles ist prinzipiell entscheidbar geworden, alles Entscheidbare stellt sich als Interessenkonflikt dar, für alles kann Politik ihre Zuständigkeit erklären, und jedes erwachsene Gesellschaftsmitglied gilt als politisches Subjekt."[94] Ohne deshalb Politikwissenschaft als Disziplin ‚aufzuheben', sollte die Notwendigkeit ihrer systematischen Öffnung zu Nachbardisziplinen sich insofern von selbst verstehen.

Politische Kultur hat sich im Verlauf weniger Jahrzehnte zu einem wichtigen Feld im Bereich politikwissenschaftlicher Forschung entwickelt.[95] Politische Kultur ist freilich hierbei ein nach wie vor besonders umstrittenes Forschungsfeld in der Politikwissenschaft. Dies erfordert umso mehr, den Versuch, neue Wege in der Forschung einzuschlagen, diese genau wissenschaftlich zu begründen und zu legitimieren. Der Begriff verweist nach wie vor auf kein klar umrissenes Forschungskonzept,[96] und dies trotz eines jüngst deutlich wahrnehmbaren *cultural turn* auch in den Politik- und Sozialwissenschaften, der zunehmend das Eingeständnis signalisiert, dass die maßgebliche Bedeutung kultureller Aspekte, Determinanten und Wirklichkeitskonstruktionen für das politische System, politische Ideologiebildungen und das politische Handeln lange Zeit wissenschaftlich unterschätzt worden ist. In der Folge wird auch die politische Kulturforschung vielfach nicht mehr nur im engen Rahmenfeld von politischen Orientierungen und Verhaltensweisen in Bezug auf das jeweilige politische System im länderspezifischen Kontext verstanden, also als empirisch-quantitative Politikforschung basierend auf der Interpretation der Umfrageforschung. Sondern es ist auch zum Desiderat geworden, dass Politikwissenschaft insgesamt stärker von kulturtheoretischen Einsichten profitieren, also die kulturellen Konstitutionsbedingungen von Politik fokussieren sollte.[97] In jüngerer Zeit wird die Politologie entsprechend mitunter breit als „Kulturwissenschaft" konzeptionalisiert.[98] Seit längerem ist in der politischen Kulturforschung ein „breiter angelegtes Verständnis" des Gegenstandsbereiches avisiert, wie es Karl

---

[94] Michael Th. Greven, Die politische Gesellschaft (Opladen: Leske & Budrich, 1999), S. 54f; vgl. Thorsten Bonacker, „Die Kontingenz politischen Handelns: Adorno, Arendt und die Legitimationsprobleme in der politischen Gesellschaft," in Dirk Auer, Lars Rensmann und Julia Schulze Wessel (Hg.), Arendt und Adorno (Frankfurt a.M.: Suhrkamp, 2003), S. 286 – 310.
[95] Vgl. Andreas Dornheim und Sylvia Greiffenhagen, „Einführung: Identität und politische Kultur," in Dies. (Hg.), Identität und politische Kultur, a.a.O., S. 22.
[96] Vgl. Karl Rohe, „Politische Kultur und ihre Analyse: Probleme und Perspektiven der politischen Kulturforschung," Historische Zeitschrift 250 (1990), S. 321 – 346.
[97] Vgl. Michael Thompson, Gunnar Grendstad and Per Selle (eds.), Cultural Theory as Political Science (London: Routledge, 1999).
[98] Vgl. hierzu den wegweisenden und grundlegenden Sammelband von Birgit Schwelling (Hg.), Politikwissenschaft als Kulturwissenschaft: Theorien, Methoden, Problemstellungen (Opladen: Leske & Budrich, 2003 [im Erscheinen]).

Rohe eingefordert hat, und das etwa analytisch differenziert zwischen kurzfristigen empirischen Einstellungsbefunden gegenüber dem politischen System einerseits, und grundlegenderen Dispositionen und Dispositiven, Wahrnehmungsmustern und Beurteilungsmaßstäben, also ‚Vorstellungen', anhand derer Politiken und Ideologien strukturiert, sortiert und bewertet werden.[99] Diese zweite Ebene rekurriert auch stärker auf die historische und kulturelle Genese der politischen Kultur. Solch ein breiteres Verständnis überschreitet notwendig disziplinäre Grenzen und zielt auf alle möglichen Sozialisations- und Lebensbereiche wie öffentlichen Diskurse, unter der Voraussetzung, dass die in ihnen erzeugten und reproduzierten Vorstellungen für politische Orientierungen und politisches Handeln relevant sind.[100] Politische Kultur ist folgerichtig heute ein eigenständiger komplexer Forschungsgegenstand, der aus den „zeichenhaft vermittelten und mit politischem Sinn gefüllten ‚Weltbildern' und ‚ungeschriebenen Verfassungen' sozialer Verbände besteht. Sie aufzudecken und zu dechiffrieren, ist eine Aufgabe, die nur gelingen kann, wenn sie von verschiedenen Perspektiven und methodischen Ansätzen getragen wird. Die Umfrageforschung ist dabei ein gewichtiger Zugang, aber grundsätzlich doch nur ein ‚Zulieferer' neben anderen."[101]

Neben den bereits erwähnten grundlegenden, die Forschungstradition zur politischen Kultur begründenden vergleichenden Ansätzen von Gabriel A. Almond und Sidney Verba, welche sich wesentlich auf die subjektiven Einstellungen gegenüber autoritären wie demokratischen politischen Systemen und Werten im Ländervergleich bezogen und empirische Methoden zu ihrer Erhebung entwickelt haben, rücken deshalb gerade in jüngerer Zeit neue, aus anderen Disziplinen und Forschungskontexten entlehnte Methoden ins Blickfeld der Politische-Kulturforschung. Darunter sind insbesondere hermeneutische Verfahren[102] sowie neue Formen der Medien-, Kommunikations- und Diskursanalyse, aber auch verstärkt politisch-psychologische Zugänge[103], die immer noch um ihren Platz in der Wissenschaftslandschaft ringen. Diese Öffnung ist weithin von der Einsicht in die Notwendigkeit bestimmt, die Gegenstandsbestimmung von ‚politischer Kultur' zu erweitern, um einen komplexeren Begriff der konstitutiven Einflussfaktoren, Interaktionsverhältnisse und Variabeln zu gewinnen, die das Feld der politischen Kultur und das öffentlich-politische Handeln konstituieren, ohne freilich andererseits den Begriff in einer Beliebigkeit diffundieren zu lassen (als ‚Kultur' im weitesten gesellschaftlichen Sinn), die ihn seiner politikwissenschaftlichen Operationalisierbarkeit beraubt. Zu diesem erweiterten Gegenstandsbereich zählt mittlerweile unzweifelhaft die Untersuchung ineinander verschränkter politischer, öffentlicher und

---

99 Vgl. u.a. Karl Rohe, „Politische Kultur und ihre Analyse," in Andreas Dornheim und Sylvia Greiffenhagen (Hg.), Identität und politische Kultur (Stuttgart: Kohlhammer, 2003), S. 110–126.
100 Vgl. Andreas Dornheim und Sylvia Greiffenhagen, „Einführung: Identität und politische Kultur," in Dies. (Hg.), Identität und politische Kultur, a.a.O., S. 23.
101 Karl Rohe, „Politische Kultur und ihre Analyse," a.a.O., S. 122.
102 Karl Rohe, „Politische Kultur und ihre Analyse: Probleme und Perspektiven der politischen Kulturforschung," a.a.O., S. 324ff.
103 Auch Rohe hat auf die Rolle affektiver Orientierungen und Verankerungen neben normativen und kognitiven Komponenten in der politischen Kultur, verstanden als „mental und habituell verankertem [und kulturell verinnerlichtem, L.R.] Set von Prinzipien und Regeln […], die das politische Denken und Handeln, einschließlich des Sprachhandelns" mit regulieren und leiten, hingewiesen; vgl. ibid. S. 116f.

1. Einleitung

medialer Diskurse sowie nationalstaatlich sedimentierter kultureller ‚Mentalitäten', unbewusster Orientierungsmuster oder hegemonialer, wirkungsmächtiger kollektiver Identitätsbilder. Ziel ist es insofern (auch und gerade in dieser Untersuchung), die enge Analyse der zweidimensionalen Bewertung von gesellschaftlichen Normerwartungen und Einstellungen gegenüber unterschiedlichen politischen Systemen durch eine komplexere Perspektive zu ersetzen. Es sollen dabei zusätzlich sowohl die vielschichtigen Interaktions- und Kommunikationsprozesse in den Blick genommen werden, in denen politische Kultur generiert, aktualisiert und modifiziert wird, als auch der spezifische politisch-kulturelle Zusammenhang berücksichtigt werden, also die Gesamtheit der mobilisierbaren politischen Codes, Kollektiv-Symbole, Dispositive, kollektiven Phantasmen, Mentalitätstraditionen, transsubjektiven Identifizierungen und Wahrnehmungsstrukturen, die das Handeln in unterschiedlichen politisch-kulturellen Kontexten beeinflussen, und zwar auch jenseits des politischen Bewusstseins. Angenommen wird schließlich, dass soziokulturelle, sozioökonomische, gesellschaftliche, persönlichkeitsstrukturelle wie sozialpsychologische Dimensionen in der Politik und politischen Kommunikation eine gewichtigere Rolle spielen als sich in den meisten disziplinären Zugängen spiegelt, und jene Dimensionen in politische Prozesse *konstitutiv* mit eingehen.

Schließlich haben in jüngerer Zeit nicht zufällig in der Folge einer allmählichen Renaissance der Politische-Kulturforschung und einer kulturwissenschaftlichen Orientierung in der Politikwissenschaft auch sukzessiv die Versuche zugenommen, Rechtsextremismus, Autoritarismus und Antisemitismus in einem breiteren Kontext von ‚politischer Kultur' zu lokalisieren, um gerade dadurch ein Verständnis der *spezifischen* mobilisierten ideologischen Gehalte, Narrative, Konstellationen und Ursachen dieser Phänomene zu gewinnen.[104] Gerade durch die kontextuelle Situierung im Horizont politischer Kultur wird davon Abstand genommen, trotz zweifellos einflussreicher kultur- und gesellschaftsübergreifender Faktoren und Tendenzen, jene Phänomene eben nicht mehr vorschnell flächig zur ‚normalen', ergo immergleichen ‚Pathologie' moderner Industriegesellschaften zu verallgemeinern (wie dies in den Anfängen der Rechtsextremismusforschung geschehen ist).[105] Durch die breitere Anlage des Untersuchungsdesigns kann insofern gerade die *differentia specifica* in der politischen Kultur und in politisch-kulturellen Prozessen erarbeitet werden, und damit auch die Spezifik der Ermöglichungsbedingungen und Gelegenheitsstrukturen von rechtsextremer wie im Besondern

---

104 Zum Rechtsextremismus und Fragen politischer Kultur in Deutschland vgl. Richard Stöss, „Rechtsextremismus in einer geteilten politischen Kultur," in Oskar Niedermayer und Klaus von Beyme (Hg.), Politische Kultur in Ost- und Westdeutschland (Wiesbaden: Westdeutscher Verlag, 1996), S. 105 – 139; zum Autoritarismus vgl. u.a. Jos D. Meloen, „The Political Culture of State Authoritarianism," in Stanley A. Renshon and John Duckitt, Political Psychology: Cultural and Crosscultural Foundations (London: Macmillan, 2000), pp. 108 – 127; zum Antisemitismus u.a. Werner Bergmann und Rainer Erb(Hg.), Antisemitismus in der politischen Kultur nach 1945 (Opladen: Leske & Budrich, 1990), sowie Lars Rensmann, „Politische Psychologie des Antisemitismus und Politische-Kulturforschung: Theoretische Überlegungen zur Vorbereitung einer verspäteten Hochzeit," in Helmut Moser (Hg.), Sozialisation und Identitäten: Politische Kultur im Umbruch: Zeitschrift für Politische Psychologie 7, SH (1999), S. 303 – 316.
105 So zuerst bei Erwin K. Scheuch und Hans-Dieter Klingemann, „Theorie des Rechtsradikalismus in westlichen Industriegesellschaften," a.a.O.

antisemitischer Mobilisierung profiliert werden. Hierbei tritt politische Kultur u.a. als politische Mentalitätsforschung hervor, die freilich sich überlappende und unterschiedlich bedeutsame Bezugshorizonte zu berücksichtigen hat (westliche, europäische und vor allem die nach wie vor konstitutive nationale politische Kultur). Entsprechende Determinanten in politisch-kulturellen Kontexten müssen sich allerdings in politischen Formen und im politischen Prozess sinnfällig äußern muss.[106] Betont wird hier deshalb andererseits der historische *Prozesscharakter* von politischer Kultur.[107] Dieser zeigt sich erst im Zusammenwirken von längerfristigen Dispositionen, Mentalitäten, kulturellen Bildern und fixierten Phantasmen einerseits, und aktuellen politischen Codierungs-, (Re-)Signifizierungsprozessen, in denen bestimmte Weltbilder und politische Verhaltensorientierungen aktualisiert, symbolisch erneuert bzw. modifiziert[108] oder bekämpft werden. Die Bedingungen solcher Verarbeitungsformen und Aktualisierungen sind nicht zuletzt auch in den gesamtgesellschaftlichen Verhältnissen und Transformationen der post-industriellen, kapitalistischen Demokratien zu suchen.

Die *politische Theorie* fungiert in unserem Untersuchungskontext vornehmlich als ein konzeptionelles, anwendungsbezogenes und interpretatives Mittel zur *Erklärung* von Antisemitismus wie zur Bestimmung seiner Funktionen und Grenzen in der Gesellschaft. Die Theoriebildung ist wiederum nicht nur eng auf die normative Frage nach der Legitimität von demokratiefeindlichen Positionen, nach den prozeduralen Verfahren oder den rechtlichen wie institutionellen Rahmenbedingungen und Prinzipien der liberalen politischen Ordnung im Umgang mit kulturellen Vorurteilen bezogen. Jene Theoretisierung ist, als Frage nach den strukturellen Ermöglichungsbedingungen und Ursachen ideologischer Reaktionsbildungen im politischen Raum, vielmehr auch verwiesen auf eine tiefere sozialpsychologische Fundierung. Dies umfasst den Versuch eines analytischen Begreifens sozialer, psychosozialer und unbewusster Dispositionen zu Autoritarismus und Antisemitismus auf dem zeitgemäßen Stand der sozialpsychologischen Forschung, sowie auf eine theoretisch informierte Gesellschaftsanalytik, die die strukturellen gesellschaftlichen Konstitutionsbedingungen der Rationalisierung respektive *Irrationalisierung* lebensweltlicher Horizonte und Diskurse im Zuge von Prozessen soziokultureller Modernisierung und kapitalistischer Vergesellschaftungsmodi konzeptionalisiert. Beide Aspekte, die analytische Grundlegung politisch-psychologischer Motive und Mechanismen sowie struktureller Ermöglichungsbedingungen von Antisemitismus aus der Perspektive der Gesellschaftstheorie, sollen in ‚theoretischen Modellen' im ersten Teil der Studie entfaltet werden. Von besonderer Bedeutung ist dabei die Theorie politisch-psychologischer Projektionen von nicht zuletzt gesellschaftlich sedimentierten bzw. bedingten (autoritären) Ängsten, Phantasien und Wünschen, die im

---

[106] Vgl. Karl Rohe, „Politische Kultur und ihre Analyse: Probleme und Perspektiven der politischen Kulturforschung," a.a.O., S. 337.
[107] Vgl. Karl Rohe, „Politische Kultur und ihre Analyse," a.a.O., S. 118ff; vgl. zur Inklusion historischer Genese auch Volker Dreier, „Einige theoretische Überlegungen zum Forschungskonzept ‚Politische Kultur' in heuristischer Absicht," in Andreas Dornheim und Sylvia Greiffenhagen (Hg.), Identität und politische Kultur (Stuttgart: Kohlhammer, 2003), S. 139 – 145, S. 143.
[108] Vgl. Harry Eckstein, „A Culturalist Theory of Political Change," American Political Science Review 82 (1988), pp. 789 – 804, zitiert nach Werner Bergmann, Antisemitismus in öffentlichen Konflikten, a.a.O., S. 15.

Antisemitismus als spezifische soziale Welterklärung abgespalten werden können, dort gebündelt auftreten und – im Besonderen, aber nicht nur von rechtsextremen Parteien, Publikationen und Gruppen – schließlich politisch katalysiert werden können.

Die Anwendung von Theorie(n), also mehr oder minder großen (wenn auch hier vorweg modifizierten und differenzierten) theoretischen Abstraktionen, die der Strukturierung der Forschung dienen sollen, müssen indes ihre Qualität und Erklärungskraft in der empirischen Analyse stets aufs Neue beweisen. Noch die reflektiertesten Theorien sind selbst historische Produkte, die mitunter so vergänglich sein können wie die empirischen Entwicklungen, auf die sie sich beziehen. Überdies stehen gerade ‚universell' orientierte gesellschaftstheoretische Ansätze wie die der Kritischen Theorie, die ohne Frage einen wichtigen theoretischen Bezugspunkt der Arbeit darstellen, stets in der Gefahr, Spezifisches oder Unvergleichbares in einen gesamttheoretischen Rahmen zu zwängen, der den empirischen Prozessen nicht gerecht wird. Zu erweisen hat sich hier, wie schon früh von Max Horkheimer postuliert, ob es der aufs Allgemeine gerichteten theoretischen Intention gelingt, der besonderen Forschung beseelende Impulse zu geben und jene „zugleich weltoffen genug ist, um sich selbst von dem Fortgang der konkreten Studien beeindrucken und verändern zu lassen."[109] Nur die Loslösung von jeglicher „dogmatische[r] Erstarrung"[110] ermöglicht es schließlich, das Objekt (der Forschung) seinem spezifischen Gehalt nach zu erkennen.[111]

Insofern stehen notwendig immer auch die theoretischen Modelle (wie etwa die hier im Besonderen als Interpretationsrahmen konzeptionalisierten Modelle der Frankfurter Schule zum modernen und sekundären Antisemitismus) sowie ihre zeitdiagnostische Geltungskraft auf dem Prüfstand. Die gesellschaftstheoretisch inspirierten, ideologiekritischen und politisch-psychologischen Deutungsansätze der Kritischen Theorie zur Judeophobie wie ihre sozial- und politikwissenschaftlichen Modifizierungen und Aktualisierungen haben sich also einerseits selbst als analytische Zugänge zur Empirie konkret zu beweisen. Freilich sind andererseits theoretische Verallgemeinerungen, die in triftiger Weise soziale wie politische Fragestellungen aufgegriffen haben und überzeugend aus der materialen Analyse gesellschaftsgeschichtlicher Prozesse, Strukturprinzipien und Ideologien gewonnen worden sind, nicht automatisch mit der Veränderung bestimmter historischer Formen und Artikulationen von heute auf morgen veraltet. Dergestalt bemüht sich die Arbeit auch methodologisch und epistemologisch um die Rekonstruktion zentraler Zusammenhänge von Theorie und empirisch-politischer Erfahrung(swissenschaft). Eine genaue Kenntnis von ‚Groß-Theorien' erscheint somit heuristisch sinnvoll, wie empirische Aktualisierungen und Differenzierungen zugleich notwendig sind. Die Theorie muss, mit Adorno formuliert, den konstitutiven Zusammenhang gesellschaftlicher Strukturprinzipien denken, darf aber zugleich nicht einen abstrakten Idealismus aufwärmen, der Begriffe schematisch der Realität überstülpt,

---

[109] Max Horkheimer, „Die gegenwärtige Lage der Sozialphilosophie und die Aufgaben eines Instituts für Sozialforschung," in Ders., Gesammelte Schriften Bd. 3 (Frankfurt a.M.: Fischer, 1988), S. 20 – 35, hier S. 29.
[110] Ibid, S. 34.
[111] Vgl. Theodor W. Adorno, „Kulturkritik und Gesellschaft," in Ders., Gesammelte Schriften Bd. 10.1 (Frankfurt a.M.: Suhrkamp, 1977), S. 11 – 30, hier S. 28.

„sondern muss die gesellschaftliche und politische Realität und ihre Dynamik in sich hinein nehmen."[112]

Mit dem systematischen Rückgriff auf bereits in verschiedenen Forschungstraditionen entwickelte, vorhandene (kritisch-)theoretische Modelle aus der Überzeugung heraus, dass deren Analysen und Theoreme auch heute noch zur Erkenntnis des Antisemitismus in der Gesellschaft und zu seiner politisch-psychologischen Deutung beitragen, wendet sich diese Studie zudem ausdrücklich gegen die jüngere wissenschaftliche Mode, in immer kürzeren Zeittakten neue griffige ‚Theorien', Schlagwörter und Begriffskonstruktionen mit immer dürftigerer Halbwertzeit und teils mit ebenso dünnem theoretischen Gehalt zu entwerfen. Darunter sind soziologische Begriffe, die aus neuen (Oberflächen-)Phänomenen der Gesellschaft neue Gesellschaftstheorien zu basteln suchen, wie etwa die Vorstellungen einer „Erlebnisgesellschaft" oder „Freizeitgesellschaft".[113] Das soll wiederum nicht heißen, dass nicht gerade auch, wie dargelegt, eine kritische politikwissenschaftliche Forschung auf die teils rapiden und neuen, „unübersichtlichen"[114] Veränderungen und Herausforderungen im Zeitalter von ‚Globalisierung', post-industrieller Gesellschaft, neuen elektronischen Technologien und politisch-institutionellen wie kulturellen Transformationen oder neuer politischer Cleavages zu reagieren hat. Vor jenem Hintergrund soziokulturellen Wandels sind die Schnelllebigkeit von Theoremen und die bisweilen herrschende Hilflosigkeit, auf Transformationsprozesse wissenschaftlich angemessen zu reagieren, in Teilen auch der gesellschaftlichen Entwicklung selbst geschuldet.

Zur Untersuchung des Antisemitismus in der politischen Kultur der Bundesrepublik bedarf es freilich vor allem auch der *qualitativen empirischen Politikanalyse*, also der Untersuchung der staatlichen und politischen Verbände wie Institutionen und besonders der Repräsentanten der politischen Willensbildung, die mit dem Gegenstand des Antisemitismus konfrontiert sind oder die ihn – wie vor allem im Falle rechtsextremer Parteien, aber auch in subtilerer oder indirekterer Form mitunter im Fall mitunter ‚demokratischer' politischer Akteure – in besonderer Weise transportieren. Auch ist eine politikwissenschaftliche Sekundäranalyse, die Auswertung veröffentlichter Meinungsumfragen, Statistiken sowie qualitativer und quantitativer Erhebungen zum Antisemitismus erforderlich, um die gesellschaftlichen Einstellungen, ihre Entwicklung und ihre Bedeutung im Verhältnis zur politisch-kulturellen Dynamik zu begreifen.

Im Besonderen erscheint aber, wie angedeutet, eine politologische, soziologische und psychologische *qualitative Forschung zur politischen Kommunikation* im weiten Sinn, also die Durchforschung der politischen Medienöffentlichkeit vonnöten, sowohl wegen des

---

[112] Theodor W. Adorno, „Wozu noch Philosophie," in Ders., Gesammelte Schriften Bd. 10.2 (Frankfurt a.M.: Suhrkamp, 1977), S. 470.
[113] „Es ist nicht ausreichend, lediglich neue Begriffe zu erfinden, wie die Postmodernität und das Übrige. Stattdessen müssen wir auf das Wesen der Modernität selbst blicken, das aus ganz spezifischen Gründen in den Sozialwissenschaften bis heute nur unzureichend verstanden worden ist. Wir treten heute nicht in eine Epoche der Postmodernität ein, sondern bewegen uns auf eine zu, in der die Konsequenzen der Modernität stärker als früher radikalisiert und universalisiert werden." Siehe Anthony Giddens, The Consequences of Modernity (Cambridge: Polity Press, 1990), p. 3.
[114] Vgl. hierzu früh und grundlegend Jürgen Habermas, Die neue Unübersichtlichkeit (Frankfurt a.M.: Suhrkamp, 1985).

1. Einleitung

Wertes ihrer Aussagen über die untersuchten politischen und gesellschaftlichen Gruppen selbst, als auch insbesondere wegen der kategorischen Struktur jener Medien, kraft derer sie auf das soziale und politische Bewusstsein wirken.[115] Die durch Medien generierten politischen Diskurse spielen schon bei der frühen, kindlichen und adoleszenten Entwicklung der politisch-sozialen Orientierungen wie der politischen Sozialisation insgesamt eine bedeutende Rolle. Massenmedien wirken dabei (zunächst noch stärker als politische Akteure) u.a. als diskursmächtige Instanzen, in denen zugleich der Bereich des öffentlich-demokratisch Sagbaren definiert und verändert wird, d.h. dessen, was in einer Gesellschaft zu einer bestimmten Zeit gesagt werden kann, ohne negative Sanktionen nach sich zu ziehen.[116] In der politischen Kommunikationsforschung fungieren folgerichtig Massenmedien selbst immer mehr als zentrale Akteure in der Analyse. Massenmedien beobachten die sozio-politische Umwelt, identifizieren und generieren Wahrnehmungen zentraler gesellschaftlicher Probleme, und sie schreiben politischen Akteuren Verantwortung bei kollektiv verbindlichen Entscheidungsprozessen zu. Die vor allem massenmedial bestimmten politischen Kommunikationsprozesse, die in ihnen generierten Thematisierungen, Wirklichkeitskonstruktionen und Konflikte sind freilich zugleich in hohem Maße geprägt von der Gesellschaft und der spezifischen politischen Kultur, in denen sie sich bewegen. Arrangements der politischen Kommunikation „follow the contours of and derive their resources from the society of which they are a part. Even when formally autonomous and sheltered by sacrosanct constitutional guarantees of a free press, they are part and parcel of the larger social system, performing functions for it and impelled to respond to dominant drives within it."[117]

Massenmedien sind jedoch auch selbst zentrale Akteure der politischen Willensbildung und konstruieren den politischen Raum mit. Sie sind in besonderer Weise verantwortlich für das Agenda Setting in politischen Kommunikationsprozessen. Das maßgeblich von den Medien bestimmte öffentliche Umfeld von politischem Handeln, und das jeweilige von ihnen mit geprägte ‚politische Klima' sind wesentliche Teile der politischen Kultur und müssen deshalb entsprechend in der Forschung Würdigung finden. Eine Engführung der Untersuchung auf Staat und Akteure des politischen Systems erscheint aber auch aus einem weiteren Grund wenig sinnvoll; nicht Staat und Parteien bestimmen nämlich heute wesentlich die öffentliche Meinung zur Politik und ihre Agenden, sondern eher bestimmen die Medien den Staat (und damit die Parteien).[118] In einer massenmedialen und visualisierten Welt haben die Medien ohnehin eine zunehmende Macht in der bewusstseinsprägenden Bildproduktion und Inhaltsvermittlung. Aber eben auch ihr besonderer politischer Einfluss auf politische Parteien, staatliche

---

[115] Vgl. Max Horkheimer, „Die gegenwärtige Lage der Sozialphilosophie und die Aufgaben eines Instituts für Sozialforschung," a.a.O., S. 33.
[116] Vgl. I. Bünger, „Apocalypse Now? Diskursanalyse der BILD-Zeitung," Prokla: Zeitschrift für kritische Sozialwissenschaft 31, 4 (2001), S. 603 – 624.
[117] Michael Gurevitch and Jay G. Blumler, „Political communications and democratic values," in Judith Lichtenberg (ed.), Democracy and the Mass Media (Cambridge: Cambridge University Press, 1990), pp. 269 – 289, hier p. 272; vgl. zur komparativen Situierung Michael Gurevitch and Jay G. Blumler, „Towards a Comparative Framework for Political Communication Research," in Steven Chaffee (ed.), Political Communication: Issues and Strategies for Research (Beverley Hills, CA: Sage, 1975).
[118] Vgl. Frank Decker, Parteien unter Druck (Opladen: Leske & Budrich, 2000), S. 231.

Institutionen und deren Themen wächst stetig, gerade im Zeitalter *neuer* Medien und einer mithin ‚mediatisierten' Kultur.[119] Diese Veränderung der politischen Kommunikationskultur, die sukzessive Verschiebung des Gewichts auf Medien als politischer Akteur[120] in der postmodernen ‚Mediendemokratie' sollte deshalb auch in neuen Forschungsdesigns Niederschlag finden. Es sollte angesichts dieser Herausforderung gerade nicht, etwa aus Angst vor unüberschaubaren Forschungsfeldern, zu einem politikwissenschaftlichen Rückzug auf die Untersuchung des Verhältnisses von Bürgern und Parteien oder Staat führen. Vielmehr muss sich die neue, immer gewichtigere Bedeutung medialer, öffentlicher Diskurse und kultureller Konstruktionen in Fernsehen, Printmedien und Internet für politische Kommunikationsprozesse und Politik[121] auch in der Forschung ausdrücken, sollte sich wohl auch eine qualitative Politik-Forschung nicht mehr nur auf Staat und demokratische Parteien beschränken, sondern auch weitere intermediäre Akteure (insbesondere Medien) und entsprechende Interdependenzen rezipieren.

Gerade die Möglichkeiten zur Artikulation und Mobilisierung von Antisemitismus im politischen Raum – und von Formen historisch-politischer Verantwortungsabwehr, Ethnozentrismus oder nationalistischem Populismus, insofern sie mit Judenfeindlichkeit interagieren – sind ebenfalls nicht nur abhängig von politischen Akteuren im engeren Sinn. Zentral ist vor allem, welchen Zugang und welche Ausbreitungsmöglichkeiten politischer Antisemitismus und judenfeindliche Vorurteile in den Medien und im politischen Diskurs haben; und von welchen politisch-kulturellen Traditionen das öffentliche Umfeld selbst geprägt ist, das solche Vorbelastungen fortschreiben oder brechen kann und folgerichtig restringierend oder ermutigend wirkt.[122] Dabei sind heute eben nicht nur offene Formen eines politischen Antisemitismus zu erforschen, sondern auch die Reproduktion und Veränderung kultureller/kollektiver Symbole sowie untergründige, strukturierende semantische Muster und Dispositive, unbewusste Dynamiken genauso wie die mögliche Fortschreibung eingeschliffener politisch-kultureller Zuschreibungs-

---

119 Siehe Sandra Moog and Jeff Sluyter-Beltrao, "The Transformation of Political Communication?," in Barrie Axford und Richard Huggins (eds.), New Media and Politics (London: Sage, 2000).
120 Vgl. hierzu auch Patrick Rössler, Heribert Schatz und Jörg-Uwe Nieland (Hrsg.), Politische Akteure in der Mediendemokratie: Neue Anforderungen an die politische Kommunikation (Wiesbaden: Westdeutscher Verlag, 2001).
121 Siehe schon früh hierzu grundlegend Colin Seymour-Ure, The Political Impact of Mass Media (London: Constable, 1974).
122 Vgl. ibid, S. 208f. vgl. auch Herbert Kitschelt, The Radical Right in Western Europe (Ann Arbor: University of Michigan Press, 1995). Hierbei sind mehrere strukturelle Spannungsverhältnisse und Disparitäten zu berücksichtigen. Erstens erweisen sich in liberal-demokratischen Systemen die artikulierten Positionen im politischen Raum, so auch in Deutschland, meist als tendenziell liberaler und ‚vermittelter' als die repräsentierten Bevölkerungsmeinungen. Zweitens existiert eine Spannung zwischen den demokratisch-liberalen Idealen, denen die Massenmedien und die politischen Repräsentanten dienen sollen, und den realen Kommunikationsstrukturen und -praktiken, die vorherrschen (Disparitäten, die nach Gurevitch und Blumler die Kapazitäten des politischen Systems jene Ideale untergraben können; vgl. Michael Gurevitch/Jay G. Blumler, „Political communications and democratic values," a.a.O., p. 270). Drittens ist es andererseits gerade die politische Kommunikation, die als zentrales Demokratisierungs- und Liberalisierungsmedium der politischen Kultur und der ‚Rationalisierung der Lebenswelt' fungieren kann; diese Möglichkeit ist aber abhängig vom ‚öffentlichen Gebrauch der Vernunft auf Handlungen', als auf das kommunikative Handeln von öffentlich-politischen Akteuren.

1. Einleitung

verfahren. Auf der Ebene der politischen und medialen Öffentlichkeit, also der politischen Kommunikation selbst ist zu untersuchen, welche Judenbilder und Stereotypmuster – gerade im Zuge von öffentlichen Konflikten – generiert oder bearbeitet werden, „ob sich hier Lernwirkungen im Laufe der Konfliktgeschichte zeigen, zum Beispiel im ‚framing' des Antisemitismus, in der Bereitschaft, öffentlich Widerspruch anzumelden."[123] Deshalb stehen die empirische Analyse und – theoretisch fundierte – politisch-psychologische Deutung von Politik, Medien, politischen Diskursen und gesellschaftlichen Reaktionsbildungen ebenso wie Sekundäranalysen zu empirischen Daten und Tendenzen folgerichtig im Zentrum dieser Studie zur politischen Kultur.

In dieser Untersuchung soll dergestalt vor allem der Blick auf die massenkommunikative respektive öffentlich-mediale Selbstverständigungsprozesse gerichtet werden, deren politische Bedeutung in der empirischen Forschung zur politischen Kultur lange Zeit unterschätzt worden sind. Auf die bisherige Vernachlässigung der Massenkommunikation seitens der Politologie (bzw. auch seitens der Forschung zur politischen Kultur) wie andererseits auf die mangelnde Integration politikwissenschaftlicher Fragestellungen seitens der Medienwirkungsforscher haben bereits zahlreiche Autoren hingewiesen.[124] Erst in jüngster Zeit, im Kontext auch eines *discursive turns* (neben dem *cultural turn*) in der Politikwissenschaft, scheint sich dies allmählich zu ändern. Gerade im Hinblick auf die langfristige Wirkung öffentlicher Konflikte und politisch-diskursiver Auseinandersetzungen sowie der institutionell vermittelten öffentlichen Meinung insgesamt auf die Einstellungsentwicklung in der Bevölkerung, respektive auf entsprechende Interaktionsverhältnisse und Wechselwirkungen, lässt sich, wie Bergmann triftig begründet, empirisch allerdings „nur eine möglichst große Plausibilität erreichen, ein Kausalzusammenhang ist schon aufgrund der gleichzeitig wirkenden mannigfaltigen anderen Faktoren nicht herzustellen. Außerdem ist Luhmann zuzustimmen, der die Bindungseffekte öffentlicher Kommunikation im individuellen Bewusstsein kontingent setzt: ‚Was das Bewusstsein mit seinen Kommunikationserfahrungen anfängt, bleibt seine Sache.' Neben Bindungseffekten sind in der Bevölkerung also auch Irritationen und Ablehnungen der herrschenden Meinung zu erwarten."[125]

Empirische Daten der *(quantitativen) Einstellungsforschung*, die häufig den Kern bilden von Forschungsarbeiten zum aktuellen Antisemitismus und zu korrelierenden politischen Orientierungen, werden dabei zwar integriert, aber nicht selbst erhoben, sondern

---

123 Werner Bergmann, Antisemitismus in öffentlichen Konflikten, a.a.O., S. 22.
124 Vgl. ibid. S. 11; Max Kaase, „Massenkommunikation und politischer Prozess," in Ders. (Hg.), Politische Wissenschaft und politische Ordnung: Analysen zur Theorie und Empirie demokratischer Regierungsweise (Wiesbaden: Westdeutscher Verlag, 1986), S. 357 – 374; Jürgen Gerhards, Neue Konfliktlinien in der Mobilisierung öffentlicher Meinung: Eine Fallstudie (Wiesbaden: Westdeutscher Verlag, 1993); siehe zur frühen empirischen Realisierung dieses Untersuchungsdesiderats am Beispiel der deutschen Abtreibungsdiskussion Jürgen Gerhards, Friedhelm Neidhardt und Dieter Rucht, Zwischen Palaver und Diskurs: Strukturen und öffentliche Meinungsbildung am Beispiel der deutschen Diskussion zur Abtreibung (Wiesbaden: Westdeutscher Verlag, 1998).
125 Werner Bergmann, Antisemitismus in öffentlichen Konflikten, a.a.O., S. 14; siehe auch Niklas Luhmann, „Gesellschaftliche Komplexität und öffentliche Meinung," in Ders., Soziologische Aufklärung Bd. 5 (Wiesbaden: Westdeutscher Verlag, 1990), S. 175. Keinesfalls wirken also Massenmedien wie ein Trichter auf das subjektive Bewusstsein, wie dies in frühen modernen Medientheorien gerne angenommen worden ist, sondern Bewusstseinsbildung und Handlungsweisen sind auch abhängig vom subjektiven Überschuss.

nur zum Gegenstand von integrierten Sekundäranalysen. Gleichwohl sind quantitative Einstellungserhebungen zum Antisemitismus und benachbarten Stereotypkomplexen und Themen ein notwendiger Bestandteil und Faktor zur Bestimmung von Resonanzböden und politisch-kulturellen Gelegenheitsstrukturen. Sie sind von entscheidender Bedeutung, um das Ausmaß des Antisemitismus in Deutschland quantitativ zu bestimmen und auch seine qualitativen Veränderungen in der Gesellschaft empirisch zu verifizieren. Der Bezug auf bisherige Einstellungsforschungen bildet deshalb nicht nur ein notwendiges empirisches Fundament der Arbeit. Er ist darüber hinaus insbesondere auch erforderlich, um die gegenwärtigen *Interaktionsprozesse* in der politischen Kultur zwischen Politik, Medien, Gesellschaft und politischen Orientierungen und Verhaltensweisen zu analysieren, was eines der zentralen Ziele dieser Studie darstellt. Aufgrund dessen wird an verschiedenen Stellen immer wieder auf solche quantitative empirische Einstellungsforschung Bezug genommen, sowohl um die gesellschaftliche Bedeutung von Antisemitismus im Kontext der deutschen politischer Kultur zu rekonstruieren, als auch um die spezifische Dynamik von Antisemitismus, seiner Wirkung und seiner Abwehr zu erfassen. Hierbei kann auf anspruchsvolle quantitative empirische Studien insbesondere vom Zentrum für Antisemitismusforschung der Technischen Universität Berlin und vom American Jewish Committee zurückgegriffen werden. Sie finden im Kontext dieser Arbeit allerdings nur dort Verwendung, wo ihr Material für die theoretisch geleitete politikwissenschaftliche Fragestellung nach der Wirkungsweise und gegenwärtigen Bedeutung von Antisemitismus in der politischen Kultur von Relevanz ist.

In der politischen Kommunikations- wie auch in der Vorurteilsforschung hat insbesondere der Antisemitismus, trotz seiner unzweifelhaften Bedeutung als geschichtsmächtiges Vorurteilsensemble und immer wieder reüssierende Weltdeutungsfolie in modernen Gesellschaftsformationen, bisher nur einen marginalen Raum eingenommen. Dies sieht mit der weit entwickelten Rassismusforschung gänzlich anders aus. Hier ist das Instrumentarium zur Entcodierung und politisch-psychologischen Deutung von kulturellem oder symbolischem (Neo-)Rassismus bereits sehr differenziert und in zahlreichen Anwendungsfeldern (im Bereich der Medienanalyse, Film- und Bildinterpretation, Diskursanalyse etc.) erprobt. Die Codierungstechniken (kolonial-)rassistischer Vorurteile, die vielfach subtilen Formen der Klischeegenerierung, die vorurteilsbeladenen und kollektiv-askriptiven, tradierte Wahrnehmungen reproduzierenden Bildproduktionen, oder insgesamt die nachhaltigen diskriminierenden Kategorisierungen wie Stereotypisierungen von ‚ethnischen Minderheiten' auch in modernen westlichen Demokratien sind in den 1980er und 1990er Jahren gut erforscht worden.[126] Mit einer politischen Kommunikations- und Kulturforschung zum Antisemitismus, die sich solchen Problemhorizonten stereotyper Kategorisierung und kulturell grundierter politisch-öffentlicher Mobilisierungschancen auch im Fall von subtilen ‚Judenbildern', die in der

---

126 Vgl. u.a. Kent A. Ono, „Communicating Prejudice in the Media," in Michael L. Hecht (ed.), Communicating Prejudice (London: Sage, 1998), pp. 206 – 220; Andreas Zick, Vorurteile und Rassismus: Eine sozialpsychologische Untersuchung (Münster: Waxmann, 1997).

1. Einleitung

(Medien-)Demokratie reproduziert werden, zu stellen sucht, wird hier dagegen weitgehend Neuland betreten.

Die Studie versteht sich aufgrund dieses theoretischen und konzeptionellen Anspruchs auch als politikwissenschaftliche Grundlagenforschung im Hinblick auf die politische Kultur und die kulturellen Grundlagen des Politischen. Dieser grundlegende Charakter betrifft auch das Vorhaben, theoretische Modelle der politischen Psychologie zum Autoritarismus, der Antisemitismusforschung und der Politische-Kulturforschung in Dialog zu bringen. Schließlich sollen hierbei die politische Parteien- und Ideologieforschung um Diskursgeschichte und Medienanalyse kontextuell erweitert, mit den Ergebnissen der Einstellungs- und Wirkungsforschung in Beziehung gesetzt, und vor allem jene Prozesse ferner politisch-*psychologisch* gedeutet werden. Denn Phänomenen wie dem des Rechtsextremismus und insbesondere des Antisemitismus ist nicht mit (vornehmlich) ‚rationalistischen' Theorien beizukommen, die dennoch immer noch in der Forschung vorherrschen.[127] Jene berühren vielmehr *im Kern* Affekte, Projektionen, psychosoziale Dispositionen, emotionale (autoritäre) Bindungen und kollektive Identifikationen. Zum ersten Mal werden hierbei überdies politikwissenschaftliche Modelle zu politischen Opportunitäts- und Gelegenheitsstrukturen im Hinblick auf spezifische antisemitische politisch-ideologische Mobilisierungschancen konzeptionalisiert und angewendet. Durch die grundlegende Diskussion der demokratiepolitischen Bedeutung des Umgangs mit (antisemitischen) Stereotypen beansprucht die Studie zugleich eine demokratietheoretische Relevanz.

Zumal solche Forschungen, die sich mit der politischen Kultur und dem Antisemitismus in Deutschland nach 1945 auseinander setzen, sollten erkenntnistheoretisch zudem den präzedenzlosen Zivilisationsbruch[128] reflektieren, der die Ermordung der europäischen Juden bedeutete. Dies berührt auch den epistemologischen und ethisch-normativen Ort des Wissenschaftlers. Eine Reflexion jenes deutschen Verbrechens schließt eine erkenntniskritische Haltung ein, die zu neuen Formen der Selbstreflexion und -verständigung nötigt. Dies betrifft nicht nur die Reflexion der „erkenntnisleitenden Interessen" im engeren Sinn, die in den Wissenschaftsprozess einfließen, sowie insgesamt der normativen Bezüge, die in diese demokratiewissenschaftlich orientierte Studie eingehen (das positive Ideal der völligen ‚Wertfreiheit' und ‚Objektivität' war seit je eine Illusion). Sondern auch die Kategorie der wissenschaftlichen Kritik und der Bedingungen ihrer Möglichkeit hat selbst ihren ‚festen Standpunkt' verloren. Auch Ideologiekritik muss heute ohnehin über ihre traditionellen Formen hinausweisen. Sie unterliegt selbst einer historischen Dynamik. Ideologiekritik war ursprünglich konzipiert gegen den Idealismus und den Überbau, der die realen sozialen Antagonismen zudeckte. Heute dient bloße Ideologiekritik im traditionellen Sinn selbst oftmals nur noch dazu, die widersprüchliche Wirklichkeit in einem vermeintlich dem gesellschaftlichen Bann entzogenen, topologischen Standpunktsystem, das alle Antworten weiß und sich keiner selbstkritischen Reflexion zu stellen wagt, zu harmonisieren. Der wissen-

---

127 Vgl. exemplarisch Herbert Kitschelt, „Politische Konfliktlinien in westlichen Demokratien: Ethnisch-kulturelle und wirtschaftliche Verteilungskonflikte," a.a.O.
128 Vgl. Dan Diner (Hg), Zivilisationsbruch: Denken nach Auschwitz (Frankfurt a.M.: Fischer, 1988).

schaftstheoretische Ansatz, auf den sich diese Arbeit bezieht, speist sich gleichwohl aus dem Verfahren der Kritik, insofern es wesentlich darin besteht zu zeigen, dass alle erdenklichen gesellschaftlichen Momente, „die naturhaft scheinen, ihrerseits geworden und geschichtlich sind."[129] Sie richtet sich methodologisch auch, und keinesfalls mit schlechtem Gewissen, gegen die heute gängige Abwertung von politischer Theorie, der vielfach nur noch ein Ort im Rahmen der Ideengeschichte zugewiesen wird, und der Vernachlässigung der erkenntnisbringenden Funktion für sinnvolle empirische Forschung, welche die Theorie nach wie vor gewähren kann. Mit Jürgen Habermas wird die Qualität der Theorie schließlich normativ und empirisch auch daran zu messen sein, welche Fähigkeit sie aufweist, über epistemologische wie gesellschaftshistorische Axiomatiken der Forschung zu reflektieren, zeitdiagnostisch gesellschaftliche/politische Probleme zu erkennen, und potenziell einen politischen Prozess einzuleiten, der auf ihre Überwindung zielt.[130]

1.3.2 Forschungsdesign und Methoden

Vor dem Hintergrund der bereits thesenartig explizierten spezifischen politisch-historischen Konstellationen sind sowohl die besonderen politischen Erscheinungsformen, Entwicklungstendenzen, Ermöglichungsbedingungen und Mobilisierungschancen von Antisemitismus, als auch die Bedeutung wie der Wandel von tradierten ‚Juden-Bildern' in der demokratischen politischen Kultur heute zu bestimmen. Hierbei stehen neben der Untersuchung der Entwicklung antisemitischer Einstellungshorizonte und Normorientierungen sowie der instituierten/etablierten Reaktionsformen des politischen Systems und des Rechtssystems die qualitative Analyse judenfeindlicher politischer Angebotsstrukturen und öffentlicher Diskursprozesse zum Antisemitismus sowie daran gekoppelter Themenfelder im Mittelpunkt. Eben nicht nur der explizit *politische Antisemitismus*, der im Rechtsextremismus und in Teilen des Linksradikalismus heute noch oder wieder repräsentiert wird, wird so zum Gegenstand der Analyse. Vielmehr rückt, wie ausführlich begründet, auch die Rolle staatlicher und intermediärer Akteure und Strukturen (demokratische Parteien, Medien, Gewerkschaften) ins Blickfeld, und zwar einerseits als gewichtiger *Faktor* „öffentliches/politisch-diskursives Umfeld" für politische Gelegenheitsstrukturen, andererseits selbst als Mobilisierungs- und Konfliktfeld, in dem antisemitische Positionen oder Bilder latent oder manifest auftreten können, bearbeitet oder befördert werden. Der Entwicklung politisch-kultureller Grenzziehungen, Skandalisierungen und Auseinandersetzungen gegenüber antisemitischen Akteuren wie Artikulationen gilt somit bei der leitenden Frage nach Judenbildern

---

[129] Theodor W. Adorno, Zur Lehre von der Geschichte und von der Freiheit: Nachgelassene Schriften Bd. 13 (Frankfurt a.M.: Suhrkamp, 2001), S. 191.
[130] Vgl. Jürgen Habermas, Theorie und Praxis (Frankfurt a.M.: Suhrkamp, 1973); Hayward R. Alker, "Political Methodology, Old and New," in Robert E. Goodin and Hans-Dieter Klingemann (eds.), A New Handbook of Political Science (Oxford: Oxford University Press, 1996), pp. 787 – 799; Tim May, Social Research: Issues, Methods and Processes (Buckingham: Open University Press, 1993), pp. 20ff.

und ihren politischen Wirkungen in der gegenwärtigen Demokratie besonderes Augenmerk, um dadurch Kontinuitäten wie Veränderungen politisch-kultureller Normorientierungen[131] erkennen, begreifen und erklären zu können. Dabei werden insgesamt fünf Dimensionen systematisiert und qualitativ in Beziehung gesetzt, die im theoretischen Teil hergeleitet werden:

(1) die konkreten *politischen Angebotsstrukturen* und antisemitischen Mobilisierungsversuche im politischen Feld, im Besonderen seitens rechtsextremer und rechtspopulistischer, aber auch teils seitens etablierter, in der Selbstzuschreibung ‚demokratischer' Akteure;

(2) die *Reaktionsweisen des politischen Systems*, der Parteien und der staatlichen Institutionen sowie des Rechtssystem im Umgang mit Antisemitismus, also die ‚politische Kultur' im engsten Sinn;

(3) die *politischen Kommunikationsprozesse* und -muster in Medien und Politik, also in der politischen Öffentlichkeit, die ihnen zugrunde liegenden diskursiven Dispositive und ihre möglichen Veränderungen/Verschiebungen in öffentlichen Auseinandersetzungen zu Antisemitismus, nationaler Identität und ‚Vergangenheitsbewältigung', soll heißen: in der politischen Kultur im weiteren Sinn;

(4) die mentalitätsgeschichtlichen, *politisch-kulturellen Reservoirs* von Antisemitismus, bestimmten Juden-Bildern, und korrespondierenden konventionellen kulturellen oder post-konventionellen demokratischen Identifizierungen im Elektorat (damit sind im Besonderen auch die gegenwärtigen, potenziell mobilisierbaren Einstellungs- und Wahlpotenziale im Hinblick auf Antisemitismus, konventionelle ‚ethnische' Identität, und die Verarbeitung oder Idealisierung der nationalen Verbrechen des Holocaust verbunden, aber auch insgesamt die relevanten psychosozialen Dispositionen bzw. Persönlichkeitsstrukturen und politischen Verhaltensorientierungen unter Jugendlichen, im Elektorat sowie den unterschiedlichen Generationskohorten, die auf die unterschiedlichen *politischen Sozialisationsmuster* in der politischen Kultur verweisen);

(5) die gesellschaftlichen Strukturprinzipien wie allgemeine sozioökonomische Transformationen (z.B. als soziale Deregulierung), sowie spezifische *soziokulturelle Veränderungs- und Modernisierungsprozesse* und die auf sie bezogenen, politisch-kulturell relevanten Wahrnehmungsmuster und Reaktionsbildungen.

Zur Untersuchung des aus diesen Faktoren entstehenden Gesamtgefüges der Gelegenheitsstrukturen sollen (1) die politischen und ideologischen Akteure eines politischen Antisemitismus, im Besonderen des Rechtsextremismus, mittels qualitativer Akteurs-, Politik- und Parteienforschung analysiert werden. Die rechtsextremen, rechts-

---

[131] Vgl. Dietrich Thränhardt, „Scandals, Changing Norms and Agenda Setting in West Germany's Political System," Beiträge zur Politikwissenschaft und Verwaltungswissenschaft 8 (1988).

populistischen und linksradikalen Parteien, Organisationen und Medien werden in ihrer Programmatik, Ideologiestruktur, Organisierung und hinsichtlich ihrer politisch-ideologischen Verbindungen im Hinblick auf antisemitische Feindbilder untersucht. Unter *antisemitischen politischen Feindbildern* wird dabei die Vorstellung eines sozialen oder politischen Akteurs von Juden verstanden, welche Juden zu einem geschlossenen, wenig differenzierten Kollektiv homogenisiert; dieses Kollektiv auf wenige, wiederkehrende Attribute reduziert oder diese herausstellt; ihm hierbei aggressive Tendenzen und negative Verhaltensweisen zuschreibt, während man sich selbst zugleich als kollektiv friedfertig und gutwillig beschreibt bzw. in einer kollektiven Notwehrsituation gegenüber der Feindgruppe imaginiert.[132] Hierzu werden die politischen Programme rechtsextremer (DVU, NPD, REPUBLIKANER) wie auch bestimmter linksradikaler Parteien und Medien (u.a. DKP, „Junge Welt"), Organisationen und Medien in der 1990er in der Bundesrepublik analysiert, aber auch neu-rechte politisch-kulturelle Akteure (z.B. „Junge Freiheit"). Diese Analysen werden in Beziehung gesetzt zu empirischen Ergebnissen der Wahlforschung. Im Zentrum jedoch steht die ideologiekritische und textimmanente Untersuchung der schriftlichen und mündlichen Verlautbarungen von politischen Akteuren und Funktionären rechtsextremer Parteien.[133] Dabei werden nicht nur politische Ideologieformen und Stereotype herausgearbeitet, sondern diese in ihren auf politische/soziokulturelle Prozesse bezogenen Transformationen und in ihren politisch-psychologischen Wirkungsweisen gedeutet. Die offenbar zunehmende Bedeutung eines ‚neuen' wie ‚alten' Antisemitismus in den politischen Positionierungen und Ideologien von rechtsextremen wie anti-zionistischen linksradikalen Akteuren ist m.E. gesellschaftlich im Zeitalter soziokultureller Modernisierung und Globalisierung, sozialer Deregulierung und reüssierender Identitätspolitik zu verorten, zum anderen als spezifische politisch-kulturelle Reaktionsweise auf gesellschaftliche Prozesse und Diskurse aber nur sozialpsychologisch zu erklären: sie erweisen sich als spezifische *Affekte* gegen soziokulturelle Modernisierung und Ambivalenzen der Globalisierung, die insbesondere in den letzten Jahren auch über die politischen Mobilisierungsfelder „Nahost" und „Amerika" transportiert werden.[134] Antisemitische Personifizierungen erscheinen hierin nicht zuletzt als besondere stereotype, politisch mobilisierte Deutungs- und Strukturierungsmuster der sozialen Welt und ihrer Akteure. Jene Ressentiments übernehmen als ideologisches und politisch-psychologisches Bindemittel der extremen Rechten, aber auch relevanter Teile der ‚globalisierungskritischen' radikalen Linken heute scheinbar erneut identitätsgenerierende Funktionen und basieren nicht zuletzt auf tradierten Wahrnehmungsstrukturen des kulturellen Unbewussten, von denen sich

---

132 Vgl. allgemein zu den sozialpsychologischen Kriterien von ‚Feindbildern' John Duckitt, The Social Psychology of Prejudice (New York: Praeger, 1992).
133 Exemplarisch für diese Rechtsextremismusforschung u.a. Richard Stöss, Die extreme Rechte in der Bundesrepublik (Wiesbaden: Westdeutscher Verlag, 1989); Hajo Funke „Republikaner": Rassismus, Judenfeindschaft, nationaler Größenwahn (Berlin: ASF, 1989); Claus Leggewie, Die Republikaner: Phantombild der Neuen Rechten (Berlin: Rotbuch, 1989).
134 Dieser Komplex hat durch die öffentlichen Debatten nach dem 11. September 2001, zum Irak-Krieg und durch die Rezeption der sogenannten „zweiten Intifada" noch einmal einen deutlichen Schub erfahren und als Mobilisierungsagenda offenbar an politischer Relevanz gewonnen.

freilich ‚linke' anti-zionistische Akteure per politischem Selbstverständnis frei wähnen, während ‚rechte' Akteure ihre antisemitischen Positionen u.a. als Reaktion auf Strafverfolgungsdruck eher bewusst codieren.

Die (2) Reaktionen bzw. Interaktionen seitens des politischen Systems, also der demokratischen politischen Parteien wie der Akteure im Bundestag, sollen qualitativ dazu in Beziehung gesetzt werden. Hier ist zu analysieren, inwieweit etwa die Akteure der extremen oder Neuen Rechten auf negative praktisch-institutionelle Sanktionen und Abgrenzung stoßen, oder aber ob in den letzten Jahren bestimmte Ideologeme korrelieren oder gar adaptiert werden. Zu untersuchen sein wird also, ob sich das liberale Selbstverständnis zentraler demokratischer Institutionen wie Parteien im Umgang mit neuen Formen des politischen Antisemitismus und des Neo-Nationalismus verändert hat und ob es zu programmatischen Verschiebungen bei Parteien und staatlichen Akteuren gekommen ist. Dabei wird ein besonderes Augenmerk den geschichtspolitischen, geschichtsrevisionistischen Bestrebungen einer Neuen Rechten als politisch-kulturellem Akteur mit zunächst vornehmlich *kulturellen* Hegemoniebestrebungen zu gelten haben, die den Brückenschlag zwischen der extremen Rechten und dem Nationalkonservatismus sucht. Aber auch die etablierte demokratische Linke wird nach ihrem Umgang mit ‚linkspopulistischen', antiamerikanischen und anti-israelischen Tendenzen und danach befragt, ob sie Formen von antisemitischer Stereotypie indirekt fördert. Im Kontext der System-Reaktionen sind auch die besonderen Rechtsvoraussetzungen in Deutschland von Bedeutung (Volksverhetzungsparagraph, Gesetz gegen die „Auschwitz-Lüge", Verbot politischer Parteien [Artikel 21 Abs. 2GG] oder Vereine [Artikel 9 Abs. 2 GG] etc.) sowie die Praxis des Verfassungsschutzes und strafrechtlicher Verfolgungsbehörden bei Sanktionsmaßnahmen gegenüber antisemitischen Straftaten.

Im Zentrum der Untersuchung steht indes die diskurshistorische und politisch-psychologische Rekonstruktion der (3) Interaktionen im öffentlich-politischen Diskurs, dem öffentlichen Umfeld und der politischen Kultur im weiteren Sinn. Fokussiert werden (aus diskurstheoretischen bzw. mit Werner Bergmann aus skandaltheoretischen Überlegungen heraus[135]) im Besonderen öffentlich-politische Konflikte, in denen sich der öffentliche Umgang mit Antisemitismus und korrespondierenden bzw. gekoppelten Themen, insbesondere der Auseinandersetzung mit dem Holocaust und der ‚Vergangenheitsbewältigung', mit hohem gesellschaftlichen Wirkungsradius verdichtet und mitunter transformiert. Politische Diskurse werden im Anschluss an Werner Bergmann insbesondere anhand von denjenigen öffentlichen Konfliktkommunikationen untersucht, die zum Gegenstand massenmedialer Berichterstattung und/oder politischer Auseinandersetzungen geworden sind und gesellschaftsweite Beachtung fanden.[136] In diesen spezifischen Diskurskonstellationen treten politisch-kulturelle Haltungen und Normen in Erscheinung bzw. gelangen zum Ausdruck, werden andererseits aber auch möglicherweise verändert. Antisemitische Konflikte spielen sich dabei gerade nicht allein im politischen System ab, sondern mit politischen Effekten und Interaktionen im

---

135 Werner Bergmann, Antisemitismus in öffentlichen Konflikten, a.a.O., S. 13 und 32ff.
136 Ibid, S. 17.

weiteren öffentlichen Raum, der das politische Meinungsklima mitstrukturiert. In jenen Konflikten wird Antisemitismus in besonderer Weise thematisiert und sanktioniert oder eben nicht sanktioniert, und durch sie können sich die Regeln der politischen Diskurse verändern und ihre Grenzen und Bedeutungen verschieben, wobei es immer auch in der Demokratie zu unsanktionierten antisemitischen Bildern und Vorstößen kommt.[137]

Antisemitismus stellt dabei einen ganz spezifischen Issue, einen „besonderen Testfall"[138] dar für die Analyse politischer Gelegenheitsstrukturen demokratiefeindlicher Vorurteile und Bestrebungen in der demokratischen politischen Kultur. Die Opportunitätsstrukturen innerhalb der politischen Diskurse sollen systematisch mittels eines operationalisierten Verständnisses von Antisemitismus und präziser Kriterien wie Indikatoren untersucht werden, deren diskurshistorischen Veränderungsprozesse und oft *impliziter* Charakter[139] jedoch genauso berücksichtigt werden müssen wie die Flexibilität und Anpassungsfähigkeit eines ‚postmodernen Antisemitismus', der eine höhere Flexibilität der Darstellung aufweist und spezifische Assimilationsangebote macht. Seine Erforschung in der demokratischen politischen Öffentlichkeit ist deshalb auf die Analyse auch symbolischer Tiefenstrukturen und Bedeutungshöfe, kultureller Reifizierungs- und Fixierungslogiken sowie deren Widersprüche wie Verschiebungen ‚unter der semantischen Oberfläche' angewiesen. Hierbei rücken auch vor allem „symbolische Ordnungen", die sich nicht zuletzt auf das „symbolische Unbewusste" (Lacan) beziehen, und unterschiedliche Juden-Bilder, also Stereotype und ihre Bearbeitung, ins Zentrum der Untersuchung. Jene Stereotype können fragmentiert sein und verdichten sich nicht notwendig zum geschlossenen antisemitischen Feindbild (wie etwa beim „Kampf" gegen „den zionistischen Feind" oder „die jüdisch-angloamerikanische Weltherrschaft"). Sondern sie verweisen eher auf latente Codes und symbolische Exklusionen und operieren oft eher mit in hohem Maße *kontextabhängigen* oder latenten symbolischen Zuordnungen: diese reichen von der Konstruktion von Juden als „Moralaposteln" oder „unerbittlichen Mahnern", dem Vorurteil, Juden beuteten mit einer „Auschwitzkeule" die deutsche Schuld, also den Holocaust für ihre Zwecke aus, bis zu falschen Verallgemeinerungen gegenüber jüdischen Organisationen („jüdische Lobby") und überhaupt homogenisierenden Kollektiv-Attribuierungen gegenüber jüdischen öffentlichen Akteuren, von der Identifizierung von Juden mit Israel und der Gleichsetzung von Israel mit der SS oder dem Nationalsozialismus bis zur hasserfüllten Überzeichnung vermeintlicher „jüdischer Schuld" oder „israelischer Verbrechen" oder der Rede von „alttestamentarischer Rachsucht".[140] Hierbei sind ‚Israel' und ‚Vergangenheitsbewältigung' zu den wichtigsten Chiffren geworden. Von Interesse sind das Zusammenwirken, die Grenzen und die „soziale Erwünschtheit" von neuen und konventionellen Stereotypen

---

137 Vgl. exemplarisch Hajo Funke, „Bitburg und ‚die Macht der Juden': Zu einem Lehrstück antisemitischen Ressentiments in Deutschland," a.a.O.
138 Werner Bergmann, Antisemitismus in öffentlichen Konflikten, a.a.O., S. 58. Das hier entwickelte Modell von Faktoren und politischen Interaktionsdynamiken sollte indes prinzipiell auch auf andere politische Themen, Agenden und Mobilisierungsprozesse in der politischen Kultur anwendbar sein.
139 Vgl. Norman Geißler, Expliziter und impliziter Antisemitismus und Rassismus – ein Vergleich (Potsdam: Institut für Psychologie der Universität Potsdam, Diplom-Arbeit, 2002).
140 Vgl. Peter Pulzer, „The new antisemitism, or when is a taboo not a taboo?," a.a.O., p. 94ff.

1. Einleitung

bzw. Modi sozialer Kategorisierung. Um dieses Verhältnis analysieren zu können, muss es auch im politisch-historischen Hintergrund und im Kontext der Ideologiegeschichte von Antisemitismus in der politischen Kultur beleuchtet werden.

Die hier untersuchten (politischen) Diskurse vermitteln zwischen gesellschaftlicher Wirklichkeit und einzelnen Mitteilungsakten.[141] Sie werden begriffen als Regelgefüge zur Erzeugung von Darstellungs- und Begründungspraktiken, die Teilnehmenden in einem sozialen Feld sinnvoll erscheinen und deshalb zugelassen und aussichtsreich sind, einschließlich der Markierungs- und Ausgrenzungsmethoden gegen abweichende Darstellungen und Begründungen.[142] Sie sind freilich nicht stabil und eindeutig, sondern überlagern einander, modifizieren und aktualisieren sich. Doch können Diskurse auch politisch-kulturell *hegemoniale* kognitive Modelle, Bilder, Metaphern und symbolische Ordnungen verfestigen und reproduzieren. Das Streben nach einer „discursive closure"[143] bleibt indes illusionär. Die Regelgefüge konstituieren sich dabei „durch kollektives Wissen über die Grenzen der Gültigkeit symbolischer Ordnungen und ihr Spektrum möglicher Mitteilungsakte, die in einem Kontext prinzipiell Anspruch darauf haben, als sinnvoll und angemessen diskutiert zu werden."[144] Diskursanalytische und diskurshistorische Verfahren spüren diesen Regeln, symbolischen Ordnungen, Brüchen und Prozessen nach. Diskurse sind dabei nicht einfach im ‚ständigen Fluss', sondern ihre Ordnungsprinzipien und ideologischen Formationen können eine wirkungsmächtige Kraft entfalten, die in den ‚Mentalitätsbindungen' einer politischen Kultur sedimentiert sind. Es gibt historische Kontinuitäten von Stereotypen und Feindbildern, die sich vielfach als außerordentlich resistent gegen Erfahrung[145] erweisen, auch nach langen Latenzphasen vom kollektiven Phantasma, dem „politischen Imaginären"[146], wieder ins politische Feld dringen sowie unterschiedliche politisch-psychologische Funktionen übernehmen können. Die ideologiehistorische Matrix, bestimmte konventionelle Identitätsnarrative und auch antisemitische Bilder können also durch Akteure, Diskurse und Konflikte im öffentlich-politischen Prozess durchaus auch generiert und *fortgeschrieben*, also re-mobilisiert und gefestigt werden – trotz der beliebten Rede vom „Verschwinden der Ideologien". Gerade der Antisemitismus hat sich oft beharrlich gezeigt. Konventionelle Identitätsmuster diffundieren auch nicht einfach automatisch mit postmodernen, durch Globalisierung und Migration induzierten ‚objektiven' soziokulturellen Pluralisierungsprozessen. Jene können vielmehr zeitgleich reaktiv verstärkt oder auch neu konfiguriert werden und womöglich heute gerade in einem „globalisierten Antisemitis-

---

141 Vgl. Norman Fairclough, Discourse and Social Change (Cambridge: Polity Press, 1992).
142 Vgl. Thomas Kliche, Suzanne Adam und Helge Jannink, „'Wirklich die Hölle': Diskursanalysen zur Konstruktion von ‚Islam' in einem deutschen Printmedium," in Rainer Dollase, Thomas Kliche und Helmut Moser (Hg.), Politische Psychologie der Fremdenfeindlichkeit (Weinheim: Juventa, 1999), S. 307 – 324, S. 307.
143 Siehe Eric Louw, The Media and Cultural Production (London: Sage, 2001).
144 Thomas Kliche, Suzanne Adam und Helge Jannink, „'Wirklich die Hölle'," a.a.O., S. 307.
145 Vgl. Hans Nicklas, „Psychologie des Unfriedens: Ergebnisse der psychologischen Friedensforschung," in Ulrike Wasmuth (Hg), Friedensforschung: Eine Handlungsorientierung zwischen Politik und Wissenschaft (Darmstadt: Wissenschaftliche Buchgesellschaft, 1991), S. 149 – 163.
146 Siehe Susan Buck-Morss, Dreamworld and Catastrophe: The Passing of Mass Utopia in East and West (Cambridge, MA: MIT Press, 2000).

mus"¹⁴⁷ kumulieren, der neue ideologische Übereinkünfte und beharrliche ethnische Identitätsbilder grundiert. Ins Blickfeld sollten dabei deshalb nicht nur der Antisemitismus selbst, sondern auch verbundene Prozesse der Kulturalisierung/ Entkulturalisierung von politischen Diskursen.

Diskurse sollen zunächst ferner mit Michel Foucault verstanden werden als „Ensemble diskursiver Ereignisse"¹⁴⁸. Unter den diskursiven *Ereignissen* (im Unterschied zu den Diskurs*anlässen* wie z.B. Walsers Friedenspreisrede), die hier zum Gegenstand werden, werden wiederum bestimmte Debatten, öffentliche Konflikte oder verdichtete Auseinandersetzungen verstanden, die einen bestimmten Gesamt-Diskurs einschneidend prägen, auf breite öffentliche Resonanz stoßen und geeignet sind, den späteren Diskursverlauf, die Bewertungs- und Beurteilungskriterien, wie die maßgeblichen Normen von (politischen) Diskursen nachhaltig zu verändern. Diskursive Ereignisse wie öffentliche Konflikte können neben dem Fortschreiben also auch Bruchlinien und neue Grenzen eines übergreifenden Diskurses in der politischen Kultur markieren und sind deshalb besonders hilfreich dafür, sowohl die ‚normalen' Diskursverläufe als auch die Wendepunkte und Veränderungspotenziale zu erfassen.¹⁴⁹ Die Diskurse sollen dabei insgesamt als „diskontinuierliche Praktiken behandelt werden, die sich überschneiden und manchmal berühren, die einander aber auch ignorieren oder ausschließen."¹⁵⁰ Die Genealogie dieser Diskurse untersucht „ihre Entstehung, die zugleich zerstreut, diskontinuierlich und geregelt ist."¹⁵¹ Die Analyse der ‚Juden-Bilder' und ihrer Bedeutungshorizonte, Diskursgrenzen und institutionalisierten diskursiven Regeln in der demokratischen Öffentlichkeit zielt hierbei im Besonderen auf die *diskursive „opportunity structure"* (im Sinne von Opportunitätsstruktur) von Antisemitismus in der demokratischen politischen Kultur, also auf die politisch-historischen Zusammenhänge, Folien, Muster und vor allem das ‚Sagbarkeitsfeld' von Antisemitismus in der Öffentlichkeit. Wichtig ist hierbei die politisch-historische *Kontextualisierung*. Deshalb werden mitunter auch Anschlussdiskurse respektive Diskursanschlüsse (z.B. zu nationaler Identität) diskutiert. Gefragt wird aber hier nicht nur, welche diskursiven Grenzen und Regeln existieren und in öffentlichen Konflikten/Diskursereignissen modifiziert werden, also danach, was skandalisiert wird oder ohne Sanktionen in Medien und Politik über Juden gesagt werden kann bzw. welche Juden-Bilder aktualisiert werden (können), sondern eben auch, welche politisch-psychologischen Dynamiken und kollektiven Identitätsbildungen hierbei zugrunde liegen. Was für Selbstverständigungsprozesse und symbolische Politiken werden eingeleitet, was für kollektive/nationale Identitätsbilder werden in diesen Kommunikationsprozessen zu Antisemitismus und Vergangenheitsbewältigung gene-

---

147 Vgl. Daniel Jonah Goldhagen, „The Globalization of Antisemitism," Forward May 2, 2003.
148 Michel Foucault, Die Ordnung des Diskurses (Frankfurt a.M.: Fischer, 1998), S. 37.
149 Vgl. Siegfried Jäger, Kritische Diskursanalyse: Eine Einführung (Duisburg: Duisburger Institut für Sozialforschung, 2001); Duisburger Institut für Sozialforschung, Die Nahost-Berichterstattung zur Zweiten Intifada in deutschen Printmedien unter besonderer Berücksichtigung des Israel-Bildes: Analyse diskursiver Ereignisse im Zeitraum von September 2000 bis August 2001 (Duisburg: Duisburger Institut für Sozialforschung, 2002), S. 3.
150 Michel Foucault, Die Ordnung des Diskurses, a.a.O., S. 34.
151 Ibid, S. 41.

1. Einleitung

riert, die sich bedeutend auf die Opportunitäts- und Gelegenheitsstrukturen antisemitischer Ideologeme und Mobilisierungsversuche, ja die demokratische politische Ordnung und politische Kultur insgesamt auswirken können? Das Verhältnis zur NS-Vergangenheit und zum Antisemitismus ist dabei im deutschen Kontext von besonderer Bedeutung für das demokratische, kollektive Selbstverständnis.

Die empirischen Diskursgeschichten rekonstruieren die öffentlich-politischen Kommunikationsprozesse nicht nur in ihren Strängen, Konfigurationen und ihrem Verlauf, sondern auch in ihren Gewichtungen bzw. Dominanzverhältnissen. Sie basieren, in Orientierung an der Untersuchung von Werner Bergmann, auf der qualitativen Auswertung aller Berichte, Kommentare, Meldungen und Interviews, sowie exemplarisch ausgewählter Leserbriefe aus den überregionalen Tageszeitungen „Der Tagesspiegel", „Frankfurter Rundschau", „Frankfurter Allgemeine Zeitung", „Süddeutsche Zeitung", „tageszeitung" und „Die Welt" sowie den Wochenzeitschriften und Wochenzeitungen „Die Zeit", „Der Spiegel", „Focus" und „Stern" zu den jeweiligen Kontroversen und Diskursanlässen in einem jeweils begrenzten Zeitraum, in dem dem jeweiligen Thema relativ konstante öffentliche Aufmerksamkeit zuteil wurde. Darüber hinaus werden aber auch in besonderer Weise Bundestagsprotokolle, Regierungsäußerungen und parteiliche Scheidelinien analysiert. Um die Reaktionen in der politischen Kultur mit der Wahrnehmung der politischen Diskurse in jüdischen Medien abzugleichen wird im Besonderen auch die „Allgemeine Jüdische Wochenzeitung" untersucht. Größere und kleinere Regionalzeitungen werden zudem herangezogen, um zu zeigen, welche Diffusionswirkung diese Diskurse, meist auf lokaler Ebene in stichwortartig verknappter Form, bis in die regionale oder lokale Publizistik zeitigen und was davon ein breites, auch weniger gebildetes Publikum erreicht. Im Unterschied zur Studie von Bergmann werden hierbei deshalb auch ausgewählte überregionale Fernsehbeiträge analysiert, um genau diese Breitenwirkungen (etwa kristallisiert in einer öffentlich-rechtlichen Sondersendung zur Walser-Debatte) zu erfassen.[152] Zu beobachten ist vielfach, dass von den Debatten nur Schlagworte, ein Bruchteil der Motive und Argumente „durchsickern", z.B. in der Landbevölkerung (es scheint mir wichtig, wenn auch problematisch zu erheben, was für Stichworte, Reize und Affekte überhaupt von einer Affäre wie der Walser-Debatte jenseits der Eliten und Feuilleton-Leser rezipiert wird und ‚ankommt').

Die spezifischen Diskurse und Daten werden also vor dem Hintergrund des besonderen Diskursanlasses/Gegenstandes in ihren Hauptphasen rekonstruiert (im Fall von Bundestagsdebatten: strukturiert nach Positionen). Dabei werden, wie angedeutet, der Diskursanlass, die thematische Struktur, die öffentlichen Akteure, unterschiedlichen

---

[152] Die Prestigemedien, darauf haben Bergmann und zahlreiche kommunikationswissenschaftliche Studien bereits hingewiesen, fungieren in vielfältiger Weise als Leitmedien oder *opinion leaders* für andere Massenmedien sowie für politische, wirtschaftliche und intellektuelle Eliten; vgl. Werner Bergmann, Antisemitismus in öffentlichen Konflikten, a.a.O., S. 62. Sie weisen eine hohe überregionale Verteilung und eine Verankerung in der politischen Kultur auf. Zur Funktionsweise der politischen Kommunikationsprozesse in der Gegenwart vgl. Ulrich Sarcinelli (Hg.), Politikvermittlung und Demokratie in der Mediengesellschaft: Beiträge zur politischen Kommunikationskultur (Wiesbaden: Westdeutscher Verlag, 1998). Das Fernsehen kann hier indes nur unzureichend und unsystematisch berücksichtigt werden; die Analyse richtet sich insbesondere auf die Rezeption bestimmter Konflikte und Kampagnen in Nachrichtensendungen und Fernseh-Interviews.

Positionen, Argumentationsmuster, Motive, Topoi, impliziten Sinngehalte, Codes und Chiffren, politisch-psychologischen Subtexte sowie berichteten Wirkungen analysiert sowie auf der Grundlage der gesamten empirischen Basis gewichtet (wobei nicht alle Medienbeiträge in der qualitativen Analyse berücksichtigt werden; wohl aber wird beansprucht, *alle* Argumente und Motive wiederzugeben und zu repräsentieren; die Gesamtheit der Artikel zu einem Konflikt/Diskursfeld dient als Grundlage, um die Analyse möglichst repräsentativ und empirisch kontrollierbar zu halten). Die Globalauswertung des Materials (Analyse und Wertung aller Texte nach Themen, Positionen und Positionierung im Diskursverlauf) begründet hierbei die Auswahl der besonders diskutierten Texte und Textpassagen.

In der qualitativen Analyse politischer Kommunikations- und Diskursprozesse, wie den öffentlichen Diskussionen/Diskursereignissen oder den verschiedenen Bundestagsdebatten, kommen vor allem historisch-genealogisch operierende, diskurshistorische Verfahren zur Geltung, die einerseits auf der sukzessiven, prozessualen Rekonstruktion von Diskurssträngen bzw. -strategien und politischen Reaktionsweisen basieren, um den Umgang und die Wechselbeziehung politischer Akteure in ihrem Gefüge sichtbar zu machen.[153] Zum anderen wird dabei, wie gesagt, freilich in systematischer Hinsicht beansprucht, die Gesamtheit der ‚Deutungskulturen'[154], also die Gesamtheit der im politischen Prozess zur Geltung kommenden Argumentationsmuster und Reaktionsweisen in der politischen Öffentlichkeit respektive im Bundestag zu repräsentieren. Überdies sollen die Befunde zu Deutungsmustern und politisch-psychologischen Reaktionsbildungen in empirisch nachvollziehbarer und abgesicherter Weise auch repräsentativ gehalten werden, was im Rahmen einer qualitativen Analyse freilich nur begrenzt möglich ist.[155]

Da standardisierte Verfahren wie auch Kodierungstechniken indes die qualitativen Bestimmungen, vor allem aber die Interaktions- und Kommunikations*prozesse* und die spezifischen Verschiebungen von Bedeutungen und Legitimitäts-/ Opportunitätsgrenzen sowie die jeweiligen politisch-semantischen *Kontexte* nur unzureichend erfassen können, werden, analog zur Studie von Bergmann, hierbei auf der Grundlage sämtlicher Medienbeiträge Verfahren „dichter Beschreibung" bei den Feinanalysen sowie, wie skizziert, diskurshistorische und diskursanalytische Methoden verwendet, mittels derer die politische Kommunikation und die öffentliche Meinung in ihren frames, ihrer Struktur, ihren Konfliktlinien (auch entlang der Parteigrenzen) und in ihrer Verteilung

---

[153] Vgl. Helmut Dubiel, Niemand ist frei von Geschichte: Die nationalsozialistische Herrschaft in den Debatten des Deutschen Bundestages (München: Carl Hanser, 1999); vgl. methodisch und konzeptionell auch die beeindruckende Studie von Klaus Naumann, Der Krieg als Text: Das Jahr 1945 im kulturellen Gedächtnis der Presse (Hamburg: Hamburger Institut für Sozialforschung, 1998.

[154] Vgl. zum Begriff der ‚Deutungskulturen' Steffen Kailitz, Die politische Deutungskultur im Spiegel des Historikerstreits: What's left? What's right? (Wiesbaden: Westdeutscher Verlag, 2001).

[155] Ziel ist hierbei eine adäquate, möglichst umfassende, dokumentierte und replizierbare und intersubjektiv nachvollziehbare qualitative Datenerhebung anhand ausgewiesener Kriterien in den Grenzen genealogisch-rekonstruktiver Methoden sicherzustellen. Dieser Anspruch, wie der auf gültige und repräsentative Schlussfolgerungen gehört zum sozial- und politikwissenschaftlichen Anspruch genauso wie das Wissen, das Forschung einen notwendig normativ gebundenen, kreativen und innovativen Prozess darstellt, deren Ergebnisse anfechtbar sind.

1. Einleitung

ausgewertet wird[156] (Wer prägt die Agenda-Struktur, wer agiert dominant, wer ist marginalisiert, was ist sagbar, was erntet Widerspruch oder Skandalisierung?). Jene Verfahren scheinen am besten geeignet, die Transformations- und Kommunikationsprozesse sichtbar zu machen und zu rekonstruieren. Die in diesen politischen Kommunikationsprozessen beobachteten Ereignisse, Sinngehalte und die ihnen zu Grunde liegenden Dispositive als historische Konstruktionen aufzufassen und zu rekonstruieren heißt nämlich auch jeweils, den politisch-kulturellen und sozialen Artikulations-Kontext einzubeziehen und nicht von diesem zu abstrahieren. Sinn und Bedeutungen stellen sich dabei nicht nur in kontingenten, selbstreferentiellen Prozessen selbst ein, „sondern sind mit sozialen Auseinandersetzungen um Sinn, Bedeutungen und Relevanzsetzungen verknüpft, durch die *Macht* reproduziert wird."[157] Die Akteure sind dabei immer schon Teil einer diskursiven Ordnung, die sie verändern oder bestätigen.

Besonderes Augenmerk gilt auch hier freilich nicht nur dem politisch-kulturellen Umfeld, sondern besonders auch den politischen Akteuren, den staatlichen demokratischen Kern-Institutionen, und insbesondere den Debatten des Deutschen Bundestags zu Antisemitismus und ‚Vergangenheitsbewältigung', die teils unmittelbar aus dem öffentlichen Umfeld, den politischen Kommunikationsdynamiken heraus entstanden sind. Schließlich ist, wie Helmut Dubiel zu Beginn seiner wegweisenden Rekonstruktion der Bundestagsdebatten zur NS-Herrschaft betont, „das Parlament die Schnittstelle, an der die Interessen und Meinungen der Bürger mit den Verhandlungen der Politiker vermittelt werden sollen. Das Parlament ist die Membran zwischen Gesellschaft und Staat, der Resonanzboden der bürgerlichen Öffentlichkeit zum einen und demokratische Kontrollinstanz zum anderen."[158] Eigenständig analysiert werden hierzu die ‚große' Debatte zum „Denkmal für die ermordeten Juden Europas" sowie die Antisemitismus-Debatte im Bundestag in Folge der Äußerungen Möllemanns.

Nicht nur als gesellschaftlicher Kontext, sondern auch als wichtiger Faktor erscheinen (4) die sozialen Einstellungen, politischen Orientierungen und psychosozialen

---

156 Vgl. Werner Bergmann, Antisemitismus in öffentlichen Konflikten, a.a.O., S. 63. Zur systematischen qualitativen Textinterpretation, von der Erarbeitung einer thematischen Struktur als Grundlage jeder noch so kontroversen Kommunikation zur „reflektierenden Interpretation" und Rekonstruktion der strukturierenden Orientierungsmuster, konstituierenden Gegenhorizonte, Metaphern von Texten wie Diskursverläufen vgl. allgemein Ralf Bohnsack, Rekonstruktive Sozialforschung: Einführung in Methodologie und Praxis qualitativer Forschung (Opladen: Leske & Budrich, 2000), S. 143ff. Rekonstruktive Forschung zielt auf die Erschließung von Sinnhorizonten und strukturierenden ‚Schlüsseln', des latenten Sinns, der Kontextbedingungen, Konfliktstrukturen und dem sozialen Unbewussten politisch-diskursiver Texte und gesellschaftlicher Interaktionen. Rekonstruktive Forschung, wie z.B. die in dieser Studie geleistete dokumentarische Textinterpretation, ist auf *hermeneutische* Deutungsverfahren angewiesen, die auf Objektivität zielen, aber nur begrenzt objkeitifizierbar sind, und die zugleich den sozialen (Sinn-)Zusammenhang einbeziehen, der sich auch jenseits der subjektiven Intentionalität konstituiert, und zwar vor dem Hintergrund politisch-kultureller Kontexte und Deutungssysteme, sozialpsychologischer Antriebe, politisch-sozialer Konfliktlinien und gesellschaftlicher Strukturprinzipien. Sozialwissenschaftliche Objektivität begrenzt sich in rekonstruktiven Verfahren, zumal im Kontext politischer Kulturforschung, auch insofern nicht auf die Objektivität der empirischen Faktizität sozialer Tatbestände, sondern deren Verständnis und historisches Gewordensein im sozialen Prozess.
157 Thomas Höhne, „'Alles konstruiert, oder was?' Über den Zusammenhang von Konstruktivismus und empirischer Forschung," in Johannes Angermüller, Katharina Bunzmann und Martin Nonhoff (Hg), Diskursanalyse: Theorien, Methoden, Anwendungen (Hamburg: Argument Verlag, 2001), S. 23 – 35, S. 29.
158 Helmut Dubiel, Niemand ist frei von Geschichte, a.a.O., S. 13.

Dispositionen zu Antisemitismus und korrespondieren Themen (nationale Identität, NS-Vergangenheit, Ethnozentrismus, Rassismus, politischer Autoritarismus) in der Gesellschaft. Die Frage nach der Virulenz, sozialen Akzeptanz und möglichen Veränderung des gesellschaftlichen Resonanzbodens soll deshalb anhand der vorhandenen quantitativen und qualitativen Einstellungsforschung in den unterschiedlichen Generationskohorten in ihrem Verhältnis zu den jeweils erforschten öffentlich-politischen Entwicklungslinien untersucht werden, um mögliche Wechselwirkungen und Interaktionsdynamiken zwischen Politik, Öffentlichkeit und gesellschaftlichen Normen in Blick zu bekommen. Gefragt wird insofern, wie die politischen Akteure, öffentlichen Konflikte und politischen Diskurse die sozialen Wahrnehmungsmuster gegenüber Juden oder die „soziale Erwünschtheit" von judenfeindlichen Stereotypen beeinflussen (und vice versa). Da freilich in einem politisch-historischen Kontext „die Wirkungen von Öffentlichkeit nicht völlig isolierbar sind, können die Ergebnisse nur eine möglichst hohe Plausibilität anstreben."[159] Diese Befunde dienen auch dazu, die erarbeitete öffentliche Wissens- und Konfliktstruktur und die Ergebnisse der politischen Analyse mit Daten zu Haltungen in der Bevölkerung zu überprüfen.

Anhand der Untersuchung der qualitativen Angebote und ihrer Relevanz und den Veränderungen von Einstellungen bzw. dem Grad der Offenheit von gesellschaftlich geäußerten antisemitischen Vorurteilen und dem Grad ihrer sozialen Erwünschtheit/Akzeptanz lässt sich zumindest begründet deuten, inwiefern die öffentlichen Prozesse ‚demokratisierend' wirken oder inwieweit sie geeignet sind, kollektive Affekte gegen Juden zu amplifizieren. Dabei ist zu berücksichtigen, dass die öffentlichen und politischen Akteure aufgrund des liberal-demokratischen Rahmens sich grundsätzlich eher gemäßigter und liberaler artikulieren als der Demos, den sie politisch repräsentieren und vermitteln (ein Umstand, auf den Populismen und populistische Akteure gerne anspielen und den sie als ‚Tabu' gegenüber der ‚wahren Volksmeinung' inszenieren). Änderungen öffentlicher/staatlicher Stellungnahmen, Haltungen und politischer Symboliken, also bereits ein geringer Wandel von Codes und Skandalisierungsschwellen, werden hierbei als wichtiger Einflussfaktor angenommen für die Gelegenheitsstruktur von Antisemitismus, gerade im Hinblick auf die Bereitschaft bei den bereits judenfeindlich orientierten Teilen des Elektorats, ihre schon vorhandenen antisemitischen Haltungen öffentlich zu machen, entsprechende Akteure zu unterstützen, oder eben jene Haltungen eher zu anonymisieren (dies betrifft insbesondere unsanktionierte Anspielungen demokratischer Akteure, wie Rudolf Scharpings Rede von der „jüdischen Lobby", die den Irak-Krieg forciere, oder Aussagen wie die, es dürfe „keine ‚Tabus' gegenüber Juden mehr geben", oder man müsse Israel auch kritisieren dürfen", welche bereits die antisemitische Wahrnehmungsstruktur perpetuieren, dass es solche Tabus wirklich gebe und die latent insinuieren, es existiere eine ‚jüdische Medienmacht', welche solche Tabus gegenüber ‚dem Volk' aufrechterhalte).

Gesellschaftliche und individuelle, teils kohortenspezifisch nuancierte Orientierungsmuster verweisen auf bestimmte psychosoziale Dispositionen, insbesondere eine

---

[159] Werner Bergmann, Antisemitismus in öffentlichen Konflikten, a.a.O., S. 58.

autoritäre Ich-Schwäche, die für Verschwörungstheorien, soziale Paranoia und antisemitische ‚Welterklärung' erst anfällig machen. Die sozialpsychologische Variable einer autoritären Persönlichkeitsstruktur mit geschwächten moralischen wie kognitiven Selbstregulierungskompetenzen und die Frage der Anfälligkeit für antisemitische Stereotypie sollen im theoretischen Teil bereits grundlegend diskutiert werden. Juden fungieren demnach wesentlich als *scapegoats* in dem Sinn, dass überwältigende innere oder soziale Konflikte und Ängste, kognitive, kommunikative und emotionale Beschränkungen wie unerlaubte Wünsche im Antisemitismus ihren Ausdruck finden können, ausgetragen werden oder in Juden personifiziert erscheinen. Diese spezifische affektive Seite, seine politisch-psychologischen Funktionen, werden als konstitutiv für den modernen Antisemitismus erachtet, und mit ihnen der Autoritarismus als gesellschaftliches und politisches Problem in der politischen Kultur konzeptionalisiert (zum Verständnis seiner Relevanz und Ursprünge werden insbesondere auch neuere sozialpsychologische und gesellschaftstheoretische, vor allem kommunikations- und anerkennungstheoretische Ansätze, von Habermas bis Honneth, herangezogen). Der politische Erfolg des Antisemitismus ist indes meiner Auffassung nach wesentlich davon abhängig, inwieweit Juden im Gesamtzusammenhang der politischen Kultur auch als sozial sanktionierte Objekte für solche Projektionen erscheinen und diskursive Rationalisierungen legitimiert werden, die psychosoziale Kompensationen wie griffige Weltdeutung bieten können und dabei auf das unbewusste Eigene verweisen. Im empirischen Teil soll dann das Verhältnis von Antisemitismus zu konkreten Erhebungen über die Relevanz von autoritären politischen Orientierungen sowie autoritären Charakterdispositionen in der gegenwärtigen Gesellschaft bewertet werden.

Die in jenen Dispositionen aufscheinenden politischen Sozialisationsmuster und Motivationsstrukturen verweisen also nicht zuletzt auf prekäre (5) gesamtgesellschaftlichen Strukturprinzipien und soziokulturellen Transformationen. Strukturelle Ohnmachts-, und Dependenz- und Objektifizierungsverhältnisse in der modernen kapitalistischen Gesellschaft begünstigen stereotype, reifizierte Bewusstseinsformen, die die Komplexität der sozialen Welt reduzieren und ihre Bewegungsprozesse fetischisieren. Einschneidende soziale Veränderungen (ökonomische Globalisierung, soziale Deregulierung, zunehmender ökonomischer Druck auf den Individuen, soziale Missachtung, prekäre Existenzverhältnisse, Erfahrungen relativer Deprivation), politische Transformationen (politische Exklusionen) und soziokulturelle Modernisierungsprozesse (kulturelle Globalisierung, Migration, soziokultureller Wandel) erscheinen dabei einerseits als begünstigende, verstärkende Dimensionen; andererseits können solch unmittelbare, ‚objektive' Transformationsprozesse auf ganz unterschiedliche Weise von Individuen verarbeitet werden. Letztlich ist die vorstrukturierte Wahrnehmung und spezifische ideologische Form der Reaktionsbildung entscheidend, mit der – auch bedrohlich wirkende oder ambivalente – Prozesse und Krisen subjektiv aufgenommen werden, und entlang welcher Konfliktlinien diese sortiert werden. Dabei spielen teils eingeschliffene, teils neue *soziokulturelle Konfliktlinien* im Elektorat und die Kulturalisierung politisch-sozialer Konflikte in der politischen Kultur, welche sich im Kontext der gesellschaftlichen Veränderungsprozesse der letzten Jahrzehnte verstärkt haben, freilich wiederum eine gewichtige Rolle. Die Grenzen und Chancen einer liberalen, demokratischen politischen Kultur erweisen sich im Zusammenwirken von Strukturprinzipien und konkreten politisch-kulturellen Interaktionsprozessen; vor allem aber anhand der Chancen und Grenzen von potenziellen wie tatsächlichen Versuchen einer öffentlich-politischen Mobilisierung judenfeindlicher Ressentiments und stereotyper Judenbilder.

1.3.3 Vorgehen und Aufbau

Im Rahmen eines ersten, theoretischen Teils werden zunächst knapp einige begriffliche Klärungen zum Gegenstand des Antisemitismus geschaffen, werden allgemeine Kriterien zur Analyse seiner unterschiedlichen Formen Grund gelegt und divergierende theoretische Zugänge skizziert (2.). Es werden sodann auf dieser Basis theoretisch-analytische Grundelemente wie Modelle und Theoreme der ‚klassischen' (im Besonderen kritisch-theoretisch begründeten) Politischen Psychologie zum Antisemitismus rekonstruiert (3.). Ziel ist es, ein operationalisierbares Verständnis sowie historisch-dynamisches und politisch-psychologisch informiertes Modell von Antisemitismus als Phänomen und Gegenstand in der zeitgenössischen politischen Kultur zu gewinnen, das einen plausiblen, komplexen wie multifaktoriellen theoretischen Analyserahmen bereitstellt und das triftige konkurrierende Modelle inkorporiert (4.). In diesem theoretischen Teil sollen zugleich Kriterien und Faktoren für die Analyse der politisch-kulturellen Gelegenheitsstrukturen von Antisemitismus abgeleitet werden.

Die antisemitismusanalytischen Modelle, die einen theoretischen Zugang zum Gegenstand bereitstellen sollen, lehnen sich in besonderer Weise an die avancierten Theoreme der Frankfurter Schule zum primären/modernen und ‚sekundären' Antisemitismus an, die zugleich eine, wie Wolfgang Benz bemerkt hat, bisher nicht ‚eingeholte' Gesamt-Theorie zu einem *Post-Holocaust-Antisemitismus* begründen. Jene zielt auf das Zusammenwirken gesellschaftlicher, kultureller, politischer und psychosozialer bzw. persönlichkeitsstruktureller Dimensionen im Horizont moderner Vergesellschaftungsmodi; wobei Antisemitismus wesentlich als eine spezifische, reifizierte autoritäre Projektionsfläche mit besonderen, höchst divergierenden politisch-psychologischen Funktionen verstanden wird, unter denen die Qualität einer personifizierenden, verschwörungstheoretisch rationalisierten Weltdeutung und eines universalistischen wie individualistischen „Gegenbildes" zu nationalen/kollektivistischen kulturellen Identifizierungen ebenso hervorsticht wie nach 1945 die Personifizierung eines externalisierten Gewissens, der Erinnerung an die deutschen Verbrechen. Die systematisch extrapolierten Elemente und Faktoren sollen in Zwischenschritten kritisch reflektiert und mit konkurrierenden Deutungen konfrontiert werden. Der genauen Erarbeitung dieser Theoreme und Cluster folgt ihre politikwissenschaftliche Aktualisierung, ihre anwendungsbezogene Aneignung und Spezifizierung im Horizont einer gegenwärtigen politischen Kulturforschung.

Im zweiten, empirischen (Haupt-)Teil schließt daran eine von jenen Konzeptionalisierungen inspirierte Rekonstruktion empirischer politischer/diskursiver Prozesse an.

1. Einleitung

Im Mittelpunkt stehen hierbei die Analyse antisemitischer politischer Bestrebungen (vor allem des Rechtsextremismus) sowie die kritisch-hermeneutische und diskurshistorische Interpretation öffentlich-politischer Konflikte zum Antisemitismus – die politikwissenschaftliche Deutung der diskursiven ‚Texte' und ihrer gesellschaftlichen Kontexte, ihrer Muster, kollektiven Symbole und Regeln, Bedeutungshöfe wie –verschiebungen, aber auch der ihnen zugrunde liegenden, tiefenstrukturellen politisch-psychologischen Dynamiken sowie deren politische Wirkungen. Dabei werden in beiden Teilen Ebenen der Theorie und der Empirie bewusst verschränkt und nicht scharf voneinander geschieden, um sowohl die gegenwärtigen empirischen Bezüge der Theorie sichtbar zu machen, als auch freilich die empirische Analyse theoretisch zu durchdringen und die Theorie dadurch anzuwenden wie auf ihre aktuelle Triftigkeit hin zu überprüfen. Durch diese relative Verschränkung von Theorie und Empirie nehmen die theoretischen Modelle empirische Aspekte der Gegenwart auf und werden an ihnen revidiert, wie die empirisch-rekonstruktiven Analysen für die Spezifik der einzelnen Phänomene offen sind, zugleich aber ihre strukturierende Deutung zunächst theoriegeleitet bleibt.

Hierbei wird zu Beginn des zweiten Teils zunächst der politisch-historische wie empirische Hintergrund zur Untersuchung zeitgenössischer Prozesse und Dynamiken entfaltet (5.). Hierzu zählen die historischen Folien der politischen Kulturentwicklung nach 1945 und der vorgelagerten politisch-historischen Auseinandersetzung mit dem Erbe des „politischen Imaginären", in welchem Antisemitismus eng an das kollektive Identitätsmuster einer lange Zeit prägenden, ja immer noch weitgehend hegemonialen ethnokulturellen Nationalstaats-Konstruktion gekoppelt worden ist. Deshalb wird die Verarbeitung dieser Vergangenheit in den politischen Kulturen und der politischen Geschichte der Bundesrepublik und der DDR kursorisch skizziert. Schließlich werden die empirischen Entwicklungslinien wie die Aktualität von Antisemitismus als Vorurteilsstruktur auf der Grundlage von quantitativen Einstellungserhebungen bis in die hier zentral diskutierten 1990er Jahre dargelegt, um den empirischen Hintergrund auszuleuchten, der für die hier besonders untersuchte Entwicklung von 1990 – 2002, die neue Konstellation nach der deutschen Einheit, maßgeblich als politisch-kultureller Horizont fungiert.

Der Kern der gegenwartsbezogenen empirischen Analysen bewegt sich auf zwei weiteren Ebenen. Zunächst werden Formen einer Wiederbelebung eines manifesten ‚politischen' Antisemitismus, also der Modernisierung moderner antisemitischer Weltdeutungen untersucht (6.), die in der demokratischen politischen Kultur weithin diskreditiert sind. Die Untersuchung politischer Formen von Judenfeindlichkeit, die direkt oder indirekt auf die Rehabilitierung von Antisemitismus als politischer Ideologie zielen oder diese transportieren, konzentriert sich vornehmlich auf den neuen Rechtsextremismus und Rechtspopulismus. In autoritären, rechtsextremen Ideologien gehört der Antisemitismus seit je, in Deutschland zumal, zum ideologischen Arsenal, und die innige Verbindung von Rechtsautoritarismus, Nationalismus und Antisemitismus wird auch politisch-psychologisch nahe gelegt. Hierbei werden also neue rechtsextreme und rechtspopulistische autoritäre Milieubildungen und Mobilisierungsstrategien, nicht untypisch für ‚nachindustriellen' Demokratien insgesamt[160], in den Blick genommen. Im Besonderen werden der neue Antisemitismus der rechtsextremen Nationaldemokratischen Partei Deutschlands (NPD), die sich in jüngerer Zeit zu einer besonders antisemitisch orientierten ‚Bewegungspartei' entwickelt hat, und der codiertere Antisemitismus der ‚Neuen Rechten' untersucht, der im Rahmen ihres geschichtsrevisionistischen wie ethnozentrisch-nationalistischen politisch-ideologischen Projekts zur Erringung „kultureller Hegemonie" seinen Platz gefunden hat.

Aber auch in Teilen des Linksradikalismus und der im Selbstbild ‚progressiven', alternativen Linken spielt Antisemitismus im Rahmen verkürzter, personifizierender Kapitalismuskritiken, im Hass auf Geld, Finanzkapital und in einer antiintellektuellen ‚Geistfeindschaft' sowie im Weltbild eines ‚antizionistischen Anti-Imperialismus', der kollektivistisch-nationale Sehnsüchte transferiert und transportiert, offenbar mitunter (vielfach unbewusst) eine Rolle, die genau empirisch zu untersuchen ist. Überschneidungen zum Rechtsextremismus sollen deshalb ebenso ideologiekritisch analysiert und politisch-psychologisch gedeutet werden wie die Frage nach dem Einfluss und den Grenzen eines modernisierten *politischen* Antisemitismus in der politischen Kultur und der politischen ‚Mitte'. Dies verweist auf jüngste innenpolitische Debatten wie scheinbar außenpolitische Diskussionen im Kontext von Israelkritik oder –feindschaft und jüngst auch im Kontext einer teils von anti-amerikanischen wie anti-demokratischen kulturellen Feindbildern durchzogenen dichotomen „Imperialismus-Kritik", deren Untersuchung im folgenden Unter-Kapitel weiter vertieft wird. Abschließend soll in diesem Teil, wie in allen folgenden empirischen Abschnitten, je der Einfluss der Akteure und Ideologeme (hier der extremen wie der Neuen Rechten und der radikalen antizionistischen Linke) in der politischen Kultur bewertet werden. Gefragt wird hierbei, welche Resonanz die Akteure und Ideologeme eines politischen Antisemitismus in der zeitgenössischen politischen Kultur aufweisen. Dazu werden die Reaktionen im etablierten politischen System und des Rechtssystems begutachtet, also die verschiedenen institutionalisierten Abgrenzungs- oder auch Transmissionsmechanismen und Interaktionsprozesse im Hinblick auf entsprechende Mobilisierungsversuche in Deutschland.

Auf dieser zweiten wie auf der folgenden dritten Analysebene (7.) im empirischen Hauptteil werden, um den spezifischen Entwicklungen und dem besonderen ideologischen Gehalt gerecht zu werden, wie dargelegt neben Methoden der qualitativen Parteien-, Organisations- und Medienforschung ideologiekritische wie neuere diskurshistorische methodische Zugänge bemüht. Diese sind durchaus nicht im Widerspruch zu kritisch-theoretisch inspirierten Ansätzen und Theoremen zu sehen, sondern stehen vielmehr in einer „theoriegeschichtlich interessanten Kontinuität" zur avancierten ideologiekritischen Konfigurationen der Kritischen Theorie. Die Diskurstheorie und die Ideologietheorie sehen lediglich die Antwort für die Reproduktion antisemitischer Ideologie verstärkt „in der Dynamik des diskursiven Materials, das das kollektive Ge-

---

160 Vgl. Michael Minkenberg, Die radikale Rechte im Vergleich, a.a.O.

1. Einleitung

dächtnis verkörpert."[161] Obschon diskurshistorische und ideologietheoretische Methoden hinzugezogen werden, wird ihre epistemologische Beschränkung auf machtgestützte ‚dominante Diskurse' und Gesellschaft als ‚Text' gleichwohl mittels der Kritischen Theorie überschritten. Die strukturanalytische und *politisch-psychologische* Deutung wie Erklärung politisch-kultureller Prozesse bleibt m.E. unerlässlich, zu deren Ausdeutung diskursanalytische Verfahren kein zureichendes Instrumentarium bereitstellen. Somit fungiert die spezifische Diskursgeschichtsschreibung wesentlich als differenzierende methodische Ergänzung der politischen Psychologie, ohne dass der teils kriterienlose epistemologische Horizont postmoderner Ansätze übernommen wird.[162]

Auf jener dritten Ebene wird die genaue empirisch-analytische Rekonstruktion und Interpretation der bedeutendsten öffentlichen Konflikte und politischen Debatten zu (sekundärem) Antisemitismus und ‚Vergangenheitsbewältigung' in den letzten Jahren geleistet und zu den anderen Faktoren wie Prozessen in der politischen Kultur in Beziehung gesetzt. Untersucht werden vor allem fünf große politisch-öffentliche Kontroversen, ihre Diskursstränge, Argumentationsmuster, Bilder, Ideologeme und politisch-kulturellen Wirkungen: die Goldhagen-Debatte, die ‚Walser-Bubis-Debatte' als ‚erster Antisemitismusstreit', die Bundestags-Debatte zum Holocaust-Mahnmal, die Debatte um die Entschädigung von NS-Zwangsarbeitern und die Rolle jüdischer Organisationen (inklusive der öffentlich-politischen Debatte um ein Buch von Norman Finkelstein zur so genannten jüdischen „Holocaust-Industrie"), und schließlich die wochenlang unter der Überschrift ‚Antisemitismusstreit' firmierende, von der FDP ausgelöste politische Kontroverse um die Inkorporation judenfeindlicher Positionen in eine liberaldemokratische Partei, die den Bundestagswahlkampf 2002 mitprägte und deren Erbe die FDP bis in die Gegenwart begleitet.

Diese Debatten im politischen Raum sollen Aufschluss gegenüber Dynamik, Opportunität, Grenzen und Stellenwert der Antisemitismus-Problematik in der demokratischen politischen Kultur geben. Untersucht werden wird hierbei u.a., ob und inwiefern in der politischen Kultur transportierte Antisemitismen und reaktive Nationalismen vor der Matrix tradierter ethnisch-nationaler Kollektivkonstruktionen/-attribuierungen des ‚gesellschaftlichen Unbewussten' politisch-medial kommuniziert und mobilisiert werden können; inwieweit diese Ressourcen ausgeschöpft oder mittlerweile diffundiert sind; und welche Rolle dabei Fragen der ‚Vergangenheitsbewältigung' und einer prognostizierten ‚Nationalisierung' politischer Diskurse spielen. Dazu ist im Besonderen zu berücksichtigen, wie sich die öffentlichen Definitionen davon wandeln, was als Antisemitismus klassifiziert wird.[163] So soll ein Verständnis der Voraussetzungen von Antisemitismus und Autoritarismus in der gegenwärtigen Demokratie gewonnen werden vor dem Hintergrund gesellschaftsstruktureller und politisch-psychologischer Dimensionen. Zugleich sollen antisemitische Codes und Denkformen im demokratischen Kontext

---

161 Alex Demirovic, „Vom Vorurteil zum Neorassismus: Das Objekt ‚Rassismus' in Ideologiekritik und Ideologietheorie," in: Siegfried Jäger (Hg.), Der Diskurs des Rassismus (Osnabrück: DISS, 1992), S. 13 – 36, hier S. 24.
162 Vgl. zur Kritik grundlegend Steven Best and Douglas Kellner, Postmodern Theory: Critical Interrogations (New York: The Guilford Press, 1991).
163 Vgl. Werner Bergmann, Antisemitismus in öffentlichen Konflikten, a.a.O., S. 22.

entschlüsselt werden sowie deren politisch-kulturelle Geltung und deren Mobilisierungspotenzial bestimmt. Die Zusammenführung der Erkenntnisse und die Gesamtbewertung der Interaktionsdynamiken, Faktoren und Entwicklungslinien stehen am Ende dieser Untersuchung (8.).

Der erste Teil der Studie also begründet und skizziert zunächst Kriterien, Faktoren und Deutungsmodelle. Er erschließt eine *theoretische Strukturanalyse* der Motive und Ermöglichungsbedingungen von Antisemitismus in der (post)industriellen Demokratie der Bundesrepublik nach dem Holocaust. Dabei wird ein Modell von politischen, kulturellen und diskursiven Gelegenheitsstrukturen konzeptionalisiert, das gesellschaftstheoretische Einsichten, persönlichkeits- und sozialisationstheoretische Theoreme sowie autoritarismus- und antisemitismusanalytische Reflexionen aufgreift und vor dieser Matrix ein komplexes, interaktionstheoretisches Faktorencluster integriert, das sich bereits auf den spezifischen politisch-kulturellen Kontext Bundesrepublik bezieht. Dieses Faktorenmodell sollte im Allgemeinen auch zur Analyse der politisch-kulturellen Gelegenheitsstrukturen von anderen *issues* dienen können, wird hier aber spezifisch entwickelt zur Analyse politischer, kultureller und diskursiver Gelegenheitsstrukturen von Antisemitismus im Kontext der deutschen politischen Kultur.

Im zweiten Teil, den empirischen Analysen und Fallbeispielen, werden mithilfe jener politikwissenschaftlich spezifizierten Modelle und begründeten Thesen die konkreten zeitgenössischen Erscheinungsformen, das Framing und die politischen Diskurse in der gegenwärtigen politischen Kultur im Hinblick auf Antisemitismus und den Umgang mit ihm untersucht (spezifische „diskursive Opportunitätsstrukturen" vor dem Hintergrund langfristiger „kultureller Gelegenheitsstrukturen"). Und es wird hierbei vor dem Hintergrund der spezifischen politisch-kulturellen Konstellation in Deutschland das zeitgenössische Gesamtgefüge von politischen Institutionen und Akteuren, systemischen Möglichkeiten und Grenzen („politische Gelegenheitsstrukturen") sowie Interaktionsprozessen, Entwicklungstendenzen, gesellschaftlichen Reservoirs, wie soziokulturellen und politisch-kulturellen Ermöglichungsbedingungen bewertet („politisch-kulturelle Gelegenheitsstrukturen" im Ganzen). So werden die besonderen politisch-psychologischen Dynamiken und Konflikte, Entfaltungsmöglichkeiten und Grenzen von Antisemitismus im Kontext jener zuvor theoretisch präjudizierten Motive, Bedingungen und Veränderungsprozesse analysiert, die theoretischen Modelle aber durch die Empirie zugleich selbst auf den Prüfstand gestellt.

II. Theoretische Modelle: Motive, Ursachen und Formen zeitgenössischer Judenfeindlichkeit nach dem Holocaust und die Demokratie

Im Folgenden soll ein kurzer Abriss der Begriffe und Kriterien von ‚Antisemitismus' (2.1) sowie unterschiedlicher theoretischer Zugänge zu seiner Deutung in der politologischen und sozialwissenschaftlichen Forschung (2.2) gegeben werden. Dabei werden auch die Grenzen bisheriger Erklärungskonzepte aufgezeigt. Vor diesem Hintergrund werden darauf folgend ‚klassische Theoreme' der Politischen Psychologie zum Antisemitismus, i.e. der Kritischen Theorie, rekonstruiert und als komplexe, nicht-monokausale Theoreme verteidigt (3.). Diese analytischen Theoreme werden dann anschließend mit neueren, teils konvergierenden, teils konkurrierenden Modellen der Politikwissenschaft, Sozialpsychologie, Gesellschaftstheorie und politischen Kulturforschung unterfüttert und schließlich in einem multifaktoriellen Modell zu Ursprüngen, Motiven und Variablen der politischen respektive politisch-kulturellen Gelegenheitsstruktur von Antisemitismus in der Demokratie verankert und konzeptionalisiert (4.).

2. Begriffliche Grundlagen, analytische Kriterien und theoretische Zugänge

2.1 Vom modernen zum ‚modernisierten' Antisemitismus: Formen, Typen und Kriterien

Als Begriff entstanden im letzten Drittel des 19. Jahrhunderts im Zuge des Versuchs, Judenfeindschaft ideologisch zu einer modernen rassistischen Weltanschauung und geschlossenen politischen Ideologie zusammenzufügen,[164] gilt heute Antisemitismus gemeinhin als die Gesamtheit judenfeindlicher Äußerungen, Vorurteile, Ressentiments oder Haltungen, unabhängig von ihren religiösen, rassistischen, sozialen oder sonstigen Motiven.[165] Mit einem realen „semitischen" Sprachraum oder gar einer „semitischen Rasse" hat ‚Antisemitismus' nichts zu tun, wie in der gängigen englischsprachigen Verwendung „Anti-Semitism" immer noch suggeriert wird. Der Begriff selbst ist vielmehr eine völkisch-rassistische Erfindung, die den Judenhass pseudo-wissenschaftlich und politisch rationalisieren sollte. Die heutige Verwendung des Begriffs verweist auf eben diese ideologische Konstruktion.

---

164 Dabei hatte der Begriff des historischen Antisemitismus eine doppelte Funktion: er sollte erstens den Judenhass des ‚Mobs' weiter hoffähig machen und zweitens, im Zuge der aufkommenden rassistischen Theorien, der Judenfeindschaft einen wissenschaftlich-weltanschaulichen Anstrich verleihen.
165 Vgl. Wolfgang Benz, „Antisemitismusforschung als gesellschaftliche Notwendigkeit und akademische Anstrengung," a.a.O., S. 129 – 142, hier S. 129.

2.1.1 Moderner, rassistischer und politischer Antisemitismus, Judeophobie und Judenfeindschaft

Seit der ‚Erfolgsgeschichte' des *modernen Antisemitismus als Weltdeutungssystem*, das im Nationalsozialismus endgültig zur gesamtgesellschaftlichen und staatlichen Ideologie geworden war[166] und schließlich ein präzedenzloses Vernichtungsprogramm motivierte, sind Antisemitismus und judenfeindliche Vorurteile in der sozialen Wahrnehmung in eins gefallen. In der Tat kann heute Judenfeindlichkeit kaum noch gedacht oder verstanden werden ohne die (Einbeziehung der) Geschichte des Holocausts, der systematischen Ermordung der europäischen Juden, in die die antisemitische Ideologie und Verfolgungspraxis gemündet war.

Der Antisemitismus stellt sich vor diesem Hintergrund als breites Ensemble von widersprüchlichen *Vorurteilen*[167] dar, die sich zu einem topologischen Wahnsystem

---

[166] Zwischenzeitliche Distanzierungen von der Verwendung des Begriffs des Antisemitismus, der nach Hitler auf die „Entfernung der Juden überhaupt" zielte, durch das NS-Propagandaministerium, wenn es um „die Judenfrage" ging, hatten rein politisch-strategischen Charakter; er wurde mit Rücksicht auf außenpolitische Interessen durch eine Serie von Presseanweisungen verboten: „Da durch diese Bezeichnung die Beziehungen zu den nichtjüdischen Semiten, namentlich der für uns besonders wichtigen panarabischen Welt gestört werden, muss die Presse in Zukunft genau darauf achten, dass die Worte ‚Antisemitismus', ‚antisemitisch' durch Ausdrücke wie ‚Judengegnerschaft', ‚Judenfeindschaft' und ‚Antijudaismus' bzw. ‚judenfeindlich' und ‚antijüdisch' ersetzt werden." Zitiert nach Cornelia Schmitz-Berning, Vokabular des Nationalsozialismus (Berlin und New York: de Gruyter, 2000), S. 38.

[167] Im wesentlichen besitzt der Begriff des *Vorurteils* von Gordon W. Allport in der wissenschaftlichen Rezeption bis heute Geltung, nach dem Vorurteile „auf einer fehlerhaften und starren Verallgemeinerung beruhen"; vgl. Gordon W. Allport, The Nature of Prejudice (Reading, MA: Addison-Wesley, 1954). In der gegenwärtigen Vorurteilsforschung werden die Begriffe ‚Vorurteil' und ‚Stereotyp', im Gegensatz zu manch älteren Forschungen, zumeist synonym verwendet. Vorurteile haben ineinander verschränkte konative, kognitive und affektive Komponenten. Die affektive Komponente des Vorurteils beinhaltet negative Gefühle gegenüber Personen, die einer bestimmten Gruppe angehören (einschließlich Scham oder Angst). Die konative Komponente verweist auf die verhaltensrelevante Prädisposition, bestimmte Gruppe zu meiden oder zu diskriminieren. Die kognitive Komponente indiziert den irrationalen Charakter der Wahrnehmung hinsichtlich einer Outgroup, welcher mit der Realität kollidiert, wobei Rupert Brown das Stereotyp als kognitiven Teil des Vorurteils differenziert; vgl. Rupert Brown, Prejudice: Its Social Psychology (Oxford: Blackwell, 1995); John Duckitt, The Social Psychology of Prejudice (New York: Praeger, 1992). Wichtig ist in unserem Zusammenhang, dass Stereotype die Wahrnehmung von sozialen Ereignissen in einer Weise strukturieren, dass inkonsistente Informationen und Erfahrungen eher ‚übersehen' oder aussortiert werden. Dieser Prozess ist vielfach affektiv motiviert. Überdies konstatiert die neuere Vorurteilsforschung nunmehr die besondere Bedeutung von *impliziten Komponenten* von Vorurteilen als nicht verbalisierbare Repräsentationen, die die Informationsaufnahme und -verarbeitung beeinflussen, ohne dabei der Person introspektiv zugänglich zu sein; vgl. hierzu zusammenfassend Norman Geißler, Expliziter und impliziter Rassismus, a.a.O., S. 12ff. Vorurteile verweisen so auf eine standardisierte, verzerrende sowie simplifizierend kollektiv attribuierende und diskriminierende Denkstruktur gegenüber einer Outgroup, meist Mitgliedern von Minderheiten oder als ‚anders' Perzipierter. Da sie auf kollektivistischen Zuschreibungen, Kategorisierungen und Vor-Urteilen beruhen, haben sie als ‚Tickets' einen implizit abwertenden Charakter, auch wenn sie zwischenzeitlich als positive Attribuierung – etwa im *Philosemitismus* – erscheinen können; so verhält es sich beispielsweise mit der vermeintlich positiven Zuschreibung von ‚jüdischer Intelligenz' oder dem Stereotyp ‚Juden können gut mit Geld umgehen und sind gute Geschäftemacher'. Da auch solche Wahrnehmungsstrukturen auf standardisierten Kollektivzuschreibungen beruhen, die für die Realität nicht empfänglich sind, tragen sie ein abwertendes Moment, eine negative Prädisposition, und können wieder entsprechend in die feindlichen Ressentiments umschlagen, auf denen sie ursprünglich ohnehin beruhen. Vgl. zum Begriff des Vorurteils im Überblick Andreas Zick, Vorurteile und Rassismus: Eine sozialpsychologische Analyse (Münster, New York, München, Berlin: Waxmann, 1997), S. 37ff.

verdichten können. Seit dem 19. Jahrhundert tendierte der radikale wie der gemäßigte Antisemitismus der Konservativen zu einer Weltanschauung, die „mehr [ist] als eine ‚antijüdische Bewegung'", so Reinhard Rürup. Der Antisemitismus offeriere nun ein Erklärungsmodell wie Lösungsmöglichkeiten „für die nicht verstandenen Entwicklungstendenzen der bürgerlichen Gesellschaft."[168] Ideologiehistorisch fungierte und kristallisierte sich der Antisemitismus dabei zumeist als Gegenbild, als „Antithese"[169], die das radikal Andere des konstruierten Eigenen, der nationalen Gemeinschaft verkörpert. Dies spiegelt sich in vielfältigen, teils widersprüchlichen, doch stets dichotom konstruierten und konatierten Attribuierungen, Stereotypen und Eigenschaftskonstruktionen (u.a. der konkreten Gemeinschaft des Blutes und des Volkes vs. der abstrakten Gemeinschaft des Nicht-Volkes; Bodenständigkeit und Verwurzelung vs. Heimatlosigkeit und moderne Verstädterung; Schaffen vs. Raffen; Sauberkeit vs. Dreck und Gestank; Ehrlichkeit vs. Gerissenheit; körperliche, ‚ehrliche' Arbeit vs. Geist und Intellektualität; ordentliches Familienleben vs. sexuelle Lust und Gier; Natürlichkeit vs. Künstlichkeit; moralische Ziele um ihrer selbst willen vs. ‚jüdische Geldgier' und Laster u.v.m.).[170]

Für den Antisemitismus als Ideologie erkennt Thomas Haury drei basale Strukturprinzipien, die sich mit antisemitischen Stereotypen und Inhalten verbinden und deren Reproduktion ermöglichen: erstens ein extremer Manichäismus, der die gesamte Welt strikt binär codiert und einen existenziellen Kampf des guten Prinzips gegen ein zu vernichtendes Böses postuliert; zweitens die konkretistische Personifizie-rung dieser manichäischen Pole – alle unverstandenen und verunsichernden Phäno-mene der modernen Gesellschaft, der Gesamtheit der bürgerlichen Welt,[171] werden in verschwörungstheoretischen Deutungsformen dem absichtsvollen Handeln konkreter Menschen, namentlich dem Handeln von Juden, zur Last gelegt; drittens wird diesem personifizierten Bösen als kollektivierte, homogenisierte Feindgruppe eine ‚an sich' harmonische, in sich konfliktfreie, friedfertige und selbstlose Wir-Gemeinschaft gegen-übergestellt – eine festen Halt und sichere Identität gewährende, homogenisierte nationale Gemeinschaftskonstruktion, die vom vermeintlich verschworenen Nicht-Volk oder „Anti-Volk" der Juden existenziell bedroht erscheint. Diese Feindbildkonstruktion über Juden als die radikal Anderen, die die Gemeinschaft angeblich „zersetzen", hat in der Ideologie der ‚Kulturnation' als ‚Blutsnation' wesentlich selbst erst die nationale Vergemeinschaftung im politischen Imaginären konstituiert.[172]

---

168 Reinhard Rürup, Emanzipation und Antisemitismus: Studien zur ‚Judenfrage' der bürgerlichen Gesellschaft (Göttingen: Vandenhoeck & Ruprecht, 1975), S. 91.
169 Vgl. Christhard Hoffmann, „Das Judentum als Antithese: Zur Tradition eines kulturellen Wertungsmusters," in Wolfgang Benz (Hg.), Antisemitismus in Deutschland: Zur Aktualität eines Vorurteils (München: dtv, 1995), S. 25 – 46.
170 Vgl. die vorzügliche ‚Gesamtdarstellung' bei Julius H. Schoeps und Joachim Schlör (Hg.), Antisemitismus: Vorurteile und Mythen (München: Piper, 1995).
171 Vgl. hierzu Lars Rensmann und Julia Schulze Wessel, „Radikalisierung oder ‚Verschwinden' der Judenfeindschaft? Arendts und Adornos Theorien zum modernen Antisemitismus," in Dirk Auer, Lars Rensmann und Julia Schulze Wessel, Arendt und Adorno (Frankfurt a.M.: Suhrkamp, 2003), S. 128.
172 Vgl. Thomas Haury, „Der Antizionismus der Neuen Linken in der BRD: Sekundärer Antisemitismus nach Auschwitz," in Arbeitskreis Kritik des deutschen Antisemitismus (Hg.), Antisemitismus: Geschichte und

Inhaltlich stehen ebenfalls drei Dimensionen im Vordergrund. Im Sinne einer der Grundthesen dieser Studie erweist sich moderner Antisemitismus nicht zuletzt auch als eine sehr spezifische Form der Vorurteilskonstruktion: im Besondern als eine sinnstiftende, welterklärende ideologische *Reaktion* auf die moderne kapitalistische Vergesellschaftung und Modernisierung sowie die durch sie induzierten gesellschaftlichen, politischen und kulturellen Umbrüche genauso wie auf die mit der bürgerlichen Gesellschaft assoziierten Freiheitsversprechen. Der stetige gesellschaftliche Austausch- und Transformationsprozess wie die abstrakten, versachlichten Herrschaftsmechanismen in der modernen *Ökonomie*, aber auch zweitens die Schaffung eines über abstrakte, universale Rechtsprinzipien konstruierten modernen *(Rechts-)Staats* werden antisemitisch kollektivpersonal erklärt als Ausbeutung und Verschwörung jüdischer Bänker, Intellektueller, Händler und Politiker. Zum dritten werden Juden auch für die *kulturellen* Umbrüche der Moderne verantwortlich gemacht, für die Auflösung traditionaler, „zwischenmenschlicher" Autoritäts- und Herrschaftsbeziehungen, für die Diffusion („Zersetzung") überkommener, konformistischer Moral- und Lebensstilkonzepte, Normen und Werte, für freie Presse, moderne Kunst, intellektuellen Diskurs, Frauenemanzipation und lustbetontes Leben.[173]

Schließlich betont auch Haury, dass sowohl inhaltliche wie strukturelle Prinzipien auf einen – nicht durchweg nachweisbaren, wenn auch nahe liegenden und empirisch-historisch gängigen – integralen Zusammenhang des Antisemitismus mit modernem Nationalismus verweisen. Die harmonische, vorgeblich *konkrete Gemeinschaft* der „imagined communities" (Benedict Anderson) von „Völkern" und „Nationen" (eine Gemeinschaft, die von der gesellschaftlichen Realität und ihren sozialen Widersprüchen und komplexen Identitätshorizonten permanent dementiert wird[174] und die selbst auf einer abstrakten, erfundenen Konstruktion bestimmter, exponierter Gemeinsamkeiten zwischen Unbekannten beruht), ist dabei das zur Realität deklarierte Ideal. Dabei wird wesentlich durch die das kollektive Selbstbild homogenisierenden und stabilisierenden Feindbildprojektionen, denen zugleich zugeschrieben wird, sie wollten das Volk „zersetzen", die Gemeinschaft mithin selbst erst erzeugt. Juden, als historisch zugleich scheinbar (national-)staatenlose wie über viele Staaten verstreute und die Moderne, die bürgerliche Gesellschaft und ihre Rechtsprinzipien verkörpernde Subjekte, werden dabei in ethnisch-nationalistischen Selbstverständnissen vielfach als „Anti-Volk" imaginiert, dass den Völkern der Welt entgegenstünde.

‚Antisemitismus' ist indes kein immergleiches, starres Gefüge von Vorurteilen. Er zeitigt verschiedene Formen, Phänomene und Funktionen und kann in unterschiedlicher Weise zutage treten.[175] Die Kategorie – wie gesagt eine Erfindung der Judenfeinde – und ihre Verwendung sind bis heute nicht unumstritten, und doch kaum ersetzbar,

---

Wirkungsweise des Vernichtungswahns (Freiburg: ca ira, 2001), S. 217 – 229, hier S. 218f. Dies wurde in Deutschland historisch dadurch begünstigt, dass die Idee der Nation keine politische Realität, sondern in der Tat nur ideelles Konstrukt geblieben war.
173 Vgl. ibid, S. 218.
174 Vgl. ibid, S. 219.
175 Vgl. Caroline Arnold and Herma Silverstein, Anti-Semitism: A modern perspective (New York: Julian Messner, 1985), p. 13ff.

2. Begriffliche Grundlagen, analytische Kriterien und theoretische Zugänge

schon aufgrund ihrer historischen Bedeutung und allgemeinen Akzeptanz.[176] Zygmunt Bauman hält den Begriff dennoch für „unglücklich gewählt"[177], Alphons Silbermann gar für „euphemistisch"[178], da er seine Essenz, namentlich den Hass auf Juden, nach wie vor in einem Begriffskonstrukt überspiele. Viel diskutiert in der Forschung ist die Frage, ob der sich im 19. Jahrhundert ausbreitende Antisemitismus ein „grundsätzlich neues", mit einer neuen – der modernen – Epoche und mit der Entwicklung des Rassismus verbundenes Phänomen darstellt, das von den „älteren Formen des Judenhasses" klar zu unterscheiden ist,[179] oder ob der Terminus unter Hinweis auf vorhandene Kontinuitäten auch für die Zeit vor 1879 Anwendung finden sollte und rückprojiziert werden kann.[180] Letztlich ist Antisemitismus durchaus zum übergreifenden Begriff für alle Formen von Judenfeindschaft geworden, den man über Beifügungen wie christlicher, antiker, völkischer oder moderner Antisemitismus spezifiziert.[181]

In dieser Untersuchung findet, um sie unter einen einheitlichen Begriff zu fassen, neben der Kategorie des ‚Antisemitismus', dem historischen Ideologie-Konstrukt, welches antijüdische Ressentiments zur modernen Weltanschauung steigerte, vornehmlich auch der Begriff der *Judeophobie* Verwendung, nicht aber die geschichtlich wesentlich weiter zurückreichende Kategorie des *Antijudaismus*. Beide Begriffe sind problematisch. Der Begriff der Judeophobie verweist auf die politisch-psychologischen, wahnhaften wie pathischen Gehalte des Judenhasses, seine grundsätzlich realitätsverzerrenden Momente, die in Formen antisemitisch besetzter *sozialer Paranoia* – dies ist der sozialpsychologische und gesellschaftliche Gehalt von antisemitischen Weltverschwörungstheorien – münden können. Allerdings verschleiert der Begriff der Judeo-‚Phobie' mitunter zugleich begrifflich die gesellschaftlichen Grundlagen oder sozialen Interaktionsverhältnisse antisemitischer Ideologie, indem er das Phänomen scheinbar individuell pathologisiert. Der Begriff des Antijudaismus[182] hingegen, der sich primär auf religiöse Vorurteile gegenüber Juden und der jüdischen Religion bezieht, ist aufgrund eben dieser historischen Konnotation heute wenig geeignet zur Kennzeichnung des moder-

---

176 Vgl. dazu vor allem den historisch informierten Beitrag von Georg Christoph Berger Waldenegg, „Antisemitismus: Eine gefährliche Vokabel? Zur Diagnose eines Begriffs," Jahrbuch für Antisemitismusforschung 9, 2000, S. 108 – 126, der – nicht in jeder Hinsicht überzeugend – Einspruch gegen die Verwendung des Antisemitismus erhebt; Johannes Heil, „‚Antijudaismus' und ‚Antisemitismus'. Begriffe als Bedeutungsträger," Jahrbuch für Antisemitismusforschung 6, Frankfurt/ Main und New York (Campus) 1997; zur Entstehung eines beispiellosen rassistischen Antisemitismus in Deutschland des 19. Jahrhunderts vgl. Léon Poliakov, Geschichte des Antisemitismus. Band VI.: Emanzipation und Rassenwahn (Worms: Georg Heintz, 1987), insbesondere S. 184 – 265.
177 Zygmunt Bauman, Dialektik der Ordnung (Hamburg: Europäische Verlagsanstalt, 1992), S. 48.
178 Alphons Silbermann, Sind wir Antisemiten? Ausmaß und Wirkung eines sozialen Vorurteils in der Bundesrepublik Deutschland (Köln: Verlag Wissenschaft und Politik, 1982), S. 13.
179 So u.a. Hermann Greive, Geschichte des modernen Antisemitismus in Deutschland (Darmstadt: Wissenschaftliche Buchgesellschaft, 1983) S. 1; aber auch Günter Brakelmann und Martin Roskowski (Hg.), Antisemitismus: Von religiöser Judenfeindschaft zur Rassenideologie (Göttingen: Vandenhoeck & Ruprecht, 1989), S. 5.
180 Vgl. Paul Lawrence Rose, German Question/Jewish Question: Revolutionary Antisemitism from Kant to Wagner (Princeton, NJ: Princeton University Press, 1990), p. xviii.
181 Vgl. Werner Bergmann, Geschichte des Antisemitismus (München: C.H. Beck, 2002), S. 6f.
182 Favorisiert wird dieser Begriff heute noch von Léon Poliakov, Geschichte des Antisemtismus (Worms: Verlag Georg Heintz, 1979ff).

nen Judenhasses, obschon durchaus religiöse Bilder und Tradierungen in die Formen des säkularisierten, modernen und zeitgenössischen Antisemitismus mit einfließen[183] (von der vermeintlichen „Rachsucht" des antisemitisch gedeuteten, in Wahrheit historisch fortschrittlichen Rechtsgrundsatzes ‚Auge um Auge' des alten Testaments über die in Bildern von Israelis als „Kindermörder" aufscheinende Legende vom jüdischen „Ritualmord" bis zum immer noch aktuellen Ideologem, Juden begründeten ‚ihre Herrschaft' aus der Auffassung, „auserwähltes Volk Gottes" zu sein). Der Begriff des Antijudaismus droht überdies mithin die Differenz zwischen tradierten antijüdischen Vorurteilen und dem modernen Antisemitismus, der in einem geschlossenen rassistischen Weltbild kumuliert und eben einer spezifischen *modernen Welterklärung* kumuliert ist, zu verwischen, sollte diese Differenz in der Tat so groß sein wie zumeist angenommen.[184]

Der Begriff der *Judenfeindschaft* ist von daher problematisch, weil er einerseits die historische Realität des Antisemitismus seit dem 19. Jahrhunderts sowie des Vernichtungsantisemitismus der Nationalsozialisten nicht in sich aufnimmt und andererseits überdeckt, worum es sich beim Antisemitismus wesentlich handelt: um eine essentiell *projektive Wahrnehmungsstruktur* und Ideologie. Die antisemitische Wahrnehmung hat nichts mit dem realen Verhalten von Juden zu tun. Auf deren subjektives Verhalten Antisemitismus oder Judenfeindschaft zurückzuführen, gehört selbst zum Grundbestand des Antisemitismus und Rassismus. Diese Figur ist selbst Element einer antisemitisch vorstrukturierten Wahrnehmung, die den Opfern von Vorurteilen und Diskriminierungspraktiken nur deshalb die Schuld an ihrer eigenen Diskriminierung zuschreiben kann, weil sie a priori das perzipierte Verhalten von einzelnen Juden als Ausdruck *jüdischen Verhaltens schlechthin* klassifiziert, dem Antisemitismus Legitimität und Objektivität zuspricht und letztlich nur nach der Bestätigung für das eigene antisemitische Vorteil sucht. Dennoch findet auch der Begriff der Judenfeindschaft hier Anwendung, denn er bringt zugleich präzise zum Ausdruck, dass Antisemitismus nicht nur eine ideologische Wahrnehmungsweise ist, sondern immer auch direkt oder indirekt *gegen Juden* zielt und diese diskriminiert oder bedroht; ferner, dass Juden hierbei explizit oder implizit als radikal Andere und mithin als *Feinde* konstruiert werden.[185] Ähnlich verhält es sich mit dem Begriff des *Judenhasses*, der allerdings aufgrund seiner pejorativen Steigerungsform nicht alle latenteren Formen des Antisemitismus, auch nicht unbewusste respektive implizite Typen wie Vorurteile eines ‚Oberflächenantisemitismus' (Adorno)

---

183 Zur Bedeutung des Erbes christlicher Judenfeindschaft für den modernen Antisemitismus vgl. Yehuda Bauer, „Vom christlichen Judenhass zum modernen Antisemitismus," Jahrbuch für Antisemitismusforschung 1 (1992).
184 Georg Christoph Berger Waldenegg, „Antisemitismus: Eine gefährliche Vokabel? Zur Diagnose eines Begriffs," a.a.O., S. 115.
185 Wie dargelegt homogenisieren *Feindbilder* Juden zu einem geschlossenen, wenig differenzierten Kollektiv, dem wenige, wiederkehrende und prononcierte negative und aggressive Attribute zugeschrieben werden, während man sich selbst zugleich als kollektiv friedfertig und gutwillig beschreibt bzw. in einer kollektiven Notwehrsituation gegenüber der Feindgruppe imaginiert. Insgesamt sollten aber „nominalistische Spielereien" nicht übertrieben werden, so wichtig es sein kann, über die verwendeten Begriffe und ihre Konnotationen und Implikationen zu reflektieren. Vgl. Zur Kritik des Begriffsnominalismus Detlev Claussen, Grenzen der Aufklärung: Zur gesellschaftlichen Geschichte des modernen Antisemitismus (Frankfurt a.M.: Fischer, 1987), S. 13.

zu subsumieren vermag.[186] Inakzeptabel erscheint dagegen der von Georg Christoph Berger Waldenegg vorgeschlagene, allgemeine und neutrale Terminus der *Judengegnerschaft*. Er suggeriert, beim Antisemitismus ginge es um eine – unterschiedlich motivierte – Gegnerschaft zu „Meinungen und Überzeugungen" von Juden,[187] was am affektiven, pejorativen und kognitiven Wesen antijüdischer Ressentiments und antisemitischer Wahrnehmungsstrukturen grundlegend vorbeizielt.

Mit dem Begriff des *politischen Antisemitismus* werden weithin zunächst die gesellschaftlichen wie politischen Vereinigungen seit dem Ende des 19. Jahrhunderts, Organisationen und vor allem Parteien assoziiert,[188] die dieses auf Basis des Antisemitismus schon in der deutschen Romantik sich kristallisierende völkisch-dichotome Weltbild (*völkischer Antisemitismus*) in das Zentrum ihrer Politik rückten. Ihre Grundlage wurde zunehmend ein *rassistischer Antisemitismus*, der das völkische Weltbild und den Hass gegen die Juden mit biologistischen Rassetheorien moderner Wissenschaftsansätze ‚anreicherte'. In dieser Studie wird der Begriff des politischen Antisemitismus auch auf all die Manifestationen politischer Verbände angewendet, die moderne wie modernisierte antisemitische Deutungssysteme politisch aufgreifen und katalysieren, also zum Medium ihrer Politik machen – im Falles des Rechtsextremismus eher offen und bewusst, im Falle linker, radikal „anti-zionistischer" Gruppen und Organisationen eher unbewusst unter einem vermeintlich emanzipatorischen Anspruch, der mitunter die Vernichtung Israels als Beseitigung von sozialem Unrecht und Unterdrückung, als Schritt zur Realisierung des „Weltfriedens" versteht.

Das Ziel der Elimination der Juden über Ausweisung oder Vernichtung, das radikaler Judenfeindschaft eingeschrieben ist, spiegelt sich im Begriff des *eliminatorischen Anitsemitismus*, der auf Daniel Jonah Goldhagen zurückgeht.[189] Solch „eliminatorischer Antisemitismus" konnte im Nationalsozialismus in „exterminatorischen", das Ziel der physischen Auslöschung aller Juden, übergehen. Saul Friedlander hat analog den Begriff des „Erlösungsantisemitismus" (*redemptive antisemitism*) geprägt, wonach für die Antisemiten die Errettung der „arischen" Menschheit von der Eliminierung der Juden abhinge, der projizierten „Macht des Bösen".[190] Allerdings impliziert eben nicht notwendig jeder Antisemitismus auch antijüdische Verfolgung und Gewalt, obschon er diese motiviert.[191] Bei der Betonung des Umstandes, dass unter demokratischen Bedingungen und Grenzen die Bedeutung latenter, impliziter, fragmentierter und neuer Formen von

---

186 Vgl. Georg Christoph Berger Waldenegg, „Antisemitismus," a.a.O., S. 116.
187 Vgl. ibid, S. 117.
188 Vgl. Helmut Berding, Moderner Antisemitismus in Deutschland (Frankfurt a.M.: Suhrkamp, 1988), S. 86ff. Schon vor 1870 verortet die eindrucksvolle Studie von Peter Pulzer den Aufstieg des politischen Antisemitismus in Deutschland, vgl. Peter Pulzer, The Rise of Political Anti-Semitism in Germany and Austria (Cambridge, MA: Harvard University Press, 1988).
189 Vgl. Daniel Jonah Goldhagen, Hitler's Willing Executioners: Ordinary Germans and the Holocaust (New York: Alfred A. Knopf, 1996).
190 Vgl. Saul Friedlander, Nazi Germany and the Jews, Vol. 1: The Years of Persecution, 1933 – 1939 (New York: HarperCollins, 1997), pp. 73 – 112.
191 Spätestens nach dem Holocaust muss zu fragen sein, ob nicht jede ‚Spielart' des Antisemitismus die Vernichtung der Juden in sich trägt oder billigt; so auch Jean-Paul Sartre in seinen „Betrachtungen zur Judenfrage": „Was der Antisemit wünscht und vorbeireitet, ist der Tod des Juden." Siehe Jean-Paul Sartre, „Betrachtungen zur Judenfrage," in Ders, Drei Essays (Frankfurt a.M. und Berlin: Ullstein, 1973), S. 108 – 190.

Antisemitismus zugenommen haben, sollte nicht vergessen werden, dass die radikalen Formen eines rassistischen, völkischen, eliminatorischen oder Erlösungsantisemitismus andererseits nicht schlichtweg historisch obsolet sind, sondern dass diese aktuell gerade im Bereich des Rechtsextremismus und seiner Milieus vielfach durchaus Geltungskraft als geschlossene Mobilisierungsideologie behalten zu haben oder wieder zu gewinnen scheinen.

Peter Pulzer betont dabei, dass sich der (völkische) Antisemitismus stets aus verschiedenen völkisch-romantischen, nationalistischen, anti-intellektuellen, anti-liberalen und antidemokratischen, insgesamt aus *autoritären Ideologien* speiste.[192] Diesen Zusammenhang hat auch Shulamit Volkov erarbeitet, wenn sie vom Antisemitismus als *kulturellem Code* des nationalistischen Konservatismus spricht.[193] Volkov betont damit den weltanschaulichen Charakter des Antisemitismus, der sich nach 1870 durchsetzte. Der „kulturelle Code des Antisemitismus" signalisiere ein Kürzel für ein ganzes System von Ideen, „die Übernahme eines bestimmten Systems von Ideen und die Präferenz für spezifische soziale, politische und moralische Normen."[194]

2.1.2 Neue Typen: Modernisierter, codierter und symbolischer Antisemitismus

Der Begriff des kulturellen *Codes* oder des *Chiffre* bezieht sich indes heute im Besonderen auf Formen und Wirkungsweisen von Antisemitismus unter den Bedingungen der Demokratie, in der ein *offener* oder *manifester Antisemitismus* weitgehend als illegitim und inopportun gilt bzw., wie in Deutschland, Straftatbestände wie den der Volksverhetzung erfüllt. *Codierte, verdeckte* oder *latente Formen* von Antisemitismus sind solche, die auf der Ebene politischer Agitation (Angebotsseite) sich nicht offen/manifest darstellen, sondern vor allem mit impliziten Anspielungen auf tradierte Bedeutungshöfe und Vorurteile operieren, auf der Ebene der politischen Rezeption (Nachfrageseite) oft un- oder halbbewusste, in eine Kommunikationslatenz abgedrängte Ressentimentstrukturen katalysieren, sich aber dabei noch im Raum des öffentlich Sagbaren in der Demokratie bewegen können. Die Grenzen jenes ‚Sagbarkeitsfeldes' können sich allerdings selbst verschieben.

Horst Dichanz et al. differenzieren dabei nochmals einerseits zwischen codierten oder verdeckten Formen des Antisemitismus, durch die Antisemiten in der demokratischen Öffentlichkeit ihre Judenfeindschaft in Anspielungen zum Ausdruck bringen, und latenten Formen, bei denen im Unterschied zu verdeckten Formen „die antisemitische Einstellung nicht bewusst ist."[195] In Theorie und Empirie erscheint solch eine säuberliche Scheidung von unbewussten und bewusst codierten respektive latenten Formen kaum sinnvoll und aufrechtzuerhalten, trägt doch der Antisemitismus als Vor-

---

[192] Vgl. Peter Pulzer, The Rise of Political Anti-Semitism in Germany and Austria, a.a.O., S. 27ff.
[193] Vgl. Shulamit Volkov, Antisemitismus als kultureller Code (München: C.H. Beck, 2000).
[194] Ibid, S. 23.
[195] Horst Dichanz et al., Antisemitismus in Medien (Bonn: Bundeszentrale für politische Bildung, 1997), S. 16.

urteilsstruktur per se immer auch unbewusste, reflexionslose Anteile. Die Grenzen zwischen latentem und manifestem Antisemitismus sind freilich ebenfalls fließend. Geraten verdeckt antisemitisch argumentierende Personen „ins Gedränge, kommen dabei häufig offen antisemitische Einstellungen zutage."[196]

Die Vorurteilsforschung Adornos hat den Zusammenhang von latenten und codierten Formen hervorgehoben. Die Lockung versteckter Andeutungen wachse, so Adorno, mit ihrer Vagheit, die ein ungebremstes Spiel der Imagination erlaubt und zu allen möglichen Formen der Spekulation einlädt.[197] So mag von ‚bestimmten Kräften' die Rede sein, die heimlich die Macht hätten, mittels der Medien ‚Denkverbote' zu etablieren, und die gegen Deutschland arbeiteten, und die Zuhörer verstünden, dass hiermit Juden gemeint sind. Die Zuhörer werden insofern als „In-Group behandelt, die schon alles weiß, was der Redner ihr sagen will."[198] Insbesondere der Anti-Intellektualismus, also die „Hetzbilder gegen den Intellektuellen", und der Verweis auf die Medienmacht, die die öffentliche Meinung ‚manipuliere', sind „oft nur leise verschleierte Stereotype des Antisemitismus."[199] Dieser *Krypto-Antisemitismus* gilt hierbei auch als „eine Funktion der Autorität, die hinter dem Verbot offener antisemitischer Manifestationen steht. Es liegt aber in diesem Versteckten selbst ein gefährliches Potenzial. [...] Wer sich derart [...] dem Gerücht zuwendet, wirkt von vornherein so, als ob er einer heimlichen, wahrhaften und durch die Oberflächenformen der Gesellschaft nur unterdrückten Gemeinschaft angehöre."[200]

Für diesen Zusammenhang wird in dieser Studie zumeist auch der Gesamtbegriff des *modernisierten Antisemitismus* verwendet, der also auf antisemitische Denk- und Ausdrucksformen verweist, die auf die veränderten demokratischen Ansprüche in der politischen Kultur nach dem Holocaust mit ideologischen Codierungen und Modifikationen reagieren (und etwa auf der Angebotsseite neue, ‚legitime' antisemitische Mobilisierungsstrategien entwickeln), ohne notwendig mit dem modernen Antisemitismus als Weltdeutung zu brechen. Gleichwohl haben die Veränderungen in der politischen Kultur und die Wirkungen demokratisch vermittelter Wertehorizonte auch Einfluss auf den Antisemitismus als Weltbild und die vorangegangene nazistisch-antisemitische „Umwertung aller Werte" gehabt. Werner Bohleber diagnostiziert (unter Absehung freilich aktueller rechtsextremer Parteien, Bewegungen und Orientierungen sowie der jüngeren politischen Mobilisierungen insgesamt), der Antisemitismus habe weithin „seine Funktion als politische Ideologie verloren, existiert aber als ein diffuses, offiziell unterdrücktes Vorurteil weiter, was jedoch seine politische Verwendung keineswegs ausschließt."[201] Ob der Antisemitismus freilich „aus dem öffentlichen Diskurs ver-

---

196 Ibid.
197 Vgl. Theodor W. Adorno, „The Psychological Technique of Martin Luther Thomas' Radio Addresses," in Ders., Soziologische Schriften II. Gesammelte Schriften Bd. 9.2 (Frankfurt a.M.: Suhrkamp, 1975), S. 7 - 141, hier S. 64.
198 Theodor W. Adorno, „Antisemitismus und faschistische Propaganda," in Ernst Simmel (Hg), Antisemitismus (Frankfurt a.M.: Fischer, 1993 [1946]), S. 148 - 161, hier S. 159.
199 Theodor W. Adorno, „Zur Bekämpfung des Antisemitismus heute," in Ders, Kritik. Kleine Schriften zur Gesellschaft (Frankfurt a.M.: Suhrkamp, 1971), S. 105 - 133, hier S. 132.
200 Ibid, S. 109.
201 Werner Bohleber, „Antisemitismus als Gegenstand interdisziplinärer Erforschung," S. 12.

bannt" worden ist, wie noch Bohleber 1990 vermutet hat,[202] soll unter anderem hier untersucht werden. Die Gegenthese von Horst Dichanz et al. lautet bereits 1997, dass in der Gegenwart auch manifeste Formen des lange Zeit geächteten Antisemitismus wieder öffentlich in Erscheinung träten, dass „offener Antisemitismus wieder möglich ist."[203] Allerdings bestreiten die meisten, die als Antisemiten öffentlich angegriffen werden, schon aufgrund der politisch-kulturell negativen Bewertung des Begriffs und der politischen Diskreditierung, die er mit sich zieht, dass es sich bei ihren Äußerungen um antisemitische gehandelt habe.[204] Die Grenzen dessen, was als manifest oder latent antisemitisch klassifiziert wird, sind wie gesagt historisch veränderbar und modifizierbar,[205] schon deshalb, weil manifeste Antisemiten sich unter demokratisch-egalitären Bedingungen nur bedingt als solche darstellen können. Nicht erst die unverhüllte oder hemmungslose Vernichtungspropaganda eines „eliminatorischen Antisemitismus" wie im Nationalsozialismus sollte heute als „manifester Antisemitismus" oder Judenfeindschaft gelten, sondern bereits jene Ideologieformen und Bilder, die sich als antisemitische Wahrnehmungsweise oder Weltbild, eben nicht nur als bloßes indirektes Vorurteil, dechiffrieren lassen. Insofern sollte auch zwischen offenen und manifesten Formen unterschieden werden.

Antisemitische Wahrnehmungsstrukturen werden vielfach durch Mythen und Bilder transportiert, die sich an der Schwelle von manifestem und latentem Antisemitismus bewegen; sei dies durch das Bild des hageren, schmächtigen (also körperlich schwachen) Intellektuellen, der die (nationale) Gemeinschaft „zersetzt", oder im Bild des skrupellosen, blutrünstigen, „fetten Bonzen" als Bankier mit Banknoten, krummer Nase und gierigen großen Augen. Ist von Juden als den „zionistischen Feinden" die Rede, denen ein unabänderlich brutaler Charakter zugeschrieben wird (im Sinne des Bildes vom „ewigen Juden"), oder davon, dass sich „der allseits bekannte Mossad" in jüdischen Gemeindezentren „oder ähnlichen Einrichtungen einnistet"[206] (womit eine geschlossen jüdische Verschwörungsgemeinschaft konstruiert wird) muss von *manifestem* Antisemitismus gesprochen werden (in diesem Fall einer sich ‚links' verstehenden Gruppe), auch wenn die politischen Akteure sich eben *nicht offen* als Antisemiten, sondern subjektiv als ‚Antifaschisten' verstehen. Bei rechtsextremen Vorstellungen von einer „zionistisch-amerikanischen" oder „jüdisch-amerikanischen Weltherrschaft", die heute ebenfalls wieder unsanktioniert und ungestraft im öffentlich-politischen Raum kursieren, oder der (1998 auch von Rudolf Augstein kolportierten) Auffassung, das „Weltjudentum" sei „eine große Macht", verhält es sich mithin ähnlich: der Antisemitismus ist hier nur insofern nicht ‚offen', weil sich die Agitatoren nicht selbst als Antisemiten bezeichnen, sondern eher behaupten, sie seien Opfer einer „Antisemitismuskeule". Typische Beispiele für einen modernisierten, chiffrierten und gleichwohl aggres-

---

[202] Ibid.
[203] Horst Dichanz et al., Antisemitismus in Medien (Bonn: Bundeszentrale für politische Bildung, 1997), S. 15.
[204] Vgl. Werner Bergmann, Antisemitismus in öffentlichen Konflikten, a.a.O., S. 22.
[205] Vgl. ibid.
[206] Siehe Autonome Nahost-Gruppe Hamburg, „Warum wir an der Solidarität mit dem Kampf des palästinensischen Volkes festhalten werden!," Mescalero: Zeitschrift über politische Gefangene 2 (1988), S. 18–23.

siven Antisemitismus stellen politische Agitationen dar, die auf eine geschlossene verschwörungstheoretische und antisemitische Welterklärung deuten, also verschiedene moderne Judenstereotypen zusammenfügen (z.B. die Bilder vom unveränderlichen, blutrünstigen „ewigen Juden" bis zur „Rachsucht" und der „Geldgier"), den Terminus „Jude" allerdings vermeiden und statt dessen von „der amerikanischen Ostküste" oder „den Zionisten" sprechen, um sich öffentlich, politisch und moralisch unangreifbar zu machen. Gerade der Begriff der „Zionisten" ist in Diskursen außerhalb von Israel seit Stalins Ärzteprozessen, so Doron Rabinovici, u.a., „längst zu einem Schlagwort und zu einem Code verkommen, mit dem gegen alle Juden gehetzt werden kann."[207]

In Teilen irreführend ist die Rede von einem historisch neuartigen „Antisemitismus ohne Juden"[208] in Deutschland und Österreich nach dem Holocaust. Denn die Bilder und Semantiken des Antisemitismus haben stets am besten funktioniert ohne real existierende Juden, wie der Antisemitismus als kulturelles Wahrnehmungs- und Wertungsmuster insgesamt unabhängig von realen Juden oder dem Verhalten von Juden ist, die allenfalls solchen Wahrnehmungsmustern gegenüber einen störenden, lebendigen Widerspruch formulieren könnten. Schon die falsche Verallgemeinerung, die Kollektiv-Attribuierung eines Verhaltens eines einzelnen Juden in der Geschichte basiert auf einer antisemitischen Wahrnehmung, die sich in der Realität Vorwände für den Antisemitismus sucht.[209] Allerdings sticht die besondere Disproportionalität antisemitischer Wahrnehmungen in der Nachkriegsgeschichte insofern besonders heraus, dass in der Tat in Teilen antisemitische Schuldprojektionen weiterleben konnten, ohne dass überhaupt noch mehr als ein paar tausend Juden in Deutschland lebten.

Der hier ebenfalls verwendete Begriff des *symbolischen* oder *indirekten Antisemitismus* kann sich sinnvoll an das Konzept des „symbolic racism theory" aus der neueren Vorurteils- und Rassismusforschung anlehnen.[210] Laut der Theorie des symbolischen Rassismus beinhaltet dieser zunächst vor allem eine *Verleugnung* der realen Diskriminierung Schwarzer, ferner Ressentiments gegenüber (realen oder vermeintlichen) ‚Privilegien' von Minderheiten, sowie anti-schwarze Affekte in Bezug auf herrschende moralische Codes (z.B. der protestantischen Arbeitsethik), die Schwarze unterlaufen.[211] Die Antipathien des symbolischen Rassismus sind subtil und werden kaum direkt sichtbar oder erfahrbar; sie strukturieren vielmehr mittels Kollektiv-Symbolen eine bestimmte symbolische Ordnung indirekter kultureller Zuschreibungen und Wertungen. Ein typisches Beispiel ist der von George Bush Senior im Wahlkampf politisch mobilisierte Affekt gegen „Teenage Mums", junge, allein erziehende Wohlfahrtsempfängerinnen, von

---

207 Doron Rabinovici, „Importware Judenhass: Antisemitismus und Antizionismus. Eine Begriffsklärung," Frankfurter Runschau, 26. August 2003, S. 9.
208 Bernd Marin, „Ein historisch neuartiger ‚Antisemitismus ohne Antisemiten?'" in John Bunzl und Bernd Marin, Antisemitismus in Österreich: Sozialhistorische und soziologische Studien (Innsbruck: Inn-Verlag, 1983), S. 173 – 192.
209 Dieser Zusammenhang kommt prägnant zum Ausdruck in Sartres Satz: „Nicht die Erfahrung schafft den Begriff des Juden, sondern das Vorurteil fälscht die Erfahrung. Wenn es keinen Juden gäbe, der Antisemit würde ihn erfinden." Jean-Paul Sartre, Betrachtungen zur Judenfrage, a.a.O., S. 111.
210 Vgl. Andreas Zick, Vorurteile und Rassismus: Eine sozialpsychologische Analyse (Münster, New York, München, Berlin: Waxmann, 1997), S. 154ff.
211 Vgl. ibid, S. 155.

denen eine überproportionale Zahl – dies war dem amerikanischen Publikum bewusst – Schwarze waren, als Gegenbild zum moralischen Ideal einer „american nation". An der Theorie und der aus ihr entwickelten Skala gibt es zahlreiche Kritiken aufgrund einer teils unklaren Definition, aufgrund einer mangelnden einheitlichen Operationalisierung, und weil es zudem zunächst ein sehr spezifisches Konzept über das Verhältnis Weißer zu Schwarzen in den USA darstellt.[212] Will man dieses Konzept auf einen symbolischen Antisemitismus in Deutschland übertragen, so muss es erst spezifisch operationalisierbar gemacht werden. Dies erscheint mir als sinnvoll, so dass hier Kriterien begründet und Beispiele benannt werden sollen.

Das Konzept des symbolischen Antisemitismus ließe sich beziehen auf Formen, in denen Juden – in indirekterer Weise als noch beim latenten Stereotyp – ob ihrer Herkunft und ihres Status' angegriffen werden: etwa, indem einzelne als Repräsentanten „der" Juden kritisiert werden, oder indem Juden als ‚privilegierte Minderheit' der Opfer des Holocaust dargestellt werden, deren ‚herausgehobene Stellung' in der Verfolgungsgeschichte abgebaut werden müsste, oder aber indem besondere Juden ob bestimmter, traditionell im Antisemitismus den Juden zugeschriebener Verhaltensweisen kritisiert werden, die vermeintlich den im Lande herrschenden Verhaltensnormen – z.B. gegenüber Autoritäten servil aufzutreten – widersprechen. Juden werden im Sinne eines symbolischen Antisemitismus auch ob einer vermeintlichen „Arroganz", als „moralische Autoritäten" oder wegen ihrer vermeintlich herausgehobenen symbolischen Stellung in der Nach-Holocaust-Demokratie und ihrer politisch-symbolischen Moralordnung attackiert.[213]

Symbolische Formen sind meist ebenfalls, wie latente Formen, verkleidet in Anspielungen (Innuendo). Sie werden oft hier wie dort begleitet von einer vorweggenommenen, expliziten Ablehnung des Antisemitismus als Ideologie oder politischem Bezugssystem.[214] Ohnehin wird sich kaum jemand heute außerhalb des Rechtsextremismus, und selbst dort nur noch im begrenzten Maße, offen zum Antisemtismus bekennen, weil dem offenen Judenhass der Geruch von millionenfachem Mord anhaftet, der politisches und öffentliches Handeln diskreditiert.[215] Symbolische Formen treten in Erscheinung, wenn nicht nur spezifische Individuen oder Organisationen thematisiert werden, sondern anonyme, als homogene Einheiten gedachte Kollektive wie „die Jüdische Gemeinde", „die jüdische Lobby", oder Verhaltensweisen von Juden thematisiert und vor allem herausgestellt werden, die als ‚jüdische Charakteristika' erkennbar sein sollen oder eine besondere Rolle von Juden im Hinblick auf Geld, Macht und Medien unterstreichen. Hierbei spielen Kollektivsymbole eine besondere Rolle.

---

[212] Vgl. ibid, S. 157.
[213] So etwa, wenn von einem Juden (wie wiederholt gegenüber Friedman, Bubis oder Goldhagen) als „Großinquisitor" oder „unnachgiebiger moralischer Instanz" geredet wird, die über Deutschland „richte" wie ein „Scharfrichter". Das gewichtigste Problem der Studie von Bergmann zum kollektiven Lernprozess in der Bundesrepublik ist es, solche latenten, impliziten, symbolischen oder indirekten Formen von Antisemitismus in der politischen Kultur nicht bzw. nicht genügend berücksichtigt zu haben; vgl. Werner Bergmann, Antisemitismus in öffentlichen Konflikten, a.a.O.
[214] Vgl. Peter Pulzer, „The new antisemitism, or when is a taboo not a taboo?," a.a.O., p. 86.
[215] Vgl. u.a. Doron Rabinovici, „Importware Judenhass," a.a.O.

Jene sind sprachliche und sonstige Bilder, die eine indirekte, zweite Bedeutung haben, die dazu geeignet sind zu dramatisieren und einen Diskurs/Konflikt in gut und böse zu strukturieren. Kollektivsymbole dienen insofern als indirektes Medium von dichotomen oder stereotypen Attribuierungen, u.a. wenn Juden mit dem negativen Symbol „Panzer", Palästinenser mit dem Symbol „Steinschleuder" kollektiv via Bildwelten identifiziert werden, oder wenn z.B. einzelne Juden als besonders vermögend und mächtig beschrieben werden und dabei ihre Herkunft besonders betont wird. Symbolischer Antisemitismus reduziert und fixiert dabei latent, wie alle kulturellen Antisemitismen und analog zum kulturellen Neo-Rassismus, Juden auf bestimmte kulturelle Identitätszuschreibungen, stereotype Merkmale und Attribuierungen, so dass soziales Handeln indirekt oder direkt aus dem Kriterium ‚Herkunft' abgeleitet wird und dergestalt verdinglicht erscheint. Diese symbolische Zuschreibung und Exklusion verweist indes auch auf das politisch-kulturelle Problem heteronomer Reifizierungen von kultureller Differenz insgesamt, wobei die Nicht-Akzeptanz dualer oder multipler kultureller/ nationaler Identitäten und Identifizierungen in der deutschen politischen Kultur eine besondere Tradition hat, die in der kulturellen Einübung eines ethnischen Nationsverständnisses mitbegründet ist.

In spezifischer Weise zeigen sich implizite, symbolische bzw. indirekte Formen von Antisemitismus, wenn gegenüber Juden, jüdischem Verhalten und jüdischen Opfern von Gewalt andere Bewertungsmaßstäbe angelegt werden als bei anderen Menschen. Auch insofern kann bei der Verharmlosung oder Rechtfertigung von antiisraelischem und anti-jüdischem Terror, wie dem der judenfeindlichen Hamas oder seitens Al-Kaida, der Terrororganisation „gegen Kreuzfahrer und Juden", z.B. als „legitimem Widerstand", von indirektem Antisemitismus gesprochen werden, da Juden hierbei ideologisch grundsätzlich nicht das gleiche Recht auf einen Staat, eine nationale Identität und physische Unversehrtheit zugesprochen wird wie Nicht-Juden.[216] Juden erscheinen überdies letztlich wiederum als Schuldige an ihrer eigenen Verfolgung und Ermordung, wenn Terror als direktes Resultat der Politik der „US-amerikanischen Ostküste" oder der israelischen Politik erscheint.[217]

Klischees leben oftmals unter der manifesten ‚Oberfläche' fort. Sie können durch die politische Kommunikation delegitimiert werden, sind aber auch veränderbar und

---

216 Ein besonders drastisches Beispiel eines solch indirekten Antisemitismus mittels Rechtfertigung antijüdischen Terrors stellen die Aussagen des prominenten evangelischen Pfarrers, Friedensaktivisten (und ehemaligen deutschen Bomberpiloten im Zweiten Weltkrieg) Jörg Zink in der ARD-Sendung Fliege dar. Befragt zur Möglichkeit eines Tyrannenmords im Fall Saddam Hussein, antwortete Zink: „Dazu ist ein normaler Amerikaner gar nicht fähig. Er müsste den Mut haben, den die jungen Selbstmordattentäter der Palästinenser haben, sich selbst in die Luft zu sprengen. [...] Ich bewundere sie dafür, dass ihnen ihre Sache und die Sache ihres Volkes und ihrer Religion, oder was immer, so wichtig ist, dass sie dafür ihr Leben hingeben. Das sind keine Selbstmörder, das sind mutige junge Leute, die sich voll hingeben für ihre Sache." Es ist kaum anzunehmen, dass Zink in gleicher Weise von Terroristen reden würde, die sich in deutschen Cafés und Geschäftsstrassen in die Luft sprengen; zitiert nach „'Das sind mutige junge Leute'," Jüdische Allgemeine 12 (2003), S. 3.
217 So z.B. in der von der PDS-Hamburg nach den Terrorattentaten vom 11.September 2001 ausgegebene Parole „So was kommt von so was", die den islamistischen Terror gegen die USA (und insbesondere New York) als legitime Antwort auf die „Verbrechen der USA" feierte, oder aber wenn anti-jüdischer Terrorismus gegen israelische Zivilbevölkerung als „Widerstand" idealisiert wird respektive die willkürliche Gewalt gegen Zivilbevölkerung als bloße Reaktion, als direktes „Resultat des israelischen Staatsterrorismus" gedeutet wird.

mitunter aktualisierbar wie mobilisierbar. Sie werden, gerade in demokratischen Kontext, meist latent bzw. mittels Codes, Anspielungen, kultureller Untertöne und symbolischer Ordnungen ‚bedient' oder unbewusst transportiert. Oft lässt sich auch die Analyse und Bewertung von ‚Juden-Bildern' nur aus dem gesellschaftlichen, situativen und semantischen Kontext, seiner symbolischen Ordnung und im Zusammenhang mit übergreifenden Dispositiven, vornehmen. Ob z.B. eine bestimmte, nicht offen antisemitische Aussage (etwa zu Israel), die unter den Bedingungen demokratischer Öffentlichkeit und Rechtsnormen getätigt wird, dennoch als antisemitisch zu bewerten ist, hängt in hohem Maße von spezifischen symbolischen Ordnungen und vom *Kontext* ab, der notwendig zu rekonstruieren ist,[218] aber auch von den in der Aussage womöglich enthaltenen symbolischen kollektiven Fixierungen. Es gibt dabei durchaus ein untergründiges Reservoir von Stereotypen und Bildern, die oftmals nicht-intentional, also unbewusst bedient werden, zugleich allerdings im *Effekt* antisemitisch wirken und kollektiv ‚verstanden' werden, und zwar sowohl vom Akteur als auch von den Rezipienten[219], und die somit auf ein ‚blindes', konventionelles kulturelles Einverständnis zielen.

Gerade in Bezug auf die Kriterien eines symbolischen oder indirekten Antisemitismus besteht indes auch die Gefahr eines inflationären Gebrauchs von „Antisemitismus-Kritik", vor dem zu warnen ist. Gerade die Kontextabhängigkeit von Aussagen (die sich schon daran zeigt, dass es einen Unterschied macht, ob ein jüdischer Israeli einen ‚Judenwitz' erzählt oder ein deutscher Nachkomme der Tätergesellschaft),[220] die Notwendigkeit der hermeneutischen Deutung ihres Gehaltes und ihres semantisch-ideologischen Bedeutungshofes, wie die teils schwierige Bewertung der Ideologeme kann zur kriterienlosen oder alarmistischen Verallgemeinerung der Antisemitismus-Kritik (ver-)führen, mitunter eine Instrumentalisierung für bestimmte Identitätspolitik grundieren, die wiederum dem Selbst moralische Erhabenheit verspricht. Die Übertragung der Antisemitismus-Kritik auf die unterschiedlichsten Phänomene dient aber nicht der analytischen Erkenntnis, sondern kann diese mitunter vernebeln oder verschwimmen lassen. So ist z.B. zu berücksichtigen, dass Antisemitismus und Antiamerikanismus ideologiehistorisch innig verschränkt sind und teils auch ineinander greifende politisch-psychologische Funktionen übernehmen können, aber keineswegs durchweg dasselbe sind.

Anders als die hier vorgeschlagene Kategorie des symbolischen oder indirekten Antisemitismus, der sich auf subtile, symbolische Ausgrenzungen und Devaluierungen von Juden bezieht, ist der ebenfalls gebräuchliche Begriff des *strukturellen Antisemitismus* folgerichtig aus guten Gründen höchst umstritten, ebenso wie seine Kriterien diffus. Er

---

218 Vgl. Peter Pulzer, „The new antisemitism, or when is a taboo not a taboo?," a.a.O., p. 97. So bedeutend der Verweis auf den "Kontext" ist, um bewusst mit Innuendo, mit Anspielungen arbeitende antisemitische Vorurteile und symbolische Abwertungen von Juden als solche zu erkennen, so kann indes auch jener Verweis auch zur Relativierung von unzweideutig antisemitischen Aussagen instrumentalisiert werden. Diese Methode hat sich in den letzten Jahren mehr und mehr etabliert; der Kritik an Antisemitismus wird diskursstrategisch damit begegnet, die Aussagen seien „böswillig aus dem Zusammenhang gerissen."
219 Vgl. Peter Pulzer, „The new antisemitism, or when is a taboo not a taboo?," a.a.O., p. 97.
220 Allerdings können, entgegen landläufiger Auffassung, auch Juden antisemitisch denken und handeln; auch die Objekte von Diskriminierung sind nicht notwendig frei von gesellschaftlichen Vorurteilen.

soll darauf verweisen, dass antisemitische Ideologeme als Vorurteilsensembles in anderen Kontexten wieder aufscheinen können, ohne sich direkt oder indirekt gegen Juden zu richten (z.B. in bestimmten Schimären von ‚organisierter Ausländer-Kriminalität', wonach diffus bestimmte ‚ethnische Banden' verschworen, hinterhältig, geldgierig, zersetzend, allmächtig im Untergrund agierten). Obschon in der Tat bestimmte traditionell antisemitische Ideologeme sich auch gegen ‚Ersatz-Objekte' richten sowie analoge politisch-psychologische Mechanismen mobilisieren können, insofern sowohl grundsätzlich auch transferierbar sind, als auch mit Stereotypisierung und Ethnozentrismus verbunden (und einander begünstigen können), wie dies im Besonderen in einer ethnozentrischen Projektivität gegenüber Einwanderergruppen und bei der Aussonderung wie Personifizierung ‚kapitalistischer Übel' in ethnisierten Gruppen der Fall zu sein scheint, sticht hier die übermäßige Gefahr hervor, mit dem Begriff des „strukturellen Antisemitismus" das Problem der Judenfeindschaft inflationär und beliebig zu verallgemeinern und dabei außer acht zu lassen, dass es vor allem Juden sind, die unter Antisemitismus zu leiden haben, und nicht Ausländer oder politisch engagierte Intellektuelle, die mit einem antisemitischen Klischee bedacht werden. Der Begriff des strukturellen Antisemitismus mag dann an Plausibilität gewinnen, wenn er auf Denkweisen und Wahrnehmungsstrukturen verweist, die im Anschluss konkret antisemitisch gewendet und besetzt werden, sich also darin erweisen, für Judenfeindschaft das ideologische Feld geöffnet zu haben. In diesem Sinn argumentiert Thomas Haury im Hinblick auf geschlossen anti-imperialistische Weltbilder, die bereits jenseits des spezifischen Inhalts zahlreiche „strukturelle Affinitäten zum antisemitischen Weltbild" aufwiesen: „Auch hier verkennt eine vereinfachende Sicht Herrschaft als Fremdherrschaft und Ausbeutung als fremde Machenschaft. Auch hier sieht man ‚Völker' existenziell bedroht durch eine Verschwörung von bösen Kapitalisten und imperialistischen Politikern. Auch hier zeigen sich die Suche nach kollektiver ‚nationaler' Identität wie auch ein manichäisches Denken, das das Weltgeschehen sauber in Gut und Böse sortieren will."[221] Wurde mit diesem *strukturell* antisemitischen Weltbild der Palästinakonflikt gedeutet, so Haury, ebnete dies auch den Weg zur Reproduktion *inhaltlich* antisemitischer Stereotypen.

Von Formen des Antisemitismus zu solchen des Rassismus existieren historisch wie aktuell vielfältige Affinitäten; dieser Zusammenhang ist nicht zuletzt zu entfalten an den ethnozentrischen, xenophoben, stereotypen und autoritären Elementen und Ursprüngen, die beide Ideologieformen teilen. Rassismus und Antisemitismus bedingen überdies analog latente oder systematische Ausgrenzungen und Abwertungen der als ‚anders' konstruierten Minderheiten, und sie sind beide projektiven Wesens. Außerdem gibt es von der Entstehung des modernen Antisemitismus zum modernen „Rasse-Denken" und zu rassistischen Phobien[222] gerade in Deutschland im politisch-historischen Imaginären innige Verbindungen, die sich im Begriff des rassistischen Antisemi-

---

[221] Thomas Haury, „Der Antizionismus der Neuen Linken in der BRD: Sekundärer Antisemitismus nach Auschwitz," in: Arbeitskreis Kritik des deutschen Antisemitismus (Hg), Antisemitismus: Geschichte und Wirkungsweise des Vernichtungswahns (Freiburg: ca ira, 2001), S. 217 – 229, hier S. 222.
[222] Jüngst überzeugend nachgewiesen und politologisch rekonstruiert von James M. Glass, „Life unworthy of Life": Racial Phobia and Mass Murder in Hitler's Germany (New York: Basic Books, 1997).

tismus kristallisieren lassen. Schließlich finden sich Parallelen von kulturellen und symbolischen Formen des Neo-Rassimus (etwa im neu-rechten, differentialistischen ‚Ethnopluralismus')[223] zu modernisierten Praktiken eines Neo-Antisemitismus. Dennoch ist der Antisemitismus nicht mit dem (Kolonial-)Rassismus gleichzusetzen. Der Antisemitismus als apokalyptische Weltverschwörungstheorie, die im Sinne einer sozialen Paranoia eine jüdische Weltherrschaft imaginiert, und als antijüdische Personifizierung von Geld und Geist, ist eine besondere Ideologie, deren spezifische Wirkungsweisen in dieser Arbeit genau untersucht werden sollen. Anders als rassistische Phobien, die eher auf Ausgrenzung, Bemächtigung und Unterwerfung, mithin auch auf Mord zielen können, kann der Antisemitismus als geschlossene Ideologie mithin auf eine universelle, *globalisierte* Bekämpfung zielen, die die Phantasie universeller Vernichtung implizieren kann.

Gavin A. Langmuir hat in seiner viel beachteten Studie versucht, die Differenz von Vorurteil, Rassismus und Antisemitismus zu extrapolieren. Moderner Antisemitismus ist für Langmuir in ideologischer Hinsicht, nicht nur wegen seiner Konsequenzen „uniquely evil in quality". Er differenziert dabei zwischen drei Formen antijüdischer Behauptungen; kognitiv bestimmte Vorurteile ohne „wishful or fearful thinking", xenophobe Vorurteile gegenüber Juden als historischer Minorität, und chimärische Behauptungen, die keinerlei historisch-empirischen Realitätsbezug aufweisen und in einem ‚extrem irrationalen' Deutungssystem von Judenfeindschaft gründen, das hinter allen ‚negativen' Phänomenen der Welt ‚den Juden' sieht.[224] Gerade dieser letzte Aspekt, so argumentiert Langmuir triftig, unterscheide auch „the hostility that produced Auschwitz from that manifested against the Jews in ancient Alexandria".[225]

2.1.3 Postnazistische Typen: Philosemitismus, Israelfeindschaft, sekundärer Antisemitismus und Bagatellisierung des Holocaust

Als *Philosemitismus* sollte – analog einem „positiven Rassismus" – ein Antisemitismus unter umgekehrten Vorzeichen verstanden werden, der nicht mit der kollektivrassistischen Attribuierung von judenfeindlichen Vorurteilen bricht, sondern die Klischees nur zwischenzeitlich ins Positive verkehrt und verklärt, ohne doch dadurch vor dem Rückfall in die Abwertung gefeit zu sein. Der emotionalen Idealisierung und dem kognitiven Idealbild, vor allem in Form einer intellektuellen wie insbesondere moralischen Überhöhung bis hin zur externen Über-Ich-Funktion, die sich in der Zuschreibung von Juden zur „moralischen Autorität" verkörpert, können Juden schwerlich gerecht werden; bei Enttäuschungen – der schlichten Erfahrung, dass lebendige Juden

---

[223] Vgl. hierzu und zu den verschiedenen Rassismen der Neuzeit und ihren Modi die große Studie von Pierre-André Taguieff, Die Macht des Vorurteils: Der Rassismus und sein Double (Hamburg: Hamburger Edition des Instituts für Sozialforschung, 2000).
[224] Siehe Gavin A. Langmuir, Toward a Definition of Antisemitism (Berkeley and Los Angeles: University of California Press, 1990), p. 311ff; siehe hierzu auch Georg Christoph Berger Waldenegg, „Antisemitismus: Eine gefährliche Vokabel? Zur Diagnose eines Begriffs," a.a.O., S. 112.
[225] Gavin A. Langmuir, Toward a Definition of Antisemitism, a.a.O., p. 334.

der übermenschlichen Idealisierung kaum entsprechen können – setzt dann meist wieder der tradierte Antisemitismus ein, der das Ideal sozialpsychologisch umso wütender vom selbst konstruierten Sockel stößt.[226]

Mit *Antizionismus* kann, zumindest im deutschen und europäischen Kontext (und nicht unbedingt im Kontext inner-israelischer Diskurse), eine lange Zeit insbesondere von der radikalen Linken, aber heute auch militant als Ventil für Antisemitismus von der extremen Rechten vertretene, prononcierte Haltung bezeichnet werden, die „sowohl religiös als auch rassistisch argumentiert. [...] Der religiöse Vorbehalt des Antizionismus wendet sich gegen die Inanspruchnahme der Verheißung des Alten Testaments, der rassistische Vorbehalt unterstellt Israel die angebliche [rassistische] Ausgrenzung von Nichtjuden."[227] Als *Antiisraelismus* oder *Israelfeindschaft*[228] wird damit verbunden eine Einstellung bezeichnet, die vorgibt, die Politik der israelischen Regierung zu kritisieren, „in Wahrheit aber den Anspruch der Juden auf den heutigen Staat Israel bestreitet."[229] Von 1967 bis Ende der 1980er Jahre ist dieses Existenzrecht des jüdischen Staates Israels vor allem von der radikalen Linken bestritten worden; die Infragestellung des israelischen Staates, der „Antizionismus" und die kategoriale Ablehnung und Negativbesetzung des „Zionismus" als „Rassismus" und „Imperialismus", ja schließlich „Faschismus" waren in der Neuen und der extrem Linken bis dahin weitgehend hegemonial und wurden erst in den 1980er Jahren breiter kritisch reflektiert.[230] Obschon linke und „autonome" Antizionisten stets darauf verwiesen haben, dass sie als Feinde des Zionismus nicht Antisemiten seien und auch zwischen „Zionisten" und „Juden" zu differenzieren behaupteten, erwiesen sich radikal antizionistische Positionen sowohl mit antisemitischen Stereotypen durchsetzt, als auch die Negation des Existenzrecht des Staates Israels als judenfeindlich.[231] Während keineswegs Kritik an israelischer Politik „antisemitisch" sein muss, so kann vermeintliche Kritik an Israel durchaus als Medium von Antisemitismus fungieren. Und schon die hervorstechende, spezifische negative Aussonderung Israels aus der Staatenwelt (sowie erst Recht die Infragestellung seines Existenz- und Verteidigungsrechts) als „besonders gefährlich" oder aufgrund seines

---

[226] Horst Dichanz et al., Antisemitismus in Medien (Bonn: Bundeszentrale für politische Bildung, 1997), S. 16f.

[227] Ibid, S. 11.

[228] Wolfgang Benz: „Antisemitismusforschung als gesellschaftliche Notwendigkeit und akademische Anstrengung,"a.a.O., S. 134.

[229] Horst Dichanz et al., Antisemitismus in Medien (Bonn: Bundeszentrale für politische Bildung, 1997), S. 11. Über lange Zeit haben seit 1967 linke, antizionistische Gruppen in Deutschland ihre Aberkennung des Existenzrechts des israelischen Staates und ihre Verachtung der „Zionisten", also der israelischen Bürger des Staates, damit zum Ausdruck gebracht, dass sie Israel als zionistisches „Gebilde" diffamiert und den Namen des Nationalstaates in Anführung gesetzt haben, analog dazu, wie weiland rechtskonservative Autoren mit der DDR verfahren sind. Zu dieser Praxis insbesondere der „autonomen Antizionisten" vgl. Martin W. Kloke, Israel und die deutsche Linke (Frankfurt a.M.: Haag und Herchen, 1994), S. 246.

[230] Vgl. hierzu die bahn brechende, akribische empirische Studie von Martin W. Kloke, Israel und die deutsche Linke, a.a.O., S. 133ff.

[231] Auch auf der Ebene der Einstellungsforschung lässt sich nachweisen, dass mit der Radikalität der „antizionistischen" Überzeugung auch der Antisemitismus steigt; vgl. Werner Bergmann und Rainer Erb, Antisemitismus in der Bundesrepublik Deutschland, a.a.O., S. 191ff.

zionistischen Selbstverständnisses als „illegitim" tragen indirekt antisemitische Züge, wie schon die emotionale Präokkupation mit vorgeblichen „israelischen Verbrechen".

Im Rechtsextremismus haben der Antizionismus und der Hass auf Israel als Medium des Antisemitismus erst im letzten Jahrzehnt verstärkt Bedeutung gewonnen. Offenbar wird mit der Ideologie des Antizionismus augenscheinlich ein persistenter völkischer Antisemitismus zum Ausdruck gebracht. Das klassisch rechtsextreme, schon im Nationalsozialismus propagierte antisemitische Weltbild, dass die „Völker der Welt" vom staaten- und heimatlosen „Nicht-Volk" der ‚ewig wandernden' Juden unterjocht würden und der Weltfrieden von der „Befreiung" von, soll heißen: der Vernichtung der Juden abhinge, spiegelt sich so nur dünn codiert im Hass auf Israel und im gefeierten „Volkskampf" sowie in der Konstruktion israelischer „Verbrechen" gegen die „Völker" und „Volksgemeinschaften". Israel wird dabei seit den Erklärungen des SDS von 1967 vielfach als „zionistischem Gebilde", wie damit Juden im Nahen Osten überhaupt, die Existenzberechtigung abgesprochen, wobei Juden folgerichtig rassistisch als „Fremdkörper" im Nahen Osten erscheinen. Israel gilt überdies in solchen Konstruktionen als ein „Stützpfeiler" einer halluzinierten „judäo-amerikanische Weltverschwörung", des „multinationalen Kapitals" und des „jüdischen Mammonismus". Gleichzeitig erhoffen sich rechtsextreme Akteure mit dem Antiisraelismus Anschluss an populäre Ressentiments. Ähnliches gilt für den vor allem seit dem 11. September 2001 dezidiert proklamierten „Kampf gegen den US-Imperialismus", dem man insonders die „Besatzerherrschaft", re-education und vorgebliche „Siegerjustiz" nach 1945 nicht verziehen hat. Die „amerikanische Ostküste" oder „amerikanische Plutokratie" galten freilich den Völkischen seit je, schon vor dem Nationalsozialismus, neben Moskau als „Zentrale der jüdischen Weltverschwörung". Aber auch im Rechtsextremismus nach 1945, der mit dem verlorenen Krieg und dem zerstörten Deutschland von Beginn erhebliche Legitimationsprobleme hatte, dient der Verweis auf Israel als „Apartheidsregime" oder „Völkermörderstaat" nicht zuletzt auch der Entlastung von deutscher Schuld.

Als indirekte Formen des Antisemitismus bzw. antisemitischer Geschichtsklitterung lassen sich indes auch die in der öffentlichen Auseinandersetzung zum Nahost-Konflikt in erstaunlichem Maße präsenten, zunehmend öffentlich-politisch gängigen (gleichwohl schon seit langem bemühten) Vergleiche zwischen Israel und dem Nationalsozialismus begreifen, die offenbar ebenfalls zentral der Relativierung der deutschen Verbrechen dienen: von der obskuren Rede von „Nazi-Methoden" der israelischen Armee und einem „Vernichtungskrieg" Israels gegen die Palästinenser[232], der Wahrnehmung von Palästinensern, die mit Israelis zusammen arbeiten, als „Kollaborateure", über die Agitation über einen „nie dagewesenen Völkermord", der der Welt durch Israel bevor stünde,[233] oder, in besonders extremer und perfider Weise, zu Begriffen wie „Nazisrael", die bereits Ende der 1960er Jahre von der – wenn auch politisch mar-

---

[232] So jüngst u.a. das „Duisburger Friedensforum"; zitiert nach Thomas von der Osten-Sacken, „Aggressiver Antisemitismus," a.a.O.; mit ähnlichem bzw. gleichem Vokabular operierten jüngst auch der ehemalige Grünen-Abgeordnete Jamal Karsli und der ehemalige Arbeitsminister Norbert Blüm (CDU).
[233] So der WDR-Journalist Gerhard Wisnewski auf seiner Web-Site; zitiert nach Henryk M. Broder, „'Die Verbrechen der Juden'," Jüdische Allgemeine 16 (2003), S. 2.

ginalisierten – radikalen Linken in die öffentliche Debatte eingeführt worden waren. Aber auch andere, weniger offensichtlich politisch-psychologisch motivierte Übertreibungen und überbordende Verzerrungen des komplexen historisch-politischen Konflikts im Nahen Osten können indirekt auf eine antisemitische Wahrnehmungsstruktur deuten, welche das Handeln jüdischer Akteure nach bestimmten negativen Stereotypen und Symbolen kategorisiert, es realitätsungerecht überzeichnet und als ‚besonders bösartig' klassifiziert bzw. dämonisiert: so etwa, wenn Israel, immerhin die einzige Demokratie im Nahen Osten, als „Militärdiktatur", „Staatsterrorismus", „Apartheidsystem" oder Produkt eines „Kolonisierungsprozesses" dargestellt wird, während die umliegenden arabischen Diktaturen oder die Verfolgungspraktiken innerhalb der palästinensischen Gesellschaft nicht thematisiert respektive einzig auf Israel zurückgeführt werden, oder auch wenn Juden schlicht als homogene Gruppe, als „die Unterdrücker von heute"234, aus den vielschichtigen sozialen und politischen Herrschaftsformen der modernen Gesellschaft ausgesondert werden. Durch solch dichotome Sortierungssysteme und symbolische Ordnungen können Juden letztlich wiederum exklusiv als diejenige ‚kollektive Einheit' erscheinen, die für den heutigen ‚Weltunfrieden' besonders oder gar ‚ursächlich' verantwortlich gemacht wird. Solche Überzeichnungen sind offenbar von nationalen Entlastungsmotiven geprägt, also vom Wunsch, gerade Juden als Täter-Kollektiv vorzustellen, die als Kollektiv die Opfer des Holocaust waren, der von Deutschen begangen worden ist.

Die codierten wie *symbolischen* und *indirekten* Formen von Antisemitismus erweisen sich gerade im Diskursfeld Israel teils auch als besonders subtil und facettenreich, und sie sind wiederum partiell nur im Kontext zu bewerten. Sie selbst sind flexibel und verändern sich. Indikatoren sind etwa die Beschwerde, dass jede Kritik an Israel vorgeblich als antisemitisch denunziert würde; die Verherrlichung von Terroristen und Selbstmordattentätern als „Widerstand" und „Befreiungskämpfer"235; die Gleichsetzung Israels mit Apartheidsystemen oder Völkermördern; die dekontextualisierende, dichotome bzw. manichäische Wahrnehmung des Nahost-Konflikts und die Personalisierung

---

234 Alle Zitate aus einem Beitrag vom Selbstverständnis her 'linker' und ‚anti-nationaler' Autoren in der Wochenzeitung *Jungle World*, siehe Klaus Holz, Elfriede Müller und Enzo Traverso, „Schuld und Erinnerung," Jungle World 47 (2002) [Dossier]; entsprechende Wünsche, Juden einen möglichst verbrecherischen Charakter zuzuschreiben, werden auch in Stilblüten wie der von einer „mit *blutiger* Gewalt ausgeübte[n] Unterdrückungspolitik" [Gewalt wird hier noch mit dem Adjektiv „blutig" superlativisch ausgemalt], die vorgeblich durch die „Sichtblende „Auschwitz" überlagert würde. Es gibt wohl keinen Staat in der Welt, dem zeitgleich entsprechend viele drastische Negativbegriffe zugeschrieben würden und dessen Existenzberechtigung als Staat dadurch in ähnlicher Weise in Frage gestellt würde. Die historische Erinnerung verstelle also den Blick auf die Gegenwart der „Unterdrücker von heute". Bremens Bürgermeister Henning Scherf pflegte erst jüngst die dazu passende Redewendung von den Palästinensern als den vermeintlichen „Opfern der Opfer", was ebenfalls eine Gleichsetzung von Holocaust-Opfern und Palästinensern insinuiert.
235 Ein besonders extremes Beispiel der schon kaum mehr ‚symbolischen', sondern vielmehr offen antisemitisch-antizionistischen Rechtfertigung der terroristischen Ermordung israelischer Zivilbevölkerung findet sich bei dem kanadischen Philosophen Ted Honderich: „Ich für meinen Teil habe keinen ernsthaften Zweifel, um den prominenten Fall zu nehmen, dass die Palästinenser mit ihrem Terrorismus gegen die Israelis ein moralisches Recht ausgeübt haben." Hier wird die Tötung von Juden zum moralischen Recht erklärt, dergestalt philosophisch-ethisch rationalisiert und, wie Micha Brumlik anmerkt, offen zur Nachahmung empfohlen; siehe Ted Honderich, Nach dem Terror: Ein Traktat (Frankfurt a.M.: Suhrkamp, 2003), S. 236; vgl. hierzu die Kritik von Micha Brumlik, „Philosophischer Judenhass," Frankfurter Rundschau, 5. August 2003, S. 9.

des Konflikts wie insbesondere die Dämonisierung und Dehumanisierung israelischer Politiker (heute vor allem Scharon, früher Rabin oder Begin)[236]; die Anspielung auf biblische Geschichten und ‚alttestamentarische' Motive; die Forderung nach dem Boykott israelischer Waren, Personen und Institutionen, nicht aber etwa der vielen Diktaturen der Gegenwart (wie Iran, China oder Syrien) und dabei die Aussonderung Israels als „Folter-Staat".[237]

Antiisraelische Vorbehalte werden teils vor dem Hintergrund einer erstaunlichen Unkenntnis über die komplexe historisch-politische Konfliktstruktur zwischen Israel und den Palästinensern formuliert (z.B. der gängigen Auffassung, Israel sei auf dem Territorium eines „fremden" „palästinensischen Staates" entstanden und habe diesen okkupiert).[238] Antisemiten haben zudem erkannt, dass die „soziale Erwünschtheit" von Antiisraelismus in der politischen Kultur höher ist als offen antisemitische Äußerungen. Die Israelfeindschaft und die disproportionale Rolle, die das Bedürfnis nach „Israel-Kritik" (im Unterschied zu anderen politischen Konflikten und Kriegen in der Gegenwart, die wesentlich mehr Opfer zu verzeichnen haben) im öffentlichen Bewusstsein und in politischen Mobilisierungsversuchen des Rechtsextremismus, aber auch der radikalen Linken in Deutschland einzunehmen scheinen, verweist überdies auf das nach 1945 neuartige Phänomen eines „sekundären Antisemitismus" in der politischen Kultur der Bundesrepublik.

Der *sekundäre Antisemitismus*[239] aus Erinnerungsabwehr, in dem Juden als „Störenfriede der Erinnerung" erscheinen und wahrgenommen werden, überlagert und motiviert in vielerlei Hinsicht immer wieder die ‚Juden-Bilder' in der Bundesrepublik, und neue Formen von Antisemitismus. Eine ersehnte traditionelle, positive nationale Identität und Identifikation mit nationalen historischen Narrativen erfordert nach diesem auf Adorno zurückgehenden Theorem eine identifikationsfähige, idealisierte nationale Vergangenheitskonstruktion, die es aber angesichts des Holocaust kaum geben kann.

---

236 Vgl. Duisburger Institut für Sprach- und Sozialforschung, Die Nahost-Berichterstattung zur Zweiten Intifada in deutschen Printmedien unter besonderer Berücksichtigung des Israel-Bildes (Duisburg: Duisburger Institut für Sprach- und Sozialforschung, 2002).

237 Vgl. hierzu Peter Pulzer, „The new antisemitism, or when is a taboo not a taboo?," a.a.O., p. 96. In der Geschichte der Bundesrepublik hat es indes auch viele fragwürdige Idealisierungen und Identifizierungen mit Israel und israelischer Militärmacht gegeben, wie die 1967 aufkeimende, philosemitisch bewundernde Rede vom israelischen „Blitzkrieg" und die makabre Begeisterung über „israelische Wüstenfüchse" und angeblichen „Erben Rommels", die ebenfalls der historischen Entlastung und Entsorgung der NS-Vergangenheit dienten. Ähnlich wie die überproportionale Konversion von Deutschen zum Judentum nach 1945 kann auch die unvermittelte, reflexionslose Identifizierung mit dem Staat der Opfer oder gar ‚israelischer Staatsbürgerschaft' der psychosozialen Entlastung von dem Umstand dienen, dass man in Deutschland objektiv den Tätern (oft aus der eigenen Familie) zunächst näher steht als den Opfern.

238 Dabei bestimmen oftmals bestimmte Reiz- und Schlagwörter die Debatte, wie etwa der reflexhafte Verweis auf die Massaker von „Sabra und Shatila", die weitgehend im öffentlichen Bewusstsein direkt Sharon und der israelischen Armee zugeordnet werden, obschon es christliche libanesische Falangisten-Milizen waren, die aus Rache an der Ermordung des libanesischen Präsidenten Bechir Gemayel und 25 seiner Anhänger mehrere tausend Palästinenser ermordeten; während hingegen z.B. der „Schwarze September" im öffentlichen Diskurs fast nie Erwähnung findet. Der „Schwarze September" verweist auf die staatliche Verfolgung der Palästinenser durch den jordanischen König Hussein zwischen dem 16. und 27.9.1970, dem zehntausende Menschen zum Opfer fielen; vgl. auch Leon de Winter, „Erzwingt den Frieden," Die Zeit 27 (2003), S. 11 – 14.

239 Vgl. Theodor W. Adorno, „Zur Bekämpfung des Antisemitismus heute," a.a.O., S. 108.

Die in Juden sozialpsychologisch repräsentierte Erinnerung an den Holocaust stört das Bedürfnis, ein konventionelles nationales Narrativ von der guten Nation zu rehabilitieren, aus dem Auschwitz eskamotiert werden müsste. Der sekundäre Antisemitismus richtet sich gegen Juden *wegen Auschwitz*. Sie werden perzipiert als Repräsentanten oder Verkörperungen einer unerwünschten und verdrängten Erinnerung an die deutschen Verbrechen, deutsche Schuld und ihre Konsequenzen für Politik und kollektive Identität. Sekundär-antisemitische Motive können sich – und tun dies zumeist – mit modernen antisemitischen Stereotypen verbinden.

Eine extreme Form solch eines erinnerungsverweigernden, sekundären Antisemitismus, der sich mit ‚traditionellen' antisemitischen Weltverschwörungstheorien amalgamiert, ist die *Bagatellisierung des Holocaust* und seine Leugnung durch Rechtsextremisten. Eine schwächere Form zeigt sich in ‚gesellschaftsfähigen' Varianten des Geschichtsrevisionismus, der Relativierung und Verharmlosung der nationalsozialistischen Verbrechen und insbesondere des Judenmordes vor allem durch die „Neue Rechte". Die Bagatellisierung des Holocaust, die es auf Seiten der Linken gibt, spiegelt sich heute weniger in Formulierungen wie den in den 1980er Jahre gängigen Wendungen vom „atomaren Holocaust" oder den „Hühner-KZs"[240], sondern zunehmend in Vergleichen wie „Bush=Hitler", oder eben, wie gesagt, in der Gleichsetzung Israels mit dem Nationalsozialismus[241]: Solche Formen der Schuldaufrechnung und der Gleichsetzung des Nationalsozialismus insbesondere mit den alliierten Befreiern (‚Besatzern') und dem Staat der Opfer, Israel bzw. den Gesellschaften, in denen Juden eine Heimstatt gefunden haben, haben jüngst auch in Teilen der deutschen Friedensbewegung gegen den Irak-Krieg Nachhall gefunden, wodurch Muster der 1980er ihre Wiederholung auf erweiterter Stufenleiter fanden. All jene neueren Dynamiken und Formen sind Facetten des spezifischen Gesamtkomplexes eines hier zu untersuchenden, oft unbewusst wirkenden Post-Holocaust-Antisemitismus[242] als spezifischem Problem in der politischen Kultur.

---

240 In der Hochzeit der westdeutschen Friedensbewegung, so Martin W. Kloke, wurde die atomare Aufrüstungsspirale gerne mit dem Holocaust gleichgesetzt; einige führende Wortführer und „Aktivisten" sahen dabei die „sadistische" US-amerikanische Militärpolitik als ein Produkt jüdisch-zionistischer „Rachephantasien gegen die Deutschen" und vermuteten, „Deutschland, das die Juden gemordet hatte, soll nun seinerseits vernichtet werden." Siehe Martin W. Kloke, „Ausgelebte Projektionen," Konkret 5 (1998), S. 18 – 20, S. 19.

241 In besonders frappierender Weise zeigte sich diese Gleichsetzungsfigur z.B. jüngst durch den Direktor des vom Auswärtigen Amt finanzierten Deutschen Orient-Institutes, Udo Steinbach. Steinbach setzte bei einem Vortrag die jüdischen Widerstandskämpfer mit palästinensischen „Kämpfern" gegen Israel gleich, sowie die SS mit der israelischen Armee: „Wir müssen dann auch einmal darüber nachdenken, was wir als Terrorismus bezeichnen, wenn wir sehen, wie israelische Panzer durch palästinensische Dörfer fahren und sich die verzweifelten Menschen mit Steinen wehren, dann müssen wir im Blick auf Warschau und im Blick auf den Aufstand der Juden im Warschauer Getto auch fragen dürfen, war das denn nicht auch Terror?" Siehe Simon Wiesenthal Center, Press Information, June 1, 2003. Obschon öffentlich partiell thematisiert, wurde Steinbachs Äußerung nicht skandalisiert und hat auch nicht zu einer Abmahnung oder einem Rücktritt geführt. Kein Grad der Sympathie mit dem Leid von Palästinenserinnen kann indes den Vergleich von deren Schicksal mit dem nationalsozialistischen Terror gegen die Menschen Europas und mit der Vernichtung der europäischen Juden entschuldigen oder legitimieren.

242 Der von mir hier angewandte Terminus des *Post-Holocaust-Antisemitismus* eignet sich m.E. schon auf Grund seines Präzisionsvorsprungs besser als der bisher vorherrschende Begriff des ‚Nachkriegs-Antisemitismus', um das Problem antisemitischer Vorurteilsstrukturen in der bundesrepublikanischen Gesellschaft nach

2.1.4 Neuer Antisemitismus im Kontext von Rechtsextremismus, Neuer Rechte und Rechtspopulismus

Insgesamt sind Dimensionen von Post-Holocaust-Antisemitismus in Verbindung zu sehen mit Komplexen des sozialen wie politischen Autoritarismus – auch die Erinnerungs- und Schuldabwehr ist ein Moment autoritärer Aggression –, und zumeist auch, daran gekoppelt, mit Aspekten kollektiver oder nationaler Identität, mit Nationalismus und Ethnozentrismus, die der Kritischen Theorie zufolge bei destrukturierten, ichschwachen Persönlichkeiten tendenziell ausgeprägter zu sein scheinen als bei ichstarken, liberalen Charakteren. „Überall dort", diagnostiziert Adorno, „wo man eine bestimmte Art des militanten und exzessiven Nationalismus predigt, wird der Antisemitismus gleichsam automatisch mitgeliefert."[243] Aber auch andere Ideologieelemente und Vorurteilskomplexe sind mit dem Antisemitismus verbunden oder können für ihn – historisch wie bewusstseinsstrukturell – ein Medium bilden, wie z.B. Anti-Intellektualismus oder Anti-Amerikanismus (der sich auch in antisemitischen Vorstellungen von einer durch Juden beherrschten New Yorker „Wall Street" oder „amerikanischen Ostküste" wieder findet).

Antisemitismus ist seit je her ein integraler Bestandteil antidemokratisch-*rechtsextremer Ideologie*, mit ihren autoritären politischen Orientierungen, Ordnungs- und Moralphantasien, deren Anti-Liberalismus, Ethnozentrismus, (völkischem) Nationalismus, Rassismus und generell der rechtsextremen Unterordnung der Grund- und Menschenrechte unter vermeintliche „Volksrechte". D.h. allerdings nicht, wie bereits angedeutet worden ist, dass Antisemitismus nicht auch seinen Platz finden kann in der politischen Linken, und insbesondere in der radikalen Linken in Deutschland. Hierbei sind anti-demokratische, kollektivistische, „anti-imperialistische" und personifizierende, verkürzt anti-kapitalistische, in jedem Fall einfach strukturierte Weltbilder gängige Einfallstore antisemitischer politischer Deutungssysteme.[244] Teils werden in den Chiffren und Ressentiments gegen „Parlamentarismus", „Finanzkapital", „Spekulantentum",

---

Auschwitz zu beleuchten. Für diese historische Form des Antisemitismus ist der Holocaust notwendig Fix- und Bezugspunkt, noch wenn er geleugnet wird. Ohne deren Verhältnis zum Holocaust kann heutige Judeophobie in Deutschland nicht zureichend beschrieben und erklärt werden. Der Krieg ist dafür hingegen eine weniger relevante Bezugsgröße. Ferner sollte, zumal für die deutsche Gesellschaft, der Holocaust der zentrale Gegenstand der in die Gegenwart reichenden politischen Erinnerung sein, nicht die eher abstrakt-beliebige Kategorie des Krieges. Der Bezug auf das Ereignis des Krieges mag hingegen selbst als Teil eines Verdrängungsdiskurses zu deuten sein, einer „Deckerinnerung mit Verdrängungsfunktion", die das Gedenken an die deutsche Tat der Judenvernichtung durch die Erinnerung an selbst erlittenes Leid überlagert; vgl. Birgit Rommelspacher, Schuldlos – Schuldig? Wie junge Frauen sich mit Antisemitismus auseinandersetzen (Hamburg: Konkret Literatur Verlag, 1995), S. 77ff.
243 Adorno, „Zur Bekämpfung des Antisemitismus heute," a.a.O., S. 107.
244 Vgl. hierzu die wegweisende Arbeit von Thomas Haury, „Antizionismus – Antisemitismus von links? Zur Kritik des ‚anti-imperialistischen Weltbildes," in Shelley Berlowitz/Elinor Burgauer/Bea Schwager (Hg.), Antisemitismus in der Linken (Zürich: Rote Frabrik, 1994), S. 32 – 52; vgl. auch Thomas Haury, „Zur Logik des bundesdeutschen Antizionismus," in Léon Poliakov, Vom Antizionismus zum Antisemitismus (Freiburg: ça ira, 1993), S. 125 – 129.

das „zionistische Staatsgebilde ‚Israel'"[245] oder „Medienmanipulationen" antisemitische Bedeutungshöfe mittransportiert; teils wurden sie übernommen in einen „ehrbaren Antisemitismus"[246], der in Zeiten einer politischen Tabuisierung und Marginalisierung der extremen Rechten als militanter linker „Anti-Zionismus" in den 1960er bis 1980er Jahren (bis zum Niedergang der traditionellen „Palästina-Solidarität") auch bisweilen zum „wichtigsten Platzhalter des Antisemitismus im gesellschaftlichen Diskurs"[247] hatte avancieren können.

Während der *Rechtsextremismus* in der Forschung mittlerweile vielfach übereinstimmend definiert wird als ethnisch-nationalistische, völkische, antisemitische und autoritaristische „Bestrebungen, Personen und Organisationen, die – meist unter Androhung/Anwendung von Gewalt – versuchen, demokratische Grundrechte einzuschränken bzw. abzuschaffen"[248], ist der jüngere Begriff des *Rechtspopulismus* wie der der „Neuen Rechten" in der Politikwissenschaft sehr umstritten. Für die politischen Ermöglichungsbedingungen von Antisemitismus in der politischen Kultur mag aber genau dieses Phänomen des Rechtspopulismus, verstanden hier als Bindeglied zwischen rechtsextremen Ideologien oder Strukturen zur ‚politischen Mitte' (wie beispielsweise zu nationalkonservativen wie national-liberalen Bestrebungen) eine entscheidende Rolle spielen. Der Rechtspopulismus-Begriff von Christoph Butterwegge, der jenen nur als „die im modernen Rechtsextremismus dominante Agitationstechnik", also eine „Diskurstaktik" versteht,[249] greift deshalb m.E. ebenso zu kurz wie die Auffassung, im Kern des Rechtspopulismus stünden „Protest-Parteien"[250], die als demokratisches Korrektiv verstanden werden könnten.

Eher trifft die Definition von Hans-Georg Betz den Sachverhalt, wonach rechtpopulistische Ideologien und Parteien darauf abgestellt sind, „in der Bevölkerung latent oder offen vorhandene Ressentiments aufzugreifen, zu mobilisieren und emotional aufzuheizen und daraus politisches Kapital zu schlagen."[251] Im ideologischen Zentrum des Rechtspopulismus, der sich dem Konzept dieser Studie nach auch aus traditionell demokratischen Parteien und Medien heraus entwickeln kann, stehen demnach autoritäre, ethnozentrische, nationalistische oder antisemitische Ressentiments sowie der scheinbar antielitäre, „bürger-" und „volksdemokratische" Affekt des „einfachen Mannes gegen die Übermacht organisierter Interessenkartelle" und die „herrschenden poli-

---

245 Vgl. „Aktuelle Information zu Palästina," Mescalero: Zeitung über politische Gefangene 2 (1988), S. 11, so aber auch eigentlich alle organisierten antizionistischen Gruppen der Bundesrepublik in der Bundesrepublik bis Anfang der 1990er Jahre. Die Option einer friedlichen Koexistenz zwischen Israel und den Palästinensern ist für autonome Antizionisten bis heute, so Martin Kloke, „undenkbar"; Martin Kloke, Israel und die deutsche Linke, a.a.O., S. 243f.
246 Jean Améry, „Der ehrbare Antisemitismus," Die Zeit, 25. Juli 1969.
247 Jürgen Elsässer, Antisemitismus: Das alte Gesicht des neuen Deutschland (Berlin: Dietz Verlag, 1992), S. 106; Martin W. Kloke, „Ausgelebte Projektionen," a.a.O., S. 19.
248 Christoph Butterwegge, „Begriffliche und theoretische Grundlagen," in Ders., Rechtsextremismus, Rassismus und Gewalt: Erklärungsmodelle in der Diskussion (Dramstadt: Wissenschaftliche Buchgesellschaft, 1996), S. 15 – 30, hier S. 27.
249 Ibid, S. 28.
250 Frank Decker, Parteien unter Druck, a.a.O., S. 247.
251 Hans-Georg Betz, „Rechtspopulismus: Ein internationaler Trend?," Aus Politik und Zeitgeschichte B 9-10 (1998), S. 5.

tischen Eliten" (Anti-System-Effekt),[252] und schließlich der inszenierte Gestus des vermeintlichen „Tabubruchs" gegenüber den „herrschenden" liberal-demokratischen Normen, wobei die „Tabus" meist eine Schimäre der ‚Tabubrecher' darstellen (wie etwa dasjenige, Deutsche könnten ‚nicht frei reden' oder man dürfe Israel nicht ohne soziale Ächtung kritisieren).

Auch Wolfgang Gessenharter, der für diese Strömungen den Begriff der „Neuen Rechten" bevorzugt, lehnt den Begriff nur deshalb ab, weil er nicht „trennscharf" von neurechten Positionen zu separieren sei, so dass „nicht unbedingt ein neuer Begriff" erforderlich sei.[253] Dabei bezeichnet der hier vorgeschlagene Begriff des Rechtspopulismus das Phänomen durchaus in Gessenharters Sinne inhaltlich als eine „Grauzone" zwischen rechtsextremen Positionen und der ‚demokratischen Mitte', wobei mit bestimmten mediendemokratischen Diskursstrategien und Inszenierungen, und im Besonderen unter Berufung auf das schweigende Volk, demokratische Legitimität suggeriert wird. Rechtspopulismus wie Nationalpopulismus stehen somit in dieser Arbeit als Begriff für ideologische Bestrebungen entweder des Rechtsextremismus in die politische Mitte oder aber demokratischer Parteien und Organisationen, die rechtsextreme, ethnozentrische, nationalistische oder antisemitische Ideologeme politisch aufgreifen und adaptieren. Die intellektuelle und politische „Neue Rechte", die seit den 1980er Jahren im politischen Raum aktiv ist und in Teilen das politische Klima mit beeinflusst hat, kann somit als *ein* spezifischer, vornehmlich *intellektueller* (und weniger parteipolitischer) Ausdruck eines neuen Rechtspopulismus gewertet werden.[254] Zu rechtspopulistischen Mobilisierungsversuchen, bei denen per Definition populäre Ressentiments, Xenophobie und Nationalismus im Zentrum stehen, gehört in Deutschland – ähnlich wie in Österreich – notwendig auch der Geschichtsrevisionismus, also die Verklärung der deutschen Geschichte. Die Bagatellisierung des Holocaust erscheint nämlich als notwendiger Bestandteil von rechtspopulistischen Versuchen, ein konventionelles ethno-nationales Identitätsnarrativ zu rehabilitieren und idealisieren; ohne Idealisierung der Vergangenheit erscheint auch die Rehabilitierung des Nationalismus nicht möglich, der europaweit ein Kernelement des Rechtspopulismus darstellt. Dadurch zielt der Rechtspopulismus freilich immer auch auf die Ausgrenzung der ‚anderen' Erinnerung, das Verdrängen der Leerstelle des Zivilisationsbruchs, und gegen Juden. Gerade weil ethnozentrische Vorurteile innerhalb des Elektorats, die in anderen Ländern einen zentralen Mobilisierungsgegenstand rechtspopulistischer Bestrebungen, anders als der Antisemitismus hierzulande traditionell von den großen Volksparteien absorbiert wer-

---

252 Siehe ibid, S. 6.
253 Wolfgang Gessenharter, „Neue radikale Rechte, intellektuelle Neue Rechte und Rechtsextremismus: Zur theoretischen und empirischen Neuvermessung eines politisch-ideologischen Raumes, in Ders. und Helmut Fröchling (Hg.), Rechtsextremismus und Neue Rechte in Deutschland: Neuvermessung eines politisch-ideologischen Raumes? (Opladen: Leske & Budrich, 1998), S. 25 – 66, hier S. 34.
254 Minkenberg bezeichnet diese ideologisch-räumliche Position neuer rechter Parteien zwischen dem etablierten Konservatismus und einem militanten Rechtsextremismus als „neue radikale Rechte". Dies halte ich für eine unnötige weitere Begriffsverwirrung, da meist der Begriff des „Rechtsradikalismus" mit demjenigen des „Rechtsextremismus" identifiziert wird. Siehe Michael Minkenberg, Die neue radikale Rechte im Vergleich, a.a.O., S. 25 und S. 29ff.

den,²⁵⁵ bietet sich überdies mit dem politischen Antisemitismus ein eigenständiges Mobilisierungsfeld, das besonders der Suggestion der unterdrückten ‚Volksmeinung', des vom Establishment unterdrückten Themas entgegenkommt.

Neuer Rechtspopulismus und neuer nationaler Populismus sind im Kontext dieser Arbeit im Besonderen daraufhin zu untersuchen, inwieweit sie auch Antisemitismus mobilisieren. Gerade wenn Elemente eines Judenfeindlichkeit mobilisierenden und generierenden Rechtspopulismus auch in demokratischen oder politischen Parteien und Medien Resonanz finden, könnte dies einen bedeutenden Faktor darstellen im Hinblick auf die *political opportunity structure* von Antisemitismus insgesamt. Mithin könnte dies das Koordinatensystem der liberalen politischen Kultur und die Bedingungen der Entfaltung von – bisher im Allgemeinen politisch diskreditierter – manifester Judenfeindlichkeit entscheidend verändern. Solche parteipolitischen wie diskursiven Prozesse könnten tatsächlich mitunter eine „Neu-Vermessung des politisch-ideologischen Raumes" notwendig machen, der sich laut Gessenharter mit einem wiederauflebenden Nationalismus nach der deutschen Einheit, einem neuen Rechtsextremismus sowie mit der Entwicklung einer Neuen Rechten und ihrer „Grauzonen" verändert habe.²⁵⁶

2.2 Theoretische Zugänge der Antisemitismusforschung in den Politik- und Sozialwissenschaften

Im Folgenden sollen kurz verschiedene theoretische, sozialwissenschaftliche und politologische Zugänge zur Erforschung des Antisemitismus in Gesellschaft, Politik und politischer Kultur skizziert werden. Dies dient dazu, den hier gewählten Ansatz einzuordnen, aber auch im Verweis auf die Einseitigkeiten und Defizite anderer Zugänge zu begründen, warum zunächst kritisch-theoretische Ansätze möglicherweise die weitreichendsten und umfassendsten Modelle zu Analyse und Erklärung zu liefern vermögen.

Wolfgang Benz betont nicht nur die Notwendigkeit eines „Methodenpluralismus" der sozialwissenschaftlichen Antisemitismusforschung, geeint unter dem Ziel der Dekonstruktion von Feindbild-Mythen, sondern er erkennt auch eine korrespondierende Vielfalt der Theorien, die zudem einer Diversität von Erscheinungsformen entspreche.²⁵⁷ So betont Benz: „Monokausale Erklärungen werden dem komplexen Phänomen des Antisemitismus nicht gerecht, daraus erklärt sich das notwendige Zusammenwirken von Disziplinen, Methoden und Theorien."²⁵⁸ Benz differenziert – m.E. unzureichend – zwischen Krisen-Theorien, die Antisemitismus wesentlich als anti-modernistischen Reflex auf eine Modernisierungskrise deuten, einer oftmals damit verbundenen „Sündenbock-Theorie", psychologischen Theorien wie der Adornoschen Theorie des autoritären Charakters, (interaktionistischen) Gruppentheorien sowie Deprivationstheorien

---

255 Vgl. ibid.
256 Vgl. ibid, S. 55. Gessenharter sieht hierbei eine „Rechtsverschiebung im politischen Spektrum" entlang der Konfliktlinien der „Neuen Politik".
257 Wolfgang Benz: „Antisemitismusforschung als gesellschaftliche Notwendigkeit und akademische Anstrengung," a.a.O., S. 137.
258 Ibid, S. 138.

(Theorien objektiver, relativer und subjektiver Deprivation). Hinzu kommen im mindesten klassen- und massentheoretische, wissenssoziologische und diskursanalytische sowie soziokulturell-/ökonomisch orientierte modernisierungstheoretische Ansätze und andere funktionalistische Zugänge; schließlich kritisch-theoretische Perspektiven, die sich nicht auf das Theorem des autoritären Charakters reduzieren lassen. Klaus Holz unterscheidet in seiner Studie zum „nationalen Antisemitismus" theoretische Zugänge zum Antisemitismus systematischer als Wolfgang Benz. Er ordnet die verschiedenen Ansätze vier Gruppen zu: Korrespondenztheorien, Differenztheorien, funktionalistische und kausale Theorien.[259] Im Folgenden sollen die durch Benz und Holz thematisierten Theorieansätze sowie weitere politologische Zugänge skizziert werden.

2.2.1 Sozioökonomische Begründungen: Krisen-, Klassen- und Deprivationstheorien

Die *Krisen-Theorie* trägt nur insoweit ein plausibles Element, wenn in sie die Prämisse eingeht, dass Krisen in besonderer Weise wahrgenommen werden, sie politisch-ökonomische Anlässe darstellen, die in spezifischer Form ideologisch strukturiert und verarbeitet werden. Antisemitische Ideologien rezipieren kulturelle und soziale Krisen in spezifischer Weise. Triftigkeit bekommt das Theorem vom Ursprungszusammenhang von Krise und Antisemitismus überdies dann, wenn der Antisemitismus unter anderem in den *strukturellen* Krisen der modernen, kapitalistischen und auf Konflikt und Konkurrenz beruhenden Gesellschaften sowie auf ihren durch ihre Strukturprinzipien induzierten (permanenten) Transformations- wie Umwälzungsprozessen fußt, die Konsequenzen zeitigen für die Subjekte, deren Krisen und deren Verarbeitungsformen der Realität. Der Antisemitismus stellt überdies durchaus – im Sinne nicht zuletzt der Kritischen Theorie – *auch eine in der Moderne fundierte anti-modernistische Reaktionsbildung* dar, in der tatsächlich „ganz verschiedene Einflüsse, Traditionen, Strukturen zusammenwirken, um auf soziale Umschichtungs-, Wert- und Legitimationsprobleme der bürgerlichen Gesellschaft zu reagieren."[260] Auch bildet die ‚soziale Frage' in Form ihrer simplifizierenden und *personifizierenden* Deutung eines der zentralen Themen antisemitischer Ideologiebildung. Allerdings sollten zugleich die empirischen und theoretischen Einwände gegenüber Krisen-Theorien, ihre offensichtlichen Grenzen im Bewusstsein bleiben. Die Krisen-Theorie ist nicht schlicht, wie Benz glaubt, „anwendbar auf verschiedene Epochen, auf die Industrialisierungsphase ebenso wie auf die Periode nach dem ersten Weltkrieg und – partiell – auf die Zeit nach der Wende in Deutschland."[261] Vielmehr muss sie selbst historisch spezifiziert werden.

---

[259] Holz bietet einen insgesamt vorzüglichen systematischen, wenn auch eigenwillig strukturierten Überblick über theoretische Zugänge zur Antisemitismusanalyse; vgl. Klaus Holz, Nationaler Antisemitismus, a.a.O., S. 49 – 111.
[260] Ibid, S. 137.
[261] Ibid.

Zum einen kann ein Zusammenhang zwischen Wirtschaftskonjunkturen und der Entwicklung und Verbreitung des Antisemitismus nicht nachgewiesen werden.[262] Werner Jochmanns historische Studien zum Antisemitismus belegen eindrucksvoll, dass die These einer strikten Parallelisierung von ökonomischer Krise und Antisemitismus nicht haltbar ist.[263] Zum anderen kommen in einem solchen unmittelbar ‚objektivistischen' krisentheoretischen Ansatz subjektive Dimensionen viel zu kurz, also die sozialpsychologischen und politisch-kulturellen Deutungsmuster, die es erst ermöglichen, ‚Krisenerfahrungen' reaktiv mit einer antisemitischen Interpretation der Krise zu beantworten. Damit soll hier wiederum der Zusammenhang von subjektiver ‚Krisenerfahrung' – von der Verarbeitung von kulturellen Krisen bis zu Modernisierungs- und subjektiven Identitätskrisen oder strukturellen Subjektivitätskrisen – und Antisemitismus nicht geleugnet werden, der ethnisierend-identitäre wie antisemitische Deutungen begünstigt.[264] Insofern sollten Krisenmomente in antisemitismustheoretischen Modellen, die Judenfeindschaft auch als anti-modernistische Reaktionen im Kontext der modernen Vergesellschaftung verstehen, durchaus aufgenommen werden.

An dieser Stelle setzen u.a auch *Theorien subjektiver und relativer Deprivation* an, die etwa *reale* oder *wahrgenommene* Status- und Existenzkrisen und subjektive Mangelerfahrungen als Faktoren berücksichtigen und differenzierter auf soziale Aspekte reagieren. Diese Theorien beziehen sich auf materielle wie immaterielle Deprivationen. Jene Existenzkrisen und Deprivationserfahrungen können demnach auf Juden als Ursache projiziert werden.[265] Theorien relativer Deprivation nehmen von alten Krisen-, Schichten- und Klassentheorien Abschied, die Rechtsradikalismus und Antisemitismus unmittelbar aus sozialen Umständen ableiten. Relative Deprivation ist nicht an objektiven sozialen und wirtschaftlichen Kategorien und Umständen erkennbar, sondern an (subjektiven) Anpassungsschwierigkeiten im Prozess der Ausdifferenzierung von neuen Lebensumständen, an der Schwierigkeit der Verarbeitung und sozialen Integration in einer zunehmend komplexen, dynamischen Welt mit ihren teils ambivalenten Transformationen im Zuge von neuen Modernisierungs- und Individualisierungsschüben.[266] Damit knüpfen Konzepte der relativen Deprivation an ältere Theorien zum Statusverlust und zur *Statusdiskrepanz* an, die die Bereitschaft zur Unterstützung antisemitischer und rechtsextremer Ideologien und Akteure weniger an objektiven Statusverlusten denn an (enttäuschten) subjektive Erwartungen hinsichtlich des eigenen Fortkommens und Selbstbildes sowie an Bedrohungsgefühle knüpfen, die mit soziokulturellem Wandel

---

262 Vgl. Klaus Holz, Nationaler Antisemitismus, a.a.O., S. 55.
263 Vgl. Werner Jochmann, „Antisemitismus im Deutschen Kaiserreich 1871 – 1914," in Ders., Gesellschaftskrise und Judenfeindschaft in Deutschland 1870 – 1945 (Hamburg: Röhring, 1988), S. 30 – 98.
264 Zu den zahlreichen Ansätzen in diesen verschiedenen Kontexten von Krisen-Deutungen siehe z.B. Dirk Richter, Nation als Form (Wiesbaden: Westdeutscher Verlag, 1996); Shmuel Almog, Nationalism and Antisemitism in Modern Europe 1815 – 1945 (Oxford: Pergamon, 1990), aber auch Frank Stern, „Die deutsche Einheit und das Problem des Antisemitismus," in Christine Kulke und Gerda Lederer (Hg), Der gewöhnliche Antisemitismus (Pfaffenweiler: Centaurus, 1994), S. 171 – 189.
265 Hierzu wiederum Wolfgang Benz: „Antisemitismusforschung als gesellschaftliche Notwendigkeit und akademische Anstrengung,"a.a.O., S. 138.
266 Vgl. Michael Minkenberg, Die radikale Rechte im Vergleich, a.a.O., S. 313; Richard Stöss, Die Republikaner (Köln: Bund Verlag, 1990), S. 106ff.

verbunden sind.²⁶⁷ Werden diese subjektiven Verarbeitungen jedoch einerseits besonders an „Modernisierungsverlierer" gebunden, die einen „relative lack of sufficient amounts of ‚cultural and social capital' in the form of educational qualifications and titles, social relations, and contacts and networks"²⁶⁸ aufweisen, andererseits aber auch „Modernisierungsgewinner" des Mittelstandes sowie kleinbürgerliche Träger antistaatlicher Steuerpolitik, die sich von den „multinationalen Konzernen" erdrückt sehen, so zeigen sich anhand dieser soziostrukturellen Heterogenität erneut die unmerklichen Grenzen jeder direkten sozialstrukturellen Rückführung antisemitischer wie rechtsextremer Deutungsmuster und Mobilisierungspotenziale, wird die intrinsische Begrenztheit und Beliebigkeit von Deprivationsansätzen deutlich, wenn sie die subjektive Ebene der Wirklichkeitsstrukturierung verlassen²⁶⁹ und nicht den psychosozialen „Kitt" autoritärer und antisemitischer Ideologieformen fokussieren. In jedem Fall kommt es auch hier auf die subjektive Komponente bzw. die soziale Gedankenform, die spezifische antisemitische kulturalistische Interpretation der sozialen Frage oder der Deprivationserfahrung an; soziale Krisen wie Deprivationen können wohl allenfalls ein ‚objektiv' verstärkendes Moment antisemitisch legierter oder zumindest vorstrukturierter Sichtweisen darstellen. Wäre Antisemitismus *nur* oder primär eine Reaktion auf konkrete, aktuelle soziale Spannungen und Krisen, dann hätte die soziale Krise in Deutschland zweihundert Jahre dauern müssen.

Die zuvor beschriebenen Krisentheorien sind wie die *Klassentheorien* zum Antisemitismus von zentraler Bedeutung im Kontext sozioökonomischer, sozialgeschichtlicher, insbesondere marxistischer Erklärungsansätze. Der Zugang einer Sündenbock-Ideologie aus sozioökonomischen Motiven betont die Ablenkungsfunktion des Antisemitismus, durch den der Hass auf die Kapitalisten von diesen auf die Juden umgelenkt werde.²⁷⁰ Juden fungieren hiernach als, von den „Herrschenden" ideologisch konstruierte „Sündenböcke" des Kapitalismus und der kapitalistischen Klassenverhältnisse. Die „jüdischen Vertreter" der Zirkulation und des Handels erscheinen als Repräsentanten des „raffenden Kapitals", und dieses werde für das Falsche des Ganzen genommen. So sehr dies – die Funktionalität des Antisemitismus für ökonomische wie politische Herrschaft – in bestimmten sozialen und politischen Konstellationen zutreffen mochte und mag, so verleugnet dieser Ansatz als monokausaler viele weitere Dimensionen und geht an der Funktionsweise von Bewusstsein und Ideologiebildung vorbei, die hier im Sinne eines primitiven ‚Trichtermodells' perzipiert wird, wonach die abhängigen Klassen nur als Objekte von Manipulation gedacht werden. Die autoritätsgebundenen Voraussetzungen der vermeintlich „Verführten", eine antisemitische Ideologie zu übernehmen und zu verinnerlichen, die hierbei in Kraft gesetzte autoritär-aggressive und projektive Psychodynamik, die gesellschaftlichen, bewusstseinsstruktu-

---

267 Vgl. Seymour Martin Lipset and Earl Raab, The Politics of Unreason: Right-Wing Extremism in America, 1790 – 1977 (Chicago: University of Chicago Press, 1978); sowie hierzu Michael Minkenberg, Die radikale Rechte im Vergleich, a.a.O., S. 313.
268 Hans-Georg Betz, Radical Right-Wing Populism in Europe (New York: St. Martin's Press, 1994), p. 176.
269 So auch die Kritik bei Michael Minkenberg, Die radikale Rechte im Vergleich, a.a.O., S. 313.
270 So bei Wolfgang Emmerich, Zur Kritik der Volkstumideologie (Frankfurt a.M.: Suhrkamp, 1971), S. 87f; zitiert nach Klaus Holz, Nationaler Antisemitismus, a.a.O., S. 53f.

rellen und subjektiven Bedingungen und politisch-sozialen Verarbeitungsformen sowie die Frage der vorstrukturierenden, inkorporierten kollektiven Selbstbilder und Wahrnehmungsstrukturen oder andere zentrale psychosoziale Aspekte werden aus der Analyse ausgeschlossen oder allenfalls zu bloßen ‚Nebenaspekten' reduziert. Insbesondere wird – wie auch bei den meisten krisentheoretischen Ansätzen – die Frage nach gesamtgesellschaftlichen wie politisch-kulturell sedimentierten Bewusstseinsformen und Stereotypbildungen vernachlässigt. Antisemitismus ist schließlich nachgewiesener Maßen nicht nur ein „Sozialismus der dummen Kerle" (hier trifft das empirische Argument der soziostrukturellen Heterogenität von Antisemiten), sondern kann auch eine prägende Ressentimentstruktur bei kulturellen Eliten, politischen Verbänden und sozialen Institutionen sein, wie bereits das Kaiserreich gezeigt hat,[271] wie aber auch neue Rechtspopulismen und „Radikalisierungen der Privilegierten" belegen mögen. In kritisch-theoretischen Modellen wird, wie zu zeigen sein wird, der klassentheoretische Aspekt, wenn auch in besonderer subjekttheoretischer Wendung, aufgenommen. Die spezifischen Funktionen der Personifikation des Geldes, des bürgerlichen Rechts und der Freiheit sowie der Zirkulationssphäre mit Juden – wie schon die tradierte Verlagerung des ökonomischen Unrechts auf die Sphäre der Zirkulation, des Handels und der ‚Börse' – seitens von Gesellschaftsmitgliedern der unteren und oberen Klassen erscheinen demnach in autoritären Orientierungen begründet.

Auch die klassen- und schichtentheoretische Erklärung antisemitisch-faschistischer Orientierungen, die auf die Theorie von Seymour Martin Lipset zurückgeht, der den Faschismus als eine auf einem „middle class movement" beruhende Ideologie des „Extremismus der Mitte" in Zeiten politisch-sozialer Krise ausmachte, ist mittlerweile empirisch in Frage gestellt worden.[272] Eine Verbindung von Klassentheorie und Krisentheorie, wie sie von William Kornhauser in seinem *„massentheoretischen"* Ansatz versucht worden ist, erscheint vergleichsweise überzeugender.[273] Wie Hannah Arendt und die Kritische Theorie suggeriert Kornhauser keine Ableitung von rechtsextremen und antisemitischen Ideologieformen aus Klassenpositionen, sondern sieht jene in Verbindung mit *Massen*bildungsprozessen in der modernen Gesellschaft. Laut Kornhauser findet eine Atomisierung und Radikalisierung der Massen statt, wenn ökonomische und gesellschaftliche Krisen alte soziale Bindungen wie tradierte politische Loyalitäten auflösen. Aus der Erfahrung von *Anomie* eröffneten sich diesem Modell zufolge verstärkte Mobilisierungschancen für (rechts-)extreme und antisemitische Politisierungen. Aber auch bei Kornhauser sticht eine gewisse Eindimensionalität hervor; das ideologieanalytische Defizit ist ebenso wenig übersehbar wie die fehlende Einbeziehung politischer Psychologie und Kulturforschung oder Fragen an die historische Gesellschaftsstruktur, ihre spezifischen soziokulturellen Transformationen, und vor allem die Außerachtlassung politischer, institutioneller und diskursiver Interaktionsprozesse.

---

271 Vgl. Shulamit Volkov, Antisemitismus als kultureller Code, a.a.O.
272 Vgl. Jürgen W. Falter, Hitlers Wähler (München: C.H. Beck, 1991).
273 Vgl. William Kornhauser, The Politics of Mass Society (New York: The Free Press, 1959); vgl. zu diesem Ansatz – und seiner Einordnung als ‚Massentheorie' auch Jürgen W. Falter, Hitlers Wähler, a.a.O., S. 48 – 51; Michael Minkenberg, Die neue radikale Rechte im Vergleich, a.a.O., S. 23f.

2.2.2 Sozialpsychologische Deutungen: „Sündenbock"-Theorien und Theorien psychosozialer Projektion

Die in sozioökonomischen Theorien übliche implizite oder explizite Inklusion einer Sündenbock-Theorie, die davon ausgeht, dass Probleme auf einen konstruierten ‚Sündenbock' – hier im Besonderen die Juden – politisch ‚abgelenkt' werden und diese Ablenkung letzthin aus sozioökonomischen Prozessen und Strukturen ‚abzuleiten' sei, spielt herüber in (sozial-)psychologische Theorien zum Antisemitismus. Wird in sozioökonomischen Ansätzen der subjektive Mechanismus der postulierten Ablenkung wenig beleuchtet und bleibt die Problematik fixiert auf Aspekte des *displacement* sozialer Widersprüche, fokussieren sozialpsychologische Sündenbock-Theorien die psychodynamischen Ursprünge und Komponenten eines solchen Delegationsprozesses.

Die erste Prämisse dieser Theoriestränge besitzt anhaltende Geltungskraft und ist axiomatisch für jede kritische Antisemitismusanalyse: Funktion und Genese von judenfeindlichen Vorurteilen müssen bei der projizierenden *ingroup* respektive den Antisemiten gesucht werden, nicht bei den als Fremdgruppe Konstruierten (Juden). Eigene Triebwünsche, Ängste, Aggressionen und Phantasien werden in Fremdgruppen-Konstruktionen als kulturell oder politisch akzeptierte Projektionsflächen imaginiert; Juden erscheinen dergestalt im psychodynamischen Sinn als ‚Sündenbock' für unbewusste eigene Anteile oder sozial wahrgenommene Probleme. So grundlegend dieser Ansatz ist für die kritische Forschung: Zu problematisieren ist bei den gängigen Versionen der ‚Sündenbock'-Theorien der klassischen Vorurteilsforschung, dass sie die Spezifik der antisemitischen Ideologie, ihre besonderen, augenscheinlich höchst widersprüchlichen Imaginationen und Vorstellungswelten, die etwa auf so partikulare Aspekte wie Geld, Handel, bürgerliche Freiheit, Geist, Macht und Verschwörung fixiert sind, nicht adäquat erfassen und erklären können. Meist bleibt der Bezug auf ‚Sündenbock'-Theorien in der empirischen Forschung in dieser Weise oberflächlich.[274] Antisemitische Vorurteile erscheinen als schlicht austauschbar gegen andere kulturelle und rassistische Vorurteile, besondere historische und vor allem politisch-psychologische respektive sozialpsychologische Funktionen werden meist verkannt. Der konkrete Beitrag von Sündenbock-Theorien zur politischen Psychologie des Antisemitismus ist folgerichtig laut Bergmann gering.[275]

2.2.3 Antisemitismus als „wahrheitsfähige" Ideologie? Korrespondenztheorien und „interaktionistische Gruppentheorien"

Unter „Korrespondenztheorien" fasst Klaus Holz jene wissenschaftlich überholten, indes immer noch gängig populärwissenschaftlich reproduzierten, wenn auch selten

---

[274] Vgl. etwa Alphons Silbermann, Sind wir Antisemiten? Ausmaß und Wirkung eines sozialen Vorurteils in der Bundesrepublik Deutschland (Köln: Verlag Wissenschaft und Politik, 1982).
[275] Vgl. Werner Bergmann, „Politische Psychologie des Antisemitismus," Leviathan Sonderheft 9 (1988), S. 217 – 234, hier S. 219.

systematisch vorgetragenen Ansätze, die antisemitische Vorurteile noch auf korrespondierende Eigenheiten „der Juden" zurückführen, somit den Antisemitismus als direkt oder indirekt „wahrheitsfähig" ansehen (und deshalb selbst mithin antisemitisch argumentieren). Ein hervorstechendes Beispiel sind die Arbeiten von Bernd Estel, der seine Studien zum Antisemitismus auf korrespondenztheoretischen Annahmen – oder auch: Vorurteilen – aufbaut. Estels Arbeiten möchten, vorgeblich mit Emile Durkheim, „Soziales mit Sozialem erklären" und richten sich explizit gegen die sozialpsychologischen, autoritarismustheoretischen Erklärungsversuche der Kritischen Theorie. Estels Ziel ist es in der Tat, Vorurteile und „Einstellungen" der deutschen Wir-Gruppe „teilweise" aus den Eigenheiten der jüdischen ‚Fremdgruppe' und den „Erfahrungen" der Deutschen mit Juden abzuleiten; zu prüfen sei, ob nicht soziale Vorurteilsinhalte in Teilen „realitätsgerechte Urteile" darstellten.[276] Ein exemplarischer Beleg ist für Estel der „notorische Zweifel" an der nationalen Loyalität der Juden. Trotz der „gegenteiligen jüdischen Beteuerungen" sei „das Fortbestehen dieses Grundzweifels nicht ganz unverständlich: Im Laufe von über hundert Jahren waren trotz aller Assimilation die Juden als eine eigene, eben auch: ethnisch-kulturelle Gruppe nicht oder nicht ganz verschwunden – ein Sachverhalt, der für die ostjüdischen Zuwanderer unübersehbar war. Doch auch bei den altansässigen, gewöhnlich wohl integrierten Juden mussten schon ihre häufigeren übernationalen Geschäftsbeziehungen sowie ihre interne soziale Kohäsion den Argwohn der Nationalen wecken."[277]

Estel identifiziert hier ein Kollektiv der Juden, dem er mithilfe scheinbar sozialhistorischer „Sachverhalte" bestimmte Eigenschaften attribuiert, die den Antisemitismus verständlich machen sollen: übernationale Geschäftsbeziehungen, mangelnde Assimilation, verschworene Gemeinschaftsbildung („soziale Kohäsion"). Diese Sachverhalte werden aber selbst durch kulturell verzerrte, vom Standpunkt der Wir-Gruppe zugeschriebene antisemitische Fremdzuschreibungen als ‚jüdische Eigenschaften' erst *konstruiert*, die sich angeblich vom deutschen Verhalten absetzen. Es genügt keineswegs, darauf zu verweisen, dass es einen berühmten Bankier mit dem Namen Rothschild gab, um das Stereotyp vom ‚jüdischen Geld' zu erklären, wenn nicht diese Korrespondenz-Wahrnehmung selbst auf antisemitischen Denkstrukturen bzw. der Prämisse einer Identifikation von Geld mit einem homogen gedachten Kollektiv „der Juden" beruht. Für Estel *mussten* somit geschäftliche Tätigkeiten und soziale Kohäsion „Argwohn wecken".

Antisemitische Vorurteile sind sozial kommunizierte, wesentlich *projektive* und identitätsstabilisierende Realitätskonstruktionen. Wer ‚korrespondenztheoretisch' Vorurteilsinhalte zentral auf die vermeintliche ‚sozialgeschichtliche Stellung' und, mehr noch, auf das Verhalten einzelner Juden oder gar „der Juden" zurückführt, dem fehlt nicht nur ein Begriff vom Antisemitismus, sondern der reproduziert selbst mittels

---

[276] Siehe Bernd Estel, Soziale Vorurteile und soziale Urteile: Kritik und wissenssoziologische Grundlegung der Vorurteilsforschung (Wiesbaden: Westdeutscher Verlag, 1983), S. 63, zitiert nach Klaus Holz, Nationaler Antisemitismus, a.a.O., S. 70.
[277] Bernd Estel, „Nationale Identität und Antisemitismus in Deutschland," in Werner Bergmann und Rainer Erb, Antisemitismus in der politischen Kultur nach 1945 (Opladen: Westedeutscher Verlag, 1990), S. 66; zitiert nach Klaus Holz, Nationaler Antisemitismus, a.a.O., S. 71f.

solcher „Scheinbelege" (Holz), die wiederum selbst dem Repertoire des Antisemitismus entstammen, die antisemitisch und kollektiv-binäre Perzeptionsstruktur in der Brille des Wir-Kollektivs, das ein entgegengesetzt konstruiertes Gegenkollektiv „der Juden" stereotyp und diskriminierend beurteilt.

Die „Korrespondenztheorien" entsprechen in der Benzschen Konzeptionalisierung so genannten „interaktionistischen Gruppentheorien", die sich auf ‚ethnische Konflikte' zwischen Mehrheits- und Minderheitsgruppe kaprizieren. Selbst für Hannah Arendt indes, die sich im Hinblick auf die Analyse früher Formen der Judenfeindschaft noch – problematischer Weise – auf solche sich wechselseitig verstärkenden ‚Gruppeninteraktionen' bzw. Selbst- und Fremdwahrnehmungen sowie Handlungsweisen bei der Erzeugung und Wirkung von Antisemitismus beruft, haben entsprechende „reale" Interaktionen für den modernen Antisemitismus keine Relevanz mehr.[278] Benz hingegen meint, Gruppen- und Interaktionstheorien seien hilfreich zur Interpretation von realen ethnischen Konkurrenzbeziehungen und „ideologisch bestimmten Konflikten, die ursprünglich auf Konkurrenzprobleme zurückgehen, wie etwa Xenophobie."[279] Den Nachweis für den ihnen zugeschriebenen Sinn sind diese Theorien jedoch bis heute schuldig geblieben. Vielmehr ist für deren Ansätze und Ergebnisse konstitutiv, wie Klaus Holz betont, dass an die Stelle einer Erklärung antisemitischer Vorurteile „deren Wiedergabe und die Existenz von Vorurteilen die Prämisse dafür bildet, dass die ‚sozialgeschichtlichen Belege' überhaupt plausibel erscheinen."[280]

2.2.4 Antisemitismus im Spiegel von Extremismustheorien

Ähnlich problematisch wie Korrespondenztheorien erscheinen zur Erfassung und Erklärung des Problems des Antisemitismus und seiner Wirkungsweise bestimmte Extremismustheorien, die sich in der politikwissenschaftlichen Forschung der letzten zwanzig Jahre in Deutschland etabliert haben. Die in der Wissenschaft äußerst umstrittenen Extremismus-Theorien von Eckhard Jesse und Uwe Backes gründen in einem formalen Modell, das von einer sakrosankten demokratischen Mitte ausgeht, die von den als strukturgleich gedeuteten „extremen Rändern" und ihren „Extremisten" bedroht werde. Die Extremisten von links und rechts seien sich nah, ja sie bräuchten einander,[281] und zwar aufgrund ihrer „extremen" Psyche und politischen Orientierungen. Antisemitismus oder ethnozentrische und nationalistische Ideologien erscheinen dergestalt nur als ideologischer ‚Aufputz' politischer Bestrebungen der Extremisten, „die dem demokratischen Verfassungsstaat den Kampf angesagt haben."[282]

---

278 Vgl. Lars Rensmann und Julia Schulze Wessel, „Radikalisierung oder ‚Verschwinden' der Judenfeindschaft?," a.a.O., S. 103ff.
279 Wolfgang Benz: „Antisemitismusforschung als gesellschaftliche Notwendigkeit und akademische Anstrengung," a.a.O., S. 138.
280 Klaus Holz, Nationaler Antisemitismus, a.a.O., S. 73.
281 Vgl. Uwe Backes und Eckhard Jesse, Politischer Extremismus in der Bundesrepublik Deutschland (Bonn: Bundeszentrale für politische Bildung, 1989), S. 33.
282 Ibid.

Aufgrund dieser „inhaltlichen Konturlosigkeit" ist der Extremismusbegriff „nur sehr begrenzt geeignet, die politikwissenschaftliche Analyse zu erleichtern."[283] Dies zumal, da die bisher dominierenden Extremismus-Theorien nicht nur ideologische Divergenzen zwischen „extrem links", „extrem rechts" und „ausländerextremistisch" nivellieren, sondern auch, weil sie kein Erklärungsmodell für den von ihnen gedeuteten „Extremismus" anbieten. Denn das, was als Gegenstand der Untersuchung definiert wird, der „Extremismus", stellt zugleich seine Begründung und „Erklärung" dar – jemand ist dann Extremist, weil er Extremist ist. Dies ist freilich kein politik- oder sozialwissenschaftliches Theorem, geschweige denn eine Erklärung, und bietet nicht einmal ein forschungspraktisch operationalisierbares Begriffsverständnis.

Es stellt sich die Frage, inwieweit ohnehin solche bipolaren Typologien, die nur auf der bloßen Einteilung der Gesellschaft in demokratische Mitte und extreme Ränder beruhen, nicht eine theoretische Tautologie darstellen, wenn sie zugleich zur Erklärung des Phänomens herangezogen werden, und wenn sie nicht zur Binsenweisheit verkommen wollen, dass extreme Gegner demokratischer Vermittlungsformen nicht demokratisch sind. Unfruchtbar sind solche Ansätze dann, so Jürgen R. Winkler im Blick auf die Extremismus-Theorie, „wenn zur Erklärung [...] wiederum auf geschlossene Deutungssysteme und seine Eigenschaften verwiesen wird."[284] Zählt man den Antipluralismus etwa zu den Merkmalen des Extremismus, kann er nicht zugleich zur Erklärung des Extremismus herangezogen werden; gleiches gälte für den Antisemitismus, der hierbei im Übrigen bei den Extremismustheoretikern überhaupt nicht als eigenständige Ideologie erkannt wird. Es ist aber offenkundig gerade der Hass auf Juden und die USA, der etwa die Karriere des ehemaligen Linksextremisten und heutigen Neo-Nationalsozialisten wie offenen Antisemiten Horst Mahler, den biographischen Brückenschlag zwischen seinem früheren linksterroristischen Kampf gegen „US-Imperialismus und Zionismus", gegen „Besatzerherrschaft", wie seinem heutigen rechtsextremen Kampf gegen „judäo-amerikanische Weltherrschaft" erklären könnte; nicht die tautologische Berufung auf Mahlers ‚extremen Charakter', sondern allenfalls das psychosoziale Bindeglied eines Autoritarismus, der mit anspruchsvollen sozialpsychologischen Theorien und nicht mit einer Hauspsychologie analysiert werden sollte, bietet hierzu überdies einen erklärungskräftigen Zugang.

Die vorherrschende Extremismus-Theorie erschöpft sich so derzeit nach wie vor in eher willkürlichen nominalistischen und normativen Setzungen, die dem Anspruch, eine Theorie darzustellen, nicht genügen. Den erklärungskräftigen Koppelungen zwischen autoritären Dispositionen, kollektivistischen Freund-Feind-Konstruktionen und verschwörungstheoretischen antisemitischen Welterklärungen,[285] die sich nicht nur in rechtsextremen, sondern eben auch traditionell in überdurchschnittlich starkem Maße

---

283 Christoph Butterwegge, Rechtsextremismus, Rassismus und Gewalt, a.a.O., S. 67.
284 Jürgen R. Winkler, „Rechtsextremismus: Gegenstand, Erklärungsansätze," Grundprobleme, in Wilfried Schubarth/Richard Stöss (Hrsg.), Rechtsextremismus in der Bundesrepublik Deutschland: Eine Bilanz, Bonn: Bundeszentrale für politische Bildung, 2000, S. 38 – 68, hier S. 42.
285 Immerhin fallen diese Begriff als Stichworte bei Uwe Backes, Politischer Extremismus in demokratischen Verfassungsstaaten: Elemente einer normativen Rahmentheorie (Wiesbaden: Westdeutscher Verlag, 1989), S. 301 – 311.

in linksradikalen Orientierungen und Weltbildern wieder finden können, wird somit genauso wenig nachgespürt wie ihren komplexen gesellschaftlichen wie politisch-psychologischen Ursachengefüge und politischen Interdependenzen. Die realen Analogien in gewichtigen Teilen des gegenwärtigen Linksradikalismus und des organisierten wie informellen Rechtsextremismus im Hinblick auf Demokratiefeindschaft, Verachtung parlamentarischer und demokratischer Vermittlungsformen respektive Verfassungsprinzipien, sowie vor allem hinsichtlich eines verstärkten politischen Antisemitismus, Antizionismus, Nationalismus und Antiamerikanismus, welche zu zunehmenden ideologischen Berührungspunkten und mithin auf lokalen Demonstrationen auch schon zu Bündnissen (im Sinne einer nationalen ‚Querfront-Strategie) zwischen NPD und PDS geführt haben, können dergestalt gerade nicht qualitativ erfasst, bestimmt oder erklärt werden, ebenso wenig wie ihre Wirkung in die gesellschaftliche ‚Mitte' – was eine dringliche Aufgabe von Extremismusanalysen darstellt.

Eines der offenkundigen Ziele der bisher bestimmenden Extremismusforschung ist statt dessen die Legitimation und Apologie der ‚Mitte' der Gesellschaft und der staatlichen Akteure, die a priori in Gegensatz als normative guter Standpunkt gesetzt werden und dem „Extremismus" schlicht dichotom gegenüber gestellt werden, so dass hier relevante Interaktionsprozesse von (der Mitte der) Gesellschaft, politischem System, intermediären Akteuren, politischer Kultur und z.B. neu-rechten, populistischen oder rechtsextremen antisemitischen Bestrebungen per definitionem nicht zum Gegenstand der Forschung werden können.[286] Von der selbst in bestimmter Weise normativ besetzten, tendenziell anti-pluralistisch, national überhöhten staatlichen Perspektive werden vielmehr politische Positionen recht willkürlich als „extremistisch" definiert und bekämpft, obschon die führenden Vertreter Backes und Jesse von sich behaupten, nicht einer „Perhorreszierung des politischen Extremismus bei gleichzeitiger Idealisierung des demokratischen Verfassungsstaates" Vorschub leisten zu wollen. Die Idealisierung des demokratischen Staatswesens und seiner Institutionen ist indes mithin nicht das Problem; sondern vielmehr die Idealisierung und vorweggenommene Entlastung der (Mitte der) Gesellschaft, die offenbar schon im Nationalsozialismus Opfer von außen ‚oktroyierter' Extremismen geworden sei. Problematisch sind überdies die dünne theoretische Grundlage, die kaum jenseits der hier favorisierten formalen Grenzziehungen und Attribuierungspraktiken reicht, und auch die demokratiepolitisch fragwürdigen Implikationen dieser spezifischen Variante des extremismustheoretischen politikwissenschaftlichen Modells. Laut Christoph Butterwegge ist der Vorstellung einer „wehrhaften Demokratie" in der Variante, wie sie Eckhard Jesse vertritt, selbst „die Tendenz zum autoritären Staat inhärent, den sie in Gestalt der Extremisten zu bekämpfen vorgibt."[287] Denn ein Produkt der geradezu dezisionistischen, normativ und demokratietheoretisch nicht reflektierten oder ausgewiesenen Grenzziehungen und Einteilungen in „demokratisch" und „extremistisch" ist die bei den führenden Autoren Backes und Jesse hervorstechende, nahezu ausschließliche Fixierung auf den „Linksextremismus".

---

[286] Es sei denn, es geht um die Kritik der SPD und ihre „Berührungspunkte" mit der „linksextremistischen PDS".
[287] Christoph Butterwegge, Rechtsextremismus, Rassismus und Gewalt, a.a.O., S. 78.

So wird entsprechend einseitig von Jesse behauptet, dass der Blick auf die extreme Rechte in Politik und Öffentlichkeit „überscharf entwickelt, der nach links hingegen getrübt"[288] sei. Am Ende werden dann Interaktionsprozesse und „Grauzonen" von der etablierten Linken zum Linksextremismus behauptet, die man auf Seiten der Rechten negiert, und die ansonsten auch nicht in das typologische Modell passen – dergestalt verschwimmen noch die letzten Kriterien zur Beurteilung demokratischer und „extremistischer" Phänomene, ja Willkür und pejorative Bewertung bestimmen dergestalt die Forschungspraxis, und nicht eine sinnvolle Theoriebildung.

Für die politikwissenschaftliche Forschung zum Antisemitismus ist dieses einerseits formalistische, unspezifische, staatszentrierte, andererseits in der konkreten Forschung im Hinblick auf Nationalismus und Geschichtsrelativierung tendenziell selbst apologetische Modell (wie die gemeinsamen Veröffentlichungen seiner Vertreter mit neu-rechten und rechtsextremen Autoren zeigen), das eher auf der „Begriffsverwendungsebene politischer Kampfbegriffe" operiert[289], in jedem Fall nicht geeignet.[290] Die politikwissenschaftliche Forschung und Theoriebildung zum Antisemitismus und Rechtsextremismus sollte über tautologische Zirkelschlüsse, empirisch nicht widerlegbare normative Setzungen, und die bloße Pathologisierung von politischen Akteuren auch der extremen Rechten hinausweisen. Durch solche Verfahren und ‚Theorien' werden die sozialen und politischen Phänomene radikal *entgesellschaftlicht*; politisch-kulturelle Deutungshorizonte bleiben genauso außen vor wie politische Kommunikationsprozesse und gehaltvolle Ideologieanalysen, aber auch mögliche politische Interaktionen des ‚Randes' mit der hier per se idealisierten ‚gesellschaftlichen Mitte'.

2.2.5 Antisemitismus als Identitäts- und Ausgrenzungsmuster: Differenztheorien

Unter „Differenztheorien" subsumiert Klaus Holz „eine Reihe innovativer Arbeiten", die nationale, antisemitische und xenophobe Semantiken mit Hilfe der Grundunterscheidung ‚Freund versus Feind' respektive ‚Freund/Feind versus Fremder' (Zygmunt Bauman) analysieren. Neben Bauman[291] gruppiert hier Holz die Arbeiten von Armin

---

[288] Eckhard Jesse, „Fließende Grenzen zum Rechtsextremismus? Zur Debatte über Brückenspektren, Grauzonen, Vernetzungen und Scharniere am rechten Rand – Mythos und Realität," in Jürgen W. Falter, Hans-Gerd Jaschke und Jürgen R. Winkler (Hg.), Rechtsextremismus, a.a.O., S. 514 – 529, hier S. 526. Rechtsextreme Autoren wie Bernd Rabehl oder neu-rechte antisemitische Ideologen wie Ernst Nolte bekommen folgerichtig auch ausreichend Gelegenheit, im von Backes und Jesse publizierten *Jahrbuch Extremismus & Demokratie* gleich selbst zu publizieren; während man gegenüber der extremen Linken schärfere Strafverfolgung fordert, wird die extreme Rechte legitimiert und wissenschaftlich aufgewertet und selbst politisch sanktionsfähig. Vgl. hierzu auch Kap. 6 dieser Studie.
[289] Wolfgang Gessenharter, „Neue radikale Rechte, intellektuelle Neue Rechte und Rechtsextremismus," a.a.O., S. 48f.
[290] Vgl. zur Kritik auch Christoph Kopke und Lars Rensmann, „Die Extremismus-Formel: Zur politischen Karriere einer wissenschaftlichen Ideologie," Blätter für deutsche und internationale Politik 12 (2000), S. 1451 – 1462; Wolfgang Gessenharter, „Neue radikale Rechte, intellektuelle Neue Rechte und Rechtsextremismus," a.a.O., S. 48f.
[291] Zygmunt Bauman, „Große Gärten, kleine Gärten – Allosemitismus: Vormodern, modern, postmodern," in Michael Werz (Hg), Antisemitismus und Gesellschaft (Frankfurt a.M.: Verlag Neue Kritik, 1995), S. 44 – 61.

Nassehi und Dirk Richter.[292] Hierzu wären noch etliche weitere Studien der neueren Nationalismus-, Rassismus- und jüngst auch der Antisemitismusforschung hinzuzufügen.[293] Unter den von Holz zitierten Arbeiten entwickelt jedoch nur Baumans gesellschaftsanalytischer Ansatz – und zwar im Rahmen einer Kritik moderner Vergesellschaftung und ihrer immanenten Tendenz zur Vereinheitlichung und Ausmerzung von Ambivalenzen[294] – eine gesellschaftstheoretisch begründete Semantik-Untersuchung, die sich der besonderen Konstruktionen des Antisemitismus anzunehmen versucht. Bauman sieht hierbei eine spezifische, konstruierte ‚Zwischenposition' in der antisemitischen Konstruktion von Juden, die für die Moderne unerträgliche *Ambivalenzen* repräsentierten und nicht den Feind als konturiertem Gegenüber oder Gegner. Der Antisemitismus ziele dergestalt auf die moderne Ausmerzung der Ambivalenz, vor allem auch die Abfuhr des Eigenen, nur allzu Vertrauten. So umstritten schon der Baumansche Entwurf ist, so tendieren die anderen Differenztheorien dazu, alle ideologischen Differenzen von ‚Abgrenzungsideologien' (Antisemitismus, Kolonial-Rassismus, Sexismus etc.) im Kontext einer kritisch intendierten Nationalismusforschung und einer Kritik nationaler Wir-Konstruktionen einzuebnen. Der Antisemitismus geht aber in den binären Codes, den für jeden Nationalismus konstitutiven Mechanismen von Inklusion und Exklusion nicht auf, sondern hat mindestens einen welterklärungstheoretischen ideologischen Mehrwert, so wenig Judenfeindschaft freilich von diesen Mechanismen abzutrennen ist: Rassismus wie Antisemitismus folgen beide kollektiven Klassifikations- und Subsumtionsschemata und haben Rückwirkung auf das kollektive Selbstbild, durch das sie sich mitkonstituieren.

2.2.6 Antisemitismus als Personifikation des Abstrakten und des Geldes: Funktionalistische und kausale Theorieansätze in der Tradition kritischer Theorie

Als „funktionalistische Theorien" können neben dem hier bereits erwähnten Ansatz Shulamit Volkovs, den dargelegten sozioökonomischen, krisen- und klassentheoretischen Ansätzen auch die psychologischen Theorieansätze der Vorurteilsforschung (wie die psychodynamische ‚Sündenbock'-Theorie), die projektive Funktionen des Antisemitismus primär für die „ingroup" und ihre Subjekte betonen, eingeordnet werden. Hierbei gerät bei der entsprechenden Einteilung bei Holz angesichts der Kritischen Theorie allerdings die Zuordnungsstruktur zu Bruch: denn die Kritische Theorie bietet neben

---

[292] Vgl. Armin Nassehi, „Der Fremde als Vertrauter: Soziologische Betrachtungen zur Konstruktion von Identitäten und Differenzen," Kölner Zeitschrift für Soziologie und Sozialpsychologie, 47, 1995, S. 443 – 463; Dirk Richter, Nation als Form (Wiesbaden: Westdeutscher Verlag, 1996).
[293] Vgl. u.a. die verschiedenen Beiträge in Peter Alter/Claus-Ekkehard Bärsch/Peter Berghoff (Hg.), Die Konstruktion der Nation gegen die Juden (München: Wilhelm Fink Verlag, 1999).
[294] Erstaunlich ist bei Baumans fraglos innovativen Arbeiten allerdings die mangelnde Rezeption der gesellschaftstheoretischen Tradition; so entwickelt er bereits in seinem ersten Hauptwerk „Modernity and the Holocaust" (dt.: „Dialektik der Ordnung", Hamburg: Europäische Verlagsanstalt, 1992) eine Grundthese, die in frappierender Weise an die „Dialektik der Aufklärung" von Max Horkheimer und Theodor W. Adorno angelehnt ist, ohne freilich deren großen philosophisch-soziologischen Entwurf auch nur zu erwähnen; vgl. Zygmunt Bauman, Modernity and the Holocaust (Cambridge: Polity Press, 1989).

vielfältigen funktionalen sozialpsychologischen wie soziökonomischen Elementen auch kausale, kapitalismus- und autoritarismustheoretische Begründungszusammenhänge; letztlich scheinen auch neuere differenztheoretische Perspektiven in ihr auf, die das Verhältnis von (kollektiv-narzisstischer) Identitäts-Konstruktion und dem Ausschluss der Anderen, der „Ausmerzung der Differenz" (Horkheimer/Adorno) untersuchen. In den vielschichtigen und komplexen kritisch-theoretischen Modellen zur Deutung antisemitischer Ideologie und ihrer Funktionen, Korrelationen und Ursprünge werden dabei funktionale und kausale Erklärungselemente, die auf die Gesellschaftsstruktur und Aspekte der politischen Sozialisation wie Massenbildung verweisen, zu ideologieanalytischen wie zu politisch-psychologischen/autoritarismustheoretischen und nationalismuskritischen Dimensionen in Beziehung gesetzt. Jene Ideologie erscheint dabei u.a. als anti-moderne Reaktionsbildung, die selbst an die Bedingungen moderner Vergesellschaftung gekoppelt ist und ‚zurückgebliebene', re-mythisierte und naturalisierte Bilder der politischen Kultur in sich aufnimmt. Die Kritische Theorie diskutiert die widersprüchlich und gleichwohl kollektiv das politisch-kulturelle Imaginäre integrierende Projektionsfläche subjektiver und sozialer Ängste wie Sehnsüchte in Koppelung mit dem Theorem des autoritären Charakters und den Dialektiken der Moderne.[295]

In der Tradition Kritischer Theorie sind in jüngerer Zeit freilich in der Tat verschiedene Arbeiten erschienen, die diese Forschungstradition auch explizit rezipieren, dabei jedoch allesamt nur einzelne Aspekte der komplexen kritisch-theoretischen Modelle aufgreifen und diese mitunter verabsolutieren. Diesen Ansätzen ist dann durchaus ein gewisser Hang zur Monokausalität und zur reduktionistischen, systematischen kausalen Ableitung des Phänomens zu unterstellen. Hierzu zählt der an sich bahnbrechende Entwurf von Moishe Postone. Postone sieht vor dem Hintergrund einer kritischen marxistischen Erkenntnistheorie, die sich nach Marx auf den Fetischcharakter der Ware im gesellschaftlichen Bewusstsein im Kapitalismus beruft, den Aspekt der verdinglichten Personifikation des Abstrakten in der modernen bürgerlichen Gesellschaft, im besonderen die Identifikation der Juden mit Geld, als zentrales Moment des Antisemitismus und darin den Schlüssel zu seiner Erklärung.[296] Juden gelten dem modernen Antisemitismus, so Postone, nicht als Repräsentanten, sondern vielmehr als *Personifikationen* der modernen, unfassbaren, unendlich mächtigen, internationalen Herrschaft des Kapitals.[297]

Die These, dass die in der modernen Gesellschaft konstitutive *Vergleichung des Ungleichen* verdinglichte, mithin biologisierte oder re-naturalisierte stereotype Zuschreibungen befördert, und Juden die Verkörperung der vorgeblich „bösen" Abstraktionen

---

[295] Holz hingegen versucht in seiner Rekonstruktion die Kritische Theorie zu einer monokausalen Theorie umzuwandeln und sie, unter Abschneidung bedeutender Theoreme, schlicht in die Gruppe der „kausalen Theorien" einzuzwängen, obschon er sich gezwungen sieht, sie auch in anderen Theorie-Gruppen zu erwähnen.

[296] Vgl. Moishe Postone, „Nationalsozialismus und Antisemitismus: Ein theoretischer Versuch," in Dan Diner (Hg.), Zivilisationsbruch: Denken nach Auschwitz (Frankfurt a.M.: Fischer, 1988), S. 242 – 254; Ders., „Antisemitismus und Nationalsozialismus," Alternative, 24, 1981, S. 241 – 258; Ders., „Die Logik des Antisemitismus," Merkur, Vol. 36, 1 (1982), S. 13 – 25.

[297] Vgl. ibid, S. 22.

und Freiheitsversprechen der bürgerlichen Gesellschaft darstellen, gegen die mit einem anti-modernistischen, ideologisch „verkürzten" oder „fetischistischen Antikapitalismus" rebelliert wird, welcher zugleich die scheinbar naturwüchsige „konkrete nationale Gemeinschaft" verherrlicht, knüpft an kritisch-theoretische Überlegungen an und hat ein hohes Maß an Plausibilität.[298] Auch in jüngsten Studien zur Kulturgeschichte des Antisemitismus von Gerhard Scheit[299] wird dieses Theorem entfaltet: „Mögen seiner Phantasie nun Gottesmörder oder Wucherer, schöne Jüdinnen oder ewige Juden, Ritualmörder oder raffende Kapitalisten entspringen – sie [die Verkörperung des Antisemitismus] ist stets vom selben Wunsch besessen: das Unheimliche des abstrakt gewordenen Reichtums, das ‚sich selbst vermehrende' Geld zu *personifizieren*."[300] Durch diese prononcierte These wird gleichwohl auch die Komplexität der kritisch-theoretischen Modelle gestutzt, auf die sich insbesondere Scheit explizit bezieht, obschon er selbst den Vorwurf der Monokausalität zurückweist. Die projektive Identifikation der Juden mit dem ‚verteufelten Zins', ‚Wucher' oder Geld schlechthin ist jedenfalls nicht nur als Ursprung all der anderen antisemitischen Projektionen zu begreifen, sondern jene etwa autoritarismustheoretisch zugleich als ein *Mittel* der Rationalisierung von einer antijüdischen Verfolgung, die in allen möglichen abgespaltenen, lustvollen und aggressiven Phantasien autoritär Subjektivierter gründet. Das Problem jenes Theorems vom Antisemitismus als Identifizierung der Juden mit Geld und abstraktem Reichtum, das Scheit in seiner eindrucksvollen Studie überzeugend in kulturellen Artefakten nachweist, liegt also in einer allzu kurzschlüssigen Ableitung und Reduktion auf *eine* – wenn auch zentrale – Dimension, Funktion und Erklärungskomponente des Antisemitismus, die aus den kritisch-theoretischen Modellen der Frankfurter Schule gleichsam ‚kapitalismuskritisch' herausgeschält wird. Aspekte wie derjenige eines sekundären Antisemitismus nach und wegen Auschwitz sowie neue autoritäre, mit Fragen kollektiver Identitätskonstruktionen nach Auschwitz zusammenhängende politisch-psychologische Dynamiken des Antisemitismus in der politischen Kultur, die die Kritische Theorie zu erklären sucht, kommen dabei kaum in Betracht. In ihnen lebt die antisemitische binäre Strukturierung und Codierung von sozialer Wirklichkeit sowie die spezifische antisemitische Naturalisierung des Sozialen indes weiter, und doch sind jene Prozesse auch in ihren besonderen Funktionen und Kontexten zu erschliessen, für deren Verständnis gerade die Frankfurter Schule wichtige komplexe antisemitismustheoretische Grundlagen bereit gestellt hat.

Detlevs Claussens Konzeptionalisierung einer kritischen Theorie über den Antisemitismus entwirft ein komplexeres Bild, das nicht nur den soziologischen Strang der Kritischen Theorie (wie bei Postone), sondern auch deren psychologische Theorien aufgreift und Aspekte des Post-Holocaust-Antisemitismus integriert.[301] Claussen sieht

---

[298] Das Theorem zeitigt aber eine deutliche Vernachlässigung psychologischer Dimensionen und psychischer Vermittlungsglieder.
[299] Vgl. Gerhard Scheit, Verborgener Staat, lebendiges Geld: Zur Dramaturgie des Antisemitismus (Freiburg: ca ira, 1999).
[300] Ibid, S. 14.
[301] Vgl. Detlev Claussen, Grenzen der Aufklärung: Die gesellschaftliche Geschichte des Antisemitismus (Frankfurt a.M.: Fischer, 1987).

im Anschluss an die Tradition der Frankfurter Schule die Notwendigkeit, die gesellschaftlichen Bedingungen mit der Subjektkonstitution des Autoritarismus zu vermitteln.[302] Allerdings reproduziert Claussens zentrale These von einer nahezu unmittelbaren Analogie und „Strukturähnlichkeit" von psychischen und sozialen Transformationsprozessen, durch die die kapitalistische Gesellschaft quasi „antisemitisch strukturiert" werde, wiederum eine einseitige Zuspitzung des kritisch-theoretischen Theorems vom spätbürgerlichen, eher manipulativen als klassisch autoritären Sozialcharakter. Claussen erkennt autoritarismustheoretisch im Antisemitismus subjektive und doch objektiv vermittelte Allmachtsphantasien, bei denen (ähnlich zur These Baumans) die Juden als „ideale Objekte der Ambivalenz", die mächtig und schwach zugleich erscheinen, „straflos geschlagen" werden könnten.[303] Ob dieses politisch-psychologische Phänomen freilich unmittelbar aus dem universalen Warentausch abzuleiten ist, durch den die (fortgeschrittene) bürgerliche Gesellschaft zur *„antisemitischen Gesellschaft par excellence"*[304] werde, ist genauso als unzulässige theoretische Verallgemeinerung in Zweifel zu ziehen wie die Vermutung, in dieser Freisetzung destruktiv verstümmelter bürgerlicher Energien und des Hasses gegen die ambivalenten Repräsentanten von Glück und Kapitalismus ginge der Antisemitismus auf.

Werner Bergmann bekundet hierzu berechtigte empirisch-historische Zweifel. Bergmann wiederum ordnet Claussens Ansatz einer von Claussen selbst „zuvor kritisierten Sündenbocktheorie" zu, weil nach Claussen die materielle Welt in eine psychische Realität transformiert werde, in der die Juden auf dem Wege einer besonderen Personalisierung als Verursacher unbegriffener sozialer Prozesse für die Frustration im Tauschprozess herhalten müssten.[305] Diese Funktion ist aber m.E. zweifellos ein bedeutender Aspekt des modernen Antisemitismus, der m.E. u.a. eine anti-moderne, die bürgerliche Welt in ihren Ambivalenzen personifizierende Ideologie darstellt. Zudem ist der Vorwurf, Claussen selbst vertrete die Sündenbock-Theorie, unberechtigt und zielt an dessen Arbeiten vorbei. Denn Claussen hat die bereits erwähnte allgemeine und unspezifische, auch alltagskommunikativ gängige Sündenbock-Theorie der klassischen Vorurteilsforschung kritisiert, nicht aber Funktionalitäten und Kausalitäten des Antisemitismus schlechthin, die selbstverständlich als existent angenommen werden müssen, will man den Antisemitismus nicht a priori zu einem „unerklärlichen Phänomen" mystifizieren oder bei seiner bloßen Beschreibung verharren. Das Problem an Claussens Ansatz ist nicht, dass er einen kausalen Erklärungsansatz bietet, denn jede Erklärung auch sozialer Phänomene verweist auf Kausalitäten; sondern dass auch Claussen sich wesentlich auf wenige Aspekte des Verhältnisses von bürgerlicher Gesellschaft und Antisemitismus konzentriert und diese in der Tradition eines einzelnen kritisch-theoretischen Strangs womöglich zu unmittelbar kurzschließt oder hypostasiert.

---

302 Vgl. ibid, S. 127f.
303 Ibid, S. 144f.
304 Detlev Claussen, „Über Psychoanalyse und Antisemitismus," Psyche, Vol. 1, 1 (1987), S. 1 – 21, hier S. 16.
305 Vgl. Werner Bergmann, „Politische Psychologie des Antisemitismus," Leviathan Sonderheft 9 (1988), S. 217 – 234, hier S. 224.

2.2.7 Neue wissenssoziologische Theorien: Antisemitismus und politische Semantik

Klaus Holz wirft nun in einer der jüngsten Arbeiten zur Antisemitismustheorie allen genannten Theorieansätzen vor, dass sie die antisemitische Semantik „aus deren Kontext – Krisen, Unbewusstem, Kapital, Gesellschaftsstruktur – [bestimmen], ohne sie als relativ eigenständige, kulturelle Dimension des Sozialen zu analysieren." Dadurch bliebe das zu Erklärende „systematisch unterbestimmt."[306] Die von Holz begründete neue „Wissenssoziologie" der ‚Weltanschauung' eines „nationalen Antisemitismus" betont indes, dass sich moderner Antisemitismus erst und wesentlich über die nationale Konstruktion der Wir-Gruppe konstituiere. Holz rückt so autonome semantisch-diskursive Prozesse in den Mittelpunkt. Er sucht dergestalt einen weiteren Theoriestrang zu begründen, der jedoch vor allem differenztheoretische Zugänge aufgreift und mit einer besonderen semantischen Struktur- oder Ideologieanalyse des Antisemitismus verknüpft. Dadurch sollen die überbordenden falschen Verallgemeinerungen der Differenztheorien vermieden werden, die jede Ideologie nur nach Exklusionsverfahren und –regeln bestimmen.

Holz' Ansatz zielt dagegen diskurs- und wissenstheoretisch auf die Erkenntnis der kommunikativen „Sinnstrukturen der Semantik", die Erarbeitung der strukturellen „Sinnverarbeitungsregeln" des „nationalen Antisemitismus". Antisemitische Verfolgungspraktiken setzen eine antisemitische Semantik voraus, so Holz, und diese selbst impliziert Verfolgung und Diskriminierung: „Jede Reproduktion der antisemitischen Semantik *ist Verfolgung*, weil sie die Menschen, die *in ihr* zu ‚Juden' erklärt werden, abwertet, stigmatisiert, bedroht. Aber die Semantik ist nicht die einzige Form der Judenverfolgung."[307] Um die allgemeingültigen respektive verallgemeinerbaren „Regeln" der politischen Semantik des Antisemitismus zu destillieren, sucht Holz zunächst eine strenge analytische Trennung zwischen politischem Kontext und sich in verschiedenen Kontexten reproduzierender politischer Semantik wie deren antisemitischen ‚Sinnverarbeitungsregeln'. Diese Trennung lässt sich freilich nur aufrechterhalten, wenn die These, es gäbe allgemeine, *kontextunabhängige* Regeln der Sinnverarbeitung des modernen, ‚nationalen Antisemitismus', über die sich dieser begreifen lasse, zugleich Definition, Gegenstandsbereich und Erklärung in eines darstellt.

„Nur eine Analyse der Semantik" könne nach Holz *erklären*, wie und warum der nationale Antisemitismus die politisch-soziale „Lösungs*perspektive*" erzeuge, die auf „Entfernung der Juden" ziele.[308] Die Semantik soll gerade *dekontextualisiert*, Gesellschaftsstruktur wie Sozialgeschichte sollen schließlich von ihr distanziert, wenn auch nicht gänzlich voneinander getrennt werden. Mit der Luhmannschen Systemtheorie wird dabei ein *komplementäres* Verhältnis ausgemacht, indem Semantiken nicht nur als solche untersucht, sondern schließlich nach den gesellschaftlichen Hintergründen „gesucht" wird, „die einer Semantik Plausibilität verleihen."[309] Ob für diesen Vermittlungs-

---

[306] Klaus Holz, Nationaler Antisemitismus, a.a.O., S. 111.
[307] Ibid, S. 42.
[308] Vgl. ibid, S. 57.
[309] Ibid, S. 45f.

schritt dann der abstrakte Bezug auf eine allgemeine Gesellschaftstheorie, ausreicht ist fraglich. Dergestalt kommen durch die Hintertür wieder kausale gesellschaftstheoretische Erklärungen ins Spiel, die Holz gerade der Kritischen Theorie zum Vorwurf macht, freilich unter Abzug von deren komplexen sozialpsychologischen und autoritarismustheoretischen Zwischengliedern, ihrer politisch-psychologischen Wendung aufs Subjekt.

In der systematischen Fokussierung auf konstitutive diskursive Mechanismen und Regeln, die Holz in verschiedenen Zeiten und über divergierende politisch-kulturelle Kontexte hinweg zu entdecken vermag, liegt sicherlich eine Stärke dieses wissenssoziologischen Ansatzes. In der Abstinenz von großen Theorieentwürfen, in der Präzision der wissenssoziologischen Sprachanalyse besteht freilich nicht nur das Potenzial dieses Zugangs, sondern in der theoretischen Zurückhaltung findet sich auch seine Schwäche und Begrenztheit. So ist Holz' theoretische Perspektive sozialwissenschaftlich überaus beschränkt: „Die soziologische Untersuchung der Semantik ist auf die ‚Oberfläche', also die Kommunikationen, zu beschränken und hat *deren* Sinnstruktur herauszuarbeiten. Ob diese dann auf psychische Strukturen zurückverweist und welche psychologische Theorie dies zu erklären vermag, ist eine Folgefrage, die die Kenntnis der kommunikativen Sinnstruktur voraussetzt. Diese Folgefrage wird die vorliegende Studie nicht mehr beantworten."[310] Holz' Ansatz verweigert sich also explizit einer politisch-psychologisch deutenden Forschung im Allgemeinen, dem Interpretationsrahmen psychoanalytisch inspirierter Ansätze im Besonderen. Den kritisch-theoretischen Zugängen wird hierbei unterstellt, sie untersuchten „die Sinnstruktur" der kommunizierten semantischen ‚Oberfläche' der antisemitischen Ideologie nicht soziologisch, und sie würden vorschnell deren kausale Verbindung mit psychischen und gesellschaftlichen Strukturen suchen (wobei höchst fraglich ist, ob der Antisemitismus eine oder gar „die" zu dechiffrierende Sinnstruktur als geschlossenes Regelsystem besitzt, die Holz zu finden meint, und nicht vielmehr komplexe, ineinander verschränkte Sinnstrukturen und historische Funktionen, die sich auch im Wandel befinden). Die Extrapolation von spezifischen Ideologie-Strukturen wird derweil durchaus von der Kritischen Theorie geleistet, wie im Folgenden herausgearbeitet werden soll.

Der immanente, letztlich dekontextualisierende diskurstheoretische Untersuchungsblickwinkel von Holz mag die Analyse der ideologischen Konstruktionen des Antisemitismus im Hinblick auf seine in spezifischen Kontexten konstitutiven binären Verbindungen mit Nationalismus erweitern; eine gesellschaftswissenschaftliche Erklärung kann dieser Ansatz allerdings kaum liefern (sie wird auch nicht mehr anvisiert), es sei denn, die Gesamtheit der gesellschaftshistorischen und politischen Prozesse wird (post-)strukturalistisch zu einem ‚Text' destilliert. Das Problem am wissenssoziologischen Ansatz von Holz ist also, dass er zwar Teile der national-antisemitischen Semantik als Sinnstruktur mit besonderen Sinnverarbeitungsregeln zu erfassen vermag, auch – anhand unterschiedlicher politischer Texte unterschiedlich überzeugend – den Zusammenhang zu den nationalen Konstruktionen von Wir-Gruppen erarbeitet, und damit

---

310 Ibid, S. 87.

mithin ein hilfreiches Instrumentarium für die Antisemitismusforschung entwickelt hat, sein Zugang jedoch wiederum nichts *erklärt*, ja solch eine – etwa politisch-psychologische – Deutung auch gar nicht mehr gesucht wird. Von daher kann der Ansatz von Holz, ähnlich der Extremismustheorie, auch nicht im eigentlichen Sinn als Theorie gewertet werden.

Die Kritische Theorie hat dagegen bereits die komplexe Struktur und politische Semantik antisemitischer Ideologie detailliert herausgearbeitet; sie hat diese Strukturanalyse mit – in Teilen heute historisch zu spezifizierenden – Deutungen zu ihren Funktionsweisen verknüpft, im Besonderen auf das Verhältnis von Autoritarismus, ethnozentrisch-kollektivistischer Wir-Gruppen-Konstruktion und antisemitischem Feindbild verwiesen. Die semantische ‚Oberflächen-Analyse' wird also, im Gegensatz zur interpretativen Zurückhaltung bei Holz' wissenssoziologischem Entwurf, dort mit theoretischen Erklärungsmodellen in Beziehung gesetzt. Holz kann so auch nicht die ‚untergründigen', vielfach psychologisch subtilen Dialektiken und Ambivalenzen antisemitischer Wahrnehmungsformen erkennen, die in der Doppelfunktion des judenfeindlichen Judenbildes und den mit ihm verknüpften regressiven kollektiven oder politischen Enthemmungen – einem positiv oder negativ sanktionierten Schwelgen in unerlaubten Wünschen und Aggressionen – angelegt ist, und die die spezifischen Juden-Bilder überhaupt erst *mit konstituieren und aktualisieren*.

Holz' selbst ausgiebig untersuchte exemplarische Texte des Antisemitismus aus verschiedenen Epochen und politisch-kulturellen Kontexten, in denen er „in jeder Reproduktion der Semantik dieselbe Regelkombination" zu entdecken meint, belegen überdies in toto auch nicht die zentrale These von Holz zum „nationalen Antisemitismus", dass alle möglichen divergierenden Nationalismen jeweils konstitutiv für den modernen Antisemitismus sind, obschon ein Zusammenhang zwischen (im Besonderem ethnischem) Nationalismus und Antisemitismus sowie von moderner Judenfeindlichkeit und nationalstaatlich verfasster moderner Vergesellschaftung zweifelsfrei besteht. So hebt sich z.B. die völkisch-rassistische Agitation Drumonts gerade ab vom Kontext des hegemonialen französischen Nationsbegriffs. Das Problem der theoretischen Schlussfolgerung mag schon in der Prämisse von Holz gründen, eine rigide analytische Trennung von Kontext und Semantik des Antisemitismus sei vonnöten. Die geradezu überzeitliche, Nationen übergreifende Verallgemeinerung der Holzschen Theorie wird den politisch-kulturellen Besonderheiten – u.a. den Spezifika der nationalen Identitätskonstruktionen gerade in Deutschland – ebenso wenig gerecht wie den gesellschaftlichen und sozialpsychologischen Voraussetzungen sowie den historisch spezifischen Ermöglichungsbedingungen und Dynamiken von Antisemitismus. Wer nach Erklärungen für die Virulenz von Antisemitismus sucht, wird weder um eine gesellschaftstheoretische und politisch-psychologische Fundierung, noch um die Untersuchung konkreter politischer Interdependenzen und *Interaktionsprozesse* wie „nationaler" Besonderheiten in der politischen Kultur herumkommen, wie des historischen Kontextes der nationalsozialistischen Vergangenheit.[311] Auch zur *politisch-kulturellen*

---

[311] Siehe auch die Kritik „Nationalismus und Antisemitismus: Zum Erklärungsversuch von Klaus Holz," ZAG 39, 2 (2001). Die Ironie dieses Entwurfs ist es, dass gerade Holz, der Antisemitismus u.a. in Deutsch-

Spezifik antisemitischer Dynamiken hat die Kritische Theorie im Besonderen mit ihrer Analyse des ‚sekundären' Antisemitismus aus Erinnerungsabwehr in Deutschland früh wegweisende Modelle entworfen – indes mit einer großen Zurückhaltung, die in einem bisweilen übermäßigen Hang nach universeller gesellschaftstheoretischer Einbettung wurzelt (und welche insofern a priori der großen Bedeutung spezifischer demokratischer Traditionen und unterschiedlichen Prozessen lebensweltlicher Rationalisierungen in der politischen Kultur, bei denen Menschen sich in unterschiedliche Weise Demokratie ‚zur eigenen Sache' machen, nur bedingt gerecht wird).

2.2.8 Antisemitismus und Theorien ethnozentrischer soziokultureller Modernisierungsabwehr

Eine *soziokulturell orientierte Modernisierungstheorie* begründet Michael Minkenberg in seiner international vergleichenden politikwissenschaftlichen Studie der „neuen radikalen Rechten" der 1990er Jahre. Insofern der politische Antisemitismus eine zentrale Ideologieform des (neuen) Rechtsradikalismus darstellt, müsste Minkenbergs auf dieses Phänomen bezogene Untersuchung auch eine gewisse Geltungskraft für eine Theorie über den Antisemitismus und seine Mobilisierungschancen besitzen. Minkenberg untersucht die politische Ideologie des Rechtsradikalismus und deren politischen Gehalt (Mobilisierungschancen, politische Ausprägungen, Rolle im politischen Prozess) in drei verschiedenen politisch-kulturellen Kontexten zeitgenössischer post-industrieller Gesellschaften und demokratischer politischer Systeme (Frankreich, USA, Deutschland). Hierbei differenziert er zwischen drei Ebenen: einer kulturellen Ebene, in der die Ideologie und ihre *potenzielle Resonanz* in der Öffentlichkeit bestimmt werden; einer strukturellen Ebene, auf der strukturale Entstehungsbedingungen, politisch-organisatorische Ausprägungen und Unterstützungs*muster* in der Öffentlichkeit angesiedelt sind; und einer dynamisch-prozessualen Ebene, auf der sich die Mobilisierung und ihre *Interaktion* mit dem politischen Umfeld abspielen.[312] Wie in der hier vorliegenden Studie werden

---

land mit seinem Ansatz geradezu überzeitlich zu dekontextualisieren und zu entspezifizieren sucht, in einem kruden – bereits zitierten –, mit zwei Co-Autoren verfassten linken politischen Pamphlet gegen eine „generelle Solidarität" mit „der Judenheit" wieder als radikaler ‚Kontextualisierer' endet, wenn er schreibt: „Ein Brandanschlag auf eine Synagoge ist ein antisemitischer Akt, der zu verurteilen und zu sanktionieren ist. Aber es ist nützlich zu wissen, ob es Skins waren, Nostalgiker eines Vichy-Frankreich, islamische Fundamentalisten oder Jugendlich maghrebinischer Herkunft, die dadurch ihre Unterstützung der palästinensischen Intifada ausdrücken wollen." Demnach wird Antisemitismus ganz in einem spezifischen Kontext aufgelöst und sei nur durch diesen zu deuten. Antisemitische Gewaltexzesse gegen Synagogen sind folgerichtig am Ende – im Falle maghrebinischer Jugendlicher – nicht einmal mehr Antisemitismus: sie werden nämlich korrespondenztheoretisch zum „Ausdruck" der ‚Palästina-Solidarität', zu einer bloßen Unterstützungserklärung der palästinensischen „Intifada", die wiederum einzig „ein Resultat des israelischen Staatsterrorismus darstellt", also ein Produkt jüdischen Verhaltens. Hierdurch wird die ganze ‚Theorie', die den spezifischen Charakter von Antisemitismus in unterschiedlichen Kontexten (im Besonderen in NS-Deutschland) negiert, völlig ad absurdum geführt und könnte selbst Gegenstand einer sozialpsychologischen Analyse werden, die nach den Motiven der Relativierung antisemitischer Gewalt fragt. Zitate aus Klaus Holz, Elfriede Müller und Enzo Traverso, „Schuld und Erinnerung," a.a.O.
312 Vgl. Michael Minkenberg, Die neue radikale Rechte im Vergleich, a.a.O., S. 21.

also insbesondere spezifische politisch-kulturelle Resonanzböden, politische Diskurse und vor allem *politische Interaktionsprozesse* fokussiert.

In Adaption der Typologisierung der radikalen Rechten nach Roger Eatwell und der Wissenssoziologie Karl Mannheims, der das Politische in konservativen und progressiven Pol scheidet, läuft nun Minkenbergs modernisierungstheoretische These darauf hinaus, rechtsradikale Ideologien als soziokulturell modernisierungskritische *Gegenbewegung* zur seit der Neuen Linken zunehmend etablierten politisch-kulturellen Dominanz progressiver, liberalisierender und post-materialistischer Weltanschauungen zu deuten. In diesem hegemonialen ‚Post-Materialismus' werden vornehmlich soziokulturelle Modernisierung fördernde Impulse, liberalisierende Ich-Zentrierungen (gegenüber engen, konventionellen Gemeinschaftsorientierungen) und daraus erwachsende demokratisch-egalitäre Emanzipations- und Inklusionsansprüche der politischen Subjekte verortet. Durch diesen Gegensatz wird bei Minkenberg der neue Rechtsradikalismus im Kontext neuer *cultural cleavages* sowie im Kontext eines Links-Rechts-Schemas interpretiert.[313] Im Zentrum jener soziokulturellen/politischen Gegenbewegung des Rechtsradikalismus stünden folgerichtig übersteigerte Varianten entmündigender, antiegalitärer politischer Ordnungs- und Homogenitätsvorstellungen, eine radikale Wir-Zentrierung, die in einer Mobilisierung eines ethnischen, populistischen, mythisch-romantischen Ultranationalismus[314] münde, sowie auf eine Herrschaft des Volkes im Sinne einer Etablierung von „Ethnokratie" ziele. Dieser Ultranationalismus, dem Rassismus und Antisemitismus beigeordnet seien, richte sich auf Kosten von Demokratie und ihren freiheitlich-egalitären Grundwerten zentral gegen eine soziokulturelle Modernisierung sowie „zugleich gegen die etablierte Ordnung und gegen die jeweiligen linken Kräfte innerhalb dieser Ordnung".[315] Der Affekt gegen die als ‚Feinde der Nation' identifizierten Gegner und das Establishment verbinde sich schließlich mit einer Affinität mit – für den Antisemitismus besonders konstitutiven – Konspirationstheorien.[316]

Der integrale Nationalismus bildet nach Minkenberg den Kern rechtsradikaler, anti-modernistischer politischer Ideologien. Diese wie ihre Mobilisierung erscheinen in Minkenbergs Ansatz, der die *kulturellen* Dimensionen von Modernisierung in den Vordergrund hebt, als Produkt sozialer Differenzierungsprozesse, als Kristallisation zuvor diffus existierender Werte und Einstellungen in Zeiten einer besonderen Transformationsdynamik und Unübersichtlichkeit, eines rasanten soziokulturellen Wandels, aus dem sich reaktionäre Radikalisierungsprozesse speisten. Jene Ideologien werden dabei nicht einfach als antimoderne Strömung verstanden, sondern „als eine dialektische Gegenbewegung zu sozialen und politischen Modernisierungsprozessen, die besonders im Zusammenhang eines beschleunigten gesellschaftlichen Wandels auftritt, definiert."[317] In der gegenwärtigen Konstellation diagnostiziert Minkenberg dergestalt eben eine neue

---

[313] Vgl. ibid, S. 37.
[314] Vgl. ibid, S. 33.
[315] Ibid, S. 38.
[316] Vgl. ibid, S. 53.
[317] Ibid, S. 37.

Konfliktlinie, die jüngeren politisch-sozialen und kulturellen Modernisierungsschüben hin zu post-materialistischen Wertehorizonten und der post-industriellen Umgestaltung entstamme. Dieser Prozess sei, wie gesagt, kulturell mit der Neuen Linken verbunden und den individualisierenden, liberalisierenden wie demokratisierenden politischen Impulsen[318] wie Symbolen, die von ihr repräsentiert würden. Diese würden derzeit, zunehmend seit den 1980er Jahren, von anti-modernistischen nationalistischen Bewegungen beantwortet. Die soziokulturell begründete politische „Gegenbewegung" des Rechtsradikalismus bediene sich dabei durchaus moderner Mittel, Techniken und politischer Strategien, um effektiv in der modernen Massengesellschaft zu wirken; die positive Seite ihres durchaus „ambivalenten" Verhältnisses zur Moderne erstrecke sich jedoch wesentlich auf technische und technologische Aspekte, nicht auf den modernen Universalismus, Individualisierung oder soziokulturellen Egalitarismus. Es ist also die zentrale These von Minkenbergs eindrucksvoller vergleichender Untersuchung zur „Neuen Radikalen Rechten", in deren Kern Minkenberg eine Wir-Zentrierung und einen Ultra-Nationalismus ausmacht, dass die Mobilisierungsgehalte und -erfolge der neuen Rechtsparteien eine autoritäre, nationalistische und nicht zuletzt *materialistische* Reaktion auf neue politische Konfliktkonstellationen und soziokulturelle Mobilisierungsschübe in westlichen Demokratien darstellt, die im Paradigma der „Neuen Politik" der „Neuen Linken" zusammengefasst werden können: namentlich auf post-materialistische Wertorientierungen und Anwaltschaft für übergeordnete, universalistische Interessen, soziale wie soziokulturelle Ausdifferenzierung, Egalität und Selbstbestimmung, Entzauberung von Autoritätsstrukturen, individualisierte Lebensstile und Ich-Zentrierung. Die neuen kollektiven Akteure der Rechten zielten folgerichtig als ideologischer Gegenpol gegenüber dem post-materialistischen Wertewandel auf einen materialistischen „Gegendiskurs zu den ‚Ideen von 1968'" sowie den (illusionären) Rückgang dieses soziokulturellen Wandlungs- und Differenzierungsprozesses, insbesondere auf die Herausbildung und Verstärkung kollektiver Homogenitätsvorstellungen, hierarchisierter Gesellschaftsideale, sowie kollektiver Feindbilder. Das Elektorat der neuen radikalen Rechten verortet Minkenberg folgerichtig ebenfalls auf einer „Neue Politik-Konfliktlinie", die über einzelne *single issue*-Orientierungen hinausgehe; jenes Elektorat verweise vielmehr auf ein re-formiertes „weltanschaulich definierbares Milieu, in dem es um Lebensstile, Traditionen, Werte und nicht bloß um *issues*" geht,[319] wobei die Rolle des Wertewandel den zentralen Indikator für die soziokulturelle Dimension der neuen Konfliktlinie darstelle, welche die traditionellen, alten politischen *cleavages* (Zentrum-Peripherie, soziale Klasse und sozialpolitische Orientierung, Religion) zunehmend überlagere.

So triftig Minkenbergs These vom Rechtsradikalismus als „Gegenbewegung zur Moderne"[320] und zur Modernisierung sowie vom „Kulturkampf von rechts" vor dem Hintergrund zweifellos vorhandener *new cultural cleavages* auch sein mag, so wird sie doch problematisch in ihrer Zuspitzung, kausalen und ideologieanalytischen Vereinseitigung.

---

318 Vgl. ibid, S. 67ff.
319 Ibid, S. 315.
320 Ibid, S. 314.

Minkenberg kann mit seinem Theorem nur Teilaspekte der neuen Rechtsparteien und ihrer Mobilisierungsmöglichkeiten erfassen. Zudem liegt Minkenbergs Theorie ein unscharfer, mithin widerspruchslos positiver oder idealisierter Begriff von Modernisierung zugrunde, der die *sozialen* wie sozialstrukturell induzierten Widersprüche, Ambivalenzen und Dialektiken in Modernisierungsprozessen kaum berücksichtigt. Schließlich ist die an Ronald Ingleharts Modell vom post-materialistischen Wertewandel[321] angelehnte These von der neuen radikalen Rechten als „materialistischer" Gegenbewegung der „Alten Politik" empirisch nicht überzeugend.[322] Die neuen Rechtsparteien und ein bedeutender Teil ihrer Anhängerschaft treten vielmehr selbst ‚post-materialistisch' für „übergeordnete", nämlich „nationale", kollektiv-partikularistische *Ideale* ein, stellen insofern eher von *Idealismus* getragene Bewegungen dar.

Minkenbergs Modell mag in seiner Fixierung auf ‚post-materialistische' kulturelle Auseinandersetzungen nach einem traditionellen Koordinatensystem, das entlang neuer Konfliktlinien adaptiert wird, ideologie- und politikanalytisch zu kurz greifen. Noch die Konzentration auf den ethnischen Nationalismus trifft zwar den anti-modernistischen politisch-kulturellen Gehalt rechtsradikaler wie antisemitischer Ideologieformen und die häufige Koppelung dieser mit der (modernen) Erfindung einer homogenisierten Gemeinschaft. Doch darin geht der Antisemitismus, als wichtiger Bestandteil des Rechtsextremismus gerade in Deutschland, nicht auf. Seine Mobilisierungsformen und -erfolge können nicht nur oder nahezu ausschließlich als Produkt soziokultureller Modernisierungsprozesse und eines Wertewandels verstanden werden. Auch in dieser Hinsicht leidet der Ansatz unter einer monokausalen Zuspitzung, die allenfalls Teilmomente des politischen Prozesses erklären mag.

Jedoch bietet Minkenberg zweifelsohne durchaus einen anspruchsvollen empirischen, politisch-interaktionstheoretischen Rahmen, der spezifische, tradierte politisch-kulturelle Resonanzböden für Vorurteile wie nationalistische Ideologien in Beziehung setzt zur Entwicklung politisch-struktureller Aspekte und zur politischen Dynamik. Damit fundiert er seine allgemeine These empirisch in einer nationale Differenzen und entsprechende kulturelle Variablen berücksichtigenden politischen Kulturforschung, die die jeweiligen politischen Traditionen, Nationsverständnisse, nationalen Mobilisierungschancen, politischen Verhaltens- und Normorientierungen sowie Konfliktaustragungsmodi wie auch die übergreifenden Ausgangsbedingungen in den post-industriellen Demokratien berücksichtigt und schließlich die aktuellen Interaktionen in der politischen Kultur mit diesen Zusammenhängen in den Mittelpunkt der Analyse rückt.

Trotz der hierbei Bahn brechenden Rückorientierung der angewandten Forschung auf Fragen besonderer politisch-kulturellen Kontexte sind indes im mindesten drei Leerstellen als strukturelle Defizite im Minkenbergschen Ansatz offensichtlich: Erstens wird die Frage der sozialen Verhältnisse und objektiven Ausgrenzungs- und Herrschaftsprozesse, des ‚sozialen Leidens' und der sozialen Anomien, in Minkenbergs systemtheoretisch fundiertem, modernisierungstheoretischem Verständnis ganz außen

---

321 Vgl. Ronald Inglehart, Culture Shift in Advanced Industrial Society, a.a.O.
322 Vgl. zur Kritik dieses Materialismus-Begriffs und der Interpretation der neuen Rechtsbewegungen als „materialistisch" auch Frank Decker, Parteien unter Druck, a.a.O., S. 61.

vor gelassen. Das Problem ‚reaktionärer', anti-modernistischer Reaktionen erscheint nur noch als Element politisch-diskursiver Auseinandersetzungen um (postmaterialistische) ‚Werte' und als eine (irrationale) *soziokulturelle* Abwehr von Ich-Zentrierung und modernisierender Gesellschaftsausdifferenzierung. Die Reaktionen werden so nicht mehr selbst auf die – bei Minkenberg fraglos affirmierten – durchaus problematischen und komplexen Bedingungen moderner Vergesellschaftung zurück bezogen, sondern dichotom aufgelöst; deren Ambivalenzen und Dialektiken werden abgeschnitten. Zweitens werden Dimensionen politisch-*psychologischer* Ursachen und subjektiver Vermittlungen jener Ideologiebildungen bewusst ausgeklammert. Damit bleiben auch die Motive, *warum* in einer spezifischen ideologischen Weise auf ‚Modernisierung', soziokulturellen Wandel und andere Probleme wie Erscheinungsformen der modernen Gesellschaft Bezug genommen wird bzw. diese affektiv negativ besetzt werden, so unverstanden wie autoritätsgebundene Formen ideologischen Kitts und die Frage des Autoritarismus überhaupt. Denn ideologische Reaktionen sind nicht nur in ideologischen Wahrnehmungsformen begründet – dies wäre eine tautologische bzw. oberflächliche Deutung. Die ständige Reproduktion dieses zentralen Zirkelschlusses in zeitgenössischen Ideologietheorien erhöht nicht seinen Wahrheits- und Erklärungsgehalt. Drittens ist neben der in diesem Modell nunmehr möglicherweise übermäßigen Fixierung auf politische Diskurse grundsätzlich zu problematisieren, ob das Koordinatensystem von Links und Rechts sowie deren dichotome Zuordnung zu politischer Modernisierungsunterstützung einerseits, Modernisierungsabwehr andererseits, die für die in dieser Modernisierungstheorie zentrale Annahme einer politisch-kulturellen Wechselwirkung ausschlaggebend ist, empirisch triftig und plausibel ist. Dabei ist schließlich zu fragen, ob, trotz der von Minkenberg avisierten starken Orientierung auf politische Diskurse, er innerhalb des theoretischen Korsetts eines Rechts-Links-Konflikts dergestalt den zentralen Elementen und Besonderheiten rassistischer und insbesondere antisemitischer Ideologieformen gerecht wird, die neben dem Nationalismus im Zentrum des Rechtsextremismus stehen, die aber auch in der Linken durchaus wirksam sein können, und die sich in unterschiedlichen Kontexten mit autoritären Idealen verknüpfen lassen. Minkenbergs Betonung des gegen die liberale Demokratie, Individualismus und Universalismus gerichteten Nationalismus als Kern rechtsradikaler Ideologie ist durchaus begründet[323] (im übrigen gilt dies auch für den Rechtspopulismus und die ‚Neue Rechte'). Doch stellt sich die Frage: Richten sich ‚rechte Ideologien' im gegenwärtigen Kontext noch wesentlich gegen ‚linke'? Inwieweit sind diese Zuordnungen heute diffundiert? Wie sind dann die Brückenschläge vom neu-linken „Antiimperialismus" seit den SDS-Zeiten zu rechtsextremem „Anti-Imperialismus", Antisemitismus und Antiamerikanismus zu verstehen? Ist die Zuordnung von soziokultureller Modernisierung, gesellschaftlicher Differenzierung und ‚Ich-Zentrierung' zu einer ‚linken', ‚hegemonialen' Tendenz triftig? Sind diese Zuordnungen nicht *in sich* wesentlich widersprüchlicher? Wie ist innerhalb dieses Konzeptes eine neoliberale Wirtschafts- und Modernisierungspolitik von ‚linken' und ‚rechten' Regierungen zu bewerten, wie linker

---

[323] Vgl. ibid, S. 33.

Autoritarismus und Nationalismus oder die Affinitäten in den ideologischen Gehalten rechter wie linker Anti-Globalisierungsbewegungen?

Die tendenziell reduktionistische Einbettung in eine soziokulturelle Auseinandersetzung zwischen ‚links' und rechts', die sich auf Mannheims eingeschliffenes Modell zweier basaler politischer Weltanschauungen beruft, erfasst weder die Ursprünge eines linken Antisemitismus oder ‚parteiübergreifenden' Nationalismus – sowie der entscheidenden Impulse gerade auch zur Modernisierungs*abwehr* in der alternativen und radikalen (neuen) Linken –, noch die komplexen Strukturen, Widersprüche und psychosozialen Motive dieser Ideologien. Das Verständnis gerade der durchaus vor allem im Rechtsextremismus gewichtigen, mithin zentralen Ideologie des Antisemitismus, der bei Minkenberg überhaupt nur marginal als Mobilisierungsideologie auftaucht, ist unterkomplex. Auch die komplexe innere gesellschaftliche wie politisch-psychologische Dialektik von moderner Vergesellschaftung, sozialen Widersprüchen, Modernisierung und Antisemitismus/Nationalismus wird nicht analysiert, sondern diese Prozesse werden tendenziell in einem dichotomen, zweipoligen Schema politischer Orientierung aufgelöst. Eine (Modernisierungs-)Theorie, die Rechtsextremismus und Antisemitismus als anti-modernistische Ideologie zu verstehen sucht, sollte indes auch auf deren moderne gesellschaftliche Grundlagen reflektieren, die ihn mit prägen und bedingen; sie darf ideologietheoretisch, auf den widersprüchlichen Gehalt der Ideologie bezogen, nicht unterkomplex sein; und sie muss die politisch-psychologischen Motive und Dynamiken erfassen und erklären können, die subjekttheoretischen Dimensionen des Antisemitismus und deren Verhältnis zu soziokulturellem Wandel, der Transformation der sozialen Beziehungen und die spezifischen Bedingungen der politischen Sozialisation im Kontext moderner Gesellschaften und unterschiedlicher politischer Kulturen. Vor allem fehlt auch Minkenbergs Ansatz eine politisch-psychologisch, gesellschaftlich und politisch-kulturell gehaltvolle *Autoritarismus-Theorie*, die ein entscheidendes Bindeglied darstellen kann, um anti-modernistische soziokulturelle Reaktionsbildungen sowie – durchaus mit ihnen verbundene – antisemitische Wahrnehmungsformen wie Mobilisierungen *erklären* zu können.

2.2.9 Antisemitismus und kontextorientierte Ansätze der politischen Kultur- und Bewegungsforschung

Die Rechtsextremismusforscherin Ina Ketelhut hat zuerst die Theorieansätze zur Erklärung von (rechtsextremen) sozialen Bewegungen und ihrer politischen wie subjektiven Wirkungskraft, die den spezifischen politischen und politisch-kulturellen Kontext fokussieren, als *kontextorientierte* Ansätze konzeptionalisiert. Neben den vor allem auf politisch-strukturelle Zugangschancen und die Gesamtheit der äußeren Bedingungen ausgerichteten ‚klassischen' Ansätzen zur politischen Gelegenheitsstruktur (*political opportunity structure*) von rechtsextremen Bewegungen und Organisationen, deren Erfolg demzufolge besonders von institutionellen Ressourcen der Akteure oder Möglichkeiten zur politischen Einflussnahme, dem Zugang zur politischen Macht und vor allem vom spezifischen Grad der ‚Offenheit' und politisch-institutionellen Integrationsbereitschaft eines politischen Systems und Institutionengefüges abhinge[324] (Kontext der Angebotsseite), zählen hierzu auch die „Resource Mobilization"-Theorien, die den Schwerpunkt stärker auf die Bedingungen legen, unter denen soziale Bewegungen in der Bevölkerung vorhandene ‚Unzufriedenheit' mobilisieren und vorhandene Ressourcen nutzen können (Kontext der Nachfrageseite).[325] Beide Ansätze fokussieren zunächst nicht eine besondere Ideologieform, und auch nicht den Antisemitismus als spezifischen Issue, ließen sich aber als *formale* Erklärungskonzepte auch auf Teil-Bewegungen und kollektive Akteure anwenden, die Antisemitismus als politisches Bindemittel kollektiver Mobilisierung einsetzen. Das Problem dieser Ansätze ist es insgesamt, dass wesentlich nur strukturelle Aspekte der politischen Kultur (z.B Institutionen-Organisation, Modi der Konfliktaustragung etc.) Berücksichtigung finden, nicht die inhaltlichen ideologischen und diskursiven Traditionen oder Mentalitätsbestände im kulturellen Unbewussten eines Landes.

Ein dritter kontextorientierter Zugang, der sich seit Anfang der 1990er Jahre entwickelt und etabliert hat, setzt die „kulturelle Gelegenheitsstruktur" ins Zentrum der Analyse der Mobilisierungschancen von kollektiven Akteuren, politischen Ideologien und Bewegungen wie der des (neuen) Rechtsextremismus. Diese Ansätze bemühen sich, das inhaltliche Defizit der genannten Theorien aufzuheben. Mobilisierungsbedingungen, Aufkommen und Erfolg politisch-sozialer Bewegungen und Ideologien sind demnach, *foremost*, von der spezifischen Kultur eines Landes im weiten Sinn, dem „historischen Kontext", der „culture", den „frames" und dem overall „discourse" abhängig und werden durch sie bestimmt. Also wird der kulturellen Sozialisation, Geschichte, Symbolik und den politisch-kulturell eingeübten Normen in Gesellschaft und Politik besonderes Gewicht eingeräumt, wie auch den vorherrschenden politischen Diskursen. Thomas A. Herz hat diesen Zugang im Hinblick auf den Rechtsextremismus konzeptionalisiert und auf den neuen Rechtsextremismus in der Bundesrepublik seit Anfang der 1990er Jahre angewendet. Herz bindet die Entstehung des Phänomens und die Zunahme seiner Gewaltexzesse an die „Basiserzählung" der „politischen Kultur" zurück.[326]

Politische Semantiken und Diskurshorizonte, kulturelle Dispositionen, Symbole und Normorientierungen (etwa gegenüber Einwanderung und Juden) werden auch vom bereits ausführlicher gewürdigten neuen Ansatz von Ruud Koopmans (und Paul Statham) besonders betont, der die drei genannten kontextorientierten Ansätze synthetisiert. Koopmans bezieht in seinem Modell die *diskursive* (wie langfristige *kulturelle*) Gelegenheits- und Opportunitätsstruktur innerhalb einer besonderen politischen Kultur als entscheidenden Variablenkomplex für die Mobilisierung von Ressentiments/rechtsextremen Bewegungen ein, also die Geschichte, die Traditionen, Mentalitäten und dominanten Wertüberzeugungen, die politisch-kulturellen und symbolischen Möglich-

---

324 Vgl. grundlegend zum POS-Modell Herbert Kitschelt, „Political Opportunity Structure and Political Protest," British Journal of Political Science 16 (1986), pp. 57 – 85.
325 Vgl. zusammenfassend Ina Ketelhut, Rechtsextremismus in den USA und Frankreich, a.a.O., S. 70f.
326 Vgl. Thomas A. Herz, „Rechtsradikalismus und die ‚Basiserzählung,'" a.a.O.; vgl. auch Ina Ketelhut, Rechtsextremismus in den USA und Frankreich, a.a.O., S. 72.

keiten und Grenzen in einem Land. Er situiert diese *discursive opportunity structure* sozusagen *zwischen* den mobilisierbaren symbolischen Ressourcen und Gehalten, die die Framing-Perspektive avisiert, und den institutionellen politischen Gelegenheitsstrukturen des ‚klassischen' POS-Modells (wie Machtbeziehungen, Institutionenanalyse, Regierungskonstellation, strategische Bezüge zwischen politischen Akteuren und Bündnispartnern). Diese „Zwischenposition" der diskursiven Gelegenheitsstrukturen begründet sich aus der Annahme von Koopmans und Statham, dass jene den Raum des legitimen und realistischen politisch-symbolischen Raum innerhalb einer bestimmten Polity zu einer spezifischen Zeit beschreiben, der den politisch-kulturellen „common ground", den Raum diskursiver politischer Möglichkeiten darstellt, der zwischen den politisch-institutionellen Möglichkeiten einer Mobilisierung von sozialen Bewegungen und spezifischen framing-Aspekten (im Falle des Rechtsextremismus: im Besonderen der ethnisch-kulturellen – oder auch antisemitischen – Besetzung nationaler Identität) lokalisiert ist und zwischen beiden vermittelt.

Obschon dieser Ansatz ebenfalls zunächst keinen spezifischen Zugang zum Problemkomplex Antisemitismus und seiner Deutung liefert, sondern diesen innerhalb des Gesamtkomplexes „Rechtsextremismus als soziale Bewegung" einordnet und dabei eher den Ethnozentrismus/die Fremdenfeindlichkeit als Indikator und Faktor in der politischen Kultur avisiert, bietet dieser Zugang einen wichtigen Erklärungshorizont für ein multifaktorielles Modell zu ideologischen Mobilisierungsbedingungen und -chancen, das sich mit meinem Begriff der politisch-kulturellen Gelegenheitsstrukturen (von Antisemitismus) konzeptionalisieren lässt.[327] Ein solches theoriegesättigtes Modell soll in den folgenden Kapiteln (3. und 4.) mittels kritisch-theoretischer wie neuerer politisch-psychologischer und politisch-kultureller Zugänge zu Erscheinungsformen von Antisemitismus in der Bundesrepublik entwickelt werden. Dabei sollen formalstrukturelle wie inhaltlich gehaltvolle Theoreme und Analyserahmen bereitgestellt und aufeinander bezogen werden.

2.2.10 Zur Bedeutung der Antisemitismus-Theorien der Frankfurter Schule

Die theoretischen Ansätze der Frankfurter Schule zum Antisemitismus entziehen sich, wie zu zeigen sein wird, zunächst am ehesten den analytischen Schranken der dargestellten Ansätze und den Gefahren eines monokausalen Reduktionismus, benötigen indes eine theoretische Aktualisierung, die unterschiedliche neue Theoriestränge aufnimmt, und vor allem eine politikwissenschaftliche Fundierung und Operationalisierung. A priori beschränken sich die Ansätze der Frankfurter Schule indes bei der Analyse moderner Antisemitismus-Formen sowie eines Post-Holocaust-Antisemitismus weder nur auf Aspekte der politisch-kulturellen Kontextualität und der Ideologiestruktur, noch auf soziale/relative Deprivation, gesellschaftliche und soziokulturelle Modernisie-

---

[327] vgl. Ruud Koopmans and Paul Statham, „Ethnic and Civic Conceptions of Nationhood and the Differential Success of the Extreme Right," a.a.O., p. 228f.

2. Begriffliche Grundlagen, analytische Kriterien und theoretische Zugänge

rungsprozesse oder psychosoziale Dimensionen. Die theoretischen Überlegungen nehmen diese Faktoren allerdings je in eigener Weise auf. Statt monokausaler Beschreibungen oder Erklärungen bietet die Kritische Theorie Modelle, die die politische Semantik moderner und postnazistischer antisemitischer Ideologeme weitreichend strukturanalytisch und ideologiekritisch entschlüsseln. Überdies suchen jene Modelle die spezifischen sozialpsychologischen und politischen Ursachen als auch die besonderen politisch-psychologischen Funktionen und politisch-kulturellen Dynamiken in komplexer Weise zu erklären. Dabei erscheint Antisemitismus in erster Hinsicht als meist an nationalistische Identifikationen gekoppelte, identitätskonstituierende, (völkisch-)kollektivistische, autoritätsgebundene und *anti-moderne Ideologie*, die in Juden alle gesellschaftlichen und psychosozialen Probleme, Widersprüche und Transformationen personifiziert. Antisemitismus wird gedeutet als eine besondere Form sozialer Paranoia, die tradierte kollektive Phantasmen aufgreift und in eine politisch-soziale Welterklärung einfügt.

Wenn hier gesagt wird, dass die Kritische Theorie mit ihrem komplexen Theoriemodell zum Antisemitismus entscheidende Dimensionen der dargestellten Zugänge in sich aufnimmt und begründet hat, so soll gleichwohl gerade nicht suggeriert werden, die Kritische Theorie sei bis zur Beliebigkeit flexibel in ihrer Anschlussfähigkeit hinsichtlich unterschiedlicher Erklärungsmodelle und der in ihnen fokussierten Faktoren. Das Ursachenbündel ist nicht additiv zu entschlüsseln, als friedliches Nebeneinander des Verschiedenen. Es besteht vielmehr ein kritischer, innerer theoretischer Zusammenhang, ein (wenn auch nicht widerspruchsfreier) Deutungs*komplex*, der gerade durch die möglichst genaue und unverfälschte Kenntnis der Theorie sichtbar wird. Allenthalben neigt das Denken jedoch zu „Alternativen von Schafen und Böcken und zuckt zurück vor dem Gedanken objektiver Widersprüchlichkeit in den Phänomenen."[328]

Von kritisch reflektierten Ansätzen einer empirischen politischen Kulturforschung und ihren entwickelten zeitgenössischen Methoden im Besonderen (u.a. ideologietheoretisch inspirierte Diskurshistoriographie, qualitative Medien- und Politikanalyse) können kritisch-theoretische Zugänge freilich nur gewinnen. Jene verweisen zunächst mithilfe der Kritischen Theorie auf das spezifische inhaltliche Framing, die politischen Ideologien rechtsextremer und antisemitischer kollektiver Akteure und Mobilisierungsversuche, sowie die Bedeutung gesellschaftlich tradierter Reservoirs, die als Mobilisierungsressource und Resonanzboden für jene Ideologien wirken können oder nicht (langfristige kulturelle Gelegenheitsstrukturen und ihr Wandel). Jene neuen Zugänge schaffen überdies ein im Vergleich zur Kritischen Theorie dynamischeres Bild komplexer, widerspruchsvoller und umkämpfter politischer Diskursprozesse (diskursive Opportunitätsstrukturen), sowie politisch-systemischer respektive institutioneller Aspekte (politische Gelegenheitsstrukturen), die schließlich in ein Gesamtbild von politisch-kulturellen Bedingungen und Interaktionsprozessen einzufügen sind (politisch-kulturelle Gelegenheitsstrukturen). Der ideologietheoretische Akzent auf der Reproduktion, Interaktion und Verschiebung sprachlich-symbolischer Bedeutungen differenziert hierbei das Verständnis subjektiver und politischer Interaktionen, die soziale Wahrneh-

---

[328] Theodor W. Adorno, „Die Kunst und die Künste," in Ders., Kulturkritik und Gesellschaft I: Gesammelte Schriften Bd. 10.1 (Frankfurt a.M.: Suhrkamp, 1977), S. 432 – 453, hier S. 442.

mungen und kollektive Identitätskonstruktionen stabilisieren. Hiermit können die strukturanalytischen und kausal erklärungskräftigen kritisch-theoretischen Theoreme über Motive, Semantik, Ursprünge und Dynamik neuerer Formen des Antisemitismus im politischen Prozess und in ihren Wirkungen konkret in die politische Kultur- und Kommunikationsforschung eingebracht, eingebettet und historisch situiert werden – und diese wie jene Modelle erweitert und befruchtet werden. Solch eine Integration von politisch-kulturell orientierten Ansätzen und Methoden, die stärker als die Kritische Theorie spezifische kulturelle Deutungshorizonte und Muster, aber auch *konkrete Interaktionen und Kommunikationsprozesse im politischen Raum* in den Blick nehmen (sowie die dynamischen Wechselwirkungen von öffentlich-politischen Kommunikationsprozessen und den empirischen Veränderungen von Einstellungen, Positionen und Bedeutungen), soll am Ende des theoretischen Teils noch einmal abschließend begründet werden. Denn gerade mithilfe der vielschichtigen kritisch-theoretischen Deutungen und ihres komplexen Verständnisses antisemitischer Motive sollen sich verschiedene Konflikt- und Gelegenheits- und Opportunitätsstrukturen, insbesondere die Dynamik und die Schwierigkeiten der politischen Willensbildung und Kommunikation seitens staatlicher, parteiförmiger und nicht parteigebundener wie medialer oder anderer intermediärer Akteure hinsichtlich des Problem des Antisemitismus und der Überwindung judenfeindlicher Stereotypie im gesellschaftlichen Bewusstsein erschließen. Insofern sind die Begriffsbildungen, ist die Strukturanalyse des Antisemitismus (einschließlich der auf politisch-psychologische Ursprünge und Motive sowie soziale Strukturen und Modernisierungsprozesse bezogenen Erklärungsmodelle) auf politische „Interaktionsdynamiken"[329] anzuwenden; die politikwissenschaftliche Analyse hat über die kritisch-theoretischen Modelle hinaus nicht nur die strukturellen Voraussetzungen der Mobilisierung von Antisemitismus in den jeweiligen politisch-kulturellen Traditionen, sozioökonomischen Verhältnissen, sozialpsychologischen Bedingungen und in Bezug auf das politische System sichtbar zu machen, sondern insbesondere auch der konkreten Dynamik im politischen *Prozess* Rechnung zu tragen[330]: der Frage nach der „Verschiebung der demokratischen Tabugrenzen"[331] im Hinblick auf den Antisemitismus oder ein „kollektives Lernen" in Politik und Gesellschaft.

Die Kritische Theorie über den Antisemitismus sperrt sich sowohl monokausalen Ableitungen und deduktiven Deutungsmodellen, wie auch additivem Faktorendenken. Hierin liegt möglicherweise auch eine der Begründungen für ihre Aktualität und ihren theoretischen Reichtum: sie entzieht sich unterkomplexen Zuordnungen und Reduktionsschlüssen, die Teilmomente des Antisemitismus oder Ursachen für rechtsextreme antisemitische Mobilisierungen ideologieanalytisch wie theoretisch verabsolutieren. Die Modelle der Frankfurter Schule nehmen dagegen ganz verschiedene, wenn auch gro-

---

[329] Vgl. hierzu Hajo Funke, „Rechtsextremismus: Zeitgeist, Politik und Gewalt. Eine Zwischenbilanz," in Richard Faber, Hajo Funke und Gerhard Schoenberner (Hg.), Rechtsextremismus: Ideologie und Gewalt (Berlin: Edition Hentrich, 1995), S. 14 – 51.
[330] Vgl. Michael Minkenberg, Die neue radikale Rechte im Vergleich, a.a.O., S. 48.
[331] Siehe Hajo Funke, „Bergen-Belsen, Bitburg, Hambach: Bericht über eine negative Katharsis," in Ders. (Hg.), Von der Gnade der geschenkten Nation: Zur politischen Moral der Bonner Republik (Berlin: Rotbuch Verlag, 1988), S. 20 – 34, hier S. 32.

ßenteils theoretisch verknüpfte ideologieanalytische, sozialpsychologische, historische, gesellschaftsanalytische und politische Zugänge zur Bestimmung und Erklärung der Motive wie Bedeutungen von modernem und Post-Holocaust-Antisemitismus in der politischen Kultur auf; obgleich die Kritische Theorie gerade an diesem letzten Punkt – der genauen Verortung der Phänomene im politisch-kulturellen Kontext und der empirischen Analyse politischer Kommunikationen, Interaktionen und sich verändernder Mobilisierungschancen wie Gelegenheitsstrukturen – erweiterungsbedürftig und empirisch neu zu fundieren ist. Im Folgenden sollen nun jene hilfreichen kritisch-theoretischen Erklärungsmodelle zum Zusammenhang von modernem und sekundärem Antisemitismus, politisch-sozialem Autoritarismus, Ethnozentrismus/Nationalismus und ‚Vergangenheitsbewältigung' weiter ausgeführt werden.

3. Politische Psychologie des Antisemitismus: Kritisch-theoretische Modelle

Trotz der in den achtziger Jahren verspätet auch in Deutschland erfolgten Etablierung der Rechtsextremismusforschung sowie schließlich der Antisemitismusforschung nicht nur als Sujet, sondern als eigenständigem Forschungszweig, leben die theoretischen Defizite nicht nur in der politischen Kulturforschung zur Mobilisierung von Vorurteilen insgesamt, sondern auch im Besonderen bei sozialwissenschaftlichen Antisemitismusanalysen fort. Die wegweisenden sozialpsychologischen Arbeiten der 40er und 50er Jahre (verwiesen sei auf die *Studies in Prejudice* und Folgearbeiten des Frankfurter Instituts für Sozialforschung), die in dieser Studie zunächst als Erkenntnis leitende Modelle zur Psychodynamik und zur politischen Psychologie des Antisemitismus vorgestellt werden, haben nicht nur die internationale Autoritarismusforschung begründet, sondern auch entscheidende Zugänge zur Erklärung des Antisemitismus bereitgestellt. Anders als etwa in den USA[332] schloss sich daran, trotz der fortlaufenden Bemühungen des Instituts für Sozialforschung in den 1960er und 1970er Jahren, in Deutschland bislang kaum eine theoretisch orientierte Folgeforschung an. Nur die an der Kritischen Theorie orientierte und von ihr begründete Autoritarismusforschung findet bis heute eine breitere Rezeption, wenn auch stärker im anglo-amerikanischen Raum als in Deutschland, und vornehmlich im Kontext psychologischer, nicht jedoch politikwissenschaftlicher Forschung.[333] Noch 1990 konstatierten die Antisemitismusforscher Werner

---

[332] Vgl. zum Überblick u.a. Werner Bergmann, „Approaches to Antisemitism based on Psychodynamics and Personality Theory," in Ders., Error without Trial: Psychological Research on Antisemitism (Berlin and New York: de Gruyter), pp. 9 – 34; William B. Helmreich, „The Sociological Study of Antisemitism in the United States," in: Michael Brown (Ed.), Approaches to Antisemitism: Context and Curriculum (New York and Jerusalem: The American Jewish Committee and The International Center for University Teaching of Jewish Civilization, 1994).

[333] Michaela von Freyhold versuchte früh, die von Adorno et al. begründeten Ansätze zur Autoritarismus- und Antisemitismusforschung in Deutschland empirisch zu applizieren und weiterzuentwickeln; vgl. Michaela von Freyhold, Autoritarismus und politische Apathie: Analyse einer Skala zur Ermittlung autoritätsgebundener Verhaltensweisen (Frankfurt a.M.: Europäische Verlagsanstalt, 1971). Die Autoritarismusforschung hat sich allerdings in den letzten Jahren auch in Deutschland weiterentwickelt, wobei es zudem zu neuen theoretischen Begründungsversuchen des Autoritarismuskonzeptes gekommen ist; vgl. zum Überblick u.a. Gerda

Bergmann und Rainer Erb: „Die theoretische Entwicklung der sozialwissenschaftlichen Antisemitismusforschung kam fast völlig zum Erliegen."334 Bereits zuvor hatten Bergmann wie auch Werner Bohleber u.a. die mangelnde Durchdringung empirischer Forschung mit theoretischer Orientierung beklagt.335 Selbst im Angesicht jüngerer sozialwissenschaftlicher Debatten zum Antisemitismus336, die selbst vornehmlich öffentlichen Impulsen und den gesellschaftlichen Dynamiken des neuen Rechtsextremismus und Nationalismus geschuldet sind, ist diese mangelnde theoretische Perspektivierung evident geblieben. Ein kurzes Momentum eines politisch-psychologisch und gesellschaftstheoretisch reflektierten Diskurses zur Rekonstruktion der Antisemitismustheorie und zu ihren Anwendungsmöglichkeiten in Geschichte und Gegenwart in den achtziger Jahren337 hat im akademischen Raum kaum Wirkung hinterlassen.

Neben empirischen Untersuchungen zum gegenwärtigen Antisemitismus in Deutschland und den die Forschung bestimmenden historiographischen Rekonstruktionen haben in den neunziger Jahren dann implizit politisch-kulturelle Fragestellungen in die Analysen aktueller judenfeindlicher Vorurteilsbereitschaften Eingang gefunden, ohne sich dabei jedoch allzu sehr der politikwissenschaftlichen Forschungstradition zu 'politischer Kultur' zu vergewissern.338 Aktualitätsbezogene Studien beschränken sich zumeist auf anlassbezogene Beiträge zum Verhältnis von Judenfeindschaft und 'nationaler Identität' in Deutschland oder zu ‚neuen' Formen der Judenfeindlichkeit. Eine Vorreiter-Rolle spielte die neu begründete Rechtsextremismusforschung, im besonderen die politischen Kulturforschung zum Rechtsextremismus, die mit dem Wiedererstarken dieses Phänomens auch den Antisemitismus als rechtsextreme Teil-Ideologie in den

---

Lederer/Peter Schmidt (Hg.), Autoritarismus und Gesellschaft (Opladen: Leske & Budrich, 1995); Susanne Rippl/Christian Seipel/Angela Kindervater (Hg.), Autoritarismus: Kontroversen und Ansätze der aktuellen Autoritarismusforschung (Opladen: Leske & Budrich, 2000).
334 Werner Bergmann/Rainer Erb, „Neue Perspektiven der Antisemitismusforschung," in Dies. (Hg.), Antisemitismus in der politischen Kultur nach 1945 (Opladen: Leske & Budrich, 1990), S. 11 – 18, hier S. 11.
335 Werner Bergmann, „Politische Psychologie des Antisemitismus: Kritischer Literaturbericht," in Helmut König (Hg.): Politische Psychologie heute. Leviathan Sonderheft 9 (1988), S. 217 - 234, hier S. 219: „[E]ine theoretisch orientierte empirische Forschung findet nicht statt. Die *empirische Soziologie* weist genau den komplementären Mangel auf: Die erhobenen Daten werden nicht zur Theoriebildung benutzt, sondern jeweils ad hoc kurzatmig ausgewertet." Vgl. auch Werner Bohleber, „Antisemitismus als Gegenstand interdisziplinärer Erforschung,"a.a.O., S. 14: „Auch in der sozialwissenschaftlichen Diskussion wird beklagt, dass die theoretische Weiterentwicklung der Antisemitismusforschung nach den wegweisenden Arbeiten der 40er und 50er Jahre [gemeint ist die Kritische Theorie, L.R.] nur wenig vorangetrieben worden sei."
336 In den 1990er Jahren hat es tatsächlich eine zuvor nie da gewesene Publikationswelle zur Antisemitismusproblematik gegeben, die in innerem Zusammenhang zu jüngeren Diskussionen zum Holocaust steht.
337 Vgl. u.a. Detlev Claussen, Grenzen der Aufklärung: Die gesellschaftliche Genese des modernen Antisemitismus (Frankfurt a.M.: Fischer, 1987); Hajo Funke, „Bitburg und die ‚Macht der Juden': Zu einem Lehrstück antisemitischen Ressentiments in Deutschland," in Alphons Silbermann und Julius H. Schoeps (Hg.), Antisemitismus nach dem Holocaust: Bestandsaufnahme und Erscheinungsformen in deutschsprachigen Ländern (Köln: Verlag Wissenschaft und Politik, 1986), S. 41 – 52; Moishe Postone, „Nationalsozialismus und Antisemitismus: Ein theoretischer Versuch," in Dan Diner (Hg), Zivilisationsbruch: Denken nach Auschwitz (Frankfurt a.M.: Fischer, 1988), S. 242 – 254.
338 Ein facettenreicher Band, der dieser neuen Perspektivierung entstammt und gleichzeitig den derzeitigen Stand aktualitätsbezogener Antisemitismusforschung widerspiegelt, findet sich mit Wolfgang Benz (Hg.), Antisemitismus in Deutschland: Zur Aktualität eines Vorurteils (München: dtv, 1995).

3. Politische Psychologie des Antisemitismus

Blick bekommen hat.[339] Symptomatisch für die theoretischen Defizite und die begrenzte Einbettung und Kontextualisierung der Entwicklung von Antisemitismus und seiner Funktionen in den Rahmen der ‚politischen Kultur' ist ein Sammelband aus dem Jahre 1990, der selbst den Anspruch formuliert, neue systematische Perspektiven auf den „Antisemitismus in der politischen Kultur nach 1945"[340] zu entwerfen. Doch dieser Anspruch ist auch hier weitgehend unerfüllt geblieben.[341]

Obzwar Werner Bergmann auch fortan die Strukturierung des empirischen Materials zu judenfeindlichen Vorurteilen in Sekundäranalysen u.a. mit vergleichender politisch-kultureller und mit theoretisch-erklärender Orientierung einforderte, blieben seine eigenen Arbeiten zur Entwicklung des Antisemitismus in der politischen Kultur sehr zurückhaltend gegenüber theoretischen Erklärungsmodellen. Vor allem aber blieben sie nahezu frei von politisch-psychologischen Deutungen und verharrten im Bereich qualitativer Deskription. Seine Studien zum Antisemitismus in der politischen Kultur, wiewohl wegweisend, konzentrieren sich wesentlich auf die Rekonstruktion von Konflikten und Skandalen auf einer inhaltsanalytischen Ebene, angereichert mit Bezügen aus der empirischen Sozialforschung und Datenaufarbeitung.[342] Zudem reicht die große Untersuchung von Bergmann zum Antisemitismus in der deutschen politischen Kultur, anders als die hier vorliegende, nur bis zur politischen Zäsur von 1989 und erfasst damit nicht die veränderte politisch-kulturelle Konstellation nach der deutschen Vereinigung. Weiterhin gilt es, die Fragen politisch-kultureller Spezifiken und Dynamiken in Bezug auf den Antisemitismus in ihrem reziproken Verhältnis zu politischen Verhaltensnormen und Orientierungen, neueren politisch-psychologischen Motiven und Funktionen sowie konkreten politischen Prozessen systematisch aufzugreifen und theoretisch zu unterfüttern. Hierzu soll diese Untersuchung einen theoretischen wie, theoriegeleitet, vor allem auch einen empirischen Beitrag leisten.

Das Verdrängen der politischen Psychologie, aber auch übergreifender politisch-kultureller Aspekte aus der Antisemitismusforschung zeigt sich paradigmatisch im o.a. Sammelband zum Antisemitismus in der politischen Kultur. Dort heißt es, dass die „Frage der psychosozialen Dynamik des Vorurteils und die wichtige Frage nach dem Zusammenhang öffentlich-medial vermittelter Images und persönlicher Einstellungen" (also genuine Fragen der politischen Psychologie) „offen" geblieben sind, sprich nicht behandelt wurden. Gleiches gilt für die Analyse der „kulturellen und sozialen Tradie-

---

339 Vgl. etwa Richard Stöss, „Rechtsextremismus in einer geteilten politischen Kultur," in Oskar Niedermayer und Klaus von Beyme, Politische Kultur in Ost- und Westdeutschland (Wiesbaden: Westdeutscher Verlag, 1996), S. 105 – 139.
340 Werner Bergmann/Rainer Erb (Hg.), Antisemitismus in der politischen Kultur nach 1945 (Opladen: Leske & Budrich, 1990).
341 Nachfolgend wurde die Fragestellung u.a aufgegriffen bei Christine Kulke, „Antisemitismus und politische Kultur," in Dies./Gerda Lederer (Hg.), Der gewöhnliche Antisemitismus: Zur politischen Psychologie der Verachtung (Pfaffenweiler: Centaurus, 1994), S. 7 – 18; Christhard Hoffmann, „Das Judentum als Antithese: Zur Tradition eines kulturellen Wertungsmusters," in Wolfgang Benz (Hg.), Antisemitismus in Deutschland: Zur Aktualität eines Vorurteils (München: dtv, 1995), S. 25 – 46.
342 Vgl. Werner Bergmann, Antisemitismus in öffentlichen Konflikten: Kollektives Lernen in der politischen Kultur der Bundesrepublik 1949 – 1989 (Frankfurt a.M.: Campus Verlag, 1997).

rungsweisen", ja die „Dynamik des *latenten Antisemitismus*"[343] schlechthin, womit sich eine auch mentalitätsgeschichtlich orientierte politische Kulturforschung zum Antisemitismus gerade zu befassen hätte.[344]

Trotz aller Verheißungen ist die Lage der Theorie, der politischen Psychologie und der politischen Kulturforschung zum gegenwärtigen Antisemitismus unbefriedigend. Daran ändern auch die vereinzelten Versuche nichts, sich mit „antisemitischen Straftätern" zu befassen, die oft nur individualpsychologisch pathologisiert werden bzw., ebenfalls in einer Entgesellschaftlichung des Phänomens, außerhalb von Gesellschaft und politischer Kultur, ja als Feinde dieser verortet werden.[345] Fehlende gesellschaftstheoretische wie politisch-psychologische Fundierungen werden oftmals ergänzt von unterkomplexen Politikverständnissen. So werden etwa weithin so komplex verschränkte Dimensionen wie die eines politisch-kulturellen Staatsautoritarismus, Dispositionen zu sozialpsychologischer Unterwürfigkeit und Aggressivität, spezifische Wahrnehmungsstrukturen abstrakter sozialer Macht und soziokultureller Veränderung, sozialer Gruppendruck und Antisemitismus als motivationale wie politische Gegensätze begriffen, und oberflächlich wie positivistisch voneinander geschieden.

Eine theoretisch fundierte politische Psychologie analysiert dagegen die 'subjektiven' Verarbeitungsformen der Realität in Politik und Gesellschaft in ihren Wechselwirkungen; diese Verarbeitungsformen sind von der gesellschaftlichen Wirklichkeit, die in sie einfließt, so wenig zu trennen wie von der politisch-psychologischen und historischen Dynamik, in der sie sich bewegen. Dieses kontextuelle, gesellschaftshistorische Moment gilt es im Bewusstsein zu halten gegenüber Ansätzen, die die politische Psychologie des Vorurteils bloß als Beziehung subjektiver Prägungen und Meinungsäußerungen zum politischen System begreifen. Solche Verkürzung in der Analyse findet sich oft selbst in autoritarismusorientierten Deutungen, die sich auf die *Studien zum autoritären Charakter* aus dem Kontext der Kritischen Theorie beziehen, welche sich jedoch dem eigenen Gehalt nach diesen Verkürzungen sperren. Von deren originären Theoremen kann die theoretische Grundlagenforschung zum Antisemitismus und Rechtsextremismus m.E. auch heute noch profitieren.[346]

---

[343] Werner Bergmann/Rainer Erb, „Neue Perspektiven der Antisemitismusforschung," S. 16.

[344] Nach Wolfgang Bergem, aber auch Karl Rohe ist heute politische Kulturforschung auch wesentlich politische Mentalitätsforschung, längerfristigen die die politischen Verhaltens- und Normorientierungen innerhalb eines kulturellen Zusammenhangs im Wechselspiel mit dessen verschiedenen Determinanten (Werte-Traditionen, politisches System, Ökonomie, Modelle der Konfliktbewältigung ets.) untersucht; vgl. Karl Rohe, „Politische Kultur und ihre Analyse: Probleme und Perspektiven der politischen Kulturforschung," Historische Zeitschrift 250 (1990), S. 321 – 346; Ders., „Politische Kultur und der kulturelle Aspekt von politischer Wirklichkeit: Konzeptionelle und typologische Überlegungen zu Gegenstand und Fragestellung Politischer Kultur-Forschung," in Dirk Berg-Schlosser/Jakob Schissler (Hg.), Politische Kultur in Deutschland: Bilanz und Perspektiven der Forschung (Wiesbaden: Westdeutscher Verlag, 1987), S. 39 – 48.

[345] Vgl. Rainer Erb, „Antisemitische Straftäter der Jahre 1993 bis 1995," Jahrbuch für Antisemitismusforschung 6 (1997), S. 160 – 180.

[346] Dies verhindert theoretische Konfusionen bei der Analyse des politischem Autoritarismus, wie sie selbst bei so avancierten Forschern wie Hans-Georg Betz zu finden sind; Betz erkennt z.B. die „Suche nach autoritärer Führung" nicht als Element „autoritärer Wertvorstellungen", die seines Erachtens heute abnehmen; vgl. Hans-Georg Betz, „Rechtspopulismus: Ein internationaler Trend?," Aus Politik und Zeitgeschichte B 9 – 10 (1998), S. 3 – 12, hier S. 9f.

Die Diskussion theoretischer Modelle der Frankfurter Schule (vor allem Adornos, Horkheimers und Löwenthals) und ihrer Erweiterung, Modifikation und Aktualisierung soll nicht nur eine Antwort darstellen auf die theoretischen Defizite der gegenwärtigen Antisemitismusforschung. Revidiert, aktualisiert und erweitert um neuere politikwissenschaftliche Zugänge und Methoden (insbesondere einer diskurshistorisch orientierten politischen Kulturforschung), die den in der kritischen Theorie vernachlässigten Bereich des Politischen fokussieren, sollen die Konzepte der Kritischen Theorie die Analyse der Formen, Wirkungen und Verarbeitung verschiedener ‚Antisemitismen' in der politischen Kultur unterstützen. Jene Konzepte sollen Modelle bereitstellen zu ihrer Deutung, die anhand der genauen empirischen Analyse der politischen Interaktionsprozesse und ihrer Akteure selbst in ihrer aktuellen Reichweite hinterfragt werden sollen, aber auch diese Analyse mit strukturieren und bereichern. Anders als in den meisten jüngeren sozial- und politikwissenschaftlichen Forschungen zum Antisemitismus wird in dieser Studie die engere Verbindung von politisch-theoretischen Modellen und Empirie also gerade gesucht und neu justiert. In zahlreichen jüngeren Studien wird hingegen die bewusste Abkehr von Theorie im allgemeinen, der hier neu ins Recht gesetzten Kritischen Theorie und der Theorie vom autoritären Charakter im besonderen betont: „The change in the hypotheses posed by international anti-Semitism researchers since the 1960s made it necessary to develop new scales. Research no longer focused on recording complex personality structures or on empirical examination of theories; rather, on a theoretically less ambitious level, it aimed at a representative investigation of anti-Semitic attitudes and the changes they underwent."[347]

Zum Verständnis des Antisemitismus als Problem der zeitgenössischen politischen Kultur lassen sich vor dem Hintergrund der zu Beginn dargelegten politisch-kulturellen Ausgangskonstellation und Korrelationshypothesen theoretische Deutungsperspektiven skizzieren. Der moderne und spezifische neuere, sekundäre Antisemitismus in seinen manifesten wie latenten Formen wird hier im besonderen im Kontext des Problems von modernem Autoritarismus und autoritären Orientierungen, d.h. politisch-kulturell und gesellschaftlich erzeugten Dispositionen zu Autoritarismus und ethnisch-kultureller Idealisierung interpretiert. Nach Theodor W. Adorno sowie im Anschluss Herbert Kitschelt sind Ethnozentrismus, Nationalismus und Antisemitismus fast immer in breitere, vor allem autoritäre Orientierungen und antidemokratische politische Doktrinen (u. a. Sozialdarwinismus, fetischistische Arbeitsideologien, Intoleranz, Hierarchie- und Freund-Feind-Denken, Antifeminismus[348], Anti-Intellektualismus, Antiliberalismus und Anti-Universalismus) respektive in eine Gesamtstruktur von autoritären Persönlichkeitsformationen und deren normative Vorstellungen eingebunden.[349] Die gesell-

---

[347] Werner Bergmann/Rainer Erb, Anti-Semitism in Germany (New Brunswick, NJ: Transaction Publishers, 1995), p. 327.
[348] Vgl. hierzu jüngst Shulamit Volkov, „Antisemitismus und Antifeminismus: Soziale Norm und kultureller Code," in Dies., Das jüdische Projekt der Moderne (München: C.H. Beck, 2001), S. 62 – 81; Jean Radford, „The Woman and the Jew: Sex and Modernity," in Bryan Cheyette/Laura Marcus (eds.), Modernity, Culture and ‚the Jew' (Oxford & Cambridge: Polity Press, 1998), pp. 91 – 104.
[349] Vgl. Theodor W. Adorno, Studien zum autoritären Charakter (Frankfurt a.M.: Suhrkamp, 1973), S. 1; Herbert Kitschelt, „Politische Konfliktlinien in westlichen Demokratien," a.a.O., S. 437.

schaftlichen und politischen Überzeugungen eines Individuums bilden demnach häufig ein umfassendes, „gleichsam durch eine ‚Mentalität' oder einen ‚Geist' zusammengehaltenes Denkmuster"350, das wiederum auf in der politisch-sozialen Sozialisation erzeugte Charakterdispositionen verweist. Die Verbindungen von solchen autoritären Dispositionen mit ethnozentrischen Phantasmagorien „kollektiver Homogenität" und Konformität sowie mit antisemitischen Vorstellungswelten sind folgerichtig u.a. als subjektive Verarbeitungen größerer gesellschaftlicher und politischer Zusammenhänge zu deuten.

Antisemitismus, Nationalismus und Bedürfnisse nach kollektivem Narzissmus stellen demnach selbst eine *mögliche* Reaktionsform auf soziale wie politische Prozesse und Strukturen dar, die die kognitiven und psychischen, moralischen Selbstregulierungskompetenzen insbesondere autoritär Disponierter herausfordern und überschreiten. Antisemitismus kann, in der Interaktion mit einem Reservoir politisch-kultureller Tradierung und unbewusster Determinanten,351 somit in spezifischer Weise eine gesellschaftliche, kulturelle wie psychosoziale Reaktionsform auf Ohnmachtserfahrungen im Prozess der post-nationalen Transformation post-industrieller Demokratien ausdrücken. In Anknüpfung an die Theoreme der Kritischen Theorie personifizieren Juden, einer zentralen Hypothese dieser Arbeit zur Erklärung antisemitischer Reaktionsbildungen nach, im antisemitischen Bild im Besonderen all die negativ perzipierten oder gewerteten Seiten der Moderne, ihrer permanenten Transformationsprozesse wie –schübe und der mit ihr verbundenen anonymen, abstrakten Macht. Soziale Ängste, unerlaubte Sehnsüchte, Aggressionen und autoritäre Machtphantasien, die dem Selbst unakzeptabel erscheinen, aber konstitutiv sind für den modernen Autoritarismus, der selbst ein Produkt sozialer Unterwerfungsprozesse in der modernen Gesellschaft ist, werden dabei autoritär-konformistisch abgespalten und auf Juden *projiziert*. Sozialpsychologisch werden dergestalt im Antisemitismus sowohl die eigenen unbewussten Wünsche (Id-Anteile) als auch das Gewissen und die bürgerliche Moral (Über-Ich-Anteile) delegiert.352 Vor allem aber verkörpern die Projektionen auf Juden in spezifischer Art, im Unterschied zu anderen Vorurteilskomplexen, letztlich eine verdinglichte, personifizierende *Welterklärung* aller unverstandenen ‚Übel' der Moderne und aller negativ bewerteten soziokulturellen Veränderungsprozesse. Der moderne Antisemitismus hat also implizit und explizit Weltbildcharakter, auch bei sich wandelnden Kontexten und Funktionen. Er ist, ähnlich dem heutigen ‚Fundamentalismus', „als antimodernistische Reaktion auf die Moderne ein Teil dieser Moderne selbst."353

---

350 Theodor W. Adorno, Studien zum autoritären Charakter, a.a.O., S. 1.
351 Vgl. Werner Bohleber, „Die Konstruktion imaginärer Gemeinschaften und das Bild von den Juden – unbewusste Determinanten des Antisemitismus in Deutschland," Psyche, 51, 6 (1997), S. 570 – 605.
352 Vgl. Martin Jay, „Frankfurter Schule und Judentum: Die Antisemitismusanalyse der Kritischen Theorie," Geschichte und Gesellschaft 5 (1979), S. 439 – 454.
353 Friedemann Büttner, „Der fundamentalistische Impuls und die Herausforderung der Moderne," Leviathan, 24, 4 (1996), S. 469 – 492, hier S. 478. Auch Nationalismus und homogenisierende nationale Identitätsmuster sind teils selbst in die Widersprüche moderner Vergesellschaftung verstrickt, die Fragmentierung, Uniformität *und* Differenz produzieren; vgl. Craig Calhoun, „Nationalism and the Contradictions of Modernity," Berkeley Journal of Sociology 42 (1997-1998), pp. 1 – 30.

3. Politische Psychologie des Antisemitismus

Für alle undurchschauten, als verunsichernd und bedrohlich erfahrenen wirtschaftlichen, politischen, subjektiven und gesellschaftlichen Phänomene wie relativen Deprivationen, die mit den modernisierenden Umbrüchen und der Funktionsweise der kapitalistischen Moderne verbunden sind, wurden und werden oftmals in kulturellen Konstruktionen, im antisemitischen Blick Juden verantwortlich gemacht.[354] Diese personifizierende Welterklärung drückt sich u.a. in den teils unbewussten Identifikationen von Juden mit Geld, Medien, Demokratie (‚Plutokratie') und Kommunismus, mit abstraktem Recht wie Abstraktion und der Sphäre der Vermittlung schlechthin, mit der modernen Auflösung und ‚Unterwanderung' tradierter sozialer Bindungen, mit emanzipatorischen Glücksversprechen und Universalismus wie mit sozialer Kälte aus – Juden stehen dergestalt nicht nur für die modernen Medien und Vermittlungsformen von Geld, Geist und Macht, sondern auch für eine uneingelöste Freiheit, die verachtet wird, weil sie als Lüge erscheint. Diese Welterklärung kann in einer antisemitischen Weltverschwörungstheorie kumulieren, die sich zur politischen Paranoia steigern kann.

Zugleich berührt eine solche antisemitische Reaktionsbildung in vielfältiger Weise Fragen der kollektiven und nationalen Identitätsbildung. Antisemitismusforschung muss „Nationalismus und Nationalstaat als wesentliche Parameter in die Analyse der Ausgrenzung und Diskriminierung der jüdischen Minderheit einbringen."[355] Kollektive und nationale Identitäts-Ideologien, vor deren Folie sich das Gegenbild des Antisemitismus erhebt,[356] sind ein zentrales Korrelat. Judenfeindschaft ist kaum zu denken ohne eine ethnozentrische Aufwertung und Idealisierung des ‚eigenen' Kollektivs, das als Quelle kollektiver Erhöhung erscheint. Mit ihr ist die Abwertung der konstruierten ‚Anderen' und Exkludierten, im Falle des Bildes von Juden mithin die Vorstellung vom Feindes und vom personifizierten „Bösen" schlechthin verbunden: historisch in der Konstruktion der Juden als binär codierte „Gegenrasse" oder Antithese, die alles verkörpert, was vom ideologisch konstruierten kollektiven Selbstbild (‚Ehrlichkeit', ‚Bo-

---

354 Vgl. Vgl. u.a. Thomas Haury, „Finanzkapitel oder Nation'", a.a.O., S. 151. Vielfach werden aktuelle Felder der Reaktion auf moderne Herrschaft, werden Globalisierungskritik und Antiamerikanismus (insbesondere von rechtsextremer Seite) von antisemitischen Motiven mitbestimmt; vgl. Thomas Grumke/Annetta Kahane, „Grundbegriffe," in Zentrum Demokratische Kultur (Hg), Rechtsextremismus heute: Eine Einführung in Denkwelten, Erscheinungsformen und Gegenstrategien (Leipzig: Klett, 2002), S. 4 – 10, hier S. 8.
355 Vgl. Wolfgang Benz: „Antisemitismusforschung als gesellschaftliche Notwendigkeit und akademische Anstrengung," S. 134; allerdings hält Benz diese Dimension nur noch in Osteuropa, nicht für die westlichen Gesellschaften für aktuell.
356 Die Frage nach den Bedingungen wie Formierungen der autoritären Suche nach sowie dem Verhältnis von kollektiven/nationalistischen Identitätskonstruktionen und Gratifikationen als Bindeglied zum Antisemitismus ist für die Kritische Theorie zum Antisemitismus ein hervorstechender Aspekt. Sie ist auch in jüngeren sozialwissenschaftlichen Studien zur politischen Kultur zunehmend zum Gegenstand geworden; vgl. u.a. Claus-Ekkehard Bärsch, „Die Konstruktion der kollektiven Identität der Deutschen gegen die Juden in der politischen Religion des Nationalsozialismus," in: Peter Alter, Claus-Ekkehard Bärsch und Peter Berghoff (Hg), Die Konstruktion der Nation gegen die Juden (München: Wilhelm Fink Verlag, 1999), S. 191 – 224; Peter Berghoff, „'Der Jude' als Todesmetapher des ‚politischen Körpers' und der Kampf gegen die Zersetzung des nationalen Überlebens," in: Peter Alter et al., Die Konstruktion der Nation gegen die Juden, a.a.O., S. 159 – 172. Zur Diskussion dieses Zusammenhangs vgl. etwa Karl-Heinz Saurwein, „Antisemitismus als nationales Identitätsprojekt? Der soziologische Gehalt der Goldhagen-These" in Ders. und Werner Gephart (Hg.), Gebrochene Identitäten (Opladen: Leske & Budrich, 1999), S. 61 – 98. Zu Kontinuitäten und Transformationen der nationalen Identitätsproblematik nach dem Holocaust vgl. u.a. Mary Fulbrook, German National Identity after the Holocaust (Oxford & Cambridge: Polity Press, 1999).

denständigkeit', Gemeinschaftssinn, ‚echte Arbeit' etc.) abweicht. Zwischen Antisemitismus und Nationalismus, so die These, besteht ein inniger, nachweisbarer Zusammenhang.[357]

Konstruktionen ethnisch-nationaler Identitäten – als spezielle ethnokulturelle Gruppenkonstruktion – begründen sich auch allgemein durch Exklusion und Inklusion. Als wirkungsmächtige Folien *kollektiver Identifikation* funktionieren sie auf der Basis partikularer und in der Regel askriptiver Attribuierungen sowie einer partikularistischen Moral, die das ‚eigene' Kollektiv mittels Abwertung von Anderen überhöhen und dadurch kollektivistische Gratifikationen versprechen. Diese kognitiven wie affektiven Folien kollektiv-nationaler Identitätsformierung (des spezifischen *nation building* und seiner kulturellen Reproduktion) sind historisch spezifische Konstrukte, die aus einer Verbindung von politisch-kulturellen, politisch-kommunikativen und politisch-psychologischen Prozessen hervorgehen und sowohl mobilisierbar wie veränderbar sind.[358] Ethnisierende Vergemeinschaftskonstruktionen und -bildungen wirken nach innen homogenisierend und konstituieren sich autoritär-konformistisch; sie korrelieren mit der Wut auf Differenz. Im besonderen erheben sie sich, zumal vor dem Hintergrund der in der deutschen Geschichte vorherrschenden ethnischen Nationalstaats-Verständnisse und ethnischen Nationalismen und seiner antisemitischen Koppelungen, immer auch gegen das ‚Gegenbild' der als ‚heimatlos', kalt und abstrakt und als ‚Nicht-Volk' geltenden Juden, die Differenz und Individualität überhaupt repräsentieren. Die wesentlich in ihren Ursprüngen modernen, aber anti-modernistisch ausgerichteten Utopie des Antisemitismus kann sich dergestalt verbinden mit tradierten kollektiven Identitätsmustern, welche die homogene Gemeinschaft der Nation wie die vermeintliche Unmittelbarkeit der konkreten Gemeinschaft des ‚Volkes' in prästabilisierter Harmonie idealisieren und reaktiv gegen die Moderne und unerwünschte ‚Modernisierungen' mobilisiert werden können.

Dergestalt kann davon ausgegangen werden, dass es besondere, aktualisierbare und veränderliche Muster kollektiver Identitätsformierung innerhalb spezifischer politisch-kultureller Kontexte gibt, die Bilder von Juden mit bestimmten Motiven, Bedeutungshöfen und Funktionen konstruieren. Antisemitische Stereotype inkorporieren somit Traditionen kultureller Praktiken, während ihre Signifikanz und Aktualisierung zugleich abhängt von politisch-öffentlichen Kommunikationen wie von lokalen Alltagskommunikationen, in denen kulturelle Wahrnehmungsmuster und Identitätskonstruktionen

---

[357] Jüngst empirisch hierzu Werner Bergmann, „Nationalismus und Antisemitismus im vereinigten Deutschland," in Peter Alter, Claus-Ekkehard Bärsch und Peter Berghoff (Hg.), Die Konstruktion der Nation gegen die Juden (München: Wilhelm Fink Verlag, 1999), S. 137 – 155; historisch Peter Berghoff, „'Der Jude' als Todesmetapher des ‚politischen Körpers' und der Kampf gegen die Zersetzung des nationalen ‚Über-Lebens'," in ibid, S. 159 – 172.

[358] Herbert Kitschelt, „Politische Konfliktlinien in westlichen Demokratien," a.a.O., S. 420. Zu Fragen ‚kollektiver/nationaler Identität' hat sich in den letzten Jahrzehnten ein eigenständiger, durchaus breiter Forschungszweig entwickelt; vgl. grundlegend und exemplarisch Bernhard Giesen (Hg.), Nationale und kulturelle Identität: Studien zur Entwicklung des kollektiven Bewusstseins in der Neuzeit (Frankfurt a.M.: Suhrkamp, 1991); Helmut Berding (Hg.), Nationales Bewusstsein und kollektive Identität Studien zur Entwicklung des kollektiven Bewusstseins in der Neuzeit 2 (Frankfurt a.M.: Suhrkamp, 1996).

kontinuierlich *rekonstruiert* werden.³⁵⁹ Zudem stehen diese spezifischen Wahrnehmungsformen in einem Interaktionsverhältnis mit sozialstrukturellen Bedingungen, soziokulturellen Prozessen wie sozialpsychologischen Bedürfnissen, die selbst nicht zuletzt auch gesellschaftliche Ursachen haben.

3.1 Moderner Antisemitismus im Kontext von politischem Autoritarismus und ethnischem Nationalismus: Formen, Ursachen und politisch-psychologische Wirkungen

Den kritisch-theoretischen Modellen der Frankfurter Schule ist spätestens seit den Untersuchungen der vierziger Jahre, die vorangegangene ökonomistische Begrenzungen der Theorie endgültig aufgehoben haben, die These gemeinsam, dass moderne antisemitische Vorurteilsstrukturen wesentlich in Zusammenhang mit „autoritär-masochistischen"³⁶⁰ Persönlichkeitsdispositionen stehen, mit der „Gesamtstruktur [...] des autoritätsgebundenen Charakters, der selber das Produkt einer Verinnerlichung der irrationalen Aspekte der modernen Gesellschaft ist"³⁶¹. Moderner Antisemitismus ist demzufolge vor allem in modernem Autoritarismus begründet, der mit modernen Strukturprinzipien, Autoritäts- und Machtverhältnissen und neuen Formen gesellschaftlicher Verfügungsgewalt wirkungsmächtig geworden sei, welche neue Muster dependenter wie autoritärer (politischer) Sozialisation begünstigt hätten. Bei diesen neuen Sozialisationsmustern hätten ‚primäre' Sozialisationsagenturen (die Familie) zunehmend gegenüber direkten gesellschaftlichen, ehedem ‚sekundären' Sozialisationsagenturen an Bedeutung verloren. Antisemitische Ideologie wird daran gekoppelt begriffen als eine moderne Welterklärung, die in funktionaler Wechselbeziehung zu den psychosozialen Bedürfnissen und Ängsten (durch gesellschaftliche bzw. sozialisatorische Prozesse) autoritätsgebundener, ich-schwacher Sozialcharaktere stünde.³⁶²

3.1.1 Autoritarismus-Theoreme und die Rezeptivität für modernen Antisemitismus

Im Unterschied zur sachlich begründeten Anerkennung von Autorität in einer arbeitsteilig ausdifferenzierten Gesellschaft, einer notwendigen Anerkennung, die auf prüfendrationalem Verhalten beruht, spricht man von „Autoritarismus" als einer irrationalen, konformistischen und auf Macht an sich fixierten Unterwerfung unter Autoritäten, die

---

359 Vgl. die Konzeptionalisierungen kultureller Konstruktionen bei Rainer Winter/Karl H. Hörning (Hg), Widerspenstige Kulturen: Cultural Studies als Herausforderung (Frankfurt a.M.: Suhrkamp, 1999).
360 Erich Fromm, „Der autoritäre Charakter," in Ders., Die Gesellschaft als Gegenstand der Psychoanalyse (Frankfurt a.M.: Suhrkamp, 1993), S. 69 – 132.
361 Theodor W. Adorno, „Die Freudsche Theorie und die Struktur der faschistischen Propaganda," in Ders., Kritik. Kleine Schriften zur Gesellschaft (Frankfurt a.M.: Suhrkamp, 1971), S. 34 – 66, hier S. 61.
362 Zur Antisemitismusanalyse, -theorie und -forschung der Frankfurter Schule vgl. ausführlich Lars Rensmann, Kritische Theorie über den Antisemitismus: Studien zu Struktur, Erklärungspotenzial und Aktualität (Hamburg: Argument, 2001).

dem rationalen Eigeninteresse von Menschen widerspricht.³⁶³ Beim politischen Autoritarismus geht es um eine unhinterfragte Delegation von politischen Kompetenzen an Autoritäten in aufgezwungenem oder freiwilligem Gehorsam und die Wut auf Abweichung vom Kollektiv, das sich als mächtig wähnt, sowie insgesamt um eine antidemokratische Grundorientierung.³⁶⁴ Beim politischen Autoritarismus, der der Kritischen Theorie nach in psychosozialen Dispositionen und Orientierungsmustern gründe, geht es, genauer gesagt, um antidemokratische politisch-soziale Grundorientierungen, die a) für autoritäre Ideen (wie Konformismus, Intoleranz, Nationalismus, Rechtsextremismus, Antisemitismus, nach Adorno: *autoritärer Konventionalismus*), b) für gewaltförmige Maßnahmen zu ihrer Verwirklichung (nach Adorno: *autoritäre Aggressivität*), und c) für die Unterwerfung unter autoritär-hierarchische, anti-demokratische Organisations- und Staatsformen (z.B. „Führerprinzip", nach Adorno: *autoritäre Unterwürfigkeit*) besonders empfänglich erscheinen. Der politische Autoritarismus verweist dabei auf unterschiedliche politisch-psychologische, gesellschaftliche und politisch-kulturelle Ursprünge (u.a. hierarchische Kulturtraditionen, autoritäre Sozialisationserfahrungen, autoritäre Einstellungen und Ideenhorizonte, undemokratische Regierungsweise in Geschichte und/oder Gegenwart etc.).³⁶⁵

Die kritisch-theoretische Bestimmung des Autoritarismus orientiert sich dergestalt an der Vorstellung eines psychosozialen Gefüges, eines Zusammenhangs, der sich in bestimmten Persönlichkeitsstrukturen—in verschiedenen Graden und Ausprägungen—kristallisiert. Es geht um das innere Beziehungsgeflecht eines idealtypischen „autoritätsgebundenen Charakters", der eine „relativ starre, unveränderliche, immer wieder auftretende und überall gleiche Struktur" aufweist und im Gegensatz zum „freien, nicht blind an Autorität gebundenen Menschen"³⁶⁶ steht. Entscheidendes Bindeglied dieser autoritätsgebundenen Elemente ist laut Kritischer Theorie die Ich-Schwäche der Subjekte, die in verhärteten autoritaristischen Deformationen münden kann, sich gleichzeitig jedoch laut Löwenthal in einer ständig „prekäre[n] emotionale[n] Stabilität"³⁶⁷ ausdrückt. Mit der Schwäche des eigenen Ichs, das sich den Anforderungen der Selbstbestimmung, ja der selbständigen Organisation des eigenen Triebhaushalts und Lebens nur bedingt selbst-regulativ gewachsen fühle, verbänden sich autoritäre Phantasien sowie die autori-

---

363 Vgl. Leo Löwenthal, „Autorität in der bürgerlichen Gesellschaft: Ein Entwurf," in Ders., Falsche Propheten: Studien zum Autoritarismus: Schriften Bd. 3 (Frankfurt a.M.: Suhrkamp, 1982), S. 258f.
364 Vgl. Jos D. Meloen, „Die Ursprünge des Staatsautoritarismus: Eine empirische Untersuchung der Auswirkungen von Kultur, Einstellungen und der Politik im weltweiten Vergleich," in Susanne Rippl, Christian Seipel und Angela Kindervater (Hrsg.), Autoritarismus: Kontroversen und Ansätze der aktuellen Autoritarismusforschung (Opladen: Leske & Budrich, 2000), S. 215 – 236.
365 Vgl. ibid, S. 217ff.
366 Theodor W. Adorno und Max Horkheimer, „Vorurteil und Charakter," in Theodor W. Adorno, Soziologische Schriften II: Gesammelte Schriften Bd. 9.2 (Frankfurt a.M.: Suhrkamp, 1975), S. 360 – 373, hier S. 367 und 361.
367 Leo Löwenthal, „Vorurteilsbilder: Antisemitismus unter amerikanischen Arbeitern," in Ders., Falsche Propheten: Studien zum Autoritarismus. Schriften Bd. 3 (Frankfurt a.M.: Suhrkamp, 1982), S. 227. Dieser Hinweis von Löwenthal zur emotionalen Instabilität wird in einer anderen Antisemitismus-Studie der 40er Jahre -- ebenfalls als Teil der *Studies in Prejudice* -- weiterverfolgt, die auf Grundlage dieses Symptoms das sozialpsychologische Konzept einer festen Persönlichkeitsstruktur selbst kritisiert; vgl. Nathan Ackermann und Marie Jahoda, Anti-Semitism and Emotional Disorder (New York: Harper, 1950).

taristische, konformistische Anerkennung jeglicher politischer Ordnung, wenn sie nur mit drastischen Machtmitteln zu verfahren wisse.[368]

Mittels standardisierter Fragebögen, Skalen, Inhaltsanalysen und verschiedener qualitativ-klinischer Interviews konnte in der tiefenpsychologisch und theoretisch orientierten Sozialforschung zur *Autoritären Persönlichkeit* in den vierziger Jahren erstmals die kritisch-theoretische Hypothese empirisch triftig belegt werden, dass zwischen Ethnozentrismus[369] (E-Skala), politisch-wirtschatlichem Konservatismus (PEC-Skala), Antisemitismus (A-S-Skala) und faschistischer ‚Disposition', d.h. Autoritarismus (F-Skala) ein nachweisbarer Zusammenhang besteht. Im Besonderen sticht die Korrelation von Antisemitismus und Ethnozentrismus mit der F-Skala hervor. Personen, die hohe Werte auf der F-Skala aufweisen, nicht aber auf A-S und E, würden die Ausnahme bilden, die jeweils einer besonderen Erklärung bedarf.[370] Nur beim Konservativismus und Konventionalismus wird der Zusammenhang u.U. gebrochen.[371] Gerade die autoritäre Disposition – ausgedrückt in der F-Skala –, die auf verhältnismäßig verborgene, dafür aber besonders verfestigte Züge in der Charakterstruktur verweist, ist hier als Fundament und Bindeglied für weniger tief liegende Vorurteile und Werte sowie die noch variableren Orientierungen interpretiert worden.[372]

Die Theorie vom autoritären Charakter, die der Kritischen Theorie über den modernen Antisemitismus zugrunde liegt, gilt zunächst „psychologischen Potenzialitäten, die in gewissen objektiv-gesellschaftlichen und politischen Situationen sich aktualisieren"[373]. Betont wird unter Berücksichtigung notwendiger Differenzierungen, dass allerdings die Unterscheidung zwischen potenziell, latent und manifest nicht übertrieben werden sollte[374]. Gleichzeitig geht die entwickelte Autoritarismus-Theorie noch deutlicher als etwa der frühe Erich Fromm, der Autoritätsbindungen verstärkt im Kleinbürgertum und bei Angestellten, nur bedingt im Industrieproletariat auffand, von einem Klassen übergreifenden Wesen autoritärer Dispositionen aus,[375] sowie von einer besonders hohen Relevanz frühkindlicher Sozialisation und Charakterentwicklung.

Die zentrale These von der immanent-sozialpsychologischen Korrelation autoritätsgebundener Charakterdispositionen mit antisemitischen Vorurteilsstrukturen hat indes an empirischer Triftigkeit und theoretischer Plausibilität zunächst scheinbar kaum verloren, obgleich Adornos ursprüngliche Autoritarismus-Studie selbst in ihren sozial-

---

368 Vgl. Theodor W. Adorno und Max Horkheimer, „Vorurteil und Charakter," a.a.O., S. 368.
369 Unter Ethnozentrismus ist die Koppelung von kognitiven und affektiven Orientierungen zu verstehen, nach denen „die Eigengruppe -- die eigene Nation, die eigene Religion u.ä. -- übertrieben hoch bewertet wird und die Außengruppen -- ethnische, religiöse und andere Minderheiten -- herabgesetzt und verachtet werden." Vgl. Christel Hopf und Wulf Hopf, Familie, Persönlichkeit, Politik. Eine Einführung in die politische Sozialisation (Weinheim und München: Juventa, 1997), S. 25.
370 Vgl. Theodor W. Adorno, Studien zum autoritären Charakter, a.a.O., S. 40ff.
371 Vgl. Ibid, S. 47 und S. 175ff, S. 180 – 279.
372 Vgl. Ibid, S. 18ff.
373 Theodor W. Adorno, „Starrheit und Integration," in Ders., Soziologische Schriften II: Gesammelte Schriften Bd. 9.2 (Frankfurt a.M.: Suhrkamp, 1975), S. 374 – 377, hier S. 375.
374 Vgl. Theodor W. Adorno, Studien zum autoritären Charakter, a.a.O., S. 40.
375 Vgl. Erich Fromm, Arbeiter und Angestellte am Vorabend des Dritten Reiches. Eine sozialpsychologische Untersuchung (München: dtv, 1983 [1929]). Aber auch Adorno erwähnt noch eine besondere Anfälligkeit des Mittelstandes für Anpassung und Faschismus; vgl. Adorno, Studien zum autoritären Charakter, a.a.O., S. 47.

wissenschaftlichen Methoden nicht unbedingt zu überzeugen wusste (allerdings nichts desto weniger in Fragestellung und Methodik eine breite, bis heute nachwirkende Folgeforschung begründet hat). Demnach ist das Ich, als Kategorie des Freudschen Triebstrukturmodells, fundamental in seiner regulativen Funktion geschwächt, d.h. *destrukturiert* und, im Gefüge mit den anderen Instanzen des psychischen Haushalts des Individuums, desintegriert. Die Selbstregulierungs- und Reflexionskompetenzen, Bewusstsein und integriertes Gewissen/Über-Ich sind demnach so schwach und fragil, dass sie verstärkt äußeren, gesellschaftlichen Halt suchen sowie dazu tendieren, im Besonderen in Krisen, die Welt als Verschwörung wahrzunehmen und nach außen zu schlagen, d.h. die eigenen verdrängten und unbeherrschten Sehnsüchte am Anderen zu ahnden. Das autoritäre Subjekt wird demnach beherrscht von seinen unbewussten antagonistischen Triebregungen und von moralischen Über-Ich-Instanzen, die dem Individuum ebenso 'äußerlich' sind, d.h. kaum oder gar nicht ins Ich integriert, wie seine inneren Triebkräfte ihm fremd erscheinen. Das destrukturierte Subjekt, das, unfähig zu weitergehenden Sublimierungsleistungen, gezwungen ist, seine übermächtigen Regungen stets aufs Neue zu unterdrücken, um in der Gesellschaft überhaupt bestehen zu können, ist von der unmittelbaren Gewalt gezeichnet, die zu seiner Konstitution geführt hat.

Gebunden an besonders rigide externalisierte Über-Ich-Formen und unterdrückende Autoritäten, welche die blinde Unterwerfung der eigenen Triebbedürfnisse verewigen, die die autoritätsgebundenen Subjekte im Sozialisationsprozess erleiden mussten, tendiert der autoritäre Charakter der Frankfurter Schule nach dazu, die erfahrene Gewalt *sadistisch*, dürftig rationalisiert, nach außen, gegen vermeintlich Schwächere zu kehren, und *masochistisch* gegenüber den erhöhten Autoritäten der Macht und Gewalt nach innen zu wenden. Die Dispositionen des Autoritären sind gleichermaßen bestimmt, so Leo Löwenthal, von einem „Sadismus im Kampf mit seinen eigenen Regungen, [...] der in der Form von Lebensneid nach außen gegen die wirklich oder scheinbar Genussfähigen"[376] formiert wird. Den autoritären Charakter störe die Abweichung von der konventionellen Norm. Autoritäre Aggressivität und Unterwürfigkeit, ein machtfixierter Konformismus, der beim Auftreten jeder sozialen Abweichung Beängstigung bezeugt, und vor allem eine 'stereopathische', also pathisch-projektive, stereotype Mentalität, die für die schematische Einteilung der Welt in Freund-Feindbilder und für Vorurteilsstrukturen, die auf nach außen delegierte eigene Sehnsüchte und Ängste verweisen, insgesamt ebenso anfällig macht wie für kollektiv-narzisstische Gratifikationen des geschwächten Ichs, sind der Kritischen Theorie nach die wesentlichen Charakteristika der Gesamtstruktur autoritärer Persönlichkeitssyndrome.[377]

---

[376] Leo Löwenthal, „Autorität in der bürgerlichen Gesellschaft: Ein Entwurf," a.a.O., S. 290.
[377] Vgl. Theodor W. Adorno, Studien zum autoritären Charakter, a.a.O., S. 45ff. Adorno entwirft zudem eine Typologie unterschiedlicher Typen vom autoritären Charakter. Neben dem „autoritären Rebell" wird dem „manipulativen Typus", dem besonders gesellschaftlich angepassten Autoritären als bürokratischem Funktionsträger, der keine moralischen Schuldgefühle oder Gewissensängste mehr kenne und von daher als gut integrierte Persönlichkeit erscheine, eine besondere, zunehmende Bedeutung in der modernen Gesellschaft zugeschrieben. Der manipulative Typus differiere insofern vom aufgezeigten Idealtypus, als dass die erfahrene Kälte und Härte wie die aufgezeigte externalisierte Über-Ich-Struktur in einem besonders extremen Narzissmus, extremer Stereotypie, sowie einer völligen Abwesenheit von „affections" münden; das Unbewusste wirke hier weniger bedrängend: „Das potenziell gefährlichste Syndrom, den ‚Manipulativen', kennzeichnet extreme

Der Autoritarismus als durch die (politische) Sozialisation erworbenes Orientierungsmuster impliziert dabei nicht, dass nicht gerade auch mit ‚alten', familialen und politischen Autoritäten gebrochen werden könnte. Neue Autoritäten und Ideologien befriedigen dabei zwei Bedürfnisse zugleich, die rebellischen Tendenzen und die latente Sehnsucht nach einer umfassenden Unterordnung[378]; insofern erlauben jene auch den ‚Vatermord', die offene Wendung gegen die hergebrachte Autorität, die beim autoritätsgebundenen Charakter nicht nur libidinös idealisiert, sondern auch unbewusst verachtet werde. Diese Wendung ist aber laut Kritischer Theorie beim Autoritätsgebundenen nur möglich, wenn die Kraft der alten Autorität verwirkt erscheint und neue, mächtigere Autoritäten bereits an ihre Stelle getreten sind. Solch autoritärer Rebellion bzw. einem solchen „rebellischen Konformismus"[379], wie es bei Kurt Lenk heißt, wird in der neueren Forschung, gerade im Hinblick auf junge Rechtsextremisten, große Bedeutung zugemessen.[380] Dieser besonders destrukturierte autoritäre Charaktertypus scheint in antisemitischen, rechtsextremen Jugendmilieus gerade im Osten Deutschlands zuzunehmen bzw. verstärkt aufzutreten, bei denen die Identifikation mit elterlichen Autoritäten vielfach ganz weg gebrochen ist und etwa die informelle, rechtsextreme Jugendclique entscheidende Orientierung bietet. Im Gegensatz zu konservativ-autoritären und manipulativeren Ausprägungen scheint hier die Affektkontrolle durch die Über-Ich-Instanz besonders dünn, die destruktiv verzerrten Es-Bestrebungen besonders intensiv und mächtig, und sie treten fast unvermittelt, teils unverhüllt zutage.

Die Grundstruktur autoritärer Dispositionen in ihren unterschiedlichen psychosozialen Ausprägungen wird in der Kritischen Theorie dem Pol nicht-autoritärer Persönlichkeitsstrukturen gegenübergestellt. Adorno spitzt diesen psychologischen Antagonismus noch zu, indem er bei denjenigen, die nicht zwanghaft an Autorität gebunden seien, von Vorurteilsfreien redet,[381] den „genuin Liberalen".[382] Der Autoritäre tendiere aufgrund seiner desintegrierten Persönlichkeitsstruktur, seinen geschwächten kognitiven und vor allem moralischen Selbstregulierungskompetenzen, zum Hass auf den 'Anderen', die Differenz, auf den, dem möglich scheint, was jener sich versagen muss, und zu einer omnipräsenten sozialen Angst. Da alles und jedes das nur prekär zusammengehaltene autoritätsgebundene Selbst gefährden könnten, und tatsächlich – gerade in prekä-

---

Stereotypie; starre Begriffe werden zu Zwecken statt zu Mitteln, und die ganze Welt ist in leere, schematische, administrative Felder eingeteilt. [...] Die Juden irritieren sie; denn deren angeblicher Individualismus fordert ihre Stereotypie heraus, und sie spüren bei den Juden eine neurotische Überbetonung eben der menschlichen Beziehungen, die ihnen selbst fehlen. Die Gegenüberstellung von Eigengruppe und Fremdgruppe wird zum Prinzip, nach dem sie die ganze Welt ordnen.Ihre nüchterne Intelligenz und die fast komplette Absenz von Affekten macht sie wohl zu denen, die keine Gnade kennen." Siehe ibid, S. 334f.
378 Erich Fromm, Arbeiter und Angestellte am Vorabend des Dritten Reiches (München: dtv, 1985), S. 249.
379 Kurt Lenk, „Jugendlicher Extremismus als gesamtdeutsches Problem," in Faber/Funke/ Schoenberner (Hg.), Rechtsextremismus, a.a.O., S. 86 -94, hier S. 92.
380 Vgl. u.a. Christel Hopf, „Autoritäres Verhalten. Ansätze zur Interpretation rechtsextremer Tendenzen," in: Hans-Uwe Otto und Roland Merten (Hg.), Rechtsradikale Gewalt im vereinigten Deutschland. Jugend im gesellschaftlichen Umbruch (Opladen: Bundeszentrale für politische Bildung, 1993), S. 157 – 165; und Rita Marx, „Rechtsradikale Jugendgewalt: Psychoanalytische Frageperspektiven," in: ibid, S. 166 – 175, hier S. 169.
381 Vgl. zur Gesamtdarstellung der vorurteilsfreien Syndrome Adorno, Studien zum autoritären Charakter, a.a.O., S. 339 – 359.
382 Theodor W. Adorno, Studien zum autoritären Charakter, a.a.O., S. 353.

ren (psycho-)sozialen Krisen oder vor dem Hintergrund von Erfahrungen relativer Deprivation – soziale Ohnmacht für den Autoritären erfahrbar seien, sei der Autoritäre der Kritischen Theorie zufolge für Welterklärungen, die eine Gruppe (und im Besonderen Juden) für jegliches subjektive und objektive Problem verantwortlich machen, besonders empfänglich, wie auch für weitere Rationalisierungen von stereotypen Feindbildern. Indes wird zugleich die autoritäre Persönlichkeitsstruktur auch als ein spezifisches Produkt moderner Vergesellschaftung, als idealtypische moderne Subjektivität verstanden, deren kognitive, moralische und affektive Autonomie tendenziell geschwächt sei. Insofern wird die sozialpsychologische Bestimmung der potenziell antisemitischen Persönlichkeit an gesellschaftliche, realgeschichtliche und politische Prozesse gesellschaftstheoretisch zurückgebunden. Die Kritische Theorie geht davon aus, dass vorherrschende reifizierte Bewusstseinsformen in der ‚homogenisierten' modernen Massenkultur, gestiegene gesellschaftliche Abhängigkeiten, die strukturelle Schwächung der Familie als Sozialisationsagentur, sowie vor allem moderne Vergesellschaftungsmodi einschließlich ihrer permanenten soziokulturellen Modernisierungsschübe und Umwälzungsprozesse zur strukturellen Schwächung der politischen Subjekte und zur neuen Bedeutung autoritärer Sozialisationsmuster beitragen.

Der moderne Übergang vom bürgerlichen Individuum, das bereits aufgrund des ökonomischen Konkurrenzdrucks immer auch mit Kälte und Härte geschlagen sei, zu autoritären Persönlichkeiten ist, so die Frankfurter Schule, auch durch eine Zuspitzung unmittelbarerer gesellschaftlicher Herrschaft wie sozialer Kontrolle charakterisiert; Prozesse, die mit der Veränderung der sozialen Familien- und Autoritätsstruktur im Rahmen der gesellschaftlichen Entwicklung aufs engste verknüpft seien. Die extremen sozioökonomischen und soziokulturellen Modernisierungsschübe und permanenten Tranformationsprozesse wie Konflikte in modernen Gesellschaften haben Löwenthal zufolge die Menschen von traditionellen Beziehungen ‚entwurzelt' und dabei gleichsam direkter dem enormen psychosozialen Druck der industriegesellschaftlichen Anforderungen unterworfen.[383] Die moderne Zweckrationalität, die in den modernen gesellschaftlichen (Austausch-)Beziehungen konstitutiv sei, habe demnach selbst die Sphäre der frühkindlichen familiären Sozialisation durchdrungen.[384] Die Menschen seien in der Moderne gewaltigen „Veränderungen in der Wirtschafts- und Sozialstruktur ausgesetzt [...]: der Ablösung einer Schicht kleiner, unabhängiger Produzenten durch gigantische Konzernbürokratien, dem Zerfall der patriarchalischen Familienstruktur, dem Auflösungsprozess persönlicher Bindungen in einer zunehmend mechanisierten Welt, der Spezialisierung und Atomisierung des gesellschaftlichen Lebens und der Ablösung kultureller Muster durch Massenkultur. Diese objektiven Ursachen sind seit langem und mit zunehmender Intensität wirksam."[385]

Obgleich der patriarchalen Familie, im besonderen der Vaterinstanz, nach wie vor eine wichtige Funktion im Prozess der Vermittlung von Autorität im gesellschaftlichen

---

[383] Vgl. Leo Löwenthal, „Falsche Propheten: Studien zur faschistischen Agitation," in Ders., Falsche Propheten: Studien zum Autoritarismus. Schriften Bd. 3 (Frankfurt a.M.: Suhrkamp, 1982), S. 150.
[384] Vgl. Max Horkheimer, „Autorität und Familie in der Gegenwart," a.a.O., S. 382.
[385] Leo Löwenthal, „Falsche Propheten," a.a.O., S. 30.

Sozialisationsprozess zukomme, werde die Vaterautorität vermehrt durch unvermittelte gesellschaftliche Autoritäten (sekundäre Sozialisationsinstanzen wie ‚peer groups', Medien, Schule, gesellschaftliche Institutionen) ersetzt, nicht zuletzt, da viele bürgerliche wie lohnabhängige Väter selbst wirtschaftlich als Autoritäten entmachtet würden im ökonomischen Gesamtprozess. Dabei erzwinge, so Herbert Marcuse, „der Vater weiterhin die primäre Ablösung der Sexualität von der Mutter, aber seine Autorität wird nicht mehr durch seine spätere erzieherische und ökonomische Macht befestigt und perpetuiert."386

Kollektive Einheiten der Gesellschaft, ersetzen, der Frankfurter Schule zufolge, somit schon im frühkindlichen Stadium zunehmend die Familie als primäre Sozialisationsinstanz; diese ‚sekundäre Sozialisation' durch Medien, ‚peer-groups', Konzerne, Schule, Staat, soziale Organisationen etc. habe in der modernen Gesellschaft mitunter die Bedeutung der ‚primären' (Familie) übertroffen.387 Es sei insbesondere diese sozioökonomisch bedingte Krise der Familie als Vermittlungsinstanz vor der unmittelbaren gesellschaftlichen Herrschaft, die die Haltungen produziere, welche die Menschen für einen politischen Autoritarismus vorbereiteten, der nicht nur in autoritären politischen Systemen existiere und reproduziert werde. Denn die geschützte Herausbildung von Autonomie und Individualität werde durch diesen Prozess erschwert. Die reibungsvollen, vor allem aber relativ ‚geschützten' Prozesse der familiären Sozialisation hätten Horkheimer und Adorno zufolge das Potenzial, individuelle Autonomie, selbständiges Bewusstsein und ein moralisches Selbst mit unabhängigem Gewissen zu vermitteln. Insbesondere die mütterliche Bindung, der sozialisatorische Freiraum von den unmittelbaren Zwängen, vom Anpassungsdruck der modernen Gesellschaft, sieht Max Horkheimer zentral für die Entwicklung eines autonomen Ichs wie eines moralischen Selbst. Dieser relative ‚Freiraum' werde durch die Zersetzung der gesellschaftlichen wie ökonomischen Unabhängigkeit der Familie im Kern angegriffen. Der Kritischen Theorie zufolge wird also im Kontext der spätkapitalistischen Moderne bereits in der frühen Kindheit die für autonomes Bewusstsein wie Gewissen bedeutende Sphäre der Vermittlung angegriffen. Was aber sind der Kritischen Theorie zufolge im Einzelnen die „recurring patterns" und politisch-psychologischen Funktionen moderner antisemitischer Ideologiestrukturen, Vorurteilsensembles und Mobilisierungsthemen, die dem kritisch-theoretischen Modell zufolge mit ‚autoritären' psychosozialen Bedürfnissen und Phantasien korrespondierten?

---

386 Herbert Marcuse, „Das Veralten der Psychoanalyse," a.a.O., S. 180.
387 Vgl. Max Horkheimer, „Autorität und Familie in der Gegenwart," a.a.O., S. 385. Die neuere und neueste Sozialisationsforschung hat diese These nachdrücklich bestätigt. Vgl. zusammenfassend Wolfgang Bergem, Tradition und Transformation, a.a.O., S. 45 – 49.

3.1.2 Vom Vorurteil zur Welterklärung: Moderne antisemitische Stereotypmuster und ihre politisch-psychologischen Funktionen

Antisemitismus wird, wie angedeutet, im Anschluss daran zunächst verstanden als gesellschaftliche Ideologieform, die die autoritären Verstümmelungen wie autoritätsgebundenen Bedürfnisse der Individuen aufgreife und zu einer stereotypen Welterklärung verdichtet, die noch die disparatesten psychologischen Interessen zusammenfügt. Wirkt Antisemitismus als ‚System' der Weltorientierung und als psychologisches Ventil, von kaum einer Wirklichkeitserfahrung und -kontrolle gehemmt, so funktioniert die Ideologie in sich selbst dynamisierend. Gleichzeitig ist dabei der Antisemitismus die Vorurteilsstruktur, die alle möglichen Projektionen zu vereinigen in der Lage ist; obgleich die Struktur der Ausgrenzung und Abwertung quasi-systematischen und homogenisierenden Charakter hat. Denn der Antisemitismus ist letztlich inhaltlich völlig amorph – jede Projektion scheint erlaubt.

So hat antisemitische Ideologie zu verschiedenen Zeiten und in unterschiedlichen Zusammenhängen auch teils divergierende Funktionen; der Antisemitismus verändert sich in der Ausprägung und in seinen Funktionen unter verschiedenen historischen Bedingungen. Dies berührt den Begriff der Ideologie; in ihr verdichtet sich stereotypes Denken und dessen Ausdruck in spezifischen Vorurteilen zur Struktur, die historischen Veränderungen unterworfen ist. Ideologie ist nicht im orthodoxen Sinn zu verstehen als bloß ‚falsches Bewusstsein', das mangels ‚Aufklärung' die gesellschaftliche Realität verkennt; in der antisemitischen ‚Weltanschauung', die zugleich systematisch und zutiefst widersprüchlich-amorph ist, bricht die innere Rationalität des verdinglichten Gedankens immer wieder hinter den sozialpsychologischen Funktionen der Ideologie zusammen. Daraus begründet sich die Notwendigkeit einer Politischen Psychologie. Das politisch-psychologische Verfahren der projektiven Besetzung von Ängsten und Wünschen ist dabei das der (verschwörungstheoretischen) Personalisierung: „Politische Stereotypie und Personalisierung können als Mittel zur Bewältigung dieses unbehaglichen Zustands interpretiert werden, [...] als Orientierungsmarken und Projektionen der durch Desorientierung erzeugten Ängste. Ähnliche Funktionen scheint das ‚rationale' Klischee der Juden zu erfüllen. Diese sind für den extrem Vorurteilsvollen aufs Äußerste stereotypisiert und gleichzeitig stärker personalisiert als irgendein anderer Popanz, weil sie nicht durch einen Beruf oder eine soziale Rolle definiert sind, sondern durch ihre Existenz als solche."[388]

Es wird in der Kritischen Theorie davon ausgegangen, dass bei einer Verfestigung einer vorurteilsanfälligen Persönlichkeitsstruktur mit der verringerten Autonomie auch die soziale Angst, Wut und Destruktivität zunimmt, die in Phantasien allgegenwärtiger Bedrohung sowie autoritärer Allmacht gipfeln können. Mit dieser Doppelfunktion korrespondiert der Antisemitismus im Unterschied zu anderen Rassismen in spezifischer Weise. Die antisemitische Besetzung einer *sozialen Paranoia* – eines in modernen Verschwörungs- und personifizierenden Welterklärungstheorien mündenden gesell-

---

[388] Theodor W. Adorno, Studien zum autoritären Charakter, a.a.O., S. 123.

schaftlichen ‚Verfolgungswahns' – ist ein wesentliches Merkmal seiner Besonderheit: Juden werden von Antisemiten überall und ‚hinter' allem vermutet, vor allem als heimliche Drahtzieher der Macht und hinter der undurchschauten und abstrakten Macht des Geldes. Nur der Antisemit kann in der antisemitischen Paranoia den Juden und seine Allmacht erkennen und identifizieren. Antisemitische Stereotype übersetzen die soziale Paranoia in eine paranoide Welterklärung, können so leicht verankert werden. Die Vorurteile können – trotz Realitätsferne, teils kruder logischer Gegensätzlichkeit und ihrem diffusen Zerrbild-Charakter – für den Antisemiten eine deutliche intrapsychologische Konsistenz aufweisen[389], ja bei aller Regressivität und (Selbst-)Destruktivität triebökonomisch mitunter verschiedene Ebenen von immanenter ‚Rationalität' erreichen. Narzisstischer Gewinn, das Schwelgen in destruktiv wie libidinös aufgeladenen antisemitischen Phantasien oder das für den Ohnmächtigen entlastende Gefühl der Macht gegenüber den ‚Anderen' entspringen wahnhaften Entstellungen und können doch für autoritäre Charaktere die dünnen ‚rationalen' Zwecke darstellen.

Die hermetische, sich nicht mehr reflektierende Verlagerung der subjektiven Innenwelt ins Außen, ins kollektive Feindbild von Juden, welches kaum mehr Züge einer irgend lebendigen historischen Beziehung zu den Objekten der Verachtung trage, beruhe auf dem verblendeten, autoritär induzierten Erkenntnismodus der „pathischen Projektion", die gleichsam autistisch den Schleier über der subjektiven Wahrnehmung, der eigenen in die Welt gesetzten Lüge zementiert, die die Antisemiten selbst glauben. Der moderne Antisemitismus ist insofern als Ideologie zu bestimmen, die ganz unerhellt das Eigene ins Außen verlagert. Das antisemitischen Bewusstsein, das die eigenen Lügen glaubt und den Juden die eigenen Bestrebungen nach Allmacht („Weltherrschaft") unterschiebt; fassen Adornos und Horkheimer in den Worten: „Im Bild des Juden, das die Völkischen vor der Welt aufrichten," sagt Adorno, „drücken sie ihr eigenes Wesen aus."[390] Darunter stechen die verpönten Gelüste nach grenzloser Macht und Gewalt hervor, die Juden unterstellt und doch von den Antisemiten selbst angestrebt werden. Die Kritische Theorie ist also sowohl im Hinblick auf das Theorem vom autoritären Charakter als auch in der These vom Antisemitismus als „pathische Projektion" stark von psychoanalytischen Annahmen unterfüttert. Als paradigmatischer Idealtypus des ich-schwachen Autoritären hasse der moderne Antisemit nach Adorno zunächst „ohne Ende, weil er keine Erfüllung kennt". Der Antisemit steht nach Adorno auf dem Sprung zur Gewalt und zum Verlust der Selbstkontrolle in einer komplexen modernen Welt, die er aufgrund der gesellschaftlichen Schwächung seiner moralischen Kompetenzen und Selbstregulierungsfähigkeiten nur noch stereotyp wahrzunehmen in der Lage sei. Seine subjektiv verkümmerte Innenwelt, seine verdrückten, verdrängten und entstellten Wünsche und Phantasien wie seine (paranoiden) Ängste, verlagert der Antisemit laut Adorno ins kollektivierte Außen, in das Feindbild von Juden, das die unterschiedlichsten psychosozialen Funktionen für das schwache Subjekt übernehmen kann. D.h., psychoanalytisch formuliert, der Antisemit als Realfall autoritätsgebundener

---

[389] Vgl. ibid, S. 107.
[390] Max Horkheimer und Theodor W. Adorno, „Dialektik der Aufklärung: Philosophische Fragmente," in Max Horkheimer, Gesammelte Schriften Bd. 5 (Frankfurt a.M.: Fischer, 1987), S. 197.

Persönlichkeitsstruktur tendiert dazu, „seine unterdrückten Impulse auf andere Menschen zu projizieren, um diese dann prompt anzuklagen. Mit dem Antisemitismus bekämpft der Antisemit demnach seine eigenen, unerlaubten Regungen und Sehnsüchte: sie werden ins Bild vom Juden projiziert und sollen mit den Juden totgeschlagen werden. Projektion ist daher ein Mittel, Es-Triebe ich-fremd zu halten, und kann als Zeichen der Unzulänglichkeit des Ichs betrachtet werden, seine Funktionen zu erfüllen."[391]

Die inhaltlich heterogenen pathischen Projektionen und strukturellen Ambivalenzen beim Idealtypus des autoritätsgebundenen Charakters finden im modernen Antisemitismus der Kritischen Theorie zufolge ihr perfektes Ventil, ihre Entsprechung und personifizierende Zuschreibung. Keine andere Vorurteilsstruktur vermag es, ähnlich widersprüchliche psychosoziale Funktionen zu erfüllen; hier verbinden sich nach außen projizierte destruktive Selbstanteile: Phantasien von Macht, Verschwörung, zivilisationszerstörerischer Triebentfesselung, die als Erklärung für die erfahrene Malaise dienen und die, einmal ideell rationalisiert, in der Verfolgung mitunter selbst ausagiert werden, aber auch verdrängte Wünsche: nach Freiheit, einer vom Zwang befreiten Lust, nach arbeitsfreier ('parasitärer') Existenz, Freiheit von der ‚Scholle' und den einengenden Erwartungshaltungen der ‚Gemeinschaft', vor allem aber auch moderne Verkehrsformen und Vermittlungen, Geld, abstrakter Reichtum und Intellektualität, die der Autoritäre verachtet, weil sie ihm verstellt scheinen und auch dem Anderen vergönnt werden. Insofern reicht der Antisemitismus entscheidend hinaus über den Hass auf den Schwächeren, der noch ohnmächtiger erscheint als die Ohnmacht, die man an sich selber ahnt, und auf den Fremden, der zugleich ein ‚anderes Leben' repräsentiert und von der Idee einer starr fixierten, heteronom und hierarchisch durchorganisierten Ordnung abzuweichen scheint.[392]

Die kritisch-theoretische Theorie der pathischen Projektion vermutet im antisemitischen Bild vom Juden somit einerseits wesentlich Repräsentanzen des Eigenen des Autoritären: Judeophobie verspricht ein 'erlaubtes' Schwelgen in verleugneten Bemächtigungs-, Bestrafungs- und Zerstörungsgelüsten, die den Juden zugeschrieben werden, welche zugleich das Glück verkörpern, das den autoritär Zugerichteten versperrt scheint; den Wohlstand ohne Arbeit, das Glück ohne Macht, die Heimat ohne Grenzstein.[393] Andererseits drücke sich im Antisemitismus ein Realitätsprinzip als strukturell „paranoide Beziehung zur Außenwelt"[394] aus. Er dient als *personifizierende Erklärung* aller als 'negativ' perzipierten Seiten der kapitalistischen Moderne, ihrer sozialen Antagonismen, Krisen und Zwänge, die die ohnmächtige Vereinzelung der Individuen und ihre gesellschaftliche Unterwerfung befördern, aber auch Modernisierungsprozesse überhaupt. Dabei repräsentieren Juden zudem die universalistischen Ideen von Freiheit und Gleichheit, von Universalität, Mobilität und ethischem Universalismus. Mit Bildern von

---

[391] Theodor W. Adorno, Studien zum autoritären Charakter. Frankfurt a.M. 1973. S. 60.
[392] Zum Bedeutung der Verweigerung von Fremdheitserfahrung vgl. die bestechende Studie von Hans-Peter Waldhoff, Fremde und Zivilisierung (Frankfurt a.M.: Suhrkamp, 1995).
[393] Vgl. Max Horkheimer und Theodor W. Adorno, „Dialektik der Aufklärung," a.a.O., S. 229.
[394] Leo Löwenthal, „Falsche Propheten," S. 32.

Juden werden somit alle möglichen verdrückten sozialen Wünsche und vor allem auch Ängste besetzt, welche die geschwächten Subjekte mit der modernen Gesellschaft und ihrem ‚Unbehagen in der Kultur' verbänden. Denn vor allem fungiert Adorno zufolge Antisemitismus eben als Welterklärung, die alle möglichen erfahrenen oder wahrgenommenen Probleme, soziokulturellen Transformationsprozesse und widersprüchlichen Aspekte der modernen bürgerlichen Gesellschaft im Bild von Juden *personifiziert*. Die unverstandene kapitalistische Moderne und die ihr immanenten Probleme und Ambivalenzen, denen die Individuen ausgesetzt sind, finden im Bild von Juden ihre stereotype Repräsentation. Auch und gerade darin ist der moderne Antisemitismus eine spezifische Ideologie, die sich von allen anderen modernen Rassismen unterscheide. Jener ist deshalb kein, mit Hannah Arendt formuliert, „authentisches" Vorurteil aus subjektiver „Leidenschaft" mehr, sondern eine spezifische Welterklärung, die eine antimoderne Reaktionsbildung darstellt. Antisemitismus erscheint in Adornos theoretischen Reflexionen insofern im Kern auch als „verzweifelter Versuch des Ausbruchs" aus der „bürgerlichen Ordnung",[395] die mit Juden identifiziert wird, ja der unerhellte Hass auf diese fällt mit dem Hass auf jene in eins.

Da Juden historisch in die Sphäre der Zirkulation, die Welt der Vermittlung, des Handels und der Intelligenz „eingesperrt" worden seien, repräsentierten sie auch im modernen Antisemitismus die exponiertesten Instanzen der bürgerlichen Gesellschaft, Geld und Geist: den abstrakten Ausdruck der Wertvergesellschaftung und die freie Existenz desjenigen, der nur mit Denktätigkeit sein Überleben sichert.[396] Die, die den „Individualismus, das abstrakte Recht, den Begriff der Person propagierten, sind nun zur Spezies degradiert."[397] Die Rebellion der autoritär Disponierten und die sozialen Ängste gegenüber der kapitalistischen Demokratie wie dem mit ihr verbundenen radikalen soziokulturellen Wandel fänden im Bild von Juden ihr fetischisiertes wie ‚erlaubtes' Ventil, ohne sich mit den Autoritäten in Konflikt zu begeben. So ließe sich im stereotypen Denken das Unbehagen an der Kultur, der Moderne, ja der bürgerlichen Gesellschaft abspalten und an Juden festmachen. Zuletzt sind die Opfer der „Zerstörungslust der Zivilisierten"[398] auch deshalb die Juden, weil sie im stereotypen Bewusstsein als Repräsentanten einer unverstandenen, komplexen wie ambivalenten Moderne fungieren, die die tradierte Ordnung, fixierte Identität der vorgestellten Gemeinschaft der National-Staatsbürger vermeintlich ‚zersetzten'.

Demnach zielte Antisemitismus vor allem auf eine Gleichmacherei, die Auslöschung von Individualität und Diversität sowie von sozialen Widersprüchen in der ‚Volksgemeinschaft', von der aber die durchschnittlichen Antisemiten materiell kaum mehr hatten als „die Freude, dass die anderen auch nicht mehr haben" und den „Luxus" der „Sanktionierung der [eigenen] Wut durchs Kollektiv."[399] Im Zentrum des Antisemitismus stehe immer schon der „Drang nach Vernichtung".[400] Erst „die Blind-

---

395 Max Horkheimer und Theodor W. Adorno, „Dialektik der Aufklärung," a.a.O.,S. 200.
396 Vgl. hierzu ausführlich Detlev Claussen, Grenzen der Aufklärung (Frankfurt a.M.: Fischer, 1987).
397 Max Horkheimer und Theodor W. Adorno, „Dialektik der Aufklärung," a.a.O., S. 205.
398 Vgl. Max Horkheimer und Theodor W. Adorno, „Dialektik der Aufklärung," a.a.O., S. 201f.
399 Ibid, S. 199.
400 Ibid, S. 201.

heit des Antisemitismus", schreiben Horkheimer und Adorno, „seine Intentionslosigkeit, verleiht der Erklärung, er sei ein Ventil, ihr Maß an Wahrheit. Die Wut entlädt sich auf den, der auffällt ohne Schutz."[401] Der Terror der Antisemiten wird bestimmt als wesentlich „sinnleere Reaktion" entsubjektivierter, autoritärer Subjekte, die nicht mehr durch die rationalen Interessenabwägungen der bürgerlichen Gesellschaft zusammengehalten werden. Dabei werde es praktisch einerlei, ob die Gewalt Ausdruck eines besinnungslosen „läppischen Zeitvertreib[s] des Totschlags"[402], einer „scheußlichen Pflicht, der keine Neigung mehr Eintrag tut"[403] oder eines endlosen Hasses der Antisemiten ist; immer werde letzthin „die Tat [...] autonomer Selbstzweck, sie bemäntelt ihre eigene Zwecklosigkeit."[404]

Gerade in der Rekonstruktion der disparaten psychologischen Repräsentanzen und *spezifischen* Funktionen, die der moderne Antisemitismus erfüllt, arbeiten Horkheimer und Adorno auch dessen ideologiestrukturelle Besonderheiten heraus. In den historisch sedimentierten und logisch vielfach widersprüchlichen Judenbildern, die in den modernen Antisemitismus eingehen, repräsentiert „der Jude" abgespaltene Aspekte des „Es" wie des moralischen „Über-Ich": Juden erscheinen als allzu weit der Zivilisation voran und allzu primitiv, als Schweine wie als Intellektuelle, gescheit und dumm, als physisch schwach und als gerissen und mächtig. Dies verweist auf die widersprüchlichen, entstellten Wünsche und Phantasien der antisemitisch Projizierenden. Juden repräsentieren im antisemitischen Bild demnach unbewusste verdrängte Wünsche, die auf die eigene Versagung von Bedürfnissen bei den ‚verhärteten Subjekten' verweisen und den Autoritätsgebundenen wie unerreichbare ‚verbotene Früchte' erscheinen. Der Blick auf Juden bleibt dabei ambivalent: denn sie stünden insgeheim in der antisemitischen Wahrnehmungsstruktur für den Ausbruch aus rigiden Moralverdikten und Abhängigkeiten, im Bewusstsein verhasste Abweichung und Individualität (Eigenheit, Eigeninteresse und Eigensinn), auch für Wünsche nach materiellem Wohlstand, der in der Gesellschaft nur wenigen zuteil wird, und insgesamt für das bürgerliche Gleichheits- und Freiheitsversprechen. Juden verkörperten somit auch das Glück und die Freiheit des Individuums von Zwang und Notwendigkeit, also die Hoffnung auf ein befriedetes Dasein der Freien und Gleichen, das von der bürgerlichen Gesellschaft deklariert, aber nicht (universell) verwirklicht worden sei, und das die Antisemiten nun als ‚ewige Lüge' entlarven. Juden werden laut Adorno dabei auch gesehen als ‚mangelnd Angepasste'[405] in der Gesellschaft; sie verkörpern den Non-Konformismus, die verpönte Differenz schlechthin. Antisemitismus verhilft nach Adorno überdies, als dünner ideologischer Rationalisierungsmechanismus, zur Abfuhr der destruktiven Triebregungen, welche die Gesellschaft in den entstellten Subjekten erzeugt habe, und zwar im vermeintlichen Dienst an

---

401 Ibid, S. 200.
402 Ibid, S. 200.
403 Ibid, S. 201.
404 Ibid.
405 Vgl. Max Horkheimer und Theodor W. Adorno, „Dialektik der Aufklärung," a.a.O., S. 198.

der ‚Sache', das ‚Niedere' und ‚Böse' zu bekämpfen. Dabei weidet man sich am Schwelgen im antisemitischen Judenbild, über das man sich hasserfüllt belustigt.[406]

3.1.2.1 Antisemitismus als verschwörungstheoretische Projektion von psychosozialen Selbstanteilen

Der Antisemitismus knüpft der Kritischen Theorie nach an destruktive, „unbewusste Triebregungen, Konflikte, Neigungen, Tendenzen" an, die er „verstärkt und manipuliert, anstatt sie zum Bewusstsein zu erheben und aufzuklären"[407]. Der Antisemitismus korrespondiert somit mit der Unfähigkeit der ich-schwachen Individuen, mit ihren eigenen unerwünschten Regungen umzugehen, unter denen nicht nur destruktive wie narzisstische Triebwünsche, sondern auch Machterwerb und das Bedürfnis nach Welterklärung und Weltorientierung hervorstechen; untergründig aber womöglich auch die Sehnsucht nach einem ‚anderen Leben'. Indem das beim Selbst Geahnte und Verachtete an die Juden delegiert wird und somit die inneren Konflikte einer Scheinlösung zugeführt werden, werden solcher Art wiederum paranoide Ängste verstärkt vor denjenigen, auf die die Selbstanteile projiziert wurden. In Löwenthals Worten: „Die Juden können sich eben in keine Ordnung fügen, die einem Zurückhaltung auferlegt; sie muten sich selbst nicht Hemmungen zu, wie anständige, zivilisierte Menschen das eben tun, sondern sie lassen ihren Ansprüchen und Ängsten, ihren Sympathien und Antipathien freien Lauf."[408] Juden können dabei im Besonderen für die Lockung zu einem freieren Dasein wie zu einer Enthemmung der Sexualität stehen. Die Fixierung auf Sexuelles im Judenbild entspricht wieder einem Moment autoritärer Dispositionen.

Die Projektion einer vermeintlichen ‚jüdischen Physiognomie' mit hervorgehobenen Lippen scheint dabei auf sexuelle Triebhaftigkeit zu verweisen.[409] Im Bild des Antisemiten praktizierten, so Leo Löwenthal, die Juden „offenbar das Verbotene. Sie schwelgen in Schlampigkeit und Lasterhaftigkeit. Sie versagen sich keine Genüsse und wehren sich gegen jede Form selbst auferlegter Disziplin."[410] Juden können so zum äußeren Symbol dieses Lebendigen, Uneinheitlichen und Zwanglosen werden; sie gelten als ‚anders', undiszipliniert und übersexuell. Dieses offensichtlich beneidete Moment lebendiger Bedürfnisse wird gleichzeitig mit Schmutz konnotiert. Dies ist eine Rationalisierung, welche, der Kritischen Theorie nach, ebenfalls auf unterdrückte Bedürfnisse und auf die verleugneten Obsessionen antisemitischer Subjekte verweist. Der Konnotierung von Juden mit Dreck und Chaos entspricht die zwanghafte Neigung des Autoritären, ‚Ordnung zu schaffen', ‚aufzuräumen', ‚sauber zu machen', die Welt zu homoge-

---

[406] Vgl. zur Inszenierung des antisemitischen Lachens über den Juden und seinen Funktionen die Studie von Gerhard Scheit: Lebendiger Staat, verborgenes Geld: Zur Dramaturgie des Antisemitismus (Freiburg: Ca ira, 1999).
[407] Theodor W. Adorno, „Zur Bekämpfung des Antisemitismus heute," in: Ders., Kritik: Kleine Schriften zur Gesellschaft (Frankfurt a. M.: Suhrkamp, 1971), S. 105 – 133, hier S. 113.
[408] Leo Löwenthal, „Falsche Propheten," a.a.O., S. 90.
[409] Vgl. Leo Löwenthal, „Vorurteilsbilder: Antisemitismus...," a.a.O., S. 226.
[410] Ibid, S. 220.

nisieren. Indem der Dreck, der den Autoritären fasziniert wie seine eigene unbewusste Sehnsucht nach unsublimierter Zügellosigkeit, auf das Bild von Juden delegiert wird, kann er selbst in Phantasien von Schmutz und Zügellosigkeit schwelgen im Mantel der Rationalisierung, ‚sauber' machen zu wollen, eine Welt zu schaffen, in der keine Abweichung stört. Ähnlich verhält es sich laut Kritischer Theorie damit, dass dem angeblich befreiteren Triebleben der Juden mit Abscheu der aggressive Charakter von Vergewaltigung, Inzest und Raub zugesprochen wird, welcher offenbar den eigenen sadistischen Gewaltphantasien entspricht.[411] Projektiv werden ansonsten „gesellschaftlich tabuierte Regungen des Subjekts", die im vorangegangenen Teil analysiert wurden, auf das Objekt des Antisemitismus übertragen.[412] Unter dem „Druck des Über-Ichs projiziert das Ich die vom Es ausgehenden, durch ihre Stärke ihm selbst gefährlichen Aggressionsgelüste als böse Intentionen in die Außenwelt und erreicht es dadurch, sie als Reaktion auf solches Äußere loszuwerden"[413]. Jene Dialektik des antisemitischen Vorurteils zeigt sich laut Löwenthal ebenso darin, dass die Metapher des Gestanks einen so beträchtlichen Raum in judenfeindlichen Stereotypen einnimmt: „Die Entschiedenheit, mit der ein Mensch einen schlechten Geruch indigniert ablehnt, entspricht der Wollust, die er heimlich empfindet, wenn er, unter dem Vorwand, den Geruch identifizieren zu wollen, gierig schnuppert. Die idiosynkratische Heftigkeit, mit der widerliche Gerüche verabscheut werden [...], deutet auf unterdrückte und längst vergessene Ursprünge hin."[414] Der autoritäre Ruf eines „pseudorebellischen ‚da-muss-doch-endlich-was-geschehen, da-muss-doch-endlich-mal-Ordnung-geschaffen-werden'"[415] ist der veräußerte Ausdruck jenes inneren Kampfes des Autoritätsgebundenen, dessen projektives Objekt oftmals die Juden sind. Auch die im modernen Antisemitismus konstruierte radikale ‚Andersheit' und ‚Fremdheit' (gegenüber der ‚deutschen Kultur'), die Juden zugeschrieben wird, weist der Kritischen Theorie nach auf die autoritär unterdrückten ‚fremden' Ansprüche des Unbewussten, die diffusen Anteile des Eigenen, die dem autoritären Subjekt ich-fremd geblieben sind, sich seiner Reflexion entziehen.

Beneidet wird darüber hinaus nicht nur das bloße Ausleben von Triebbedürfnissen, das bei den Juden dem antisemitischen Welterklärungsmodell nach ungestraft zu bleiben scheint[416]; sondern im besonderen wird auch, so die These der Kritischen Theorie, neidisch auf die Individualität und Freiheit gesehen, die sich verschlüsselt im antisemitischen Feindbild ausdrückt, so sehr der Antisemit sich auch bemüht herbeizureden, alle Juden seien identisch. In ihrer „vermeintlichen Zurückweisung institutionalisierter gesellschaftlicher Pflichten haben sich Juden eine Sphäre der Unabhängigkeit und der Autonomie geschaffen in einer Welt der wechselseitigen Abhängigkeit, eine Sphäre der Freiheit in einer Welt der Beschränkungen und Begrenzungen, [...] und

---

411 Vgl. Leo Löwenthal, „Falsche Propheten," a.a.O., S. 49.
412 Vgl. Max Horkheimer/Theodor W. Adorno, „Dialektik der Aufklärung," a.a.O., S. 201.
413 Ibid.
414 Leo Löwenthal, „Falsche Propheten," a.a.O., S. 112; vgl. auch Theodor W. Adorno, „The Psychological Technique...," a.a.O., S. 68.
415 Theodor W. Adorno, „Zur Bekämpfung des Antisemitismus heute," a.a.O., S. 120.
416 Vgl. Leo Löwenthal, „Vorurteilsbilder: Antisemitismus...," a.a.O., S. 216.

wagen es, in einer gesonderten moralischen Atmosphäre zu leben."⁴¹⁷ Die vermeintliche Störung der mühsam hergestellten Regeln der gesellschaftlichen Ordnung wird den Juden verübelt, „denn im Grunde möchten alle gegen diese Regeln verstoßen."⁴¹⁸ Auch die im Antisemitismus verhasste Heimatlosigkeit der Juden ist demnach psychologisches Äquivalent für unterdrückte Freiheitsbestrebungen des autoritären Charakters.⁴¹⁹ Es ist dabei der vielfach immer noch gesellschaftlich verachtete Intellekt, mit dem Juden gängig identifiziert werden, der vermeintlich zwischen dem Gelderwerb, dem abstrakten Reichtum und dem projizierten ‚sich Drücken', vermittelt. Die Diffamierung von vermeintlich ‚faulen' und ‚intellektuellen' Juden scheint, so Löwenthal, für viele Arbeiter „Ausdruck ihres Bedürfnisses nach Bestätigung ihrer eigenen sozialen Funktion zu sein. Weder stellen sie die Notwendigkeit dieser Funktion objektiv in Frage, noch gestatten sie sich den subjektiven Wunsch nach Veränderung ihrer eigenen sozialen Stellung."⁴²⁰

So gesellt sich zur Phantasmagorie der „Verschwörung lüsterner jüdischer Bankiers, die die den Bolschewismus finanzieren,"⁴²¹ das Bild des Intellektuellen, der sich wie jener ein Leben ohne körperliche Arbeit gönne; wie der Bankier unterwirft sich der Intellektuelle scheinbar nicht dem verinnerlichten Zwang zur physischen Arbeit, sondern lebt vermeintlich ‚parasitär' von der ‚Körperkraft' der Gemeinschaft. Der Bankier, so argumentieren Horkheimer und Adorno, „wie der Intellektuelle, Geld und Geist, die Exponenten der Zirkulation, sind das verleugnete Wunschbild der durch Herrschaft Verstümmelten."⁴²² Die Projektion eines schwächlichen Körpers sowie einer großen Nase findet für den Anti-Intellektualismus als wichtigem Element des Antisemitismus, der ihn von anderen Vorurteilen unterscheidet, ihr physiognomisches Äquivalent. Die Nase sieht, so Löwenthal, „fast wie ein intellektuelles Organ aus, das durch seine Behändigkeit dem Parasiten bei seiner Schmarotzertätigkeit behilflich ist."⁴²³ Sie symbolisiert intellektuelle Neugier und Gier.⁴²⁴ Als „physiognomische[s] principium individuationis, ein Schriftzeichen gleichsam, das dem Einzelnen den besonderen Charakter ins Gesicht schreibt"⁴²⁵, steht sie auch für Eigenheit des selbständig Denkenden, Intellektuellen—die Besonderheit des Individuums. Löwenthal hat analysiert, dass „der Hass auf den Juden [...] der Hass auf das Individuum, auf seine besondere und einzigartige Natur, auf seine Rechte in einer freien Gesellschaft"⁴²⁶ ist.

Der Antisemitismus als Welterklärung der komplexen modernen Gesellschaft stellt der Kritischen Theorie, wie gesagt, eine Form sozialer vermittelter, politisch-psycho-

---

417 Ibid, S. 216f.
418 Ibid, S. 215.
419 Vgl. Leo Löwenthal, „Falsche Propheten," a.a.O., S. 63.
420 Leo Löwenthal, „Vorurteilsbilder: Antisemitismus...," a.a.O., S. 178.
421 Ibid, S. 202.
422 Ibid.
423 Ibid, a.a.O., S. 227.
424 Vgl. zu Funktion und Charakter dieses Vorurteilsmotivs Rainer Erb, „Die Wahrnehmung der Physiognomie der Juden: Die Nase," in Heinrich Pleticha (Hg), Das Bild der Juden in der Volks- und Jugendliteratur vom 18. Jahrhundert bis 1945 (Würzburg: Königshausen und Neumann, 1985), S. 107 – 126.
425 Max Horkheimer/Theodor W. Adorno, „Dialektik der Aufklärung," a.a.O., S. 193.
426 Leo Löwenthal, „Vorurteilsbilder: Antisemitismus...," a.a.O., S. 229.

logischer Paranoia dar, die, wie im Fall von Verschwörungstheorien überhaupt, im Zweifel kein Halten kennt. Am Ende können Juden allgegenwärtig gesichtet werden, bietet ihr Feindbild zugleich die Erklärung noch der kleinsten, vor allem aber der bedrängendsten individuellen wie sozialen Wünsche und Probleme. Der Paranoia eigne, so Adorno, immer die Tendenz, „alles einzuschließen und nichts zu tolerieren, was die Formel des Subjekts nicht deckt. [...] Nichts kann unberührt bleiben, alles muss dem Ich-Ideal einer starren und hypostasierten Eigengruppe ‚gleichgemacht' werden. Die Fremdgruppe, der auserwählte Feind, stellt eine ewige Herausforderung dar. Solange irgendetwas von ihm selbst Verschiedenes übrig bleibt, fühlt sich der faschistische Charakter bedroht, ganz gleich, wie schwach der andere auch sein mag. Es ist, als könne der Antisemit nicht ruhig schlafen, ehe er nicht die ganze Welt zu eben dem paranoiden System umgeformt hat, von dem er besessen ist; [...] der extreme Antisemit kann einfach nicht halt machen."[427]

Anstatt also der (verkümmerten) Stimme des Gewissens höre der Antisemit „Stimmen; anstatt in sich zu gehen, um das Protokoll der eigenen Machtgier aufzunehmen, schreibt [das Denken] die Protokolle der Weisen den anderen zu,"[428] die dann mit unheimlicher Macht belehnt werden und den Antisemiten, ja die Völker und die ganze soziale Welt zu verfolgen scheinen. Indem grenzenlos die Außenwelt mit dem Inneren des Subjekts belehnt wird, kann noch die vertraute, aber unerlaubte Regung dem Feind zugeschoben werden: „Es liegt im Mechanismus der ‚pathischen Projektion', dass die Gewalthaber als Menschen nur ihr eigens Spiegelbild wahrnehmen, anstatt das Menschliche gerade als das Verschiedene zurückzuspiegeln. Der Mord ist dann der Versuch, den Wahnsinn solch falscher Wahrnehmung durch größeren Wahnsinn immer wieder in Vernunft zu verstellen: was nicht als Mensch gesehen wurde und doch Mensch ist, wird zum Ding gemacht, damit es durch keine Regung den manischen Blick mehr widerlegen kann."[429] Der Blick des antisemitischen Paranoikers objektiviert und fixiert total, sei aber im Modus der Fixierung der ökonomischen Rationalität noch verwandt.

Die vom Antisemiten ausgemachte ‚Schuld der Juden' diene wiederum zur Entfesselung eines unbegrenzten Strafbedürfnisses, das einen Kern autoritärer Dispositionen darstellt. Es ist ein klassisches judenfeindliches Ideologem, den eigenen Antisemitismus als Reaktion auf eine imaginierte „Verfolgung der Antisemiten durch die Juden"[430], durch jüdisches Verhalten im Allgemeinen zu interpretieren, gegen das die antisemitische Praxis dann eine Notwehr darstelle. Die archaische Logik des Autoritären rationalisiert dabei mittels der wildesten Schlüsse und Verschwörungsvermutungen die eigenen Phantasien, die auf die unbewussten Anteile verweisen, welche dem Subjekt zueigen sind. Hier enthüllt der objektive Gewissensverlust, „die ‚Enteignung' des Über-Ichs durch den antisemitischen Moralismus, der nach Strafe verlangt, dessen volle Bedeutung. [...] Keine Hemmungen halten das assoziative Crescendo destruktiver Ideen noch in Schranken. Hass wird in nahezu automatisierter und zwanghafter Weise produziert

---

[427] Theodor W. Adorno, Studien zum autoritären Charakter, a.a.O., S. 143.
[428] Ibid, S. 219f.
[429] Theodor W. Adorno, Minima Moralia, a.a.O., S. 134.
[430] Löwenthal, „Falsche Propheten," a.a.O., S. 82.

und gesteigert, vollkommen ich-fremd und ohne Beziehung zum empirischen Objekt."[431] Psychologisch könne dabei die verschwörungstheoretische Vorstellung von der ewigen jüdischen Schuld auch als Projektion der eigenen verdrängten Schuldgefühle des Antisemiten verstanden werden; „ideologisch ist sie bloßes Epiphänomen, Rationalisierung im striktesten Sinn."[432] Alle die rationalisierenden Vorwände taugten derweil dazu, dass man ohne offenkundige Verletzung des Realitätsprinzips, gleichsam in moralischen Ehren und mit ‚gutem Gewissen', der Verlockung von Gewalt- und Machtphantasien im Sinne einer autoritären Freigabe nachgeben kann. Sie können den Juden nicht leiden und imitieren ihn immerzu. Kein Antisemit, dem es nicht im Blute läge, nachzuahmen, was ihm Jude heißt. [...] Man darf dem verpönten Trieb nachgeben, wenn außer Zweifel steht, dass es seiner Ausrottung gilt."[433] Dies gilt insbesondere auch für die vollends destruktiven Wünsche nach grenzenloser Gier, Macht und Gewalt, die Juden in antisemitischer Agitation zugeschoben werden. Der Antisemitismus, die „völkischen Phantasien jüdischer Verbrechen, der Kindermorde und sadistischen Exzesse, der Volksvergiftung und der internationalen Verschwörung definieren genau den antisemitischen Wunschtraum."[434] Der moderne Antisemitismus als Vorurteilsensemble stellt sich so als ein fixiertes topologisches und zugleich in der Selbstwahrnehmung zutiefst *moralisches* Wahnsystem dar, das ‚den Juden' hinter allem und jedem Übel der Welt erspäht und für sich daraus das moralische Recht ableitet, den ‚Feind' mit allen Mitteln zu bekämpfen – ein Recht, das auf die gewaltförmigen Wünsche der Antisemiten zurück weist und jene rationalisiert.

3.1.2.2 Antisemitismus als soziale Welterklärung und Personifikation soziokultureller Modernisierung

Die antisemitische Ideologie bietet so der Kritischen Theorie nach statt der kritischen Reflexion auf sich selbst und gesellschaftliche Beziehungen die ideologische Regression als Aufwertung der Eigengruppe und die Verherrlichung archaischer physischer Gewalt (wie der des heutigen islamistischen, antiamerikanischen und antisemitischen Terrorismus). Die stereotype antisemitische Welterklärung verspricht allen voran eine allumfassende Orientierung und Erleuchtung in der Dunkelheit der modernen Gesellschaft und ihrer komplexen systemischen Netze. Die im Antisemitismus projizierte wie attackierte ‚geheime und dunkle Macht' der Juden gilt als so heimtückisch und unverständlich wie das soziale Gefüge, in dem die Menschen leben, die Urbanität und vielschichtige soziale Welt. Juden wird die Verantwortung für die Erfahrung sozialer ‚Entwurzelung' und Deprivation zugeschrieben, die nicht als sozialer Prozess begriffen wird: Sie „sind nicht nur verantwortlich für ‚Atheismus, moralischen und geistigen Zerfall, Gemeinheit, Kommunismus, Imperialismus, Intoleranz, Snobismus, Verrat, Treulosigkeit, Unehr-

---

[431] Theodor W. Adorno, Studien zum autoritären Charakter, a.a.O., S. 144.
[432] Ibid.
[433] Max Horkheimer und Theodor W. Adorno, Dialektik der Aufklärung, a.a.O., S. 213f.
[434] Ibid, S. 216.

lichkeit'", sie schleppen grundsätzlich „asoziale Eigenschaften" ein.[435] Der ‚soziale Zerfall' wird dabei mit den universalistischen Werten der moderne kapitalistischen Demokratien identifiziert, für die die Juden auch deshalb stünden, weil erst die bürgerliche Gesellschaft ihnen über partielle rechtliche und soziale Emanzipation die Möglichkeit zum sozialen Aufstieg gewährt hatte.[436]

Der Antisemit trachtet laut Kritischer Theorie nach der Abschaffung der modernen Zirkulationssphäre und der Welt der abstrakten sozialen Vermittlung wie Rechtsformen, ja des Abstrakten, also des abstrakten Rechts und der Demokratie sowie der soziokulturellen ‚Rationalisierungen der Lebenswelt' schlechthin, welche in Juden personifiziert werden, während er die konkreten Seiten des Kapitalismus, Industriekapital, Technologie, Natur und Produktivkräfte, verklärt und verehrt. Somit werden gesellschaftliche Tendenzen sozialer Ungerechtigkeit und Abhängigkeit auf Juden zurückgeführt. Antisemitismus ist also letztlich auch „ein kondensiertes, pervertiertes, irregeleitetes Konzept" all der von autoritätsgebundenen Charakteren „gehassten gesellschaftlichen Faktoren"[437]:

Die für den Antisemitismus zentrale Projektion der *Macht*, der jüdischen ‚Welt-Verschwörung', die wiederum sozialpsychologisch Allmachtswünsche von Antisemiten indiziert, kann sich zu logisch völlig widersprüchlichen Stereotypen wie der „kühnen Gedankenkonstruktion"[438] des ‚jüdischen kommunistischen Bankiers' verdichten. Denn verhasst sind dem Antisemiten der Kritischen Theorie zufolge alle Tendenzen, die die hergebrachte Ordnung eindringen bzw. sie real oder scheinbar in Frage stellen; dazu gesellen sich in der antisemitischen Vorurteilsstruktur notwendig auch Demokratie und Liberalität, die sich in Deutschland traditionell insbesondere im antiamerikanischen Ressentiment ausdrücken, das wiederum auf Antijudaismus verweist. Als mächtigste Kraft hinter dem US-amerikanischen Kapitalismus und seiner politischen Institutionen werden von je her die Juden imaginiert.[439]

Juden werden schließlich nicht nur für soziale Gegensätze und soziokulturelle Modernisierung, sondern auch für gesellschaftliche Aggressivität insgesamt attackiert. In der antisemitischen Ideologie werden sie als die Verantwortlichen für die soziale Kälte und Verhärtung in der modernen Zivilisation ausgemacht, die alte gemeinschaftliche Zusammengehörigkeiten, wie autoritär, exkludierend und hierarchisch diese auch gewesen sein mögen, „zersetzt" habe; dabei sind es gerade diese Eigenschaften, die, so Löwenthal, auf die Antisemiten selbst zutreffen: „Der Vorwurf der Aggressivität ist wahrscheinlich wiederum nichts anderes als die Projektion elementarster Aggressionslust des Antisemiten selbst."[440] Um eine ähnliche antisemitische Projektion handelt es sich bei der vermeintlichen Rach- und Verfolgungssucht der Juden; Juden gelten in der

---

435 Leo Löwenthal, „Falsche Propheten," a.a.O., S. 61.
436 Vgl. dazu Reinhard Rürup, Emanzipation und Antisemitismus: Studien zur ‚Judenfrage' der bürgerlichen Gesellschaft (Göttingen: Vandenhoeck & Ruprecht, 1975).
437 Leo Löwenthal, „Vorurteilsbilder: Antisemitismus...," a.a.O., S. 223.
438 Leo Löwenthal, „Falsche Propheten," a.a.O., S. 57.
439 Vgl. zur politischen Historiographie dieses Verhältnisses gerade in Deutschland Dan Diner, Verkehrte Welten: Antiamerikanismus in Deutschland," (Frankfurt a.M.: Eichborn Verlag, 1993).
440 Leo Löwenthal, „Vorurteilsbilder: Antisemitismus...," a.a.O., S. 200.

antisemitischen Ideologie als „von Natur aus rachsüchtig, ihre Rachsucht [...] unausrottbar, pathologisch."⁴⁴¹ Aggressiv entstellte, doch nicht eingestandene psychosoziale Bestrebungen sind als zentrale Elemente autoritärer Charakterdispositionen zuvor herausgearbeitet worden. Sie finden als Abspaltung und Projektion in diesem antisemitischen Vorurteil ihren Ausdruck, das zugleich das Ausleben von Aggression und Verfolgung sozial zu legitimieren scheint; mittels der antisemitischen Paranoia wird so der Drang zur Selbstzerstörung, und die gleichzeitige Angst davor, nach außen gewendet: „[P]aranoide Schlussfolgerungen [des Antisemiten. L.R.] sind in Wahrheit Projektionen des Hasses. Wie Freud es formuliert, verdreht derjenige, der denkt ‚Ich hasse ihn', dies in die defensive Projektion ‚er hasst mich'. Durch ein Schwelgen in dieser Projektion erreicht der Paranoide eine Befreiung von seinen Selbstzerstörungsängsten."⁴⁴²

Hinter jeder Bedrohung der Gesellschaft und jeder enttäuschten Hoffnung scheint in der Folge dieser Wahrnehmungsstruktur der jüdische Einfluss zu stehen.⁴⁴³ Das Bild von Juden eignet sich von daher, anders als andere Vorurteilskonstruktionen, am besten zu solcher Art Weltdeutung, weil Juden, zumal bürgerlich assimilierte, nicht äußerlich als Juden zu erkennen sind. Sie können als allgegenwärtig und doch versteckt perzipiert werden, als chamäleonartig und verantwortlich für omnipräsent gespürte soziale Ängste wie relative Deprivationen. Der Feind kann überall als Person vom Antisemiten gesichtet werden und scheint ihm, da er keineswegs überall ist, als „zu feige, um sich ohne Verkleidung und bei hellem Tageslicht in aller Öffentlichkeit zu zeigen."⁴⁴⁴ Der extreme Antisemit glaubt, er könne nicht über den wahren Charakter einer jüdischen Weltverschwörung getäuscht werden, denn er meint, er könne Juden auch dort auf den ersten Blick an ihrem Wesen und ihrer Physiognomie erkennen, wo sie offensichtlich nicht sind.⁴⁴⁵ Die phantastischen Bilder subversiv tätiger jüdischer Verschwörer insinuieren gleichzeitig die Vorstellung von Verschwörung, von Illegalität und Verrat. Dadurch, dass Juden solcher Art als gefährlich, von sinnloser Zerstörungswut motiviert und unberechenbar erscheinen, rationalisiert der Antisemit es als besonders legitim, sich gegen sie – quasi in „Notwehr" – zu wehren. Das antisemitische Konstrukt, dass Juden als ursprüngliche Aggressoren wahrnimmt, die selbst Schuld an ihrer eigenen Verfolgung seien, wird, so Adorno, zugleich benutzt als Rationalisierung für destruktive Wünsche.⁴⁴⁶ Den Juden wird extremer Egoismus vorgeworfen⁴⁴⁷, zugespitzt im Stereotyp „jüdischer Habgier"⁴⁴⁸, während vom Autoritären selbst zumeist die konservative Haltung der Mitleidslosigkeit mit den Armen hochgehalten wird. Juden werden dabei der Kritischen Theorie nach auch zum Spiegelbild der eigenen sexuellen und materiellen Gier und des unmittelbar eigenen Interesses, sich gegen andere ‚durchzusetzen' – eine Verfolgung von Partikularinteressen, die in der modernen kapitalistischen Gesellschaft

---

441 Leo Löwenthal, „Falsche Propheten," a.a.O., S. 91.
442 Ibid, S. 74.
443 Vgl. ibid, S. 91.
444 Ibid, S. 68.
445 Vgl. Theodor W. Adorno, Studien zum autoritären Charakter, a.a.O., S. 129.
446 Vgl. ibid, S. 142.
447 Vgl. Leo Löwenthal, „Vorurteilsbilder: Antisemitismus..." a.a.O., S. 201.
448 Leo Löwenthal, „Falsche Propheten," a.a.O., S. 97.

universell gefordert wird, in der modernen antisemitischen Konstruktion aber dem „jüdischen Materialismus" zugeschoben wird, dem die hehre Moral, der Idealismus des einer Sache um ihrer selbst willen Tuns ideologisch antagonistisch gegenüber gestellt wird.

In besonderer Weise verkörpern dergestalt Juden im Antisemitismus das Antitraditionale der Moderne wie soziokultureller Modernisierungsprozesse: Emanzipation, post-nationaler kollektiver Identitätswandel, Demokratie, Geldverkehr, moderne Warenwirtschaft, Materialismus, Abstraktion und versachlichte, entpersonalisierte Herrschaft, moderne Individualität und Verstädterung, Zirkulation, Handel, modernes Berufswesen, Intellektualität. Auch auf deren Abschaffung zielt das antisemitische Ressentiment. Vor allem aber wird mit dieser Personifikation und Identifikation der negativ perzipierten Seiten der Moderne die undurchschaute und unübersichtliche Welt erklärt. An diese Weltdeutungsfiktion ist eine regressive kollektiv-nationale Identitätsfiktion gekoppelt: Von der Elimination der Juden soll das „Glück der Welt", vor allem aber das „Glück des Volkes" abhängen. Mit der entwickelten Welterklärungsfunktion, durch welche die modernen Welträtsel mittels der traditionalen antijüdischen Stereotypie in von der Moderne geprägten anti-modernistischen Deutungen erschlossen werden können, erhält so der Antisemitismus seinen spezifischen, immanent totalitären Zug.

Die Autoritarismus- und Antisemitismustheoreme einer an der Kritischen Theorie orientierten politischen Psychologie, die vom wesentlich projektiven Charakter von Vorurteilen ausgeht, sind einer Vorurteilsforschung weit voraus, die 'ethnisch'-soziale Konflikte als Grundlage von Vorurteilsproduktionen annimmt. Dies nicht erst, seit in der Antisemitismusforschung angesichts des Fortlebens antijüdischer Vorurteile in Deutschland, in dem kaum noch Juden leben, die Rede von einem „neuen Antisemitismus ohne Juden" geläufig geworden ist.[449] Bereits 1947 hatten Max Horkheimer und Theodor W. Adorno konstatiert: „Wenn die Massen das reaktionäre Ticket annehmen, das den Punkt gegen die Juden enthält, gehorchen sie sozialen Mechanismen, bei denen die Erfahrungen mit Juden keine Rolle spielen."[450]

Autoritarismus und Antisemitismus sind hierbei nicht als bloße individualpsychologische Pathologien zu verstehen; nicht zuletzt sind die umfassenden gesellschaftstheoretischen Überlegungen der Kritischen Theorie zum politisch-psychologischen Modell des potenziell antisemitischen Charakters hinzuzuziehen. Für die Frankfurter Theoretiker ist die Ich-Schwäche kein vereinzeltes Phänomen, sondern vielmehr gilt ihnen der Autoritäre als der Idealtypus des modernen vergesellschafteten Subjekts. Seine psychosoziale Genese werde wesentlich direkt von der Gesellschaft, ihren Institutionen und ihren Anforderungen bestimmt. Hineingeboren in die Funktionsimperative der modernen „verwalteten Welt", erfahren sich die modernen Menschen laut Kritischer Theorie tendenziell selbst als universell fungible Objekte, als Automaten des gesellschaftlichen Reproduktionsprozesses, bei dem die abhängigen Massen ihre Arbeitskraft zu Markte tragen. Eingefügt in das gesellschaftliche Korsett des modernen Arbeitsprozesses und

---

[449] Vgl. Bernd Marin, „Ein historisch neuartiger ‚Antisemitismus ohne Antisemiten'?," Geschichte und Gesellschaft 5 (1979), S. 545 – 569.
[450] Max Horkheimer und Theodor W. Adorno, „Dialektik der Aufklärung," S. 231f.

ausgesetzt der universalen Drohung der Arbeitslosigkeit, hätten die gesellschaftlichen Subjekte jenen Arbeits-, Verwertungs- und Unterwerfungsprozess zugleich verinnerlicht. Der sozioökonomische Druck, der auf dem modernen Individuum laste, der Ausbau der Herrschaftsagenturen und die weitgehende Vergesellschaftung noch der Intimsphäre, die Schwächung der Familie als primäre Sozialisations- und Vermittlungsinstanz und die universelle gesellschaftliche Objektifizierung und Funktionalisierung der sozialen Beziehungen haben, so die Kritische Theorie, das Individuum, und insbesondere seine kritischen Vermögen, Bewusstsein und Gewissen, geschwächt und für Formen einer „sozialen Paranoia" anfällig gemacht. Für die Kritische Theorie weisen die prekären Sozialisations- und Orientierungsmuster „autoritätsgebundener Charaktere" so immer auch zurück auf gesamtgesellschaftliche Problematiken und Strukturprinzipien, den Vorrang der Struktur und des Objektiven; allen voran das konstitutive Prinzip der gesellschaftlichen Verwertung, das einem ausschließlich zweckgerichteten Muster der Arbeit und Selbsterhaltung folge. Axel Honneth hat dieses Muster als Handlungsmodus einer bloßen instrumentellen Aneignung von bzw. Ausdehnung der Verfügungsgewalt über Objekte rekonstruiert,[451] welche für die Kritischen Theoretiker in der modernen Massengesellschaft bestimmend sei und die individuelle Erfahrungs- und Beziehungslosigkeit, die Atomisierung der gesellschaftlichen Subjekte befördert habe. Adorno problematisiert folgerichtig im theoretischen ‚Unterbau' seiner Autoritarismus- und Antisemitismustheorie eine zwanghafte, zur „zweiten Natur" geronnene Verschränkung von gesellschaftlicher Selbstbehauptung und Selbstverleugnung unterm gesellschaftlichen Modus einer machtfixierten, selbstvergessenen und instrumentell reduzierten Rationalität.[452] Diese operiere seit je als selbstherrlicher Bemächtigungsmodus der Objektwelt wie einer Selbst-Disziplinierung und konformistischen Anpassung um jeden Preis, und münde schließlich unter modernen Verhältnissen in einer radikalen Gefühllosigkeit gegenüber den Anderen, aber auch sich selbst, und in der Wut auf jede Abweichung. Jene Rationalität trage durch ihren Modus einer – sich unter den Bedingungen des Spätkapitalismus dann „totalisierenden" – *Vergleichung des Ungleichen* in den historisch herrschenden politischen und sozialen Ordnungssystemen indes seit je Züge jener zwanghaften Vereinheitlichung in sich, ohne die letztlich die regressiven, kollektivistischen Fremd- und Selbstattribuierungen der modernen Ideologien des völkischen Nationalismus und Antisemitismus nicht zu begreifen seien.

Auch die bürgerlich-liberale Ideologie von Individualität und Gleichheit, ‚wahr' als Idee und normativer Anspruch, werde zugleich beständig von modernen gesellschaftlichen Funktionsimperativen und strukturellen Reproduktionsmechanismen untergraben, die die Verwirklichung individueller und gleicher Ansprüche verhinderten. Die „liberale Doktrin" gilt der Kritischen Theorie insofern als falsch darin, dass sie auf letztlich genau auf jener Vergleichung des Ungleichen beruhe. Eine zwanglose Gleichheit, in der Menschen ohne Angst verschieden sein können, sei in der modernen kapitalistischen Gesellschaft, von der die Liberalen ein harmonisches Bild zeichnen, gerade noch nicht

---

[451] Vgl. Axel Honneth, Kritik der Macht: Reflexionsstufen krititischer Gesellschaftstheorie (Frankfurt a.M.: Suhrkamp, 1985).
[452] Vgl. ibid, S. 61ff.

verwirklicht; vielmehr fordere jene Doktrin mithin überdies geradezu die Anpassung der Verschiedenen.[453] Denn die geforderte ‚Gleichheit' der Individuen, die abweichen von der Norm, sei nicht a priori vorausgesetzt, sondern beruhe auf ökonomischen und kulturellen Funktionserwartungen und Anpassungsleistungen, dem Zwang zu Assimilation und Anpassung, um gesellschaftlich überleben zu können. Da die moderne Gesellschaft selbst die Differenz nicht als solche akzeptiere, sondern letztlich auf umfassende soziale Integration und instrumentale Verfügung der Objektwelt ziele, könne sie die, die herausfallen aus der Norm und die das bürgerliche Modell der Integration selbst kompromittieren, gegenüber der faschistischen oder antisemitischen Doktrin auch nicht verteidigen, sondern eben nur auf die ‚gut Integrierten' setzen.[454]

Vor diesem Hintergrund sozialer Strukturprinzipien gilt der Kritischen Theorie nach der moderne Antisemitismus als eine gleichsam moderne wie anti-moderne Reaktion auf zeitgenössische Vergesellschaftungsprozesse. Zutiefst von ihnen geprägt in Charakter wie Bewusstsein, ermöglichten den autoritätsgebundenen Subjekten gerade die strukturellen modernen Reifizierungen und Stereotypisierungen der Objektwelt, letztlich eine Vergötterung von ‚Rasse', ‚Naturgesetz', Produktivkraft, moderner Technik, Verwaltung und Autorität und zugleich die verdinglichte Abspaltung der vermeintlich ‚negativen Seiten' der Moderne im Bild von Juden – sie stehen für die scheinbar zur Lüge geronnenen Versprechen der Emanzipation, Individualität und Gleichheit, das chaotische ‚Wuchern' der modernen Stadt, die sozialen ‚Auswüchse' des Kapitalismus. Der antimoderne, antidemokratische wie ‚antikapitalistische' Impuls greift, wie dargelegt, vor allem das personifizierte Abstrakte der modernen Gesellschaft an, das im verdinglichten Bewusstsein von Antisemiten in erster Linie von Juden repräsentiert und ‚dominiert' werde.

Hier thematisieren die Theoretiker die Delegation des ökonomischen Unrechts auf Juden, die ideologische Transformation des Klassenwiderspruchs zur Wahrnehmung einer „jüdischen Weltverschwörung". Die Juden werden als das „raffende Kapital", die „Schacherer", die bösen Kapitalisten ausgemacht, während man sich selbst, ob Arbeiter oder Fabrikbesitzer, unter die „Schaffenden" reihe. der Austritt aus den unmittelbaren Herrschaftsverhältnissen früherer Epochen brachte mit sich, dass die Produktion, in der sich die Aneignung des Mehrwertes an der Quelle vollzieht, hoffähig wurde. Die Produktion, als heteronome Aneignung fremder Arbeit über Besitz, wurde im entfalteten Kapitalismus schließlich zur zentralen Ressource der Herrschaft, wobei sich der Kapitalist der Produktionssphäre Produzent nennen konnte. Die Ideologie der produktiven, „schaffenden", arbeitenden Natur des Fabrikbesitzers verdeckte das ‚raffende'

---

453 Vgl. Max Horkheimer und Theodor W. Adorno, „Dialektik der Aufklärung," a.a.O., S. 200.
454 So eindrucksvoll diese These die Gefahren eines bürgerlich-liberalen Assimilationsdrucks und der Unterordnung von Menschen unter kapitalistische gesellschaftliche Funktionsimperative beschreiben mag, so verwischen in dieser Anklage gegen die „bürgerliche Ordnung" jedoch mitunter gewichtige politisch-systemische, rechtliche, lebensweltliche und auch politisch-kulturelle Unterschiede. Der gesellschaftlich differierende Grad der lebensweltlichen Rationalisierung und Einübung liberal-demokratischer Werte in unterschiedlichen Ländern bleibt dabei ebenso unterbelichtet wie die *Möglichkeiten*, die moderne – zumal multikulturelle – Demokratien und liberale Verfassungsstaaten, wenn auch innerhalb teils repressiver Migrationsregime, auch Immigranten und Minderheiten gewähren können.

Wesen des Kapitalismus und ermöglichte zugleich die Abspaltung von Ausbeutung und sozialer Ungerechtigkeit auf die Welt des Geldes, des Tausches, der Vermittlung, der Reproduktion: auf die Zirkulationssphäre. Der Bankier oder Kaufmann, der den Wechsel des Arbeiters einlöst und am Markt seinen Teil des Mehrwerts abschöpft, erscheine zugleich dem abhängig Beschäftigten als vergrößerter Taschendieb, als „Gerichtsvollzieher fürs ganze System."455 Denn der Lohnabhängige, der die Arbeit an sich zu würdigen gelernt hat, erkenne die Verantwortlichkeit für die Ausbeutung in der Sphäre der Zirkulation, weil er erst am Markt, beim Händler zu spüren bekommt, dass der Lohn gerade einmal fürs „kulturelle Minimum", die materielle Reproduktion (der Ware Arbeitskraft) reicht. Er verachte den Mittler, der das Geld einnimmt oder verleiht, den sichtbaren Tausch vollzieht, überdies, weil der Kaufmann, Anwalt oder Bankier, von der Welt der Produktion und Arbeit, die als Lebenssinn verinnerlicht wurde, allzu weit entfernt erscheint; jene scheinen eben Profit zu machen, *ohne zu arbeiten.* Jene Exponenten der Zirkulation würden vielfach auch deshalb mit Juden identifiziert, weil historisch Juden von der Gesellschaft über lange Zeit in diese Sphäre gezwungen worden seien. *Insofern* würden mittels der antisemitischen Perzeptionsstruktur Juden auch zum personifizierten ‚Sündenbock' für kapitalistische Ausbeutung, Arbeit und Unterdrückung.

Der Hass auf die Juden als Vermittler komme aber, entgegen simplifizierenden Ablenkungstheoremen, ohne einen verinnerlichten Arbeits- und Produktivkraftfetisch als Bindeglied nicht aus, der das „Schaffen", nicht die soziale Gerechtigkeit zum hohen oder höchsten Gut erklärt. Nimmt man zudem die zweite These ernst, ist die projektive Identifikation von Juden mit Geld und Zins zugleich *Mittel* der Rationalisierung einer antisemitischen Verfolgungsphantasie, die von niederen Motiven bestimmt ist. In einem verzerrten Hass auf Ausbeutung geht der Antisemitismus für die Kritische Theorie nicht auf. Mittels der dünnen Rationalisierung des Antisemiten, mit der antisemitischen Diskriminierung und Verfolgung von Juden erfülle er einen guten Zweck, die Erlösung der „Völker" und „Gemeinschaften" vom vermeintlichen „jüdischen Unheil", kann sich nämlich der Feind der Ohnmacht an den Juden als personifizierte Repräsentanten der gesellschaftlichen und soziokulturellen Modernisierung auch psychosozial befriedigen und zugleich moralisch schadlos halten, ja erhaben dünken. Die Sphäre der Zirkulation ist auch gekoppelt an die Erscheinung des *Abstrakten*, das mit Juden identifiziert und personalisiert wird. Das abstrakte Ding *Geld*, das den Warenverkehr regelt, wird der Kritischen Theorie nach im Sinne des Warenfetischs zum Subjekt verdinglicht und fetischisiert – in der antisemitischen Form als *Jude*.

Als Teil einer Gruppe, die in den bürgerlichen Verhältnissen sozial aufsteigen *konnte*, wurden Juden demnach mit der anonymen, abstrakten Herrschaft des Kapitalismus und des Geld-Scheins, den als negativ perzipierten abstrakten Seiten der Wertgesellschaft, identifiziert. Durch den modernen Antisemitismus würden so in vergegenständlichter Form „die verschiedene[n] Arten antikapitalistischer Unzufriedenheit scheinbar erklärt und ihnen politisch Ausdruck verliehen. Er lässt den Kapitalismus aber dahingehend bestehen, als er nur die Personifizierung jener gesellschaftlichen

---

455 Ibid, S. 204.

Form angreift."⁴⁵⁶ Konkretes wie Abstraktes werde, wie Moishe Postone ausführt, in der modernen kapitalistischen Gesellschaft bewusstseinsförmig verdinglicht; diese Vergegenständlichung schließe eine Aufspaltung beider Seiten im gesellschaftlichen Bewusstsein ein. Während jedoch der Kapitalismus „nur unter der Form der abstrakten Seite dieser Antinomie" wahrgenommen wird, „zum Beispiel Geld als ‚Wurzel allen Übels'", werde dem die bestehende Seite, etwa die konkrete Arbeit, „dann als das ‚natürliche' oder ontologisch Menschliche, das vermeintlich außerhalb der Besonderheit kapitalistischer Gesellschaft stehe, positiv entgegengestellt"⁴⁵⁷. Der Doppelcharakter der Ware werde demnach ideologisch antinomisch aufgetrennt; die konkrete Ware, die konkrete Arbeit, das Konkrete schlechthin wird dem Gebrauchswert zugeordnet und erscheint als natürlich und greifbar, der Tauschwert erscheint als gesellschaftlich (kapitalistisch) und abstrakt, als sinnloses Übel, verdinglicht im abstraktesten Mittel zur Vermittlung sozialer Beziehungen, dem Geld; die Verbindung von beidem, der innere Zusammenhang in der kapitalistischen Produktion, wird gekappt. Die gesellschaftlichen Beziehungen erscheinen so nur noch im Abstrakten als entfremdet, aber beide Seiten, Konkretes wie Abstraktes, Gebrauchswert wie Tauschwert, werden fetischisiert, enthistorisiert und schließlich im Antisemitismus biologisiert: „Auf der logischen Ebene des Kapitals lässt der ‚Doppelcharakter' (Arbeits- und Verwertungsprozess) industrielle Produktion als ausschließlich materiellen schöpferischen Prozess, ablösbar vom Kapital, erscheinen. Die manifeste Form des Konkreten ist nun organischer. So kann das industrielle Kapital als direkter Nachfolger ‚natürlicher' handwerklicher Arbeit auftreten und, im Gegensatz zum ‚parasitären' Finanzkapital, als ‚organisch verwurzelt'."⁴⁵⁸ Das Konkrete und der gesellschaftliche Zusammenhang, in dem es erscheint, könnten so als gesund und ‚organische Einheit' aus dem Kapitalismus herausgelöst und verherrlicht werden: Blut wie Maschine, Rasse, Boden und völkische Gemeinschaft wie Produktion um der Produktion willen, Technologie, Industriearbeit und -kapital. Juden werden demnach, mit gesellschaftlich induziert, im antisemitischen Bewusstsein zum abstrakten, ‚parasitären' Gegenprinzip dieses vermeintlich ‚Konkreten', als Träger aller negativ erfahrenen Entwicklungen abgespalten, der Gegensatz von stofflich Konkretem und Abstraktem wird zum antisemitischen Gegensatz von Arier und Jude; der moderne Antisemitismus ist somit mit Postone und der Kritischen Theorie *auch* eine Biologisierung des international mächtigen, globalen Kapitalismus als ‚internationales Judentum', als jüdische Weltverschwörung.

Die objektive Abstraktion hatte zudem erst die Freisetzung der Menschen vom unmittelbaren Gewaltverhältnis ermöglicht, und auch die Freisetzung des Individuums und des Geistes vom unvermittelten Zwang; die Verallgemeinerung der bürgerlichen Warengesellschaft, die auf dieser Abstraktion beruht, hatte auch das „abstrakte Recht" des Individuums als Bürger durchgesetzt oder zumindest proklamiert, wodurch die zuvor ganz Rechtlosen, wie vielerorts Juden, abstrakt zu gleichen Rechten kamen und

---

456 Moishe Postone, „Nationalsozialismus und Antisemitismus: Ein theoretischer Versuch," in Dan Diner (Hg.), Zivilisationsbruch: Denken nach Auschwitz (Frankfurt a.M.: Fischer, 1987), S. 242 – 254, S. 253.
457 Ibid, S. 248.
458 Ibid, a.a.O., S. 249f.

folgerichtig gesellschaftlich oft das abstrakte Recht personifizierten. Denn Juden war das universalistische „allgemeine, vom Staat geschützte Recht" Unterpfand der Sicherheit, das Ausnahmegesetz zu Recht „Schreckbild".[459] Der moderne Autoritarismus und Antisemitismus ziele somit zugleich gegen all die emanzipatorischen Momente und Möglichkeiten moderner Demokratien und soziokultureller Modernisierung, die die Idee des repressiven Egalitarismus einer als konkret gedachten, de facto abstrakten ‚Gemeinschaft' in Frage stellen. Der moderne Antisemitismus nehme dann wahnhaft-verzerrt das ‚internationale Judentum', so Postone im Anschluss an die Kritische Theorie, „als das wahr, was hinter dem ‚Asphaltdschungel' der wuchernden Metropolen, hinter der ‚vulgären, materialistischen modernen Kultur' und, generell, hinter allen Kräften, die zum Niedergang althergebrachter sozialer Zusammenhänge, Werte und Institutionen führen, steht."[460] Juden werden dergestalt mit Kapitalismus, Demokratie und Sozialismus identifiziert, dienen als verdinglichte Erklärung all dieser Erscheinungen und werden als Quelle einer unfassbaren, konspirativen internationalen Verschwörung ausgemacht.

Der Antisemitismus weist dabei eben auch als eine mögliche Zuspitzung verdinglicht-stereotypisierten Denkens in der Moderne über sein antikapitalistisches Moment hinaus; sein Hass auf das Abstrakte der Moderne, personifiziert im Imago des Juden, erfasst alle ihre widerspruchsvollen Momente, Entwicklungen und Ideale: die sozialen Exklusionen innerhalb kapitalistischer Gesellschaften ebenso wie die universalistischen Ansprüche auf Emanzipation des Individuums, die auch im gleichfalls verachteten Bild der Demokratie des Menschenrechts erscheinen. Das abstrakte Recht verachten die Antisemiten und wollen es durch die „Rechte der Völker" und „Kulturen" ersetzt sehen. Den universalistischen Ansprüchen gegenüber vertreten die autoritären Persönlichkeiten der Kritischen Theorie nach eher die Sehnsucht nach der „falschen Unmittelbarkeit"[461], die im Rückgriff auf autoritäre politische Ordnungs- und Gemeinschaftsvorstellungen ende.

3.1.2.3 Ethnischer Nationalismus und identitätsstiftende Funktionen des modernen Antisemitismus

Der Antisemitismus erfüllt neben den vielfältigen skizzierten psychosozialen und erklärungslogischen nämlich der Kritischen Theorie nach, wie bereits skizziert, auch *identitätskonstitutive* Funktionen. Die manichäische Weltdeutung gipfelt in der Vernichtung des im Judenbild personifizierten Bösen, in einer *negativen modernen Sozialutopie*. Für extreme Antisemiten und völkische Rechtsextremisten sind laut Löwenthal, Horkheimer und Adorno in der Konstruktion des Antisemitismus „die Juden nicht eine Minorität, sondern die Gegenrasse, das negative Prinzip als solches"[462]: „der Feind heißt Ju-

---

[459] Max Horkheimer/Theodor W. Adorno, Dialektik der Aufklärung, S. 205.
[460] Moishe Postone, „Nationalsozialismus und Antisemitismus," a.a.O., S. 245.
[461] Max Horkheimer/Theodor W. Adorno, „Dialektik der Aufklärung," a.a.O., S. 203.
[462] Ibid, S. 177.

de."⁴⁶³ Juden werden demnach projektiv gleichgesetzt mit dem radikal Anderen, dem Fremden schlechthin, und können sowohl als Verfolger als auch als Opfer erscheinen.⁴⁶⁴ Mit dieser Setzung erscheinen Juden als konträres Element einer binären, identitätskonstitutiven und -reflexiven Absetzung vom kollektiven, ethnisierten Selbstbild. Juden symbolisieren in diesem Verweisungsverhältnis die negative Folie eines nationalen oder völkischen Ursprungsmythos, das abstrakte, entgegengesetzte Prinzip gegenüber der idealisierten konkreten Gemeinschaft, die der ethnische Nationalismus imaginiert. Das antisemitische Bild vom Juden steht somit in einer engen Wechselbeziehung zum Konstrukt des Nationalen – im Besonderen in ethnischen deutschen nationalen Identitätskonstruktionen⁴⁶⁵ -, so dass manche Autoren in jüngeren Forschungen von einer „Konstruktion der Nation gegen die Juden"⁴⁶⁶ oder auch von einem „nationalen Antisemitismus"⁴⁶⁷ reden. In jedem Fall lassen sich für das binär kodierte Gegen-Bild vom Juden für den konventionellen deutschen, wesentlich ethnisch-völkisch geprägten Nationalismus ideologiehistorisch identitätsstiftende und identitätsstabilisierende Funktionen nachweisen.⁴⁶⁸ In der Orientierung an der ethnischen Gemeinschaft, als politischer Masse oder als gedachte idealisierte nationale Gemeinschaft, die Teilhabe an Macht und Gewalt sowie zugleich ich-entlastende Fürsorge und Schutz zu versprechen scheint, finde der Autoritätsgebundene hierbei eine potenzielle Aufwertung seines schwachen Selbst, eine kollektiv-narzisstische Gratifikation. Der völkische Nationalismus, als eine der extremsten Varianten anti-individueller, kollektiver Identifikation und kollektiv-narzisstischer Gratifikation, erhebt sich demnach zugleich auf seinem rassistisch abwertenden Gegenbild, das im Antisemitismus seine extremste Verdichtung findet. Nationalismus und Antisemitismus, als Überhöhung der Deutschen und als Abwertung der Juden ideologisch als antagonistische Pole konstruiert, stehen der Kritischen Theorie zufolge in dialektischer Einheit. Diese Einheit aus ethnischem Nationalismus und Antisemitismus hat sich seit dem 19. Jahrhundert zum gesellschafts- und geschichtsmächtigen Weltbild formiert, das bis heute, trotz mehrerer Jahrzehnte einer nachlassenden politisch-öffentlichen Virulenz in der Bundesrepublik, offenbar in bestimmten Bevölkerungsteilen und konventionellen Identitätsmustern nachlebt.

Die Abspaltung aller negativ perzipierten Dimensionen der modernen Gesellschaft, des ‚Bösen' und ‚Schmutzigen', im antisemitischen Bild ermöglicht und begünstigt der Kritischen Theorie nach die Idealisierung des ‚reinen', purifizierten kollektiven

---

463 Leo Löwenthal, „Falsche Propheten," a.a.O., S. 76.
464 Vgl. Martin Jay, „Frankfurter Schule und Judentum," a.a.O., S. 445.
465 Vgl. Bernhard Giesen, Kay Junge und Christian Kritschgau, „Vom Patriotismus zum völkischen Denken: Intellektuelle als Konstrukteure der deutschen Identität," in: Helmut Berding (Hg), Nationales Bewusstsein und kollektive Identität: Studien zur Entwicklung des kollektiven Bewusstseins in der Neuzeit 2 (Frankfurt a.M.: Suhrkamp, 1994), S. 345 – 393.
466 Vgl. die Studien im Band von Peter Alter, Claus-Ekkehard Bärsch und Peter Berghoff (Hg), Die Konstruktion der Nation gegen die Juden (München: Wilhelm Fink Verlag, 1999).
467 Klaus Holz, Nationaler Antisemitismus, a.a.O.
468 Vgl. Bernhard Giesen, Kay Junge und Christian Kritschgau, „Vom Patritotismus zum völkischen Denken," a.a.O.; Lars Rensmann, „Antisemitismus und ‚Volksgesundheit': Zu ideologiehistorischen Verbindungslinien im politischen Imaginären und in der Politik," in Christoph Kopke (Hg), Medizin und Verbrechen (Ulm: Klemm & Oelschläger, 2001), S. 44 – 82.

Selbstbildes nationaler Gemeinschaft, ein idealisiertes Selbstbild, das sich vor allem gerade über jenes Gegenbild konstituiert. Die soziale Ordnung mit ihren Widersprüchen und Herrschaftsverhältnissen selbst wird dadurch nicht in Frage gestellt, sondern vielmehr bestätigt und harmonisiert. Der Antisemitismus ermöglicht so durchaus, trotz der antidemokratischen und mithin offen verfassungsfeindlichen ‚Systemopposition' rechtsextremer Antisemiten, die die liberale Demokratie als Prinzip letztlich ablehnen, ein grundsätzliches, tiefes Einverständnis mit dem Staat und staatlicher Ordnung *an sich*.[469] Dem überzeugten Antisemiten ist die staatliche Autorität aber zu ‚weich' oder ‚verjudet', d.h. vermeintlich von ‚den Juden' und vom ‚jüdischen Geist' beherrscht. Denn in der rechtsextremen Wahrnehmung wird Ordnung schlechthin, eine so totale, identische wie letztlich tote, zum ideologischen Ideal, das der Heterogenität, Vielfalt und Individualität der ‚Anderen' – besonders personifiziert im antisemitischen Bild von Juden – kontrastiert wird.

Die Konstruktion eines radikalen Andersseins der jüdischen Minderheit hat die jedem Rassismus eigene, jedoch hier im Besonderen an eine soziale Welterklärung gekoppelte, auf einen existenziellen nationalen Überlebenskampf zugespitzte soziale Funktion, einen *gemeinsamen Feind* darzustellen. Erst auf dieser Grundlage lässt sich, so die Erklärung der Kritischen Theorie, eine „homogene Masse"[470] konstituieren, die tatsächlich kollektiv-narzisstische Selbstaufwertung und Teilhabe an Macht verspricht, in der Individualität im nationalen Kollektiv aufgehoben wird und – nach Freud – die inneren Instanzen von Moral, Kritik und Ratio aufgelöst werden: „Weil das Klischee in der Regel die Eigengruppe gut und die Fremdgruppe schlecht macht, bietet das antisemitische Orientierungsschema emotionale, narzisstische Befriedigungen, die dazu tendieren, die Barrieren der rationalen Selbstkritik zu durchbrechen."[471] Die ‚völkische Homogenität' des modernen – und vor allem des ethnischen – Nationalismus, der konstruierte Gegensatz zu jüdischen ‚Feinden der Gemeinschaft der Völker', begründe sich also sowohl ideologiehistorisch als auch sozialpsychologisch wesentlich erst durch die Konstruktion eines solchen Feindbildes, von dem sich abgesetzt werden kann[472], eben dem „Judentum als Antithese"[473].

Dieses Bild ist somit nicht hinsichtlich seiner psychosozialen Projektionen und Weltdeutungsfunktionen zu verstehen, sondern ebenso als conditio sine qua non für das Konstrukt eines ethnisch-kollektivistischen nationalen Selbstbildes, das über das Kollektiv der Identischen narzisstische Selbstaufwertung, Halt und Orientierung in der unübersichtlichen sozialen Welt vermittelt. Denn „Narzissmus heißt in der Psychoana-

---

469 Vgl. Gerhard Scheit, Verborgener Staat, lebendiges Geld: Zur Dramaturgie des Antisemitismus (Freiburg: ca ira, 1999).
470 Leo Löwenthal, „Vorurteilsbilder: Antisemitismus...," a.a.O., S. 223.
471 Theodor W. Adorno, Studien zum autoritären Charakter, a.a.O., S. 125.
472 Vgl. zur Konstruktion des 'Volkes' durch seine 'Feinde' auch Lutz Hoffmann, Das deutsche Volk und seine Feinde: Die völkische Droge (Köln: Papyrossa Verlag, 1994).
473 Vgl. Christhard Hoffmann, „Das Judentum als Antithese: Zur Tradition eines kulturellen Wertungsmusters," in: Wolfgang Benz (Hg), Antisemitismus in Deutschland: Zur Aktualität eines Vorurteils (München: dtv, 1995), S. 25 – 46.

lyse: libidinöse Besetzung des eigenen Ichs anstelle der Liebe zu anderen Menschen."[474] Das autoritäre Subjekt ist zu anderen Liebesbindungen – gelungenen Objektbeziehungen – kaum fähig; allerdings habe sich, wie gezeigt, in der Sozialisation des Autoritären auch keine gelungene Selbstachtung, kein Selbstvertrauen entfalten können. Von daher ist der Autoritätsgebundene besonders empfänglich für narzisstische Regressionen, den Rückzug der Objektlibido auf das Ich[475]: für eine von außen an das schwache Selbst herangetragene irreale Überhöhung seiner Persönlichkeit durch die Teilhabe an der politischen Masse, die auch die narzisstischen Schäden temporär kompensieren könne, und zwar durch eine „kollektive Selbstprojektion."[476] Der „narzisstische Gewinn" ergibt sich schließlich daraus, dass die autoritären Charaktere glauben können, sie seien „einfach weil sie dazugehören, besser, höher stehend und reiner als die, die ausgeschlossen sind. Zugleich wird jederlei Kritik oder Selbsterkenntnis als narzisstische Einbuße übel genommen. Das erklärt die heftige Reaktion aller Faschisten gegen alles, was ihnen als ‚zersetzend' gilt."[477]

Gerade durch das Bild der ‚Heimatlosigkeit' und des ‚Internationalismus' erfüllt das Image von Juden diese narzisstische soziale Funktion wie keine andere Ressentimentstruktur: den Gegensatz zur deutschen ‚Heimat' und ‚Nation' bzw. zu den Rechten der ‚Völker'. Das Bild der Heimatlosigkeit und der weltweiten Verschwörung überlebt dabei schadlos die Gründung des Staates Israels als jüdische Heimat: Da Juden von Rechtsextremisten und „Antizionisten" das Recht auf diesen Staat und diese Heimat abgesprochen wird und dieser nur als eine vermeintliche „Basis", ein „Tarnname"[478] der internationalen „jüdischen" oder „zionistischen" Weltverschwörung erscheint, werden dergestalt mit oder ohne ‚eigenen' Staat Juden weiterhin als „wurzelloses" und „bodenloses" (Nicht-)Volk wahrgenommen, dessen Zugang zum Boden der „Völker" nur illegitim sein kann. Der Antisemitismus hat sich, so Max Horkheimer bereits 1969, gerade, aber nicht nur in der extremen Rechten mitunter in den Hass auf Israel als vorgeblichen ‚Feind der Völker' transformiert. Heute „breitet der Hass gegen die Juden, noch stimuliert durch die Existenz Israels, auf der ganzen Erde sich aus. Er wird zur allgemeinen Losung. Der Konflikt im Nahen Osten bildet einen willkommenen Zusatz zu den innenpolitischen Möglichkeiten, das durch die gesamte, sich verdunkelnde Situation ständig wachsende Unbehagen auf ein geeignetes Ziel zu projizieren."[479]

Auch insgesamt hat der moderne Antisemitismus, als stereopathische soziale Welterklärung wie als Projektionsfläche der inneren Widersprüche des Subjekts, somit eine identitätsstiftende Funktion, d.h. nationale wie persönliche Identität und Integrität kann

---

474 Theodor W. Adorno, „Bemerkungen über Politik und Neurose," in: Ders., Kritik: Kleine Schriften zur Gesellschaft (Frankfurt a.M.: Suhrkamp, 1971), S. 87 – 93, hier S. 90.
475 Vgl. Laplanche und Pontalis, Das Vokabular der Psychoanalyse (Frankfurt a.M.: Suhrkamp, 1985), S. 206 und 320ff.
476 Theodor W. Adorno, „Die Freudsche Theorie...," a.a.O., S. 47.
477 Ibid, S. 55.
478 Siehe als ein frühes Beispiel dieses extremen Antizionismus z.B. Autonome Nahost Gruppe Hamburg, „Israel: Tarnname für eine Militärbasis der USA," in Dies., Zur Situation im Besetzten Palästina (Broschüre Hamburg, 1987).
479 Max Horkheimer, „Zur Funktion des Antisemitismus heute," in Ders., Gesammelte Schriften Bd. 14 (Frankfurt a.M.: Fischer, 1988), S. 139.

als imaginäre Identifikationsfläche über eine binäre Welteinteilung antisemitisch erzeugt werden, wobei alle sozialen Phänomene dem „guten" eigenen Kollektiv und Selbst oder dem „bösen" Kollektiv der Juden zugeordnet werden. Diese identitätsstiftende Funktion, die an die kollektive ethnozentrische Identitätskonstruktion des „Eigenen" als der vorgestellten konkreten Gemeinschaft der Nation eng gekoppelt ist – wie ethnischer Nationalismus und Antisemitismus nach Adorno aufs innigste verbunden sind – erfährt besondere Bedeutung auf Grundlage autoritärer Ich-Schwäche. Autoritäre Dispositionen begünstigen nicht nur stereotype Weltwahrnehmungen sowie projektive Abspaltungen des Eigenen aufgrund der Schwäche von Bewusstsein und Gewissen. Um das Selbst ‚zusammenzuhalten', existiere zudem eine besonderen Suche nach kollektiver Sicherheit und Unterordnung im Hafen einer rigiden – vor allem nationalen – kollektiven Identität, die moralische Grenzen zieht gegen das ‚Fluten' der Gefühle und soziale Ängste, und die das destrukturierte Ich in der Gemeinschaft ‚aufheben' soll. Je schwächer nun das Ich der autoritär Disponierten, desto stärker werde demnach mithin das Bedürfnis nach einer identitär-ethnozentrischen Erhöhung des Eigenen und der Abwertung der ‚Gegenbilder' der kollektiven Identitätskonstruktion, sowie der Wunsch nach autoritären ‚Grenzen' überhaupt: „Wo Grenzen verletzt werden, regt sich leicht die abwehrende Angst vorm Vermischen. Der Komplex äußerte sich pathogen im nationalsozialistischen Kult der reinen Rasse und der Beschimpfung der Hybriden. Was an die Disziplin einmal etablierter Zonen sich nicht hält, gilt für zuchtlos und dekadent, obwohl jene Zonen selbst nicht natürlichen sondern geschichtlichen Ursprungs sind."[480]

Das binäre Denkmodell, das Juden als das personifizierte „Böse schlechthin" definiert, das letzthin für das eigene „kollektive Überleben" der Nation, an der man partizipieren möchte, zu bekämpfen sei, entspringt hierbei der Kritischen Theorie auch gesellschaftlichen Fetischisierungen und Naturalisierungen sozialer Widersprüche und Erscheinungen, für die besonders autoritär Disponierte anfällig sind. Die herrschende Identitätslogik und der ‚Identitätszwang' der Moderne, der ‚rationale' gesellschaftliche Druck gegen die lebendige Regung, finde mit der Subsumtion der Ich-Schwachen unter ethnisierende kollektive Konstruktionen des Nationalen nur einen spezifischen Ausdruck. Diese Unterordnung der ‚blind Selbsterhaltenden ohne Selbst' verspreche kollektive Sicherheit gegenüber den verbliebenen Regungen: den subjektiven Ängsten vor dem eigenen Untergang, die gerade in den Untergang, die Selbstaufhebung und -destruktion im Kollektiv führten. Die Kritische Theorie hat schon in ihren Ursprüngen die Kritik am identitätsstiftenden Kollektivismus als eine Form und einen Ausdruck der falschen Herrschaft des Allgemeinen über das Besondere, als einen gewaltsamen Unterordnungsprozesses der Individuen unter das Ganze, vorangetrieben und vor seinen gewaltförmigen Implikationen gewarnt. Die Theorie stellt letztlich insgesamt eine Kritik

---

480 Theodor W. Adorno, „Die Kunst und die Künste," in Ders., Gesammelte Schriften Bd. 10.1 (Frankfurt a.M.: Suhrkamp, 1977), S. 432 – 453, hier S. 434. In diesem Motiv hat Adorno im Übrigen, wie sowohl Simon Jarvis als auch vor ihm Martin Jay bemerken, ein, wenn nicht *das* zentrale Denkmotiv der ‚Postmoderne' vorweggenommen. Vgl. Simon Jarvis, Adorno: A critical introduction (New York: Routledge, 1998), p. 222f; Martin Jay, Adorno (Cambridge, MA: Harvard University Press, 1984), p. 21ff.

der Identitätslogik dar, des blind identifizierenden Denkens und des in ihr inhärenten Herrschafts- und Subsumtionsverhältnisses, das in Formen totaler Herrschaft und totalitärer Bewusstseinsformen münden könne. Die Kritik einer unerhellten Identitätslogik problematisiert diese als eine Logik des Ausschlusses nach dem Schema enthemmter Selbsterhaltung, die in der modernen Gesellschaft ihren eigenen Sinn nicht mehr reflektiere. Als gesellschaftliche prägende Logik der bloßen Ausdehnung von Verfügungsgewalt über die objektive Welt, die innere Natur und in der sozialen Welt, zerstöre sie gerade bei den abhängigen, ich-schwachen Individuen noch das Bewusstsein davon, dass diese Logik an der eigenen – auch konkreten subjektiven – Zerstörung teilhaben könne. Die Hypostasierung einer ‚reinen', ‚ursprünglichen' kollektiven Identität korrespondiere mit der autoritären und rechtsextremen Beschwörung des Todes – der Selbstdestruktion und Aufopferung für den sakralisierten nationalen Mythos wie der Vernichtung des konstruierten Feindes, der Juden. Die antisemitische Phantasie zielt der Kritischen Theorie nämlich auf Ausmerzung jedes lebendigen Moments, jeder Differenz in der Einheit des Ganzen. Der Antisemitismus stelle insofern auch eine identitätslogische, autoritäre Lösung sozialer und subjektiver Probleme im stereotypen politischen Bewusstsein dar.

Noch in den modernisierten Formen von Antisemitismus seien die identitätsstiftenden Funktionen wie der identitätslogische Ursprung konstitutiv. Der codierte und latente Antisemitismus in der Post-Holocaust-Demokratie wie die Motive, die sich aus Erinnerungsabwehr speisen, sind, wie zu zeigen sein wird, vom Antrieb beseelt, ein kollektive Gratifikationen und positive Identität gewährendes, idealisiertes Bild der Nation zu entwerfen, das von der Geschichte des Holocaust, personifiziert im Bild von Juden, befreit werden soll, weil diese die Harmonie von nationaler Vergangenheit und Gegenwart aus ‚unversöhnlicher Rachsucht' zu stören scheinen. Aggressiver Nationalismus ist, der den Widerspruch nicht aushält und durch ein kollektives Idealbild überdeckt und aggressiv nach außen wendet, das hat die Kritische Theorie nachdrücklich betont, letztlich untrennbar mit Antisemitismus verbunden. Das aggressive Insistieren auf den ‚nationalen Zusammenhalt' des Wir-Kollektivs ist nicht nur eines der wiederkehrenden agitatorischen Mittel, Halt zu verschaffen und Massen-Gemeinschaft wie abstrakte ‚Identität' zu stiften, sondern impliziert immer auch die Ausgrenzung der ‚Fremden', die nicht dazugehören; in letzter Instanz, zumal hierzulande, auch der Juden. Adorno resümiert: „Überall dort, wo man eine bestimmte Art des militanten und exzessiven Nationalismus predigt, wird der Antisemitismus gleichsam automatisch mitgeliefert. Er hat sich in solchen Bewegungen bewährt als das Mittel, das die sonst sehr divergierenden Kräfte eines jeden Rechtsradikalismus auf die gemeinsame Formel zu bringen geeignet ist."[481]

Für den Antisemitismus wie für den Rechtsextremismus ist nach diesem autoritarismustheoretischen Modell der „Größen- wie Verfolgungswahn"[482] konstitutiv und ideologisch strukturierend; ein Einklang und Zusammenwirken von sozialer Ohnmacht,

---

[481] Theodor W. Adorno, „Zur Bekämpfung des Antisemitismus heute," a.a.O., S. 107.
[482] Max Horkheimer und Theodor W. Adorno, „Dialektik der Aufklärung," a.a.O., S. 220.

3. Politische Psychologie des Antisemitismus

Angst und Abhängigkeit sowie (nationalen) Allmachtsphantasien.[483] Antisemitismus wird somit in der Kritischen Theorie konzeptionalisiert als spezifischer Ausdruck einer modernen, autoritären und verdinglichten ‚Bewusstseinsform', die zugleich eine stereotype *anti-moderne* Reaktionsbildung darstellt, also als *moderne Rebellion gegen die Moderne*. Antisemitismus richtet sich laut den Theoremen der Kritischen Theorie gegen das Abstrakte der bürgerlichen Gesellschaft und letztlich pauschal gegen ihre Gesamtstruktur aus Freiheit und Notwendigkeit, sowie gegen jegliche Individualität, Differenz, Universalitäts- und Freiheitsversprechen, die mit ihr verbunden werden können. Und Antisemitismus wird verstanden als ein konkretes politisch-ideologisches Angebot für autoritär-destrukturierte Individuen, ein ‚Angebot' oder ‚frame', das tradierte gesellschaftliche Codes und unbewusste Phantasmen sowie sozialpsychologische Bedürfnisse aufgreift und perpetuiert bzw. aktualisiert.. Insofern geht der Antisemitismus als Ideologieform, wie soziale Paranoia überhaupt, über die als potenziell antisemitisch bestimmten Subjekte freilich auch hinaus. Mögliche politisch-psychologische Dynamiken des Antisemitismus bestimmen sich demnach aus der Interaktion von gesellschaftlichen Formierungen, psychosozialen Bedürfnissen, sozialen wie kulturellen Vorurteilsdispositionen und Politik (die negativ oder, über direkte Agitation, Tolerierung von Vorurteilen oder über symbolische Codes, positiv sanktioniert).

Gerade der Anstieg des Antisemitismus in der letzten Dekade deutet darauf hin, dass sich der durch die politischen Normen lange Zeit überwiegend in die „Kommunikationslatenz", den halböffentlichen und privaten Rahmen verdrängte und tabuisierte Antisemitismus nicht einfach langfristig auflöst, wie Bergmann und Erb suggerieren,[484] sondern (nach der Frankfurter Schule) langfristige, nachhaltigere gesellschaftliche Muster und Dispositionen angenommen werden müssen, die sozial und politisch mitunter – in neuen Formen – wieder reüssieren können. Das Ausblenden und die Nicht-Bearbeitung der 'antisemitischen Unterströmung gesellschaftlichen Lebens' mag, psychoanalytisch gesprochen und im Sinne der Kritischen Theorie, genauso zu deren Konservierung dienen können.[485]

3.2 Sekundärer Antisemitismus aus Erinnerungsabwehr und konventionelle nationale Identitätsnarrative: Formen, Ursachen und politisch-psychologische Wirkungen

Antisemitische Vorurteile spielen, wie skizziert, in Deutschland nach 1945 eine besondere Rolle im Horizont von ‚Vergangenheitsbewältigung' und Fragen nationaler Identität bzw. Identifikation. Juden werden seither oft als verkörperte Repräsentanten der Erinnerung empfunden, als das verkörperte schlechte Gewissen, das an das präzedenzlose Verbrechen, an die historische Schuld gemahnt. Werden moralische Fragen der Auseinandersetzung mit der Shoah als Teil der eigenen kollektiven Geschichte abge-

---

483 Vgl. ibid, S. 236.
484 Werner Bergmann und Rainer Erb, Antisemitismus in der Bundesrepublik Deutschland, a.a.O., S. 14.
485 Vgl. Susanne Spülbeck, Ordnung und Angst: Russische Juden aus der Sicht eines ostdeutschen Dorfes nach der Wende (Frankfurt a.M.: Campus, 1997), S. 33.

wehrt, so erscheinen Juden oftmals als die exogenen kollektiven „moralischen Instanzen" einer unerwünschten Erinnerung, mit der man sich nicht selbst, sondern mit der man die ‚Anderen' identifiziert. Dergestalt werden die negativen Dimensionen deutscher Geschichte, die nicht zur Idealisierung taugen, auf Juden delegiert, und so liegt auch sozialpsychologisch die Konsequenz nahe, dass man sich durch Juden schon qua deren Existenz von einer „Moralkeule Auschwitz" bedrängt und verfolgt sieht, die vermeintlich gegen Deutschland geschwungen werde. Eine solche Angst vor einer „Moralkeule" oder „Sichtblende" Auschwitz verweist einerseits auf ein weitgehend externalisiertes Gewissen hinsichtlich der nationalsozialistischen Verbrechen und ihrer Opfer, die dann primär als Störenfriede selbstfixierter nationaler Normalitätswünsche erscheinen können; andererseits auf eine hohe libidinöse Besetzung und Identifikation mit eingeübten kulturellen Mustern und einem konventionellen nationalen Identitätsnarrativ.

Das Theorem des „sekundären Antisemitismus", der sich aus solchem Bedürfnis nach Erinnerungsabwehr gegenüber dem Holocaust speist, geht auf Arbeiten und Sozialforschungsstudien der Frankfurter Schule zurück und hat in der Antisemitismusforschung eine breite Resonanz gefunden, um ein zentrales neues Motiv des Nachkriegsantisemitismus zu begreifen,[486] das diesen gleichsam konstitutiv mit bedingt. Die Erinnerung an die Shoah, die für die individuelle, familiale und vor allem konventionelle nationale Identität bedrohlich erscheint und eine normalisierte, idealisierte Wunschgeschichte der Nation als Identifikationsfläche notgedrungen in Frage stellt, ist demnach also vielen unerwünscht (im Besonderen, wenn sie nicht kritisch zur *eigenen* kollektiven Geschichte gemacht und als solche anerkannt worden ist). Sie wird zugleich vielfach sozialpsychologisch abgespalten und auf Juden als Repräsentanten der Opfer abgeschoben, die für die Erinnerung verantwortlich gemacht werden. Die Erinnerung, empfunden als bloßer, von aus heran getragener ‚Schuldvorwurf' oder ‚Verdacht', wirft auf die Nation als kollektive Identifikations- und Gratifikationsfläche dann scheinbar von außen, in Franz Josef Strauss' Wendung, einen bösen „Schatten", so dass sozialpsychologisch das Bedürfnis nach einem ‚Schlussstrich' entsteht, danach, die Vergangenheit zu ‚entsorgen' und zu erlösen (in letzter sozialpsychologischer Konsequenz mitsamt ihrer ‚jüdischen Repräsentanten'), um die alte nationale Identität ungebrochen restaurieren zu können. Die Identifizierung von Juden als „moralische Autoritäten" und als Repräsentanten der Erinnerung sowie das Bedürfnis nach Abwehr (oder die Verweigerung, sich kritisch mit der kollektiven Geschichte der NS-Vergangenheit auseinander zu setzen und die problematischen unbewussten kulturellen Identifizierungen zu bearbeiten) können sich so zu einem „sekundären Antisemitismus" amalgamieren. Er ist nicht zentral als „latenter" Antisemitismus zu bestimmen, sondern kategorial aus

---

[486] Vgl. u.a. Werner Bergmann und Rainer Erb, Antisemitismus in der Bundesrepublik, a.a.O., S. 231ff; Hajo Funke, „Bitburg und die ‚Macht der Juden'," a.a.O.; Birgit Rommelspacher, Schuldlos - Schuldig? Wie junge Frauen sich mit Antisemitismus auseinander setzen (Hamburg: Konkret verlag, 1995); Christhard Hoffmann, „Das Judentum als Antithese," in Wolfgang Benz (Hg.), Antisemitismus: Zur Aktualität eines Vorurteils (München: dtv, 1995); Susanne Dietrich und Julia Schulze Wessel, Zwischen Selbstorganisation und Stigmatisierung: Die Lebenswirklichkeit jüdischer Displaced Persons und die neue Gestalt des Antisemitismus in der deutschen Nachkriegsgesellschaft (Stuttgart: Klett-Cotta, 1998).

seinem spezifischen, neuen Motiv der Normalisierung der Vergangenheit und der Nation, der Erinnerungsabwehr und des Schlussstrichbedürfnisses, das auf Relativierung oder Bagatellisierung der NS-Verbrechen zielt und gegen Juden als „Störenfriede der Erinnerung" (Eike Geisel). Dieser Antisemitismus aus Erinnerungsabwehr begründet sich also in den „Erlösungswünschen" vieler, die die Erinnerung des Holocaust als störend empfinden und einen ‚Schlussstrich ziehen wollen, „den Holocaust wenigstens geringer dimensioniert und vergleichbarer mit den Untaten anderer sehen möchten."[487]

Das hier angesprochene Problem lässt sich nicht auf den Rechtsextremismus oder fanatische Antisemiten beschränken. Denn Juden repräsentieren weithin im politisch-kulturellen Unbewussten die Erinnerung an die verdrängte Tat und die historische Schuld, an die Geschichte des Holocaust. Auf Juden wird insofern die Erinnerung und das moralische Gewissen im Hinblick auf die unerwünschte Verbrechensgeschichte schon strukturell delegiert, die seit 1945 tendenziell immer wieder auch politisch-öffentlich zur jüdischen Geschichte mutiert ist, der man die „eigenen Opfer" von Dresden oder der „Vertreibung aus dem Osten" gegenüber gestellt hat, welche doch selbst ein Produkt der deutschen Verbrechen waren. Bis heute erscheinen die „eigenen Opfer" im politisch-kulturellen Diskurs als „vernachlässigt"; der Blick auf sie sei vermeintlich überlagert von einer „Schuldfixierung" und die Erinnerung an den Holocaust,[488] was freilich von der politisch-kulturellen Diskursgeschichte der Nachkriegsrepublik, in der die deutschen Opfer, Soldaten und Vertriebenen mit ihren Ansprüchen zumeist im Zentrum standen und stehen (wie sich auch in den Tausenden Kriegsdenkmälern ausdrückt), empirisch nicht gedeckt ist.[489]

Juden erscheinen im kulturellen Unbewussten so als quasi verkörperter *Schuldvorwurf*, der den nach Auschwitz zumindest an der politischen Oberfläche beschädigten kollektiven Narzissmus nationaler Größe und ungebrochen positiver Identifikation nachhaltig beeinträchtigt, welcher potenziell im kollektiven Bewusstsein auf Reparation lauern kann. Zu Grunde liegt solcher antijüdisch gewendeten Abwehr neben tradierten Stereotypen zumeist also das schwelende Bedürfnis nach einer restaurierten, positiven, „normalisierten" *ungebrochenen* Identifikation mit der Nation der Täter, für deren vermeintlichen Niedergang schon früher Juden verantwortlich gemacht wurden. Dieser Abwehrmechanismus klingt nach in der immer wieder in der Nachkriegsgeschichte wiederholten Forderung, es müsse endlich einmal ‚Schluss' sein mit der Vergangenheit, andere Länder hätten auch Verbrechen begangen, aber auch in anderen Versuchen der Bagatellisierung der Shoah oder in der zwanghaften Forderung nach einem „normalisierten" Verhältnis zur deutschen Geschichte und zwischen Deutschen und Juden, die

---

[487] Wolfgang Benz, „Zwischen Antisemitismus und Philosemitismus: Juden in Deutschland nach 1945," a.a.O., S. 119.
[488] Besonders ist dieses Thema eines vermeintlichen „Nationalmasochismus" seit je im bundesrepublikanischen Rechtsextremismus präsent, aber wiederum nicht auf diesen zu beschränken. Ein ausgesprochen bizarres und extremes Beispiel solcher Konstruktion bietet Antonia Grunenberg, die meint, die Bundesrepublik leide unter einer erdrückenden deutschen „Schuldlust", von der sich die Deutschen selbstbewusst befreien sollten; vgl. Grunenberg, Antonia, Die Lust an der Schuld: Von der Macht der Vergangenheit über die Gegenwart (Berlin: Rowohlt, 2001).
[489] Vgl. hierzu exemplarisch die vorzügliche Studie von Klaus Naumann, Der Krieg als Text: Das Jahr 1945 im kulturellen Gedächtnis der Presse (Hamburg: Hamburger Institut für Sozialforschung, 1998).

"vergeben" sollten, und vor allem in der Rede von Juden als den "Unterdrückern von heute". Aus der Sehnsucht nach einer kollektiven Entlastung und nach einer Reparation eines durch die Geschichte beschädigten kollektiven Narzissmus resultiert das Bestreben, die Opfer als heutige Täter darzustellen. Max Horkheimer fasst diesen Komplex als intergeneratives Problem prägnant zusammen: „Die Juden, die die Opfer waren, sie sind mit dem Gedanken an die Katastrophe verknüpft, mit der von Deutschen wie mit der an Deutschen geübten Gewalt. Im Unbewussten werden die Rollen vertauscht. ‚Nicht der Mörder, der Ermordete ist schuldig.' Narzisstische Kränkung zu überwinden, ist überaus schwer, und noch die Generation, die gar nicht beteiligt war, leidet an der Wunde, die sie selbst nicht kennt. Das politisch-psychologische Kräftespiel, aus dem jenes nationale Nervenfieber resultierte, hat sich weiter unheilvoll kompliziert."[490]

Dabei werden diese erinnerungsabwehrenden Motive und Formen eines sekundären Antisemitismus vielfach von alten Stereotypen vom „rachsüchtigen", „rückwärtsgewandten" und „unversöhnlichen", die nationale Gemeinschaft „zersetzenden" Juden überlagert, die sich im kulturellen Unbewussten erhalten haben. Als Rationalisierungen dieses Wunsches fungieren nicht zuletzt traditionelle bzw. ‚moderne' antisemitische Projektionen, die gesellschaftlichem Antisemitismus neue politische und psychodynamische Anschübe verleihen können. Das verbreitete sozialpsychologische Bedürfnis, sich der Erinnerung, die für die eigene Identität bedrohlich erscheint[491], zu entledigen, kann durch entsprechende, immer wieder neue Rationalisierungen legitimiert und antisemitisch gewendet werden (etwa mittels des Hinweises auf einen „israelischen Vernichtungskrieg"), um sich einer vermeintlichen „Sichtblende Auschwitz" zu entledigen. Aber auch *alte* antisemitische Klischees im neuen Gewand können dazu dienen, die Geschichte abzuspalten, zu bagatellisieren und zum Problem „jüdischer Interessen" zu reduzieren.

Durch die wechselseitige Legierung alter und neuer, moderner und sekundärer Formen des Antisemitismus lassen sich beide Formen auch nur analytisch trennen. Sie sind in Wirklichkeit vielfach verschmolzen. Für beide Formen stellen stereotype Erklärungswünsche der eigenen Probleme, politischer Autoritarismus und Nationalismus, die Idealisierung der ethnischen Nation, Vermittlungsglieder dar. Die politische Psychologie der Erinnerungsverweigerung soll deshalb heraus gearbeitet werden hinsichtlich ihrer besonderen Motivlage und einer spezifischen Vorurteilsausprägung, die jedoch den modernen Antisemitismus in sich aufnimmt und widerspiegelt und von dem stereotypen Antisemitismus, der als moderne Welterklärung fungieren kann, nicht ganz zu trennen ist. Die von der Kritischen Theorie bereits früh diagnostizierten politisch-psychologischen Muster der Erinnerungsabwehr und des sekundären Antisemitismus erscheinen nicht selten, modifiziert und modernisiert, identische mit neueren Strategien der Verdrängung und Relativierung der Geschichte sowie der Delegation der Moral in Bezug auf die Shoah im öffentlich-politischen Raum. Ich werde nun zunächst knapp Elemente und Motive der Erinnerungsabwehr laut Kritischer Theorie rekonstruieren.

---

490 Max Horkheimer, „Über die deutschen Juden," in Ders., Gesammelte Schriften Bd. 8 (Frankfurt a.M.: Fischer, 1985), S. 160 – 174, S. 172.
491 Vgl. Birgit Rommelspacher, Schuldlos - Schuldig ?, a.a.O., S. 37.

Jene psychosozialen Voraussetzungen verweisen auf stereotype Denk- und Einstellungsmuster, die den abwehraggressiven Komplexen entgegenkommen. Wie der moderne Antisemitismus mit dem sekundären verschränkt ist, so verschränken sich auch die erinnerungsabwehrenden Dispositionen mit der Sozialpsychologie der autoritätsgebundenen Persönlichkeit. Ich-Schwäche, autoritäre Aggression, Erfahrungsarmut und Anfälligkeit für kollektiven Narzissmus sind auch die Elemente, die die Erinnerungs- und Verantwortungsabwehr gegenüber den deutschen Verbrechen besonders begünstigen, Schamfähigkeit gegenüber Auschwitz blockieren, und mithin sekundär-antisemitische Vorurteile begünstigen, bei denen ‚niedere' Motive von Juden für die Erinnerung an den Holocaust verantwortlich gemacht werden.[492]

3.2.1 Nationale Identifikation und Abwehraggression

Angesichts der Grauen der Shoah stößt die Möglichkeit zur ‚Verarbeitung' zweifellos auf objektive Grenzen. Dementsprechend reagieren die meisten Individuen affektiv mit Abwehr. Die psychische Abwehr richtet sich gegen einen „an Vorstellungen gebundenen Reiz (Erinnerungen, Phantasien), gegen eine bestimmte Situation, die diesen Reiz auslösen kann, soweit er mit diesem Gleichgewicht unverträglich und daher für das Ich unlustvoll ist. Der Abwehrvorgang besteht aus mehr oder weniger in das Ich integrierten Abwehrmechanismen."[493] Insofern handelt es sich bei dem Impuls zur zwanghaften Selbstverteidigung, zur Abwehr, auch um ein Moment unvermeidlicher „deutscher Neurose"[494], Schuldgefühle wegen Auschwitz nicht gelungen durcharbeiten und ins Ich integrieren zu können, teils abwehren zu müssen: sind sie doch geeignet, die gesamte Integrität und Konstanz eines Individuums zu gefährden.[495] Andererseits offenbart das verbreitete, teils bewusste und offen geforderte Verweigern der notwendigen emotionalen Auseinandersetzung mit dem Holocaust, wie die öffentliche Forderung, man müsse ‚endlich zuerst an die deutschen Opfer denken', dass problematische, keineswegs postkonventionelle kollektiv-narzisstische Identifikationen wie nationale Identitätsnarrative fortleben, die sich auch gegen Juden als Repräsentanten von Erinnerung und ‚Schuldvorwurf' richten und sich nicht zuletzt auch antisemitisch ausdrücken. Birgit Rommelspacher schreibt im Anschluss an Adornos Gedanken, dass in solcher Externalisierung des Gewissens gegenüber den Opfern Deutschlands in der Erinnerungsabwehr ein Stück der Kontinuität einer Gewissenlosigkeit ausdrückt, die schon die Verbrechen selbst ermöglich hatte: „Die aus Abwehr und Ignoranz resultierende Mitleidlosigkeit steht in einer Tradition von Einfühlungsverweigerung, die die Verbrechen damals

---

[492] Die triebökonomische Tendenz und das politische Interesse der Erinnerungsabwehr betreffe, so bereits Adorno, nicht nur besonders autoritär Disponierte; es sei offenbar für viele Deutsche, „und keineswegs bloß für nationalistisch und faschistisch Gesonnene, außerordentlich schwierig, den Gedanken zu vollziehen, dass sie [...] etwas wiedergutzumachen hätten." Siehe Theodor W. Adorno, „Schuld und Abwehr," a.a.O., S. 263.
[493] Jean Laplanche und J.-B. Pontalis, Das Vokabular der Psychoanalyse (Frankfurt a.M.: Suhrkamp, 1994), S. 24.
[494] Theodor W. Adorno, „Schuld und Abwehr," a.a.O., S. 146.
[495] Vgl. Jean Laplanche und J.-B. Pontalis, Das Vokabular der Psychoanalyse, a.a.O., S. 24.

ermöglichte. Die Abspaltung der eigenen Gefühle geht Hand in Hand mit der Abwehr der Gefühle der anderen."[496] Ähnlich konstatiert Hajo Funke, dass, wer es nicht gelernt habe, „sich in die verpönten Seiten des eigenen Selbst einzufühlen, [...] diese Aspekte auch bei anderen abwehren und jede Einfühlung verweigern [muss]."[497] Die – letztlich autoritäre, weil anti-introspektive und auf ein geschwächtes Gewissen verweisende – Affektverleugnung ist mit einer individuellen Unfähigkeit zur kritischen Selbstreflexion und mit der Angst vor Gewissensfragen verbunden. Der Holocaust werde dabei, so Dierk Juelich im Anschluss an die Kritische Theorie, „mit seinen ganzen Affekten zum Problem der Überlebenden der Vernichtung degradiert. Die Überlebenden der Vernichtung werden zu Trägern der Affekte, die wiederum die nichtjüdischen Deutschen in ihrer psychischen Struktur nicht integrieren können."[498]

Je ausgeprägter die konventionelle kollektive Identifikation mit der eigenen Kultur und Gruppe, oder das ungebrochene unbewusste Identifikations*bedürfnis* mit der Nation als „aufgeblasene[m] Größenselbst"[499], je geringer, mit Habermas gesprochen, also die post-konventionelle ethisch-normative respektive universalistische, kognitive und affektive Brechung jener unbewussten Identifikationsmechanismen und Bedürfnisse beim Subjekt ausfällt, desto stärker ist demnach auch die aggressive Abwehr dagegen, wenn diese konventionelle kollektive (nationale) Identität infrage gestellt oder problematisiert wird, und umso heftiger der Versuch, so Adorno, diese überwertige kollektive Identifikation „in Übereinstimmung zu bringen mit dem Wissen vom Frevel: man leugnet oder verkleinert ihn, um nicht der Möglichkeit jener Identifikation verlustig zu gehen, welche es Unzähligen erst erlaubt, über das unerträgliche Gefühl der eigenen Ohnmacht hinwegzukommen."[500] Die Abwehr *kollektiver*, nationaler Verantwortung erscheint, Adornos früher Forschung zufolge, dann mithin sogar affektiver besetzt als individuelle Verantwortung.[501] Hier tritt die Rückkopplung der Abwehraggression an autoritätsgebundene Elemente und Ich-Schwäche hervor: Die krampfhafte Abwehr jeglichen Scham- bzw. Verantwortungsgefühls gegenüber der Shoah stellt das Symptom eines überaus gefährlichen sozialpsychologischen und politischen Potenzials dar,[502] das auf die von Adorno konstatierte Tendenz des Autoritarismus zur „blinden Identifikation

---

[496] Birgit Rommelspacher, Schuldlos - Schuldig ?, a.a.O., S. 55.
[497] Hajo Funke, „Aufarbeitung der Vergangenheit: Zur Wirkung nationalsozialistischer Erziehung vor und nach 1945," in Dan Bar-On/ F. Beiner/ M. Brusten (Hg), Der Holocaust. Familiale und gesellschaftliche Folgen - Aufarbeitung in Wissenschaft und Erziehung, Wuppertal: Universität Wuppertal, 1988), S. 132 – 145, hier S. 143.
[498] Dierk Juelich, „Erlebtes und ererbtes Trauma: Von den psychischen Beschädigungen bei den Urhebern der Schoah," in Helmut Schreier und Matthias Heyl (Hg), ‚Dass Auschwitz nicht noch einmal sei...': Zur Erziehung nach Auschwitz (Hamburg: Krämer, 1995), S. 83 –110, S. 99.
[499] Gertrud Hardtmann, „Ein Volk ohne Schatten ?," in Dies. (Hg), Spuren der Verfolgung, Seelische Auswirkungen des Holocaust auf die Opfer und ihre Kinder (Gerlingen: Bleicher, 1992), S. 251 – 260, hier S. 258.
[500] Adorno, „Schuld und Abwehr," a.a.O., S. 150. Dieser Zusammenhang wird von mir an anderem Ort ausführlich empirisch untersucht; vgl. Lars Rensmann, „Collective guilt, national Identity and political processes in contemporary Germany," in Nyla Branscombe and Bertjan Doosje (eds.), Collective Guilt: International Perspectives (Cambridge: Cambridge University Press, 2003 [im Erscheinen]).
[501] Vgl. Theodor W. Adorno, „Schuld und Abwehr," a.a.O., S. 188.
[502] Vgl. ibid, S. 263.

mit der Nation als Kollektiv"503 zurückweist. Die Abwehr der Schuld als solche muss indes laut Adorno nicht mit psychologischen Verdrängungen und Nationalismus gleichgesetzt werden,504 obschon ein Zusammenhang zu Fragen kollektiver Identitäts- und Selbstbilder evident ist. Auch ein ohne Nationalismus besetztes unverarbeitetes, nicht kritisch ins Selbstbild integriertes, diffuses und unbewusstes Schuldgefühl, das sich der Bearbeitung durch das Ich sperrt, kann dazu führen, dass geschichtliche Verantwortung bedrohlich erscheint, abgewehrt, als äußerer Schuldvorwurf empfunden und mithin in Juden *personifiziert* wird. Zugleich steht gerade eine abstrakte Verleugnung des eigenen kollektiven/nationalen Hintergrunds, der eigenen Herkunft aus der Tätergesellschaft, einer kritischen Auseinandersetzung mit historischer Schuld und kollektiver Verantwortung sowie der selbstreflexiven Bearbeitung kultureller Identifikationen und Selbstanteile entgegen.

Auf der anderen Seite ist nach Adorno selbst bei den Abwehraggressiven eine zumindest indirekte Anerkennung von historischer Schuld vorauszusetzen. Wenn man „Schuldgefühle und Verantwortung gegenüber dem von den Nazis Begangenen abwehrt, so bedeutet das nicht nur, dass man sich reinwaschen will, sondern ebenso auch, dass man, was begangen ward, eben doch unrecht fand und darum ablehnt."505 In Adornos Theoretisierung nun sucht der unbewältigte Konflikt zwischen schlechtem Gewissen und Abwehr zwanghaft einen Ausweg, der der im ersten Kapitel beschriebenen „Veräußerlichung des Über-Ichs"506 ähnlich ist; bedrängende Schuldgefühle werden entweder a priori nicht zugelassen oder wirken bedrohlich auf das Ich und können weder verarbeitet noch im Gewissen—hier nicht nur allgemein verstanden als Stimme der Anderen, sondern im besonderen als Stimme der Opfer—fest verankert werden. Hierbei unterscheidet Adorno wiederum kategorial zwischen Autoritären und Nationalisten einerseits, Liberalen und Nicht-Nationalisten andererseits, obschon das Bedürfnis nach Schuldabwehr auch transsubjektive und intergenerative Dimensionen trägt. Bei Charakteren mit einem kaum integrierten Über-Ich ist dabei ohnehin „die Dimension von Strafe und Strafbedürfnis viel wesentlicher [...] als bei anders strukturierten Individuen. Soziologisch gesehen ist bei den Nichtnationalisten das Interesse, sich und Deutschland rein zu waschen, viel geringer als bei den Nationalisten. Es soll damit keineswegs behauptet werden, dass für die Nichtnationalisten die Frage der Schuld nicht wesentlich sei. Aber sie sind offenbar weit eher fähig, Gewissensprobleme zu verinnerlichen, es mit sich selber auszumachen und dann danach zu handeln als die anderen, bei denen sogleich die Reaktionsform des nach außen Schlagens, sich ins Recht Setzens sich herstellt und die in solchem Bemühen ebenso, weil sie sich selbst doch nie ganz glauben können, von dem kritischen Thema kaum loskommen."507 Ent-

---

503 Ibid, S. 151.
504 Vgl. ibid, S. 181.
505 Ibid, S. 150. Freilich können diese Schuldgefühle der Kritischen Theorie nach bis zur Unkenntlichkeit verdrängt sein. Löwenthal konstatiert etwa bei den Hauptkriegsverbrechern Nazi-Deutschlands, dass sie die grauenvollsten Verbrechen eingestehen, „ohne das geringste Schuldgefühl zu demonstrieren." Siehe Leo Löwenthal, „Individuum und Terror," a.a.O., hier S. 166.
506 Theodor W. Adorno, „Schuld und Abwehr," a.a.O., S. 181.
507 Ibid, S. 175.

sprechend enorm erscheinen gerade bei denjenigen, die sich stark und ungebrochen mit der konventionellen, ethnisch-nationalen Identität identifizieren, die Affekte beim Thema besonders heftig: „Gesten der Verteidigung dort, wo man nicht angegriffen ist; heftige Affekte an Stellen, die sie real kaum rechtfertigen; Mangel an Affekt gegenüber dem Ernstesten; nicht selten auch einfach Verdrängung des Gewussten oder halb Gewussten."[508]

Der Zusammenhang der Erinnerungsabwehr gegenüber Auschwitz müsse indes keineswegs nur in blinder Apologetik des Nationalsozialismus münden, wie sie mitunter in Kreisen der organisierten extremen Rechten anzufinden ist. Die unqualifizierte Leugnung aller Schuld und die unvermittelte Identifikation mit dem NS sind, schon Adornos früher Untersuchung zufolge, verhältnismäßig selten; zumeist bediene sich die Abwehr „subtilerer, vor allem rationalerer Mittel."[509] Gemeinsam sind den verschiedenen Varianten eine Art bewusste Oberflächlichkeit gegenüber den wirklichen Geschehnissen des Terrors sowie die starre Übernahme der Dichotomie von Eigen- und Fremdgruppe, die auch jeder antisemitischen Projektion zueigen ist. Eins ist den Mitteln auch das hinter ihnen stehende Motiv, einen Schlussstrich unter das Vergangene und die Auseinandersetzung mit ihm zu ziehen, d.h. den Völkermord historisch ‚einzuordnen'. Wie Adornos Studien bereits Anfang der 50er Jahre belegen, in denen der Wunsch nach einem „Strich darunter"[510] stark hervortritt, steht dieses Bedürfnis in keinem Verhältnis zu realer Konfrontation mit Auschwitz oder zur real vergangenen Zeit, sondern entstammt anderen, hier schon erläuterten psychodynamischen und sozialen Antrieben. Auffällig ist dabei, dass sich Muster und politisch-psychologischen Strategien der Erinnerungsabwehr, die leicht in sekundären Antisemitismus glitten und diesen motivierten, vor allem in Grad und Intensität, aber kaum in ihrer Struktur unterscheiden, und bis heute fast das identische Arsenal an Ideologemen aufweisen wie zur Zeit der Studien Adornos. Besonders augenfällig zeigt sich dies in einem gegen die kritische Erinnerung gerichteten Geschichtsrevisionismus, der in Politik und Öffentlichkeit im Zuge eines Erstarkens einer intellektuellen und politischen „Neuen Rechten" seit den 1980er Bedeutung gewonnen und eng an neo-nationalistische Positionen gekoppelt ist.[511]

Die projektive Delegation von Schuld und Verantwortung auf das Kollektiv der anderen, auf „die Juden", „die Alliierten" oder eben Israel, ist dabei eine ebenso eingängige wie populäre und dominante Rationalisierungsform der eigenen Abwehr, die die nationale Identität entlastet, ohne kritisch kulturelle Selbstanteile bearbeiten zu können oder zu müssen. Hervor sticht also die, teils subtile, teils virtuose Aufrechnung vermeintlicher Schuld- und Opferkonten, die sich noch in der geschickten Formulierung verbirgt, die Vertreibung und der Holocaust seien ‚je für sich singulär'. Erinnerungsabwehrende erweisen sich vor allem dafür empfänglich, ausgiebig über die Schuld zu debattieren, die angeblich andere auf sich geladen haben, wenn die eigene Schuld –

---

508 Theodor W. Adorno, „Was bedeutet: Aufarbeitung der Vergangenheit," a.a.O., S. 556.
509 Theodor W. Adorno, „Schuld und Abwehr," a.a.O., S. 174.
510 Ibid, S. 261.
511 Vgl. hierzu Kap. 6.2.

oder deutsche Schuld überhaupt – zum Diskussionsgegenstand wird; die Projektionen kennen oft kein Halten, schon gar nicht durch die Realität: Schuldige werden ‚außerhalb', im Ausland ausgemacht, seit langem vor allem in Israel, Großbritannien und den USA: in den Ländern, in denen Opfer und Überlebende Zuflucht fanden. Bisweilen schlagen sie, so Adorno, in offenen Antisemitismus um, in die Behauptung, dass „die Juden überhaupt an allem, was ihnen widerfuhr, selbst schuld seien."[512] Populär erscheint Adorno in diesem Zusammenhang die Suche nach schuldhaftem Verhalten anderer Nationen oder Gruppen in der Geschichte, insbesondere aber seitens Juden und der ehemaligen Besatzungsmächte in Deutschland, mit denen manche noch eine Rechnung zu begleichen zu haben scheinen, kurz: die wilde Suche nach dem, was andere anderen und ‚dem deutschen Volk' antun, unabhängig davon, ob jenes in irgendeinem Bezug zum Holocaust steht, und zwar mit dem Ziel, die moralische Legitimität der Kritik an deutscher historischer Schuld, oft unter dem Hinweis vermeintlichen ausländischen bzw. jüdischen Neids und Interesses, zu diskreditieren.[513] Während dabei ‚die anderen' nicht selten stereotyp im kollektiven Singular gesetzt würden, so Adorno, während „man mit größter Unbefangenheit über fremde Völker verallgemeinert, wird jede Kritik an deutschen Vorgängen entkräftet durch den Hinweis darauf, es handele sich um falsche Verallgemeinerungen."[514] Typisch für die virulente Strategie der Relativierung und Gleichsetzung der deutschen Verbrechen ist nach Adornos Ansicht auch ein pseudorationaler, abwägender Gestus, der suggeriert, dass beide, Deutsche wie Juden, Schuld haben müssen, auch, wo es sich ums Ungeheuerliche handelt[515], wie auch beiden im Zeichen der Erinnerungsabwehr ein gleichrangiger Opferstatus zugesprochen wird. Dem Ereignis des Krieges—oder gar der Vertreibung der Deutschen aus den Ostgebieten—wird infolgedessen im Horizont von Erinnerungsabwehr Zentralität, oder aber Gleichrangigkeit gegenüber dem Holocaust zugesprochen. Rommelspacher hat darauf hingewiesen, dass die Erinnerung an den Krieg und die ‚eigenen' erlittenen Leiden somit zu einer kollektiven Deckerinnerung avanciert,[516] die die Shoah sozialpsychologisch überlagert und dabei das Ressentiment gegenüber einer Erinnerung rationalisiert, das die Präzedenzlosigkeit und den verbrecherischen Charakter der Judenverfolgung ins Zentrum setzt.

Grundsätzlich erscheint pauschal Abwehrenden, so Adorno, Schuld als eine beliebige, gänzlich innerlich-subjektive Kategorie. Demzufolge bliebe Schuld eine Sache des einzelnen, die jeder einzig mit sich selbst ausmachen könne. Eine kritische Auseinandersetzung wird so gerade blockiert: hinter der subjektivistischen Relativierung wird die

---

512 Theodor W. Adorno, „Schuld und Abwehr," a.a.O., S. 281.
513 Vgl. ibid, S. 247. Vgl. auch Martin W. Kloke, „Karthatische Zerreißprobe. Zur Israel-Diskussion in der Partei der Grünen," in: Herbert A. Strauss, Werner Bergmann und Christhard Hoffmann (Hg.), Der Antisemitismus der Gegenwart (Frankfurt a.M. und New York, 1990), S. 124 – 148, vor allem S. 125 – 129.
514 Theodor W. Adorno, „Schuld und Abwehr," a.a.O., S. 219.
515 Vgl. ibid, S. 295. Siehe auch ibid, S. 194: „[W]eil eben der Begriff nicht eindeutig sich fassen lasse, [seien] wir alle mehr oder weniger 'schuldig' [...]. Scheinphilosophische Gewissenhaftigkeit der begrifflichen Klärung ist hier ein bequemer und zugleich narzißtisch angenehmer Vorwand: weil es unmöglich sein soll, über die begriffliche Form sich zu verständigen, soll die Sache selbst nichtig sein."
516 Birgit Rommelspacher, Schuldlos - Schuldig ?, a.a.O., S. 77.

reale objektive Verantwortung verschleiert.[517] Gerade wenn Schuld anerkannt und bewusst würde, würde das Gewissen diese nach außen, d.h. hier zur Artikulation (statt zur Aggression) drängen. Stattdessen fühlt man sich von außen, d.h. von Juden oder ‚dem Ausland', „zum Schuldbekenntnis aufgefordert"[518], sei es bezüglich der individuellen Verantwortung oder des politischen Schuldzusammenhangs. Noch der berechtigte Wille gegen leere öffentliche Bekenntnisse wird, folgert Adorno, somit instrumentalisiert, um sich dem Problem der Schuld überhaupt zu entziehen, und gleichzeitig wird erneut projektiv insinuiert, dass fremde Mächte gegen das Selbst wie das eigene Kollektiv externen Zwang ausübten. Dieses Ausbleiben einer durchgearbeiteten Selbst- und Identitätskritik birgt, das nicht nur bei überzeugten Antisemiten, extremen Nationalisten und Rechtsextremen zu bemerken ist, begründet der Kritischen Theorie nach ein offenbar fortdauerndes gesellschaftliches Potenzial einer gewissen Wiederkehr des Verdrängten, auch wenn diese, wie Freud lehrt, nicht immer die gleichen Formen annehmen muss. Dabei wird, in den Worten Rommelspachers, „auf die alten judenfeindlichen Stereotype zurückgegriffen, um das Unbehagen abzuwehren, das in der Begegnung mit Juden und Jüdinnen und damit mit der eigenen Geschichte und deren Verdrängung hochkommt."[519] Schließlich können dadurch, konstatiert Löwenthal, die Verfolgten über die Konstruktion, dass sie, indem sie unnachlässig an die Vergangenheit erinnern, in Wirklichkeit die Verfolger seien, erneut potenziell zu Verfolgten werden.[520]

3.2.2 Die Opfer als Täter: Ideologische Konstruktionen eines sekundären Antisemitismus aus Erinnerungsabwehr

Die Voraussetzung für den Antisemitismus der Abwehraggression ist, wie gezeigt, im Sinne der Adornoschen Theorie die Entäußerung des moralischen Gewissens und eine „Delegation der Moral"[521]. Wenn das Selbst nicht in der Lage ist, Schuld und Verantwortung zu internalisieren und als Bestandteil der Identität zu integrieren, ist eine solche Entäußerung, die potenziell und bevorzugt die Juden trifft, eine quasi logische Folge. Werden jedoch Juden und nicht das Selbst als moralische Instanz wahrgenommen, wie es in der Rede von den jüdischen ‚Mahnern' in den deutschen Medien geläufig ist[522], so ist der nächste Schritt nicht weit, sie für die Erinnerung ans Geschehene, den Umstand, dass der Holocaust nationale Normalitätsphantasien stören kann, überhaupt verantwortlich zu machen: denn ohne Juden gäbe es dann keine unliebsame Erinnerung an die Verbrechen.

---

517 Vgl. Theodor W. Adorno, „Schuld und Abwehr," a.a.O., S. 180f.
518 Ibid, S. 179.
519 Birgit Rommelspacher, Schuldlos - Schuldig ?, a.a.O., S. 49.
520 Vgl. Leo Löwenthal, „Falsche Propheten," S. 79.
521 Birgit Rommelspacher, Schuldos - Schuldig ?, a.a.O., S. 45.
522 Vgl. Eike Geisel, „Die Banalität der Guten," in Ders., Die Banalität der Guten: Deutsche Seelenwanderungen (Berlin: edition tiamat, 1992), S. 67 – 78, hier S. 74f.

Juden kann also „die Schuld für das Unbehagen, also die Schuld für die Schuldgefühle"523 zugeschoben werden. Indem sie demnach die Verantwortung und die Rolle des externalisierten Über-Ichs in Bezug auf den Holocaust übernehmen, ja quasi in die Position von Eltern manövriert werden, von denen man Verzeihung erwartet524, steigert sich die Wut gegen jüdische Menschen, wenn diese zur unmittelbaren ‚Versöhnung' nicht bereit sind. Die Verweigerung der Versöhnung des Unversöhnlichen wird dann als Bestrafung erlebt, die Aggressionen gegen die strafende, veräußerte Über-Ich-Instanz hervorruft. Dies zumal, so schließt Rommelspacher an die Überlegungen Adornos an, da die unbewusst vorhandene Vorstellung moralischer Unterlegenheit (gegenüber den als moralisch überlegen konstruierten, als Über-Ich vorgestellten oder als „Moralisten" perzipierten Juden) eine permanente Kränkung des kollektiven Selbstbewusstseins reproduziert und gleichsam neue, sekundäre Neidgefühle weckt.525 Dadurch können Juden, folgt man der Argumentation der Kritischen Theorie, aus der Motivation der Verdrängung von wiederkehrenden, nicht reflektierten und akzeptierten Schuldgefühlen heraus, wiederum zum „Gespenst der Macht"526, hier der Macht der Erinnerung und der Opfer, stilisiert werden, das sich von außen gegen deutsche Identität richte.527

3.2.2.1 Der moderne im sekundären Antisemitismus

So kann sich aus dem Wunsch nach einem ‚Schlussstrich' unter das diffuse Schuldgefühl wie unter die belastete Vergangenheit insgesamt (einen Schlussstrich, den sich heute noch mehr als die Hälfte der Deutschen wünschen528) überdies auch eine neu motivierte Wut entwickeln, die die Gesamtheit der projektiven Verantwortungsdelegationen integriert wie rationalisiert und dabei potenziell auf Teile eines unbearbeiteten politisch-kulturellen Repertoire, den „Diskurs kollektiver Erfahrungen und Einstellungen"529 des modernen Antisemitismus zurückgreifen kann. Folgerichtig könne „aus

---

523 Ibid, S. 37.
524 Vgl. Theodor W. Adorno, „Schuld und Abwehr," a.a.O., S. 203. Diese moralische Überhöhung konkreter Juden, so lässt sich anfügen, verleitet auch zur philosemitischen Idealisierung, die nur eine andere Seite der Entwertung ist und die projektive Überfrachtung im Verhältnis zu Juden aufrechterhält: der binäre Code des Vor-Urteils ist insofern die entscheidende Qualität, nicht das zeitweise positive oder negative Vorzeichen, das dem Bild von Juden angeheftet wird.
525 Vgl. Rommelspacher, Schuldlos - Schuldig ?, a.a.O., S. 45. Siehe auch Dies., „Nation und Geschlecht: Fragen zum deutschen Selbstverständnis," in: Anna Seifert (Hg.), Wer ist das Volk ? Deutsche Identität jenseits von Kleingartenidylle und Großmachtgehabe (Frankfurt a.M.: Hessische Gesellschaft für Demokratie und Ökologie, 1993), S. 29 – 43, S. 32: Gefragt werde „warum sollen [Juden] wissen, was Recht und Unrecht ist, wenn ich's nicht weiß?, so dass alles versucht wird, um dieses Über-Ich zu demontieren. Dies ist eine Erklärung dafür, dass immer sehr schnell von Israel und seiner Politik die Rede ist, wenn es um eigene Schuld und Verantwortung geht. [...] Die Projektion der moralischen Instanz auf Juden und Jüdinnen wird so zu einem zentralen Erbe der Geschichte und damit ein gefährlicher Nährboden für neuen Antisemitismus."
526 Leo Löwenthal, „Vorurteilsbilder: Antisemitismus...," a.a.O., S. 203.
527 Vgl. auch Rommelspacher, Schuldlos - Schuldig ?, a.a.O., S. 45.
528 Vgl. Kap. 5 und 8.
529 Ruth Wodak et al., „Wir sind alle unschuldige Täter". Diskurshistorische Studien zum Nachkriegsantisemitismus (Frankfurt a.M.: Suhrkamp, 1990), S. 22.

purem Drang zur kollektiven Selbstverteidigung heraus" auch der Antisemitismus des Dritten Reiches letztlich verharmlost und relativiert werden: „Sobald man ihn sich aber plausibel macht, etwa durch das Argument, der Einfluss der Juden sei wirklich ungebührlich groß gewesen, ist bereits ein Weg gebahnt, der zu dem unmittelbaren Wiederaufleben des Vorurteils selber führen kann."[530]

Während der moderne Antisemitismus, der vielfach mit ethnischem Nationalismus der Idealisierung einer vorgeblich ‚konkreten' ethnisch begründeten ‚Gemeinschaft' und der Wahrnehmung ihrer Bedrohung durch Juden als ‚globale Akteure' einhergeht, die als ‚negativ' perzipierten Seiten der modernen Gesellschaft wie eigene unbewusste Selbstanteile im Allgemeinen personifiziert, verweist der sekundäre Antisemitismus auf das spezifische Motiv einer vermeintlichen Bedrohung der nationalen Identität und Identifizierungsmöglichkeit durch die Erinnerung an die nationalsozialistischen Verbrechen und Juden, die als ‚Gemeinschaft der Opfer' diese Erinnerung mithin im kollektiven Bewusstsein repräsentieren. Gerade über den Zusammenhang der auch mit dem Motiv der Erinnerungsabwehr verschränkten Motiv nationaler Identifikation und Idealisierung wird die innere Verbindung sekundärer und primärer antisemitische Motive und Vorurteile der Kritischen Theorie zufolge sichtbar. Immer dienen Juden zur personalisierenden Repräsentation des Gefährlichen, Angstbesetzten, Problematischen. Immer ginge es dem Antisemitismus zudem auch um die kollektivistische Aufwertung eines beschädigten Selbst und die Wiederherstellung der Möglichkeit einer nationalen kollektiv-narzisstischen Gratifikation. Dieser Zusammenhang wäre demnach ideologiestrukturell und sozialpsychologisch bedeutender als gemeinhin in der Forschung angenommen.[531] Neben dem tradierten kulturellen Vorurteilsreservoir, das über die Abwehr der Erinnerung reaktiviert und neu mobilisiert werden könnte, sind freilich auch neue Momente der Judenfeindschaft aufzufinden, sowie zusätzliche Bedeutungsebenen und veränderte Betonungen moderner antisemitischer Stereotype.[532]

3.2.2.2 Besondere Elemente eines sekundären Antisemitismus

Der „sekundäre Antisemitismus" zeitigt überdies spezifisch sekundär bedingte antijüdische Vorurteile und neue Ausprägungsformen traditioneller antisemitischer Stereotype, die auch zur Rationalisierung der Abwehr dienen. Die Abwehr der Verantwortung, welche die Delegation von Schuld und Schuldgefühl auf jüdische Menschen evoziert, ermöglicht es, wie gezeigt, das Täter-Opfer-Verhältnis psychologisch zu verkehren, die

---

[530] Theodor W. Adorno, „Zur Bekämpfung des Antisemitismus heute," a.a.O., S. 108.
[531] Dagegen sehen etwa Bergmann und Erb den ‚alten' Antisemitismus gänzlich diffundiert und durch einen ‚sekundären' abgelöst, und betonen zugleich die fundamentale Differenz der Ursprünge und Motive beider Vorurteilsformen; vgl. Werner Bergmann und Rainer Erb, Antisemitismus in der Bundesrepublik Deutschland, a.a.O., S. 231 ff.
[532] Siehe Wodak et al., „Wir sind alle unschuldige Täter", a.a.O., S. 21: „Diese neue Prägung enthält alle antisemitischen Vorurteile, wie auch eine Art vorauseilender Abwehr gegen gar nicht ausgesprochene, aber inhärent vorhandene oder phantasierte Vorwürfe."

„Verfolgten für die schlimmsten Taten der Verfolger verantwortlich zu machen",533 Juden also gleichsam in der Position der Verfolger zu imaginieren, die Deutschen keinen Frieden gönnen. Nicht nur die „Projektion der Schuld an begangenem Unrecht",534 sondern auch gegenwärtige und zukünftige Verfolgungen können dann Juden unterstellt werden. Das moderne antisemitische Stereotyp jüdischer Unversöhnlichkeit und Rachsucht steht mit dieser Projektion in engem Zusammenhang. Es wird in der sekundär-antisemitischen Vorurteilsstruktur konsequent mit dem Holocaust in Beziehung gesetzt: „Das Verhalten [...] der Juden nach dem Zusammenbruch wird von manchen als Rachsucht gedeutet, und im Namen einer Humanität, die während des Dritten Reiches nicht eben hoch im Kurs stand, wird diese Rachsucht verpönt."535 Zurückgegriffen werde dabei auch auf den ‚alten' Antisemitismus, Juden seien von Natur aus rachsüchtig.536 Die Konstruktion der jüdischen Rachsucht wird mit Hilfe des Umstands rationalisiert, dass es jüdische Menschen gibt, die Auschwitz in Erinnerung halten und Antisemitismus problematisieren; in der Tat wird es, objektiv, oftmals Juden überlassen, die Erinnerung gegenwärtig zu halten oder gegen Antisemitismus zu protestieren. Die erinnerungsabwehrende Disposition und konventionelle nationale Identifikation kann entsprechend dazu führen, nicht die Geschichte von Auschwitz selbst als grausamen Tatbestand anzuerkennen oder zu betonen, sondern vielmehr die Erinnerung daran. Dergestalt werden die Rolle von Tätern und Opfern vertauscht: „brutal", folgert Adorno, „waren also nicht die SS-Leute, die die Juden marterten, sondern die Juden, die angeblich die Deutschen zwangen, die Untaten der SS zur Kenntnis zu nehmen."537 Die Delegation des ganzen Komplexes der Schuld und Scham auf Juden findet ihren Ausdruck schließlich in einer vermeintlichen Versöhnungshaltung, die gleichzeitig Juden stereotyp der Unversöhnlichkeit zeiht: „Der Gestus, es solle alles vergeben und vergessen sein, der demjenigen anstünde, dem Unrecht widerfuhr, wird von den Parteigängern derer praktiziert, die es begingen."538

Das vorgeblich unbarmherzige jüdische Rachegefühl, nach 1945 vor allem den nach Deutschland wiederkehrenden jüdischen Emigranten unterstellt539, ist eng mit der antisemitischen Zuschreibung von Macht verknüpft. Die vermeintliche Gefahr der Rache wird nur deshalb relevant, weil noch die überlebenden Opfer und ihre Nachkommen, ja selbst die toten Juden auf Friedhöfen noch als mächtig wahrgenommen werden können.540 So könne gerade dem aggressiv Abwehrenden die Frage der Schuld bedrängend, machtvoll omnipräsent erscheinen. Nicht das Geschehene, sondern die vom Abwehrenden personalisierte Instanz dieser Erinnerung erscheine dann mächtig: die ‚verschwörerische Macht der Juden' als externe Instanzen. Auch dieses Ressenti-

---

533 Leo Löwenthal, „Falsche Propheten," a.a.O., S. 92.
534 Theodor W. Adorno, „Schuld und Abwehr," a.a.O., S. 245.
535 Ibid, S. 258.
536 Vgl. Leo Löwenthal, „Falsche Propheten," a.a.O., S. 91.
537 Theodor W. Adorno, „Schuld und Abwehr," a.a.O., S. 245.
538 Theodor W. Adorno, „Was bedeutet: Aufarbeitung der Vergangenheit," a.a.O., S. 555.
539 Vgl. Theodor W. Adorno, „Schuld und Abwehr," a.a.O., S. 245.
540 Vgl. Hajo Funke, „Bitburg und ‚die Macht der Juden'," a.a.O.

ment erweist sich so als politisch und psychologisch funktional für die Rationalisierung der Erinnerungsabwehr.

Da Juden, wie dargelegt, in antisemitischer Ideologie mit der Welt der Intellektualität, der Medien und der Sphäre der Vermittlung in Verbindung gebracht werden, ist es von dieser gesellschaftlich transportierten Projektion nicht weit zur Vorstellung, die Präsenz des Themas Auschwitz in Presse, Funk und Fernsehen sei einer gegen Deutschland gerichteten jüdischen Medienmacht geschuldet; die Präsenz des Themas, das in jeder nicht dem Morden gegenüber apologetischen Behandlung notwendig kritische Fragen an die deutsche Kultur und Geschichte aufwirft, scheint dann dem vermeintlichen Umstand zu entspringen, Juden seien eine international verschworene Gruppe, die über dunkle Kanäle gegen Deutschland Einfluss nehme. So lauert im antisemitischen Denken bei jeglicher Kritik an Deutschland, die heute vor allem über die Erinnerung an die deutschen Verbrechen transportiert wird, das Imago vom Juden. Hierbei greift nach Ansicht Adornos auch einer der wesentlichen Tricks von Antisemiten im Post-Holocaust-Deutschland, d.h. seit der relativen Tabuierung offen judenfeindlicher Motive: die antisemitisch-paranoide Figur des unschuldig von äußeren Mächten Verfolgten unter den Bedingungen der nach-nationalsozialistischen Gesellschaft—sich „als Verfolgte darzustellen; sich zu gebärden, als wäre durch die öffentliche Meinung, die Äußerungen des Antisemitismus heute unmöglich macht, der Antisemit eigentlich der, gegen den der Stachel der Gesellschaft sich richtet, während im allgemeinen die Antisemiten doch die sind, die den Stachel der Gesellschaft am grausamsten und am erfolgreichsten handhaben."[541]

Auch das Stereotyp ‚jüdischer Geldgier' erfahre im Kontext der Erinnerungsabwehr nach 1945 eine neue Bedeutungsebene. Indem Juden unterstellt wird, sie nutzten die Erinnerung an den Holocaust für ihre Zwecke aus (bis heute das häufigste aller virulenten sekundär-antisemitischen Vorurteile), wird eine modernisierte und gleichsam auch neu motivierte Variante des modernen antisemitischen Konstrukts des ‚Geldjuden' aktualisiert, wodurch die Abwehr der Erinnerung weitgehend moralisch und ‚ideologiekritisch' rationalisiert wird und damit das eigene Gewissen entlastet. Denn jüdischen Menschen werden somit unehrliche, unlautere Motive unterstellt. Sie werden infolgedessen scheinbar ihres moralischen Rechts beraubt, gegen die Verdrängung einer Erinnerung einzutreten, die nur funktionalen Macht- und Geldinteressen diene. Während man also selbst nur ‚normal' weiterleben möchte, so die sekundär-antisemitische Figur, die Adorno aufzeigt, wollen die Juden sich noch an ihrem eigenen Untergang und über ihn hinaus materiell bereichern und lassen deshalb die Deutschen nicht in Ruhe.[542] Moralistische antisemitische Rationalisierungen, die darauf zielen, den in Wahrheit vermeintlich „unmoralischen" Charakter von Juden zu ‚entlarven', welche sich vermeintlich über „die Deutschen" erheben, dienen immer auch zum Freispruch von moralischen Problemen und zur Delegitimation der Auseinandersetzung mit der störenden NS-Vergangenheit. In diesen Zusammenhang gehört auch die durchaus weit verbreitete Fixierung auf Menschenrechtsfragen in Israel. Juden werden dabei, insbe-

---

541 Theodor W. Adorno, „Zur Bekämpfung des Antisemitismus heute," a.a.O., S. 109.
542 Vgl. Theodor W. Adorno, „Schuld und Abwehr," a.a.O., S. 224.

3. Politische Psychologie des Antisemitismus

sondere im Kontext eines *neuen Antiisraelismus*, mithin perzipiert als „neue Nazis", die vermeintlich das „fremde Land" „Palästina" besetzt und die Palästinenser „kaltblütig" ermordeten. Die Palästinenser seien folgerichtig die „Opfer der Opfer", und Israel sei so rassistisch wie der Nationalsozialismus.[543] Diese Konstruktion ist nicht nur (sekundär-)antisemitisch in ihrer Täter-Opfer-Umkehr und ihrem Versuch, israelische Politik gegenüber Palästinensern realitätsverzerrt auf eine Ebene mit dem millionenfachen antisemitischen Mordprogramm der Nationalsozialisten zu setzen. Sie ist auch rassistisch bzw. antisemitisch darin, dass implizit und explizit Juden, eine Gruppe, die aufgrund ihrer Herkunft definiert ist, mit jenen gleichgesetzt wird, die eben nicht durch Abstammung, sondern durch subjektive Entscheidung zu Verbrechern wurden.[544]

Aber auch andere generalisierende, latent judeophobe Imaginationen über Juden, können einen Funktionswandel im Sinne der Abwehr erfahren bzw. werden um diese Funktion ergänzt, etwa, wenn das Judentum auf Religiosität reduziert wird,[545] die man als ‚progressiver' Atheist verwirft, wodurch auch das Judentum abgelehnt und entwertet werden kann. Überhaupt wird in der Vorurteilsstruktur des sekundären Antisemitismus jüdische Kultur oft als orthodox und rückschrittlich wahrgenommen. Dies mag als unbewusste Rationalisierung dafür fungieren, dass man den Hinweis auf die störende Vergangenheit als rückschrittlich empfindet; Juden verhindern demnach einen reibungslosen, ungestörten Fortgang des modernen wie insbesondere des spezifisch deutschen gesellschaftlichen Betriebs, indem sie an Auschwitz erinnern, und das wird ihnen zum Vorwurf gemacht, der sich in eine Kritik der Rückwärtsgewandtheit kleiden kann. Rationalisierungen der Abwehr, die sich feministisch gerieren, setzen entsprechend oftmals das Judentum mit dem Patriarchat gleich, ein identifizierendes Denken, das gerade bei Frauen unbewusste Ablehnungen verstärken kann.

Die Strategien der Abwehr und das Potenzial von Schlussstrichmentalität wie sekundärem Antisemitismus bestimmt sich Adorno zufolge wesentlich aus der individuellen Zugänglichkeit für selbstreflexive Aufklärung, Einfühlungsvermögen und ‚Verständigungswilligkeit'. Inwieweit Erinnerungsabwehr, vor allem aber sekundärer Antisemitismus als Ausdruck und Rationalisierung jener, um sich greifen können, ist der Frankfurter Schule nach nicht zuletzt von politischen Faktoren abhängig, von sozialen Interessen wie politisch-kulturellen Bedingungen.

---

[543] Vgl. Saul Friedländer, History, Memory, and the Extermination of the Jews of Europe, a.a.O., p. 4. Gerade die auf den SDS zurück gehende Neue Linke, die ‚zweite Generation', zeigte sich für einen radikalen Antizionismus und dergestalt auch für aggressivste Formen der Geschichtsrelativierung offen, fungierte insofern, anders als eine in den 1960er bis 1980er Jahren stark marginalisierte extreme Rechte, auch als ‚Platzhalter des Antisemitismus' im gesellschaftlichen Diskurs; vgl. hierzu Martin W. Kloke, Israel und die deutsche Linke, a.a.O., und Kap. 6.3.
[544] Vgl. Doron Rabinovici, „Importware Judenhass: Antisemitismus und Antizionismus. Eine Begriffsklärung," Frankfurter Rundschau 26. August 2003, S. 9.
[545] Vgl. Birgit Rommelspacher, Schuldlos - Schuldig ?, a.a.O., S. 52.

3.3 Moderner und sekundärer Antisemitismus und seine politische Mobilisierung in der Demokratie

Die tradierte Vorurteilsstruktur, die sich im Imago von „dem Juden" (im Singular) kristallisiert, erweist sich der Frankfurter Schule zufolge wie dargelegt als eine ideale Projektionsfläche für die verschiedenen, häufig antagonistisch-spannungsgeladenen Bedürfnisse von Antisemiten. Diese Projektionsfläche erlaube es dem Subjekt (insbesondere, wenn Politik, Gesellschaft und kulturelle Norm dies positiv sanktionieren), verdrückte Wünsche und Aggressionen auszuleben, Ängste zu personifizieren und biete schließlich die Möglichkeit, „das Gewalttabu außer Kraft zu setzen, ohne bestraft zu werden"[546]. Selbst offensichtliche, etwa der unmittelbaren Erfahrung geschuldete Widersprüche zur ideologischen Stereotypie können demnach gemäß dem Vorurteil angepasst werden; ja die Erfahrung selbst wird durch die Stereotypie vorgeprägt[547]: „Ebenso wie die allgemeinen Charakterisierungen [...] weder bestätigt noch widerlegt sind, so werden tatsächliche Erfahrungen, sofern man sie hatte, sofort im Sinne antisemitischer Stereotypen umgedeutet"[548]. Obgleich indes eine evidente Korrelation zwischen Antisemitismus, Ethnozentrismus und Autoritarismus existiert, gibt es z.B. zahlreiche Fälle aggressiv-autoritärer Persönlichkeitsverhärtungen, die sich in undifferenzierter Gewalt manifestieren[549], ohne sich antisemitisch oder rassistisch umzusetzen, leichterdings dies aber können; im Zentrum stehen wie gesagt zunächst nur sozialpsychologische *Potenzialitäten*. Ebenso gibt es antisemitische Vorurteilsstrukturen, die nicht ausschließlich in autoritär-masochistischen Voraussetzungen begründet sein müssen. Autoritäre Bedürfnisse scheinen jedoch immer wieder auf, und gemeinsam scheint allen Antisemitismen, bei aller möglichen inneren Rationalität für einen individuellen psychischen Haushalt, ja selbst der Rationalität und Funktionalität im Sinne des politischen Autoritarismus, der zutiefst idiosynkratische und vor allem projektive Kern der Ideologie, der deshalb in letzter Instanz nur politisch-psychologisch zu entschlüsseln. Schließlich könnten auch der Grad autoritätsgebundener bzw. erinnerungsabwehrender Dispositionen und ethno-nationaler Identifizierungen wie die Festigung antisemitischer Vorurteile stark differieren; so genannte Oberflächenressentiments und ‚ambivalentere' Typen stehen auch innerhalb des Rechtsextremismus beispielsweise hermetischeren, gänzlich paranoid entstellten Formen gegenüber, die sich als für Realitäten unzugänglich erweisen.[550]

Für die Möglichkeit der Mobilisierung judeophober Ideologieelemente bilden der Kritischen Theorie nach die politisch-kulturelle Konstellation und die spezifische politische Agitation ein wichtiges Moment. Um politische Relevanz zu erreichen, benötigt der Antisemitismus der Kritischen Theorie nach auch ein *politisches Klima*, das antisemitischer Agitation eine politische Basis verschafft. Die affektiven Reaktionsbildungen auf Ängste, Schwächen, Sehnsüchte und Triebansprüche, die das ich-schwache Individuum bestimmen, finden in antisemitischer Agitation ihr spezifisches projektives politisches

---

[546] Detlev Claussen, Grenzen der Aufklärung, a.a.O., S. 49.
[547] Vgl. Theodor W. Adorno, Studien zum autoritären Charakter, a.a.O., S. 121.
[548] Leo Löwenthal, „Vorurteilsbilder: Antisemitismus…," a.a.O., S. 184
[549] Vgl. Theodor W. Adorno, Studien zum autoritären Charakter, a.a.O., S. 59.
[550] Vgl. Leo Löwenthal, „Vorurteilsbilder: Antisemitismus…," a.a.O., S. 230ff.

Ventil, ihre politische Rationalisierung wie Legitimation: „Die seelische Energie, die der politische Antisemitismus einspannt, ist solche rationalisierte Idiosynkrasie."[551] Antisemitische Agitation kann dabei der Kritischen Theorie nach aber auch auf vorurteilsbegründete Alltagsdiskurse zurückgreifen, die „Gerücht[e] über die Juden"[552], welche über Jahrhunderte trotz Auschwitz bis in die Gegenwart in der politischen Kultur transportiert worden seien.[553] Eine gewachsene Mentalitätsgeschichte und politische Kultur von Vorurteilen verändert sich auch bei radikaleren Veränderungen des politischen Systems nur langsam. Elemente der antisemitischen Erziehung, Propaganda und alltäglichen Wertewelt der NS-Zeit dürften sich, so Gerda Lederer im Anschluss an Adorno, trotz demokratischer Kommunikationsverbote und politischer Demokratisierungsschübe über die Generationen hinweg vermittelt haben.[554] Dies mag zumeist über unbewusste antijüdische Bilder und Vorstellungen geschehen, die familiär und vielfach gesellschaftlich latent transferiert werden. Politik und Öffentlichkeit haben der Kritischen Theorie zufolge eine wichtige Bedeutung im Hinblick auf die Relevanz latenter, kultureller antisemitischer Einstellungen und Gelegenheitsstrukturen, das gesellschaftliche Potenzial von Autoritarismus, Erinnerungsabwehr und antijüdischen Ressentiments, obschon die wesentlichen Dispositionen bereits in der Sozialisation geschaffen würden. Es ist „sicher", so Adorno, „dass die Manipulation des Unbewussten, die Suggestion, [...] für die Aktualisierung dieses Potenzials unentbehrlich ist"[555].

In der Interaktion mit bestimmten politisch-kulturellen Voraussetzungen – etwa politischen Hemmschwellen, an die sich angepasst oder die bewusst durchbrochen werden – können mittels politischer Agitation autoritäre Dispositionen und latente antisemitische Haltungen ihre aggressive Kanalisierung und Außenwendung, ihre soziale Akzeptanz und Festigung erfahren.[556] Nicht nur frühkindliche Prädispositionen spielen insofern eine Rolle, sondern gerade auch „erst später erfahrene[] Klischees"[557] sowie ihre Mobilisierung oder aber Durcharbeitung in politisch-kulturellen Kommunikationsprozessen. Es erweise sich dabei der aktuelle politische Raum als umso bedeutender, je weniger autoritäre Dispositionen bei den Individuen ausgeprägt sind, d.h. je weniger die auf Affekte zielenden antisemitischen Propagandaelemente auf entsprechende verhärtete Dispositionen und gefestigte Weltbilder stießen. In der Studie *Schuld und Abwehr* hat Adorno hierfür fragmentarisch die Kategorie des „ambivalente[n] Charakter[s]" geschaffen, bei dem „je nach der objektiven Konstellation die eine oder die andere der wirksamen gedanklichen und psychologischen Kräfte die Oberhand gewinnen wird."[558] Während etwa für hermetische Antisemiten politische Agitation lediglich

---

[551] Ibid, S. 192.
[552] Theodor W. Adorno, Minima Moralia. Reflexionen aus dem beschädigten Leben (Frankfurt a.M.: Suhrkamp, 1991), S. 141.
[553] Vgl. Theodor W. Adorno, „Zur Bekämpfung des Antisemitismus heute," a.a.O., S. 133.
[554] Vgl. Gerda Lederer, „Wie antisemitisch sind die Deutschen? Studien zum Antijudaismus," in Christine Kulke und Gerda Lederer (Hg.), Der gewöhnliche Antisemitismus (Pfaffenweiler: Centaurus, 1995), S. 22.
[555] Theodor W. Adorno, „Die Freudsche Theorie...," a.a.O., S. 62.
[556] Vgl. Theodor W. Adorno, „Einleitung zum Vortrag ‚Was bedeutet: Aufarbeitung der Vergangenheit'," in Ders., Gesammelte Schriften Bd. 10.2 (Frankfurt a.M.: Suhrkamp, 1977), S. 816f.
[557] Leo Löwenthal, „Vorurteilsbilder: Antisemitismus...," a.a.O., S. 196.
[558] Theodor W. Adorno, „Schuld und Abwehr," a.a.O., S. 288f.

zur Bestätigung oder Organisierung dienen mag, scheinen, so die kritisch-theoretischen Studien, viele andere noch rationaler Argumentation zugänglich[559]: empfänglich für emotionale Reorientierung und anfällig für antisemitische Politik. Latente Antisemitische Agitation und der Hinweis auf Verschwörungen können hier potenzielle und reale Ängste aktualisieren,[560] zumal wenn jene auf ein politisches Klima stoßen, dass gegenüber Antisemitismus keine klaren Grenzziehungen vornimmt und somit einen Resonanzboden sozialer Erwünschtheit befördert.

Indes bleiben im Verständnis der Kritischen Theorie für die Formierung des Antisemitismus im wesentlichen gesellschaftlich bestimmte autoritäre Dispositionen, also (politische) Sozialisationsmuster und die antisemitische Psychodynamik entscheidende Grundlagen, auf die antisemitische politische Akteure zurückgreifen könnten. Erst diese sozialpsychologischen Grundlagen mache, so Löwenthal, „die politische Manipulation antisemitischer Haltungen möglich."[561] Die antisemitische Agitation verstärkt demzufolge durch populäre Stereotype vor allem die vagen Ressentiments, deren Ausdruck sie sind.[562] So verleiht sie einem „antisemitischen Potenzial"[563] die politische Artikulation. Gleichzeitig deutet sich an, dass die Politik und die politische Kultur, die vorherrschenden Normen der jeweiligen Macht, dem Antisemitismus reale Barrieren auferlegen können. Denn obgleich gerade autoritäre Persönlichkeitsstrukturen aus recht gleichförmigen Verhaltens- und Einstellungsdispositionen bestehen, hängt ihr tatsächliches autoritäres oder antisemitisches Verhalten doch von der objektiven Situation ab[564]; vor allem davon, welche Rolle antidemokratische Diskurse im öffentlich-politischen Raum spielen.

Der bis in die 1990er Jahre sukzessive Rückgang antisemitischer Ideologie in der demokratischen Politik und Öffentlichkeit sowie die die politisch-rechtliche ‚Tabuierung'[565] eines offenen, politischen Antisemitismus als politisches Medium im Post-Holocaust-Deutschland haben somit der Frankfurter Schule zufolge zunächst auch einen Rückgang politischer Mobilisierungschancen befördert, ohne dass jedoch notwendig deren gesellschaftliches Potenzial verschwunden wäre; auch haben sich antisemitische Mobilisierungsversuche teils neue Wege gesucht, wie etwa in einem antizionistischen Antisemitismus der radikalen Linken. Die antisemitische Idiosynkrasie ist zumindest in öffentlich-politischen Prozessen über weite Strecken skandalisiert, somit politisch-psychologisch zu Teilen ‚entrationalisiert' worden, obschon sich zugleich neue, ‚sekundär' motivierte und antiisraelische Formen entwickeln konnten. Trotzdem bleibt die Skepsis der Kritischen Theorie ernst zu nehmen, die Antisemitismus, an der

---

559 Vgl. Theodor W. Adorno, Studien zum autoritären Charakter, a.a.O., S. 316.
560 Vgl. Franz Neumann, „Angst und Politik," in Ders., Demokratischer und autoritärer Staat. Beiträge zur Soziologie der Politik (Frankfurt a.M.: Europäische Verlagsanstalt, 1967), S. 184 – 214, hier S. 198.
561 Leo Löwenthal, „Vorurteilsbilder: Antisemitismus...," a.a.O., S. 223.
562 Vgl. Leo Löwenthal, „Falsche Propheten," a.a.O., S. 40.
563 Theodor W. Adorno, „Zur Bekämpfung des Antisemitismus heute," a.a.O., S. 116.
564 Vgl. Theodor W. Adorno, Studien zum autoritären Charakter, a.a.O., S. 9.
565 Mit dem erst kürzlich verschärften Volksverhetzungsparagraphen und dem Verbot der „Aufstachelung zum Rassenhass" sind bereits früh juristische Instrumentarien in der Bundesrepublik geschaffen worden, die eine Unterbindung bzw. staatliche Verfolgung aggressiv antisemitischer Agitation ermöglichen. Allerdings finden diese rechtlichen Möglichkeiten nur sehr unzureichend bzw. periodisch Anwendung.

politischen Oberfläche gehemmt, als beständige Unterströmung des gesellschaftlichen Lebens diagnostiziert, welche solange nicht aufgehoben wird, wie die grundlegenden gesellschaftlichen Strukturen fortexistieren und die Judenfeindlichkeit gleichsam nicht gesellschaftlich durchdringend bearbeitet wird. Mit der Nicht-Duldung und Skandalisierung des politischen Antisemitismus in der Politik und im öffentlichen Raum, die sich nach Auschwitz weitgehend etabliert hatte, wurde die offen antisemitische Agitation nicht nur eingeschränkt sowie zunehmend auf den rechtsextremen Rand begrenzt, sondern die Formen und Strategien antisemitischer Propaganda selbst haben sich verändert. Die Reste eines politischen Antisemitismus haben sich im Kontext demokratischer Verhältnisse in der (westdeutschen) Bundesrepublik modernisieren müssen. Die mögliche rechtliche Ahndung der ‚Volksverhetzung' hat auch den legalen politischen Medien des Rechtsextremismus eine gewisse Zurückhaltung auferlegt. Denn das „Gesetz oder zumindest die herrschenden Konventionen schließen offen pro-nazistische oder antisemitische Äußerungen aus, und ein Redner, der solche Vorstellungen vermitteln will, muss zu eher indirekten Methoden greifen."[566] Der Rekurs auf indirekte oder symbolische Formen (wie des Anti-Israelismus) ist so zunächst weit gehend bestimmend geworden, auf einen, so Adorno, „versteckten Antisemitismus."[567] Während Juden Thema und Gegenstand wahnhaft-paranoider Projektionen bleiben können, wird der Antisemitismus zuweilen codiert und chiffriert, somit an die gegebenen politischen Bedingungen angepasst, ohne notwendig seinen Gehalt als Welterklärung zu verlieren. Ohnehin, so Wolfgang Benz, brauche der Antisemitismus „die Aura des Unbestimmten, gedeiht im Geraune, im Dickicht von Andeutung und Vermutung; Antisemitismus ist ausgrenzende Übereinkunft im Ungefähren."[568]

Die zeitgenössische antisemitische Agitation setze dabei auch auf Wiedererkennung tradierter Stereotypen beim Zuhörer, andererseits also auf Insinuationen, die als psychologische Stimuli für antisemitische Phantasien, wie die einer jüdischen Weltverschwörung, dienen; so mag agitatorisch vage von ‚bestimmten Kräften' die Rede sein, die traditionell an der ‚Zersetzung' deutscher Kultur interessiert seien, oder von ‚jenen dunklen Mächten', „und die Zuhörer verstehen sofort, dass seine Bemerkungen gegen die Juden gerichtet sind."[569] Zahlreiche Elemente und Psychotechniken antisemitischer politischer Agitation zeigen sich im Verständnis der Kritischen Theorie auch unter den unterschiedlichsten politischen Rahmenbedingungen, auch nach Auschwitz, gleichförmig und identisch; sie sind mit Löwenthal als „psychoanalysis in reverse"[570] zu begreifen. Allen agitatorischen, ressentimentgeladenen Politikformen ist laut Frankfurter Schule gemeinsam, dass sie nicht auf rationale Programme und Ziele, sondern auf soziale Ängste sowie unbewusste Emotionen abzielen und diese zu verstärken intendieren. Konkrete politische Programme bleiben indes äußerst vage. Die Methode, das

---

566 Theodor W. Adorno, „Antisemitismus und faschistische Propaganda," a.a.O., S. 159.
567 Theodor W. Adorno, „Zur Bekämpfung des Antisemitismus heute," a.a.O., S. 109.
568 Wolfgang Benz, „Zwischen Antisemitismus und Philosemitismus: Juden in Deutschland nach 1945," in Ders., Bilder vom Juden: Studien zum alltäglichen Antisemitismus (München: C.H. Beck, 2001), S. 110 – 128, S. 120.
569 Theodor W. Adorno, „Antisemitismus und faschistische Propaganda," a.a.O., S. 159.
570 Leo Löwenthal zitiert nach Jay, The Dialectical Imagination, a.a.O., S. 173.

"Wie", ist von weitaus größerer Bedeutung als die Inhalte, das "Was".[571] Wann immer der Agitator nach Problemen fragt, bezieht sich, so Löwenthal, „die Antwort auf ein ‚wer'."[572] Ein zentrales Medium der Agitation ist die endlose Wiederholung eines sehr begrenzten Motivrepertoires,[573] standardisierter Antworten auf soziales Unbehagen und psychosoziale Deprivationen der potenziellen Gefolgschaft. Sämtliche sozialen Phänomene wie die anonymen sozialen Prozesse, denen die Menschen ausgesetzt sind, werden personalisiert und ethnisiert. Alles, was schließlich für die Mitläufer herauskommen könne, sei eine Verschlimmerung ihres Ressentiments und das versteckte, mit sadistischen Phantasien einhergehende Versprechen, „seine Anhänger mögen vage hoffen [...], dieselben Handlungen vollziehen [zu] dürfen, die jetzt dem Feind zugeschrieben werden."[574] Wenn er ihnen auch keinen größeren Anteil an den Gütern des Lebens versprechen könne, „so kann er ihnen doch suggerieren, das Leben werde durch etwas Anderes lebenswert: durch die Befriedigung unterdrückter Triebe."[575] Die psychologischen Schlüsselmechanismen bleiben hierbei unverändert Personalisierung des ‚Feindes' und (kollektive) Identifikation; das nationalistische Konstrukt dient dabei entscheidend zur Erstellung eines kollektiven Wir-Gefühls, einer Identität, „die er verbalisiert, [...] die die Zuhörer spüren und denken, aber nicht ausdrücken können."[576]

4. Konzeptionalisierungen eines Post-Holocaust-Antisemitismus im Kontext politisch-kultureller Gelegenheitsstrukturen in der Demokratie

Kritisch-theoretische Modelle haben das Problem des Antisemitismus zentral im Kontext der sozialpsychologischen und politischen Autoritarismus-Problematik, des Ethnozentrismus sowie anti-demokratischer Bestrebungen verortet. Dabei sind Theoreme entwickelt worden, welche analytische Schneisen schlagen, die die komplexen psychosozialen Dynamiken reifizierter antisemitischer Reaktionsbildungen zugleich nicht nur auf individualpsychologische Aspekte reduzieren. Jene Bestrebungen werden vielmehr auch in ihren gesellschaftlichen, politischen und politisch-kulturellen Voraussetzungen sowie vor dem Hintergrund soziokultureller Transformationsprozesse lokalisiert und gedeutet.

Dabei werden vor allem anschlussfähige wie anspruchsvolle ideologieanalytische und politisch-psychologische Deutungen 1) antisemitischer Ideologieformen und politischer Akteure bereitgestellt (Untersuchung der Akteursseite). Die theoretische Konzeptionalisierung des Zusammenhangs von Autoritarismus, Ethno-Nationalismus und Antisemitismus verweist hinsichtlich seiner politischen Mobilisierungsmöglichkeiten insbesondere auf Fragen nach der Unterstützung oder Abwehr judenfeindlicher Ten-

---

571 Vgl. Leo Löwenthal, „Falsche Propheten," a.a.O., S. 38.
572 Vgl. ibid, S. 25.
573 Vgl. Theodor W. Adorno, „Die Freudsche Theorie...," a.a.O., S. 36.
574 Ibid, S. 49.
575 Ibid, S. 43.
576 Theodor W. Adorno, „Antisemitismus und faschistische Propaganda," a.a.O., S. 155.

denzen in der Demokratie, also durch 2) das demokratische politische und rechtliche System (politische, rechtliche und institutionelle Sanktionierung). Diese ist zu situieren im Kontext 3) der politischen Kommunikation im weiteren Sinn (dem Grad der Tabuisierung, Skandalisierung oder aber der Vermittlung, Integration bzw. Offenheit gegenüber latent antisemitischen Ideologemen und Akteuren in der politischen Öffentlichkeit), i.e. auf die politisch-diskursiven Interaktionen politischer und öffentlicher Akteure oder, in den Worten Adornos, das je besondere „politische Klima". Schließlich wird auch 4) die (trans-)subjektive Nachfrageseite in der Gesellschaft als besonders relevant für die Entfaltungschancen von Antisemitismus erkannt, also die Frage nach den demokratischen oder antidemokratischen Einstellungshorizonten in der Gesellschaft und den maßgeblichen eingeübten Reaktionsbildungen wie Verarbeitungsformen innerhalb einer – selbst historischen Wandlungen unterworfenen und durch widersprüchliche Orientierungen geprägten – politischen Kultur (Untersuchung der Nachfrageseite); diese Nachfrage ist der Kritischen Theorie nach allerdings sehr eng, wenn nicht scheinbar unmittelbar gekoppelt an die 5) modernen Vergesellschaftungsmodi und gesellschaftlichen Modernisierungsprozesse, die bestimmte Formen der (autoritätsgebundenen und potenziell antisemitischen) politischen Sozialisation erst ermöglichten (auf diesen gesellschaftsstrukturellen und sozialisatorischen Aspekt legt die Kritische Theorie gewissermaßen ihr Primat).

Im Besonderen mit der empirisch induzierten Entfaltung des Theorems eines an nationale Verantwortungs- und Erinnerungsabwehr gegenüber den nationalsozialistischen Verbrechen gekoppelten sekundären Antisemitismus, der aufs engste verknüpft ist mit der spezifischen politisch-kulturellen Ausgangskonstellation in der deutschen Demokratie nach dem Holocaust, haben die Kritischen Theoretiker dem Verhältnis allgemeiner gesellschaftlicher Phänomene zu besonderen Prozessen der politischen Kulturentwicklung durchaus Rechnung getragen. In den sekundären Antisemitismus wiederum gehen, wie gezeigt, Aspekte des kollektiven Narzissmus in Form des Nationalismus und nationaler Identitätskonstruktionen ein, wie auch Aspekte des politischen Autoritarismus. Die wichtigen Dimensionen politisch-kultureller Traditionen und kultureller Bilder, spezifischer politischer Kommunikations-, Diskurs- und Interaktionsprozesse, sowie überhaupt die Rolle liberal-demokratischer Erfahrungen, Konflikte, Institutionen und kommunikativ wie institutionell induzierter lebensweltlicher Rationalisierungen, Enttradtionalisierungen oder aber auch *Ent*rationalisierungen in den unterschiedlichen nationalstaatlichen (post-)industriellen Demokratien bleiben gleichwohl in diesem Theorieansatz tendenziell unterbelichtet: Diese Aspekte werden vielmehr vom Primat der kritisch erörterten gesellschaftlichen Strukturprinzipien überwölbt (gleichwohl sollten die unterschiedlichen sozioökonomischen und politisch-kulturellen Sphären und ‚Faktoren' auch nicht gänzlich unabhängig voneinander gedacht werden).[577] Dominant ist dabei in dieser Theorietradition ein universalisierender, kritisch-materia-

---

[577] Vgl. zu dieser Kritik konzeptionell Lars Rensmann, „Das Besondere im Allgemeinen: Totale Herrschaft und Nachkriegsgesellschaft in den politisch-theoretischen Narrativen von Arendt und Adorno," in Dirk Auer, Lars Rensmann und Julia Schulze Wessel (Hg), Arendt und Adorno (Frankfurt a.M.: Suhrkamp, 2003), S. 150 – 195.

listisch intendierter Blick auf die „Strukturprinzipien der Gesellschaft", ihre allgemeinen Konstitutionsbedingungen und Erscheinungsformen, aus denen dann ein autoritärer, potenziell antisemitischer Sozialcharakter wie die ‚objektive Gedankenformen' des Antisemitismus mithin quasi ‚unmittelbar' abgeleitet werden. Die Bedeutung politisch-kultureller Vermittlung, Kommunikation und demokratischer Praxis, aber auch die Spannungen zwischen Individuum und Gesellschaft werden dergestalt konzeptionell unterschätzt; mithin verschwindet gar die Unterscheidung zwischen konventionellen, verdinglichten Bewusstseinsformen und Antisemitismus als spezifischer antidemokratischer Ideologieform. So scheint es trotz dieses theoretischen ‚Vorsprungs' gegenüber zahlreichen eher monokausalen Theorieansätzen und des ideologieanalytischen Reichtums der kritisch-theoretischen Antisemitismusanalyse geboten, die Modelle hinsichtlich ihrer gesellschaftstheoretischen und sozialpsychologischen Fundamente mittels neuerer, teils konkurrierender, teils ergänzender Autoritarismus- und Demokratietheorien (im Besonderen vor dem Hintergrund von Kommunikations- und Anerkennungstheorien) zu aktualisieren und zu erweitern. Zweitens sind jene Modelle in ein anwendungsbezogenes politikwissenschaftliches Modell politischer, diskursiver und kultureller Gelegenheitsstrukturen zu überführen, das kritisch-theoretische Einsichten als interpretative Hypothesen aufnimmt, ohne sie indes zu verabsolutieren oder starr zu applizieren, und mittels dessen antisemitische Ideologeme wie politische Mobilisierungsversuche und –chancen im *Prozess* der politischen Kultur insgesamt analytisch gedeutet und bewertet werden können. Dabei ist insbesondere für die politische Kultur, als durchaus widersprüchlichem Ensemble von kulturellen Mustern, Ideenhorizonten und politischen Orientierungen, und bereits für die politische Sozialisation stärker die konstitutive Bedeutung von politisch-kommunikativen Auseinandersetzungen und Konflikten zu berücksichtigen.

Die spezifische Analyse der *Interaktionsverhältnisse* von liberal-demokratischen institutionellen und rechtlichen Verankerungen, demokratischer oder anti-demokratischer Tradition in der politischen Kultur und Geschichte, lebensweltlichen Kommunikations- wie Auseinandersetzungsprozessen über diese Tradition und die mit ihr verbundenen kollektiven Identifizierungen und (antisemitischen) Vorurteile, sowie ferner den darin auftretenden politischen/soziokulturellen Konfliktlinien in der Demokratie wird dabei notwendig auf fortwährend generierte Widersprüche und „gleichzeitige Ungleichzeitigkeiten" stoßen: ‚Politische Kultur' ist demnach, so wenig wie das spezifische Problem des Antisemitismus in ihr, weder als bloßer Ausdruck sozioökonomischer Prozesse oder gesellschaftsstrukturell induzierter kultureller Reifizierungen zu begreifen, noch als homogene kulturelle Linie von Vorurteilen (quasi im Sinne eines unverrückbaren monolithischen Blocks), die vermeintlich nur zu unterschiedlichen Zeiten unterschiedliche politische Manifestationen annimmt.[578] Aber die politische Kultur ist folgerichtig auch

---

[578] Es ist mit der dekonstruktivistischen Theorie davor zu warnen, ‚Kultur' überhaupt als statische Größe zu reifizieren. ‚Kultur' ist etwas historisch Gewordenes, das nicht in seinem Begriff oder einer homogenen ‚Mentalität' aufgeht, sondern selbst durch kulturelle, diskursive und politische Praktiken immer auch neu – und von den einzelnen Mitgliedern in unterschiedlicher Weise – signifiziert und re-signifiziert wird, sich also im *Prozess* befindet. Die Fixierung „kultureller Identität" oder „kultureller Differenz", die sich im kollektivistisch verdinglichenden, neuerdings immer öfter geforderten „Dialog der Kulturen" spiegelt, der den Dialog

4. Konzeptionalisierungen eines Post-Holocaust-Antisemitismus in der Demokratie

nicht bloß unter der (nicht weniger einseitigen) Perspektive eines stetigen, sukzessiven linearen „demokratischen Lernprozesses" (Werner Bergmann) zu konzeptionalisieren; ein ebenfalls den empirischen politisch-historischen Prozess a priori uniformisierender Ansatz, der Gegentendenzen nahezu ausschließt oder im Notfall wegretuschieren muss. Auch diese Analyseperspektive scheint die spezifischen Hegemonialverhältnisse, die Widersprüche in politisch-diskursiv formierten Selbstverständnissen und Auseinandersetzungen, die spezifischen, in unterschiedliche Richtungen zielenden politisch-ideologischen Verschiebungen, Prozesse der Liberalisierung und Demokratisierung wie konventionalistischen antidemokratischen Backlashs in der *res publica* oder die besonderen neuen soziokulturellen Konfliktlinien des letzten Jahrzehnts nicht in den Blick zu bekommen. Auch das Verhältnis dieser Prozesse zu politisch-kulturellen/lebensweltlichen Resonanzböden, langfristigen Mentalitätsmustern und zählebig sedimentierten oder nur temporär verdrängten Vorstellungen/Vorurteilen im kulturellen Unbewussten, die im umkämpften politischen Feld heute in unterschiedlicher Weise mobilisierbar erscheinen und augenscheinlich nicht nur auf ein Problem des Extremismus zu reduzieren sind, dürfte so nur unterkomplex zu bestimmen sein.

Nach den Hinweisen auf systematische Probleme der Antisemitismus-Theorie der Frankfurter Schule zugrunde liegenden Theoremen zu Autoritarismus, politischer Sozialisation und Demokratie sollen folgerichtig knapp konkurrierende wie aktualisierende Modelle diskutiert werden. Insbesondere soll so ein differenzierterer theoretischer Zugang zur politischen Sozialisation gewonnen werden. Vor allem sollen einerseits die Bedeutung staatlicher Institutionen, einer liberal-demokratischen politischen Ordnung und Rechtsordnung, die sich an der bestimmten Geltungskraft universalistischer Gehalte und demokratischer Normen in der Verfassungswirklichkeit konkreter behördlicher wie exekutiver Praxis auszuweisen hat (im Besonderen hinsichtlich der Sanktionierung von Antisemitismus), anderseits die Frage nach der Einübung postkonventioneller Werte und demokratisch-kommunikativer Praxis neu austariert werden. Schließlich werden Vorschläge zur Re-Konzeptionalisierung einer politischen Kulturforschung zum Antisemitismus gemacht werden, die die Komplexität und den theoretischen Reichtum der antisemitismustheoretischen Modelle der Kritischen Theorie inkorporieren.

---

zwischen Menschen zu ersetzen scheint und diese mit einer kulturellen Herkunft identifiziert, sperrt die solcher Art als „different" Kategorisierten im Status der „Fremdheit" ein, der vielfach erst durch diese Zuschreibung konstituiert wird. In Deutschland wird der Status der Fremdheit/Nich-Fremdheit aufgrund der sedimentierten Wahrnehmungsformen ethnischer Zuordnung meist aufgrund des Aussehens zugeschrieben und ein Leben lang unveränderlich fixiert. Wenn jemand „nicht-deutsch" aussieht, wird er meist als solcher behandelt. „Wir" und „Nicht-Wir" auf der Ebene nationaler Zugehörigkeit, so Paul Mecheril, sind in Deutschland Sache körperlicher Attribute; siehe Anja Ruf, „Aneinander vorbei: In der Erwachsenenbildung wird ‚interkulturelles Lernen' zunehmend kritisch bewertet," Frankfurter Rundschau, 13. August 2003, S. WB 5. Gleichwohl ist ‚Kultur' nicht nur ein ‚Sprachspiel' oder eine Zuschreibungspraxis im permanenten Prozess, sondern wird auch mitbestimmt durch historisch sedimentierte Muster und Verhaltensorientierungen, die sich vielfach zäh im kulturellen Unbewussten einer Gesellschaft am Leben erhalten können.

4.1 Neue Fundamente der Theorien zum Antisemitismus in der politischen Kultur und zu seinen gesellschaftlichen Ursachen

4.1.1 Kommunikation, deliberative Demokratie und Anerkennung: Dimensionen politisch-kultureller Lebenswelt im Zeitalter der Globalisierung nach Habermas und Honneth

Anhand der Gesellschaftstheorie und politischen Theorie von Jürgen Habermas lassen sich Rückschlüsse auf spezifisch situierte Sozial- und Lebensweltpathologien gewinnen, die Autoritarismus, Nationalismus und Antisemitismus befördern können.[579] Auch Habermas hält an der These der Kritischen Theorie fest, dass gesellschaftliche Krisen an individuellen Identitätskrisen beobachtbar sind.[580] Innerhalb von Habermas' Handlungs- und Rationalitätstheorie erscheinen kommunikatives Handeln und die aus ihm abgeleiteten Geltungsansprüche von Vernunft als Quellen von deliberativer Demokratie, also als kritische Instanzen emanzipatorisch-egalitärer und demokratischer Rationalitätsgehalte überhaupt, die sich indes in konkreten kommunikativen Handlungen und Rationalisierungsprozessen zu entwickeln und zu erweisen haben. Diese Vernunfts- und Rationalisierungsprozesse seien indes *potenziell* dem Residualbereich dessen immanent, was Habermas als „Lebenswelt" bezeichnet, den spezifischen, nicht-instrumentellen Wertüberzeugungen und „eigensinnigen kommunikativen Strukturen" einer Gesellschaft. Auch die moderne Gesellschaft erschöpft sich demnach nicht in der Verfolgung von Partikularinteressen und instrumentellen Modi der Ausdehnung von Verfügungsgewalt. Habermas betont damit die besondere Bedeutung diskursiver Auseinandersetzungen, Handlungen und Verständigungsprozesse. Er opponiert so gegen verkürzt materialistische Ansätze, die die Alltags-, mediale und öffentlich-politische Kommunikation vom kapitalistischen System und seinen Imperativen determiniert sehen. Auch Umstellungen kommunikativen Handelns auf mediengesteuerte Interaktionen und die Objektifizierung intersubjektiver Auseinandersetzungen sind demnach keine „vorentschiedenen" Prozesse. Die Analyse von Lebensweltpathologien erfordere vielmehr „die unvoreingenommene Untersuchung von Tendenzen und *Gegentendenzen*."[581]

Kommunikative Vernunftspotenziale leben nach Habermas von den lebensweltlichen Ressourcen einer Gesellschaft. Jene wie diese seien in der Moderne – länderspezifisch durchaus unterschiedlichen – Rationalisierungs- und Differenzierungsprozessen ausgesetzt, der „Ausdifferenzierung von Wertsphären"[582] und ihrer Institutionalisierung. Die kommunikativen Rationalitätspotenziale, die der alltäglichen Rede implizit

---

[579] Auf Habermas' Beitrag zur politischen Theorie der nationalen ‚Vergangenheitsbewältigung', konventioneller Identität und ihrer demokratischen wie anti-demokratischen Potenziale wird an anderer Stelle im Rahmen der empirischen Analysen eingegangen.
[580] Vgl. Jürgen Habermas, Legitimationsprobleme im Spätkapitalismus (Frankfurt a.M.: Suhrkamp, 1973), S. 13.
[581] Jürgen Habermas, Theorie des kommunikativen Handelns, Bd. 2 (Frankfurt a.M.: Suhrkamp, 1981), S. 575.
[582] Jürgen Habermas, Der philosophische Diskurs der Moderne: Zwölf Vorlesungen (Frankfurt a.M.: Suhrkamp, 1985), S. 137.

4. Konzeptionalisierungen eines Post-Holocaust-Antisemitismus in der Demokratie

seien, müssen indes praktisch-kommunikativ entbunden werden, um die Ansprüche instrumentell verkürzter Rationalität in Schranken zu halten. Als Rationalisierung der Lebenswelt bezeichnet Habermas dabei den modernen Prozess, in dem sich bislang unproblematische, konventionelle lebensweltliche Hintergrundüberzeugungen, Vergmeinschaftungsformen, Identitätsmuster und subjektive Sinnstrukturen selbst zu kritisierbaren Geltungsansprüchen verflüssigen, also ihre Trvialität und fraglose Solidität verlieren, um kommunikativ problematisiert wie selbstreflexiv zu werden.[583] Im Unterschied zu den Modi der funktionalen Systemimperative der modernen Gesellschaft, die sich nach instrumentellen, zweckrationalen und strategischen, also funktionalistischen Handlungs- und Rationalitätstypen organisieren und rationalisieren, tragen nach Habermas die Auswirkungen einer mit dieser Modernisierung verschränkten Rationalisierung der Lebenswelt nach *kommunikativen* Handlungsformen demnach kulturell öffnende, universalistische, befreiende und entlastende Züge.[584] Moralvorstellungen und Rechtsnormen werden dabei im modernen, nachmetaphysischen Zeitalter potenziell zunehmend zum Gegenstand deliberativer Diskurse und den ihnen immanenten kommunikativen Rationalitätsgehalten wie universalen Geltungsansprüchen, die in der Grundstruktur der Sprache, den sprachlichen Verständigungsmodi im alltäglichen lebensweltlichen Kontext verankert seien.[585] Jene Normen müssen sich nunmehr im Prozess der lebensweltlichen Rationalisierung zunehmend als vernünftig ausweisen und demokratisch legitimieren.

Die Habermassche Diskursethik, die – wie gesesellschaftliche und intersubjektive Kommunikation überhaupt – je in konkreten lebensweltlichen Zusammenhängen situiert ist und doch zugleich implizite universalistische Prämissen und nach Habermas auch Implikationen zeitige, konstituiert sich dergestalt über ein sprachlichen Verständigungsmodi implizites deliberativ-demokratisches Grundprinzip: nämlich dass alle, die gleichermaßen von einer Normbefolgung betroffen sind, das Recht haben sollten, in einem praktischen Diskurs über diese Norm und die Folgen ihrer Akzeptanz für die Interessen eines jeden zu entscheiden.[586] Zwar kristallisiere sich kommunikative Vernunft bereits in den lebensweltlichen Alltagspraktiken kommunikativen Handelns und deren impliziten Geltungsansprüchen, und sie speise sich aus einer vom Anspruch her gleichberechtigten Intersubjektivität, die schon selbst demokratisch sei. Zugleich aber ist die Entwicklung und Entbindung der Vernunftspotenziale auf demokratische Ermöglichungsbedingungen und Institutionen angewiesen – sowie darauf, dass die Akteuren kommunikative Vernunft in Anspruch nehmen müssen, wenn sie kritisierbare Geltungsansprüche erheben. Insbesondere die öffentliche Auseinandersetzung wird dabei nach Kant als ein Ort möglicher Realisierung von vernünftigen Geltungsansprüchen angesehen.

---

583 Vgl. Jürgen Habermas, Theorie des kommunikativen Handelns, Bd. 2, a.a.O., S. 188.
584 Vgl. grundlegend Jürgen Habermas, Theorie kommunikativen Handelns, Bd.1 und 2, a.a.O.
585 Vgl. Jürgen Habermas, Theorie des kommunikativen Handelns, Bd. 1, a.a.O., S. 523.
586 Vgl. Seyla Benhabib, Kulturelle Vielfalt und demokratische Gleichheit: Politische Partizipation im Zeitalter der Globalisierung (Frankfurt a.M.: Fischer, 1999), S. 80.

Betont wird, anders als in der wesentlich auf die materialen Strukturprinzipien ausgerichteten Theorie der Frankfurter Schule, die spezifische Lebenswelt einer Gesellschaft, die ihre Angehörigen mit einem besonderen Stock an kulturellem Wissen, Sozialisationsmustern, Werten, und normativen Orientierungsmustern ausstattet. Dieser lässt sich laut Habermas als „Quelle von Ermöglichungsbedingungen für dasjenige kommunikative Handeln begreifen, durch das sie sich umgekehrt auch selber reproduzieren (lassen) muss."587 Kolonisieren die funktionalistischen Systemimperative die lebensweltlichen Ressourcen, kommt es also zu einer „Invasion" und „Kolonisierung der Lebenswelt" (die Habermas zunächst dem Prozess „Rationalisierung" gegenüberstellt), und zur Aushöhlung demokratischer Institutionen im Zuge kapitalistischer Reproduktionserfordernisse, so komme es zugleich zu einer ‚systematischen' Zerstörung der gesellschaftlichen Ermöglichungsbedingungen intersubjektiven kommunikativen Handelns, deliberativer Demokratie und somit zum Zerfall einer emanzipatorischen Vernunft überhaupt. Zeitdiagnostisch sieht Habermas diese Gefahr in der gegenwärtigen Epoche einer primär *ökonomisch* globalisierten Welt besonders ausgeprägt, in der transnationale Unternehmen – und mit ihnen die Imperative der Selbsterhaltung – zum zentralen Verhaltensmodell geworden sind, ohne dass diesem ‚neoliberalen' systemischen Integrationsprozess eine politische Vergesellschaftung korrespondiere.588

Zugleich ist indes die Lebenswelt selbst nicht nur eine kulturelle Ressource, die sich im Prozess soziokultureller Modernisierung immer weiter rationalisiert, sondern sie kann eben auch Quelle von nicht-instrumentellen, anti-demokratischen und kollektivistischen kulturellen Beständen und Sozialisationsmustern sein. Die Herausforderung der Globalisierung/Modernisierung bietet so zugleich im Übergang zu einer postnationalen Konstellation auch die Chance einer neuen Öffnung der intersubjektiv geteilten Lebenswelten durch Netzwerke der „funktionalen Integration" (Märkte, Kommunikationsnetze, Transportwege etc.), die mit subversiver Kraft auch einen Formwandel der „sozialen Integration" jenseits von Tradition und nationaler Identität in Gang setzen kann: also die Möglichkeit, nicht universalisierte und ungenügend rationalisierte Identitäten auf eine höhere Stufe von universellen Normen, Rationalität und Selbstverwirklichung zu stellen: Dieser Prozess der Integration *kann* insofern im Konnex mit neuen Dynamiken intersubjektiver und öffentlicher Kommunikation bisherige konventionelle Identitätsmuster und fraglose Traditionen mittels des universalistischen normativen Selbstverständnisses der Moderne in Frage stellen und reflexiv reorganisieren.589 Potenziell mobilisierbare unbewusste und gleichsam konstitutive konventionelle Überlieferungen und zähe Mentalitäten, die stets erst einer kritisch selbstreflexiven Auseinander-

---

587 Vgl. Jürgen Habermas, „Konzeptionen der Moderne: Ein Rückblick auf zwei Traditionen," in Ders., Die postnationale Konstellation: Politische Essays (Frankfurt a.M.: Suhrkamp, 1998), S. 195 – 231, hier S. 225.
588 Vgl. Jürgen Habermas, „Der europäische Nationalstaat: Zu Vergangenheit und Zukunft von Souveränität und Staatsbürgerschaft," in Ders., Die Einbeziehung des Anderen: Studien zur politischen Theorie (Frankfurt a.M.: Suhrkamp, 1996), S. 128 – 153, hier S. 150ff.
589 Jürgen Habermas, „Die postnationale Konstellation und die Zukunft der Demokratie," in Ders., Die postnationale Konstellation (Frankfurt a.M.: Suhrkamp, 1998), S. 91 – 169, S. 126ff.

setzung und Selbstverständigung zugänglich gemacht werden müssen, reichen allerdings auch in Deutschland „weit hinter die Anfänge dieser Republik zurück."[590]

Die Lebenswelt und ihre Aktoren können sich dabei vor diesem historischen Hintergrund mitunter auch *gegen* kommunikative Rationalisierungspotenziale und soziokulturelle Modernisierungen pauschal protektionistisch ‚abschotten' oder diese Transformationen bekämpfen und mit dem Bezug auf „feste Werte" alte, objektive überholte nationale Identitätsmuster und autoritäre Vorurteile remobilisieren – im deutschen Fall laut Habermas vielfach zugleich mit dem Affekt gegen „falsche Bußwilligkeit" und die Moderne.

Habermas' Theorie hat auch Implikationen für Theorien politischer Sozialisation und die Bestimmung autoritärer Subjektgenese bzw. Ich-Identität. Überfrachten die Imperative funktionalistischer Rationalitätsprinzipien die kommunikativen, lebensweltlichen Räume und Rationalisierungs*möglichkeiten* der Subjektgenese, so verarmen nach Habermas diese wie jene. Diese Verarmung und Reduktion der (politischen) Sozialisation hat einschneidende Konsequenzen für die selbstregulierenden Fähigkeiten des Subjekts, für Bewusstsein, Gewissen, kommunikative Vermögen und egalitäre Normen. Legt Habermas den Akzent auf die Ermöglichungsbedingungen kommunikativen Handelns und sozialer Interaktionen nach dessen Muster, so korrespondiert die These eines gesellschaftlich induzierten subjektiven Verarmungsprozesses gleichwohl mit dem Theorem des autoritären Charakters. Kommt es auch zum Verlust gesellschaftlicher Solidarität und kann die Intersubjektivität von Handlungssituationen nicht aufrechterhalten werden, so komme es auch zur Verknappung der Ressource Ich-Stärke; Persönlichkeiten könnten ihre Integrität nur noch mit Abwehrstrategien (aus dem lebensweltlichen Reservoir) wahren, die ihre Zurechnungsfähigkeit beeinträchtigen.[591] Autoritätsgebundene Dispositionen und antisemitische Projektionen sind demnach auch bestimmt durch subjektive Regressionsprozesse sowie Ausdruck einer persönlichkeitsstrukturellen Imbalance, die sich als solche nicht introspektiv reflektieren kann, sondern das Innere – Ängste, Wünsche, Bedürfnisse – ganz ins Außen (im Spezifischen: das Bild vom Juden) verlagert. Der Mangel an Introspektion und Reflexionsvermögen, der die Anfälligkeit für antisemitische Irrationalität begünstigt, könnte mit Habermas um den theoretischen Aspekt der (mangelnden) Kommunikativität, der defizitären Kommunikationskompetenzen und ihren sozialen, rechtlichen und politischen Bedingungen ergänzt werden. In Beobachtungen (rechtsextremer) autoritärer Charaktere tritt der Mangel, über Bedürfnisse und Gefühle kommunizieren zu können, immer wieder zutage.[592] Einschränkungen der Bedingungen kommunikativen Handelns und, im Pro-

---

[590] Jürgen Habermas, „Über den öffentlichen Gebrauch der Historie: Warum ein ‚Demokratiepreis' für Daniel Goldhagen?," Blätter für deutsche und internationale Politik 42 (1997), S. 408 – 416, S. 410.
[591] Jürgen Habermas, Theorie des kommunikativen Handelns, Bd. 2, a.a.O., S. 213f.
[592] Vgl. Hajo Funke, Paranoia und Politik: Rechtsextremismus in der Berliner Republik (Berlin: Verlag Hans Schiler, 2002). Bei Habermas werden diese Aspekte der Subjektivation und Ich-Identität jedoch sozialpsychologisch nur unzureichend diskutiert; wie Axel Honneth legt Habermas seinem Subjektbegriff wesentlich das harmonistische, idealistische Lernmodell von George Herbert Mead zugrunde, das die inneren Widersprüche und trieblichen Bestrebungen des Individuums auflöst und verleugnet. Zur Kritik an Honneth siehe Joel Whitebook, „Wechselseitige Anerkennung und die Arbeit des Negativen," Psyche 55 (2001), S. 755 – 789.

zess der familialen wie sekundären Sozialisation, kommunikativ offener und soziokulturell wie demokratisch pluralisierender bzw. liberalisierender lebensweltlicher Räume könnte kollektivierte Hassphantasien, die sich in Deutschland traditionell leicht antisemitisch manifestieren, demnach mit fördern. Autoritarismus und projektive Pathologien, die mit einem Mangel an Introspektion und Intrazeption verbunden sind, können auch im Hinblick auf kommunikationstheoretische Dimension hin untersucht werden: namentlich die an gesellschaftliche Sozialisationserfahrungen gekoppelte autoritäre Unfähigkeit, Gefühle zu sublimieren, zu reflektieren und zu *kommunizieren*, also individuelle Pathologien, die nach Habermas auch auf soziale Pathologien verweisen, die lebensweltliche Rationalisierungspotenziale beschränken.

Habermas bemängelt schließlich zu Recht, dass die Kritische Theorie sich nur unzureichend dem Verhältnis ihrer gesellschaftskritischen Zeitdiagnosen und sozialpsychologischen Theoreme zu politischen und rechtlichen Strukturen im engeren Sinn, zu Prozessen sozialer und politischer Kommunikation und Lebenswelt und zur politischen Kultur gestellt hat.[593] Der Vorwurf von Habermas, die Kritische Theorie münde in der Unmöglichkeit, „zwischen liberalen und totalitären Gesellschaftsformen zu unterscheiden", ist zwar weniger triftig. Wie in der Rekonstruktion der theoretischen Modelle zum Antisemitismus skizziert worden ist, existiert durchaus ein Verständnis für den politischen wie politisch-institutionellen Raum, für das „politische Klima", die Bedeutung politischer Agitation und vor allem für die Differenz von liberalen Demokratien, unterschiedlichen politischen Kulturen und totalitären Herrschaftsformen. Obschon aber der wiederholte Vorwurf von Habermas, die Kritische Theorie differenziere nicht zwischen den politischen Systemen, ja ihr fehlten die Kategorien selbst zur Differenzierung zwischen totalitären und demokratischen Systemen, im Ganzen übertrieben sein mag,[594] wie die auch die unzutreffende Anklage, die radikalen dialektischen Aufklärer der Kritischen Theorie verstrickten sich in eine aporetische, „totalisierende" Vernunftkritik, die sich mithin gegen die Vernunft und ihre normativen Grundlagen selber richte,[595] so bleibt der Begriff des Politischen und seines ‚Eigensinns' in Konzeptionen Kritischer Theorie in der Tat ebenso demokratietheoretisch unterentwickelt wie das Verständnis divergierender politischer Kulturen und normativer Selbstverständnisse in verschiedenen lebensweltlichen Kontexten, die sich nicht in „anthropologischen Universalien" auflösen lassen.

Habermas' Verweis auf die Bedeutung der konkreten Lebenswelt einer politischen Kultur, die erst die Ermöglichungsbedingungen für praktisches kommunikatives Handeln in der Gesellschaft bereitstelle, führt überdies zur Frage nicht nur der *modernen*

---

593 Indes ist kritisch zu hinterfragen, inwieweit wiederum Habermas' Akzentuierung der Lebenswelt und seine These ihrer vermeintlich geradezu immanenten modernen Rationalisierung letztlich auf einer fortschrittsoptimistischen, die ‚zivilgesellschaftlichen' Ressourcen und Kommunikationen idealisierenden Grundhaltung basiert, die immanente Widersprüche, Regressionen und *Entrationalisierungsprozesse* nur unzureichend in den Blick bekommt.
594 Vgl. zur Entkräftung dieses Vorwurfs Dirk Auer, „Dass die Naturbefangenheit nicht das letzte Wort behalte: Fortschritt, Vernunft und Aufklärung," in Dirk Auer, Thorsten Bonacker und Stefan Müller-Doohm (Hg.), Die Gesellschaftstheorie Adornos (Darmstadt: Wissenschaftliche Buchgesellschaft, 1998), S. 21 – 40.
595 So z.B. bei Jürgen Habermas, „Konzeptionen der Moderne," a.a.O., S. 210f.

4. Konzeptionalisierungen eines Post-Holocaust-Antisemitismus in der Demokratie

Bedingungen des Autoritarismus, sondern danach, welche spezifischen Normen, Werte, Sozialisationsmuster in einer Kultur dominant sind, aktualisiert und kommuniziert werden. Dies betrifft die intergenerativ transferierten politisch-kulturellen Muster und insbesondere die *kritische Selbstverständigung* einer demokratisch verfassten Gesellschaft über ihr anti-demokratisches, verbrecherisches nationales Erbe sowie jene Muster, also „spezifische Überlieferungen und Mentalitäten, [...] Denk- und Wahrnehmungsweisen eines bestimmten kulturellen Kontextes."596 Entscheidend wird so die Frage nach deren öffentlich-kommunikativer Verarbeitung wie Inszenierung.597 Das Potenzial identitärer, reaktionärer und antisemitischer Identifizierung und Personifizierung hängt demnach auch davon ab, inwieweit in Deutschland die Geschichte anerkannt wird und ein demokratisch-normativer, nachholend lebensweltlich modernisierender Prozess der Einübung demokratischer Werte und der Integration in die westlichen Demokratien vollständig gelingt – mitsamt einer umfassenden Diversifikation von kulturellen Praktiken auf Basis eines entsubstanzialisierten, prozeduralistischen und prinzipiell offenen Verständnisses eines demokratischen Staatswesens als „Assoziation freier und gleicher Rechtsgenossen"598 Dieser konzeptionellen theoretischen wie praktischen und normativen Forderung entsprechen Habermas' Interventionen gegen deutschen Nationalismus, konventionelle Identitätsnarrative und geschichtsrevisionistische Idealisierungen der Geschichte (etwa während des Historikerstreits und der ‚Goldhagen-Debatte').599 Demokratische Normen und kommunikative, diskursive Prozesse gewinnen dabei einen systematisch erhöhten Stellenwert gegenüber sozioökonomischen Strukturprinzipien.

Das Habermassche demokratietheoretische Modell widmet sich jenseits von Republikanismus und Liberalismus dem emanzipativen Gehalt demokratisch-partizipatorischer Vermittlungs- und Kommunikationsformen, der Frage danach, welcher Grad der rationalen, egalitären Inklusion und Deliberation durch prinzipiell offene prozedurale Modi auf institutioneller, rechtlicher wie lebensweltlich-kommunikativer Ebene in einer bestimmten Gesellschaft ermöglicht und gewährleistet wird. Es zielt also auf die formal-rechtlich institutionalisierten wie praktischen *Kommunikationsbedingungen* einer Gesellschaft, deren Gehalt und Legitimität in einer Demokratie in Einklang stehen muss mit universalistischen Prinzipien, die über eine konkrete Rechtsgemeinschaft allgemeine Geltung beanspruchen, also mit universalen Grundrechten und den Prinzipien und Ansprüchen des Rechtsstaates. Die diskurstheoretische Demokratietheorie nimmt dabei liberale Verfassungsgrundsätze wie auch das republikanische (allerdings im Republika-

---

596 „Über den öffentlichen Gebrauch der Historie: Warum ein ‚Demokratiepreis' für Daniel Goldhagen?," a.a.O., S. 416.
597 Vgl. ibid.
598 Jürgen Habermas, „Inklusion: Einbeziehen oder Einschließen? Zum Verständnis von Nation, Rechtsstaat und Demokratie," in Ders., Einbeziehung des Anderen: Studien zur politischen Theorie (Frankfurt a.M.: Suhrkamp, 1999), 154–184, S. 167. Die Grundlage von ‚vernünftigen' kollektiven Identitäten überhaupt kann für Habermas nur in den formalen Bedingungen von prinzipiell universalistischer, wert- und normbildender Kommunikation liegen, nicht in einer ethnisierten ‚Substanz'. Habermas legitimiert hier eine liberal-demokratische ‚Westbindung', rechtsstaatliche und demokratische Vermittlungsformen gegen nationalen kulturellen Partikularismus – eine Haltung, für die er immer wieder von ‚rechts', aber auch von ‚links' kritisiert worden ist.
599 Vgl. Kap. 7.

nismus ethisch-kulturelle überfrachtete) Moment demokratischer Willensbildung und Selbtverständigung auf und integriert beide im Begriff der idealen Prozedur, die zum normativ gehaltvollen Kernstück der Theorie avanciert, und deren Voraussetzungen eine liberale Demokratie institutionalisieren müsse „Dieses demokratische Verfahren stellt einen internen Zusammenhang zwischen Verhandlungen, Selbtverständigungs- und Gerechtigkeitsdiskursen her und begründet die Vermutung, dass unter solchen Bedingungen vernünftige bzw. faire Ergebnisse erzielt werden."[600] Hierbei drohen indes bei Habermas' Konzeptionalisierung im Gegenzug die Hoffnungen auf die emanzipativen und aufklärerischen Potenziale kommunikativen und deliberativen Handelns in einem demokratischen Fortschrittsoptimismus zu münden, der tendenziell den Diskurs unter der Perspektive einer Rationalisierung von der Entscheidungen betrachtet und der sowohl die regressiven entrationalisierenden wie affektiven Potenziale der Diskursprozesse tendenziell überblendet, als auch die Verstrickung der (politischen) Kommunikation in die gesellschaftlichen Netze von Machtverhältnissen, sozialen Antagonismen und ökonomischen Funktionsimperativen eher harmonisiert und unterschätzt.[601]

Auch andere Autoren haben hervorgehoben, dass die hier entfalteten kritisch-theoretischen Modelle mithin insgesamt ungenügend soziale *Interaktionsprozesse* berücksichtigen und diese aus Strukturen von Persönlichkeiten und Gesellschaft ‚ableiten'. Axel Honneth sieht den Grund hierfür in einer handlungstheoretischen Reduktion auf die Kategorien der Arbeit und Verfügungsgewalt und einer daraus resultierenden vermeintlichen „Verdrängung des Sozialen", verstanden als intermediäre Sphäre sozialer Interaktionen zwischen Subjekten und als die gruppeninternen Prozesse der Erzeugung normativer Handlungs- (und Vernunfts-)orientierungen.[602] In der Tat drohen die kritischen Theoreme, die sich deterministischen Ableitungen entziehen, bisweilen dennoch in eine übermäßige Betonung von Strukturprinzipien zu verfallen, die indes für kritisch-materialistisches Denken nicht untypisch ist. Auf psychosozialer (autoritäre Dispositionen), politisch-institutioneller (Nationalstaat und politisches System) und sozialer Ebene (moderne Vergesellschaftung) wird soziales Handeln fast ausschließlich kausal begründet. Dadurch wird der Eigensinn selbsttätiger sozialer und politischer Akteure tendenziell ebenso reduziert wie die nicht kausal oder strukturell reduzierbaren Interaktionsdynamiken, die Produkte politischen wie sozialen Handelns sind. Gleichwohl hat auch Adorno stets betont, dass die Kritische Theorie die Empirie „viel schwerer nimmt" als eine generalisierende Soziologie, ja dass es ihr „nicht etwa auf die wild gewordene, losgelassene Theorie ankommt, sondern eben wirklich auf eine [...] Interaktion, eine Wechselwirkung."[603]

---

[600] Jürgen Habermas, „Drei normative Modelle der Demokratie," in Ders., Die Einbeziehung des Anderen: Studien zur politischen Theorie (Frankfurt a.M.: Suhrkamp, 1996), S. 285f.
[601] Vgl. Ulrich Menzel, Globalisierung versus Fragmentierung, a.a.O., S. 7ff.
[602] Vgl. Axel Honneth, Kritik der Macht: Reflexionsstufen einer kritischen Gesellschaftstheorie (Frankfurt a.M.: Suhrkamp, 1985), S. 65ff; vgl. auch Ders., „Kritische Theorie: Vom Zentrum zur Peripherie einer Denktradition," in Ders., Die zerrissene Welt des Sozialen: Sozialphilosophische Aufsätze (Frankfurt a.M.: Suhrkamp, 1999), S. 25 – 72.
[603] Theodor W. Adorno, Einleitung in die Soziologie (Frankfurt a.M.: Suhrkamp, 1993), S. 46.

4. Konzeptionalisierungen eines Post-Holocaust-Antisemitismus in der Demokratie

Während Habermas von einer Universalpragmatik als normatives Potenzial der sozialen Interaktion ausgeht, deren soziale und kognitive Einschränkungen die kritische Perspektive zu dechiffrieren hat, liegen nach Axel Honneth moralische Erfahrungen nicht zentral in der Verletzung intuitiv beherrschter Sprachregeln, sondern in der Missachtung von sozialisatorisch erworbenen Identitätsansprüchen. In seiner Analyse der „sozialen Dynamik von Missachtung"[604] hat Honneth sowohl die Habermassche Kommunikationstheorie als auch die psychoanalytische Narzissmus-Theorie wesentlich durch das Anerkennungsaxiom ersetzt, welches auf einer sozialen Interaktionstheorie beruht, die die normative, „moralische Grammatik" sozialer Konflikte und Kämpfe ins Zentrum der Untersuchung gesellschaftlicher Prozesse und „Pathologien" setzt (wobei Honneth zwischen den Verletzungen, die den normativen Unterstellungen der sozialen Interaktion zugefügt werden, und den moralischen Erfahrungen, die Subjekte in ihren Kommunikationen machen, ein enger Zusammenhang bestehe). Der Ausgangspunkt dieser moralischen Grammatik ist die Erfahrung von Missachtung von Identitätsansprüchen auf unterschiedlichen sozialen, rechtlichen und subjektiven Ebenen – Erfahrungen, die normative Anerkennungsansprüche auf „soziale Wertschätzung" begründen und schließlich den Versuch ihrer Durchsetzung als gemeinsame, kulturelle erzeugte und ständig erneuerte Handlungsnormen im sozialen Lebenszusammenhang.

Die Vorstellung gescheiterter Identifizierungen und libidinöser Objektbeziehungen sowie narzisstischer Kränkungen, die 'gebrochene' autoritäre Subjekte erfahren haben und deshalb u.a. auf kollektiv-narzisstische Reparationen hoffen, wird bei Honneth substituiert durch die 'enttrieblichte' Vorstellung einer durch Missachtung beschädigten Integrität (auch der potenziell antisemitischen Person). Für Honneth ist die *Integrität* einer Person konstitutiv abhängig von der „Erfahrung intersubjektiver Anerkennung"[605]. Sprach- und handlungsfähige Subjekte werden nach Honneth hingegen „als Individuen allein dadurch konstituiert, dass sie aus der Perspektive zustimmender Anderer auf sich selbst als Wesen zu beziehen lernen, denen bestimmte Qualitäten und Fähigkeiten positiv zukommen; daher bilden sie mit dem steigenden Bewusstsein ihrer Individualität zugleich auch eine zunehmende Abhängigkeit von den Anerkennungsverhältnissen aus, die ihnen ihre Lebenswelt bietet."[606] Werden die Bedingungen der „internen Verschränkung von Individualisierung und Anerkennung"[607], damit der Individuation untergraben durch Missachtungserfahrungen (von der leiblichen Bemächtigung und physischen Gewalt bis zum ‚sozialen Tod') oder den strukturellen Zusammenbruch der moralischen Infrastruktur einer sozialen Lebenswelt, werden auch autoritäre Regressionen wahrscheinlich. Missachtungen erscheinen bei Honneth freilich auch

---

[604] Axel Honneth, „Die soziale Dynamik von Mißachtung: Zur Ortsbestimmung einer kritischen Gesellschaftstheorie," Leviathan 1994, S. 78ff; vgl. auch Ders., „Integrität und Mißachtung: Grundmotive einer Moral der Anerkennung," Merkur, 501 (1990), S. 1043 – 1054.
[605] Vgl. grundlegend zur Dynamik von Anerkennungs- und Mißachtungsmustern als konstitutivem Moment sozialer Interaktion Axel Honneth, Kampf um Anerkennung (Frankfurt a.M.: Suhrkamp, 1998).
[606] Axel Honneth, „Integrität und Mißachtung: Grundmotive einer Moral der Anerkennung," a.a.O., S. 1045.
[607] Ibid.

als historische Chance: Sie hätten „die normative Zielsetzung der Sicherung menschlicher Würde im historischen Prozess zu einer praktischen Triebkraft werden lassen."[608]

So verdienstvoll Honneths anerkennungstheoretisch erweiterter Blick auf intersubjektive und soziale Prozesse wie politische Sozialisationsformen auch sein mag, der auch in neueren sozialpsychologischen Ansätzen (der Attachment- und der Intersubjektivitäts-Forschung) Bestätigung findet, so scheint Honneth indes mitunter das Kind mit dem Bade auszuschütten. Die widersprüchlichen Bedürfnisse, Regungen und Spannungen in den Individuen und zwischen Individuen und Gesellschaft werden mit George Herbert Mead mithin in einem harmonischen, geglätteten Bild eines (post-) modernen, offenen und sozial integrierten Selbst aufgelöst, das sich in unterschiedlichen intersubjektiven Austausch-, Anerkennungs- und moralischen Lernprozessen befinde.[609] Konstitutive gesellschaftliche Zusammenhänge, Strukturen und auch spezifische ideologische und politisch-kulturelle Horizonte fallen dergestalt nahezu ganz aus der Gesellschafts- und Demokratietheorie, die primär nur noch normativ argumentiert. 'Gesellschaft' gerinnt mithin nur noch zum Geflecht intersubjektiver Beziehungsverhältnisse von moralischer Missachtung oder Anerkennung, die in optimistisch in einer progressiven Rationalisierungsdynamik auf rechtlicher, politischer und sozialer Ebene münden.

4.1.2 Sozialpsychologische Revisionsvorschläge der Autoritarismus- und Antisemitismustheorie

Die Attachment-Forschung stellt einige der psychoanalytischen Prämissen der Kritischen Theorie in Frage. Sie legt nicht auf die frühe Erfahrung sozialer Gewalt und herrschaftlichen Drucks besonderes Gewicht, sondern auf Störungen der sozialen Beziehungsaufnahme und Beziehungen im Kindesalter. Der Blick verlagert sich mitunter verstärkt von der Vaterbeziehung zur Mutter-Kind-Dyade. Christel Hopf bestimmt die Abwesenheit gesicherter und verbindlicher Bindungen als wesentliches Moment für die subjektive Genese zu Autoritarismus und Stereopathie.[610] Allerdings hat auch die Kritische Theorie die soziale Beziehungslosigkeit und gescheiterte Objektbeziehungen als bedeutende Momente autoritärer Sozialisation begriffen.

Am zuvor thematisierten sozialwissenschaftlichen „recognition turn" setzt die psychoanalytisch und objektbeziehungstheoretisch fundierte Subjektivationstheorie Jessica Benjamins an. Benjamin setzt dem an Freud orientierten Modell zur autoritären,

---

608 Ibid, S. 1043.
609 In Resonanz seiner Debatte mit Joel Whitebook beginnt Honneth neuerdings, komplexeren psychoanalytischen Theoremen wieder neues Recht im Horizont der Annerkennungstheorie zu verhelfen; vgl. Axel Honneth, „Das Werk der Negativität: Eine psychoanalytische Revision der Anerkennungstheorie," in Werner Bohleber und Sybille Drews (Hg.), Die Gegenwart der Psychoanalyse – die Psychoanalyse der Gegenwart (Stuttgart: Klett-Cotta, 2001), S. 238 – 245.
610 Vgl. Christel Hopf und Wulf Hopf, Familie, Persönlichkeit, Politik: Eine Einführung in die politische Sozialisation (Weinheim und München: Juventa, 1997), S. 51ff. Vgl. auch früh im Verhältnis zur Theorie des Antisemitismus Christel Hopf, Traditionen des Antisemitismus: Versuch einer soziologischen Interpretation (Berlin: Habilitationsvortrag an der Freien Universität Berlin, 1983).

ethnozentrisch und potenziell verschwörungstheoretisch und antisemitisch orientierten Persönlichkeit der Kritischen Theorie eine *intersubjektive Persönlichkeitstheorie* gegenüber, die, gestützt auf neuere klinische Sozialisationsbefunde zur frühkindlichen Entwicklung sowie auf objekttheoretische Revisionen der Psychoanalyse und das Axiom der Anerkennung als subjektkonstituierendes Moment, „die Subjektivität jenseits des patriarchalischen Denkens zu begründen versucht."[611] Benjamin bestreitet nicht, dass die Abgrenzung des Subjekts vom Objekt ein notwendiges Moment der Ich-Entwicklung bestimmt. Aber diese „lässt sich hierdurch nicht vollständig beschreiben, denn neben der Abgrenzung ist auch von einem subjektiven Bedürfnis nach gegenseitiger Anerkennung auszugehen."[612] Es sei die „Entdeckung des Objekts als reale, in der Außenwelt existierende Person [...]", die „die Auffassung von Differenzierung in der intersubjektiven Theorie" von der, wie kritisch sie sich auch immer reflektiere, traditionellen, „Ichpsychologisch orientierten Theorie der Ablösung und Individuation"[613] unterscheide. Während diese von der Ablösung der Mutter und der Identifikation mit dem Vater ausgeht, also von einer dichotomen Verinnerlichung der Außenwelt, sieht die intersubjektive Persönlichkeitstheorie einen spannungsreichen Prozess der wechselseitigen Anerkennung von Mutter und Kind, also eine Subjekt-Subjekt-Dialektik, die bereits in den frühesten kindlichen Phasen beginne, Subjektivität zu konsolidieren. Für Benjamin wird die spezifische intersubjektive Beziehung zum wesentlichen Moment einer bereits in frühester Kindheit einsetzenden Differenzierung: für „das paradoxe Gleichgewicht zwischen der Anerkennung der anderen und der Selbstbehauptung."[614] Die falsche Differenzierung, die diese fragile und spannungsreiche Wechselbeziehung zwischen Autonomie und Anerkennung, zwischen Bezugsperson und Kind zerstöre, fördere somit das „Streben nach omnipotenter Kontrolle", die „Feindschaft gegen alles, was anders ist"[615]—den potenziell antisemitischen, autoritären Charakter. Eine vermeintlich gelungene ‚Lösung' des Ödipus-Komplexes in Form von sadomasochistischer Verinnerlichung von Autorität wird nicht zur Lösung, sondern zu einem wesentlichen Teil des Problems autoritärer Dispositionen: Im Prozess einer rigiden, ödipal und schon präödipal erzwungenen Abspaltung im sadomasochistischen Verhältnis, das laut Benjamin die notwendige Spannung zwischen Selbstbehauptung und Anerkennung der Anderen auflöst, kann die Balance der Anerkennung wesentlich gestört werden, „woraufhin das Selbst Zuflucht zu Allmachtsansprüchen (seinen eigenen oder denen der anderen) nimmt."[616] Die intersubjektive Theorie bezweifelt aber nicht die Realität des Internalisierungsvorgangs; wie für Fromm ist für Benjamin aber jede Herrschaftsinternalisierung gefangen in der sadomasochistischen Dialektik von Bemächtigung und Unterwer-

---

611 Jessica Benjamin, „Die Antinomien des patriarchalischen Denkens: Kritische Theorie und Psychoanalyse," in Wolfgang Bonß und Axel Honneth (Hg.), Sozialforschung als Kritik: Zum sozialwissenschaftlichen Potenzial der Kritischen Theorie (Frankfurt a.M.: Suhrkamp, 1994), S. 426 – 455., S. 431.
612 Ibid, S. 431.
613 Jessica Benjamin, Die Fesseln der Liebe: Psychoanalyse, Feminismus und das Problem der Macht (Frankfurt a.M.: Fischer, 1993), a.a.O., S. 45.
614 Ibid.
615 Ibid, S. 50.
616 Ibid, S. 51.

fung. Für Benjamin sind dabei „intrapsychic theory and intersubjective theory [...] not exclusive, rather complementary."[617]

Birgit Rommelspacher hat gegenüber der impliziten Betonung autoritärer *Ohnmacht* und Ich-Schwäche versucht, eine autoritäre Dynamik „expansiver Bemächtigung" zu rekonstruieren. Rommelspacher betont bei der Analyse von antisemitischen Vorurteilsdynamiken nicht die kognitiv-moralische Schwächung der Subjekte (sei dies durch autoritäre Zurichtung, Dependenzerfahrungen, begrenzte kommunikative Zugänge und Erfahrungen oder Missachtung), sondern vielmehr die Bedeutung der Identifikation der Subjekte mit den herrschenden Normen und Werten einer Gesellschaft, die von Machterwerb, Dominanzverhalten, Ausgrenzung und sozialdarwinistischen Durchsetzungsideologien hegemonial geprägt sei.[618] Damit verweist Rommelspacher, nicht ohne empirisch triftige Argumente, auf den Umstand, dass politischer Autoritarismus, Rechtsextremismus, Rassismus und Antisemitismus keineswegs ein soziales Phänomen ausschließlich innerhalb besonders autoritär Sozialisierter (z.B. mit Gewalt- und Lieblosigkeitserfahrungen in der Familie) oder unterer sozialer Schichten darstellt, sondern über soziale Schichtgrenzen hinweg Resonanz finden.[619]

Dieser Ansatz wirft wiederum den Blick zurück auf den Rahmen der politischen Kultur. Wenn davon ausgegangen werden kann, dass die gesellschaftlichen Verhältnisse und Bezüge das Individuum entscheidend vorprägen, so sind auch die sozialen Normen und Wertehorizonte konkret zu bestimmen, die auf die psychosoziale Struktur des Subjekts, seine Über-Ich- und Identitätsbildung, einwirken. Dabei ist festzustellen, dass nicht nur die ‚moderne Gesellschaft' als Folie des Subjektivationsmodells dienen kann. Gravierende historische, politische, kulturelle und institutionelle Differenzen sind hierbei übergangen worden; materiale Differenzen, auch innerhalb des Horizont moderner Industriegesellschaften, die schon bei der Konstitution des Subjekts, und nicht erst bei der sekundären Vermittlung von Werten und Diskursen, von entscheidender Bedeutung sind. Die genauere Einbettung der Subjekttheorie nicht nur in den übergreifenden kulturellen, sondern auch in den Zusammenhang einer nationalstaatlichen politischen Kultur, die das Individuum bereits in den frühesten Phasen mitprägt, in sein Innerstes einwirkt, wäre demnach eine der dringlichsten Aufgaben politischer Psychologie.[620]

Grundsätzlich bleibt aber das Modell des autoritätsgebundenen Charakters, des ‚over-all syndrome', und der von der Kritischen Theorie dargelegten entsprechenden antisemitischen Psychodynamik, ein empirisch triftiges Konzept.[621] Es ist in der Lage,

---

617 Jessica Benjamin, „Opposition and Reconciliation: Reason and Nature, Reality and Pleasure," in Institut für Sozialforschung (Hg.), Kritik und Utopie im Werk von Herbert Marcuse (Frankfurt a.M.: Suhrkamp, 1992), S, 124 – 141, hier S. 132.
618 Vgl. Birgit Rommelspacher, Dominanzkultur: Texte zu Fremdheit und Macht (Berlin: Olranda, 1995).
619 Vgl. hierzu z.B. Klaus Ahlheim und Bardo Heger, Der unbequeme Fremde – Fremdenfeindlichkeit in Deutschland: Empirische Befunde (Schwalbach/Ts.: Wochenschau Verlag, 1999).
620 Vgl. Lars Rensmann, „Politische Psychologie des Antisemitismus und Politische-Kultur-Forschung: Theoretische Überlegungen zur Vorbereitung einer verspäteten Hochzeit," Zeitschrift für Politische Psychologie 7, Sonderheft (1999), S. 303 – 316.
621 Zur Aktualität der These von der autoritären Persönlichkeitsstruktur und ihren politisch-sozialisatorischen Prägungen siehe Michael A. Milburn und Sheree D. Conrad, „Die Sozialisation von Autoritarismus," in

die entscheidenden Verbindungslinien theoretisch aufzuzeigen, die antisemitische Paranoia sozialpsychologisch voraussetzen.

Die Einbettung der Subjekttheorie nicht nur in den übergreifenden kulturellen, sondern auch den Zusammenhang einer nationalen politischen Kultur, die das Individuum in den frühesten Phasen mitprägt, in sein Innerstes einwirkt, wäre schließlich m.E. eine der wichtigsten Aufgaben einer politisch-psychologischen und politischen Kulturforschung. Hierbei hat auch die junge Disziplin der „kulturellen Psychologie" Forschungsperspektiven insbesondere für die Ebene der Subjektivation/Persönlichkeitsbildung aufgezeigt, die die politische Kultur- und politische Sozialisationsforschung zum Antisemitismus bereichern können. Die kulturell-psychologischen Selbstkonzeptforscher Hazel Rose Markus und Shinobu Kitayama skizzieren: „The goal of cultural psychology [...] is to examine the ways in which culture and psyche make each other up. [...] The cultural perspective assumes that psychological processes, in this case the nature and functioning of personality, are not just influenced by culture but are thoroughly culturally constituted. [...] A cultural psychology approach assumes that personality (most broadly defined as the qualities and characteristics of being a person) is completely interdependent with *the meanings and practices of particular sociocultural contexts.*"[622] Zwar besteht mit dieser weitgehenden Betonung des 'kulturellen Horizonts' und 'kultureller Selbstbilder' die Gefahr einer kulturalistischen Entgesellschaftlichung historisch-sozialer Prozesse. Zugleich werden jedoch immerhin der kultur*historische* Charakter und die soziale Konstruktivität von Psychogeschichte hervorgehoben.[623] Zudem wird bei der Rekonstruktion kultureller Muster als bedeutende Faktoren für die psychosoziale Genese der aktive, *tätige* Anteil des Subjekts, das interaktive Moment bei der Konstruktion von Persönlichkeit und Kultur betont; „people are much more flexible than suggested by more traditional asocial trait approaches that argue that people have traits and these traits unfold and behavior is a function of their expression."[624]

Manches der Freudschen Theorie über das Subjekt erscheint heute im Übrigen, trotz ihres wesentlich kritischen und dialektischen Impulses, als überholt und kann kritisch ergänzt werden durch neuere empirische wie theoretische Forschung, deren Entwürfe allerdings nicht durchweg überzeugend sind. Die ganze Freudsche Theorie sollte deshalb keinesfalls über Bord geworfen werden; ohne Freuds facettenreiche *Theorie des Unbewussten*, der widersprüchlichen innerpsychischen Konflikte und Projektionen, kommt eine Politische Psychologie des Subjekts und des Antisemitismus auch heute nicht aus. Ohne Zweifel ist dabei mehr von spezifischen Interaktionen auszugehen; die Vergesellschaftung zeitigt nicht nur ähnliche, sondern auch besondere Verar-

---

Susanne Rippl, Christian Seipel und Angela Kindervater (Hg), Autoritarismus: Kontroversen und Ansätze der aktuellen Autoritarismusforschung (Opladen: Leske & Budrich, 2000), S. 53 – 68.
622 H.R. Markus and S. Kitayama, „The Cultural Psychology of Personality," Journal of Cross-Cultural Psychology 1 (1998), S. 83 – 87, hier S. 66. Hervorhebung von mir, L.R.
623 Wegweisend und grundlegend für eine selbstkritische und historisch orientierte Begründung der entstehenden Disziplin der kulturellen Psychologie ist Michael Cole, Cultural Psychology (Cambridge, MA and London: Harvard University Press, 1998).
624 H.R. Markus and S. Kitayama, „The Cultural Psychology of Personality," a.a.O., S. 83.

beitungen im Individuum.[625] Es gilt zu untersuchen, inwieweit sich paranoider Antisemitismus in konkreten gesellschaftlichen Situationen wie sozialen Desintegrationsprozessen, die die Anfälligkeit für offene Vorurteilsdynamiken verschärfen, entfaltet und auf was für spezifische Dispositionen propagandistisch zurückgegriffen werden kann. Die antisemitische Psychodynamik kann sowohl unterschiedlich begründet sein als auch sich äußern und sich verschieden entfalten.

Zu fragen ist, inwieweit die auf die frühe Kindheit fixierte These einer festen Charakterkristallisation die Bedeutung nachkommender Prägungen der politischen Sozialisation unangemessen reduziert. Die politische Sozialisation als wesentliches Element einer politischen Kultur und ihrer Reproduktion/Erneuerung bestimmt sich laut Wolfgang Bergem durch lebenslang ablaufende, eben auch kommunikative ‚Lernprozesse' „der Vermittlung sowie des Erwerbs derjenigen von der Gesellschaft normativ definierten Persönlichkeitsmerkmale, Wertüberzeugungen, Kenntnisse und Fähigkeiten, die politisches Bewusstsein und politisches Verhalten konditionieren."[626]

4.2 Politische Psychologie des Antisemitismus und politische Kulturforschung: Theoretische Deutungen und politisch-kulturelle Gelegenheitsstrukturen eines ‚postmodernen Antisemitismus'

4.2.1 Politisch-psychologische, soziale und sozialstrukturelle Dimensionen des Antisemitismus heute

Die Antisemitismustheoreme einer an der Kritischen Theorie orientierten politischen Psychologie, die vom wesentlich projektiven, soziale und psychische Problem personifizierenden und anti-modernistisch welterklärenden Charakter von antisemitischen Vorurteilskomplexen ausgeht, bilden weiter den theoretischen Orientierungspunkt einer politischen Psychologie des zeitgenössischen Antisemitismus. Autoritarismus und Antisemitismus sind dabei allerdings nicht als bloße individualpsychologische Pathologien zu verstehen; nicht zuletzt sind die umfassenden gesellschaftstheoretischen Überlegungen der Kritischen Theorie zum politisch-psychologischen Modell des potenziell antisemitischen Charakters hinzuzuziehen. Seine psychosoziale Genese wird immer auch von der Gesellschaft, ihren Strukturen und ihren Institutionen bestimmt, die das Individuum schwächen oder stärken können, und die eine demokratische Lebenswelt und Praxis bereitstellen oder behindern. Dabei spielt neben der Frage nach der demokratischen politischen Kultur auch der soziale Druck auf den Individuen eine gewichtige Rolle. Diese These findet aktuell Korrespondenzen sowohl in den Ergebnissen heutiger gesellschaftstheoretischer und politisch-theoretischer Zeitdiagnosen als auch in Resultaten der empirischen (politischen) Sozialisationsforschung. Der soziale und sozioökonomische Druck, der insbesondere vor dem Hintergrund zunehmend deregulierter wirtschaftlicher Beziehungen und prekärer Bedingungen der materiellen Reproduktion an-

---

625 Vgl. Hajo Funke, „Rechtsextremismus," a.a.O., S. 40.
626 Wolfgang Bergem, Tradition und Transformation. Eine vergleichende Untersuchung zur politischen Kultur in Deutschland (Wiesbaden: Westdeutscher Verlag, 1993), S. 45f.

steigt, schwächt, wie die von der Kritischen Theorie schon früh diagnostizierte weitgehende Ökonomisierung der sozialen Beziehungen insgesamt, die Familie und die relativen sozialen Frei- und „Schutzräume", die eine relativ autonome Entfaltung des Individuums ermöglichten. Den „Chancen" der „Rationalisierung der Lebenswelt" (Habermas) und der vermeintlich individualistisch orientierten „Risikogesellschaft" (Ulrich Beck) stehen heute Netze gesellschaftlicher Abhängigkeit, erneut gestiegener sozialer, ökonomisch induzierter (Konformitäts-)Druck und die Vermassung der Individuen sowie die Einschränkung vermittelter, den gesellschaftlichen Anforderungen nicht unmittelbar ausgesetzter Sozialisationserfahrungen gegenüber. Mit der Depossedierung und forcierten sozialökonomischen Abhängigkeit breiter sozialer Schichten im gesellschaftlichen Prozess, der die unmittelbare Unterwerfung unter Systemimperative von Ökonomie und Verwaltung sanktioniert, sowie der jüngst weiter gestiegenen Drohung der Arbeitslosigkeit, verliert dabei auch die für die individuelle Entwicklung prägende, ‚primäre' Sozialisationsagentur der Familie weiter an Bedeutung. Sie wird zunehmend durch ‚sekundäre' Sozialisationsagenturen, also von den unmittelbaren Agenturen der Gesellschaft (und ihren Normen wie Zwängen) substituiert.

An die Stelle der freieren Individuation, „Erfahrungen" und die innerfamiliären Autoritätskonflikte treten so vielfach der immer früher einsetzende, unmittelbare Druck der „peer group" (mit Freud: der ‚Bruderhorde'), gegen Andere bestehen zu müssen, die schulische Autorität und die durch Massenmedien und -kommunikation vermittelten gesellschaftlichen Erwartungshaltungen, wie „man zu sein hat": nämlich schon mit jungen Jahren ein kühl reagierender und emotional ‚abgebrühter' Erwachsener, den nichts schocken kann, der ‚schon alles erlebt hat' und alles besser weiß. Diese frühe, gesellschaftlich evozierte Anpassungsleistung bewirkt vielfach freilich keine zunehmende Individualisierung und Autonomie, sondern, im Gegenteil, die Schwächung der Selbstregulierungskompetenzen, Eigenständigkeit, Internalisierung moralisch-normativer Bezugssysteme und bewussten (Handlungs-)Freiheit der Individuierten. Diese Veränderungen der gesellschaftlichen Bedingungen der Subjektivation, begünstigen heute fraglos autoritäre Dispositionen, Konformismus, die Orientierung an äußerlichen, sozialen Normerwartungen sowie stereotype Wahrnehmungsmuster. Sie sind insofern auch für die politische Sozialisation im engeren Sinne von Bedeutung. Die mangelnde Autonomie in der frühen Sozialisation wie in den Möglichkeiten der Lebensgestaltung kann dergestalt zusammen mit dem enormen sozialen Druck die Sehnsucht nach regressiven Lösungen und kollektivistisch-nationalistischen politischen Orientierungen verstärken, die ein aufgeblasenes Größenselbst an die Stelle des politischen Subjekts setzen, und zwar gerade in einer vermeintlich individualistischen, in jedem Fall aber „unübersichtlichen" und in ihren Strukturprinzipien unverstandenen modernen Konkurrenz- und Warengesellschaft.

Der beschleunigte soziale und soziokulturelle Wandel in der post-industriell modernisierten Gesellschaft, der sich nicht zuletzt in Multikulturalisierung, ‚Globalisierung', und enormem technologischen Wandel niederschlägt, wird, im Sinne der Kritischen Theorie, im Rahmen prekärer Ich-Schwächungen auch der postmodernen Gesellschaft vielfach autoritär-konformistisch, ethnozentrisch-identitär und antisemitisch beantwortet respektive gedeutet. Diese Reaktionsbildungen gegen ‚Modernisierung' als ‚Zersetzung' tradierter Bindungen und Sicherheit bieten geschwächten und autoritär verhärteten Individuen ‚Sinn' und Erklärung der Welt: auch gegenüber einer anonymen, versachlichten Herrschaft der modernen Gesellschaft und den mit ihr verknüpften permanent beschleunigten sozialen, politischen und soziokulturellen Umbrüchen. Den allgemeinen, gesellschaftlichen Mustern politischer Sozialisation ist wie auch sozialstrukturellen Aspekten, sozioökonomischen Faktoren und soziokulturellen Dimensionen insofern mit der Kritischen Theorie ein beträchtliches Gewicht einzuräumen hinsichtlich der Ermöglichungsbedingungen und Amplifizierungen von judenfeindlichen Vorurteilen. Nachgewiesen werden konnte in jüngeren Studien, dass abhängig Beschäftigte und Arbeiter tendenziell autoritärer und vorurteilsanfälliger sind. Es lässt sich ein Zusammenhang aufweisen zwischen einer höheren Ausbildung und niedrigerem Autoritarismus und vice versa, sowie eine entsprechende relative Relevanz *relativer* sozialer Deprivation.[627]

Allerdings sind antisemitische Reaktionsbildungen in hohem Maße auch von spezifischen, unterschiedlichen Sozialisationsmustern und familialen Erziehungserfahrungen abhängig[628] sowie vor allem von den besonderen politisch-kulturellen Traditionen, Interaktionsprozessen und Gelegenheitsstrukturen solch einer spezifischen Ideologieform, die keineswegs schlicht aus den Verdinglichungen der modernen Gesellschaft resultiert. Nicht jeder ‚Kraftmeiernde', Autoritäre und Arbeitslose wird notwendig oder gar universell, also kontextunabhängig, angesichts der gesellschaftlichen Prozesse zum Antisemiten. Gerade die Behauptung Horkheimers und Adornos, Antisemitismus gehe schließlich in einem universellen „Ticket-Denken" auf, und die Opfer von Diskriminierung seien schlicht „untereinander auswechselbar, je nach Konstellation"[629] deutet auf problematische gesellschaftstheoretische Kurzschlüsse und Entspezifizierungen, die sich tendenziell bei den kritisch-theoretischen Ansätzen finden lassen. Der gesellschaftstheoretisch diagnostizierte herrschende Modus der Vergleichung des Ungleichen stellt allenfalls eine soziale Bedingung für den Antisemitismus dar und ist nicht dieser selbst. Antisemitismus sank aber nie bloß zum „Posten im auswechselbaren Ticket" herab, und erscheint mithin als beharrliche Gefahr für die Demokratie. Weder Vorurteilsstrukturen, noch ihre spezifischen Funktionen, noch der nationalstaatliche, mentalitätsgeschichtliche politisch-kulturelle Horizont, in denen sie sich bewegen, verändern sich so rasch wie Horkheimer und Adorno zwischenzeitlich antizipiert haben. Diese Beharrlichkeit bestimmter historischer Phänomene betrifft auch autoritäre Charakterdispositionen, die antisemitische Welterklärungen motivieren können. Indes scheint wahr zu sein, dass gerade im postmodernen Zeitalter die unterschiedlichsten Verschwörungstheorien, wie auch der Antisemitismus, im Kontext einer gewissen sozialen Akzeptanz beliebig austauschbarer politischer und esoterischer Orientierungen als ‚legiti-

---

[627] Vgl. Wulf Hopf, „Soziale Schichtung und Autoritarismus. Oder: Sind Arbeiter besonders autoritär?," in Susanne Rippl, Christian Seipel und Angela Kindervater (Hg.), Autoritarismus: Kontroversen und Ansätze der aktuellen Autoritarismusforschung (Opladen: Leske & Budrich, 2000), S. 93 – 118.
[628] Vgl. Christel Hopf, „Familie und Autoritarismus: Zur politischen Bedeutung sozialer Erfahrungen in der Familie," in Susanne Rippl, Christian Seipel und Angela Kindervater (Hg.), Autoritarismus, a.a.O., S. 33 – 52.
[629] Max Horkheimer und Theodor W. Adorno, „Dialektik der Aufklärung," a.a.O., S. 200.

me Meinungen' und die entprechende unterschiedslose Verschmelzung von Meinung und Tatsachenwahrheit eine analoge neue gesellschaftliche Ermöglichungsbedingung neu flottierender antisemitischer Vorstellungen darstellen könnte.

Die jener These vom verdinglichten „Ticket-Denken" insgesamt zugrunde liegenden sozialpsychologischen Annahmen Adornos, die auf die These einer unmittelbaren Entsprechung zwischen den funktionalen Anforderungen des autoritären Spätkapitalismus und den dominanten Zügen eines destrukturierten spätbürgerlichen Sozialcharakters hinauslaufen[630] sowie in der Folge davon von einem ‚Veralten der Psychoanalyse' ausgehen, ist, wie gezeigt werden konnte, heute durchaus zweifelhaft. Überhaupt ist mit Axel Honneth zu fragen, inwieweit die enge Kopplung der von Adorno konstatierten Externalisierung oder Beschränkung des Gewissens mit dem Verlust kognitiver Ich-Fähigkeiten durchweg triftig ist.[631] Die Frage nach dem Verhältnis von Kognition, Gewissensverlust, emotionaler Instabilität und antisemitischer Ideologie bleibt eine sozialpsychologische Herausforderung, genauso wie die Theoretisierung seiner Ursachen.

Antisemitismus kann indes bis heute in der (post)modernen Gesellschaft als aktualisierbares ‚Welterklärungsangebot' fungieren, durch das unüberschaubare und als bedrohlich empfundene soziale Entwicklungen, ökonomische Modernisierungen und soziokulturelle Transformationen, die heute insbesondere mit dem Begriff und der Realität der ‚Globalisierung' verbunden werden, abgespalten werden und destruktiv personifiziert erscheinen. Antisemitismus stellt ein spezifisches politisch-psychologisches Interpretationsmuster der unverstandenen und mithin verhassten modernen Welt dar, eine Ideologie, die sich gegen die Gesamtstruktur der bürgerlichen Gesellschaft, mitsamt ihren Möglichkeiten und politisch-kulturellen Rationalisierungspotenzialen, und schließlich gegen jegliche Individualität und Freiheit richtet, die das Korsett der ‚konkreten Gemeinschaft' überschreitet. Antisemitische Vorurteile und konventionelle nationale Identitätsnarrative können indes auch politisch-kommunikativ bearbeitet und reflektiert sowie politisch-rechtlich begrenzt werden, worauf die Kritische Theorie aufgrund ihres politisch-theoretischen Defizits nicht systematisch eingeht. Die aus dieser demokratietheoretischen Annahme folgende Herausforderung an die ‚streitbare Demokratie' ist in der Konsequenz eine doppelte, ein „dual track": die politisch-institutionelle Abgrenzung und strafrechtliche Verfolgung neo-nazistischer, antisemitischer und verfassungsfeindlicher Bestrebungen muss von anhaltenden, nicht ‚abschließbaren' politischen Kommunikationsprozessen über die problematischen, konventionellen kulturellen Identifizierungen und antisemitischen Bilder in der politischen Kultur gestützt und flankiert werden, durch die jene unbewussten Identifizierungen und Bilder durchdrungen und transzendiert werden.

Dabei erscheint die Relevanz antisemitischer Deutungsmuster und Stereotypen in der politischen Kultur in Deutschland jedenfalls in hohem Maße mit der Frage nach der politisch-kulturell hegemonialen Besetzung konventioneller ‚nationaler Identität' und ‚Kultur' sowie mit der Frage der Verarbeitung des Holocaust verbunden, also nach der

---

[630] Dubiel, Helmut, „Die Aktualität der Gesellschaftstheorie Adornos," in Ludwig von Friedeburg und Jürgen Habermas (Hg). Adorno-Konferenz 1983(Frankfurt a.M.: Suhrkamp, 1999), S. 293 – 313, S. 303.
[631] Vgl. Axel Honneth, Kritik der Macht, a.a.O., S. 102ff.

sozialen Dynamik eines ‚sekundär' motivierten Antisemitismus, der sich mit ‚klassischen' antisemitischen Motivationen und Projektionen amalgamieren kann. Es ist ferner davon auszugehen, dass eine jahrzehntelange weit gehende Abdrängung antisemitischer Deutungsmuster durch öffentlich-politische Normen in eine „Kommunikationslatenz", in den halböffentlichen und privaten Rahmen, zwar zur Diffusion und Reduktion antisemitischer Stereotype seit 1945 geführt hat, sich dieser aber nicht einfach langfristig aufgelöst hat, sondern durchaus ein schwelendes kulturelles Reservoir und politisches Mobilisierungspotenzial aufweist. Antisemitismus, stereotype Judenbilder und deren politische Manifestationen, etwa im Rechtsextremismus und Rechtspopulismus, sind insofern aufgrund von politisch-kulturellen, gesellschaftsstrukturellen und psychosozialen Gründen als anhaltende Probleme und Herausforderungen der deutschen Demokratie zu erachten. Das bisher vorgestellte, von der Kritischen Theorie begründete Konzept der Antisemitismusanalyse erscheint in Teilen zu unspezifisch gegenüber besonderen politisch-kulturellen Mentalitätsbeständen und gegenüber der Frage nach konkreter politischer Kulturentwicklung. Die Verwobenheit universeller moderner Vergesellschaftungsprozesse und autoritärer wie antisemitischer politisch-psychologischer Dynamiken sind stärker mit den Besonderheiten nationalstaatlicher politischer Kultur bzw. konkreter lebensweltlicher Kontexte, wie auch mit politischen Kommunikations- und Interaktionsprozessen in ihrer historischen Situierung zu vermitteln.

4.2.2 ‚Politische Kultur' und zeitgenössische Bedingungen von Judenfeindlichkeit: Kontextualisierung und Situierung der theoretischen Modelle

Den Frankfurter Theoretikern wird mithin zu Recht entgegengehalten, sich insgesamt zu wenig um historische Unterschiede gekümmert zu haben, um konkrete Bestimmungen des politischen Systems, der politischen Kultur und der historischen Politik. Tendenziell, so meint Detlev Claussen, geht „die bestimmte Differenz von der einen zur anderen Epoche [...] verloren. [...] Für die Erkenntnis des Antisemitismus ist jedoch die von Adorno vernachlässigte spezifische historische Differenz wesentlich."[632] Dies betrifft auch den Aspekt geschichtlicher Diskursformationen, denen sich neuere, diskurstheoretisch und dekonstruktivistisch orientierte Arbeiten mit großem Erkenntnisgewinn gewidmet haben.[633] Die Diskurstheorie, verstanden als methodische Ergänzung, hat zudem wichtige Einsichten in die *Kontextabhängigkeit* und spezifische Funktionalität von Klischees, Positionen, Bedeutungshöfen und Diskursen erarbeitet.

Um zentrale kritisch-theoretische Theoreme für die Anwendung in Politikanalysen operationalisierbar zu machen, sind Spezifikationen erforderlich. Zwar vermitteln die Ansätze und Analysen der Frankfurter Theoretiker durchaus Verständnisse der besonderen Funktionsweisen von antisemitischer Agitation auch unter demokratischen Be-

---

[632] Vgl. Detlev Claussen, Grenzen der Aufklärung: Die gesellschaftliche Genese des modernen Antisemitismus (Frankfurt a.M.: Fischer, 1987), S. 43.
[633] Hervorzuheben ist hier die Forschungsarbeit von Ruth Wodak et al., ‚Wir sind alle unschuldige Täter': Diskurshistorische Studien zum Nachkriegsantisemitismus (Frankfurt a.M.: Suhrkamp, 1990).

dingungen. Dennoch bleibt ein doppeltes Defizit offensichtlich: Erstens sind die eigensinnigen und eigendynamischen Entwicklungen politisch-diskursiver Prozesse und öffentlicher Auseinandersetzungen in Konzeptionen Kritischer Theorie ungenügend berücksichtigt worden. Diese konkreten Konflikte wurden selbst – analog zum diagnostizierten ‚handlungstheoretischen Defizit' in Bezug auf die Gesamtheit der *Interaktionsverhältnisse* in der sozialen Welt – primär als bloßer *Ausdruck* einer gegebenen (semantischen/gesellschaftlichen/politischen) Struktur gedeutet. Auch politisches Handeln im engsten Sinn als staatliches Handeln erscheint in der Kritischen Theorie primär unter einem administrativen Aspekt, der der ökonomischen Verwertungslogik folgt.

Eine politische Kulturforschung zum Problem des Antisemitismus hat folgerichtig die Theoreme der Frankfurter Schule mit politikwissenschaftlichem Instrumentarium zu überführen zum Gegenstand konkreter politischer Auseinandersetzungen und sozialen Handelns in den öffentlichen und politischen Räumen. Politische Entscheidungen, ideologische Positionen oder diskursive Formationen sind dabei von soziokulturellen Horizonten oder Konfliktlinien abhängig, nicht aber ist das Handeln der politischen oder medialen Akteure durch jene determiniert. Hierzu ist erstens ein präzisiertes Verständnis politischer Kultur und politischer Kommunikation in einer demokratisch-pluralistischen Gesellschaft vonnöten, das politische Diskursprozesse, Transformationen und zugrunde liegende „Dispositive" fokussiert, in ihren eigendynamischen Dialektiken analysiert und zugleich dennoch kritisch auf ihre Motive und gesellschaftlichen Ursachen hin befragt und deutet. Wie verändern diese Diskurse und ihre politischen Rahmenbedingungen die politische Opportunität von Antisemitismus und das gesellschaftliche Dispositiv von Judenbildern im Einzelnen? Zweitens sollte die mentalitätsgeschichtliche Dimension politischer Kultur, also die Spezifik politisch-kultureller Traditionen, Einstellungshorizonte, Normen, Bilder, Symbole wie ihre Transformationen eine stärkere systematische Berücksichtigung finden (ohne indes ganz und gar einem *cultural turn* im Sinne kulturalistischer Zuschreibungen zu verfallen, um damit das gesellschaftliche Netz von strukturellen Herrschaftsmechanismen und sozialen Konformitäts- und Funktionsimperativen zu überblenden und gänzlich in kulturellen Konstruktionen aufzulösen). Das mit Antisemitismus innig verknüpfte protestantische Arbeitsethos von Martin Luther etwa, das die deutsche Ideologiegeschichte mitprägte, wäre noch im gesellschaftlichen Kontext und seinen ideologiehistorischen Nachwirkungen zu rekonstruieren: möglicherweise auch als Ausdruck materieller kultureller Praktiken der vor- und frühbürgerlichen Produktion in Deutschland.[634]

Die Besonderheit des Antisemitismus ist also nicht nur, wie prägnant durch die Kritische Theorie bestimmt, als spezifische historische Ideologieform von anderen zu unterscheiden, sondern auch in ihren spezifischen kulturellen Ausprägungen (und in Wechselwirkung mit anderen Ideologie- und Herrschaftstraditionen) zu erklären, die

---

[634] Vgl. Richard Biernacki, The Fabrication of Labor: Germany and Britain, 1640 – 1914 (Berkeley: University of California Press, 1995).

das ‚kollektive Unbewusste' oder das „kollektive Bewusstsein"[635] *mitstrukturieren*. Die Abwehr der Frankfurter gegenüber dem nationalgeschichtlichen Besonderen, das als historisch begründete und veränderbare politisch-kulturelle Mentalitätskristallisation zu untersuchen ist (welche Konfliktaustragungsmodi herrschen vor, welche konsens- oder konkurrenzdemokratischen Traditionen, welche ideologischen Verständnisse von Politik und ‚Gemeinschaft' etc., welche Bedeutung haben generell Freund-Feindbilder und autoritäre Ordnungsvorstellungen etc.), erklärt sich nicht zuletzt aus ihrer Vorstellung von einer potenziell totalitären ‚Moderne', aus der heraus der ‚totalitäre Antisemitismus' wesentlich erklärt wird.[636] Die ideologiehistorische Rekonstruktion dominanter Bilder und Phantasmen ruft indes auch nach international vergleichenden Situierungen und Untersuchungen, den komparatistischen „Vergleich verschiedener Gesellschaften miteinander"[637], den auch der späte Adorno zu einem soziologischen Desiderat erhob.

Die von Adorno diagnostizierte „Gleichmacherei" moderner Bewusstseinsformen hat z.B. offenbar nicht die gesellschaftsgeschichtlichen und politisch-kulturellen Unterschiede ausradiert, die begünstigt hatten, dass Antisemitismus in Deutschland eine besondere historische Bedeutung gewinnen konnte und behält. Insofern muss der *cultural turn* in den Sozialwissenschaften, die Betonung spezifischer kultureller Praktiken für soziales Handeln, nur dann in einem bloßen Kulturalismus enden, der geschichtliche Prozesse selbst kulturell verdinglicht und mystifiziert, wenn zugleich die Analyse sozialer Herrschaftsmechanismen ausrangiert und der historische Charakter kultureller Sedimente ignoriert wird. Von entscheidender Bedeutung ist hierbei die jüngere politik- und sozialwissenschaftliche Erkenntnis (u.a. in der neueren Parteienforschung[638]), dass auch die neue Präponderanz soziokultureller Konfliktlinien im politischen Raum keine ‚soziale Objektivität' spiegelt, sondern jene selbst wiederum spezifischen kulturellen Deutungen sozialer Strukturen und Prozesse unterliegen, die in den letzten Jahrzehnten politisch relevant geworden sind. Das Moment der (politischen) Kultur ist insofern nicht in toto ableitbar, sondern ein Stück weit historisch irreduzibel.[639]

Ohnehin spielen *unbewusste* kollektive, kulturelle respektive nationale Identifizierungen eine maßgebliche Rolle für die Analyse antisemitischer Mobilisierungspotenziale; auch die ‚abstrakte Negation' seiner eigenen Herkunft als Deutscher, die sich in der politischen Selbstzuschreibung als ‚Kosmopolit', ‚Linker' oder ‚Anti-Nationalist' spiegeln kann, schützt deshalb eben nicht notwendig vor solchen unbewussten Identifika-

---

[635] Vgl. u.a. Reinhard Bendix, „Strukturgeschichtliche Voraussetzungen der nationalen und kulturellen Identität in der Neuzeit," in Bernhard Giesen (Hg.), Nationale und kulturelle Identität: Studien zur Entwicklung des kollektiven Bewusstseins in der Neuzeit (Frankfurt a.M.: Suhrkamp, 1991), S. 39 – 55.
[636] Diese Einschätzung hat Adorno freilich in den 1960er Jahren an verschiedenen Stellen revidiert und davon gesprochen, dass gerade die deutsche Kultur „bis dorthinein, wo sie am allerkultiviertesten sich vorkam, *eben doch* mit antisemitischen Vorurteilen durchsetzt [war]." Adorno, „Zur Bekämpfung des Antisemitismus heute," a.a.O., S. 133. Hervorhebung von mir, L.R. Mit dem „eben doch" scheint Adorno seinen eigenen früheren Annahmen zu widersprechen; es hat keinen intratextuellen Referenzpunkt.
[637] Theodor W. Adorno, Einleitung in die Soziologie, a.a.O., S. 105.
[638] Vgl. etwa Herbert Kitschelt, „Politische Konfliktlinien in westlichen Demokratien," a.a.O.
[639] Vgl. Richard Biernacki, „Method and Metaphor after the New Cultural History," in Victoria E. Bonnell and Lynn Hunt (eds.), Beyond the Cultural Turn: New Directions in the Study of Society and Culture (Berkeley: University of California Press, 1999), pp. 62 – 92, p. 65ff.

tionsprozessen, die antisemitische Deutungen motivieren können. Vielmehr können jene universalistisch orientierten und progressiven identitären Zuordnungen auch zur moralischen Legitimation dienen, unbewusste eigene kulturelle Vorurteile und Ressentiments (wie etwa bei der kollektiven Identifikation mit dem „Befreiungskampf des palästinensischen Volkes" gegen „Zionisten", also Juden) zu rationalisieren, ihnen also nach außen und innen höhere moralische Weihen zu verleihen. Dabei können die ‚eigene' kollektive Geschichte abgespalten und gerade dadurch indes konventionelle kulturelle Muster fortgeschrieben werden.

Das bedeutende Theorem des „sekundären Antisemitismus", das den spezifischen politisch-psychologischen Dynamik von Judenfeindlichkeit nach 1945 gerecht zu werden versucht und in dieser Arbeit ausführlich entfaltet worden ist, hat in der jüngeren Antisemitismusforschung in Teilen die Einsichten in solch übergreifende politisch-kulturelle Zusammenhänge und Dimensionen in Teilen verdrängt. Nach der dargelegten Theorie des sekundären Antisemitismus repräsentieren die Juden schon qua Existenz die unliebsame, verdrängte Erinnerung an den deutschen Völkermord und deutsche Schuld. Der virulente Hass gegen Juden und antijüdische Ressentiments haben demnach einen Formen- und Funktionswandel erfahren; sie motivieren sich auch aus einer spezifischen Abwehr in Bezug auf die NS-Geschichte, die dazu geeignet ist, die konventionelle nationale Identitätskonstruktionen zu diskreditieren, also aus einer Abwehraggression gegenüber Auschwitz. Juden fungieren als externalisierte Gewissensinstanzen und, mehr noch, werden per se als stumme Anklage der Opfer perzipiert, die den beschädigten deutschen kollektiven Narzissmus nachhaltig beeinträchtigt, der potenziell auf Reparation lauert. Adorno hat, wie rekonstruiert, die Theorie über den ‚sekundären' Antisemitismus, der sich aus Schuld und Abwehr begründet, wesentlich grundgelegt, die heute von neueren Antisemitismusforschern in Anspruch genommen wird. In erstaunlicher Weise hat Adorno auch bereits in den 1950er Jahren die virtuosen Strategien und Formen der Erinnerungsabwehr und des erinnerungsabwehrenden Antisemitismus sichtbar gemacht, die gegenwärtig eine gesellschaftliche Renaissance erfahren und sich teilweise gleichsam neu, genuin und tabubrechend gerieren. Dabei werden die Deutschen als unschuldiges Opfer konstruiert (von Bombenkrieg, Vertreibung, Alliierten, „Siegerjustiz"), die Juden erscheinen als mitschuldig sowohl an ihrer Verfolgung als auch an der Erinnerung an den Holocaust und somit daran, dass die Ermordung der europäischen Juden „jedem Bedürfnis nach einer ungebrochen ‚deutschen Identität' eine prinzipielle Schranke [setzt]. Um diese zu umgehen, bleibt dem nationalistischen Bedürfnis nur ein Weg: Die Juden müssen zu den wahren Schuldigen erklärt werden."[640] Da sie im Rahmen dieser externalisierten kollektiven Verantwortung und projektiven Wahrnehmungsstruktur ein „deutsches Nationalgefühl" verhinderten, werden sie als Verbrecher (z.B. als „israelische Kindermörder" oder auch generell Juden in Kollektivhaftung für jedes perzipierte Verhalten einer israelischen Regierung) oder als „Gewissenswarte" und „Moralapostel" identifiziert und diffamiert – meist unter Aktualisierung eingeschliffener Klischees und Ressentimentstrukturen.

---

640 Thomas Haury, „Der Antizionismus der Neuen Linken in der BRD," a.a.O., S. 220.

Allerdings ist dieses wichtige Theorem zur spezifischen Bestimmung eines Post-Holocaust-Antisemitismus und seiner politisch-kulturellen Ursachen in den letzten Jahren in der Forschung zunehmend als *einziger* fortdauernder Motivationszusammenhang für Antisemitismus begriffen worden.[641] Eine solch einseitige *kausallogische* Deutung ist bisher einzig mit empirischen *Korrelationen* (zwischen Schuldabwehr und Antisemitismus) ‚belegt' worden, was wiederum auf der Ebene empirischer Forschung eine *sachlogische* Unmöglichkeit darstellt, in die sich die empirischen Forscher Bergmann und Erb in ihrer Begeisterung für das (ohne Frage plausible) Theorem des sekundären Antisemitismus verstricken. Die kausale These, dass sich Judenfeindlichkeit einzig noch diffus aus einer spezifisch deutschen 'Schlussstrichmentalität' gegenüber dem Holocaust speist, mit der sie nachgewiesenermaßen korreliert (und nicht dass umgekehrt Antisemitismus die Bagatellisierung und Abwehr der deutschen Verbrechen motivierte), ist bisher empirisch unbelegt. Sie ignoriert so im vorschnellen theoretischen Ausschlussverfahren, dass sich auch längerfristige politisch-kulturelle Muster des Autoritarismus und Codes des Antisemitismus fortgeschrieben haben, die mit nationalen Identifikation korrelieren und die Abwehr von Schuld und Verantwortung begründen können. Fortdauernde Latenzen und politisch-kulturelle Konstanten geraten somit in eingleisigen Bestimmungen dieses Korrelationsverhältnisses aus dem Blick.

Unangemessen erscheint mir im Hinblick auf eine von Adorno fundierte Theorie über den sekundären Antisemitismus deshalb Werner Bergmanns hypothetische Annahme, dass ein grundsätzlicher, struktureller Wandel der Motivationsgrundlagen von Judenfeindlichkeit in Deutschland zu beobachten sei; diese sei nicht nur in Latenz überführt und durch kollektives Lernen minimiert worden, sondern der moderne Antisemitismus sei gänzlich abgelöst worden durch einen Abwehr-Antisemitismus, „der sich im wesentlichen aus dem Problem der Vergangenheitsbewältigung speist."[642] Bergmann hat für solch ein absolutes Primat des sekundären Antisemitismus keinen überzeugenden empirischen Beleg, obgleich es richtig ist, dass neben dem Themenfeld Israel Antisemitismus im demokratischen Kontext hauptsächlich im Zusammenhang mit Debatten zur NS-Geschichte in Erscheinung tritt oder thematisiert wird. Wenn Bergmann nun gemeinsam mit Rainer Erb feststellt, dass überzeugte Antisemiten in Deutschland fast durchgängig einen Schlussstrich unter Diskussionen über die Verbrechen des Nationalsozialismus befürworten, und dass umgekehrt der Antisemitismus mit einer positiveren Einstellung zum Nationalsozialismus steigt, so müssen Erb und Bergmann gleichzeitig zugeben, dass sie „keine Aussagen über die *Richtung* der Kausalität machen [können]."[643] D.h., das abwehraggressive Verlangen, einen ‚Schlussstrich' unter die barbarischen Seiten der deutschen Vergangenheit zu ziehen, kann genauso (empirisch) triftig als originär durch antisemitische Paranoia motiviert interpretiert werden, die sich in einer vermeintlichen ‚jüdischen Kritik' an Deutschland und seiner NS-Vergangenheit nur selbst bestätigt sieht. Je paranoider und obsessiver die Formen, desto weniger lässt

---

[641] Vgl. Bergmann und Erb, Antisemitismus in der Bundesrepublik Deutschland, a.a.O., S. 231ff.
[642] Bergmann, „Der Antisemitismus in der Bundesrepublik Deutschland," a.a.O., S. 151.
[643] Bergmann und Erb, Antisemitismus in der Bundesrepublik Deutschland, a.a.O., S. 263. Hervorhebung von mir, L.R.

sich ohnehin noch scheiden zwischen ‚modernem' und ‚sekundärem' Antisemitismus (dies trifft auch für den „Antizionismus" zu).

Klaus Ahlheim und Bardo Heger haben dagegen in ihren Untersuchungen mit Studierenden überzeugend empirisch nachweisen können, dass autoritäre Sozialisationsformen und Dispositionen respektive Orientierungen auch in hohem Maße mit einem „sekundären Antisemitismus" korrelieren, insofern Autoritarismus und Ethnozentrismus bzw. Nationalismus auch mit sekundär-antisemitischen Vorstellungen motivational verschränkt sind. Während etwa 29% derjenigen Studierenden, die nach Klassifikation von Ahlheim und Heger eine nicht verarbeitete „autoritäre" Erziehungserfahrung aufweisen, auch meinen, die Juden würden es „ganz gut verstehen, das schlechte Gewissen der Deutschen auszunutzen", glauben dies bei einer bearbeiteten autoritären Sozialisationserfahrung ‚nur' 13%, bei einer „nicht-autoritären" 14%. Schlussstrich-Mentalität, Verharmlosung der NS-Zeit, ‚konventionelles' Nationalbewusstsein und sekundärer wie primärer Antisemitismus finden sich besonders selten bei jenen Studierenden, die ihre autoritäre Sozialisation ‚bearbeitet' haben, und umgekehrt besonders häufig bei denjenigen, die solche einen Sozialisationshintergrund nicht verarbeitet haben.[644]

Gerade die öffentliche Kommunikation über die Geschichte ist indes nicht selten zweideutig: Sie kann Chancen freisetzen, Auschwitz zum gesellschaftlichen Thema machen, post-konventionelle normative gesellschaftliche Selbstverständigung sowie die Reflexion auf problematische kulturelle Selbstanteil und Bilder fördern, aber auch diese reproduzieren. In den meisten öffentlich-politischen Auseinandersetzungen zur NS-Vergangenheit und über Antisemitismus wird immer wieder auch Antisemitismus selbst artikuliert. Gleichzeitig können allgemeinere Verschiebungen im öffentlichen Diskurs zum „Selbstverständnis der Republik" die Dynamik von Abwehraggression und Antisemitismus neu beleben, wie wir es in den vorherrschenden Diskursformationen im Rahmen einer politischen „Normalisierungsoffensive" seit den 1980ern erleben, eine negative Korrelation, auf deren konkrete Formen ich noch eingehen werde.

Die gesellschaftliche *Wirkungsmächtigkeit* antisemitischer Projektionen ist der hier vertretenen Auffassung nach nicht nur von sozialstrukturellen Bedingungen und psychosozialen Dispositionen von Einzelnen, sondern auch in hohem Maß von den demokratischen Rahmenbedingungen, allgemeinen politisch-diskursiven Dispositiven und der *Opportunität*, d.h. den Grenzen und dem Grad der sozialen Erwünschtheit/Akzeptanz unterschiedlicher Formen antisemitischer Stereotypie in der politischen Kultur abhängig. Modernisierte und codierte antisemitische Stereotype inkorporieren dabei immer auch problematische Traditionen kultureller Semantiken und Normorientierungen. Deren Signifikanz und Bedeutung hängt jedoch von politischen bzw. lebensweltli-

---

644 Vgl. Klaus Ahlheim und Bardo Heger, Die unbequeme Vergangenheit: NS-Vergangenheit, Holocaust und die Schwierigkeiten des Erinnerns (Schwalbach/Ts.: Wochenschau Verlag, 2002), S. 120ff. Die drei Kontrastgruppen machen bei der Studie von Ahlheim ca. 40% der Gesamtstichprobe aus; gefragt wurde nach Erziehungserfahrungen und heutigen Erziehungseinstellungen, etwa körperlicher Züchtigung und der Duldung von Widerspruch als persönliche Erziehungserfahrung und -haltung. Die „nicht-autoritären" bilden 22% der Stichprobe (n=405), diejenigen, die autoritäre erzogen wurden und sich von dieser Erziehung und von den Eltern absetzen 6% der Stichprobe (n=113), die autoritär Erzogenen ohne kritische Distanz 9% (n=168).

chen Kontexten und Kommunikationsprozessen ab, in denen kulturelle Wahrnehmungsmuster rekonstruiert, aktualisiert oder verändert werden.

4.2.3 Politische Psychologie des Antisemitismus und nationale Identitätsnarrative in der Perspektive der politischen Kulturforschung

Eine politikwissenschaftliche Neuverortung der politischen Psychologie und politischen Kulturforschung zum Antisemitismus nach der Kritischen Theorie müsste also das jeweilige konkrete Interaktionsgefüge bestimmen von gesellschaftlichen Verhältnissen, autoritären Charakterdispositionen, antisemitischen Vorurteilsstrukturen und Motiven sowie der spezifischen Situierung wie Dynamik politischer Prozesse und politisch-kultureller Enkulturationen. Als wesentliches Manko einer politisch-psychologisch orientierten Antisemitismusforschung nach der Kritischen Theorie begreife ich dabei neben der unzureichenden Berücksichtigung von politischen Interaktions- und Diskursprozessen, wie betont, insgesamt die erst marginale Integration einer politischen Kulturforschung, die sich langfristigen „mentalitätsgeschichtlichen" Normierungen und Identitätsmustern, politischen Verhaltensorientierungen und Latenzen wie ihren Transformations*prozessen* im Rahmen eines nationalstaatlichen oder kulturellen Zusammenhangs widmet.[645]

Aus verschiedenen Richtungen ist bereits die besondere Bedeutung der politischen Kultur und ihrer Entwicklung für die politischen Bewusstseins- und Verhaltensorientierungen thematisiert worden. Eine politische Kulturforschung und kulturspezifisch orientierte politische Sozialisationsforschung, die die politische Psychologie des Antisemitismus kritisch bereichern soll, umfasst mehrere Ebenen. Sie muss sich einerseits den langfristigen, teils offenbar generationenübergreifenden Wertsystemen und Codes sowie politisch-psychologischen Verhaltensorientierungen widmen. Hier geht es um übergreifende soziokulturelle Einflüsse, wie etwa Formen der Konfliktaustragung und hegemoniale, vielfach unbewusst vermittelte gesellschaftliche Normen und kollektive Selbstbilder, die u.a. für die Über-Ich-Formierung und Autonomieentwicklung entscheidend sind. Diese mentalitätsgeschichtliche Perspektivierung auf kulturelle Umgangsformen, Bilder und ‚Phantasmen', also das *politische Imaginäre*, kann sich indes nicht mit dem Blick auf aktuelle Debatten und Positionen einer politischen Kultur bescheiden. Eine politische Kultur verändert sich weit schwerfälliger als ein politisches System. Die politische Kulturforschung muss sich andererseits den ‚sekundären' Sozialisationselementen stellen, den je konkreten politisch-kulturellen Praktiken und ihren Transformationen, den unterschiedlichen politischen ‚Codes'. Hier geht es z.B. darum, welche politischen Praktiken, u.a. historisch-konkreten Diskursformationen und Diskursverschiebungen *wirksam* werden, d.h. welche Normen, Deutungsmuster, symbolischen Codes, Vorurteile, Werte, tradierten Einstellungen und Verhaltensleitbilder vermittelt,

---

[645] Vgl. hierzu Lars Rensmann, „Politische Psychologie des Antisemitismus und politische Kulturforschung: Theoretische Überlegungen zur Vorbereitung einer verspäteten Hochzeit," Zeitschrift für politische Psychologie SH (1999), S. 303–316.

aktualisiert oder auch in der politischen Kultur überwunden werden. Hier geht es um die Geschichte eigenwilliger, spezifischer politisch-psychologischer Dynamiken, Prägungen, Ereignisse, Machtverhältnisse.

Beide Blickwinkel sind freilich nicht starr zu trennen. Sie beziehen sich in vergleichender Analyse auf längerfristige kulturelle und erzieherische Sozialisationspraktiken und deren Brüche, auf Diskursentwicklungen in Politik und Alltagskommunikation, auf die politische Ideengeschichte (und Vorurteilstradierung) und die politische Institutionengeschichte (wobei zu betonen ist, dass sich eine so begründete politische Kulturforschung nicht wesentlich auf bloße politische Systemforschung beziehen darf, die nach abstrakten, normativ unreflektierten komparativen Kategorien politische Kulturen vergleicht, z.B. nach 'Vertrauen in die Regierung', 'Grad des Klimas des politischen Konsenses', 'Partizipation im politischen System').[646] Die Analyse solch politisch-kultureller Ensembles und Muster kann überdies die Perspektive nicht nur auf die Vorurteilsreproduktion im engeren Sinn richten.

Bei der Analyse anti-modernistischer, kollektiv-identitärer und antisemitischer Ideologien innerhalb einer politischen Kultur geht es um ein Verständnis spezifischer Reaktionsweisen auf allgemeine und verallgemeinerbare Prozesse politischen und sozialen Wandels in den post-industriellen kapitalistischen Demokratien (universelle, exogene Faktoren wie Globalisierung[647], technologische ‚Revolution', internationales Kapital): „Researchers need to be sensitive to the ‚cultural specificities' which affect *how* exogeneous factors influence each country."[648] Die Frage ist dabei auch, wie und vor welchem Hintergrund neue soziokulturelle *cleavages* entstehen und alte soziale und politische Konfliktlinien überlagern, und welche besonderen kulturellen Muster wie ethnozentrische Reservoirs und Narrative dabei mobilisiert werden können. Jüngere Arbeiten der politischen Kulturforschung haben diesen Weg beschritten und sich von der Verengung auf Aspekte der Akzeptanz des politischen Systems verabschiedet und historisch (wenn auch meist nicht politisch-psychologisch) reflektierte Vorarbeiten geleistet, um am Beispiel des gegenwärtigen Antisemitismus in Deutschland erklärungskräftigere Analysen zu betreiben.

Heinz Sünker geht davon aus, dass, trotz der Brüche durch die Geschichte der bundesrepublikanischen Demokratie und ihrer veränderten politischen Normen, diese Mentalitätsbestände auch für aktuelle Vorurteilsdynamiken partiell von Bedeutung sein können. Er sieht die „entscheidende Differenz" politischer Kultur gegenüber anderen Nationen einerseits im Umstand, dass am Anfang der Bundesrepublik Auschwitz, an

---

[646] Gabriel Almond and G. B. Powell, Comparative Politics Today (Boston and Toronto: Little, Brown & Co, 1984), S. 31.
[647] Anthony Giddens definiert ‚Globalisierung' wie folgt: „Globalisation can [...] be defined as the intensification of worldwide social relations which link distant localities in such a way that local happenings are shaped by events occurring many miles away and vice versa." Siehe Anthony Giddens, The Consequences of Modernity (Cambridge: Polity Press, 1990), p. 64.
[648] Tim May, Social Research: Issues, Methods and Process (Buckingham: Open University Press, 1993), p. 158.

der Wiege der Demokratie andererseits keine Revolution stand.⁶⁴⁹ Sünker leitet die der politischen Kultur geschuldeten besonderen Reaktionsbildungen auf universellere soziale Krisenprozesse (autoritär, gewaltförmig, xenophob-nationalistisch, staatsorientiert) historisch her und zeigt die Tradierung dieser Spezifik in den soziokulturellen Umbrüchen im Deutschland der neunziger Jahre. So wie er die Liberalisierung und Demokratisierung z.B. durch die Impulse der 68er Bewegung einräumt, so diagnostiziert er ebenso ein lebendiges Potenzial antidemokratischer politisch-kultureller Segmente, das reaktivierbar ist.⁶⁵⁰ Ulrich Bielefeld bestimmt diese allgemeinen Frames anhand einer Analyse 'institutionalisierter Xenophobie'. In der „eindimensionalen [nationalistischen, L.R.] Politisierung" der komplexen Struktur der neuen politischen Konstellation seit 1990 sieht Bielefeld ein „spezifisch 'deutsches' Problem".⁶⁵¹ Die besondere deutsche Nationswerdung als Etatisierung der Ethnizität, der Kultur und des Volkes reflektiere sich noch heute in einer spezifischen staatlichen Institutionalisierung des 'Anderen' als prinzipiell abweichende Minderheit und auch im „seriellen Verlauf" xenophober Eskalationen wie in der gegenwärtigen Dynamisierung binär codierter Feindbilder wie dem des Antisemitismus.⁶⁵² Zu erfassen sind dabei die Spannungsverhältnisse zwischen den Strukturprinzipien der Gesellschaft und auch durch ‚Globalisierung' induzierte übergreifende soziokulturelle Transformationsprozesse einerseits, und spezifischen politisch-kulturellen Reaktionsbildungen andererseits. Diese Spannungsverhältnisse prägen auch die mobilisierbaren Konstruktionen von Ethnozentrismus, Antisemitismus und nationaler Identität in verschiedenen Ländern sehr unterschiedlich, „je nachdem, wie die jeweiligen kulturellen Orientierungen und institutionellen Formationen beschaffen waren"⁶⁵³ und sind. Hierdurch werden Differenzen und Differenzierungen sichtbar, die die theoretischen Verallgemeinerungen unterlaufen, von denen zugleich analytische Inspiration ausgeht. Politisch-kulturelle Forschungen sind insofern von einer gesellschaftstheoretischen Strukturanalyse nicht zu trennen. Die eigentümlichen Verbindungen von antisemitischen Diskursformationen, Identitätskonstruktionen und Mythen in der politischen Kultur mit *strukturellen Bedingungen* der modernen Gesellschaften und ihrer politischen Systeme bilden vielmehr einen Gegenstand einer kritischen empirischen Politische-Kultur-Forschung zum Sujet des Antisemitismus.

Politisch-kulturelle Identitätsnarrative in Kontinuität und Wandel sind begründet in „the ways in which agents read the patterns of change which enfold their lives."⁶⁵⁴ Im Bezug auf politisch-kulturelle Identitätskonstruktionen, "we can safely conclude that

---

649 Heinz Sünker, „Zur Geschichte der politischen Kultur in Deutschland," In: Roland Merten & Hans-Uwe Otto (Hg), Rechtsradikale Gewalt im vereinigten Deutschland: Jugend im gesellschaftlichen Umbruch (Bonn: Bundeszentrale für politische Bildung, 1993), S. 43 – 54, hier S. 43ff.
650 Ibid, S. 51.
651 Ulrich Bielefeld, „Die institutionalisierte Phobie: Einige soziologisch-sozialpsychologische Anmerkungen. In: R. Merten & H. U. Otto (Hg), Rechtsradikale Gewalt im vereinigten Deutschland: Jugend im gesellschaftlichen Umbruch (Bonn: Bundeszentrale für politische Bildung, 1993), S. 34 - 42, S. 35.
652 Ibid, S. 39ff.
653 Shmuel Noah Eisenstadt, „Die Konstruktion nationaler Identitäten in vergleichender Perspektive," in Bernhard Giesen (Hg), Nationale und kulturelle Identität: Studien zur Entwicklung des kollektiven Bewusstseins in der Neuzeit (Frankfurt a.M.: Suhrkamp, 1991), S. 21 – 38, hier S. 38.
654 P.W. Preston, Political/Cultural Identity: Citizens and Nations in a Global Era (London: Sage, 1997), p. 55.

4. Konzeptionalisierungen eines Post-Holocaust-Antisemitismus in der Demokratie

it is learned; that it expresses the relationship of agent to collectivity; that it identifies the scope for action; that it is always contested; and that it is multiple in its resources, articulations and expressions."[655] Kollektive wie individuelle Identitätskonstruktionen sind dabei nicht statisch, sondern sie sind „imaginierte Einheiten" (Anderson), d.h. sie werden in geschichtlichen politischen wie gesellschaftlichen Praktiken und Prozessen geschaffen und verändern sich. Sie sind ein Produkt von unterschiedlichen sozialen Konstitutionsprozessen, machtabhängigen Definitionen sowie Selbst- und Fremdzuschreibungen, im Besonderen freilich von spezifischen Attribuierungen oder mitunter Stereotypisierungen von den ‚Anderen', von denen man sich abgrenzt. Dies bedeutet allerdings nicht, dass alles im Fluss ist oder alle Identitätskonstruktionen ‚immer dasselbe' sind und dann folgerichtig wiederum als historisch unausweichlich erscheinen. Historische Mythen, Symbole und Narrative gelten hier vielmehr als kristallisierte ‚Mentalitäten', unbewusste kollektive Identifizierungen historisch wirkungsmächtiger Elemente einer politischen Kultur, die sich weitaus zäher verändern ließe als ein politisches System, das hypothetisch ‚über Nacht' ausgetauscht werden könnte. Kollektive und nationale Identitätsnarrative basieren auf *historisch kontingenten Konstrukten*, die permanenten Signifizierungs-, Re-Signifizierungs- und Re-Evaluierungsprozessen ausgesetzt sind, verändern sich also im Zuge von kollektiven Austausch- und Kommunikationsverläufen, in denen sie mobilisiert und aktualisiert respektive Gegenstand von sozialen Auseinandersetzungen und Selbstverständigungen werden. Kollektive oder, im Besonderen, nationale Identitätsnarrative stellen insofern nie eine geschlossene Einheit dar.[656] Sie verweisen vielmehr auf symbolische Konstrukte und Ordnungen, die also einer „ständigen Redefinition in gesellschaftlichen Kommunikationsprozessen unterliegen."[657] Zugleich sind nationale Identitätskonstrukte, im Sinn von Benedict Anderson abstrakte, erfundene „imagined communities"[658] und alles andere als ‚natürlich' oder ‚urwüchsig', als Konglomerat von kollektiven Selbst- und Fremdzuschreibungen und symbolischen Konfigurationen freilich nicht im völligen Fluss, sondern tragen historisch sedimentierte Erwartungshaltungen, reproduzierte Kontinuitäten und Bindungen in sich; Identitätskonstrukte erweisen sich vielfach als hartnäckig, verhärtet und als reifizierte, scheinbar naturgegebene kollektive Selbstbezüge. Solche kollektiven *Selbstbilder wie Bilder von den ‚Anderen'* sind vor allem vielfach über längere Zeiträume historisch *wirkungsmächtig*. Kollektive Identitäten sind „keine Erfindungen, die nur deshalb existieren, weil sie ‚gedachte' Gemeinsamkeiten darstellen, sondern sie bilden gerade in ihrer imaginierten Form eine Realität, die die Agenda und Prozesse öffentlicher wie privater Kommunika-

---

655 Ibid, p. 76.
656 Vgl. Robert Hettlage, „Identitäten im Umbruch: Selbstvergewisserung auf alten und neuen Bühnen," in Robert Hettlage und Ludgera Vogt (Hg.), Identitäten in der modernen Welt (Wiesbaden: Westdeutscher Verlag), S. 16.
657 Karl-Heinz Saurwein, „Einleitung: Die Konstruktion kollektiver Identitäten und die Realität der Konstruktion," in Werner Gebhart und Karl-Heinz Saurwein (Hg), Gebrochene Identitäten: Zur Kontroverse um kollektive Identitäten in Deutschland, Israel, Südafrika, Europa und im Identitätskampf der Kulturen (Opladen: Leske & Budrich, 1999), S. 9 – 27, S. 9.
658 Benedict Anderson, Die Erfindung der Nation: Zur Karriere eines erfolgreichen Konzepts (Frankfurt a.M.: Campus, 1988).

tion beeinflussen."⁶⁵⁹ Sie sind verbunden mit der Vergegenwärtigung einer Kollektivgeschichte und den Projektionen kollektiver Ideale⁶⁶⁰ und fungieren, trotz unterschiedlicher Einflüsse und Brechungen, vielfach als wechselseitig affirmierte und fortgeschriebene Narrative und Zuschreibungspraktiken im Sinne einer ‚self-fulfilling prophecy'. Darüber hinaus ist ein dritter Aspekt von zentraler Bedeutung: Nationale Identitätskonstruktionen verweisen zudem auf sozialpsychologische Tiefenstrukturen aus unbewussten Anteilen, Projektionen und sedimentierten kollektiven Identifizierungen in der politischen Kultur sowie auf historische ‚Mentalitäten', ein Umstand, der in der konstruktivistischen Wissenschaft jedoch vielfach ebenso vergessen oder verleugnet wird wie die politisch-psychologische Komponente des mit idealisierten nationalen Identitätsnarrativen verbundene Versprechen kollektiver Gratifikationen. Dabei ließe sich mit Carolin Emcke in zwei grundlegende Typen, Ebenen oder Komponenten der kollektiven Identität unterscheiden, die in Wirklichkeit oft, und im besonderen Fall der nationalen Identität und Herkunft, vielfach verschränkt sind: einerseits die nicht-intentionale, ungewollte und anderseits die selbst identifizierte, selbst gewählte kollektive Identität.⁶⁶¹ In Bezug auf die spezifische Form einer nationalen Identität heißt dies auch: Es gibt Komponenten, wie die meiner nationalen Herkunft per Geburt und kultureller Sozialisationserfahrung, die ich nicht negieren *kann*, auch und gerade, wenn ich mich universalistischen und post-konventionellen Werten verbunden fühle, und es gibt Komponenten, die ich durchdringen, kritisieren und überwinden kann, oder aber auch selbst bewusst affirmieren kann, wie etwa bestimmte kulturelle Praktiken oder ethnischnationale Werte und Identifikationen.

Liah Greenfeld hat in ihrer international vergleichenden Studie zur Entstehung und Konstruktion von Nationalismus herausgearbeitet, wie unterschiedlich sich nationale Identitätsmuster und Selbstbilder in divergierenden politisch-kulturellen Kontexten auf dem Weg in die Moderne entwickelt haben und reproduziert worden sind. Über die bedeutenden Unterschiede von Ethnos und Demos im kollektiven Selbstverständnis von Staatsbürgerschaft in nationalen politischen Kulturzusammenhängen hinaus zeigen sich historisch konstitutive Unterschiede in den Bewertungen, Funktionen, politischen Bedeutungen und den wirkungsmächtigen kollektiven Imaginationen, die jeweils mit dem Bezugsfeld nationaler Identität verbunden werden.⁶⁶² Solche Differenzen werden hingegen etwa im kontextlosen oder kontextunspezifischen, verallgemeinerten Verständnis von einem „nationalen Antisemitismus" schlicht verleugnet.⁶⁶³

Der spezifische historisch-politische Kontext (und seiner Veränderung) ist vielmehr sowohl als zentrale Ermöglichungsbedingung und Mobilisierungsvariable zu ver-

---

659 Karl-Heinz Saurwein, „Einleitung: Die Konstruktion kollektiver Identitäten und die Realität der Konstruktion," a.a.O., S. 13.
660 Vgl. ibid, S. 10.
661 Vgl. Carolin Emcke, Kollektive Identitäten: Sozialphilosophische Grundlagen (Frankfurt a.M.: Campus, 2000).
662 Vgl. Liah Greenfeld, Nationalism: Five Roads to Modernity (Cambridge, MA: Harvard University Press, 1992). Greenfeld geht auch auf die spezifische historische Vebindung von deutschem Nationalismus und Antisemitismus im politischen Imaginären ein (p. 378ff).
663 So bei Klaus Holz, Nationaler Antisemitismus, a.a.O.

stehen, als auch ein wichtiges Element zur Deutung des Antisemitismus und seiner besonderen Funktionen, auch und gerade in Deutschland nach 1945. Für die zeitgenössische Forschung ist, neben den drei übergreifenden politisch-kulturellen historischen Horizonten (deutsche Geschichte, DDR, alte Bundesrepublik), mit denen die Generationskohorten politisch sozialisiert werden bzw. worden sind, im Hinblick auf den Zusammenhang von Antisemitismus zu nationalen Identitätskonstruktionen und Selbstverständnissen die Zäsur von 1989/1990 von zentraler Bedeutung, die einschneidende Veränderungen der Gesellschaft und neue nationale Identitätsnarrative generiert haben. Neben diesem und durch diesen Prozess hat sich, so meine These, auch die neue soziokulturelle Konfliktlinie verschärft: zwischen eher post-nationalen, individualistischen und post-konventionellen Orientierungen, die mit einer Diffusion traditioneller Werte und kollektiver Bindungen im Zuge gesellschaftlicher Transformationen und Globalisierungsprozesse verknüpft sind; und einer verstärkten politisch-kulturellen Rekurrierung auf „deutsche Leitkultur", konventionelle nationale Identitätsnarrative einer „selbstbewussten Nation", durch die multiple Zugehörigkeiten tendenziell negiert werden und die ihre kollektive Bindungskraft auch aus historischen Narrativen und Symbolen ziehen. Beides spiegelt sich in den neuen soziokulturellen Konfliktlinien zwischen post-nationaler Orientierung und starker ethnisch-nationaler Identifikation, eine kulturelle Konfliktlinie zwischen unterschiedlichen kollektiven und individuellen Identitätsbildern, deren Relevanz in den letzten Jahrzehnten fraglos gegenüber anderen politischen Konfliktlinien (z.B. in der Sozialpolitik) gewonnen hat.

4.2.4 Zur Analyse der Opportunitäts- und Gelegenheitsstrukturen judenfeindlicher Vorurteile in der demokratischen politischen Kultur

Die Frage nach den politisch-kulturellen Gelegenheitsstrukturen und politischen Mobilisierungschancen von Antisemitismus stellt sich als komplexes Gefüge struktureller, situativer und ideologischer Faktoren und Parameter dar. Die Chancen und Grenzen hängen nicht zuletzt an der Praxis der öffentlichen und politischen Akteure selbst. Dabei spielen die Bearbeitung tradierter Ressentiments und ihrer politisch-psychologischen Dynamiken eine ebenso gewichtige Rolle wie handlungsrelevante kollektive und politische Identitätskonstruktionen, die politisch-symbolische Vermittlung und Kommunikation des ‚sozialen Gedächtnisses' in der öffentlichen-politischen wie privaten und familiären Sphäre.[664]

Das Set von Variablen lässt sich konzeptionell unterscheiden unter Aspekten einer *politischen* (institutionellen/politisch-systemischen) Gelegenheitsstruktur, einer *kulturellen* Gelegenheitsstruktur (als, vielfach unbewusst wirkendem, kulturellem Horizont) und einer *diskursiven* (prozessualen und dispositiven) Gelegenheitsstruktur (verstanden als politisch-diskursive Opportunitätsstruktur in der politischen Kommunikation, die sich

---

[664] P.W. Preston, Political/Cultural Identity: Citizens and Nations in a Global Era (London: Sage, 1997), pp. 54ff.

vor allem auf den Grad der Opportunität/Legitimität antisemitischer Stereotype im Prozess des öffentlichen Raumes bezieht), die das Gesamtgefüge dessen darstellen, was ich als *„politisch-kulturelle Gelegenheitsstrukturen" für Antisemitismus* und antisemitische Mobilisierungsmöglichkeiten in der Demokratie bezeichnen möchte. Das Sagbare, das Legitime und Erwünschte im politischen-öffentlichen Diskurs, die politischen Kommunikationsprozesse zu Judenfeindlichkeit, NS-Vergangenheit, Israel und ‚nationaler Identität' rücken dabei wie das politische Imaginäre unbewusster Ressentimentstrukturen innerhalb einer politischen Kultur im weiteren Sinn, auf deren Mobilisierung politische Akteure und frames abzielen können, als besondere Variablen in das Zentrum der Forschung: also die Ursachen und der Grad politischer „Opportunität" identitätsgenerierender Mobilisierungsversuche von Antisemitismus in der politischen Kommunikation im Kontext der deutschen politischen Kultur und im Zeitalter der Globalisierung.

Die Mobilisierungschancen, ‚Ermöglichungsbedingungen', die Wirkungskraft von antisemitischen Stereotypen und politischen Mobilisierungen und die Gesamtheit der diesbezüglichen politisch-kulturellen Gelegenheitsstrukturen lassen sich vor dem Hintergrund der theoretischen, politisch-psychologischen Modelle anhand von den bereits konzeptionalisierten fünf zentralen Parametern eruieren, deren politische Interaktion auszuleuchten ist: (1) den konkreten spezifischen politischen Angebotsstrukturen, ihr Ausmaß, ihre politisch-psychologische Wirkungsweise, ihre Offenheit, ihre Radikalität und ihre politische Bedeutung (*Angebotsseite*); (2) die rechtlichen Sanktionen und die Reaktionen der staatlichen Institutionen, demokratischen Parteien und weiterer politischen Akteure im Verhältnis zu antisemitischen, antiisraelischen und geschichtsrevisionistischen politischen Bestrebungen (*politisches System*); (3) die politisch-diskursiven Prozesse, Dispositive und Auseinandersetzungen zum Antisemitismus, aber auch zu nationaler Identität und ‚Vergangenheitsbewältigung, also das gesamte ‚öffentliche Umfeld' mit seinen Konflikten und unterschiedlichen Skandalisierungs- und Legitimitätsschwellen von Antisemitismus, sowie die transportierten Judenbilder in der öffentlich-politischen Kommunikation, gerade im Hinblick auf ihre spezifischen Veränderungen und Verschiebungen im politischen Prozess (*politische Kommunikation* im öffentlichen und politisch-kulturellen Raum); (4) den autoritären, ethnozentrischen, erinnerungsabwehrenden und antisemitischen Einstellungspotenzialen vor dem Hintergrund politisch-kultureller Reservoirs, unbewusster oder reflektierter Identifizierungen, lebensweltlicher Mentalitätstraditionen und den spezifischen politischen Verhaltensorientierungen im Elektorat (*politisch-kulturelle Matrix und Nachfrageseite*), (5) die exogenen und strukturellen Faktoren sozialer Vergesellschaftungsmodi, sozialen Wandels und soziokultureller Modernisierung im Kontext der Globalisierung, die in spezifischer Weise politisch-kulturell ‚verarbeitet' werden.

Die konkrete empirische Untersuchung des Antisemitismus in der politischen Kultur hat somit zunächst die Muster des *politischen Antisemitismus* politisch-psychologisch zu deuten und demokratische Reaktionsbildungen zu bewerten. Jener manifestiert sich insbesondere im Rechtsextremismus und in der nationalen Rechten, für die Antisemitismus seit je im Kern politischer Mobilisierungsversuche steht. Ähnliches gilt für eine gemäßigtere „Neue Rechte", die an einem Brückenschlag vom Rechtsextremismus zum

4. Konzeptionalisierungen eines Post-Holocaust-Antisemitismus in der Demokratie

Nationalkonservatismus und an einer Rehabilitierung des deutschen Nationalismus sowie konventioneller Identitätsmuster interessiert ist. Sekundär-antisemitische Ideologeme werden dabei fast notwendig mit reproduziert.

Aber auch ein gewichtiger Teil der Linken, die im Unterschied zur extremen Rechten mindestens implizit einen besonderen moralischen, universalistisch-egalitären Anspruch reklamiert, zeigt sich, insbesondere in ihren antidemokratischen Varianten, seit langem anfällig für manichäische antiimperialistische Weltbilder, Verschwörungstheorien, Nationalismus, Antiisraelismus und Antiamerikanismus, die allesamt den Antisemitismus strukturell befördern oder in ihn übergehen. Politischer Antisemitismus tritt somit in jüngerer Zeit somit auch in einer re-mobilisierten radikalen Linken und national-protektionistischen Teilen der Globalisierungsbewegung in Erscheinung, in denen sich nicht unerhebliche Teilbewegungen antizionistisch, antisemitisch und nationalistisch betätigen und damit Antisemitismus auch hier zum gewichtigen Bezugspunkt politischer Mobilisierung werden kann. Das Problem hat sich mit einer vielfach in Globalisierungsfeindschaft hinüber gleitenden Globalisierungskritik, die auch von der extremen Rechten getragen wird, noch verschärft. Wie stabil sind dabei die demokratischen Grenzziehungen zu rechtsextremen, antiisraelischen und antiamerikanischen Politikansätzen und Ideologieformen, wie ist es um deren konkrete *politische und ideologische Opportunität* bestellt? Welche Interaktionen und Anknüpfungspunkte oder Abgrenzungen und negativen Sanktionen gibt es, gerade auch vor dem Hintergrund eines gesellschaftlich wieder erstarkten Antiamerikanismus und „Antizionismus"? Diese Fragen nach den politisch-kulturellen Reaktionsbildungen leiten zur konkreten Untersuchung der Entwicklung der politischen Opportunität latenter wie manifester antijüdischer Ideologeme in der ‚Mitte' der demokratischen Öffentlichkeit und Politik.

Im Zentrum der empirischen Analysen steht folgerichtig die genaue Untersuchung der politischen Diskurse und bestimmter politischer Diskursereignisse zu den Themen Antisemitismus, Holocaust und ‚Vergangenheitsbewältigung'. Dabei wird davon ausgegangen, dass das Problem des Antisemitismus im öffentlichen Raum heute meist im Kontext öffentlicher Konflikte zu nationaler Identität und NS-Verarbeitung auftritt (was noch nichts über die kausale Bestimmung dieses Verhältnisses von Antisemitismus und ‚Vergangenheitsbewältigung' verrät). Diese politischen Diskurse, die zwischen 1998 und 2002 schließlich in zwei so genannten großen „Antisemitismusstreits" in der politischen Öffentlichkeit mündeten, werden empirisch rekonstruiert und mittels der theoretischen Modelle auf ihre Motive hin analysiert. Sie werden politisch-psychologisch mit den konzeptionalisierten Modellen gedeutet, und im Hinblick auf Diskursverschiebungen und politisch-kulturelle Implikationen/Opportunitätsstruktur bewertet sowie in Beziehung gesetzt zu gesellschaftlichen Reaktionen und Wechselwirkungen mit Einstellungen in der Bevölkerung. Der Fokus liegt dabei auf der Interaktion der politisch-kulturellen Gelegenheitsstrukturen des ‚postmodernen' Antisemitismus, seinen spezifischen Ermöglichungsbedingungen, Dynamiken und Wirkungen, sowie auf der konkreten politischen *Opportunität* antisemitischer Ideologeme/Chiffren im politischen Raum.

Zentral ist dabei die Frage nach der gegenwärtigen politisch-psychologischen Motivik, Dynamik und den Grenzen wie *Diskursverschiebungen* von offen-politischem, latentem und ‚sekundärem' Antisemitismus in der politischen Kommunikation und Kultur; nach dem qualitativen Charakter von judenfeindlicher Stereotype (aber auch seiner quantitativen Bedeutung im Elektorat und in der Gesellschaft). Vor allem aber steht vor dem Hintergrund der hier geleisteten theoretischen Explikationen auch die Frage nach den politischen Wirkungsweisen, der politischen Gelegenheits- und insbesondere der *Opportunitäts*struktur von judenfeindlichen Motiven im Vordergrund. Welche Bedeutung kommt dem Antisemitismus in der politischen Kultur noch zu im politisch-sozialen Prozess zwischen Tradition und Transformation und hinsichtlich der antimodernistischen, kollektiv-identitären Mobilisierungsreservoirs auf soziokulturelle Veränderungen, die die post-industrielle Gesellschaft im Zeitalter der Globalisierung zu verarbeiten hat? Inwieweit haben sich dabei post-nationale Demokratieverständnisse in der zeitgenössischen politischen Kultur etabliert, verändert, oder aber auch zurückentwickelt?

Dabei sind möglichst genau die Modifikationen des politischen Klimas, der politischen Diskurse und die Transformationsprozesse konventioneller Identitätsmuster in der politischen Kultur insgesamt zu analysieren, die mit antisemitischen Stereotypen und Mobilisierungsversuchen korrespondieren. Inwieweit verändern sich die politischen Gelegenheits- und Opportunitätsstrukturen von antisemitischen Vorurteilen, etwa im Zuge bestimmten politischen Handelns? Haben sich die Bedingungen des Antisemitismus im Kontext einer von Christoph Butterwegge diagnostizierten „politischen Rechtsentwicklung" nach der Vereinigung verändert, „in deren Folge nationalistische Parolen spürbar an Einfluss gewannen"[665]? Wurde hierdurch konventionellen Ressentiments neue Geltung verschafft, die eng mit Antisemitismus verbunden sind?

Vermutet wird hierbei, wie bereits in komplexen Thesen entfaltet, dass erstens ein korrelativer Zusammenhang zwischen politischem Autoritarismus, konventionell eingeübten nationalen wie kulturellen Identitätsnarrativen und Antisemitismus besteht, der sich zweitens politisch heute in besonderer Weise in der extremen und antidemokratischen, ethno-nationalen Rechten, aber auch in der (vermeintlich ‚gegenkulturellen' und emanzipativen) „antiimperialistischen" und „antizionistischen" radikalen Linken manifestiert. Die soziokulturellen Modernisierungsschübe und die neue politisch-historische Konstellation nach der deutschen Einheit zeitigten zugleich eine verstärkte Proklamation eines nationalen Selbstbewusstseins. Dies scheint den politischen Raum dafür zu öffnen, dass drittens nationalistische Positionen sowie antisemitische (wie jüngst antiamerikanische und israelfeindliche) Bilder und Ideologeme, die nach wie vor einen breiten, mithin wieder zunehmenden Resonanzboden aufweisen, im politischen Prozess tendenziell an Legitimität gewinnen können, während zugleich ein radikaler politischer Antisemitismus überwiegend ‚tabuisiert' bleibt. Aufzuzeigen wären folgerichtig besondere Verschiebungen, mithin ein Erosionsprozess antisemitischer Vorurteile. Wobei viertens die neue ‚Thematisierungsphase' und politische Kommunikation über die NS-Vergangenheit ebenfalls widersprüchliche Botschaften transportieren mag, sich aber gerade in den Debatten über die Vergangenheit, NS-Antisemitismus und jüngst wieder über Israel nationale Normalisierungsideologeme sowie indirekte,

---

665 Christoph Butterwegge, Rechtsextremismus, Rassismus und Gewalt, a.a.O., S. 153.

4. Konzeptionalisierungen eines Post-Holocaust-Antisemitismus in der Demokratie

symbolische Formen des Antisemitismus in zunehmendem Maße integriert finden (wie bei Norbert Blüms Rede von einem „israelischen Vernichtungskrieg"), was die These eines sukzessiven „Lernprozesses" in den Generationskohorten partiell in Zweifel stellt. Dem steht hier die These einer eher ‚verbesserten' politisch-kulturellen Gelegenheitsstruktur von Antisemitismus und antisemitischer politischer Mobilisierung entgegen.

Koopmans und Statham gelangen in analoger Untersuchungsperspektive auf politische und diskursive Gelgenheitsstrukturen beim Gegenstand des Rechtsextremismus in Deutschland zur Hypothese, dass, während rechtsextreme *Akteure* und neo-nazistische Propaganda rechtlich und politisch weithin negativ sanktioniert werden, sich rechtsextreme *Ideologeme* (wie Rassismus, Antisemitismus) sich in Teilen noch und wieder verstärkt seit 1990 in präemptiver Weise in der etablierten politischen Kultur adaptiert finden: "The introduction of the notion of a discursive opportunity structure within the symbolic realm has enabled us to account for the reason why, despite its exclusion from the polity, the German extreme right has had a considerable impact on official politics. This influence occurred more often through the mechanism of pre-emption rather than as a result of the pressure of actual mobilization."[666] Der bedeutendste Grund für die relative Schwäche entsprechender Akteure liegt, so auch vergleichend Koopmans und Kriesi, in Deutschland im politisch-kulturell und parteipolitisch dominanten „ethnic-exclusivist discourse of citizenship and nationhood close to the extreme right's ideal."[667] Im Folgenden wird zu überprüfen sein, welche Geltung diese These im Hinblick auf die besondere Vorurteilsstruktur und den für den Rechtsextremismus gerade in Deutschland zentralen, an nationale Identitätsvorstellungen geknüpften Issue des Antisemitismus besitzt – gerade vor dem Hintergrund des geschichtlichen Erbes und des normativen Anspruchs der demokratischen politischen Kultur, dieses Erbe zu überwinden.[668]

---

[666] Vgl. Ruud Koopmans and Paul Statham, „Ethnic and Civic Conceptions of Nationhood and the Differential Success of the Extreme Right in Germany and Italy," a.a.O., p. 247. Vgl. auch Ruud Koopmans, "Explaining the rise of racist ans extreme right violence in Western Europe: Grievances or opportunities?," European Journal of Political Research 30 (1996), pp. 185 – 216.

[667] Ruud Koopmans und Hanspeter Kriesi, „Citizenship, National Identity and the Mobilisation of the Extreme Right: A Comparison of France, Germany, the Netherlands and Switzerland," (Berlin: Wissenschaftszentrum Berlin für Sozialforschung, 1997), p. 20.

[668] Die Frage nach der demokratischen politischen Kultur und ihrem Umgang mit Antisemitismus ist indes nicht nur eine empirische, sondern auch eine normative; beides lässt sich nicht strikt trennen. Der Grad der selbstreflexiven Aufklärung zeigt sich insbesondere im Umgang mit der ‚eigenen' kollektiven Geschichte, dem Verhältnis zu deren Opfern, im Ungang mit der Erinnerung an nationale Verbrechen und an dem Versuch, über konventionell-partikularistische Muster der Identitätsbildung und Vergesellschaftung hinauszugelangen.

III. Empirische Analysen: Politische Mobilisierungen, Dynamiken und Wirkungen von Antisemitismus in der politischen Kultur

5. Historische und empirische Befunde: Politisch-kulturelle Ausgangskonstellationen für Antisemitismus nach der deutschen Einheit

Das Problem des Antisemitismus und korrespondierender kollektiv-identitärer Konstruktionen ist bereits ausführlich strukturanalytisch untersucht worden. Den Analysen zu Formen des modernisierten politischen Antisemitismus in der Demokratie und der Untersuchung der öffentlichen Diskurse werden nun nochmals zwei Ebenen vorangestellt, die den politisch-kulturellen und politisch-historischen Kontext gegenwärtiger Gelegenheitsstrukturen von Antisemitismus empirisch situieren.

Im Folgenden soll vor dem politisch-kulturellen Hintergrund des Nationalsozialismus, dessen politische Ideologie- und Ideengeschichte, wenn auch in Teilen ‚offiziell' oder im Bewussten verleugnet, in das kollektive Gedächtnis der Deutschen und in ihre Mentalitätsgeschichte eingegangen ist, die politische Geschichte der Auseinandersetzung in beiden deutschen Nachkriegsrepubliken mit der deutschen Schuld und Antisemitismus skizziert werden. Die geschichtsmächtige Ideologie der ‚völkischen Befreiung' von ‚jüdischen „Parasiten" und „Fremdkörpern" war ein zentraler Bestandteil der antisemitischen Ideologie, die den Holocaust legitimierte. Das politische Imaginäre des politischen Körpers endet so im grenzenlosen Terror.

Dieser historische Faktor ist zugleich der kontrovers diskutierte historische Bezugshorizont für öffentliche Debatten zum Antisemitismus und die Bewertung konventioneller ‚nationaler Identität' wie kollektiver Verantwortung bis in die Gegenwart. Anschließend werden empirische Befunde von Einstellungen zu Juden, Holocaust, Autoritarismus und nationaler Identität sowie Ethnozentrismus (bis nach der Einheit und bzw. Mitte der 1990er Jahre) vorgestellt, die das Einstellungspotenzial für Antisemitismus im Kontext langfristiger Tendenzen genauer bestimmen: Diese Faktoren stellen zentrale Ausgangskonstellation für gegenwärtige politische Prozesse darstellen.

5.1 Nach Auschwitz: Antisemitismus und seine Bekämpfung im Horizont der politischen Kulturgeschichte wie Politik in der Bundesrepublik und der DDR

Das Erbe der nationalsozialistischen Verbrechen und Ideologie, die im Terror der Konzentrations- und Vernichtungslager endete, ist im negativen Sinne überwältigend. Die gängige Rede von der politischen und gesellschaftlichen „Bewältigung" der Vergangen-

5. Historische und empirische Befunde als politisch-kulturelle Ausgangskonstellation

heit kann schon a priori diesem Erbe nicht gerecht werden. Entsprechend fragwürdig ist die zunehmende Tendenz in den Politik- und Sozialwissenschaften, von einer überaus ‚gelungenen' „Vergangenheitsbewältigung" in Deutschland auszugehen.[669] Auch die Vorstellung eines linearen Läuterungsprozesses und „kollektiven Lernens"[670] erscheint angesichts der widersprüchlichen und bis heute umstrittenen geschichtspolitischen Auseinandersetzungen und sozialpsychologischen Einstellungen zur deutschen Geschichte problematisch. Die Verarbeitung der NS-Vergangenheit hat sich vielmehr in äußerst umkämpften Auseinandersetzungsprozessen entwickelt, die neben Demokratisierungstendenzen und liberalen Transformationen immer wieder auch ‚backlashs', Verdrängungen und öffentliche Deckerinnerungen gegenüber den Verbrechen zeitigte (u.a. durch den Fokus auf das Leiden der Deutschen im Krieg, in Dresden, durch die Vertreibung aus dem Osten etc.). Somit stößt die gesellschaftliche Verarbeitung der Vergangenheit nicht nur notwendig auf objektive Grenzen, sondern die Nachkriegsgeschichte ist hinsichtlich der ‚Aufarbeitung' der Vergangenheit in beiden Staaten keineswegs als bloße Erfolgsgeschichte der politischen Kultur zu begreifen,[671] obschon die politische, öffentliche und intersubjektive Konfrontation in der Bundesrepublik fraglos weiter reichte und gründlicher war als beispielsweise in Österreich.

Am empirischen Material der Sozialpsychologie und Sozialforschung, auch in der Analyse politischer Diskurse erweist sich, dass die Dinge komplizierter liegen; dass sozialpsychologisch wie politisch Elemente und Problemkomplexe, in denen der Nationalsozialismus und unhinterfragte kulturelle Identifizierungen sowie unbewusste Dynamiken nachwirken, die das politische und gesellschaftliche Leben in Deutschland auch heute noch mitbestimmen. Wie sehr es schließlich bis in die dritte Generation der Post-Holocaust-Gesellschaft an tief greifender *Verarbeitung* des Nationalsozialismus und seiner Verbrechen gebrechen mag, zeigt sich selbst noch – und besonders da –, wo „Auseinandersetzung" stattfindet, also in den mühsamen und widerspruchsvollen Transformationsprozessen in der politischen Kultur nach 1945, an den Scheidelinien, Brüchen und Konflikten im öffentlichen Umgang mit der nationalsozialistischen Vergangenheit. Die Geschichte nach 1945 ist in beiden deutschen Staaten zu großen Teilen, insbesondere in der unmittelbaren Nachkriegszeit, *auch* von einer ‚identifikatorischen Abwehrübernahme', einem überaus ambivalenten Verhältnis zu Juden sowie einer abwehrenden Haltung gegenüber den Ansprüchen von Opfern gekennzeichnet. Zum

---

[669] Ein Metadiskurs über eine ‚vorbildliche Aufarbeitungsleistung' nach dem Nationalsozialismus hat sich seit zwei Jahren aber auch in Teilen der Sozialwissenschaften eingerichtet, wobei einige Protagonisten der Debatte sogar retrospektiv ein „beispielloses" und „einzigartiges" bundesrepublikanisches Modell der „Vergangenheitsbewältigung" küren, das weltweit seinesgleichen suche. Siehe exemplarisch die nationale Selbstbeweihräucherung bei Antonia Grunenberg, „Mit bloßem Dagegensein ist es nicht getan," Universitas 12 (1998), S. 1165 – 1178. Das Moment der Einzigartigkeit erfährt so eine diskursive Übertragung und Umwertung. Folgerichtig glauben andere Forscher, dass „mehr als 50 Jahre nach dem Ende des Nationalsozialismus [...] von einem aktuellen politischen Handlungsbedarf zur Bewältigung dieser Vergangenheit kaum noch die Rede sein [könne]." Siehe Helmut König, Michael Kohlstruck und Andreas Wöll (Hg.), Vergangenheitsbewältigung am Ende des zwanzigsten Jahrhunderts (Opladen und Wiesbaden: Westdeutscher Verlag, 1998), S. 12.
[670] Vgl. Werner Bergmann, Antisemitismus in öffentlichen Konflikten, a.a.O.
[671] Vgl. kritisch zu den 1950er Jahren Norbert Frei, Vergangenheitspolitik (München: C.H. Beck, 1997); vgl. bis heute Peter Reichel, Vergangenheitsbewältigung in Deutschland: Die Auseinandersetzung mit der NS-Diktatur von 1945 bis heute (München: C.H. Beck, 2001).

Hintergrund der politischen, staatlichen und öffentlichen Positionierung und Auseinandersetzung mit dem nationalsozialistischen Erbe und dem deutschen Antisemitismus in beiden deutschen Staaten bis zur Vereinigung sollen an dieser Stelle einige wenige Anmerkungen genügen.

Jede Erörterung der Entstehung und Entwicklung des Antisemitismus in Deutschland „steht im Zeichen von Auschwitz, ist Vorgeschichte von Unheil und beispielloser Untat."[672] Erst recht steht die *Nachgeschichte* des Antisemitismus in Deutschland im Zeichen von Auschwitz. Dies betrifft auch die Frage nach dem latenten Fortwirken bzw. der Auseinandersetzung mit den Ideologemen des historisch-politischen Imaginären des Nationalsozialismus. Die Demokratisierung der Gesellschaft und des politischen konventionalisierten (National-)Bewusstseins ist auch auf deutliche mentalitäts- und ideologiegeschichtliche Grenzen gestoßen und ist zunächst wesentlich institutionell hergestellt worden; politische Systeme lassen sich ohnehin schneller verändern als politische Kulturen, auch wenn die Ideologie einer „Stunde Null" eine der zentralen Gründungsmythen der Bundesrepublik und inoffiziell auch der realsozialistischen Republik der DDR darstellt.

Mit verfestigten nationalen und antisemitischen Ressentiments vermengten sich gesellschaftlich und familiär großenteils idealisierende, die Verbrechen tabuierende historische Narrative, die zu Beginn die ‚Schuld' der Katastrophe überwiegend bei Anderen, vorzugsweise den Alliierten und Juden ausmachten. Gerade in der Frühphase beider Staaten trat dabei auch öffentlicher Antisemitismus hervor, der sich besonders auch in der frühen DDR, die in ihrem Kampf gegen „Kosmopolitismus", ‚Verwestlichung' und „Dollarzinsknechtschaft"[673] stark auf nationalistische und antisemitische Sentimente setzte, manifest politisch institutionalisierte.

Das Jahr 1945 stellt dennoch zweifelsohne einen deutlichen Bruch dar. Antisemitische Vorstellungen konnten nach dem Sieg der Alliierten zumindest in der Bundesrepublik nie wieder zu einer von Regierung, Staat und Öffentlichkeit getragenen Politik der Ausgrenzung und Verfolgung führen, die den Nationalsozialismus in präzedenzloser Weise prägte. Manifester, offener Antisemitismus und die bisweilen versuchte politische Wiederbelebung nationalsozialistischer Organisationen, Parteien, Agitationen und Politiken sind von beiden deutschen Staaten bekämpft worden. In der Öffentlichkeit waren fortan NS-identifikatorische wie offen antisemitische Äußerungen ‚tabu' oder inopportun. Sie wurden im Laufe der Zeit immer mehr politisch wie auch staatlicherseits legislativ und rechtlich verfolgt; vielfach jedoch um den Preis einer stillschweigenden personalen und institutionellen Einbindung nationalsozialistisch orientierter Gesellschaftsmitglieder.

Das jeweilige politische Klima war indes gerade in den ersten Jahrzehnten der Nachkriegsgeschichte auch in der demokratischen Bundesrepublik, nicht nur im autoritär-sozialistischen DDR-Staat, wenig dazu geeignet, die politische wie gesellschaftliche Kommunikation zur Aufarbeitung der Vergangenheit und zur Verarbeitung ressenti-

---

672 Thomas Nipperdey, Deutsche Geschichte 1866 – 1918, Bd. 2 (München: Propyläen, 1992), S. 289.
673 Vgl. die umfassende Studie von Thomas Haury, Antisemitismus von links: Kommunistische Ideologie, Nationalismus und Antizionismus in der frühen DDR (Hamburg: Hamburger Edition, 2002).

mentgeladener Einstellungen voranzutreiben. Das ‚Tabu' hat den offenen Antisemitismus zunächst nur in die private Sphäre und in eine Art „Kommunikationslatenz" abgedrängt. Auch post-nationale, demokratische kollektive Selbstbilder hatten lange Zeit kaum eine ernsthafte politische Chance. Wenn auch im Zeichen zweier Staaten und eines geteilten Landes: Durch den jeweils positiven Nationalbezug (lange Zeit beiderseits auf „Wiedervereinigung" orientiert, dann hier auf das „sozialistische Vaterland", dort auf eine Bundesrepublik, die sich als Nachfolger des Dritten Reiches verstand), wurden traditionelle ethnisch-nationale kollektive Identitätskonstruktionen kaum bearbeitet und hinterfragt. Die Bearbeitung wie eine Durchdringung der Schuld- und Verantwortungsproblematik wurden so weitgehend ausgespart.

In der DDR existierte dabei, trotz eines wirkungsmächtigen offiziellen Antifaschismus, ein staatlich geförderter doppelter Mythos von der deutschen Arbeiterklasse als erstem Opfer des „Faschismus", der zugleich kollektives „Heldentum" attestiert wurde. Dies entschuldigte per se alle Mitglieder der neuen sozialistischen Gesellschaft, die konstruktiv am „Aufbau" des Staates mithelfen wollten, und dies delegierte die Verstickung in Schuld und antisemitische Ideologie auf das „Finanzkapital", den „Monopolkapitalismus" oder gleich personalisierend auf die „westlichen Kapitalisten".[674] Zur Schuldabwehr und zu antidemokratisch-autoritären Institutionen, die eine offene politische Kommunikation kaum zuließen, gesellte sich die offizielle staatliche Ideologie des „antiimperialistischen" „Antizionismus"[675] sowie eine generelle Absage an Wiedergutmachungs- und Entschädigungszahlungen für jüdische Opfer. Gerade der offizielle stalinistische Antizionismus, die Israelfeindschaft und das antiimperialistische Weltbild erlaubten staatlich geförderte, codierte Neubesetzungen antisemitischer Stereotype bei gleichzeitiger Aufrechterhaltung einer vorgeblich antifaschistischen Grundhaltung.

In der ‚alten' Bundesrepublik Deutschland wurden die nationalsozialistischen Täter noch unmissverständlicher freigesprochen und ‚resozialisiert' als in der DDR; hier wurden die Verbrechen insgesamt weitgehend verschwiegen und die Auseinandersetzung mit dem Holocaust wurde in den ersten Jahrzehnten an die historische Forschung delegiert. Zugleich entwickelten sich allerdings eingeübte offizielle politische Schuldbekenntnisse und –rhetoriken, in denen die konkreten Verbrechen allerdings oft abstrakt aufgelöst wurden. Auf der Grundlage demokratisierter politischer Institutionen und einer mit den West-Alliierten erzeugten Westbindung waren die Bedingungen der politischen Kommunikation trotz eines in den 1950er Jahren freilich gefrorenen, mithin ‚restaurativen' politischen Klimas noch besser als in der DDR.[676] Neben der politisch-kulturellen Rekonstruktion nationaler Narrative in der bundesrepublikanischen Nach-

---

[674] Vgl. Robin Ostow, „Imperialist agents, anti-fascist monuments, eastern refugees, property claims: Jews as incorporations of East German social trauma, 1945 – 1994," in Y. Michal Bodemann (ed.), Jews, Germans, Memory: Reconstructions of Jewish Life in Germany (Ann Arbour: The University of Michigan Press, 1996), pp. 227 – 241.
[675] Vgl. hierzu Thomas Haury, Antisemitismus von links, a.a.O. Vgl. ideologieanalytisch auch Kapitel 6.3.
[676] Vgl. Zur differenzierten empirischen Analyse dieses Prozesses am Beispiel der Kulturpolitik Ulrich M. Bausch, „Zwischen demokratischem Neubeginn und obrigkeitsstaatlicher Fixierung: Zur Genese kulturpolitischer Identität unter dem Einfluss US-amerikanischer Besatzungsoffiziere nach 1945 in Württemberg-Baden," in in Andreas Dornheim und Sylvia Greiffenhagen (Hg.), Identität und politische Kultur (Stuttgart: Kohlhammer, 2003), S. 159 – 174.

kriegszeit erreichte eine im offiziell-staatlichen Bereich pro-israelische und philosemitische Haltung den Status einer utilitaristischen Realpolitik, die die gesellschaftlich vorherrschenden Relativierungs- und Rechtfertigungsstrategien gegenüber den deutschen Verbrechen in gewissem Grad überdeckte.[677] Diese „pro-jüdische" Realpolitik,[678] die als offizielle Deklaration einer noch nicht verwirklichten deutschen Demokratie fungierte,[679] blieb freilich befangen in „Ambivalenzen eines philosemitischen und antisemitischen Diskurses"[680], soll heißen: die philosemitischen gesellschaftlichen Einstellungen und politischen Normorientierungen im öffentlichen Diskurs koexistierten dort mit antisemitischen Vorurteilen.[681] Die Bereitschaft, Fragen deutscher Schuld zu verdrängen oder gar aggressiv und projektiv abzuwehren, ging lange Zeit einher sowohl mit antisemitischen Bildern sowie philosemitischen Idealisierungen vom Jüdischsein, die einen gesellschaftlichen Einstellungswandel indizieren konnten, teils aber auch auf tradierten antisemitischen Perzeptionen beruhten, die nun zeitweise mit positiven Vorzeichen versehen wurden („Intelligenz", „Geschäftstüchtigkeit" etc.). Auch die weitgehende Reintegration von NS-Verbrechern in das soziale, politische und öffentliche Leben und seine Institutionen ist Teil der bundesrepublikanischen Geschichte.[682] Politischer Antisemitismus wurde hingegen tabu; er wurde zugleich teilweise rechtlich verfolgt, neonationalsozialistische Organisationen und Parteien wie die „Sozialistische Reichs-Partei" (SRP) wurden verboten.[683]

Die – wenn auch hart umkämpften – Reparations- und Entschädigungszahlungen der Bundesrepublik trugen zu einer Neubestimmung deutsch-jüdischer Beziehungen bei; gleichwohl waren öffentliche Formen des Antisemitismus, als politische Ideologie aus dem etablierten Spektrum ausgegrenzt, in der Frühphase der *beiden* Republiken nur sehr bedingt codiert. So sprach selbst der auf pragmatische Westintegration und Realpolitik orientierte Adenauer davon, dass das „Weltjudentum eine große Macht" sei.[684] Das prekäre Arrangement von politischer Integration, sozialem Beschweigen der Verbrechen (oder Darstellung der ‚Verbrechen der Anderen') und politisch ‚still gestelltem', aber fortwährendem Antisemitismus bestimmte die frühe Nachkriegszeit auch in der selbstproklamierten „antifaschistischen" sozialistischen Republik.

Diese Grundstruktur und Motivik erfuhr freilich zahlreiche Brechungen in der Nachkriegsgeschichte, und dies nicht nur, wenn auch deutlich stärker, in der Bundesrepublik. In beiden Staaten nahm die Auseinandersetzung mit der Judenverfolgung seit

---

[677] Vgl. Frank Stern, The whitewashing of the yellow badge: Antisemitism and philosemitism in postwar Germany (Oxford: Pergamon Press, 1992).
[678] Vgl. Thomas Altfelix, „The ‚post-Holocaust Jew' and the instrumentalization of philosemitism," Patterns of Prejudice, Vol. 34 (2000), pp. 41 – 56, hier p. 52.
[679] Vgl. ibid.
[680] Frank Stern, „German-Jewish relations in the postwar period: The ambiguities of antisemitic and philosemitic discourse, in: Y. Michal Bodemann (ed.), Jews, Germans, Memory: Reconstructions of Jewish Life in Germany (Ann Arbour: The University of Michigan Press, 1996), pp. 77 – 98.
[681] Vgl. Elazar Barkan, The Guilt of Nations: Restitution and negotiating historical injustices (New York: W.W. Norton, 2000), p. 18f.
[682] Vgl. ibid.
[683] Vgl. Hajo Funke, Paranoia und Politik: Rechtsextremismus in der Berliner Republik (Berlin: Verlag Hans Schiler, 2002), S. 131ff.
[684] Zitiert nach Rudolf Augstein, „Wir sind alle verletzbar," Der Spiegel, 30. November 1998.

den 1960er Jahren zu. Die gesellschaftlichen Auseinandersetzungen trugen auch zu einer Sensibilisierung und einem sukzessiven Einstellungswandel zu Antisemitismus, Nationalismus und Demokratie bei. In der Bundesrepublik entwickelte sich dieser Prozess in mehreren Phasen bzw. Schüben. Eine erste, politisch restaurative Phase der unmittelbaren Nachkriegszeit, die unter Adenauer gleichwohl konsequent auf Ahndung neo-nazistischer Betätigung und auf Westintegration setzte, wurde abgelöst von einer zweiten Phase bis 1968, die von den Auschwitz-Prozessen und vom Eichmann-Prozess, also von Fragen der juristischen Aufarbeitung der Verbrechen und Debatten zur Verjährung von NS-Gewaltverbrechen geprägt war. In einer dritten Phase ab 1968 bis 1979 stand mit der ‚68er'-Bewegung erstmals der ‚Aufbruch' gegen die politisch integrierte Tätergeneration im öffentlichen Mittelpunkt, obschon konkrete Auseinandersetzungen zum Nationalsozialismus und zu Antisemitismus von marxistischen und anti-imperialistischen Positionen und Klassenkampf-Rhetorik überlagert wurden, so dass das Thema der ‚Aufarbeitung' in den 1970er Jahren zugleich wieder weitgehend aus dem öffentlichen Bewusstsein verschwand[685]. Eine vierte Phase (zugleich die erste Phase einer anhaltenden öffentlichen, politisch-kommunikativen Auseinandersetzung mit der Shoah) setzte erst ab 1979 mit dem Fernsehfilm „Holocaust" und den vergangenheitspolitischen Kontroversen der 1980er Jahre (Bitburg, 8.Mai 1985, Historikerstreit) ein, sowie mit der „Fassbinder-Kontroverse" aus Anlass der Theater-Aufführung eines antisemitischen Stücks („Die Stadt, der Müll und der Tod") des linken Filmemachers in Frankfurt. Öffentliche Konflikte zu NS-Vergangenheit und Antisemitismus finden sich nun zunehmend in einer anhaltenden ‚Thematisierungsphase' seit den 1990er Jahre, nach der deutschen Einheit.[686]

In diesem historischen Prozess spielten in der Bundesrepublik die proamerikanische Einbindung in die westlichen Demokratien und Ökonomien, die liberalisierenden Impulse, die indirekt auch durch anti-autoritäre soziale Bewegungen, ausgehend von der Studentenbewegung der 1960er Jahre gefördert wurden, sowie die sukzessiven Skandalisierungen des Antisemitismus in öffentlichen Konflikten eine bedeutende Rolle. Diese reichten von den frühen Fällen Harlan und Hedler über die antisemitischen Schmier- und Agitationswellen durch Rechtsextreme bis zu den Verjährungsdebatten und zu den Fassbinder-Kontroversen 1976 und 1985[687] bis zur Affäre Bitburg. Nach Auffassung Bergmanns ist hierbei von einer sukzessiven Erhöhung der Skandalisierungsschwellen auf Grundlage eines zunehmend weiter gefassten Antisemitismus-Verständnisses und

---

[685] Zu den widersprüchlichen Effekten der Neuen Linke und der 1968er zwischen (auch antizionistischen)Deckideologien und ‚westernisierender', liberalisierender anti-autoritärer Traditionskritik vgl. Anselm Doering-Manteuffel, „Politische Kultur im Wandel: Die Bedeutung der sechziger Jahre in der Geschichte der Bundesrepublik," in Andreas Dornheim und Sylvia Greiffenhagen (Hg), Identität und politische Kultur (Stuttgart: Kohlhammer, 2003), S. 146 – 158.
[686] Vgl. ausführlich Lars Rensmann, „Belated Narratives: New testimonies of ordinary perpetrators in the context of contemporary post-Holocaust Germany," in Sharon Leder & Milton Teichman (eds.), The burdens of history: Post-Holocaust generations in dialogue (Merion Station, PA: Merion Westfield Press, 2000), pp. 79 – 102.
[687] Vgl. umfassend zur Dokumentation und Diskussion dieser ersten wirklich großen ‚Antisemitismus-Debatte' der Bundesrepublik Heiner Lichtenstein (Hg.), Die Fassbinder-Kontroverse oder Das Ende der Schonzeit (Königstein, Ts.: Athenäum, 1986).

öffentlichen Lernprozesses auszugehen.[688] Man muss dieser These nicht zustimmen, um zu erkennen, dass diese Konflikte in Teilen Vorstöße eines öffentlichen Antisemitismus darstellten, entsprechende Skandalisierungen und negative Sanktionierungen im politisch-kommunikativen Prozess aber auch positive, demokratische politisch-kulturelle Effekte zeitigen konnten und demokratisierende Spuren hinterlassen haben – insbesondere gegenüber dem Grad der Bereitschaft von Antisemiten, ihre Vorurteile öffentlich zu machen. Zugleich blieb bis in die 1980er Jahre ein abstrakter „Anti-Totalitarismus" geschichtspolitisch vorherrschend, der die Spezifik des Nationalsozialismus weitgehend nivellierte und vor allem die autoritäre DDR als Gegner im Kalten Krieg avisierte. Unterlegt wurde dieses Selbstverständnis mit der über weite Strecken dominanten Geschichtsauffassung, Hitler und weitere NS-Eliten hätten das Volk ‚verführt'. Überdies werden in der gängigen retrospektiven Idealisierung der ‚Vergangenheitsbewältigung' oftmals wiederkehrende geschichtspolitisch abwehraggressive, revanchistische und latent antisemitische Vorstöße auf höchster politischer Ebene übersehen, die zu keiner negativen Sanktionierung oder gar zu Rücktritten geführt haben. So proklamierte etwa der bayrische Ministerpräsident Franz Josef Strauß noch 1977: „Wir wollen von niemandem mehr, weder von Washington, noch von Moskau, von keinem europäischen Nachbarn, auch nicht von Tel Aviv, ständig an unsere Vergangenheit erinnert werden."[689] Bereits zuvor hatte Strauß die Kriegsschuld in Frage gestellt: „Wir weisen die Behauptung der Alleinschuld oder Hauptschuld Deutschlands an den Weltkriegen entschieden zurück."[690] Edmund Stoiber behauptete später, 1980, auf dem CSU-Wahlparteitag: „Die Hetze gegen Franz Josef Strauß gleicht der Hetze gegen die Juden im Dritten Reich."[691] Hier wird die politische Kritik am ehemaligen Nationalsozialisten Strauß im Zuge einer harten Wahlkampfauseinandersetzung mit der Judenverfolgung gleichgesetzt.

In der DDR dagegen lebten ein anti-imperialistisches Weltbild und ein offensiver „Antizionismus" weiter, der allerdings auch periodischen Schwankungen unterworfen war, während jüdische Geschichte und der Holocaust über weite Strecken sozusagen ‚kein Thema' waren, wie ohnehin demokratische politische Kommunikationen kaum möglich waren. Das tendenziell restaurative und autoritäre Klima, das in beiden deutschen Staaten in den 1950er Jahren auf je unterschiedliche Weise bestimmend war, blieb in der DDR quasi unter kommunistischer, stalinistischer wie post-stalinistischer Ideologie konserviert. Allerdings hat die breite politische Integration über das politisch-diskursive, öffentliche Selbstverständnis des „Antifaschismus" scheinbar durchaus auch vorurteilsabbauende Wirkung gehabt, wie Umfragen bei DDR-Bürgern in den 1990er Jahren nahe legen.

Im Zuge der von der Kohl-Regierung anfangs initiierten (und später deutlich abgeschwächten) „geistig-moralischen Wende" gewannen latent geschichtsrevisionistische

---

[688] Vgl. Werner Bergmann, Antisemitismus in öffentlichen Konflikten, a.a.O., S. 489ff.
[689] Zitiert nach Klaus Staeck, Einschlägige Worte des Kandidaten Strauß (Göttingen: Steidl Verlag, 1979), S. 186.
[690] Ibid, S. 72.
[691] Zitiert nach Peter Köpf, Stoiber: Die Biografie (Hamburg: Europa Verlag, 2001), S. 85f.

Positionen und eine neue „nationale Rechte" in den 1980er Jahren erneut einen erheblichen Wirkungsradius. Davon zeugt nicht nur der so genannte „Historikerstreit". Von dem politischen Diskurs eines neuen „Selbstbewusstseins der Nation", der Relativierung der deutschen Verbrechen und der Betonung des Opferstatus' der deutschen Soldaten, symbolisch vollzogen über den Gräbern von Bitburg, profitierte auch eine Grauzone von der Neuen bis zur radikalen Rechten – und deren antisemitische Ideologeme (vgl. Kapitel 6). In den (geschichts-)politischen Auseinandersetzungen der 1980er Jahre zeigten sich somit auch die bisherigen Grenzen der öffentlichen Durcharbeitung der NS-Vergangenheit und der Skandalisierung des Antisemitismus in der Bundesrepublik: Eine partielle Re-Legitimierung latent antisemitischer Motive im öffentlichen Raum setzte ein, etwa forciert vom geschichtsrevisionistischen Historiker Ernst Nolte, dessen zunächst latent antisemitischen ‚Positionen' in der politischen Kommunikation für diskussionswürdig empfunden wurden, ja breite Unterstützung durch nationalkonservative Historiker erhielten. Insgesamt verdeutlicht dies den nach wie vor widersprüchlichen und ambivalenten politisch-diskursiven Kontext bei den Themen der „Vergangenheitsbewältigung" und des Antisemitismus bis zur deutschen Einheit. Die immer wieder aufflackernden öffentlichen Konflikte und „Krisen" attestieren einen „constant seesaw between learning and forgetting, between becoming briefly aware of the past and turning one's back on it."[692]

5.2 Judenfeindlichkeit, Erinnerungsabwehr, Autoritarismus und Nationalismus in der Gegenwart: Empirische Befunde zu politischen Einstellungen, Korrelationen und Entwicklungslinien

Im Folgenden wird das Einstellungspotenzial des Antisemitismus im Elektorat und bei den unterschiedlichen Generationskohorten vor dem Hintergrund der Entwicklungen in der politischen Kultur nach 1945 in einer Sekundäranalyse bestimmt, die die empirische Ausgangskonstellation für die politischen Prozesse der letzten Jahre darstellt. Auf der Ebene von Einstellungen wird das Problem des Antisemitismus, im Sinne des hier entfalteten theoretischen Konzepts, in seiner Korrelation mit drei Variablen in Beziehung gesetzt, die zu seinem Verständnis und der Erkenntnis seiner Potenziale dienen sollen: Autoritarismus, Nationalismus und Erinnerungsabwehr. Die Ebene der gesellschaftlichen Einstellungen stellt einen gewichtigen, wenn nicht *den* gewichtigsten Faktor hinsichtlich der Relevanz politisch-kultureller ‚Judenbilder' sowie der Mobilisierungsmöglichkeiten von Antisemitismus in der Demokratie dar. Die Zusammenfassung der empirischen Befunde bis Anfang der 1990er Jahre taxiert zugleich den Kontext und Ausgangspunkt für die folgende empirische Analyse der öffentlichen, politischen und gesellschaftlichen Interaktionsdynamiken in der Berliner Republik. Vor jenem empirischen Hintergrund sollen die demokratiepolitischen Wechselwirkungen politischer Konflikte und Mobilisierungsversuche zu Antisemitismus sowie möglicher Veränderun-

---

[692] Saul Friedlander, Memory, History, and the Extermination of the Jews of Europe (Bloomington and Indianapolis: Indiana University Press, 1993), p. 8.

gen seiner Opportunitätsstruktur in den politisch-diskursiven Reaktionsbildungen im Prozess der letzten Jahre erfasst werden.

5.2.1 Primär-antisemitisches Einstellungspotenzial und autoritäre Dispositionen

Obschon die empirische Sozialforschung zum Antisemitismus im Post-Holocaust-Deutschland davon ausgeht, dass gerade der extreme Antisemitismus bzw. die Anzahl extrem antisemitisch eingestellter Subjekte seit den 1950er Jahren rückläufig ist und quantitativ zunehmend an Bedeutung verliert[693], scheint sich die kritisch-theoretische Annahme zu bestätigen, dass sich Judenfeindlichkeit trotz Auschwitz am Leben erhalten und reüssieren kann. Zwar scheint in der Gesamttendenz das ideologisch geschlossene antisemitische Weltbild an „psychodynamischer Kraft verloren"[694] zu haben. In Westdeutschland beantworteten die Frage „Würden Sie sagen, es wäre (für Deutschland) besser, keine Juden im Land zu haben?" 1952, sieben Jahre nach der Zerschlagung des NS-Regimes, 37% mit Ja, 1983 waren es nur noch 9%. 1998 zeigte die Befragung im Osten 10% Befürwortung, 8% im Westen.[695] Verschiedene Arbeiten quantitativer Sozialforschung ermittelten jedoch langfristig für den Westen Deutschlands ebenso einen seit Jahrzehnten kontinuierlichen Anteil von Antisemiten im Rahmen von 15%[696] bis 20%[697]. Erste Umfragen nach der Einheit bestätigten diesen Prozentsatz für Gesamtdeutschland. Dies bedeutet, dass relativ konstant ca. 12 Millionen Deutsche antisemitisch orientiert sind, und dass auf einen in Deutschland lebenden Juden 300 Antisemiten kommen. Darüber hinaus werden in einigen Studien im Mindesten latent antisemitische Einstellungen bei weiteren 30% konstatiert.[698] Manche judenfeindliche Vorurteile sind weiterhin mehrheitsfähig; nach einer Allensbacher Umfrage von 1987,

---

[693] Vgl. Werner Bergmann und Rainer Erb, „Wie antisemitisch sind die Deutschen? Meinungsumfragen 1945 – 1994," in Wolfgang Benz (Hg.), Antisemitismus in Deutschland. Zur Aktualität eines Vorurteils (München: Deutscher Taschenbuch Verlag, 1995), S. 47 – 63, hier S. 62.
[694] Lederer, „Wie antisemitisch sind die Deutschen?," a.a.O., S. 22.
[695] Vgl. Werner Bergmann, „Aus der Geschichte gelernt? Konflikte über Antisemitismus in der Bundesrepublik (1949-2000)," in Christina Tuor-Kurth (Hg.), Neuer Antisemitismus – alte Vorurteile? (Stuttgart: Kohlhammer, 2001), S. 15.
[696] Vgl. Werner Bergmann und Rainer Erb, Antisemitismus in der Bundesrepublik Deutschland. Ergebnisse der empirischen Forschung (Opladen: Leske und Budrich, 1991), hier S. 60 - 62 und S. 86; vgl. auch EMNID-Institut: Zeitgeschichte, Bielefeld 1989, und Institut für Demoskopie Allensbach, Ausmaß und Formen des heutigen Antisemitismus in der Bundesrepublik Deutschland. Von Renate Köcher (Allensbach: IfD, 1987), hier S. 51. Die unterste Klassifizierung, die eher eine Ausnahme bildet, geht immerhin noch von sechs bis sieben Millionen antisemitischen Deutschen aus, davon zwei Millionen ‚Hardcore'-Antisemiten; vgl. Werner Bergmann, „Sind die Deutschen antisemitisch? Meinungsumfragen von 1946 – 1987 in der Bundesrepublik Deutschland," in ders. und Rainer Erb (Hg.), Antisemitismus in der politischen Kultur nach 1945 (Wiesbaden: Westdeutscher Verlag, 1990), S. 108 – 130.
[697] Alphons Silbermann, Sind wir Antisemiten? Ausmaß und Wirkung eines sozialen Vorurteils in der Bundesrepublik Deutschland (Köln: Verlag Wissenschaft und Politik, 1982), S. 63.
[698] Vgl. Alphons Silbermann, Sind wir Antisemiten ?, a.a.O., S. 63. Jüdische Menschen schätzen ihrer subjektiven Erfahrung nach den Anteil sogar noch wesentlich höher; nur etwa ein Drittel (30%) hält die westdeutsche Bevölkerung nicht für antisemitisch; vgl. Alphons Silbermann und Herbert Sallen, Juden in Westdeutschland. Selbstbild und Fremdbild einer Minorität (Köln: Verlag Wissenschaft und Politik, 1992), S. 32.

der letzten großen Erhebung in der ‚alten Bundesrepublik', meinten 69,9% der damaligen Bundesbürger, Juden hielten fest zusammen, 48,7% hielten sie für besonders ehrgeizig, immerhin 42,4% für gerissen und schlau, 27,8% gar für geld- und raffgierig.[699] Ganze 48,4% würden sich nicht daran stoßen, Juden im engsten Freundeskreis zu haben.[700] Antisemitismus hat sich also, trotz demokratisierender Gegentendenzen und trotz langjähriger politischer Skandalisierung, Tabuierung und ‚Stillstellung', wenn nicht als offensive politische Ideologie, so doch als Alltagsdiskurs und im privaten und halböffentlichen Raum zum Teil in erheblichem Maße erhalten können. In latenten Formen weist er immer noch eine erstaunliche Stärke auf; Latenzen drohen dabei immer, in manifeste Vorurteile umzuschlagen.

Vieles spricht dabei heute noch für die Plausibilität der ausführlich dargelegten psychodynamischen Theoretisierungen der Frankfurter Schule in Bezug auf die Korrelation, in der primäre antisemitische Vorurteilsstrukturen mit persönlichkeitsstrukturellen Dispositionen zum Autoritarismus und Ethnozentrismus stehen. Die meisten aktuellen sozialwissenschaftlichen Studien hinsichtlich der qualitativen Dimension des heutigen Antisemitismus nehmen das Konzept des ‚autoritären Charakters', wenn auch in teils diffusen theoretischen Modifikationen, zum Ausgangspunkt; Subjekte mit allgemein ethnozentrisch fixierten Einstellungsmustern und autoritätsgebundener Ich-Schwäche und Aggressivität erweisen sich demnach besonders für Antisemitismus anfällig. Antisemitismus korrespondiert in vielfältiger Hinsicht mit weit verbreiteten autoritären Grundhaltungen. Der nationalistisch-autoritären Position, „Deutschland braucht eine starke Hand", stimmen 24% im Osten wie im Westen zu, ohne dass markante Unterschiede bei der Parteienpräferenz von CDU und SPD auszumachen wären.[701] Weitere 44% fordern tendenziell eine „starke Hand" und glauben, „nur einer, der durchgreift [...] kann es schaffen, die gegenwärtigen Probleme in den Griff zu kriegen." Das autoritäre Bedürfnis danach „Ordnung zu schaffen", das zur antisemitischen sozialen Paranoia zumindest disponiert, weil man sich von einer allgemeinen Unordnung, dem ‚Chaos' der komplexen modernen Welt, die geschlossene Vergemeinschaftungsformen notwendig auflöst, bedroht sieht, und das einer autoritären ‚Lösung' bedürfe, ist also nach wie vor sehr verbreitet. 22% meinen „voll und ganz", das „Recht und Ordnung" in Gefahr sind[702] und machen dafür vielfach konkrete Personen – insbesondere Juden und Ausländer – verantwortlich. Drei Viertel der Ostdeutschen und 55% der Westdeutschen glauben, dass „Recht und Ordnung" zumindest tendenziell in Gefahr seien.[703] Dabei haben die so genannten „deutschen Sekundärtugenden" wie Pünktlichkeit, Sparsamkeit und Disziplin einen etwas höheren Stellenwert im Osten[704], wo diese Tugenden in einer autoritär-antidemokratischen politischen Ordnung über Jahrzehnte propagiert und konserviert worden sind. Auch das Bedürfnis nach kollekti-

---

699 Zitiert nach Bergmann und Erb, Antisemitismus in der Bundesrepublik Deutschland, a.a.O., S. 308.
700 Vgl. ibid, S. 303.
701 Vgl. Friedrich-Ebert-Stiftung (Hg.)., Die gesellschaftliche Akzeptanz von Rechtsextremismus und Gewalt (Bonn: FES, 2000), S. 11.
702 Vgl. ibid, S. 9.
703 Vgl. ibid, S. 8.
704 Vgl. ibid, S. 6.

vem Halt und kollektiver Orientierung ist nach wie vor im Osten größer.[705] Zum autoritären Syndrom zählt eine, freilich auch sozioökonomisch induzierte, vor allem in den neuen Ländern ausgeprägte resigniert-fatalistische Grundhaltung (Osten: 41%, Westen: 29%), die auf subjektive Ohnmachtsgefühle und relative Deprivationstendenzen verweist und die Anfälligkeit für antisemitische Weltdeutungen verstärkt. Gleichzeitig sind sozialdarwinistische Auffassungen gesellschaftlich präsent: 43% der Westdeutschen und 32% der Ostdeutschen meinen, wem es bei uns schlecht geht, der ist selber schuld.[706]

Ein Zusammenhang von autoritären Wertpräferenzen, Fremdenhass, Diskriminierungsbereitschaft, Anti-Individualismus und Antisemitismus ist hierbei weitgehend evident, ein Zusammenhang dieser politischen Normorientierungen zu psychosozialen autoritären Dispositionen wahrscheinlich.[707] Die Theorie des Autoritarismus zeigt sich auch in neuesten Studien als überzeugendste Grundlegung einer erklärenden Theorie über den Antisemitismus.[708] Der antisemitische Hass korreliert dabei mit respektive fußt auf einer autoritätsgebundenen allgemeinen Ich-Schwäche, die sich zu einer ‚stereopathischen' Mentalität verdichten kann. Zu diesem Befund der Kritischen Theorie kommt auch die neueste US-amerikanische Antisemitismus-Studie von Mortimer Ostow.[709] Die entsprechende ‚potenziell faschistische' Persönlichkeitsstruktur ist wiederum als Ergebnis der familiären, gesellschaftlichen und politischen sozialisatorischen „Bedingungen, unter denen er/sie aufgewachsen ist"[710], zu sehen. Dabei bestätigt die neueste politische Sozialisationsforschung die kritisch-theoretische Hypothese zum modernen Autoritarismus, dass die Rolle der Familie als Sozialisationsagentur deutlich abgenommen hat und diese zunehmend durch gesellschaftliche Instanzen, die auf das Individuum unmittelbar Einfluss nehmen, ersetzt wird.[711] Dies ist von Bedeutung für die damit abnehmende Chance der Subjekte, ein vom unvermittelten gesellschaftlichen Druck autonomes Selbst zu entwickeln. Der psychodynamische Mechanismus der Projektion, der sich dann verstärkt entfaltet, wenn – politisch organisiert, in sozialen Submilieus und Alltagsdiskursiven oder in öffentlich-politischen Invektiven oder medialen Judenbildern –legitimierte antisemitische Stereotypen auf entsprechende psychosoziale Dispositionen treffen, ist von der Kritischen Theorie detailliert dechiffriert worden. Dabei hat sich auch die ‚Effektivität' einer Verbindung des Autoritarismus mit

---

[705] Vgl. insgesamt Gerda Lederer, „Autoritarismus und Fremdenfeindlichkeit im deutsch-deutschen Vergleich: Ein Land mit zwei Sozialisationskulturen," in Susanne Rippl, Christian Seipel und Angela Kindervater (Hg.), Autoritarismus: Kontroversen und Ansätze der aktuellen Autoritarismusforschung (Opladen: Leske & Budrich, 2000).
[706] Vgl. ibid. S. 12.
[707] Vgl. Friedrich Funke, „Autoritarismus: Renaissance einer Erklärungstradition," in Wolfgang Frindte (Hg.), Fremde, Freunde, Feindlichkeiten: Sozialpsychologische Untersuchungen (Wiesbaden: Westdeutscher Verlag, 1999), S. 119 – 141.
[708] Vgl. Hans-Gerd Jaschke, Rechtsextremismus und Fremdenfeindlichkeit (Wiesbaden: Westdeutscher Verlag, 1994), S. 52ff. Auch Gerda Lederer stimmt in ihrer Beurteilung der Daten des Instituts für Demoskopie überein, dass die Haupthypothese der *Authoritarian Personality* durch aktuelle empirische Ergebnisse zum Antisemitismus gestützt wird; vgl. Lederer, „Wie antisemitisch sind die Deutschen?," a.a.O., S. 30.
[709] Vgl. Mortimer Ostow, Myth and Madness: The Psychodynamics of Antisemitism (New Brunswick and Oxford: Transaction Publishers, 1996).
[710] Christel Hopf, „Autoritäres Verhalten," a.a.O., S. 159.
[711] Vgl. Wolfgang Bergem, Tradition und Transformation, a.a.O., S. 47ff.

Antisemitismus erwiesen.[712] Laut Werner Bergmann, „[f]or a number of reasons, Jews have been and still are suitable for the role of victim, as there are scarcely any characteristics [...] that have not been attributed to them."[713] Der Antisemitismus mit seinen abstrusen Weltverschwörungstheorien und seiner inneren, zumeist unbewussten Psychodynamik hat sich, zumindest einen nicht geringen harten Kern betreffend, auch in der Bundesrepublik immun gezeigt gegenüber dem Umstand, „Antisemitismus ohne Juden"[714] zu sein. Auch daraus gewinnen die sozialpsychologischen Überlegungen der Frankfurter Schule ihre Überzeugungskraft. Bergmann und Erb folgen vor dem Hintergrund ihrer empirischen Befunde dem kritisch-theoretischen Axiom, dass gerade „der harte Antisemitismus nicht primär auf soziale Frustration zurückgeht"[715] oder auf objektive soziale Verschlechterungen, sondern sich aus psychosozialen Motiven speist, in die die gesellschaftlichen Verhältnisse wesentlich eingehen. Eine „objektiv gegebene schlechte soziale Lage scheint sich nur bedingt in subjektive Deprivation umzusetzen und wirkt so allenfalls vermittelt auf die Einstellung zu Fremdgruppen."[716].

Nicht alle antisemitischen Stereotype freilich, die die Kritische Theorie in der Vorurteilsstruktur des Antisemitismus verortet, besitzen heute noch eine so ausgeprägte psychodynamische Relevanz, wie etwa das immer wieder reproduzierte Stereotyp des ‚Geldjuden'[717], oder mit dieser Imagination verbundene Stereotypen von vermeintlich jüdischen Macht- und Verschwörungsgelüsten. Dieses Images scheinen weiterhin ein für autoritätsgebundene Charaktere erstaunliches Attraktivitätspotenzial zu haben und hierbei als Welterklärungsmomente zu fungieren.[718]

In jedem Fall blieb der Antisemitismus auch nach der Niederlage des Nationalsozialismus in beiden deutschen Teilstaaten virulent.[719] Untersuchungen belegen indes bis in die 1990er Jahre noch einen seit 1952 anhaltenden, „sehr langsamen, zäh und diskontinuierlich" verlaufenden Rückgang antisemitischer Einstellungen.[720] Kohortenspezifisch zeigen die Erhebungen bis zu Anfang der 1990er Jahre insgesamt einen sukzessiven Rückgang antisemitischer Vorurteile mit den je jüngeren Altersgruppen.[721]

---

712 Vgl. Gerda Lederer, „Wie antisemitisch sind die Deutschen?," a.a.O., S. 30.
713 Werner Bergmann, „Approaches to Antisemitism...," a.a.O., S. 15f.
714 Gerda Lederer, „Wie antisemitisch sind die Deutschen?," a.a.O., S. 22. Nur 12% der Deutschen haben nach eigenem Wissen Kontakt mit einem oder mehreren Juden gehabt; vgl. ibid, S. 30.
715 Werner Bergmann und Rainer Erb, Antisemitismus in der Bundesrepublik Deutschland, a.a.O., S. 223.
716 Ibid, S. 226 und S. 227f.
717 Hierbei dürfte es sich um eines der immer noch virulentesten antisemitischen Vorurteile handeln. Vgl. u.a. Gerda Lederer, „Wie antisemitisch sind die Deutschen?," a.a.O., S. 31; vgl. auch Bergmann und Erb, Antisemitismus in der Bundesrepublik Deutschland, a.a.O., S. 310. Demnach glauben 74,6% der Deutschen, Juden seien besonder „erfolgreich im Geschäftsleben".
718 Vgl. Werner Bergmann und Rainer Erb, Antisemitismus in der Bundesrepublik Deutschland, a.a.O., S. 310. Immerhin 49,4% halten Juden für intelligent und 38,5% für künstlerisch begabt, 18,5% für glauben, Juden seien machthungrig und 11,3% projizieren Juden gar als verschwörerisch.
719 Vgl. Bundesamt für Verfassungsschutz, Die Bedeutung des Antisemitismus im aktuellen deutschen Rechtsextremismus (Köln: Bundesamt für Verfassungsschutz, 2002), S. 2.
720 Vgl. Werner Bergmann und Rainer Erb, „Wie antisemitisch sind die Deutschen?," a.a.O., S. 62.
721 Vgl. ibid.

5.2.2 Ethnozentrismus, nationale Identifikation, sekundärer Antisemitismus und Einstellungen zum Holocaust

Ein ethnozentrisches und nationalistisches Klima erweist sich auch für den Antisemitismus als günstig. Von daher ist es auch für das Potenzial des Antisemitismus von Bedeutung, dass 69% der Bundesbürger in Gesamt-, 68% in West- und 72% in Ostdeutschland „die Menschen verstehen [können], die etwas gegen die hierher kommenden Ausländer haben."[722] Nur 14,7% sind nach der neuesten Studie von Silbermann und Hüsers als „gar nicht fremdenfeindlich" einzustufen.[723] Bei 36% wird ein starker ethnozentristisch-nationalistischer Einstellungskomplex gesehen.[724]

Dabei sind hinsichtlich ethnozentrischer und nationaler Identifikationen und Stereotypen in Deutschland besonders die skizzierten Spuren eines „ethnisch-kulturellen Nationsbegriffs" in der politischen Kultur zu berücksichtigen. Obgleich Bekenntnisse zum Nationalismus im europäischen Vergleich teils unterdurchschnittlich verbreitet sind, so wird in der Forschung meist nicht nach der *besonderen Qualität* der jeweiligen nationalen Identifikationen gefragt. Die regelmäßige Erinnerung an die „Einheit der Nation in den Zeiten der Trennung" hat ihren Teil dazu beigetragen, so Richard Münch, auch das „ethnisch-kulturelle Verständnis der Nation in der Bevölkerung am Leben zu halten." Die gesamtgesellschaftlichen Schwierigkeiten, „zu einem Verständnis der Nation als eine offene staatsbürgerliche Gemeinschaft zu gelangen halten deshalb an."[725] So fühlen sich 19% der Deutschen von der Anwesenheit durch „Menschen anderer Rasse" gestört. Im EG-Vergleich von Toleranzschwellen gegenüber Ausländern, die nicht Bürger eines EG-Mitgliedstaates sind, gehören die Deutschen zu den Schlusslichtern mit der geringsten Toleranz; 55% finden, in Deutschland hielten sich zu viele Nicht-EG-Bürger auf.[726]

Auch in diesem Kontext der ethno-nationalen Identifikation ist das Problem gesellschaftlicher Einstellungen zur Erinnerungsabwehr gegenüber dem Holocaust von Bedeutung. Jene kann einen sekundären Antisemitismus grundieren. Trotz der für die Schuldabwehr bedeutenden intergenerativen Verschiebung, d.h. der permanenten Abnahme der an der Shoah real beteiligten Bevölkerungsanteile (,Generationseffekt'), scheinen sich durch anhaltende sozialpsychologische Virulenzen einer Erinnerungsverweigerungs- und Schlussstrichmentalität die von der Kritischen Theorie analysierten Tendenzen einer intergenerativen Vermittlung kollektiv-narzisstischer Identifikationen und Abwehraggressionen zu bestätigen. Quantitative Forschungen zur Auseinandersetzung mit der NS-Vergangenheit in der deutschen Gesellschaft offenbaren bis in die 1990er Jahre einen hohen Grad an erinnerungsabwehrenden Einstellungsmustern.

---

722 Alphons Silbermann und Francis Hüsers, Der ,normale' Hass auf die Fremden: Eine sozialwissenschaftliche Studie zu Ausmaß und Hintergründen von Fremdenfeindlichkeit in Deutschland (München: Quintessenz, 1995), S. 23 und 27.
723 Vgl. ibid, S. 98.
724 Vgl. ibid, S. 87.
725 Richard Münch, Das Projekt Europa: Zwischen Nationalstaat, regionaler Autonomie und Weltgesellschaft (Frankfurt a.M.: Suhrkamp, 1995), S. 79.
726 Vgl. ibid.

5. Historische und empirische Befunde als politisch-kulturelle Ausgangskonstellation

Immerhin meinten 1994, also noch vor den politisch-kommunikativen Prozessen, die später in dieser Studie analysiert werden, 25% der Deutschen, schuld am zweiten Weltkrieg sei die ‚verworrene internationale Lage' gewesen; dabei ist der Anteil der nach 1940 Geborenen mit 26% noch höher als der Anteil der vor 1940 Geborenen.[727] Hier greifen anscheinend kollektive Abwehrdispositionen, die nicht mit dem unmittelbaren Schuldzusammenhang vermittelt sind, sondern durch die Nachkriegsgesellschaften transportiert wurden bzw. sich erst dort entfaltet haben. 6% glauben darüber hinaus, alle Länder seien gleichermaßen schuld, 3% sind gar Anhänger der nationalsozialistischen Weltanschauung, nach der nur andere Länder verantwortlich seien.[728] Zwar erachten 69% der Deutschen heute den Sieg der Alliierten als Befreiung[729], gleichzeitig stimmen aber 37% dem Entlastungsideologem zu, dass die Deutschen eher Opfer der Nazis als Täter waren.[730] Besonders signifikant in Bezug auf das gegenwärtige sozialpsychologische Potenzial für aggressive Erinnerungsverweigerung ist die breite Zustimmung zur Schlussstrich-Ideologie, die, wie Adorno aufzeigen konnte, praktisch seit 1945 in Deutschland Karriere machte. Heute sind 53% der Deutschen der Auffassung, es solle ‚nun ein Schlussstrich unter die NS-Vergangenheit gezogen werden', wobei dem nur 39% der Ostdeutschen zustimmen.[731] Bei Personen mit höherem Schulabschluss verringert sich diese Haltung auf 35%, d.h. gegenüber der Forschung der 50er Jahre, die die Schuldabwehr und Identifikation mit dem NS ausgesprochen stark in den Eliten verankert sah, hat scheinbar höhere Bildung heute tendenziell einen positiven Effekt.[732] Schließlich vertreten 76% gegenwärtig die Meinung, dass diejenigen Deutschen, die 1945 noch Kinder waren oder später geboren wurden, keine ‚Verantwortung' für die Nazi-Verbrechen trügen.[733] Allerdings ist die antisemitische Besetzung der Erinnerungsabwehr seit den 1950er Jahren durchaus signifikant gesunken. In Studien der American High Commission zu jener Zeit kamen noch auf jeden Deutschen, der Schuldgefühle für die verübten Verbrechen gegen Juden zeigte, vier Deutsche, die behaupteten, Juden trügen eine Mitschuld am Holocaust.[734]

Auch in einer großen Einstellungserhebung im April 1995 zeigt sich eine verbreitete Erinnerungsabwehr auf kognitiver und affektiver Ebene. Gerade das Gleichsetzungs-

---

[727] Forsa-Institut, Die Deutschen und die NS-Vergangenheit, in: Die Woche, 1. Juni 1994, Extrabeilage, S. II.
[728] Ibid.
[729] Forsa-Institut, Die Deutschen.., a.a.O., S. II.
[730] Ibid, S. III.
[731] Ibid. 1988 waren noch 51% dieser Auffassung, 1989 meinten 66% (78% der CDU-Wähler), „[h]eute, 40 Jahre nach Kriegsende, sollten wir nicht mehr soviel über die Nazivergangenheit (bzw. über die Judenverfolgung) reden, sondern endlich einen Schlussstrich ziehen"; vgl. Bergmann/Erb, Antisemitismus in der Bundesrepublik Deutschland, a.a.O., S. 236, S.238 und S. 241. In der ersten Umfrage nach dem Gedenkjahr 1995 meinen dies nur noch 43%, was einen positiven Effekt der öffentlichen Diskurse zum Gedenken an Auschwitz andeutet; allerdings sind hier gleichzeitig 69% der Auffassung, die Deutschen hätten keine Schuld mehr gegenüber den Juden abzutragen. Vgl. Forsa-Institut, „Ein Jude als Kanzler?," in Die Woche, 26. Januar 1996, S. 27.
[732] Vgl. Forsa-Institut: Die Deutschen und die NS-Vergangenheit, a.a.O., S. III.
[733] Ibid.
[734] Vgl. Anna and Richard Merritt, Public Opinion in Semi-sovereign Germany: The HICOG Surveys 1949 – 1955 (Chicago: University of Chicago Press, 1980); vgl. auch Meron Mendel, „Compensation versus Reptriation: West German versus Israeli Perspectives," Paper Presented at the Conference „Jewish Remigration to Germany after 1945," University of Haifa, June 1, 2003.

ideologem, durch das die NS-Verbrechen mit dem vermeintlich an Deutschen begangenen Unrecht gleichgesetzt werden, ist stark gesellschaftlich verankert. Nur 27% der repräsentativ befragten Deutschen stimmen nicht der Haltung zu, dass die Vertreibung der Deutschen im Osten ein ebenso großes Verbrechen sei wie der Holocaust an den Juden.[735] 36% meinen hingegen, die Vertreibung der Deutschen, Reaktion auf den nationalsozialistischen Vernichtungskrieg, und die Shoah seien gleichwertige Verbrechen, 35 % meinen, man könne beides schlicht nicht vergleichen.[736] Begleitet wird diese Haltung vielfach von Unwissenheit über den Zweiten Weltkrieg und über Auschwitz. Dieser Umstand verweist wiederum auf die geringfügige geistige wie emotionale Auseinandersetzung mit der deutschen Vergangenheit in der Bevölkerung, obgleich doch eine Mehrheit gleichzeitig einen Schlussstrich unter die Beschäftigung mit dem NS gezogen sehen will. So wissen laut der Emnid-Erhebung von 1995 nur 19% der Deutschen, dass der Zweite Weltkrieg am 1.September 1939 begann; 25% meinen, Weltkrieg und Holocaust hätten weniger als 10 Millionen Menschen das Leben gekostet, und nur 10% wissen, dass über 50 Millionen starben.[737] Jene Formen der Unwissenheit und Abwehr legen gemeinsam mit konventionellen, nicht bearbeiteten nationalen Identifikationen aggressive Reaktionsweisen insbesondere gegenüber Juden nahe, die sozialpsychologisch als „Symbol für die nicht wiederherstellbare Einheit der deutschen Geschichte als einer ‚Ruhmesgeschichte'"[738] fungieren.

Die Ergebnisse der empirischen Sozialforschung unterstützen die kritisch-theoretische Annahme, dass einerseits die meisten Deutschen in eine kollektiv-narzisstische Identitätsproblematik involviert sind, andererseits post-nationale, *postkonventionelle* Orientierungen noch immer minoritär sind. Die weite Verbreitung erinnerungsabwehrender Einstellungsmuster deutet auf gefestigte gesellschaftliche Dispositionen von unbearbeiteten ‚Schuldkomplexen' und von einer stark verbreiteten latenten Abwehraggressivität. Dabei müsse, so Bergmann, der Wunsch nach einem Schlussstrich eine unmittelbar positive Haltung zum Nationalsozialismus nicht notwendig einschließen. Bleibt aber „seine Ablehnung allgemein-diffus gehalten, dann wird auch die Beschäftigung mit seinen Folgen als unangenehmes Thema abgelehnt. Erst wenn die volle Bedeutung des Holocaust begriffen worden ist, sieht man die Notwendigkeit, sich zu erinnern und sich mit der Vergangenheit weiterhin auseinanderzusetzen. Dieses Wissen führt bei den Betreffenden zu Identifikationsproblemen mit dem nationalen Kollektiv."[739] Die von der Kritischen Theorie dargelegte Korrelation von Nationalismus bzw. starkem Drang nach positiver Nationalidentifikation und der Schlussstrich-Mentalität wird in allen neueren Studien der heutigen Sozialforschung belegt: „Schlussstrichgegner sind vor allem diejenigen, die angeben, geringen Nationalstolz zu besitzen. [...] Umgekehrt scheint eine hohe Identifikation [mit der Nation] nur möglich zu sein, wenn man

---

735 Emnid-Umfrage für den Spiegel, „Umfrage über Einsichten und Ansichten der Deutschen zum Ende des Zweiten Weltkriegs," in Der Spiegel, Nr. 19/1995, 8. Mai 1995, S. 76 – 77, hier S. 77.
736 Ibid. Immerhin ist der Anteil derjenigen, die meinen, die Vertreibung wäre nicht ein Verbrechen wie der nationalsozialistische Völkermord, bei den 18- bis 34jährigen höher, er macht aber dennoch nur 36% aus.
737 Ibid, S. 76.
738 Werner Bergmann, „Antisemitismus heute," in Deutsche Volkszeitung/die tat, 23. Januar 1987, S. 4.
739 Werner Bergmann und Rainer Erb, Antisemitismus in der Bundesrepublik Deutschland, a.a.O., S. 245.

die deutschen Verbrechen mit den ‚schlimmen Dingen' der anderen' aufrechnet und einen Schlussstrich unter die Vergangenheit zieht. [...] Personen, die den Schlussstrich ablehnen bzw. in dieser Frage unentschieden sind, sind selten national eingestellt (jeder Achte), während es bei den Schlussstrichbefürwortern jeder Dritte ist."[740]

Während die Ideologie, die Nazi-Verbrechen seien das Werk einer kleinen Clique gewesen, mit 15% nur noch geringe Virulenz besitzt und im Prozess der Nachkriegsentwicklung sukzessiv abgenommen hat[741], sind gleichzeitig bis heute nur 20% bereit, eine „Verantwortung" aller Deutschen zuzuerkennen.[742] 6% sehen noch Mitte der 1990er Jahre die Verantwortung bei einem Einzeltäter: Hitler.[743] Die Verbreitung des Wunsches nach einem kollektiven Freispruch für das deutsche Volk drückt sich im Besonderen im Verhältnis zur deutschen Wehrmacht aus. So glauben 1995 39%, die deutsche Wehrmacht sei gänzlich unschuldig am Nationalsozialismus, 41% meinen sogar, sie sei auch am Völkermord nicht beteiligt gewesen, sondern hätte gekämpft ‚wie jede andere Armee auch'.[744] Diese Sicht wird indes nur noch von 22% bzw. 24% der Unter-35-jährigen geteilt. Zugleich teilen noch 41% der Deutschen die Auffassung, der Nationalsozialismus habe „gute und schlechte Seiten"[745]; der gleiche Prozentsatz sah Anfang der 1950er Jahre noch „mehr gute als schlechte Seiten".[746] Nur 56% sind zuzugeben in der Lage bzw. wissen, dass Deutschland den Zweiten Weltkrieg begonnen hat.[747] Bei den restlichen 44% werden Schuld und Verantwortung mindestens partiell nach außen projiziert und delegiert.

Das Bedürfnis nach ‚Normalisierung' deutscher Geschichte und konventioneller nationales Identität, die auf eine Relativierung oder Einordnung der Geschichte angewiesen ist, bestätigt sich als partiell kohortenspezifische, aber auch als transgenerative, mächtige soziale Tendenz. So haben in der Generationenfolge die strukturell veränderten Sozialisationsbedingungen der nach-nationalsozialistischen Gesellschaften ohne Zweifel Spuren hinterlassen, die sich *relativ* in einem weniger emotionalen Verhältnis zur NS-Geschichte und in normativen Verschiebungen ausdrücken. In der dritten Generation ist das Thema Auschwitz tendenziell weniger affektbesetzt als noch in der zweiten Generation der ‚Kinder der Täter'. Dennoch sind aggressive Erinnerungsabwehr, kollektiv-narzisstische Kompensationsbedürfnisse für ein wegen Auschwitz angeschlagenes Selbstwertgefühl und Defizite in der Geschichtsaneignung in erstaunlichem Maß vorhanden.

---

[740] Ibid, S. 246.
[741] Emnid-Umfrage, Umfrage über Einsichten..., a.a.O., S. 77.
[742] Zweites Deutsches Fernsehen, ZDF-Meinungsumfrage zum Thema „Was wussten die Deutschen vom Holocaust?" der Forschungsgruppe Wahlen, ZDF-Online vom 13. September 1996.
[743] Ibid, S. 1.
[744] Emnid-Umfrage, Umfrage über Einsichten..., a.a.O., S. 77.
[745] Ibid. Laut Forsa-Institut finden heute 24% die Ideen des Nationalsozialismus gar nicht so schlecht; vgl. Forsa-Institut, Die Deutschen und die NS-Vergangenheit, a.a.O., S. III. In einer älteren, nicht-repräsentativen Umfrage von 1979 hielten 36% den NS für eine gute Idee, die schlecht ausgeführt wurde; vgl. Werner Bergmann und Rainer Erb, Antisemitismus in der Bundesrepublik Deutschland, a.a.O., S. 252.
[746] Vgl. Anna and Richard Merritt, Public Opinion in Semi-sovereign Germany, a.a.O.
[747] Vgl. Forsa-Institut, Die Deutschen und die NS-Vergangenheit, a.a.O., S. II.

Konrad Brendler bestätigt in seiner qualitativen Studie unter Studierenden, dass die Holocaustrezeption in der Enkelgeneration zunächst insgesamt ernüchternd ist; einer deutlichen Mehrzahl der Befragten, die das politisch-moralische Desaster der Vorfahren und konventionelle kollektive Identifikationen mit ihnen und der nationalen Geschichte nicht oder kaum bearbeitet haben, stehen wenige Beispiele gelungenerer ‚Aufarbeitung' gegenüber.[748] Bei den in Brendlers Studie interviewten 22 Studierenden und zwei Schülern zeigt sich, dass, bis auf wenige Ausnahmen, alle Eltern und Großelternteile „ein negatives Modell für Selbstverlogenheit, Sündenbocksuche und des aggressiven Umgangs mit narzisstischen Kränkungen vorgelebt"[749] und auf die junge Generation Abwehrmechanismen und diffuse, unverarbeitete Schuld- und Abwehrkomplexe partiell transferiert haben. Brendler kategorisiert vier Gruppen mit unterschiedlichen Aufarbeitungsqualitäten, von denen nur eine nicht abwehrend auf das Thema Holocaust reagiert; vorherrschend sind Gefühle offensiver Verweigerung, eines sich massiv von der Vergangenheit Belästigtfühlens, ressentimentgeladene Rationalisierungen und schwerwiegende Identitätsprobleme in der Konfrontation mit der ‚Last der Vergangenheit', die weithin auf unbewältigte quasi-traumatische Erfahrungen schließen lassen.[750] Für die Empörung gegenüber angeblich von außen herangetragenen Schuldvorwürfen bietet sich dann gerade in dieser Generation eine projektive Verdrehung des Schuldthemas an, die sich besonders in der Beschuldigung der Juden ausdrücken kann, die einem vermeintlich ein schlechtes Gewissen einreden.

Relativ sicher kann angenommen werden, dass eine ernsthafte Auseinandersetzung mit der Geschichte des Holocaust, vor allem aber mit dem Leiden der Opfer im Gesamtdurchschnitt *tendenziell* mit einer schwächeren ‚Schlussstrich-Haltung' korreliert (also der Forderung, mit der Befassung mit deutschen Verbrechen solle ‚endlich Schluss sein'). Wer sich bewusst gegen einen Schlussstrich entscheidet, „tut dies gegen die Mehrheitsmeinung und hat eine dezidiert kritische Haltung zur NS-Vergangenheit und zur Judenverfolgung."[751] Wer sich kritisch mit Auschwitz befasst hat bzw. dieser Auseinandersetzung gegenüber offen ist, neigt auch weniger dazu, antisemitische Vorurteile zu reproduzieren und Juden für die aus der Geschichte resultierenden Probleme verantwortlich zu machen.

Umgekehrt wird tendenziell bei denjenigen besonders vehement die Forderung nach einem ‚Schlussstrich' formuliert, die sich dem, was den Opfern zugefügt wurde, nie ernsthaft gestellt haben, die ein eher geringes Wissen über die Ereignisse aufweisen sowie hergebrachte Identifikationen und Idealisierungen kaum hinterfragt haben. Der „Wunsch nach einem Schlussstrich", so die Antisemitismusforscher Werner Bergmann und Rainer Erb, „muss nicht eine positive Haltung zum Nationalsozialismus einschließen, bleibt [aber] seine Ablehnung allgemein-diffus gehalten, dann wird auch die Be-

---

[748] Vgl. Konrad Brendler, „Die Holocaustrezeption der Enkelgeneration im Spannungsfeld von Abwehr und Traumatisierung," in Jahrbuch für Antisemitismusforschung 3 (1994), S. 303 – 340, hier S. 334f.
[749] Ibid, S. 335.
[750] Vgl. ibid, S. 329. Vgl. zur Forschung bezüglich der dritten Generation auch Sibylle Hübner-Funk, „Hitlers Enkel im Schatten der Vergangenheit. Vom schwierigen Nacherbe des ‚Tausendjährigen Reichs'," in Christine Kulke und Gerda Lederer (Hg.), Der gewöhnliche Antisemitismus, a.a.O., S. 40 – 52.
[751] Bergmann/Erb, Antisemitismus in der Bundesrepublik Deutschland, a.a.O., S. 240.

schäftigung mit seinen Folgen als unangenehmes Thema abgelehnt. Erst wenn die volle Bedeutung des Holocaust begriffen worden ist, sieht man die Notwendigkeit, sich zu erinnern und sich mit der Vergangenheit weiterhin auseinanderzusetzen. Dieses Wissen führt bei den Betreffenden zu Identifikationsproblemen mit dem nationalen Kollektiv."[752]

Die sozialpsychologischen und gesellschaftlichen Dispositionen zur Abwehr sind von ‚sekundären' antijüdischen Vorurteilen kaum zu trennen. Bergmann und Erb konstatieren, dass fast noch zum Ende der ‚alten' Bundesrepublik, trotz eines insgesamt leichten sukzessiven Rückgangs über die Jahrzehnte, die Hälfte der Deutschen den Juden unterstellt, dass diese beabsichtigten, ‚die Deutschen immer an ihre Schuld zu erinnern'.[753] Dies belegt das von Adorno erkannte, weitgehend abgespaltene, externalisierte Gewissen in Bezug auf den Holocaust, das auf ein imaginäres jüdisches Kollektiv delegiert und projiziert wird. Entsprechend glaubten 1994 noch 44% der Westdeutschen das von Adorno als geschichtsmächtig aufgezeigte (sekundär-)antisemitische Ressentiment, dass „die Juden den nationalsozialistischen Holocaust für ihre eigenen Absichten ausnutzen" würden[754]; dies ist der gleiche Prozentsatz der Westdeutschen, der auch dem Stereotyp, Juden hätten zuviel Einfluss in der Welt, zustimmt. Die Über-60jährigen – die besonders antisemitisch geprägte Täter- und Hitlerjugendgeneration – stellen auch diesbezüglich durchweg die judenfeindlichste Gruppe dar.[755] Die Unterschiede zwischen den Generationen sind dabei in allen Erhebungen sichtbar, und doch wird (sekundärer) Antisemitismus intergenerativ bis zum Entstehen der ‚Berliner Republik' signifikant transportiert.

Extremere Relativierungen und Schuldprojektionen auf Juden, die wiederum in einer geschlossenen antisemitischen Paranoia münden, sind bis zur deutschen Einheit noch bei einem harten Kern aufzufinden, zu dem Ende der 1980er Jahre etwa jeder zehnte Deutsche zu zählen ist. So meinten 10% der Bundesbürger, ‚die Juden in Deutschland selbst' bzw. das ‚Weltjudentum, das gegen Deutschland war', wäre schuld an den Judenverfolgungen[756]. 35% der über 60-jährigen und noch 13% der jungen

---

[752] Ibid, S. 245.
[753] Vgl. Werner Bergmann und Rainer Erb, Antisemitismus in der Bundesrepublik Deutschland, a.a.O., S. 260.
[754] Dem stehen nur 19% der Ostdeutschen gegenüber, die dies artikulieren. Im Vergleich zu 1990 ist diese Quote mit Abweichungen um ein Prozent nahezu unverändert. Vgl. Werner Bergmann und Rainer Erb, „Antisemitismus in Deutschland 1945 – 1996," in Wolfgang Benz und Werner Bergmann (Hg.), Vorurteil und Völkermord. Entwicklungslinien des Antisemitismus (Freiburg, Basel und Wien: Herder, 1997), S. 397 – 434, hier S. 410.
[755] Bei nahezu allen Faktoren zu Erinnerungsabwehr und Antisemitismus existierte bis in die 1990er Jahre eine *relative* altersspezifische Tendenz insofern, dass fast durchweg die älteste Gruppe die abwehraggressivsten Werte aufweist. Dennoch ist nicht von einem allgemeinen und stetigen Rückgang auszugehen, da die Werte in den folgenden und jüngsten Generationen tendenziell stagnieren und sich insgesamt eine Schlussstrich-Mentalität sowie einige latente judenfeindliche Vorurteile weiterhin bei über 50% der Deutschen niederschlagen. An den vermeintlichen Versuch von Juden, Vorteile aus der NS-Vergangenheit zu ziehen, glauben z.B. laut Bergmann und Erb 62,3% der ältesten Gruppe. Vgl. ibid, S. 260.
[756] Ibid, S. 244.

Altersgruppen glaubten damals der Ideologie, die Juden hätten Deutschland den Krieg erklärt.[757]

5.2.3 Tendenzen politischer Orientierungen in der Gegenwart: Zum relativen Anstieg von Antisemitismus, Autoritarismus, Nationalismus und Erinnerungsabwehr nach 1990

Im Laufe der 1990er Jahre sind im Vergleich zu den vorangegangenen Jahrzehnten zwei besondere Tendenzwenden zu verzeichnen. Erstens ist der Rückgang des Antisemitismus gerade bei Jugendlichen und jungen Erwachsenen, also den jüngeren Kohorten, gebremst worden. Er steigt in den 1990er Jahren teils wieder an. Werner Bergmann und Rainer Erb müssen schon 1995 konstatieren, dass der Antisemitismus „in einer Subpopulation, nämlich der Jugend, insbesondere bei wenig gebildeten Männern, eine größere Verbreitung und Radikalisierung"[758] erfahren habe. Zweitens zeigt sich hierbei eine ostspezifische Dimension. In einer umfassenden Vergleichsstudie zum Antisemitismus unter Jugendlichen in Brandenburg und Nordrhein-Westfalen zeigen sich signifikante Unterschiede hinsichtlich der Verbreitung antisemitischer Orientierungen und Stereotypen. Währen in NRW nur 2,5% der befragten Jugendlichen eine geschlossen antisemitische Weltsicht aufweisen, sind es in Brandenburg 9,7% der Befragten.[759] Hierzu dürften u.a. bestimme Alltagsdiskurse in zunehmend rechtsradikal und ethnozentrisch geprägten Jugendmilieus und -bewegungen in Teilen Ostdeutschlands, die sich zwischen einer eigenständigen Subkultur und einer wirkungsmächtigen Hegemonial- bzw. Dominanzkultur bewegen, eine besondere Rolle spielen. Aber auch insgesamt sind antisemitische Einstellungen (oder zumindest die Bereitschaft, hierzu entsprechende Angaben zu machen) in der ostdeutschen Bevölkerung im Prozess nach der Einheit und im Lauf der 1990er Jahre besonders signifikant angestiegen.

Die Präsenz deutlicher bis latenter antisemitischer Haltungen stagniert insgesamt in Deutschland bei ca. 40% von Beginn bis Mitte der 1990er Jahre; dies sind etwa doppelt soviel Prozent im Vergleich zu anderen westlichen, post-industriellen Demokratien, wie etwa Frankreich und die USA.[760] Antisemitismus manifestiert sich dabei neben neuen Ressentiments gegen ‚Globalisierung' und ‚multinationale Konzerne' insbesondere im Zusammenhang Israelfeindschaft sowie mit Erinnerungsthemen. Aber auch dieser ‚neue Antisemitismus' verbindet sich mit vielfach mit politisch-kulturell tradierten antisemitischen Stereotypen (‚Geldjuden', ‚Rachsucht', ‚Verschwörung' etc.).

---

[757] Ibid.
[758] Vgl. Werner Bergmann und Rainer Erb, „Wie antisemitisch sind die Deutschen?," a.a.O., S. 61.
[759] Vgl. Rudolf Welskopf, Ronald Freytag und Dietmar Sturzbecher, „Antisemitismus unter Jugendlichen in Ost und West," Jahrbuch für Antisemitismusforschung 9 (2000), S. 35 – 70, S. 37; vgl. auch Kap. 8.1.
[760] Vgl. Gerda Lederer, „Wie antisemitisch sind die Deutschen?," a.a.O., S. 35. Einen „Juden als Nachbarn" lehnten in einer weiteren Erhebung 7% der US-Amerikaner bzw. 10% der Franzosen ab, in der Bundesrepublik hingegen 22%, in Österreich sogar 30%; vgl. ibid, S. 36.

Anfang der 1990er unterstellt fast die Hälfte der Deutschen Juden, dass diese beabsichtigten, „die Deutschen immer an ihre Schuld zu erinnern."[761] 39% glauben zu diesem Zeitpunkt weiterhin, „die Juden beuten den Holocaust für ihre Zwecke aus"[762]; Ende der 1990er Jahre gehen Klaus Ahlheim und Bardo Heger im Westen sogar bereits von 50% aus, die meinen, Juden versuchten, aus der Vergangenheit des „Dritten Reiches" heute ihren Vorteil zu ziehen und die Deutschen dafür zahlen zu lassen.[763] Die zunächst Anfang der 1990er deutlich niedrigeren Antisemitismus-Werte in Ostdeutschland erscheinen retrospektiv als Zugeständnis an offizielle politisch-kulturelle Normen. Hatte man noch kurz nach der Wende scheinbar in den Erhebungen „sozial unerwünschte Aussagen" vermieden, hat sich der Wert im Laufe der 1990er angeglichen[764] und ist heute teils größer als im Westen.

Ein positives, verharmlosendes oder idealisiertes Bild der NS-Vergangenheit oder der Deutschen während des Nationalsozialismus[765], ethnozentrische Identifikationsmuster, Schlussstrich-Forderungen und (sekundär-)antisemitische Stereotypen zeigen sich bei beträchtlichen Bevölkerungsteilen beharrlich. Schließlich ist der teils verdrückte, aggressive Antisemitismus und Nationalismus mit rassistischen Vorurteilen verbunden, einer tief sitzenden gesellschaftlichen Feindseligkeit gegen alles Fremde, jeden ‚Anderen'.[766] Besonders verdichtet zeigen sich diese Korrelationen bei Anhängern und Apologeten rechtsextremer und autoritärer Bewegungen. Gerade in der FPÖ Jörg Haiders in Österreich tritt der Zusammenhang von sozialem Autoritarismus, Identifizierung mit Elementen der NS-Ideologie wie Antisemitismus und völkischem Nationalismus sowie Rassismus besonders prägnant in Erscheinung. Aber nicht nur dort, sondern auch in der deutschen Gesellschaft ist (in durchschnittlich geringerem Maße) dieses Einstellungsgefüge virulent und scheint sich seit der deutschen Einheit mithin konsolidiert oder verstärkt zu haben. Autoritäre Gesinnung, NS-Identifikation, Antisemitismus und Rassismus zeigen sich unter anderem in einer Erhebung, die nach der Zustimmung zu Positionen Haiders in Deutschland fragte. Danach stimmen insgesamt 55% „voll und ganz" oder „weitgehend" der Auffassung zu, wer nicht arbeiten wolle, den müsse man zum Arbeiten zwingen; 28% loben, in Verhöhnung der ermordeten Juden und Millionen anderer Opfer, eine „ordentliche Beschäftigungspolitik" des Nationalsozialismus, und immerhin noch 21% bewundern „voll und ganz" oder „weitgehend" die Charakterstärke der ehemaligen SS-Angehörigen, die noch nach dem Krieg zu ihrer „Überzeugung" standen. 47% der Deutschen sind dafür, allen Einwanderern nach Deutschland

---

[761] Vgl. Werner Bergmann und Rainer Erb, Antisemitismus in der Bundesrepublik Deutschland, a.a.O., S. 260.
[762] Vgl. David A. Jodice, United Germany and Jewish Concerns: Attitudes towards Jews, Israel, and the Holocaust (New York: The American Jewish Committee, 1991); Jennifer Golub, Current German Attitudes towards Jews and other Minorities (New York: The American Jewish Committee, 1994), p. 37.
[763] Vgl. Klaus Ahlheim/Bardo Heger, Der unbequeme Fremde: Fremdenfeindlichkeit in Deutschland – empirische Befunde (Schwalbach, Ts.: Wochenschau Verlag, 1999), S. 103.
[764] Vgl. Klaus Ahlheim und Bardo Heger, Der unbequeme Fremde, a.a.O., S. 103.
[765] Vgl. Werner Bergmann und Rainer Erb, Antisemitismus in der Bundesrepublik Deutschland, a.a.O., S. 263.
[766] Vgl. Gerda Lederer, „Wie antisemitisch sind die Deutschen?," a.a.O., S. 38.

einen Aids-Test vorzuschreiben.[767] Die jüngste Shell-Studie zeitigt zudem bei etwa zwei Dritteln der deutschen Jugendlichen eine ausgeprägte Xenophobie, die meist hoch mit Antisemitismus korreliert;[768] dies ist der Anteil derjenigen, die den „Ausländeranteil in Deutschland" als „zu hoch" empfinden.[769]

Nationale Identifikationsprobleme und post-nationale, post-konventionelle Selbstbilder und selbstreflexive Prozesse auf die kollektive Geschichte zeigen sich in den 1990er Jahren konstant nur bei einer kritischen Minderheit (was mitunter zeigt, dass die Erwartung einer globalisierungsinduzierten Post-Nationalisierung der Bewusstseinsformen mitunter deutlich überschätzt wird); laut jüngsten Erhebungen sind im Westen 15%, im Osten 10% der Deutschen „überhaupt nicht stolz, Deutsche zu sein". 62% im Westen, 67% im Osten sind dagegen „ziemlich" oder „sehr stolz".[770] Das Bedürfnis nach einer ungebrochen positiven Identifikation mit der Nation bleibt bei 2/3 anhaltend stark über die Generationen hinweg. Dieses Bedürfnis korreliert konstant in hohem Maße mit den Anteilen, die sich für einen ‚Schlussstrich' einsetzen. So geht nicht selten das Bedürfnis zu erklären, Auschwitz läge in fernster Vergangenheit und man wolle damit in Ruhe gelassen werden, einher mit dem Bedürfnis nach den konventionellen nationalen Gratifikationen. Laut der jüngsten Studie von Klaus Ahlheim und Bardo Heger mit Studierenden sind unter denjenigen, die der Forderung nach einem ‚gesunden Nationalbewusstsein voll zustimmen, 65%, die zugleich für einen Schlussstrich plädieren.[771] 1998, unmittelbar nach der Walser-Debatte, meinen nunmehr 63% explizit, dass ein „Schlussstrich unter die Diskussion über Judenverfolgung" gezogen werden sollte.[772] Am höchsten ist der Anteil hier bei der ersten Generation und der ‚dritten', den 14- bis 24-Jährigen (65%). Die abwehrenden Reaktionsbildungen verweisen so auch auf intergenerative identifikatorische Abwehrübernahmen.

Wie aber ist das Verhältnis dieser gesellschaftlichen Einstellungsformen (Nachfrageseite), die in Teilen auf transgenerative Identifizierungen und unbearbeitete Deutungsmuster deuten, zur jüngeren Entwicklung in der politischen Kultur und in der politischen Kommunikation, also zu staatlichen, politischen und intermediären Akteuren, zur neuen Medialisierung und politischen Institutionalisierung des Holocaust-Gedenkens, der ‚Vergangenheitsbewältigung' wie zum Antisemitismus als Gegenstand des öffentlichen Diskurses zu bestimmen? Welche Bedeutung haben diese Interaktionsprozesse potenziell für antisemitische Mobilisierungsversuche? Nun ist das öffentliche Schweigen über die NS-Vergangenheit zunächst unwiderruflich gebrochen, so sehr viele auch immer wieder ein generelles Ende öffentlicher Debatten zum Thema wünschen. Konkrete Diskursereignisse und Diskursentwicklungen, wie der jüngste Komplex von Vergangenheitsdiskursen und schließlich ‚Antisemitismusstreits' in den letzten zehn Jahren, zeigen hierbei jedoch, glaubt man der empirischen Sozialforschung, keine

---

[767] Vgl. Manfred Güllner, „Haiders heimliche Anhänger," in: Die Woche, 18. Februar 2000, S. 8.
[768] Vgl. Norman Geißler, Expliziter und impliziter Antisemitismus und Rassismus, a.a.O.
[769] Shell-Studie, zitiert nach Der Spiegel 13 (2000), S. 168.
[770] Vgl. Ahlheim/Heger, Der unbequeme Fremde, a.a.O., S. 105.
[771] Vgl. Klaus Ahlheim und Bardo Heger, Die unbequeme Vergangenheit: NS-Vergangenheit, Holocaust und die Schwierigkeit des Erinnerns (Schwalbach/Ts.: Wochenschau Verlag, 2002).
[772] Vgl. Forsa-Umfrage, Die Woche, 24. Dezember 1998.

sichtbare Wirkung für eine *kritische Verarbeitung* der NS-Vergangenheit. Selbst das Wissen über das Geschehene, so haben Alfons Silbermann und Manfred Stoffers nachgewiesen, ist gerade bei erheblichen Teilen von Adoleszenten äußerst gering: 21,9% der Jugendlichen zwischen 14 und 17 Jahren wissen nicht, wer oder was Auschwitz ist oder war.[773] Gleichzeitig ist zu befürchten, dass Erinnerungsabwehr, nationalistische und auch antisemitische Vorurteile im Sinne des Faktors der „sozialen Erwünschtheit" dann wieder verstärkt zutage treten, wenn der öffentlich-politische Diskurs dies zulässt oder durch populistische Agitation positiv sanktioniert wird. In punkto „Elitennationalismus" schienen laut Jürgen Habermas schon früh nach 1990 einige politisch-kulturellen Dämme gebrochen,[774] die die politisch-sozialen Entfaltungsmöglichkeiten auch eines latenten nationalen Antisemitismus begünstigt haben könnten, *trotz* und *innerhalb* der Diskurse zur ‚Vergangenheitsbewältigung' und ihrer Dispositive. Diese These der Studie zur Interaktionsdynamik von (durchaus widersprüchlichen) politisch-kommunikativen Prozessen, gesellschaftlichen Einstellungspotenzialen sowie verstärkten antisemitischen Mobilisierungsversuchen und –möglichkeiten im Zeitalter soziokultureller Transformation und Globalisierung soll im Folgenden qualitativ und rekonstruktiv empirisch untersucht werden.

5.3 Soziokulturelle Modernisierung, die Renaissance nationaler Identitätspolitik und das Problem des Antisemitismus: Zum Kontext der politischen Gelegenheitsstrukturen von Judenfeindschaft nach der deutschen Einheit und im Zeitalter der Globalisierung

Die demokratischen Umkehrkonsequenzen in der deutschen politischen Kultur nach 1945, die Demokratisierung des politischen Systems und seiner politisch-kulturellen Konfliktmodi sowie die Abkehr vom, wie die politisch-rechtliche Sanktionierung des, politischen Antisemitismus, sind entscheidende Faktoren, welche die politische Gelegenheitsstruktur von Antisemitismus einschneidend begrenzt und verändert haben. Diese politisch-strukturellen Veränderungen in der Nachkriegsdemokratie zeitigten langfristig auch politisch-kulturelle Veränderungen, einen Wandel von Mentalitäten, Verhaltungsmodi, Einstellungen und Normen in der Bevölkerung. Die institutionell induzierte, schließlich sukzessive wie teils diskontinuierliche gesellschaftliche Demokratisierung des öffentlichen Bewusstseins sowie die großenteils negative Sanktionierung manifest antisemitischer Aussagen in der Nachkriegsgeschichte sind wichtige, hemmende Faktoren hinsichtlich der politischen Chancen von Antisemitismus. Antisemitismus hat sich innerhalb dieses Prozesses über eine längere Periode zu einer allenfalls halböffentlichen, privaten Einstellung zurückgebildet. Nichts desto weniger zeigen die empirischen Studien der Einstellungsforschung, dass ein erhebliches Potenzial und politisch mobilisierbares Reservoir von Ethnozentrismus, Antisemitismus und Autoritarismus in der politischen Kultur nachwirkt, das offenbar auf den über lange Zeit (vielfach unbe-

---

[773] Vgl. Alphons Silbermann und Manfed Stoffers, Auschwitz: Nie davon gehört? Erinnern und Vergessen in Deutschland (Berlin: Rowohlt, 2000), S. 50.
[774] Vgl. Jürgen Habermas, Die Normalität einer Berliner Republik (Frankfurt a.M.: Suhrkamp, 1995), S. 26f.

wusst) tradierten Mustern politischer Orientierung und Sozialisation wie kollektiver Identitätsbildung fußt. Nach der Kritischen Theorie sind alle drei Dimensionen mindestens potenziell eng aneinander gekoppelt: Autoritarismus, antisemitische Projektivität, Bedürfnis nach kollektivem Narzissmus und Überhöhung eines ethnisch-nationalen Größen-Selbst.

Überdies spielt die öffentliche und politische Auseinandersetzung mit der nationalsozialistischen Vergangenheit, wie gezeigt, eine durchaus ambivalente Rolle; sie ist nicht nur möglicher ‚Filter' einer gesellschaftlichen Demokratisierung hin zu einem postnationalen Bewusstsein[775], sondern zugleich ‚Ventil' einer weit verbreiteten nationalen Erinnerungsabwehr und eines neuen, sekundären Antisemitismus nach Auschwitz. Ein nationales ‚Schlussstrichbedürfnis' sowie die Sehnsucht nach einer Normalisierung der Vergangenheit und Gegenwart im Sinne einer „normal nation"[776], die sich mindestens implizit gegen eine kritische wie ‚jüdische' Erinnerung richtet, ist in anhaltend hohem Maße gesellschaftlich relevant und populistisch politisch mobilisierbar: Dies ist ein weiterer spezifischer Aspekt der politischen Gelegenheitsstruktur für antisemitische Vorurteile in der deutschen Demokratie.

Die ‚Rückkehr' zu konventionell-nationalen Vergemeinschaftungsideen und exklusiven, ethnisch-nationalen Identitätspolitiken, die seit der deutschen Einheit verstärkt im öffentlichen Raum vertreten zu werden scheinen und im politischen Diskurs reetabliert worden sind, kann sich vor diesem Hintergrund auch als ein Medium zur Mobilisierung abgedrängter, aber auch intergenerativ keineswegs gänzlich diffundierter antisemitischer Ressentiments erweisen, die sich heute unterschiedliche neue Themenfelder und diskursive Anlässe suchen (vom ‚Nahost-Konflikt' über ‚Globalisierungskritik' bis hin zur Geschichtspolitik). Christoph Butterwegge hat darauf hingewiesen, dass seit der Vereinigung konventionelle nationale Symboliken massiv reaktiviert worden sind. Es habe seither einen (im Wort Minkenbergs) „Rechtsruck"[777], also eine politische Rechtsentwicklung gegeben, in deren Folge nationalistische Parolen spürbar an Einfluss gewannen, wenn auch von einem ‚Nationalrausch' nicht zu sprechen sei.[778]

Dabei scheint bisweilen ein markanter politisch-kultureller Ausfall selbstreflexiver Verarbeitung hervorzutreten: Nationalismus, so Butterwegge werde im politischen Diskurs gerne bei Anderen, nicht aber im eigenen Land erkannt und verortet.[779] Diese nationale Verschiebung im politischen Diskurs, die Re-Etablierung und Legitimierung nationalistischer Positionen gegen die „Westbindung", im Besonderen gegen Amerika und Israel, dürfte nicht ohne Konsequenz bleiben für die politische Gelegenheitsstruktur von Antisemitismus insgesamt, sowie im Speziellen das „demokratische Sagbare",

---

[775] Vgl. Jürgen Habermas, „Concerning the Public Use of History," New German Critique, 44, 1988, p. 45.
[776] Vgl. Jeffrey Olick, „What does it mean to normalize the past?," Social Science History 4 (1998), pp. 547 – 571, hier p. 551ff; vgl. auch Lars Rensmann, „Aufgearbeitete Vergangenheit? Zur Erforschung gegenwärtiger Dynamiken von Nationalismus und Judeophobie in Deutschland," in Siegfried Jäger und Alfred Schobert, Weiter auf unsicherem Grund: Faschismus, Rechtsextremismus, Rassismus. Kontinuitäten und Brüche (Duisburg: Duisburger Institut für Sprach- und Sozialforschung, 2000), S. 75 – 101, hier S. 78ff.
[777] Michael Minkenberg, Die neue radikale Rechte im Vergleich, a.a.O., S. 368.
[778] Vgl. Christoph Butterwegge, Rechtsextremismus, Rassismus und Gewalt, a.a.O., S. 153.
[779] Vgl. ibid, S. 152.

die Opportunität von antisemitischen Vorurteilen, die historisch und aktuell an nationalistische, aber auch an antiamerikanische und israelfeindliche Ideologeme gekoppelt sind. Nach der deutschen Einheit hat der Rechtsextremismus offensichtlich auch vor diesem Hintergrund eine enorme Renaissance erlebt. Er ist dabei zu einer ernstzunehmenden sozialen Bewegung avanciert, die sich in lokal unterscheidlichem Maße in ein politisch-kulturelles Milieu einfügt und mithin erhebliche Unterstützung in der Bevölkerung erfahren hat, wie die pogromartigen Ausschreitungen in Rostock-Lichtenhagen und Mannheim-Schönau Anfang der 1990er Jahre gezeigt haben. Neben der Eskalation von Gewaltakten gegen Einwanderer und Juden seit Beginn der 1990er Jahre haben Rechtsextreme im Kontext eines reüssierenden Nationalismus und der politischen Re-Legitimierung konventioneller nationaler Identitätsnarrative verstärkt auch antisemitischen Ideologien in der Öffentlichkeit Raum verschafft, was Ignatz Bubis von einem „Tabubruch" nach der Wende sprechen ließ.[780] Im Hinblick auf diese diagnostizierte politisch-kulturelle Veränderung scheinen, so Margret Chatwin, der dominant auf Westintegration, Anti-Antisemitismus und Post-Konventionalismus orientierte Konsens Nachkriegsdeutschlands, und damit auch die Opportunitätsgrenzen antisemitischer Vorurteile, im „patriotischen Überschwang" „nationalistischer Gefühle" zu erodieren, die „nicht mehr susschließlich von rechten Parteigängern zum Ausdruck gebracht [wurden]. [...] Die intellektuelle Variante war die Debatte um die ‚nationale Identität', verbunden mit der Forderung nach ‚deutscher Normalität', um sich von der Last der Geschichte zu befreien."[781]

Butterwegge diagnostiziert indes ebenfalls, die „eigentliche Gefahr" für die Demokratie komme nicht von den Rändern, sondern aus der ‚Mitte'.[782] Nun erscheint es mitunter fragwürdig, beide Dimensionen – die ‚Mitte' und die ‚Ränder' – derart zu bewerten und ‚gegeneinander auszuspielen'; dies kann dazu führen, den Rechtsextremismus selbst zu unterschätzen. Dennoch ist die nationale Besetzung und Renaissance konventionalisierter soziokultureller Konfliktlinien im politischen Diskurs und der politischen Semantik innerhalb der Demokratie zweifellos von herausragender Bedeutung, auch und gerade für die Ermöglichungsbedingungen und Erfolgschancen rechtsextremer Mobilisierung. Mit Nationalismus geht in Deutschland, auch und gerade nach dem Holocaust, vielfach antisemitisches Denken einher. Der Grad der Öffnung, Anpassung und Integration/Einbindung[783] oder aber Abgrenzung gegenüber nationalistischen, rechtspopulistischen, fremdenfeindlichen, antiamerikanischen oder antiisraelischen, mithin rechtsextremen und antisemitischen Tendenzen, also deren politische und

---

[780] Zitiert nach Margret Chatwin, „Die Rolle des Antisemitismus im Rechtsextremismus: Aktuelle Aspekte des Antisemitismus," in Thomas Grumke und Bernd Wagner (Hg.), Handbuch Rechtsradikalismus: Personen, Organisationen, Netzwerke vom Neonazismus bis in die Mitte der Gesellschaft (Opladen: Leske & Budrich, 2002), S. 173 – 187, S. 176.
[781] Ibid.
[782] Vgl. Christoph Butterwegge, Rechtsextremismus, Rassismus und Gewalt, a.a.O., S. 154.
[783] Vgl. Michael Minkenberg, Die neue radikale Rechte im Vergleich, a.a.O., S. 351 ff. Minkenberg diagnositziert eine sensibilisierte Gegenöffentlichkeit, betont aber die problematische Rolle eines immer noch in Deutschland vorherrschenden ethnisch-nationalistischen, weniger post-nationalen Staatsverständnisses, das diese Einbindung mit ermögliche, sowie insgesamt „die besondere ideologische Nähe zwischen etablierten Rechtsparteien und der neuen radikalen Rechten."

diskursive Opportunitätsstruktur, ist einer der zentralen Faktoren der politisch-kulturellen Gelegenheitsstruktur von Antisemitismus. Die Frage nach den konkreten politischen Diskursgrenzen, ihrer dynamischen Interaktion mit gesellschaftlichen Vorurteilen (Antisemitismus, Nationalismus, Erinnerungsabwehr) und ihrer Offenheit gegenüber rechtsextremen wie rechtspopulistischen Bestrebungen, Motiven und Inhalten soll deshalb auch im Folgenden einen Schwerpunkt der Analyse bilden.

Der Antisemitismus stellt, wie hier konzeptionalisiert, auch eine personifizierende Erklärung sozialer Veränderungen und kapitalistischer Modernisierungen dar – eine Erklärung, die Juden für sozial erfahrene und negativ perzipierte Wandlungsprozesse verantwortlich macht. Die Folgelasten von neo-liberaler Deregulierung im Kontext ökonomischer Globalisierung seit den 1990er Jahren, die den sozioökonomischen Druck auf das Individuum erhöht, sowie die fortschreitende Ökonomisierung sozialer Beziehungen wirken hierbei sicherlich nicht hemmend für autoritäre Reaktionen und antisemitische Verschwörungstheorien. Dabei ist aber nicht nur die soziale Frage im engeren oder ‚objektiven' Sinn entscheidend, die heute vielfach wieder von der extremen Rechten, aber auch von einer ‚anti-imperialistischen' radikalen Linken nationalistisch und antisemitisch beantwortet wird, sondern ihre spezifische subjektive Verarbeitung. Diese ist meist gekoppelt an eine autoritäre Abwehr soziokultureller Modernisierungen und Umbrüche insgesamt, die in jüngerer Zeit, meist sozioökonomisch induziert, den gesellschaftlichen Wandel bestimmen und beschleunigt haben (im Kontext der Globalisierung, des Post-Industrialismus, internationaler Migration, der Individualisierung und Liberalisierung von Lebensstilen, der Diffusion von Bindungen und Hybridisierung von Identitätskonstrukten). Die antisemitische, verschwörungstheoretisch personalisierende Deutung solcher Veränderungen, die einen gesellschaftlich-materialen Aspekt der Gelegenheitsstruktur von Antisemitismus darstellen, verweist auf dessen anti-modernistischen Kern. Antisemitismus übernimmt dabei, vor dem Hintergrund unterschiedlicher politisch-kultureller Reservoirs und Angebotsstrukturen, u.a. die Funktion einer globalen Erklärung dieser ‚globalisierenden' Prozesse, die autoritätsgebundene Charaktere als besonders bedrohlich empfinden, weil sie ihre eigene, vor allem am Kollektiven orientierte Identität und Stabilität massiv in Frage stellen.

Hinzu kommt schließlich die nicht unerhebliche Frage, inwieweit die Gelegenheitsstrukturen des Antisemitismus agitatorisch oder ‚populistisch' genutzt und umgesetzt werden. Nur so kann sich die politische Legitimität und Opportunität faktisch ausweiten. Mobilisierungen tradierter kollektiver Identitätskonstruktionen und judenfeindlicher Ideologien haben sich dabei, wie dargelegt, an Veränderungen der politischen Strukturen und rechtlichen Bedingungen anpassen müssen. Dies findet Ausdruck in den gezeigten Modernisierungsmustern, in modernisierten antisemitischen Codes und Denkformen. Dieser Modernisierungsprozess judenfeindlicher Agitation, der auch neue Formen der Rationalisierung antijüdischer Klischees zeitigt, ist freilich nicht nur als bewusste Strategie zu verstehen. Gerade innerhalb einer Linken mit emanzipatorischem Anspruch haben sich antisemitische Ideologeme in Teilen reproduzieren können, dies aber wesentlich auf Grundlage einer unbewussten Tradierung nationaler kultureller Ressentiments und der subjektiven Überzeugung, nicht antisemitisch zu sein. Seit 1990 haben sich die politisch-diskursiven Rahmenbedingungen für den Grad der ‚Offenheit' und ‚Chiffrierung' von Vorurteilen in Teilen wiederum modifiziert, was im Folgenden im Einzelnen zu untersuchen und zu bewerten ist.

6. Politischer Antisemitismus der extremen Rechten und in der radikalen Linken: Parteien, Akteure, Ideologien, Politikfelder und Mobilisierungen

Politische Angebotsstrukturen in Formen antisemitischer Agitation und ihre Muster werden nun anhand des seit 1990 wieder an Bedeutung gewinnenden ‚neuen Rechtsextremismus', der ‚Neuen Rechten' und eines antiimperialistisch orientierten Linksradikalismus/‚Antizionismus' untersucht. Was für antisemitische Angebote gibt es in der Gegenwart, die das vorhandene gesellschaftliche Potenzial in der politischen Kultur aufgreifen und verstärken, und wie interagieren sie mit den veränderten politischen, diskursiven und soziokulturellen Bedingungen nach 1990? Wie reagieren das demokratische politische System und die politische Kultur auf entsprechende Mobilisierungsversuche und Ideologeme?

6.1 Rechtsextremer Antisemitismus: NS-Apologie, Weltverschwörungstheorien und politischer Antisemitismus als konstitutive Ideologien der extremen Rechten

Rechtsextreme stellen kollektive Staats- und „Volks-Rechte" grundsätzlich über die Grund- und Menschenrechte. Rechtsextreme Orientierungen sind autoritär und antidemokratisch und richten sich im Besonderen gegen den Gleichheitsgrundsatz des Grundgesetzes und demokratischer Verfassungen, also gegen den zentralen freiheitlich-demokratischen Grundwert, dass alle Menschen gleichberechtigt und gleichwertig sind. Der Rechtsextremismus besteht dagegen seinem Gehalt nach auf willkürlichen, rassistisch, völkisch-antisemitisch und autoritär begründeten Überordnungs- und Unterordnungsverhältnissen. Die ideologischen und organisatorischen (wie parteiförmigen) Ausprägungen des Rechtsextremismus reichen heute von offen gewaltbereiten neonazistischen Gruppen und einer sie unterstützenden Szene über einen informellen ‚Rechtsextremismus neuen Typs', der auf lokalen Mileus jugendlicher wie ethnozentrischer ‚Sub- und Dominanzkulturen' (insbesondere in Ostdeutschland) beruht, bis zu ‚etablierten', ‚gemäßigt' rechtsradikalen Parteien wie den „Republikanern", die zuletzt über zehn Jahre als gefestigte Milieupartei im baden-württembergischen Landtag saßen und 2001 den Wiedereinzug nur knapp verpassten.[784]

Für die extreme Rechte in Deutschland „als zugleich soziales und politisches Massenphänomen"[785] ist der Antisemitismus seit je ein zentrales Elixier und ein wesentli-

---

[784] Allerdings sind die REPs bei dieser letzten Landtagswahl 2001 mit 4,4% deutlich eingebrochen im Verhältnis zu den vergangenen Ergebnissen (1992: 10, 9%; 1996: 9,1%).
[785] Richard Stöss, Die extreme Rechte in der Bundesrepublik: Entwicklung, Ursachen, Gegenmaßnahmen (Wiesbaden: Westdeutscher Verlag, 1989), S. 230.

cher Bestandteil ihres ideologischen Weltbildes.[786] Rechtsextremistische Ideologie basiert wesentlich auf antisemitisch besetzten Verschwörungstheorien, die hinter den Prozessen der sozialen Welt ein „Weltjudentum" konstruieren, das in den USA und Israel heute seine Machtzentren habe und nach Weltherrschaft strebe. Soziokulturelle Modernisierung, Einwanderung und Globalisierung erscheinen dann wie das ‚internationale Finanzkapital' oder ‚multinationale Konzerne' als Mittel „der Juden" zur Zerstörung der Völker und insbesondere Deutschlands, das zugleich durch eine vom Zentralrat der Juden diktierte Erinnerung an den Holocaust niedergehalten werde.[787] Dabei wird alles und jedes verknüpft und personifiziert zum verschwörerischen Wirken einer „jüdischen Lobby": Hinter allem werden Machinationen eines „Weltjudentums" (auch codiert dargestellt als „amerikanische Ostküste" oder „Zionisten") gewähnt: hinter „Fremdherrschaft", „Besatzung", Geheimdiensten ebenso wie hinter sich antagonistisch gegenüberstehenden modernen Erscheinungsformen wie Kapitalismus, Demokratie (insbesondere personifiziert in einer amerikanischen „Plutokratie") und Kommunismus. Hierbei haben sich in jüngerer Zeit vor allem der Nahost-Konflikt und die neueren Debatten zur ‚Vergangenheitsbewältigung' als politische Mobilisierungsfelder erwiesen.

Waren indes im Zuge der deutschen Einheit und in den ersten Jahren nach 1990 nationalistische, geschichtsklitternde und rassistische Propaganda gegen „Asylanten" und „Ausländerfluten" zunächst noch überwiegend politisch tonangebende Mobilisierungsthemen, so hat mit einer nationalistischen Besetzung der „sozialen Frage" spätestens seit Mitte der 1990er Jahre ein geradezu ‚klassischer' moderner Antisemitismus als soziale Paranoia bzw. Weltverschwörungstheorie zunehmend reüssiert. Dieser blieb innerhalb der rechtsextremen Parteienlandschaft (mit Ausnahme der NPD) und aufgrund des Volksverhetzungsparagraphen zunächst meist geringfügig chiffriert. Dies hat sich in den letzten Jahren, im Besonderen seit Ende der 1990er und im Zuge der öffentlichen Konflikte zum Antisemitismus sowie der öffentlichen Zuspitzung der Globalisierungsthematik, der Eskalation des Nahost-Konfliktes und der Terroranschläge gegen die USA entscheidend gewandelt. Der Antisemitismus der extremen Rechten ist seither noch deutlich offener und entcodierter geworden, obgleich in den verschiedenen Parteien und Organisationen in unterschiedlichem Maße.

Insbesondere neo-nationalsozialistische, völkische Agitatoren wie Horst Mahler und Reinhold Oberlercher sehen Juden im NS-Jargon als „Anti-Nation", die Drahtzieher und Nutznießer der modernen Welt sei. Den Antisemiten erscheinen die Moderne und die westlichen Werte als „jüdisches Prinzip", das besonders Ausdruck fände in einer „amerikanisierten Welt, die zugleich eine judaisierte Welt" sei.[788] In dieser Formulierung zeigen sich neben dem anti-modernen, verschwörungstheoretisch-paranoiden Gehalt und der Demokratiefeindschaft auch die ideologiehistorischen wie strukturellen

---

[786] Vgl. auch Bundesamt für Verfassungsschutz, Die Bedeutung des Antisemitismus im aktuellen deutschen Rechtsextremismus, a.a.O., S. 1.
[787] Vgl. ibid.
[788] So Horst Mahler, Brief an Michel Friedman (2000), zitiert nach Bundesamt für Verfassungsschutz, Die Bedeutung des Antisemitismus im aktuellen deutschen Rechtsextremismus, a.a.O., S. 6. Mahler spricht auch von der „judäo-amerkanischen Weltherrschaft".

Zusammenhänge von Antisemitismus und Antiamerikanismus, welche unterschiedliche Ideologien darstellen, aber auch miteinander verbunden sind. Im rechtsextremistischen Diskurs „werden Antisemitismus und Antiamerikanismus eng verwoben, oft auch synonym gebraucht."[789] Schon vor dem ersten Weltkrieg bildeten Liberalismus, Amerika und Judentum die Matrix eines verachteten antinomischen Gegenbildes in der völkischen Ideologie. So schrieb der völkische Autor Otto Ladensdorf bereits 1906: „Heute kann man schon in gewissem Sinne den Juden als den Vertreter des Amerikanismus bei uns bezeichnen. Verjudung heißt eigentlich Amerikanisierung."[790] Mit der deutschen Niederlage 1945 und dem Hass auf die alliierten „Besatzer" hat diese Verbindung ein weiteres ideologisch-affektives Motiv gefunden.

Während Rechtsextreme ihren Hass auf Juden immer offener verkünden, proklamieren sie zugleich, dass Antisemitismus nur ein imaginärer Vorwurf sei, den Juden gegen Deutschland erhöben, um das deutsche Volk zu erpressen. Typisch für dieses Ideologem jüdischer Macht und diese Diskursstrategie ist die ideologische Figur, in Deutschland sei Kritik an Juden und an Israel verboten[791], die jüngst auch verstärkt in etablierten Parteien und demokratischen Medien Nachhall findet, obschon doch Israel zugleich in der politischen Öffentlichkeit massiv und in vielfach stereotyper Weise angegriffen wird.

6.1.1 Zur Bedeutung und Funktion des Antisemitismus in rechtsextremen Parteien

Mit dem Problem des nationalsozialistischen Erbes, als präzedenzlos terroristischer Form des Rechtsextremismus, ist zugleich die spezifische Nachkriegskonstellation der extremen Rechten in der Bundesrepublik umrissen. Die Rechtsextremen hatten sich nicht vom NS ‚befreien' können. Angesichts der totalen politisch-militärischen Niederlage des NS-Staates und der neuen machtpolitischen Situation oszillierte der Rechtsextremismus fortan zwischen NS-Apologie und opportunistischer Anpassung an die neuen demokratischen Verhältnisse. Ein Verständnis des Rechtsextremismus und des rechtsextremen Antisemitismus in der Bundesrepublik erschließt sich auch insofern nicht ohne den spezifischen politisch-kulturellen und sozialen Kontext, in dem er sich bewegt.

Die tendenziell apologetische, den Holocaust leugnende oder bagatellisierende Beschäftigung mit der deutschen Vergangenheit, die Fixierung auf die objektiv verbreche-

---

[789] Bundesamt für Verfassungsschutz, Die Bedeutung des Antisemitismus im aktuellen deutschen Rechtsextremismus, a.a.O., S. 13. Die USA erscheinen, im Kontrast zu Deutschland und Europa, den Rechtsextremen „aber auch aus anderen Gründen als Antipode ihrer Politikvorstellung: Die USA als Nation, die völkischer Zuordnung erfolgreich widersteht, werden von Rechtsextremisten diffamiert als ein ‚geschichtsloses Gebilde', ihr Kern bestehe aus ‚Entwurzelten (Asozialen) Westeuropas'. Die ‚Insassen' der USA seien kein Volk, sondern eine ‚Anhäufung von Individuen'." Das Bundesamt zitiert hierbei aus einem Artikel des Antisemiten Reinhold Oberlercher, Der Untergang des judäo-amerikanischen Imperiums, Sleipnir Nr. 36.
[790] Zitiert nach Thomas von der Osten-Sacken, „Aggressiver Antisemitismus," a.a.O., S. 23.
[791] Vgl. Bundesamt für Verfassungsschutz, Die Bedeutung des Antisemitismus im aktuellen deutschen Rechtsextremismus, a.a.O., S. 21.

rischen „Heldentaten von Wehrmacht und SS" und das Kollektiv der Deutschen als Opfer des Krieges, sowie als Opfer der (amerikanischen und sowjetischen) Alliierten und der Juden: diese Ideologeme eröffneten den Rechtsextremen in der Geschichte der Bundesrepublik Möglichkeiten und Themen der Mobilisierung, und genau diese Themen setzten ihnen zugleich über weite Strecken Grenzen. Die politisch unausweichliche Orientierung auf das nationalsozialistische Erbe konnte Unterstützung finden bei denjenigen, die demokratische Re-education ablehnten und das nationale Wir-Kollektiv in Anknüpfung an nationalsozialistische Ideologeme in eine Opferrolle der Geschichte hinein imaginierten. In ihrer radikalen Variante wurde diese Ideologie öffentlich nur von Rechtsextremen vertreten: Sie konnte aber durchaus auf weit verbreitete, nationalistisch identifizierte Stimmungen und Vorstellungen zielen. Andererseits behinderte gerade jenes insgesamt doch niederschmetternde Erbe eines zerstörten Landes rechtsextreme Mobilisierungschancen, taxierte der apologetische Vergangenheitsbezug mit einer „noch nicht verblaßte[n] Erinnerung an den Krieg" (Adorno) die begrenzte politische Reichweite solcher Mobilisierung gegen den Mainstream der (auch ökonomisch erfolgreichen) Westintegration. Hinzu kamen die systemischen, politisch-strukturellen Barrieren für rechtsextreme Propaganda in beiden Nachkriegsrepubliken. Diese Grenzen führten zu einer Abdrängung antisemitischer Propaganda aus dem politischen Raum in ein eher subkulturelles Milieu. Dies führte auch erzwungener Maßen langfristig zu einer gewissen Mäßigung, Adaption und ideologische Codierung bei denjenigen Parteien, die am politischen Leben noch oder wieder teilhaben wollten, sowie zu ideologischen Modifikationen, mitunter sogar scharfen Abgrenzungen gegenüber dem NS-Staat und seinem Vernichtungsantisemitismus (und es kam statt dessen vermehrt zur ‚bloßen' Identifikation mit dem „einfachen deutschen Landser" oder „SSler"). All diese politischen Strategien konnten jedoch die weitreichende organisatorische Zersplitterung der rechtsextremen Szene, Parteien und Organisationen über lange Zeit der alten Bundesrepublik nicht abwenden.

Dennoch gab es drei mehr oder minder erfolgreiche „Wellen" oder „Schübe" des organisierten Rechtsextremismus und damit des rechtsextremen Antisemitismus bereits in der bundesrepublikanischen Nachkriegsgeschichte.[792] Jene reichten von den frühen Erfolgen der SRP um Ernst Otto Remer (einst Mitglied der „Leibstandarte Adolf Hitler") mit ihrer erfolgreichen Agitation „gegen Sieger und Siegerjustiz" über die relativen Wahlerfolge der antisemitisch orientierten NPD in den 1960er Jahren nach vorangegangenen Jahren der politischen Zurückdrängung des organisierten Rechtsextremismus bis zu den völkischen, neo-nazistischen Sammlungsbewegungen und rechtsextremen Neugründungen der 1980er Jahre.[793]

In einem auf diesen dritten Schub aufbauenden *vierten Schub* nach der deutschen Einheit 1990 etablierte sich schließlich eine für die Nachkriegsgeschichte einmalig starke rechtsextreme Organisierung, die von einer rechtsextremen ‚sozialen Bewegung' profitierte. In ihr und in ihren verfassten und parteiförmigen Verbindungs- und Kristallisationspunkten ist nunmehr ein politisch wiedererstarkter, neuer und manifester politi-

---

[792] Vgl. Hajo Funke, Paranoia und Politik, a.a.O., S. 131–164.
[793] Vgl. ibid.

scher Antisemitismus beheimatet, der mittlerweile wieder als ein zentrales, wenn nicht als *das* entscheidende Bindeglied heutiger rechtsextremer Politik und Weltanschauung in Ost und West fungiert. Im organisierten Rechtsextremismus entfaltet der Antisemitismus derzeit fast ungebrochen seine moderne Psychodynamik, den Wahn eines „jüdisch-bolschewistischen Untermenschentums". Man bedient sich dabei immer weniger, wie vormals aus rechtlichen und politisch-strategischen Gründen der Zurückhaltung, latenter Formen bzw. Codierungen und „Modernisierungen"[794], sondern man rekurriert verstärkt auf einen offenen politischen Antisemitismus mit Juden als kollektiv fokussierter Zielscheibe politischer Mobilisierung.

6.1.1.1 Agitation gegen „jüdische Weltverschwörung und Globalisierung": Die Renaissance des offenen politischen Antisemitismus in der heutigen NPD

Die 1964 als rechtsextremes Sammelbecken gegründete „Nationaldemokratische Partei Deutschlands" (NPD) avancierte nach dem Verbot der neo-nazistischen Sozialistischen Reichspartei (SRP) im Jahre 1952[795] und nach dem Scheitern der Deutschen Reichs-Partei (DRP)[796] Anfang der 1960er Jahre zur neuen Sammlungspartei für die extreme Rechte. Die NPD ist somit heute die älteste existierende Partei des Rechtsextremismus. Ende der 1960er feierte sie einige kurzfristige Erfolge; sie zog mit bis zu 9,8% in sieben Landesparlamente[797] ein und erzielte bei der Bundestagswahl 1969 immerhin 4,3%.[798] Von ihrem darauf folgenden Niedergang hat sie sich lange nicht erholt. Ihr langjähriger Vorsitzender Günter Deckert, ein auf Holocaustleugnung fixierter ‚Ewiggestriger', wurde wegen Volksverhetzung (mit einer skandalös sympathisierenden Begründung durch das Mannheimer Landgericht) zwischenzeitlich zu einer Gefängnisstrafe verurteilt. Die NPD, die Ende der 1960er Jahre fast 30.000 Mitglieder hatte, hat heute nur noch knapp 6.000 Mitglieder.[799] Monatlich erscheint das NPD-Organ „Deutsche Stimme" mit einer Auflage von 10.000 Exemplaren.[800] Dennoch ist ihre politisch-ideologische Rolle als radikale Avantgarde des Rechtsextremismus und insbesondere des Antisemitismus heute nicht zu unterschätzen.

---

[794] Vgl. zumAntisemitismus im deutschen Rechtsextremismus im Überblick Juliane Wetzel, „Antisemitismus als Element rechtsextremer Propaganda," in Wolfgang Benz (Hg.): Antisemitismus in Deutschland, a.a.O., S. 101 – 120.
[795] Die SRP wurde 1952 vom Bundesverfassungsgericht als verfassungsfeindliche Partei verboten, die auf die Wiederbelebung des Nazismus aus ist. Zuvor hatte die SRP in Landtagswahlen bis zu 11 % der Wählerstimmen erhalten. Vgl. ausführlich Hajo Funke, Paranoia und Politik, a.a.O., S. 135ff.
[796] Vgl. ibid, S. 159.
[797] Vgl. ibid.
[798] Vgl. ibid, S. 84.
[799] Richard Stöss, Rechtsextremismus im vereinten Deutschland, a.a.O., S. 56.
[800] Vgl. Bundesminister des Innern, Verfassungsschutzbericht 1999 (Berlin: BMI, 2000).

6.1.1.1.1 Volksgemeinschaftsideologie und Antisemitismus als politische Programmatik einer rechtsextremen Bewegungspartei

Nach einigen Aufstiegen und Niedergängen reüssierte die NPD in den 1990er Jahren. Sie entwickelte sich unter dem neuen, offen völkisch orientierten Vorsitzenden Udo Voigt seit 1996 zunehmend zu einer „neonationalsozialistischen Bewegungspartei".[801] Sie fungiert seit her u.a. als Sammlungspartei für militante Neonazis, die nach den Verbotswellen von 1993/94 organisatorisch zwischenzeitlich in die Defensive geraten waren. Heute zieht die NPD mit einem Drei-Säulen-Konzept in den Kampf: „Kampf um die Köpfe", „Kampf um die Parlamente" und „Kampf um die Strasse" heißen die Parolen, unter denen sich die NPD im konkurrierenden Geflecht der Gruppen der extremen respektive neo-nazistischen Rechten sortieren und analysieren läßt. Der „Kampf um die Strasse", der das von gewaltbereiten Skinheads und jungen Neo-Nationalsozialisten in der NPD geprägte militante Konzept von „national befreiten Zonen" aufgreift (gedacht als rechts- und staatsfreie Räume, in denen die Rechtsextremisten „sanktionsfähig" seien wollen), beinhaltet die „Option Terror."[802] Zur Gewaltanwendung sagt der Vorsitzende Voigt, dass „Übergriffe auf Fremde [...] die etablierten Parteien zu verantworten haben", die „damit rechnen müssen, dass sich irgendwann ein Widerstandswille im Volk kundtut. Das ist aber eine ganz normale völkische Reaktion."[803] Entsprechend wird die enge Kooperation gesucht mit der Neo-Nazi-Szene, den so genannten „freien Kameradschaften" und ihren lokalen Milieus, sowie zu rechtsterroristischen Ansätzen einer offen militanten und teils klandestin und mit Waffen und Bomben operierenden Szene (wie den mittlerweile verbotenen „Skinheads Sächsische Schweiz"). Besonders radikal gaben sich die „Jungen Nationaldemokraten" unter ihrem Vorsitzenden Andreas Storr, der für eine „nationalrevolutionäre Wende" sowohl der JN, als auch der NPD mitverantwortlich ist.[804] „Nationalrevolutionäre", d.h. national(istisch)-sozialistische Ausrichtungen der NPD reichen indes bis in die frühen 1970er Jahre zurück, als die NPD zudem auch organisatorisch bereits offen terroristische Ansätze erkenn ließ. Wie die militante „Aktion Neue Rechte" positionierte man sich schon hier antikapitalistisch, sozialistisch wie antikommunistisch und zugleich völkisch auf Seiten „nationaler Befreiungsbewegungen" wie der IRA in Nordirland: „Gegen kapitalistische Ausbeutung und kommunistischen Klassenkampf", so verbreitete die NPD schon in einem Flugblatt 1973, helfe „nur die nationale Rechte, die sich für das ganze Volk, nicht aber für Bonzen und Parasiten einsetzt."[805]

---

[801] Hajo Funke, Paranoia und Politik, a.a.O., S. 84.
[802] Vgl. Alfred Schobert, „Option Terror: Die NPD im Organisationsgeflecht der extremen Rechten seit der deutschen Einigung," in Sozialistische Jugend Deutschlands/Die Falken (Hg.), Gemeinsam gegen rechts (Bonn: SJD, 2001), S. 65 – 68, hier S. 65; vgl. auch Anton Maegerle, „Rechtsextremistische Gewalt und Terror," in Thomas Grumke und Bernd Wagner (Hg.), Handbuch Rechtsradikalismus: Personen, Organisationen, Netzwerke vom Neonazismus bis in die Mitte der Gesellschaft (Opladen: Leske & Budrich, 2002), S. 159 – 172.
[803] Zitiert nach Die tageszeitung, 3. August 2000, S. 1.
[804] Vgl. Hajo Funke, Paranoia und Politik, a.a.O., S. 98.
[805] NPD-Flugblatt, zitiert nach Arbeiterkampf (Hg.), Droht ein neuer Faschismus? (Hamburg: Verlag J. Reents, 1976).

Die NPD fordert heute offen das Ende der liberalen parlamentarischen Demokratie wie der Grund- und Menschenrechte und kämpft für eine „neue Ordnung" auf Basis „der Volksgemeinschaft"; bei der Verwirklichung sollen „die Gesetze der Machtergreifung" beachtet werden. Die „höchste Form der Volksgemeinschaft" sei ein „nationaler Sozialismus", der aufs engste mit dem politischen Antisemitismus verknüpft ist. Der „völkische Idealismus" (Horkheimer/Adorno), demzufolge das Individuum nichts zählt gegenüber dem Ziel des „Überlebens" der mythisch-rassistisch konstruierten „Nation", richtet sich insbesondere gegen die als „jüdische Ideologien" dennunzierten Ideologien des „Marxismus und Liberalismus", die vermeintlich die „Gemeinschaft" zersetzen. Neben der zunehmenden „nationalrevolutionären" und antisemitischen Orientierung auf die „soziale Frage" und den positiven Bezügen auf den Nationalsozialismus ist auch die Holocaust-Leugnung, einer der Schwerpunkte der Partei noch unter Günter Deckert, weniger exponiert, aber weiterhin ein wichtiger Bestandteil der rechtsextremen Strömungspartei. Dies drückt sich aus in heute gängigen Demonstrations-Parolen wie „Deutsche lasst Euch nicht verarschen – Holocaust? Ha, ha, ha."

Der konstitutive politische Autoritarismus und der völkische Nationalismus gipfeln bei der heutigen NPD dergestalt nicht nur in autoritären, neo-nationalsozialistischen Staatsphantasien mit dem Ziel der Wiederherstellung oder „Neuvereinigung" des „Deutschen Reiches" als „Viertes Reich" oder als „Wiedergeburt des Dritten Reiches" einschließlich der „Ostgebiete"[806]. Man bezieht sich auch ganz offen auf den „Kampf gegen das Judentum" auf Grundlage einer, so Udo Voigt, „intakten Volksgemeinschaft"[807] respektive, so Wolfgang Frenz, „Rassengemeinschaft".[808] Der unverhüllt neo-nationalsozialistische Charakter der NPD, der auch dem vor dem Bundesverfassungsgericht vorgelegten (und aufgrund zahlreicher V-Mann-Skandale im März 2003 gescheiterten[809]) Verbotsantrag durch Bundesregierung und Bundestag Anlass und Begründung war, ergibt sich laut Hajo Funke ideologisch wie praktisch somit aus ihrem antisemitischen, „völkisch-rassistischen Nationalismus, ihrer Reichsideologie und ihrer aggressiven, nationalrevolutionären Strategie und Taktik, wie sie sich auch im Konzept der ‚national befreiten Zonen' niederschlägt."[810]

Die in der NPD großenteils vorherrschende, selbstdynamisierende politische Psychologie der sozialen Paranoia lässt deren Akteure freilich in Teilen nur noch bedingt zu politisch-strategischem Handeln in der Lage, obschon auch fortwährend ideologisch-diskursive Anknüpfungspunkte zu potenziellen *mainstream*-Ressentiments gesucht werden (von Affekten gegen Israel über den Anti-Globalisierungsdiskurs bis zur Erinnerungs- und Verantwortungsabwehr sowie zum Antiamerikanismus und zur Anti-Kriegs-Haltung). Die Realität geht indes teils ganz im antisemitischen Wahnsystem auf. Entsprechend antisemitisch-nationalsozialistisch, im Sinne der Ideologie des „Rassenkriegs" zwischen Judentum und Germanentum von Alfred Rosenberg, ist die in der

---

[806] Vgl. Hajo Funke, Paranoia und Politik, a.a.O., S. 88.
[807] Zitiert nach ibid, S. 85.
[808] Zitiert nach ibid, S. 86.
[809] Vgl. Helmut Kerscher, „NPD-Verbotsverfahren in Karlsruhe gescheitert," Süddeutsche Zeitung, 19. März 2003, S. 1.
[810] Ibid, S. 85.

NPD vorherrschende politisch-paranoide Deutung des Zweiten Weltkriegs: „So war nach Verständnis vieler Juden der letzte Weltkrieg ein Religions- und Rassenkrieg. Es ging darum, die arisch-nordische Rasse zu vernichten, die noch über die Kraft verfügte, sich gegen eine Weltherrschaft der Juden zu wehren. Andere Völker ließ man weiterleben, wenn sie sich der jüdischen Heilswelt beugten." Noch Auschwitz erscheint hier im politisch-paranoiden Wahn als „Machtergreifung durch das vernetzte Judentum."[811]

Juden wird in der NPD-Zeitung *Deutsche Stimme* unterstellt, sie planten heute die „Liquidierung des deutschen Volkes" mittels der „Menschenrechte" und der „Durchrassung" des „deutschen Restvolkes."[812] Hierin drückt sich auch der Hass der politischen Akteure der NPD auf die Menschenrechte und die Demokratie aus, die im NS-Jargon als „Plutokratie" verhöhnt wird. Auch der Antisemitismus der NPD bezieht sich insofern, so Hajo Funke, „auf die nationalsozialistische Ideologie und verbindet sich mit einem sekundären Antisemitismus der Abwehr der Erinnerung an die NS-Verbrechen. Im Rahmen einer entwickelten politischen Paranoia wird unterstellt, dass eine vermeintliche jüdische Weltverschwörung die deutsche Rasse tödlich gefährde und bedrohe."[813] Geradezu idealtypisch finden im politischen Programm und in der politischen Praxis der NPD wie ihrer militanten Jugendorganisation JN somit deutschnationaler Größenwahn und antisemitisch-rassistischer Verfolgungswahn (politische Paranoia) konstitutiv zueinander.

In den 1990er Jahren hat sich die NPD in der Zeit nach Günter Deckert zunehmend als Bewegungspartei und –katalysator eines neuen, informellen Rechtsextremismus, der sich nach der deutschen Einheit entwickelt hat, profiliert. Politisch-ideologisch hat sie sich dabei mehr und mehr erneut an einer auf die Jugendbewegung zielenden und von ihr getragenen „nationalrevolutionär-antikapitalistischen" Position ausgerichtet, die im Wesen – strukturell und konkret – antisemitisch ist. Wie Steffen Kailitz anführt, richtet sich das NPD-Parteiporgamm heute längst unter dem Programmpunkt „raumorientierte Volkswirtschaft" explizit gegen „die kapitalistische Wirtschaftsordnung" und gegen die „Globalisierung der Wirtschaft"[814]. Die Probleme der kapitalistischen Ökonomie erscheinen hierbei als Problem der Abstraktion und des Individualismus, letztlich als „jüdisches Problem". Das ökonomische Leitbild der NPD/JN ist im Sinne dieses antisemitisch verkuürzten Antikapitalismus der selbständige Mittelstandsunternehmer, ein „gesunder Kapitalismus" basierend auf regionalen Strukturen und Gemeinschaften, „den ländlichen Gebieten, [...] wo Deutschland seinen deutschen Charakter noch weitgehend bewahren konnte", ohne multinationale Konzerne, Globalisierung und Klassenkampf.[815] Die „weitgehend zerstörten regionalen Wirtschaftsfor-

---

811 Wolfgang Frenz, zitiert nach ibid, S. 88.
812 Deutsche Stimme 1(1999).
813 Hajo Funke, Paranoia und Politik, a.a.O., S. 87.
814 Zitiert nach Steffen Kailitz, „Alles, was rechts ist," Süddeutsche Zeitung, 9. Dezember 2002, S. 11.
815 Vgl. Thesenpapiere der Jungen Nationaldemokraten, Februar 1991, insbesondere die „Thesen für eine neue Wirschafts- und Sozialordnung". Vgl. hierzu auch Ralf Ptak, „Die soziale Frage als Politikfeld der extremen Rechten: Zwischen marktwirtschaftlichen Grundsätzen, vormodernem Antikapitalismus und Sozialismus-Demagogie," in Jens Meckelnburg (Hg.), Braune Gefahr: DVU, NPD, REP (Berlin: Elefanten Press, 1999).

men waren immer eine optimale Anpassung an die räumlichen Gegebenheiten und stellten ein in sich stabiles System der Selbstversorgung dar." NPD und JN suggerieren somit das Angebot eines „dritten Wegs", der auf kleinbürgerlicher Mittelstandsökonomie und regionaler Subsistenzwirtschaft basieren soll, gegen die ‚jüdischen Wirtschaftsprinzipien' eines „marxistischen Staatskapitalismus" und „liberalistischen Privatkapitalismus", wobei die NPD/JN dergestalt auch linksalternative Vorstellungen von konkreten Gemeinschaften, ökologisch ‚gesunder' autarker Subsistenzproduktion und Regionalismus aufgreifen.

Auch das wenig konsistente, konkretistische und regionalistisch-nationalistische Konzept „wirtschaftlicher Autarkie", das sowohl auf Ideen einer Zurück-zur-Natur-Subsistenzwirtschaft beruht als auch eine Wirtschaftsordnung imaginiert, „die auf dem Marktmechanismus beruht", aber ohne „das Streben nach höchstmöglichem Profit" zielt und diffuse links-ökologische Vorstellungswelten inkorporiert, ist antisemitisch strukturiert und wird entsprechend personalisiert. Das nationalistische und regionalistische Wirtschaftsideal, das die vermeintlich ‚jüdische' Sphäre der Vermittlung, der Abstraktion und des ‚Zinses', ja die moderne Gesellschaft schlechthin verachtet, gibt sich betont ökologisch und naturverbunden: „Mit der ökologischen Katastrophe wird sich die soziale Frage und damit auch die Frage nach einer neuen Wirtschaftsordnung zwangsläufig stellen." Entsprechend offensiv fordert der NPD-Vorsitzende, wie auch manche Linksalternative, die „Überwindung der kapitalistischen Zinswirtschaft."[816]

In den wirtschaftspolitischen Vorstellungen tritt ein biologistisch fetischisiertes Weltbild hervor, das sich „gegen den Materialismus" und „Mammonismus" am völkischen Ideal einer konkreten, „natürlichen Gemeinschaft" respektive einer „Volksgemeinschaft" orientiert. Diese sei von abstrakten, anonymen (und doch durch die Antisemiten als Juden ‚erspähten' und somit personifizierten) Mächten untergraben, was zu einem „Überlebenskampf des Volkes" führe. Der Hass richtet sich auf das fetischisierte und personifizierte „Unnatürliche", das Abstrakte, die Zirkulationssphäre, das „multinationale Kapital", die „Spekulation", das „Profitstreben". Im Ideal des mittelständischen Unternehmers, seiner „Selbstverantwortlichkeit" und der ‚deutschen Marktwirtschaft' feiert die antisemitische Dichotomie vom für die Volksgemeinschaft „schaffenden deutschen Unternehmer", der dem „raffenden (jüdischen) Kapitalisten" (und dem „raffenden Arbeitslosen/Arbeitsscheuen") der Banken und mutinationalen bzw. globalen Konzerne gegenübersteht, Urständ. So werde es „in der Volksgemeinschaft [...] immer eine soziale Differenzierung geben, weil diese der Ausdruck der Verschiedenheit der Menschen ist." Der wahre deutsche, schaffende Unternehmer gehorcht diesem autoritären Idealismus zufolge in einer auf der Volksgemeinschaft basierenden sozialen Ordnung verantwortungsbewusst dem NS-Slogan „Gemeinnutz statt Eigennutz". In der dürftig modernisierten Rhetorik der JN heißt dies: die „Volksgemeinschaft" baue auf „den Einsatz des Einzelnen für das Ganze"; das Handeln des Einzelnen müsse sich „immer vorrangig am Gemeinwohl und nicht nur an individuellen Interessen orientie-

---

[816] Rede von Udo Voigt am 1. Mai 1998 in Leipzig (Deutsche Stimme Extra Nr. 5, Mai 1998); zitiert nach Bundesamt für Verfassungsschutz, Die Bedeutung des Antisemitismus im aktuellen deutschen Rechtsextremismus, a.a.O., S. 18.

ren", dergestalt werde in der „neuen sozialen Ordnung", die untrennbar mit der nationalen Frage verbunden sei, das „soziale Konkurrenzverhalten des kapitalistischen Wirtschaftssystems endgültig überwunden."[817] Der JN-Vorsitzende Sascha Roßmüller affirmiert retrospektiv entsprechend den Kampf der Waffen-SS als einen Kampf gegen den aus Amerika drohenden „jüdischen Großkapitalismus"[818]. Zur modernisierten Mittelstands- und Ökologierhetorik wie der Idee eines dezentralisiert-regionalistischen Wirtschaftens der nationalrevolutionären NPD gesellt sich so partiell eine taktische Kritik am ‚bloß rückwärtsgewandten' Lager der ‚traditionellen Nationalsozialisten' und an deren „zentralistischen Staatsvorstellungen"; als „nationalrevolutionär" verstanden sich freilich auch die Nationalsozialisten selbst.

Die „antikapitalistische soziale Gerechtigkeitsrhetorik" der NPD ist nach Funke „eine völkische Version deutscher Mittelstandsförderung, verbunden mit einer ökonomisch zerstörerischen Autarkieorientierung, der Abwehr von Klassenkonflikten und Gewerkschaften. Sie tritt für Zwangsmaßnahmen gegenüber Arbeitern und Arbeitslosen im autoritär-solidarischen Volksstaat ein."[819] Das Pendant dieser Gerechtigkeitsrhetorik ist das Ziel einer ‚Befreiung' der deutschen Wirtschaft von „multinationalen Konzernen", der „Börse", dem „zirkulativen" Kapital, personifiziert in „den Juden", schließlich die ‚Befreiung' der Wirtschaft vom „parasitären Judentum", vom „Weltjudentum".

6.1.1.1.2 Der neo-nationalsozialistische Antisemitismus des NPD-Vordenkers Horst Mahler

Als „Chefideologe" und selbsternannter „Erleuchter" der Partei, vor allem aber als antisemitisch mobilisierender und fokussierter Akteur hat sich in den letzten Jahre der Rechtsanwalt und ehemalige RAF-Linksterrorist Horst Mahler profiliert[820], gegen den mittlerweile mehrfach wegen des Verdachts auf Volksverhetzung ermittelt worden ist. Mahler, ein Bewunderer Ernst Noltes und Sohn überzeugter Nazis[821], weist den Antisemitismus in einer ansonsten wechselvollen politischen Karriere als ideologischpsychologische Konstante auf, die von seiner Zeit in der antizionistischen und antiimperialistischen RAF bis zur NPD reicht.[822] Mahler war bis Ende der 1990er Jahre auch

---

817 Alle vorangegangenen Zitate: Thesenpapiere der Jungen Nationaldemokraten 1991, a.a.O.
818 Sascha Rossmüller, Rede beim 4. Europakongress der JN, 18. Oktober 1997 in Furth i.W.; zitiert nach Bundesamt für Verfassungsschutz, Die Bedeutung des Antisemitismus im aktuellen deutschen Rechtsextremismus, a.a.O., S. 13.
819 Hajo Funke, Paranoia und Politik, a.a.O., S. 99.
820 Vgl. ibid, S. 120ff.
821 Vgl. Jaques Schuster, „Horst Mahler – der einstige Terrorist ist sich treu geblieben," in: Die Welt, 31. Juli 1999, S. 11.
822 Vgl. Bundesamt für Verfassungsschutz, Die Bedeutung des Antisemitismus im aktuellen deutschen Rechtsextremismus, a.a.O., S. 8.

Autor der rechtsradikalen bis neu-rechten *Jungen Freiheit*.[823] Nach Ende des Verbotsverfahrens hat er indes seine Mitgliedschaft in der NPD aufgegeben, da diese ihm nicht mehr radikal genug erschien im Kampf für das „Deutsche Reich"; die Partei sei dem Parlamentarismus verbunden und werde mit ihm zugrunde gehen. Mahler hat indes bis März 2003 die NPD im Verbotsverfahren vor dem Bundesverfassungsgericht vertreten und wurde wie die NPD insgesamt angesichts seiner antisemitischen Propaganda im Verfahren vom neonazistischen NIT-Blitz für ihre „offensive Strategie" gelobt.[824] Am Beispiel von Mahlers politischer Agitation, die er trotz seiner Distanzierung auch nach seinem Austritt als ein führender Ideologe im „Kampf um die Köpfe" im Horizont der NPD fortführt, lässt sich sowohl der antisemitische Charakter der ältesten rechtsextremen Partei heute aufzeigen als auch darlegen, wie weit der moderne/modernisierte Antisemitismus in einer legalen politischen Partei der Bundesrepublik in den letzten Jahren wieder offen propagiert wird und werden kann. Mahler und die NPD kennen offenbar keine Formen politisch-strategischer Zurückhaltung mehr und tragen ihren völkischen Antisemitismus trotz politischer Ächtung offen zur Schau.

Mahler bietet ein Extrembeispiel des völkischen Antisemitismus in bzw. am Rand der Demokratie, der von Adorno skizzierten Techniken antisemitischer Agitation, und der autoritär-paranoiden Psychodynamik antisemitischen Denkens in der Deutung der Kritischen Theorie. In einem „Appell an die Bürger des Deutschen Reiches", den Mahler „in Geschäftsführung ohne Auftrag für das Deutsche Reich" im Jahr 2000 an sämtliche Bundestagsabgeordnete und auf der Web-Site seiner „Deutschland-Bewegung" platziert hat,[825] dokumentiert Mahler sowohl antisemitischen Verfolgungswahn als auch einen politisch-psychologischen Realitätsverlust. Mahler meint namentlich, das Deutsche Reich bestünde fort. Unübersichtliche Prozesse moderner Vergesellschaftung werden personifizierend antisemitisch geordnet: Die „US-Ostküste", eine der beliebten Chiffren Mahlers und der Rechtsextremen insgesamt für „die Juden"[826], die von den USA aus mit den Mitteln Geld und Macht die Welt beherrschen, verfolge den Plan einer absoluten „Weltherrschaft". Ihr derzeitiger Plan sei es, mittels Einwanderung und der „Herrschaft der Menschenrechte" „zielbewusst [...] Europa nach dem Vorbild des Balkans in einen ethnischen Hexenkessel zu verwandeln." Hier wird das Kernmuster antisemitischen Denkens einmal mehr deutlich: alle realen oder vermeintlichen sozialen wie politischen Probleme, modernen bzw. modernisierenden Prozesse und Strukturen

---

[823] Noch 1998 bewarb sich der stets auf politische Öffentlichkeit zielende Anwalt und bekennende Antisemit Mahler überdies gemeinsam mit dem nationalkonservativen Journalisten Jochen Staadt (erfolglos) um einen Lehrauftrag am Institut für Politikwissenschaft der Freien Universität Berlin.
[824] Vgl. Bundesamt für Verfassungsschutz, Die Bedeutung des Antisemitismus im aktuellen deutschen Rechtsextremismus, a.a.O., S. 8. NPD-Prozessvertreter Mahler versuchte hierbei, im Prozess das „Wesen des Judenhasses" ergründen zu wollen sowie die These zu ‚belegen', jener sei aus der „Einwirkung des jüdischen Geistes auf den Geist der Germanen" hervorgegangen, um damit einmal mehr das antisemitische Klischee zu bedienen, Juden seien für ihre Verfolgung selbst verantwortlich. Siehe ibid.
[825] Vgl. www. Deutschland-bewegung.de, 2000. Alle folgenden Zitate ibid.
[826] Auch der ehemalige Bundeskanzler Helmut Kohl redete noch in seiner Amtszeit, in der Tradition Adenauers, der das „Weltjudentum" für eine „jroße Macht" hielt, von der „amerikanischen Ostküste" als Chiffre für „die (einflußreichen) Juden". Mittlerweile hat sich diese Chiffre als antijüdischer Code im Rechtsextremismus verstetigt.

werden im Kontext einer binären Weltdeutung und Weltverschwörungstheorie jüdisch personifiziert, die autoritären und stereopathischen psychischen Bedürfnisse offenbart.

„Äußere Mächte – wer wohl?" könnten laut Mahler „nach Belieben ethnische Konflikte schüren, Massaker provozieren" auf dem Wege der „Einpflanzung fremder Völkerschaften". Migrationsbewegungen erscheinen dergestalt als Puppen einer gigantischen jüdischen Manipulationsmaschinerie, die sich hinter den Menschenrechten verberge. Mit dem „wer wohl" zielt Mahler ebenso geheimniskrämerisch wie gemeinschaftsstiftend auf das „Wissen" der ‚eingeweihten Leser', dass ‚die Juden' gemeint sind, die, wie es in NS-Schriften heißt, „Ostküsten-Plutokratie". Gerade solche Anspielungen sind typisch für die rechtsextreme Rede in einer demokratischen Rechtsordnung, die Volksverhetzung ahnden kann. Diese Zurückhaltung, Innuendo überhaupt noch strategisch einzusetzen, wird in heutigen Schriften indes kaum noch aufrechterhalten, was auch auf eine heute ungenügende Sanktionspraxis der wehrhaften Demokratie schließen lässt. Mahler konstruiert einen jüdisch-amerikanischen „Umvolkungsfeldzug gegen unser Land", der sich seit 1945 in verschiedenen Phasen vollzogen habe. Dagegen setzt Mahler das „Wir" der Volksgemeinschaft und fordert die „Soldaten des Deutschen Reiches" zum „Nationalen Widerstand" auf. Mahler verliert sich dabei zwar in teils wilden Gedankenkonstrukten, die selbst seine Anhänger nicht durchweg überzeugen mögen. Aber er greift auch zu den von Adorno aufgezeigten Medien antisemitischer politischer Agitation und Mobilisierung. Er verwendet eine begrenzte Anzahl von Agitationsmustern und arbeitet mit ständigen, apodiktisch gesetzten Wiederholungen, in denen sich die Wahnvorstellungen und projektiven Machtphantasien verdichten. Zugleich erwecken die Wiederholungen und die repetitiven Benennungen der „Schuldigen" für die verschiedensten Weltgeschehnisse den Eindruck, das Gesagte sei ‚wahr' und ließe sich allerorten ‚belegen'. Dieses Muster erlaubt zudem geradezu ein Schwelgen im Hass bei Agitator und Rezipient. Mahler arbeitet hierbei auch mit griffigen Formeln sowie Wortneuschöpfungen. Er lässt schließlich alles Unverstandene an der sozialen Welt in einem universellen Verschwörungsplan der Juden aufgehen und verknüpft dies mit den deutschen Ressentiments gegen amerikanischen „Globalismus", „Fremdherrschaft", „äußere Mächte", „künstliche Kultur", Migration und die Moderne schlechthin, hinter denen eine laut Mahler „jüdische Plutokratie", die Juden als Drahtzieher imaginiert werden: „Denn das Machzentrum des Dollarimperialismus – der vor einigen Jahren die hübschende Bezeichnung ‚Globalismus' angenommen hat – ist das von Juden beherrschte Bankensystem der USA."[827]

Gemeinsam mit dem Gründer und langjährigen Vorsitzenden der „Republikaner", Franz Schönhuber, hat Mahler im Jahr 2000 das Buch „Schluss mit deutschem Selbsthass" in der rechtsextremen „Verlagsgesellschaft Berg" publiziert. Die Kritik an Hitlers ist hier bereits nur noch äußerst punktuell: Eines der größten Probleme Hitler sei es gewesen, dass er „nicht geschult war in der deutschen Philosophie und sich die Englän-

---

[827] Horst Mahler, NPD-Stellungnahme im Verbotsverfahren vor dem Bundesverfassungsgericht vom 20. April 2001, S. 352 und 355.

der zum Vorbild nahm."[828] Mahlers kruder politischer Antisemitismus wird dabei weiter radikalisiert: „Wahrscheinlich hat Hitler die jüdische Macht unterschätzt. Diese ist tatsächlich auch nur sehr schwer einzuschätzen: denn die Juden bilden ein Pseudo-Volk. Es ist überall und nirgends. Wie will man da seinen Einfluss und seine Ressourcen messen? Seit den zwanziger Jahren vollzieht sich eine dramatische Judaisierung der US-amerikanischen Eliten auf allen Ebenen. [...] In einem faszinierenden Huckepack-Verfahren sind gewisse jüdische Kreise über die USA schon damals zur bestimmenden Weltmacht aufgestiegen."[829] Juden als weltweit bestimmende Macht, die schon vor Hitler vor allem Deutschland zu unterwerfen und ‚zersetzen' suchte, u.a. mit den Mitteln des „Weltfinanzsystems"[830], gespeist von der „jüdischen Vergötzung des Geldes" und des „Mammonismus"[831] – kaum ein offenes antisemitisches Stereotyp bleibt im Wahngebilde Mahlers unberücksichtigt, das auch hier mit einem ausgeprägten Antiamerikanismus legiert ist. Man könne den Einfluss der Juden nicht „messen", es gebe keine Beweise, das macht die Juden für Mahler umso gefährlicher, denn man muss „es", ‚wissen und glauben': die enthemmte antisemitische Spekulation zeigt sich abgedichtet gegenüber jedwedem Realitätsbezug und jeder Empirie.[832] Die paranoide, obsessive Suche und Identifizierung von Juden im privaten und öffentlichen Leben gehört indes überhaupt zu einem der Kernmotive des (rechtsextremen) Antisemitismus.[833]

Die politische Paranoia Mahlers hat so den immanenten autoritären Drang zur Selbstradikalisierung. Im Jahr 2001 geht Mahler dazu über, offen den „Judaismus" als „tödliche Gefahr für die Völker" zu brandmarken und nach Alfred Rosenberg einen „Kulturkampf" unter der Überschrift „Endlösung der Judenfrage" anzuvisieren.[834] Der virulente Hass auf die Juden in Deutschland verweise dagegen „auf ein intaktes Immunsystem". Noch im Jahr 2000 meint Mahler, der „Feind", die „Weltherrschaft der US-Ostküste" respektive die „Ostküsten-Plutokratie", müsse jetzt aus seiner „Unterwasserschleichfahrt [...] auftauchen und sein wahres Gesicht zeigen." Nach dem 11. September und der „zweiten Intifada" gegen das „Pseudo-Volk" der Juden und seinen „Pseudo-Staat" glaubt Mahler nunmehr (wie auch einige linke Autoren), der Dritte Weltkrieg habe begonnen, und die Juden seien „endlich" gezwungen worden, „die Maske fallen zu lassen und der Welt ihre blutigen Hände zu zeigen."[835] Der Antisemit brauche die freundlichen Masken der Juden, der Demokratie nicht länger herunterzureißen; angeblich hätten sie sich selbst enttarnt. Über die Eskalation der Konflikte freut sich Mahler wie zu Zeiten seines anti-imperialistischen Linksterrorismus, denn die militärische Eskalation bedeute schon einen „strategischen Sieg im Befreiungskampf" und führe auch zur „militärischen Destabilisierung der USA", ja zum „Niedergang des

---

828 Franz Schönhuber und Horst Mahler, Schluss mit deutschem Selbsthass (Berg am Starnberger See: Verlagsgesellschaft Berg, 2000), S. 179.
829 Ibid, S. 180.
830 Ibid, S. 59.
831 Ibid, S. 31.
832 Vgl. zu Horst Mahler auch Anton Maegerle, „APO von rechts: Von linken Internationalisten zu rechten Nationalisten," Tribüne: Zeitschrift zum Verständnis des Judentums 1 (2001), S. 134 – 152, hier S. 138 – 142.
833 Vgl. Werner Bergmann und Rainer Erb, Antisemitismus in der Bundesrepublik Deutschland, a.a.O., S.114.
834 Zitiert nach Der Tagesspiegel, 12. Juni 2001.
835 Horst Mahler, „Netzsplitter: Heil Juda! Wir kommen!,"www.deutschland-bewegung.de, Juni 2002.

Judäo-Amerikanischen Imperialismus." Schon deshalb verdanke „das Deutsche Volk den Märtyrern viel": „Den Widerständlern ist es gelungen, ihren Feind über den Punkt hinaus zu treiben, hinter dem es für ihn kein Zurück mehr gibt. Nach dem 11. September 2001 ist die US-Ostküste aufmarschiert, um sich selbst zu vernichten. ‚Die Irren von Zion' begreifen nicht – können nicht begreifen – dass jede Bombe, die sie auf islamische Städte werfen, jede Rakete, die sie auf islamische Bastionen abfeuern, ihr Ziel im eigenen Hinterland finden: Sie pulverisieren den Heiligenschein des ‚American Way of Death', ohne den dieses System von Raub, Mord, Terror, und Seelenvernichtung nur ein Schwächling in Hochglanzrüstung ist."[836]

Die Macht der Juden, die hinter der US-Regierung und ihren Interventionsplänen' stecke, die Macht der „jüdischen Lobbby", der „US-Ostküste" und des „Pseudostaates Israel", ist in der Wahrnehmungsstruktur dieses modernen Antisemitismus nur ‚künstlich', mit militärischer Technologie und Heimtücke ‚erkauft'; hinter ihr stecke die ‚wahre physische Schwäche des Juden' im Gegensatz zum physisch starken ‚Arier'. Dabei erscheinen Antisemitismus, Antiamerikanismus und Israelfeindschaft zu einer untrennbaren ideologischen Einheit verschmolzen: der „Feind heißt Jude" (Löwenthal). Die apokalyptische Phantasie – „Wir befinden uns im Krieg. Es ist der 3. Weltkrieg. Im Laufe dieses Krieges werden Israel und die USA ihre Atomwaffen einsetzen" – wird verbunden mit der unerschütterlichen, politisch-religiösen[837] Heilserwartung; diesmal ende der ‚Kampf des Germanenthums gegen das Judentum' nicht mit einer Niederlage Deutschlands, sondern mit der Vollendung der nationalsozialistischen „Deutschen Revolution", mit dem „Zusammenbruch des globalistischen Finanzsystems" und mit der Vernichtung Israels wie der Juden: „Bis zum Ende dieses Kriegs bleibt das jüdische Volk die Unruhe, die das Räderwerk der Weltgeschichte in Gang hält. Am Ende dieses Krieges werden der Judaismus durch die Deutsche Idealistische Philosophie überwunden, der Pseudostaat Israel wird von der Landkarte verschwunden und die Juden vom Fluch ihrer Auserwähltheit durch den blutrünstigen Gott Jahwe erlöst sein. Das Zeitalter der Macht des Geldes weicht dem Zeitalter der Macht des Geistes, die sich – nicht nur im Deutschen Reich – als selbstbewusste Volksgemeinschaft manifestiert. Das ist dann der Deutschen Revolution zweiter Teil."[838]

Mit religiösen Motiven untersetzt und selbst in der Nachfolge des zur politischen Religion gesteigerten NS, ist dieser politische Antisemitismus neo-nationalsozialistisch. Er ist geprägt vom grenzenlosen Hass auf das Abstrakte, den Atheismus, das Geld, personifiziert in „den Juden" und verkörpert in dem vermeintlichen „judäoamerikanischen Prinzip": „Die jüdischen Organisationen der Ostküste und Israel bilden ein weltweites Geflecht, das die Weltherrschaft inne hat. Und es geht ganz objektiv um die Zerstörung des deutschen Volkes."[839] Dieser politische Antisemitismus fußt auf einer radikalen Weltverschwörungstheorie und einer manichäischen, binären Weltdeutung,

---

[836] Ibid.
[837] Zum Begriff der „politischen Religion" in diesem Kontext vgl. Claus-Ekkehard Bärsch, „Die Konstruktion der kollektiven Identität der Deutschen gegen die Juden in der politischen Religion des Nationalsozialismus," a.a.O.
[838] Horst Mahler, „Netzsplitter: Heil Juda! Wir kommen!,"www.deutschland-bewegung.de, Juni 2002.
[839] Zweites Deutsches Fernsehen, Kennzeichen D, 6. Dezember 2000.

die sich zu einer enthemmten politischen Paranoia gesteigert hat und die ‚Lösung' nur noch in einem Weltkrieg sieht, an dessen Ende die „Volksgemeinschaft" – der Deutschen und der anderen „Völker" – als triumphaler Sieger hervorgeht: Mensch oder Schwein, Deutscher oder Jude, Volk oder Nicht-Volk sind für Mahler die existenzialen Alternativen, die in einem *eliminatorischen* politischen Antisemitismus enden.

6.1.1.1.3 Der politische Antisemitismus der NPD und die Adaption von Zeitgeist-Ideologemen in aktuellen Mobilisierungen: Judenhass als Feindschaft gegen Globalisierung, Israel, „US-Imperialismus" und soziokulturelle Modernisierung

Die „Kritik" am jüdischen Staat, darauf verweist bereits 1995 Juliane Wetzel, bietet ein gesellschaftlich anschlussfähiges, „willkommenes Podium für eine relativ unbehelligte, offene Präsentation antisemitischer Vorurteile. Die Gefahr, gegen geltendes Recht zu verstoßen – die Einhaltung gewisser Limits vorausgesetzt –, ist bei dieser Methode nahezu auszuschließen. Deshalb gehört die immer wieder beschworene Parallelität zwischen dem Völkermord an den Juden und dem Schicksal der Palästinenser zum integralen Bestandteil der Vergleichs- und Verharmlosungsstrategie der Rechtsextremen."[840] Insgesamt wird heute vermehrt jene Analogie konstruiert zwischen den Palästinensern und den „deutschen Vertriebenen", die gleichermaßen als Opfer konstruiert werden vom „Verbrechen" der Heimat-Vertreibung und „Entwurzelung" durch das vermeintliche „Nicht-Volk" der Juden: „Uns Deutsche verbindet ein gleichartiges Schicksal mit dem Volk der Palästinenser. […] Unsere Solidarität mit den kämpfenden Völkern Palästinas, Syriens und Libanons!"[841] Diese Gleichsetzung, die sich an der Konstruktion „die Juden als Täter" und der ebenfalls die historischen Differenzen nivellierenden Rede von den „Opfern der Opfer" (so selbst der Bremer Oberbürgermeister Henning Scherf/SPD[842]) erfreut, hat sich indes auch im demokratischen öffentlichen Diskurs seit der „zweiten Intifada" in den letzten zwei Jahren in Deutschland ausgeweitet – zur Freude auch der rechtsextremen NPD.[843] So redet die NPD im antisemitisch strukturierten „anti-imperialistischen" Jargon vom „Genozid am palästinensischen Volk"[844], den auch neo-nazistische Gruppen erfinden.[845] In Wuppertal demonstrierte die NPD im Mai 2003 gegen eine Veranstaltung mit Paul Spiegel unter dem Motto „Der Rassismus ist ein Meister aus Israel". Die Israelfeindschaft ist somit Ausdruck eines neuen, geschlossenen modernen Antisemitismus, und sie dient zugleich der Entlastung nationalsozialistischer und nationalistischer Politik.

---

840 Juliane Wetzel, „Antisemitismus als Element rechtsextremer Propaganda," a.a.O., S. 104.
841 So die NPD-Zeitung SachsenStimme, Oktober 1996; zitiert nach Bundesamt für Verfassungsschutz, Die Bedeutung des Antisemitismus im aktuellen deutschen Rechtsextremismus, a.a.O., S. 22f.
842 Zitiert nach „Bremen bietet Palästinensern Hilfe an," Süddeutsche Zeitung, 20./21. April 2002, S. 6.
843 Vgl. www.npd.de, Februar 2002.
844 Deutsche Stimme 8 (1998).
845 So schreiben exemplarisch die Unabhängigen Nachrichten, August 2001: „Die Geschichte des Staates Israel ist seit der Zeit seiner Gründung geprägt von Terror, Verbrechen gegen die Menschlichkeit und das Völkerrecht." Zitiert nach Bundesamt für Verfassungsschutz, Die Bedeutung des Antisemitismus im aktuellen deutschen Rechtsextremismus, a.a.O., S. 22.

Die NPD wie der gesamte Rechtsextremismus nutzen ihre Israelfeindschaft wie ihre Globalisierungsfeindschaft und ihren Kampf gegen den „US-imperialistischen Krieg" zu einem nationalistischen Brückenschlag u.a. zu Teilen der deutschen Linken und etablierter politischer Akteure. NPD-Aktivisten fanden sich zuletzt gemeinsam mit Islamisten, radikalen Palästinensern, „revolutionären Linken" und der PDS auf propalästinensischen Demonstrationen ein, auf denen auch „Juden raus" gerufen wurde. Auf einer „Friedensdemonstration" gegen die Intervention im Irak nahmen im Frühjahr im Städtchen Finsterwalde, unter ausdrücklicher Einladung des Bürgermeisters der SPD, auch zwei NPD-Stadträte teil; politische Tabus scheinen hier zu fallen und weichen offenbar bisweilen auf lokaler Ebene Bündnissen mit der rechtsextremen Bewegungspartei, wenn der Feind Amerika heißt.

Seit dem 11. September fokussiert die NPD im Jargon der radikalen Linken den „US-Imperialismus" und „Zionismus" immer mehr als „Hauptfeinde" der Welt und Deutschlands. Dies sind auch die dominanten Themen von NPD-Demonstrationen, Veranstaltungen und Kinderfesten. Man stellt vielfach den lange Zeit tragenden Rassismus zurück hinter offenen Antiamerikanismus und Antisemitismus, der besonders von Mahler und Neo-Nationalsozialisten vorangetrieben wird, und man proklamiert etwa „Solidarität mit dem afghanischen Volk", ja sogar „internationale Solidarität" selbst mit den in Deutschland lebenden Muslimen: Die Beteiligung der BRD-Regierung am „Vergeltungskrieg gegen die islamische Welt" sei „auch eine offene Kriegserklärung an die etwa zwei Millionen hier lebenden Muslime."[846] Diese pro-moslemischen Parolen wie der radikale Anti-Amerikanismus wurzeln im geschlossenen Weltbild des modernen Antisemitismus, der heute das zentrale ideologische Binde- und Mobilisierungsmittel der NPD zu sein scheint (was hinsichtlich des Rassismus gegenüber Muslimen indes durchaus auch zu Konflikten in der Partei-Basis geführt hat). So wird der „Kampf gegen die judäo-amerikanische Besatzungsmacht im Nahen Osten" ausgerufen und der „Kampf gegen den Globalismus", einer vermeintlich von Juden gesteuerten Erscheinung, die Ausdruck ihres Weltmachtsstrebens sei. Die Terroranschläge in den USA werden jenem Kampf zugeordnet und teils offen, teils indirekt befürwortet. Andererseits wird der israelische Geheimdienst Mossad hinter den Anschlägen vermutet.[847] Gegen logische Widersprüchlichkeit haben sich Verschwörungstheorien und Antisemitismus indes immun gezeigt.

Die zentralen politischen Slogans der NPD erinnern heute teils an die Hochzeit linksradikaler Bewegungen der 1970er und 1980er Jahre, aus denen sie entstammen: „Gegen den US-Imperialismus" – „Hoch die internationale Solidarität!" – „Kampf dem Zionismus!" Solche neuen Formen der politischen Mobilisierungsversuche werden unterstützt, strukturiert und flankiert von offen antisemitischer Propaganda. Auch Boykottaufrufe „Gegen US-Imperialismus", Israel und „Zionismus" sind heute zentrale Mobilisierungsthemen der NPD. Diese ideologischen Versatzstücke, die sich zum antisemitischen Weltbild verdichten, sind nahezu gleichlautend mit der Propaganda des

---

846 Zitiert nach „Plötzlich entdecken die Rechtsextremen ihr Herz für die Moslems," Frankfurter Rundschau, 10. Oktober 2001, S. 4.
847 Ibid.

islamistischen Extremismus, auf den sich gerade die militanten Rechtsextremisten der NPD und der „freien Kameradschaften" heute vielfach positiv beziehen. Aber jene Slogans erscheinen derzeit ebenfalls nahezu deckungsgleich mit der Agitation einer heute wiederbelebten „anti-imperialistischen" und „antizionistischen Linken". Hierbei zeigt sich durchaus eine *Interaktion* rechtsextremer Vorstellungen mit linken wie teils hegemoniefähigen anti-israelischen wie amerikafeindlichen Diskursen,[848] und eine Rückendeckung des Rechtsextremismus durch jene. So finden sich im Kontext der Ereignisse des 11. Septembers bei der NPD eine Querfront-Orientierung auf amerikafeindliche ‚linke Antiimperialisten'[849] und vor allem eine zunehmende Sympathie für radikale Islamisten sowie die Suche nach politischen Bündnissen der Partei mit dem Islamismus. Die NPD hat nach den Terrorangriffen auf die USA und die amerikanische Zivilbevölkerung spontan ihre Solidarität mit den Terroristen erklärt. In jüngerer Zeit sucht die NPD zunehmend auch praktische Bündnisse mit antisemitischen Islamisten für einen gemeinsamen Kampf gegen Juden. An der Technischen Universität Berlin erschienen Ende Oktober 2002 der (damals) führende NPD-Kader Mahler sowie der Parteivorsitzende Udo Voigt zu einer Diskusssionveranstaltung der antisemitischen, pan-islamistischen Organisation Hizb ut-Tahrir al-Islami („Befreiungspartei"), die mittlerweile durch das Bundesinnenminsterium in Deutschland verboten worden ist. Diese Organisation formuliert programmatisch: „Es ist Eure unbedingte Pflicht, der blindwütigen und vampirischen Existenz der Juden ein Ende zu bereiten." „Und tötet sie, wo immer ihr auf sie stoßt." Zu Israel heißt es: „Auf die zionistische Aggression in Palästina kann es nur eine Antwort geben: Jihad!"[850]

Gegen die Juden, die „zionistische Oligarchie" und die „One-World-Idiotie" setzt die nationalrevolutionäre NPD heute wie zu Beginn der 1970er Jahre den „nationalen Befreiungskampf weltweit."[851] Der Hass auf Amerika und die „amerikanische Ostküste" zielt dabei immer auch gegen den Individualismus und die moderne multikulturelle

---

[848] Vgl. hierzu auch insbesondere die Kapitel 6.3 und 6.4.
[849] Als einer der Gründungsväter und führenden Akteure dieser Querfront-Ideologie kann der Sportwissenschaftler Henning Eichberg gelten. Der „nationalrevolutionäre" Begründer der Zeitschrift *wir selbst* (seit 1979) und Vordenker des „Ethnopluralismus" hat über Jahre in linken und rechtsextremen Medien publiziert im Kampf für „nationale Selbstbestimmung", „deutsches Volkstum" und gegen „imperialistische Fremdherrschaft" wie „US-Besatzer", „gegen die Umerziehung der 1945er und gegen die amerikanische Kulturvernichtung". „Wir können nur eins," so Eichberg, „dem Volke dienen" „Entfremdung, das ist Kapitalismus und amerikanischer Kulturimperialismus, multinationale Konzernstrategie. Identität, das ist das Volkslied, die Kultur des Volkes, die politische Selbstverwirklichung des Volkes. Identität, das heißt, bei sich selbst zu Hause sein, die Lieder der deutschen Stämme singen, das deutsche Deutschlandlied schaffen." Eichberg lehnt, wie die gesamte extreme Rechte, universalistische Moral grunsätzlich ab und argumentiert konsequent kulturrelativistisch, denn in jedem Universalismus stecke ein „Ethnozentrismus". „In jeder Ideologie, die sich als ‚allgemein menschlich' ausgibt, setzt sich ein Volk oder eine Kultur absolut. Und konkreter: Hinter jedem Gerede von ‚dem Humanen schlechthin' darf man einen Imperialismus erwarten. Jedem Imperialismus ist es zu schwierig und zu gefährlich, sich auf die Pluralität der Völker einzulassen." Siehe für alle Zitate Henning Eichberg, Nationale Identität: Entfremdung und nationale Frage in der Industriegesellschaft (München: Langen-Müller, 1978), S. 92 und S. 107ff. Gerade diese „Imperialismus-Kritik" und „Ethnozentrismus"-Kritik könnte Eichberg für die Linke besonders interessant gemacht haben. Vgl. zu *wir selbst* auch Innenministerium des Landes NRW (Hg), Die Kultur als Machtfrage: Die Neue Rechte in Deutschland (Düsseldorf: Innenministerium NRW, 2003).
[850] Alle Zitate nach Deniz Yücel, „Heiliger Krieg in der TU-Mensa," Der Tagesspiegel, 27. Oktober 2002.
[851] Zitiert nach Pascal Beucker, „Kein deutsches Blut opfern," Jungle World 42 (2001), S. 11.

Demokratie, die die USA repräsentieren, welche schon Hitler und den früheren politischen Antisemiten als „jüdisches Gebilde" verhasst war. Intellektualität, Modernität und globalem Handel, für die die USA und die Juden stehen, wird in personifizierender Gegenüberstellung die imaginierte einfache, „konkrete Gemeinschaft der Völker" entgegengesetzt. Der Neonazi und ehemals führende NPD-Politiker Steffen Hupka ergänzt: „Ich wünsche den USA den Tod als Macht in der Welt."[852] Heute ist „Boykottiert USA!" einer der verbreitetsten Slogans der NPD, der jüngst in weiten Teilen Ostdeutschlands plakatiert worden ist und auf die politische Mobilisierung eines Massen-Antiamerikanismus hofft.

Stichwörter und politische Diskurse der Zeit werden dergestalt immer wieder von der NPD teils plump, teils geschickt aufgegriffen, offen antisemitisch-völkisch besetzt und radikalisiert – so auch einerseits die Anti-Kriegs-Rhetorik („gegen deutsche Soldaten in Afghanistan", gegen den „US-Krieg"), andererseits in den Jahren zuvor die Diskussion um „deutsche Leitkultur" oder die Unterschriftenkampagne der CDU/CSU gegen die doppelte Staatsbürgerschaft und ‚Überfremdung'.[853] Hiermit bemüht sich die NPD, trotz ihrer gegenwärtigen Fokussierung auf die Mobilisierung einer rechtsextremen Sammlungsbewegung, auch die Säule des „Kampfes um die Köpfe" zu bedienen, also an gesellschaftlich wirkungsmächtige Ideologien bei ihren Mobilisierungsversuchen anzuknüpfen. Um Anschluss an die gesellschaftliche ‚Mitte' zu finden werden jene Ideologeme lediglich antisemitisch oder rassistisch radikalisiert.

In besonderer Weise zeigt sich dies bei den Themen „Frieden" und Globalisierungskritik bzw. – feindschaft.[854] Die NPD, so verspricht der Vorsitzende Voigt, will sich „an die Spitze einer neuen deutschen Friedensbewegung und aller Globalisierungsgegner setzen."[855] Die durch den globalisierten Kapitalismus und transnationale Vernetzungen erzeugte ökonomische und soziokulturelle Modernisierung zeitigt verschiedene, teils problematische soziale und politische Folgen einer neoliberalen Austeritäts- und Standortpolitik, forciert aber auch objektiv die Diffusion tradierter Identitätsbildung und die soziokulturelle Rationalisierung der Lebenswelt wie der Gesellschaft insgesamt. Diese Globalisierung wird von der NPD in toto abgelehnt, und ihr werden ‚ethnisch reine' Volksgemeinschaften gegenübergestellt. Die Urheberschaft der Globalisierung wird hierbei bei „den Juden" (als heimat- und wurzellose ‚globale Akteure') sowie den vermeintlich von Juden kontrollierten „multinationalen Konzernen" lokalisiert und personalisiert. Letztlich erscheint die Globalisierung in der Agitation der NPD als eine einzige internationale „jüdische Weltverschwörung".

Die NPD sucht also die politische Mobilisierung autoritärer, nationalistischer, antiamerikanischer und antisemitischer Potenziale in der Gesellschaft, um jene Reservoirs

---

852 Zitiert nach ibid.
853 Zur Interaktion im politischen Diskurs vgl. Andreas Klärner, Aufstand der Ressentiments: Einwanderungsdiskurs, völkischer Nationalismus und die Kampagne der CDU/CSU gegen die doppelte Staatsbürgerschaft (Köln: Papyrossa, 2000).
854 Vgl. früh zu diesem Zusammenhang Christoph Butterwegge, „Rechtsextremismus, Rassismus und Nationalismus im Zeitalter der Globalisierung," Österreichische Zeitschrift für Politikwissenschaft (1999), S. 87 – 99.
855 Zitiert nach „Plötzlich entdecken die Rechtsextremen ihr Herz für die Moslems," a.a.O.

gegen gegenwärtige, teils höchst ambivalente Prozesse soziokultureller Modernisierung und ökonomischer Transformationen politisch in Stellung zu bringen – bisher großenteils parteipolitisch vergeblich, dafür zunehmend militant und in Interaktion mit anderen, scheinbar konträren politischen Strömungen. Für den Verfall imaginärer Identitäten wie für die soziale Ohnmacht im stummen Zwang der Verhältnisse werden hier, wie einst, offen „die Juden" verantwortlich gemacht.[856]

Schließlich wird in der NPD, wie im Rechtsextremismus insgesamt, in mannigfacher Weise das Thema der ‚Vergangenheitsbewältigung' und des Gedenkens an den Holocaust aufgegriffen, und zwar oft im Anschluss an die (und antisemitischer Radikalisierung der) Ideologeme innerhalb der öffentlichen Debatten der letzten Jahre (von der Goldhagen- über die Walser- bis zur Finkelstein- und FDP-Debatte). So wie die innerhalb des Rechtsextremismus publizistisch führende *Deutsche National-Zeitung* scheinheilig fragt: „Ist Kritik an Juden grundsätzlich verboten?"[857], so bezeichnet die NPD-Schrift *Zündstoff* einen „permanenten geistigen Kniefall vor Repräsentanten des Judentums" als das „zentrale Tabu in diesem Land".[858] Freies Denken und Handeln seien folgerichtig erst dann möglich, „wenn der Einfluss und die Macht des Zentralrates der Juden gebrochen" werde.[859] Hierbei wird das antisemitische Stereotyp jüdischer Allmacht, Meinungsmacht und Medienherrschaft mobilisiert, indem insinuiert wird, Juden hätten die Möglichkeit, Kritik an ihnen in Deutschland zu verbieten und die öffentliche Meinung zu kontrollieren. Hierbei können sich die Rechtsextremen indes nicht nur von virulenten Suggestionen in der politischen Öffentlichkeit, dass Deutschland und die Welt durch eine „zionistische Lobby" beherrscht seien (Jamal Karsli), bestätigt fühlen. Sondern sie knüpfen auch an Diskurse in der politischen Kommunikation an, in denen in den letzten Jahren verstärkt eine vermeintliche Inflation von „Antisemitismus-Vorwürfen" und nicht Antisemitismus selbst problematisiert wird.

6.1.1.2 Modernisierter politischer Antisemitismus bei DVU und „Republikanern" (REP): Agitation gegen „Auschwitzkeule", jüdische Einwanderung und Globalisierung

Der enormen Radikalisierungsbewegung der NPD in den 1990er Jahren, ihre Profilbildung als neue rechtsextreme Sammlungsbewegung, die sich auf eine militante „Politik auf der Strasse" orientiert hat und eine offene antisemitische Ideologie propagiert, sind DVU und „Republikaner" nicht gefolgt. Gleichwohl tragen auch diese rechtsextremen

---

[856] Auch eine jüngste Untersuchung des Zentrums für Antisemitismusforschung kommt zu dem Ergebnis, dass innerhalb der NPD heute antisemitische Äußerungen „die Regel, nicht die Ausnahme" sind; zitiert nach „Der Antisemitismus gehört zur NPD-Ideologie," Neues Deutschland 24. Juli 2002, S. 4.
[857] Deutsche National-Zeitung 13, 23. März 2001.
[858] Zündstoff: Deutsche Stimme für Berlin und Brandenburg 1 (1998); zitiert nach Bundesamt für Verfassungsschutz, Die Bedeutung des Antisemitismus im aktuellen deutschen Rechtsextremismus, a.a.O., S. 10.
[859] NPD-Pressemitteilung vom 6. Juni 2002. Hierbei wurde dem FDP-Politiker Jürgen Möllemann bei seinen Angriffen auf Jude und Israel Solidarität erklärt. Vgl. zu ähnlichen Reaktionen zu dieser Zeit die NPD-Zeitung Deutsche Stimme 6 (2002), aber auch Deutsche National-Zeitung 23, 31. Mai 2002; zitiert nach Bundesamt für Verfassungsschutz, Die Bedeutung des Antisemitismus im aktuellen deutschen Rechtsextremismus, a.a.O., S. 11.

Parteien eine teils codierte, teils offene antisemitische Orientierung, und sie agitieren exponiert gegen Juden und jüdische Akteure des öffentlichen Lebens. Auch DVU, „Republikaner" und deren Organe bedienen sich dabei zunehmend neben dem Geschichtsrevisionismus, einem antisemitisch und ethnisch fundierten Nationalismus, einer allgemeinen Xenophobie und gängiger Verschwörungstheorien nunmehr des Antiamerikanismus und des Nahost-Konflikts als erhoffter Maßen anschlussfähige antisemitische Mobilisierungsfelder.

Diese miteinander verschränkten Politikfelder stehen gegenwärtig auch, wenn auch zumeist in codierterer Form, im Zentrum der Agitation vor allem der DVU: Während sich im Zuge der neueren Vergangenheitsdiskurse und ihrer diskursiven Verschiebungen die Angriffe auf Juden, die Deutschland mit der „Sichtblende" respektive „Moralkeule Auschwitz" (Martin Walser) und einem „Sühnekomplex" knechteten, verschärft haben, wird im Besonderen seit den islamistischen Terroranschlägen vom 11. September 2001 die behauptete Dominanz des „Weltjudentums" in Medien, Finanzkapital und internationaler Politik aktuell zunehmend auch hier referiert in Bezug auf die US-amerikanische Politik, den israelisch-palästinensischen Konflikt und die Globalisierung.[860] Rechtsextreme definieren die Globalisierung letztlich insgesamt als „ein verschwörungstheoretisch begründetes Projekt der US-Amerikaner mit dem strippenziehenden jüdisch dominierten Finanzkapital."[861] Dabei wird die universelle Geltung der Menschenrechte ebenso angegriffen wie eine vermeintlich „amerikanisch-jüdische" Politik zu ihrer Durchsetzung, die nur der „Zerstörung der Völker" diene. Jener Politik wird (allerdings nicht nur im Rechtsextremismus) ein ethnisches „Selbstbestimmungsrecht der Völker" gegenübergestellt, das insbesondere durch die USA und Israel ,zersetzt' werde. Somit werden codiert oder offen Juden zu einem Synonym und zu ,Drahtziehern' der Zerstörung nationaler und völkischer Identität wie ,ethnischer Reinheit' weltweit.[862] Der zunehmend „manifest werdende Antiamerikanismus, die Feindschaft gegenüber Israel und die proarabische und -palästinensische Parteinahme" zeigen hiebei auch „die in der Judenfeindschaft wurzelnde Übereinstimmung rechtsextremistischer und nationalarabischer/islamisti-scher Positionen, die auf eine bis in die Zeit des Nationalsozialismus reichende Traditionslinie verweist."[863] Israelfeindschaft, als neue Form des Antisemitismus, und identitätsgenerierender Antiamerikanismus finden sich heute indes überdies wieder verstärkt in Teilen der radikalen Linken, sowie ohnehin im politischen Islamismus. Beide Parteien, „Republikaner" und DVU, konnten, anders als

---

860 Vgl. Bundesamt für Verfassungsschutz, Die Bedeutung des Antisemitismus im aktuellen deutschen Rechtsextremismus, a.a.O., S. 12.
861 Ibid, S. 14.
862 Vgl. ibid.
863 Ibid, S. 19. Rechtsextremisten haben auch „zuweilen deutlicher als andere die antisemitische Komponente der Anschläge vom 11. September erkannt, schließlich bedroht der Terror eines Usama Bin Laden ,Juden und Kreuzfahrer'." Einer der engsten Verbündeten der Nazis im Nahen Osten war der Großmufti von Jerusalem, Amin el-Husseini, ein Onkel des PLO-Vorsitzenden Jassir Arafat. Vgl. zu diesen historischen, ideologischen und historischen Verbindungen auch Matthias Küntzel, Djihad und Judenhass: Über den neuen antijüdischen Krieg (Freiburg: ca ira, 2002). Zum aktuellen muslimischen Antisemitismus vgl. Robert S. Wistrich, Muslim Anti-Semitism: A clear and present danger (New York: The American Jewish Committee, 2002).

die zunehmend offen neo-nazistische NPD, zwischenzeitlich bei Landtagswahlen in den 1990er Jahren in Ost und West teils erhebliche Erfolge erzielen.[864]

6.1.1.2.1 Die „Republikaner"

Die „Republikaner", die einst mit dem SS-Veteranen und Rechtsextremisten Franz Schönhuber, der heute gemeinsam mit dem Neo-Nazi Horst Mahler Bücher publiziert, einen ‚charismatischen Führer' und noch 1993 weit über 20. 000 Mitglieder hatten,[865] sind spätestens seit ihrer Wahlniederlage in Baden-Württemberg im Jahre 2001 (1996: 9,1 %; 2001: 4,4 %), wo sie immerhin über zehn Jahre zu einer „Milieupartei" mutieren konnten, im Niedergang.[866] Die Mitgliederzahlen liegen mittlerweile bei unter 13.000. Die Partei hat allerdings zahlreiche Unterorganisationen wie die „Republikanische Jugend" (RJ) und den „Republikanischen Hochschulverband" (RHV), der noch häufiger öffentlich in Erscheinung tritt.

Die Partei wird, wie zuvor unter Schönhuber, auch unter dem Vorsitzenden Rolf Schlierer durch ein rechtsextremes, fremdenfeindliches, autoritäres und antisemitisches Weltbild zusammengehalten, obschon Schlierer versucht, ihr ein nationalkonservatives Erscheinungsbild zu geben. Bei politischen Agitationen gegen Minderheiten, auch gegen Juden, belässt Schlierer es meist bei Formen von Innuendo und codiertem Ressentiment, bei denen die Zuhörer „wissen, was gemeint ist" (Adorno). Das von Schlierer geäußerte öffentliche Bekenntnis zum demokratischen Verfassungsstaat reicht freilich nicht aus, um aus einer rechtsextremen Partei eine demokratische zu machen.[867] Eine Vereinbarung mit dem DVU-Führer Gerhard Frey von 1998, unnötige Konkurrenz bei Wahlen zu vermeiden, zeigt die fortwährende Einbindung in den organisierten Rechtsextremismus und seinen politischen Antisemitismus. Abgrenzungen hatten bisher überwiegend taktische Motive. Auch der ideologische Kern der Partei bleibt unzweideutig: Er ist geprägt von einer autoritär-nationalistischen Basis. Politisch dominieren ein antidemokratisches Weltbild, autoritäre Ordnungsvorstellungen, Konformismus, ethnischer Nationalismus, Hass auf die Europäische Union und modernisierte Formen des primären und sekundären, mit Geschichtsrevisionismus und NS-Relativierung verbundenen Antisemitismus. Die REPs rufen indes noch überwiegend zur Intoleranz gegenüber Einwanderern und ihrer vorgeblichen „schleichenden Land-

---

[864] Zur Untersuchung der Wähler von DVU und REP vgl. die trotz ihres begrenzten extremismustheoretischen Deutungszugangs instruktive Studie von Marcus Neureiter, Rechtsextremismus im vereinten Deutschland: Eine Untersuchung sozialwissenschaftlicher Deutungsmuster und Erklärungsmuster (Marburg: Tectum Verlag, 1996), S. 41 – 67.
[865] Vgl. Richard Stöss, Rechtsextremismus im vereinten Deutschland, a.a.O., S. 60.
[866] Vgl. Armin Pfahl-Traughber, Rechtsextremismus in der Bundesrepublik (München: C.H. Beck, 2001), S. 31ff.
[867] Abweichend sieht das in der Forschung meines Wissens nur Eckhard Jesse, „Fließende Grenzen zum Rechtsextremismus? Zur Debatte über Brückenspektren, Grauzonen, Vernetzungen und Scharniere am rechten Rand – Mythos und Realität," in Jürgen W. Falter, Hans-Gerd Jaschke und Jürgen R. Winkler (Hg), Rechtsextremismus: Ergebnisse und Perspektiven der Forschung (Wiesbaden: Westdeutscher Verlag, 1996), S. 514 – 529. Jesse hält die „Republikaner" für eine demokratische Partei.

nahme" (Schlierer) auf, nicht zentral zum Kampf gegen Amerika. Sie kämpfen gegen „fortschreitende Überfremdung"[868], aber auch im Besonderen gegen einen „versteckten Rassenwahn" der „jüdischen Klientel". Die „Republikanische Jugend" befindet sich in ideologischer wie strategischer Nähe zur NPD und wird von rechtsextremen Skinheads unterstützt. Sie fordert die REP auf, „Speerspitze einer nationalen Bewegung" zu sein. Die REPs sind sozialpolitisch eher neo-liberal denn „nationalrevolutionär" ausgerichtet, doch für die Probleme im Kapitalismus im Zuge seiner sozioökonomischen und soziokulturellen Modernisierung erscheinen auch hier im Zweifelsfall verschwörungstheoretisch „die Juden" verantwortlich. Die politische Agitation erlaubt überdies ebenfalls ein projektives Schwelgen in – hier stärker chiffrierten – Judenwitzen, entsprechend den Sehnsüchten der rechtsextremen, autoritätsorientierten Mitglieder und Zuhörer.

6.1.1.2.2 Die DVU

Die rechtsextreme DVU, 1971 gegründet und Ende der 1980er Jahre auf über 22.000 Mitglieder angeschwollen,[869] bedient sich kaum des Versuchs, sich ein ‚moderates' Image eines nationalen, „demokratischen" Rechtskonservatismus zu geben. Anders als die NPD, die ein „Viertes Reich" proklamiert, lehnt sie jedoch nicht grundsätzlich die demokratische Verfassung ab. Über unterschiedliche Auffasungen zum *praktischen Weg* zurück zum Deutschen Reich diskutieren in der *Deutschen National-Zeitung* bisweilen DVU-Chef Gerhard Frey und der NPD-Chefideologe und Anwalt Horst Mahler ‚kontrovers'.

Das autoritäre Weltbild der DVU spiegelt sich u.a. im autoritären Führungsanspruch ihres ‚ewigen' Vorsitzenden und Finanziers Frey. Die Vermutung, die derzeit größte rechtsextreme Partei Deutschlands sei eine „Phantom-Partei" oder „Ein-Mann-Partei"[870], ist allerdings angesichts der zwischen 17.000 und 18.000 Mitglieder irreführend. Wohl aber finden sich ein von Frey parteiförmig organisiertes Unternehmen und eine klar strukturierte „Führer-Partei", die sich zur „Volksdemokratie" bekennt und implizit das Bild einer „Volksgemeinschaft" gegen Juden und Einwanderer mobilisiert. Sie tritt dabei zentral als „Wahl-Partei" in Erscheinung.[871] Wahl-Erfolge erzielten die DVU und ihr ‚ewiger' Führer Frey bislang vornehmlich mittels nationalistischer und rassistischer Kampagnen, nicht zentral mit antisemitischen Affekten. In dieser Weise gewann die DVU etwa bei den Landtagswahlen in Sachsen-Anhalt im Jahre 1998 12,9%. Sie war dabei die stärkste Partei unter den Jung- und Erstwählern. Die DVU erwies sich anschließend jedoch in der Parlamentsfraktion als unfähig und zerfiel noch während der ersten Legislaturperiode.[872]

---

868 Bundesminister des Inneren (Hg.), Verfassungsschutzbericht 1999 (Berlin: BMI, 2000), S. 43.
869 Vgl. Hajo Funke, Paranoia und Politik, a.a.O., S. 162.
870 Vgl. Jahrbuch Extremismus & Demokratie, Bd.11.
871 Armin Pfahl-Traughber, Rechtsextremismus in der Bundesrepublik, a.a.O., S. 28ff.
872 Vgl. Hajo Funke und Lars Rensmann, „Kinder der Einheit: Die soziale Dynamik des Rechtsextremismus," Blätter für deutsche und internationale Politik 9 (2000), S. 1069 – 1078, hier S. 1073.

Das Sprachrohr der Partei ist die größte rechtsextreme Wochenzeitung, die *Deutsche National-Zeitung* mit einer derzeitigen Auflage von 48.000 Exemplaren pro Woche. Hier gehört, im Unterschied zur bisherigen Wahlkampfpraxis, ein zwischen codierten und offenen Formen oszillierender, teils primär-paranoider, teils sekundärer Antisemitismus zum *integralen* ideologischen Arsenal, das die verschiedenen Wähler- und Leserschichten aneinander bindet. Der aggressive Antisemitismus sowie die Relativierung und indirekte Leugnung des Holocaust mittels immer neuer „Zahlenspiele" mit den Opferzahlen (vergleichbar des ideologischen Schwerpunktes der NPD unter Günter Deckert) sind seit ihrer Gründung vielmehr ein besonderes, kontinuierliches Merkmal der DVU. Vertreter der jüdischen Gemeinde wie Ignatz Bubis, Paul Spiegel und Michel Friedman avancierten in den letzten Jahren zu den exponiertesten, ständig im Mittelpunkt stehenden Hass-Objekten der DVU-Propaganda. Zentral ist hierbei das antisemitische Ideologem, „die Juden" seien „geldgierig" und sie kontrollierten und manipulierten die öffentliche Meinung in Deutschland.

Hitler-Deutschland erscheint dagegen als friedenswilliges Opfer „angloamerikanischer Kriegstreiber", hinter denen eine jüdische Verschwörung insinuiert wird. In der Debatte über die Entschädigung von NS-Zwangsarbeitern wurden in besonderer Weise die zentralen ideologischen Dimensionen von NS-Relativierung und völkischem Antisemitismus aggressiv miteinander verbunden, mit Überschriften wie „Ewig zahlen für Hitler – Neue jüdische Milliardenforderung". Die antisemitische Besetzung der kulturellen Globalisierungsfeindschaft ist hingegen bisher noch nicht zum zentralen agitatorischen Thema der *Deutschen National-Zeitung* geworden.

Die DVU operiert meist mittels Chiffrierungen und Codes effektiv an der Grenze zur strafrechtlichen Relevanz. Aber auch hier erodiert die Chiffrierungspraxis in den letzten Jahren. So agitieren DVU und *Deutsche National-Zeitung* zunehmend offen antisemitisch gegen jüdische Einwanderung aus Osteuropa, nicht ohne nationalsozialistische Propaganda-Ideologeme über „die Ostjuden" zu re-mobilisieren: Nach der „Öffnung der Schleusen für Juden [...] kamen sie gelaufen, einzeln und in hellen Haufen."[873] Konvergierend behauptet die NPD-Zeitung *Deutsche Stimme* in nationalsozialistischer Phraseologie vom ‚jüdischen Parasitentum', „Millionen russischer Juden" würden über den naiven ‚deutschen Michel', „das weltfremde Wirtsvolk herfallen."[874]

Die DVU kanalisiert eine anti-moderne soziokulturelle Reaktionsbildung, die die beschworene ethnisch-nationale Identität in Stellung bringt gegen ihre vermeintlich umtriebigen, international agierenden ‚Feinde', die für den kulturellen Erosions- und Modernisierungsprozess von 1945 bis heute verantwortlich gemacht werden. Sie ventiliert dabei die laut Kritischer Theorie konstitutiven drei autoritären Dimensionen der autoritären Aggressivität, des autoritären Konformismus und der positiv sanktionierten (antisemitischen) Projektivität. Die Agitation gegen Israel und die USA sowie die apologetische Verklärung des gegen jene Länder gerichteten islamistischen Terrors haben in jüngerer Zeit, vor allem seit dem 11.September, in diesem Parteiensegment des

---

873 Deutsche National-Zeitung 3, 11. Januar 2002.
874 Deutsche Stimme 9-10 (1998); zitiert nach Bundesamt für Verfassungsschutz, Die Bedeutung des Antisemitismus im aktuellen deutschen Rechtsextremismus, a.a.O., S. 16.

Rechtsextremismus ebenfalls entscheidend an Bedeutung gewonnen. In der *Deutschen National-Zeitung* erklärt der DVU-Vorsitzende Frey, die Terroranschläge von New York und Washington seien „die Verzweiflungstat von Arabern, die unter Opferung ihres eigenen Lebens gegen die Schlüsselrolle von Bush bei der Vernichtung der Palästinenser protestieren."[875] Solcher Art wird antiamerikanischer und antisemitischer Terror zum legitimen ‚Protest' gegen jüdisch-amerikanische „Vernichtungspolitik" umgedeutet, rationalisiert und schließlich gerechtfertigt. Im Hinblick auf den Nahen Osten spricht die *National-Zeitung* auch geschichtsrevisionistisch und projektiv von „Israels Vernichtungskrieg"[876] (eine Formulierung, die indes jüngst auch der ehemalige CDU-Arbeitsminister Norbert Blüm gebraucht hat[877]). In der folgenden Ausgabe wird u.a. gefragt: „Sharon – der neue Weltherrscher? Wer ist der wahre Terrorist?"[878]

Schließlich gibt es immer wieder, trotz unterschiedlicher Strategien und teils heftiger Konkurrenz, auch konkrete Bündnisse und Kooperationen der drei führenden rechtsextremen Parteien und ihrer Basis, einschließlich der zunehmend neo-nazistisch ausgerichteten NPD. Anhänger, Mitglieder und Aktivisten der NPD, der „Republikaner", der FAP und der „Deutschen Liga für Volk und Heimat" fanden sich beispielsweise 1991 in Berlin zu einer neo-nazistischen Wählergemeinschaft „Wir sind das Volk" zusammen, um bei der Wahl zu den dortigen Bezirksverordnetenversammlungen zu kandidieren (0,2 %).[879] Im August 1992 wandelte man sich in den Verein „Die Nationalen" um, unter Federführung des Neo-Nazis Frank Schwerdt, heute Mitglied im Bundesvorstand der NPD und seit Sommer 2001 Landesvorsitzender der NPD in Thüringen.[880]

Neben dem Rassismus und Antisemitismus, der sich in einer konkretistischen Volksgemeinschaftsideologie manifestiert und der gekoppelt wird an anti-moderne Reflexe wie die Feindschaft gegen Globalisierung und Europäische Union, also der personifizierenden Fixierung abstrakter politisch-sozialer Prozesse und Institutionen politisch-kultureller Modernisierung, hinter denen „der Jude" als alles manipulierender Feind identifiziert wird, spielt die NS-Relativierung und -Verharmlosung, wenn nicht die offensive Leugnung von Auschwitz eine nach wie vor bedeutende Rolle in der extremen Rechten. Hierbei kann zwischen relativierendem und leugnendem Revisionismus unterschieden werden.

6.1.2 Ideologische Strömungen des ‚historischen Negationismus' und Revisionismus

Der rechtsextreme und antisemitische ‚Historische Revisionismus' oder besser ‚Negationismus', der Auschwitz und die Ermordung der europäischen Juden ganz leugnet und

---

[875] Deutsche National-Zeitung 51, 14. Dezember 2001.
[876] Deutsche National-Zeitung 17, 19. April 2002.
[877] Vgl. hierzu Peter Pulzer, „The new antisemitism, or when is a taboo not a taboo?," a.a.O., p. 95.
[878] Deutsche National-Zeitung, 26. April 2002. Die Gleichsetzung der USA und Israels mit dem „wahren Terrorismus" findet auch in der linken Öffentlichkeit derzeit eine erstaunliche Resonanz.
[879] Vgl. Richard Stöss, Rechtsextremismus im vereinigten Deutschland, a.a.O., S. 92.
[880] Vgl. Hajo Funke, Paranoia und Politik, a.a.O., S. 97.

negiert, hat im Zuge des Aufstiegs des Rechtsextremismus bis Mitte der 1990er an Publizität gewonnen, erscheint aber weithin im Gegensatz zu den subtileren Formen der Geschichtsklitterung und -relativierung etwa der Neuen Rechten, die bis in die politische Mitte reichen können, politisch relativ unbedeutend.[881] Diese Isolation hat in den letzten Jahren noch zugenommen, als sich auch zahlreiche rechtsextreme Gruppen von dieser politischen Ideologie einer offen kontrafaktischen Geschichtsdeutung verabschiedeten, weil sie in ihrer radikalen Realitätsverweigerung eher mobilisierungshemmend zu sein schien.

Die Revision der Geschichte und politischen Geschichtsschreibung insgesamt bleibt freilich von hoher Bedeutung innerhalb des Rechtsextremismus. Es geht darum, die vermeintliche „Niederwerfung" der Deutschen „in ideologischer und propagandistischer Hinsicht zu bekämpfen, um die nach 1945 von den Siegern vermeintlich gezielt zerstörte nationale Identität der Deutschen wieder freizulegen."[882] Diese nationale Identität wird innerhalb des Rechtsextremismus völkisch definiert. Meist werden offen oder codiert Juden als Akteure hinter den „Siegermächten" ausgemacht, die für die vorgebliche „Kriegsschuld-Lüge" oder eben „Auschwitz-Lüge" verantwortlich seien. Damit werden Juden einerseits für ihr Schicksal selbst verantwortlich gemacht, andererseits wird ihre Verfolgung dementiert als Erfindung, die nur der materiellen Ausbeutung oder Unterdrückung der Deutschen und ihrer Identität diene. Gerade jenes Ideologem, dass Juden ihre Verfolgung ausnutzten und Deutschland dafür „zahlen" ließen, ist gesellschaftlich anschlussfähig.

Obschon bereits in den 1980er Jahren Abgeordnete der regierenden CDU die rechtliche Ahndung der Propaganda von der „Auschwitz-Lüge" um die Verfolgung einer vermeintlichen ‚Vertriebenen-Lüge' ergänzt sehen wollten[883] und dies auch gesetzlich umgesetzt wurde, stößt die radikal-revisionistische Form der Tatsachenverleugnung auf eindeutige Verurteilung durch alle etablierten Parteien in Deutschland. Dennoch erzielt die rechtsextremistische Leugner-Literatur von Thies Christophersen, Wilhelm Stäglich, David Irving, Robert Faurisson und Fred Leuchter beachtenswert hohe Auflagen.[884] Leugnender wie relativierender historischer Revisionismus haben einen weiterhin festen Platz im Arsenal des Rechtsextremismus, seinen Milieus und in den organisierten Gruppen und Parteien, wie überhaupt die Agitation gegen die Erinnerung an deutsche Verbrechen. Eine rechtsextreme „Bürgerinitiative gegen das Holocaustdenkmal" zog exemplarisch Anfang 2000 durch Berlin-Mitte und das Brandenburger Tor; es sprachen der NPD-Vorsitzende Udo Voigt und der Neonazi Christian Worch.

---

881 Vgl. zum „Historischen Revisionismus" des pseudo-wissenschaftlichen amerikanischen, neo-nazistischen „Institute for Historical Review" ausführlich Deborah Lipstadt, Denying the Holocaust: The Growing Assault on Truth and Memory (New York: Plume Books, 1994); sowie Brigitte Bailer-Galanda, Wolfgang Benz und Wolfgang Neugebauer (Hg.), Die Auschwitz-Leugner (Berlin: Elefanten Press, 1997).
882 Richard Stöss, Rechtsextremismus im vereinten Deutschland (Bonn: Friedrich-Ebert-Stiftung, 1999), S. 45.
883 Vgl. Hajo Funke, „Bergen-Belsen, Bitburg, Hambach," a.a.O., S. 21.
884 Vgl. Dichanz et al., Antisemitismus in Medien, a.a.O., S. 80.

6.1.3 Antisemitismus in neonazistischen Organisationen

Ähnlich irrational wie die Holocaust-Leugnung, also die Ideologie, die Mordpolitik der Nationalsozialisten und die Ermordung der europäischen Juden sei nicht real gewesen, ist das gesamte politisch-paranoide Weltbild des Neonazismus, das getragen wird von einer extrem antisemitischen Weltverschwörungstheorie, einem extrem Autoritarismus sowie rassistisch-antisemitischen Purifizierungs- und Ordnungsvorstellungen, die das „Überleben" der idealisierten „völkischen Gemeinschaft" der Deutschen sichern sollen.

Im Hinblick auf das Neonazi-Spektrum, seine Voraussetzungen und bestimmenden Motive, haben die Theoreme der Kritischen Theorie im Besonderen kaum an Aktualität verloren. Politische Weltdeutugnen und Narrative neonazistischer Gruppen erhalten ihre Anziehungskraft durch einen wahnhaft gesteigerten und beschwörten kollektiven nationalen Narzissmus wie einen weitgehenden Realitätsverlust, der Raum bietet für die Mobilisierung der abstrusesten Projektionen, die im deutschen Neonazismus vor allem antisemitisch besetzt werden. Der Kampf der Neonazis zielt auf die Rehabilitierung des Nationalsozialismus, der These von der jüdischen Weltverschwörung, und auf die Vernichtung der Juden. Gerade der „nationalrevolutionäre" Flügel zeigt eine deutliche Nähe zu nationalsozialistischen Positionen. Auch er agiert heute bevorzugt gegen Amerika, Israel und Globalisierung, zusammengefasst im Kampf „Gegen zionistischen ‚One-World'-Terror", wie die neonazistische Schrift „Der Fahnenträger" verlautbart.[885]

Abweichung und Individualismus sind verpönt und werden sadistisch verfolgt. Neo-Nazis zeichnen sich auf Kader- wie Gefolgschaftsebene durch Gewissenlosigkeit, enorme autoritäre Aggressivität, extreme Projektivität und destrukturierte Ich-Strukturen aus. Die autoritär-destruktiven Züge der Ideologie und ihrer Träger implizieren zugleich selbstdestruktive Züge. Sie münden sowohl in der Verherrlichung exzessiver Gewalt gegen Schwarze, „korrupte Politiker" und Juden, als auch in der Verherrlichung des ‚eigenen' Todes „für das Vaterland"[886]. Die politischen Phantasien und Projektionen, die zugleich als Entrebillet in die ‚verschworene' neo-nazistische Gemeinschaft oder „Kameradschaft" dienen, erfüllen im Neo-Nazismus in radikaler Weise die Sehnsüchte, Machtphantasien und Abspaltungen des autoritären Charakters. Sie verschaffen, insbesondere mit dem Antisemitismus, überdies erst das manichäische Feindbild, über das sich die verschworene Gemeinschaft der sich avantgardistisch und radikal dünkenden Gläubigen konstituiert und das der Gruppe eine kollektiv-narzisstische Aufwertung verschafft. Gleichzeitig tragen gerade die antisemitischen Projektionen politische Erklärungs- und Weltbildfunktion. Die anti-moderne Abwehr des soziokulturellen Chaos wird mit vielfach antisemitischen Aggressionen beantwortet, die über

---

[885] Der Fahnenträger: Der Rundbrief für Nationalisten Nr. 5; zitiert nach Bundesamt für Verfassungsschutz, Die Bedeutung des Antisemitismus im aktuellen deutschen Rechtsextremismus, a.a.O., S. 17.
[886] Vgl. Bernhard Pörksen, Die Konstruktion von Feindbildern: Zum Sprachgebrauch in neonazistischen Medien (Wiesbaden: Westdeutscher Verlag, 2000).

Vernichtungsphantasien gegenüber den „Feinden" auf Wiederherstellung einer „ursprünglichen Gemeinschaft", befreit vom „Abstrakten", zielen.

Das Spektrum so orientierter neo-nazistischer Gruppen wie Organisationen ist in den 1990er Jahren so vielfältig wie vielfach personell (weniger ideologisch) zersplittert gewesen. Die Attraktivität der Neonazi-Organisationen hat sich nicht nur durch die spezifischen politisch-sozialen Kontexte nach 1990 erhöht, sondern vermutlich auch im Zuge ihrer „Erneuerung", „Verjüngung" und der strategischen Veränderung ihrer Organisationsformen, „weg von der zentralistischen Organisation, hin zu bewegungsförmigen Strukturen."[887] Eine wesentliche, teils informelle organisatorische Grundlage des Neonazismus bilden heute überwiegend lokal operierende so genannte „autonome Kameradschaften", die sich in Teilen heute der NPD/JN zuordnen. Militant neonazistische, antisemitische Gruppen wie die „Deutsche Alternative", „Gesinnungsgemeinschaft der ‚Neuen Front'" oder die „Nationale Offensive" oder auch die zwischenzeitlich starke „Freiheitlich Deutsche Arbeiterpartei (FAP)" (430 Mitglieder 1993, verboten 1995) sind Mitte der 1990er im Zuge einer bundesweiten Verbotswelle verboten worden.[888] Dies führte zu einigen Neugründungen, vor allem aber zu einer Bewegung hin zu den „autonomen Kameradschaften" und zur NPD/JN, die sich immer weiter dem militant neo-nazistischen Spektrum öffnete (so stieg etwa der Neonazi Frank Schwerdt 1998 in den NPD-Bundesvorstand auf). Dennoch exisitieren zahlreiche neonazistische Gruppen, Organisationen und Strukturen weiter, wie etwa die (offiziell verbotene) „NSDAP-AO", die in Sachsen 20 Mitglieder zählt.[889] Teilweise kooperiert auch sie mit der NPD respektive JN.[890] Einig sind diese neo-nazistischen Tendenzen in ihrer zunehmend „nationalrevolutionären" Ausrichtung, die sich gegen „multinationale Konzerne" und „jüdischen Kapitalismus" und im Rahmen ihrer völkisch-antisemitisch besetzten nationalen Identitätskonstruktionen für einen „nationalen Sozialismus" einsetzen. Hiermit versucht die Neonazi-Szene in gestiegenem Maße, völkische Antworten auf soziale Widersprüche gerade in Ostdeutschland politisch-agitatorisch anzubieten und vorhandene Ressentiments zu ventilieren. Teilweise orientieren und organisieren sich die Gruppen subversiv bis rechtsterroristisch; so etwa die halb im Untergrund operierende Gruppe „Skinheads Sächsische Schweiz (SSS)"[891], die bis zu ihrer strafrechtlichen Verfolgung mit einem ganzen militärischen Arsenal ausgestattet war, und andere Nachfolger der rechtsterroristischen „Wehrsportgruppe Hoffmann".

Entscheidende subkulturelle und Mobilisierungs-Funktionen übernehmen auch neonazistische Rockbands wie die Gruppen „Landser" oder „Stahlgewitter"[892] sowie die verbotene rechtsextreme Skinheadbewegung „Blood and Honour" oder die „Ham-

---

[887] Richard Stöss, Rechtsextremismus im vereinten Deutschland, a.a.O., S. 95.
[888] Vgl. ibid, S. 88 – 95.
[889] Vgl. ibid; vgl. auch Hajo Funke, Politik und Paranoia, a.a.O., S. 92ff.
[890] Vgl. ibid, S. 102.
[891] Vgl. ibid, S. 38ff.
[892] Vgl. hierzu Gideon Botsch, „Gewalt, Profit und Propaganda: Konturen des rechtsextremen Musik-Netzwerkes," Blätter für deutsche und internationale Politik 3 (2001), S. 335 – 344. Vgl. auch John M. Cutter, „Sounds of hate: White power rock and roll and the neo-Nazi skinhead subculture," Terrorism and Political Violence 11 (1999), pp. 111 – 140.

merskins". Gerade einige Bands des neonazistischen Rechtsrocks knüpfen ideologisch oft unverhohlen an die antisemitische NS-Vernichtungspolitik an: Die Band „Macht & Ehre" etwa singt: „Auschwitz, Dachau, Buchenwald, da machen wir die Juden aufs Neue kalt." Die Texte zeugen teils von einem enorm brutalisierten Antisemitismus: „Komm mal her, du altes Judenschwein, ich trete dir mal die Fresse ein./Du bist der letzte Abschaum und musst hängen am nächsten Baum./An der Pappel leuchtest Du gut, du stinkendes Judenblut./Mit dem Waschen haben wir keine Sorgen, denn Juden sind als Seife geboren."[893]

All diese neonazistischen Gruppierungen zeichnen sich durch einen militanten, offenen Antisemitismus aus, einem unbedingten Wahrheitsglauben und einem „stereopathischen" (Adorno), dichotomen Freund-Feind-Denken sowie durch die Bereitschaft, die eigenen Ziele mit Gewalt durchzusetzen, wobei die Gewalt oder Gewaltphantasie nicht nur ein Mittel zum Zweck darstellt, sondern selbst das Ziel einer autoritärsadistischen ‚Befriedigung' in sich trägt.

Innerhalb des internationalen militanten Neonazismus hat die Vorstellung eines „Zionist Occupational Government" (ZOG) an Bedeutung gewonnen. Dieser Begriff signifiziert eine antisemitische Weltverschwörungstheorie, die sich zu einer extremen sozialen Paranoia verdichtet. Die Ideologie des „ZOG" ist die moderne Variante des antisemitischen Klassikers der erfundenen „Protokolle der Weisen von Zion".[894] Jene Verschwörungstheorie geht davon aus, das hinter dem gesamten politischen und sozialen Geschehen des modernen Staates, der modernen Regierungen und der modernen kapitalistischen Welt Juden stecken und die Völker mit den Mitteln von Geld und Macht „zersetzen". Sie erscheinen dergestalt als Personifikation des Abstrakten, als antimoderne ‚Erklärung' der unverstandenen Prozesse der modernen Vergesellschaftung.

Hierbei sieht man die jeweilige nationale Regierung als bloße Marionette scheinbar anonymer, letztlich von den Antisemiten als Juden zu entlarvender Mächte, die nach „Weltherrschaft" strebten – eine projektive Phantasie, die auf die größen- und verfolgungswahnsinnigen kollektiv-narzisstischen Wünsche der Neonazis selbst verweist. Die gesellschaftlichen Konflikte, Auseinandersetzungen, Spannungen und Debatten werden so zum einem „Lachwerk eines Feindes, der hinter den Kulissen seinen unheimlichen Dienst tut." Soziale Probleme und Konflikte in der „Volksgemeinschaft" werden dergestalt auf die „überstaatliche Macht der Juden" abgewälzt. Die aus Sicht der Gruppenmitglieder bloß rhetorische Frage lautet: „Wer steuert das Ganze unsichtbar im Hintergrund? Das ist das ‚auserwählte' Volk, das über die Rassenmischung, seine eigene Rasse ausgenommen, zur Weltherrschaft strebt. Das Ziel ist die Rassenmischung zu einer graubraunen Mischrasse." Das ‚ausgemachte' Ziel „der Juden", vielfach illustriert mit projektiven sexuellen und analen Bildern aus dem Wunschhaushalt des neo-nazistischen Antisemiten, ist demnach nach wie vor die „Beseitigung arischer Existenz."[895] Auch der

---

[893] So die Band „Macht & Ehre", zitiert nach Bundesamt für Verfassungsschutz, Die Bedeutung des Antisemitismus im aktuellen deutschen Rechtsextremismus, a.a.O., S. 9.
[894] Vgl. Wolfgang Benz, „Das Konstrukt der jüdischen Verschwörung gegen die Welt: Die ‚Protokolle der Weisen von Zion'," in Ders., Bilder vom Juden: Studien zum alltäglichen Antisemitismus (München: C.H. Beck, 2001), S. 27 – 43.
[895] Zitiert nach und vgl. Bernhard Pörksen, Die Konstruktion von Feindbildern, a.a.O., S. 75.

globale Bevölkerungszuwachs hat in diesem topologischen Wahn, der für alles Unverstandene oder als problematisch Erfahrene „den Juden" als Erklärung setzt, System: „Der Bevölkerungszuwachs in der dritten Welt ist beabsichtigt. Die ethnische Minderheit, die nach der Weltherrschaft strebt, beschleunigt damit die Rassenmischung."[896] Das neonazistische *National Journal* behauptete 2002, das „Führungsjudentum" habe „für ganz Europa, insbesondere für Deutschland, die Politik der multikulturellen Zersetzung" organisiert.[897]

Politiker und Medien werden schlicht bezichtigt, in der Hand einer jüdischen Manipulationsgewalt und –maschinerie zu sein. All diese Feindbilder von geheim und verschworen im Verborgenen operierenden Juden sind aktualisierte Neuauflagen der Ideologie des Nationalsozialismus. Stellenweise wird sogar das alte Propagandamaterial des NS direkt in die politische Agitation mit einbezogen. Ideologiegeschichtlich reicht der antisemitische Verschwörungsmythos, auf den hier rekurriert wird, freilich noch weiter zurück. Auch die Vorstellung einer das Bevölkerungswachstum manipulierenden jüdischen Weltmacht ist kaum etwas anderes „als eine thematisch spezifizierte, mit zeittypischen rechtsextremen Agitationsthesen amalgamierte Variante der alten dämonologischen Vorstellung vom Judentum."[898] Dabei wird der Übergang in rechtsterroristische Praktiken avisiert und begrüßt. Die „Nationale Bewegung" im Raum Potsdam begründete einen Brandanschlag am 8. Januar 2001 auf die Trauerhalle des jüdischen Friedhofes in Potsdam u.a wie folgt: „Wir setzen heute ein Zeichen gegen die jüdische Aussaugung des deutschen Volkskörpers durch die den Juden eigene parasitäre Raffsucht. Kampf dem Judentum. Kampf all seinen materiellen und personellen Quellen!!! Ein Wiedererstarken der jüdischen Rasse in Deutschland werden wir nicht zulassen."[899]

Der für den Neonazismus besonders charakteristische eliminatorische Antisemitismus manifestiert sich auch in Judenkarikaturen, in entmenschlichenden Verächtlichmachungen von Juden, die sadistisches Lachen provozieren.[900] Kein überzeugter, von projektiven Wahnvorstellungen getriebener Antisemit, dem es nicht gefiele, „den Juden" bzw. die Vorstellungen, die er von „ihm" hat, nachzuäffen und zu parodieren. In der Schriftenreihe des „Freundeskreises Freiheit für Deutschland" – der Begriff der Freiheit insinuiert hier die traditionelle deutsch-nationalistische Idee der „Freiheit von den Juden" – finden sich beispielsweise immer wieder rassistische Anspielungen auf die Physiognomie von Juden, porträtiert etwa als „Krummnasenbohrer."[901]

---

896 Zitiert nach ibid, S. 76.
897 National Journal: Die Kampfgemeinschaft für die Wiederherstellung der Menschenrechte in Deutschland und gegen antideutsche Politik Nr. 61 und 62 (2002), zitiert nach Bundesamt für Verfassungsschutz, Die Bedeutung des Antisemitismus im aktuellen deutschen Rechtsextremismus, a.a.O., S. 14. Das Beispiel zeigt, dass sich mitunter selbst Neonazis strategisch auf „Menschenrechte" berufen, wiewohl diese selbst als völkische Rechte definiert werden und Juden vom Menschenrecht rassistisch ausgeschlossen werden.
898 Bernhard Pörksen, Die Konstruktion von Feindbildern, a.a.O., S. 76.
899 Zitiert nach Bundesamt für Verfassungsschutz, Die Bedeutung des Antisemitismus im aktuellen deutschen Rechtsextremismus, a.a.O., S. 36.
900 Vgl. zu diesem Zusammenhang anhand von vielen Beispielen der Ideologiegeschichte Gerhard Scheit, Verborgener Staat, lebendiges Geld: Zur Dramaturgie des Antisemitismus, a.a.O.
901 Flugblatt des „Freundeskreises Freiheit für Deutschland," zitiert nach Bernhard Pörksen, Die Konstruktion von Feindbildern, a.a.O., S. 77.

In den Anschlägen auf das World Trade Center, die im neonazistischen Spektrum insgesamt breit zelebriert wurden, erkennt das neonazistische „Aktionsbüro Norddeutschland" im vielfach auch von linken Intellektuellen und Linksradikalen gepflegten Jargon nach den Attentaten vom 11.9.2001 das „Symbol der weltweiten Ausbeutung und Globalisierung". Wer die USA unterstütze, befinde sich auf „der Seite des internationalen Kapitals, der Multikultur und der Globalisierung – gegen die Freiheit der Völker."902 Die ideologischen Feinde des Neonazismus sind folgerichtig die USA, Israel und die Globalisierung, hinter denen allesamt „die Juden" vermutet werden. Die aggressive, demokratiefeindliche Formulierung des Philosophen Peter Sloterdijk, der im Jahre 2002 in der ZDF-Sendung „Philosophisches Quartett" die USA und Israel in Anspielung auf eine Formulierung George Bushs als „wahre Schurkenstaaten" bezeichnete, geht originär auf den ehemaligen Rechtsterroristen Manfred Roeder zurück, der schon 2001 verlautbarte, der „Terrorstaat Israel" und die USA seien „die beiden wahren Schurkenstaaten, die keinem anderen Volk ein Lebensrecht zugestehen, wenn es ihren Interessen im Wege steht."903 So fordert die neonazistische Gruppe „Die Kommenden" eine „globale Intifada" für eine „reichstreue antiimperialistische Revolution" gegen die „amerikanisch-zionistische Herrschaft", und zwar unter „Vereinigung der Antiglobalisierungsbewegung mit der islamischen Welt und das Zusammenwirken des rechten und linken Flügels der antagonistischen Bewegung gegen den Imperialismus."904

Der extreme Autoritarismus und Antisemitismus der jungen Neonazis hat also auch hier zu einer neuen Fokussierung auf „anti-imperialistischen" Antiamerikanismus und „Antizionismus" geführt, und zugleich die ideologischen Affinitäten zur (letztlich neonationalsozialistischen) Bewegungspartei NPD verstärkt. Auch in ihr finden, wie gezeigt, die verschiedenen Spielarten des Neonazismus und seiner Ideologeme, von der unmittelbaren Identifizierung mit dem „Hitlerismus" zur „nationalrevolutionären" Orientierung am Vorbild der SA und insgesamt die Unterstützung vernichtungsantisemitischer NS-Ideologie ihre politische Heimat. Sind die militanten Gruppen selbst jedoch politisch weitgehend, wie Koopmans und Statham betont haben, isoliert und marginalisiert, so reicht ihr Einfluss über die NPD in die Politik und in lokale Gemeinderäte im Osten, über die Interaktion mit rechtsextremen Subkulturen als einem „Rechtsextremismus neuen Typs" in lokale Jugendkulturen und schließlich auch in breitere gesellschaftliche Milieus.

---

902 Pressemitteilung „Aktionsbüro Norddeutschland" vom 12. September 2001; zitiert nach Bundesamt für Verfassungsschutz, Die Bedeutung des Antisemitismus im aktuellen deutschen Rechtsextremismus, a.a.O., S. 20.
903 Deutsche Bürgerinitiative 8 (2001), zitiert nach Bundesamt für Verfassungsschutz, Die Bedeutung des Antisemitismus im aktuellen deutschen Rechtsextremismus, a.a.O., S. 22.
904 „Reichstreue Antiimperialistische Revolution: Von der Globalisierungskritik zum Antiimperialismus/Das Empire des Mammons," www.die-kommenden.net, 10. Dezember 2002.

6.1.4 Antisemitismus und der „Rechtsextremismus neuen Typs"

Über 100.000 Straftaten und weit über 100 Morde seit 1990 (bei einer hohen Dunkelziffer), 1,5 Millionen verkaufte rassistische Rechtsrock-CDs in den letzten zehn Jahren sprechen eine deutliche statistische Sprache über das steigende Ausmaß eines informellen und (sub)kulturellen Rechtsextremismus.[905] Darin hat der Antisemitismus einen auch relativ steigenden Anteil.[906] Der Rechtsextremismus hat, als Ideologie- wie Organisationsform, in den letzten zehn Jahren eine durchaus steile Karriere hinter sich. Sie verweist auf einen „Rechtsextremismus neuen Typs"[907], der in vielen Gebieten insbesondere Ostdeutschlands nach 1990 zu einer „sozialen Bewegung" geworden ist.[908] Sie wird gestützt durch eine – nicht auf die Jugend beschränkte, aber dort besonders stark ausgeprägte – völkische Alltagskultur und einen informellen „Alltagsrechtsextremismus", der stets auf dem Sprung steht, in Gewalt umzuschlagen. Rechtsextremistische, neonazistische, rassistische und antisemitische Verhaltensweisen und Symbole sind heute vielfach „Teil des Alltagsdiskurses."[909] Er wird selbstreferenziell gefüttert durch mittlerweile in bestimmten Jugendmilieus gängige Sprachformen sowie politische Kommunikationen. So gilt der Begriff Jude alltagssprachlich vielfach als absolutes Negativum. Es stellt in bestimmten, von rechtsextremen Umgangs- und Verhaltensformen geprägten Jugendmilieus eine ausgesprochene, kaum zu überbietende Beleidigung dar, wenn jemand beschuldigt wird, „judenmäßig drauf" oder „Jude" zu sein. Längst schon ist es teilweise „normal" unter Jugendlichen insbesondere in Ostdeutschland, etwas Schlechtes „judenmäßig" zu finden.

Antisemitismus ist mitunter wie Rassismus Teil dieser Alltagskultur.[910] Sie wird gefördert durch lokal agierende neo-nazistische Gruppen und Kameradschaften in, um und außerhalb der NPD/JN Ihr Konzept „national befreiter Zonen"[911] verspricht Macht und Gewalt auch den Ohnmächtigen. Die NPD ist dabei als neonazistische Sammlungs- und Bewegungspartei in Gemeinderäten vertreten (z.B. in Greifswald), veranstaltet Kinderfeste und ist ein vielfach tolerierter und akzeptierter politischer Faktor in der Lokalpolitik sowie neben „autonomen Kameradschaften" ein politisch-kommunikatives Bindeglied der rechtsextremen Alltagskultur. Gleiches gilt lokal etwa in Sachsen für etablierte neonazistische Gruppen wie den „Nationalen Jugendblock Zittau" (NJB), der von der Stadt Zittau (Ostsachsen) durch einen von CDU und PDS getragenen Beschluss – entgegen dem Drängen des Verfassungsschutzes – gleich ein

---

905 Vgl. Hajo Funke und Lars Rensmann, „Kinder der Einheit: Die soziale Dynamik des Rechtsextremismus," Blätter für deutsche und internationale Politik 9 (2000).
906 Vgl. Bundesministerium des Innern (Hg.), Verfassungsschutzbericht 2001 (Berlin: BMI, 2002).
907 Hajo Funke, Politik und Paranoia, a.a.O., S. 19ff.
908 Vgl. ausführlich Bernd Wagner, Rechtsextremismus als soziale Bewegung (Berlin: Zentrum für demokratische Kultur, 1998); vgl. auch Ders., „Rechtsextremismus und völkische Oreintierung: Zur gegenwärtigen Lage in den neuen Bundesländern," Jahrbuch für Antisemitismusforschung 9 (2000), S. 22 - 34.
909 Berliner Landeskommission gegen Gewalt; zitiert nach Frankfurter Rundschau, 23. Juli 1999.
910 Vgl. Herbert Weber, „Soziokulturelle Dimensionen des modernen Rechtsextremismus: Rechtsextreme Alltagskultur," in: Zentrum für Demokratische Kultur (Hg.), Rechtsextremismus heute: Eine Einführung in Denkwelten, Erscheinungsformen und Gegenstrategien (Berlin: ZDK, 2002), S. 28 - 29.
911 Vgl. ibid, S. 84ff und 98ff.

ganzes Haus dauerhaft zur freien Verfügung gestellt bekommen hat, in dem man sich organisieren kann.[912]

Trotz deutlich sub- und jugendkulturell geprägter Elemente und Organisierungsformen (vom Rechtsrock über die Bomberjacke zur Cliquenbildung und zum Jugendzentrum als Treffpunkt) und seines Charakters als soziale Bewegung ist der Rechtsextremismus heute in manchen Regionen und Ortschaften Ostdeutschlands Teil einer „Dominanzkultur": Rechts zu sein, rassistische und antisemitische Vorurteile zu artikulieren bzw. diese aus dem sozialen Zusammenhang eliminieren zu wollen, neonazistische Slogans zu reproduzieren und zu verbreiten, neo-nazistische Musik[913] zu hören und stolz zu sein auf die ‚deutsche Herkunft' sind vielerorts Ideologiefragmente eines teils soziokulturellen Mainstreams. Hierbei spielt der um sich greifende Antisemitismus, der die Juden als Weltmacht imaginiert und als prospektive Opfer avisiert und welcher u.a. auch über das Internet verbreitet wird, heute eine besondere Rolle. Bei den dort erhältlichen neo-nazistischen und antisemitischen Computerspielen kann man u.a. „Judenmorden" „lernen".[914] Solch *informeller Rechtsextremismus* im Rahmen einer sich oft apolitisch gerierenden Jugend- und Dominanzkultur ist oft bedrohlicher als der parteilich verfasste und organisierte, weil jener diesen in der Anzahl der Beteiligten und im Potenzial um ein Vielfaches überschreitet[915] und einen über lange Zeit nachwirkenden antidemokratischen Resonanzboden in der politischen Kultur zu verfestigen in der Lage ist, der sich auch in Zukunft politisch ausdrücken kann.

Heranwachsende stoßen hierbei teils auf verfestigte Milieus rechtsextremer Gesinnung, auf mittlerweile tradierte antidemokratische Lernkulturen, oft gestärkt durch die Familie und die peer group und kaum gebremst durch (mithin überforderte) gesellschaftliche Institutionen wie die Schule. Die gewaltbereiten Rechtsextremen sind überdies vielfach zu den starken Vorbildern geworden, die sich durchsetzen, Stärke zeigen, auch wenn sie am Anderen doch nur ihre eigene Ohnmacht totschlagen. Rechtsextremismus und rechtsextreme Gewalt werden dabei oft als attraktive Handlungsmöglichkeit gesehen, aber auch als „läppischer Zeitvertreib des Totschlags."[916] Die ‚Fremden', Anderen, Juden werden dabei stereotyp, griffig personifizierend, zur Ursache aller eigenen Ohnmacht und Probleme, ja der verhassten eigenen Schwäche in einer verhärtet erfahrenen Gesellschaft, und zum Grund für alle erlebten sozialen Probleme. Auch wenn die Lösungen wie „Ausländer raus" oder „Juden raus" in Orten, in denen oftmals

---

[912] Vgl. Mariella Schwertmüller, „Heim in den Bunker: In Zittau überlassen die CDU und einige Stadträte der PDS einem neonazistischen Verein ein Haus aus städtischem Eigentum," Jungle World 27 (2002), S. 11.
[913] Vgl. hierzu ausführlich Hajo Funke, Politik und Paranoia, a.a.O., S. 106 – 119; sowie Herbert Weber und Sven Pötsch, „Erscheinungsformen rechtsextremer Kulturelemente: Rechtsextreme Musik," in: Zentrum für Demokratische Kultur (Hg.), Rechtsextremismus heute: Eine Einführung in Denkwelten, Erscheinungsformen und Gegenstrategien (Berlin: ZDK, 2002), S. 35 – 47.
[914] Vgl. Rainer Fromm und Barbara Kernbach, Rechtsextremismus im Internet: Die neue Gefahr (München: Olzog, 2001).
[915] Zum zunehmend großen Potenzial autoritärer, antisemitischer und rechtsextremer politischer Orientierungen bei Jugendlichen vgl. Corinna Kleinert und Johann de Rijke, „Rechtsextreme Orientierungen bei Jugendlichen und jungen Erwachsenen," in Wilfried Schubarth und Richard Stöss (Hg.), Rechtsextremismus in der Bundesrepublik Deutschland (Bonn: Bundeszentrale für politische Bildung, 2000), S. 167 – 198.
[916] Max Horkheimer und Theodor W. Adorno, Dialektik der Aufklärung, a.a.O., S. 200.

nicht ein einziger Ausländer oder Jude lebt, am realen Leid nichts ändern, so schaffen sie doch zugleich Aufwertungsgefühle – man gehört dazu, ist „stolz, ein Deutscher zu sein", wenn auch sonst kaum etwas dafür Anlass gibt, stolz zu sein.

Rechtsextreme Milieus und Gruppenstrukturen, von organisierten Zusammenhängen und Parteien über teils rivalisierende ‚autonome Kameradschaften' bis zum äußeren Milieukreis des Rechtsextremismus als „Lifestyle-Bewegung"[917], können, nicht nur mittels Gewalt, oftmals das soziale Terrain des öffentlichen Raumes im lokalen und kommunalen Bereich bestimmen. Dabei werden durchaus subkulturelle, autoritär-rebellische Praktiken aufgegriffen. Doch zumeist stoßen diese, wenn überhaupt, nur dann auf negative Sanktionen der Gesellschaft, wenn mittels unmittelbarer physischer Gewalt kriminell ‚über die Stränge geschlagen' wurde; die Täter wissen wohl, dass sie damit oft nicht inhaltlich gegen die gesellschaftlichen und familiären Autoritäten und deren politische Einstellungen opponieren, sondern in der Form und Radikalität der Praxis. Rechtsextreme sehen sich als Handelnde für den Mehrheitswillen, der ‚Fremde' im Ort nicht gerne sieht. Stereotype und Abwertung der ‚Anderen' sind insofern, wie gesagt, zu begreifen als Teil eines gesellschaftlichen Problems, einer teils auch gesellschaftlich gestützten Dominanzkultur, an der man in den rechtsradikalen jugendkulturellen Milieus teilhat, bzw. welche dort mit extremen Gewaltmitteln ausagiert wird.

Politisch-psychologisch geht es also um eine Mischung aus rassistischen und antisemitischen Denkformen, die sich rebellisch geben und subkulturelle Lifestyleformen aufnehmen. Gesellschaftliche Werte, die sich an ‚Leistung', sozialem Aufstieg, Arbeit, ‚Ordnung' und Macht orientieren, wirken hierbei sozial identitätsstiftend und korrespondieren mit der Abwehr der als „parasitär" konstruierten ‚Anderen' (die als von diesen Normorientierungen abweichend imaginiert werden) und mit autoritären politisch-kulturellen Mentalitätsbeständen, welche gerade in der DDR-Gesellschaft nicht gebrochen wurden. Die Rechtsextremisten weichen von diesen Gesellschaftsidealen, die die politische Sozialisation bestimmen, nicht ab. Insbesondere auch in der DDR wurden autoritär-rassistische Elemente des Nationalsozialismus konserviert in einer spezifischen kleinbürgerlichen Enge, die auf kleinen Gemeinschaftsbildungen und der Abwehr von Fremden basierte.[918]

Rechtsextreme Ideologie und Alltagskultur ist dann oftmals das radikalisierte Ventil für die sozialpsychologische Verlagerung des Inneren auf die Außenwelt, also auf das gesellschaftlich und alltagskommunikativ stereotyp reproduzierte Feindbild. Dies funktioniert in Zeiten einer als bedrohlich empfunden ökonomischen und soziokulturellen Globalisierung auch in den Alltagsmilieus mtihin ‚ideal' mit dem Antisemitismus als sozial-paranoide Weltdeutung. Diese hat den Rassismus von Beginn der 1990er Jahre in Teilen auch politisch-strategisch auf Seiten rechtsextremer Gruppierungen ersetzt, seit ‚sichtbare Feinde' wie Immigranten und Asylbewerber in weiten Regionen des Ostens kaum noch auszumachen sind. Je weniger der ‚Feind', die Personifizierung des erlebten ‚Übels' fassbar und dingfest zu machen ist, desto mehr grassieren in autoritären Milieus

---

[917] Vgl. Bernd Wagner, „Rechtsextremismus als soziale Bewegung," a.a.O.
[918] Vgl. Hajo Funke und Lars Rensmann, „Kinder der Einheit: Die soziale Dynamik des Rechtsextremismus," a.a.O., S. 1071f.

Verschwörungstheorien und moderner Antisemitismus; dies zumal, wenn es der politischen/lokalen Angebotsstruktur entspricht und man sich auf tradierte kulturelle nationale oder regional verankerte Ressentiments berufen kann. Das Phänomen informeller rechtsextremer Gemeinschaftsbildungen knüpft also sowohl an wirkungsmächtige antisemitische und rassistische Codes an, als auch an autoritären Dispositionen und Mentalitätsbestände, die von verschiedenen politisch-kulturellen Einflüssen wie gesellschaftlichen Bedingungen geprägt sind. Der politisch-ideologische Raum, in dem sich diese durch Kader unterstützte rechtsextreme Jugendkultur bewegt, muss angesichts des gesellschaftlichen Einflusses rassistischer und antisemitischer Stereotype in der Gesellschaft und einer politisch-kulturellen „Neuen Rechten" neu vermessen werden.[919]

Gerde die Entwicklung des „Rechtsextremismus neuen Typs" kann theoretisch auch als spezifische, autoritäre, antisemitische und kollektivistisch-identitätspolitische Reaktionsbildung auf (post-)moderne Veränderungsprozesse und kapitalistische Transformationen gedeutet werden. Die hierbei zutage tretende reifizierte Perzeptionsstruktur der sozialen Welt spaltet in stereopathischer Weise die als negativ erfahrenen Dimensionen der Moderne ab. Sie mündet im Hass auf das Abstrakte, das Geld, die Heimatlosigkeit, die Welt der Vermittlung, den Universalismus, die ebenso verdinglicht und fetischistisch wahrgenommen – und mit Juden identifiziert – werden wie die komplementär verherrlichte Welt des Konkreten, der physischen Arbeit und konkreten Gemeinschaft, die als ‚Wesen' der Deutschen erscheinen. Der vergötzte Mythos der ‚ursprünglichen Gemeinschaft', welcher der antisemitischen Personifikation des Abstrakten ideologisch gegenübergestellt wird, ist wie diese selbst Produkt gesellschaftlich-politischer wie individueller und im Kollektiv gestützter Ideologisierung. In ihr drückt sich die Sehnsucht nach einer „einfachen, transparenten, prämodernen Welt aus."[920] Unterfüttert durch autoritäre gesellschaftliche Sozialisationserfahrungen, zeigt sich darin eine psychosoziale und bewusstseinsförmige Regression, die meist mit der autoritären Identifikation mit Macht, dem Kollektiv und der Autorität ‚an sich' einhergeht.

Jene regressiven Reaktionsbildungen speisen sich aber immer auch aus der Tradition der politischen Kultur in Deutschland und dem Verhältnis der Deutschen zur NS-Vergangenheit. Nicht zufällig hat sich in den letzten Jahren der politische Antisemitismus als zentrales, wenn auch nur begrenzt erfolgreiches Mobilisierungsthema herausgebildet. Wie am Beispiel Horst Mahlers und der NPD wie ihrer Vorfeld- und Jugendorganisationen erläutert, greifen Agitationen gegen eine „geringe Zahl von Spekulanten der amerikanischen Ostküste", die die deutsche „Volksgemeinschaft" beherrschten, um sich. Der Kampf gegen „US-Imperialismus" und „Plutokratie" sowie die ‚nationale Frage' als ‚soziale Frage', die die organisierte extreme Rechte in der Tradition der NS-Ideologie zuletzt als Hauptmobilisierungsthema in antisemitischer Wendung aufgegriffen hat, verweisen auf den inneren Zusammenhang von völkischem Nationalismus und Antisemitismus in der Ideologiegeschichte der politischen Kultur in Deutschland.

---

[919] Vgl. Wolfgang Gessenharter, „Neue radikale Rechte, intellektuelle Neue Rechte und Rechtsextremismus," a.a.O., S. 55ff.
[920] André Gorz, Anhang zu „Arbeit zwischen Misere und Utopie," zitiert nach Stefan Neurad, „Die Arbeit der Nation," Jungle World 30/31 (2002), S. 13.

Aber auch Ressentiments gegen ein vermeintlich „raffendes" und „spekulatives" Kapital der „multinationalen Konzerne", die der „ehrlichen Arbeit" entgegengesetzt werden, oder die antisemitischen Verschwörungstheorien, mittels derer alle möglichen persönlichen und sozialen Probleme und Widersprüche personalisiert ‚erklärt' werden, sind nicht durchweg gesellschaftlich isoliert. Antisemitische Verschwörungstheorien haben nicht zuletzt auch in einer sich emanzipatorisch dünkenden deutschen Linken überleben können, die sich der Auseinandersetzung mit der deutschen Vergangenheit nur unzureichend gestellt hat.[921] Dies ermutigt die extreme Rechte verstärkt zur Mobilisierung einer rechtsextremen ‚Querfrontstrategie', die auf Einbindung der antiamerikanischen, antizionistischen und „anti-imperialistischen" Linken zielt.[922]

Kollektiv-narzisstischer Größenwahn, der Hass gegen die, die abweichen von der autoritären Norm, und die soziale Paranoia (Verfolgungswahn) sind die Triebfedern auch des *modernen* Rechtsextremismus. Der Antisemitismus erweist sich hierbei insgesamt mehr und mehr als politisches Bindemittel der extremen Rechten in Deutschland, obschon ihr gesellschaftlicher Einfluss dadurch nicht zugenommen hat. Der modernisierte Antisemitismus des Rechtsextremismus sucht dabei allerdings durchaus die Anknüpfung an aktuelle gesellschaftspolitische Themen, Ideologeme, Stichworte und Affekte gegen „Globalisierung" und „multikulturelle Gesellschaft". Es ist zugleich der Versuch der antisemitischen Mobilisierung eines Unbehagens gegenüber gesellschaftlichen wie soziokulturellen Modernisierungsphänomenen, die politisch-agitatorisch von der extremen Rechten als Teil einer „jüdischen Weltverschwörung" gedeutet werden.[923]

„Boykottiert USA!", „Gegen die Globalisierung" und „gegen US-Imperialismus", „Juden raus – aus Palästina" einerseits, „frei, sozial und national" andererseits: dies sind heute zentrale Parolen der militanten, nationalrevolutionär orientierten extremen Rechten und ihrer Parteien, die sich heute auch mit Palästina-Fahnen und Palästinensertüchern mit hohem symbolischem Wert auf ihre Demonstrationen begeben. Ihr innerer ideologischer Zusammenhang besteht in antisemitischen (teils antiamerikanisch und „antizionistisch" ‚verbrämten') Weltverschwörungstheorien, völkischem Nationalismus und Kollektivismus, und einer autoritär-ethnokratischen Demokratie- und Modernefeindschaft. Die ideologische Moderierung eines potenziellen ideologischen Konfliktfeldes zwischen politischem Antisemitismus, pro-islamistischer Haltung und Rassismus sucht dabei das IT Bündnis Rechts zu formulieren: „Die nationale Opposition ist auf keinem Auge blind und verurteilt sowohl den gegen Palästina gerichteteten Radikalzionismus der Regierung Sharon als auch die fortschreitende Islamisierung und Überfremdung unserer Heimat."[924]

Dass der Antisemitismus zum ideologischen Kernbestand des deutschen Rechtsextremismus gehört, ist kein neues Phänomen. Allerdings hat sich die ideologische Ausrichtung des organisierten wie neuen, informellen Rechtsextremismus in den letzten

---

921 Zu ideologischen Anknüpfungspunkten und Brückenschlägen zur radikalen Linken vgl. Kap. 6.3.
922 Zu den ehemals linken Akteuren dieser Strategie vgl. Anton Maegerle, „APO von rechts", a.a.O.
923 Vgl. auch Eduard Gugenberger, Franko Petri und Roman Schweidlenka, Weltverschwörungstheorien: Die neue Gefahr von rechts (Wien und München: Deuticke, 1998).
924 IT Bündnis Rechts, 16. April 2002, zitiert nach Bundesamt für Verfassungsschutz, Die Bedeutung des Antisemitismus im aktuellen deutschen Rechtsextremismus, a.a.O., S. 25.

Jahren zunehmend auf den Antisemitismus orientiert. Im programmatischen und praktischen Kampf gegen die Juden als ‚Feinde des Deutschen' weltweit und als Verkörperung der „Globalisierung" ist auch der „antizionistische Kampf", der Kampf gegen die USA und gegen Israel sowie „für das unterdrückte palästinensische Volk", der in der radikalen, insbesondere „antiimperialistischen" Linken seit Jahrzehnten einen festen Bestandteil demagogischer Welterklärung darstellt, zu einem zentralen rechtsextremen Mobilisierungsthema avanciert. Ähnliche Ideologeme finden freilich auch, in überwiegend moderaterer Form, Niederschlag in einer lange Zeit ökonomisch neo-liberal ausgerichteten rechtspopulistischen, geschichtsrevisionistischen und latent antisemitischen „Neuen Rechten", welche in Teilen mit der extremen Rechten korrespondiert und dabei mitunter kaum Berührungsängste zeigt, obschon ihr das Bemühen zueigen ist, sich als demokratische Kraft zu gerieren und zu positionieren.

6.2 Antisemitismus im Rechtspopulismus und in der „Neuen Rechten": Vom Neo- Nationalismus zu Geschichtsrevisionismus und neuer Judenfeindlichkeit

Nationalistische, revisionistische, antiamerikanische und antisemitische Affekte werden auch von der so genannten „Neuen Rechten" aufgegriffen und politisch im Rahmen eines angestrebten „metapolitischen Kulturkampfes" verstärkt. Als „Neue Rechte" wird hier eine besondere Strömung eines intellektuellen nationalistischen Rechtspopulismus aus Medien- und Kulturschaffenden, Netzwerken, Politikern und Presseerzeugnissen bezeichnet. Jene sucht eine Doppelfunktion als kulturelle, ideologische und politische Avantgarde der radikalen Rechten und – als ‚gemäßigter' Teil dieser Rechten – zugleich eine Brückenfunktion zwischen extremer und konservativer Rechter einzunehmen.[925]

Die „Neue Rechte" hat sich quasi im ‚Windschatten' der Regierung Kohl etabliert. Sie bewegt sich seither selbst in einer politischen „Grauzone" zwischen Rechtsextremismus und Nationalkonservatismus. Die Regierung Kohl, die nach der Regierungsübernahme 1982 mit ihrem frühen politischen Programm einer „geistig-moralischen Wende" die politischen Ermöglichungsbedingungen für eine neo-nationalistische Rechte in Deutschland selbst erweitert hat, wurde für die selbst-proklamierte „Neue Rechte" zum Ausgangspunkt eines „metapolitischen" Kampfes um Hegemonie, was zugleich eine Absetzbewegung gegenüber der konservativen Regierung implizierte, die als nicht konsequent und national genug kritisiert wurde. Das Konzept der „Metapolitik", ursprünglich formuliert vom französischen Neo-Rassisten Alain de Benoist und zurückgehend auf dessen Formulierung einer „Nouvelle Droite",[926] betont die strategische Bedeutung des „Kulturkampfes" als Bedingung zur Erringung der politischen Macht. Die Initialzündung eines solchen Versuchs war der zunächst vornehmlich aktionistische Versuch einer Neubündelung der nationalrevolutionär orientierten politischen Akteure

---

[925] Innenministerium des Landes Nordrhein-Westfalen (Hg.), Die Kultur als Machtfrage, a.a.O., S. 19ff. Der Band bietet insgesamt einen hervorragenden und aktuellen Überblick zur Neuen Rechten.
[926] Vgl. zum Neo-Rassismus Pierre-André Taguieff, Die Macht des Vorurteils: der Rassismus und sein Double (Hamburg: Hamburger Institut für Sozialforschung, 2000)

nach dem Scheitern der NPD bei der Bundestagswahl 1969, als jene mit 4,3% den Einzug in den Bundestag verfehlte.[927]

Im Zentrum der „Neuen Rechten" stehen die politische Wiederbelebung eines ethnischen Nationalismus, ‚organisch'-konkreter Gemeinschaftlichkeit, die Abkehr von der demokratischen Westbindung und die Überwindung des in Deutschland bis dato vermeintlich vorherrschenden „National-Masochismus".[928] Da die Rehabilitierung des deutschen Nationalismus und der an ihn gekoppelten Feindbilder, Ideologeme und autoritären ‚Sekundärtugenden' im Kern der Ideologie und Politik der „Neuen Rechten" steht,[929] ließe sich adäquater von einer *neuen nationalen* oder *neo-nationalistischen Rechten* reden.

Die „Neue Rechte" verbindet in einer Art ‚Rechtsextremismus light' den aggressiven Nationalismus, Quelle eines kollektiven Narzissmus, mit konventionellen autoritären Ordnungsvorstellungen und Tugenden sowie einer – überwiegend chiffrierten – sozialen Paranoia gegen alles, was ‚abweicht von der Norm'. So modern die Ursprünge, Motive und Konstitutionsbedingungen des Nationalismus auch sind, so ist die autoritäre politische Mobilisierungs- und Homogenisierungsideologie der „Neuen Rechten" doch ebenfalls zugleich reaktiv *anti-modern* im Kern: sie richtet sich, orientiert auf das politische Imaginäre der ‚deutschen Tradition' und ethnischen Gemeinschaft, gegen soziokulturelle Modernisierung, gegen Differenz, Urbanität, Migration, Internationalität und Heimatlosigkeit, wenn auch kaum gegen „Kapitalismus" und einen ‚internen' Neoliberalismus.[930] Der ideologische Rahmen der neuen nationalen Rechten richtet sich so, wesensverwandt dem Antisemitismus, gegen die Aufklärung („gegen 1789") und liberale Modernisierung und Demokratisierung („gegen 1968").[931] Deshalb spricht Michael Minkenberg auch von einem „Gegenmodell zur Agenda der Neuen Linken"[932], was sich allerdings in der genauen ideologiekritischen und diskurshistorischen Analyse als begrifflich zu einseitig und verkürzt erweisen dürfte. An die Stelle von Aufklärung, Liberalität und moderner Demokratie wird letztlich eine autoritäre völkische Ordnung

---

927 Vgl. Innenministerium des Landes Nordrhein-Westfalen (Hg.), Die Kultur als Machtfrage, a.a.O., S. 17.
928 Vgl. hierzu die Mehrheit der Texte aus dem programmatischen Sammelband von Heimo Schwilk und Ulrich Schacht (Hg.), Die selbstbewusste Nation: ‚Anschwellender Bocksgesang' und weitere Beiträge zu einer deutschen Debatte (Berlin: Ullstein, 1994).
929 Vgl. auch Alice Brauner-Orthen, Die Neue Rechte in Deutschland: Antidemokratische und rassistische Tendenzen (Opladen: Leske & Budrich, 2001), S. 21.
930 Die ökonomische Programmatik der „Neuen Rechten", wie rechtspopulistischer Tendenzen überhaupt, ist ein umstrittenes Terrain. Zuweilen werden im Sinne der Idee einer ‚nationalen Gemeinschaft' und der Anhängerschaft in der Arbeiterklasse verkürzt antikapitalistische Reflexe bemüht und es wird für nationalen Protektionismus votiert, oftmals tendiert man auch zu einem strikt neoliberalen Programm, das die ‚Befreiung' des Mittelstandes von Gängelung betont und von sozialdarwinistischen Zügen geprägt ist. Die NPD hat gezeigt, dass beide Positionen (wenn auch alles andere als widerspruchsfrei) in nationalistischen Ideen zusammengeführt werden können. Man einigt sich meist bei ‚weniger Steuern', finanziert durch die Bekämpfung von ‚Sozialschmarotzern', appelliert an die guten deutschen Unternehmer, Arbeit zuerst für Deutsche zu schaffen, und will die deutsche Wirtschaft auf internationalem Parkett besonders geschützt sehen – also auf einen nationalistisch-protektionistischen Sozialdarwinismus.
931 Vgl. Wolfgang Gessenharter, „Neue radikale Rechte, intellektuelle Neue Rechte und Rechtsextremismus," a.a.O., S. 47.
932 Michael Minkenberg, „Die Neue Radikale Rechte im Vergleich: Frankreich und Deutschland," Zeitschrift für Parlamentsfragen 28 (1997), S. 140 – 149, S. 145.

gesetzt. Die neue nationale Rechte gründet ihren Nationalismus somit in ‚modernisiertem' politischen Antisemitismus, Nationalismus und Xenophobie; ihre besonderen Politikfelder sind dabei „anti-Americanism, historical revisionism, and a reconceptualization of German foreign policy."[933]

Anfang der 1990er Jahre suchten sich neu-rechte Akteure retrospektiv als avangardistische politisch-intellektuelle Wegbereiter der ‚deutschen Einheit' darzustellen. Der Fall der Berliner Mauer und die Vereinigung der beiden deutschen Staaten stellten auch für die Neue Rechte eine Zäsur dar, die ihre Mobilisierungschancen erhöhte. Mit der Vereinigung „erlebten nationale Ideen und Symbolik eine Renaissance."[934] Mit dem teils politisch intendierten nationalistischen Schub im Zuge der Vereinigung der beiden deutschen Staaten gewann die „Neue Rechte" an Beachtung und Einfluss. Es gelang ihr, „an wichtigen politischen Debatten teilzunehmen und ihren Einfluss geltend zu machen, so etwa bei der Asylrechtsdebatte."[935]

Der Ansatzpunkt für die Rehabilitierung des deutschen Nationalismus und konventioneller nationaler Identitätsnarrative war bei der „Neuen Rechten" in Deutschland fast folgerichtig die „Revision" der NS-Geschichte, wie sie zunächst von nationalistischen und antisemitischen Historikern wie Ernst Nolte im Kontext des „Historikerstreits" 1986 öffentlich lanciert worden ist. Die Abwendung von kritischeren Blicken auf die antisemitischen Verbrechen der NS-Zeit sind conditio sine qua non für eine insgesamt geschönte/idealisierte Nationalgeschichte, die leicht mit erinnerungsabwehrendem Antisemitismus einhergeht und in der Auschwitz nur noch als Betriebsunfall oder gar legitimer Abwehrkampf des Abendlandes erscheint, und somit für eine offene Re-Legitimierung des völkischen, anti-westlichen Nationalismus, der den Nationalsozialismus bestimmte. Mittels der Adaption und Radikalisierung politischer Diskurse des *mainstreams*, der politischen Interaktion mit führenden CDU-Politikern wie Jörg Schönbohm, und einem avisierten „Marsch durch die Institutionen" (vor allem in den Medien) verschaffte sich die „Neue Rechte" mit ihren Ideologemen vor allem Anfang bis Mitte der 1990er Jahre Gehör[936], bevor sie selbst weitgehend in der demokratischen politischen Öffentlichkeit diskreditiert wurde und aus ihr als Akteur weitgehend verschwand. Ihre medialen Akteure gründeten eigene Zeitungen, besetzten aber vor allem über Jahre einflussreiche Positionen im Ullstein-Verlag oder in den konservativen Tageszeitungen *Die Welt*' oder der *Frankfurter Allgemeinen Zeitung*.[937] Die „Neue Rechte" war somit laut Alice Brauner-Orthen daran beteiligt, dass nach der Wende die Hemmschwelle gegenüber Nationalismus, Rassismus und Antisemitismus sowie gegen die Entkriminalisierung der deutschen Vergangenheit sank.[938] Denn die „Neue Rechte"

---

933 Hans-Georg Betz, Postmodern Politics in Germany: The Politics of Resentment (New York: St. Martin's Press, 1991), p.102.
934 Innenministerium des Landes Nordrhein-Westfalen (Hg.), Die Kultur als Machtfrage, a.a.O., S. 17f.
935 Alice Brauner-Orthen, Die Neue Rechte in Deutschland, a.a.O. S. 191.
936 Vgl. Hajo Funke, „Der aufhaltsame Marsch der neuen Rechten durch die Institutionen," Blätter für deutsche und internationale Politik 2 (1998), S. 175 – 185.
937 Vgl. Jacob Heilbrunn, „Germany's New Right," Foreign Affairs 6 (1996), pp. 80 – 98; John Eley, „The Frankfurter Allgemeine Zeitung and Contemporary National Conservatism," German Politics and Society 12 (1995), pp. 80 – 121.
938 Vgl. Alice Brauner-Orthen, Die Neue Rechte in Deutschland, a.a.O., S. 191.

wurde bisweilen Teil und mitunter „Stichwortgeber für den politischen Diskurs"[939] einer auch von etablierten politischen Parteien geförderten binnengesellschaftlichen Integration über nationalistische Rhetoriken und Symboliken, wenn auch der (für sich) selbst erhoffte breite Erfolg einer „kulturellen Hegemonie" ihrer nationalistischen und rechts-autoritären Positionen bisher ausgeblieben ist.[940]

Die intellektuelle, politische und kulturelle „Neue Rechte" ist aber gerade als eine rechtspopulistische politisch-*kulturelle* Bewegung oder Tendenz zu begreifen, die es in bestimmten Phasen geschafft hat, aus dem stigmatisierten Raum des offenen Antisemitismus und Rechtsextremismus, von dem man sich bisweilen taktisch abgegrenzt hat, hervorzutreten. Sie ist bis zu ihrer zunehmenden Diskreditierung Mitte der 1990er Jahre als politischer Akteur ernst genommen worden und hat teilweise maßgeblich am öffentlichen Diskurs teilgenommen: zu den für sie besonders relevanten Themen ‚Vergangenheitsbewältigung', ‚nationale Identität' und ‚nationales Selbstbewusstsein', ‚eigenständige deutsche Außenpolitik', Auflösung der ‚Westbindung', Postulierung autoritär-homogener Gesellschaftsideale, und ‚Entkrampfung' des deutschen Verhältnisses zu „den Juden".[941] Insofern hat sich ihre Ambition der ‚Renationalisierung' von Politik, Kultur und Gesellschaft trotz ihres eigenen politischen Scheiterns in Teilen möglicherweise mit der Erosion rechts-autoritärer Ideologeme und Vorurteile in der demokratischen Öffentlichkeit, sowie durch Annäherungen zwischen rechtsextremen und Nationalkonservativen wie ‚Nationalliberalen', partiell doch politisch-kulturell realisieren können.[942]

Laut Hans-Georg Betz gelten rechtspopulistische Bewegungen, Netzwerke und Parteien als solche, die darauf zielen, „in der Bevölkerung latent oder offen vorhandene Ressentiments aufzugreifen, zu mobilisieren und emotional aus ihnen Kapital zu schlagen."[943] Sie arbeiten mit der Diskursstraetgie des ‚Tabubruchs' und der Berufung auf die ‚wahrhaft demokratische' Stimme des Volkes. In Deutschland existiert dabei neben der spezifisch völkischen Tradition des Nationalismus ein besonderes Erbe und eine politische Besonderheit für die Mobilisierungsfähigkeit eines nationalistischen Populismus: er muss notwendig auf der Idealisierung der nationalen Geschichte basieren und

---

939 Wolfgang Gessenharter, Kippt die Republik? Die Neue Rechte und ihre Unterstützung durch Politik und Medien (München: Knaur, 1994), S. 138.
940 Der Grad der Bedeutung des Einflusses neu-rechter Ideologeme auf die gegenwärtige politische Kultur in Deutschland ist ebenso umstritten wie ihre begrifflich-politische Einordnung und Vermessung; vgl. Wolfgang Gessenharter und Helmut Fröhling (Hg.), Rechtsextremismus und Neue Rechte in Deutschland: Neuvermessung eines politisch-ideologischen Raumes, a.a.O.; Das Resümee von Brauner-Orthens mag indes das Problem der bisherigen Interaktionsverhältnisse im politischen Raum unterschätzen; gefährlich werde die Situation, so Brauner-Orthen, „erst dann, wenn eine Erosion der Abgrenzung einsetzt, und sich die Vertreter der politischen Mitte nicht mehr unmissverständlich von der Neuen Rechten und ihrem Gedankengut distanzieren." Vgl. Brauner Orthen, Die Neue Rechte in Deutschland, a.a.O., S. 193.
941 Vgl. ausführlich Jan Herman Brinks, Children of a New Fatherland: Germany's Post-War Right-Wing Politics (London and New York: I.B. Tauris, 2000).
942 Vgl. Armin Pfahl-Traughber, „Die Erben der ‚Konservativen Revolution': Zu Bedeutung, Definition und Ideologie der ‚Neuen Rechten'," in Wolfgang Gessenharter und Helmut Fröhling (Hg.), Rechtsextremismus und Neue Rechte in Deutschland, a.a.O., S. 77 – 95, hier S. 92. Der Erosions- und Interaktionsthese gänzlich widersprechen einige Autoren, so etwa Richard Stöss.
943 Hans-Georg Betz, „Rechtspopulismus: Ein internationaler Trend?," Aus Politik und Zeitgeschichte 9-10 (1998), S. 3 – 12, hier S. 5.

impliziert somit die Mobilisierung einer gesellschaftlich weit verbreiteten ‚Schlussstrich-Apologie' gegenüber der Auseinandersetzung mit den deutschen Verbrechen. Die Rehabilitierung des Nationalismus fußt auf der Relativierung des Nationalsozialismus. Dabei kommt für alle rechtspopulistischen Versuche in Deutschland dem antisemitischen Ressentiment, das bisher (anders als fremdenfeindliche Vorurteile) kaum offen von den etablierten demokratischen Parteien bedient worden ist, eine besondere Rolle (a) aus völkischer Tradition zu. Dem Antisemitismus (gerade auch aus Erinnerungsabwehr) kommt (b) auch deshalb eine integrale Rolle im ideologischen Kampf der „Neuen Rechten" zu, weil die Relativierung der NS-Vergangenheit sowie der deutschen Schuld ein zentrales Thema für eine nationalistische Rechte in Deutschland darstellen *muss*. Da die negative Erinnerung an die deutschen Verbrechen sowie die „Tabuisierung" der anvisierten Geschichtsrevision sozialpsychologisch im deutschen Bewusstsein vielfach auf Juden projiziert wird, die für das Gedenken an den Holocaust verantwortlich gemacht werden, kommt solche Mobilisierung auch deshalb kaum ohne antisemitisches Ressentiment aus, das sich (c) überdies aus der programmatischen ethnisch-nationalistischen Ablehnung der Westbindung, Amerikas und liberaler Demokratien überhaupt speist. Diese Ideologeme und Strategien dokumentieren sich innerhalb der neuen nationalen Rechten in vielfältigen, oft subtilen Anspielungen und Codes: Etwa in der Suggestion einer (jüdischen) Meinungsmacht, die in Deutschland umfassend „Meinungsmonopole" und „Tabus" durchgesetzt habe. Der Gestus des ‚mutigen Tabubruchs' gegen demokratische Grundhaltungen und im Besonderen das ‚selbstbewusste' Vorgehen gegen die (jüdischen) „Tabuwächter" ist folgerichtig eine der zentralen Diskursstrategien der „Neuen Rechten". Dabei wird teils latent, teils offen mit antisemitischen Stereotypen agitiert: Gegen eine „Ausbeutung" und „Instrumentalisierung" der deutschen Geschichte zu „jüdischen Zwecken" wird an ein nationales Wir-Kollektiv appelliert, das sich von den „Alliierten", „reeducation" und insbesondere von „den Juden", die im Zweifelsfall auch „dahinter" als Drahtzieher vermutet werden, unterdrückt fühlt.[944]

Während die deutsche Einheit zunächst in Teilen den erhofften Rückenwind einer gesellschaftlich-politischen Ausweitung nationalistischer und ethnozentrischer Ideologeme bewirkt hat, gab es für die „Neue Rechte" teils auch durch diese politische Integrationsbewegung ab Mitte der 1990er Jahre eine zunehmende Isolierung und Marginalisierung ihrer ursprünglich führenden Akteure, Organe und Netzwerke. Darauf betätigten sich mehr und mehr Aktivisten der „Neuen Rechten" (außerhalb solcher Strategieorgane wie der *Jungen Freiheit* und neben denjenigen, die den ‚Marsch durch die Institutionen' in Politik, Kultur und Medien geschafft hatten) wieder als politische Akteure im engeren Sinn.[945] Dies konzentrierte sich vor allem auf die etablierten Parteien wie FDP, CDU/CSU und teils auch die SPD (nationalliberale Kräfte in der FDP, rechtskonservative Flügel der CDU/CSU mit ihren nationalen Think Tanks wie dem ‚Studienzentrum Weikersheim'; ‚junge Nationalisten' in der SPD in der Folge des Vordenkers Tilman Fichter). Im Folgenden soll ein genauerer Blick auf Motive und Bedeutung des Antise-

---

[944] Vgl. Jan Herman Brinks, Children of a New Fatherland, a.a.O., p. 124ff.
[945] Vgl. Alice Brauner-Orthen, Die Neue Rechte in Deutschland, a.a.O., S. 161ff.

mitismus in der Ideologie dieser „Neuen Rechten" gewagt (motivische Avantgarde-Funktion) sowie nach ihrer politischen Anbindung an die etablierten politischen Kräfte und an den Rechtsextremismus gefragt werden (Brückenfunktion). Zu betonen ist, dass es sich beim Einfluss der „Neuen Rechten" keineswegs um eine ‚Verschwörung' in Medien oder Politik handelt, sondern um komplexe Interaktionen von sozialen Akteuren, Diskursen und neuen Konfliktlinien, in denen bestimmte gesellschaftliche und politische Auffassungen hervorgetreten sind, die – mit Rainer Benthin formuliert – von neuen politischen Paradigmen bzw. Konstellationen zeitweise profitieren und Legitimität gewinnen konnten bzw. sich teils politisch-kulturell haben verfestigen können.[946]

6.2.1 Die intellektuelle „Neue Rechte", nationale Affekte gegen die Westbindung und sekundärer Antisemitismus

Der politische Antisemitismus und antisemitische kulturelle Code der nationalen Rechten vermittelt sich zunächst durch verschiedene Kommunikationslatenzen und antisemitische Chiffren: so werden Juden und ihre insinuierte „Medienmacht" für „reeducation", eine „herrschende antifaschistische Moral", das vermeintlich „obsessive" und „nationalmasochistische" Gedenken an den Holocaust sowie für „antideutsche Bestrebungen" verantwortlich gemacht: Durch die Bagtellisierung des Holocaust werden Juden ausgegrenzt und letztlich die deutsche Geschichte wie ‚traditionelle' antijüdische Normorientierungen glorifiziert. Amerika, seine „künstliche" und „multikulturelle" Kultur, die „amerikanische Ostküste" und die demokratische Westbindung erscheinen vornehmlich als jüdisch dominiert und dem ‚deutschen Wesen' äußerlich, oktroyiert.

Die intellektuelle „Neue Rechte" formierte sich entscheidend in den 1980er Jahren. Ihr Ziel war von Beginn an eine Art agenda setting für eine neue „Konservative Revolution". Sie beruft sich auf die intellektuelle Tradition der anti-humanistischen, antidemokratischen und antisemitischen Vorbilder wie Carl Schmitt und Ernst Jünger aus der Zeit der Weimarer Republik und des Nationalsozialismus.[947] Treibende Motive sind und bleiben die Rehabilitierung ethnisch-nationaler Homogenitätsvorstellungen sowie antiamerikanische, antiwestliche und antidemokratische Ressentiments, die sowohl eng mit einer Ablehnung der kulturellen Moderne und der Aufklärung verknüpft sind[948], als auch vielfach in antisemitische Codes übergehen.

---

946 Vgl. Rainer Benthin, Die Neuen Rechte in Deutschland und ihr Einfluß auf den politischen Diskurs der Gegenwart (New York: Peter Lang Europäischer Verlag der Wissenschaften, 1996).
947 Vgl. Elliot Neaman, „A New Conservative Revolution? Neo-Nationalism, Collective Memory, and the New Right in Germany since Unification," in Hermann Kurthen, Werner Bergmann and Rainer Erb (Eds.), Antisemitism and Xenophobia in Germany after Unification (New York and Oxford: Oxford University Press, 1997), pp. 190 – 208, hier p. 191.
948 Vgl. Jürgen Habermas, „Die Kulturkritik der Neokonservativen in den USA und in der Bundesrepublik," in Ders., Die Moderne: Ein unvollendetes Projekt. Philosophisch-politische Aufsätze 1977 – 1992 (Frankfurt a.M.: Suhrkamp, 1992); vgl. zum Antiamerikanismus der „Neuen Rechten" auch Rainer Benthin, „Neurechter Antiamerikanismus in Deutschland," Vorgänge 1 (2000), S. 46 – 54.

Elliot Neaman differenziert zwischen vier Flügeln der „Neuen Rechten" seit der deutschen Einheit: erstens diejenigen, die sich direkt auf den Geist der „Konservativen Revolution" beziehen und diese unmittelbar revitalisieren möchten; zweitens der von der französischen Nouvelle Droite beeinflusste Neo-Rassismus und Antisemitismus als „Ethnopluralismus", reklamiert von nationalrevolutionären ‚Vordenkern' wie Henning Eichberg; drittens „spirituelle Reaktionäre" um die Kulturschaffenden H.J. Syberberg oder Wolfgang Venohr, die die deutsche Vergangenheit remythologisieren und melancholisch idealisieren[949]; viertens schließlich die neo-nationalistischen und geschichtsrevisionistischen Historiker, Politiker und politischen Berater, die vor allem mit dem Beginn der Ära Kohl ins öffentliche Licht traten.[950] In der historischen Disziplin, so Neaman, „the borders between conservatives, reactionaries, and the so-called ‚revisionist' antidemocratic Right are [...] somewhat less distinct."[951]

Ihre ideologische Unterstützung hat die „Neue Rechte" schon früh in einer – teils staatsnahen – geschichtsrevisionistischen Wissenschaft gefunden[952], die zunächst wahlweise mit vermeintlichem „Vertreibungsterror"[953] gegen Deutsche, Kommunismus oder den ‚Gefahren des Antifaschismus' Auschwitz zu relativieren suchte. Im Zentrum der „Neuen Rechten" steht, wie explizit, die Rückkehr zu jenen deutsch-nationalen Doktrinen, die mit dem NS ihre Respektabilität verloren haben, und zwar insbesondere mittels ihrer abwehraggressiven Rehabilitierung durch die Verharmlosung des Holocaust und die selbstmitleidige Fokussierung auf ‚deutsche Leiden' oder kommunistische Schandtaten.[954] Kurt Sontheimer hat im ‚Historikerstreit' die Bereitschaft insbesondere eines Teils der Geschichtswissenschaft, einer vermeintlich geschichtslosen deutschen Nation die orientierenden „Stichworte zu liefern, die eine auf positive Identitätsbildung bedachte Regierung braucht"[955], scharf kritisiert: „Einige deutsche Historiker sind dabei, dem durch das Klima der herrschenden Politik favorisierten Versuch, Geschichte für politische oder nationale Interessen zu instrumentalisieren, die Argumente zu liefern."[956] Im Bewusstsein offizieller Zustimmung und Ermunterung zielten ihre Bemühungen programmatisch auf die Entschärfung, Relativierung, Normalisierung, Veralltäglichung des Nationalsozialismus einerseits, auf die Aufdeckung von identitätsrelevanten historischen Figuren und Episoden als Mittel zur Schaffung eines die bestehende Ordnung stabilisierenden Bewusstseins andererseits[957]; solches „geschieht gewiss nicht

---

949 Vgl. hierzu insbesondere Saul Friedlander, Reflections of Nazism: An Essay on Kitsch & Death (Bloomington: Indiana University Press, 1993).
950 Vgl. Elliot Neaman, „A New Conservative Revolution?," a.a.O., p. 193ff.
951 Ibid, p. 196.
952 Vgl. u.a. die Analyse von Alfred Schobert, „Geschichtsrevisionismus à la carte. Mit Nolte und Zitelmann gegen ‚Westextremismus'," in Helmut Kellershohn (Hg.), Das Plagiat. Der völkische Nationalismus der ‚Jungen Freiheit'(Duisburg: Duiburger Institut für Sozialforschung, 1994), S. 269 – 296.
953 Der Begriff entstammt dem Aufruf „Gegen das Vergessen" zum 8. Mai 1995 in der *Frankfurter Allgemeinen Zeitung*, den neben Rainer Zitelmann, Karlheinz Weissmann und Ulrich Schacht auch der Ehrenvorsitzende der CDU, Alfred Dregger, mitunterzeichnete.
954 Vgl. Jacob Heilbrunn, „Germany's New Right," Foreign Affairs 6 (1996), pp. 80 – 98, hier p. 81ff.
955 Kurt Sontheimer, „Maskenbildner schminken eine neue Identität," in ‚Historikerstreit', a.a.O., S. 275 – 280, hier S. 279.
956 Ibid, S. 276.
957 Vgl. ibid, S. 276 und 278.

6. Politischer Antisemitismus der extremen Rechten und in der radikalen Linken

durch Verordnung der Regierung, aber es bewege sich, so Sontheimer mit kritischem Blick auf die Regierung Kohl im geistigen Horizont der ‚Wende', die der Geschichte wieder eine identitätsstiftende Funktion zuweisen will"958

Die kollektiven Entlastungen, Revisionismen und antisemitischen Ressentiments sind, zumal nach der deutschen ‚Vereinigung', vor allem in Milieus nationalkonservativer Rechts-Intellektueller erstarkt und im Besondern dort „inzwischen salonfähig geworden"959. Ihre Vorreiter finden sie allerdings schon in den siebziger Jahren, u.a. in dem Philosophen Hermann Lübbe und dem neokonservativen Erlanger Historiker und späteren Redenschreiber für Helmut Kohl, Michael Stürmer. Stürmer gehörte zu den ersten, die wiederholt die deutsche Normalität und die identitätsstiftende „Rückkehr in die kulturelle Überlieferung"960 proklamierten, Anschluss an Deutschlands „vordemokratische Ära" suchten, „um am Geschichtsbewusstsein der Nation zu arbeiten."961

‚Avantgardistisch' hervorgetan haben sich hier insbesondere der Berliner Historiker Nolte, nicht weniger als der Spiritus Rector der „Neuen Rechten"962, und der Bonner Politik-Professor H.H. Knütter, deren abwehraggressive Beiträge kontinuierlich in paranoide antisemitische Verschwörungstheorien umschlagen. Beide haben sich im Laufe der Zeit in ihren ‚Positionen' zunehmend radikalisiert; Knütter, CDU-Mitglied, über lange Jahre Mitglied und bis 1990 im Beirat der Bundeszentrale für politische Bildung und Berater des Verfassungsschutzes, endete schließlich nach seiner Emeritierung als militanter antisemitischer Agitator im organisierten Rechtsextremismus.

Nolte, Protagonist des sog. ‚Historikerstreits', in dessen Verlauf er behauptete, die Deutschen hätten sechs Millionen Juden aus Angst vor ‚kommunistischen Vernichtungslagern' ermordet, Auschwitz sei keine deutsche, sondern eine ‚asiatische Tat' und der Bolschewismus dessen logischer Prius963, hat seine changierenden Entlastungskonstruktionen im Laufe der Jahre zunehmend auf das Motiv ‚jüdischer Schuld' zugespitzt. Da Nolte Juden entsprechend der nationalsozialistischen Ideologie fortwährend mit Kommunisten identifiziert964, erscheint es ihm plausibel, dass jüdische Menschen dem Völkermord zum Opfer fielen, weil die Nationalsozialisten aus „Vernichtungsfurcht"965 und Notwehr gegen zukünftig zu erleidende Grausamkeiten bolschewistischer Juden handelten. Nolte erfindet (wie andere Rechtsextremisten nach 1945 vor ihm) eine jüdische Kriegserklärung gegen Deutschland966, durch die er die Internierung und Ermor-

---

958 Ibid, S. 276.
959 Horst Dichanz et al., Antisemitismus in Medien, a.a.O., S. 81.
960 Michael Stürmer, „Geschichte in geschichtslosem Land," in: Historikerstreit, a.a.O., S. 36 - 38, hier S. 36.
961 Kurt Sontheimer, „Maskenbildner...," a.a.O., S. 276.
962 Vgl. Jacob Heilbrunn, „Germany's New Right," a.a.O., p. 85.
963 Siehe Ernst Nolte, „Vergangenheit, die nicht vergehen will," in Historikerstreit, a.a.O., S. 39 - 47, hier S. 45: „Vollbrachten die Nationalsozialisten, vollbrachte Hitler eine ‚asiatische Tat' vielleicht nur deshalb, weil sie sich und ihresgleichen als potenzielle oder wirkliche Opfer einer ‚asiatischen Tat' betrachteten? War nicht der ‚Archipel GULag' ursprünglicher als Auschwitz? War nicht der ‚Klassenmord' der Bolschewiki das logische und faktisch Prius des ‚Rassenmords' der Nationalsozialisten?"
964 Vgl. z. B. Ernst Nolte, Streitpunkte: Heutige und künftige Kontroversen um den Nationalsozialismus (Berlin: Propyläen, 1993), S. 418.
965 Ibid, S. 394.
966 Vgl. Ernst Nolte, Streitpunkte, a.a.O., S. 396.

dung der Juden rechtfertigen will[967]. Wer Deutschland den Krieg erklärt, braucht sich nach Nolte nicht zu wundern, wenn er vernichtet wird.[968] Nolte behauptet überdies, die Vergasung der Juden sei vergleichsweise human gewesen[969], und imaginiert, die vermeintlich „absolut intellektuelle[n] Wesen"[970], „meist durch die Physiognomie leicht erkennbaren Juden"[971] hätten aufgrund ihres vermeintlichen Selbstverständnisses als „Licht der Völker", verknüpft mit „Egoismus und Machtwillen [...] die Feindschaft nicht ohne Recht"[972] auf sich gezogen. Micha Brumlik weist darauf hin, dass solche gesellschaftlich akzeptierten Gleichsetzungen und vor allem Rechtfertigungen von Auschwitz in ihrem Kern über die rechtsradikale Auschwitz-Leugnung noch hinausgehen, da sie sich zur Barbarei moralisch affirmativ verhalten.[973] Dem radikalen Revisionismus der Leugner bietet Nolte zudem in seinen pseudowissenschaftlichen Abhandlungen und Vorurteilskonstruktionen auch direkt Zugang zur etablierten Wissenschaft, indem er ihre Wahnideen der „ernsthaft betriebenen Forschung" und dem „Normalgang der Wissenschaft" zurechnet.[974] Mit seiner zunehmend antisemitischen Radikalisierung hat Nolte freilich während der 1990er seine Publikationsmöglichkeiten und Rückendeckung im etablierten konservativen Medienspektrum verloren, wenn auch nicht bei nationalkonservativen Kollegen wie Horst Möller, den Leiter der Instituts für Zeitgeschichte, der jüngst eine – öffentlich skandalisierte – Laudatio auf Nolte hielt. Im Hinblick auf Noltes Versuche, die Juden des Alten Testaments als Stammväter des Genozids zu beschreiben und genealogisch für den Holocaust verantwortlich zu machen, schrieb Ulrich Raulff zu Noltes 80.Geburtstag: „Wer schon zu Zeiten des Historikerstreits den Verdacht hegte, dass sich in Noltes Suche nach ‚rationalen Kernen' ein pathologischer Kern manifestierte, sieht sich vom Spätwerk auf skurrile Weise bestätigt."[975] Nolte, der meint, der Irak-Krieg sei auf den Einfluss der jüdischen Lobby zurückzuführen,[976] publiziert heute hauptsächlich nur noch in der neurechten *Jungen Freiheit* sowie im von Resten der neu-rechten Intelligenz edierten *Jahrbuch Extremismus & Demokratie*, nimmt aber hier wie dort immer noch die Rolle eines spiritus rector ein.

Der Rechtsextremist Hans-Helmuth Knütter bekennt sich wie Nolte zum „historischen Revisionismus"[977]. Für Knütter, bis 1990 im wissenschaftlichen Beirat der Bun-

---

[967] Siehe Ernst Nolte, „Zwischen Geschichtslegende und Revisionismus? Das Dritte Reich im Blickwinkel des Jahres 1980," in „Historikerstreit" (München: Piper, 1987) S. 13 – 35, S. 24:
[968] Vgl. Horst Dichanz et al., Antisemitismus in Medien, a.a.O., S. 80.
[969] Vgl. Ernst Nolte, Streitpunkte, a.a.O., S. 398f.
[970] Ibid, S. 400.
[971] Ibid, S. 418.
[972] Ibid, S. 396.
[973] Vgl. Micha Brumlik, „Geisteswissenschaftlicher Revisionismus," a.a.O., S. 183.
[974] Ernst Nolte, Streitpunkte, a.a.O., S. 279ff und S. 304ff; vgl. dazu auch Ueberschär, „Der Mord an den Juden und der Ostkrieg," a.a.O., S. 69.
[975] Ulrich Raulff, „Verbrechen und andere Kleinigkeiten," Süddeutsche Zeitung, 11./12. Januar 2003.
[976] „Nolte ist nur eine Stimme von vielen," Gespräch mit Wolfgang Wippermann, Jüdische Allgemeine, 22. Mai 2003, S. 1.
[977] Vgl. Hans-Helmuth Knütter, „Die Weimarer Republik in der Klammer von Rechts- und Linksextremismus," in Karl Dietrich Bracher, Manfred Funke und Hans-Adolf Jacobsen (Hg), Die Weimarer Republik 1918 - 1933. Politik, Wirtschaft, Gesellschaft (Bonn: Bundeszentrale für politische Bildung, 1988), S. 387 – 406, hier S. 387.

deszentrale für politische Bildung und noch bis vor Jahren dem Bundesinnenministerium nahe stehend, in dessen Veröffentlichungen er über Jahrzehnte regelmäßig publiziert hat[978] (und welches sich erst 1996 auf öffentlichen Druck distanzierte), sind Antifaschismus und ‚Deutschfeindlichkeit' und nicht der Nazismus damals wie heute die wirkliche Gefahr in Deutschland; er sieht einen „ununterbrochene[n] Strom ‚antifaschistischer' Bewältigungspropaganda auf die Bürger der Bundesrepublik Deutschland"[979] einprasseln; hinter alledem projiziert er paranoid Kommunisten und Drahtzieher der ‚Deutschfeindlichkeit' im westlichen Ausland; „[n]eben Juden sind es vor allem Schwarze, mit besonderer Häufung im Raum New York und der Neuenglandstaaten, aber auch in Georgia."[980] Verantwortlich dafür seien, wie er in einem der programmatischen Sammelbände der ‚Neuen Rechten' gegen die „Westbindung" erläutert, u.a. „deutschfeindliche [...] britische Oberrabiner"[981], die „Interessen ausländischer Meinungsmacher"[982], „deutsche Emigranten"[983]; all dies sind offene und kryptische Images von Juden. Insbesondere in Amerika vermutet Knütter „eine ganze Gattung pornographischer Literatur unter der Tarnung des Antifaschismus, die das niedere Geschäft moralisch schminkt"[984]. Für Knütter ist es deshalb „eine wichtige aufklärerische Aufgabe von Wissenschaft, Politischer Bildung und Publizistik", „jene Interessenvertreter zu entlarven, denen es darum geht, das Deutschlandbild in manipulativer Absicht dazu zu benutzen, um finanzielle Leistungen oder politisches Verhalten mit dem Mittel des psychischen Drucks und des erpresserischen Hinweises auf die deutsche Vergangenheit zu erlangen"[985]. Der langjährige Berater des Innenministeriums Knütter will verschwörungstheoretisch die versteckten Interessen „entlarven", die die Deutschen „erpressen", diese Interessen fixiert er teils offen, teils latent als jüdisch. Die Rede von ‚unseren jüdischen Mitbürgern' ist für Knütter hingegen ein „sachlich unzutreffendes positives Vorurteil."[986]

Gerade Nolte hat bei manchen Intellektuellen, die sich weiter nach rechts bewegen[987], eifrige Nachfolger und Schüler gefunden; vor allem der ehemalige Ullstein-Cheflektor Rainer Zitelmann hat sich hier hervorgetan, aber auch Schriftsteller wie Martin Walser und Botho Strauss, längst schon Filmemacher wie H.-J. Syberberg, exlinke Publizisten wie Klaus Rainer Röhl, der gegen die antifaschistische ‚Reeducation'

---

978 Vgl. Norbert Reichling, „Der Antifaschismus als Grundtorheit unserer Epoche? Zu Risiken und Nebenwirkungen der ‚wehrhaften Demokratie'," Vorgänge Nr. 124, 4 (1993), S. 38 – 53, hier S. 45.
979 Hans-Helmuth Knütter, „Antifaschismus als innen- und außenpolitisches Kampfmittel," in Ders. (Hg.), Antifaschismus als innen- und außenpolitisches Kampfmittel (Bornheim, 1991), S. 7 – 23, hier S. 8.
980 Hans-Helmuth Knütter, Deutschfeindlichkeit. Gestern, heute und morgen ... ? (Asendorf, 1991).
981 Hans-Helmuth Knütter, „Deutschfeindlichkeit im westlichen Ausland," in Rainer Zitelmann, Karlheinz Weißmann und Michael Großheim (Hg.), Westbindung: Chancen und Risiken für Deutschland (Frankfurt a.M. und Berlin: Propyläen, 1993), S. 421 – 437, hier S. 422.
982 Ibid, S. 423.
983 Ibid, S. 426.
984 Ibid, S. 430.
985 Ibid, S. 435.
986 Hans-Helmuth Knütter, „Die Linke und der Rechtsextremismus," in Der Bundesminister des Inneren (Hg.), Verfassungsschutz - Rechtsentwicklung - Bekämpfung des Extremismus (Bonn: BMI, 1992), S. 77 – 99, hier S. 80.
987 Vgl. Jacob Heilbrunn, „Germany's New Right," a.a.O., p. 81.

durch die USA und insbesondere gegen ‚die jüdischen Emigranten' wie Adorno hetzt[988], oder auch Tilman Fichter, Ex-SDS-Mitglied und heute Referent für Schulung und Bildung der SPD, der ein Wiederauferstehen der „nationalen Identität" einfordert und einen „modernen sozialdemokratischen Vaterlandsbegriff."[989] Die „Neue Rechte" weidet sich dabei in Selbstmitleid und in einer deutschen Opferpose und will doch, wie zwei programmatische, vom neu-rechten Vordenker Rainer Zitelmann co-editierte Bücher indizierten, die Abkehr von der „Westbindung" und die „selbstbewusste Nation", der vor allem „die Juden" und der „deutsche Selbsthass" im Wege stünden; damit hat sie, wie mit der Rehabilitierung eines Geschichtsrevisionismus, partiell auch machtpolitischen Anschluss gefunden: auch Wolfgang Schäuble, heute zuständig für Außenpolitik in der CDU/CSU-Bundestgsfraktion, behauptet, die Deutschen gewännen ihre Identität nicht durch Ideen, sondern durch die „Zugehörigkeit zu einer bestimmten Nation, einem Volk" und ruft im abwehraggressiven Geist der „Neuen Rechten" nach Rückkehr zur „emotionalen, verbindenden Kraft der Nation."[990]

Neben dem Geschichtsrevisionismus, ethnsichen Nationalismus und sekundären Antisemitismus eint die „Neue Rechte" (in Differenz hier zu Schäuble) ideologisch der tiefe Affekt gegen die (amerikanische) Westbindung, die liberale Demokratie und die „Dekadenz" der Moderne, die wie in radikaleren Mobilisierungsversuchen latent oder offen mit Juden identifiziert werden. Dies dokumentiert sich in mannigfacher Weise im programmatischen Sammelband „Westbindung", der bereits 1993 erschienen ist.[991] In dieser Motivik erweist sich die „Neue Rechte" im Kern ideologisch als genuin rechtsextrem. Der der „Neuen Rechten" nahe stehende Rechtsextremist Franz Schönhuber hatte schon 1999 erhofft, dass eine antiamerikanische Bewegung die Menschen „emotionalisieren" und auch der radikalen Rechten und rechtsextremen Parteien Zulauf bescheren werde.[992] So schlug sich etwa auch die *Junge Freiheit* auf die Seite der Friedensbewegung und gegen den „US-Imperialismus". Kollektivistisch, antiliberal und antidemokratisch in ihrer Ausrichtung, fügt sich die Forderung von neu-rechten Akteuren nach einem „Kulturkrieg gegen den American Way of Life"[993] in das ideologische Profil. Ihre Ablehung der USA und des ‚Westens' unterstreicht die *Junge Freiheit* verstärkt seit den Terroranschlägen vom 11. September 2001, für die sie die USA selbst mit verantwortlich macht. Nur noch „Untermenschen" kämen erst jetzt dazu zu erkennen, dass „die Politik der USA sowie ihre kulturelle und wirtschaftliche Dominanz" zu den Anschlägen beigtragen habe.[994]

---

[988] Vgl. ibid, p. 81 und 94.
[989] Vgl. Tilman Fichter, Die SPD und die Nation: Vier sozialdemokratische Generationen zwischen nationaler Selbstbestimmung und Zweistaatlichkeit (Berlin und Frankfurt a.M.: Ullstein, 1993), S. 23 und 17.
[990] Vgl. Wolfgang Schäuble, Und der Zukunft zugewandt (Berlin: Siedler, 1994).
[991] Rainer Zitelmann, Karlheinz Weißmann und Michael Großheim (Hg), Westbindung: Chancen und Risiken für Deutschland (Frankfurt a.M. und Berlin: Propyläen, 1993).
[992] Franz Schönhuber, „Was kann man tun?," Nation & Europa, Nr. 7-8 (1999), S. 58 – 61; zitiert nach Innenministerium des Landes Nordhrein-Westfalen (Hg), Die Kultur als Machtfrage, a.a.O., S. 69.
[993] Pierre Krebs, Das Thule-Seminar: Geistesgegenwart der Zukunft in der Morgenröte des Ethnos (Bonn 1994), zitiert nach Innenministerium des Landes Nordhrein-Westfalen (Hg), Die Kultur als Machtfrage, a.a.O., S. 69.
[994] Junge Freiheit, 21. September 2001.

Während radikal-demagogische Formen des rassistischen Antisemitismus und antisemitische Gewalt öffentlich kritisiert werden, wurden mit den diskursiven Vorstössen der „Neuen Rechten" und ihrer temporären Legitimierung als öffentliche Akteure mithin auch in staatlichen Institutionen wie in der politischen Kommunikation im Laufe der 1990er Jahre antisemitische Vorurteile bereits vor den großen Debatten und Konflikten zu Ende der 1990er Jahre und zu Beginn des neuen Jahrtausends partiell enttabuisiert[995], die Oberfläche der Zurückhaltung in Teilen zerschnitten. Von daher kann von einer „Neudefinition des Antisemitismus"[996] in der politischen Kultur der Bundesrepublik gesprochen werden. Hierbei besteht zunehmend die Gefahr, dass nur noch offen nazistische Äußerungen gegen Juden als Antisemitismus kategorisiert und bekämpft werden, Antisemitismus selbst nur in Verbindung mit organisiertem Rechtsextremismus als antidemokratisch isoliert wird und sich dabei neue „erlaubte Formen"[997] der Judenfeindlichkeit ausweiten, wobei selbst in der strafrechtlichen Verfolgung rechtsextremer antisemitischer Propaganda die Verfolgungsschwelle gestiegen zu sein scheint. Welche Rolle, Neudefinitionen, Diskursverschiebungen und politisch-psychologische Dynamiken aber beim Thema Antisemitismus und nationalistischer Ideologeme tatsächlich in der politischen Kommunikation zu taxieren sind, soll später anhand der öffentlichen Debatten der letzten Jahre genau bestimmt und geprüft werden, um überschwängliche Generalisierungen von angenommenen Tendenzen zu vermeiden.

6.2.2 Politisch-ideologische Interaktionen der „Neuen Rechten" mit dem Nationalkonservatismus und der antisemitischen extremen Rechten

Das Verhältnis der „Neuen Rechten" zum Rechtsextremismus ist doppelwertig. Armin Pfahl-Traughber und Alice Brauner-Orthen ordnen die Vertreter dieser öffentlichen rechtspopulistischen Strömung ganz dem Rechtsextremismus zu.[998] Obschon die zentralen politisch-psychologischen Motive und politischen Ideologeme – Rehabilitierung des deutschen Nationalismus, Bagatellisierung des Holocaust, modernisierter Antisemitismus, autoritäre Gesellschaftsvisionen und Rassismus – in der Tat denen des Rechtsextremismus entsprechen, so greift diese Zuordnung insofern fehl, weil sie zwar den Gehalt adäquat beschreibt, nicht aber den politischen Ort der „Neuen Rechten", von dem aus agiert wird. Diese neue nationale Rechte ist eher als rechtspopulistisch zu bezeichnen, weil sie sich diskursstrategisch stärker den politischen Rahmenbedingungen des ‚Möglichen' anpasst und sich bewusst in einer „Grauzone" zwischen der extremen und der nationalkonservativen Rechten bewegt, dabei eine politisch-strategische wie ideologische ‚Scharnierfunktion' einzunehmen versucht: sie nähert sich der ‚politischen

---

[995] Hajo Funke spricht hier von einer „Verschiebung der Tabugrenzen"; siehe Funke, „Bergen-Belsen, Bitburg, Hambach," a.a.O., S. 32.
[996] Hilde Weiss, „Latenz und Aktivierung antisemitischer Stereotype und Ideologien in Österreich," in Christine Kulke und Gerda Lederer (Hg.), Der gewöhnliche Antisemitismus, a.a.O., S. 105 – 124, hier S. 115.
[997] Birgit Rommelspacher: Schuldlos - Schuldig, a.a.O., S. 35.
[998] Vgl. Armin Pfahl-Traughber, „Die Erben der ‚Konservativen Revolution'," a.a.O.; Alice Brauner-Orthen, Die Neue Rechte in Deutschland, a.a.O.

Mitte' und sucht die Ausweitung des Aktionsradius gerade in staatlichen und intermediären Institutionen, in Parteien, Medien wie Institutionen der politischen Bildung. Sie hält aber zugleich innige Verbindungen zur extremen Rechten und zielt in der Tat letztlich auf die Verbreitung rechtsextremer Ideologeme im ‚mainstream', also auf die Verschiebung der politischen und rechtlichen Grenze zum Rechtsextremismus. In bestimmten öffentlichen Kontexten wird die politische Semantik zum Zwecke der politischen Mimikry so gezügelt, dass relativ breites Einverständnis im demokratischen Spektrum erzielt werden kann.[999] Von Interesse für den politischen Wirkungsradius sind deshalb einerseits die Ideologeme der „Neuen Rechten", andererseits durchaus auch ihre organisatorische, institutionelle und ideologische Verankerung im Rechtsextremismus sowie in den demokratischen politischen Parteien, staatlichen Institutionen und in der politischen Öffentlichkeit.

Eine zentrale Funktion als ideologisches Bindeglied zwischen Rechtsextremismus und Nationalkonservatismus kommt dabei der Wochenzeitung *Junge Freiheit* zu, dem mit einer Auflage von 70.000 derzeit größten publizistischen Medium der neuen nationalen Rechten. Sie ist zugleich exemplarisch für das Selbstverständnis des neu-rechten Rechtspopulismus in Deutschland. Die kulturelle ‚Metapolitik' und die Brückenbildung von der radikalen Rechten zum nationalen Neo-Konservatismus war hier von Beginn an (seit 1986, der ‚Geburtsstunde' des Blattes und eigentlich der heutigen „Neuen Rechten" im Kontext des ‚Historikerstreits') publizistisches Programm. Intellektueller Spiritus Rector des Blattes ist der antisemitische Historiker Ernst Nolte, politischer Übervater der österreichische Rechtspopulist, NS-Bewunderer und Antisemit Jörg Haider. Haider selbst steht für die rechtspopulistische, teils geschickt strategisch operierende und changierende Brückenbildung von der extremen Rechten zur so genannten ‚gesellschaftlichen Mitte' unter Berufung auf den „common sense" der vox populi, dessen antiintellektuellen, autoritären und potenziell antisemitischen Kern Adorno herausgearbeitet hat.[1000]

Das Projekt genießt bis heute eine breite Unterstützung sowohl von Rechtsextremen, als auch von sozialdemokratischen Nationalisten und Nationalkonservativen, kurzum von nahezu allen denjenigen politischen Kräften, deren Politik vom Motiv des ethnischen Nationalismus getragen wird. Zahlreiche Redakteure und Autoren sind Mitglieder rechtsautoritärer Burschenschaften, revanchistischer Vertriebenenverbände und der „Deutsche Gildenschaft", einer traditionell vor- und antidemokratischen Organisation, die deutsch-nationale Prinzipien mit militaristischen und antisemitischen Untertönen aufweist.[1001] Zentriert um die ethnische, deutsch-nationale Version des modernen Nationalismus zeigt sich die *Junge Freiheit* für alle möglichen nationalistischen Strömungen offen. So können trotz einer streng antikommunistischen Ausrichtung auch Elemente und ideologische Träger der DDR Unterstützung finden, insofern sie Raum

---

[999] Vgl. Wolfgang Gessenharter, „Neue radikale Rechte, intellektuelle Rechte und Rechtsextremismus," a.a.O., S. 49.
[1000] Vgl. u.a. Adorno, „Zur Bekämpfung des Antisemitismus heute," a.a.O.
[1001] Vgl. Helmut Kellershohn, „Die selbsternannte Elite: Herkunft und Selbstverständnis des Personals der ‚Jungen Freiheit'," in: Ders. (Hg.), Das Plagiat: Der völkische Nationalismus der Jungen Freiheit (Duisburg: Duisburger Institut für Sprach- und Sozialforschung, 1994), S. 51 – 116.

bietet für autoritären ‚Patriotismus' und Kollektivismus. Auch habe die DDR weitgehender der „undeutschen" Re-education (Caspar Schrenck-Notzing) widerstanden.

Die Autoren richten sich durchweg gegen die Fragmentierung und Abweichung von der national homogenisierten Norm, gegen individuelle Heterogenität, demokratischen Liberalismus und im Besonderen gegen die „amerikanische Ostküste". Ein teils codierter, teils manifester politischer Antisemitismus, der die Juden für die „deutsche Schande" und die „Katastrophen des 20. Jahrhunderts" verantwortlich macht, ist dabei ein wesentliches Element. Hervorstechend sind demgemäß Ressentiments gegen die „hegemonial linksliberalen" oder ‚von außen manipulierten' Medien. Die ebenfalls gängige, vermeintlich „tabubrechende" und programmatische Diffamierung von (jüdischen) Emigranten und von Deserteuren als „Vaterlandsverräter" geht einher mit (sekundär-)antisemitischen Angriffen auf den Zentralrat der Juden und die Erinnerungskultur in Deutschland sowie mit einer Idealisierung der Nazi-Wehrmacht, deren Soldaten angeblich den „unbequemen Weg" gegangen seien, „für die Nation zu kämpfen".[1002] Geschürt werden auch die für den Rechtsextremismus typischen rassistischen Phantasien von einer drohenden „Auflösung aller Rassen" in der multikulturellen Gesellschaft im Zuge der Globalisierung, wobei auch dieses neue Ideologem selten ohne ergänzende verschwörungstheoretische, antiamerikanische und antisemitische Chiffren verwendet wird, die nebulös auf persönliche ‚Verursacher' der Globalisierung in den USA verweisen. Überhaupt bemüht man sich, mit einer in Teilen „deceptive language"[1003] auszuloten, was in der Demokratie möglich ist, als legitime Meinungsäußerung gilt und den Juden zugemutet werden kann. Dabei ist die *Junge Freiheit* konsequent antiamerikanisch und antiisraelisch in der politischen Ausrichtung. In der Zeitung kommen regelmäßig Vertreter des palästinensisch-libanesischen Terrorismus zu Wort.[1004]

Nicht unüblich ist es gleichwohl, dass Artikel der *Jungen Freiheit* auch in anderen rechtsextremen Publikationen erscheinen. So veröffentlichte Matthias Seegrün seine positive, programmatische und exemplarische Rezeption der globalisierungsfeindlichen Thesen Alain de Benoists sowohl im Juni 2000 in der *Jungen Freiheit*, als auch in der nationalrevolutionären Postille *wir selbst*.[1005] Der „Neuen Rechten" ginge es, so Seegrün, „um eine Wiederverwurzelung des Menschen auf ethnisch-kultureller Basis als Antwort auf die als Folge der Moderne aufgekommene Identitätsfrage." Vorrangiges Ziel sei es, „den zunehmenden Vereinheitlichungstendenzen zu begegnen und die als wesentlichen Reichtum der Menschheit erkannte Vielfalt der Völker und Kulturen zu bewahren." Diese „Vielfalt der Völker" sei „unter den Bedingungen des globalen Kapitalismus bedroht." Im „Gegensatz zu bestimmten fremdenfeindlichen Strömungen, die die Probleme der westlichen Gesellschaften auf die Immigration zurückführen, erkennt sie die primäre Ursache der Gesamtentwicklung in der Globalisierung der Wirtschaft."[1006]

[1002] So der Herausgeber Dieter Stein, „Politische Begegnungen," in Roland Bubik (Hg.), Wir 89er: Wer wir sind und was wir wollen (Berlin: Ullstein Verlag, 1995), S. 165 – 180, hier S. 169f.
[1003] Elliot Neaman, „A New Conservative Revolution?,"a.a.O., p. 202.
[1004] Vgl. Bundesamt für Verfassungsschutz, Die Bedeutung des Antisemitismus für den aktuellen Rechtsextremismus, a.a.O., S. 25.
[1005] Vgl. Stefan Neurad, „Die Arbeit der Nation," wir selbst Nr. 1 (2001).
[1006] Zitiert nach ibid.

Hierbei wird traditionelle und aktuelle linke und materialistische Rhetorik adaptiert und in besonderer Weise nationalrevolutionär-völkisch gewendet. Die konkrete „organische Gemeinschaft" und ihre vorgebliche ‚Eigentlichkeit' wie ‚Wesentlichkeit' wird pauschal gegen jegliche moderne Abstraktion – Bedingung von Emanzipation –, gegen Universalismus, Zirkulationssphäre, Intellektuelle, globalen Geldverkehr und universelle Rechte mobilisiert. Dergestalt findet sich eine fetischistisch verkürzte Kritik der Moderne: die verdinglicht perzipierte und personifizierte abstrakte Herrschaft soll durch konkrete, unmittelbare Herrschaft in der „Gemeinschaft" und ihrer „natürlichen Ordnung" regressiv ersetzt werden. Nicht geht es um Differenz wie Pluralität der lebendigen Subjekte, sondern vielmehr um innere völkische Homogenität, vermeintlich in Opposition zu den totalisierenden Tendenzen globaler Ökonomie. Gegen den „multinationalen" Kapitalismus und die „Globalisierung" des Kapitalismus werden die zu ‚bewahrenden', ‚ursprünglichen' biologistisch-organizistisch konstruierten Kollektiv-Entitäten in Stellung gebracht, in denen der Einzelne im Gemeinschaftsrausch verschwindet und abgeschafft wird. Hierbei wird einmal mehr das Benoistsche Konzept des „Ethnopluralismus" revitalisiert, nun im Kampf nicht nur gegen universelle Menschenrechte und supranationale politische Ordnungen, sondern auch gegen die kulturelle Moderne und die „Globalisierung" schlechthin, für die subtil der vermeintliche „Feind der Völker" – Juden – verantwortlich gemacht wird.

In das Gesamtbild passt es, dass sowohl führende Politiker der ‚gesellschaftlichen Mitte' angesprochen und für Interviews gewonnen werden sollen, als auch Rechtsextremisten und offene Antisemiten wie Horst Mahler in der *Jungen Freiheit* schreiben sowie Holocaust-Leugner wie David Irving hofiert werden. Typisch ist auch die von Adorno betonte Holocaust-Relativierung mittels des Hinweises, die stalinistischen Verbrechen seien viel schlimmer gewesen.[1007] Für die NPD hält das Blatt sowohl politische Kritik als auch Sympathiebekundungen bereit. Gegenaufklärerische und feindliche Angriffe auf die demokratische Verfassung, diffamiert als „Ersatz einer Verfassung", geschrieben von den „Westmächten"[1008], sind ebenfalls üblich. Die Versuche der intellektuellen Bündnispolitik sind facettenreich. So gibt es einen regen Austausch von Autoren mit dem rechtsextremen *Ostpreußenblatt*, Kooperationen mit Jörg Haider und den rechtsextremen Republikanern, aber auch zu Teilen der CDU/CSU.

Das Konzept der ‚Metapolitik', der Erringung kultureller Hegemonie und der politisch-ideologischen ‚Brückenbildung', umschließt nicht zufällig auch die „nationalbewussten" Teile der CDU/CSU. Hier zeigen insbesondere Verbände der Hochschulgruppen RCDS und der Jugendorganisation Junge Union Interesse und nur selten Berührungsvorbehalte. 1995 ist beispielsweise die Berliner Junge Union mit einem Papier gegen das geplante Holocaust-Mahnmal in die Öffentlichkeit getreten, das „Kein Juden-Denkmal am Potsdamer Platz" forderte und, statt Juden in Deutschland ein Denkmal zu setzen, verlangte, eine „sinnvollere Benutzung [...], die den Bedürfnissen

---

[1007] Zitiert nach Frankfurter Rundschau, 29. Juni 2001, S. 17.
[1008] Junge Freiheit, 22. November 1996, zitiert nach Wolfgang Gessenharter, „Neue radikale Rechte...," a.a.O., S. 52.

und Perspektiven der Hauptstadt Rechnung trägt,"1009 zu finden. In scharfen Worten protestierte im Anschluss der „Bund freier Bürger", eine rechtsextreme Splittergruppe, unter dem Motto „Deutsche, wollt ihr ewig zahlen?" gegen das Mahnmal, das angeblich auf den „Machtanspruch jüdischer US-Organisationen"1010 zurückginge.

Dies verweist insgesamt auf politische Verbindungen der „Neuen Rechten" und Überschneidungen nicht nur zum Rechtsextremismus, sondern auch in die andere, etabliertere Richtung des Nationalkonservatismus und seiner organisatorischen Basis. Der erwähnte Ideologe und emeritierte Politik-Professor Hans-Helmuth Knütter, lange Zeit Teil des besonders antisemitischen Flügels der „Neuen Rechten", bewegte sich trotz seiner durchaus teils offen vertretenen Ressentiments als CDU-Mitglied über Jahrzehnte in zentralen Institutionen des Staates und der politischen Bildung, um jetzt offen als rechtsextremer Agitator zu reüssieren. In der größten rechtsextremen Organisation in Deutschland, der „Gesellschaft für freie Publizistik", agitiert er nunmehr verfassungsfeindlich für den Kampf gegen die von ihm imaginierte, in Deutschland vermeintlich herrschende „antifaschistisch-volksdemokratische Ordnung". Knütter steht für eine derzeit nicht un-typische Aufhebung der taktischen Zurückhaltung bei zahlreichen nationalen Rechten. Er proklamiert heute auf einem Treffen der Neo-Nazi-Szene mit Auschwitzleugnern, gewaltbereiten Neo-Nazis und NPD-Funktionären,1011 den vereinten Kampf der radikalen und nationalen Rechten: „Es darf keine Berührungsängste geben. [...] Schließlich und grundlegend ist die kämpferische Grundhaltung. Das falscheste wäre, einem feindlichen Druck nachzugeben." Seine Agitationsreden enden regelmäßig mit einem Zitat von Augustinus: „Und wenn dich der Tod nicht als Sieger antrifft, soll er dich als Kämpfer finden."1012 Knütter offenbart hierbei eine durch und durch faschistische Moralwelt. Für den Kampf gegen den inneren wie äußeren „Feind", die Linke und „die Juden" fordert Knütter „wirkungsvolle Untergrundgruppen", die sich auf einen „Bürgerkrieg" vorbereiten sollen und rät: „Eine ganz wichtige Aktivität ist es, Geld zu sammeln, etwas, was auch ältere Leute tun können, denen politische Aktionen, Teilnahme an Demonstrationen, gar an Straßen- oder Saalschlachten, nicht zuzumuten sind. [...] Also kämpfen! Aber auf der richtigen Seite und nicht unter- und gegeneinander. Es ist eine üble Neigung deutscher Patrioten, sich untereinander heftiger zu bekämpfen als den gemeinsamen Feind."1013 Die antisemitisch-faschistische Ideologie, die nicht nur einem manichäischen Weltbild, sondern auch

---

1009 Zitiert nach Frankfurter Rundschau, 11. Februar 1995 und Frankfurter Allgemeine Zeitung, 18. März 1995; vgl. auch Michael Jeissmann, Mahnmal Mitte (Köln: Dumont, 1999), S. 92f; und Alfred Schobert, „Mitte und Normalität: Zur Gleichzeitigkeit von moderner Kollektivsymbolik und traditioneller institutionalistischer Symbolik," in Ernst Schulte-Holtey (Hg), Grenzmarkierungen: Normalisierung und diskursive Ausgrenzung (Duisburg: Duisburger Insitut für Sprach- und Sozialforschung, 1995).
1010 Flugblatt des „Bund freier Bürger (BfB)" vom 23. August 1998.
1011 Vgl. ARD-Panorama Nr. 614, 6. Juni 2002 (Protokoll im Internet).
1012 Hans-Helmuth Knütter, „Der Antifaschismus als politisches Kampfmittel der Linken im Wahljahr 1998 und was dagegen zu tun ist,"in Gesellschaft für Freie Publizistik (Hg), Mut zur Freiheit: 1848 – 1998. 150 Jahre Kampf um Selbtbestimmung und Einheit (Oberboihingen: GFP, 1998), S. 150 – 159, S. 159.
1013 Hans-Helmuth Knütter, „Von der ‚Freiheitlich-demokratischen Grundordnung' zur ‚Antifaschistisch-volksdemokratischen Ordnung'," in: Gesellschaft für Freie Publizistik (Hg), Deutschland wird leben (Oberboihingen: GFP, 2001), S. 117 – 134, S. 133.

der antisemitischen Logik eines ‚finalen Kampfes' folgt, ist symptomatisch für die ideologische Matrix, auf deren Hintergrund sich auch die moderateren Akteure und Formationen der „Neuen Rechten" bewegen. Die gegenwärtige Radikalisierung bestimmter Akteure der Mitte der 1980er Jahre angetretenen „Neuen Rechten" mag einerseits als Folge ihrer personellen Marginalisierung gedeutet werden, anderseits aber auch als Konsequenz einer Ausweitung der Diskursmöglichkeiten nach rechts, die die Akteure der nationalen Rechten zur Hoffnung führen mag, sich Erfolg versprechend radikaler positionieren zu können.

Soweit nach rechts wie Knütter sind das neu-rechte Autoren-Doppel Eckhard Jesse und Uwe Backes nie gegangen. Gleichwohl haben die Politikwissenschaftler, obschon Extremismusforscher, keine ideologischen „Berührungsängste" mit Rechtsextremisten wie Knütter. Mit dem lange Zeit führenden neu-rechten Vordenker Rainer Zitelmann haben sie 1990 einen Sammelband zur „Historisierung des Nationalsozialismus" herausgegebenen, der – analog zu den später von Zitelmann mitverantworteten programmatischen Bänden „Die selbstbewusste Nation" (1994) und „Westbindung" (1993) – das geschichtsrevisionistische Programm der „Neuen Rechten" zur „Normalisierung der deutschen Vergangenheit", gegen „selbstquälerische Vergangenheitsbewältigung" und die „inquisitorische Praktiken"[1014] der „Volkspädagogik", grundgelegt hat. Der Band versammelt sämtliche führenden nationalkonservativen bis offen neu-rechten Historiker. Darin findet sich auch ein Artikel von Eckhard Jesse, der zwar augenscheinlich nichts mit dem Thema „Historisierung des Nationalsozialismus" zu tun hat, wohl aber viel über den politischen Subtext des ganzen Buches verrät und auch darüber, wer vermeintlich für die „Inquisition" der Deutschen verantwortlich zeichnet: Jesse schreibt dort über „Philosemitismus, Antisemitismus und Anti-Antisemitismus: Vergangenheitsbewältigung und Tabus."[1015] Hier lamentiert Jesse in einem Patchwork aus Anspielungen, in einer Art Beschwerdebrief gegen die Juden in Deutschland, über die „schrillen Töne Heinz Galinskis" und die „aufgrund des unermesslichen Leides und Leidens [...] vielfach privilegierte jüdische Position in der Bundesrepublik", die selbst verantwortlich sei für einen ansonsten unbedeutenden Antisemitismus und Rechtsextremismus, welcher „mehr Phantom als Realität ist."[1016] Antisemitismus, so Jesse, werde von den Juden nur beschworen, „um so lautstärker und unbarmherziger, je schwächer er in Wirklichkeit ist"[1017] – denn, so die eigenwillige Theorie Jesses: „Jüdische Organisationen brauchen Antisemitismus in einer gewissen Größenordnung, um für ihre Anliegen Gehör zu finden und ihre – legitimen – Interessen besser zur Geltung zu bringen."[1018] „Vergangenheitsbewältigung" sowie der „Popanz" des Rechtsextremismus und Antisemitismus

---

1014 Uwe Backes, Eckhard Jesse und Rainer Zitelmann, „Zu diesem Band," in Dies. (Hg.), Die Schatten der Vergangenheit: Impulse zur Historisierung des Nationalsozialismus (Berlin: Ullstein, 1990), S. 11 – 22, hier S. 12.
1015 Eckhard Jesse, „Philosemitismus, Antisemitismus und Anti-Antisemitismus," in Uwe Backes, Eckhard Jesse und Rainer Zitelmann (Hg.), Die Schatten der Vergangenheit: Impulse zur Historisierung des Nationalsozialismus (Berlin: Ullstein, 1990).
1016 Ibid, S. 553 und 548.
1017 Ibid, S. 545.
1018 Ibid, S. 546.

werden so zur Erfindung der Juden im Dienste ihrer Interessen. Auch der Begriff des „Philosemitismus" wird hier zum diskursiven Mittel der „Neuen Rechten" ummodelliert: der Begriff des Philosemitismus, der mit Adorno[1019] kritisch darauf zielt, stereotype Kollektivzuschreibungen gegenüber Juden auch dort zu dechiffrieren, wo sie in Form des kollektiven Lobes erscheinen, wird hier selbst zum politischen Medium antijüdischer Affekte; als Philosemitismus wird von der „Neuen Rechten" all das diffamiert, was die bundesrepublikanische Nachkriegsdemokratie an Sensibilisierungen gegenüber den Diskriminierungen gegen die jüdische Minderheit hat realisieren können.

Jesse und Backes sind als einflussreiche Politologen tätig in verschiedenen zentralen Gremien und Beiräten sowie Herausgeber des bis heute vom Bundesinnenministerium finanzierten *Jahrbuchs Extremismus & Demokratie*, in dem Nolte als Spiritus Rector fungiert und Nolte wie Knütter zu den Hausautoren zählen.[1020] Jüngst wurden sie gar als Hauptgutachter des Bundesverfassungsgerichts im NPD-Verbotsverfahren bestellt. Hiermit wurde der „Bock zum Gärtner" gemacht, kritisierte die *Süddeutsche Zeitung*.[1021]

Fließende Übergänge von der „Neuen Rechten" zur etablierten demokratischen Öffentlichkeit finden sich weiterhin in der Publizistik. Der Herausgeber des großen wöchentlichen Nachrichtenmagazins *Focus*, Helmut Markwort, gehört zu vehementesten Unterstützern der neu-rechten Wochenzeitung *Junge Freiheit*. Markwort bietet auch immer wieder Rechtspopulisten und Rechtsextremisten wie Horst Mahler ein öffentliches Forum; dieser konnte in einem zweiseitigen Interview 1999 im Focus seine rechtsextreme „Deutschland-Bewegung" vorstellen.[1022] Markwort bewirbt die JF auf deren Website und unterstützt sie führend mit anderen Nationalkonservativen, Nationalisten und neu-rechten Ideologen wie Herbert Ammon, Karlheinz Weissmann sowie Politikern wie Hans-Peter Uhl (CSU-MdB) und Ex-Bundesstaatsanwalt Alexander von Stahl (FDP) mit Solidaritätsanzeigen in großen deutschen Tageszeitungen; so etwa als der Wochenzeitung die Kündigung ihres Kontos durch die Postbank drohte.[1023] Zuletzt erschien im Juni 2002 – ohne Markwort – in der *Süddeutschen Zeitung* ein zweiter parteilicher „Appell für die Pressefreiheit", initiiert von der *Jungen Freiheit*, den u.a. Martin Hohmann (CDU-MdB), der ehemalige SPD-Bundesforschungsminister und heutige antisemitische Verschwörungstheoretiker Andreas von Bülow, die rechtsradikalen Professoren Knütter, Wolfgang Seiffert, Klaus Motschmann und Klaus Hornung sowie der rechts-nationale Verleger Herbert Fleissner unterzeichneten.[1024] Er richtete sich gegen die NRW-Landesregierung, die die *Junge Freiheit* beobachten lässt. Eine der typischen Verdrehungen, mit denen die „Neue Rechte" arbeitet, nämlich sich selbst – die ressentimentgeleiteten Agitatoren – als durch den Staat ‚verfolgte Unschuld' darzustellen, wird hier verwendet: man klagt mit der Attitüde des Nonkonformismus die Presse-

---

[1019] Vgl. u.a. Adorno, „Zur Bekämpfung des Antisemitismus heute," a.a.O.
[1020] Vgl. Christoph Kopke und Lars Rensmann, „Die Extremismus-Formel: Zur politischen Karriere einer wissenschaftlichen Ideologie," Blätter für deutsche und internationale Politik 12 (2000), S. 1451–1462.
[1021] Heribert Prantl, „Karlsruhe macht den Bock zum Gärtner," Süddeutsche Zeitung, 6. Februar 2002, S. 5.
[1022] Vgl. Focus, 28. Dezember 1998.
[1023] „Appell für die Pressefreiheit," Anzeige, Frankfurter Allgemeine Zeitung, 1. Februar 2001, S. 6.
[1024] „Appell für die Pressfreiheit: Gegen die Verletzung demokratischer Grundrechte durch den NRW-Verfassungsschutz," Anzeige, Süddeutsche Zeitung, 5. Juni 2002, S. 13.

freiheit ein, die man anderen verwehren will, und bedient latent das Vorurteil, dass die demokratischen Medien nicht frei, sondern von Juden manipuliert seien. Zu diesem Mechanismus schrieb Adorno 1969: „Das Recht auf freie Kritik wird einseitig zugunsten derer angerufen, die dem kritischen Geist einer demokratischen Gesellschaft opponieren."[1025]

Selbst in führenden Medien wie der konservativen *Frankfurter Allgemeinen Zeitung* bleibt die Öffnung auch zu neu-rechten, rechtspopulistischen und antisemitischen Politikern und Positionen offenbar noch eine Option. So begründet die *FAZ* eine Absage an einen lange geplanten Gesprächsabend mit dem Antisemiten und Rechtspopulisten Jörg Haider wie folgt: „Die ursprüngliche Absicht der Diskussion mit Haider, eine Brücke auch zum eurokritischen Publikum zu schlagen und mit einem führenden Protagonisten des Rechtspopulismus das Gespräch zu suchen, wurde durch seine neuerlichen Invektiven unmöglich gemacht."[1026] Was über Jahre mit ideologiekritischer Absicht rekonstruiert worden ist, nämlich die ideologische und politische Nähe, das fließende „Brückenspektrum" von Nationalkonservativen, Rechtspopulisten und Rechtsextremen, wird hier in erstaunlicher Offenheit als politisch-diskursives Ziel formuliert. Der Grund für die Absage war hierbei eine Beleidigung gegenüber Außenminister Fischer durch Haider, nicht aber dessen vorangegangene, über Jahre betriebenen antisemitischen Kampagnen, die hier als „eurokritische" Position bagatellisiert werden.

Institutionelle Verankerung finden die „Neue Rechte" und ihre Ideologeme schließlich auch in Teilen der etablierten Parteien und Institutionen der politischen Bildung. Hierbei ist die rege Tätigkeit von CDU-Politikern im jüngst von der „Jungen Freiheit" gegründeten „Institut für Staatspolitik" (INSTAPO) zu nennen, in dem neben nationalistischen Intellektuellen wie Lothar Höbelt, ein Bewunderer David Irvings, u.a. auch Vera Lengsfeld (CDU/MdB) als Rednerin erscheint, um sich über eine vermeintliche Fixierung der deutschen Linken auf „deutsche Schuld" zu beschweren – der Beitrag ist anschließend in der *Jungen Freiheit* erschienen. Lengsfeld gehörte zu den wenigen deutschen Abgeordneten, die sich gegen Zahlungen an NS-Zwangsarbeiter aussprachen. Eines von Lengsfelds bestimmenden politischen Denkmotiven ist die Ranküne gegen die „alten Medien-Methoden" der Linken, alles als rassistisch zu erklären, was nicht der linken Meinung entspreche.[1027] Aber auch zu anderen nationalkonservativen Teilen der CDU/CSU gibt es einen offenen Dialog, wie im Besonderen am von Hans Filbinger gegründeten „Studienzentrum Weikersheim" (SZW) nachzuweisen ist. Dem baden-württembergischen Parlament zufolge handelt es sich beim „Studienzentrum" um eine Ausbildungsstätte für „rechte Kader."[1028] Hier treffen rechtsextreme Agitatoren, die wie Hans-Dietrich Sander, Herausgeber der rechtsextremen *Staatsbriefe*, Hans-Ulrich Kopp und Wolfgang Strauss, welche allesamt unter Beobachtung des Verfassungsschutzes stehen,[1029] auf Konservative wie Wolfgang Schäuble. Präsident des

---

[1025] Theodor W. Adorno, „Kritik," a.a.O., S. 790.
[1026] Zitiert nach „Haider wieder ausgeladen," Süddeutsche Zeitung, 5. Juni 2002, S. 6.
[1027] Zitiert nach Die tageszeitung, 24. August 2001, S. 6.
[1028] Zitiert nach Frankfurter Allgemeine Zeitung, 12. April 1995, S. 29.
[1029] Ibid. Vgl auch Blick nach rechts 16 (2001), 9. August 2001, S. 15.

SWZ ist derzeit der regelmäßige, rechtsradikale *Junge Freiheit*-Kolumnist Klaus Hornung, ein CDU-Mitglied, das auch im rechtsextremen, Auschwitz-Leugner publizierenden Grabert-Verlag veröffentlicht.[1030] Den Vize-Vorsitz hat seit 2001 Jörg Schönbohm (CDU) inne, Innenminister des Landes Brandenburg. Zentrale Themen der jährlichen Weikersheim-Tagungen sind die „nationale Identität" und die Ranküne gegen „re-education", die bei Filbinger als ein bösartiger Plan jüdischer Emigranten (allen voran von „Adorno und Horckheimer" [Fehlschreibung im Original]) erscheint.[1031] Führende Repräsentanten der Union, u.a. Edmund Stoiber, Angela Merkel und Thomas Goppel, haben überdies jahrelang im neu-rechten bis rechtsradikalen Journal *Epoche* publiziert, das ebenfalls auf Affekte gegen Juden setzt. Hier werden ansonsten vornehmlich nationalistische und geschichtsrevisionistische Texte von rechtsextremen Agitatoren wie Claus Nordbruch (*Nation Europa*) veröffentlicht. Sie wird herausgegeben vom ehemaligen Pressesprecher der bayerischen NPD, Karl Ludwig Bayer.[1032] Versuche innerhalb der FDP, zuletzt aufbauend auf neu-rechten Gruppierungen um Heiner Kappel und Alexander von Stahl einen rechtspopulistischen und deutschnationalen, an der „Neuen Rechten" und Jörg Haiders „Freiheitlichen" orientierten Kurswechsel einzuschlagen, hat es in den 1990er Jahren immer wieder gegeben. Sie waren bis zur antisemitischen FDP-Affäre unter der Ägide der FDP-Vorsitzenden Guido Westerwelle und Jürgen Möllemann 2002[1033] allerdings gescheitert.[1034]

Der Einfluss von neu-rechten Positionen und Akteuren erscheint heute freilich insgesamt begrenzt. Allerdings bestimmen Ausnahmen die Regel. In der wichtigen Bundeszentrale für politische Bildung ist der radikale Antizionist Ludwig Watzal einer der führenden Redakteure der renommierten wissenschaftlichen *Parlament*-Beilage „Aus Politik und Zeitgeschichte". Er ist außerdem einer der Autoren des ersten programmatischen neu-rechten Sammelbandes gegen die „Westbindung", in welchem er über den „falschen Weg" der Europäischen Union lamentiert, die die „nationale Identität" und den „gesunden Patriotismus" untergrabe.[1035] Der Artikel ist eine Ansammlung von antieuropäischen Ressentiments, vom Ideologem von Deutschland als „Zahlmeister der EG"[1036] bis zur Rede von den Funktionären, die „nicht repräsentativ sind für den Mann/die Frau auf der Strasse".[1037] Weitere Themen Watzals sind die „Normalisierung" der deutschen nationalen Identität und der Souveränität gegenüber Amerika, die Betonung einer ausschließlich am „nationalen Interesse" orientierten Außenpolitik, die

---

1030 Vgl. ARD-Panorama Nr. 614, 6. Juni 2002.
1031 Vgl. die Texte auf den Web-Seiten von Hans Fiblinger und vom SZW.
1032 Vgl. Michael Stiller, „Die CSU und die Haselnuss-Postille," Süddeutsche Zeitung, 26./27. Januar 2002, S. 9.
1033 Vgl. Kapitel 7.5.
1034 Vgl. Alice Brauner-Orthen, Die Neue Rechte in Deutschland, a.a.O., S. 162ff.
1035 Vgl. Ludwig Watzal, „Der Irrweg von Maastricht," in Rainer Zitelmann, Karlheinz Weissmann und Michael Grossheim, Westbindung: Chancen und Risiken für Deutschland (Berlin: Propyläen, 1993), S. 477 – 500, S. 481.
1036 Ibid, S. 487.
1037 Ibid, S. 481.

Parteinahme für die „Neue Rechte"[1038] und eben vor allem ein mit Ressentiments unterfütterter radikaler Anti-Zionismus, der für die „Befreiung Palästinas" von den Juden streitet. Dies hat ihm Sympathie auch bei linksradikalen Splittergruppen wie „Linksruck" eingebracht, mit denen er gemeinsam Veranstaltungen zum Thema bestreitet.[1039] Im Interview mit der linken Monatsschrift *Sozialistische Zeitung* rechtfertigt Watzal noch im Juni 2003 den Terrorismus der Hamas als „Befreiungskampf" im völkischen Jargon: „Ein Volk, das so in die Hoffnungslosigkeit getrieben wurde, das eingemauert wird, dessen Existenzgrundlagen man zerstört, dessen Territorium man kolonisiert, greift zu solchen Verzweiflungstaten."[1040] Von Bedeutung ist Watzal als Ideologe der Neuen Rechten, der in der politischen Bildung der Bundesrepublik etabliert ist, und den Brückenschlag zu den antiamerikanischen, antizionistischen und antisemitischen Teilen der radikalen Linken praktiziert, die im Folgenden zu analysieren sein wird.

Eine genaue, historisch-systematische Bewertung des Einflusses der „Neuen Rechten" auf die politische Willensbildung und des politisch-öffentlichen Gestaltungsspielraums der neuen nationalen Rechten und ihrer antisemitischen Ideologeme in der Bundesrepublik bleibt freilich, trotz verschiedentlicher überzeugender Ansätze,[1041] weiterhin ein Gegenstand und Desiderat der Forschung.

6.3 Vom antiimperialistischen Weltbild zur Israelfeindschaft: Linksradikaler Antisemitismus, seine politisch-psychologischen Funktionen und seine Wirkungen

Der moderne Antisemitismus als anti-modernes und zugleich modernes Weltbild und als weltdeutende politische Ideologie, die zur sozialen Paranoia tendiert, hat nicht nur in der extremen Rechten und Teilen des Rechtspopulismus in der Geschichte der Bundesrepublik eine Heimstatt gefunden, sondern, wenn auch periodisch codierter als in der radikalen Rechten, auch in beträchtlichen Teilen der radikalen und militanten Linken,[1042] die sich gleichwohl vom Anspruch her fast stets der Emanzipation und Gleichberechtigung verpflichtet fühlte. Hierbei sticht vor allem der deutliche ideologieimmanente Widerspruch hervor zwischen humanitärem Anspruch und einer bisweilen von antijüdischen Stereotypen bestimmten politischen Wirklichkeit. Insofern stehen die antijüdisch orientierten Teile der „anti-imperialistischen" Linken im Gegensatz zur extremen Rechten, die weder ihre Judenfeindschaft, noch ihre grundsätzlich anti-egalitären und antidemokratischen, auf totale Herrschaftsprinzipien und völkischen Nationalismus

---

1038 Ludwig Watzal, „Ist Deutschland souverän? Die Normalisierungsdebatte kommt diesmal von links," Neue Gesellschaft/Frankfurter Hefte 3 (1999), S. 249 – 251.
1039 Vgl. Flugblatt „Linksruck", „Freiheit für Palästina," März 2002.
1040 Sozialistische Zeitung, Nr.6 (2003), S. 5.
1041 Vgl. vor allem Rainer Benthin, Die Neue Rechte in Deutschland..., a.a.O.
1042 Dass Antisemitismus auch in vom Selbstverständnis her ‚fortschrittlichen' Bewegungen Platz finden konnte, ist kein neues Phänomen, gleichwohl erst in jüngerer Zeit erforscht. Das Problem reicht zurück auf den – vielfach offen antisemitisch besetzten – Hass der Frühsozialisten und Anarchisten auf das Geld und das Abstrakte bis in die Frauenbewegungen des 20. Jahrunhunderts; vgl. hierzu jüngst den vorzüglichen Sammelband von Mechthild Bereswill und Leonie Wagner (Hg), Bürgerliche Frauenbewegung und Antisemitismus (Tübingen: edition dsikord, 1998).

basierenden Ideologien je wirklich verschleiert hat, sondern diese selbst zum politischen Ziel erhoben hat. Dass die „sozialistischen Bewegungen den Antisemitismus nie in ihr Programm aufgenommen haben, steht fest; dass sie im Gegenteil ihn als fortschrittsfeindlich empfunden und abgewiesen haben, ist sicher; dass ihre Definition des Fortschritts jedoch ideologisch präokkupiert war, ist ebenso sicher."[1043]

In welcher Weise, über welche Wahrnehmungsformen, Ideologien und kulturelle Codes nun aber hat ein politischer Antisemitismus auch in autoritäre wie undogmatische Formen der radikalen Linken in Deutschland Eingang gefunden? Wie lässt sich dies deuten, welche unbewussten politisch-psychologischen Dynamiken spielen eine Rolle? Inwieweit beeinflussen diese Ideologeme und Dynamiken ‚linkes' Bewusstsein gegenüber aktuellen internationalen Konflikten?

6.3.1 Quellen eines linken Antisemitismus: Anti-imperialistische Weltbilder, binäre Codes, Nationalismus und sekundäre Judenfeindschaft

Innerhalb linksradikaler politischer Gruppen in der Bundesrepublik gilt ein offener politischer Antisemitismus als Teil der faschistischen Ideologie, die zu bekämpfen ist. Gleichwohl haben Elemente einer modernen antisemitischen Paranoia, die politisch offen gegen Juden zielt, sich auch in linken Gruppen und Organisationen entfalten können. Meine These ist, dass hierbei schließlich über den radikalen Antizionismus durchaus ein programmatischer politischer Antisemitismus formuliert worden ist, und dass dieser mithin eine Stellvertreterfunktion in der öffentlichen Kommunikation hat einnehmen können. Jene Strömungen sind dabei innerhalb linksradikaler Bewegungen in Deutschland nur vereinzelt auf scharfe Opposition gestoßen. In einer verkürzten, personifizierenden Kapitalismuskritik und vor allem in Formen anti-imperialistischer Ideologie, die zum geschlossenen Weltbild geronnen sind, zeigen sich Denkstrukturen, Codes, Affinitäten und Strukturanalogien zum „topologischen Wahnsystem" (Adorno) des antisemitischen Weltbildes. Diese Affinitäten begünstigen zugleich auch die Adaption antisemitischer Vorurteile. In einem wegweisenden Aufsatz hat Hans Keilson bereits 1988 auf politisch-psychologische Ursprünge eines modernen „linken Antisemitismus" aufmerksam gemacht, der in autoritären Charakterdispositionen und projektiven wie kollektivistischen Sehnsüchten gründet. Auch die politische Linke sei nicht von Nationalismus, antijüdischen Vorurteilen und autoritären Dispositionen frei. Der Antisemitismus von links entstamme überdies der politisch-historisch gängigen Identifizierung von „jüdisch" und „kapitalistisch"[1044], auf die bereits Horkheimer und Adorno hingewiesen haben.

Mit der zum manichäischen Weltbild verdichteten antiimperialistischen Ideologie hat sich ein Ressentiment ausgebreitet, das quer liegt zur politischen Spaltung in links und rechts und gerade in radikalen Gruppen heute reüssiert. Jenes Ressentiment teilt

---

[1043] Hans Keilson, „Linker Antisemitismus?" Psyche 9 (1988), S. 769 – 794, hier S. 787.
[1044] Vgl. ibid.

die Welt in gut und böse ein. Es ist gekennzeichnet durch binäres wie personalisierendes Denken, das eine Clique von bösen Herrschenden (‚Bonzen', ‚Globalisierier') angreift, welche mit Trug, List, Demokratie oder Repression die guten „unterdrückten Völker", vorgestellt als ethnische Einheiten, niederhalte. Soziale und politische Herrschaft in den ökonomisch abhängigen Peripherien wird reduziert auf „Fremdherrschaft"[1045], gegen die sich das essentialistisch konstruierte „Volk" auflehnen müsse. In diesem Antiimperialismus ist alles gut und richtig, was dem Imperialismus – fast ausschließlich personifiziert in USA und Israel und nicht in Europa – schadet; das schließt mithin die Legitimation des antiamerikanischen und antisemitischen Terrorismus ein.[1046]

Im Zuge der Herausbildung und Radikalisierung eines antiimperialistischen Weltbildes und eines linksradikalen „Antizionismus" in Deutschland haben antisemitische Projektionen innerhalb der Linken von Ende der 1960er bis Ende der 1980er an Virulenz gewonnen. Sie sind dann zeitweise kritischer und selbstreflexiv diskutiert und bisweilen aus dem linksradikalen Politikfeld verdrängt worden, reüssieren allerdings seit Ende der 1990er bis heute im Kontext von „Globalisierung" und „zweiter Intifada". Dabei tendiert das antiimperialistische Weltbild, zum Antizionismus konkretisiert, dazu, antisemitische Stereotype hervorzubringen.[1047]

Die Externalisierung und Projektion antisemitischer Deutungen auf äußere, internationale Konflikte, Probleme „nationaler Befreiungsbewegungen" und „Weltkonflikte" ist hierbei eine der politisch-ideologischen und politisch-psychologischen Ermöglichungsbedingungen. Modernisierter politischer Antisemitismus in der Linken manifestiert sich zunächst kaum – oder nur über Umwege vermittelt – im offenen ‚Kampf' gegen Juden als ‚innere Feinde', die Deutschland bedrohen. Allerdings hat in der Linken seit 1967 ein militanter Kampf gegen den „Zionismus" Einzug gehalten; der als ein aggressives Feindbild dient, und von dem stets unklar war, was mit ihm gemeint sein sollte, wenn nicht das Bild von skrupellosen Juden; seit Stalins Schauprozessen war außerhalb Israels der Begriff „Zionisten" zunehmend zum Code verkommen, mit dem gegen Juden gehetzt werden kann.[1048] 1967 beschloss der SDS auf seiner 22. Delegiertenkonferenz einen uneingeschränkt antizionistischen und antiamerikanischen Kurs, der die Haltung der radikalen Linken und der späteren linken „Palästina-Solidaritätsbewegung" über Jahrzehnte bestimmen sollte: „Der Krieg zwischen Israel und seinen arabischen Nachbarn kann nur auf dem Hintergrund des anitiimperialistischen Kampfes der arabischen Völker gegen die Unterdrückung durch den angloamerikanischen Imperialismus analysiert werden. […] Zionistische Kolonisierung Palästinas hieß und heißt bis heute Vertreibung und Unterdrückung der dort lebenden eingeborenen arabischen Bevölkerung durch eine privilegierte Siedlerschicht. […] Die Anerkennung der in Palästina lebenden Juden durch die sozialrevolutionäre Bewegung in den arabischen

---

[1045] Entsprechend identifizierten so genannte ‚friedensbewegte Antiimperialisten' unter anhaltendem Applaus auf einer Osterkundgebung am 21. April 2003 in Berlin derzeit nur zwei Völker als „unterdrückte Völker", die unbedingte Solidarität bräuchten: das „irakische und das palästinensische Volk", das von einem „Vernichtungskrieg Israels" betroffen sei.
[1046] „Antisemitismus im linken Gewand," www.juedische.at, 16. Juni 2003.
[1047] Vgl. Thomas Haury, "Zur Logik des bundesdeutschen Antizionismus," a.a.O., S. 141.
[1048] Doron Rabinovici, „Importware Judenhass," a.a.O.

6. Politischer Antisemitismus der extremen Rechten und in der radikalen Linken

Ländern darf nicht identisch sein mit der Anerkennung Israels als Brückenkopf des Imperialismus und als zionistisches Staatsgebilde."[1049] Die Überlebenden des Holocaust gehen hier in der Sicht der Nachkommen der Tätergesellschaft in einer „privilegierten Siedlerschicht" auf, ihr Existenzrecht und Selbstverteidigungsrecht wird mit der Aberkennung des „Staatsgebildes" negiert.

Partiell stellte sich in der Folge in den 1970er Jahren über den Antizionismus ein politisch-ideologischer Schulterschluss zwischen unabhängigen, maoistischen und prosowjetischen Strömungen ein, unter der Zielsetzung, „Zionismus und Imperialismus im Nahen Osten vernichten" zu helfen.[1050] Internationale Konflikte, im besonderen derjenige in Israel und im Nahen Osten, dienen seither immer wieder in der Linken als ideale, hypermoralisch legitimierte, externe Projektionsfläche antisemitischer Vorurteile sowie erinnerungsabwehrender, geschichtsrevisionistischer Aggressionen (was sich etwa in der gängigen Gleichsetzung Israels und der „Zionisten" mit „Nazis" und „Vernichtungskriegen" kristallisiert, die die Gesellschaft der Opfer des Holocaust zu den wahren Tätern verkehrt). Nicht nur in Bezug auf Israel, auch hinsichtlich der fetischistischen, anti-modernen Ursachenfindung für zeitgenössische Weltkonflikte und personifizierende Deutungen der „Globalisierung" trifft sich die ansonsten marginalisierte radikale Linke gerade in diesem Punkt mit verbreiteten gesellschaftlichen Vorurteilen.

Augenfällig ist zunächst der politische Antisemitismus in der Tradition orthodox-kommunistischer Weltbilder und Staatsideologien, die immer noch Effekte in den Resten der radikalen, aber auch in Teilen der „undogmatischen" Linken zeitigen. Führendes publizistisches Organ des linken antiimperialistischen Weltbildes ist heute die ostdeutsche Tageszeitung *junge Welt* (mit einer Auflage von bis zu 20.000 Exemplaren), die nicht zufällig in der Tradition einer DDR-Zeitung steht. Thomas Haury hat eindrucksvoll nachgewiesen, wie es über dieses „antiimperialistische Weltbild" gerade in der autoritären DDR – deren Politik auch in der radikalen Linken der alten Bundesrepublik ein beträchtliches Maß an Unterstützung fand (DKP, SEW, Antiimperialisten) – möglich gewesen ist, den Antisemitismus politisch zu reproduzieren, um sich zugleich selbst als Partei mit dem „deutschen Volk" in eins zu setzen. Der „Feind" fungiert hierbei ohnehin als grundsätzlich ideologische Bedingung des gesamten Weltbildes und der Agitation.[1051] Schon bei Lenin und seiner Imperialismus-Theorie gewannen bei der Problematisierung des Kapitalismus „Personifizierung, Verschwörungstheorie und Geldmetaphern an Gewicht. Um für Selbstlegitimation und Stiftung kollektiver Identität [...] zu taugen, musste der Klassenfeind alsbald Gesicht, Namen und Charakter erhalten, er

---

1049 SDS-BV (Hg.), Die XXII. Ordentliche Delegiertenkonferenz: Resolutionen und Beschlüsse, S. 48 – 54, zitiert nach Martin W. Kloke, Israel und die deutsche Linke, a.a.O., S. 125.
1050 Resolution des „Palästina-Kongresses" 1973, zitiert nach Martin W. Kloke, Israel und die deutsche Linke, a.a.O., S. 140. Die prosowjetische DKP propagierte ebenfalls stets das Feindbild eines „internationalen Zionismus" als „Speerspitze" der „großen imperialistischen Mächte", disatnzierte sich aber bisweilen von terroristischen Formen des „Widerstandes"; vgl. ibid. S. 141f.
1051 Vgl. Thomas Haury, Antisemitismus von links: Kommunistische Ideologie, Nationalismus und Antizionismus in der frühen DDR (Hamburg: Hamburger Edition, 2002); Ders., „‚Finanzkapital oder Nation': Zur ideologischen Genese des Antizionismus der SED," Jahrbuch für Antisemitismusforschung 5 (1996), S. 148 – 171, hier S. 154.

musste identifiziert werden."¹⁰⁵² Im marxistisch-leninistischen und staatsautoritären, insbesondere im stalinistischen Weltbild der frühen DDR erfuhren die manichäischen wie personifizierten Gegensätze vom „(deutschen) Volk" gegenüber den „weltweiten Feinden" eine ganz neue, fast unverhüllt antisemitische Qualität. Dabei verbinden sich schon ab 1946 Antisemitismus mit Antiamerikanismus, der als „Kampf gegen den „Dollarimperialismus", die „Wallstreet" und die von den USA gesteuerten „internationalen Finanzkapitalisten" erscheint und zu einem zentralen linken Chiffre des Antisemitismus wird. Später gesellt sich der „antiimperialistische Antizionismus" hinzu. Demnach würden die „Weltimperialisten" und „Dollarkönige" „finstere Pläne" schmieden. Hinter allem Bösen stehe „unsichtbar, aber allgewaltig, das amerikanische Finanzkapital". Weltweit würden die „Raubtiere der Wallstreet [...] alle Schätze der Völker in die Tasche [...] stecken" und hätten so „Hunderte Milliarden Dollar zusammengerafft." Die Imperialisten zögen „hinter den Kulissen geheime Fäden" wahlweise gegen die Sowjetunion oder das „schaffende Volk" und wollten in ihrem „zügellosen Hass" gar „den dritten Weltkrieg vom Zaune brechen."¹⁰⁵³ Zahlreiche antisemitische Klischees werden hier zu einer verdichteten Ressentimentstruktur und Verschwörungstheorie verbunden, die nur dünn mit ‚progressivem' Anspruch kaschiert werden: dies reicht von den Projektionen einer weltumspannenden, personifizierbaren Verschwörungsmacht, die traditionell antisemitisch an der „Wallstreet" lokalisiert wird, welche mit dem Medium des Geldes („Dollarkönige") vom „schaffenden Volk" und den „Völkern" die „Schätze" „raffen" würde. Da die SED sich eins glauben wollte mit dem „Volk", war schließlich nicht nur von dehumanisierten „feindlichen Agenten", „entarteten Elementen" und „Schädlingen" die Rede, sondern auch von „Volksfeinden", die „versteckt" und „getarnt" „unterwühlen" und „zersetzen" und deshalb „entlarvt", ja „ausgemerzt" werden müssten.¹⁰⁵⁴ Die Denkstrukturen und Begriffe der Sprache des „Dritten Reiches" reüssieren hier nach 1945 als ‚linke Staatsideologie'. Ausgerufen wurde dementsprechend der „systematische Kampf gegen die verstecken Feinde innerhalb der Partei, gegen die Agenten des westlichen Imperialismus."¹⁰⁵⁵ Bundespolitiker der CDU und SPD wurden deshalb des „Landesverrats" bezichtigt – ein weiterer typischer, codierter antijüdischer Vorwurf: „Bezahlte Werkzeuge der ausländischen Finanzkreise" hätten „sich dazu hergegeben [...], die wahren Interessen des deutschen Volkes an die angloamerikanischen Imperialisten zu verschachern" und seien somit „Feinde des deutschen Volkes".¹⁰⁵⁶ Das Motiv des vorgeblichen „Verschachers des deutschen Volkes" an Ausland, Finanzkapital und US-Imperialismus findet sich so heute nur noch in neo-nazistischer Demagogie. Von der SED wurde u.a. auch das antisemitische Zinsmotiv aufgegriffen und behauptet, die „Wucherzinsen" der Marshallplankredite „plündern das deutsche Volk aus" und schmiedeten „die Kette der Schuldknechtschaft um ganze Generatio-

---

1052 Ibid.
1053 Dokumente der SED, Bd. 2 (Berlin 1952), S. 388, 250 und 393; zitiert nach Thomas Haury, „‚Finanzkapital oder Nation'," a.a.O., S. 156.
1054 Zitiert nach ibid, S. 158.
1055 Dokumente der SED, Bd. 3 (Berlin 1952), S. 121; zitiert nach Thomas Haury, „‚Finanzkapital oder Nation'," a.a.O., S. 158.
1056 Zitiert nach ibid, S. 159.

nen."1057 Selbst verschwörungstheoretische Anspielungen auf eine vermeintliche, heimliche „Verwandtschaft Adenauers mit regierenden Exponenten der 200 Familien der USA" fehlen nicht.1058

Der Kampf gegen die „Dollarzinsknechtschaft" wurde stilisiert zur Aufgabe aller „gesunden Volkskräfte": „Patriot ist, wer die ausländischen und deutschen Händler und Schacherer des Todes, die Kanonenkaufleute und Kriegsinteressenten aus dem deutschen Tempel jagt."1059 Die nationale Apologie vermengte sich hier mit dem antijüdischen Vorurteil gegen „Schacherer", „Zinsknechtschaft", also die Sphäre des Handels und der Zirkulation, mit säkularisierten Motiven des christlichen Antijudaismus, der mittels des Motivs der Vertreibung der jüdischen Händler aus dem „deutschen Tempel" konnotiert und beschworen wird. Laut SED sollte im Westen die „deutsche Jugend [...] als Fremdenlegion und Kanonenfutter für Wallstreet und den Dollar sterben."1060

Der ganze anti-imperialistische Weltdeutungs-Komplex, der von den deutschen Verbrechen nicht im mindesten irritiert erscheint, mündet im letzten in einer proklamierten Vision eines neuen ‚Endkampfes' des „deutschen Volkes", welchem Juden, Imperialisten und „zionistische Organisationen" als „Todfeinde des friedliebenden deutschen Volkes" und der anderen „Volksdemokratien" gegenübergestellt werden.1061 Die nationale Frage bestehe darin, dass „die physische Existenz der deutschen Nation gefährdet ist. [...] Die deutsche Nation ist also gezwungen, einen nationalen Existenzkampf zu führen."1062 Der Feind in diesem „Existenzkampf" ist konturiert: Es sind dies im stalinistischen Jargon die Vertreter eines „volksfremden", „wurzellosen Kosmopolitismus" und „Wallstreet-Kosmopolitiker", die als Feinde der vorpolitischen Konstruktion nationaler Identität kontrastiert werden; es ist dies die „Kulturfeindlichkeit des Amerikanismus" und seine „Kulturzersetzung" sowie das „Abstrakte als lebens- und kunstfeindlich". Vor allem gelten als Feinde unverhüllt die USA, der „Zionismus" und die „jüdischen Kapitalisten". So behauptete das SED-Parteiorgan *Neues Deutschland* 1953: „Die zionistische Bewegung [...] wird beherrscht, gelenkt und befehligt vom USA-Imperialismus, dient ausschließlich seinen Interessen und den Interessen der jüdischen Kapitalisten."1063 Antiamerikanismus, Antizionismus und Antisemitismus verschmelzen hier bereits zum modernisierten antijüdischen Weltbild.1064

1057 Zitiert nach ibid.
1058 Zitiert nach ibid.
1059 Zitiert nach ibid, S. 161.
1060 Zitiert nach ibid, S. 160.
1061 Zitiert nach ibid, S. 163.
1062 Zitiert nach ibid, S. 160.
1063 Neues Deutschland, 4. Januar 1953; zitiert nach Thomas Haury, „‚Finanzkapital oder Nation'," a.a.O., S. 163.
1064 Im Hinblick auf die Ursprünge der zutage getretenen politischen Paranoia offenbart sich in der frühen, stalinistischen DDR eine exemplarische Doppelstruktur: Der teils offene, teils ‚anti-imperialistisch' und ‚antikapitalistisch' codierte Antisemitismus legitimierte das stalinistische Regime und war ihm dienlich, da durch die Affinitäten zum nationalsozialistischen Weltbild alte Ressentiments in der Bevölkerung mobilisiert und eingespannt werden konnten. Zum anderen diente, so lässt sich begründen vermuten, die Einbindung des Antisemitismus in die zunächst ‚linken' ideologischen Konstrukte des ‚Anti-Imperialismus' und ‚Antikapitalismus' auch der politischen Rationalisierung der eigenen Ressentiments der Staatseliten.

Wichtig hieran sind nicht die aufgezeigten historischen Ideologeme im Einzelnen, sondern vielmehr die Denkstrukturen, Verknüpfungen, Semantiken, teils paranoiden politischen Deutungsmuster, die im Rahmen eines fest gefügten anti-imperialistischen Weltbildes möglich und ihm in Teilen auch eingeschrieben sind. Es verweist in seiner ‚klaren', scheinbar marxistisch deduzierten Ordnung von Gut (die Völker) und Böse (die Imperialisten und ihre Agenten) gerade auf das ‚innere Chaos' des Unbewussten autoritärer Persönlichkeitsstrukturen und die entsprechenden orientierungsstiftenden psychosozialen Funktionen, über die ideologische Orientierung dem Individuum sicheren Halt und Ordnung zu schaffen. Es verweist auch auf den noch zu erheblichen Teilen in einer sich besonders ‚rebellisch' dünkenden Linken weiterlebenden sozialen Autoritarismus/autoritären Idealismus sowie intergenerativ tradierte, oftmals unbewusst transportierte antijüdische Ideologeme und stereotype Ordnungsmuster. Zudem wird hier ein auch für linksradikale, anti-imperialistische, linksalternative und kommunistische Gruppen und Parteien in der Geschichte der Bundesrepublik durchaus immer wieder gängiges affirmatives Verhältnis zu nationalistischen Positionen sichtbar, die oft mit Antisemitismus korrelieren. So verfasste etwa das „ZK" der K-Gruppe KPD/ML im Dezember 1973 eine „Erklärung zur nationalen Frage", die sich von rechtsextremen, nationalrevolutionären Positionen nicht unterscheiden lässt. Die Forderungen „Das Nationalbewusstsein des deutschen Volkes entwickeln!" und „Vereinigen wir uns im Kampf mit allen deutschen Patrioten!" wurde wie folgt begründet: „Vereinigen wir uns mit allen Kräften des deutschen Volkes in Ost und West, die bereit sind, diesen Kampf aufzunehmen, unabhängig von ihrem religiösen oder weltanschaulichem Bekenntnis, ihrer Organisations- oder Parteizugehörigkeit in einer nationalen, revolutionären Front für ein vereinigtes und unabhängiges, sozialistisches Vaterland!"[1065]

Mögen sich viele andere Ideologeme in den post-stalinistischen Phasen linksautoritärer Organisationen und Parteien auch abgebaut und diffundiert haben: Die Konstruktion einer amerikanisch-zionistischen Weltverschwörung hat in zahlreichen Konstruktionen vom Kampf gegen den „US-Imperialismus" und von Israel als „Verbrecherstaat", „Feind der Völker", „Apartheidstaat", „Unterdrücker von heute" und als „strategischer Brückenkopf des US-Imperialismus im Nahen Osten", auch im Westen Deutschlands von 1967 bis heute einen breiten Nachhall in der radikalen Linken gefunden. Diese

---

[1065] KPD/ML, Erklärung zur nationalen Frage (Flugschrift, Dezember 1973). In ihrer neutralistisch-nationalistischen Positionierung feiert die K-Gruppe auch die „psychische Wesensart des deutschen Volkes", seinen „Ordnungssinn" und „Arbeitsfleiß". Neutralistisch-nationalistische Positionen blieben in der Linken der Bundesrepublik immer *eine* relevante Haltung. So proklamierte z.B. Reinhart Hauff in seinem Film „Der Mann auf der Mauer" (1982) mittels seiner Hauptfigur ganz offen: „Raus aus allen Pakten! Fremde Truppen raus aus Deutschland! Für ein sozialistisches, vereintes Deutschland!" Gegenüber einem US-amerikanischen GI heißt es pathetisch: „Eure Zeit ist abgelaufen!". Auch in der Friedensbewegung der 1980er waren national-neutralistische Positionen bestimmend und Antiamerikanismus einflussreich. In ihr spielten nationale Sentiments, die „Sorge deutscher Intellektueller vor dem Einfluss der amerikanischen Massenkultur und eine neue Suche nach einer eigenen deutschen Identität […] eine wesentliche Rolle." Vgl. Barbara Könitz, Gefahren eines deutschen Sonderwegs: Deutschlands Zukunft zwischen Ost und West? (Bonn: Deutsche Atlantische Gesellschaft, 1986), S. 12f. Heute vertritt etwa der *junge Welt*-Redakteur Jürgen Elsässer eine national-neutralistische Position: „Der Bruch mit Amerika ist das Gebot der Stunde. Das Land zwischen Rhein und Oder kann nur zur Ruhe kommen im Ausgleich mit seinen Nachbarn in West und Ost." Jürgen Elsässer, Der deutsche Sonderweg (Hugendubel: Kreuzlingen, 2003), S. 239f.

Zuschreibungen, in denen der Antisemitismus der Tätergeneration und die politisch-kulturellen Normen, Werte und Wahrnehmungsmuster des Nationalsozialismus teils wenig bearbeitet (obgleich neu, ‚links' rationalisiert und mit moralischen Weihen versehen) einfließen, künden von autoritären, schematisch-stereotypen Weltdeutungen, einem aggressiven Freund-Feind-Denken sowie dem autoritären Hass auf das vermeintlich ‚Entwurzelte', Differente, Abstrakte, die Welt der Vermittlung und alle „fremden Mächte". Kapitalismus und „Imperialismus" werden nicht als soziale Strukturen und politische Phänomene begriffen, sondern als Verschwörungen von Personen identifiziert, die dann vielfach, im Besonderen zu zeigen am Beispiel des radikalen „Antizionismus", noch mit antijüdischen Vorurteilen besetzt werden. Sie können dann direkt politisch-ideologisch gegen Juden und ihre Rechte zielen, ohne sich selbst als politischer Antisemitismus zu begreifen, der nur bei Rechtsextremen und „Faschisten" verortet (und dort bisweilen bekämpft) wird.

Während der Antisemitismus der frühen linksautoritären DDR jüngst bereits gründlicher untersucht worden ist, gilt das für den Antisemitismus in der undogmatischen radikalen Linken und für die heute reüssierende „anti-imperialistische" und „antizionistische" deutsche Linke und ihre politisch-psychologische Motivstruktur nicht in gleichem Maße. Auch in Teilen der „Neuen Linken" und ihren vom politischen Selbstverständnis her anti-autoritären Nachfolgebewegungen und –organisationen dokumentierten sich jedoch politisch-psychologische Motive eines strukturellen wie latenten, bisweilen auch eines manifesten Antisemitismus, der Elemente der modernen politischen Paranoia ebenso aufnimmt wie sekundär-antisemitische nationale Entlastungswünsche. Bereits das anti-imperialistische Weltbild tendiert wie der Antisemitismus dazu, die gesamte soziale Welt und die gesellschaftlichen Verhältnisse zu simplifizieren und zu personalisieren. Das anti-imperialistische Weltbild, das weit über die bestimmte Kritik einer Politik hinausgeht und auf das sich heute wieder oft bezogen wird[1066], war über Jahrzehnte Teil des Selbstverständnisses von radikalen Linken.[1067] Es teilt, wie dargelegt, die Welt in Völker und befreite respektive unterdrückte Völker und Zonen ein. Zentren des Imperialismus seien die USA und ihr „Flugzeugträger" im Nahen Osten, Israel. Bei militanten linken „antizionistischen" Gruppen wird bisweilen auch das „zionistische Gebilde ‚Israel'" zum Zentrum der „Weltherrschaft". Amerikaner und „Zionisten" hätten weltweite ökonomische und „imperialistische" Interessen, die weltweit skrupellos durchgesetzt werden und die gegen das Überleben der Völker gerichtet sind, ja diese „ausbluten". Der Anti-Imperialismus stellt dabei bis heute eine tragende Säule linker ‚Identität' dar. Anti-Imperialismus und Antizionismus sind heute zwar, anders als in der extremen Rechten, umstrittene Positionen in der radikalen Linken; sie

---

[1066] Führendes ‚Organ' des anti-imperialistischen Weltbildes – und auch eines extremen Antiamerikanismus" und „Antizionismus" – ist heute, wie dargelegt, die linke Tageszeitung *junge Welt*. Im Zuge dieses klaren Feindbildes bezieht man sich auch positiv auf die rechtsextremen *Staatsbriefe*. Vgl. hierzu Anton Maegerle, „APO von rechts," a.a.O., S. 140.

[1067] Vgl. hierzu selbst die moderateren Varianten dieses Bildes, z.B. in Redaktion Diskus (Hg.), Küss den Boden der Freiheit: Texte der Neuen Linken (Berlin: Edition ID-Archiv, 1991), sowie die Periodika „Interim", „Arbeiterkampf", „Antiimperialistisches Informationsbulletin" etc.

haben in den letzten Jahren, seit der „zweiten Intifada" und den Terroranschlägen von New York und Washington, jedoch wieder erheblich an Einfluss gewonnen.

Aspekte eines politischen Antisemitismus in Teilen des Linksradikalismus zeigen sich indes nicht nur im antiimperialistischen Dogma dieser Weltdeutung, sondern auch insgesamt im zumindest überwiegend tolerierten Hang in der radikalen Linken zu verschwörungstheoretischen Deutungsmustern und einem oftmals stereotyp personifizierenden „Antikapitalismus". Dieser fixiert sich vielfach im Besonderen auf Groß-, Finanz- und „spekulatives" Kapital und dessen vermeintliche oder reale Repräsentanten. Hinzu kommt in diesem Muster nicht selten der Angriff auf die Konsumtionssphäre, den Handel und das Geld, denen Idealisierungen konkreter, ‚ursprünglicher' Gemeinschaften kontrastiert werden – ein anti-moderner Reflex und eine prämoderne Bezugnahme, die schon ideologiestrukturell Schneisen zur extremen Rechten schlägt. Mit Formen einer griffig personifizierenden, verkürzten Kapitalismuskritik, die den Feind personal identifizierbar macht statt undurchschaubare, komplexe soziale Strukturprinzipien zu kritisieren, korrespondieren oftmals ebenso konkretistische wie fetischistische, regressive Sehnsüchte nach einer „ursprünglichen", „natürlichen" Vergemeinschaftung. Solche Vorstellungswelten sind nach Adorno ebenso regressiv wie destruktiv. Freiheit ist Adorno zufolge „nur durch den zivilisatorischen Zwang hindurch"[1068], nicht durch ein Zurück zur Natur zu erreichen. Wer überhaupt sich radikal außerhalb der geschichtlichen Tendenz stellt oder wähnt, verfällt ihr erst recht.[1069] Im radikalen linken Anti-Imperialismus, der die „Völker" und ihre Staaten von den äußeren, „imperialistischen Mächten" befreien möchte, spiegeln sich dabei moderne Homogenitäts- und Gemeinschaftsvorstellungen, die nicht zufällig auch von der „anti-imperialistischen" extremen Rechten, aber auch von der „ethnopluralistischen" Neuen Rechten aufgegriffen werden. Hier wie dort wird die „Selbstbestimmung des Volkes gegenüber fremder Herrschaft" zum politischen Ziel.[1070]

Im Besonderen verkörpern im anti-imperialistischen Weltbild „echte, konkrete ‚Völker', die qua Natur existieren, qua Natur irgendwelche ‚Rechte' besitzen sollen", das Gute. Existenziell in ihrer ‚Identität' bedroht, „kämpfen sie vereint gegen die Eindringlinge. Im Trikont romantisierten Linke auf einmal wieder Folklore, Tradition und das einfache Leben und feierten selbst eine ‚nationale Identität'."[1071] Für dieses Konstrukt gibt es in der radikalen Linken ideologiehistorisch mehrere Scharniere: Eine blinde, fetischistische Identifikation mit den „Produktivkräften" hat innerhalb der radikalen Linken ebenso Raum wie andererseits ein pauschalierender Hass auf die moderne Zivilisation, die „westliche Rationalität", den Individualismus und die bürgerliche Demokratie. Dementsprechend haben anti-intellektuelle Idealisierungen des „einfachen Volkes", der unmittelbaren „Volkskultur" und „Volksdemokratie" sowie die unbestimmte Negation moderner Vermittlungs- und Tauschformen, abstrakt-formaler bürgerlicher Rechtsformen und rechtsstaatlicher Prinzipien, mit denen seit der bürgerlichen

---

1068 Theodor W. Adorno, Negative Dialektik, a.a.O., S. 150.
1069 Vgl. Theodor W. Adorno, „Wozu noch Philosophie," a.a.O., S. 473.
1070 Vgl. Thomas Haury, „Der Antizionismus der Neuen Linken in der BRD," a.a.O., S. 221.
1071 Thomas Haury, „Antizionismus – Antisemitismus von links?," a.a.O., S. 50.

Emanzipation auch immer wieder gesellschaftlich Juden identifiziert werden, in der autoritären wie anti-autoritären radikalen Linken und in der Arbeiterbewegung stets eine gewisse Basis gehabt. Aus den Widersprüchen von komplexen, schwer durchschaubaren, sich permanent transformierenden und abstrakt vermittelten gesellschaftlichen Herrschaftsverhältnissen, die althergebrachte Herrschaftsordnungen abgelöst haben, resultierte auch in der Linken der „Wunsch nach einer Verschmelzung des Individuums mit einer ‚guten' Herrschaft anstelle der Unterworfenheit unter eine abstrakte und dem einzelnen gegenüber indifferente Zwangsgewalt."[1072] In diesem Zusammenhang findet der besondere, verdinglichte Hass auf das Medium *abstrakter* Herrschaft – Geld – Legitimität, wie auch komplementäre regressive Heilsphantasien, die von der Freiheit von der Abstraktion, Bedingung der Möglichkeit von kritischem Bewusstsein, und dem Aufgehen des Individuums in der „Masse" oder „Gemeinschaft" schwärmen. Dieses politisch-psychologisch begründete Narrativ kann, wie die Kritische Theorie gezeigt hat, zur antisemitischen Personifikation ‚der Juden' mit der unverstandenen Weltökonomie, perzipiert nach dem Motto ‚Geld regiert die Welt', führen. Im Besonderen das Geld, „das denkbar Abstrakteste, muss einfach einem konkreten Geldbesitzer gehören, welcher aus dem Hintergrund die Welt regiert, und so endet diese Alltags-Logik beim Antisemitismus, wenn in einem letzten Schritt der Geldbesitzer dann als ‚Jude' bzw. ‚internationales Judentum' namhaft und haftbar gemacht wird."[1073]

Herrschaft und Ausbeutung erscheinen letztlich in der anti-imperialistischen Welterklärung als eine Verschwörung von bösen Kapitalisten und imperialistischen Politikern; Herrschaft wird auf Fremdherrschaft, Kapitalismus wird auf fremde Ausbeutung reduziert,[1074] Globalisierung und Imperialismus erscheinen mithin als Ausdruck des „internationalen Zionismus". Wird die Logik des Anti-Imperialismus zugespitzt, entsteht „eine politisch wie moralisch binäre Weltsicht, die alles in einem manichäischen Weltbild nach gut und böse, leidende Opfer gegen schuldige Täter, sortiert. Die Vernichtung des Bösen bildet die ideologische Konsequenz dieser Weltsicht."[1075] Daraus ergibt sich ideologisch auch eine gewisse Unerbittlichkeit, die wiederum psychosozial autoritäre Gewaltbedürfnisse gegen ‚Abweichende' ausdrückt, im betonten „Kampf" und „Widerstand" gegen die „imperialistischen Feinde der Völker", was nicht zufällig in der Apologie des heutigen islamistischen Terrors endet. So ruft eine „Antiimperialistische Koordination", die in der *jungen Welt* regelmäßig ein Forum erhält, dazu auf, den „antiimperialistischen Widerstand" gleich welcher Couleur beim Kampf, also bei Terrorattentaten gegen den gemeinsamen Feind „US-Besatzer", mit 10 Euro zu fördern.

Auch der Terror von New York und Washington wird von verschiedenen „antiimperialistischen" Gruppem in Deutschland und Österreich unterstützt. So erklärte die

---

[1072] Ibid, S. 35.
[1073] Ibid.
[1074] Vgl. Thomas Haury, „Antizionismus – Antisemitismus von links?," a.a.O., S. 43.
[1075] Ibid, S. 50. In besonders extremer Weise zeigte sich das manichäische antiimperialistische Weltbild in den terroristischen Strömungen der radikalen Linken wie in der RAF; vgl. z.B. Veronica Biermann, „‚Metropolenguerilla' contra ‚Schweinesystem': ‚Rechtsstaat' contra ‚Baader-Meinhof-Bande'," in Christoph Jahr, Uwe Mai und Kathrin Roller (Hg.), Feindbilder in der deutschen Geschichte: Studien zur Vorurteilsgeschichte im 19. und 20. Jahrhundert (Berlin: Metropol, 1994), S. 225 – 250.

„Revolutionäre Kommunistische Liga" aus Wien: „Die islamistische Bewegung verfügt über ein antiimperialistisches Potenzial, das mit den Ereignissen vom 11. September noch weiter angewachsen ist Wir müssen das gegen den Imperialismus gerichtete Moment bedingungslos unterstützen."[1076] Das AIK meint, in New York hätten die „heuchlerischen Führer der USA" geerntet, „was sie einst säten. [...] Die gefährlichsten Terroristen sind jene, die die Fäden der Weltpolitik ziehen."[1077]

Die Sehnsucht nach „klaren Linien", Feindbestimmungen und die Abwehr, Widersprüche zu thematisieren, findet sich innerhalb der radikalen Linken gerade, aber nicht nur bei betont anti-imperialistischen Gruppen sowie autoritären politischen Sekten. Solche Mechanismen dienen politisch-psychologisch der Abwehr von Introspektion und der Externalisierung von inneren und Gruppen-Konflikten. Sie schaffen ‚Ordnung' im psychosozialen Haushalt und im politischen Bewusstsein. Und sie greifen zugleich historische Ideologeme auf, mit denen man sich in der „Arbeiterklasse" Zuspruch erhofft.[1078]

Das verdichtete anti-imperialistische Weltbild enthält klare Freund-Feind-Zuschreibungen, die auch Teil unhinterfragter politisch-kultureller Traditionen sind, die den „Feind", das perzipierte Übel der Welt, griffig personalisieren. Überdies erlaubt es über identifikatorische Bezüge auf ethnische Volkseinheiten unkritische nationalistische Identifikationen, die in der radikalen Linken im Blick auf die deutsche Nation gegenwärtig noch diskreditiert erscheinen. Entsprechend gelten im anti-imperialistischen Weltbild nicht nur „sozialrevolutionäre", sondern auch „nationalrevolutionäre" Strömungen – auf die sich explizit die extreme Rechte und der Nazismus beziehen – unbeirrt als „fortschrittlich".[1079] Folgerichtig gelten innerhalb dieses Weltbildes meist auch nationalistische Terrorgruppen wie die IRA und ETA als besonders radikale Vorhut eines „antiimperialistischen Kampfes".[1080]

Der in falscher Unmittelbarkeit befangene Begriff vom „unterdrückten Volk", das vermeintlich von den abstrakt operierenden, „imperialistischen Mächten" existenziell bedroht sei, ist vielfach so widerspruchsfrei und idealistisch wie die romantische Prole-

---

1076 Zitiert nach „Antisemitismus im linken Gewand," a.a.O.
1077 Zitiert nach ibid.
1078 Gerade in marginalisierten, autoritär strukturierten politischen Sekten, die in ihren gegenüber der Empirie abgedichteten politischen Perzeptionsstrukturen besonders zur politischen Paranoia neigen, wird dabei je die ‚Reinheit' der Lehre und der politischen Wahrnehmung bewahrt und überwacht; diese Mechanismen verhindern zugleich die notwendige kognitive wie affektive und emotionale Selbstreflexion wie die Perzeption von Widersprüchen.
1079 So jüngst zu lesen bei Conrad Schuhler, „Der Dritte Welt-Krieg," Konkret 6 (2002), S. 21 – 23, hier S. 22.. Dass Bin Laden verzweifelt für die Freiheit Palästinas kämpfe, die USA die wahren Terroristen seien und längst unbemerkt einen „Dritte-Welt-Krieg" begonnen hätten, so die antiimperialistischen Kernthesen Schuhlers, postuliert bis in die Semantik identisch auch die extreme Rechte. Selbst in der linken Zeitschrift *Konkret*, die spätestens seit dem ersten Golfkrieg 1991 die antiimperialistische und antizionistische Linke stark kritisiert hatte, wurden nach dem 11. September 2002 wieder zunehmend antiimperialistische Ideologeme und Theorien kolportiert und z.B. die „Verbrechen der USA" seit 1945 akribisch aufgelistet; vgl. „Verbrechen der USA," Konkret: Politik und Kultur 10 (2001); sogar der antisemitische Verschwörungstheoretiker Andreas von Bülow fand, wie man stolz deklarierte, in dem Blatt ein „Refugium".
1080 Generell wird die Kampfrhetorik in diesen politischen Bewegungen sehr geschätzt, wie auch die Auffassung, die Welt befände sich in einem permanenten Kriegszustand („Imperialismus ist Krieg") mit verschiedenen maßgeblichen „Fronten" der kämpfenden „Völker".

tariatsvergötzung in nahezu der gesamten orthodox-autoritären Linken. All diese dichotomen Konstruktionen eint ein die Welt in schematische Felder und Völker einteilendes Wahnsystem mit weltanschaulichem Charakter: „Topologisches Denken, das von jedem Phänomen weiß, wo es hingehört, und von keinem, was es ist, ist insgeheim verwandt dem paranoischen Wahnsystem, dem die Erfahrung des Objekts abgeschnitten ward."[1081] Aus dem „imperialistischen Interesse" der „Drahtzieher" in Politik und Ökonomie werden mithin schließlich alle Konflikte der Gesellschaft abgeleitet und „erklärt". Das sozialpsychologische Korrelat des totalitären Antiimperialisten ist insofern der manipulative Charakter, über den Adorno schreibt: „Das potenziell gefährlichste Syndrom, den ‚Manipulativen', kennzeichnet extreme Stereotypie; starre Begriffe werden zu Zwecken statt zu Mitteln, und die ganze Welt ist in leere, schematische, administrative Felder eingeteilt. [...] Die Juden irritieren sie; denn deren angeblicher Individualismus fordert ihre Stereotypie heraus, und sie spüren bei den Juden eine neurotische Überbetonung eben der menschlichen Beziehungen, die ihnen selbst fehlen. Die Gegenüberstellung von Eigengruppe und Fremdgruppe wird zum Prinzip, nach dem sie die ganze Welt ordnen."[1082]

Die Zentralen der ökonomischen politischen und militärischen Macht gelten dann als gigantische Verschwörungszentren der Ausbeutung und Fremdherrschaft, in der man die moderne Vergesellschaftung und Globalisierung ‚haftbar' machen kann. In diese Denkstruktur hat sich heute auch in die radikale Linke wieder ein teils militanter Antiamerikanismus gemischt, der in der westdeutschen „antiimperialistischen" Linken lange einen legitimierten festen Ort hatte[1083] und ebenfalls in jüngerer Zeit wieder verstärkt von der extremen Rechten aufgegriffen wird. Dass „Onkel Sam" zugleich „Onkel Shylock" ist, ist neben der Vorstellung vom „jüdischen Bolschewismus" eine der gängigsten nationalsozialistischen Imaginationen von der „jüdischen Weltverschwörung" gewesen.[1084] „Antiamerikanismus" hat dabei, im Gegensatz zum Begriff und Vorwurf des Antisemitismus, in der radikalen Linken kaum einen negativen Beigeschmack, sondern wird bis heute diffamiert als bloßer „Kampfbegriff" der Antikommunisten. Doch angesichts „mancher Äußerungen über Amerika muss man sich fragen," so argumentiert Thymian Bussemer, „inwieweit bei uns Motive der nationalsozialistischen Propaganda nachwirken, wie sehr anti-individualistische Denkmuster in die mentalen Strukturen der Deutschen eingegraben sind."[1085]

1081 Theodor W. Adorno, „Kulturkritik und Gesellschaft," a.a.O., S. 28.
1082 Theodor W. Adorno, Der autoritäre Charakter, a.a.O., S. 334f.
1083 In seiner neuesten Untersuchung zum Antisemitismus in der DDR belegt Thomas Haury eindrucksvoll, dass die Grundstrukturen des anti-imperialistischen, staatskommunistischen Weltbildes jenen des Antisemitismus sehr nahe sind. Im Zuge der Nationalisierung und Radikalisierung der kommunistischen Ideologie war die Integration des Antisemitismus zwar nach Haury keine zwingende, infolge der deutschen Tradition des Antisemitismus allerdings eine äußerst naheliegende Konsequenz; vgl. Thomas Haury, Antisemitismus von Links: Kommunistische Ideologie, Nationalismus und Antizionismus in der frühen DDR (Hamburg: Hamburger Institut für Sozialforschung, 2002).
1084 Vgl. Dan Diner, Verkehrte Welten: Antiamerikanismus in Deutschland (Berlin: Eichborn, 1993), S. 89ff.
1085 Thymian Bussemer, „‚Che jedenfalls lebt in unseren Herzen': Die Achtundsechziger und ihr Amerika," Vorgänge: Zeitschrift für Bürgerrechte und Gesellschaftspolitik 39 (2000), S. 37 – 45, hier S. 44.

Dies zeigt sich u.a. in der politisch-ideologischen Unbekümmertheit, mit der Teile der Neuen Linken und ihrer Nachfolger nicht nur die USA als „Weltfeind Nr.1" imaginierten, sondern überdies die bis in die 1980er Jahre auf linken, vor allem „antiimperialistischen" Demonstrationen übliche, geschichtsrelativierende Parole „USA-SA-SS" skandierten.[1086] Die Verbrechen der Deutschen in die USA zu verlagern respektive den NS mit den USA gleichzusetzen, war und ist eine auch von Linken bzw. den Generationen der Nachkommen perpetuierte Projektion der Tätergesellschaft nach außen auf die Gesellschaft der ‚Befreier'.[1087] Anläßlich des Beginns der US-Intervention im Irak titelt im März 2003 die *junge Welt*: „God fuck America: Ab 3.35 wird ‚zurückgeschossen',"[1088] Nur einen Tag später behauptete der Leitkolumnist Werner Pirker, die USA wollten die Welt „auf eine totale Weise beherrschen [...] wie noch keine imperiale Macht zuvor." Dies beruhe auf einer „globalen Vernetzung" eines „globalen Reiches", das auch „nicht tausend Jahre währen" werde. Für Pirker sind die Verbrechen der USA nicht zu vergleichen, sie erscheinen schlimmer als der Nationalsozialismus. Dennoch spielt die *junge Welt* ausgiebig mit der NS-Analogie: „Wollt ihr den unendlichen Krieg? Yeah! Doch wer sich spontan aufdrängende Vergleich nicht versagen will, kann dies nur unter grober Verletzung gesinnungspolitischer Auflagen tun."[1089] Zuvor hatte Pirker zum Kampf gegen die USA aufgerufen, Rückendeckung für den ‚organisierten Ausdruck' des irakischen Volkes, Saddam Hussein gefordert („Saddam muss bleiben!"), denn „die US-Diktatur ist die Mutter aller Diktaturen."[1090]

Dieses Mittel einer linken Geschichtsrelativierung reüssiert heute wieder in linken Kreisen, und es grundiert insbesondere im deutschen Anti-Imperialismus einen sekundären Antisemitismus. Hierbei vermengt sich u.a. die Tradition des Bildes vom „jüdischen Amerika" mit der Ranküne gegen die „Siegermächte" und „Besatzer", mit denen manche politische Akteure der Linken eine Rechnung offen zu haben scheinen. Politisch-psychologisch stellt auch der linke Antiamerikanismus, der stete Verweis auf die „Verbrechen der anderen", der „kulturlosen" Amerikaner, ein von Adorno bereits

---

1086 Vgl. Dan Diner, Verkehrte Welten: Antiamerikanismus in Deutschland (Berlin: Eichborn, 1993), S. 117ff. Nicht zufällig war etwa der Studentenführer und Anti-Imperialist Rudi Dutschke in seiner späten Zeit geradezu obsessiv mit der „nationalen Frage" beschäftigt. So schreibt Dutschke 1978: „Über die kapitalistische Amerikanisierung ging der zyklische Auflösungsprozess der geschichtlichen und nationalen Identität bruchlos vor sich. Über die asiatische Russifizierung erfolgte dagegen eine subversive und widersprüchliche Festigung derselben – das ist eine These von mir. [...] Wie gesagt, Amerikanisierung und Russifizierung sind vorangeschritten, aber nicht die Wiedergewinnung eines realen Geschichtsbewusstseins der Deutschen. Ganz zu schweigen von einem nationalen Klassenbewusstsein der deutschen Arbeiterklasse." Rudi Dutschke, „Wer hat Angst vor der Wiedervereinigung?," zitiert nach Tilman Fichter, Die SPD und die Nation (Berlin: Ullstein, 1993), S. 295.
1087 Siehe hierzu Moishe Postone, „Bitburg: 5. Mai 1985 und danach,"Bahamas 5 (1993), S. 26 – 28, zuerst in: Radical America 5 (1985): „[W]enn Hunderttausende bereit sind, gegen den amerikanischen Imperialismus zu demonstrieren, und nur ein paar Hundert gegen die Rehabilitation der Nazi-Vergangenheit, denke ich schon, dass der erste Anlaß instrumentalisiert worden ist. Auf dieser Ebene (und nicht auf der Ebene der Rechtmäßigkeit der Sache selbst) reproduziert die Linke diese in Deutschland weit verbreitete Denkart, die immer wieder versucht, den Nazismus dadurch zu entschuldigen, dass sie ihn relativiert."
1088 Werner Pirker, „God fuck America," Junge Welt, 21. März 2003, S. 3.
1089 Werner Pirker, „Orden der unbarmherzigen Brüder," Junge Welt, 22. März 2003.
1090 Werner Pirker, „Saddam muss bleiben: Die US-Diktatur ist die Mutter aller Diktaturen," Junge Welt, 19. März 2003, S. 3.

diagnostiziertes, typisches Muster mit Entlastungsfunktion dar. Dem Bezug auf einen angenommenen ‚unmittelbaren Volkswillen', der lediglich manipuliert wird von den „Masken" westlich-demokratischer Medien und Institutionen, die die Massen verwirre und unterjoche, kann dergestalt den legitimen herrschafts- und ideologiekritischen Impuls gegenüber institutionalisierter Macht überfrachten. Im anti-imperialistischen Weltbild findet sich immer auch ein konkreter Hass auf das multikulturelle, pluralistische und moderne „Amerika", das vielen Flüchtlingen aus Nazi-Deutschland Exil gewährt hatte und sich als führende Kraft der Alliierten sowie als älteste Demokratie der Neuzeit für die Demokratisierung Deutschlands verantwortlich zeichnet. Auch hat die kulturelle Ranküne gegen eine „künstliche Kultur" und Einwanderungsgesellschaft eine lange Tradition, die bis weit in das 19. Jahrhundert zurückreicht und in Teilen als kulturelles Reservoir bis heute mobilisierbar erscheint.[1091]

Im Besonderen finden sich ideologietheoretisch logisch-strukturelle Parallelen von der anti-amerikanischen zur antisemitischen Ideologie. Auch der Antiamerikanismus kann als Welterklärung fungieren, die anti-modernistische Reaktionen kanalisiert und die den Hort alles Bösen in einem Ort konzentriert und personifiziert. Antiamerikanismus kann dann als Vorurteilsstruktur begriffen werden, insofern nicht bloß eine gesellschaftliche Struktur oder bestimmte Politiken führender Akteure kritisiert werden, sondern „das Böse" in der Politik oder der kapitalistischen Moderne in „Amerika" identifiziert oder seinen Bürgern personifiziert wird. So wurde nach dem 11. September von „autonomen" linksradikalen Gruppen behauptet, mit den Anschlägen auf das World Trade Center sei „der Kapitalismus an seinen Ursprungsort zurückgekehrt."[1092]

Konkret manifestieren sich gegenwärtig solche Verbindungslinien im politischen Imaginären außerhalb der Linken in den jüngeren antisemitischen Chiffren einer die Welt und vor allem Deutschland dominierenden „amerikanischen Ostküste", in der Wut auf das „jüdische New York" der „New Yorker Presse" und der „New Yorker Haifische in Anwaltsgewändern" (Rudolf Augstein)[1093] oder im Hass auf die „Wallstreet" als weltweites Herrschaftszentrum des „jüdischen Finanzkapitals" – Ideologeme, die verstärkt, aber nicht mehr nur von Rechtsextremen in der politischen Öffentlichkeit vertreten werden. Im Zuge des Bush-Besuchs haben vermutlich Linke Brandsätze auf eine Filiale der US-amerikanischen Supermarktkette Wal-Mart geworfen.[1094] Darin drückt sich nicht nur ein ebenso militanter wie pauschaler Antiamerikanismus aus, sondern auch der Hass auf die Zirkulations- und Konsumptionssphäre, freilich besonders personifiziert in „US-amerikanischen Konzernen". Das anti-imperialistische Weltbild mit seiner topologischen politischen Wahrnehmungsstruktur, das die Welt in ‚gut' und ‚böse' einordnet und dabei in vieler Hinsicht Züge eines paranoiden Wahnsystems annimmt, zeitigt aber wie der radikale Antiamerikanismus eben nicht nur strukturelle Affinitäten zum Antisemitismus.

[1091] Vgl. Dan Diner, Verkehrte Welten: Antiamerikanismus in Deutschland (Frankfurt a.M.: Eichborn, 1993).
[1092] Vgl. Interim, Oktober 2001.
[1093] Siehe hierzu ausführlich Kap. 7.2.
[1094] „Brandsätze im Wal-Mart: Linke Täter vermutet," Der Tagesspiegel, 18. Mai 2002, S. 7.

Linke „Anti-Imperialisten" kämpfen heute oftmals wie die heutige extreme Rechte oft gleichzeitig gegen den „US-Imperialismus", Globalisierung und im Besonderen den „zionistischen Terror", während islamistischer Terror bagatellisiert oder gerechtfertigt wird. Was früher als ‚linke Ideologie' galt, ist längst, wie gezeigt werden konnte, auch ein zentrales Thema der extremen und neo-nazistischen Rechten und eines neuen politischen Antisemitismus.[1095] Folgerichtig treten heute auch von ‚links' kommende, antiimperialistische Organisationen und Publikation für eine Querfront-Strategie mit dem Rechtsextremismus ein. Avantgardistisch ist hierbei u.a. die linke Zeitschrift *Kalaschnikow* um die linken Nationalisten Stefan Pribnow, Martin Müller Mertens, den Ex-DKPler Charlie Kneffel und den Rechtsextremisten Bernd Rabehl. Die Zeitschrift sucht das Bündnis mit dem „Deutschen Kolleg" Horst Mahlers, bewirbt das nationalrevolutionäre Blatt *wir selbst* und fordert dabei den Kampf gegen „US-Imperialismus und Zionismus."[1096]

6.3.2 Linker „Antizionismus" und Israelfeindschaft: Politischer Antisemitismus in der radikalen Linken und seine politisch-psychologischen Funktionen

Laut Thomas Haury sind der antiisraelische „Antizionismus" und schließlich der manifeste Antisemitismus schon in der strukturellen, binären Logik des antiimperialistischen Weltbildes angelegt, das anti-moderne wie völkische Elemente in sich aufnimmt. Jean Améry hat im Angesicht des radikalen „antizionistischen" Schwenks der Linken nach dem Sechs-Tage-Krieg 1967, welcher eine Renaissance antisemitischer Stereotype im Medium linker Rhetorik initiierte, von der Ideologie eines vermeintlich „ehrbaren Antisemitismus" der sozialistischen Linken gesprochen und resümiert: „Der Antisemitismus, enthalten im Anti-Israelismus oder Anti-Zionismus wie das Gewitter in der Wolke, ist wiederum ehrbar. Er kann ordinär reden, dann heißt er ‚Verbrecherstaat Israel'. Er kann es auf manierliche Art machen und vom ‚Brückenkopf des Imperialismus' sprechen."[1097] Auch Max Horkheimer hat früh das antisemitische Potenzial des deutschen Anti-Israelismus von links und rechts diagnostiziert: „Dass man die Juden betont, heißt nur, dass die Deutschen vor der Losung, Israel zu liquidieren, noch ein altes Vorrecht im eigenen Hause haben. Und wie viel Bewegungen in anderen Ländern werden unter solchen Zeichen den Bündnispartnern nicht zujubeln."[1098]

In der Tat hat gerade der „Antizionismus" als besondere Projektionsfläche antisemitischen Stereotypen in besonderer Weise ein diskursiv und psychologisch rationalisiertes politisches Ventil geboten. Der radikale Antizionismus als spezifische neue Form

---

[1095] Vgl. Annette Ramelsberger, „Neue Muster, neue Fronten: Verfassungsschützer warnen vor Zulauf bei Rechtsextremisten, Islamisten und Autonomen," Süddeutsche Zeitung, 22./23. Juni 2002, S. 11.
[1096] Zitiert nach „Antizionismus, Nationalismus, antikapitalistische Phrasen," www.hagalil.de, 28.4.2003. Zu den Affinitäten des linken und rechten Antizionismus vgl. auch Martin W. Kloke, Israel und die deutsche Linke, a.a.O., S. 300.
[1097] Jean Améry, „Der ehrbare Antisemitismus," Die Zeit, 25. Juli 1969.
[1098] Max Horkheimer, „Vom Sinn des Neonazismus," in Ders., Gesammelte Schriften Bd. 14 (Frankfurt a.M.: Fischer, 1988), S. 101f.

des Antisemitismus richtet sich gegen den Staat Israel als kollektiven Juden Der Nahost-Konflikt wird dabei vielfach für eigene Ideologeme und Bedürfnisse funktionalisiert. Dazu dient das antiimperialistische Weltbild, das zugleich den Antisemitismus mitbefördert, und die seit 1967 über Jahrzehnte besonders breite Solidarität in der deutschen radikalen Linken mit dem „nationalen Befreiungskampf" der Palästinenser, der innerhalb der führenden PLO offen auf die Vernichtung Israels zielte und insgesamt Juden das Recht auf einen Nationalstaat absprach.[1099] Noch heute proklamieren antiimperialistische Gruppen: „Die Zerstörung des Zionismus und seines Staates ist der einzige Weg zur Gerechtigkeit."[1100] Soweit in autonomen und „antiimperialistischen" Kreisen heute noch oder wieder die klassische „Palästina-Solidarität" praktiziert wird, in der ,'Israel' als künstlich geschaffenes Gebilde" angegriffen und als eine „weltweite Gefahr" antisemitisch aufgebläht wird[1101], sind kaum Unterschiede zum linken Antizionismus der 1970er und teils auch nicht zur extremen Rechten auszumachen.

In der Linken ist hingegen stets betont worden, dass „Antizionismus" nicht mit Antisemitismus gleichzusetzen sei. Während der empirischen Sozialforschung zufolge tatsächlich nicht jeder selbst-deklarierte „Antizionist" nicht notwendig hohe Antisemitismus-Werte aufweist, so zeigen zum anderen alle empirischen Studien zur Korrelation von „Antizionismus"-Selbstverständnis und Antisemitismus, dass der Antisemitismus steigt, je radikaler und totaler die antizionistische Grundhaltung ist und Israel abgelehnt wird. Mit der Stärke der antizionistischen Überzeugung steigt auch der Antisemitismus.[1102] Umgekehrt gilt auch: je stärker die antisemitische Überzeugung, desto wahrscheinlicher schließt sie eine antizionistische Einstellung ein. Zwar gibt es auch laut Bergmann und Erb eine Minderheit, die nicht antisemitisch einzustufen ist. Gleichwohl habe in Deutschland „die von der Publizistik immer wieder vorgenommene Identifikation von Antizionismus mit Antisemitismus in diesem Ergebnis eine gewisse Bestätigung gefunden."[1103]

Ein militanter Antizionismus hat nun seit den Anschlägen vom 11. September 2001 und der „Intifada" des islamistischen Terrorismus in der radikalen Linken eine teils erstaunliche Rehabilitierung und Renaissance erfahren, nachdem bestimmte antisemitische Tendenzen in den 1990er Jahren breiter reflektiert worden waren. Die Diskussion der komplexen realen Konfliktlagen und Prozesse war innerhalb der radikalen, dichotomen und teils offen antisemitischen Deutungsmuster und Ideologeme der antizionistischen Linken zuvor über Jahrzehnte kaum möglich. Demnach „schien ,Solidarität' mit den Palästinensern zum einen die Funktion zu erfüllen, den seit der Shoah tabuisierten judenfeindlichen Ressentiments wieder ein Forum bieten zu können."

1099 Vgl. Hans Keilson, „Linker Antisemitismus?," a.a.O., S. 789.
1100 AIK-Führungskader, zitiert nach „Antisemitismus im linken Gewand," a.a.O.
1101 Hier aus „Plattform für eine Palästinasolidarität auf antiimperialistischer und antizionistischer Grundlage," in Plenum Heidelberger Internationalismus-Gruppen (Hg.), Heidelberger Internationalismus-Rundbrief (Januar-März 1991), zitiert nach und vgl. Martin Kloke, Israel und die deutsche Linke, a.a.O., S. 324.
1102 Vgl. Werner Bergmann und Rainer Erb, Antisemitismus in der Bundesrepublik Deutschland, a.a.O., S. 191ff. Vgl. jüngst auch die empirische Studie von Norman Geißler, Expliziter und impliziter Antisemitismus und Rassismus: Ein Vergleich, Diplom-Arbeit am Institut für Psychologie der Universität Potsdam (2002), S. 79ff.
1103 Werner Bergmann und Rainer Erb, Antisemitismus in der Bundesrepublik Deutschland, a.a.O., S. 193f.

Zum anderen diente der neulinke, antiimperialistische Antizionismus „unbewusst als nationaler Ersatzmythos: Da der Linken vor dem Hintergrund der Shoah bis heute eine ‚positive' nationale Identität weitgehend verwehrt geblieben ist, hat sich ein beträchtlicher Teil von ihr umso empfänglicher für die nahtlose Identifikation mit der nationalen Befreiungsbewegung der Palästinenser gezeigt."[1104] Diese Identifikation ist historisch eine Umkehrung der frühen philosemitischen, idealistischen Identifikation mit Israel und dem Kibbuzsystem, welche seit dem Sechs-Tage-Krieg 1967 in antisemitischen Hass umschlug. Die folgende „ablehnende Gegenidentifikation der Entsolidarisierung mit Israel war ein internationaler Vorgang, der in der Bundesrepublik allerdings besonders nachwirkte."[1105]

Gerade der sich ausgeprägt radikal gerierende linke Antizionismus, der sich besonders und obsessiv gegen den Staat Israel richtet und seine ganze psychodynamische Wut auf das Land im Nahen Osten projiziert, ist von Formen pathischer, vielfach manifest antisemitischer Projektion geprägt. Dergestalt werden Konstruktionen geliefert, in denen empirische Fakten, die die Antiimperialisten und „Antizionisten" hinter aller „demokratischen Propaganda" entdecken, nur noch als ideologische Mittel zum Zweck auftauchen, um mithin das hermetische Weltbild zu bestätigen, dass „weltweit" „zionistisch-imperialistische Unterdrücker und Verräter" am Werk sind. An die Stelle der Kritik politischen Handelns tritt hier eine „radikale Dämonisierung" des israelischen Staates[1106] sowie zugleich die Identifikation mit scheinbar „antiimperialistischem Freiheitskampf der Palästinenser". Dabei mutierte der israelische Staat für die Linke „zum diabolischen Brückenkopf des ‚US-Imperialismus' im Nahen Osten."[1107]

In solchen Vorstellungen greifen in spezifischer Weise auch die politische Psychologie der Entlastung und ein sekundärer Antisemitismus aus Erinnerungsabwehr. Je mehr von den „Zionisten" – früher personifiziert in Dayan oder Begin, heute in Sharon – als „faschistische" Verbrecher und Mörder die Rede ist, desto aggressiver wird die NS-Vergangenheit entsorgt. Zugleich ermöglichte es der Hass auf Israel, antisemitische Rachephantasien auszuleben und zu projizieren, die über den Code eines kämpferisch-militanten, gegen den „Verbrecherstaat" Israel gewendeten „Antizionismus" legitim erscheinen konnten, während der offene politische Antisemitismus in der Linken wie in Staat und Gesellschaft inopportun geworden waren. Dergestalt mag ausgerechnet der Antizionismus einer überwiegend marginalisierten radikalen Linken unbewusst zumindest bis in die 1990er Jahre und heute wieder eine Art Platzhalter-Funktion für den politischen Antisemitismus im gesellschaftlichen Diskurs übernommen haben.

Trotz der zweifelsohne liberalisierenden wie demokratisierenden Impulse der Neuen Linken sowie ihren emanzipatorischen Ansprüchen sind auch die Vorstellungen

---

[1104] Martin W. Kloke, „Zwischen Ressentiment und Heldenmythos: Das Bild der Palästinenser in der deutschen Linkspresse," Jahrbuch für Antisemitismusforschung 3 (1992), S. 227 – 253, hier S. 246.
[1105] Lothar Mertens, „Antizionismus: Feindschaft gegen Israel als neue Form des Antisemitismus," in: Wolfgang Benz (Hg.), Antisemitismus in Deutschland: Zur Aktualität eines Vorurteils (München: dtv, 1995), S. 89 – 100, hier, S. 90.
[1106] Lothar Mertens, „Antizionismus: Feindschaft gegen Israel als neue Form des Antisemitismus," a.a.O., S. 90.
[1107] Ibid, S. 91.

eines radikalen „Anti-Imperialismus" und Antizionismus nach 1967 weitgehend akzeptiert und integriert in den neuen linken Bewegungen geblieben. Der Frankfurter SDS forderte 1970: „Nieder mit dem chauvinistischen und rassistischen Staatsgebilde Israel."[1108] Der Besuch des israelischen Außenministers Abba Eban müsse, so in offen antisemitischem Duktus, „zu einer Demonstration und zum Protest gegen den zionistischen, ökonomisch und politisch parasitären Staat Israel und seine imperialistische Funktion im Nahen Osten werden."[1109]

Insbesondere militant-anarchistische wie „libertär"-kommunistische Gruppen wollten schon zu dieser Zeit den „anti-imperialistische Kampf gegen Israel" nach Deutschland holen und Juden hierzulande bekämpfen, unter dem Motto „Schlagt die Zionisten im eigenen Land!" und mittels der Aufforderung an alle bundesdeutschen „Antiimperialisten", gegen die „Erfüllungsgehilfen" Israels in der BRD vorzugehen.[1110] Die Radikalisierung des Antizionismus führte bis zu terroristischen Anschlägen auf jüdische Gemeindezentren in Deutschland,[1111] was jedoch selbst in der antizionistischen Linken, die sich seit Ende der 1960er Jahre u.a. in „Palästinakomitees" organisiert hatte und Israel das Existenzrecht absprach,[1112] heftig umstritten war und kritisiert wurde.[1113] Dennoch war ein folgenreiches Fanal gesetzt dafür, was an militantem Antisemitismus innerhalb der radikalen Linken möglich sein sollte. Der Linksterrorismus der RAF, der in den 1970er Jahren viele Sympathisanten gewinnen konnte und dessen Akteure aufgrund ihrer Militanz teilweise heroisiert worden sind, setzte auch hier Maßstäbe. So wurden von der RAF nicht nur der tödliche Überfall von Palästinensern auf israelische Sportler vom „Schwarzen September" in München gerechtfertigt und „Nazisrael"

[1108] Zitiert nach Martin W. Kloke, Israel und die deutsche Linke: Zur Geschichte eines schwierigen Verhältnisses (Frankfurt a.M., 1990), S. 80.
[1109] Zitiert nach Martin W. Kloke, „Zwischen Ressentiment und Heldenmythos," a.a.O., S. 236.
[1110] So die „Untergrund"-Zeitung Agit 883, 7. Mai 1979, zitiert nach Martin W. Kloke, „Zwischen Ressentiment und Heldenmythos," a.a.O., S. 239. Ähnlich der zeitweilige spätere AL-Politiker Dieter Kunzelmann 1969, der die Todeskommandos der „Al Fatah" durch zielgerichtere Kommandos an der „Heimatfront" ersetzen wollte. „Unser simple[r] Philosemitismus" sei dabei zu ersetzen „durch eindeutige Solidarität mit der AL FATAH, die im Nahen Osten den Kampf gegen das Dritte Reich aufgenommen hat." Zitiert nach ibid, S. 241. Sind Kunzelmanns terroristischen Forderungen ausgesprochen weitgehend, so ist der politisch-psychologisch motivierte Vergleich des „Staatsgebildes ‚Israel'" mit dem NS in der radikalen antizionistischen Linken durchaus typisch (gewesen).
[1111] Im Bekennerschreiben zur Beschmierung jüdischer Erinnerungsstätten und zur Deponierung einer Brandbombe im jüdischen Gemeindehaus in der Nacht vom 9. zum 10. November 1969 erklärte die linksradikale Gruppe „Schwarze Ratten (Tupamaros Westberlin)": „Beide Aktionen sind nicht mehr als rechtsradikale Auswüchse zu diffamieren, sondern sie sind ein entscheidendes Bindeglied internationaler Solidarität. [...] Jede Feierstunde in Westberlin und in der BRD unterschlägt, dass *die Kristallnacht von 1938 heute tagtäglich von den Zionisten in den besetzten Gebieten, in den israelischen Gefängnissen wiederholt wird.* Aus den vom Faschismus vertriebenen Juden sind selbst Faschisten geworden, die in Kollaboration mit dem amerikanischen Kapital das palästinensische Volk *ausradieren wollen.*" Zitiert nach ibid, S. 240; Hervorhebung von mir, L.R. Hinter dem emanzipatorischen Code der „internationalen Solidarität" müßte sich hier ein militanter, praktischer Antisemitismus nur noch dünn zu rationalisieren. Der moderne Antisemitismus nach 1945 geht auch hier einher mit der angestrengten Gleichsetzung und Überbietung der nationalsozialistischen Verbrechen mit dem vermeintlichen ‚Vernichtungsstreben' Israels. Gab es die Kristallnacht nur einmal, findet seine „zionistische" Wiederholung nun „tagtäglich" statt.
[1112] Die zeitweise, bis in die 1980er Jahre mitgliederstarken deutsch-arabischen „Palästina-Komitees" forderten meist die „vollständige Zerschlagung des zionistischen Staates in Palästina"; zitiert nach ibid, S. 239.
[1113] Vgl. ibid, S. 240.

verdammt. Der RAF-Kader und heutige Neo-Nazi Horst Mahler agitierte schon 1972 auch gegen die vermeintliche „Symbiose von Zionismus und Imperialismus."[1114] Moshe Dayan mutierte in dieser Perzeptionsstruktur zum „Himmler Israels".

Mit den terroristischen Wellen, die in „Selektionspraktiken" eines deutschen Terroristen gegenüber Juden bei einer Flugzeugentführung in Entebbe im Sommer 1976 gipfelten, fand Ende der 1970er allerdings zugleich eine Distanzierungsbewegung von Teilen der radikalen Linken gegenüber dem militanten „Antizionismus" seinen Ursprung.[1115] Aber die linke Nahost-Debatte spitzte sich seit den 1980er Jahren auch immer wieder erneut zu; so etwa nach dem Einmarsch der israelischen Armee in den Libanon. Gerade zu diesem Zeitpunkt und periodisch wiederkehrend erlagen nun auch linksalternative und linksliberale Journalisten „der Faszination begrifflicher Tabubrüche und witterten triumphierend die Möglichkeit, Antifaschismus und Antisemitismus miteinander zu versöhnen."[1116] Vor allem Journalisten der Berliner *tageszeitung* beteiligten sich über Jahre „an jener historisch-psychologischen Entlastungsoffensive, bei der die betroffenen Palästinenser als die ‚neuen Juden' bezeichnet und die israelischen Invasoren mit den Nazis verglichen wurden. Die gezielte Vermischung historischer Ebenen gipfelte im Vorwurf des ‚umgekehrte[n] Holocaust[s]' bzw. einer ‚Endlösung der Palästinenserfrage'."[1117] Hiermit wird der Nahostkonflikt funktionalisiert zu einer moralischen Diskreditierung der jüdischen Opfer und ihrer Nachkommen. Insgesamt ist die im deutschen Kontext politisch-psychologisch hervorstechende und ständig wiederholte Analogieführung und Gleichsetzung ausgerechnet des Staates Israel mit dem Nationalsozialismus ein typisches, unbewusst vom Motiv der Erinnerungsabwehr getragenes Ideologem der radikalen, „antizionistischen Linken", deren Reste bis heute kaum von dieser Analogie Abstand nehmen.

Innerhalb des linksradikalen Antizionismus als eines ‚Flügels' der äußersten Linken haben sich mit manifesten antisemitischen Ideologemen von einer „jüdischen Rache", besonderen „Skrupellosigkeit" und „staatsterroristischen Mordlust" die öffentlich gemachten Ressentiments teils in immer extremeren Formen übertroffen. Das verdichtete, geschlossene anti-imperialistische Weltbild mag zudem vor Zweifeln ‚schützen', ob man auf der ‚richtigen Seite' steht, und es liefert eine politisch-moralische Rationalisierung. Kaum ein antisemitisches Klischee, das nicht in den unterschiedlichen anitisemitischen politischen Mobilisierungsversuchen von der radikalen antizionistischen Linken aufgegriffen worden ist: „Zionisten", ergo Juden stehen als Metapher für *das Böse schlechthin* – der Zionismus erscheint bisweilen „durch keine Vernunft und Menschlichkeit gebunden", „nicht nur [als] der unversöhnliche und unreformierbare Feind der Palästinenser. Er ist auch unser Feind. Er ist der Feind aller Menschen."[1118] Juden/

1114 Zitiert nach Anton Maegerle, „APO von rechts," a.a.O., S. 140.
1115 Zitiert nach Martin W. Kloke, „Zwischen Ressentiment und Heldenmythos," a.a.O., S. 243.
1116 Ibid.
1117 Ibid. Zum Nachweis der Zitate und zu vielen weiteren Belegen siehe Martin W. Kloke, Israel und die deutsche Linke, a.a.O., S. 137–143.
1118 Nahostgruppe Freiburg, „Internationale Solidarität," Flugblatt 1988; Autonome Nahostgruppe Hamburg/Gruppe Arbeiterpolitik, „Zionismus, Faschismus, Kollektivschuld," Hamburg 1989; zitiert nach Tho-

Zionisten erscheinen hier als „Rasse". Ihr Verhalten ist „unversöhnlich" und „unreformierbar." Israel darf dabei kein Volk besitzen und kein Heimatrecht zugestanden werden; mit der Basis eines Staatsvolkes als wurzelloses Nicht-Volk („angebliches Volk", das „niemals existiert hatte") bleibt vom „Staatsgebilde ‚Israel'" nur eine „blutrünstige und machtgierige Bastion gegen die Völker"[1119], womit gleichzeitig die völkisch-antisemitischen Ressentiments von der Blut- und Machtgier sowie der Heimatlosigkeit reaktiviert wird. Israel erscheint immer wieder als „künstliches Gebilde", mitunter als „Gebilde" mit „parasitärem Charakter."[1120] Vor allem reüssiert in Formen dieser antizionistischen Ideologie die paranoide Wahrnehmung einer *„jüdischen Weltverschwörung"* in vielfältigen Konstruktionen. Ungeniert wurde in Solidaritätsjournalen von der „zionistischen Weltbewegung" geschrieben, von einer „Beherrschung der Weltöffentlichkeit durch die zionistische Propaganda," (Juden beherrschen demnach weltweit die Medien) von „zionistischen Multimillionären, die in allen Teilen der Welt leben" und sich „in privaten Konferenzen" träfen, „um Israels Aggression zu unterstützen."[1121] Im radikalen Antizionismus werden Juden mittels der Chiffre der „Zionisten" mithin nur noch als Imperialisten, Kapitalisten, „Zionazis", „Weltfeinde", Täter und „Verbrecher", die an Welt-Verschwörungen basteln imaginiert, womit zugleich die deutschen Verbrechen geradezu systematisch relativiert worden sind. Ein bestimmter „Gleichklang" von offen antisemitischem, neo-nazistischem und antiimperialistischem Antizionismus konnte folgerichtig nachgewiesen werden.[1122] Man projiziert dabei, so Keilson, wiederum „seine eigenen Probleme auf einen Sündenbock, den ‚Zionismus', man vermeidet auf phobische Weise das Wort ‚die Juden' und meint sie doch. Man löst eigene Ängste und Schuldgefühle aus ihrer Verstrickung, indem man in der Außenwelt einen Schuldigen aufweist. [...] Zu diesem Zweck argumentiert man mit Generalisierungen und Simplifizierungen, verkennt die Heterogenität gesellschaftlicher Prozesse."[1123]

Dieser Antizionismus ragte in den 1980er Jahren bis weit in das Alternativmilieu und die neu gegründete Grüne Partei. In deren „Grünem Kalender" von 1983 findet sich z.B. ein kaum noch als „Antizionismus" kaschierter sekundärer Antisemitismus aus Erinnerungsabwehr, der den Nahost-Konflikt funktionalisiert. Der Begriff der „Zionisten" geleitet hierbei in „die Juden" über: „Angesichts der zionistischen Gräueltaten verblassen [...] die Nazigräuel." Zu fragen sei, „wann den Juden endlich ein Denkzettel verpasst wird." Als erste Maßnahme wird im NS-Vokabular aufgerufen: „Kauf nicht

---

mas Haury, „Antizionismus – Antisemitismus von links?," a.a.O., S. 45; Ders., „Der Antizionismus der Neuen Linken in der BRD," a.a.O., S. 222.
1119 Roter Morgen, 23. November 1974, zitiert nach Thomas Haury, „Der Antizionismus der Neuen Linken in der BRD," a.a.O., S. 222.
1120 Arbeiterkampf, Januar 1975; Konkret, 28. Juni 1973; zitiert nach Thomas Haury, „Der Antizionismus der Neuen Linken in der BRD," a.a.O., S. 223.
1121 Zitate aus Al Karamah 3 (1986), S. 18; Antiimperialistisches Informationsbulletin April (1971), zitiert nach Thomas Haury, „Der Antizionismus der Neuen Linken in der BRD," a.a.O., S. 223.
1122 Vgl. Lothar Mertens, „Antizionismus: Feindschaft gegen Israel als neue Form des Antisemitismus," a.a.O., S. 91.
1123 Hans Keilson, Linker Antisemitismus?," a.a.O., S. 790.

bei Juden!"1124 Aber das sedimentierte gesellschaftliche Unbewusste hat sich auch in unzähligen Karikaturen durchgesetzt, die in immer wieder neuen Variationen Israelis als Nazis darstellen und Hakenkreuze mit dem Davidstern verschmelzen lassen. Mit dem obsessiven Bemühen, historische Parallelen von Israel zum NS zu schlagen („Nazisrael"), die an die Stelle politischer Analyse treten, wird nach Mertens ein verdeckter Antisemitismus der vorgeblich antizionistischen Äußerungen häufig sichtbar; hierbei treten zugleich vielfach auffällige Synchronitäten oder zum Verwechseln ähnliche Karikaturen hervor1125, die einerseits um Gleichsetzung mit Israel bemüht sind (z.B. Moshe Dayan mit Hakenkreuz, Hitlergruss und in SA-Uniform – heute gibt es die ähnlichen ‚Karikaturen' mit Ariel Scharon), andererseits sich selbst nationalsozialistischer antisemitischer Bilder vom Juden bedienen (Hakennase, jüdische Blutrituale, Schmerbauch etc.). Einem bundesweiten Palästina-Periodikum war selbst das nicht weitgehend genug: Ihm zufolge „überragen" die „faschistischen Vernichtungsmaßnahmen des zionistischen Siedlerstaates [...] die Maßnahmen des deutschen Faschismus bei weitem."1126 Diese exzessive Geschichtsrelativierung, mit der allen Ernstes behauptet wird, Auschwitz, Sobibor und Treblinka seien im Gaza-Streifen und der West-Bank „bei weitem" übertroffen worden, erfüllt – ohne geahndet worden zu sein – juristisch den Tatbestand der Volksverhetzung, vergleichbar der vielfach strafrechtlich verfolgten revisionistischen Behauptung, es habe ‚keinen schlimmeren Holocaust als den der Vertreibung der Deutschen gegeben'. Selbst für den Holocaust wurden in vielen antizionistischen Schriften wie im Rechtsextremismus noch bis in die 1990er Jahre die „Zionisten", die mit den „Nazis" verbündet gewesen seien, selbst verantwortlich gemacht. So geht mit dem extremen „Antizionismus" das anti-imperialistische Weltbild von der strukturellen Affinität immer wieder in eine inhaltliche Verschmelzung mit Abwehraggression und politischem Antisemitismus, also der Judenfeindlichkeit als politischem Programm, über.1127 In den tragenden Ideologemen finden sich ebenfalls immer wieder die in der extremen Rechten üblichen Personifikationen des Abstrakten, antijüdische Personalisierungen von Geldmacht sowie antisemitische Gewaltphantasien, die auf autoritäre Dispositionen deuten, welche sich in enthemmter Gewaltsprache manifestieren.

Toleriert und akzeptiert als politische Position und Meinungsäußerungen (wenn auch umstritten) innerhalb der radikalen Linken erscheinen manifest antisemitische Perzeptionen wie die der so genannten „autonomen Nahost-Gruppen", die, wie die „Autonome Nahost-Gruppe Hamburg", die bis in die 1990er Jahre einen festen Bestandteil der autonomen Bewegung darstellten (und heute wieder reüssieren): „Wer an eine Lösung glaubt, die an der Beseitigung des zionistischen Regimes Israel vorbeigeht, der irrt nicht nur, sondern verbreitet auch Illusionen über den Charakter des zionistischen Staates und seiner konterrevolutionären Rolle nicht nur im Nahen Osten, son-

---

1124 Zitiert nach Henryk M. Broder, Der ewige Antisemit: Über Sinn und Funktion eines beständigen Gefühls (Frankfurt a. M.: Fischer, 1986, S. 98.
1125 Vgl. Lothar Mertens, „Antizionismus: Feindschaft gegen Israel als neue Form des Antisemitismus," a.a.O., S. 91.
1126 Zitiert nach Thomas Haury, „Antizionismus – Antisemitismus von links?," a.a.O., S. 48.
1127 Vgl. ibid.

dern weltweit."[1128] Die so genannte „autonome Nahost-Gruppe" hat sich, wie viele andere, ähnliche radikal-antizionistische Gruppierungen „keine Illusionen" über das Wesen der weltweite agierenden Juden gemacht: Der „allseits bekannte Mossad", heißt es hier, „nistet" sich gern in „jüdischen Gemeindezentren" oder „ähnlichen Einrichtungen ein, um von dort aus seine konterrevolutionären Aktivitäten zu organisieren."[1129] Demonstriert werde vor dem „Büro der zionistischen Weltorganisation, um dort gegen die zionistische Vertreibungs- und Unterdrückungspolitik zu protestieren, die zu einem großen Teil und weltweit von dieser Organisation finanziert wird."[1130]

All diesen Formen und Perzeptionen, die einer fundamentalistischen Linken entstammen, ist es zueigen, dass sie offenbar getragen sind von unbearbeiteten Ressentiments, die sich im Mantel einer „fortschrittlichen" politischen Ideologie ausgebreitet haben. In diesen Wahrnehmungen Israels durch die radikale „antizionistische Linke" zeigen sich neben einer teils grenzenlosen, moralisch rationalisierten Wut auch projektive, autoritäre Rigiditäts-, Gewalt- und Vernichtungsphantasien gegenüber Israel. Trotz seiner überwiegenden gesellschaftlichen Isolation hat sich der linksradikale Antizionismus am Leben gehalten und ideologisch stets wieder neu radikalisiert und durchaus auch Wirkung in der politischen Öffentlichkeit erzielt. Allerdings hatten sich die entsprechenden Gruppen schließlich seit Mitte der 1980er Jahre zunehmend in einer Position gesellschaftlicher Marginalisierung befunden und waren auch innerhalb der radikalen Linken nicht unumstritten. Auch in der linksalternativen *tageszeitung* war zu lesen, dass sich die Linke für die Palästinenser nicht interessiere, wenn sie Opfer arabischer Gewalt würden, wenn sie „nicht gleichzeitig gegen eine ‚neue zionistisch-amerikanische Verschwörung' protestieren kann."[1131] Schließlich propagier(t)en beinahe ausschließlich „autonome" („autonome Antiimperialisten/Antizionisten") und kommunistische politische Kräfte Mitte der 1990er Jahre noch jene „klassische" „Palästina-Solidarität" mit einer den antiisraelischen Terrorismus heroisierenden propalästinensischen Revolutionsromantik.[1132] Typisch dafür sind die Slogans, die an der von „Autonomen" besetzten Hamburger Hafenstrasse prangten: „Boykottiert ‚Israel'! Waren, Kibbuzim + Strände! Palästina – das Volk befreien!"[1133]

In den 1990er Jahren hatten zwar antizionistische Positionen zunächst eine zunehmende Marginalisierung und Delegitimierung erfahren, die auf innere Auseinandersetzungen in der radikalen Linken genauso zurückzuführen ist wie auf äußere politische Umstände. Ein deutlicher Bruch mit dem militanten Antizionismus markierte Anfang der 1990er eine Erklärung der lange Zeit heroisch idealisierten linksradikalen Gruppe „Revolutionäre Zellen", die sich von der eigenen antiimperialistischen, antizionistischen

---

1128 Autonome Nahost Gruppe Hamburg, „Warum wir an der Solidarität mit dem Kampf des palästinensischen Volkes festhalten werden!" Mescalero 2/Mai (1988), S. 18 – 23, hier S. 19.
1129 Ibid.
1130 Ibid.
1131 Zitiert nach Martin W. Kloke, „Zwischen Ressentiment und Heldenmythos," a.a.O., S. 245.
1132 Ibid, S. 246; siehe auch Martin W. Kloke, Israel und die deutsche Linke, a.a.O., S. 153 – 163.
1133 Siehe ibid, S. 246.

und antisemitischen Praxis distanzierte.[1134] Neben einer Zunahme selbstkritischer Debatten, auch innerhalb der „Grünen"[1135], haben ferner kleinere Organisationen wie die „Aktion Sühnezeichen/Friedensdienste" und der „Deutsch-Israelische Arbeitskreis für Frieden im Nahen Osten" zur nahostpolitischen Mäßigung in der Linken und zur Versachlichung der Diskussionen beigetragen. Mit dem Ende des Kalten Krieges und dem Niedergang der radikalen Linken kam es überdies zu einem zeitweiligen Zusammenbruch auch der zuvor recht zahlreichen antiimperialistischen und antizionistischen linken Gruppen und Organisationen.

Die Erörterung und Deutung des deutschen linksradikalen Antizionismus ist indes nicht nur historisch von Relevanz – also als Einflussfaktor für die Genese und Rehabilitierung antisemitischer Stereotype durch eine in dieser Hinsicht zunächst ‚unverdächtige' linke politische Kultur – sondern in einem erstaunlich breiten und radikalem Maß auch aktuell. Mit der Eskalation im Nahen Osten in den letzten zwei Jahren haben auch der Antizionismus als antiisraelische politische Ideologie in der radikalen Linken und ihrem Umfeld wieder deutlich zugenommen, bis hin zur offenen Unterstützung des Terrors von Hamas, Al Fatah und Islamischer Djihad und zu antisemitischen Boykott-Aufrufen. Antiimperialistische und antizionistische Gruppen haben sich reorganisiert.

In dezidiert linken Zeitungen, Zirkularen und Medien, allen voran der *Jungen Welt*, sowie in erheblichen Teilen des organisierten Linksradikalismus wie auch in Teilen der neuen Friedensbewegung kommt es zu kaum negativ politisch-öffentlich sanktionierten Gewaltphantasien und projektiven Aggressionen gegenüber dem „Aggressorstaat ‚Israel'", der teils bis heute nur in Anführungszeichen gesetzt oder als „Staatsgebilde" umschrieben wird, während das „palästinensische Volk" erneut kollektive Idealisierungen erfährt und der Terror der Hamas als Widerstand oder als Verzweiflungstaten, die als direkte Folge der israelischen Besatzung gedeutet werden, legtimiert wird. Dieser Antiisraelismus bietet eine ideale Projektionsfläche sowohl für nationalistische Wünsche, als auch für die opfermythische Projektion, eine ursprüngliche nationale Gemeinschaft falle den Juden zum Opfer.

Der antisemitische Antizionismus ist folgerichtig auch heute nicht auf autoritäre kommunistische Gruppen und Parteien beschränkt. Auch in der sich selbst als undogmatisch verstehenden Linken avisiert er heute neue politische Mobilisierungsversuche und Kampagnen. So prangern z.B. die „undogmatischen" Linken Klaus Holz, Elfriede Müller und Enzo Traverso in einem programmatischen Dossier in der linken Wochenzeitung *Jungle World* einen vermeintlichen israelischen „Staatsterrorismus" an, diffamie-

---

1134 Zum palästinensisch-deutschen Terrorkommando von Enschede erklärten die RZ fünfzehn Jahre später im Jahre 1991: „Die Selektion erfolgte anhand völkischer Linien." Die Auseinandersetzung führte die RZ zur „Gewißheit, dass auch wir als Linke nicht gegen antisemitische Ressentiments gefeit sind, die notdürftig mit nationalrevolutionären Definitionen kaschiert werden." Zitiert nach Jürgen Elsässer, Antisemitismus, a.a.O., S. 107.
1135 Noch in den späten 1980er Jahren waren die GRÜNEN überwiegend stramm israelfeindlich. Die Nahost-Position der GRÜNEN war lange Zeit von antisemitischen Antizionisten wie Michael Stamm geprägt. Auch der heutige Bundesumweltminister Jürgen Trittin, seinerzeit Fraktionsvorsitzender der GRÜNEN im Niedersächsischen Landtag, wies z.B. im Januar 1986 die offizielle Einladung zu einem Mittagessen mit Shimon Peres zurück mit dem Hinweis auf den „Staatsterrorismus" Israels. Zitiert nach Martin W. Kloke, Israel und die deutsche Linke, a.a.O., S. 268.

ren den Staat als „Militärdiktatur". Antiisraelischer Terror wird als Widerstand verstärkt und als Abwehr-Reaktion bagatellisiert: „Die israelische Besatzung ist der Ausdruck eines Staatsterrorismus, die palästinensische Gewalt eine Reaktion darauf." Das antiimperialistisch-antizionistische Weltbild funktioniert auch hier in klaren, eingleisigen Ursache-Wirkungsschemata: Schuld sind einzig die Juden, und zwar auch an der Ermordung ihrer Kinder. Sie erscheinen als die „Unterdrücker von heute", auf die der Blick freizulegen ist, wenn die „Sichtblende Auschwitz" niedergerissen ist. Die Gründung Israels habe „direkt zu Krieg und zur Vertreibung" geführt. Man sieht unter Berufung auf einen Israeli als Kronzeugen keine Notwendigkeit, im „Kampf gegen die 50jährige Unterdrückung einer vertriebenen und rechtlosen Bevölkerung" die Palästinenser „über Wege und Mittel ihres Kampfes zu belehren." Und man verweigert sich explizit denjenigen linken Positionen, die „generell der Judenheit" Solidarität zollen.[1136]

An der publizistischen Speerspitze des Antiisraelismus stehen indes die *junge Welt* und deren bereits zitierter Leitartikler Werner Pirker, der Israel zu einer einzigartigen Terrorzentrale phantasiert und dem Staat das Existenzrecht abspricht. In einem jüngeren, als programmatisches Dossier verfassten Artikel unter der Überschrift „Einen anderen Zionismus gibt es nicht" reproduziert Pirker noch einmal alle antizionistischen Basis-Ideologeme über das „Wesen" des Judenstaates: Israels „Vitalität ergibt sich aus dem strategischen Bündnis mit den USA"; Israel sei die „weitgehende Negation" eines „antifaschistischen Staates"; ein Antifaschismus, der das Existenzrecht eines „exklusiv jüdischen Staates" anerkenne, stünde „in fundamentale[m] Gegensatz zum antiimperialistischen Befreiungskampf eines Volkes". Israel sei ein „Apartheid-Staat" von „Kolonisten", der „letzte verbliebene Kolonialstaat", ein „Staat aus der Retorte", ein „Nationalstaat ohne Nation" und deshalb folgerichtig nicht natürlich und legitim; Israel sei zwar „ein reales Gebilde", und „dennoch ist die Künstlichkeit seiner Existenz evident". Es sei entstanden „im Ergebnis eines ethnischen Säuberungsprozesses, der seinesgleichen sucht"; der „Zionismus" sei ein „Kind des europäischen Kolonialismus", ein „elitäres Unternehmen", eine „reaktionäre Utopie", eine „Erscheinung des europäischen Nationalismus", „ebenso wie der ethnische Antisemitismus"; einen „linken" oder „anderen" Zionismus könne es nicht geben; „jüdisch-palästinensische Koexistenz" werde „nur durch die Überwindung dieses Staates möglich sein."[1137] Hier finden sich externalisierende, subtile projektive Gleichsetzungen des Nationalsozialismus mit Israel, antisemitische Klischees genauso wie sekundärer Antisemitismus und antisemitischer Hass auf das, was als ‚unverbesserlicher' jüdischer Charakter projiziert wird.

Die Motive und Ideologeme des radikalen Antizionismus und der traditionellen Palästina-Solidaritätsbewegung erzielen heute erneut partielle Mobilisierungserfolge in der linksalternativen und linksautonomen Szene. So finden sich in ganzen Straßenzügen in linksalternativen Stadtteilen mit ehemals besetzten Häusern, z.B. im Berliner Stadtteil Friedrichshain, teils an vielen Fassaden Deklarationen einer „zionistenfreien Zone." Dies erinnert unfreiwillig an die „judenfreien Zonen", die die Nationalsozialisten mar-

---

1136 Alle Zitate aus Klaus Holz, Elfriede Müller und Enzo Traverso, „Schuld und Erinnerung," Jungle World 47 (2002) [Dossier].
1137 Alle Zitate von Werner Pirker, „Einen anderen Zionismus gibt es nicht," Junge Welt 25. April 2002.

kierten. Andere Graffitis künden von „Juden = Mörder" oder agitieren gegen „Zionistenschweine."[1138] Aber auch auf Veranstaltungen und in Pamphleten werden die nunmehr ‚alten' Klischees von der Befreiung von der „zionistischen Lobby" oder vom (idealisierten) „Volkskampf" gegen den „zionistischen Aggressorstaat" sowie von der Befreiung von der „deutschen Schuldknechtschaft" gegenüber Israel wieder belebt, was mittlerweile zu erbitterten Auseinandersetzungen in der zersplitterten und fragmentierten radikalen Linken führt. Den Juden wird dabei heute erneut ihr „nationales Selbstbestimmungsrecht in Palästina" abgesprochen. Heute gelte, so die linken Antizionisten, dass „die Israelis [...] Land mit Waffengewalt besetzt" haben und „auch nur so vertrieben werden" könnten. Schließlich führe Israel nicht nur Krieg, „Israel ist Krieg."[1139] Studentische Gruppen wie die „Antifa-AG" der Universität Hannover verbreiten heute wieder in ihren Publikationen antisemitische Karikaturen mit Figuren mit krummen Nasen, Kippahs, Davidsternen und Rattenschwänzen, die in den Löchern eines mit der Aufschrift „Westbank & Gaza" versehenen Käses sitzen und einem Palästinenser den Boden unter den Füssen wegessen.[1140]

Entsprechend eindeutig ist die Unterstützung (respektive mangelnde Abgrenzung gegenüber) einer radikalen pro-palästinensischen Demonstration durch die PDS, auf der nicht nur „Juden raus" skandiert wurde und israelische Fahnen verbrannt wurden, sondern auch eine breite Unterstützung für Selbstmordattentate sowie für die Terrororganisationen „Hamas" und ‚islamischer Jihad" bekundet worden ist.[1141]

Auffällig ist schließlich eine vielfach beobachtbare ‚Sonderstellung' in der Wahrnehmung militärischer Gewalt Israels durch die radikale Linke; die Darstellung Israels als „besonders brutal und skrupellos", oder der Politik des Staates als „einzigartiger Völkerrechtsbruch", kann antisemitische Züge tragen.[1142] Selbst die ideologische wie politisch-praktische Nähe zu rechtsextremen Varianten eines antiamerikanischen und „antizionistischen" „Anti-Imperialismus" erscheint in den ideologisch radikalisierten politischen Gruppen kaum als Problem. Es habe „schon immer Überschneidungen zwischen den Inhalten von Rechten und InternationalistInnen gegeben." Wenn die Rechten Argumente übernehmen würden, müsse das nicht heißen, „dass diese Inhalte dann falsch würden."[1143]

Was sich in diesen Tendenzen eines *neuen politischen Antisemitismus* (der plausibel als solcher nachgewiesen werden kann, auch wenn er sich nicht selbst so tituliert) ausdrückt

---

1138 Siehe Sebastian Wehrhahn, „Antizionismus in der Berliner Linken," Jungle World 12 (2002), S. 23.
1139 Zitiert nach ibid.
1140 Zitiert nach Jungle World, 10 (2003), S. 10.
1141 Siehe Jan Süselbeck, „Intifada in Mitte," Jungle World 17 (2002), S. 19.
1142 Eine Studie des Duisburger Instituts für Sprach- und Sozialforschung zur Wahrnehmung des Nahostkonflikts in der deutschen Öffentlichkeit im Auftrag des American Jewish Committee (Duisburg und Berlin, 2002) zeigt, wie weit antisemitische Ideologeme heute auch in die hegemoniale öffentliche Wahrnehmung zum Nahostkonflikt eingedrungen sind. So seien Beschreibungen wie die vom „Schlächter Scharon" (FAZ), die auf antisemitische Vorurteile gegen ‚jüdische Opferrituale' zurückgreifen, durchaus gängig; vgl. Duisburger Institut für Sozialforschung, Die Nahost-Berichterstattung zur Zweiten Intifada in deutschen Printmedien unter besonderer Berücksichtigung des Israel-Bildes: Analyse diskursiver Ereignisse im Zeitraum von September 2000 bis August 2001 (Duisburg: Duisburger Institut für Sozialforschung, 2002).
1143 Zitiert nach Bahamas 20 (1996), S. 33.

ist, zusammengefasst, zweierlei: Die vielfach unbewusst tradierten antisemitischen Ressentiments der Eltern und Großeltern werden erstens teilweise unter einer dünnen Decke einer so genannten „Solidarität mit den unterdrückten Völkern" (im besonderen mit dem „palästinensischen Volk") mobilisiert und rationalisiert. Juden erscheinen dabei immer wieder als abstraktes, heimat- und wurzelloses „Nicht-Volk" (im Sinne Stalins), als Verkörperung schlechthin einer „imperialistischen Moderne", durch die die angestammten Rechte der Völker gebrochen würden. Der teils antisemitisch projizierende deutsche „Antizionismus", der die „rassistische", „faschistische", „kolonialistische", „staatsterroristische" Sonderstellung des Judenstaates betont, trägt zweitens auch nationale Entlastungsfunktionen. Im Besonderen, wenn Israel wiederholt ein „Vernichtungskrieg" unterstellt wird (wie seitens des CDU-Politikers Norbert Blüm und seitens diverser „antiimperialistischer" Gruppen und Medien)[1144], wird der von Deutschen begangene Holocaust relativiert und bagatellisiert, indem ein Begriff, der auf den NS-Terror verweist, aus dem Zusammenhang gerissen und auf Israel projiziert wird.

6.4 Gesamtgesellschaftliche Wirkungen und Grenzen des ‚modernisiertem' politischen Antisemitismus im politischen System und in der politischen Kultur

Akteure der extremen Rechten mobilisieren heute verstärkt einen politischen Antisemitismus, der auch in Teilen der radikalen Linken eine beachtliche Tradition aufweist und derzeit eine eine Renaissance im Zuge von Israelfeindschaft und Antiamerikanismus erfährt. Die extreme Rechte teilt mit der anti-zionistischen Linken: a) einen vielfach nationalistisch und mythisch-kulturalistisch grundierten „Kampf gegen Globalisierung", „Amerikanismus", „Globalismus" und gegen deren – mitunter als Top-Manager „multinationaler Konzerne", die den „kleinen Mittelstand" bedrohen, als „Wall Street"-Banker oder direkt als „Zionisten" oder Juden – personifizierte Repräsentanten, die als verschwörerische Macht erscheinen, welche die „Fäden der Weltpolitik" ziehen; b) insgesamt die schablonenhafte, manichäische wie topologische Einteilung der Welt in „unterdrückte Völker" und „äußere", „abstrakte Mächte", die mithin als „zionistische Lobby" und als ‚Parasiten' geschlossener ethnischer Zusammenhänge erscheinen; c) einen obsessiven Hass gegen den vermeintlichen „zionistischen Aggressor" oder auch den „Apartheidsstaat Israel", der mithin als „einziger Folterstaat" ausgesondert wird und auf den alle möglichen eigenen Phantasien von Macht und Gewalt projiziert werden, ja der für alle möglichen Probleme und Konflikte im Nahen und Mittleren Osten, wenn nicht in der Welt verantwortlich gemacht wird, korrelierend mit einem „Kampf" für die „Befreiung Palästinas"; und schließlich d) eine vielfach unverhohlene Sympathie für islamistisch-antisemitische Terroristen und Selbstmordattentäter, die – wie ihre

---

1144 Der ehemalige langjährige Arbeitsminister Blüm hat sich 2002 gleich mehrfach und über Wochen zu dieser Äußerung verstiegen. Dabei redet Blüm in der Zeitschrift „Stern" von einer „blindwütigen Rache" und „Rachepolitik"und bemüht dabei latente christlich-antijüdische Vorstellungen. Überdies betont Blüm, der „Vorwurf des Antisemitismus" werde „auch als Knüppel benutzt," um jede Kritik an Israel „totzumachen." Zitiert nach Anton Landgraf, „Symbol des Bösen," Jungle World 27 (2002), S. 5.

Taten – oftmals bagatellisiert, als „verzweifelte Opfer" der westlichen Welt stilisiert, oder als „antiimperialistische Freiheitskämpfer" verklärt und verherrlicht werden.

Avi Becker sieht hier eine „unheilige Allianz zwischen der extremen Rechten, der extremen Linken und Moslems"1145 Ähnlich resümiert Margret Chatwin: „Der Kitt, der gesellschaftliche Gruppen von links und rechts verbindet, sind antiamerikanische Ressentiments, die Ablehnung des Liberalismus und des ‚westlichen Imperialismus', vor allem aber der kaum verbrämte Antisemitismus, der sich gerne als ‚Antizionismus' geriert. [...] Das erklärte Ziel der ‚Antizionisten' [der unterschiedlichen politischen Lager, L.R.] ist die Vernichtung Israels."1146 Richard Stöss meint, es zeige sich in bestimmten Teilen ein neues politisch-ideologisches „crossover" der antiimperialistischen und antizionistischen radikalen Linken mit der antiimperialistischen, globalisierungsfeindlichen, antizionistischen und nationalrevolutionären extremen Rechten.1147

Von entscheidender Bedeutung für die demokratische politische Kultur sind indes der Wirkungsradius und die Effekte, die die extreme Rechte und die antizionistische Linke erzielen, sowie Reaktionsbildungen durch die Politik und die demokratische Öffentlichkeit. Im vorangegangen Kapitel ist bereits danach gefragt worden, inwieweit ehedem als ‚links' geltende Ideologeme des Anti-Imperialismus, Anti-Amerikanismus und ‚Antizionismus' personifizierende Erklärungen kapitalistischer Modernisierung darstellen und zugleich womöglich über die ‚linke Öffentlichkeit' antisemitischen Tickets Schneisen geschlagen haben, die in der demokratischen Öffentlichkeit über lange Zeit als illegitim oder als ‚tabu' galten. Während die Adaption jener linken Ideologeme im Bereich des Rechtsextremismus evident ist, der wieder zunehmend mit einem ‚völkisch' definierten Antisemitismus und Antiamerikanismus, heute aber eben auch verstärkt mit den Konzepten des ‚Anti-Imperialismus' und ‚Antizionismus' als Chiffren operiert, bleibt die Frage nach den Möglichkeiten, der politischen Opportunität eines *politischen Antisemitismus* im demokratischen politischen Raum offen. Inwiefern werden die zunehmenden Versuche, antisemitische Mobilisierungen im öffentlichen Raum zu etablieren, mit ihrer Bekämpfung, Stigmatisierung und Skandalisierung durch die politische Kultur1148 beantwortet? Wie reagieren das politische System, die Rechtsordnung und die staatlichen Institutionen?

Insgesamt ist die politische Abgrenzung und strukturelle Stigmatisierung gegenüber den Parteien und Organisationen des Rechtsextremismus und der von ihnen reproduzierten Ideologien, wie zentral derjenigen des Antisemitismus, durch das demokratische politische System unzweideutig. Die organisatorischen und systemischen Abwehrmechanismen erweisen sich überwiegend als intakt. Rechtsextremismus ist wie der Linksradikalismus überwiegend parteilich isoliert. Offener politischer Antisemitismus bleibt, auch in seinen modernisierten Formen, in der Bundesrepublik im Ganzen

---

1145 Zitiert nach Anton Maegerle, „Die unheilige Allianz zwischen Hakenkreuz und Halbmond," Tribüne: Zeitschrift zum Verständnis des Judentums, Nr. 160 (2001), S. 218 – 232.
1146 Margret Chatwin, „Die Rolle des Antisemitismus im Rechtsextremismus," a.a.O., S. 186.
1147 Zitiert nach Annette Rammelsberger, „Neue Muster, neue Fronten," a.a.O., S. 11.
1148 Diese Skandalisierung und Stigmatisierung ist nach Werner Bergmann in Wechselwirkung mit individuellen Einstellungsänderungen der Ausweis eines über die Öffentlichkeit vermittelten „kollektiven Lernprozesses"; vgl. Bergmann, Antisemitismus in öffentlichen Konflikten, a.a.O., S. 16ff.

öffentlich-politisch inopportun. Es gibt praktisch eine sehr geringe Kooperationsbereitschaft oder personell-organisatorische Integration seitens von Akteuren etablierter demokratischer Parteien, die – wenn überhaupt existent – meist auf lokale Ebenen beschränkt bleibt. Allerdings werden etwa Vertriebenen-Verbände, die u.a. rechtsextreme und antisemitische Publikationen wie das *Ostpreußen-Blatt* hervorbringen, welches am Rande der Holocaust-Leugnung agitiert,[1149] weiterhin von der Bundesregierung finanziell unterstützt. Die rechtsradikalen wie nationalkonservativ orientierten Burschenschaften erfreuen sich nach wie vor der Unterstützung von konservativen Kräften der CDU/CSU. Ebenso geben neo-nationalistische Think Tanks wie das von Hans Filbinger initiierte Studienzentrum Weikersheim, getragen auch von führenden CDU-Politikern wie Jörg Schönbohm unter Beteiligung von neu-rechten Agitatoren wie Klaus Hornung, Anlass zur Besorgnis im Hinblick auf die Abgrenzungsbereitschaft von Teilen des demokratischen Spektrums nach rechtsaußen und zum Antisemitismus.

Die rechtlichen und institutionellen Möglichkeiten, gegen Rechtsextremismus, Neonazismus, offenen Antisemitismus und Holocaustleugnung vorzugehen, sind in Deutschland, als Konsequenz aus dem Nationalsozialismus, sehr weitgehend. Die demokratische Verfassung sieht neben den Strafrechtsvorschriften (§§ 80ff, 129a StGB) und dem Volksverhetzungsparagraphen auch die Möglichkeit des Verbotes „verfassungswidriger" politischer Parteien (Art. 21, Abs. 2 GG) vor, das jetzt, erstmals seit dem SRP-Verbot, von Bundestag und Bundesrat gegen die NPD beantragt worden war, allerdings vor dem Bundesverfassungsgericht gescheitert ist. Das niedrigschwelligere Verbot von Vereinen (Art. 9, Abs. 2 GG) bestimmt, dass Vereinigungen, deren Zwecke oder deren Tätigkeit den Strafgesetzen zuwiderlaufen oder die sich gegen die verfassungsmäßige Ordnung oder den Gedanken der Völkerverständigung richten, verboten werden können. Solche Verbote müssen durch eine Auflösungsverfügung der zuständigen Behörde, in der Regel der Innenministerien, konkretisiert werden. Darüber hinaus gibt es die Möglichkeit der Verwirkung von Grundrechten. Nach Art. 18 GG verwirkt die Grundrechte, wer z.B. die Meinungsfreiheit zum Kampf gegen die freiheitlich demokratische Grundordnung missbraucht; Verwirkung und Ausmaß werden durch das Bundesverfassungsgericht ausgesprochen.[1150] In bundespolitischen, staatlichen Äußerungen und Bundestagsdebatten ist die Bekämpfung des Rechtsextremismus und Anti-

---

[1149] Vgl. etwa „Prozeß gegen ‚gefährlichsten Holocaust-Leugner,'" Das Ostpreussenblatt, 18. März 2000. Laut *Ostpreussenblatt* „bezweifeln etliche Historiker und Wissenschaftler die Existenz von Gaskammern in Auschwitz oder anderen Konzentrationslagern." Zitiert nach ibid.
[1150] Vgl. Richard Stöss, Rechtsextremismus im vereinten Deutschland (Bonn: Friedrich-Ebert-Stfitung, 1999), S. 14f. Vgl. auch Joachim Jahn, Strafrechtliche Mittel gegen Rechtsextremismus: Die Änderungen der §§ 130 und 86a StGB als Reaktion auf femdenfeindliche Gewalt in deutschland im Licht der Geschichte des politischen Strafrechts in Deutschland (Frankfurt a.M.: Peter Lang Europäischer Verlag der Wissenschaften, 1998). Zur Versammlungsfreiheit von Rechtsextremen vgl. H. Brenneisen und M. Wilksen, „Zum Grundrecht der Versammlungsfreiheit: Rechtsextremistische Aufmärsche vor den Verwaltungsgerichten," Kriminalistik 8/9 (1998), S. 541 – 545. Gleichwohl ist die strafrechtliche Bekämpfung des Rechtsextremismus und Antisemitismus gerade in den 1990er Jahren kaum konsequent gewesen; lange Zeit wurden antisemitische und rechtsextreme Delikte nicht als solche eingestuft und verfolgt. Jüngst wurde vom Langericht Leipzig entschieden, dass das Rufen der SS-Losung „Ruhm und Ehre des Waffen-SS" nicht strafbar sei, da es angeblich den „Leitlosungen der Waffen-SS und Hitlerjugend nicht zum Verwechseln ähnlich" sei, wie es § 86a StGB fordert. Vgl. Jüdische Allgemeine 15 (2002), S. 2.

semitismus als politisches und staatliches Ziel periodisch immer wieder bekräftigt worden, zuletzt in einer Debatte bzw. „Aussprache" am 27. Juni 2002 anlässlich der antisemitischen Äußerungen von FDP-Politikern.[1151] Wenn diesen Äußerungen vielfach ‚nur' symbolischer Wert zukommt, so ist diese symbolische Politik dennoch von Bedeutung. Entsprechende Erklärungen folgen meist jedoch nur als Reaktion auf antisemitische Anschläge oder Mobilisierungsversuche. In konkreten Fällen, die die parlamentarische Verfolgung von Antisemitismus und Rechtsextremismus in staatlichen Institutionen, also ‚im eigenen Hause' zum Gegenstand haben müssten, ist die Bereitschaft zum politischen Handeln zumeist eher gering, wie das Beispiel der Reaktion auf antisemitische Vorfälle bei der Bundeswehr zeigt.[1152] Micha Brumlik beklagt folgerichtig, dass der politischen Klasse vielfach die Stärke fehle, die „Dinge beim Namen zu nennen."[1153]

Die institutionalisierte politische und rechtliche Tabuierung des politischen Antisemitismus in der bundesrepublikanischen Geschichte, seine überwiegende Abdrängung in eine Kommunikationslatenz, hat, neben anderen Faktoren, weitgehend zu einer Hemmung antisemitischer Mobilisierungen und Dynamiken geführt, die jedoch gegenwärtig teilweise zu erodieren scheint. Antisemitismus als *politisches Programm* ist heute zwar auf rechtsextreme politisch-mediale Akteure und wenige linksradikale Gruppen und Medien beschränkt, deren Potenzial nicht zu unterschätzen ist, die jedoch in Deutschland weitgehend politisch isoliert sind. Allerdings ist zu bedenken, dass überzeugte Antisemiten in ihrer Mehrheit in Deutschland traditionell an die etablierten Eliten und großen bürgerlichen Parteien gebunden sind, nicht an neo-nazistische Parteien und Organisationen.[1154] Im politischen System der Bundesrepublik ist es bisher weitgehend gelungen, rechtsextreme Parteien und ihren Antisemitismus von der Macht fernzuhalten. Dies sollte indes nicht darüber hinwegtäuschen, dass hierfür ein breites Wählerpotenzial vorhanden ist, welches bisher – auch über ethnozentrische Politiken und Diskurse – in die demokratischen Parteien eingebunden ist, und dass bestimmte, latent antisemitische Ideologeme zuweilen auch von der demokratischen Öffentlichkeit und von Akteuren der etablierten Parteien bedient werden. Vor allem aber sind die jüngeren politischen Entwicklungen zu berücksichtigen, die teils eine Renaissance israelfeindlicher, sekundär-antisemitischer Judenbilder wie antiamerikanischer Ideologeme in der politischen Kommunikation zeitigen und überdies womöglich einen ausgedehnten Einfluss solcher Positionen in demokratischer Politik indizieren.

1151 Vgl. Protokoll des Deutschen Bundestages, 27. Juni 2002.
1152 Vgl. Shlomo Shapiro, „Barking or biting? Media and parliamentary investigation of right-wing extremism in the Bundeswehr," German Politics 9 (2000), pp. 217 – 240.
1153 So Brumlik im Hinblick auf die Reaktionen nach dem Tod Möllemanns; siehe Micha Brumlik, „Missverstandene Pietät wäre das falsche Signal," Frankfurter Rundschau, 17. Juni 2003: „Wenn schon die Empfindungen der jüdischen Minderheit in Deutschland kaum noch zählen, dann vielleicht doch die Sorge um die politische Kultur des Landes. Im Antisemitismus bündeln sich wie in einem Prisma Ethnozentrismus, Demokratieverdrossenheit, Autoritarismus und blinder Egoismus. Wer den Antisemitismus verharmlost, verstärkt die Ausprägung auch dieser Einstellungen."
1154 In einer Studie zur Wendezeit hat Richard Stöss exemplarisch nachgewiesen, dass 58% der Berliner mit „extrem rechten Einstellungen" CDU wählten; vgl. Richard Stöss, „Rechtsextremismus in Berlin 1990," Berliner Arbeitshefte und Berichte zur sozialwissenschaftlichen Forschung 80 (1993).

Die demokratische Tabuierung des manifesten politischen Antisemitismus und rechtsextremer Parteien hat nicht die „vielen Äußerungen" verhindert, „die man als krypto-antisemitisch zu deklarieren vermag, die durch ihre Implikationen, auch durch einen gewissen Gestus des Augenzwinkerns, den Antisemitismus nähren"[1155]; sie finden sich heute nicht selten in manchen verbalen Angriffen auf Amerika, die Intellektuellen, das Finanzkapital oder die ‚Macht der (liberalen) Medien'. Sie sind heute noch und wieder „bis tief in die Manifestationen eines so genannten maßvollen Konservatismus hinein"[1156] anzutreffen, also in der vermeintlichen politischen ‚Mitte', aber auch auf Seiten einer nationalen ‚Linken'. Gerade diese Anspielungen machen die Parteien, inklusive der teils nationalistisch orientierten PDS, wiederum für Antisemiten attraktiv. Aufzuhorchen ist auch, wenn von namhaften Persönlichkeiten des öffentlichen Lebens heute eine vermeintliche „Raffgesellschaft" gegen das „Leben der Nation" gestellt wird: „Wir haben es satt," schreiben u.a. Helmut Schmidt, Marion Dönhoff und Edzard Reuter, „in einer Raffgesellschaft zu leben, [...] in der sich allzu vieles nur ums Geldverdienen dreht. Es gibt wichtigeres im Leben des einzelnen wie auch im Leben der Nation."[1157] Für das „raffende Kapital" stehen traditionell im völkischen Jargon die Juden. Ob dies bewusst inkorporiert wurde oder nicht, der Code bedient den Antisemitismus und die Entgegensetzung des ‚Abstrakten' gegenüber einer ‚konkreten nationalen Gemeinschaft' eine latent judenfeindliche Dichotomie.

Während konservative Akteure, Parteien und Medien heute eher dazu tendieren, den Rechtsextremismus und seine modernisierten antisemitischen und geschichtsrevisionistischen Ideologeme zu bagatellisieren, tendieren linke und linksliberale demokratische Akteure eher dazu, den antisemitischen, antiamerikanischen und antiisraelischen Terrorismus zu verharmlosen und entsprechende Ideologeme des Antizionismus und Antiimperialismus zu adaptieren.

Einen geschichtsrelativierenden und antijüdisch konnotierten Neo-Populismus dokumentiert der Fall des hessischen Ministerpräsidenten Roland Koch (CDU), der mit einer ethnozentrischen Kampagne gegen die doppelte Staatsbürgerschaft die Hessenwahl am 7. Februar 1999 gewann.[1158] Koch setzte die nationalsozialistische Judenverfolgung mit der öffentlichen Kritik an Kapitaleignern durch die Gewerkschaften gleich, die jenen angeblich mit ihrer Kritik „einen Judenstern" anheften.

Vor allem scheint gegenwärtig im Zuge der Reaktionen auf den 11. September, des „Kriegs gegen den Terror", der „zweiten Intifada" und der Debatte um den zweiten Irak-Krieg politische Kritik (etwa an der US-Außenpolitik) zunehmend auch die Schwelle zur kulturalistischen, vorurteilsbeladenen Ranküne zu überschreiten, so dass konventionelle Narrative und kulturelle Abwertungen freigesetzt und mobilisiert werden können. Dabei dienen die USA und Israel, im öffentlichen Bewusstsein im ersten Fall vielfach mit multikultureller Demokratie und in beiden Fällen mit Juden identifi-

---

[1155] Adorno, „Zur Bekämpfung des Antisemitismus heute," a.a.O., S. 107.
[1156] Ibid, S. 131.
[1157] Marion Dönhoff et al., Weil das Land sich ändern muss. Ein Manifest (Reinbek bei Hamburg: Rowohlt, 1992), S. 18.
[1158] Vgl. Andreas Klärner, Aufstand der Ressentiments, a.a.O., S. 119ff.

ziert, verstärkt auch in Kommunikationsprozessen der demokratischen Öffentlichkeit als Folie populistischer Ressentiments,[1159] die teils den Positionen der rechtsextremen und antizionistischen Parteien und Medien entlehnt zu sein scheinen. So gewinnen nationalpopulistische Ideologeme und kulturelle Vorurteile über eine vermeintlich „künstliche" amerikanische Kultur und Israelfeindschaft an Legitimität.

Claus Koch fordert exemplarisch in der *Süddeutschen Zeitung*, eine vermeintliche „Unterwerfungsbereitschaft" Europas müsse „gebrochen werden, soll Europa überleben". Koch entwirft hierbei „finale Szenarien" eines Kampfes zwischen Europa und den USA, in denen auch das Motiv reüssiert, Amerika sei an den Terroranschlägen selber Schuld: Es müsse ein „geheimer Zusammenhang bestehen zwischen der Heldensucht dieser pathetischsten aller abendländischen Nationen und ihrer Fähigkeit, die große Katastrophe anzuziehen."[1160] Hierbei werden gesellschaftliche Vorbehalte gegen multikulturelle Demokratie und abstrakten Reichtum verstärkt quer durch die politischen Lager perpetuiert. Dergestalt werden alle möglichen Ursachen für soziale Widersprüche bisweilen medial in den zwei wahren „Schurkenstaaten Israel und USA" (Peter Sloterdijk) lokalisiert, mithin alle möglichen soziokulturellen Modernisierungsprozesse und sozialen Deregulierungen im Zuge der Globalisierung (u.a. vielfach beschrieben als „Amerikanisierung" und „amerikanischer Raubtierkapitalismus") abgespalten und dort projektiv personifiziert. Die Übel der Welt scheinen dergestalt mithin aus zwei Ländern zu kommen, die die ‚Völker der Welt' unterjochen und die scheinbar unter ‚jüdischem Einfluss' stehen – darin zeigt sich ein antisemitischer Subtext. Deshalb warnt Heribert Prantl in der *SZ* davor, an einem „Anti-Amerikanismus am linken und am rechten politischen Rand" könne sich ein neuer Extremismus hochranken.[1161]

Antiamerikanische, anti-israelische und verschwörungstheoretische Ressentiments, die u.a. auch auf ein erhebliches Potenzial im Elektorat zielen, werden vor diesem Hintergrund heute sowohl ungenierter im öffentlichen Raum[1162], als auch latent auf höheren politischen Regierungsebenen mobilisiert: So machte der ehemalige Verteidigungsminister Rudolf Scharping eine „jüdische Lobby" für die US-Kriegspläne im Irak verantwortlich, und Justizministerin Däubler-Gmelin verglich in der Endphase des Bundestagswahlkampfs unbekümmert den US-Präsidenten George Bush mit Hitler (Bushs Methoden kenne man hierzulande seit „Adolf Nazi"), eine geschichtsrevisionistische wie antiamerikanische These.[1163] Wurde Däubler-Gmelin noch zum Rücktritt

---

1159 Anti-Amerikanismus, Antisemitismus und Demokratiefeindlichkeit sind ideologiehistorisch seit je stark miteinander verschränkt gewesen, was sich heute konkret noch in gängigen Chiffre von der „amerikanischen Ostküste" oder der „Wall Street" niederschlägt. In Deutschland dürfte bei sozialpsychologischen Affekten gegen Juden und Amerikaner auch die Erinnerung an die deutschen Verbrechen und die „deutsche Niederlage" eine gewichtige Rolle spielen; in erheblichen Teilen der Nachkriegsgesellschaft verkörperten die Alliierten „Rache", „Siegerjustiz" und „Dresden", wurden also die Befreier zu den Verbrechern stilisiert.
1160 Claus Koch, „Die Nation irrt nicht," Süddeutsche Zeitung, 18. Oktober 2002, S. 12.
1161 Heribert Prantl, „Amerika ist ein Fehler," Süddeutsche Zeitung, 20. März 2003.
1162 Vgl. Elliot Neaman, „The War that Took Place in Germany: Intellectuals and September 11," German Politics & Society 20 (2002), pp. 56 – 78.
1163 Vgl. Norbert Seitz, „Nicht ohne meinen Nazi," Die Zeit, 18. Dezember 2002, S. 11.

gezwungen, so blieb dieser nach der Wahl im Fall von Verteidigungs-Staatssekretär Walter Kolbow aus. Kolbow hatte die USA mit einer Diktatur gleichgesetzt.[1164]

Auch hier zeigt sich, dass kulturelle Ressentiments und Stereotype gegenüber den USA und Israel nicht notwendig auf rechtsextreme und neurechte Akteure beschränkt sind. Wohl aber ist zu vermuten, dass ihre Reproduktion seitens demokratischer Akteure langfristig einen Nährboden für Vorurteile bereiten kann, der perspektivisch die diskursive politische Opportunität von antisemitischen Mobilisierungsversuchen in Deutschland erhöhen könnte und damit deren politische Gelegenheitsstruktur insgesamt verbessert. Nicht zuletzt sicherte sich auch Kanzler Schröder mit seinem u.a. auf die außenpolitische Opposition gegen die USA ausgerich-teten Bundestagswahlkampf 2002 knapp seine zweite Kanzlerschaft; ein Erfolg, der auch auf mobilisierbaren, tradierten *kulturellen* Vorurteilen beruhen dürfte.

Derzeit häufen sich insgesamt antiamerikanische und israelfeindliche Bilder in der politischen Kommunikation und der demokratischen Öffentlichkeit, und zwar insbesondere bei linksliberalen Medien und Akteuren, teils aber auch quer durch die politischen Lager. Hierzu zählt auch die gängige intellektuelle öffentliche Bagatellisierung der antiamerikanischen Terrorattentate vom 11. September 2001 und des islamistischen Terrorismus, der auf den Westen in toto, vor allem aber auf die USA und den ‚kollektiven Juden' Israel zielt: So gehörte der Terrorangriff laut Peter Sloterdijk „eher zu den schwer wahrnehmbaren Kleinzwischenfällen", für die *tageszeitung* war er zunächst „gemessen an dem, was sonst noch geschieht in der Welt, vergleichsweise eine Lappalie."[1165] Entsprechend kommt es bei führenden Politikern zur Rechtfertigung oder Bagatellisierung von Terror, sofern er sich gegen die israelische Zivilbevölkerung richtet. Man werde „nicht umhin kommen, legitimen Widerstand – auch mit gewaltsamen Mitteln – gegen illegitime Herrschaft von illegitimem Terrorismus genau abzugrenzen. Gerade im Nahen Osten"[1166], so formuliert Karl Lamers bei seinem Abschied als außenpolitischer Sprecher der CDU/CSU-Fraktion.

Einige besonders radikale Fälle seien hier genannt, die gleichsam eine antiisraelische Grundtendenz ausweisen, mittels der mithin ein dominantes Israel-Bild strukturiert wird, in dem der Nahost-Staat als „Goliath" und Täter-Kollektiv, die Palästinenser als Opfer-Kollektiv, als „David" und Terroristen als „Verzweiflungstäter" erscheinen.[1167] Im Berliner *Tagesspiegel* findet sich z.B. eine offene Idealisierung des palästinen-

---

[1164] Zitiert nach Thomas Kröter, „Vom Minister freundschaftlich zurechtgewiesen," Frankfurter Rundschau, 11. März 2003, S. 4.
[1165] Zitiert nach Russell A. Berman, „Demokratischer Krieg, repressiver Frieden?," Merkur: Zeitschrift für europäisches Denken 57 (2003), S. 570 – 582, S. 572f.
[1166] Interview in der *tageszeitung*, 9. Juli 2002.
[1167] Zum Israel-Bild in den deutschen Medien seit Beginn der „zweiten Intifada" vgl auch die Untersuchungen von Ulrike Becker, Der Diskurs über Israel seit Beginn der „Al Aksa Intifada" in Deutschland (unveröffentlichtes Manuskript, 2003); Rolf Behrens, Raketen gegen Steinewerfer: Das Bild Israels im ‚Spiegel' (Münster: Lit-Verlag, 2003); Duisburger Institut für Sozialforschung, Die Nahost-Berichterstattung zur Zweiten Intifada in deutschen Printmedien, a.a.O.; Klaus Faber, „Die Dämonisierung Scharons durch die Macht der Bilder," Neue Gesellschaft/Frankfurter Hefte 4 (2002), S. 205ff; Klaus Faber, „Nach Möllemann: Antisemitismus und Antizionismus in Deutschland: Eine gefährliche Verbindung in Medien und Politik, in Tobias Kaufmann und Manja Orlowski (Hg.), „Ich würde mich auch wehren…" Antisemitismus und Israel-Kritik (Potsdam: Kai Weber Medienproduktionen, 2002), S. 143 – 154; Sandra Günther, „Armer Arafat, böser

sischen „bewaffneten Widerstandes" und „nationalen Befreiungskampfes", der die „Moral auf seiner Seite" wisse. Die Palästinenser (imaginiert als geschlossenes Kollektiv) seien „so entschlossen wie nie zuvor, für ihre Rechte zu kämpfen. Sie wollen sich nicht mehr auf Verhandlungen einlassen, in denen es nur um Waffenstillstände und Sicherheit für Israel geht."[1168] Selbst in der liberalen Zeit, die zahlreiche pro-israelische Kommentare und Berichte veröffentlichte, wird Israel bisweilen im antiimperialistisch-antizionistischen Duktus als bloßer „US-Außenposten im Nahen Osten"[1169] perzipiert. Selbst in der konservativen *Frankfurter Allgemeinen Zeitung* werden unter dem Titel „Das Problem heißt Israel" anti-jüdische Stereotypen perpetuiert: Das Judentum verursache „Probleme, mit anderen auf gleicher ontologischer und moralischer Ebene zusammenzuleben." Jehova sei „kein Gott des Friedens, sondern der Rache: Auge um Auge, Zahn um Zahn." Dieser „fundamentale Partikularismus spiegelt sich auch in der rassistischen Begründung des Judentums." Mit Bedauern wird festgestellt: „Der israelische Staat scheint eine unwiderrufliche Realität zu sein. Aber sein ungerechter Ursprung hat ein Land im Kriegszustand geschaffen. Israel ist keine soziale Gemeinschaft, die mit sich und der Welt in Frieden lebt."[1170] Auch unter dem Vorwand der Israelkritik, die als befreiender Tabubruch dargestellt wird, so Wolfgang Benz, „sind die Stereotypen der Judenfeindschaft in die öffentliche Auseinandersetzung zurückgekehrt."[1171]

Ein Artikel von Malte Lehming im *Tagesspiegel* wird von einem großflächigen Bild begleitet, das George W. Bush von zehn orthodoxen jüdischen Rabbiner umringt zeigt. Insinuiert wird, das Weiße Haus und die Politik der USA sei von Juden dominiert. Im Text findet sich der ‚Beleg'. Es ginge um das „Geld" der Juden. Wer wissen wolle, „ob Bush tatsächlich Druck auf Scharon ausüben wird, sollte daher nicht allein auf das Spektakel in Akaba [dem Ort eines Nahost-Friedens-Treffens] schauen. Es hilft auch ein Blick in ‚The Club' in der Stadt Birmingham im US-Bundesstaat Alabama. Dort findet am 5.Mai ein Israel-Bond-Dinner statt."[1172] Bush nimmt daran zwar nicht teil, aber die Verschwörungstheorie, eine „jüdische Lobby" dominiere die USA, ist gestrickt.

Der innere Zusammenhang zwischen Verschwörungstheorien und Antisemitismus ist evident. Antisemitische und antiamerikanische Verschwörungstheorien, die für den politischen Antisemitismus der extremen Rechten und von Teilen der radikalen Linken kennzeichnend sind, erfahren seit den Terrorattentaten vom 11. September einen wahren Boom, dies allerdings nur begrenzt in der demokratischen Öffentlichkeit. Linke und rechte Verschwörungstheoretiker mobilisieren zu Veranstaltungen, die auch Horst Mahler besucht[1173] und finden partiell auch Aufnahme in öffentlich-rechtliche Medien sowie in etablierte Verlage. Behauptet wird hierbei, der Terrorismus sei nur eine „In-

---

Scharon: Die Nahost-Berichterstattung in den deutschen Medien," in Tobias Kaufmann und Manja Orlowski (Hg.), a..a.O., S. 123 – 127.
1168 Andrea Nüsse, „Zum Äußersten entschlossen: Die Palästinenser lassen sich auch durch Israels Militär nicht von ihrem Ziel abbringen," Der Tagesspiegel, 10. März 2002, S. 6.
1169 Verena Ringler, „Der Feind im Innern," Die Zeit 7. November 2002, S. 35.
1170 „Das Problem heißt Israel," Frankfurter Allgemeine Sonntagszeitung, 16. Dezember 2001.
1171 Wolfgang Benz, „Antisemitismus ohne Antisemiten? Möllemann, Blüm et al. bedienen Ressentiments – ohne es zugeben oder wahrhaben zu wollen," Jüdische Allgemeine 14 (2002), S. 3.
1172 Malte Lehming, „Der Krieger als Friedensengel," Der Tagesspiegel 4. Juni 2003, S. 3.
1173 Vgl. hierzu Joachim Rohloff, „‚Amoklauf der US-Ostküste'," Konkret 8 (2003), S. 26.

szenierung" der USA, die selbst hinter den Attentaten vom 11. September steckten, deren Faktizität freilich selbst bestritten wird. Die erstaunliche Wirkungsmächtigkeit solcher Thesen zeigt sich einerseits in dem Umstand, dass der Journalist Gerhard Wisnewski, der insinuiert, Scharon und Bush steckten hinter den Anschlägen auf das World Trade Center, seine empirisch haltlose Verschwörungstheorie als Film für den Westdeutschen Rundfunk zur besten Sendezeit darlegen konnte,[1174] andererseits darin, dass 19% der Deutschen glauben, die US-Regierung habe die Anschläge selbst in Auftrag gegeben, darunter 31% der Deutschen unter 30 Jahre.[1175] Das neue verschwörungstheoretische Buch des ehemaligen Bundesministers Andreas von Bülow, indem dieser behauptet, das World Trade Center sei von innen gesprengt worden und es gebe „nur ein israelisches Opfer am 11.9." sowie „eine Reihe von Indizien, die auf eine wie auch immer geartete Verbindung des israelischen Mossad zu der Tat und zu den Tätern des 11.9. weisen", greift die antisemitische Verschwörungstheorie auf, 4000 Juden seien nicht zur Arbeit im WTC erschienen, weil der Mossad den Anschlag geplant habe.[1176] Von Bülows Buch rankte im September 2003 auf Platz 3 der Sachbuch-Bestseller-Liste.

In Teilen spiegelt sich die Renaissance eines antisemitisch unterlegten Antizionismus wie eines kulturalistischen Antiamerikanismus, also die Ranküne gegen ‚fremde' amerikanische Kultureinflüsse, die nicht selten implizit auch die Gefahr eine „Judäisierung" der Gesellschaft konnotiert, selbst in der akademischen und intellektuellen Kommunikation. So sehen heute Wissenschaftler im Rahmen einer Reihe des Kulturwissenschaftlichen Instituts Essen, in Adaption älterer Ideologeme der überwiegend gescheiterten intellektuellen „neuen nationalen Rechten" mit ihren offenen Affekten gegen Westbindung und westliche Demokratie, Deutschland und Europa von „Amerikanisierung, Selbstamerikanisierung, Amerikanismus" (Kaspar Maase) bedroht und warnen deshalb vor „Amerikanisierung" in „Politik, Wirtschaft, Kultur" (Detlef Junker).[1177] Sekundär-antisemitisch und radikal-antizionistisch argumentiert der Leiter des vom Auswärtigen Amt mitfinanzierten Deutschen Orient-Instituts, Udo Steinbach, der jüngst den palästinensischen „Widerstand" mit dem Aufstand im Warschauer Getto gegen die SS gleichsetzte und damit nicht nur den Terrorismus legitimierte, sondern auch den Holocaust bagatellisierte.[1178] Dies steht exemplarisch für in gestiegenem Maße verlautbarte antiisraelische Vorurteile und Verharmlosungen von anti-jüdischem Terrorismus. Auch der prominente Friedens- und Konfliktforscher Ernst-Otto Czempiel

---

1174 Vgl. Henryk M. Broder, „'Die Verbrechen der Juden': Wie der WDR-Autor Wisnewski Geschichte umschreibt," Allgemeine Jüdische 16 (2003), S. 2. Wisnewskis „Sachbuch des Monats" unter dem Titel Operation 9/11: Angriff auf den Globus (München: Knaur, 2003) insinuiert, die USA hätten mit dem 11.9.2003 ihren „Angriff auf den Globus" begonnen, nicht etwa Terroristen einen Angriff auf die USA und den Westen.
1175 Forsa-Umfrage (n=1010), zitiert nach Der Spiegel, 8. September 2003, S. 59.
1176 Siehe Andreas von Bülow, Die CIA und der 11. September: Internationaler Terror und die Rolle der Geheimdienste (München: Piper, 2003); vgl. hierzu die hervorragende Reportage im *Spiegel*, die die Verschwörungstheorien im Einzelnen hinsichtlich ihres fehlenden Sachgehaltes entlarvt; „Panoptikum des Absurden," Der Spiegel, 8. September 2003, S. 58- 76. Vgl. zur Struktur und Dynamik von Verschwörungstheorien auch Daniel Pipes, Conspiracy (New York: The Free Press, 1997).
1177 Siehe Programm des Kulturwissenschaftlichen Instituts Essen, Juni 2003.
1178 Siehe Simon Wiesenthal Center, Press Information, June 1, 2003. Siehe auch Fußnote 241.

rechnet den „nationalen Befreiungskampf" der Palästinenser samt des Terrors in toto „zum Widerstand, keinesfalls zum Terrorismus."[1179]

Selbst auf Ebene der Rechtssprechung hat die Bagatellisierung des islamistischen, antisemitischen Terrorismus jüngst offenbar an Terrain gewonnen. So gewährte das Bundesverwaltungsgericht dem vom Bundesinnenministerium verbotenen Verein „Al-Aqsa" (welcher Spenden sammelt für Selbstmordattentäter, die Hamas und ihre Gewaltaktionen) vorläufigen Rechtsschutz mit der Begründung, es bedürfe weiterer Aufklärung, „inwieweit die Zuwendung von Spendenmitteln an bestimmte Organisationen, die dem sozialen Netzwerk der Hamas zugeordnet werden, als Unterstützung der von anderen Teilen der Hamas propagierten und praktizierten Gewaltanwendung anzusehen ist." Hier wird insinuiert, der „soziale Teil" funktioniere unabhängig vom Terrornetzwerk und seinen Rekrutierungsversuchen; eine Argumentation, die bisher in der Rechtssprechung keine Anwendung gefunden hatte. Überdies bestehe „kein Anhaltspunkt dafür, dass die Aktivitäten von Al-Aqsa e.V. negative Auswirkungen auf die Sicherheitslage in der Bundesrepublik Deutschland haben könnten. Der dem Kläger vorgeworfene Beitrag zur gewaltsamen Weiterführung des Konflikts zwischen Palästinensern und dem Staat Israel ist neben anderen Faktoren von untergeordneter Bedeutung."[1180]

Genauer zu erforschen ist, inwieweit Elemente der Holocaust-Bagatellisierung (auch über den Vergleich des NS-Staates mit Israel) und eines modernisierten Antisemitismus heute in den demokratischen politischen Diskurs Einlass gefunden haben. Die extreme Rechte nimmt die jüngere Entwicklung des politischen Diskurses, aber auch die Vorstöße der FDP im Zuge des Bundestagswahlkampfes 2002 (vgl. Kap. 7.5) teils jedenfalls begeistert zur Kenntnis, auch wenn sich für sie bisher selbst keine Mobilisierungserfolge angeschlossen haben. Unter der Überschrift „Israel-Lobby: Der Konsens bröckelt. Ablehnung der anmaßenden Machtausübung des Zentralrates der Juden wächst" veröffentlichte der NPD-Parteivorstand während der Affäre Möllemann im Sommer 2002 ein Flugblatt; Die „Erosion des Konsens" (der Ächtung antisemitischer Ressentiments), heißt es darin, sei „nicht mehr aufzuhalten".[1181]

Ein Buch des linken, antizionistischen kanadischen Philosophen Ted Honderich, „Nach dem Terror: Ein Traktat"[1182], das ein Recht auf Terror gegen Juden proklamiert, erschienen im Suhrkamp-Verlag auf Empfehlung von Jürgen Habermas[1183], stieß indes

---

[1179] Ernst-Otto Czempiel, Weltpolitik im Umbruch: Die Pax Americana, der Terrorismus und die Zukunft der internationalen Beziehungen (München: C.H.Beck, 2002), S. 44.
[1180] Pressemitteilung des Bundesverwaltungsgerichts Nr. 33/2003, BVerwG 6 VR 10.02.
[1181] Zitiert nach Andreas Spannbauer, „Falsch gerechnet: Der Verfassungsschutz meldet einen Anstieg antisemitischer Straftaten – dabei hat er viele noch gar nicht berücksichtigt," Jüdische Allgemeine, 22. Mai 2003, S. 1.
[1182] Ted Honderich, Nach dem Terror: Ein Traktat (Frankfurt a.M.: Suhrkamp, 2003).
[1183] Vor dem Hintergrund seines intellektuellen und politischen Engagements für die Westbindung erschien es überraschend, dass Habermas seit neuestem gemeinsam mit Jaques Derrida diese in einem „Manifest" selbst in Frage stellt. Das Manifest strotzt von metaphysischen Sprachwendungen im nach-metaphysischen Zeitalter; vgl. Jaques Derrida und Jürgen Habermas, „Unsere Erneuerung: Nach dem Krieg. Die Wiedergeburt Europas," Frankfurter Allgemeine Zeitung, 31. Mai 2003, S. 33. Dass Habermas Anfang 2003 mit Ted Honderich dem Suhrkamp-Verlag einen ausgewiesenen antiamerikanischen und anti-zionistischen Autor zur Publikation empfohlen hat, der zum Terror gegen Juden aufruft und der eben jene fraglosen Traditionen

jüngst weitgehend auf Ablehnung. Es wurde zuletzt aus dem Verlagsprogramm genommen; dies allerdings erst, nachdem Micha Brumlik in einem offenen Brief den „antisemitischen Antizionismus" und „philosophischen Judenhass" Honderichs kritisiert hatte.[1184] Honderich schreibt u.a.: „Ich für meinen Teil habe keinen ernsthaften Zweifel, [...] dass die Palästinenser mit ihrem Terrorismus ein moralisches Recht ausgeübt haben."[1185] An anderer Stelle redet Honderich, der „Terrorism for Humanity" zum politisch-moralischen Recht erhebt, davon, dass „als Hauptopfer von Rassismus in der Geschichte *die Juden* von ihren Peinigern gelernt" hätten. Hier wird der Terror affirmierende Antizionismus offen antisemitisch, denn nun werden Juden schlechthin qua Herkunft zu Tätern und mit Nazis und Verfolgern verglichen, die durch ihr *Handeln* zu Verbrechern wurden. Zunächst vermutet allerdings der *Tagesspiegel* nur einen neuen Fall der „Aufregungsgesellschaft", das „Geschütz" des Antisemitismus-Vorwurfs.[1186] Arno Widmann wittert angesichts des Rückruf des Buches durch Suhrkamp die „verrückte" Zensierung kontroverser Erörterungen eines der „zentralen Konflikte" der Gegenwart; man müsse Honderich, der behaupte, die Palästinenser hätten auch das Recht, „sich zu wehren", diskutieren können, sonst könne man „nur auf dem zionistischen Standpunkt" debattieren. Das sei „erheiternd, denn das bedeutet, dass man ihn nicht zu diskutieren braucht."[1187] Ähnlich formuliert die antizionistische *Junge Welt*, es ginge bei der Kritik an Honderichs Buch darum, man dürfe Israel nicht kritisieren; Honderichs „Kritik an Israels Besatzungsmacht" werde „als ‚Judenhass' denunziert."[1188]

Hannes Stein stellt dagegen in der *Welt* die Frage, warum Honderichs Propagandaschrift „nicht in einem links- oder rechtsradikalen Verlag erschien, sondern bei Suhrkamp."[1189] Die *FAZ* sichtet einen „Propagandisten für den palästinensischen Terror gegen Israel."[1190] Während Hellmuth Karasek anschließend auf das hierbei zutage tretende „moralische Wahnsystem" Honderichs verweist, das Terror immer dann für legitim erklärt, wenn der Attentäter erklärt, er habe es gegen Israel getan, und dass der Blick auf Israel sich in Deutschland vielfach mit der Suche nach kollektiven Entlastungsgründen verbinde[1191], resümiert Harry Nutt kritisch in einem Leitkommentar in der *Frankfurter Rundschau*: „Die in immer neuer Form auftretenden Irritationen zeigen [...], dass die bundesrepublikanische Gesellschaft mit seiner antisemitischen Vorgeschichte längst noch nicht fertig ist."[1192]

---

kultureller Abwertung reproduziert, die bei Habermas zuvor kritisch zum Gegenstand normativer Reflexion und Rationalisierung geworden sind, begründet Habermas aposteriori ebenfalls u.a. mit seiner Irritation über Amerika und dessen „Krieg gegen den Terror".
1184 Micha Brumlik, „Philosophischer Judenhass," Frankfurter Rundschau, 5. August 2003, S.9.
1185 Ted Honderich, Nach dem Terror, a.a.O., S. 236.
1186 Christian Böhme und Moritz Schuller, „Gutes Leben, schlechtes Leben," Der Tagesspiegel, 7. August 2003.
1187 Arno Widmann, „Immer an der Wand lang," Berliner Zeitung, 7. August 2003.
1188 Junge Welt, zitiert nach Joachim Rohloff, „Ein Fall von Streitkultur," Konkret 9 (2003), S. 50.
1189 Hannes Stein, „Alles Ausbeuter?," Die Welt, 7. August 2003, S. 27.
1190 Christian Geyer, „Ende der Propaganda," Frankfurter Allgemeine Zeitung, 7. August 2003, S. 31.
1191 Hellmuth Karasek, Die Opfer als Täter," Der Tagesspiegel, 11. August 2003, S. 23.
1192 Harry Nutt, „Der beiläufige Antisemitismus," Frankfurter Rundschau, 8. August 2003, S. 3. Richard Wagner weist an gleichem Ort auch auf die Rolle von Gewaltfantasien, traditionellen Personifikationen des Bösen in den USA und Israel sowie die Simplifizierungen des antiimperialistischen Weltbildes in der europäi-

Erscheinen politischer Antisemitismus und Kontakte mit Rechtsextremisten in der politischen Kultur anhaltend inopportun, so sieht dies auch bei modifizierten, gemäßigten und latenten Varianten und Ideologemen einer Neuen Rechten bisweilen anders aus. Dies belegt insbesondere die seit den 1980er Jahren etablierte „Grauzone" des Nationalkonservatismus von Teilen der CDU und medialen Eliten (wie Focus-Herausgeber Helmut Markwort) zur intellektuellen Neuen Rechten (etwa zur latent antisemitischen, rechtsradikalen Zeitung „Junge Freiheit"), die wiederum Verbindungen hält zum ‚gemäßigten' antisemitischen Rechtsextremismus. Die Neue Rechte ist freilich in ihren hoch gesteckten Ambitionen einer „kulturellen Hegemonie" gescheitert.

Schließlich hat gibt ist eine politische Relativierung rechtsradikaler und antisemitischer Gewalt in Deutschland zu problematisieren. Der Verweis auf den Rechtsextremismus ‚von unten' hat oftmals Fremdenfeindlichkeit und Nationalismus ‚von oben' stimuliert und umgekehrt. In den 1990er Jahren war eine sich gegenseitig bestärkende „Interaktionsdynamik"[1193] zu beobachten, die rechtsextreme und ethnozentrische Positionen in einem ‚Nationalismus der Mitte', der auch sekundär-antisemitische Effekte haben kann, verstärkte und integrierte, anstatt jene politischen Ideologien abzuwehren und öffentlich eindeutig zu bekämpfen. Den nun verstärkt antisemitisch orientierten Rechtsextremismus – und vor allem seine Verfestigung als Alltagskultur – haben solche Umgangsformen mit begünstigt. Erst in den letzten Jahren hat sich im Zuge der Stabilisierung und Ausweitung der rechtsextremen Strukturen und ihrer Gewaltbilanzen partiell ein Wahrnehmungswechsel in Politik, Gesellschaft und Wissenschaft angedeutet. Rechtsextremismus wird in der Rechtsextremismusforschung komplex und differenziert gedeutet, nicht mehr, wie zu Beginn, als temporäres Modernisierungsproblem im Osten.[1194] Mit großer zeitlicher Verzögerung gibt es nun auch in Politik und Gesellschaft verstärkte Tendenzen, Rechtsextremismus als eigenständiges und anhaltendes Problem anzuerkennen. Lokale rechtsradikale Vergemeinschaftungsformen sind der Kontrolle staatlicher Macht („national befreite Zonen") zunehmend entglitten. Allerdings wird diesem Problem nach wie vor unterschiedlich begegnet; der Brandenburger Oppositionsführer Jörg Schönbohm lobte noch vor kurzem junge Rechtsextremisten als „Patrioten" und ihnen, geraten, stärker „linke Gewalt" zu thematisieren.

Rechtsextremisten konnten sich so angesichts teils stiller Zustimmung und Akzeptanz seitens der Gesellschaft und einer in den 1990er Jahren über lange Zeit weitgehenden Duldung durch Staat und Politik oftmals als ‚Avantgarde' antisemitischer, nationalistischer und rassistischer Politik verstehen. Dabei ist der Antisemitismus seit längerem, insbesondere aber nochmals seit dem 11. September, zunehmend in das Zentrum einer die verschiedenen Fraktionen und Organisationen übergreifenden politischen Mobili-

---

schen radikalen Linken hin; vgl. Richard Wagner, „Europäische Irrtümer," Frankfurter Rundschau, 8. August 2003, S. 9.
1193 Hajo Funke, „Rechtsextremismus: Zeitgeist, Politik und Gewalt," a.a.O.
1194 Vgl. zum Überbleick über die Forschung Hans-Gerd Jaschke, Rechtsextremismus und Fremdenfeindlichkeit: Begriff, Positionen, Praxisfelder (Wiesbaden: Westdeutscher Verlag, 1994); Christoph Butterwegge, Rechtsextremismus, Rassismus und Gewalt, a.a.O.; Wilfried Schubarth und Richard Stöss (Hg), Rechtsextremismus in der Bundesrepublik Deutschland (Bonn: Bundeszentrale für politische Bildung, 2000); Armin Pfahl-Traughber, Rechtsextremismus in der Bundesrepublik (München: C.H. Beck, 2001).

sierung gerückt. Das ‚Wegschauen', die lange Zeit vorherrschende politische Strategie der Ignorierung seitens des politischen Systems hat negative Konsequenzen gezeitigt sowohl für das politische Klima in der Bevölkerung, als auch für das Verhalten der zuständigen staatlichen Exekutiv- und Justizorgane. Gesellschaftliche Segmente tragen rechtsextreme Ideologeme und akzeptieren die ihnen implizite Gewalt, und ganze Städte befinden sich derzeit im „Griff der rechten Szene"[1195]. Ein Verbot der als neonazistisch einzustufenden NPD wäre ein notwendiger, ja überfälliger symbolischer wie praktischer Schritt ausgeübter Sanktionsgewalt des demokratischen Souveräns gegen diese Tendenzen gewesen, obschon nicht zureichend. Die institutionellen und gesellschaftlichen Zeichen für eine politische Klimaveränderung, eingeleitet durch einen breiten Diskurs zur Rechtsextremismus-Problematik im Sommer 2000 und durch entsprechende Programme der Bundesregierung, sind noch ungenügend. Es bedürfte perspektivisch gesellschaftlicher und politischer Anstrengungen anderer Qualität. Doch die Handlungsspielräume und das Potenzial für eine breite demokratische Gegenöffentlichkeit sind bisher begrenzt. Die Diskussion der letzten drei Jahre hat immerhin zeitweise neue Möglichkeiten zur Bekämpfung des Rechtsextremismus eröffnet. Zugleich wird auch in den etablierten Parteien, wie gezeigt, immer wieder mit politischen Vorurteilen Politik gemacht, und zwar u.a. mit nationalistischen und latent antisemitischen Ideologemen; mittlerweile wird das Bekenntnis, „ich bin stolz, ein Deutscher zu sein" (bislang im deutschen Kontext eine rechtsextreme Parole) von zwei Oppositionsparteien als Eintrittskarte in die Demokratie gefordert. Mit solch konventionellen „Nationalstolz" lässt sich Rechtsextremismus und der mit ihm reüssierende Antisemitismus freilich kaum langfristig bekämpfen.

Der moderne *politische* Antisemitismus spielt in der Bundesrepublik fast keine Rolle. Es gibt heute keine gesellschaftlich oder politisch relevanten Parteien und Organisationen mit einer antisemitischen Programmatik, die über Einfluss oder Machtressourcen verfügen, oder die bisher irgend nachhaltige Wahlerfolge erzielen konnten. Auch funktioniert die Abgrenzung gegenüber extremen Parteien und manifesten Gewalterscheinungen seitens der demokratischen Institutionen und Politik. Allerdings scheinen bestimmte Kommunikationsgrenzen derzeit zu erodieren. Die Grenzen zu bestimmten *Ideologemen* eines heute noch existenten, modernisierten und mit der neuen weltpolitischen Lage wie im Zuge der Globalisierung und des Irak-Kriegs neu mobilisierten politischen Antisemitismus scheinen permissiver geworden. Israelfeindschaft, Ressentiments gegen die „US-Ostküste", Verschwörungstheorien und Vorstellungen von einer weltumspannenden „zionistischen Lobby", die allesamt dem ideologischen Arsenal des politischen Antisemitismus und Rechtsextremismus entstammen, finden heute teils Resonanz in der demokratischen Öffentlichkeit. Dies berechtigt weder zu übertriebenem Alarmismus, noch zur Bagatellisierung des Antisemitismus.

[1195] Vgl. Burkhard Schröder, Im Griff der rechten Szene: Ostdeutsche Städte in Angst (Reinbek bei Hamburg: Rowohlt, 1997).

7. Antisemitismus in öffentlichen Konflikten der ‚Berliner Republik': Judenfeindlichkeit als Gegenstand zeitgenössischer politischer Diskurse im Kontext von ‚Vergangenheitsbewältigung'

Im Folgenden nun werden nicht mehr die Erscheinungsformen eines politischen Antisemitismus und seiner politisch-kulturellen Reaktionsbildungen untersucht, sondern zentrale politische und gesellschaftliche Konflikte und Diskurse, in denen Antisemitismus in der politischen Kultur in den Jahren 1996 bis 2002 zum Gegenstand geworden ist. An dieser genauen empirischen Rekonstruktion soll sich präziser bestimmen lassen, welche Relevanz heute antisemitische Ideologeme in der Öffentlichkeit haben, welche Motive ihnen gegebenenfalls zugrunde liegen, und wie sich die politisch-kulturelle Auseinandersetzung mit ihnen vollzieht bzw. im politischen Prozess transformiert.

Die Frage nach den Erscheinungsformen und dem Umgang mit latenten wie manifesten Formen des Antisemitismus, der in der Bundesrepublik lange weitgehend tabuiert gewesen ist, im öffentlichen Raum berührt eine seiner wesentlichen politischen Ermöglichungsbedingungen. Die Erforschung dieser politisch-diskursiven Prozesse und der gesellschaftlichen Interaktionen soll im Hinblick auf den gerade in Deutschland zentralen demokratischen Index ‚Antisemitismus' – seine Abgrenzung, Ignorierung, Adaption oder Integration in der politischen Kultur – die von der Forschung geforderte „Neuvermessung des politisch-ideologischen Raumes"[1196] im Kontext der neuen „Berliner Republik" realisieren, also politisch-ideologische Verschiebungen fokussieren.

Die folgenden Analysen sollen damit implizit auch den früh formulierten Thesen vom neuen Geschichtsrevisionismus und „Eliten-Nationalismus" (Habermas) sowie von der Renaissance eines „neo-nationalistischen Diskurses" nach 1990 (Butterwegge) empirisch nachgehen. Hierzu erscheint es empirisch notwendig, nicht bloß mit einzelnen, dekontextualisierten Zitaten als ‚Belege' für allgemeine Thesen zu arbeiten, wie dies in qualitativen Arbeiten oft noch üblich ist. Sondern es ist vielmehr geboten, mikrologisch politische Diskursprozesse in ihren diskurshistorischen Bezügen, Entwicklungen wie inneren Dynamiken zu rekonstruieren und politisch-psychologisch vor dem entwickelten theoretischen Hintergrund zu deuten, um die Plausibilität der Hypothesen zu verifizieren oder als ‚unterkomplex' zu hinterfragen.

Anhand der mikrologischen Untersuchung und Deutung der politischen Diskursprozesse soll im Hinblick auf die Makroebene der politischen Kultur nach deren Verhältnis zu Antisemitismus, ‚Vergangenheitsbewältigung', Nationalismus sowie nach dem sich diesbezüglich entwickelnden „Selbstbewusstsein" und dem „Selbstverständnis" der ‚Berliner Republik' gefragt werden. Diese politisch-kulturelle Bestimmung wird begriffen als eine zentrale Frage nach den Ermöglichungsbedingungen und Grenzen von Antisemitismus in der zeitgenössischen deutschen Demokratie.

[1196] Vgl. Wolfgang Gessenharter, "Neue radikale Rechte, intellektuelle Neue Rechte und Rechtsextremismus," a.a.O.

7. Antisemitismus in öffentlichen Konflikten der ‚Berliner Republik'

Fünf zentrale politische Konflikte respektive Diskursereignisse zum Antisemitismus und zur Auseinandersetzung um ‚Vergangenheitsbewältigung' von 1996 bis 2002 werden hier untersucht, welche eine breite politisch-gesellschaftliche Aufmerksamkeit evoziert haben und deshalb, so ist anzunehmen, einen maßgeblichen Einfluss in der politischen Kultur gehabt haben. Besonders ausführlich wird dabei die Walser-Debatte rekonstruiert und gedeutet, da ihr aufgrund der Breite und Intensität der Kontroverse ein zentraler politisch-symbolischer Stellenwert zukommt und ihr dieser auch, wie die Ausstellung zur Geschichte der Bundesrepublik im Berliner Martin-Gropius-Bau belegt, in der deutschen politischen Kultur und das kollektive Gedächtnis der neuen Bundesrepublik zugeschrieben wird. Die genaue empirische Rekonstruktion der politischen Diskurszusammenhänge und Diskursgeschichte der hier untersuchten fünf bedeutenden Konflikte der jüngsten Zeit basiert auf einer detaillierten ideologiekritischen Politik- und Medienanalyse. Dieses Vorgehen hat mehrere bedeutende Funktionen in dieser Studie. Erstens sind diese konkreten politischen Diskurse inmitten der demokratischen politischen Kultur der ‚Mitte' der Gesellschaft und Politik mehr noch als etwa der Umgang mit rechtsextremen Positionen Ausdruck des politisch-kulturellen Selbstverständnisses gegenüber Antisemitismus und ‚Vergangenheitsbewältigung' in der gegenwärtigen Bundesrepublik. Zweitens lassen sich gerade an diesen Auseinandersetzungen mitsamt ihren teils subtilen Zwischentönen die Tragfähigkeit und die Grenzen politisch-psychologischer Deutungen am empirischen Detail überprüfen. Drittens wird anhand dieser zentralen jüngeren politischen Debatten, an denen sich viele bedeutende politische und mediale Akteure beteiligen, mehr über den politischen Prozess und mögliche Transformationen der politischen Kultur sichtbar, zu denen solche Diskursereignisse selbst beitragen können, als in bloßen ausgewählten Diskursfragmenten, die – meist wenig repräsentativ – zusammenfassend thematisch rekonstruiert werden. So lassen sich viertens auch ansatzweise Grenzverschiebungen des Sagbaren oder Veränderungen im Umgang mit Antisemitismus in der demokratischen politischen Kultur empirisch bestimmen; und es kann erörtert werden, inwieweit diese mit den veränderten politischen Konstellationen im vereinten Deutschland in Verbindung stehen.

7.1 Die ‚Goldhagen-Debatte': Zur öffentlichen Kontroverse um die Bewertung des Antisemitismus und deutscher Schuld im Nationalsozialismus

1996, ein Jahr nach den Gedenkveranstaltungen zum 50. Jahrstag der Zerschlagung des Nationalsozialismus und der Befreiung der Konzentrationslager, hat eine Studie des US-amerikanischen Politologen Daniel Jonah Goldhagen – „Hitler's Willing Executioners"[1197] – eine breite Kontroverse in den deutschen Medien und der deutschen Gesellschaft über Auschwitz ausgelöst.[1198] Diesmal kreiste der Konflikt, im Un-

---

[1197] Daniel Jonah Goldhagen, Hitler's Willing Executioners: Ordinary Germans and the Holocaust (New York: A. Knopf, 1996).
[1198] Frühere Vor-Ergebnisse der Aanalyse dieser Debatte finden sich bei Lars Rensmann, „Holocaust Memory and Mass Media in Contemporary Germany: Reflections on the Goldhagen Debate," Patterns of Prejudice

terschied zu früheren Debatten wie dem „Historikerstreit" zehn Jahre zuvor, erstmals öffentlich um den Antisemitismus der deutschen Tätergeneration und seine politisch-moralische und historische Bewertung.

Bereits fünf Monate bevor die Übersetzung der Studie ins Deutsche publiziert worden war, begann in den deutschen Medien eine Debatte über Goldhagens Buch und den Holocaust wie deutschen Antisemitismus im Allgemeinen. Nahezu jeder TV-Kanal, jede Zeitung oder Zeitschrift, selbst die lokalen Blätter fühlten sich zu einer Reaktion genötigt. Journalisten, Holocaustforscher und Politiker rezensierten bzw. begutachteten Goldhagens Arbeit in der Öffentlichkeit und kritisierten diese fast einhellig in aggressiven Tönen. Dabei ist zunächst augenfällig, dass sich vielfach diejenigen Akteure aus Politik, Öffentlichkeit und Historiographie gegen Goldhagens Verweis auf den deutschen Antisemitismus und die Präzedenzlosigkeit des Holocaust positionierten (zweifellos mit Ausnahmen wie Kurt Sontheimer, Josef Joffe[1199] oder Jürgen Habermas[1200], der Goldhagen den „Demokratiepreis" verlieh), die im so genannten Historikerstreit vor zehn Jahren den erinnerungsverweigernden und neo-revisionistischen Thesen von Nolte und Zitelmann noch explizit widersprochen hatten. Nach zahllosen Artikeln, Spezialsendungen, öffentlichen Podien und einer Tour Goldhagens durch Deutschland mit ausgiebiger Medienbegleitung im September 1996 diskutieren heute sogar Volkshochschulen die „Goldhagen-Debatte", und die deutsche Ausgabe von Goldhagens Buch kam schon innerhalb der ersten vier Monate auf die stolze Zahl von 145.000 verkauften Exemplaren—für ein Geschichtsbuch höchst außergewöhnlich.

7.1.1 Goldhagens Buch als Diskursanlass

Goldhagens Buch konzeptionalisiert, durchaus provokativ, den Holocaust als ein „German national project"[1201], welches seine entscheidende Voraussetzung in tief verankerten und weit verbreiteten antisemitischen kognitiven Strukturen und Werten der deutschen Gesellschaft gehabt habe. Ein „eliminatorischer Antisemitismus", so die zweite zentrale These des Buches, sei dabei die vorherrschende Motivation auch der gewöhnlichen deutschen Täter gewesen, und zwar nicht nur der Nazi-Elite. Goldhagen opponiert dabei entschieden gegen vielfach dominante strukturalistische Deutungen der NS-Forschung sowie intentionalistische Ansätze, die sich auf die ‚Befehle' Hitlers beschränken. Goldhagens Thesen erfuhren einen ebenso unerwarteten wie beispiellosen

---

33 (1999), pp. 59 – 76; Lars Rensmann, „,Zorn von alttestamentarischem Atem': Reflexionen zur politischen Psychologie der ‚Goldhagen-Debatte'," psychosozial 22. Jg. 1 (1999), S. 109 – 126.
1199 Vgl. „,Die Befassung mit den Tätern musste kommen': Daniel Goldhagen und Josef Joffe im Gespräch," Blätter für deutsche und internationale Politik 10 (1996), S. 1186 – 1196.
1200 Habermas lobte Goldhagens Beitrag zur „politischen Aufklärung" und zum „Bewusstseinswandel in der politischen Kultur." Siehe Jürgen Habermas, „Über den öffentlichen Gebrauch der Historie: Warum ein ‚Demokratiepreis' für Daniel Goldhagen?," a.a.O., S. 416.
1201 Daniel Jonah Goldhagen, Hitler's Willing Executioners, a.a.O., p. 11.

öffentlichen Aufschrei im Post-Holocaust-Deutschland.[1202] Die Anfragen Goldhagens an die deutsche Vergangenheit und die deutsche Schuld sind insofern nicht ohne Resonanz geblieben.

Zur Beurteilung der dabei offenbar auftretenden Diskrepanzen zwischen öffentlicher Debatte und Wahrnehmung einerseits und Realgehalt des Buches andererseits sollen kurz einige zentrale Gehalte und Probleme der Studie aufgegriffen werden. M. E. liefert Goldhagen Forschungsimpulse für Studien über den Holocaust, vor allem bezüglich der Motivationen der gewöhnlichen deutschen Täter, obschon zahlreiche Kritikpunkte angeführt werden können. Goldhagens Forderung, die Holocaustforschung auf deutsche Besonderheit rückzuorientieren, ist legitim. Denn Auschwitz war vor allem anderen eine präzedenzlose Tat, die nicht angemessen jenseits des spezifischen deutschen Kontextes behandelt werden kann.[1203] Allzu oft dienten gerade in deutschen Debatten das ‚allgemein Menschliche' oder ‚abstrakte bürokratische Strukturen' dazu, die Erkenntnisse über den Ursprung der Shoah—und die Verantwortung für sie—zu vernebeln. Seine Arbeit bricht mit der Vernachlässigung des Antisemitismus als eine zentrale Ursache und treibendes Moment für den Völkermord, einer Tendenz, die vor allem in der deutschen Forschung über den NS über lange Zeit hegemonial geworden war.[1204] Goldhagen berücksichtigt—wenn auch zuweilen zu unpräzise und in der Darstellung dürftig—somit die Rolle der deutschen politischen Kultur als Teil der Vorgeschichte von Auschwitz sowie die antisemitischen kulturellen Codes, die mit dieser verknüpft sind, in welchen Juden als „Verkörperung des negativen Prinzips", als „Antithese zum deutschen Volk"[1205] konstruiert wurden. Damit ist er Mit-Initiator neuerer Tendenzen in der Zeitgeschichtsschreibung zum Holocaust.[1206] Schon bevor der Antisemitismus zur zentralen Staatsräson wurde und die ideologische Grundlage für das nationalsozialistische Vernichtungsprogramm bildete, waren die deutsche Gesellschaft, ihre Institutionen und Verbände überwiegend von judenfeindlichen Vorstellungen sowie antisemitischen Statuten durchdrungen. Jahrzehntelang haben führende deutsche Forscher dennoch die Bedeutung des Antisemitismus minimiert, wurde in Debatten über einen möglichen ‚Führerbefehl' zur Ermordung der Juden und in Theorien über selbstreferentielle Strukturen, die sich „kumulativ radikalisierten"[1207], wohl nicht ganz unfreiwillig vom Wesen der Sache abgelenkt. Im Gegensatz dazu ist Goldhagen unter den ersten, vornehmlich amerikanischen Pionieren, die den Fokus weg von einer krimi-

---

1202 Meines Wissens hat nur ein historiographisches Buch zum Nationalsozialismus zuvor eine ähnliche Reaktion ausgelöst, gleichwohl mit einer geringeren Beachtung durch die Massenmedien, und zwar Fritz Fischer, Griff nach der Weltmacht (Düsseldorf: Droste, 1961); vgl. dazu Lucy S. Dawidowicz, The Holocaust and the Historians (London und Cambridge, MA: Oxford University Press, 1981), S. 63 – 67.
1203 Vgl. Goldhagen, Hitler's Willing Executioners, a.a.O., p. 6.
1204 Vgl. Vgl. Dalia Ofer, „Holocaust Historiography: The Return of Antisemitism and Ethnic Stereotypes as Major Themes," Patterns of Prejudice, Vol. 33, 4 (1999), pp. 87 – 106.
1205 Vgl. Max Horkheimer/Theodor W. Adorno, Dialektik der Aufklärung, a.a.O., S. 177; Goldhagen, Hitler's Willing Executioners, a.a.O., p. 77.
1206 Vgl. Dalia Ofer, „Holocaust Historiography: The Return of Antisemitism and Ethnic Stereotypes as Major Themes," a.a.O.
1207 Vgl. Hans Mommsen, „Die Funktion des Antisemitismus im 'Dritten Reich'," in: Günter Brakelmann und Martin Rosowski (Hg.), Antisemitismus: Von religiöser Judenfeindschaft zur Rassenideologie (Göttingen: Vandenhoeck und Ruprecht, 1989), S. 179 – 192.

nellen Elite auf die Analyse gewöhnlicher deutscher Täter – u.a. Soldaten und Polizisten – und das öffentliche Bewusstsein in Nazi-Deutschland richten.[1208]

Darüber hinaus ist Goldhagen einer der ersten Wissenschaftler, die die Untersuchung deutscher Täter zu Beschreibungen der unvorstellbaren Grausamkeiten in Beziehung setzen, die sie begangen haben, und zu den Perspektiven der jüdischen Opfer, ihrer oral history des Terrors und ihrer Leiden. Hier interveniert Goldhagen gegen den distanzierten Szientismus, der in die wissenschaftliche Abstraktion flüchtet und in der Holocaustforschung nur allzu verbreitet ist.[1209]

Allerdings scheint Goldhagens Konzept der politischen Kultur und des deutschen Antisemitismus zu idealistisch; es ist in keinem analytischen Verständnis der Wechselbeziehungen von Ideologien zu materiellen/strukturellen Bedingungen, sozialen Institutionen, politischer Organisationen und staatlicher Praxis verankert; schließlich stellt Goldhagen Marx sogar explizit von den Füßen auf den Kopf und regrediert zu vulgärem Hegelianismus, wenn er behauptet, das Bewusstsein bestimme das Sein. Obgleich Goldhagen durchaus die Rolle der politischen Macht für den gesamtstaatlich organisierten Völkermord berücksichtigt – die Bedeutung des Staates als ideellen Gesamtantisemiten –, obschon er betont, dass „this alone ensured that German antisemitism would have qualitatively different consequences from the antisemitism in other countries"[1210], so unterschätzt er doch die Dynamik der politischen und gesellschaftlichen Institutionen, in denen kultureller eliminatorischer Antisemitismus in eine exterminatorische Praxis überführt wurde. Problematisch scheint auch Goldhagens apodiktische Behauptung, der deutsche Antisemitismus sei „greatly dissipated"[1211], hätte sich mit den ‚Reeducation'-Programmen seit 1945 zunehmend und linear aufgelöst. Diese These übersieht nicht nur die Resultate kritischer Antisemitismusforschung, die keine Auflösung des Antisemitismus, sondern nur einen relativen Rückgang verzeichnet sowie verschiedene Wellen, die etwa 1952 und nach 1990 wiederum in relativ hohen Antisemitismusquoten kulminierten.[1212] Sie widerspricht ebenso Goldhagens eigenen Annahmen über die anhaltende Stärke von Vorurteilen auch in längeren Latenzperioden.

Insgesamt jedoch hat Goldhagen ein Buch geschrieben, das eine sachliche Auseinandersetzung hätte anregen können, und das, wie Matthias Küntzel u.a. schreiben, „all denen [widerspricht], die die gewöhnlichen Deutschen als Opfer der NS-Politik zu entlasten suchen, und widerlegt jene, die den Antisemitismus zum Manipulationsmittel reduzieren und den Holocaust als Ergebnis eines anderen Zieles der NS-Politik inter-

---

1208 Vgl. u.a. Omer Bartov, Hitlers Wehrmacht: Soldaten, Fanatismus und die Brutalisierung des Krieges (Reinbek: Rowohlt, 1999); Christopher R. Browning, Ordinary Men. Reserve Police Battalion 101 and the Final Solution in Poland (New York: Harper Collins, 1992); David Bankier, Die öffentliche Meinung im Hitler-Staat: Die ‚Endlösung' und die Deutschen. Eine Berichtigung (Berlin: Verlag Arno Spitz, 1995); Hannes Heer und Klaus Naumann (Hg.), Vernichtungskrieg. Verbrechen der Wehrmacht 1941 – 1944 (Hamburg: Hamburger Editionen des Instituts für Sozialforschung, 1995); Walter Manoschek (Hg.), Die Wehrmacht im Rassekrieg (Wien: Picus, 1996).
1209 Vgl. Lucy S. Dawidowicz, The Holocaust and the Historians, a.a.O., p. 62.
1210 Daniel Jonah Goldhagen, Hitler's Willing Executioners, a.a.O.,S. 419.
1211 Ibid, S. 593.
1212 Vgl. Bergmann und Erb, Antisemitismus in Deutschland 1945 - 1996, a.a.O., S. 397 – 434.

pretieren."¹²¹³ Daher mag es sein, dass Goldhagen zwar nicht durchweg triftige Deutungen liefert.¹²¹⁴ Er stellt jedoch richtige Fragen.¹²¹⁵

7.1.2 Politische und mediale Wahrnehmungsmuster

Die überwiegende Mehrheit der deutschen Rezensionen in Massenmedien und wissenschaftlichen Periodika sucht jedoch in der ‚Goldhagen-Debatte' scheinbar kaum ein sachlich reflektiertes Urteilen auf der Basis einer kritischen Rezeption.¹²¹⁶ Vielmehr fördern sie von Beginn an eine Gehalt und Inhalt der Goldhagenschen Arbeit unangemessene, abwehrend-aggressive öffentliche Reaktion. Die Debatte, die die Medien noch vor der Veröffentlichung der deutschen Übersetzung initiiert haben, hat indes zugleich wesentlich dazu beigetragen, dass der Holocaust auch nach dem ‚Gedenkjahr 1995' wieder ein zentrales öffentliches Thema wurde, was allerdings durch die stereotype *Form* der Debatte negativ überlagert sein mag.

Die erste Welle des deutschen Diskurses, eine „Debatte ohne Buch"¹²¹⁷, die sich von April bis Juni 1996 erstreckt, beginnt mit der Publikation einiger ins Deutsche übersetzter Thesen Goldhagens aus der Einleitung des Buches, zusammen mit einem Kommentar von Volker Ulrich in der *Zeit*. Mit Bezug auf den durch Ernst Noltes revisionistische Thesen ausgelösten ‚Historikerstreit' von 1986 kündigt Ulrich an, dass mit Goldhagens Schrift nun der Auftakt gesetzt sei „für den zweiten, für einen noch schärferen Historikerstreit"¹²¹⁸. Eine Polarisierung der Debatte der Thesen Goldhagens wird hier bereits vorgegeben. Bereits am nächsten Tag erscheinen Dutzende „unerbittlich negative"¹²¹⁹ Rezensionen, und die Massenmedien insgesamt greifen das Thema auf, obwohl höchst fraglich ist, ob die Rezensenten zu diesem Zeitpunkt überhaupt die Gelegenheit hatten, die Studie zu lesen. In jedem Fall beziehen sich nur wenige Rezensionen auf die Inhalte des Buches; stattdessen bevorzugt man, Mythen über sie in die

---

1213 Matthias Küntzel et al., Goldhagen und die deutsche Linke (Berlin: Elefanten Press, 1997), S. 31.
1214 Zur differenzierten wissenschaftlichen Diskussion von Goldhagens Thesen vgl. u.a. A. D. Moses, „Structure and Agency in the Holocaust: The Case of Daniel Jonah Goldhagen," History and Theory, 37 (1998), pp. 194–219.
1215 Vgl. Rainer Erb, „Unangenehme Fragen neu gestellt. Anmerkungen zur Goldhagen-Kontroverse," Zeitschrift für Geschichtswissenschaft 44 (1996), S. 828.
1216 Für einen guten Überblick über die ‚erste Phase' der Debatte über Goldhagen, und zwar sowohl in den USA als auch in Deutschland, vgl. Matthias Heyl, „Die Goldhagen-Debatte im Spiegel der englisch- und deutschsprachigen Rezensionen von Februar bis Juli 1996," Mittelweg 36, 4 (1996), S. 41–56; zur Dokumentation siehe Julius H. Schoeps (Hg.), Ein Volk von Mördern? Die Dokumentation zur Goldhagen-Kontroverse um die Rolle der Deutschen im Holocaust (Hamburg: Hoffmann und Campe, 1996); R. R. Shandley (ed.), Unwilling Germans? The Goldhagen debate (Minneapolis: University of Minnesota Press, 1998). Für eine ausführliche, kritische Rekonstruktion und Diskussion aus kommunikationswissenschaftlicher Sicht vgl. die hervorragende Studie von Martin Kött, Goldhagen in der Qualitätspresse: Eine Debatte über ‚Kollektivschuld' und ‚Nationalcharakter' der Deutschen (Konstanz: Universitäts-Verlag Konstanz, 1999).
1217 Wochenpost, 9. Mai 1996.
1218 Die Zeit, 12. April 1996.
1219 Andrei S. Markovits, „Störfall im Endlager der Geschichte. Daniel Goldhagen und seine deutschen Kritiker," in: Blätter für deutsche und internationale Politik 6 (1996), S. 667. Markovits ist im übrigen der erste, der einen kritischen Blick auf die deutsche Rezeption der 'Goldhagen-Debatte' wirft.

Welt zu setzen und eine polarisierende Debatte über ‚Kollektivschuld' zu initiieren. Überdies wird Goldhagen ohne zunächst ersichtlichen rationalen Grund mit einer Feindseligkeit angegriffen, mit der zudem in einigen Fällen unqualifizierte Generalisierungen über „die Amerikaner", persönliche Diffamierungen Goldhagens und antisemitische Stereotype einhergehen. Deshalb, so meine These, ist der spezifische Charakter der deutschen Rezeption vor allem politisch-psychologisch zu erklären; sie verweist bei den aggressivsten, Goldhagen diffamierenden Akteuren der Debatte auf eine fortwährende psychologische Unfähigkeit, selbstkritisch im Rahmen einer normativen Selbstverständigung, die nichts beschönigt und idealisiert, mit der Vergangenheit umzugehen, so sehr wie auf das (vermeintlich vom ‚rassistischen Juden Goldhagen' attackierte) Bestreben, die deutsche Geschichte und Identität zu ‚normalisieren'. Andrei S. Markovits sieht hier insofern einen „Störfall im Endlager der deutschen Geschichte."[1220] Die aggressiven Abwehrreaktionen gegenüber dem Buch zeigen Muster mit nur wenigen Variationen, die immer wieder in den Medien auftauchen. Die irreführende Rezeption Goldhagens als jemand, der das „Verdikt über ein ganzes Volk"[1221] spreche, der die Deutschen für „kollektiv schuldig"[1222] erachte, ist entscheidend, um diese Feindseligkeit zu verstehen und ist m.E. in sich selbst eine Strategie, um die Konfrontation mit den moralisch-politischen und wissenschaftlichen Herausforderungen, die Goldhagens Buch stellt, zu blockieren. Die Verlagerung der Debatte in eine über Kollektivschuld-Vorwürfe ist dabei, wie Ulrich Herbert kritisch betont, eine „Flucht in einen nicht gemachten Vorwurf", Teil eines „Vermeidungsdiskurses".[1223]

Volker Ulrich ist in seinem Eröffnungsstatement derjenige, der die Behauptung in die Debatte einführt, Goldhagen würde „in der Sache" und mit „simplifizierender Eindeutigkeit" die These einer „Kollektivschuld aller Deutschen" vertreten.[1224] Zudem erklärt Ulrich abwertend, Goldhagen argumentiere „eher wie ein Staatsanwalt denn als Historiker".[1225] Trotz der Fakten etwa, dass Goldhagen an keinem Punkt von Kollektivschuld spricht, ja dieses Konzept wie die Konstruktion eines zeitlosen deutschen Nationalcharakters in seinem Buch nachdrücklich ablehnt,[1226] vermuten auch die meisten Rezensenten die „Rückkehr der Kollektivschuld-These."[1227] Fritjof Meyer behauptet, Goldhagen porträtiere die Deutschen als „ein Volk von Dämonen."[1228] Frank Schirrmacher, Mitherausgeber der Frankfurter Allgemeinen Zeitung, meint sogar, die Kollektivschuld-These bilde „den Kern des Buches".[1229] Noch abstruser erscheint die

---

1220 Ibid.
1221 Der Spiegel, 20. Mai 1996.
1222 Ibid.
1223 Vgl. Die Zeit, 14. Juni 1996.
1224 Vgl. Die Zeit, 12. April 1996.
1225 Ibid.
1226 Vgl. Goldhagen: Hitler's Willing Executioners, a.a.O., S. 582; Börsenblatt des deutschen Buchhandels, 7. Mai 1996.
1227 Der Spiegel, 20. Mai 1996; vgl. exemplarisch auch Frankfurter Rundschau vom 12. April 1996, „Goldhagens Arbeit zur kollektiven Schuld der Deutschen", sowie Die tageszeitung vom 13./14. April 1996: Goldhagen belebe die „nicht so taufrische These der Kollektivschuld neu".
1228 Der Spiegel, 20. Mai 1996.
1229 Frankfurter Allgemeine Zeitung, 15. April 1996.

Vermutung Ernst Cramers, Goldhagens stillschweigende Folgerung sei, dass die Deutschen bis heute „potenzielle Judenmörder" sind.[1230] Nicht zuletzt fühlt sich der damalige Außenminister Klaus Kinkel offenbar in Reaktion auf Goldhagens Studie im Zuge der Debatte in einer Rede vor dem American Jewish Committee genötigt zu betonen, Schuld sei „immer persönlich, nicht kollektiv oder erblich".[1231] Genau diese persönliche Verantwortung der NS-Täter – freilich innerhalb eines antisemitisch geprägten kulturellen Horizonts – hat Goldhagen in seiner Studie betont.

Dass Goldhagen aber über Deutsche als Täter spricht und nicht über „die Nazis", scheint vielen Rezensenten Stimulus genug, um Goldhagen als externen Ankläger wahrzunehmen, der illegitime und absurd generalisierende Aussagen über Deutschland treffe. Das Konzept einer Kollektivschuld wurde kaum jemals von ‚außerhalb' an die deutsche Gesellschaft herangetragen, wie viele Journalisten und Historiker ihren Lesern glauben machen wollen, sondern ist zuvorderst eine deutsche Erfindung: Die Behauptung, Juden und Alliierte hätten eine Kollektivschuld Deutschlands propagiert, gehört zum „Arsenal rechtsradikaler Propaganda", wie Wolfgang Benz aufzeigt.[1232] Wolfgang Wippermann weist nach, dass die Kollektivschuldthese schlicht ein Phantom ist[1233], bisher eigentlich nur in der Phantasie von Rechtsextremisten und konservativen deutschen Historikern existiert hat.[1234]

Im Hinblick auf Konflikte über die NS-Vergangenheit analysiert Rainer Erb nun in der Gegenwart eine „generelle Tendenz, Kritik als Kollektivschuldvorwurf wahrzunehmen"[1235], da jede Kritik, die das Verhalten der Deutschen während des NS betrifft, das kollektive Selbstbild einer positiven nationalen Identität erschüttere. Der Diskurs über Ausländer, im Besonderen einen jüdischen Amerikaner, der die Deutschen der Kollektivschuld bezichtigt, kann insofern als sozialpsychologische Rationalisierungsstrategie mit Verdrängungsfunktion gegen eine kritische Erinnerung an Auschwitz gedeutet werden, eine projektive Strategie, die Adorno in seiner Analyse der Mechanismen der Erinnerungsabwehr empirisch nachgewiesen hat.[1236]

Während es zunächst ein Indiz für psychosoziale Schwächen ist, kritische Einschätzungen über die Vergangenheit maßlos zu übertreiben und zu verzerren, indem man sie als Kollektivschuldvorwürfe überzeichnet und als Angriff gegen die Deutschen deutet, trägt diese zwanghafte Zurückweisung einer nie vorgetragenen Anklage zudem vier primäre politisch-psychologische Abwehrfunktionen: Erstens wird der Autor dadurch diskreditiert, denn der Vorwurf ist in seiner Differenzen einebnenden Pauschalität, die auch Kinder einbezieht, offensichtlich irrational. Auf diese Weise kann der imaginierte Ankläger, der im Bild von Goldhagen repräsentiert wird, selbst als jemand

---

[1230] Vgl. Welt am Sonntag, 21. April 1996.
[1231] Zitiert nach Der Tagesspiegel, 9. Mai 1996.
[1232] Wolfgang Benz, „Kollektivschuld," in Ders., Legenden, Lügen, Vorurteile: Ein Wörterbuch zur Zeitgeschichte (München: dtv, 1992), S. 117–119.
[1233] Vgl. Wolfgang Wippermann, Wessen Schuld? Vom Historiker-Streit zur Goldhagen-Kontroverse (Berlin: Elefanten Press, 1997), S. 107.
[1234] Vgl. ibid.
[1235] Rainer Erb, „Unangenehme Fragen...," a.a.O., S. 828.
[1236] Vgl. Theodor W. Adorno, „Schuld und Abwehr," a.a.O., S. 188–191.

konstruiert werden, der den Bezug zur Realität verloren hat oder bewusst für eigene Interessen oder aus Ranküne die Unwahrheit sagt (ein typisches antijüdisches Stereotyp). Dies erlaubt, zweitens, dem vermeintlichen externen Aggressor auch andere illegitime, mitunter feindselige Motive zuzuschreiben, etwa, wie zu zeigen sein wird, das Bedürfnis, Rache zu üben. Indem der imaginierte Ankläger als jemand konstruiert wird, der über ganze Gruppen von Menschen, ja Völker generalisiert, kann er drittens als vorurteilsbeladen angegriffen werden und über diese gedankliche Schleuse schließlich mit Nazis und Rassisten gleichgesetzt werden. Dadurch werden Schuld und Aggression mithin auf den angeblich „rassistischen" Ankläger projiziert, während auf der anderen Seite gleichsam die solcherart beschuldigten Deutschen in eine kollektive Opferposition gelangen. Schließlich kann das moralische Problem der historisch-politischen Schuld und Verantwortung mittels der Konstruktion eines ‚Kollektivschuldvorwurfs' vom Tisch gewischt, pauschal abgewehrt werden; wenn jeder schuldig ist, ist somit am Ende eigentlich kaum ein Deutscher richtig schuldig, wie Fritjof Meyer im Nachrichtenmagazin Spiegel suggeriert: „Schuldig wurde jeder einzelne Deutsche, der fürs Vaterland oder die Familie zu sterben bereit war, aber die Lebensgefahr des Widerstands scheute. Das freilich wird vom Durchschnittsuntertan einer Gewaltherrschaft nirgendwo erwartet."[1237]

So ist in vielen Rezensionen und Sendungen die abwehraggressive Haltung gegenüber Goldhagen denn auch in harsche Projektionen und Diffamierungen umgeschlagen, die offenbar mit den genannten vier Motiven der Wahrnehmung einer Kollektivschuld-These verschränkt sind; hierbei brechen zuweilen offenbar die eigenen Vorurteile der Rezensenten durch, aber jene Projektionen sind auch im genannten Sinn politisch-psychologisch funktional, um die Debatte von kritischen Themenkomplexen, die Goldhagen aufgeworfen hat, abzulenken. Der mittlerweile verstorbene *Spiegel*-Herausgeber Rudolf Augstein zum Beispiel macht aus Goldhagen, in augenscheinlicher Gleichsetzung mit dessen Begriff für deutsche Judenmörder, einen „executioner"[1238], angeblich wegen seiner ‚anti-deutschen' Verallgemeinerungen und Anschuldigungen: Damit wird die Differenz zwischen einem jüdisch-amerikanischen Forscher und den Nazis nivelliert und gleichzeitig impliziert, Goldhagen, dessen jüdische Herkunft nachdrücklich betont wird, sei ein jüdischer Aggressor gegen Deutschland wie ihrer Zeit Deutsche gegen Juden. Der schon erwähnte Meyer behauptet an gleichem Ort, aber noch um einiges expliziter als sein Herausgeber, Goldhagen teile den „Irrwahn einer kollektiven Verurteilung in seinem Verdikt über die Deutschen" mit dem „unglaublichen Rassismus" aus dem „vorige[n] Jahrhundert."[1239] Eine antisemitische Anspielung auf die vermeintlichen anti-deutschen Vernichtungspläne des jüdischen Amerikaners Theodore Kaufman aus dem Jahre 1941, eine der liebsten Rechtfertigungen Ernst Noltes für den Krieg gegen den „jüdischen Bolschewismus" und ebenfalls ursprünglich eine

---

1237 Der Spiegel, 20. Mai 1996.
1238 Der Spiegel, 15. April 1996.
1239 Der Spiegel, 20. Mai 1996.

rechtsextreme Figur,[1240] schließt sich an. Auch mit Kaufman wird der Holocaust-Forscher unversehens gleichgesetzt und dergestalt gleichzeitig ein rechtsextremes Dispositiv in den demokratischen Diskurs überführt.

In der konservativen Tageszeitung *Die Welt* attackiert Jost Nolte den „Pamphletisten Goldhagen" mit dem höchsten aller moralischen Vorwürfen als „rassistisch"[1241], ohne Umschweife und die Mühen eines Nachweises, der kaum erbracht werden kann, wohl aber unter Hinweis auf Goldhagens vermeintlichen Kollektivschuldvorwurf. Aber die erbitterte Verunglimpfung des amerikanischen Autors, insbesondere die Diffamierung als „rassistisch", ist, anders als bei früheren Debatten, hier nicht allein im konservativen Medien- und Historikerspektrum zu lokalisieren. Selbst der angesehene liberale Geschichtswissenschaftler Eberhard Jäckel projiziert auf Goldhagen einen „biologistischen Kollektivismus"[1242]. Obschon der liberale Sozialhistoriker Hans-Ulrich Wehler einen selbstsicheren „Abwehrkonsens" in den Reaktionen auf Goldhagen erkennt, überführt auch Wehler selbst seine aggressive Kritik der Studie in eine ressentimentgeladene Anprangerung; er bezeichnet die Arbeit nicht nur als „pseudo-wissenschaftlich", sondern auch als einen „Quasi-Rassismus" „unter umgekehrten Vorzeichen."[1243]

Auch Wehler, so Rolf und Barbara Vogt in ihrer Studie der Goldhagen-Debatte, kämpfe somit „teilweise mit einem Pappkameraden, den er sich selbst gemacht hat und für Goldhagen hält." Wehlers Beitrag sei „ebenfalls ein Beispiel für Abwehr durch *Projektion*. Der unbewusste Selbstvorwurf auf dem Niveau des entlehnten Schuldgefühls wird auf Goldhagen projiziert, der durch seine angeblich ‚rassistische' Festlegung der Deutschen auf einen unwandelbaren ‚Nationalcharakter' mit den Deutschen der NS-Zeit auch die heutigen Deutschen, damit auch Wehler, anklagt."[1244]

Betrachtet man diesen Mechanismus der Projektion historischer Züge NS-Deutschlands auf einen ausländischen, jüdischen, *imaginierten Ankläger*, so ist es zudem typisch für die Debatte in Deutschland, dass viele ihrer Akteure auch umstandslos sowohl in das Vokabular der Vernichtung, als auch in antiamerikanische wie kryptoantisemitische Vorurteile gleiten. Jost Nolte spürt bei Goldhagen sogar einen „Zorn von alttestamentarischem Atem"[1245] und reproduziert somit die antisemitische Konstruktion jüdischer Rachephantasien gegen Deutschland.[1246] Zahlreiche andere deutsche Medien insinuieren mit antisemitischem Klang, dass Goldhagens Interessen zuvorderst materieller Natur seien. Inhalt und Erfolg des Buches werden nicht selten darauf zu-

---

1240 Vgl. Hellmuth Auerbach, „'Kriegserklärungen' der Juden an Deutschland," in Wolfgang Benz, Legenden, Lügen, Vorurteile, a.a.O., S. 122–126.
1241 Die Welt, 16. April 1996.
1242 Die Zeit, 17. Mai 1996.
1243 Die Zeit, 14. Mai 1996. Das auf Goldhagen übertragene Konzept eines 'umgekehrten Rassismus' begegnet uns später bei Peter Gauweiler wieder.
1244 Rolf Vogt und Barbara Vogt, „Goldhagen und die Deutschen: Psychoanalytische Reflexionen über die Resonanz auf ein Buch und seinen Autor in der deutschen Öffentlichkeit,"Psyche, 51. Jg, 6 (1997), S. 494–569, hier S. 547.
1245 Die Welt, 16. April 1996.
1246 Horst Dichanz et al. halten dieses alttestamentarische Motiv für exemplarisch für einen "latenten Antisemitismus"; siehe Horst Dichanz et al., Antisemitismus in Medien (Bonn: Bundeszentrale für politische Bildung, 1997), S. 16.

rückgeführt; betont wird etwa in der *Welt*, dass bei Goldhagen „die Kassen vermutlich kräftig klingeln" werden.[1247] Hier greift das antijüdische Stereotyp einer angeblichen Geldgier und wird mit der Publikation eines Werkes vermittelt, das sich kritisch mit der NS-Vergangenheit, letztlich auch mit deutscher Schuld befasst. In den Worten Leo Löwenthals von 1949 werden so Juden projiziert als „so schamlos und geldgierig, dass sie sogar ihre Stellung als verfolgte Minderheit noch ausbeuten, um sich besondere Privilegien zu sichern."[1248]

Viele Medien kombinieren solch latente, krypto-antisemitische Deutungen und Diskriminierungen Goldhagens mit anti-amerikanischen Haltungen. Frank Schirrmacher stellt mit Goldhagen auch die USA an den Pranger, den „intellektuellen Zustand einer [dortigen] Gesellschaft, die solche Thesen für einen gedanklichen Fortschritt hält."[1249] Im liberalen *Tagesspiegel* kann Malte Lehming gar behaupten, dass „der Amerikaner seit einigen Jahren ganz wild" wird, „wenn es um den Holocaust geht."[1250] Die „jüdischen Organisationen", spekuliert Jörg von Uthmann in der gleichen Tageszeitung tags zuvor über jüdische Interessen hinter Goldhagens Erfolg, erinnerten gerade in Amerika „immer wieder an die Gaskammern und Konzentrationslager". Sie „verfolgten damit einen doppelten Zweck", und zwar einerseits, um den Regierenden in Washington vor Augen zu halten, dass „Israel ein zweiter Holocaust drohe" und andererseits, um „die amerikanischen Juden [...] auf einen gemeinsamen Bezugspunkt [...] in der Vergangenheit" einzuschwören.[1251] Dabei verbinden sich verschwörungstheoretische, antiamerikanische, antiisraelische und nicht zuletzt antijüdische Affekte.

Die meisten Rezensenten, auch die gut meinenden, lehnen Goldhagens Forschung in toto als „absolut falsch"[1252] ab. Einige bestreiten schlichtweg, dass Goldhagens Beschreibungen der Grausamkeiten des Holocaust – nahezu die Hälfte der jüdischen Opfer starben nicht in den Lagern, sondern in Gettos und bei Massakern – historisch adäquat sind. Mariam Niroumand z.B. portraitiert Goldhagens Studie in der alternativen *tageszeitung* als „Fantasy-Material der vierziger und fünfziger Jahre [...], eine Art ‚Pulp Fiction' mit soziologischem Tarncode".[1253] In etwas vorsichtigeren Tönen weigern sich andere noch in ihren Rezensionen, das Buch ernsthaft zu diskutieren, wobei sie u.a. dessen Autor die wissenschaftliche Qualifikation absprechen. Sie konstatieren, dass das Buch nichts Neues offenbare und eine bloße Sammlung generalisierender Behauptungen sei, durch die, so Eberhard Jäckel, Goldhagen bereits „jedes wissenschaftliche Prestige" verloren habe.[1254] Der führende liberale NS-Historiker Hans Mommsen hat solch eine allgemeine Disqualifizierung Goldhagens wiederholt in den

---

1247 Die Welt, 27. April 1996.
1248 Leo Löwenthal, „Falsche Propheten," a.a.O., S. 85.
1249 Frankfurter Allgemeine Zeitung, 15. April 1996.
1250 Der Tagesspiegel, 15. April 1996.
1251 Siehe Der Tagesspiegel vom 14. April 1996
1252 Der Tagesspiegel, 15. April 1996.
1253 Die tageszeitung, 13./ 14. April 1996.
1254 Vgl. Die Zeit, 17. Mai 1996.

Medien vorgetragen und resümiert:„Vielleicht brauchten die Öffentlichkeit und die Medien dies, nicht jedoch die wissenschaftliche Forschung."[1255]

Viele deutsche Historiker, von rechts bis links-liberal, intervenieren seit Beginn der Debatte mit dem Vorwurf, Goldhagen sei kein Historiker und deshalb nicht kompetent; „vielleicht ist es kein Zufall", ergänzt auch der kritische Historiker Norbert Frei, „dass unter denen, die das Werk zum Zwecke seiner mediengerechten Einführung mit zitierfähigem Vorablob bedachten, keine Fachleute sind."[1256] Hierzu zählt Frei offenbar auch renommierte Autoren wie Stanley Hoffmann und den Holocaust-Überlebenden Elie Wiesel

Aber auch die Journalisten Matthias Arning und Ralf Paasch greifen in ihrer Antwort auf die „provokanten Thesen des Mister Goldhagen" in der linksliberalen *Frankfurter Rundschau* diese Diskursstrategie der Disqualifizierung auf; sie beschweren sich darüber, dass die mangelnde Qualität des Buches in den USA nicht erkannt werde, weil „hier doch meist jüdische Nicht-Historiker, sprich Journalisten und Kolumnisten unter sich [diskutieren]."[1257] Soll dies heißen, fragt eine Woche später ein Leser, dass jüdische Beurteiler befangener sind als andere, und insbesondere, ließe sich ergänzen, als Deutsche?[1258] Nimmt man die FR-Journalisten beim Wort, so scheinen die Debatte wie das Lob von einer jüdischen Gruppe und jüdischen Interessen bestimmt, und nur nichtjüdische deutsche Journalisten können demnach das Buch ‚objektiv' besprechen, ohne selbst Historiker zu sein. Die Objektivität von Autoren, die Goldhagen als „Rassisten" bezeichnen, erscheint indes äußerst fraglich. In ähnlicher Weise prononcieren zahlreiche Rezensenten Goldhagens Hintergrund[1259]; subtil wird suggeriert, wie Andrei S. Markovits analysiert[1260], dass Goldhagen sich für eine objektive Studie über die Ermordung der europäischen Juden deshalb disqualifiziere, da er ein amerikanischer Jude und Sohn eines Holocaust-Überlebenden ist.

Mit solch stereotyper Weigerung, sich mit Goldhagens Werk zu befassen und ihren Autor zu diffamieren, wiederholt sich offenbar in den Worten Horkheimers, einmal mehr ein kompliziertes projektives, „politisch-psychologisches Kräftespiel", das mit Fragen der nationalen Identität und des kollektiven Narzissmus zu tun hat. Goldhagens Buch hat jedenfalls offensichtlich einen Nerv getroffen.[1261] Ein „selbstreferentielles Abwehren von Thesen, die er so nicht vertritt, eine Verzerrung seiner schon genug pointierten Positionen und ein antiaufklärerisches Outing in der ganzen Bandbreite des

---

[1255] New York Times, 7. September 1996. Dabei war Mommsen, der sich hier medial als Anwalt der wissenschaftlichen Seriösität inszenierte, 1991 selbst mit einer erstaunlichen These in die Öffentlichkeit getreten, namentlich dass die NS-Zwangsarbeiter in VW-Werken Teil einer "multikulturellen Gesellschaft" gewesen seien; Rassismus sei durch die Zusammenarbeit verschiedener Rassen an einer Werkbank durchbrochen worden, es sei nicht notwendig, die überlebenden Zwangsarbeiter zu entschädigen; zitiert nach Frankfurter Rundschau, 10. Oktober 1991.
[1256] Süddeutsche Zeitung, 13. April 1996.
[1257] Frankfurter Rundschau, 12. April 1996.
[1258] Zitiert nach Matthias Heyl, „Die Goldhagen-Debatte...," a.a.O., S. 47.
[1259] Vgl. exemplarisch, Die Woche, 19. April 1996.
[1260] Vgl. Andrei S. Markovits, „Störfall im Endlager der Geschichte," a.a.O., S. 669.
[1261] Vgl. Rainer Erb, „Unangenehme Fragen...," a.a.O., S. 827.

politischen Spektrums"[1262] treten zutage und werden teils in unverhüllte Ressentiments überführt.

7.1.3 Eskalationsdynamik des politischen Diskursprozesses und gesellschaftliche Reaktionsbildungen

Die politisch-psychologische Dynamik eskaliert und polarisiert sich im ‚zweiten Teil' der „Goldhagen-Debatte". Goldhagens Tour durch Deutschland im September 1996 wird zum Fernsehereignis zu Spitzensendezeiten, das auch eine außerordentliche Beachtung in Print- und Hörfunkmedien erfährt. In den Debatten, die jeweils von großen Mengen von Zuschauern besucht und teilweise live im Fernsehen übertragen werden, wird Goldhagen meist augenscheinlich und symbolisch in der Position des Angeklagten platziert. Während die ARD eine Art Anklagebank für Goldhagen bereitstellt, auf der sich dieser vier ‚Richtern' gegenüber sieht, dankt der Moderator der ZDF-Debatte, Guido Knopp, Goldhagen explizit für seinen „Mut, hierher gekommen zu sein."[1263] Obgleich einige Historiker auf den Podien durchaus überaus moderat agieren, als sie mit Goldhagen direkt konfrontiert werden, echauffiert sich der rechtskonservative Historiker Klaus Hildebrand[1264] in München derart öffentlich, dass er zu Goldhagen schreit: „Verbessern Sie Ihren Bestseller bloß nicht, sonst verkaufen Sie weniger Exemplare,"[1265] wodurch erneut zumindest latent Goldhagen in erster Linie materielle Motive unterstellt werden.

Der ebenfalls rechtskonservative Historiker Arnulf Baring beklagt die „Feigheit gegenüber dem herrschenden Zeitgeist, die Kollegen dazu veranlasst, ihre Kritik zurückzunehmen", und ist, wie einige andere Podiumsteilnehmer, vor allem darum bemüht, sich über Goldhagen lustig zu machen oder über seine vermeintlichen Besonderheiten zu reden; Goldhagen, so Baring, manipuliere das Publikum, indem er höflich auftrete und „mit einer sanften Stimme spricht."[1266]

Parallel zu und nach den Fernsehereignissen und Goldhagens Rundreise erreicht die Dynamik des Mediendiskurses und der politischen Kommunikation über Goldhagen ihren negativen Höhepunkt. Ausgerechnet Hans Mommsen leitete in der Zeit eine neue Qualität der Vorwürfe gegenüber Goldhagen ein, indem er als einer der ersten suggeriert, Goldhagen selbst fördere antijüdische Vorurteile, und damit ein gängiges antisemitisches Muster repliziert: „Die ätzende Schärfe, mit der Goldhagen den Deutschen den Willen zum ‚dämonischen Antisemitismus' zuspricht und sie nicht nur als

---

1262 Matthias Heyl, Die Goldhagen-Debatte, a.a.O., S. 55.
1263 „Hitlers willige Helfer ?," Zweites Deutsches Fernsehen, 8. September 1996.
1264 Der Geschichtswissenschaftler Klaus Hildebrand, dies hat sein Kollege Heinrich August Winkler kritisch dargelegt, trat bereits im „Historikerstreit" unrühmlich, auf seiten Noltes, in Erscheinung; vgl. dazu Heinrich August Winkler, „Auf ewig in Hitlers Schatten? Zum Streit über das Geschichtsbild der Deutschen," in: Historikerstreit. Die Dokumentation über die Einzigartigkeit der nationalsozialistischen Judenverfolgung (München: Piper, 1987), S. 256 – 263, hier S. 260f.
1265 Goldhagen in München, Fernsehen aus Berlin (FAB), 10. September 1996.
1266 Zweites Deutsches Fernsehen, 8. September 1996.

Komplizen, sondern pauschal als lustvolle Täter hinstellt, ist sicherlich nicht geeignet, Ressentiments stillzulegen."[1267] Bereits zuvor hatte sich die *tageszeitung* in diese Richtung vorgetastet: „Ob dieses Buch am Ende aufklärend wirkt oder die Glut verborgener Ressentiments aufs neue schürt, bleibt eine offene Frage."[1268]

Schließlich greift die nunmehr verstorbene, liberale *Zeit*-Herausgeberin Marion Gräfin Dönhoff diesen Vorwurf mit noch weniger Zurückhaltung auf; sie macht Goldhagen indirekt verantwortlich für eine mögliche neue Welle des Antisemitismus: „Auch ist die Befürchtung, dass das Goldhagen-Buch einen mehr oder weniger verstummten Antisemitismus wieder neu beleben könnte, leider nicht ganz von der Hand zu weisen."[1269] Sarkastisch hat dazu Chaim Schneider in der *Süddeutschen Zeitung*, die den Verlauf der Goldhagen-Debatte mehrfach kritisch kommentiert und dabei eine pointierte Minderheiten-Position in der Debatte verkörpert hat, angemerkt: Die Botschaft sei, dass Juden sich anständig benehmen müssten, „denn sonst wird es leider wieder antisemitische Reaktionen geben. Natürlich sind wir Deutschen keine Antisemiten mehr, aber wenn ihr Juden uns dermaßen provoziert, dann können wir beim besten Willen einfach nichts dagegen tun, dann ist unser Antisemitismus geradezu eine zwanghafte Folge eures Verhaltens."[1270]

Die öffentliche Kritik, die Dönhoff mit ihrer Schuldzuschreibung Goldhagens für Antisemitismus in Deutschland erfahren hat, wird dagegen wiederum von Peter Gauweiler mit drastischen Worten als Teil einer „volkspädagogischen Massenaufwallung"[1271] angegriffen. Der Münchner CSU-Politiker, der später auch die Wehrmachtsaustellung aufs schärfste diffamieren sollte, fügt die Vorurteile, die zuvor einzeln reproduziert wurden, in einem *Bayernkurier*-Artikel nach Goldhagens Deutschland-Reise zusammen. Gauweiler portraitiert „die Deutschen selbst" als die „neuen Opfer" einer „weltweit inszenierten Desinformation."[1272] Hier schwingt latent die antisemitische Vorstellung eines weltweit agierenden, verschwörerischen ‚Weltjudentums' mit, das im Besonderen in der Sphäre des Mittlers, der Zirkulation, der Medien seine Macht besitze, sowie die sekundär-antisemitische Täter-Opfer-Verkehrung, durch die „die Deutschen" als Opfer und „die Juden" als „Unterdrücker von heute" erscheinen. Goldhagen wird als „Propagandist" des „deutschen Unwerts" konstruiert, als „amerikanischer Executioner", der als „Volksrichter" einem „mühsam umgekehrten Rassismus"[1273] das Wort rede; dabei kann Gauweiler auf die vorgelagerten Formulierungen von Wehler und anderen zurückgreifen, die er in seinem Beitrag kumuliert. Gauweiler vermutet hinter alldem „Widerlichen" folgerichtig auch ein materielles Interesse der jüdischen Autors, den er zugleich als „Doktorand" wissenschaftlich abqualifiziert: „Der ökonomische

---

1267 Die Zeit, 30. August 1996.
1268 Die tageszeitung, 7. August 1996.
1269 Die Zeit, 5. September 1996.
1270 Süddeutsche Zeitung, 12. September 1996.
1271 Bayernkurier, 12. Oktober 1996, S.1.
1272 Ibid.
1273 Ibid.

Ertrag, den der Doktorand heim nach Amerika nimmt, wird von Fachleuten auf über eine Million Deutschmark geschätzt."[1274]

Diese Art der Medien- und Politikerreaktion, ja des politischen Kommunikationsprozesses insgesamt, erzielt Effekte. Sie setzt den Holocaust zurück auf die Agenda von Massenmedien und des öffentlichen Diskurses, aber öffnet gleichzeitig Raum für die Artikulation abwehraggressiver und antisemitischer Stereotypen, die nachweislich in der Debatte mobilisiert worden sind, und zwar auch außerhalb der rechtsextremen Presse und Organisationen, die in ähnlicher, aber kaum heftigerer Weise Stellung bezogen hat. Klaus Naumann schließt aus seiner empirischen Auswertung öffentlicher Reaktionen auf die erste Fernsehtalkshow über Goldhagen im August mit 1.1 Millionen Zuschauern, dass ein „Buch über den deutschen Vernichtungsantisemitismus [...] im Publikum eines [...] am intensivsten aus[löst]: antisemitische Stereotypen."[1275] Von 57 Reaktionen – Telefonanrufen und Zuschriften – waren 50 stark ablehnend und können als Abwehraggressionen gedeutet werden. Sie rangieren von der Betonung der „Verbrechen der anderen" über die Behauptung, dass deutsche Volk sei „frei von Schuld" und der Forderung nach „Schluss der Debatte" bis hin zu solchen, die „einen Racheakt und ein Geschäft" wittern und bei Goldhagen „ein von Hass zerfressenes Hirn" vermuten.[1276] Zwölf dieser Zuschauer zeigen ein geschlossen antisemitisches Weltbild. Sie reden darüber, dass „die Juden [...] endlich zur Verantwortung gezogen werden [sollen] für den jüdischen Bolschewismus in Russland", projizieren eine jüdische Omnipräsenz „in allen Ämtern und Institutionen, bis hin in die Gemeindeausschüsse, wo sie oft stumme Beobachterfunktionen ausüben" oder glauben, Juden hätten „keinen Charakter"[1277]. Nur eine Zuschrift dieses Samples widerspricht dem Abwehrkonsens; bei „reichlich der Hälfte" ihrer Bekannten, konstatiert die Schreiberin, schliefe der Judenhass, der „für uns damalige Deutsche [...] fast allgemeingültig war", einen „ganz leisen Schlaf"[1278].

Eine Auswertung der vielen Reaktionen auf die erste abendliche Fernsehdebatte mit Goldhagen ist ebenfalls nicht repräsentativ, mag jedoch einen weiteren Indikator bilden für meine Hypothese, dass die abwehraggressive Form der öffentlich-medialen wie politischen Reflexe, die die Konfliktstruktur der Debatte dominiert haben, bestimmte politisch-psychologische Konsequenzen zeitigt und die Aktivierung idiosynkratischer gesellschaftlicher Reaktionen gefördert hat. Das Erste Deutsche Fernsehen hat in dieser ersten Live-Sendung, was in der redaktionellen Vorbereitung der Sendung bei den Verantwortlichen höchst umstritten gewesen ist, live um Fragen des Fernsehpublikums gebeten. Von den ca. 40 Reaktionen, die während der Sendung aufgenommen worden sind – einer im Vergleich zu anderen Sendungen laut SFB-Mitarbeitern hohe Quote –, offenbaren ca. 90 % antisemitische Einstellungen. Hierbei habe sich vor allem die erste Generation zu Wort gemeldet, viele von ihnen mit akademischem Hintergrund. Selbst die wenigen Fragen, die überhaupt in die Sendung aufgenommen werden

---

1274 Ibid.
1275 Klaus Naumann, „Zirkel der Erinnerung. Publikumszuschriften zu einer Goldhagen-Debatte," Mittelweg 36, 6 (1996), S. 19.
1276 Vgl. ibid, S. 18f.
1277 Ibid, S. 19.
1278 Ibid.

konnten, sich also nicht bloß in antisemitischen Ausbrüchen erschöpfen, erscheinen immerhin noch latent antijüdisch. Zum Beispiel wird Goldhagen gefragt, ob er von den Verbrechen der Amerikaner in Vietnam gehört hätte, oder, im Gestus einer unverhohlenen Drohung, ob er wüsste, dass er die deutsch-jüdische Freundschaft gefährde. Unter all den Anrufen ist nicht eine Frage, die wirklich als Frage gemeint ist und als von Neugier motiviert gedeutet werden könnte.[1279]

Die Polarisierung des politischen Klimas in Bezug auf die Erinnerung an den Holocaust, die durch die Goldhagen-Debatte provoziert worden ist, hat jedoch nicht nur idiosynkratisch-abwehrende Reaktionen hervorgerufen. Für diejenigen, die an der Auseinandersetzung mit der Vergangenheit interessiert sind und sie erinnern wollen, darunter viele der jüngeren Generationen, hat Goldhagens Studie einen Anstoß für neue Diskussionen; allerdings müssen die interessierten Rezipienten überhaupt erst zu den wirklichen Inhalten der Studie durchdringen. Für diese Teile der Bevölkerung mag indes die heftige, aber breite öffentliche Debatte weitere kritische Reflexionen und normative Selbstverständigungsprozesse über Vergangenheit und Gegenwart der deutschen Gesellschaft ermöglichen. Die Bandbreite der Reaktionen zeigt sich u.a. in den Briefen, die an Goldhagen geschickt wurden.[1280] Sie sind überwiegend, wohl auch als Reflex auf die öffentliche Debatte, von hoher emotionaler Intensität, insgesamt aber heterogener als das mediale und politische Echo. Zahlreiche Briefschreiber attackieren Goldhagen, wobei ihre Angriffe nicht selten in antisemitische Tiraden umschlagen. Eine ältere Frau droht: „Also hören Sie auf, Hass zu säen! Denn was der Mensch sät, das wird er ernten"[1281]; eine andere Frau höheren Alters will etwas „zu Ihrem [Goldhagens] Problem: den Juden"[1282] erzählen. Andere reden von Goldhagens „Rache", durch die die Versöhnung zwischen Deutschen und Juden „schweren Schaden nehmen" könne[1283] oder fordern gar die strafrechtliche Verfolgung von Goldhagens Thesen.[1284] Ein Briefschreiber unterstellt Goldhagen „unversöhnliche Ansichten",[1285] dass er nur richten wolle und deshalb zu einem „vernichtenden Urteil"[1286] gelange. Vorgetragen wird hier recht unvermittelt nationalsozialistische Ideologie: die „mit aller Welt verwandten Juden" hätten sich von je her selbst als Fremdkörper betrachtet und sich abgesondert, der Stolz der „SA-Leute" sei berechtigt gewesen, da man den Deutschen zuvor die „Menschenrechte [...] verweigerte".[1287] Dem stehen allerdings auch nicht wenige positive Reaktionen gegenüber, die Goldhagen gegen die mehrheitlich scharfen

---

1279 Alle angeführten Informationen wurden freundlichst von Richard Schneider, Sender Freies Berlin, dem Verantwortlichen für die ARD-Spezialsendung, in einem Gespräch mit dem Autor am 14. Januar 1997 zur Verfügung gestellt.
1280 Vgl. Briefe an Goldhagen: Eingeleitet und beantwortet von Daniel Jonah Goldhagen (Berlin: Siedler, 1997). Viele der besonders „bösartig antisemitischen und neonazistischen" Briefe wurden, so Goldhagen, gar nicht erst in den Band aufgenommen.
1281 Ibid, S. 32.
1282 Ibid, S. 74.
1283 Ibid, S. 62.
1284 Vgl. ibid, S. 86.
1285 Ibid, S. 168.
1286 Ibid, S. 166.
1287 Vgl. ibid, S. 166f.

und pauschalierenden Angriffe deutscher Historiker und Journalisten verteidigen. In dieser Gruppe beschwert man sich über „das Niveau, mit dem Sie [Goldhagen] abgehandelt wurden",[1288] schämt sich dafür, „wie deutsche Historiker versuchen, weiterhin die Mär von wenigen, dazu noch unter Druck handelnden Täter zu verteidigen"[1289], dankt Goldhagen oder bemerkt, dass die meisten Kritiker „offenbar Ihr Buch gar nicht gelesen hatten."[1290] Ein Ehepaar bittet Goldhagen „als Deutsche um Vergebung für die unberechtigte Kritik, die Vorwürfe und Unterstellungen im Zusammenhang mit [dem] Buch."[1291]

Nichtsdestoweniger denke ich, dass die positiven Reaktionen auf Goldhagens Reise gerade von U.S.-Kommentatoren wie auch von Goldhagen selbst überschätzt worden sind.[1292] In der Aschaffenburger Veranstaltung, die das ZDF übertragen hat, galt der stürmische Applaus zumeist denjenigen auf dem Podium wie Erich Mende, die die Wehrmacht apologetisch gegen Goldhagens Analyse verteidigen.[1293] Zudem scheint die bloße Identifikation mit dem jüdisch-amerikanischen Autor, die Josef Joffe in der *Süddeutschen Zeitung* konstatierte,[1294] ebenfalls problematisch. Die enthusiastische Identifikation mit jemandem impliziert nicht notwendig ein kritisches Interesse, eine kritische Auseinandersetzung mit der Geschichte; sie kann mitunter eine eigenständige Verarbeitung der Vergangenheit ersetzen und einen leichten Weg zur ‚Erlösung' von Schuld und Verantwortung bieten, im besonderen, da Goldhagen diejenigen pauschal entlastet, die nach 1945 geboren wurden.

7.1.4 Politisch-kulturelle Bewertung

Die Goldhagen-Debatte stellte die erste große öffentliche Kontroverse in der ‚Berliner Republik' zum Selbstverständnis in der politischen Kultur im Umgang mit dem historischen Erbe des Holocaust und des Antisemitismus dar. Sie reichte von publizistischen Äußerungen über historiographische Beiträge bis in die Fernsehmedienlandschaft und in die Politik. Hervorstechend ist der Umstand, wie wenig Sachlichkeit und Gelassenheit hierbei den Ton angaben.[1295] Unfreiwillig hat die Wahrnehmungsstruktur, die weit gehend eine Bedrohung der nationalen Identität und Normalität durch einen Kollektivschuld-Vorwurf erspähte und die bestimmend war für die Rezeption von Goldhagens Buch, einen Fallstrick geliefert für die „Sehnsucht" und das „Verlangen nach Normali-

---

1288 Ibid, S. 33.
1289 Ibid, S. 39.
1290 Ibid, S. 49.
1291 Ibid, S. 177.
1292 Ein deutliches Beispiel hierfür ist zu finden bei Fritz Stern, „The Goldhagen Controversy: One Nation, One People, One Theory?," Foreign Affairs 6 (1996), pp. 128 – 138, hier p. 137.
1293 Siehe ZDF, 8. September 1996.
1294 Vgl. Süddeutsche Zeitung, 11. September 1996.
1295 Vgl. hierzu Richard Evans, Rereading German History: From Unification to Reunification, 1800 – 1996 (London: Routledge, 1997), pp. 149 – 181.

tät".[1296] Gerade in der heftigen affektiven Reaktion der politischen Öffentlichkeit zeigte sich, wie sehr gesellschaftliche und politische Akteure weiterhin, vielfach unbewusst, ‚verstrickt' sind, und wie schnell tradierte Vorurteile in den öffentlichen Raum treten können, als unfreiwilliges Dementi der Normalitätsbeschwörung.

Vergleicht man die Studie Goldhagens mit den Rezensionen, die sie in den USA erhalten hat, so kann noch deutlicher profiliert werden, dass die Debatte in Deutschland weniger über das Buch selbst geführt worden ist. Goldhagens Forschung wurde in vielen US-amerikanischen und israelischen Rezensionen ausführlich diskutiert und zum Teil sehr kritisch bewertet.[1297] Die Antworten auf Goldhagen blieben, mit wenigen äußerst polemischen Ausnahmen[1298], indes im Rahmen einer ernsthaften Befassung mit den Leistungen und Schwächen des Buches. Mitchell Ash hat beobachtet, dass es neben inhaltlichen Ähnlichkeiten in der Rezeption in den USA und Deutschland „disturbing differences in tone"[1299] gegeben habe. Während Goldhagen in den USA im Geist einer öffentlichen wie akademischen Diskussion kritisiert worden sei, die schärfsten Kritiken in Deutschland „read as though their authors were determined to push his book and its author from the stage. [...] However – and this is very important – none of these authors could be called a Holocaust revisionist, or even a right-winger. Indeed, members of these groups were nearly completely absent from the discussion in its inital phase. Rather, the most vehement critics were precisely those scholars and journalists who have made this topic their own for decades."[1300] Während es Ulrich Herbert zweifelhaft findet, dass die Kontroverse etwa über das Verhältnis der Deutschen zur Vergangenheit verrät und es verneint, dass sie als Indikator für deutsche öffentliche Einstellungen gegenüber Nationalsozialismus, Holocaust und Antisemitismus dienen kann,[1301] so gibt es m.E. durchaus zahlreiche Hinweise, dass die spezifische Debatte in Deutschland *nur* im besonderen Kontext zu verstehen ist. Sie offenbart, so Steven Aschheim, neue Dynamiken in der öffentlichen Auseinandersetzung um Fragen ‚nationaler Schuld' und Identität.[1302]

[1296] Vgl. Birgit Rommelspacher, „Generationenkonflikte und deutsches Selbstverständnis: Sozialpsychologische Aspekte der Goldhagen-Debatte,"in: Helgard Kramer (Hg), Die Gegenwart der NS-Vergangenheit (Berlin: Philo-Verlag, 2000), S. 314 – 328, hier S. 325; vgl. historisch Stefan Berger, The Search for Normality: National Identity and Historical Consciousness in Germany Since 1900 (Oxford: Berghahn Books, 1997).
[1297] Vgl. Mitchell Ash, „American and German Perspectives on the Goldhagen Debate: History, Identity and the Media," Holocaust and Genocide Studies 11 (1997), pp. 396 – 411.
[1298] Die heftigsten und teils generalisierenden Kritiken finden sich bei Franklin H. Littell (ed.), Hyping the Holocaust: Scholars answer Goldhagen (East Rockaway, NY: Cummings and Hathaway Publishers, 1997). Weniger polemisch ist Christopher Brownings Antwort auf Goldhagen, der Browning in seiner Studie selbst stark kritisiert; allerdings attackiert Browning Goldhagen auch für dessen Empathie mit den Opfern und vermeintlich mangelnden Empathie mit den Tätern; vgl. Christopher R. Browning, „Daniel Goldhagen's Willing Executioners," History and Memory 2 (1996), S. 88 – 108.
[1299] Mitchell Ash, „American and German Perspectives on the Goldhagen Debate,"a.a.O., S. 403.
[1300] Ibid.
[1301] Vgl. Ulrich Herbert, „Academic and public discourses on the Holocaust: The Goldhagen debate in Germany," German Politics & Society 17 (1999), pp. 35 – 53.
[1302] Vgl. Steven Aschheim, „Archetypes and the German-Jewish Dialogue: Reflections Occasioned by the Goldhagen Affair," German History 15 (1997), pp. 240 – 250.

Die teils aggressiven, teils höchst projektiven sowie teilweise diskriminierenden Reaktionen haben aber mitunter zeitweise die milde „Rhetorik des Schweigens"[1303] und der Erinnerungspolitik ersetzt, die noch 1995 in den Medien überwog, die allerdings auch bereits von erinnerungsabwehrenden Deckdiskursen zu ‚Dresden', das im offiziellem Dresdner Gedenkprogramm mit Auschwitz und Hiroshima gleichgesetzt wurde, zu den ‚Vetreibungsverbrechen' und anderen deutschen ‚Opfergeschichten' überlagert war.[1304] Die Rhetorik des Schweigens ist mit der Goldhagen-Debatte in weiten Teilen überwiegend in eine Rhetorik der öffentlichen Denunzierung gegenüber einem amerikanisch-jüdischen Wissenschaftler überführt worden, der die Rolle der Deutschen während des Holocausts kritisch neu bewertet hat. Gleichzeitig unterminierte Goldhagen bestimmte Normalisierungs- und Erlösungswünsche in Bezug auf die Rehabilitierung einer konventionellen nationalen Identität und setzte den Holocaust und die Frage nach den Tätern neu auf die öffentliche Agenda, und dies ist möglicherweise der eigentliche, uneingestandene Vorwurf, der Goldhagen von denjenigen gemacht worden ist, die ihn als „Rassisten" beschimpften. Die Studie desavouiert ein ‚Schlussstrich-Denken', das sich auch beim damaligen Bundeskanzler Helmut Kohl noch im Gedenkjahr 1995 manifestiert hat: Das schönste dieses Jahrestages, so Kohl, seien für ihn die Worte eines französischen Diplomaten gewesen, der zu ihm sagte, dass die Deutschen nun reif für das nächste Jahrtausend seien.[1305]

Womöglich illustrieren, wie die *New York Times* kommentierte, die „entrüsteten Reaktionen deutscher Intellektueller die verrenkte Beziehung des modernen Deutschlands zu seiner Vergangenheit."[1306] Die überwiegend idiosynkratische, d.h. hochgradig abneigungsvolle und überempfindliche Medienrezeption von Goldhagens Buch kann jedenfalls, so meine ich, als Ausdruck sozialpsychologischer Abwehraggressionen gegenüber der Erinnerung an den Holocaust im Allgemeinen und gegenüber einer kritischen, auch moralisch implikationsreichen Untersuchung der deutschen Täter und Schuld im Besonderen gesehen werden. Die Reaktionen verweisen dabei auch auf politisch-psychologische Schwierigkeiten der so genannten zweiten und dritten Generation nach dem Nationalsozialismus, mit der Vergangenheit nicht im Sinne einer ‚Schlussstrichmentalität' umzugehen, sowie das vorhandene Potenzial eines erinnerungsabwehrenden, sekundären Antisemitismus im öffentlichen Raum. Sie waren die Hauptakteure der Debatte, und nicht die erste Generation. Die in ihrer deutlichen Mehrzahl aggressiven deutschen Reaktionen offenbaren einen scheinbar immer noch starken Widerstand gegenüber einer offenen und kritischen Auseinandersetzung mit den Taten und der Verantwortung der Eltern und Großeltern und gegenüber den Konsequenzen für Konstruktionen deutscher ‚Identität' nach Auschwitz. Die ‚Anderen', im Besonderen Juden und Amerikaner, werden dabei, wie Volker Ulrich schon zu Beginn quasi vorexerzierte, vielfach projiziert als „Staatsanwalt der Geschichte und haben dann scheinbar die

---

[1303] Klaus Naumann, „Die Rhetorik des Schweigens. Die Lagerbefreiungen im Gedächtnisraum der Presse 1995," Mittelweg 36, 3 (1996).
[1304] Vgl. insbesondere die eindrucksvolle Gesamtstudie von Klaus Naumann, Der Krieg als Text: Das Jahr 1945 im kulturellen Gedächtnis der Presse (Hamburg: HIS, 1998).
[1305] Vgl. Sat.1-Exklusiv-Interview, 9. Mai 1996.
[1306] New York Times, 22. April 1996.

Macht, sie jeder Zeit zu gebrauchen."¹³⁰⁷ In teils grotesken Bildern, wie dem von Götz Aly, der Goldhagen ressentimentgeladen als „smarten New Yorker Großinquisitor"¹³⁰⁸ diffamiert, wurde so teilweise ein Imago vom brutal richtenden, „smarten", und „rachsüchtigen" Juden entstanden bzw. reproduziert worden.

Meiner Hypothese nach konnte Goldhagen auch aufgrund eines partiell externalisierten Gewissens und Schuldgefühls¹³⁰⁹ in Bezug auf Auschwitz und die historische deutsche Schuld als imaginierter Ankläger wahrgenommen, konstruiert und negativ affektiv besetzt werden. Diese autoritäre Externalisierung des Über-Ichs motiviert sowohl eine aggressive Reaktion gegenüber der Erinnerung an den Holocaust und einen von Adorno diagnostizierten sekundären Antisemitismus.¹³¹⁰ Juden erscheinen demnach als verantwortlich für die abgewehrten, aber wiederkehrenden Schuldgefühle und kollektiv-narzisstischen Kränkungen, die intergenerativ mit der Erinnerung an den Holocaust vermittelt sind. Dadurch werden Juden als eine (potenzielle) Bestrafungsinstanz projiziert, denn die moralischen Bedenken und Sensibilisierungen im Hinblick auf Auschwitz sind nicht ins Selbst integriert. In der externalisierten moralischen Position, ähnlich der von Eltern, wird von Juden erwartet, dass sie das unwiderrufliche Leiden vergeben.¹³¹¹ Wenn Juden die Absolution der Deutschen und die Erlösung von deren historischer Last verweigern, können im Rahmen dieser sozialpsychologischen Dynamik Versuche folgen, die vermeintlich ‚vergebungsverweigernde' Bestrafungsinstanz moralisch zu demontieren und zu attackieren. Antisemitische Vorurteile, die sich u.a. im Stereotyp des unversöhnlichen Juden niederschlagen und die im öffentlichen Bewusstsein wie im gesellschaftlichen Unbewussten immer noch latent gegenwärtig sind, können potenziell aktiviert werden.

Der jüdisch-amerikanische Holocaust-Forscher Goldhagen, zugehörig zur zweiten Generation der Überlebenden, ist deshalb möglicherweise ein idealer Stimulus und eine ideale Zielscheibe für anti-jüdische Projektionen im Kontext der ‚Vergangenheitsbewältigung'. Die Wanderausstellung „Vernichtungskrieg. Verbrechen der Wehrmacht 1941 - 1944" verursachte einen ähnlichen öffentlichen Aufschrei, aber auch ähnliche breite gesellschaftliche Diskussionen, die in den ersten zwei Jahren seit der Eröffnung im Jahre 1995 zunächst vornehmlich auf lokale Öffentlichkeiten beschränkt geblieben waren. Die Ausstellung stellt auch ähnliche Fragen nach den gewöhnlichen, durchschnittlichen Tätern und ihrer Schuld, bietet aber, trotz der Anfechtungen gegenüber ihrem Mäzen Jan Philipp Reemtsma und der analogen Perzeption eines „Vernichtungsfeldzugs gegen das deutsche Volk"¹³¹², im Gegensatz zu Goldhagen kaum die Möglichkeit, die Abwehraggressionen *judenfeindlich* zu personalisieren.¹³¹³ Dies umso mehr, da

---

1307 Birgit Rommelspacher, Schuldlos – schuldig ?, a.a.O., S. 45.
1308 Berliner Zeitung, 8./9. November 1997.
1309 Vgl. Theodor W. Adorno, „Schuld und Abwehr," a.a.O., S. 203.
1310 Vgl. Adorno, „Zur Bekämpfung des Antisemitismus heute," a.a.O., S. 108.
1311 Vgl. Rommelspacher, Schuldlos – schuldig ?, a.a.O., S. 32.
1312 Bayernkurier, 22. Februar 1997.
1313 Das heißt nicht, dass Reemtsma nicht wie Goldhagen als Zielscheibe öffentlicher Aggression fungierte. Hierzu schreiben Johannes Klotz und Gerd Wiegel: „Viele, die sich aus Profession mit der NS-Geschichte beschäftigen, aber auch viele gewöhnliche Deutsche attackierten Goldhagen wie auch Jan Philipp Reemtsma mit seiner ‚Wehrmachtsausstellung', weil sie den Schlussstrichpropagandisten und der These widersprachen,

Goldhagen nicht nur Jude, sondern auch Amerikaner ist und insoweit gänzlich ‚extern' gegenüber der deutschen Gesellschaft.

Die antisemitische Identifikation Goldhagens als jemand, der aus bloß materiellem Interesse, als ‚Geldjude', aus der Vergangenheit der Deutschen und ihrer ‚kollektiven Verdammung' seinen Vorurteil ziehen wollte – dieses hervorstechende sekundärantisemitische Ideologem hat in der Goldhagen-Debatte erstmals in der „Berliner Republik" öffentliche Fürsprecher in Medien, Politik und Wissenschaft gefunden (was indes nicht ohne Widerspruch geblieben ist, wie der „Demokratiepreis" für Goldhagen zeigt). So steigert sich noch in einem Rückblick auf die Debatte im Jahre 1998 die Historikerin Uffa Jensen im wissenschaftlichen Duktus zu folgender antisemitischer Zuschreibung: „Das ‚Subsystem Geld' ist mit Goldhagen in den rational-aufklärerischen Diskurs der Selbstverständigungsdebatte eingedrungen, der sich zwischen Historikern und Lesern entspannen könnte, und droht, ihn zu ‚kolonisieren', wenn sich ähnliche publizistische Praktiken in Zukunft wiederholen."[1314] Hier wird Goldhagen mit ‚Geld' identifiziert, das in eine scheinbar von der Warengesellschaft und dem Geldverkehr unabhängige, rein an Kriterien der Rationalität, nicht an wirtschaftlichen Kriterien orientierte deutsche Wissenschaft und ‚Selbstverständigungsdebatte' „eingedrungen" sei. Ein amerikanisch-jüdischer Autor mit seinem vermeintlich bloß materiellen Interesse avanciert in dieser Vergrößerungsprojektion und in grotesker Applikation einer Mischung aus Luhmannscher und Habermasscher Begriffe, zum personifizierten „Kolonisator", der mit seinen jüdischen Geldinteressen die innerdeutsche Selbstverständigung zerstört.

Die Studie Goldhagens, so die Bewertung von Rolf und Barbara Vogt in ihrer eindrucksvollen sozialpsychologischen Studie der Goldhagen-Debatte, „stieß auf berechtigte Kritik, die vor allem von der Mehrheit der deutschen Kontrahenten dazu benutzt wurde, die brisanten und erwägenswerten Ergebnisse des Autors gleichzeitig mit vom Tisch zu wischen. Hier erscheinen Abwehrmechanismen wie Verkehrung ins Gegenteil, Projektion, Verleugnung, Rationalisierung und Derealisierung. Massive Entwertungen Goldhagens und seiner Untersuchung haben ebenfalls eine Abwehrfunktion."[1315]

Insgesamt lässt sich aber für die Spät- und Nachphase der Debatte feststellen, „dass die Holocaust-Studie offener und gelassener rezipiert wird. Während ‚Hitlers willige Vollstrecker' zu Beginn der Debatte als ausländische und unzulässige Provokation empört abgewiesen worden war," so Martin Kött in seiner Untersuchung der Debatte, betrachten die Rezensenten die Studie später durchaus zunehmend „als ‚notwendige' Herausforderung."[1316] Zudem zeigten sich neben partiellen „Vernichtungsphantasien"

---

der ‚gewöhnliche' Deutsche sei nicht schuldig geworden an den Verbrechend es NS-Regimes. Vorurteile, Feindbilder, Antisemitismus, Rassismus und Nationalismus kamen in diesen Auseinandersetzungen offen zum Vorschein." Siehe Johannes Klotz und Gerd Wiegel, „Vorbemerkung," in: Dies. (Hg), Geistige Brandstiftung: Die neue Sprache der Berliner Republik (Berlin: Aufbau, 2001), S. 9 – 15, hier S. 12.
1314 Uffa Jensen, „Ein Ritterschlag zum Lehrmeister? Die Apotheose des Daniel J. Goldhagen in der Laudatio von Jürgen Habermas," in: Johannes Heil und Rainer Erb (Hg.), Geschichtswissenschaft und Öffentlichkeit: Der Streit um Daniel J. Goldhagen (Frankfurt a.M.: Fischer, 1998), S. 148 – 163, hier S. 155.
1315 Rolf und Barbara Vogt, „Goldhagen und die Deutschen," a.a.O., S. 565.
1316 Martin Kött, Goldhagen in der Qualitätspresse, a.a.O., S. 110.

in Bezug auf Goldhagen auch „Erlösungsphantasien" gerade in der jüngeren Bevölkerung, die auf unbewusste Schuldgefühle verweisen, welche psychosoziale Idealisierungen, positive Identifizierungen und Erlösungshoffnungen begünstigten.[1317]

Auf der einen Seite hat die Debatte durch die starke und breite Rezeption in der gesamten deutschen Medienlandschaft dafür gesorgt, dass Auschwitz, das Thema des Antisemitismus und die Frage nach den Tätern auch nach dem ‚Gedenkjahr 1995' Gegenstand des öffentlichen Diskurses geblieben ist. Von daher hat die Debatte in der politischen Kultur einen Impuls bereitgestellt, sich mit der NS-Vergangenheit zu konfrontieren. Andererseits hat aber, wie gezeigt, die vor allem zu Beginn vornehmlich irreführende, feindselige und stereotype Behandlung von Goldhagens Werk in der politischen Öffentlichkeit auch politisch-psychologische Abwehraggressionen und sekundären Antisemitismus stimuliert. Der hegemoniale politisch-mediale Diskurs hat Goldhagen als eine Art „Schafrichter", „Rassisten" und somit als projektives Feindbild konstruiert. Während eine ungewollte Erinnerung – an die Involvierung deutscher Täter und die gesellschaftliche Verankerung des Antisemitismus abgewehrt worden ist, ist Goldhagen nicht von wenigen verantwortlich dafür gemacht worden, dass „die Vergangenheit nicht vergeht", ja dafür – entsprechend dem alten antisemitischen Klischee, dass die Juden an ihrer Diskriminierung und Verfolgung selber schuld seien –, dass ein neuer Antisemitismus wieder belebt werde. Oft hat die politische und mediale Öffentlichkeit hierbei als Medium für den öffentlichen Ausdruck und die Enttabuisierung antisemitischer und anti-amerikanischer Vorurteile gedient, die immer noch in der deutschen Gesellschaft weit verbreitet, wenn auch zumeist, als unverhüllte und direkte, meist öffentlich diskreditiert sind.

Als Konsequenz daraus sind in der Folge der Debatte nicht nur die wichtigen Fragen über die Vergangenheit und den Antisemitismus in vielleicht beispielloser gesellschaftlicher Breite gestellt und diskutiert worden, sondern auch tradierte Vorurteile sind teils erneut öffentlich wie privat hervorgebrochen. Die Rezeption von Goldhagens Studie hat insofern den gerade von etlichen medialen und politischen Akteuren avisierten Prozess der ‚Normalisierung' und ‚Historisierung' des Holocaust wesentlich gestört, gleichzeitig jedoch auch eine bestimmte Abwehr, mit der Erinnerung an die Shoah und deren Vermächtnis kritisch umzugehen, verstärkt. Diese Abspaltung der Erinnerung drückt sich in vielfältigen apologetischen Abwehrstrategien und vorurteilsbeladenen Projektionen aus, die das politisch-psychologische Ziel eint, deutsche Schuld zu relativieren und Deutschland von den Schatten der Vergangenheit zu befreien. Daher glaube ich, dass Edith Kurzweil irrt, wenn sie pauschal meint, „the liberal debates that have taken hold in Germany today" seien „antidotes to the deep-rooted anti-Semitism that occasionally keeps popping up."[1318] Wippermann hat, neben anderen[1319], darauf hingewiesen, dass in der Goldhagen-Debatte die Impulse für Abwehraggression und Relativierung des Unvergleichlichen, im Gegensatz zum Historikerstreit vor zehn Jahren, wesentlich von linksliberalen und linken Wissenschaftlern ausgegangen und getragen

---

1317 Vgl. Rolf und Barbara Vogt, „Goldhagen und die Deutschen," a.a.O., S. 564 u. 566.
1318 Edith Kurzweil, „The Holocaust: Memory and Theory," Partisan Review 3 (1996), S. 372.
1319 Vgl. u.a. Matthias Küntzel et al., Goldhagen und die deutsche Linke, a.a.O.

worden sind[1320], das rechtskonservative Milieu in der Goldhagen-Debatte kaum eine Rolle gespielt hat. Meines Erachtens konnten sich deshalb die Protagonisten eines rechten ‚Revisionismus' so überaus zurückhalten, haben sie sich so dürftig geäußert, weil z.T. an dieser Stelle ehemalige, linksliberale Gegner des Geschichtsrevisionismus in eigener Weise in den Angriffen auf Goldhagen ihren Platz als ‚Anwalt der Deutschen' für sie eingenommen haben. Auch insofern mag die Goldhagen-Debatte im Jahre zumindest punktuell eine Veränderung in der deutschen politischen Kultur indizieren. Die zwei Jahre später erfolgende so genannte „Walser-Debatte" war gleichwohl in bezug auf den Umgang mit der NS-Vergangenheit und die Frage nach einem (sekundären) Antisemitismus im öffentlichen Raum und Bewusstsein sowie politisch-diskursiven und politisch-kulturellen Verschiebungen von ungleich höherer Bedeutung und größerer Dimension. Viele Motive stehen dabei in politisch-diskursiver Anknüpfung.[1321]

7.2 Die Walser-Debatte und der erste ‚Antisemitismusstreit' der ‚Berliner Republik': Zu Dynamik und Wirkung von Erinnerungsabwehr und sekundärer Judenfeindlichkeit in der politischen Kommunikation über das Gedenken

7.2.1 Zum Kontext des politischen Diskurses und seiner Entwicklung

In der Ausstellung zur Geschichte der Bundesrepublik im Berliner Martin-Gropius-Bau zählt man heute die „Walser-Debatte" zu den wichtigsten deutschen Ereignissen von 1998. Dies verwundert nicht. Denn vom 11. Oktober 1998, dem Tag der Rede, die der Schriftsteller Martin Walser anlässlich der ihm gebührten Verleihung des reputablen ‚Friedenspreises des deutschen Buchhandels' gehalten hat, bis zum Jahresende ist nahezu kein Tag vergangen, an dem jene Ansprache und die Reaktionen auf sie nicht massenmedial rezipiert worden sind. Kaum ein Medienereignis des Jahres hat einen ähnlich intensiven und kontinuierlichen Effekt in der überregionalen deutschen Presse ausgelöst.[1322]

1320 Wolfgang Wippermann, Wessen Schuld ?, a.a.O., S. 107 und 112ff.
1321 Vgl. zum Zusammenhang beider Debatten auch Lars Rensmann, „‚Collective Guilt', national identity, and political processes in contemporary Germany," a.a.O.
1322 Eine frühere Version dieses Kapitels ist erschienen bei Lars Rensmann, „Enthauptung der Medusa: Zur diskurshistorischen Rekonstruktion der Walser-Debatte im Licht politischer Psychologie," in Micha Brumlik, Hajo Funke und Lars Rensmann, Umkämpftes Vergessen: Walser-Debatte, Holocaust-Mahnmal und neuere deutsche Geschichtspolitik (Berlin: Verlag das Arabische Buch [Schriftenreihe Politik und Kultur am Fachbereich Politik- und Sozialwissenschaften der Freien Universität Berlin], 2000), S. 28 – 127. Meine Textanalysen, Diskursrekonstruktionen und politisch-psychologischen Interpretationen stützen sich wesentlich auf die Untersuchung und Auswertung von Walser-Texten sowie von über 400 Artikeln, Kommentaren, Essays und Leserbriefen in überregionalen deutschen Zeitungen und Zeitschriften vom 12. Oktober 1998, dem Beginn der ‚ersten' Walser-Debatte, bis zum Jahresende 1998, und partiell darüber hinaus bis zur ‚zweiten' Walser-Debatte 2002. Zur Dokumentation ausgewählter, allerdings nicht unbedingt repräsentativer Beiträge der Debatte siehe Frank Schirrmacher, Die Walser-Bubis-Debatte: Eine Dokumentation (Frankfurt a.M.: Suhrkamp, 1999). Die Ironie der Geschichte ist es, dass Schirrmacher, Walsers Laudator und nachdrücklicher Verteidiger in der ersten Debatte, selbst die zweite Debatte auslöst, indem er Walser des Antisemitismus bezichtigt.

7. Antisemitismus in öffentlichen Konflikten der ‚Berliner Republik'

Walser hatte wesentliche Teile seiner Dankesrede dem wenig zurückhaltenden Angriff auf die Thematisierung rassistischer Gewalt in Deutschland und auf alle öffentlichen Formen der Erinnerung an den Holocaust gewidmet, für die er die „Medien" und „Intellektuellen" verantwortlich macht. Diese hielten den Deutschen deren „Schande" jeden Tag vor. Die mediale und politische Vergegenwärtigung der NS-Vergangenheit sei eine „Dauerrepräsentation unserer Schande", hinter der Walser das niedere Motiv der „Instrumentalisierung unserer Schande zu gegenwärtigen Zwecken" erspäht. Jene „Instrumentalisierung" sei u.a. beflügelt durch einen „negativen Nationalismus", der „kein bisschen besser" sei als sein Gegenteil, verübt von – teils „smarten" – „Intellektuellen" und „Meinungssoldaten", die, „mit vorgehaltener Moralpistole", Auschwitz als „jederzeit einsetzbares Einschüchterungsmittel" nutzten, um „alle Deutschen" zu verletzen, welche doch ein „normales Volk, eine gewöhnliche Gesellschaft" seien.[1323]

Bereits die spontane Regung der in der Frankfurter Paulskirche anwesenden politischen, kulturellen und intellektuellen deutschen ‚Elite', Walser zunächst mit zur Schau gestellter Freude, schließlich mit anhaltendem Applaus, ja mit *standing ovations* zu zelebrieren, ließ vermuten, dass der Autor einer Position öffentlichen Ausdruck verschafft hat, die von vielen geteilt, aber bisher – in dieser Form – noch nicht artikuliert worden war. Eine Andeutung ihrer politisch-kulturelle Bedeutung der Rede kristallisierte sich insbesondere in der frühen Reaktion vom gerade neu gewählten Regierungschef Gerhard Schröder, der formulierte, ein Schriftsteller könne sagen, was „ein deutscher Bundeskanzler nicht sagen darf."[1324] Nachdem der im folgenden Jahr verstorbene Vorsitzende des Zentralrats der Juden in Deutschland, Ignatz Bubis, als Akteur in die Diskussion eingetreten war, in dessen Verlauf er Walser wiederholt als „geistigen Brandstifter"[1325] kritisiert hat, mutierte das Diskurs-Ereignis „Friedenspreis-Rede" endgültig zum Diskurs einer ‚Walser-Debatte', in der sich eine kaum überschaubare Zahl größerer und kleinerer Repräsentanten der deutschen Gesellschaft exponiert hat. Die Debatte avancierte von Beginn zum brisanten ‚gesellschaftlichen Thema'. Für die *Frankfurter Allgemeine Zeitung*, einem ihrer zentralen Schauplätze, wurde sie zu einer Diskussion „um die Erinnerung an Auschwitz, wie es sie in Deutschland noch nicht gegeben hat"; nicht ohne verhohlen der Hoffnung Geltung zu verleihen, „dass hier die womöglich *letzte* große Auseinandersetzung über die Erinnerung an die Gräuel des ‚Dritten Reiches' geführt wird."[1326] An ihrem vorläufigen Höhepunkt wurde sie zugleich weithin als „erste große Grundsatzdebatte der neuen ‚Berliner Republik'" perzipiert.[1327]

[1323] Alle Zitate nach Martin Walser, „Die Banalität des Guten," in: Frankfurter Allgemeine Zeitung, 12. 10. 1998.
[1324] Zitiert nach Der Tagesspiegel, 9. November 1998.
[1325] Zitiert nach Frankfurter Allgemeine Zeitung, 13. Oktober 1998 und 10. November 1998.
[1326] Frankfurter Allgemeine Zeitung, 28. November 1998; Hervorhebung von mir, L.R. Für die Zukunft ist anderes zu vermuten, denn die *Frankfurter Allgemeine* hoffte dies schon 1995 vergebens; vgl. Hajo Funke, „Über den Verlust des Erinnerns im Gedenken," Blätter für deutsche und internationale Politik, 4 (1995). Es folgten u.a. seither die ‚Goldhagen-Debatte', die anhaltende Diskussion um die Ausstellung ‚Vernichtungskrieg', die ‚Walser-Debatte', die über Jahre anhaltende ‚Mahnmals-Debatte' und die mehrjährige Debatte um die Entschädigung von NS-Zwangsarbeitern.
[1327] So in den ARD-Tagesthemen, 4. Dezember 1998 und bei Malte Lehming, „Ach, die neue Unbekümmertheit," Tagesspiegel, 2. Dezember 1998. Den Status, die wohl im Zeitraum weniger Wochen *intensivste*

Solch breite Aufmerksamkeit gebührt üblicherweise nur dem politischen Skandal. Doch der blieb in diesem Fall gerade aus. Walsers Rede wurde trotz Bubis' früher Kritik zunächst *nicht* skandalisiert, sondern firmierte zunächst weithin als „Denkanstoss", der, so die These dieses Kapitels, eine Veränderung der politischen Kultur und ihres öffentlichen normativen Horizonts im Verhältnis zum Umgang mit Juden, Antisemitismus und der NS-Vergangenheit ausgelöst hat. Michel Foucault hat betont, dass die Grenzen institutioneller Diskurspraktiken, die darüber entscheiden, was erlaubt und was Tabu ist, im historischen Prozess stets neu gezogen werden; mitunter gar „nach anderen Linien, durch neue Institutionen und mit Wirkungen, die nicht dieselben sind."1328 Die Transformation dieser Grenzen ist, wie die der Diskurse, diskontinuierlich *und* geregelt. Vieles deutet darauf hin, dass die anhaltenden gesellschaftlichen Reaktionen und nachhaltigen diskursiven Effekte auf die Rede eine solche *Diskursverschiebung* im Hinblick auf Tabus gegenüber der öffentliche Erinnerung an den Holocaust in Deutschland, deutschem ‚Normalitätsbewusstsein' und Antisemitismus andeuten; dass in Rede und Wirkungen nicht nur Kontinuität repräsentiert, der Horizont vergangener und gegenwärtiger Motive des Erinnerungs-, Normalitäts- und Antisemitismusdiskurses mit seinen üblichen Reaktionsmustern erneuert wird. Es ist hingegen überdies zu vermuten, dass die ‚Walser-Debatte', welche 1998 monatelang durch die Nachrichtenwelt, Feuilletons und Leserbriefseiten der deutschen Presselandschaft in rasender Zeitabfolge zirkulierte, ja zuletzt sogar zum Gegenstand von zahlreichen Fernsehsondersendungen geworden ist, zugleich einen spezifischen (indes nicht widerspruchslosen) Bruch in der deutschen politischen Kultur markiert: namentlich, dass sich strukturell, latent und manifest antisemitische Abwehraggressionen gegenüber der Erinnerung an die NS-Verbrechen und gegenüber der mit dieser Erinnerung einhergehenden Infragestellung deutscher Normalität öffentlich-politisch entfalten, modernisieren und etablieren konnten. Geschichtspolitische Abwehraggressionen, die bisher, trotz vieler vorangegangener Versuche seitens öffentlicher und politischer Akteure und auch Bundesregierungen seit der Bitburg-Kontroverse 1985, überwiegend skandalisiert bzw. auf den privaten und halböffentlichen Raum eingegrenzt worden waren.

Diese These lässt sich freilich nicht aus einem – wenn auch an prominentem sozialen Ort vorgetragenen – Beitrag einer Autorinstanz ableiten, unabhängig davon, welchen ʼTabubruchʼ sich diese auch leisten mag. Zu rekonstruieren ist deshalb das Gefüge diskursiver Konstellationen einschließlich ihrer Subtexte, Codes und Symboliken, das als Reaktion auf den Diskursanlass entstanden ist. Zu den fortwirkenden kulturellen Wertungsmustern ist nicht zuletzt ein latenter Antisemitismus zu zählen1329, der heute

---

öffentlich-mediale Debatte über Antisemitismus und zum Gedenken an Auschwitz in der Geschichte der Bundesrepublik zu sein, hat sich der Walser-Diskurs in der Tat erworben.
1328 Michel Foucault, Die Ordnung des Diskurses (Frankfurt a.M.: Fischer, 1998), S. 13.
1329 Vgl. u.a. Werner Bohleber, „Die Kontruktion imaginärer Gemeinschaften und das Bild von den Juden: Unbewusste Determinanten des Antisemitismus in Deutschland," Psyche 51 (1997), S. 570 – 605; Christhard Hoffmann, „Das Judentum als Antithese: Zur Tradition eines kulturellen Wertungsmusters," in: Wolfgang Benz (Hg.), Antisemitismus in Deutschland. Zur Aktualität eines Vorurteils (München: dtv, 1995), S. 25 – 46. Die kulturellen Wertungsmuster des Antisemitismus sind dabei nicht nur als aktualisierbare Kontinuitäten zu begreifen, sondern befinden sich als sozialpsychologisches Vorurteilsrepertoire zugleich in einem anhaltenden

insbesondere in Debatten zur Erinnerung an den Holocaust bisweilen aktualisiert und mitunter dynamisiert wird.

Im Folgenden werde ich zunächst den Gehalt der Walserschen ‚Friedenspreis'-Rede selbst analysieren und dabei nach ihren wesentlichen Motiven, Argumentationslinien, Schlüsselbegriffen, Konnotationen, ihrer Komposition und vor allem ihrem konstitutiven Sinnzusammenhang fragen. Die Untersuchung dieser Elemente und ihre Deutung bieten die Grundlage dafür, den Diskurs kritisch zu begutachten, der sich an die Rede angeschlossen hat. Dessen Themen, Inhalte, symbolische Ordnungen und vor allem politisch-psychologische Motivationen werden im Rahmen der einzelnen Stufen der Debatte rekonstruiert, um sowohl Prozess und Dynamik als auch Antinomien, Muster und Zusammenhänge sichtbar zu machen. Schließlich wird die Walser-Debatte in ihrer Bedeutung für den Umgang mit der NS-Vergangenheit, die Relevanz des Antisemitismus in öffentlichen Konflikten und für die demokratische politische Kultur insgesamt zu bewerten sein.

7.2.2 Die politisch-psychologische Textur der Walser-Rede als Diskursanlass

Walsers über Monate kontrovers diskutierte Rede soll zunächst in ihrer inneren diskursiven und politisch-psychologischen Struktur dechiffriert werden. Sie kreist im wesentlichen um ein Thema, das eine innere Klammer bildet, den Sinnzusammenhang konstruiert: Es geht um die *Selbstversöhnung* der Deutschen mit sich und ihrer Vergangenheit, die, obschon die Deutschen ein „normales Volk" seien, durch Medien und „maßgebliche Intellektuelle"[1330] verhindert werde. Durch dieses Hauptmotiv, die Verteidigung der ‚deutschen Nation' gegen ihre realen und imaginierten Kritiker und die kollektiv-narzisstische Re-Konstruktion und Rehabilitierung eines nationalen ‚Wir', das nicht mehr bereit ist, sich Auschwitz und gegenwärtigen Rassismus „vorhalten" zu lassen, sind alle anderen Themen miteinander verbunden: das Einfordern der *Vergebung* für den DDR-Spion Rainer Rupp, der noch die „unselige Teilung" büße, weil bestimmende Staatsorgane nicht bereit seien, die Geschichte ad acta zu legen; das *Anzweifeln* eines realen rassistischen Phänomens („Würstchenbuden vor brennenden Asylantenheimen") als aus dem Interesse von Intellektuellen an der *Verletzung* „alle[r] Deutschen" motivierte Fiktion; die *Denunziation* jeglichen öffentlich-medialen Erinnerns an den Holocaust, einer vermeintlichen „Dauerrepräsentation" und „Instrumentalisierung unserer Schande", einschließlich der Intellektuellen, die jene Schande beförderten (im besonderen auch der Angriff auf das geplante Holocaust-Mahnmal als „Monumentalisierung der Schande"); und schließlich die „Gewissensfreiheit", d.h. die Forderung nach ‚*Befreiung*' von so genannten „Meinungssoldaten" und „Gewissenswarte[n] der Nation".

Form- und Funktionswandel. Sie sind gesellschaftshistorischen Veränderungen, Brüchen und spezifischen Dynamiken ausgesetzt.
1330 Alle Zitate, wie auch die folgenden nicht näher gekennzeichneten, aus der Rede Walsers: Martin Walser, „Die Banalität des Guten," Frankfurter Allgemeine Zeitung, 12. Oktober 1998.

Nicht zufällig bedient dabei die konstitutive Relation des Textes, die Dichotomie zwischen „uns", dem als Bezugsrahmen erstellten deutschen Wir-Kollektiv als Plural der Nation einerseits, und den Medien bzw. Intellektuellen andererseits, Exponenten des Geistes und der Zirkulationssphäre, die in Walsers Perspektive als Feind der Selbstversöhnung die Deutschen „nur verletzen" wollen, latent antisemitische Stereotype. Diese sind zum einen im wesentlichen konnotiert gerade durch die Diffusität der Andeutungen, den Hinweis auf „die maßgeblichen Intellektuellen", die angeklagt werden und doch anonym bleiben,; so werden dunkle Hintergründe, mitunter Verschwörungszusammenhänge unterstellt bzw. Spekulationen begründet darüber, wer denn nun die deutsche „Schande" zu was für Zwecken instrumentalisiere. Zum anderen manifestieren sich judenfeindliche Klischees, etwa das des ‚verschmitzten Juden', in direkteren Anspielungen, wie diejenige auf den „smarten Intellektuellen" (mit dem Helmuth Karasek oder Marcel Reich-Ranicki gemeint sein können), der im Fernsehen in seinem Gesicht einen Ernst hisse, „der in diesem Gesicht wirkt wie eine *Fremdsprache.*"[1331]

7.2.2.1 Nationale Selbstversöhnung und Normalität im Kontext projektiver Wahrnehmungsmuster

Im Anfangsteil des Vortrags führt Walser in sein Thema mit einer scheinbar allgemeinen Aussage ein, deren Sinngehalt zunächst nicht konkretisiert wird, deren Bedeutung und Kontext sich erst a posteriori erschließen: „Unerträgliches muss ich nicht ertragen können. Auch im *Wegdenken* bin ich *geübt*. An der *Disqualifizierung des Verdrängens* kann ich *mich nicht beteiligen*. Freud rät, Verdrängen durch Verurteilung zu ersetzen. Aber soweit ich sehe, gilt seine *Aufklärungsarbeit nicht dem Verhalten des Menschen als Zeitgenossen*, sondern dem vom eigenen Triebschicksal Geschüttelten. Ich käme ohne *Wegschauen* und Wegdenken nicht durch den Tag und schon gar nicht durch die Nacht. Ich bin auch *nicht der Ansicht, dass alles gesühnt werden muss.*"[1332]

Diese Passage entwirft bereits das Programm der Rede auf einer verallgemeinerten Ebene: Walser wendet sich generell gegen die „Disqualifizierung des Verdrängens" und apostrophiert die Notwendigkeit des „Wegdenkens" und „Wegschauens" – also auch im Hinblick auf die NS-Verbrechen, wie später präzisiert wird; weggeschaut werden soll zumindest, so erfahren wir später, wenn die Ehre der Nation auf dem Spiel steht. Ausgerechnet der Aufklärer Freud soll zur Anwaltschaft dieses Wegschauens und Verdrängens herhalten; denn dessen Aufklärungsarbeit beziehe sich nicht auf das „Verhalten des Menschen als Zeitgenossen", also auf öffentliche Belange, sondern gelte dem rein Persönlichen, dem „vom eigenen Triebschicksal Geschüttelten". So bekommt Aufklä-

---

1331 Hervorhebung von mir, L.R.
1332 Hervorhebung von mir, L.R. Dass Freud rät, Verdrängen durch Verurteilen zu ersetzen, erscheint als recht eigenwillige Deutung Walsers. Sie widerspricht grundsätzlich der Freudschen Lehre. Micha Brumlik merkt hierzu an: „Es wäre aufschlussreich zu wissen, auf der Basis welcher mißverstandenen Schrift der Preisträger darauf kommt, Sigmund Freud, dem es vor allem ums Wiederholen und Durcharbeiten des Verdrängten ging, den Willen zum (natürlich jüdischen) Verurteilen zuzuschreiben." Siehe Micha Brumlik, „Apologie und Amoral," Konkret 2 (1999), S. 19 – 21, hier S. 19.

rung im Allgemeinen, Aufklärung über den NS im Besonderen, von Walser ihren Platz zugewiesen: die private Sphäre, in der sich jeder entscheiden kann, ob er verdrängen oder hinsehen möchte. Gegenüber dem Erinnern kontrastiert Walser seine Bereitschaft zu ‚Frieden und Versöhnung'. Diese ‚Friedfertigkeit' wird anschließend zu einem quasi-existenziellen christlichen Vergebungswillen stilisiert, der scheinbar vom Aug' um Aug' wie von Sühne und Rachsucht nicht viel hält, ja dem solche Prinzipien geradezu unerträglich sind: „In einer Welt, in der alles gesühnt werden müsste, könnte ich nicht leben."[1333]

Der Subtext dieses moralischen Imperativs ergibt sich aus der späteren Thematisierung der „Dauerrepräsentation unserer Schande": Diejenigen, die immer wieder den Deutschen die „unsere Schande" (mit diesem nebulösen Deckbegriff ist bei Walser offenbar der Holocaust gemeint), vorhielten, sind demnach nicht vom edlen Gemüt des friedfertigen Redners, der *existenziell* auf die Sühne verzichten muss, sondern wollen stattdessen, dass weiter gesühnt wird und können nicht vergeben. Dieser Zusammenhang verweist auf einen tradierten kulturellen Code, der die ‚christliche Vergebungsbereitschaft' der ‚jüdischen Rachsucht' gegenüber stellt. Dieser Code wird nach dem Holocaust in spezifischer Form und mit besonderer Funktion immer wieder aktualisiert; das „Verhalten [...] der Juden nach dem Zusammenbruch wird von manchen als Rachsucht gedeutet, und im Namen einer Humanität, die während des Dritten Reiches nicht eben hoch im Kurs stand, wird diese Rachsucht verpönt."[1334] Solch spezifische Konnotation bleibt hier allerdings noch diffus.

Bevor Walser im Konkreten die Selbstversöhnung des „normalen" deutschen Volkes und dessen Recht auf (Gewissens-)Freiheit von der (öffentlichen) Erinnerung an die Shoah gegenüber den Intellektuellen verteidigt, also zum zentralen Gegenstand seines Textes vorstößt, sucht er in einem Exkurs seine eigene, persönliche Versöhnungsbereitschaft unter Beweis zu stellen. Walser tritt gegen die „Sühne", für die Freilassung eines „idealistischen Altachtundsechzigers, der dann für die DDR spionierte", ein, denn „[d]ieser Gefangene büßt [...] die deutsche Einigung." Walser möchte gegenüber diesem „grundidealistischen" Deutschen „Gnade vor Recht" ergehen lassen. Der inhaftierte Spion Rainer Rupp, von dem die Rede ist, dient hierbei nicht nur als Beleg für das Versöhnungsmotiv des Redners. Rupp avanciert zugleich zum Symbol einer deutschen Selbstversöhnung nach der Einheit, nach dem Ende des Kalten Krieges. Wird Rupp vergeben, gewinnt die „politisch glücklich verlaufene Entwicklung" ein weiteres menschliches Moment hinzu auf dem Weg zur ‚inneren Einheit', die die ‚unglücklich' verlaufenen Entwicklungen der deutschen Geschichte zu einem versöhnlichen Ende bringt. Mit der kollektiven Selbstversöhnungsgeste gegenüber der deutschen Vergangenheit im Mantel der Friedensmetaphorik wird auch Walsers Rede schließen: „Ach, verehrter Herr Bundespräsident, lassen Sie doch Herrn Rainer Rupp gehen. Um des lieben Friedens willen."

Manche scheinen hingegen in Walsers Sicht der Dinge den Deutschen nicht vergeben zu wollen. Sprunghaft und antinomisch stellt Walser im folgenden Redetext seinen

---
1333 Hervorhebung von mir, L.R.
1334 Theodor W. Adorno, „Schuld und Abwehr," a.a.O., S. 258.

Versöhnungswunsch die von ihm perzipierte Unversöhnlichkeit 'anderer' gegenüber, die sich gegen Deutschland richte; ein Motiv, das uns jetzt bis zum Ende des Textes begleitet. „Andauernd" fühlt sich Walser als Zeuge „des moralisch-politischen Auftritts dieses oder jenes schätzenswerten Intellektuellen", der kritische Bilder der gegenwärtigen deutschen Gesellschaft zeichnet. Zitiert werden Jürgen Habermas und Günter Grass, ohne sie beim Namen zu nennen; sie stehen stellvertretend für „in beliebiger Zahl zitierbare Aussagen" von Intellektuellen, die den „rechten Terror" in Deutschland (Habermas) oder den Antisemitismus älterer österreichischer Tischnachbarn (Grass), mithin die Vorstellung einer ‚deutschen Normalität' überhaupt kritisieren. Walser fragt angesichts der Darlegungen von Habermas und Grass, scheinbar naiv und vermeintlich von Zweifeln getrieben: „Warum bietet sich mir das nicht so dar? Was fehlt an meiner Wahrnehmungsfähigkeit? [...] Warum werde ich von der Empörung, die dem Denker den folgenden Satzanfang gebietet, *nicht mobilisiert*: 'Wenn die sympathisierende Bevölkerung vor brennenden Asylantenheimen Würstchenbuden aufstellt...'"1335 Mobilisiert wird Walser angesichts des realen Elends *deshalb* nicht, weil er es selbst zur bloßen Fiktion gerinnen lässt; er kann „solchen Aussagen" nicht „zustimmen". Die ‚Tatsachenwahrheit' (Arendt) mutiert hier zu einer bloßen Meinung; der kann man zustimmen oder nicht. Walser lässt an dieser radikalen Infragestellung der Wirklichkeit keinen Zweifel, auch wenn sie im Jargon des Zweiflers intoniert wird: „Hoffentlich stimmt's nicht, was uns da so krass gesagt wird. Und um mich völlig zu entblößen: Ich kann diese Schmerz erzeugenden Sätze einfach *nicht glauben*. Es geht sozusagen über meine moralisch-politische Phantasie hinaus, das, was da gesagt wird, *für wahr zu halten*."1336

Die Realität, die nicht ins geschönte Imago, die Wunschgeschichte der Nation, der ‚deutschen Normalität' passt, wird ausgeklammert, wird so zu einem subjektiven Wahrnehmungsproblem der „Intellektuellen". Im scheinbar zurückhaltenden Gestus, dargestellt als „unbeweisbare Ahnung", drängt es Walser nun, das Motiv jener Intellektuellen zu entlarven, die, statt Deutschland und seine Bäume, die Walser „durch absichtsloses Anschauen seit langem kennt", in schillernd schönen Farben zu malen, rechten Terror beschreiben: „Bei mir stellt sich eine unbeweisbare Ahnung ein: Die, die mit solchen Sätzen auftreten, *wollen uns weh tun*, weil sie finden, wir haben das verdient. Wahrscheinlich wollen sie auch sich selber verletzen. Aber uns auch. Alle. Eine Einschränkung: *alle Deutschen.*" Hier zerfließt Walser erstmals die Realität gänzlich zum Hirngespinst, die Deutschen seien umgeben von deutschfeindlichen Intellektuellen, deren alleiniges Movens es zu sein scheint, „alle Deutschen" „verletzen" zu wollen.

Der nationalistische und antiintellektuelle Grundtenor der Walserschen Wirklichkeits- und Geschichtsumdeutung tritt hier offen hervor; umso erstaunlicher ist es, dass dies in der ersten Phase der Debatte, wie zu zeigen sein wird, nicht thematisiert worden ist. Die Wirklichkeit wird umgemodelt, verharmlost oder bestritten, damit sie Walsers Bild vom normalen Deutschland entspricht1337; das projizierte Kollektiv von Überbrin-

---

1335 Hervorhebung von mir, L.R.
1336 Hervorhebung von mir, L.R.
1337 In Interviews vor und nach seiner Rede hat Walser auch fortwährend die Existenz des politischen Rechtsextremismus geleugnet; es ginge hierbei lediglich um „aussichtslose, verirrte Jugendliche" (zitiert nach

gern der schlechten Botschaft, die aus dem niederen Motiv handelten, das Kollektiv der Deutschen verletzen zu wollen, wird dagegen für die Botschaft selbst verantwortlich gemacht und angegriffen (nicht zuletzt stehen hierfür Juden, die, ob artikuliert oder nicht, nach Auschwitz die schlechte Botschaft der Erinnerung an die deutschen Verbrechen repräsentieren). Adorno konstatiert zum antiintellektuellen Motiv, dass als fragwürdig gelte, wer „die Problematik eines bestimmten Zustands nennt. Er wird – nach dem Verratsschema – für die Mängel verantwortlich gemacht und dadurch der von ihm charakterisierte Zustand entlastet. Immer noch gilt das Wort des alten Helvetius, dass die Wahrheit noch niemandem geschadet hat, außer dem, der sie ausspricht."[1338]

Mit jener Textpassage der Rede wird ein gesellschaftlich tradierter Opfermythos des von Walser beschworenen nationalen Wir-Kollektivs, das mit der redenden Ich-Instanz zunehmend verschmilzt, bedient. In der selbstmitleidigen, pathischen Projektion einer Verfolgung *aller Deutschen* durch die ihnen antinomisch gegenübergestellten „maßgeblichen Intellektuellen" und „Medien" schlägt die Wut auf die, die benennen, was das restaurierte nationale Selbstbild notwendig untergräbt, zugleich in *soziale Paranoia* um, die mit dem Antisemitismus aufs innigste verwandt ist; Opfermythos, Erinnerungsabwehr und Paranoia werden sodann im weiteren Verlauf der Rede aggressiv entfaltet. Auschwitz erscheint dabei als von außen herangetragene Last und Schande, die böswillig das national Selbstbildes beschädigt. Schon 1979 hatte Walser formuliert: „Wenn wir Auschwitz bewältigen könnten, könnten wir uns wieder nationalen Aufgaben zuwenden."[1339] Wird die Wirklichkeit im ungebrochenen Drang des kollektivnarzisstischen Bestrebens neu geordnet und ein idealisiertes Bild der deutschen Gemeinschaft gezeichnet, so wirken die als bedrohlich, die diesem Bild widersprechen; sie erscheinen schließlich in verallgemeinerter Realitätsverzerrung als omnipräsente *Verfolger*, die Gesellschaft der Täter und ihrer Nachkommen hingegen als Opfer, die verletzt, gekränkt, *als Nation* und *als Volk* entwürdigt werden: „In keiner anderen Sprache könnte im letzten Viertel des 20. Jahrhunderts so von einem Volk, von einer Bevölkerung, einer Gesellschaft gesprochen werden. Das kann man nur von den Deutschen sagen."

7.2.2.2 Auschwitz als „Moralkeule": Zur politischen Semantik der Erinnerungsabwehr und den politisch-psychologischen Motiven der Rede zwischen Nationalismus und Antisemitismus

Vor *diesem* Hintergrund thematisiert Walser die NS-Geschichte, „unsere unvergängliche Schande", und vor allem deren öffentliche Vergegenwärtigung. Die hierbei stilisierte

---

Die tageszeitung, 10. November 1998) bzw. um „Skinheadbuben", die lediglich auf „die Vernachlässigung des Nationalen durch uns alle" antworteten; zitiert nach Konkret 10 (1998), S. 49.
1338 Thedor W. Adorno, „Zur Bekämpfung des Antisemitismus heute," a.a.O., S. 132.
1339 Martin Walser, „Auschwitz und kein Ende," in: Jürgen Habermas (Hg.), Stichworte zur Geistigen Situation der Zeit (Frankfurt a.M.: Suhrkamp, 1979). Ähnlich instrumentell-oberflächlich und äußerlich, der 'nationalen Frage' untergeordnet, bewertet Walser selbst seine Auseinandersetzung mit deutscher Schuld: „Man fährt eine Zeit mit dem Schuld-Sühne-Zug, weil man eben mitfahren muss, denkt aber während der Fahrt ganz andere Dinge." Vgl. Stern, 12. März 1987.

Position der Deutschen als Opfer der Verfolgung durch Medien und Intellektuelle (im weiteren Verlauf vor allem auch durch Juden), welche die „Moralkeule" Auschwitz stets gegen jene Deutschen instrumentalisierten, wird schließlich auch eines der konstituierenden und strukturierenden Motive der späteren Debatte. Walsers Begriffe und Formulierungen knüpfen hierbei durchweg an das diskursive Dispositiv der ‚Neuen Rechten' an; deren Vokabular ist zwar selbst schon so abgegriffen wie die Vorstellung, es breche kritisch mit den Tabuisierungen des gesellschaftlichen Gesprächs,[1340] erfährt bei Walser jedoch einen neuen Schub. Verkehrungen und Verschiebungen in der abwehraggressiven Semantik werden zugespitzt und neu sortiert.

Auschwitz gerät von der Chiffre für das unvorstellbare Verbrechen zur bloßen intellektuellen „Vorhaltung" gegenüber den Deutschen: „Jeder kennt unsere geschichtliche Last, die unvergängliche Schande, kein Tag, an dem sie uns nicht vorgehalten wird." Nicht der Holocaust, die Grausamkeit gegenüber Juden, sondern, im Gegenteil, ein an den Deutschen verübter „grausame[r] Erinnerungsdienst" der „Intellektuellen", die den Terror erinnern, wird als Gewalt projiziert; die Erinnerung an den Schrecken *an sich* wird von Walser abgewehrt. Schon die Thematisierung der Geschichte wird zu einer bloßen Beschuldigung, ja Auschwitz scheint nur noch als anti-deutsche Anklage Bedeutung zu haben, nicht mehr als Verbrechen. Walser sieht sich als Deutscher von Beschuldigungen geradezu omnipräsent umzingelt und verfolgt: „Manchmal wenn ich nirgends mehr hinschauen kann, ohne von einer *Beschuldigung* attackiert zu werden, muss ich mir zu meiner *Entlastung* einreden, in den *Medien* sei auch eine Routine des Beschuldigens entstanden."[1341] Walser fährt fort: „Ich habe es nie für möglich gehalten, die Seite der Beschuldigten zu verlassen." Walser redet von „Beschuldigten", nicht von Schuldigen. Beschuldigt kann man auch werden, wenn man unschuldig ist. Auch dieser Satz spielt somit mit einer weiteren semantischen Doppeldeutigkeit. Hier mag die Unmöglichkeit, sich in die Opfer des Holocaust hineinzuversetzen, angesprochen werden. Aber auch eine zweite Deutungsmöglichkeit wird angeboten: dass es ihm unmöglich sei, überhaupt die Perspektive der Opfer und ihr Leiden wahrzunehmen. Dafür spricht auch der Redekontext: Bei Walsers Thematisierung der „Instrumentalisierung" von Auschwitz geht es ausschließlich um die Deutschen als Leidtragende. Die Holocaust-Opfer geraten, wie im gesamten Text, auch nicht ‚zwischen den Zeilen', als Opfer in den Blick; nicht Treblinka, sondern ein nicht vollständig ‚souveränes' Deutschland ist ihm die historisch nachwirkende „Wunde", die nicht gerinnen mag.[1342]

Der Schriftsteller agitiert schließlich in zahlreichen Begriffsvariationen gegen die „Dauerpräsentation unserer Schande" durch „Medien" und „Intellektuelle"; Auschwitz erscheint nicht als Verbrechen, sondern die Erinnerung an das Grauen nur als „Droh-

---

1340 Vgl. zum kritischen Überblick Wolfgang Gessenharter und Helmut Fröhling (Hg.), Rechtsextremismus und Neue Rechte in Deutschland. Neuvermessung eines politisch-ideologischen Raumes? (Opladen, Leske & Budrich, 1998).
1341 Hervorhebungen von mir, L.R.
1342 Daran lässt Walser, wie seine Interpreten ihn auch verstehen mögen, keinen Zweifel. Nicht Auschwitz, sondern die Teilung war Walser die „trübste Last" der deutschen Geschichte. Die Überwindung der 'Teilung Deutschlands' ist ihm die „Abschaffung" jener Last: „Die ist nun weg." Walsers veröffentlichtes Gewissen ist mit der Nation, nicht mit den Opfern des Holocaust.

routine", „jederzeit einsetzbares Einschüchterungsmittel", als „Moralkeule", als Nötigung gegen die „normalen" Deutschen durch „Meinungssoldaten" (dies signalisiert Gewaltbereitschaft), die „mit vorgehaltener Moralpistole" gegen das deutsche Volk zu Felde ziehen.

Jenseits dieses eingeschliffenen rechtsradikalen Begriffsrepertoirs, das keiner neuen Sprache entstammt, sondern eine altbekannte reproduziert, aber in der Öffentlichkeit nicht als solches wieder erkannt worden ist, empfiehlt Walser gerade mit dem Begriff „unsere Schande", hinter dem die Verbrechen des Holocaust verschwinden, eine besondere Neuerung (nur das Substantiv „Intellektuelle" findet in Walsers Rede noch öfter Verwendung). Der Terminus der „Schande" entreißt Auschwitz nicht nur seiner historischen Konkretheit, sondern rückt zudem die Verbrechen in metaphysisch verquaster Sprachwendung in den Bereich des Schicksalhaften, unter dem vor allem „wir", nicht die überlebenden Opfer der Barbarei, zu leiden haben. „Schande" kann auf ein Verbrechen verweisen; zugleich aber auf etwas, das dem angetan wird, der die „Schande" ertragen muss – als bloß von außen herangetragener Makel, dem man ohne eigene Schuld zum Opfer fallen kann, kann die „Schande" auch eines objektiven Grundes entraten. Nicht zuletzt bezieht sich der Begriff der „Schande" alltagskommunikativ, gerade bei der älteren Generation, auf Phänomene wie einen verschmutzten Gehweg oder eine besprühte Häuserwand. Auch die Erinnerung dieser „Schande" scheint von einem objektiven Grund entkoppelt, sie erscheint nur als „die *Instrumentalisierung unserer Schande zu gegenwärtigen Zwecken*". Was diese Zwecke seien, und wer im Besonderen diese Instrumentalisierung in den Medien lanciere und kontrolliere, dies überlässt Walser der Vorstellungskraft und den Vorurteilsdispositionen seiner Zuhörer. 39 % der Deutschen sind jedenfalls der Auffassung, die Juden nutzten den Holocaust für ihre Zwecke aus.[1343]

Der vorwiegend nebulöse Charakter, die Namenlosigkeit der Anspielungen gegenüber einer imaginierten intellektuellen Kontrollmacht, welche die „Schande" zu „gegenwärtigen Zwecken" instrumentalisiere und „den Schriftsteller in den Meinungsdienst *nötige*"[1344], erfüllt hierbei eine *Doppelfunktion*: Walser weist einerseits denjenigen, die Auschwitz thematisieren und die deutsche Gesellschaft kritisieren, den Status des Nicht-Greifbaren, Verschworenen zu, spekuliert dabei auf die Phantasie, besser: die Ressentiments der Zuhörer, die wohl wissen, wer gemeint ist, und die mit diesem Wissen ins Kollektiv der Redegemeinschaft eingemeindet werden. Andererseits macht sich Walser hier zugleich weniger angreifbar; im Zweifelsfall hat er es *so* nicht gemeint. Gerade das antiintellektuelle Ressentiment und das Vorurteil gegen ‚die Medien' gehören zum und appellieren freilich an das Arsenal des Antisemitismus. „Meinungspolizei" ist Walser, der medial meist vertretene deutsche Schriftsteller, „gleich Medienherrschaft: Zensur durch Feuilletons, Verschwörung durch Talk-Shows. Andere Instanzen, die einen unsichtbaren Druck ausüben, macht er nicht namhaft. Man kann nur spekulieren. Meint er den Zentralrat der Juden in Deutschland, die Nachbarstaaten, Israel, die USA

[1343] Vgl. David A. Jodice, United Germany and Jewish Concerns: Attitudes towards Jews, Israel and the Holocaust (New York: The American Jewish Committee, 1991).
[1344] Hervorhebung von mir, L.R.

oder die Weltöffentlichkeit?"1345 Die frühe Vorurteilsforschung Adornos hat, wie gezeigt, solchen Zusammenhang hervorgehoben. Die Lockung versteckter Andeutungen wächst mit ihrer Vagheit, die ein ungebremstes Spiel der Imagination erlaubt und zu allen möglichen Formen der Spekulation einlädt.1346 So mag von ‚bestimmten Kräften' die Rede sein, die gegen Deutschland arbeiteten, und die Zuhörer verstehen, dass hiermit Juden gemeint sind. Die Zuhörer werden insofern als „In-Group behandelt, die schon alles weiß, was der Redner ihr sagen will."1347 Insbesondere der Antiintellektualismus, also die „Hetzbilder gegen den Intellektuellen", und der Verweis auf die Medienmacht, die die öffentliche Meinung ‚manipuliere', sind „oft nur leise verschleierte Stereotype des Antisemitismus."1348

Walser suggeriert, die Deutschen im allgemeinen, er im besonderen seien einer Art intellektueller ‚Gesinnungsdiktatur' oder ‚Diskurspolizei'1349 ausgesetzt, die fortwährend auf dem Gedenken an den Holocaust insistiere und das Volk zum Opfer ständiger Verdächtigungen und Beschuldigungen macht. Gegenüber solcher ‚Diktatur', von der auch er sich als Teil des ‚Volkes' verfolgt sieht, perzipiert sich der Schriftsteller zugleich als mutiger Mann und Märtyrer, der „vor Kühnheit" zittert, wenn er sagt, dass „Auschwitz sich nicht dafür [eignet], Drohroutine zu werden, jederzeit einsetzbares Einschüchterungsmittel oder Moralkeule oder auch nur Pflichtübung." Walser nennt seine imaginierten Verfolger, die Auschwitz angeblich gegen die Deutschen und Walser im Besonderen als Moralkeule nutzten, wiederum nicht beim Namen. Sie erscheinen so als ‚dunkle Macht' mit gesinnungspolizeilichen Kompetenzen: „Aber in welchen Verdacht gerät man," fragt Walser mit dem Gestus der verfolgten Unschuld, „wenn man sagt, die Deutschen seien jetzt ein normales Volk?" In dieser sich harmlos gerierenden Normalisierungsrhetorik erscheint Walser als doppelt unschuldiges Opfer der von ihm allerorts erspähten „Meinungssoldaten".

In diesem Kontext der geistigen ‚Gesinnungsdiktatur' intellektueller und medialer „Gewissenswarte der Nation", die die NS-Vergangenheit vergegenwärtigen wollen, um die Deutschen zu verletzen, verortet Walser schließlich auch seinen Angriff auf die Idee eines Holocaust-Mahnmals in Berlin, das er als „Monumentalisierung unserer Schande" und „fußballfeldgroßen Alptraum" denunziert. Wie Ignatz Bubis später anmerkt, suggeriert Walser hiermit, das Verbrechen bzw. die „Schande" werde erst durch das Mahnmal monumentalisiert.1350 Mehr noch: jene „Monumentalisierung" sei „negativer Nationalismus", der „*kein bisschen besser* ist als sein Gegenteil"1351, sprich: der Logik des Satzes zufolge ist auch das Mahnmal, das den Deutschen ‚angetan' werden

---

1345 Aleida Assmann und Ute Frevert, Geschichtsvergessenheit – Geschichtsversessenheit: Vom Umgang mit deutschen Vergangenheiten nach 1945 (Stuttgart: Deutsche Verlags-Anstalt, 1999), S. 71f.
1346 Vgl. Theodor W. Adorno, „The Psychological Technique of Martin Luther Thomas' Radio Addresses," a.a.O., S. 64.
1347 Theodor W. Adorno, „Antisemitismus und faschistische Propaganda," a.a.O., S. 159.
1348 Theodor W. Adorno, „Zur Bekämpfung des Antisemitismus heute," a.a.O., S. 132.
1349 Beide Begriffe haben in jüngsten Jahren eine besondere Diskursgeschichte innerhalb der extremen Rechten. Hierauf verweist Jürgen Habermas, „Der Zeigefinger: Die Deutschen und ihr Denkmal," Die Zeit, 31. März 1999, S. 42 – 44, hier S. 42.
1350 Vgl. die Gedenkrede von Ignatz Bubis zum 9. November 1998.
1351 Hervorhebung von mir, L.R.

soll, vorangetrieben von den ‚Feinden im Innern', die „uns" keinen Frieden gönnen wollen, „kein bisschen besser" als Auschwitz selbst.

Im Anschluss an den Angriff auf das Mahnmal, das „angerichtet" sei von „Leute[n], die sich für das Gewissen anderer verantwortlich fühlten", entfaltet Walser schließlich das zuvor bereits mehrfach aufgegriffene Motiv des individuellen Gewissens, das der öffentlichen Erinnerung an den Holocaust, für Walser vor allem „Beschuldigung" und „unaufhörliche Präsentation unserer Schande", kontrastiert wird. Mit dem Rückgriff auf die „Gewissensfreiheit", ein Kernbegriff der Walserschen Rede, initiiert der Schriftsteller einen neuen Versuch, Auschwitz erinnerungspolitisch aus dem Gegenwartsbewusstsein und dem öffentlichen Raum auszusperren und in die private Sphäre eines schweigenden ‚Gewissens' einzusperren.

Gewissen und Über-Ich sind nach Freud Produkte der Internalisierung moralischer Normen, die Gesellschaft und politische Kultur den Individuen auferlegen. Von diesen Normen möchte sich Walser, soweit sie zur Erinnerung an die Barbarei, an die „Schande" „nötigen", „befreien". Gewissensfreiheit als ‚Innerlichkeit' kann überdies, exemplarisch an Walser selbst, als ‚Freiheit vom Gewissen' schlechthin übersetzt werden. Dem Subjekt soll es gänzlich selbst überlassen bleiben, ob Mord gerechtfertigt ist oder nicht: „Wenn der Verurteilte das Urteil für ungerecht halten kann, ist er frei. Das ist Gewissensfreiheit, die ich meine."

Innerliche „Gewissensfreiheit" dient Walser dabei zu kaum mehr als zur Beschwörung einer „kollektiven Selbstverteidigung"1352 nationalistischen Bewusstseins. Hierzu schreibt Adorno: „Später wird [...] Kritik geübt daran, dass man zum ‚Schuldbekenntnis aufgefordert' werde, wiederum mit der formalistischen Ausflucht, wie denn ein solches Schuldbekenntnis aussehen soll. Der berechtigte Widerwille gegen ideologische Veranstaltungen, leere öffentliche Schuldbekenntnisse, wird eingespannt, um der Kontroverse über die Schuld [in Bezug auf den Holocaust, L.R.] sich überhaupt zu entziehen."1353 Wird bei Walser zuletzt doch Schuld und nicht nur „Schande" zum Thema, wird jene in bekannten Mustern des Geschichtsrevisionismus relativiert. Einerseits wird dabei der Heideggersche ‚Jargon der Eigentlichkeit' (Adorno), dessen nebulöser Sprachduktus die Rede insgesamt durchzieht, bemüht: „Schuldigsein gehört zum Dasein selbst." Solch metaphysisch-unausweichliche Konstruktion einer Schuldverstrickung der Menschheit, die Walser ausgerechnet mit dem ehemaligen Nationalsozialisten Heidegger der Erinnerung an den Holocaust entgegenhält, ebnet jede Differenz von Tätern und Opfern ein; Schuld wird zu etwas Abstrakt-Allgemeinem, bei dem nicht mehr zu unterscheiden ist zwischen der Ermordung von Juden und einem Ehebruch. Zugleich wird die untilgbare deutsche Schuld zur Normalität; auch die Ermordung der europäischen Juden gehörte hiernach zum normalen „Dasein selbst". Diese Schuld ist für Walser ohnehin, wie dargelegt, eine innerliche, keine gesellschaftliche Angelegenheit. Heidegger hat als Walsers Spiritus Rector auch dessen Gewissenskategorie und -artikulation auf den Begriff gebracht: „*Was* ruft das Gewissen dem Angerufenen zu? Streng genommen - nichts. Der Ruf [...] hat nichts zu erzählen. Am wenigsten strebt er danach, im angeru-

---

1352 Adorno, „Zur Bekämpfung des Antisemitismus heute," a.a.O., S. 108.
1353 Adorno, „Schuld und Abwehr," a.a.O., S. 178f.

fenen Selbst ein ‚Selbstgespräch' zu eröffnen. [...] Der Ruf entbehrt jeglicher Verlautbarung. Er bringt sich gar nicht erst zu Worten [...] Das Gewissen redet einzig und ständig im Modus des Schweigens."1354

Andererseits wird, wie im Gespräch mit Rudolf Augstein, Auschwitz auf eine vermeintliche „Mutterkatastrophe", den „Ersten Weltkrieg" und das „Diktat" von „Versailles" zurückgeführt, das „Hitlers Aufstieg ermöglichte."1355 Noch immer gilt hier, was Adorno bereits 1955 konstatierte: „Ungebrochen und unerschüttert [ist] noch jenes Klischee wirksam, welches nach 1918 die gesamte nationalistische Reaktion, und keineswegs Hitler allein, benutzte. Dass Hitler zur Macht kam, daran soll der ‚Schmachfriede von Versailles' schuld sein."1356 In diesen klassisch revisionistischen Artikulationen aggressiver Schuldverleugnung, welche die deutschen Verbrechen aus einer deutschen Opferposition herleitet, wird auch das eingeschliffene nationale Topos der ‚Schande von Versailles' konnotiert, das begrifflich an Walsers Kategorie „unsere[r] Schande" erinnert und somit Äquivalenzen insinuiert. Das gegenwärtige „Urteil" gegen den ‚normalen' deutschen Nationalstolz erscheint dabei ebenfalls in einer Kontinuität mit dem angeblichen ‚Versailler Diktat', ohnehin einem der geschichtspolitischen Lieblingsmotive Walsers.1357 Solche Legitimations- und Verharmlosungsbemühungen in Bezug auf Auschwitz, die jeglicher Wahrnehmungsfähigkeit, Scham und Sensibilität gegenüber dem Geschehen entbehren, legen nahe, dass hier bereits lange vom Holocaust weggeschaut worden ist, mitunter nie eine Auseinandersetzung mit dem Terror, dem, was die Opfer der deutschen Geschichte erlitten haben, erfolgte.1358

1354 Martin Heidegger, *Sein und Zeit*, Tübingen 1993 (1927), S. 273. Das Gewissen hat nach Heidegger keinen Inhalt mitzuteilen, sondern ist nur Dasein selbst, das sich aus der Sorge um sich selbst (sein Seinkönnen) ruft: *„Das Dasein ruft im Gewissen sich selbst.* [...] Der Ruf wird [...] nicht willentlich vollzogen. ‚Es' ruft, wider Erwarten und gar wider Willen. Andererseits kommt der Ruf zweifellos nicht von einem Anderen, der mit mir in der Welt ist. Der Ruf kommt *aus* mir und doch *über* mich." (ibid, S. 275) Das Gewissen ruft hierbei nur dazu auf, selbst zu sein. Vgl. hierzu Martin Luckner, Martin Heidegger: ‚Sein und Zeit' (Paderborn, München, Wien, Zürich: Schöningh, 1997), hier S. 114 - 124, insbesondere S. 115 - 117, zum „Schuldigsein" S. 117 - 121. Für Heidegger wird das Dasein nicht schuldig, weil es etwas verschuldet, weil es etwa gegen ein moralisches Gesetz verstößt, sondern verschuldet sich existenzial und unvermeidlich, weil es per se in seiner Seinsart schuldig ist. Schuldig wird man dabei laut Heideggers radikal entgesellschaftlichtem Gewissensbegriff nicht an anderen, sondern nur an sich selbst; wenn man sich dem Aufruf des Gewissens, selbst zu sein, entzieht, wird das Dasein leicht und „uneigentlich" (Martin Heidegger, Sein und Zeit, S. 281). Vgl. zur umfassenden Kritik Heideggers Theodor W. Adorno, Negative Dialektik (Frankfurt a.M.: Suhrkamp, 1966), S. 67 – 136, und Ders., Jargon der Eigentlichkeit (Frankfurt a.M.: Suhrkamp, 1964).
1355 Martin Walser im Gespräch mit Rudolf Augstein, „Erinnerung kann man nicht befehlen", in: Der Spiegel, 2. November 1998.
1356 Theodor W. Adorno, „Schuld und Abwehr," a.a.O., S. 237.
1357 „Hitler ist ganz und gar eine Ausgeburt von Versailles. [...] Wenn aber Hitlerdeutschland," so Walser im Gedenkjahr 1985, „durch Versaillesdiktat entstand, dann ist der zweite Krieg eine Folge des ersten. Aber der Sieger reagierte wieder nicht viel vernünftiger, als der zu Züchtigende war: Deutschland wird geteilt. Und das soll jetzt gefeiert werden." (zitiert nach Konkret 10 (1998), S. 47).
1358 Insensibilität gegenüber den jüdischen Opfern und mythische Selbststilisierungen zum Opfer durchziehen Walsers Oeuvre. Niederschlag findet dies u.a. in geschichtsrelativierenden, latent antisemitischen Verdrehungen und Vergleichen, wie dem einst gegenüber Marcel Reich-Ranicki geäußerten: „Die Autoren sind die Opfer, und er [Reich-Ranicki] ist der Täter. Jeder Autor, den er so behandelt, könnte zu ihm sagen: Herr Reich-Ranicki, in unserem Verhältnis bin ich der Jude." Zitiert nach Marcel Reich-Ranicki, „Das Beste, was wir sein können: Walser, Bubis, Dohnanyi und der Antisemitismus," in: Frankfurter Allgemeine Zeitung, 2. Dezember 1998.

7. Antisemitismus in öffentlichen Konflikten der ‚Berliner Republik'

„Gibt es," fragt Walser, „außer der literarischen Sprache noch eine, die mir nichts verkaufen will?" ‚Verkaufen' ist, so Micha Brumlik, „der Sphäre des Geldes unlöslich verbunden. Also auch der Sphäre von Handel und Kaufleuten – von Juden."¹³⁵⁹ Die Verdinglichung und Verherrlichung des Sinnlich-Konkreten, das vermeintlich *um der Sache selbst willen* (und nicht für den Verkauf) produziert und kategorisch vom ‚Abstrakten', dem Geld, mit dem traditionell Juden identifiziert werden, säuberlich geschieden wird – dies ist die Denkstruktur, auf dem auch der Antisemitismus beruht.¹³⁶⁰ Indem Walser die „vermeintliche Reinheit und Wahrhaftigkeit seiner Sprache gegen die vermeintliche Moral und die Verblendung durch eine vom Geld beherrschte Gesellschaft in Stellung bringt [...], reproduziert er, ohne Namen und konkrete Verhältnisse zu nennen, ein antisemitisches und antijudaistisches Deutungsmuster."¹³⁶¹ Die „furcht- und bedachtsam[e] sprachliche Verbergungsroutine jeder Art", die Walser angeblich gegen seine eigene Sprache mobilisiere, wenn er „fürchten muss, sie gehe zu weit, sie verrate zuviel von mir", hat das Ensemble aus Ressentiments, das Walser nach außen kehrt, nur grobmaschig verhüllt.

Gewissen und Erinnerung erweisen sich hier, im mindesten in Bezug auf die Shoah, als vom Selbst abgespalten und nach außen übertragen; Auschwitz wird somit zum Problem der externalisierten moralischen Instanzen, die mit dem externalisierten Über-Ich identifiziert werden; die Judenverfolgung und ihr Gedenken werden mithin zum Problem der Juden und der Intellektuellen. Diese Externalisierung des Gewissens motiviert sowohl eine aggressive Reaktion gegenüber der Erinnerung an Auschwitz, die die unverarbeiteten, negierten und abgespaltenen Schuldgefühle ins Gedächtnis zurückholt und das positive (kollektive) Selbstbild bedroht, das sich u.a. über diese Abspaltung konstituiert, als auch den Angriff auf jene externalisierten Moralinstanzen, die erinnern und solcherart für Walser als vermeintliche „Gewissenswarte der Nation" das Gewissen personifizieren. Von diesem äußerlichen Gewissen sieht sich Walser verfolgt, wenn er überall die „Dauerpräsentation unserer Schande" erspäht.¹³⁶²

Dieser Mechanismus ist zugleich Ventil für den ausführlich analysierten sekundären Antisemitismus aus Erinnerungsabwehr: Juden erscheinen bereits qua Existenz als Repräsentanten der abgespaltenen und unerwünschten Erinnerung. Juden erscheinen als „Staatsanwalt der [deutschen] Geschichte und haben dann scheinbar die Macht, sie jederzeit zu gebrauchen"¹³⁶³; sie können, in Vermittlung mit einem antisemitischen Vorurteilsensemble und dessen Imago vom ‚rachsüchtigen' und ‚unversöhnlichen' Juden, das im sozialen Unbewussten der deutschen Gesellschaft weiter virulent ist, zu einer potenziellen Bestrafungsinstanz hypostasiert werden, welche als solche von den

---

1359 Micha Brumlik, „Apologie und Amoral," a.a.O., S. 21.
1360 Vgl. hierzu ausführlich Moishe Postone, „Nationalsozialismus und Antisemitismus," a.a.O.
1361 Micha Brumlik, „Apologie und Amoral," a.a.O., S. 21.
1362 Wie bereits expliziert, ging es bei der Analyse der Walser-Rede wesentlich um den Text als *Diskursanlass* mit gesellschaftlicher Relevanz, nicht um das Verständnis der Walserschen Psychopathologie. Die psychologische Textur der Rede und von Walsers Denkformen insgesamt sind aber als *sozialpsychologischer Ausdruck* von Bedeutung, der sich in den im Folgenden zu rekonstruierenden Reaktionsbildungen wieder findet bzw. dessen offensichtlich chauvinistisch-aggressiven Seiten herunter gespielt werden.
1363 Rommelspacher, Schuldlos - schuldig ?, a.a.O., S. 45.

vermeintlich „Beschuldigten" in der Folge moralisch delegitimiert, angegriffen und dehumanisiert wird. Das Vorurteil der Unbarmherzigkeit kann hierbei gleichsam als antisemitisches Motiv *und* als Mittel der Rationalisierung der judenfeindlich nach außen gerichteten erinnerungsverweigernden Aggression fungieren.

Das projektive Substrat wie die abwehraggressiv-nationalistische Semantik der Friedenspreisrede hat den Raum dessen, was als gesellschaftlich *legitimes* Gespräch über Auschwitz, Juden und deutsche Normalität gilt, wie zu zeigen sein wird, weit geöffnet. Zunächst ist sie als „Kriegserklärung" (Hans-Ulrich Wehler)1364 gegenüber denjenigen zu verstehen, die den Holocaust vergegenwärtigen und sich somit als ‚Feinde' deutscher Selbstversöhnung und Normalisierung erweisen. Der *potenziell* antisemitische Gehalt dieses Diskurses wird im Verlauf der Debatte, schließlich auch von Walser selbst im späteren Gespräch mit Bubis, ins Manifeste überführt. Nicht nur mit dem abwehraggressiven Gehalt der Rede und ihrem Subtext, auch mit der hier analysierten psychosozialen Grundstruktur, so ist zu vermuten, vermag Walser viele Deutsche anzusprechen und zu integrieren, die seinen öffentlichen Tabubruch, wie schließlich in unzähligen Leserbriefen bekundet, als „befreiend" empfinden. Die „tausend Briefe", die er erhalten habe und die solches Empfinden bezeugten, sind ihm, so in seiner Duisburger ‚Verteidigungsrede', im Jargon Carl Schmitts „Ausdruck einer einzigen Bewusstseinsregung".1365 Solche Beschwörung des nationalen Wir-Kollektivs, das keine individuellen Regungen mehr kennt, richtet sich notwendig auch gegen jene, die an dieser Gemeinschaft der Befreiten nicht teilhaben wollen oder können; dazu zählen auch diejenigen, die auf Grund ihrer Lebensgeschichte dazu gezwungen werden, das Grauen zu erinnern. Kaum zweideutig geht es um die „Befreiung" von der Erinnerung ans Grauen, vom Gewissen, von diffusen Schuldgefühlen; und es geht mithin um die „Befreiung" von denjenigen „Gewissenswarten der Nation" – Medien, Intellektuellen, Juden –, die als ‚Störenfriede' die Erinnerung gegenwärtig halten oder diesem Selbstbild notwendig entgegenstehen. Die BILD-Zeitung hatte dieses Programm von Beginn an verstanden, und zwar jenseits einer aufwendigen Lexik vieler Walser-Apologeten, die in dessen neurechter Terminologie eine „neue Sprache der Erinnerung"1366 sichten. Das Boulevard-Blatt fordert: „Lesen Sie seine Bücher! Sie helfen, (wieder) Stolz zu empfinden. Stolz darauf, ein Deutscher zu sein."1367

Als Chiffren organisieren die zentralen Ideologieversatzstücke des modernen Antisemitismus bereits die Rede Walsers; das Volk, das aus Walser spricht, erscheint von rachsüchtigen, feindseligen, anonymen, dunklen Mächten bedroht, die sich über die

---

1364 Zitiert nach Berliner Zeitung, 12. Dezember 1998.
1365 Martin Walser, „Wovon zeugt die Schande, wenn nicht von Verbrechen," Frankfurter Allgemeine Zeitung, 28. November 1998.
1366 Frankfurter Allgemeine Zeitung, 14. Dezember 1998.
1367 Zitiert nach Hermann L. Gremliza, „Schwamm drüber!," Konkret 11 (1998), S. 9. Der früh verstorbene Autor Jurek Becker hat bereits 1988 das „nationalistische Geschwafel" Walsers in Reaktion auf dessen Text *Über Deutschland reden* scharf attackiert. Becker dechiffriert Walsers nationalen Diskurs als eine Sprache, die dem „gesunden Volksempfinden" Ausdruck zu verleihen sucht, man möge gegen das *Diktat des Auslands* aufbegehren. Becker beschreibt Walsers Positionen als genuin rechtsradikal, und er kritisiert bei Walser schon dessen 1988 formulierten Wunsch, die alten Ostgebiete zurückzuholen. Siehe Jurek Becker, „Gedächtnis verloren – Verstand verloren. Antwort an Martin Walser," Die Zeit, 18. November 1988.

Sphäre der Zirkulation, Geld und Geist, vermitteln.[1368] Im Verlauf der ‚Walser-Debatte' folgen nationalistische und im Besonderen antisemitische Enthemmungen jener im Diskursereignis Friedensrede enthaltenen, noch latenten Dispositionen und Codes. Deren diskurshistorische Texturen, Entwicklungslinien, Dynamiken und Reaktionen im Kontext der politischen Kultur sollen nun zum Gegenstand werden, um die Qualität der hier vermuteten „Zäsur"[1369] und die gesellschaftliche Bedeutung der Kontoverse erfassen zu können.

7.2.3 Zwischen Normalisierungsdiskurs und „Antisemitismusstreit": Politische Deutungsmuster, diskursive Formationen und Entwicklungslinien der Walser-Debatte

Walsers Rede hat einen spezifischen politisch-medialen Diskurs—verstanden mit Foucault als „geregelte und diskrete Serie von Ereignissen",[1370] die bestimmten Logiken folgt und doch diskontinuierlich und kontingent ist—ausgelöst, der wesentlich in vier formativen Etappen zu strukturieren und zu chronologisieren ist. In einer *ersten Phase*, die mit spontanen Huldigungen einer „nachdenkenswerten"[1371] und „mutigen" Rede in der Presse eröffnet wird, stehen die von Walser aufgegriffenen bzw. mitinitiierten Diskurse über die Normalisierung bzw. die Normalität Deutschlands[1372] und die erinnerungspolitischen ‚Gefahren' einer „Dauerpräsentation" der NS-Vergangenheit durch die „Medien" im Zentrum. Eine frühe Intervention von Ignatz Bubis, in seiner Kritik an Walser unterstützt von wenigen, vornehmlich jüdischen Autoren und Politikern, wird hierbei von Walser selbst und der großen Mehrheit der deutschen Medien, die Walser verteidigen, in drastischer Form angegriffen.

Die Debatte dynamisiert sich in einer *zweiten Phase*, deren Beginn mit den weitreichenden öffentlichen Reaktionen auf Bubis' Rede am 9. November, dem 50. Jahrestag der ‚Reichspogromnacht', in der er seine Vorwürfe gegenüber Walser wiederholt, zu lokalisieren ist. In deren Folge entwickelt und polarisiert sich die gedenkpolitische Kontroverse zunehmend auch zu einem Antisemitismusstreit und zum Diskurs über das „deutsch-jüdische Verhältnis", in dessen Verlauf Juden zunehmend als imaginäres und reales Gegenüber des deutschen Wir-Kollektivs erscheinen, die sich anmaßten, nicht-jüdische Deutsche „mit dem Argument ‚Auschwitz'"[1373] zu beschuldigen.

Eine zusätzliche Eskalation erfährt die Debatte in einer *dritten Phase* durch die Reaktionen auf ein Interview mit Bubis, in dem dieser die Antisemitismuskritik erweitert.

1368 Vgl. Micha Brumlik, „Apologie und Amoral," a.a.O., S. 20.
1369 Frank Schirrmacher in der ARD-Sondersendung „Das Versöhnungsgespräch", 13. Dezember 1998.
1370 Foucault, Die Ordnung des Diskurses, a.a.O., S. 38.
1371 Frankfurter Allgemeine Zeitung, 13. Oktober 1998.
1372 Vgl. zum nationalistischen Kern des Normalisierungsdiskurses ausführlich Alfred Schobert, „Mitte und Normalität: Zur Gleichzeitigkeit von moderner Kollektivsymbolik und traditioneller institutionalistischer Symbolik," in: Ernst Schulte-Holtey (Hg.), Grenzmarkierungen. Normalisierung und diskursive Ausgrenzung (Duisburg: Duisburger Institut für Sprach- und Sozialforschung, 1995), S. 53 – 73; sowie grundsätzlich zum Normalisierungmotiv Jürgen Link, Versuch über den Normalismus: Wie Normalität produziert wird (Wiesbaden: Westdeutscher Verlag, 1997).
1373 Frankfurter Allgemeine Zeitung, 12. Dezember 1998.

Parallel hierzu erscheinen weitere Beiträge, in denen symbolische Formen des Antisemitismus der Erinnerungsabwehr in teils entcodierte antisemitische Paranoia überführt werden. Hierbei erscheint für die bisherige politische Kultur in Deutschland ungewohnt offen, aber nahezu ohne negative gesellschaftlich-diskursive Sanktionen judenfeindliche Propaganda in führenden Medien der Bundesrepublik. Zugleich wird der Debatte innerhalb eines Meta-Diskurses mehr und mehr eine hohe gesellschaftliche, identitätsbestimmende Bedeutung im Diskurs um die ‚Selbstdefinition' der ‚Berliner Republik' und deren Bezug zur Vergangenheit zugeschrieben.

In eine *vierte Phase*, die einen vorläufigen Abschluss einleitet, wird die Kontroverse mit einem in der *FAZ* publizierten ‚Schlichtungsgespräch' zwischen Bubis und Walser geleitet, bei dem sich die Gegensätzlichkeit der Positionen nochmals offenbart, obgleich Bubis seinen Vorwurf, Walser sei ein „geistiger Brandstifter", zurücknimmt. Zu diesem späten Zeitpunkt, der wahrlich „keine Kompromisse"[1374] zwischen den Polen mehr zulässt, findet schließlich die Kritik an Walsers Abwehrhetorik, Nationalismus und latentem Antisemitismus eine breitere Unterstützung erstmals auch in der nicht-jüdischen Öffentlichkeit, während andere, sowohl rechtskonservative wie rechtsradikale Medien einen politisch-kulturellen „Tabubruch", den Walser eingeleitet habe und hinter den es kein zurück mehr gebe,[1375] weiterhin nachhaltig zelebrieren.

7.2.3.1 Die Walser-Debatte als Normalisierungsdiskurs

Walser hatte sich implizit zum Anwalt der ‚nationalen Sache', der „Beschuldigten" bzw. des (nicht-jüdischen) „normalen deutschen Volkes" stilisiert. Die vielstimmigen medialen ‚Anwälte' Walsers wiederum folgen und radikalisieren in der ersten Phase im Rahmen eines Erinnerungs- und Normalitätsdiskurses die von Walser konstruierte *bipolare Logik*. Sie charakterisieren fast durchweg Kritik an Walsers nationalem Aufbäumen gegen die „Moralkeule" Auschwitz als „argwöhnische Empfindlichkeit der Opfer und ihrer Nachfahren",[1376] also der Juden im Allgemeinen, als „Hyperreaktion"[1377] von Ignatz Bubis im Besonderen.

Walsers Vortrag wird zunächst vornehmlich gesichtet als „ungewöhnliche",[1378] „humorvolle wie nachdenklich stimmende"[1379] Rede zur deutschen Erinnerungskultur. Dabei kritisiere Walser mit einem „Neu-Ansatz"[1380] zum Gedenken unter anderem das geplante Holocaust-Mahnmal als Ausdruck einer „unablässige[n] Ritualisierung"[1381] und „Instrumentalisierung der Vergangenheit"[1382], wobei er angeblich Intellektuelle nur

---

1374 Die Woche, 18. Dezember 1998.
1375 Vgl. Frankfurter Allgemeine Zeitung, 14. Dezember 1998.
1376 Berliner Zeitung, 14. Oktober 1998.
1377 Berliner Morgenpost, 14. Oktober 1998.
1378 Die Welt, 12. Oktober 1998.
1379 Heilbronner Stimme, 12. Oktober 1998.
1380 Die Welt, 14. Oktober 1998.
1381 Die Welt, 12. Oktober 1998.
1382 Frankfurter Allgemeine, 12. Oktober 1998.

davor „warne", „sich als moralische Instanzen zu verstehen".[1383] In Kommentaren, die oftmals Walsers Begriffe in die eigene Sprache überführen, wird des Autors Rede als „beweiskräftig" gelobt, deren Ergebnis eine „veritable Maxime" sei; Walser empfehle „den eigenen Umgang mit dem Gewissen dort, wohin er gehört."[1384] Unterstellt wird Walser dabei in der *Welt* sowohl ein „Tabubruch" gegenüber „Moraltreuhändern"[1385], die wie das Mahnmal selbst einer „Dämonisierung der Deutschen Vorschub"[1386] leisteten, als auch das hehre Bemühen, ihm gehe es um eine ernsthaftere Auseinandersetzung mit der NS-Vergangenheit; Walser überlege nur, „wie man in Zukunft neu und anders darüber sprechen soll".[1387] Für die *Frankfurter Rundschau* „irrt" Walser zunächst nicht in seinen erinnerungspolitischen Beschwörungen eines „freien Gewissensentscheid[s], frei auch von eingebläuten Verhaltensweisen",[1388] sondern lediglich in seiner Kleist-Interpretation.[1389] Verhalten kritisch gegenüber Walser äußert sich zu diesem frühen Zeitpunkt nur der Berliner *Tagesspiegel*, obschon alternierend zu Artikeln, die den Autor und seine Rede preisen.[1390] Das Mahnmal sei Walser ein „‚Alptraum' - nicht, weil es den Opfern nicht gerecht werde, davon kein Wort, sondern weil es ‚negativen Nationalismus bedeute'"[1391]

Vor dem Reaktionshorizont und diskursiven Dispositiv der „Nachdenklichkeit" Walsers erscheint der tags darauf geäußerte öffentliche Vorwurf von Ignatz Bubis, Walser sei ein „geistiger Brandstifter", der auch nicht anders rede als „Leute wie der DVU-Vorsitzende Gerhard Frey und Ex-Republikaner-Chef Franz Schönhuber"[1392] in der Rezeption der deutschen Medien dann nahezu einhellig als irrational, als „argwöhnische Empfindlichkeit"[1393], bzw., etwas zurückhaltender, als „Missverständnis."[1394] Begriffe aus dem Oppositionspaar ‚rational'/‚irrational' erweisen sich in dieser ersten Phase als dominant-rekurrentes semantisches Merkmal des Diskurses.[1395] Sie lassen Walser als nachdenklichen deutschen Gewissenserkunder, Bubis dagegen als überempfindlichen, „instinktiv impulsiv[en]",[1396] „heftig übertreibenden"[1397] Juden erscheinen, der sich, im Gegensatz zu Walser, mit seinem „Aufschrei"[1398] „vergriffen"[1399] habe. Für „Leipzigs

---

1383 Ibid.
1384 Die Welt, 13. Oktober 1998.
1385 Die Welt, 12. Oktober 1998.
1386 Die Welt, 14. Oktober 1998.
1387 Ibid.
1388 Frankfurter Rundschau, 12. Oktober 1998.
1389 Vgl. ibid.
1390 Vgl. Der Tagesspiegel, 10. Oktober 1998 und 21. Oktober 1998.
1391 Der Tagesspiegel, 12. Oktober 1998.
1392 Frankfurter Allgemeine Zeitung, 13. Oktober 1998.
1393 Berliner Zeitung, 14. Oktober 1998.
1394 Siehe u.a. Neues Deutschland, 14. Oktober 1998; Berliner Zeitung, 14. Oktober 1998; Berliner Morgenpost, 17. Oktober 1998; Frankfurter Allgemeine Zeitung, 18. Oktober1998; Der Tagesspiegel, 21. Oktober 1998.
1395 Vgl. hierzu Werner Kallmeyer u.a., Lektürekolleg zur Textlinguistik (Königstein/Taunus: Athäneum, 1986), S. 146; Jochen Schulte-Sasse und Renate Werner, Einführung in die Literaturwissenschaft (München: Wilhelm Fink, 1990), S. 68.
1396 Freie Presse Chemnitz, 24. Oktober 1998.
1397 Neues Deutschland, 14. Oktober 1998.
1398 Der Tagesspiegel, 21. Oktober 1998.

verantwortlichen Kulturpolitiker Giradet" stehen die „Reflexionen" Walsers den „Reflexen"[1400] von Bubis gegenüber. Dieses dichotome Wertungsmuster, das mit einer vehementen Verteidigung Walsers und dessen apologetischer Erinnerungsabwehr einhergeht, schlägt mehrfach in Haltungen um, die antijüdisch konnotiert sind.

Walsers Codes werden dabei in Teilen der Presse in ungewöhnlicher Schärfe affirmiert und konkretisiert: Bubis „bewahrheite"[1401], „bestätige"[1402] bzw. „bestätige [...] doch aufs trefflichste"[1403] mit seiner „reflexartige[n] Aufregung"[1404] Walser und dessen „Kritik" an der Erinnerungskultur und den „Meinungssoldaten". Zwar ließe sich die Reaktion von Bubis aufgrund seines (jüdischen) Hintergrundes „verstehen", doch sei bei der „Rede über den Holocaust", so die *Berliner Zeitung*, eine „misstrauische Zensur", ja ein „religiöser Mechanismus am Werk, der am Ende alle Erkenntnis der Geschichte bedroht."[1405] Dem Zentralratsvorsitzenden wird hier nicht nur Intoleranz, sondern auch eine schrankenlose Macht zugeschrieben, jede „offen[e] und ungeschützt[e]",[1406] also freie Rede zu verbieten und am Ende jegliches Denken, jeglichen heuristischen Gedanken einzuschüchtern bzw. zu verhindern. Diese Denkverbots-Konstruktion stammt aus dem Arsenal des Antisemitismus nach 1945 und wird hier direkt an die vermeintliche Macht des Juden Bubis geknüpft. Da sich diese Konstruktion auf den Umgang mit der Geschichte bezieht, kann das Ideologem als sekundär-antisemitisch verstanden werden. Die *Berliner Morgenpost* fragt, als sei die Tageszeitung selbst von einer untergründig wirkenden Macht bedroht, die Redeverbot erteilt, ironisierend im Blick auf Bubis sowie Michel Friedman und Ralph Giordano (jüdische Stimmen, die sich dem Zentralratsvorsitzenden in der Kritik an Walser angeschlossen hatten): „Dürfen wir die Frage stellen, sie könnten sich vielleicht irren?"[1407] Ohnehin, so verteidigt Walter Jens Walser gegen die vermeintlichen „Denkverbote" seiner Kritiker, solle sich jeder „ohne *Fremdbestimmung* von Menschen, die niemals dabei waren", mit der Geschichte auseinandersetzen „dürfen"[1408]. Für die *Berliner Morgenpost* ist Walsers ‚ernsthaftes', rationales Motiv in Wahrheit, vor dem Rechtsradikalismus in Ostdeutschland zu warnen, welcher „Ergebnis" einer „ständige[n] rituellen Beschwörung der Nazi-Verbrechen"[1409] in DDR sei.

In der *Welt* wiederum wird Bubis als besonders mächtiges „Sprachrohr einer der wichtigsten Interessenverbände im Lande" projiziert (was die reale Bedeutung des Zentralrats der Juden in Deutschland nicht gerade herunterspielt), der Walser „missversteht": „Eigentlich wollen beide dasselbe. [...] Walser jedoch, und da ist er Bubis voraus, hat eines erkannt: Quantität allein reicht nicht."[1410] Während Walser Bubis also inhalt-

---

1399 Die Welt, 14. Oktober 1998.
1400 Freie Presse Chemnitz, 24. Oktober 1998.
1401 Die tageszeitung, 14. Oktober 1998.
1402 Berliner Zeitung, 14. Oktober 1998.
1403 Berliner Morgenpost, 14. Oktober 1998.
1404 Freie Presse Chemnitz, 24. Oktober 1998.
1405 Berliner Zeitung, 14. Oktober 1998.
1406 Ibid.
1407 Berliner Morgenpost, 14. Oktober 1998.
1408 Berliner Morgenpost, 17. Oktober 1998.
1409 Berliner Morgenpost, 14. Oktober 1998.
1410 Die Welt, 14. Oktober 1998.

lich sogar voraus sei, was dessen Kritik doppelt disqualifiziert, intendiert Walser demnach dasselbe ‚Gute' wie sein Kritiker. Obgleich die Rede keinen Hinweis darauf gibt, dass Walser eine kritische gesellschaftliche Erinnerung an die deutschen Verbrechen anstrebe, und dieser solches auch an keiner anderen Stelle äußert, werden ihm als deutschem „Volksschriftsteller"[1411] a priori dennoch dahingehend die besten Absichten unterstellt; Walser wolle wie Bubis „einen Umgang mit der deutschen Geschichte, der den Opfern und dem Furchtbaren, das ihnen widerfuhr, angemessen ist."[1412] Parallel wird Bubis, der gleichsam erinnerungspolitisch ‚zurückgeblieben' erscheint, unterschiedslos in eine vermeintlich wohlwollende Erinnerungsgemeinschaft eingemeindet.

Manfred Fuhrmann setzt darüber hinaus in der *Frankfurter Allgemeinen* die potenziell antisemitische Denkstruktur aus der Friedenspreis-Rede mit Konkretisierungen ihrer Anspielungen um, bei denen Walsers Kategorien zu *stehenden Begriffen* in der Diskussion um die Erinnerung an Auschwitz transformiert werden. Die Falschdarstellung, Bubis, der sich an der Diskussion zum Für und Wider eines Holocaust-Denkmals ausdrücklich nicht beteiligt hat, bezeichne Walser deshalb als geistigen Brandstifter, „weil er den Plan, in Berlin ein gigantisches Holocaust-Mahnmal zu errichten, kritisiert hat"[1413](was ganz offensichtlich überzogen wäre), dient hierbei als Argument dafür, Bubis' Standpunkt als irrational und übertrieben zu charakterisieren. Dies hat offenbar zugleich die Funktion, Kritik an Walser zu delegitimieren, um sodann die von Walser angelegten ideologischen Pfade aufzugreifen und auszutreten: Fuhrmann sieht „die Instrumentalisierer", die den „Missbrauch mit dem Namen Auschwitz" gegenüber den Deutschen betreiben, auch „im Ausland" und ‚präzisiert' dabei Walsers Begriff der „gegenwärtigen Zwecke"; es ginge der Gruppe der „Anprangerer" nicht zuletzt darum, „handfeste materielle Vorteile [zu] erlangen."[1414] Anstatt diesen ‚Missbrauch der Deutschen' zu beenden, scheinen sich die Juden dem Dialog mit den Walserschen ‚Denkanstößen' zu verweigern, Thesen, die „*gerade ihnen* verständlich sein"[1415] müssten. Für Bubis und dessen Dialogverweigerung sieht Fuhrmann deshalb „nur eine Hoffnung: dass ein Missverständnis vorliege"[1416]—andernfalls müsste man scheinbar dem Zentralratsvorsitzenden demnach böswillige oder materielle Motive unterstellen.

Im *Tagesspiegel* wird Bubis' Einwendung ebenfalls jenseits eines rational nachvollziehbaren Diskurses verortet; es wird eine „gleich nach der Friedenspreis-Verleihung unter Gerechten oder auch Selbstgerechten aufgeflammte Empörung" wahrgenommen, die „nur schwer [zu] begreifen" sei. Dieses „Bezichtigungstheater" setze „Walser ins Recht"; wer wie Bubis „derart unangemessene Vergleiche [mit Frey und Schönhuber] zieht, offenbart die eigene Verletzbarkeit."[1417] Die als linksalternativ geltende *tageszeitung* sieht Walser gleichfalls sowohl als kritischen Denker gegenüber der Erinnerungskultur in Deutschland im Recht als auch als Opfer irrationaler Schmähungen; die Friedens-

---

[1411] Die Welt, 1. Dezember 1998.
[1412] Die Welt, 14. Oktober 1998.
[1413] Frankfurter Allgemeine Zeitung, 14. Oktober 1998.
[1414] Ibid.
[1415] Ibid. Hervorhebung von mir, L.R.
[1416] Frankfurter Allgemeine Zeitung, 14. Oktober 1998.
[1417] Der Tagesspiegel, 21. Oktober 1998.

preisrede diene nur „denen als Skandalon, die sich noch immer an einem schlichten, dichotomischen Weltbild orientieren", womit offensichtlich vor allem Bubis gemeint ist, welchen „Walsers Warnung [...] programmgemäß [...] auf den Plan" gerufen habe, um „Walser grob in die ganz rechte Ecke" zu stellen. Aus der Sicht des Autors Jörg Magenau erfüllt Bubis mit seiner „Schubladisierung" nicht einmal mehr zivilgesellschaftlich-diskursive Mindestanforderungen: „[G]enaues Hinsehen ist das mindeste, was man von Ignatz Bubis in dieser Frage erwarten darf."1418

Auch das sich links begreifende *Neue Deutschland* sichtet nicht nur „Missverständnisse" von Bubis, die während der gesamten Debatte als Erklärungsansatz ihrer Dynamik herangezogen werden, sondern sieht Walser überdies von den Medien verfolgt – und insbesondere von Juden, die mit jenen bei der „Inszenierung der täglichen Aufregung" mindestens kooperierten: „Da wird Ralph Giordano protestieren, dachte ich, als ich Martin Walser zuhörte, dpa hat ihn auch gleich gefragt."1419 Ein objektiv-realer Grund für solchen Protest sichtet die Autorin Irmtraud Gutschke nicht; Schuld am entstehenden Streit scheint ohnehin derjenige (Jude) zu tragen, der sich von Walsers nationalistischer Verdächtigungsrhetorik ausgegrenzt sieht und nicht mitapplaudieren möchte: „Er [Walser] konnte sich noch so sehr um genaue Formulierungen bemühen, dieser und jener würde sich angegriffen fühlen."1420 Von Ignatz Bubis hätte die ND-Journalistin allerdings „so scharfe Worte" nicht erwartet; vielleicht seien diese motiviert aus „Angst", „irgendwann nicht mehr zu Talkshows eingeladen" zu werden. Bubis wird hier besonders drastisch der irrationalen Demagogie, die scheinbar plötzlich herausbricht, geziehen („plötzlich solcher Zorn auf Walser", „viele Sprechblasen, wenig Geist", „demagogische Kurzschlüsse", [h]eftige Übertreibung"); er erfülle damit nicht, „was von kultivierten Menschen eigentlich erwartet wird"; dabei „müsste Martin Walser einem Vorsitzenden des Zentralrats der Juden doch aus dem Herzen gesprochen haben."1421 Wenn Juden nicht so reagieren, wie es von ihnen „erwartet" wird, und wie sie eigentlich „müsste[n]", so scheint es hier, treten sie aus der Sphäre der „kultivierten Menschen", werden sie niederer oder irrationaler Motive bezichtigt.

Dieser Ausschluss aus der menschlich-kultivierten Gemeinschaft wird in Walsers erster öffentlicher Reaktion auf Bubis aufgegriffen und zugespitzt. Der Schriftsteller hat „einen solchen Vorwurf wie von Bubis nicht für möglich gehalten. [...] Seine Äußerung ist nichts anderes als das *Heraustreten aus dem Dialog zwischen Menschen*."1422 Der deutsch-jüdische Kritiker, der den von Walser selbst konstruierten und beschworenen nationalen Konsens verlässt, wird hier unvermittelt in Fortsetzung einer antisemitischen Wahrnehmungsstruktur *außerhalb* der menschlichen Gesellschaft imaginiert. Während „1.200 ziemlich qualifizierte Zeitgenossen einer Rede standing ovations bereiten," sage, so Walser, „nur einer [...], das war geistige Brandstiftung."1423 Jener Außenseiter Bubis scheint eine andere Sprache zu sprechen als die deutsche des einstimmigen Wir-Kollek-

---

1418 Die tageszeitung, 14. Oktober 1998.
1419 Neues Deutschland, 14. Oktober 1998.
1420 Ibid.
1421 Ibid.
1422 Zitiert nach Frankfurter Allgemeine Zeitung, 23. Oktober 1998. Hervorhebung von mir, L.R.
1423 Zitiert nach Magdeburger Volksstimme, 23. Oktober 1998.

tivs, ein Motiv, das auch im weiteren Verlauf immer wieder Verwendung findet: „Ich hoffe, dass es noch jemanden in seiner Umgebung gibt, der ihm meine Rede übersetzt."1424 Missbilligungen dieser Äußerungen blieben in den deutschen Medien aus, wie auch in der Folge weiterhin nur spärlich Kritiken an Walser publiziert werden. Aus dem Bereich der Politik findet Walser nicht nur bei Bundeskanzler Schröder, sondern auch beim Bundespräsidenten Roman Herzog positive Resonanz, während der damalige Staatsminister für Kultur, Michael Naumann, Bubis' Kritik im Folgenden als „zutiefst ungerecht und unfair"1425 verurteilt.

Ralph Giordanos „lähmende[m] Erstaunen"1426 gegenüber der Rede, in der Walser „die Taten der Täter zur Seite" schiebe, um die Verantwortlichen für die „grausigen Bilder" der Geschichte stattdessen bei den Medien und „indirekt auch bei den überlebenden Opfern"1427 zu suchen, schließt Michal Bodemann als Gastautor in der *tageszeitung* die Frage an, ob der „Ton" der „weithin gefeiert[en] [...] Walser-Rede vor zehn Jahren vorstellbar gewesen"1428 wäre. Michel Friedman verortet die „unsäglich[e]" und „gefährlich[e]" Rede, die die Schlussstrichzieher ermutige, im Kontext einer „gestiegenen Salonfähigkeit rechter und nationalistischer Gedanken."1429 Solchen jüdischen Stimmen, die zu diesem Zeitpunkt (mit Ausnahme des „deutsch-jüdischen Patrioten" Michael Wolffsohn1430) an der Seite von Bubis gegen die Inhalte der Friedenspreis-Rede protestieren und vor deren nationalistischen wie antisemitischen Wirkungen warnen, erscheinen zu diesem Zeitpunkt kurz nach der Rede fast ohne jede Unterstützung in der nicht-jüdischen deutschen Öffentlichkeit. Hierzu gibt es zunächst nur zwei Ausnahmen.

Der evangelische Pfarrer Friedrich Schorlemmer identifiziert in Walsers Rede indes früh „Verharmlosungen" im „Dunstkreis rechter Zweideutigkeiten" und analysiert, dass Walser „mit einem imaginären Feind" abrechne. An die Kritik knüpft Schorlemmer einen Appell an nicht-jüdische Deutsche, das Gedenken an das Grauen und die Opposition gegenüber Erinnerungsverweigerung und Antisemitismus nicht an diejenigen zu delegieren, die ohnehin zur Erinnerung gezwungen sind: „Wir dürfen es nicht den überlebenden Juden überlassen, gegen solche Art von Vernebelung zu protestieren."1431 Dieser Aufruf hat in der öffentlich-politischen Kommunikation freilich zunächst kaum Gehör gefunden. In der *Zeit* allerdings erkennt Klaus Harpprecht, als vereinzelte Stimme, jedoch zentral auf der Titelseite, schon zu Beginn der Debatte in Walsers Rede ein sich nonkonformistisch gerierendes „Ressentiment, das in einem beleidigten Nationalgefühl zu Haus ist" und „von Auschwitz lieber nichts hören" will. Harpprecht sichtet unmissverständlich eine strukturell antisemitische Ideologieform. Durch die „Wolkigkeit der Anklage" spanne Walser das Netz „generalisierender Ver-

---

1424 Zitiert nach Frankfurter Allgemeine Zeitung, 23. Oktober 1998.
1425 Der Stern, 5. November 1998.
1426 Zitiert nach Frankfurter Allgemeine Zeitung, 13. Oktober 1998.
1427 Zitiert nach Der Stern, 5. November 1998.
1428 Die tageszeitung, 9. November 1998.
1429 Interview im Tagesspiegel, 9. November 1998.
1430 Vgl. Frankfurter Allgemeine Sonntags-Zeitung, 18. Oktober 1998.
1431 Der Tagesspiegel, 16. Oktober 1998.

dächtigungen" sehr weit und insinuiere Bilder einer heimlichen Verschwörung, dunkler Macht, von Intellektuellen, Medien und materiellen Interessen, hinter denen das Imago vom Juden lauert: „Wer steckt zuletzt hinter der ‚Drohroutine'? Wer droht wem? Drohen New Yorker Anwälte, die von der Deutschen Bank Aufklärung über Arisierungsgewinne und von der Allianz Auskunft über unterschlagene Versicherungen fordern? Droht der Jüdische Weltkongress? Israel?"[1432]

Harpprecht ist zudem der erste, der Walsers Normalitätspostulate kritisch aufgreift. Auf der geschichtspolitisch erinnerungsabwehrenden Relativierung und *Normalisierung* der deutschen Verbrechen im Gedenkdiskurs fußt, als notwendige Bedingung, die von Walser herbeigesehnte und -geredete deutsche Selbstversöhnung als selbstbewusstes Wir-Kollektiv, also die Normalisierung der gegenwärtigen deutschen Gesellschaft und Identität. Der ‚Normalisierungsdiskurs' formiert sich erst als Nebenstrang der Walser-Debatte, dessen Bedeutung sich ausweitet, je stärker der Kontroverse grundsätzliche gesellschaftliche Relevanz für die Selbstdefinition der Deutschen und der ‚Berliner Republik' zugeschrieben wird. Zusätzlichen Anschub erhält dieser Diskurs erneut durch Walser, der sich gemeinsam mit Rudolf Augstein in einem im *Spiegel* veröffentlichten Gespräch „ungescholten wünschen" möchte, ein „ganz normales Volk" zu sein, dass sich auch, in Augsteins Worten, „politisch [...] nicht mehr ducken"[1433] sollte.

Patrick Bahners kommentiert zwei Wochen später in der *Frankfurter Allgemeinen Zeitung*, die ansonsten redaktionell Walser klar zur Seite steht, kritisch die identitätspolitischen Normalisierungbestrebungen im Kontext der Debatte, die von Walser und Augstein, aber auch Bundeskanzler Schröder, der will, dass „die Berliner Republik ‚unbefangener und im guten Sinne deutscher'" wird, forciert würden. Für Bahners macht die „Paradoxie der Normalität aus, dass ihre Bekräftigung ihr eigenes Dementi ist"[1434]. In Reaktion auf Walsers sich harmlos gerierende Frage aus der Friedenspreis-Rede, in welchen Verdacht man in Deutschland gerate, „wenn man sagt, die Deutschen seien jetzt ein normales Volk, eine gewöhnliche Gesellschaft", insistiert Bahners: „man kann ihm nur antworten: in den Verdacht, es sei einem einfach lästig und langweilig, dauernd von Auschwitz hören zu müssen."[1435] Schärfer bestimmt Thomas Assheuer in zwei Beiträgen in der *Zeit* eine gefährliche, von Walser subventionierte Melange aus vergangenheitsnormalisierendem, nationalem Geschichtsmythos, der Deutsche nur im Schicksals- bzw. „Überlebenskampf"[1436] wahrnimmt, und einer deutschen „Normalitätsfiktion", die „in die Scherben der Wahrheit"[1437] zerfalle. Walser fordere Gerechtigkeit nicht für die Opfer, sondern für „die Nation, von deren Normalität er besessen ist."[1438] Assheuer verortet diese Forderung in einer „bunte[n] Koalition der Normalisierer", die auf konventionelle „nationale Identität" und „fraglose Tradition" setze und angeführt

---

1432 Die Zeit, 15. Oktober 1998. Harpprechts Kritik wurde allerdings mit einer Flut wütender Leserbriefe an die *Zeit* beantwortet (s.u.).
1433 Der Spiegel, 2. November 1998.
1434 Frankfurter Allgemeine Zeitung, 3. November 1998.
1435 Ibid.
1436 Der Spiegel, 2. November 1998.
1437 Die Zeit, 5. November 1998.
1438 Ibid.

werde von Walsers und Schröders „Normalitätsdekrete[n]"1439. Dabei werde ein Programm der Selbstversöhnung entworfen, „denn nur eine Nationalkultur, die von negativer Erinnerung, von der ‚Moralkeule' verschont wird, könnte Identität stiften und von allen geteilt werden."1440 Die „ungebrochene Normalität" durch eine „Abkehr von öffentlich bezeugter Erinnerung" zu erkaufen, dagegen habe Bubis „mit gutem Grund protestiert."1441

Auf der anderen Seite prolongiert ein von Affekten durchzogener Artikel in der *Süddeutschen Zeitung* mit Walser und über ihn hinaus die Normalisierungsfiktion geschichtsübergreifend auch in fernere Vergangenheiten: „Wir waren weder krank, noch bösartig – wir waren die ganze Zeit über normal!"1442 Die nationale Wir-Gemeinschaft wird mit Ausruf beschworen und als ‚normal' verteidigt, als könne der Verfasser selbst nicht ganz glauben, was er sagt, und müsse gegen berechtigte Zweifel anrufen, freilich nicht zuletzt auch gegen die der ‚Anderen' und Überlebenden, die das, was das beschworene Wir-Kollektiv „normal" getan hat, nicht „normal" finden. Der Holocaust erscheint hier als Normalität, als üblicher Lauf der Dinge, der sich, entgegen der historischen Faktizität, scheinbar überall hätte ereignen können, und er wird in universellere Zusammenhänge wie den „Völkermord auf dem Balkan"1443 gerückt. Die deutschen Verbrechen dürften nicht als „singuläre Monstrosität [...] an den Schandpranger gestellt"1444 werden, wodurch Walsers Kategorie der „Schande" wiederkehrt und, kaum gegen dessen Intentionen, im Sinne eines bloßen anti-deutschen Vorwurfs verstanden, Geschichte zum „Schandpranger" reduziert wird.

7.2.3.2 Rechtsextreme Resonanzen

Solche Normalitätsvorstellungen und exkulpierenden Geschichtsrelativierungen, die mit Walser gegen ‚die Intellektuellen' und die Erinnerung an Auschwitz schlagen, finden sich noch pointierter in rechtsextremen Medien. Sie ikonisieren Walser alsbald, was im überwiegenden Teil der demokratischen Presse zumeist als Missbrauch oder „Vereinnahmung"1445 durch „die, die anders als die [Walser] verstehenden Paulskirchengänger nur ihr rechtes Ohr aufsperren"1446, gedeutet wird. Sowohl die *Deutsche National-Zeitung,* als auch das *Ostpreußenblatt* und die *Junge Freiheit* gratulieren dem „Tabubrecher" Walser für dessen Kampf gegen ein „geistiges Besatzungsregime" von „kollaborationswilligen Intellektuellen" und für das „kühne Wagnis", die „Stickluft des selbstgerechten Tugendterrors wegzublasen"1447 Die *Junge Freiheit* titelt hierzu prompt „Ein ganz norma-

---

1439 Die Zeit, 12. November 1998.
1440 Ibid.
1441 Ibid.
1442 Süddeutsche Zeitung, 9. November 1998.
1443 Ibid.
1444 Ibid.
1445 Die Woche, 18. Dezember 1998.
1446 Freie Presse Chemnitz, 24. Oktober 1998.
1447 Junge Freiheit, 16. Oktober 1998.

les Volk" und versieht die Ausgabe mit einem Großportrait des Schriftstellers sowie einem Aufmacher, der ausschließlich aus Walser-Zitaten besteht.[1448] Bereits vor der Preisverleihung hatte das *Ostpreußenblatt* Walser unter der treffenden Überschrift „Ungebrochen zur deutschen Nation bekannt"[1449] gerühmt.

In den rechtsextremen Medien geht die Walser-Verteidigung meist unmittelbar in offenen Antisemitismus über. Der Neo-Nationalsozialist Horst Mahler nutzt den Anlass, um das „Vernünftige des Großen Tötens", um „Auschwitz [zu] beklatschen"[1450]. Auch Mahler, der das „Deutsche Reich" und seine „Volksgemeinschaft" vom „raffenden Kapital" „einige[r] Dutzend Spekulanten" aus Amerika bedroht sieht, die agierten „wie eine Krake, die die Welt umschlingt," hat Walser so verstanden; dieser habe einen „entscheidenden Vorstoß" gemacht, bei dem man ihn „nicht alleine lassen" dürfe.[1451] Vor allem das auflagenstarke DVU-Parteiblatt *Deutsche National-Zeitung* nimmt Walsers nationales Erneuerungsprogramm und Bubis' Kritik daran zum Ausgangspunkt einer antisemitischen Kampagne, indem es Walsers Thesen radikalisiert und personalisiert. Unter Überschriften wie „Der Auschwitz-Streit: Was Bubis jetzt verlangt"[1452], „Die Tricks des Ignatz Bubis"[1453], „Die Macht des Ignatz Bubis"[1454] und „Kann uns Friedman Moral lehren?"[1455] wird eine jüdische „Jagd auf Walser"[1456] konstruiert. Dabei erscheinen Bubis und Friedman als moralisch verkommene Juden, als „Egomanen"[1457], die sich mit „vierlerlei Spekulationen" in Deutschland bereichert hätten und nun, in Zuspitzung des Walserschen Vokabulars, „überall Antisemiten" sähen, um „drohend" zum „Rundumschlag"[1458] gegen die Deutschen auszuholen. Diese Perzeption einer jüdischen Drohung oder „Drohroutine" gegen die Deutschen und ihr kollektives Selbstbild, mittels Auschwitz und mittels eines ‚Antisemitismus-Vorwurfs', ist jedoch, wie gezeigt, nicht auf den Rechtsextremismus beschränkt, sondern korreliert mit der von Walser initiierten Diskurslogik.[1459] Auch die rechtsextreme Personalisierung der

---

1448 Vgl. ibid.
1449 Zitiert nach Die Woche, 18. Oktober 1998.
1450 Junge Freiheit, 16. Oktober 1998. Mahler wird später kommentarlos, also als ‚legitime Stimme', im *Tagesspiegel* mit einem offenen Brief an Bubis zitiert, in dem Mahler Bubis dafür verantwortlich macht, dass „vorhandene antijüdische Ressentiments zu einer politikmächtigen Stimmung in unserem Lande aufgerührt werden." (Der Tagesspiegel, 3. Dezember 1998). Schließlich bietet ihm auch *Focus* auf zwei Seiten ein Forum zur Verbreitung rechtsextremer und antisemitischer Propaganda. Hier führt Mahler u.a. das neue Staatsbürgerschaftsrecht auf eine ‚verschwörerische Macht' von Juden zurück: „Über Staatsbürgerschaftsrechte muss allein das Volk entscheiden, nicht die staatstragenden Parteien oder der Zentralrat der Juden. Das sind jene Meinungssoldaten, von denen auch Walser spricht." (Focus, 28. Dezember 1998) Unter explizitem Verweis auf Walser konkretisiert Mahler dessen Chiffre von den intellektuellen Meinungssoldaten antisemitisch.
1451 Zitiert nach Matthias Thieme, „Ursuppe im Hirn," Die tageszeitung, 29. April 1999.
1452 Deutsche National-Zeitung, 30. Oktober 1998.
1453 Deutsche National-Zeitung, 6. November 1998.
1454 Deutsche National-Zeitung, 4. Dezember 1998.
1455 Deutsche National-Zeitung, 20. November 1998.
1456 Deutsche National-Zeitung, 4. Dezember 1998.
1457 Deutsche National-Zeitung, 20. November 1998.
1458 Alle Zitate siehe Deutsche National-Zeitung, 4. Dezember 1998.
1459 Das rechtsradikale Ideologie-Organ „Signal" würdigt diesen etablierten Diskurs explizit: „Wann hat man so deutliche Worte über den Holocaust und die politische Zensur in Deutschland je in einer etablierten Tageszeitung abgedruckt gesehen?" (zitiert nach Die Woche, 18. Dezember 1998). „Signal" verweist dabei auf einen Artikel der Berliner Zeitung vom 14. Oktober 1998 (s.o.), in dem Jens Jessen behauptet: „Ähnlich wie

Kritik an Walser, die zu Bubis' Problem avanciert, korrespondiert mit hegemonialen Vorstellungen, in denen Einwände gegen den Schriftsteller überwiegend als Problem des Zentralratsvorsitzenden der Juden in Deutschland figurieren. Die zuerst überwältigend positive Reaktion auf Walsers Invektive verweist darauf, dass die Rede offensichtlich unmittelbar als intellektuelle Legitimation dafür begriffen worden ist, verwandte, bisher aber nicht in ähnlicher Offensivität geäußerte Meinungen zu publizieren.

Hierbei formieren sich gegenüber Bubis' Intervention im Rahmen eines *symbolischen Antisemitismus*[1460] auch in den demokratischen Medien und Parteien überwiegend echauffierte Reaktionsbildungen. Die Antinomien des antisemitischen Denkens, die Juden als Feinde des deutschen Volkes begreifen, ist insofern in der Logik des Diskurses symbolisch reproduziert worden: Bubis wird in weiten Teilen *als Jude* für die Kritik an Walsers Haltung und als irrational, idiosynkratisch und feindselig gegenüber den Deutschen dargestellt, die vermeintlich nur ‚offen' über die ‚richtige' Erinnerungskultur reden wollen, wesentlich *als Opfer* solcher projizierten Anfeindungen.

7.2.3.3 Die Transformation zum ersten Antisemitismusstreit der ‚Berliner Republik'

In Reaktion auf eine Ansprache von Ignatz Bubis zum Gedenken der ‚Reichspogromnacht' am 9. November, die er großenteils der Friedenspreisrede widmet und in der er Walser nochmals der „geistigen Brandstiftung"[1461] bezichtigt, verschärft und polarisiert sich die Debatte weiter. Einerseits treten hierbei antisemitische Codes und Bilder in zunehmender Schärfe in Erscheinung, andererseits wird, auf Initiative von Bubis und mit zeitlicher Verzögerung auch in anderen Teilen der Öffentlichkeit, der hervorbrechende Antisemitismus selbst zum Gegenstand eines expandierenden Meta-Diskurses.

Bubis erkennt in Walsers Rede „den neuesten Versuch, Geschichte zu verdrängen, Erinnerung auszulöschen."[1462] Walser spreche „für eine Kultur des Wegschauens und Wegdenkens, die im Nationalsozialismus mehr als üblich war und die wir uns heute nicht wieder angewöhnen dürfen."[1463] Bubis verweist im folgenden darauf, dass Walsers Worte im Kontext eines „wachsenden intellektuellen Nationalismus" zu sehen sind, der mit solcher Auslöschung der Erinnerung verbrüdert ist und „nicht frei ist von antisemitischen Zügen"[1464]. Schon im Vorfeld seiner Ansprache hat Bubis auf den gestiegenen Antisemitismus in Deutschland aufmerksam gemacht und ihn im Zusammenhang der Debatte thematisiert, was die *Berliner Morgenpost* zum Aufmacher „Bubis: Jeder dritte

---

die Kirche die Heiligkeit Gottes auf seine Diener überträgt, soll offenbar auch die Unantastbarkeit des Holocaust für seine Exegeten gelten."
1460 Im Unterschied zum latenten Antisemitismus, der sich etwa im Begriff des ‚Argwohns der Opfer' (Motiv ‚jüdischer Rachsucht') spiegelt, findet Judenfeindlichkeit ‚symbolisch' Niederschlag, wenn etwa jüdische Überlebende dazu aufgefordert werden, sie sollten über den Holocaust ‚besonnener und ruhiger' reden.
1461 Zitiert nach Frankfurter Rundschau, 10. November 1998.
1462 Ibid.
1463 Zitiert nach Frankfurter Allgemeine Zeitung, 10. November 1998.
1464 Interview in der Berliner Zeitung, 21. November 1998.

Deutsche ist Antisemit"[1465] veranlasste. Bezugnehmend auf die bisherige Debatte kritisiert Bubis nun indirekt die Externalisierung der Erinnerung an das Grauen der NS-Zeit: Die Mitglieder der jüdischen Gemeinschaft dürften nicht „die einzigen sein, die die Verbrechen der Zeit des Nationalsozialismus beklagen."[1466]

Der Versuch des damaligen Bundespräsidenten Roman Herzog, welcher der Friedenspreisrede begeistert applaudiert hatte, bei einer eigenen Ansprache am selben Tag indirekt mit vagen gedenkpolitischen Formulierungen den Konflikt zu befrieden, scheitert schon kraft seiner immanenten Logik. Zwar bekräftigt Herzog *allgemein* die politische Notwendigkeit öffentlicher Erinnerung an den Holocaust und greift dabei auf einen politisch-philosophischen Gedanken zurück, der dem Werk Adornos entlehnt ist: „Ohne Erinnerung an Auschwitz [...] kann heute keine politische, ja überhaupt keine Ethik mehr formuliert werden."[1467] Im *Konkreten* knüpft Herzog allerdings, obschon verhalten, an die Rhetorik Walsers an: er warnt vor der „Gefahr" der „Abstumpfung", wie auch der „moralischen Instrumentalisierung" der Erinnerung an „Opfer *und* Täter des Nationalsozialismus"[1468], und meint, dass über „die richtige Dosierung" des Gedenkens noch geredet werden müsse. Auch eine Anspielung auf materielle Vorteile, die aus dem Terror gegen die Juden heute gezogen würden, bleibt nicht aus: „Hüten wir uns davor, das Entsetzen in billige, kleine Münze umzuwechseln."[1469] Die von den Medien ersehnte staatspolitische 'Klarstellung' erfolgt gerade nicht; Herzog wird sans facon jeweils vom liberalen und konservativen Spektrum in Beschlag genommen, um die staatliche Gedenkpolitik zu loben: für die *Frankfurter Rundschau* bezieht Herzog „klar Position gegen die in jüngster Zeit wiederbegonnene Debatte, einen Schlussstrich unter das Gedenken an den Holocaust zu ziehen"[1470], während der Kommentar der *FAZ* feststellt, dass Herzog „Walser unmissverständlich in Schutz genommen"[1471] habe.

Bubis' Rede, nicht Walsers vorangegangene Invektive, wird nun skandalisiert. In der Rezeption der Rede spitzt sich in den deutschen Medien zunächst die Personalisierung des Diskurses zu: die *tageszeitung* titelt „Bubis gegen Walser"[1472], als ginge es um einen von Bubis eröffneten Ringkampf gegen einen von ihm erwählten persönlichen Feind. Bubis agiere dabei mit „harsche[r], wenig differenzierte[r] Sicht"[1473], die für weitere Polarisierungen verantwortlich gemacht wird, und doch „in seiner Vehemenz [...] überraschend"[1474]. Wieder wird einer kaum rational vermittelbaren „Bitterkeit" und „Schärfe"[1475] von Bubis, der „pathetisch"[1476] mit „groteske[n] Wortungetüme[n]" han-

---

[1465] Berliner Morgenpost, 6. November 1998.
[1466] Zitiert nach Frankfurter Allgemeine Zeitung, 10. November 1998.
[1467] Zitiert nach Frankfurter Rundschau, 10. November 1998.
[1468] Ibid. Hervorhebung von mir, L.R.
[1469] Zitiert nach Frankfurter Allgemeine, 10. November 1998. Hervorhebung von mir, L.R.
[1470] Frankfurter Rundschau, 10. November 1998.
[1471] Frankfurter Allgemeine, 10. November 1998.
[1472] Die tageszeitung, 10. November1998.
[1473] Berliner Zeitung, 10. November 1998.
[1474] Die tageszeitung, 10. November 1998.
[1475] Die Welt, 10. November 1998.
[1476] Die tageszeitung, 10. November 1998.

tiere, die „sprachlos"1477 machten, und in der sich der „Wiederholungszwang des Traumatisierten"1478 manifestiere, mit Walser ein „Anwalt des Gedächtnisses"1479 (FAZ) gegenüber gestellt, der „um die Erinnerung", die die Nachfahren der Opfer wie der Täter schmerze, „kämpft"1480; ja es gebe, so die superlativistische Formulierung der *Frankfurter Allgemeinen Zeitung*, „kaum jemand[en]" wie Walser, der sich mit einem „so wütenden Willen zum genauen Hinschauen und zur Selbstprüfung der Frage genähert hat, wie die Erinnerung an den nationalsozialistischen Juden lebendig erhalten und aus ritueller Erstarrung gerissen werden könne"1481—selbst darin wirkt Walser, dem Überlebenden Bubis „voraus". Mitunter scheint nicht mehr Bubis' Einwand, sondern dieser selbst als das Problem, das allein für einen „deprimierende[n] erinnerungspolitische[n] Tiefpunkt"1482 verantwortlich gemacht wird: Bubis habe nun „offiziell gemacht, was zunächst als spontane Missfallensäußerung abzubuchen gewesen wäre. Es war zu befürchten, dass er die Zeit nicht nutzen würde, das zugrunde liegende Missverständnis auszuräumen."1483 – Bubis' Reaktion zeigt sich demnach verstetigt als böswilliges Motiv, als Feindschaft. Diese Personifizierung der Kritik im Bild von Bubis grenzt in diesem Fall einerseits den Blick auf die gesellschaftliche Realität aus und delegitimiert sie als irrational. Zugleich kann sich mitunter diese Personifizierung als Ventil dafür erweisen, den Denunzierten als Juden anzugreifen, ihn als beispielhaften Vertreter eines jüdischen Kollektivs zu imaginieren.

Ein Hinterfragen Walsers beginnt indes in der Folge, als *Die Welt*, dem Autor vom Bodensee gegenüber besonders wohlgesonnen, einräumt, dass bei Walser auch „gequältes Ressentiment"1484 durchscheine, der *Tagesspiegel* Walser gleichtags als „National-Intellektuellen" mit Sehnsucht nach „ungetrübte[m] Nationalgefühl"1485 identifiziert, und schließlich der Berlin-Brandenburger Bischof dort fragt, ob Walser „so auch in Auschwitz geredet"1486 hätte. Dieses Moment wird sogleich von einer neuen Konfliktposition überlagert, denn ein Beitrag unter der Überschrift „Eine Friedensrede" vom SPD-Politiker Klaus von Dohnanyi, der auf Bubis Ansprache reagiert, erscheint nur fünf Tage nach Bubis' Ansprache in der *Frankfurter Allgemeinen Zeitung*.1487 Mit Dohnanyis Verteidigung Walsers und den folgenden Reaktionen, die die FAZ zum primären Medium des Diskurses werden lassen, erreicht die Walser-Debatte eine neue Eskalationsstufe, mit der sekundär-antisemitische Vorurteile freigesetzt werden.

Dohnanyi radikalisiert den selbstmitleidigen und gleichsam identitätsstiftenden deutschen Opferdiskurs, innerhalb dessen „uns", in den Worten Walsers, „alle verletzen wollen". Hier tritt latent die Projektion einer Rachsucht hervor. Dabei treten neben

---

1477 Frankfurter Allgemeine Zeitung, 10. November 1998.
1478 Ibid.
1479 Ibid.
1480 Ibid.
1481 Ibid.
1482 Ibid.
1483 Die tageszeitung, 10. November 1998.
1484 Die Welt, 10. November 1998.
1485 Der Tagesspiegel, 10. November 1998.
1486 Der Tagesspiegel, 12. Oktober 1998.
1487 Vgl. Frankfurter Allgemeine Zeitung, 14. November 1998.

Walsers Chiffren - die „Medien" und die „Intellektuellen" - auch konkret „die jüdischen Bürger" und „das Ausland" flächig als Schimären hervor, die als die „anderen" dem kontrastierten Wir-Kollektiv schaden. Diese Gegenüber der Wir-Gemeinschaft versuchten vermeintlich „allzu häufig [...] aus unserem Gewissen eigene Vorteile zu schlagen", ja „missbrauchen" und „manipulieren" „uns" und „unser Gewissen". Der ehemalige Hamburger Bürgermeister nimmt bei den „internationalen Medien" – derart wird Walsers Medien-Chiffre zum ‚internationalen Zusammenhang' ausgeweitet – nicht nur einen „Fingerzeig auf Deutschland" und einen „Kollektivverdacht" wahr, sondern perzipiert auch, dass sich die „Geschichte der Deutschen [...] immer wieder gut *verkaufen* [...] lässt."1488 Die Deutschen als Opfer der skrupellosen Geschäftsgebaren internationaler Agenturen der Meinungsbildung, ihr Gewissen missbraucht und manipuliert zum fremden Vorteil – was hier an strukturell-antisemitischen Codes, die judenfeindliche Bilder evozieren, noch latent bleibt, wird im Folgenden entfaltet und zu Teilen ideologisch manifest. Von Ignatz Bubis, der als Jude Walser in seiner „notwendigen" und „deutschen Klage" nicht verstehen könne, geht Dohnanyi unmittelbar zu den „jüdischen Bürger[n]" insgesamt als ‚imaginärem Gegenüber' der Deutschen über.1489

Dazu werden die Juden scheinbar für einen Moment von Dohnanyi ins nationale Kollektiv integriert. Noch in der Vereinnahmung wird jedoch die antinomische Denkstruktur verfestigt: Als unwillens oder unfähig dazu ausgemacht, werden sie von Dohnanyi als Kollektiv beschuldigt, sich über die Deutschen zu erheben. Denn die „Abkunft von jüdischen Opfern" gebe genauso wenig wie die von deutschen Widerstandskämpfern eine „Chance für einen *persönlich völlig unverdienten Freispruch von der schändlichen, gemeinsamen Geschichte der Deutschen im Dritten Reich.*"1490

Der „Freispruch" jüdischer Nachkommen von „der schändlichen, gemeinsamen Geschichte" sei „unverdient": Hier klingt das judenfeindliche Propagandamotiv einer ‚jüdischen Mitschuld' an der eigenen Verfolgung, am nationalsozialistischen Völkermord an, ein Ideologem, das stets zur Relativierung und Rechtfertigung des Geschehenen gedient hat.1491 Die ‚erpresste Versöhnung' (nach Adorno respektive Habermas) mit der Geschichte und ihren Opfern durch deren potenzielle Eingemeindung ins Täterkollektiv besorgt der sozialdemokratische *elder statesman* dann ferner mit einer „Frage" an die „jüdischen Bürger": „Allerdings müssten sich natürlich auch die jüdischen Bürger in Deutschland fragen, ob sie sich so sehr viel tapferer als die meisten

---

1488 Alle Zitate dieses Absatzes ibid. Hervorhebung von mir, L. R.
1489 Klaus von Dohnanyi hat sich hierbei nicht zum ersten Mal mit deutschnationalem Engagement hervorgetan. Bei der Ausstellung „Aufstand des Gewissens. Militärischer Widerstand gegen Hitler und das NS-Regime 1933 - 1945" in Frankfurt a.M. übernahm Dohnanyi am 25. Januar 1998 die Eröffnungsrede. Dohnanyi bietet bei dieser „nationalpolitischen Inszenierung [...] eine nationale Erbauungs- und Erweckungspredigt" (Micha Brumlik). Nach Dohnanyi „dürfen wir als Deutsche unser Vaterland auch aufrecht ehren." Dabei rechtfertigt Dohnanyi vermeintliche „Schutzmaßnahmen gegen Partisanen", stellt den Holocaust auf eine Stufe wahlweise mit dem „weißen Rassismus in den Südstaaten der USA" und dem „Verhalten des Staates Israel" und attestiert „*den* Deutschen [...] den „reinsten Heroismus" während der NS-Zeit. Für die Konstitution des deutschen ‚Wir', das „anständig", „rein", „groß", „tief", „aufrecht" erscheint, spielen hierbei Juden nur als Kontrast, als Objekte deutscher Hilfsbereitschaft, oder, als „imaginäres Gegenüber" eine Rolle.
1490 Hervorhebung von mir, L.R.
1491 Vgl. Adorno, „Schuld und Abwehr," a.a.O., S. 255.

anderen Deutschen verhalten hätten, wenn nach 1933 ‚nur' die Behinderten, die Homosexuellen oder die Roma in die Vernichtungslager geschleppt worden wären. Ein jeder sollte versuchen, diese Frage für sich selbst ehrlich zu beantworten."1492

Die Opfer und ihre Nachkommen sollen sich ernsthaft („ehrlich" und nicht ‚verstohlen') fragen, ob sie nicht die Roma ermordet (oder bei ihrer Vernichtung zugeschaut) hätten, wenn sie anstelle der Deutschen gewesen wären, die in der Realität ihre Verwandten und Familien ermordet haben; oder ob mithin nicht sogar umgekehrt, die Juden die Deutschen ermordet hätten. Nach ‚selbstkritischer' Beantwortung und dem Eingeständnis einer nachträglichen potenziellen Schuld sollen die Juden dann, so der Subtext, für immer aufhören, die Deutschen zu beschimpfen und auch dann still sein, wenn nichtjüdische Deutsche ihr (von Juden verursachtes) Leid klagen. Die realhistorische Gewalt des größten Verbrechens der Menschheitsgeschichte gerinnt hier zur Phantasmagorie, zum fiktionalen Fragespiel, das Juden ihren Opferstatus abspricht. Wenn schon, so Adorno, „gar nichts mehr hilft, wird der ganze tatsächliche Gang der Weltgeschichte suspendiert und willkürlich ein anderer entworfen."1493 Endgültig deutlich wird überdies, wer in Dohnanyis ideologischer Konstruktion überhaupt ‚hinter' Missbrauch, Manipulation und Verkauf des deutschen Gewissens steckt, und zu welchem Zwecke sich diese antinomisch kontrastierte Gruppe vermeintlich aus der historischen Verantwortung der „gemeinsamen, schändlichen Geschichte" stiehlt: um die nichtjüdischen Deutschen zu kränken und daraus auch noch „eigene Vorteile" herauszuschlagen.

Bubis reagiert auf Dohnanyis Text mit einem offenen Brief, der eine kurze Debatte zwischen beiden in der *FAZ* eröffnet. Dohnanyis „Unterstellung", dass er nicht wisse, wie die Juden sich verhalten hätten, bezeichnet Bubis als „bösartig"1494. Daraufhin wiederholt Dohnanyi seine „Gewissensfrage [...] an *jeden jüdischen Deutschen*, der über die Menschen damals *urteilt*"1495, und sieht sich nun „auch" von Bubis verurteilt und „gekränkt". Dabei pointiert Dohnanyi nochmals das Konstrukt, die Deutschen würden Opfer jüdischer Angriffe und Verletzungen: „Ich finde, als Vorsitzender der Deutschen Juden [sic!] könnten Sie mit ihren nicht-jüdischen Landsleuten etwas behutsamer umgehen. Wir sind nämlich alle verletzbar."1496 Die öffentliche Unterstützung von Bubis bleibt aber auch nach dieser Eskalation durch Dohnanyi, mit der sich die Walser-Kontroverse endgültig als „Grundsatzdebatte der neuen Berliner Republik"1497 qualifiziert hat, dürftig, trotz eines enormen Diskurseffekts, der in den folgenden vier Wochen die Massenmedien prägt. Offensichtlich ermutigt vom bisherigen Diskursverlauf und ausbleibenden negativen politisch-kulturellen Sanktionen bricht dabei in seit 1945 ungekanntem Ausmaß Antisemitismus öffentlich hervor.

In der führenden deutschen Wochenzeitung *Die Zeit*, einem der wenigen Medien, die bis dato eine kritische Distanz zu Walser gezeigt haben, insinuiert nun auf der Titelseite Monika Maron in einer Verteidigung Walsers, sie sei von einer ‚Gesinnungsdikta-

---

1492 Frankfurter Allgemeine Zeitung, 14. November 1998.
1493 Adorno, „Schuld und Abwehr," a.a.O., S. 192.
1494 Frankfurter Allgemeine Zeitung, 16. November 1998.
1495 Frankfurter Allgemeine Zeitung, 14. November 1998. Hervorhebungen von mir, L.R.
1496 Ibid.
1497 Frankfurter Allgemeine Zeitung, 20. November 1998.

tur' bedroht, deren Urheber sie nicht beim Namen nennt: „Auch ich zittere ein wenig, jetzt, da ich ihn verteidige. Warum? Wo lebe ich, dass ich mich fürchte zu sagen, was ich denke?"1498 Marons Frage, die mit Walser auf einen nationalen Konsens gegen die „Meinungssoldaten" baut, legt die Antwort nahe: „In einem Land, in dem die Juden wieder so mächtig sind," so die Interpretation Henryk M. Broders, „dass man sich besser nicht mit ihnen anlegt."1499 Marons Beitrag verweist politisch-psychologisch auf eine soziale Paranoia, die dem Antisemitismus wesentlich ist;1500 später sichtet Maron in allen Nachbarländern „anti-deutschen Rassismus", gegen den sich die Deutschen „zu wehren wagen" sollten1501; kaum ließe sich nun laut Maron mehr frei denken und reden, so wie Walser es mit „Mut" getan habe, „ohne als geistiger Brandstifter und verkappter Antisemit" bezeichnet und verfolgt zu werden, ja gegenwärtig sei man „vor keiner demagogischen Interpretation geschützt."1502

Ähnliche Phantasmen ventiliert auch Rudolf Stiege in der *Berliner Morgenpost*, wenn er im Anschluss an den sich ausweitenden Diskurs, der die Deutschen zum verletzten Opfer vielfältiger illegitimer Vorwürfe stilisiert, im Rückblick behauptet, schon wer „Bedenken" gegen das geplante Holocaust-Mahnmal erhoben hätte, sei „rasch" mit „antijüdische[n] Ambitionen" stigmatisiert worden.1503 Erst als sich auch Juden kritisch geäußert hätten, sei ein „Nein zu dem gut gemeinten Mahnklotz tolerabel"1504 geworden. Die Meinung in Deutschland und das, was in der politischen Kultur „tolerabel" oder sanktioniert wird, bestimmen hiernach die mächtigen Juden. Bubis erscheint dabei verantwortlich für einen „Abgrund des Zorns",1505 der die deutsche Demokratie gefährde. In einer zweiten Rede erteile Walser, so die FAZ, seinen Kritikern, und somit auch Bubis, eine „mühsame Lektion", eine „Deutschstunde"1506, als er in Duisburg seine Thesen wiederholt und sich über die „tausend Briefe" freut, die ihn erreicht hätten und „Ausdruck einer einzigen Bewusstseinsregung" seien. Schließlich habe er, so Walser, nur „öffentlich gesagt", was „jeder bisher nur gedacht und gefühlt hat."1507

1498 Die Zeit, 19. November. 1998.
1499 Der Tagesspiegel, 23. November 1998.
1500 In einem Gastkommentar der *Welt* ‚enthüllt' Mariam Lau, dass Monika Maron doch „Halbjüdin" sei, suggerierend, dieser Umstand schließe deutsch-nationale und antisemitische Positionen aus. Vgl. Die Welt, 1. Dezember 1998.
1501 Zitiert nach tageszeitung, 11. November 1999.
1502 Die Zeit, 19. November 1998.
1503 Berliner Morgenpost, 22. November 1998.
1504 Ibid.
1505 Ibid.
1506 Frankfurter Allgemeine Zeitung, 28. November 1998.
1507 Martin Walser, „Wovon zeugt Schande, wenn nicht von Verbrechen," in: Frankfurter Allgemeine Zeitung, 28. November 1998.

7.2.3.4 Eskalationsstufen des Antisemitismus im politischen Diskurs und Entgegnungen in der demokratischen Öffentlichkeit

Die Eskalationsdynamik erreicht ihren Höhepunkt mit der Ausgabe des Nachrichtenmagazins *Spiegel* vom 30. November 1998. Hier wirft Bubis, als bis dato erster und einziger, Walser und Dohnanyi „latenten Antisemitismus" vor und bringt somit den Konflikt auch als „Antisemitismusstreit" auf den Begriff; Bubis spürt bei Walser „zwischen den Zeilen Antisemitismus", wobei Dohnanyi „es deutlicher als Walser ausgesprochen" habe. Dohnanyis Wendung vom „Versuch anderer, aus unserem Gewissen eigene Vorteile zu schlagen" hieße im „Klartext": „Die Juden machen aus allem Geld, sogar aus dem schlechten Gewissen der Deutschen. [...] 'Es' denkt in [Walser und Dohnanyi], wie Fassbinder das genannt hat. Die Vorstellung, die Juden denken immer zuerst ans Geld und machen aus allem Geld, gehört zum klassischen antisemitischen Repertoire."1508 Dem begegnet die *Frankfurter Allgemeine* mit dem Aufmacher „Bubis nennt Walser und Dohnanyi ‚latente Antisemiten'"1509 und dem erneuten Vorwurf, Bubis eskaliere den Streit. Zudem wird Dohnanyi die Gelegenheit gegeben, gleich zwei weitere ‚Gegenartikel' zu veröffentlichen, in welchem er wider Willen Bubis Vermutung bestätigt, Dohnanyi assoziiere, die Juden dächten nur ans Geld: „Wie kann man," fragt Dohnanyi Bubis mit Empörung, „bei dem Wort ‚Vorteil' in diesem Zusammenhang und nach Walsers Rede nur ans Geld denken? Was für eine Welt tut sich da auf?"1510 Bubis scheint mit seinem „unerhörte[n] Interview" demzufolge die Debatte auf die Ebene ‚niederer' materieller Motive zu treiben; Gedenken sei für Bubis, so Dohnanyi, ein Vorgang „vergleichbar mit der Eintreibung von Mietrückständen";1511 dies ist mitunter eine Anspielung auf Bubis' Tätigkeit als Immobilienmakler, die im weiteren Verlauf noch des Öfteren, auch von Walser, noch artikuliert wird. Im „Umkreis des Zentralrats der Juden" heißt es hierzu laut FAZ, dass in dem Konflikt „die wahren Widersprüche im deutsch-jüdischen Gespräch"1512 aufbrächen.

Ein zweiseitiger Kommentar vom später verstorbenen Herausgeber Rudolf Augstein, welcher sich in derselben *Spiegel*-Ausgabe findet, in der das Interview mit Bubis gedruckt wird, wird dagegen in den Medien zunächst nicht wahrgenommen, obgleich jener Aufsatz in der Entwicklung der Debatte den Kulminationspunkt der Eskalation antisemitischer Aggressionen darstellt. Augstein benennt in kaum mehr camouflierten antijüdischen Bildern die „New Yorker Anwälte", „Haifische im Anwaltsgewand", und die „New Yorker Presse" als ‚Drahtzieher' der erinnerungspolitischen „Instrumentalisierung" „unserer fortwährenden Schande",1513 die Walser meine;1514 wobei das Lexem „fortwährend" Walsers „Schande" dahingehend inhaltlich präzisieren soll, dass mit ihr

---
1508 Interview mit Ignatz Bubis, Der Spiegel, 30. November 1998.
1509 Frankfurter Allgemeine Zeitung, 30. November 1998.
1510 Ibid.
1511 Ibid.
1512 Zitiert nach Frankfurter Allgemeine Zeitung, 30. 11. 1998.
1513 Rudolf Augstein, „Wir sind alle verletzbar", Der Spiegel, 30. November 1998.
1514 Klaus Harpprecht hatte eben dieses Motiv bereits zu Beginn der Debatte bei Walser vermutet (s.o.; vgl. Die Zeit, 15. Oktober 1998)

definitiv kein historisches Verbrechen, sondern nur der *Blick* auf Deutschland gemeint ist. Jene „Haifische" diktierten „von außen" den Deutschen („uns") ein „Brandmal" bzw. „Schandmal", das „gegen die Hauptstadt und das in Berlin sich neu formierende Deutschland gerichtet ist" – laut Augstein eine „Absage an die wiedergewonnene Souveränität des Landes"[1515]. Wenn „*den Deutschen* ein steinernes Brandmal *aufgezwungen* wird", würde so „untauglige[r] Boden mit Antisemitismus"[1516] gedüngt. Gegen die suggerierte Macht der Juden, die hinter dem Mahnmalprojekt zu stehen,[1517] die Souveränität Deutschlands zu untergraben sowie Antisemitismus geradezu zu provozieren scheint, wird man, so Augstein, es „nicht wagen [...], die Mitte Berlins freizuhalten von solch einer Monstrosität."[1518] Vor dieser internationalen Macht sei auch Helmut Kohl, der Enkel Adenauers, auf einer „Israel-Reise" „eingeknickt", denn er „fürchtete eine *Stimmungsmache*, der schon Konrad Adenauer Anfang der fünfziger Jahre Ausdruck gegeben hatte: ‚*Das Weltjudentum ist eine jroße Macht.*'"[1519] Dieser Satz, der dem nationalsozialistischen Weltbild entspringt und den Augstein zitiert, um ihn zu affirmieren, strukturiert den Gesamttext. Er konkretisiert offen das zum Teil vage ‚Man' der Walser-Debatte, lediglich als Adenauer-Zitat und mit einem Dialekt-Schnörkel verniedlicht.[1520] Das Verhältnis zwischen *den Deutschen* und *den Juden* bzw. dem „Weltjudentum" erscheint bei Augstein als unauflöslicher Antagonismus, der die Geschichte durchzieht. Die Identität der Deutschen als imaginäre bedrohte Opfer dieses Gegensatzes bestimmt sich aus der Konstruktion ihres negativen Gegenbildes. Dabei werden die „gegen Deutschland" tätigen Feinde auch im Innern gesichtet; anders als bei Walser sind diese nicht mehr chiffriert-nebulös die „Intellektuellen" und die „Medien", sondern konkret die deutschen Juden Ignatz Bubis und Michel Friedman. Augstein diffamiert Bubis als „früheren Frankfurter Baulöwen" und befördert ihn, der Logik des Diskurses folgend, ins „gesellschaftliche Abseits".[1521] Für ein „diffiziles Vorhaben" wie die Entscheidung über das Holocaust-Mahnmal sei dieser „zu befangen". Friedman fordere „überheblich, man solle die deutsche Jugend in die Verantwortung für Auschwitz mithineinnehmen. Das geht objektiv nicht, und *dies zu fordern, ist er auch nicht der Mann.*"[1522]

Der mehrfach wiederholten Behauptung, dass die Deutschen bzw. ihre Eliten es „nicht wagen werden", sich gegen die Juden und ihre internationale „weltweite Stimmungsmache" zu wehren, ist schließlich nur Prolog zum Aufruf, es doch zu tun: „Ließen *wir* den von Eisenman vorgelegten Entwurf fallen, wie es vernünftig wäre, so krieg-

---

1515 Augstein, „Wir sind alle verletzbar", a.a.O.
1516 Ibid.
1517 Vgl. ibid. An der diskursiven Formierung dieses Bildes hat der ehemalige Kanzler Kohl noch während seiner Amtszeit gearbeitet, als er behauptete, das Mahnmal müsse „schon wegen der Reaktion der Weltöffentlichkeit, etwa der amerikanischen Ostküste" gebaut werden.
1518 Ibid.
1519 Ibid. Hervorhebungen von mir, L.R.
1520 Vgl. Hans-Peter Waldhoff, „Erinnerung als zweite Natur? Die Walser-Bubis-Debatte, die Regierung Schröder und die Utopie einer ‚dritten Natur'," in Wolfgang Lenk/Mechthild Rumpf/Lutz Hieber (Hg.), Kritische Theorie und politischer Eingriff: Oskar Negt zum 65. Geburtstag (Hannover: Offizin Verlag, 1999), S. 632 – 645, hier S. 634.
1521 Augstein, „Wir sind alle verletzbar", a.a.O.
1522 Ibid. Hervorhebung von mit, L.R.

ten wir nur einmal *Prügel von der Weltpresse*. Verwirklichen wir ihn, wie zu fürchten ist, so schaffen wir Antisemiten, die vielleicht sonst keine wären, und beziehen Prügel in der Weltpresse jedes Jahr und lebenslang, und das *bis ins siebte Glied.*"[1523] In enthemmter Gewaltsprache werden hier „Prügel" gegen das deutsche Wir-Kollektiv projiziert, die nochmals auf die Gewalt Augsteins eigener, judendiskriminierender Semantik verweisen. Die soziale Paranoia erfährt im letzten Satz des Textes ihre größte Verdichtung: Augstein sieht sich als Deutscher von der Weltpresse und vom „Weltjudentum" verfolgt, und zwar „bis ins siebte Glied", wobei er die klassische antisemitische Metapher einer ‚jüdischen Rache bis ins siebte Glied' aufgreift.

Gegen diese im Wesentlichen *entcodierte* antisemitische Textur wirkt die seiner Zeit zum Skandal gewordene Begründung eines Urteils am Mannheimer Landgericht gegen den damaligen NPD-Vorsitzenden Deckert noch zurückhaltend formuliert: Das Gericht hatte mit Deckert den Juden „ihr ständiges Insistieren auf dem Holocaust und die von ihnen aufgrund desselben auch nach nahezu fünfzig Jahren nach Kriegsende erhobenen finanziellen, politischen und moralischen Forderungen Deutschland gegenüber [...] übel"[1524] genommen. Auch eine im gleichen *Spiegel* an Bubis gerichtete Frage, der die auf Ausgrenzung zielende Behauptung immanent ist, Bubis isoliere sich mit irrationalen Antisemitismus-Vorwürfen selbst von den Deutschen, nimmt sich gegen Augsteins Invektive fast noch harmlos aus („Wenn Sie schon Walser und Dohnanyi latenten Antisemitismus unterstellen – mit wem wollen Sie sich in Deutschland überhaupt noch unterhalten?"[1525]).

In Augsteins Essay schlagen die latenten und symbolischen antijüdischen Codes, die sich in Form und Quantität zuvor dynamisierten, ohne, wie in früheren Zeiten, in der politischen Kultur deutlich negativ sanktioniert zu werden, in manifesten Antisemitismus um; die projektive Struktur des Walserschen Gedankengebäudes findet hier ihre radikalste Konkretisierung.[1526] Insofern schließt sich hier ein Zirkel der Debatte. Zugleich impliziert Augsteins Beitrag einen qualitativen Sprung, einen ‚Tabubruch' auf erweiterter Stufenleiter. Er stellt den restaurativen Versuch dar, ähnlich Treitschkes Aufsatz „Unsere Aussichten" in den *Preußischen Jahrbüchern*[1527], der 1879 den ‚Berliner Antisemitismusstreit' eröffnete, judenfeindliche Ideologie als legitimes Räsonnement im öffentlichen Raum zu verankern. Dabei wird eine Verschiebung der Diskursgrenzen vorangetrieben, bei der offenbar auch mühsam etablierte politisch-kulturell etablierte Schamgrenzen fallen. Das primäre Moment einer Diskursverschiebung und ‚Erweiterung' des ‚legitimen' Gesprächs über die Juden liegt jedoch nicht in der Publikation des Artikels an sich, sondern im Umstand, dass auch in diesem Fall eine politisch-mediale

---

[1523] Ibid. Hervorhebungen von mir, L.R.
[1524] Frankfurter Rundschau, 11.8.94.
[1525] Der Spiegel, 30. 11. 1998.
[1526] Zum Antisemitismus des Ludwig-Börne-Preisträgers vgl. Thomas Gondermann, „Ein gewisser Antisemitismus: Rudolf Augstein und die Juden," in: Johannes Klotz und Gerd Wiegel (Hg.), Geistige Brandstiftung: Die neue Sprache der Berliner Republik (Berlin, Aufbau, 2001), S. 233 – 261.
[1527] Vgl. Heinrich von Treitschke, „Unsere Aussichten," in: Walter Boehlich (Hg.), Der Berliner Antisemitismusstreit (Frankfurt a.M.: Insel, 1988), S. 7 – 14.

Skandalisierung wesentlich ausgeblieben ist, ja mithin auf Augstein positiv Bezug genommen wird.

Die Anfang Dezember einsetzende Flut von Artikeln zur Walser-Debatte nimmt vornehmlich Bubis' vermeintliche „Verdächtigungsrhetorik"[1528] zum Ausgangs- und Anknüpfungspunkt. Es fällt erneut hauptsächlich Juden zu, den Antisemitismus Augsteins zu thematisieren. Micha Brumlik resümiert anschließend, dass in der Debatte, „in der die ‚Berliner Republik' und ihre Nationalidee geboren werden wird", Walsers ‚geistige Brandstiftung' einen „kulturellen Flächenbrand" entzündet habe, bei dem „das semantische Feld eines neuen Nationalismus bereitet wird"[1529] – ohne dass sich dagegen maßgebliche Opposition regte. Einer der wenigen, die Augsteins Antisemitismus beim Namen nennen, ist wiederum Bubis, was zumeist als „Angriff" ausgelegt wird, der, ob seiner Isolation im gesellschaftlichen Diskurs, die noch verstärkt wird, je mehr sich von hegemonialer Position auf sie berufen wird, als irrational erscheint – als sähe Bubis, ohne objektiven Grund, nur noch Antisemiten in Deutschland. *Die Welt* titelt: „Bubis greift Augstein an: ‚Latenter Antisemit'".[1530]

Als Reaktion auf Bubis' Interview erfolgt in den Massenmedien eine wahre „diskursive Explosion"[1531] um Walsers Positionen und die retrospektive Bewertung der Debatte im Horizont einer ‚neuen Normalität' der ‚Berliner Republik'; aber auch über Antisemitismus, ‚Antisemitismusvorwürfe' und die ‚Rolle der Juden' in Deutschland. Neue Argumentationen und Argumentationsmuster treten dabei kaum in Erscheinung; der Konflikt findet indes eine weitere Polarisierung, wobei nunmehr in der dritten Phase der Debatte sich verstärkt auch Stimmen gegen Walser äußern, dieses ‚Lager' sich insofern mit zeitlicher Verzögerung vergrößert hat.

Der jüdische „Interessenvertreter"[1532] Bubis wird allerdings immer wieder symbolisch zum Akteur in Szenarien der Gewalt; er habe einen „geistigen Scheiterhaufen" geschaffen, auf dem man „geistig seine Freunde" „verbrennt"[1533]. Durch Bubis' Interview habe sich der „verwilderte"[1534], „erbitterte Streit"[1535] „verschärft"[1536]; erschaut wird eine „giftige Erregung"[1537] und „gnadenlose Willkür"[1538] gegen den „deutschen Patrioten"[1539] Walser und dessen „Gewissenserforschung". Konstatiert wird der

---

1528 Mariam Lau, „Verdächtigungsrhetorik," Die Welt, 1. Dezember 1998.
1529 Die tageszeitung, 3. Dezember 1998. Diese kritische Position wird freilich in einem großen Essay am folgenden Wochenende in der gleichen tageszeitung umgehend grundsätzlich in Frage gestellt; hier heißt es, Walser habe „sehr moderat" und „zu Recht" gegen die „wiederholte Konfrontation mit dem Entsetzlichen" und die „Reaktivierung des deutschen Selbsthasses" geredet. 'Normalität' und 'Immunität' gegenüber den „Versuchungen des nationalen Phantasmas" seien „zur Zeit nirgends stärker ausgeprägt als bei den Deutschen." Siehe Die tageszeitung, 5. Dezember 1998.
1530 Die Welt, 4. Dezember 1998.
1531 Michel Foucault, Der Wille zum Wissen (Frankfurt a.M.: Suhrkamp, [1976] 1983), S. 27.
1532 Frankfurter Allgemeine Zeitung, 12. Dezember 1998.
1533 So der Dichter Reiner Kunze; vgl. Die Welt, 7. Dezember 1998, zitiert nach Rohloff, Ich bin das Volk, a.a.O., S. 104.
1534 Die Zeit, 10. Dezember 1998.
1535 Süddeutsche Zeitung, 1. Dezember 1998.
1536 Süddeutsche Zeitung, 2. Dezember 1998.
1537 Die Zeit, 10. Dezember 1998.
1538 Berliner Zeitung, 1. Dezember 1998.
1539 Die Zeit, 10. Dezember 1998.

7. Antisemitismus in öffentlichen Konflikten der ‚Berliner Republik'

„Selbstlauf einer immer schriller werdenden Debatte."[1540] Dabei wird zum letzten Mal in der Walser-Debatte, dafür in schärfster Form, zum Angriffsschlag gegen Bubis ausgeholt und dieser als pathisch-hysterischer „Gewissenswart"[1541] konstruiert, dessen „jüngsten Angriffe [...] absolut unangemessen", so der CSU-Politiker Theo Waigel,[1542] seien; als Gewissenswart suche Bubis Intellektuelle, die gegenüber dem deutschen Volk „Aufpasserfunktion"[1543] übernähmen—Walsers Terminologie ist hier scheinbar bereits vollständig integriert in die raison d'etat. Beschworen wird dagegen Walsers „unermüdlich bewiesen[e]" „Integrität".[1544] Antisemitisch und unter Rückgriff auf nationalsozialistische Terminologie und kulturelle Wertungsmuster kommentiert Wolf Heckmann in der *Hamburger Morgenpost,* die „entartete Debatte" ufere „in abscheulichem Maße" aus, und zwar wegen der „Unterstellungen von Bubis", des „Chefs des Juden-Zentralrats", die „natürlich geeignet" seien, „alte Vorurteile aus dem germanischen Urschlamm hervorzuholen."[1545] Verhält ein Jude sich nicht nach Heckmanns Wunsch, finden dessen antisemitische Phantasien demnach eine neue Legitimität. Dies ist eines der typischen Muster antisemitischen Denkens; der konstruierte Vorwand rationalisiert die antisemitische Verallgemeinerung, die Deutschland durch Juden „entartet" wähnt.

Im zurückhaltenderen Jargon, zu zeigen am Beispiel der *Woche,* werden Bubis' „Ausfälle" als Anzeichen einer „tiefsitzenden Empfindsamkeit" gedeutet; um dennoch unvermittelt die Legitimität von Bubis' Reaktionen grundsätzlich in Frage zu stellen: „[D]arf er so um sich schlagen?"[1546] Bubis, so die *Süddeutsche Zeitung,* könne „natürlich" nicht damit aufhören, „die Deutschen immer wieder daran zu erinnern, dass das Volk der Täter sich nicht selber aus der Verantwortung entlassen kann", doch viele Ältere wollten nichts mehr darüber hören, „[w]eil soviel Zeit vergangen ist, und diese Zeit so voll von Bezichtigungen [war]."[1547] Beide Beispiele veranschaulichen, dass Juden sowohl eine besondere Empfindsamkeit zugeschrieben wird, als auch, vor allem, dass der Holocaust und dessen erinnernde Vergegenwärtigung strukturell zumeist als *jüdisches Thema* dargestellt wird; Juden scheinen für das Erinnern und Gedenken verantwortlich zu sein. Die Erinnerung an die Verbrechen der deutschen Geschichte wird somit abgespalten und auf eine externalisierte Instanz verwiesen, die im Bild von Juden verkörpert wird.

In der „Walser-Bubis-Dohnanyi-Kontroverse" habe, so Günter de Bruyn, Bubis die „Selbstkontrolle" verloren, als er im Spiegel-Interview Walser des Antisemitismus beschuldigte, was „man gern ungeschehen machen möchte, aus Sympathie für den Interviewten" und „*um des jüdisch-deutschen Verhältnisses wegen*"[1548]. De Bruyn wünscht sich von Bubis mehr Vernunft, „um den tatsächlich ja noch vorhandenen *Antisemiten keinen*

1540 Berliner Zeitung, 1. Dezember 1998.
1541 Ibid.
1542 Zitiert nach Die Welt, 1. 12. 1998.
1543 Die Welt, 1. 12. 1998.
1544 Die Zeit, 10. 12., 1998.
1545 Wolf Heckmann: *Entartete Debatte,* in: Hamburger Morgenpost, 1. 12. 1998. Zitiert nach Joachim Rohloff: *Ich bin das Volk,* a.a.O., S. 99.
1546 Die Woche, 11. 12. 1998.
1547 Süddeutsche Zeitung, 10. Dezember 1998.
1548 Frankfurter Allgemeine Zeitung, 7. Dezember 1998. Hervorhebung von mir, L.R.

Grund zu geben."1549 Verhält sich der Jude nicht maßvoll, sondern „maßlos" (Walser)1550, so der Subtext, ist dies demnach ein Grund, antisemitisch zu sein. Diese Verkehrung offenbart, vor allem anderen, die Vorurteilsstruktur des Sprechers. Dass Juden Antisemitismus provozieren, ja letztlich schuld an ihrer eigenen Verfolgung seien, ist, weit über Augstein hinaus, eines der wiederkehrenden Topoi der Debatte, das auch in der Goldhagen-Debatte ansatzweise öffentlich virulent geworden war. Jene Verkehrung des Diskriminierungsmotivs manifestiert sich auch in der *Kölnischen Rundschau*, die auf kritische Fragen zur Debatte durch Avi Primor, den israelischen Botschafter in Deutschland, und den Holocaust-Überlebenden Elie Wiesel reagiert; die ausländischen Juden werden schlichtweg für deutschen Antisemitismus verantwortlich gemacht, der nur als logische Folge ihres Verhaltens erscheint: „Der breiten Bevölkerung wird die Sache langsam über. Was weder den israelischen Botschafter Avi Primor noch den US-Friedensnobelpreisträger Elie Wiesel zu mehr Zurückhaltung veranlasst. Beide schütten weiter Öl ins vorläufig nur leise kokelnde Feuerchen, sehenden Auges die Gefahr missachtend, dass *sie dadurch einen latent vorhandenen Antisemitismus schüren könnten.*"1551

In der *Frankfurter Allgemeinen* erscheint schließlich ein weiterer signifikanter Essay, der das Ensemble der Motive der Debatte nochmals in sich vereinigt; auch hier erscheinen die Deutschen als Leidtragende der Konspirationen jüdischer Interessenverbände, die, gemeinsam mit Deutschlands „Nachbarländern", in ihrem kollektiven Interesse, Deutschland das „Selbstbestimmungsrecht" zu verweigern und seine Bürger einzuschüchtern, mit böswilliger Absicht Auschwitz und ‚Antisemitismusvorwürfe' instrumentalisierten: „Wenn Ignatz Bubis Martin Walser ‚geistige Brandstiftung' oder ‚latenten Antisemitismus' vorwirft, dann ist ein Tiefpunkt erreicht, auf den man eigentlich nur noch mit Schweigen reagieren kann." Immer spiele „dabei mit, dass viele Heutige mit dem Argument ‚Auschwitz' Deutschland eigentlich das Recht auf Selbstbestimmung verweigern wollen." Bubis möchte „als Interessenvertreter [der Juden, L.R.] die Erinnerung so vergrößern, dass sie einschüchternd auf deutsche Bürger und Verantwortungsträger wirkt."1552 Hier verdichten sich Projektionen, die über die vermittelte, ‚symbolische' Judenfeindschaft hinausweisen. Den Juden und ihren „Interessenvertretern" werden nicht nur deutschfeindliche Intentionen unterstellt, sondern auch eine jüdische Macht suggeriert, die in der Lage sei, deutsche „Verantwortungsträger" in Angst zu versetzen und die staatliche Politik nachhaltig zu beeinflussen.

Neben dieser weiter antijüdisch eskalierenden Tendenz etablieren sich zum Ende der Debatte schließlich noch zwei weitere, gegenläufige Diskursstränge. Einerseits ergreifen nun, unter Bezug auf die diskursiven, „entsittlichten Folgen" der „geistigen Brandstiftung"1553, zunehmend Medien auch *gegen* die erinnerungs- und normalitätspolitischen Diktionen wie Ressentimentstrukturen von Walser und seinen intellektuellen bzw. politischen Sekundanten Partei; andererseits wird im ‚Diskurs über den Diskurs'

1549 Ibid. Hervorhebung von mir, L.R.
1550 Zitiert nach Frankfurter Allgemeine Zeitung, 8. Dezember 1998.
1551 Zitiert nach Joachim Rohloff, „Die Souveränität der Frechen," Jungle World, 16. Dezember 1998.
1552 Frankfurter Allgemeine Zeitung, 12. Dezember 1998.
1553 Wolfram Schütte, „Ende oder Anfang der Debatte?," Frankfurter Rundschau, 9. Dezember 1998.

immer eindringlicher auf die Notwendigkeit einer ‚Beilegung' des ‚persönlichen Konflikts'[1554] zwischen Bubis, Walser und Dohnanyi gedrängt, um ‚Schaden von Deutschland abzuwenden'. Walsers Rede in Duisburg[1555], die vor allem aus Zitaten seiner Paulskirchen-Rede besteht und sich von dieser inhaltlich kaum scheidet, wird nun vermehrt als „unverantwortlich"[1556] kritisiert; auch *Die Welt* bemerkt, dass Walser „nur bekräftigt, nicht begründet"[1557], ja Walser verweigere sich dem Diskurs, und dies mit einem Innerlichkeiten unvermittelt veräußernden „Infantilismus, der schlicht und einfach nicht gesellschaftsfähig ist."[1558] Plötzlich wird auch reklamiert, in der Geste einer Läuterung, dass der „zivile Konsens [...] nun von Walser in seiner Rede [...] aufgekündigt worden" sei. Die *Zeit* titelt: „Warum Walser irrt"[1559], und zum ersten Mal melden sich einige prominente deutsche Intellektuelle gegen Walser zu Wort. Hans-Ulrich Wehler etwa urteilt kritisch über das „dumpfe Ressentiment von Walsers als Friedenspreisrede verkleidete[n] Kriegserklärung an das selbstkritische Gegenwärtighalten der Vergangenheit."[1560] Eine Auszeichnung von Walsers Ansprache wie jene als „Rede des Jahres 1998", verliehen vom Institut für Allgemeine Rhetorik der Universität Tübingen, wird nun nicht mehr kritiklos in der Presse hingenommen oder wohlwollend beschieden. Insbesondere die Begründung, Walsers Rede stünde in der „Tradition der großen humanistischen Beredsamkeit"[1561] und habe den „Meinungsbetrieb als Instrument der ideologischen Machtausübung, als profitables Mediengeschäft und intellektuelle Inszenierung erkennbar gemacht"[1562], wird mitunter als „schlicht skandalös" bezeichnet—es sei, so mittlerweile auch die *Süddeutsche Zeitung*, die „Unverschämtheit des Jahres", die „[f]ahrlässig[en] [...] Andeutungen" Walsers zu ehren, die nur „ein dumpfes, privates Ressentiment öffentlich formulieren."[1563] Der *Tagesspiegel* deutet schließlich in einem Leitkommentar die Debatte als Teil einer „neuen Unbekümmertheit in der Erinnerungskultur", für die auch die neue Regierung mitverantwortlich sei, und einen „Aufbruch in eine selbstbewusste, geschichtsvergessene ‚Berliner Republik'".[1564] Schließlich wird überdies durch Wolfram Schütte in der *Frankfurter Rundschau* zum Thema, dass nahezu „einzig der Vorsitzende des Zentralrats der Juden sich so vehement zum Gegenwort provoziert sah. *Warum nur er?*"[1565] Hier zeigen sich spät Teile der politischen Öffentlichkeit sensibilisiert.

1554 Vgl. Die Woche, 4. Dezember 1998.
1555 Vgl. Frankfurter Allgemeine Zeitung, 28.11.98.
1556 Süddeutsche Zeitung, 1. Dezember 1998.
1557 Die Welt, 1. Dezember1998.
1558 Die Welt, 4. Dezember 1998.
1559 Die Zeit, 3. Dezember 1998.
1560 Zitiert nach Berliner Zeitung, 12. Dezember 1998.
1561 Zitiert nach Frankfurter Allgemeine Zeitung, 12. Dezember 1998.
1562 Zitiert nach Süddeutsche Zeitung, 12. Dezember 1998.
1563 Süddeutsche Zeitung, 12. Dezember 1998.
1564 Der Tagesspiegel, 2. Dezember 1998.
1565 Frankfurter Rundschau, 9. Dezember 1998.

7.2.3.5 Das Gespräch zwischen Walser und Bubis als politisches Medienereignis und seine öffentliche Rezeption

Die Walser-Debatte findet zunächst dreierlei Abschluss: ein Gespräch zwischen Bubis und Walser (breit rezipiert als ‚Versöhnung'), einen Anschlag auf das Grab Heinz Galinskis (die Umsetzung des Walserschen Diskursvorgaben in materielle judenfeindliche Gewalt) und einen antisemitischen *Spiegel*-Essay einer 23jährigen Studentin, die sich gegen den Rassismus der Juden „der Welt" „wehrt" (als neue diskursverschiebende Eskalation).

Am 14. Dezember 1998 titelt die *Frankfurter Allgemeine*: „Bubis und Walser haben miteinander gesprochen."[1566] Den Abend zuvor hatten die Zuschauer der *ARD* überraschend Gelegenheit, in einer Live-Sondersendung Walser und Bubis in einem dreißigminütigen Gespräch zu erleben, dem eine mehrstündige, tags darauf in der *FAZ* vollständig dokumentierte Diskussion zwischen beiden vorangegangen war (unter Mitwirkung von Frank Schirrmacher, *FAZ*, und Salomon Korn vom Zentralrat der Juden in Deutschland). Das Gespräch, in dem Bubis seinen Vorwurf, Walser sei ein „geistiger Brandstifter", zurückzieht, und das überwiegend als aussöhnende „Klarstellung"[1567] begrüßt wird, leitet das Ende der Walser-Debatte ein. Es ist gleichsam deren erster Epilog. Denn im persönlichen Gespräch, das der symbolischen Versöhnung des *gesellschaftlichen* Konflikts dient, und in dessen Rezeption scheinen alle politisch-psychologischen Elemente des Diskurses nochmals in verdichteter Form auf.

Was Walser in der Rede noch im vagen lässt, als nur *potenziell* und *strukturell* antisemitische Andeutung artikuliert, deren Ausformulierung er zunächst anderen überlässt, wird im Gespräch auch bei Walser selbst decouvriert und enthemmt. Dem Holocaust-Überlebenden Bubis wird nun zum Thema Judenverfolgung von Walser unverblümt entgegnet: „Herr Bubis, da muss ich Ihnen sagen, ich war in diesem Feld beschäftigt, *da waren Sie noch mit ganz anderen Dingen beschäftigt.*"[1568] Insinuiert wird, kalkulierend auf das Wissen der Zuhörenden, dass der Holocaust-Überlebende seit der frühen Nachkriegszeit seinen Lebensunterhalt als Händler und Immobilienmakler bestritt, Bubis habe ans Geldverdienen gedacht, als Walser sich bereits mit der deutschen Geschichtsaufbereitung mühte. Die Resultate von Walsers Auseinandersetzung sind gleichsam erstaunlich: Juden seien im NS davor „bewahrt geblieben, [...] mitzumachen." Da sie keine Wahl hatten, so Walser, sind sie „auch im Urteil eingeschränkt." Das heißt, sie könnten auch „nicht beurteilen", was die Faszination derjenigen ist, „die stolpern, die rutschen, die wollen, die fasziniert sind."[1569]

In seiner Rede, die „*ausschließlich an ein deutsches Publikum*" gerichtet gewesen sei, würde er, so Walser, nicht „über die Ansprüche von Zwangsarbeitern oder überhaupt für irgendein *ausländisches Problem* sprechen", zumal er deren Berechtigungen „nicht

---

[1566] Frankfurter Allgemeine Zeitung, 14. 12. 1998.
[1567] Die tageszeitung, 15. Dezember 1998.
[1568] Frankfurter Allgemeine Zeitung, 14. Dezember 1998. Hervorhebungen von mir, L.R.
[1569] Frankfurter Allgemeine Zeitung, 14. Dezember 1998.

kenne".1570 Die binäre Struktur des deutschen Innen, das vom Außen der ‚Anderen' abgesetzt wird, erfährt gegenüber Walsers Rede so eine inhaltliche Konkretisierung und Radikalisierung: nationalsozialistische Zwangsarbeit und deren Opfer, das ist für Walser kein deutsches, sondern ein „ausländisches", ein jüdisches Problem. Unvermittelt wird Bubis für Walser zur verkörperten, nicht geduldeten Repräsentanz der Erinnerung an die deutschen Verbrechen, zur Instanz, die sich besser verstecken soll, denn „wenn Sie auftauchen, dann ist das sofort zurückgebunden an 1933"1571; Bubis wird *als Jude* angegriffen, der dem deutschen Volk unversöhnlich gegenüberzustehen scheint und „heroisch"1572 die Geschichte dazu instrumentalisiert, Deutschland niederzuhalten. Die Deutschen leiden unter Bubis' „moralische[m] Druck", seiner *„moralischen Instanzhaftigkeit"*1573, wollten, so Walser, ihren „Seelenfrieden" („Herr Bubis, das sage ich Ihnen, ich will meinen Seelenfrieden, verstehen Sie."1574). Doch der Jude Bubis ist für Walser das Unglück der Geschichte, ein Störenfried seiner Abwehr1575, der das Gewissen hinterhältig „manipuliert". Bubis als projizierte, erhöhte moralische Instanz („Ich soll mich im Gespräch mit Ignatz Bubis bewähren"1576), die für Walser qua Judesein an die NS-Vergangenheit erinnert, soll schließlich moralisch demontiert werden. Bubis wird im Angesicht von Rostocks brennenden Flüchtlingsunterkünften in Siegerpose portraitiert, wie ein erfolgreicher Kämpfer gegen das Ansehen der deutschen Nation, und von Walser mit verächtlichen Worten belegt: „Ich glaube, ich habe Sie im Fernsehen gesehen in Lichtenhagen bei Rostock. Jetzt frage ich Sie, *als was waren Sie dort?* [...] Denn ich sah Ihr empörtes, ergriffenes Gesicht im Fernsehen, begleitet vom Schein der brennenden Häuser, das war *sehr heroisch.*"1577 Bubis' Kritik, dass Walser „anderen ein Tor geöffnet" hat, wird entsprechend beantwortet: Es sei „dann höchste Zeit" gewesen, „dass dieses Tor einmal geöffnet wurde."1578

Erneut werden Walsers Aggressionen, in Reproduktion der Reaktionsmuster der Gesamtdebatte, verharmlost bzw. überwiegend positiv rezipiert. Sie erscheinen als „zuletzt auch vom israelischen Botschafter geforderte Klarstellung"1579, die Walser rehabilitiert; als eine Ausräumung von Missverständnissen, die somit endgültig Bubis' vermeintlich missliebiger und argwöhnischer Interpretation von Walsers Ansprache angelastet werden: „Walser spricht literarisch, Bubis versteht es konkret."1580 Der Gehalt der Gesprächssequenzen wird hierbei in den Medien zumeist entstellt bzw. verkehrt; Bubis und Walser hätten, so Frank Schirrmacher in der *Frankfurter Allgemeinen*, „das Gespräch darüber begonnen, wie das, was war, im Gedächtnis bleiben kann, ohne

---

1570 Ibid.
1571 Ibid.
1572 Ibid.
1573 Ibid. Hervorhebung von mir, L.R.
1574 Ibid.
1575 Vgl. Hajo Funke und Lars Rensmann, „Aus einem deutschen Seelenleben. Warum Martin Walser Ignatz Bubis partout nicht verstehen will," in: Allgemeine Jüdische Wochenzeitung, Nr. 52, 24. Dezember 1998.
1576 Frankfurter Allgemeine Zeitung, 14. Dezember 1998.
1577 Ibid. Hervorhebungen von mir, L.R.
1578 Ibid.
1579 Die tageszeitung, 15. Dezember 1998.
1580 Der Tagesspiegel, 15. Dezember 1998.

entwürdigt zu werden." Dabei schwebe Walser „offensichtlich" eine „neue Sprache des Erinnerns", ein „kollektiver Verständigungsprozess vor, der unterirdisch die Routinen durchbricht und Auschwitz wieder zu einer Angelegenheit, und das kann nur heißen: zu einer Verstörung des eigenen Gewissens macht."[1581] An gleicher Stelle ist anderntags dann wieder in Walsers Vokabular davon die Rede, die Thematisierung von Auschwitz sei zur „abtötende[n] Routine", „zur Dauerpräsenz gesteigert"[1582] worden.

Das Gespräch gilt als „Ende eines Missverständnisses", ja die gesamte Auseinandersetzung wird nun mitunter darauf reduziert, „lediglich [...] ein Missverständnis zwischen zwei älteren Herren"[1583] zu sein. Der Streit mutiert dabei zu einer bloßen Medieninszenierung, innerhalb deren Walser sich früher „vom falschen Beifall" hätte distanzieren können, „was er ein paar Tage später ohnehin tun wird."[1584] Dass Walser sich von Aussagen distanziert hätte, ist freilich nicht der Fall. Wie anfangs die *Bild-Zeitung*, hat auch das Berliner Springer-Boulevard-Blatt *B.Z.* dagegen Walser richtig verstanden: der Autor habe „mit seiner Forderung nach einem ‚Schlussstrich unter den Holocaust' eine nationale Debatte losgetreten."[1585]

In der linken ostdeutschen Regionalzeitung *Junge Welt*, die während der gesamten Debatte besonders auffällig für Walser Partei ergriffen hat, erscheint in Reaktion auf das Walser-Bubis-Gespräch eine „Satire" mit dem Titel „Wie es wirklich war" von Matthias Wedel als Phantasiedialog zwischen Walser und Bubis. Zwar dünkt sich der Beitrag Walser gegenüber kritisch. Doch Bubis wird in einem Licht gezeichnet, das antisemitische Klischees bedient, wie der Text überhaupt – in vermeintlich satirischer Absicht – durchweg auf nationalsozialistisches Vokabular rekurriert. Bubis erscheint hierbei als moralisch verkommen („reden wir lieber von Frauen mit dicken Hintern"[1586]), im Besonderen aber als geldgierig und käuflich („Wenn Sie das nächste und das übernächste Gläschen bezahlen, nehme ich den ‚Brandstifter' zurück."[1587]). Diese antisemitischen ‚Judenwitze' Wedels („Das ist hier ja trocken wie in einer Gaskammer") haben zu wiederholten Protesten durch Holocaust-Überlebende und den Jüdischen Kulturverein Berlin geführt.[1588]

Kritische Distanzierungen stellen sich in den Medien erneut mit einer Verzögerung ein. Nur in der *Frankfurter Rundschau* erfährt Walser unmittelbar Kritik. Dass, so die *FR*, „‚die Juden' unser Unglück sind, hat man auch schon einmal rhetorisch unumwundener gehört—und kann es jederzeit dort lesen, wo Walser, der seine Rede ‚unmissverständlich' nennt, offenbar in diesem Sinne verstanden wurde."[1589] Ähnlich kritisch rekonstruiert nun auch *Die Woche* den ‚Dialog' zwischen Walser und Bubis. Dekonstruiert wird, wie auch in der *Westdeutschen Allgemeinen Zeitung*, zunächst die hegemoniale Sicht,

---

[1581] Frankfurter Allgemeine Zeitung, 14. Dezember 1998.
[1582] Frankfurter Allgemeine Zeitung, 15. Dezember 1998.
[1583] Der Tagesspiegel, 15. Dezember 1998.
[1584] Ibid.
[1585] B.Z., 16. Dezember 1998.
[1586] Matthias Wedel: *Wie es wirklich war*, in: Junge Welt, 17. Dezember 1998.
[1587] Ibid.
[1588] Vgl.den Leserbrief von Irene Runge, Junge Welt, 14. Januar 1999.
[1589] Frankfurter Rundschau, 15. Dezember 1998.

es habe ein Versöhnungsgespräch gegeben, und zwar mittels der schlichten Feststellung, dass Walser „nicht ein einziges Wort [...] zurückgenommen"1590 habe. Unter dem Titel „...und er ist doch ein Brandstifter" wird analysiert, dass Walser die „gnädige Interpretation, seine Paulskirchen-Rede sei missverständlich formuliert gewesen, [...] in [...] selbstgefälliger Haltung" zurückwies, obgleich Bubis, öffentlich gedrängt dazu, seine Worte zurückzunehmen, die gesellschaftliche Erwartung erfüllt hat, Walser „zur Wahrung des Seelenfriedens der aufgewühlten Kulturnation"1591 zu erlösen. In den unmittelbaren, spontanen Äußerungen Walsers erkennt *Die Woche* nun „die niederschmetternde Offenbarung einer Geisteshaltung, die in dieser unduldsamen Wucht und aus solchem Munde heute nicht mehr für möglich gehalten wäre."1592

Diese kritischen Reflexionen werden unmittelbar mit antisemitischer Gewalt ‚beantwortet'. Diese nimmt verschiedene Formen an. Die Eskalation beschränkt sich diesmal nicht auf den Diskurs, den ‚Text'. Einerseits wird am 19. Dezember 1998 das Grab des ehemaligen Zentralratsvorsitzenden der Juden in Deutschland, Heinz Galinski, zerbombt. Der *Tagesspiegel* und die *Frankfurter Rundschau* lokalisieren die Gewalttat im Kontext der „trübnationale[n] Brandsatz-Rede Martin Walsers über die ‚Moralkeule' Auschwitz".1593 Die Tochter Galinskis meint, die „geistigen Schreibtischtäter und ‚Brandstifter' trügen Verantwortung dafür, dass ein Klima entstanden sei, in dem eine solche Tat möglich sei."1594 Bundespräsident Herzog erspäht das „Werk von wirren Einzelgängern"; „ärgerlich", nennt es Eberhard Diepgen, der damalige Regierende Bürgermeister von Berlin, „dass *wir* durch Taten von einzelnen Verrückten und Kriminellen immer wieder in Erklärungsbedarf gedrängt werden."1595

Zum anderen ist wieder der *Spiegel* der Ort, der die Walser-Debatte, noch in ihrem Epilog, zu einem Höhepunkt treibt. Auf zwei Seiten bekommt die 23jährige „nichtjüdische Jura-Studentin" Kathi-Gesa Klafke an Augsteins Stelle und in Anknüpfung an dessen Motive Gelegenheit, antisemitische Topoi zu entfalten. Wenige Wochen später ist der Text, der sich „gegen Schuldzuweisung [wehrt]", bereits zu einem „Manifest Ihrer Generation"1596 avanciert bzw. erhoben worden. „Viele [Juden, L.R.]", so imaginiert Klafke, „scheinen jeden, der nichtjüdischen Glaubens ist, für grundsätzlich schlecht zu halten und maßen sich an, alleingültig die Erinnerung verwalten und dosieren zu dürfen."1597 Der antisemitische Subtext lautet: Die Juden glauben wohl, sie seien etwas besseres, ein auserwähltes Volk, sie erheben sich über die anderen, sprich: die Deutschen; und sie kontrollieren und manipulieren ‚anmaßend' die deutsche Erinnerung. Die Juden sollen demnach endlich aufhören, sich ‚immer noch für etwas Besonderes zu halten': „Akzeptiert, das der jüdische Glaube in unserer Generation lediglich eine Religion unter vielen ist." Da ein jüdischer Student, dem Klafke oberflächlich als

---

1590 Die Woche, 18. Dezember 1998; vgl. auch Westdeutsche Allgemeine Zeitung, 22. Dezember 1998.
1591 Die Woche, 18. Dezember 1998.
1592 Ibid.
1593 Der Tagesspiegel, 21. Dezember 1998; Frankfurter Rundschau, 21. Dezember 1998.
1594 Zitiert nach Frankfurter Allgemeine Zeitung, 21. Dezember 1998.
1595 Zitiert nach Frankfurter Rundschau, 21. Dezember 1998. Hervorhebung von mir, L.R.
1596 Hans Däumling, „Mehr als ein Völkermord," Der Spiegel, 18. Januar 1999.
1597 Kathi-Gesa Klafke, „Also doch Erbsünde ?," Der Spiegel, 28. Dezember 1998.

Referenz dient, von „Deutschen" und „Juden" spricht, sind für Klafke, die sich selbst von Juden und Ausländern umzingelt zu sehen scheint, „nicht ‚die Deutschen' antisemitisch", sondern der jüdische Student „rassistisch".1598 Als Deutsche fühlt sich Klafke allgegenwärtig als Opfer der Juden „der Welt" und ihrer vermeintlichen Schuldvorwürfe, ihres „Rassismus". Diese gängige Inversion der Realität, die Konstruktion eines Rassismus „unter umgekehrten Vorzeichen" (Hans-Ulrich Wehler)1599, ist uns, wie auch die Phantasmagorie, Deutschland werde kollektiver Schuld bezichtigt, bereits als debattenstrukturierende Diskursstrategie in der Goldhagen-Debatte begegnet.

Die von der deutschen Studentin perzipierte „Anmaßung" der Juden zu glauben, „Vorwürfe machen zu dürfen", entbehrt nach Klafke jeglichen realen Grundes: die „neue Judenfeindlichkeit" würde vom jüdischen Studenten ‚herbeigeredet' und von „niemand sonst"; denn „[d]ieses so genannte antisemitische Gedankengut, diese Vorurteile gegen ‚die Juden', die waren mir unbekannt", ein Konstrukt der „immerwährenden Beteuerungen vieler Menschen jüdischen Glaubens".1600 Auch für den Nationalsozialismus selbst sieht Klafke keine „abgrenzbare[n] Gruppen" von Tätern und Opfern; alle haben irgendwie gelitten und zugleich irgendwie beim Holocaust mitgemacht: „Deutsche", „Niederländer oder Franzosen", „und schließlich waren auch nicht alle Juden unschuldig]."1601 Man solle „dazu übergehen, den Holocaust in die Geschichte neben die Vernichtung der Indianer, Sklavenhandel, Leibeigenschaft, Gulag, Kolonialisierung, Christenverfolgung, Inquisition, Kreuzzüge...einzureihen". Anstatt ‚bei sich selbst zu kehren', sprich: seine *eigene* Tatbeteiligung zu bedenken, scheine sich, so Klafke, auch der Holocaust-Überlebende „Herr Bubis [...] lieber darauf zurückzuziehen, alle ihm unangenehmen Äußerungen seien zwangsläufig antisemitisch", womit dieser „den Antisemitismus schürt." So imaginiert sich Klafke von den Juden „aufgefordert, [...] schuldig zu sein, woran auch immer."1602 Die deutsche Geschichte der Verfolgung wird hier vollends zum Problem der Juden, der Opfer, auf die die deutsche Tat politisch-psychologisch delegiert wird.

Auf zwei Spiegel-Seiten publiziert hier jemand, der sich als ‚mundtotes' Opfer von „den Juden" wahrnimmt, die immer „diese Keule" schwängen, und sich dadurch zu antisemitischen Äußerungen legitimiert fühlt. Klafkes Hasstiraden finden so aufgrund des Sprechortes positive Sanktionierung und Opportunität. Hier wird einer geschlossen antisemitischen Ressentimentstruktur ein prominenter diskursiver Ort zugewiesen, der damit Antisemitismus ein scheinbar legitimer Platz in der demokratischen Kommunikation reserviert; er bleibt in diesem Kontext ein „legitimer" Beitrag im demokratischen Gespräch über die Juden. Ein judenfeindlicher Text, dem gegenüber alle publikatorischen Schamgrenzen aufgehoben scheinen und der später als „Manifest" einer ganzen Generation rezipiert worden ist, bildet somit nicht zufällig den vorläufigen Abschluss und letzten Höhepunkt der Debatte.

1598 Ibid.
1599 Die Zeit, 14. Mai 1996.
1600 Klafke, „Also doch Erbsünde ?", a.a.O.
1601 Ibid.
1602 Ibid.

7.2.4 Gesellschaftliche Reaktionsmuster und ihre Bedeutung für die politische Kultur

Die gesamtgesellschaftlichen Reaktionsbildungen auf die und Folgen der Walser-Debatte lassen sich zunächst nur durch indirekte Quellen erschließen und einschätzen: die Briefe an Walser und Bubis[1603], und die Leserbriefe in der Medienlandschaft, die mit Mehrheit Walser folgen und dessen Formulierungen nicht selten radikalisieren, sowie parallele Meinungsumfragen zu Antisemitismus und ‚Vergangenheitsbewältigung'. Demnach befürworten im Dezember 1998, am Ende des Konfliktes, 63% der Deutschen, dass ein „Schlussstrich unter die Diskussion über Judenverfolgung" gezogen werden sollte[1604] – dies ist der höchste in diesem Jahrzehnt erhobene Wert.[1605] Geringer, aber kaum beruhigender ist der Anteil derjenigen, die zudem gegenwärtig nationalistische und antisemitische Vorurteile äußern: 29% meinen, die Deutschen seien anderen Völkern überlegen; 41% sehen einen überproportionalen „Einfluss von Juden auf die Wirtschaft"; 38% meinen weiterhin im Sinne eines sekundären Antisemitismus, „viele Juden versuchen aus der Vergangenheit ihren Vorteil zu ziehen und die Deutschen dafür zahlen zu lassen."[1606]

Walser mag insofern latente, aber zuvor politisch-kulturell diskreditierte Ressentiments verstärkt haben; zumindest hat er den Grad ihrer sozialen Akzeptanz erhöht, indem er ihnen mit Unterstützung beträchtlicher Teile der politischen Öffentlichkeit und intermediärer wie staatlicher politischer Akteure öffentlich Ausdruck verschafft hat. Auf den Leserbriefseiten der Zeitungen und Zeitschriften sind die Parteinahmen in großer Mehrheit auf Seiten Walsers. Dabei schlägt die Rezeption der ressentimentgeladenen Topoi des öffentlichen Diskurses, der den Raum für Erinnerungsverweigerung und Vorurteilsäußerungen erweitert hat, nicht selten in brachiale Sprachfiguren um. *Die Zeit* etwa druckt neun Zuschriften in Reaktion auf Klaus Harpprechts frühen und kritischen Artikel gegenüber der Friedenspreisrede; acht davon verteidigen Walser vehement. Harpprecht sei „pathologisch wahnhaft", ein „Hüter von Political Correctness in der Auschwitz-Frage", er stifte „erpresserischen Moralterrorismus", sei mit ‚seinesgleichen' „noch [...] zu einflussreich, zu einschüchternd", schlage „Verbalkeulen" gegen „die Deutschen" und gegen Walsers „gerechtfertigte Klage", die „nur von Böswilligen misszuverstehen war. [...] Etwas mehr – gesundes – Nationalbewusstsein würde uns gut tun."[1607] Ähnlich sind die überwiegenden Reaktionen in der *Woche* in Bezug auf

---

[1603] Für eine überzeugende Auswertung ausgewählter Briefe an Walser siehe Wulf D. Hund, „Auf dem Unsäglichkeitsberg: Martin Walser, Ignatz Bubis und die tausend Briefe," Blätter für deutsche und internationale Politik 10 (1999), S. 1245 – 1254.
[1604] Vgl. Forsa-Umfrage von 2005 West- und Ostdeutschen; Die Woche, 24. Dezember 1998, S. 8.
[1605] Vgl. zu den Daten bis 1989 ausführlich Bergmann und Erb, Antisemitismus in der Bundesrepublik Deutschland, a.a.O., S. 235 – 242.
[1606] Vgl. Die Woche, 24. Dezember 1998. Die je 20 %, die behaupten, Juden hätten etwas Eigentümliches an sich und „passen nicht zu uns", und Juden seien an ihrer Verfolgung „nicht ganz unschuldig", verweisen auf ein Fünftel von Antisemiten in der Gesellschaft. Die 9 %, die eliminatorisch fordern, alle Juden sollten nach Israel gehen, sind als harte Antisemiten einzuschätzen. Rätselhaft ist, warum Forsa auf dieser empirischen Grundlage folgert, insgesamt seien 20 % der Deutschen „latent antisemitisch"; harte Antisemiten existieren demnach überhaupt keine. Die Bewertung erfolgt ohne sinnvolle Begründung.
[1607] Die Zeit, 5. November 1998.

deren späte Kritik an Walser. Von neun publizierten Leserbriefen ergreifen hier sieben aggressiv Partei für Walser, keiner gibt eine kritische Position zu erkennen: Das „einseitige Starren" auf den Holocaust verstelle den Blick auf andere Gräueltaten wie z.B., so ergänzt ein anderer Leser, diejenigen „seit mindestens 1000 Jahren" gegen „Indianer, Schwarze, Weiße, Russen, Japaner, Araber, Palästinenser" (dass Juden in dieser Aufzählung fehlen, ist gewiss kein Zufall); *Die Woche* schwinge sich „engstirnig einseitig [...] zu Hütern und Treuhändern des Gewissens"[1608] auf.

Ein Leser der *Welt* sieht, unterstützt von zahlreichen Mitstreitern, dass Bubis die Rolle „des Anklägers und Richters, [...] der ‚moralischen Instanz'" wahrnehme und „die von Martin Walser erwähnte Moralkeule hervorholt."[1609] Die *Welt am Sonntag* publiziert von Walser ausgewählte Briefe, als Teil der „tausend", die der Autor erhalten hat, und welche ihm zufolge „Ausdruck einer einzigen Bewusstseinsregung" seien; Briefe, die ihn „nicht missverstehen" und „alle gemeinsam [haben], dass sie einer öffentlichen Rede zustimmen, in der öffentlich gesagt wurde, was *jeder* bisher nur gedacht oder gefühlt hat."[1610] Hier zeigt sich tatsächlich, dass Walser nicht missverstanden wurde. Ein Unterstützer meint, im Kampf gegen vermeintliche „exzessiv aufblühende Bewältigungsorgien" habe Walser dem deutschen Volk „aus der Seele gesprochen", mit der Folge, dass nun „täglich Anschuldigungen durch Medien, Interessenverbände und Schriftsteller auf *uns* niederprasseln."[1611] Das plurale Objekt des Satzes verweist nicht auf Walser und seinen Leser, sondern auf den Plural der Nation. Eine Walser ebenso richtig verstehende „begeisterte Leserin" fordert die „Aussöhnung" von Juden und Deutschen; als hätten beide sich in der Geschichte nur ein bisschen gestritten: „Wenn man Reue zeigt und Wiedergutmachung leistet, *muss das Thema mal durch sein*. Wie sollen wir sonst zu einer *deutsch-jüdischen Aussöhnung* kommen?"[1612] Ein mit Walser persönlich vertrauter Leser, der den Autor duzt, phantasiert ähnlich bizarre Verfolgungsphantasien wie der gefeierte Bestseller-Autor: „Mein erster Gedanke: *die* sind hinter dir her."[1613] Walsers Freund expliziert freilich nicht, von welchem verschworenen Kollektiv sich jener verfolgt fühlen soll.

Die qualitative Auswertung der Leserbriefreaktionen ergibt im gesamten Spektrum der Presse ein analoges Bild; die überwältigende Mehrheit der abgedruckten Reaktionen ist äußerst affektiv bestimmt und richtet sich gegen Bubis oder gar „die Juden". In der linksalternativen, GRÜNEN-nahen *tageszeitung* sticht bei den durch Leser geäußerten Verteidigungen Walsers und Angriffen auf Bubis, die mit dem medialen Echo korrespondieren und nur einem kritischen Leserbrief gegenüberstehen, hervor, dass mehrfach besonders betont wird, man sei „kein Antisemit"[1614]. Die bedeutendste Quelle zur

---

1608 Die Woche, 18. Dezember 1998.
1609 Die Welt, 29. Oktober 1998.
1610 Martin Walser, „Wovon soll Schande zeugen, wenn nicht von Verbrechen," Frankfurter Allgemeine Zeitung, 28. November 1998. Hervorhebung von mir, L.R.
1611 Welt am Sonntag, 6. Dezember 1998. Hervorhebung von mir, L.R.
1612 Ibid. Hervorhebung von mir, L.R.
1613 Ibid. Hervorhebung von mir, L.R.
1614 Siehe u.a. Die tageszeitung, 12. November 1998 und 17. Dezember 1998. Diese Einwandvorwegnahme hat die Vorurteilsforschung ausgiebig beleuchtet. Auf den Hinweis, man habe nichts gegen Juden, respektive gegen Ausländer, folgt meist ein Vorurteil, eine ‚Sinneinheit', der implizit oder explizit ein ‚aber' vorangestellt

7. Antisemitismus in öffentlichen Konflikten der ‚Berliner Republik'

Analyse der gesellschaftlichen Reaktionen ist fraglos die meinungsführende *Frankfurter Allgemeine Zeitung*, die täglich eine Seite mit Briefen an die Herausgeber publiziert. Von den zunächst 50 veröffentlichten, fast durchweg polar einzuteilenden Zuschriften[1615] vertreten 35 Walsers Ensemble ideologischer Motive (also 70%), 15 (30%) äußern sich kritisch oder eher kritisch.[1616]

Unter den ‚kritischen' Zuschriften sind nur fünf, die Walsers Rede grundsätzlich ablehnen. Hierbei wird ein „neues Selbstbewusstsein des Ignorantentums"[1617] konstatiert oder die „Trauer um den Verlust eines Schriftstellers"[1618] bekundet, der nunmehr mit einem „anonymen Generalverdacht"[1619] operiere. Beklagt wird auch, dass die *FAZ* keine „Philologen mobilisiert, um wenigstens ansatzweise Widersprüche in Walsers Rede [...] aufzuspüren. Auf diese Weise bleiben Bubis und die jüdische Gemeinschaft mit ihrer Klage [...] allein."[1620] Es sei eine Schande, schreibt ein Leser, wenn „Deutsche ihr ‚schwieriges Schicksal' beklagen und dadurch die Millionen verhöhnen, die von uns Deutschen ermordet wurden."[1621] Ein anderer Leser kritisiert schließlich Walsers Paranoia und eine „von Walser wahnhaft vermutete Verschwörung, um ‚den Deutschen' ihre in der Tat unvergängliche Schande vorzuhalten."[1622] Im gegensätzlichen Verhältnis zum medialen Diskursverlauf nehmen diese wenigen kritischen Töne auf den Leserbriefseiten im Prozess der Debatte ab.

Von den 35 sich auf Walser positiv beziehenden Leserbriefen, die die *FAZ* zur Veröffentlichung ausgewählt hat, sind vierzehn als latent und sieben als offen antisemitisch zu kategorisieren (insgesamt 42 %). Man erspäht dabei eine „[g]nadenlose Schuldzuweisung" durch Bubis, die „Hass" erzeuge und „neue Feindbilder"[1623] begünstige. Mit seiner Kritik zwinge Bubis, so ein anderer Leser in sekundär-antisemitischer Projektion, die Menschen zu Schuldgefühlen, wodurch nur „erneuter und verstärkter Antisemitismus entstehen"[1624] könne. Gängig werden somit die Juden für ‚deutsche Schuldgefühle', stereotype antisemitische Zuschreibungen und mithin für antijüdische Ausgrenzung verantwortlich gemacht. Schließlich sei es Bubis, der wie Goldhagen einem „neuen Rassismus" das Wort rede, welcher den Antisemitismus im „genetischen Code" der Deutschen vermute; Bubis solle, wird angefügt, noch einmal Fassbinders Stück „Die Stadt, der Müll und der Tod" lesen und die „Wahrheit in der Figur des ‚reichen Ju-

---

ist, und die die Behauptung, man sei kein Antisemit oder Rassist, inhaltlich unfreiwillig widerlegt. Vgl. u.a. Adorno, „Schuld und Abwehr," a.a.O.
1615 Im Zeitraum vom 16. Oktober 1998 bis 28. Dezember 1998.
1616 Hierbei ist zu vermuten, dass die Herausgeber, die nach eigenen Angaben die Zeitung täglich mit Zuschriften hätten füllen können, innnerhalb ihrer Möglichkeiten in bezug auf das Leserbriefmaterial um ‚Ausgewogenheit' bemüht waren. Der Anteil der Walser-Unterstützer dürfte insofern eher höher gewesen sein und könnte möglicherweise in den Proportionen der veröffentlichten *Zeit*-Zuschriften liegen (8:1).
1617 Frankfurter Allgemeine Zeitung, 16. Oktober 1998.
1618 Frankfurter Allgemeine Zeitung, 20. Oktober 1998.
1619 Frankfurter Allgemeine Zeitung, 31. Oktober 1998.
1620 Frankfurter Allgemeine Zeitung, 14. November 1998.
1621 Frankfurter Allgemeine Zeitung, 20. November 1998.
1622 Frankfurter Allgemeine Zeitung, 3. Dezember 1998.
1623 Frankfurter Allgemeine Zeitung, 16. Oktober 1998.
1624 Frankfurter Allgemeine Zeitung, 28. Dezember 1998.

den'"1625 erkennen. Mit seinen Interventionen tue Bubis, der „jetzige Sprecher der Judenheit"1626, somit „sich und dem Zentralrat der Juden in Deutschland keinen Gefallen."1627 Ein Leser fragt sich, ob sich Walser und Dohnanyi nicht „primitiv" genug ausdrückten, um nicht von Bubis missverstanden zu werden.1628

Ein anderer Leser meint, der „große Liebende"1629, der „wahrheitssensible Schriftsteller"1630 Walser, der vielen „aus dem Herzen gesprochen"1631 habe, zeige hingegen einen „Platz, an dem die Täter und die Opfer ihre Macht verlieren [...], eine Voraussetzung für Frieden."1632 Dabei erscheint der friedensstiftende Walser als umzingelt von „Inquisitoren"; wer wie Walser in Deutschland frei rede, käme auf die „Anklagebank", „[u]mgeben von Denkverbot und Meinungsterror"1633. Mit der „Anerkennung" Walsers wird von einem Leser auch die antisemitische These verknüpft, „dass bestimmte Gruppen in den Vereinigten Staaten die Israel-Politik gegen eine Mehrheit von 85 % durchsetzen können"1634, was man aber hierzulande nicht benennen dürfe. Mit Walser glaubt ein Leser, innerhalb des Dispositivs völkischer Volkskörper-Figurationen und autoritärer Säuberungsideale, „die Deutschen [befänden sich] auf dem Weg zur Selbst*reinigung* und Selbstfindung"1635. Denn das Volk, heißt es in einem anderen Brief, sei es leid, dass es „sich nach nunmehr fünfzig Jahren in einer Art Sippenhaft mit dem Makel des Verbrechens kasteien soll."1636 Wie schon in der Goldhagen-Debatte wird solchem politisch-psychologischen Motiv einer als omnipräsent halluzinierten Bedrohung durch internationale Schuldvorwürfe erneut ein „Kollektivschuldvorwurf"1637 gegen die Deutschen hinzugefügt, der fortwährend vertreten werde. Dabei wird der Holocaust mitunter nicht mehr nur als *ein Teil* der deutschen Vergangenheit eingeordnet: die Judenverfolgung sei „gerade *kein Teil der deutschen Geschichte* und ,Kultur'"1638. Ihre Thematisierung fungiere als „Freispruch" für die „anderen Nationen"1639 bzw. bedeute die „Relativierung aller anderen Verbrechen".1640

Auch Drohungen gegen Juden werden hierbei deutlich unverhüllter geäußert als noch in Jahren zuvor. Weder repräsentativ, noch vereinzelt droht Karl H. Schlitter aus Bischofsheim bei Rüsselsheim: „Sie werten Bubis [...] unverdient auf, denn er ist nicht der Kontrolleur der Nation, der entscheidet, was nichtjüdische Deutsche denken und – vor allen Dingen – sagen dürfen. [...] Zwar kann man verstehen, dass er nicht objektiv

---

1625 Frankfurter Allgemeine Zeitung, 5. Dezember 1998.
1626 Frankfurter Allgemeine Zeitung, 1. Dezember 1998.
1627 Frankfurter Allgemeine Zeitung, 24.November 1998.
1628 Vgl. Frankfurter Allgemeine Zeitung, 21. November 1998.
1629 Frankfurter Allgemeine Zeitung, 16. Oktober 1998.
1630 Frankfurter Allgemeine Zeitung, 14. November 1998.
1631 Frankfurter Allgemeine Zeitung, 14. November 1998.
1632 Frankfuter Allgemeine Zeitung, 17. Oktober 1998. Hervorhebung von mir, L.R.
1633 Frankfurter Allgemeine Zeitung, 17. Dezember 1998.
1634 Frankfurter Allgemeine Zeitung, 20. Oktober 1998.
1635 Frankfurter Allgemeine Zeitung, 26. November 1998. Hervorhebung von mir, L.R.
1636 Frankfurter Allgemeine Zeitung, 16. November 1998.
1637 Frankfurter Allgemeine Zeitung, 20. November 1998.
1638 Frankfurter Allgemeine Zeitung, 31. Oktober 1998.
1639 Frankfurter Allgemeine Zeitung, 5. Dezember 1998.
1640 Frankfurter Allgemeine Zeitung, 3. Dezember 1998.

sein kann, aber die Grenze der Duldsamkeit ihm [Bubis] gegenüber ist längst überschritten."1641

Der jüdischen Minderheit in Deutschland stellen sich Walsers Rede und die Dynamik des Diskurses indes anders dar als der Mehrheit der Briefeschreiber; in Interviews mit jüdischen Intellektuellen und Künstlern, die *Die Woche* und die *tageszeitung* tätigten, sehen viele, dass in der Debatte „revanchistische und antisemitische Züge"1642 hervorbrechen. Dass nichtjüdische Intellektuelle Walser kaum entgegengetreten sind, trifft auf allgemeines Unverständnis.1643 Andere meinen, die Walser-Debatte habe deutlich gemacht, „dass für Juden in Deutschland kein Platz"1644 sei.

7.2.5 Von der ersten zur zweiten Walser-Debatte: Umbrüche im politischen Diskurs

Die Diskursstränge der Walser-Debatte diffundieren um die Jahreswende 1998/1999. Sie werden vereinzelt an verschiedenen öffentlich-politischen Orten aufgegriffen und aktualisiert. Sie sind gleichwohl als Wendungen und Kritiken in das kollektive und kommunikative Gedächtnis eingegangen. Sie zeigen sich teils integriert in den alltäglichen politisch-kulturellen Jargon. Während die öffentliche Distanz zu Walser als Person gewachsen ist, haben sich Geist und Sprache des Autors im öffentlichen Diskurs ‚normalisiert'.

Trotz einiger später Kritiken, und letzthin zahlreicher Abmahnungen gegenüber Walser1645, die schließlich selbst in einer abendlichen ARD-Tagesschau-Sendung Niederschlag fanden – Bubis habe der „verdrehenden Geschichtsklitterei des Kleinbürgers Walser widersprochen"1646 –, hat sich bis zu Bubis' Tod das Bild verfestigt, seine Einwände gegen Walsers antisemitische und erinnerungsverweigernde Invektiven seien „ungewöhnlich schroff"1647 und übertrieben gewesen. Die latente Wut auf den zuvor zum ‚Mahner' stilisierten Bubis und dessen Kritik wirkte, etwa in der *tageszeitung*, scheinbar auch über seinen Tod hinaus. Hier fragte Eberhard Seidel, aus dem Kanon der Bubis' für die ‚nationale Sache' vereinnahmenden Reaktionen hervorstechend, anlässlich dessen Todes: „Wie kriminell und böse war Ignatz Bubis?"1648; als sei nur noch der Grad seiner Kriminalität und Boshaftigkeit – beides eingeschliffene antisemitische Zuschreibungen – zu verhandeln.

1641 Frankfurter Allgemeine Zeitung, 17. Dezember 1998.
1642 Die Woche, 4. Dezember 1998.
1643 Vgl. Die Woche, 4. Dezember 1998.
1644 Ibid.
1645 Der Gesinnungswandel einiger Feuilletonisten reflektiert sich im besonderen am Beispiel von Jens Jessen in der Berliner Zeitung; erst hielt er Bubis' Kritik an Walser für die „argwöhnische Empfindlichkeit der Opfer" (Berliner Zeitung, 14. Oktober 1999), später, Walser immer noch verteidigend, dessen Rede für „höchst unglücklich formuliert" (Berliner Zeitung, 9. Dezember 1998), und schließlich fragt er, ob man den Autor vom Bodensee „überhaupt noch ernst nehmen" solle (Berliner Zeitung, 14. Juni 1999).
1646 ARD-Tagesschau, 13. August 1999.
1647 Berliner Zeitung, 31. Juli 1999.
1648 Die tageszeitung, 17. August 1999.

Von größerer gesellschaftlicher Relevanz als das teilweise veränderte Verhältnis zu Walser, das in der politischen Öffentlichkeit zutage tritt[1649], ist, inwieweit sich die Walserschen erinnerungsabwehrenden und latent antisemitischen Semantiken und Ideologeme im gesellschaftlichen Diskurs verstetigt haben und als Moment eines antidemokratischen Erosionsprozesses gegenüber antisemitischen Entgleisungen zu begreifen sind. Jürgen Habermas kritisiert retrospektiv 1999, dass sich die politische Öffentlichkeit von „den Rülpsern einer unverdauten Vergangenheit, die aus dem Bauch der Bundesrepublik in regelmäßigen Abständen aufsteigen, diesmal nur dank der Courage – das war das Beunruhigende – eines prominenten Juden befreien können."[1650] Hierbei analysiert Habermas, dass, im Zuge der Walser-Debatte und im Kontext der neuen Erinnerungspolitik der Schröder-Regierung, eine „Berliner Republik, die der falschen, der monumentalen Vergangenheit gewidmet sein soll, [...] ihre Schatten voraus [wirft]."[1651] Es formiere sich eine große Koalition von grün bis rechtskonservativ, die den Bedarf an nationaler Symbolik decken möchte; allen voran Schröder, dem auf telegen-trivialisierende Weise „mit wenigen Bemerkungen eine Entsorgung der Vergangenheit [gelingt], die Kohl auf seine pompös historisierende Art in Bitburg noch verfehlt hatte."[1652] Selbst die mühsam errungene Entscheidung für die Errichtung des Mahnmals könne dergestalt an die Abspaltung der Moral und die vergangenheitspolitische Schlussstrich-Mentalität, die diese „große Koalition" im Gestus der Unbekümmertheit und des Aufbruchs in die ‚selbstbewusste Nation' der ‚Berliner Republik' verkörpert, gebunden bleiben. Bereits der ehemalige Bundeskanzler Helmut Kohl betonte, das Mahnmal, obgleich „zu gigantisch", müsse „schon wegen der amerikanischen Ostküste" gebaut werden, soll heißen: wegen der vermeintlich international ‚mächtigen Juden' aus den USA. Sein Nachfolger Schröder, nach eigener Ansicht „mitten drin" im „normalen Volk"[1653], offenbarte sich lange Zeit als erklärter Mahnmalsgegner[1654] und sah sich aus offenbar äußerlichen Gründen gezwungen, das Mahnmal nicht mehr abzulehnen; „besonders nach der Walser-Debatte" ginge das nicht mehr, „so ist das im Leben."[1655]

[1649] Richard von Weizsäcker etwa distanziert sich zuletzt deutlich von Walser. Im Gespräch mit Bernard-Henry Lévy resümiert er: „Schauen Sie, das hätte eine gute Debatte werden können. Aber nicht mit ihm, nicht mit diesem Mann, diesem Typ, gewiß redlich, aber farblos und derart kleinbürgerlich. Im Grunde habe ich keinen Respekt vor Walser." Siehe Frankfurter Allgemeine Zeitung, 18. 2. 1999. Gegenbeispiele fehlen freilich nicht; der Vorsitzende der als progressiv geltenden IG Medien, Detlef Hensche, protestierte etwa gegen eine Veranstaltung des Bezirksverbandes Frankfurt der GEW, in der es auch um Walsers Roman *Ein springender Brunnen* als Beispiel eines „Antisemitismus nach Auschwitz wegen Auschwitz" gehen sollte: „In aller Schärfe protestieren IG Medien und VS gegen die einseitige Darstellung von Walsers Rede bzw. seines neuen Romans [...]." Auch wenn man sich mit der Rede Martin Walsers in der Paulskirche kritisch auseinandersetze, so könne das angesichts der Biographie und des Werkes des Schriftstellers „nicht in dem absurden Vorwurf des Antisemitismus gipfeln." Die Vorsitzende der GEW, Eva-Maria Stange, entschuldigte sich daraufhin bei Hensche. Vgl. Konkret 3 (1999).
[1650] Jürgen Habermas, „Der Zeigefinger: Die Deutschen und ihr Denkmal," Die Zeit, 31. März 1999, S. 42 – 44, hier S. 42.
[1651] Ibid.
[1652] Ibid.
[1653] Die Zeit, 4. Februar 1999.
[1654] Eisenmans ursprüngliches Modell, so Schröder, „wirkte richtig erdrückend. [...] Davon ging eine Wucht aus, mit der sich viele Menschen nur schwer auseinandersetzen können." Siehe Die Zeit, 4. Februar 1999.
[1655] Ibid.

7. Antisemitismus in öffentlichen Konflikten der ‚Berliner Republik'

Dem lange Zeit nach 1998 nun *politisch* eher diskreditierten Autor Walser wird schließlich ausgerechnet durch die regierende, progressive SPD am 8. Mai 2002 die Gelegenheit gegeben, auf der (geschichts-)politischen Bühne zu reüssieren: Schröder suchte mit Walser das öffentliche Gespräch über „Nation. Patriotismus. Demokratische Kultur: Wir in Deutschland."[1656] Dies bringt zu diesem Zeitpunkt allenfalls Applaus von nationalkonservativer Seite.[1657] Aber selbst der CDU-Politiker Wolfgang Schäuble kritisiert Schröder scharf für dessen „Patriotismus-Gespräch". Schäuble wirft Schröder vor, nach der heftigen Auseinandersetzung 1998 zu Wahlkampfzwecken oder „zumindest fahrlässig einen Konflikt mit der jüdischen Gemeinde provoziert zu haben."[1658] Auf der Veranstaltung selbst distanziert sich Schröder von Walser, als dieser den Versailler Vertrag für den Holocaust verantwortlich machte, was der Historiker Heinrich August Winkler damit kommentiert, Walser wolle „die eigene Nation entlasten und belastet andere. Die anderen sind jene, die für Versailles verantwortlich sind. Deutschland gehört nicht dazu. Es war vielmehr das Opfer des Friedensvertrages von 1919. Das ist der Kern der Botschaft. Sie nicht nationalapologetisch nennen zu wollen, heißt nicht verstehen zu wollen, worum es Walser geht."[1659]

Im Anschluss an diesen missglückten Wahlkampfauftakt[1660] der SPD hat die ‚Walser-Debatte' aus anderen Gründen eine eigentümliche Neuauflage gefunden. Wiederum hat Walser selbst mit seinem Roman „Tod eines Kritikers" für das mediale Diskursereignis gesorgt. Zeitlich zusammenfallend mit der Debatte über einen neuen Antisemitismus in der FDP[1661] lehnt der Walser-Laudator Schirrmacher in einem offenen Brief in der FAZ einen Vorabdruck des Buches ab. Von besonderer Bedeutung ist Schirrmachers Begründung: Das Buch sei ein „Dokument des Hasses" und bediene sich einem „Repertoire antisemitischer Klischees". Der Roman stelle eine nicht verschleierte „Exekution" des Literaturkritikers und Holocaust-Überlebenden Marcel Reich-Ranickis dar, selbst über Jahrzehnte verantwortlicher Redakteur in der FAZ. Schirrmacher schließt mit Sätzen, die dessen eigene Position in der Walser-Debatte grundsätzlich revidieren: „Sie, lieber Herr Walser, haben oft genug gesagt, Sie wollten sich befreit fühlen. Ich glaube heute: Ihre Freiheit ist unsere Niederlage."[1662]

Zahlreiche Rezensenten stimmen Schirrmacher nach Lektüre des Manuskripts noch vor Veröffentlichung des Buches zu. Walsers Buch habe ein Ziel des Hasses,

---

[1656] Sozialdemokratische Partei Deutschlands (SPD), „Nation. Patriotismus. Demokratische Kultur: Wir in Deutschland," Berlin, Willy-Brandt-Haus, 8. Mai 2002.
[1657] Vgl. etwa Eckhard Fuhr, „Republikanische Vaterlandsliebe," Berliner Morgenpost 10. Mai 2002. So auch in der Süddeutschen Zeitung bei Friedhelm Fiedler, „Zwei suchende Deutsche," Süddeutsche Zeitung 10. Mai 2002: Walser, diesem „hochdekorierten Schrifsteller immer wieder, wie auch jetzt geschehen, antijüdisches Gedankengut zu unterstellen, ist unfair. Oder zu meinen, der Kanzler hätte sich auf diesen Dialog gerade mit Walser nicht einlassen dürfen, ist Kleingeisterei. [...] Das Thema Nation darf jedenfalls nicht tabuisiert werden, weil es sonst den Rechten überlassen wird."
[1658] Zitiert nach Susanne Höll, „Schäuble: Gespräch mit Walser war Provokation," Süddeutsche Zeitung, 10. Mai 2002.
[1659] Heinrich August Winkler, „Die Fallstricke der nationalen Apologie," Der Tagesspiegel, 12. Mai 2002.
[1660] Kritisch hierzu z.B. der ehemalige Staatsminister für Kultur, Michael Naumann, „Wie fühlt die Nation?," Die Zeit 20 (2002).
[1661] Vgl. Kap. 7.5.
[1662] Frank Schirrmacher, „Tod eines Kritikers,"Frankfurter Allgemeine Zeitung, 29. Mai 2002.

Marcel Reich-Ranicki, den er mit zahlreichen Anspielungen in die Nähe der Nazis rückt und offen antisemitisch ‚karikiert'.1663 Das Buch lässt ein „Opfer" des Kritikers in Mordverdacht geraten; doch der zeitweise verschwundene Kritiker war nicht tot, er hatte sich nur einmal mehr der Lust hingegeben. Das Buch, so Elke Schmitter im *Spiegel*, transportiere die Stereotypie vom Juden als „Parasit der Kultur, als erfolgreicher Imitator."1664 In überaus überzeugender wie gründlicher Weise hat der Soziologe Wulf D. Hund bereits vor Walser neuem Buch und vor Beginn der ‚zweiten' Walser-Debatte, an deren Anfang die Absage der FAZ an Walsers antisemitisches Buch über Marcel Reich-Ranicki stand, antisemitische Motive in Walsers Gesamtwerk, also sowohl seinen politischen Beiträgen, als auch im literarischen Oeuvre herausgearbeitet.1665

Hervorstechend im Romanmanuskript, das nach der Skandalisierung zur Publikation noch vom Suhrkamp-Verlag ‚entschärft' worden ist, sind Passagen über Reich-Ranicki alias André Ehrl-König wie diese: „Seit Freisler hat doch keiner mehr so vor laufender Kamera rumgerudert und rumgebrüllt. Man müsste mit den Kameraleuten reden, dass die ihm einmal mit dem Zoom auf den Mund fahren, dass endlich einmal das weiße Zeug, das ihm in den Mundwinkeln bleibt, groß herauskäme, der vertrocknete Schaum [...] Das ist sein Ejakulat. Der ejakuliert doch durch die Goschen, wenn er sich im Dienst der doitschen Literatur aufgeilt. Der Lippengorilla, der elendige."1666 Der Literaturwissenschaftler Jan Philipp Reemtsma resümiert in einer ausführlichen Analyse des Romans: „Die persönliche Verletzung gerät Walser zur Zerstörung der deutschen Literatur durch den mächtigen jüdischen Schädling, die Phantasien laufen Amok. Kein untypisches Muster. Der Antisemitismus ist als Weltdeutungssystem latent vorhanden; die Rage, in die einer gerät, wird zum antisemitischen Affektsturm. Martin Walsers Roman ‚Tod eines Kritikers' ist die Folge einer durch Autosuggestion entstandenen Verstörung."1667

Als wollte Walser die gegen ihn erhobenen, wenngleich stets auch von seinen zahlreichen Unterstützern energisch dementierten Vorwürfe – Walser hege Antisemitismus und nationalistische Ranküne gegen die Erinnerung an den Holocaust – bestätigen, transformiert Walser den latenten, auf Codes basierenden Antisemitismus in diesem Buch partiell in einen manifesten. Für die folgende Debatte ist typisch, dass sich einerseits die Muster der ersten, bedeutenderen Debatte reproduzieren: vom inszenierten, hemmungslosen ‚Tabubruch' Walsers, der trotz seiner eigenen aggressiven Ranküne in der Folge in einigen Medien als vom „Meinungsterror" ‚verfolgte Unschuld' dargestellt wird, bis zu einer Kontroverse, in der zu Teilen mit einer empörten Inschutznahme gegenüber der vermeintlich Walser verfolgenden „Meute" der Kritiker manche Akteure

---

1663 Scharfe Kritiken wegen des antisemitischen Gehaltes des Buches fanden sich neben der FAZ u.a im *Spiegel*, der *Welt*, der *Frankfurter Rundschau* und im *Tagesspiegel*, vgl. zusammenfassend Frankfurter Allgemeine Zeitung, 6. Juni 2002; schließlich auch in der *Zeit*, 6. Juni 2002.
1664 So Elke Schmitter in Der Spiegel, 3. Juni 2002.
1665 Vgl. Wulf D. Hund, „Der scheusslichste aller Verdächte: Martin Walser und der Antisemitismus," in Johannes Klotz und Gerd Wiegel (Hg), Geistige Brandstiftung: Die neue Sprache der Berliner Republik (Berlin: Aufbau Verlag, 2001), S. 183 – 232.
1666 Zitiert nach Helmuth Karasek, „Mordversuch um jeden Preis," Der Tagesspiegel, 31. Mai 2002.
1667 Jan Philipp Reemtsma, „Ein antisemitischer Affektsturm," Frankfurter Allgemeine Zeitung, 27. Juni 2002.

die antisemitischen Klischees des Schriftstellers unbewusst wiederholen. Andererseits ist signifikant, dass Walsers neue Offenbarungen, die sich des Spiels mit dem Zweideutigen partiell entledigen, für manche seiner energischsten Verteidiger im ersten Antisemitismusstreit, allen voran Frank Schirrmacher, die Grenzen des Akzeptablen so weit überschritten haben, dass jene selbst ihre Sicht auf Walser nun retrospektiv öffentlich in Frage stellen. Die konservative *Welt*, die ebenso auf Distanz zu Walser geht wie die BILD-Zeitung (die den Autor wegen seine patriotischen Avancen vier Jahre zuvor besonders empfohlen hatte), kommentiert zum Walser-Roman kritisch und analytisch hellsichtig: „Vor allem der Antisemitismus kommt in modernen Masken daher, der Maske der intellektuellen Relativität, als sei jedes Ressentiment diskursfähig, der Maske des Enttabuisierens, das endlich entschleiern will, was gar nicht verschleiert ist."[1668]

Auffällig in dieser zweiten Debatte ist es, dass sich insofern zu einem guten Teil die konfliktiven Linien und Deutungsmuster verschoben, aber auch Akteure und Orte der Debatte ihre Parteinahmen und Plätze getauscht haben. Denn nicht nur tritt in Teilen Kritik an Walser und erhöhte Sensibilität gegenüber antisemitischen Vorurteilen insbesondere in den konservativen Tageszeitungen FAZ und *Welt* (welche sich während der Walser-Debatte noch über die „Verdächtigungsrhetorik" von Ignatz Bubis beschwert hatte) an die Stelle erinnerungsabwehrenden Räsonnements. Zugleich ist eine neue Koalition von – fast ausschließlich ‚liberalen' und ‚linken' – Walser-Verteidigern entstanden, die nicht den Antisemitismus, sondern den „Antisemitismusvorwurf" empörend finden und Walser als das „Opfer" einer von der FAZ inszenierten Kampagne sehen. Vor allem die liberale *Süddeutsche Zeitung* sucht sich in dieser Weise mit etlichen einseitigen Kommentaren auf Seiten Walsers und gegen die vermeintlich ‚niederen Geschäftsinteressen' seiner Kritiker zu profilieren. Jene Kommentare übernehmen teilweise nicht nur Walsers Argumentation und Opfer-Inszenierung, sondern reproduzieren auch latent dessen Vorurteilsstruktur.

Thomas Steinfeld wähnt in der *Süddeutschen Zeitung* den „Versuch eines politischen Rufmordes" an Walser durch eine „Meute der Deuter": Schirrmachers Brief sei „das Extrem einer Skandalisierung" und „zugleich selbst Skandal". Es wäre deshalb „längst an der Zeit, die Asymmetrie des Legitimationsdruckes zu korrigieren. Derzeit muss sich vor allem Martin Walser immer wieder neu rechtfertigen, nicht aber derjenige, der ihn an den Pranger stellt." Hier wird Walsers Motiv vom „Schuldpranger" reproduziert; nicht der Antisemitismus ist inakzeptabel, sondern der vermeintlich illegitime und bösartige „Antisemitismusvorwurf", der Steinfeld selbst zu Hasstiraden auf Frank Schirrmacher veranlasst und diejenigen Kritiker, die ihm vermeintlich „blinden Gehorsam" zollen. Nicht ohne Ironie ist es, dass gerade der nationalkonservative Feuilletonist Schirrmacher nun im neu-rechten Jargon zum Hüter einer „politischen Korrektheit" erkoren wird. Steinfeld sieht eine skrupellose und auf öffentliche Aufmerksamkeit orientierte „Meute" am Werk, die auch sonst, anders als der Literat Walser, primär niederen Instinkten und Reflexen zu folgen scheint: „Der Reflex, den selbst ernannten Richtern der politischen Korrektheit zu folgen und sich ohne zu zögern auf dessen

---

[1668] Die Welt, 30. Mai 2002.

Opfer zu stürzen, ist offenbar weit verbreitet." Der Antisemitismus sei an die Stelle gerückt, in der im älteren politischen Diskurs der Hochverrat und im älteren moralischen Diskurs das Obszöne standen: „So fahnden die Deuter nach Stellen, suchen zwischen den Zeilen nach Andeutungen, wollen Formen, Klischees und Strukturen ermitteln." Am Ende fordert Steinfeld gar einen „Aufstand unter deutschen Literaten" an der Seite des „Opfers" Walser: „Denn bei Martin Walser können sie sehen, was ihnen im schlimmsten Fall zustoßen kann."[1669]

Joachim Kaiser nutzt in der SZ die Debatte nicht nur dazu, Walsers Buch als „brillant, boshaft und hemmungslos" zu preisen, sondern auch zu einer eigenen Abrechnung mit dem verfemten Literaturkritiker Reich-Ranicki und dessen „folgenreichen" Kritiken. Den Band aus einem Verlag verstoßen zu wollen, befindet Kaiser als totalitär: „Die Zeit solcher Säuberungen ist doch vorbei."[1670] Unterstützung findet diese Haltung in der linksliberalen *tageszeitung* ebenso wie im PDS-nahen *Neuen Deutschland*. In der *tageszeitung*, die wie schon in der so genannten ‚Sloterdijk'-Debatte Jürgen Habermas als umtriebigen ‚Drahtzieher' hinter einer Skandalisierung vermutet, schreibt Dirk Knipphals: „Eine Ablehnung Walsers durch den Suhrkamp Verlag kommt einer Opferung dieses Autors gleich. [...] Das der Debatte von der FAZ aufgezwungene Spiel, Romane zunächst nicht sorgfältig auf ihre literarische Qualität hin zu lesen, sondern sofort hinsichtlich ihrer politischen und moralischen Aspekte Farbe zu bekennen, hätte dann gesiegt."[1671] Das linke *Neue Deutschland* geht noch weiter. Irmtraud Gutschke, die schon in der ‚ersten' Walser-Debatte vier Jahre zuvor den Autor mit antisemitischen Klischees gegen Bubis verteidigt hat, insinuiert eine Verschwörung gegen Walser. Man enthülle dabei nur das, was – offenbar in infamen Plänen gegen Walser – aufgedeckt werden solle: „Die wirklich wichtigen Entscheidungen fallen unter Ausschluss der Öffentlichkeit und werden nicht diskutiert." Schirrmacher „ging es durchaus um den Vorwurf des Antisemitischen, er wollte die Medienkampagne." Damit wird suggeriert, der Vorwurf sei gänzlich unabhängig von seinem Anlass. Marcel Reich-Ranicki, der für Walser zu öffentlichen Hassfolie geworden ist, könne „sich gratulieren. Denn – was für ein Timing! – am Dienstagabend hat er seine Solosendung im Fernsehen." Gutschke sieht in der Affäre keinen Antisemitismus, sondern im medien- und demokratiekritischen Gestus „ein Spektakel, das die Medien derzeit veranstalten und das sie immer wieder veranstalten, und das sie immer wieder brauchen, um die Leser bei Stange zu halten." In Umkehrung der Wendung vom Kaninchen, das auf die Schlange blickt, stilisiert sie Walser zum unschuldigen „Kaninchen", und „derweil kriechen Schlangen drum herum." Auch Gutschke lamentiert, wie die „Neue Rechte", über die „ausgetretenen Pfade der political correctness", um schließlich unvermittelt und ohne weiteren Kommentar anzudeuten: „Und dann ist da noch Israel."[1672]

[1669] Alle vorangegangenen Zitate aus Thomas Steinfeld, „Die Meute der Deuter," Süddeutsche Zeitung, 4. Juni 2002.
[1670] Siehe Joachim Kaiser, „Walsers Skandalon,"
[1671] Dirk Knipphals, „Das Spiel, Farbe zu bekennen," Die tageszeitung, 5. Juni 2002.
[1672] Alle vorangegangen Zitate aus Irmtraud Gutschke, „Possenspiel mit ernstem Hintergrund," Neues Deutschland, 31. Mai 2002.

Auch die zweite Walser-Debatte, die der deutsche Schriftsteller ausgelöst hat, hat Spuren in der politischen Kultur hinterlassen. Walser und seine medialen Befürworter konnten den Spielraum des Sagbaren hier jedoch nur bedingt ausweiten. Zwar wähnten sich Walser und seine Befürworter als Opfer einer hypersensibilisierten Öffentlichkeit, an der sie selbst wesentlich teilhaben. Zum Skandalon sollte auf dieser Seite wie in der ersten Debatte nicht der Antisemitismus und die Erinnerungsabwehr, sondern der „scheußlichste aller Verdächte"[1673], der „Antisemitismusvorwurf" werden. Zugleich wird auf dieser Seite die neu-rechte Attitüde des nonkonformistischen Aufbegrehrens, des „Man wird doch wohl noch sagen dürfen!" gegen die vermeintlichen Zwänge der demokratischen „political correctness" bedient. Die Kritiker Walsers, die nicht den Vorwurf, sondern den Antisemitismus skandalisierten, traten diesmal jedoch zahlreicher, früher und konsequenter in Erscheinung und waren, im Unterschied zur ersten Debatte, insbesondere im konservativen Spektrum der politischen Kultur zu finden. Das Ende dieser Konfliktkonstellation ist offen. Einerseits ist Walser auf Grenzen gestoßen bezüglich der Akzeptanz seiner antisemitischen Bilder in der politischen Kultur; andererseits kann er sich einer beträchtlichen medialen Unterstützung immer wieder sicher wissen, bei seinen nunmehr periodischen populistischen Versuchen, die Grenzen des Möglichen und ‚Legitimen' eines latenten und offenen Antisemitismus auszutarieren und zu überschreiten.

7.2.6 Zur Gesamtbewertung der Walser-Debatte und ihrer Bedeutung für den Umgang mit Antisemitismus und ‚Vergangenheitsbewältigung' in der politischen Kultur

Anders als beim Antiamerikanismus und Antiisraelismus, sowie hinsichtlich des ‚Verständnisses' für antiamerikanischen und antiisraelischen Terrorismus, die in konservativen Medien weitaus schwächer sind als in linken und linksliberalen Medien, zeigten sich in der politischen Kommunikation der Walser-Debatte vor allem konservative Medien überdurchschnittlich scharf in der Apologie Walsers und den Angriffen auf Bubis, linksliberale Medien hingegen tendenziell sensibler bzw. kritischer gegenüber antisemitischen, nationalistischen und erinnerungsabwehrenden Ressentiments. Dies gilt zumindest für die erste, große ‚Walser-Debatte'. Die ‚linken' Tageszeitungen *junge Welt* und *Neues Deutschland* profilieren sich indes in jeder Hinsicht als besonders erinnerungsabwehrend, antiisraelisch, verschwörungstheoretisch und hier auf Seiten von Walsers' judenfeindlichem Chauvinismus, während die liberale *Zeit* auf der anderen Seite überwiegen zahlreiche kritische Stimmen versammelt hat, die sowohl gegen antiisraelischen Terror und rechtsradikalen Antisemitismus, als auch früh in der ersten wie in der zweiten Walser-Debatte (mit wenigen Ausnahmen) gegen die ressentimentgeladenen Ideologeme des Autors Position beziehen.

Von großem Interesse ist der *Prozess*, die Interaktionsdynamik der politisch-diskursiven Grenzüberschreitungen, sowie zwischen Bevölkerung/Elektorat, politischer

---

1673 Siehe Wulf D. Hund, „Der scheußlichste aller Verdächte," a.a.O.

Kultur und demokratischen politischen Akteuren, und der extremen Rechten. Dabei fällt auf, dass sich einerseits latent antisemitische Haltungen zunehmend im öffentlichen Raum radikalisiert haben und manifester, d.h. entcodiert werden, andererseits im Zuge der Polarisierung der Konflikte kritische Reaktionen gegenüber öffentlichem Antisemitismus in der politischen Kommunikation in zeitlicher Verzögerung einstellen, und zunächst solche Opposition weitgehend auf jüdische Stimmen beschränkt bleibt. Die Skandalisierung erfolgt, wenn überhaupt, sehr spät.

Die Walser-Debatte von 1998 markierte insgesamt eine „deutliche Zäsur auf dem Gebiet der Geschichtspolitik"[1674] und zweifelsohne eine markante Diskursverschiebung: Was in Walsers Rede und in den an sie anschließenden Reaktionsbildungen zum legitimen gesellschaftlichen Gespräch über das Gedenken an Auschwitz, deutsche ‚Normalität' und vor allem über „die Juden" befördert worden ist, transzendiert qualitativ und quantitativ bisherige Diskursgrenzen in Politik, Kultur und Öffentlichkeit. Die Kontroverse ist somit zugleich veränderndes Ereignis, Ausdruck und Tendenzbestimmung im Hinblick auf den Umgang mit Antisemitismus in der politischen Kultur der Bundesrepublik. Walsers Akt einer öffentlichen Aggression mit antisemitischen Untertönen folgte über Wochen eine kaum gebremste Expansionsdynamik von gegen Bubis und „die Juden" gerichteten Aggressionen, die die bisher gängigen Formen und Modi in der Auseinandersetzung mit Gedenken, Antisemitismus und dem deutsch-jüdischen Verhältnis nach 1945 erodieren ließen.[1675]

In der Rede und dem öffentlichen Konflikt verschafften sich sekundär-antisemitische Ressentiments und Dichotomien Geltung, die eine nationale Wir-Gemeinschaft konstruieren, welche scheinbar von den ‚Anderen', den imaginierten inneren und äußeren Feinden des Volkes, die „uns" „nur verletzen" wollen, verfolgt wird. Der antinomische Charakter dieser Ideologieform bildet das Ventil für nationalistische und antisemitische Verbildlichungen, die die Auseinandersetzung mithin prägen. Die nebulösen Insinuationen und die dem nationalen Kollektiv kontrastierten Chiffren nahmen hierbei in der eskalierenden Dynamik des Diskurses immer konkretere Formen an. Sie schlugen mithin von einem symbolischen oder latenten Antisemitismus, der sich nicht in unwesentlichen Teilen aus Erinnerungsabwehr speist und sich indirekt in aggressiver Kritik am Verhalten von Bubis spiegelt, in einen manifesten um, der hierbei zugleich über Wochen teilweise politisch-kulturell toleriert worden ist und damit den Grad der „sozialen Akzeptanz" erhöht hat. Die Renaissance, die der Antisemitismus in der extremen Rechten in den letzten Jahren erfahren hat, wird insofern, im Sinne von Koopmans und Statham, in der Tat nunmehr offenbar analog zum Ethnozentrismus in der Mitte der etablierten politischen Kultur partiell absorbiert.

Im Gegensatz zur ‚Goldhagen-Debatte' von 1996, bei welcher ebenfalls ein einzelner Autor eine ähnlich intensive und breit gefächerte Reaktion in Bezug auf die Frage nach einer ‚Normalität' der deutschen Gesellschaft und ihrem Umgang mit der nationalsozialistischen Vergangenheit auslöste, blieb gerade in den ersten Etappen der De-

---

1674 Gerd Wiegel, „Eine Rede und ihre Folgen: Die Debatte zur Walser-Rede," a.a.O., S. 96.
1675 Vgl. hierzu Karola Brede, „Die Walser-Bubis-Debatte: Aggression als Element öffentlicher Auseinandersetzung," a.a.O.

batte grundsätzliche Kritik auf sehr wenige, im Besonderen jüdische Stimmen beschränkt. Zum wahrhaften Skandalon wurde hingegen ausgerechnet eine spätere Reaktion von Bubis innerhalb der sich stetig dynamisierenden Diskussion, in deren Verlauf er Walser und dessen Unterstützer Klaus von Dohnanyi und Rudolf Augstein, die ausmalten und konkretisierten, was Walser zunächst noch in Andeutungen versteckt hatte, des „latenten Antisemitismus"[1676] bezichtigte. Von diesem Zeitpunkt an war die Debatte endgültig zu einer Auseinandersetzung geworden, die, wie es in der *Frankfurter Allgemeinen* heißt, „grundsätzliche Fragen im deutsch-jüdischen Verhältnis berührt."[1677] Die hierbei zu Tage getretenen, kaum verhohlenen antijüdischen Ressentiments wie die Kritik an ihnen überführten die Kontroverse mithin in den ersten Antisemitismusstreit der apostrophierten ‚Berliner Republik'.

Die Debatte gliederte sich dabei in vier zeitlich und inhaltlich definierbare Perioden. Erstens ist von 11. Oktober bis zum 9. November 1998 die Welle erster Reaktionen erkennbar, die sich mit wenigen Ausnahmen fast emphatisch positiv auf Walser bezogen, und aus denen die Kritik durch Ignatz Bubis herausfiel. Zweitens zeigt sich seit dem 9. November eine Phase, in der die Debatte, vor allem durch Klaus von Dohnanyi, zugespitzt und verschärft wurde, dabei vom Diskurs über die NS-Auseinandersetzung und deren ‚Normalisierung' auch zum Antisemitismusstreit transformiert wurde. Vor allem durch die Interventionen von Bubis ist die Aktualisierung des Antisemitismus im Zuge der ‚Walser-Debatte' selbst zum Gegenstand geworden, der folgend weitere Eskalationen der Vorurteilsdynamik erfuhr. Der Konflikt fand Mitte Dezember 1998 seinen vorläufigen Abschluss mit einem fälschlich als ‚Versöhnungsgespräch' medial wahrgenommenen Dialog zwischen Bubis und Walser, in welchem Walser, Auslöser der Debatte, im Sinne der Enttabuisierungen des vorangegangenen diskursiven Prozesses seine Ansichten selbst noch einmal radikalisierte.

Dabei erscheint ab Jahresende die mehrheitlich positive Resonanz Walsers teils politisch-kulturell gebrochen. Während der anfangs ob seiner sekundär-antisemitischen Rede überwiegend gefeierte Schriftsteller in der Nachfolge der Debatte durchaus kritisch abgemahnt wurde, gilt das nur bedingt für dessen Ideologeme, Begriffe und die von Walser freigesetzte Dynamik. Die Veränderung der politischen Kultur, insbesondere die Enttabuisierung von Abwehraggression und Antisemitismus, die Walser eingeleitet hat, bleibt nachhaltig virulent. Antisemitismus *nach* Auschwitz entfaltet sich gegenwärtig – wie besonders in der Walser-Debatte – zumeist im Kontext erinnerungspolitischer Debatten und eines ‚sekundären' Motivationskomplexes, obschon in jüngerer Zeit das Themenfeld Israel wieder verstärkt als Projektionsfläche hinzu tritt.

In der Walser-Debatte sind die Antinomien des antisemitischen Denkens folgerichtig untrennbar an das Motiv der Rekonstituierung eines nationalen Wir, eines positiven kollektiven Selbstbildes, gebunden. Identitätsstiftend wirkt hier im Besonderen ein selbstbewusst-selbstmitleidiger Opfermythos, der sich in der Debatte öffentlich Ausdruck verschafft hat. Die verallgemeinerten antijüdischen Chiffren „die Medien", „die

---

[1676] Im Spiegel-Gespräch „Moral verjährt nicht", in: Der Spiegel, 30. November 1998; vgl. auch Die Welt, 4. Dezember 1998.
[1677] Frankfurter Allgemeine Zeitung, 26. November 1998.

Intellektuellen", „die internationalen Medien", Ignatz Bubis oder auch offen „die jüdischen Bürger" und „das Weltjudentum" erscheinen somit im Walser-Diskurs als deutschfeindliche Schuldige für die ‚dauerrepräsentierte' „fortwährende Schande" Deutschlands und die „erpresserische" „Drohroutine", den „grausamen Erinnerungsdienst" am deutschen Kollektivsubjekt-objekt; diese Perzeption wird nicht selten selbst in eine „Drohroutine" gegenüber Juden überführt. Kaum zufällig resonieren hier Motive des Rechtsextremen Horst Mahler, der zum Anlass der Debatte in der *Jungen Freiheit* forderte: „Geben Sie Gedankenfreiheit!"[1678]

In der Walser-Debatte, dem ersten Antisemitismusstreit der ‚Berliner Republik', haben sich also abwehraggressiver Hass sowie antisemitische Codes und Invektiven in interaktiver Dynamik unverhüllt öffentlich artikuliert. Dies ist von besonderer politisch-kultureller Bedeutung, da gleichzeitig eine massive gesellschaftliche Kritik dieses Prozesses ausgeblieben ist; neue Diskursgrenzen haben sich etabliert, die sich zu Teilen bereits im Feld öffentlicher judeophober Vorurteile bewegen. Vor allem ist diese Radikalisierung in der fortschreitenden, wenn auch nicht widerspruchslosen Tendenz zur Renationalisierung der deutschen politischen Kultur seit der ‚deutschen Einheit' zu verorten.

Konkret zeigte sich zu Beginn der ersten SPD-Regierungsperiode 1998 – 2002 nach Kohl, analog zum Anfang der Regierung Kohl 1982, eine intensivierte nationale Normalitätsbeschwörung, die hier mit der Idee des ‚Aufbruchs' in die ‚selbstbewusste' ‚Berliner Republik' verknüpft worden ist. Walser hat die Debatte auch deshalb auslösen können, „weil ihre öffentlichen Eruptionen zu Beginn der Regierung Schröder stattfanden, der ersten Nach-89er *und* Nach-68er Regierung."[1679] Eines der Kernthemen ist die Wiedergewinnung einer konventionellen nationalen Identität durch die Proklamierung und Beschwörung von Normalität.[1680] Diese sollte, umgekehrt, die seit langer Zeit politisch anvisierte, „tabulose" Wiederbelebung eines vermeintlich „normalen" deutschen Patriotismus/Nationalismus grundieren.[1681] Um das terminologisch der ‚Neuen Rechten' entlehnte „Selbstbewusstsein einer erwachsenen Nation" (Gerhard Schröder), das sich auch im Gerede über den Neuanfang, die „Normalität einer Berliner Republik"[1682] kristallisiert, als politisch-kulturelle Norm zu verankern, muss Geschichte notwendig ‚normalisiert' werden. Bundeskanzler Schröders Normalitätsrhetorik ist kaum zufällig einer der Ausgangspunkte der Walser-Debatte und fügt sich ein in die in ihr zum Ausdruck gekommene Zuspitzung des nationalistisch auftrumpfenden Normalisierungsmotivs.[1683] Laut dem damaligen Regierungssprecher Heye sollten sich, in

---

[1678] Horst Mahler, „Geben Sie Gedankenfreiheit," Junge Freiheit, 4. Dezember 1998.
[1679] Hans-Peter Waldhoff, „Erinnerung als zweite Natur?," a.a.O., S. 644.
[1680] Vgl. hierzu die Analyse von Jan-Holger Kirsch, „Identität durch Normalität: Der Konflikt um Martin Walsers Friedenspreisrede," a.a.O.
[1681] Vgl. u.a. Klaus Naumann, „‚Neuanfang ohne Tabus': Deutscher Sonderweg und politische Semantik," in: Hans-Martin Lohmann (Hg.), Extremismus der Mitte. Vom rechten Verständnis deutscher Nation (Frankfurt a.M.: Fischer, 1994), S. 70 – 87.
[1682] Vgl. Jürgen Habermas, Die Normalität einer Berliner Republik (Frankfurt a.M.: Suhrkamp, 1995).
[1683] Michel Friedman, damals noch Präsidiumsmitglied des Zentralrats der Juden in Deutschland, sah in der Vergangenheitspolitik der rot-grünen Regierung „verhängnisvolle", „populistische Signale, die eine fatale Sehnsucht nach Normalität bedienen und die Haltung transportieren: Wir lassen uns von der Geschichte

7. Antisemitismus in öffentlichen Konflikten der ‚Berliner Republik'

Adaption des Walserschen Jargons, die europäischen Nachbarn jetzt daran gewöhnen, „dass Deutschland sich nicht mehr mit dem schlechten Gewissen traktieren lässt."[1684]

Walsers Rede und ihre Rezeption haben insofern eine bestimmte Art der nationalen ‚Selbstverständigung' befördert, die sich nach der deutschen Einheit auf die fraglose Tradition rückbesinnen möchte und die geschichtliche Brüche aus dem politischen Selbstverständnis exkludiert oder jene relativiert. Dies jedoch weniger im Sinne einer politischen Funktionalität, sondern in der politisch-psychologischen Eigendynamik eines bestimmten Dispositivs und eines nationalen Selbstgesprächs. Walser hat, so Dohnanyi, „den Weg freier gemacht" für „unbefangene Erörterungen"[1685], sprich: für eine neue, beredte Unbekümmertheit gegenüber Antisemitismus, den Opfern, dem Holocaust, und der gesellschaftlichen Erinnerung. Diese inszenierte Unbekümmertheit hat sich mit Walser einen Weg gebahnt, der sich bis in die tägliche Adaption seiner geschichtsverharmlosenden Termini in Politik und Medien, in der politischen Kultur insgesamt teiletabliert hat; etwa, wenn in Feuilletons heute partiell von der „Schande", nicht mehr vom Verbrechen die Rede ist.[1686]

Die diskurshistorischen Bezugspunkte des umkämpften öffentlich-kommunikativen Terrains sind freilich vielfältig und widerspruchsvoll. In der öffentlichen Debatte um die Ausstellung „Vernichtungskrieg. Verbrechen der Wehrmacht" geriet die Normalisierung und Relativierung des Holocaust bisweilen eher in die Defensive. Die Dynamik trifft durchaus auf politisch-kulturelle Grenzen, wie auch die jüngste, ‚zweite' Walser-Debatte gezeigt hat, allerdings scheinen diese, wie gesagt, verschoben. Während sich Walser in seinen Tiraden weiter in antisemitischer Richtung radikalisiert, hat nunmehr auch die Skandalisierung und Diskreditierung zugenommen, obschon selbst an diesem Punkt noch zahlreiche Akteure des politischen Diskurses mit Frank Schirrmacher denjenigen angreifen, der – im Wort von Adorno – die Wahrheit ausspricht, nicht den, der sich antisemitisch äußert.

Die ‚Normalisierung' von Auschwitz, die einzig eine ‚normalisierte' nationale Identität ermöglichte, bleibt allerdings eine idée fixe, so heftig auch bisweilen die Erinnerung bekämpft und verharmlost wird und dies in Antisemitismus umschlägt. Je heftiger die nationalen Schlussstrichapologeten die Vergegenwärtigung der Geschichte, von der sie sich umzingelt sehen, bekämpfen, desto mächtiger wird die Erinnerung an das Unvorstellbare, entgegen deren Intentionen, sich am Leben erhalten. Je blinder und wilder die Auseinandersetzung mit der NS-Vergangenheit attackiert wird, wird diese zudem vermehrt zum Gegenstand. Die Dialektik dieses ideologisch-diskursiven und politisch-

---

nicht mehr stören." Gerhard Schröder und „viele andere" hätten hierbei „eine neue Art der Sehnsucht nach Normalität im Umgang mit der nationalsozialistischen Vergangenheit offenbart." Dies sei nicht zuletzt mit der Vorstellung gepaart, eine linke Regierung müsse nicht nachweisen, dass sie auf der „richtigen Seite" stehe, sowie mit den Illusionen, „die damit zu tun haben, dass diese Leute ein paar Jahre ihres Lebens an der Vergangenheit ihre Landes geschuftet haben." Siehe „Verhängnisvolle Signale". Interview mit Michel Friedman, in Die Woche, 17. September 1999.
1684 Zitiert nach Der Spiegel, 30. November 1998.
1685 Frankfurter Allgemeine Zeitung, 30. November 1998.
1686 Vgl. u.a Süddeutsche Zeitung, 25. Januar 1999; Die Woche, 22. Januar 1999.

psychologischen Prozesses hat kein Ende gefunden. Auch die jüngste Walser-Debatte im Jahre 2002 ist davon gekennzeichnet.

Nach den ‚Walser-Debatten' lässt sich jedoch begründet eine zunehmend erodierende Grenzziehung im politischen Diskurs gegenüber erinnerungsabwehrenden Formen des Antisemitismus als ‚legitime Meinungsäußerung' befürchten.[1687] Seit der Walser-Debatte glauben die antisemitischen Briefeschreiber in der Bundesrepublik kaum mehr anonym bleiben zu müssen, weil sie, nicht ganz zu unrecht, ihre Ansichten und Drohungen wieder für salonfähig oder zumindest für legitim und akzeptabel halten. Das antisemitische Judenbild, das Walser wie auch Augstein und andere in der politischen Öffentlichkeit rehabilitieren und am Leben erhalten, stößt gesellschaftlich zumindest kaum auf energische Ablehnung.[1688] Die Diskussion bezeugt insofern bisher einen ersten Höhepunkt affektiver, gegen Juden gerichteter öffentlicher Tabubrüche in der politischen Kultur der ‚Berliner Republik', dessen Folgen und Effekte nachwirken und in den nachkommenden Debatten Widerhall finden.

Gerd Wiegel vermutet, dass der „Weg in die vielbeschworene Berliner Republik [...] im Verständnis der Eliten offensichtlich eine deutliche Distanzierung von der NS-Vergangenheit [bedingt]."[1689] Die Legitimität, die Walser zumindest zeitweise gewinnen konnte, hat in jedem Fall die politische Opportunität und möglicherweise langfristig auch die politischen Gelegenheitsstrukturen von Antisemitismus in der politischen Kultur verändert. Jene wiedergewonenne Legitimität ermöglicht, im Kontext der Eigendynamik und des Eigensinnes des politischen Diskurses, die Aktualisierung des kulturellen Kanons negativer Zuschreibungspraktiken gegen Juden. Walser, so räumte der ehemalige Staatsminister für Kultur, Michael Naumann schließlich ein, habe einen „Assoziationshorizont" erneuert und geöffnet, „hinter dem der klassische Antisemitismus lauerte: ‚Die Juden sind es, wer denn sonst?', die uns mit ihrer Erinnerung bedrohen und an gelebter Normalität hinderten."[1690]

[1687] Siehe auch Johannes Klotz und Gerd Wiegel, „Vorbemerkung," in Dies. (Hg.), Geistige Brandstiftung, a.a.O., S. 14: „Der eigentliche Skandal jedoch ist, dass Walser und Augstein als hochausgezeichnete Intellektuelle, der eine als Träger des Friedenspreises des deutschen Buchhandels, der andere als Träger des Ludwig-Börne-Preises, ihre antisemitischen Neigungen nicht nur fast unwidersprochen verbreiten können, sondern ihre Äußerungen geteilt werden.".
[1688] Vgl. Süddeutsche Zeitung, 7. Dezember 1999.
[1689] Gerd Wiegel, „Eine Rede und ihre Folgen: Die Debatte zur Walser-Rede," a.a.O., S. 97.
[1690] Die Zeit, zitiert nach Jörg Sundermeier, „Bist du nicht willig...," Jungle World 24 (2002), S. 6.

7.3 Die erinnerungspolitische Debatte um das „Denkmal für die ermordeten Juden Europas" im Deutschen Bundestag als symbolische Politik und als Auseinandersetzung mit Erinnerungsabwehr und Antisemitismus

7.3.1 Zehn Jahre Mahnmalsstreit: Zum gedenkpolitischen Kontext der parlamentarischen Debatte zu einem „Denkmal für die ermordeten Juden Europas"

Mit der positiven Entscheidung des Deutschen Bundestages am 25. Juni 1999 hat die über zehn Jahre in der deutschen politischen Öffentlichkeit währende Debatte über die Errichtung eines „Denkmals für die ermordeten Juden Europas" ein vorläufiges Ende gefunden.[1691] Insofern ist die Mahnmals-Debatte der Walser-Debatte vor- und nachgestellt. Die Idee eines zentralen Holocaust-Mahnmals, die bereits vor der Wende 1989 entstanden war, hat seit dem Zusammenschluss der beiden deutschen Staaten sämtliche Diskurse zum Gedenken an Auschwitz und zur ‚Neubestimmung' deutscher Geschichtspolitik mitbestimmt. Zugleich ist die langjährige Kontroverse, die erst nach den Eruptionen der Walser-Debatte zum politischen Abschluss gebracht werden konnte, selbst Ausdruck und Teil einer allgemeinen *Thematisierungsphase* im Hinblick auf die Ermordung der europäischen Juden, den (historischen) Antisemitismus und den Nationalsozialismus. Jene Phase hat sich seit dem kulturellen Ereignis der Ausstrahlung des US-amerikanischen Fernsehfilms „Holocaust" im Jahre 1979 in der Bundesrepublik in verschiedenen Schüben konstituiert und, von Bitburg,[1692] den Historikerstreit[1693] über die Diskussion um den Spielfilm ‚Schindlers Liste' bis zum Gedenkjahr 1995 und zur Goldhagen-, Wehrmachts- und Walser-Debatte, periodisch dynamisiert.[1694]

Die abschließende Bundestagsdebatte, die im Selbstverständnis ihrer Redner selbst Indikator und Beleg der demokratischen Auseinandersetzung mit der Geschichte sein sollte, ist situiert im Kontext geschichtspolitischer Scheidelinien, Brüche und Kontinuitäten. Die Einheit und Differenz der Motive der alten und der neuen Regierung im Umgang mit der NS-Vergangenheit zeigt sich quer durch ihre Akteure; sensiblere und affektiv-abwehrende Haltungen lassen sich hier im politischen Raum weder konturiert nach Parteigrenzen, noch nach Generationen zuordnen, wobei bei rechtskonservativen und älteren Politikern die Abwehr stärker und affektiver erscheint.

[1691] Vor-Entwürfe zu diesem Kapitel finden sich bei Lars Rensmann, „Baustein der Erinnerungspolitik: Zur politischen Textur der Bundestagsdebatte über ein zentrales ‚Holocaust-Mahnmal," in Micha Brumlik/Hajo Funke/Lars Rensmann, Umkämpftes Vergessen, a.a.O., S. 135 – 167.
[1692] Siehe Geoffrey Hartman (ed.): Bitburg in Moral and Political Perspective, Bloomington 1986; Hajo Funke: Bergen-Belsen, Bitburg, Hambach. Bericht über eine negative Katharsis, in: Ders. (Hg.): Von der Gnade der geschenkten Nation: Zur politischen Moral der Bonner Republik (Berlin: Rotbuch, 1988), S. 20 – 34.
[1693] Siehe Historikerstreit. Die Dokumentation der Kontroverse um die Einzigartigkeit der nationalsozialistischen Judenvernichtung, München 1987.
[1694] Siehe Heribert Prantl (Hg.), Wehrmachtsverbrechen. Eine deutsche Kontroverse (Hamburg: Hoffmann & Campe, 1997); Hans-Günther Thiele (Hg.), Die Wehrmachtsausstellung. Dokumentation einer Kontroverse (Bonn: Bundeszentrale für politische Bildung, 1997); zur Rezeption siehe Hamburger Institut für Sozialforschung (Hg.), Besucher einer Ausstellung (Hamburg: Hamburger Institut für Sozialforschung, 1998).

Die langjährige, vorangegangene öffentliche Diskussion über das Mahnmal unterlag nicht nur diskursiven Konjunkturen, sondern – im Besonderen, seit die Idee in der Folge des Gedenkjahres 1995 von der Peripherie ins Zentrum der erinnerungspolitischen Auseinandersetzungen rückte – auch zum Teil drastischen inhaltlichen Verkehrungen und Verschiebungen. So wurden etwa viele Kritiker, die dem Mahnmal aus reflektierten politischen wie ästhetischen Motiven skeptisch gegenüberstanden hatten, angesichts der eskalierenden nationalen Mobilisierung abwehraggressiver und antisemitischer Ressentiments (zuletzt in der Walser-Debatte) zu Befürwortern, während sich diejenigen in Politik und Öffentlichkeit, die sich als Sprachrohr jener Vorurteile einsetzten, sich zuletzt beliebig die Figuren auch einer ästhetischen Kritik zunutze machten. Die Positionen zum Mahnmal erwiesen sich als besonders abhängig vom spezifischen politischen und (diskurs-)historischen Kontext, aber auch in Dependenz von der (sich zum Teil modifizierenden) Funktionalität, die dem Mahnmal von Kritikern und Befürwortern zugewiesen, beigemessen oder zugeschrieben worden ist.

Die lange Vorgeschichte des Bundestagsbeschlusses[1695] hat somit die Rhetorik der politischen Debatte vorstrukturiert. In Folge der Debatten zum Holocaust und zu dessen Gedenken hat sich auch in weiten Teilen der Politik ein differenzierteres erinnerungspolitisches Sprachsystem etabliert.[1696] Aus der empirischen Sozialforschung ist indes die Diskrepanz zwischen ‚sozial erwünschten Aussagen' und tatsächlich geäußerter Meinung bekannt; sie gilt besonders für die demokratische Politik, die öffentliche Meinungen moderiert, umso mehr für die „Politik mit der Erinnerung".[1697] Mit der rhetorischen Entwicklung des öffentlichen Gedenkdiskurses sind somit auch die Abwehrformen subtiler geworden, haben kritische Begriffe Eingang gefunden, die es erleichtern, sich gegenüber Vorwürfen zu immunisieren, auch wenn der Gestus der Abwehraggression als vorherrschendes Motiv zutage liegt. Dennoch hat sich mit der größeren gesellschaftlichen Relevanz der Mahnmalsdebatte und im Voraus einer nahenden Entscheidung auch verstärkt unverhülltes antisemitisches Ressentiment im öffentlichen Diskurs artikuliert. Dem gegenüber stehen zahlreiche ernste Beiträge zur Diskussion. In jedem Fall ist auch die Differenzierung des hegemonialen politischen Diskurses ein Ausdruck des Standes der symbolischen Politik[1698] und ein Indikator für den Um-

---

[1695] Vgl. zur Mahnmalsdebatte Michael S. Cullen (Hg.), Das Holocaust-Mahnmal. Dokumentation einer Debatte (Zürich: Pendo, 1999); Michael Jeismann (Hg.), Mahnmal Mitte: Eine Kontroverse (Köln: Dumont, 1999); zur frühen, vor allem ästhetisch-politischen Kritik vgl. Neue Gesellschaft für Bildende Kunst (Hg.), Der Wettbewerb für das „Denkmal für die ermordeten Juden Europas". Eine Streitschrift (Berlin: NGBK, 1995); zur umfassenden Dokumentation Ute Heimrod, Günter Schlusche, Horst Seferens (Hg.), Der Denkmalstreit – Ein Denkmal? Die Debatte um das „Denkmal für die ermordeten Juden Europas": Eine Dokumentation (Berlin: Philo, 1999).
[1696] So schreibt Darmstädter bereits 1995: „Mittlerweile weiß jeder, was er zu sagen hat. Vom Bundespräsidenten bis hinunter zum Provinzjournalisten haben sich Sprachregelungen durchgesetzt, die gut ankommen." Siehe Darmstädter, „Die Verwandlung der Barbarei in Kultur," a.a.O., S. 136.
[1697] So der Titel von Peter Reichels bahnbrechender Studie über die Erinnerungspolitik im Spiegel von Gedenkorten; vgl. Peter Reichel, Politik mit der Erinnerung. Gedächtnisorte im Streit um die nationalsozialistische Vergangenheit (München und Wien: Hanser, 1995).
[1698] Zum differenzierten Verständnis des Begriffes der „symbolischen Politik", im besonderen im Verhältnis zum ‚Nationalbewusstsein' vgl. die eindrucksvolle Studie von Andreas Dörner, Politischer Mythos und symbolische Politik (Reinbek: Rowohlt, 1996).

gang mit dem historischen Antisemitismus, dem verbrecherischen NS-Regime und der Erinnerung an den Holocaust im politischen Feld.

Im Vorfeld der Bundestagsdebatte hatte es verschiedene Versuche einer antisemitischen politischen Mobilisierung von Rechtsextremen gegen das Mahnmal gegeben. Aber auch nicht unwesentliche Teile der latent antisemitischen Friedenspreisrede Walser waren dem Angriff auf das Mahnmal gewidmet, radikalisiert durch Augsteins Agitation gegen das projektierte Mahnmal als „Schandmal gegen die Hauptstadt und das sich neu formierende Deutschland", initiiert „von außen", vom „Weltjudentum".[1699] Diese antisemitischen Invektiven sollten schließlich im Anliegen, das Denkmal zu verhindern, scheitern.

Allerdings waren an die Mahnmalsidee auch Strategien geschichtlicher Relativierung gekoppelt und diese mithin politisch avisiert: Eine entkonkretisierende *Universalisierung des Holocausts*, die als Medium der Schuld- und Erinnerungsabwehr fungiert, war in der Geschichte der Mahnmalsidee und in deren Förderkreis angelegt. Im Aufruf zum ursprünglich mit dem Mahnmal avisierten ‚Holocaust-Museum' heißt es, der Holocaust solle „über seine singuläre Bedeutung hinaus [...] als übergeordneter Begriff für alle Verbrechen gegen die Menschlichkeit"[1700] Verwendung finden. Der führende SPD-Politiker Karsten Voigt pflichtete als Mitinitiator solchem Projekt bei; die „Auseinandersetzung um den Holocaust in Deutschland" solle dergestalt „zu einem würdigen Abschluss"[1701] gebracht werden. Solche unbewussten, teils subtilen Abwehrmechanismen und Probleme scheinen schließlich in der Bundestagsdebatte wieder auf, die doch zugleich eine markante symbolische Opposition in der politischen Kultur gegenüber den abwehraggressiven und teils antisemitischen Tönen der Walser-Debatte verkörpert.

7.3.2 Positionen im Bundestag

Im Vorfeld der Bundestagsentscheidung hatte Bundeskanzler Schröder nochmals deutlich gemacht, welche Bedeutung die staatliche Führung der Bundesrepublik einem zentralen „Denkmal für die ermordeten Juden Europas" zuweisen würde. Allerdings hätte Schröder, der den Wiederaufbau des riesigen Berliner Schlosses befürwortet,[1702] Eisenmans Entwurf jedoch „richtig erdrückend" findet, „auch ohne ein Mahnmal in

---

[1699] Rudolf Augstein, „Wir sind alle verletzbar", Der Spiegel 49 (1999), S. 32.
[1700] Aufruf zur Gründung eines „Zentralmuseums gegen Verbrechen gegen die Menschlichkeit. Arbeits-, Gedenk- und Forschungsstätte für Frieden und Humanität. Holocaust Musuem", Hannover 1994, zitiert nach Heyl, „Jews are no metaphors," a.a.O., S. 43.
[1701] Zitiert nach ibid, S. 47.
[1702] Dazu kommentiert Jürgen Habermas: „Der amtierende Kanzler ist drauf und dran, in die Nachgeschichte einer Republik, die glücklicherweise noch lernte, statt aufzutrumpfen, als Plattmacher einzugehen. Jenem Denkmal, das ein Stachel bleiben soll, zieht er ein gefälliges Stadtschloß vor – als stimmungsvolle Kulisse für den Verfall aller Unterschiede, die noch einen Unterschied machen." Siehe Jürgen Habermas, „Der Zeigefinger: Die Deutschen und ihr Denkmal," Die Zeit, 31. März 1999, S. 42 – 44, hier S. 42.

Berlin leben können."¹⁷⁰³ Doch das Mahnmal abzulehnen gehe mittlerweile, „besonders nach der Walser-Debatte [...] nicht mehr."¹⁷⁰⁴

In der Bundestagsdebatte am 25. Juni 1999, die den entscheidenden Abstimmungen vorausging, stand nicht nur zur Diskussion, *ob* ein Mahnmal gebaut wird, sondern, wenn ja, *welche Gestalt* es annehmen sollte. Dabei stand neben verschiedenen Variationen des von einer Ausschreibung des Bundes und des Landes Berlin, vom Kulturausschuss des Bundestages sowie von diesen beratenden verschiedenen internationalen Expertenkommissionen ausgewählten „Stelenfeldes" Peter Eisenmans im Grundsatz ein zweiter Vorschlag zur Disposition. Die Idee des Berliner Theologen Richard Schröder (SPD) und des ehemaligen Bundesministers Oscar Schneider – ein Vorschlag, der den langjährigen kunstästhetischen wie politischen Entscheidungsprozeß über die *Form* des Mahnmals vollständig ignorierte – sah einen schlichten Obelisken vor, dem appellativ das fünfte Gebot („Morde nicht!") in althebräischer Sprache eingeschrieben werden sollte.¹⁷⁰⁵

Andreas Nachama, Vorsitzender der Jüdischen Gemeinde zu Berlin, hatte im Vorfeld der Bundestagsentscheidung im Namen der Repräsentantenversammlung der Jüdischen Gemeinde diese Idee in einem offenen Brief kritisiert. Die Gemeinde wittere ein „Skandalum" darin, dass das „für die breite Masse der Mahnmalsbesucher unlesbare ‚Lo Tirzach' sich [...] an die Opfer wendet."¹⁷⁰⁶ Es könnte „der Eindruck aufkommen, man wollte den Juden hier eine Botschaft übermitteln. Aber gerade wir als Opfer oder deren Nachkommen kennen dieses Gebot nur zu gut. [...] Schließlich waren die Baupläne für den industriellen Mord an den europäischen Juden in der Sprache Luthers, Goethes und Schillers, nicht aber im Hebräischen verfasst."¹⁷⁰⁷ Sollte dies nicht verändert werden, sieht Nachama „entschiedenen Widerstand aus den Reihen der jüdischen Gemeinden."¹⁷⁰⁸

Die Grundsatzentscheidung zur Errichtung eines „Denkmals für die ermordeten Juden Europas" war deutlich: 439 von 559 Abgeordneten stimmten dafür;¹⁷⁰⁹ 115 Abgeordnete wendeten sich gegen jedes Mahnmal, um stattdessen „das dafür bestimmte Geld für ein deutsch-israelisches Jugendwerk"¹⁷¹⁰ zu verwenden. Von den 209 Abgeordneten, die gegen Eisenmans Entwurf votierten, waren 188 Abgeordnete, die sich trotz des angekündigten Protestes der jüdischen Gemeinden für Richard Schröders Mahnmalsidee aussprachen.¹⁷¹¹ Eine weitere grundsätzliche Kontroverse rankte sich schließlich darum, wem das Mahnmal gewidmet werden sollte: den ermordeten Juden

---

1703 „Eine offene Republik': Ein Zeit-Gespräch mit Gerhard Schröder," Die Zeit, 4. Februar 1999.
1704 Ibid.
1705 Deutscher Bundestag, Drucksache 14/941, 1999.
1706 Andreas Nachama, „Sinn und Spruch: Offener Brief an Richard Schröder," Der Tagesspiegel, 8. April 1999.
1707 Ibid.
1708 Ibid.
1709 Vgl. Süddeutsche Zeitung, 26./27. Juni 1999.
1710 Vgl. ibid; Deutscher Bundestag, Drucksache 14/981, 1999
1711 Vgl. Süddeutche Zeitung, 26./27. Juni 1999.

Europas oder pauschal den „Opfer[n] der nationalsozialistischen Verbrechen gegen die Menschlichkeit."1712

Die Spitzenpolitiker der größten deutschen Parteien beteiligten sich nicht an der Mahnmalsdiskussion im Bundestag. Weder Kanzler Schröder noch Oppositionsführer Wolfgang Schäuble (CDU), der sich 1990 trotz Drängens des Zentralrats der Juden in Deutschland geweigert hatte, eine Präambel in den deutschen Einigungsvertrag mitaufzunehmen, die auf die Geschichte des Nationalsozialismus verweist,1713 ergriffen das Wort. Dies bestätigte international den Eindruck, dass aus Sicht der politischen Elite nur Nebensächliches zu verhandeln sei.1714

So wurde die Diskussion 32 Vertretern der zweiten und dritten Garde der Bundespolitik sowie den jeweiligen politischen ‚Experten' der Parteien überlassen, obschon fortwährend betont wurde, es handele sich um eine der „wichtigsten Debatten"1715 (Antje Vollmer) bzw. „anspruchsvollsten und zugleich schwierigsten Entscheidungen"1716 (Norbert Lammert) dieser Legislaturperiode. Für die Medien resultierte daraus eine „nüchterne Debatte ohne Leidenschaft",1717 „[f]einziselierte Gedenkprosa"1718, „seltsam steif"1719 und darauf bedacht, sich nicht im Wort zu vergreifen, geprägt durch vornehmlich starr abgelesene Texte – eine im Bundestag höchst unübliche Vorgehensweise.1720 Umso erstaunlicher ist es, dass viele der Redner nicht nur „mühsam zwischen Aufrichtigkeit und Floskel [balancierten]",1721 indem sie auf Formulierungen von anderen, Klügeren zurückgriffen, wie Christof Siemes in der *Zeit* kommentierte, sondern dass darüber hinaus trotz partieller Umklammerung eingeschliffener, bewährter Gedenkrhetorik abwehraggressive Äußerungen nicht ausblieben.

7.3.2.1 Dominante Positionierungen: Gedenken für die Zukunft, Erinnern an die Opfer des Holocaust

Die *Hauptredner* der Parteien setzten sich unisono für Mahnmal und Eisenman-Entwurf ein. Der Eröffnungsredner, Bundestagspräsident Wolfgang Thierse (SPD), wendete sich zunächst „mit Ernst und Leidenschaft" gegen einen „Schlussstrich unter das düsterste Kapitel der deutschen Vergangenheit" sowie explizit gegen die Vorstellung, die Deutschen seien nicht mehr frei in ihrer Entscheidung, das Mahnmal sei von außen (etwa von der ‚amerikanischen Ostküste') oktroyiert:: „Dennoch sage ich: Dies ist *unsere ureigene Entscheidung,* die wir aus eigener Verantwortung mit Blick auf *unsere Geschichte* und die

---
1712 Deutscher Bundestag, Drucksache 14/965, 1999.
1713 So Ignatz Bubis, vgl. Stern, 29. Juli 1999.
1714 Vgl. New York Times, 28. Juni 1999.
1715 „Debatte zur Errichtung eines Holocaust-Mahnmals. 48. Sitzung des Deutschen Bundestages in der 14. Wahlperiode am 25. Juni 1999," Das Parlament 28 (1999), S. 3 – 10, hier S. 4 (künftig zitiert als „Debatte").
1716 Ibid.
1717 Süddeutsche Zeitung, 26./27. Juni 1999.
1718 Der Tagesspiegel, 26. Juni 1999.
1719 Christof Siemes, „Noch Fragen ?," Die Zeit, 1. Juli 1999.
1720 Vgl. Der Tagesspiegel, 26. Juni 1999.
1721 Christof Siemes, „Noch Fragen ?," a.a.O.

Bedingungen ihres Erinnerns zu treffen haben."1722 Damit distanziert sich Thierse von der gängigen Externalisierung des Holocaust als ausschließlich jüdische Geschichte. Allerdings vergisst Thierse nicht anzufügen – wenn auch in Form einer Einwandvorwegnahme –, dass „der internationale Erwartungsdruck" hoch sei. Dabei verstärkt Thierse zugleich die Wahrnehmung eines äußeren Drucks, der die Entscheidung bereits präjudiziert habe, zumal er seiner Betonung einer ‚ureigenen Entscheidung' ein „dennoch" voranstellt, das semantisch subtil die Validität der These äußerer Einflussnahme bezeugt.

Für das Mahnmal spricht auch Norbert Lammert als Hauptredner der CDU/CSU. Gleichwohl beharrt Lammert darauf, dass „diese notwendige Auseinandersetzung nicht ein und für allemal ein Ende haben kann und soll, [deshalb] ist sie auch durch ein Mahnmal nicht zu ersetzen."1723 Gegen Bundeskanzler Schröder insistiert Lammert überdies, das Mahnmal müsse stören; sonst sei es überflüssig.1724 Auch bei Lammert steht der kollektive Selbstbezug im Vordergrund: das Mahnmal sollten wir errichten „*mindestens* so sehr für uns selbst und für künftige Generationen wie für die Opfer, an die wir erinnern wollen."1725 Anschließend miniaturisiert Lammert die Ermordung von sechs Millionen Juden zum Leiden „einer Opfergruppe", der das Denkmal nicht allein zugeeignet werden sollte.1726 Gleichzeitig werde so vermieden, bekennt Lammert, dass „die heutige Debatte und Entscheidung der Beginn einer Serie von Folgeentscheidungen für die Errichtung weiterer Denkmäler für andere Opfergruppen [...] wird."1727 Ein Denkmal ist Lammert genug. So wird das Mahnmal tatsächlich zum Medium eines steinernen ‚*Abschlusses*', oder wie Thierse zuvor formuliert hatte, zum Symbol dafür, dass „wir Deutsche uns mit Anstand aus diesem schlimmen Jahrhundert verabschieden."1728 Für Lammert fungiert das Mahnmal als funktionales „Zeichen der Entschlossenheit des wiedervereinigten Deutschlands, sich seiner eigenen Geschichte in diesem Jahrhundert bewusst zu sein und die besondere Verantwortung wahrzunehmen, die sich daraus für die Zukunft ergibt."1729

Auch Wolfgang Gerhardt, Fraktionsvorsitzender der FDP, betont wie seine Vorgänger politisch funktionale Aspekte eines Denkmals. Für ihn wäre es vor allem ein „gutes Zeichen eines [...] im wahrsten Sinne des Wortes souveränen Umganges mit der deutschen Geschichte."1730 Es stelle die „Fähigkeit des Deutschen Bundestages" unter Beweis, „sich diesem Teil der Geschichte so zu stellen und diese schwierige Entscheidung im wahrsten Sinne des Wortes zu riskieren."1731 Ferner entblößt manche Redewendung Gerhardts („Vor allem kann uns niemand vorwerfen...") die kaum verhüllte Angst vor Vorhaltungen ‚von außen' und um das ‚Ansehen Deutschlands im Ausland'.

1722 „Debatte," S. 3. Hervorhebungen von mir, L.R.
1723 Ibid.
1724 Vgl. ibid.
1725 Ibid.
1726 Vgl. ibid.
1727 Ibid.
1728 Ibid.
1729 Ibid.
1730 „Debatte," S. 4.
1731 Ibid.

Den Sätzen von Kanzler Schröder, es bedürfe eines Mahnmals, ‚wo man gerne hingeht', erteilt Gerhardt scharfe Kritik: „Die Ästhetik des Mahnmals kann nicht die des Angenehmen sein, sie muss die des Angemessenen sein."1732 Diese Kritik mag auf parteipolitisches Kalkül zurückzuführen sein. Denn zum Vorschlag Richard Schröders, dem ‚Morde nicht!' auf hebräisch, das die Insensibilität des Kanzlers deutlich transzendiert, meint Gerhardt zwar, es könne „als etwas bequemlicher empfunden" werden; nichtsdestoweniger hält er den Obelisken, der die Opfer mahnt, für einen „respektablen Vorschlag", mit dem man sich auseinandersetzen müsse, vorgetragen von einem „respektablen Mann."1733

Der Fraktionsvorsitzende der PDS, Gregor Gysi, thematisiert den politischen Kontext der Ablehnung zwischen „rechte[n] Gegnern" und „linken Bedenkenträger[n]". Im altlinken Jargon wehrt sich Gysi gegen Vorstellungen vom „Land der Täter", da es in diesem Land „auch viele, zu viele Opfer" gegeben habe, und man auf den „Widerstand" stolz sein solle. Doch Gysi, der sich für eigene, weitere Stätten des Gedenkens der ‚anderen', nicht-jüdischen Opfer einsetzt, formuliert als einziger Hauptredner eine deutliche Kritik an Richard Schröders Karikatur eines Mahnmals: „Morde gab es vor der NS-Zeit, Morde gab und gibt es nach der NS-Zeit, Morde gab und gibt es in jeder Gesellschaft. Das, was gemäß diesem Vorschlag auf dem Mahnmal stehen soll, wird dem, um das es hier geht, nicht gerecht. Die systematische Ausrottung eines 2000 Jahre verfolgten Volkes durch ein Regime in ganz Europa, wo auch immer man der Jüdinnen und Juden habhaft werden konnte, ist viel mehr als das, was man unter dem Begriff Mord verstehen könnte."1734

Den Abschluss dieses ersten Ansprachen-Ensembles bildet mit dem damaligen Berliner Regierenden Bürgermeister ein erklärter Mahnmalsgegner, der bis zuletzt seinen „Widerstand"1735 gegen ein Denkmal für die in der Shoah ermordeten Juden aufrechterhalten hatte. Die letzte Chance, die sich dem ‚Widerstand' bot, dessen war sich Diepgen bewusst, erforderte keine wuchtigen rechten Schlagwörter, sondern moderatere Töne. In seiner ausführlichen Rede lässt Diepgen hierbei nichts unversucht, mittels chiffrierter Ressentiments sowie verschiedenster Argumente aus dem Repertoire der Debattengeschichte das ‚drohende' Mahnmal noch zu verhindern. Der Bürgermeister, der zuvor jedes Mahnmal abgelehnt hatte, mal als ästhetisierender Kritiker, dem vorgeblich die Undarstellbarkeit des Holocaust ein Anliegen sei, mal als engagierter Agitator gegen deutsche Reue und „Mahnmalsmeilen", sah nun das gedenkästhetische wie politische Heil im Schröder-Entwurf.

Das hervorstechendste Motiv in Diepgens Ansprache ist ‚gesellschaftliche Akzeptanz' – eine Variation des vom Bundeskanzler kreierten Imperativs des Gerne-Hingehens: „Nichts, meine Damen und Herren, ist für ein Mahnmal so entscheidend wie seine Akzeptanz."1736 Es müsse sich an der „Wirkung" messen lassen. Betont sorgen-

---

1732 Ibid.
1733 Ibid.
1734 Ibid.
1735 Süddeutsche Zeitung, 26./27. Juni 1999.
1736 „Debatte," S. 5.

voll fragt Diepgen in seiner selbststilisierten „sehr ernstzunehmenden Warnung vor einer Fehlentscheidung", ob der „kolossale Ausdruck [...] für das kolossale Verbrechen [...] auch noch übermorgen als ein Zeichen der Scham und der Reue entziffert werden? Von qualifizierter Seite ist auf den Trugschluss hingewiesen worden, dass Masse und Größe nicht zwangsläufig die Wirkung steigern, sondern eher zu einer Blockade der Erinnerung führen, eher abstumpfen als sensibilisieren."[1737] Mit diesem indirekten, verstohlenen Bezug auf Walser hat Diepgen die soziale Akzeptanzfrage gegenüber dem Mahnmal mit dem sozialen Ressentiment gegen dessen unbequeme, störende, nicht zu verdeckende Größe und vermeintliche Monstrosität verbunden. Gegen die „Masse und Größe" der Architektur etwa des preußischen Stadtschlosses, für das sich Diepgen seit Jahren engagierte, hatte dieser freilich nichts einzuwenden. Signifikant ist auch Diepgens Plädoyer für ein „allgemein verständliches Mahnmal", der „Eisenmanschen Betonlandschaft genau diametral entgegengesetzt", für die „Bescheidenheit, Würde und Prägnanz" der Schröder-Idee, welche erübrige, dass „zusätzliche Mahnmale – jedenfalls nach dem Willen einiger Redner – gegebenenfalls in Berlin errichtet werden sollen." Jetzt schon sei in Berlin eine „Vielzahl von Gedenkstätten", „eine ganze Kultur des Erinnerns entstanden". Hier komme „der Burschenschaftler wieder durch",[1738] erinnert dazu die *Zeit*.

Mit diesen Hauptreden sind die zentralen Figuren und Koordinaten der gesamten Bundestagsdebatte vorgegeben. Auch in den sensibleren Reden herrscht dabei ein *Zukunfts- und Versöhnungsmotiv* vor. Das symbolische Gedenken an die ermordeten Juden wird fast durchgängig unmittelbar als „mutmachendes Zeichen für die Zukunft"[1739] (Michael Roth, SPD) gedeutet. Die 33 Jahre junge Abgeordnete Sylvia Bonitz (CDU/CSU) sieht, im festen Blick auf die Zukunft, das Zeitalter der „Versöhnung" angebrochen; das Mahnmal sei vor allem ein „Angebot der Versöhnung", eine „ausgestreckte Hand, auf dem Wege zur Versöhnung"; schließlich sei die „Versöhnung mit den Opfern und ihren Nachkommen Teil unserer Gegenwart und Zukunft."[1740]

Aber es gibt andere kritischere Stimmen. Volker Beck (Die Grünen) analysiert, dass mit einer Widmung als allgemeine Formel „Für alle Opfer" die spezifischen Aspekte der Verfolgung verwischt werden. Es sei zu bedenken, dass „der Antisemitismus das entscheidende Bindemittel des Nationalsozialismus darstellte. An keinem Punkt waren sich die Granden wie die Fußtruppen des NS-Regimes so einig wie im Vernichtungswillen gegenüber den Juden. An keinem Punkt war die Politik von Nazi-Deutschland so tödlich konsequent wie in der Vernichtung der europäischen Juden."[1741] Deshalb sollten, so Beck, für die anderen Opfer je eigene Konzepte würdigen Gedenkens erarbeitet werden. Für Richard Schröders „minimalistischen" Vorschlag findet Beck Kritik; jene Mahnmalsidee würde den „notorischen Relativierern nationalsozialistischer Verbrechen unbeabsichtigt ein gefundenes Fressen liefern."[1742] Allerdings findet auch Beck nicht

---

1737 Ibid.
1738 Christof Siemes, „Noch fragen ?," a.a.O., S. 34.
1739 „Debatte," S. 5.
1740 Ibid.
1741 Ibid, S. 6.
1742 Ibid.

den Umstand, dass hierbei ein „kategorischer Imperativ [...] in den Sprachen der Opfer" auf dem Mahnmal erscheinen soll, *an sich* problematisch, sondern nur den „fatalen Eindruck", dass hier „viele mutmaßen [werden]: Hier hebt Deutschland den moralischen Zeigefinger, deutet damit auf andere."[1743] Schärfer und unzweideutiger formuliert diese Kritik allerdings die Berliner Finanzsenatorin Annette Fugmann-Heesing (SPD). Sie lässt an der „falschen Versöhnlichkeit" kein gutes Haar: „Wir, die Nachfahren der Täter, sind der Absender. Deshalb verbietet sich eine Botschaft in hebräischer Sprache: ‚Du sollst nicht morden!' [...] Richard Schröders Vorschlag läuft Gefahr, mit der Erinnerung an die gemeinsame religiöse Wurzel von Christen und Juden den Opfern zu nahe zu treten. Sie muss man weder erinnern noch ermahnen, schon gar nicht im Land der Täter. Auch unterschlägt der moralische Satz in seiner Allgemeinheit die politische Dimension der speziellen Täterschaft."[1744]

7.3.2.2 Minoritäre Positionierungen: Zwischen Abwehraggression und latentem Antisemitismus

Etwa ein Drittel der Redner zeigt weniger Sensibilität für jene normativ institutionalisierten Selbstverständnisse und überschreitet bisweilen die dominanten politisch-kulturellen Grenzverläufe des Erwarteten und Sagbaren im politischen Diskurs zu diesem Anlass. Hier wird das gesellschaftliche Sediment abwehraggressiver Erinnerungsverweigerung im Parlament dokumentiert. Jene Politiker, überwiegend aus der CDU/CSU-Fraktion, offenbaren kaum verhüllt starke Affekte gegen die Erinnerung an den Holocaust schlechthin.

Bei Hildebrecht Braun (FDP) ist beispielsweise von einer „Investition in die Zukunft" die Rede, die das Gedenken an die Vergangenheit gleich ganz überspringt; statt sich mit der deutschen Geschichte und ihren Opfern zu befassen oder sich für Entschädigungszahlungen einzusetzen, möchte er das vorgesehene Geld für ein Mahnmal, das „nur einen Teil der deutschen Bevölkerung erreicht" – den Rest wohl nur belästigt –, nun für die Gründung „eine[r] internationale[n] jüdische[n] Universität in Berlin" zur Verfügung stellen, die „jüdische Kreativität in Deutschland wieder fördert" und „zugleich von größter Bedeutung für das Geistesleben in unserem eigenen Land sein wird."[1745] Das Stereotyp von ‚jüdischem Geist' und ‚intelligenten Kulturjuden', der „semitischen Intellektualität"[1746], findet hier, philosemitisch gewendet, seine Revitalisierung, bereits auf dem Sprung, ins antisemitische Ressentiment umzuschlagen. Zum Thema Gedenken empfiehlt Braun einen „Besuch in einem KZ".[1747] Die „KZs" führ-

---

1743 Ibid.
1744 Ibid, S. 7.
1745 „Debatte," S. 7.
1746 So Joseph Goebbels, siehe Elke Fröhlich (Hg.), Die Tagebücher von Joseph Goebbels, Teil II, Bd. 7, München 1993, S. 514.
1747 „Debatte," S. 7. Es darf angenommen werden, dass Braun hier die KZ-Gedenkstätten meint.

ten „in unserem Lande allerdings ein Schattendasein."1748 Auch in solchen Formulierungen spricht mithin das kollektive Unbewusste.

Gleichen Jahrgangs (1944) ist der Abgeordnete Wilhelm-Josef Sebastian (CDU/CSU). Sebastian sieht sich vom Holocaust-Gedenken geradezu umzingelt: „In über 1 400 Dörfern, Gemeinden und Städten allein in den alten Bundesländern und ohne Berlin gibt es Gedenkstätten, vom Straßennamen über die Gedenktafel bis hin zum ehemaligen KZ, die an die Opfer des Nationalsozialismus erinnern und gedenken. Ich glaube, in keiner Stadt in der Bundesrepublik gibt es mehr Gedenkstätten als in Berlin."1749 Dass Deutschland übersät ist von zehntausenden kriegsverherrlichender Denkmäler und nationalsozialistischer ‚Mahnmale' für deutsche Soldaten („Deutschland soll leben, auch wenn wir sterben müssen")1750 und Straßennamen in enormer Zahl immer noch an deutsche Generäle und ‚Kriegshelden' erinnern, stört Sebastian nicht. Er liest aus einem Brief, den eine Jüdin an ihn gerichtet haben soll, die sich um das deutsche Volk zu sorgen scheint: Das Mahnmal sei demnach „Zumutung, Provokation und Demütigung für das deutsche Volk". Der Abgeordnete folgert daraus, dass der Gedenkorte nun genug sei: „Wir lehnen mit unserem Antrag die Errichtung eines *weiteren*, neuen Mahnmals ab."1751 Wie Braun möchte Sebastian die „vorgesehenen Mittel" lieber „sinnvoller", nämlich in die Zukunft investieren, allerdings nicht in eine jüdische Universität, sondern in ein „deutsch-israelische[s] Jugendwerk."1752

Sebastians Fraktionskollege Gerd Müller (CSU) engagiert sich ebenfalls hierfür, wie auch für die „authentischen Stätten". Auch Müller sieht lauter „Studien, Dokumentationszentren, Forschungsstätten, Lehrstühle und Institute", die die „geistige Auseinandersetzung und Aufarbeitung" betreiben.1753 Es gebe angeblich „kaum eine Gemeinde oder eine Stadt in Deutschland, wo nicht an die Opfer des Nationalsozialismus erinnert wird."1754

Mit Kostenrechnungen macht Müller deutlich, dass die finanziellen Mittel für das Gedenken damit nun ausgeschöpft seien. Mit der „Topographie des Terrors", deren kleine Ausstellungsfläche sich auch nach dem Um- und Neubau nicht vergrößern wird, entstehe in Berlin derzeit ein „50-Millionen-DM-Projekt mit Dauerausstellungen, Enzyklopädien, EDV-Programmen, Seminarräumen, pädagogischem Konzept usw."1755 Dieser Aufblähung der „Topographie", die nur deswegen derzeit mit Berliner Landesmitteln ausgebaut wird, weil Ignatz Bubis gegen die Streichung des Baus interveniert hatte, folgt der Verweis darauf, dass man bereits für die *jüdische* Geschichte in Berlin

---

1748 Ibid.
1749 Ibid, S.5.
1750 Vgl. Ulrike Haß, „Mahnmaltexte 1945 bis 1988. Annäherung an eine schwierige Textsorte," in: Wolfgang Benz und Barbara Diestel (Hg.), Erinnern oder Verweigern: Dachauer Hefte Bd. 6 (München, 1994), S. 135 – 161.
1751 „Debatte," S. 6.
1752 Ibid.
1753 Ibid, S. 9. Müßig darauf hinzuweisen, dass gerade die CSU lokal, landespolitisch und bundespolitisch über fünf Jahrzehnte lang sich darum bemüht hat, solche Institutionalisierungen der Auseinandersetzung mit dem Nationalsozialismus zu blockieren.
1754 Ibid.
1755 Ibid.

7. Antisemitismus in öffentlichen Konflikten der ‚Berliner Republik'

Geld investiert habe: „Nur wenig weiter entsteht das großartige Museum für die jüdische Geschichte in Deutschland und Europa."1756 Die kleine Gedenkstätte ‚Haus der Wannseekonferenz' mit Bibliothek mutiert bei Müller zu einem mächtigen „Holocaust-Dokumentationsmuseum". So resümiert der CSU-Politiker, man habe „in der Tat keinen Nachholbedarf an Gedenk- und Mahnstätten". Der *Zukunft* erweise man mit dem „Betonbau" keinen Dienst: „Deshalb frage ich: Ist der geplante Betonbau ein Signal an die so oft beschworene Zukunft, an die junge Generation? Es geht nicht um das Mahnen der 60- und 70jährigen, die ja zur Erlebnisgeneration gehören, sondern um die Jugend von heute und morgen. [...] Müssen wir nicht auch die Meinung der Bevölkerung und insbesondere der Berliner mit einbeziehen und akzeptieren? Wer baut, wer finanziert und wer unterhält das Monument?"1757 Gerd Müller wirft hier – im unmittelbaren Anliegen politisch erfolglos, wie sich herausstellen sollte – viele Fragen auf, die einzig durch das Motiv der Abwehr des Mahnmals und der Erinnerungsverweigerung gegenüber dem Holocaust miteinander verbunden sind.

Von Martin Hohmann (CDU) werden diese Redner an unverhohlener Radikalität im Vokabular übertroffen. Statt über ein Mahnmal, das an die Opfer der deutschen Verbrechen erinnert, diskutiert Hohmann Gräueltaten im Kosovo. Hohmann fragt, ob die „Vergegenwärtigung der zwölf NS-Jahre nicht ein Stück folgenloses Moralisieren gewesen"1758 sei. Hohmanns Medien der Abwehr sind u.a. ebenfalls zahlreiche unbeantwortete Fragen, die allesamt auf die Entspezifizierung der singulären Verbrechen, die von Deutschen begangen worden sind, sowie auf die Entschuldung der Tätersubjekte, die Hitler und sein antisemitisches Programm millionenfach unterstützten, zielen: „Wie wirkt ein Unterdrückungsapparat in einer Diktatur? Ist in der Breite klar, dass damals die Gewissensentscheidung mehr als nur Zivilcourage erforderte, nämlich den Einsatz des eigenen Lebens?"1759 Hier wird suggeriert, die Deutschen seien ein Volk von Opfern einer Hitler-Diktatur gewesen, die nicht den Mut hatten, ihre Solidarität mit den Juden „unter Einsatz des eigenen Lebens" auszudrücken. *Mut* wünscht Hohmann dafür, nachholend und im Anschluss an Walser, den Deutschen heute: „Viele Menschen fordern uns als Deutsche auf, langsam den *Mut* zu fassen, unseren Freunden zu sagen: Mehr als zwei Generationen nach diesem riesigen Verbrechen fühlen wir uns sozusagen *resozialisiert*. Warum? Kein Land hat Verbrechen in seiner Geschichte aufgearbeitet und bereut, Entschädigung und Wiedergutmachung geleistet wie wir."1760 Laut Hohmann ist von weiteren Forderungen und Denkmälern, mithin von der Erinnerung überhaupt, Abstand zu nehmen: „Fast drei Generationen *Bußzeit* bis heute. Es sollten nicht sechs oder sieben werden. Insofern wäre das Mahnmal auch monumentaler Ausdruck der Unfähigkeit, uns selbst zu verzeihen."1761 Die Deutschen sollten zum sich selbst Verzeihen in der Lage sein, schließlich folgt „nach christlichen Maßstäben" – also

---

1756 Ibid.
1757 Ibid.
1758 Ibid, S. 10. Zu beachten ist, dass Hohmann nicht von sechs Millionen ermordeten Juden oder 50 Millionen Opfern des nationalsozialistischen Vernichtungskrieges, sondern nur von „zwölf NS-Jahre[n]" redet.
1759 Ibid.
1760 Ibid.
1761 Ibid.

nicht nach jüdischen, auf Vergeltung statt Vergebung zielenden Maßstäben, so scheinbar der Subtext – „auf Sünde, Reue und Wiedergutmachung das Verzeihen. Freilich, das Verzeihen kann man nicht erzwingen. Aber von Freunden darf man es *erwarten*."[1762] So nutzt Hohmann die Debatte zum Versuch eines nationalen Befreiungsschlags von der öffentlichen Erinnerung an den Holocaust insgesamt. Er will zum Ausdruck bringen, was zuvor „nur hinter vorgehaltener Hand" gesagt wurde. Hohmann zeigt seinen von Auschwitz ungebrochenen, konventionellen nationalen Stolz, dem die Erinnerung an deutsche Verbrechen ein Dorn im Auge ist; wie „nicht wenige" empfindet er das geplante Mahnmal deshalb als „Kainsmal, als Ausdruck der Selbstächtung".[1763] „Mit der großen Mehrheit" seiner Wählerschaft sieht Hohmann aus deutscher Sicht „in der Neuen Wache eine hervorragende Mahn- und Erinnerungsstätte auch für die jüdischen Opfer."[1764] Für diese Worte notiert das Bundestagsprotokoll „Beifall bei Abgeordneten der CDU/CSU."[1765]

Auch Arnold Vaatz (CDU/CSU) will mit der Schröder-Idee „mit dem Wissen um die Vergangenheit für die Zukunft mahnen". Er billigt den Bürgern eine „größere Autorität als dem Rat einer Jury [zu], die möglicherweise *nicht dem allgemeinen Durchschnitt des Empfindens entspricht*, mit dem der Bürger diesem Mahnmal entgegentritt."[1766] Der ehemalige Bundesjustizminister Edzard Schmidt-Jortzig (FDP) schließlich favorisiert den „schlichte[n] Obelisk[en]", weil er „*für die Zukunft*"[1767] eine Aussage vermittle, also nicht der Vergangenheit verhaftet bleibt. Ihm geht es deshalb aber zudem ausdrücklich „nicht um ein Dokument der bleibenden Größe des deutschen Bedauerns und Bereuens."[1768] Vor der „Rückkehr des deutschen Parlaments [...] in dieses großartige Haus mit der Aufschrift ‚Dem Deutschen Volke'" möchte Schmidt-Jortzig „für ein längst wieder in Selbstbewusstsein gekommenes Deutschland" ein „durchaus sehr selbstbewusst ethisch-normativ angelegt[es]" Mahnmal, das sich „[a]us der Gemeinsamkeit christlich-jüdischer Wurzeln"[1769] speist. Ein „rein opferbezogenes Denkmal", so fügt Renate Jäger (SPD) an, genüge da nicht. Das Mordverbot sei, darüber hinausweisend, die „Grundbedingung menschlichen Zusammenlebens überhaupt und hat für *Christen* und *alle humanistischen Atheisten* gleich hohe Wertigkeit."[1770] Juden, die von Christen und humanistischen deutschen Atheisten ermordet worden sind, fehlen ausgerechnet in dieser Aufzählung. Hier treten neben symbolischen Ausgrenzungen von Juden sprachlich-geistige Verwirrungen unintendiert ins Licht der Öffentlichkeit. Günter Nooke (CDU) meint, „[w]ir sollten diese Wunde [der Massenmord an Millionen Menschen] nicht ständig reizen, denn das fördert *Entartung*."[1771] Annette Widmann-Mauz (CDU), die findet, dass nicht nur der ermordeten Juden, sondern, gegen jede ‚Hierarchisierung der

---

1762 Ibid.
1763 Ibid.
1764 Ibid.
1765 Ibid.
1766 Ibid, S. 9.
1767 Ibid, S. 8. Hervorhebung von mir, L.R.
1768 Ibid.
1769 Ibid.
1770 Ibid.
1771 Ibid, S. 10

Opfer', auch der deutschen Opfer im zentralen Mahnmal gedacht werden müsse, entdeckt Auschwitz als einen „zentrale[n] Gründungsmythos der Bundesrepublik Deutschland."1772 Dass Auschwitz ein Mythos sei, haben freilich schon andere vor Widmann-Mauz formuliert. So verbalisiert sich hier ein unerhelltes Geschichtsverständnis, das zwischen der Nationalisierung der Erinnerung und offener Erinnerungsabwehr oszilliert.

7.3.3 Zur Gesamtbewertung der Mahnmalsdebatte und zu ihrer politisch-kulturellen Bedeutung

Die ernsthafte parlamentarische Debatte markiert insgesamt einen deutlichen Unterschied zur Dynamik der Walser-Debatte und ihrer politischen Semantik bzw. ihren Codes, die teils selbst Antisemitismus transportierten und beförderten, und denen erst mit zeitlicher Verzögerung neue politisch-kulturelle Grenzen gesetzt worden sind. Dennoch bildet auch die Debatte zum Mahnmal für die ermordeten Juden Europas im Parlament nicht den demokratiepolitisch wünschenswert deutlichen politisch-symbolischen Kontrapunkt gegen die Legitimitätsgewinne von Abwehraggressionen und Antisemitismus der Walser-Debatte. In Teilen findet der Jargon Walsers noch im Bundestag seinen Nachhall. Und die dort artikulierte Erinnerung ans Geschehen wie der Bezug auf den historischen Antisemitismus und das deutsch-jüdische Verhältnis erscheinen vielfach problematisch, oberflächlich oder schematisch.

Die Bundestagsdebatte bildet allerdings ein weiteres, wichtiges Element der erinnerungspolitischen Konstruktionen und Dynamiken in Deutschland, für den symbolischen Umgang mit der Vergangenheit und die politische Kommunikation über historische Schuld und Antisemitismus. Dass viele Redner die Präzedenzlosigkeit und Singularität der NS-Verbrechen konzedierten, mag ein Novum im deutschen Parlament darstellen; ein Drittel der Reden war indes abwehraggressiv und partiell latent antisemitisch, was in der politischen Kommunikation kaum kommentiert wurde.

Die Debatten zur nationalsozialistischen Herrschaft, zum Antisemitismus und zum Holocaust werden auch im Bundestag alsbald kein Ende finden (wie sich spätestens im Zuge der Entschädigungsdebatte und in der parlamentarischen Aussprache zum Antisemitismus im Kontext der FDP-Bundestagswahlkampagne 2002 zeigen sollte). Deren Analyse harrt ebenfalls der Fortschreibung.1773 Die unheilvolle Perspektive liegt in neuen, subtileren Formen der Relativierung und kollektiven Entlastung. Die Rede vom „singulären Ereignis" wird politisch vielfach pluralisiert und universalisiert, nicht zuletzt auch durch Kanzler Schröder, der später sowohl im Blick auf „Ground Zero", der Stätte des zerstörten New Yorker World Trade Centers, als auch in Erfurt nach dem Amoklauf an einem Gymnasium im April 2002 von „singulären Ereignissen" redete.

1772 Ibid, S. 8.
1773 Vgl. den wegweisenden, wenngleich normativ etwas optimistischen Versuch solcher Geschichtsschreibung bei Helmut Dubiel, Niemand ist frei von Geschichte: Die nationalsozialistische Herrschaft in den Debatten des Bundestages (München und Wien: Hanser, 1999).

Schröder lehnt indes heute ein „Europäisches Zentrum für Vertriebene" in Berlin ab,[1774] das nur ein Jahr nach dem Beschluss über das „Denkmal für die europäischen Juden" (das bis heute, vier Jahre später, nicht gebaut worden ist), ohne zehnjährigen Debatten-Vorlauf, per Beschluss des Deutschen Bundestages vom 4. Juli 2002 politisch durchgesetzt worden war. Initiiert von politischen Akteuren aus unterschiedlichen Lagern – offenbar als ‚Ausgleich' zum Mahnmal –, unter Führung der Präsidentin des Bundesverbandes der Vertriebenen (BdV), Erika Steinbach (CDU), und mit Unterstützung von Peter Glotz und nunmehr von Außenminister Fischer, stößt dieses „Zentrum", das deutsche Opfer ins Zentrum setzen soll, kurz vor seiner Realisierung auf Kritik im In- und Ausland.

Der Gehalt des gegenwärtigen gesellschaftlichen wie politischen Gesprächs über den Holocaust und den Antisemitismus reflektierte sich in anderer Weise in einer zeitgleich sich entwickelnden Debatte zur Entschädigung von NS-Zwangsarbeitsopfern. Auch dieser über Jahre schwelende öffentliche und politische Konflikt kulminierte schließlich (im Jahre 2000) in einer großen Bundestagsdebatte und einem Bundestagsbeschluss. Dieses politische Diskursfeld der Auseinandersetzung mit Erinnerungsabwehr und Antisemitismus in der politischen Kultur soll im Folgenden untersucht werden.

7.4 Judenfeindlichkeit und Fragen materieller Kompensation im politischen Diskurs: Von der Debatte zur Zwangsarbeiter-Entschädigung zur Finkelstein-Kontroverse

Mit den öffentlichen Debatten um die Entschädigung von NS-Zwangsarbeits-Opfern, die sich seit Ende 1998 analog zur Diskussion um die ‚Friedenspreisrede' des deutschen Schriftstellers Martin Walser entfaltet haben, ist der erinnerungspolitische Diskurs zur nationalsozialistischen Vergangenheit in Deutschland in eine neue Phase getreten. Erstmals seit vielen Jahren war sukzessiv international ein politischer und rechtlicher Druck entstanden, der es der deutschen Wirtschaft erschwerte, sich den materiellen Ansprüchen von Zwangsarbeitsopfern weiter zu entziehen. Hiermit bekam der politische Diskurs über den Holocaust und die ‚Vergangenheitsbewältigung' eine materielle Komponente.

Mit der ideologischen und juristischen Abwehr der mit Unterstützung von Anwälten und jüdischen Organisationen erstmals mit Nachdruck vertretenen Forderungen der Opfer in Öffentlichkeit und Gerichtssälen stand hierbei von Beginn an zu befürchten, dass von beträchtlichen Teilen der Gesellschaft geteilte Vorurteile über Juden mit der Entschädigungsdebatte verbunden und mobilisiert würden. Schließlich glaubten schon vor der Debatte 39% der Deutschen, „die Juden beuten den Holocaust für ihre

---

[1774] Bei einer Gedenkstätte in Berlin, so Schröder gegen seinen Parteikollegen Peter Glotz, bestehe die Gefahr, "allzu einseitig das Unrecht, das Deutschen widerfahren ist, in den Vordergrund der Debatte über Vertreibungen zu stellen und dabei allzu sehr auszublenden, welches die historischen Ursachen sind." Siehe Die Welt, 14. August 2003, S. 4.

7. Antisemitismus in öffentlichen Konflikten der ‚Berliner Republik'

Zwecke aus"[1775]; bis zu 50% meinen laut einer Untersuchung von 1998, Juden versuchten, aus der Vergangenheit des ‚Dritten Reiches' heute ihren materiellen Vorteil zu ziehen und die Deutschen dafür zahlen zu lassen.[1776] 63% der Deutschen sind nach empirischen Umfragen darüber hinaus der Auffassung, dass ein „Schlussstrich unter die Diskussion über Judenverfolgung" gezogen werden sollte.[1777] Diese „Mehrheitsmeinung" (Werner Bergmann) verbindet sich mithin mit der fast von der Hälfte der Gesellschaft aufrecht gehaltenen Ansicht, der Nationalsozialismus habe „gute und schlechte Seiten" oder gar „mehr gute Seiten" gehabt.[1778] Das Theorem vom sekundären Antisemitismus, der sich aus Erinnerungsabwehr speisen kann, und die empirischen Befunde machen eine heikle Motivlage sichtbar, die gerade der Entschädigungsdebatte strukturell vorgelagert scheint.

Das Motiv, dass Juden mit dem Holocaust die Deutschen materiell ausbeuteten, ist eines der bedeutendsten sekundär-antisemitischen Ressentiments, bei dem das konservierte moderne antisemitische Stereotyp vom ‚geldgierigen', ‚mächtigen' oder ‚rachsüchtigen' Juden auch zur Abwehr der Erinnerung und Vergegenwärtigung des Geschehenen dient. Mit der Abwehr kann sich so ein objektiver „Rollentausch" (Max Horkheimer) vollziehen, der die Tätergesellschaft in die Rolle des Opfers imaginiert, die Opfer hingegen als Täter erscheinen lässt. In dieser Konfiguration geht eine „Affektsperre" gegenüber dem Leid der Opfer[1779] mit Abwehr-Affekten gegen die Erinnerung einher. Von daher war von Beginn zu befürchten, dass dieser Rollentausch sich in Teilen der politischen Kommunikation auch gegenüber der von jüdischen Organisationen unterstützten Forderung nach materieller Entschädigung für Zwangsarbeitsopfer spiegeln würde. Im Folgenden werde ich zunächst die Struktur der politischen Debatte um die Entschädigung von Zwangsarbeitsopfern mit ihren Merkwürdigkeiten untersuchen im Hinblick darauf, inwiefern ihr – symbolische, latente und manifeste, moderne wie ‚sekundäre' – antisemitische Motive unterliegen. Sodann werde ich die insbesondere die politischen Reaktionen im Deutschen Bundestag untersuchen, und schließlich die Spiegelung dieser Motive in der Finkelstein-Debatte, die als Teil der Entschädigungsdebatte gesehen werden kann, analysieren.

1775 Siehe Golub, Jennifer, Current German Attitudes towards Jews and other Minorities (New York: The American Jewish Committee, 1994), S. 37.
1776 Siehe Klaus Ahlheim/Bardo Heger, Der unbequeme Fremde. Fremdenfeindlichkeit in Deutschland – empirische Befunde (Schwalbach/Ts.: Wochenschau Verlag, 1999), S. 103.
1777 Vgl. Forsa-Untersuchung, Die Woche, 24. Dezember 1998.
1778 Vgl. Werner Bergmann/Rainer Erb, Antisemitismus in der Bundesrepublik Deutschland, a.a.O., S. 255.
1779 Vgl. Joachim Perels, „Die Zerstörung von Erinnerung als Herrschaftstechnik. Adornos Analysen zur Blockierung der Aufarbeitung der NS-Vergangenheit," in Helmut König, Michael Kohlstruck und Andreas Wöll (Hg.), Vergangenheitsbewältigung am Ende des zwanzigsten Jahrhunderts (Wiesbaden: Westdeutscher Verlag, 1998), S. 53 – 68, S. 58ff.

7.4.1 Dimensionen von Erinnerungsabwehr und Antisemitismus im politischen Diskurs zur Entschädigung von NS-Zwangsarbeitern

Neben im Verlauf der Debatte zur Zwangsarbeits-Entschädigung allmählich zunehmenden kritischeren Stimmen in der medialen und politischen Öffentlichkeit zum „schandhaften" Verhalten der zahlungsunwilligen Wirtschaftsunternehmen traten in der über Monate andauernden Debatte gerade zu Anfang auch antisemitische Klischees im öffentlichen Raum in Erscheinung. Dabei werden vor allem Anwälte und Verbände der Opfer strukturell in die Rolle vermeintlicher ‚Störenfriede' gesetzt, die mit insistierenden und vorgeblich unbegründeten Forderungen den wirtschaftlichen Fortgang behindern und Deutschland schaden wollen. Dieses Motiv wird auch durch die politischen Vorgaben der sozialdemokratischen Bundesregierung unterstützt, die die Forderungen der Opfer schon im Vorfeld der Auseinandersetzungen und Verhandlungen als illegitim disqualifiziert hat.

Noch im Sommer 1998 sehen diejenigen, die später angeblich aus „moralischer Verantwortung" sich zu Zahlungen bereit erklären, „keinen Handlungsbedarf" in Sachen Zwangsarbeiter-Entschädigung – so der Bundesverband der deutschen Industrie (BDI).[1780] Noch vor jeglichen Verhandlungen hat die Bundesregierung ihre Parteilichkeit mit der deutschen Industrie bekundet und damit suggeriert, sie sei politisch ‚schutzbedürftig' gegenüber Angriffen von ‚außen'. Bundeskanzler Gerhard Schröder spricht davon, die Regierung werde sich „schützend" vor die Industrie stellen; als benötige diese vor den Opfern der Zwangsarbeit Protektion. Selbst bei einem Prozess ehemaliger Zwangsarbeiter gegen deutsche Firmen in den USA springt der Industrie das Außenministerium als *amicus curiae* zur Seite.[1781] Geteilt wird von der Bundesregierung die Auffassung, die Firmen, die sich aus der Zwangsarbeit bereichert haben, trügen keine individuelle rechtliche Verantwortung. Dabei handelt es sich um den Versuch der Außerkraftsetzung des im bürgerlichen Recht verankerten Verursacherprinzips. Einer der „bedenklichsten Aspekte", so analysiert Micha Brumlik, „ist denn auch der nicht anders als erpresserisch zu nennende Versuch, die Unabhängigkeit US-amerikanischer Gerichte einzuschränken und damit einem anderen demokratischen Staat, den USA, der so genannten Rechtssicherheit wegen die Aufhebung des Prinzips der Gewaltenteilung aufzunötigen."[1782]

In der zeitgleich eskalierenden politisch-medialen Debatte wird zunächst mannigfach das Bild der Erpressung mobilisiert – dieses Bild wird allerdings bei jüdischen Anwälten und Organisationen verortet. Der *Spiegel* schafft beispielsweise ein wahres Erpressungsszenario, dem zufolge die „geschäftstüchtigen" Anwälte, jüdischen Organisationen und Opferverbände unter dem Vorwand von Gerechtigkeit und Sühne ihren Geldinteressen nachgingen, indem sie deutsche Unternehmen unter Druck setzten: „Amerikanische Anwälte, die ihre Geschäftstüchtigkeit gut hinter der Fassade von

---

[1780] Zitiert nach Matthias Arning, „Wenn Entschädigung zu einer Frage des Prestiges wird," Frankfurter Rundschau, 11. Juli 1998.
[1781] Vgl. Micha Brumlik, „Über die Verwechslung von Standortpolitik und Verantwortung," a.a.O., S. 832.
[1782] Micha Brumlik, „Über die Verwechslung von Standortpolitik und Verantwortung," a.a.O., S. 833f.

Schuld und Sühne zu verstecken wissen, setzen deutsche Unternehmen mit überzogenen Forderungen unter Druck. Jüdische Organisationen streiten vor allem für die Opfer des Holocaust. Opferverbände und Regierungen im Osten Europas fordern Gerechtigkeit und meinen Mark."[1783] Der *Spiegel*-Autor sieht vermeintlich hinter die „Fassade". Ist die Maske der hehren Gerechtigkeits-Motive der Opfer-Organisationen einmal abgerissen, kann man ihre ‚Geldgier' zum Vorschein bringen, so der Subtext.

Klischees über ‚skrupellose' und ‚gerissene' jüdische Anwälte und Organisationen, die mit dem unlauteren Interesse an, ja mit Geld selbst identifiziert werden, haben in der Debatte mitunter nicht mehr den Charakter einer Chiffre, eines kulturellen Codes, sondern tragen regelmäßig manifest antisemitische Züge. Erstmals sind jene Stereotype in jüngerer Zeit im *democratic mainstream* offen proklamiert worden an gleichem Ort, und zwar durch Rudolf Augstein mit seiner Rede vom „Weltjudentum" und dessen „Weltpresse". In der *Süddeutschen Zeitung* wird nun entsprechend behauptet, die Opfer-Anwälte spielten „Weltpolizei"[1784]; hier wird geradezu eine imperiale Macht konstruiert, die über Deutschland herfalle. Aus solch einer Sicht sind folgerichtig diejenigen, die Entschädigungszahlungen gegen deutsche Unternehmen erwirkt haben, „Anwälte mit zweifelhaftem Verdienst."[1785] Wenn es um die Entschädigungs-Anwälte der Opfer-Seite geht, wird anfangs sequenziell ein stereotypes Portrait vom „jüdischen Anwalt aus New York" gezeichnet, der als „Profiteur" „aus dem Leid anderer ein gutes Geschäft" mache, „laut" und „aggressiv" auftrete, „droht", „goldumrandete Brillen" trage, „jederzeit bereit, ein Hörnchen mit bloßen Händen zu zerquetschen." Er erscheint als „Rechts-Rambo" „gefürchtet von deutschen Unternehmen" und „geldgierig". Wenn solche „Überzeugungstäter oder Karrieristen" von „Moral und Würde reden, erscheint keine Summe zu hoch."[1786]

Wiederholt treten dabei antisemitische Stereotypen in Erscheinung, von jüdischer Aggressivität und Unangepasstheit bis zur Vorstellung von Juden als körperlich schwächliche, unehrliche, hinterhältige Trickser und Betrüger, die nur Geld im Sinn haben, welche in vielfältigen Anspielungen in der politischen Kommunikation den Opfer-Anwälten und –Verbänden attribuiert werden. Mittels einer häufig reproduzierten syntaktischen Gegenüberstellung von „Moral" als Vorwand und „Geld" als ‚wahres Motiv' scheinen die Beweggründe des Handelns der Anwälte und Organisationen besonders niedrig. ‚Geldgierig' sind in solchen Darstellungen nicht das zahlungsunwillige deutsche Kapital, sondern die überlebenden Zwangsarbeiter, nicht die aus der Zwangsarbeit bis heute profitierenden, „schutzbedürftigen" Konzerne, sondern eine scheinbar von mächtigen Juden verfolgte deutsche Wirtschaft.[1787] Die Konstruktion der ‚geldgierigen Opfer-Anwälte' und die nicht belegten Gerüchte um deren Honorare dominieren zu Beginn in den Medien die Entschädigungsdebatte; die Millionen, die die

---

[1783] Der Spiegel, 9. August 1999, S. 34.
[1784] Süddeutsche Zeitung, 16. Dezember 1999, S. 2.
[1785] Ebenda.
[1786] Alle Zitate aus diversen deutschen Tageszeitungen, zitiert nach Gruppe 3 Frankfurt a.M., „Ressentiment und Rancune: Antisemitische Stereotype in der Entschädigungsdebatte," in Ulrike Winkler (Hg), Stiften gehen. NS-Zwangsarbeit und Entschädigungsdebatte (Köln, PapyRossa, 2000), S. 251 – 271, S. 254f.
[1787] Vgl. Matthias Thieme, „Stiften gehen," in: Jungle World 30 (2000), S. 6 – 7, hier S. 7.

deutsche Industrie in eine jahrelange juristische Abwehrschlacht investiert hatte, werden dagegen auch in der Phase, in der der öffentliche Druck auf die Industrie wächst, kaum thematisiert. Während man also, so Lothar Evers, „das alte Stereotyp vom ‚gierigen jüdischen Anwalt' auf Opferseite reaktivierte, war das wirklich große Geld längst auf der anderen Seite investiert und auch verdient worden: von gut bezahlten Rechtsanwälten, pensionierten Bundesbeamten und Richtern des Bundesgerichtshofes."1788

Opfer-Anwälte und Organisationen bereicherten sich, so exemplarisch Götz Aly in der *Berliner Zeitung*, nicht nur an deutschen Unternehmen, sondern auch an den nichtjüdischen Zwangsarbeits-Opfern, die nun in den deutschen Regierungsvertretern ihre Anwälte fänden, weil die „jüdischen Gruppen" in „maßlosem Ansinnen" fast das ganze Geld „für ihre Klientel" verlangten.1789 Unterschlagen wird dabei, dass es vor allem den Bemühungen der Anwälte und jüdischen Verbänden zu verdanken ist, dass die deutsche Industrie zu Verhandlungen und Zahlungsverpflichtungen gebracht worden ist. Konstruiert wird überdies, die Regierung, die explizit jedweden individuellen Rechtsanspruch abgelehnt hat, vertrete die individuellen Ansprüche der Opfer. Die dabei replizierte Kritik an den Opfern, ihren Verbänden und Vertretern wird hierbei fast ausschließlich auf *jüdische* Gruppen, Organisationen und Individuen gemünzt. Die ‚Opfergruppen' werden dergestalt gespalten und dann die so genannten ‚wahren', ‚benachteiligten Opfer' auf die Seite der Regierungs- und Industrie-Vertreter geschlagen. Nichtjüdische Opfer werden so in die Gemeinschaft der ‚ehrlichen Opfer' ‚jüdischer Hinterlist' aufgenommen. Dieses schiefe Bild endet bei Aly in einer – nicht exemplarischen, sondern außergewöhnlichen – symbolischen Konstruktion, die Vertreter der Opfer mit der SS vergleicht: „In den KZs ließ die SS die Wassersuppe einfach zwischen die Häftlinge stellen und provozierte so regelmäßige Balgereien, die mit dem Sieg des Stärksten enden mussten. Eben dieses System zwingen nun die Vertreter der Opfer den Vertretern der Bundesregierung auf."1790 Zu fragen ist hier, ob dergleichen nicht eine neue Ebene des im öffentlichen Raum Sagbaren darstellt, und ob nicht solche Formulierungen wenige Jahre zuvor in der politischen Öffentlichkeit skandalisiert worden wären. Der Journalist und Historiker bezieht sich dabei explizit positiv und populistisch auf das ‚Schlussstrich-Motiv': „Nach mehr als fünfzig Jahren darf über das, was denunziatorisch als ‚Schlussstrich' bezeichnet werden kann, nachgedacht werden. Das liegt im wohlverstandenen und legitimen Interesse der jüngeren Generation. Auch das zu wahren, gehört zu den Pflichten der Bundesregierung."1791

Treten in der Entschädigungsdebatte Stereotype in Erscheinung, konzentrieren sie sich auf Juden, die mithin als privilegierte Opfergruppe dargestellt werden. Letztlich wird, entsprechend dem antisemitischen Denkmuster, nur Juden unterstellt, sie machten ein „Geschäft", und sie beuteten den Holocaust für ihre Zwecke aus. Während es den einen um legitime Interessen und ein Leben ‚in (Rechts-)Frieden' geht, wollen innerhalb

---

1788 Lothar Evers, „Die Opfer der NS-Zwangsarbeit und die Arroganz der Macht," Blätter für deutsche und internationaler Politik 7 (2000), S. 837 – 844, hier S. 838.
1789 Götz Aly, „Schuld ist nicht erblich," Berliner Zeitung, 22. Januar 2000.
1790 Götz Aly, „Das Prinzip Wassersuppe," Berliner Zeitung, 3. Februar 2000.
1791 Götz Aly, „Entschädigung ohne Ende ?," Berliner Zeitung, 2. März 2000, S.4.

dieser Topik die Juden an ihrer eigenen Verfolgung und an der Verfolgung ‚anderer Opfergruppen' Geld verdienen. Auch diese werden somit latent zum Opfer von materieller jüdischer Gier und Rachsucht stilisiert. Die Verursacher des Leids, diejenigen, die die Verbrechen begangen haben und deren Rechtsnachfolger, die sich ihrer Verantwortung entzogen haben, verschwinden dann mitunter hinter der Anklage gegen die jüdischen Mittler und Opfer. Auch dies ist ein Element der stereotypen wie selektiven Wahrnehmungsmuster der Debatte und ihrer symbolischen Ordnung gerade in der ersten Phase. Die Projektion der Industrie als einer von Juden verfolgten Unschuld bleibt freilich gerade im weiteren Verlauf nicht unwidersprochen: Es stilisiere sich die deutsche Wirtschaft „zu einem Objekt moderner Raubritter in Gestalt US-amerikanischer Anwälte,"[1792] ist in der *Frankfurter Rundschau* zu lesen, und *Die Zeit* kritisiert: „Bei Schröder erschien die deutsche Industrie als verfolgte Unschuld."[1793] Doch die Schieflagen und Stereotypisierungen gegenüber jüdischen Akteuren werden nur selten selbst in der politischen Kommunikation reflektiert.

Im *Spiegel* wird ergänzend die Dichotomie zwischen „uns" als nationalem Plural einerseits und den devaluierten „Opfern" mit ihren „alten Geschichten" reproduziert: „Wie kann den deutschen Managern die Sorge genommen werden, dass sie nach einer Einigung, die teuer genug wird, nicht doch wegen der *alten Geschichten* verklagt werden."[1794] Konnotiert wird hier u.a. das sekundär-antisemitisch aufgeladene Klischee, Juden seien rückwärtsgewandt und lebten in der Vergangenheit, vor allem aber die Stereotype ‚jüdischer Unversöhnlichkeit und Rachsucht'. Unterlegt ist dieser Sicht mitunter das Wahrnehmungsmuster, Juden seien eine geschlossene Gemeinschaft der Gläubiger mit internationaler Macht. Sie erscheinen in der *Süddeutschen Zeitung* als heimliche Herrscher der Weltmacht USA: „Selbst Boykott-Aufrufe gegen deutsche Produkte werden durch die US-Regierung nicht mehr unter Kontrolle zu bringen sein. Die ‚gesamte deutsche Wirtschaft' könn[t]e an den Pranger gestellt werden."[1795]

7.4.2 Reaktionsbildungen in der Politik und im Deutschen Bundestag

Neben latenten Anspielungen im Diskursumfeld Juden/Geld/Macht und bestimmten symbolischen Ordnungen, in denen Juden als Täter erscheinen, finden sich innerhalb dieser Debatte gerade unter nationalkonservativen Politikern manifest antisemitische Deutungsmuster. So beschwert sich der CDU-Abgeordnete Freiherr von Stetten, zugleich Präsident des nationalkonservativen Studienzentrums Weikersheim: „*Ich will das Wort Zionismus nicht sagen, aber* antideutsche Stimmungsmache wird natürlich schon versucht zu machen und Stimmung gegen Firmen in den USA: Kauft die Ware nicht bei diesen bösen Firmen – eben das finde ich unappetitlich. So arbeitet man im deut-

---

[1792] Frankfurter Rundschau, 11.Dezember 1999.
[1793] Die Zeit, 10. November 1999.
[1794] Der Spiegel, 9. August 1999, S. 34ff, zitiert nach: Gruppe 3 Frankfurt a.M., „Ressentiment und Rancune," a.a.O., S. 254.
[1795] Süddeutsche Zeitung, 20/21. November 1999, S. 6.

schen Recht nicht. Das ist *Erpressung*."¹⁷⁹⁶ Freiherr von Stetten will das Wort „Zionismus" nicht sagen, sagt es aber und meint hier offensichtlich die weltweit als verschworene Gruppe „antideutsch" operierender Juden, die mit dem Begriff des „Zionismus" in eins gesetzt und zugleich nur dünn chiffriert wird. Im Bundestag ergänzt von Stetten: „Ärgerlich an dem Gesetz ist, dass es *Doppelzahlungen* gibt für einen Teil der Berechtigten; es ist überhaupt nicht einsehbar, dass Opfer, die bereits seit Jahren Renten oder Entschädigungen erhalten haben, nunmehr erneut die *Höchstentschädigung* bekommen" – gemeint sind amerikanische Juden, die gegen „berechtigte Ansprüche" von Opfern aus ost- und mitteleuropäischen Staaten ausgespielt werden. „Ärgerlich ist auch die *Raffgier* einiger Rechtsanwälte, die nicht in vollem Umfang gestoppt werden konnte."¹⁷⁹⁷ Die deutsche Wirtschaft und osteuropäische, nicht-jüdische Zwangsarbeiter erscheinen hierbei wiederum gemeinsam als Opfer der jüdischen Anwälte und Organisationen und ihrer „Raffgier".

Derjenigen, am Ende dominanten und überparteilichen Strömung in der demokratischen Politik, die sich zuletzt für ein einmalige, abschließende Zahlungsvereinbarung – auch um das „Ansehen Deutschlands willen" und freilich auch aus Angst vor internationalen Sammelklagen – bereit erklärt, stehen so einige politische Akteure gegenüber, die Zahlungen grundsätzlich ablehnen und sich mithin vom Ausland und den Opfer-Verbänden erpresst sehen respektive stattdessen Entschädigung für die „Opfer der Vertreibung" fordern: „Über ein halbes Jahrhundert nach dem Ende des Zweiten Weltkrieges muss es auch für Deutsche eine historische Gerechtigkeit geben," so der CSU-Abgeordnete Hans-Peter Uhl im Bundestag.¹⁷⁹⁸ Nach 1945 habe man, zitiert Uhl Hans-Georg Adler, „bloß das Wort ‚Juden' mit ‚Deutsche' vertauscht." Weit „über zwei Millionen Deutsche" seien nach dem Ende des Zweiten Weltkriegs „durch Vertreibung, Internierung und Zwangsarbeit zu Tode gekommen. All dies geschah in demselben Zeitraum, als in den Nürnberger Prozessen gegen Nazigrößen Todesurteile wegen *ebendieser* Straftaten, also wegen Deportation, Zwangsarbeit und Vernichtung, ausgesprochen wurden."¹⁷⁹⁹ So werden die nationalsozialistischen Verbrechen wie die systematische Verfolgung und Ermordung der europäischen Juden und der Vernichtungskrieg mit über 50 Millionen Toten gleichgesetzt mit den Folgen dieser Verbrechen. Mit dieser Position wird die Debatte zur Entschädigung von NS-Zwangsarbeitern im Bundestag zur Bühne für geschichtsrevisionistische und abwehraggressive Ideologeme.

Die Vorstellung, die jüdischen Opfer würden die anderen Opfergruppen übervorteilen, manifestiert sich in mehreren Erklärungen von CDU/CSU-Politikern im Bundestag, die das vorgeschlagene (und verabschiedete) Stiftungsgesetz ablehnen: „[Es] stört mich die Tatsache, dass die jüdische Bevölkerung in den Ländern, die an den Verteilungsverhandlungen beteiligt waren, den Löwenanteil der Entschädigungssumme bekommen, die ehemaligen Zwangsarbeiter in den anderen Ländern aber stark benachteiligt werden." Georg Brunnhuber empfindet es zudem als „grobe Ungerechtigkeit",

---

1796 Panorama, NDR Fernsehen, 14.10.1999. Hervorhebungen von mir, L.R.
1797 Ibid. Hervorhebungen von mir, L.R.
1798 Zitiert nach Matthias Thieme, „Stiften gehen," in: Jungle World 30 (2000), S. 6.
1799 Deutscher Bundestag, 114. Sitzung, Plenarprotokoll 13/245, 6. Juli 2000.

„dass die Frage der Entschädigung der ins Ausland verschleppten und dort als Zwangsarbeiter eingesetzten Deutschen nicht zur Sprache kommt." – „Ich kritisiere vor allem, dass einige Opfergruppen gegenüber anderen privilegiert werden," erklärt auch der Abgeordnete Hartmut Büttner.[1800] Die gesamte CDU/CSU-Fraktion fordert überdies innerhalb der Bundestagssitzung die Bundesregierung auf, „mit denjenigen Staaten, die nach dem Ende des Zweiten Weltkriegs *Deutsche* verschleppt und unter unmenschlichen Bedingungen zur Arbeit gezwungen haben, oder mit deren Nachfolgestaaten Kontakt aufzunehmen mit dem Ziel, dass auch die noch lebenden *deutschen Opfer* von diesen Staaten eine – der deutschen Regelung entsprechende – Entschädigung in Form einer humanitären Geste erhalten." Es müsse „erlaubt sein", so der führende CDU-Politiker Wolfgang Bosbach erläuternd, „in dieser Debatte darauf hinzuweisen, dass auch viele Deutsche Opfer von Ausbeutung unter unmenschlichen Bedingungen waren." Das Gedenken an die NS-Opfer kann hier offenbar nicht für sich allein stehen bleiben, ohne dass „deutsche Opfer" nach 1945 Erwähnung finden. Auch Bosbach malt wie selbstverständlich eine mächtige „Boykott- und Drohkulisse in den USA" aus und will, dass alle Fragen „endgültig geklärt werden." Beklagt wird, dass trotz der „formal abschließenden Regelung zur Wiedergutmachung [...] *schon bald neue Forderungen* gestellt und akzeptiert werden könnten."[1801] Dabei habe doch „die Bundesrepublik in den vergangenen Jahrzehnten bereits über 104 Milliarden DM an Wiedergutmachungsleistungen erbracht."[1802] In solch einer popanzhaften Summe findet die rechtsextreme Parole „Deutsche, wollt ihr ewig zahlen" Nachhall. Keine Erwähnung finden im politischen Diskurs demgegenüber 13 Milliarden DM jährlich, die der Staat an ehemalige Wehrmachtsangehörige zahlt, davon 600 Millionen an Beteiligte an Kriegsverbrechen oder Verbrechen gegen die Menschheit.[1803]

Schließlich wird auch politisch das in der Entschädigungsdebatte bedeutende Motiv jüdischer ‚Geldgier' und überproportionaler Macht latent mobilisiert. Eine junge Abgeordnete der CDU/CSU, Sylvia Bonitz, findet gleich deutliche Worte über die *Jewish Claims Conference* wie deren ‚übermäßigen Einfluss' und deren ‚Profite', ohne jedoch noch vorzugeben, es ginge bei dieser Beschuldigung um die Interessen der Opfer: „Im Übrigen nehme ich mit Bedauern zur Kenntnis, dass die Verhandlungen offenbar in weiten Teilen unter einem *übermäßig großen Einfluss der Jewish Claims Conference* gestanden haben, sodass eine gerechte Mittelverteilung unter allen betroffenen Opfern von Zwangsarbeit fragwürdig ist." Bonitz lehnt das Stiftungsgesetz auch deshalb ab, weil „wir uns m.E. nicht dem Risiko aussetzen [dürfen], *immer wieder mit neuen Forderungen konfrontiert* zu werden" – und auch sie präferiert stattdessen Entschädigungsleistungen für „nach dem Ende des Zweiten Weltkriegs verschleppte Deutsche".[1804] Auffällig ist hierbei, das insbesondere diejenigen, die vor allem ‚Entschädigung für Deutsche' fordern, das vermeintliche Privileg der „jüdischen Organisationen" betonen.

1800 Ibid.
1801 Ibid.
1802 Ibid.
1803 So Salomon Korn, Frankfurter Rundschau, 10. November 1999.
1804 Deutscher Bundestag, 114. Sitzung, Plenarprotokoll 13/245, 6. Juli 2000, Hervorhebung d.A., L.R.

Elemente und Ideologeme des Antisemitismus innerhalb der deutschen Eliten, die in der Entschädigungsdebatte zutage getreten sind, kritisiert im Anschluss Paul Spiegel im *Bonner Generalanzeiger:* Antisemitismus fände man „mittlerweile in elitären Zirkeln. Man wirft mir in der feinen Gesellschaft, nicht am Stammtisch, vor, dass ich Antisemitismus erzeuge, dass die Juden Deutschland wieder aussaugten, weil sie das Mahnmal forderten oder jetzt die Entschädigungszahlungen."1805

7.4.4 Anbindungen an rechtsextreme Ideologeme und manifesten Antisemitismus

Deutlich wird dabei eine innige Verbindung von materiellem Interesse, Erinnerungsabwehr und einer teils intergenerativen, identifikatorischen Verstrickung in die Mentalität der Tätergesellschaft, die „Seite der Beschuldigten" (Walser). Zum Vorstand des von der Industrie durchgesetzten „Zukunftsfonds", dem als Teil der Stiftung „Erinnerung, Verantwortung und Zukunft" von fast der gesamten CDU/CSU-Fraktion überragende Bedeutung zugesprochen wird, „weil wir den Blick nach vorne richten müssen",1806 hatte die Unternehmenslobby hinter DaimlerChrysler-Vorstand Manfred Gentz mit dessen Mitarbeiter Lothar W. Ulsamer bezeichnender Weise eine Persönlichkeit designiert, die in rechtsextremen, NPD-nahen Blättern Aufsätze publiziert hat und dessen Dissertation mit „Zersetzten, zersetzen, zersetzen" betitelt ist und eine Agitationsschrift gegen „zersetzende Intellektuelle" darstellt, eine Publikation, die Hildegard Hamm-Brücher (FDP) 1987 als „reinen Rechtsradikalismus" und „Vorstufe zur Bücherverbrennung"1807 bezeichnet hat. Nur später öffentlicher Druck hat zuletzt die projektierte Hoheit Ulsamers über die Mittelvergabe der dem Fonds zugedachten 700 Millionen der Gesamtentschädigungssumme verhindert.

Auch organisierte rechtsextreme Akteure, von der *Deutschen National-Zeitung* bis zur *Deutschen Stimme* der NPD, suchen in diesen Diskurs über materielle Entschädigung und jüdische Anwälte und Verbände zu intervenieren. In einem „Rundbrief an die von jüdischen Organisationen erpressten deutschen Unternehmen" wendet sich überdies Horst Mahler, als aggressivster öffentlicher Rechtsextremist und Antisemit an diejenigen Firmen, die sich bisher nicht an der „Stiftungsinitiative" beteiligt haben, und ruft diese zur Unterstützung einer „Geschichtswahrheitsguerilla" auf.1808 In besonderer Weise heften sich die rechtsextremen Akteure, Medien, Parteien und Organisationen indes an die so genannte Finkelstein-Debatte, die als Teil des Entschädigungs-Diskurses zu verstehen ist.

1805 Zitiert nach Berliner Zeitung, 23. Dezember 2000.
1806 Deutscher Bundestag, 114. Sitzung, Plenarprotokoll 13/245, 6.7.2000.
1807 Zitiert nach Süddeutsche Zeitung, 16. 12. 2000, S. 6; vgl. auch Marianne Heuwagen: Zwangsarbeiter müssen weiter auf Geld warten, Süddeutsche Zeitung, 24. Januar 2001, S. 6.
1808 Siehe die rechtsextreme Homepage www.werkstatt-neues-deutschland.de.

7.4.5 Die Finkelstein-Kontroverse als Teil des Entschädigungsdiskurses

Die so genannte „Finkelstein-Debatte", die mehrere Wochen im Sommer 2000 in den Feuilletons kursierte, ist letztlich kaum mehr als eine kleine, kurze Episode im Kontext der Entschädigungsdebatte. Bedeutung hat sie als Teil eines, wenn auch umkämpften, politisch-kulturellen Erosionsprozesses, der psychologische Affekte gegen die Erinnerung an die NS-Verbrechen mobilisiert und antijüdische Ideologeme partiell ‚enttabuisiert'. Finkelsteins Buch als Diskursanlass basiert auf verschwörungstheoretischen Tiraden über „weltweit operierende" „erpresserische" und „ausbeuterische" jüdische Organisationen. Das Buch steht dabei nicht zufällig auch für einen ‚Schlussstrich' unter die gesellschaftliche Erinnerung an den Holocaust. „‚Do not compare' is the mantra of moral blackmailers. Organized American Jewry has exploited the Nazi holocaust to deflect criticism of Israel's and its own indefensible policies. [...] The abnormality of the Nazi holocaust springs not from the event itself but from the exploitive industry that has grown up around it. The noblest gesture for those who perished is to preserve their memory, learn from their suffering and let them, finally, rest in peace." „Abnormal" ist in dieser Wahrnehmung nicht mehr der Holocaust, „abnormal" sind die Juden und ihre Machenschaften.[1809] Finkelsteins abstruse Anklage gegen das „organisierte Amerikanische Judentum" und deren vermeintliche politische wie ökonomische „Ausbeutung" der deutschen Regierung, der Zwangsarbeiter und der Holocaust-Überlebenden fügt sich in die präformierte symbolische Ordnung der in Teilen mit latenten antisemitischen Motiven aufgeladenen Entschädigungsdebatte. Als ‚linker', ‚dissidenter' Jude und Sohn von Überlebenden wird er eine Zeit lang zum „jüdischen Kronzeugen"[1810], der vermeintlich einen unabhängig-objektiven Geist verkörpert.[1811] Finkelsteins Populismus verbreitet und rationalisiert das Ressentiment, Juden beuteten den Holocaust gegen Deutschland für ihre eigenen materiellen Interessen aus.

Es gehört seit je zu den zentralen Techniken antijüdischer Agitation, sich auf reale oder vermeintliche antisemitische Aussagen von Juden zu berufen, um dem Stereotyp größere Legitimität zu verschaffen. Kaum verwundert es da, dass Finkelstein von links- wie rechtsradikalen „Anti-Zionisten" und Rechtsextremisten, von der *Deutschen National-Zeitung* bis zum *Ostpreußenblatt*, das in diesem Zusammenhang David Irving verteidigt,[1812] wie auch von den Holocaust-Leugnern Irving und Ernst Zündel selbst beson-

---

[1809] Vgl. Norman G. Finkelstein, „The Holocaust Industry. Reflections on the Exploitation of Jewish Suffering," (London and New York: Verso, 2000), 149f; Finkelstein behauptet, die Deutschen hätten „längst genug gezahlt", im Gespräch mit dem Verfasser, Coney Island, 16. August 2000.
[1810] Rolf Surmann, „Der jüdische Kronzeuge: Die Reaktionen auf Finkelsteins Pamphlet als Ausdruck eines zeitgeschichtlichen Paradigmenwechsels," in Ders. (Hrsg.), Das Finkelstein-Alibi: ‚Holocaust-Industrie' und Tätergesellschaft (Köln: PapyRossa Verlag, 2001), S. 104 – 125.
[1811] Wurde Goldhagen bisweilen dafür attackiert, als Jude der ‚zweiten Generation' zu subjektiv zu sein, als er die nationalsozialistische Gesellschaft kritisiert hat, erscheint beim Finkelstein ein ähnlicher Hintergrund oftmals geradezu als Objektivitätsnachweis für seine Thesen.
[1812] Zur Rezeption in der extremen Rechten vgl. Alfred Schobert, „‚Ein Jude spricht die Deutschen frei': Norman G. Finkelstein im Diskurs der Rechten," in Martin Dietzsch und Alfred Schobert (Hg), Ein ‚jüdischer David Irving'? Norman G. Finkelstein im Diskurs der Rechten – Erinnerungsabwehr und Antizionismus (Duisburg: Duisburger Institut für Sozialforschung, 2001), S. 5 – 29; vgl. auch Andreas Speit, „Jargon der

ders gefeiert wird (seinerseits hat Finkelstein auch die neo-nazistischen „Revisionisten", also die Holocaust-Leugner, ‚kritisch gewürdigt'1813). Solcher Applaus ist weder Zufall noch unvermeidliches Beiprodukt einer ‚ernsthaften' Debatte über die „Instrumentalisierung des Holocaust" für materielle Zwecke, wie beizeiten suggeriert wird. Aber nicht nur bei Rechtsextremisten und Linksradikalen erntet Finkelstein Applaus.

Der wissenschaftlich eher unbedeutende College-Lehrer Finkelstein, der sich zuvor primär mit antiisraelischen Invektiven (u.a. dem Schlagwort von „Nazisrael") innerhalb antizionistischer amerikanischer Splittergruppen einen Namen gemacht hatte, wird mit seiner ideologischen Parteinahme in Sachen Entschädigung und gegen die *Jewish Claims Conference* auch in seriösen Medien breit diskutiert. Seine „Thesen" basieren auf stereotyp verallgemeinerten Aussagen, abgeleitet von (mit oftmals falschen Belegen und kühnen Konstruktionen garnierten) einseitigen Deutungen von realem oder vermeintlichem Verhalten einzelner Juden, denen durchweg ideologisch böswillige oder unlautere Motive unterstellt werden. Verwendung finden Stereotype vom jüdischen „Schacherer" bis hin zur „jüdischen Aggressivität" und „Gier". Finkelsteins Aussagen werden zu einer internationalen Verschwörungstheorie verdichtet, die ‚hinter' einer monolithisch imaginierten „Holocaust-Industrie" (und der gesamten Holocaust-Forschung) ein ausbeuterisches jüdisches Netzwerk zum Zwecke von „Macht und Profit" sowie ein „zionistisches Programm" vermutet und somit den gesellschaftlichen Untergrund judeophober Phantasien von ‚geld- und machtgierigen Juden' aufgreift und verstärkt. Deren ‚Opfer' sind bei Finkelstein insbesondere „die Deutschen". Dabei ginge es den Juden nur ums eine, das Geld, den „Holocash".1814 Solche Wortschöpfungen stehen indes ebenso im Geist des Revisionismus wie Finkelsteins wilde Spekulationen über Opferzahlen. Verständnis hat Finkelstein angesichts seiner vermeintlichen „Entdeckungen" über Juden für den Antisemitismus. So versteigt er sich schließlich in die Behauptung, die „Holocaust-Industrie" sei „the main fomenter of anti-Semitism in Europe"1815 – Juden sind demnach, einmal mehr, am Antisemitismus selber schuld.

In Deutschland ist Finkelstein ein Erfolg gegönnt, der ihm in den USA verwehrt geblieben ist. Als jüdischer ‚David', der gegen den ‚Goliath' vorgeblich mächtiger, die Welt umspannender Lobbys einer jüdischen „Holocaust-Industrie", die im Interesse Israels und internationaler materieller „Ausbeutung" Auschwitz dauerrepräsentiere, findet der „große Antizionist Finkelstein"1816 in Deutschland auch in den demokratischen Medien Anerkennung. Das Fernsehen widmet ihm Sendungen zur *prime time*, und

---

Tabubrecher: Norman G. Finkelsteins Rezeption in der Jungen Freiheit," in: Rolf Surmann (Hg), Das Finkelstein-Alibi: ‚Holocaust-Industrie' und Tätergesellschaft (Köln: PapyRossa, 2001), S. 154 – 172.
1813 Vgl. Norman G. Finkelstein, The Holocaust Industry, a.a.O., S. 71.
1814 Ibid, S. 122.
1815 Ibid, S. 130.
1816 So Hans Mommsen im Vorwort zum Erfolgs-Buch *A Nation on Trial*. Vgl. in deutscher Übersetzung Ruth Bettina Birn/Norman G. Finkelstein, Eine Nation auf dem Prüfstand: Goldhagens These und die historische Wahrheit (Hildesheim, 1998). Von Finkelsteins neuem Buch distanziert sich Mommsen allerdings unzweideutig: Finkelstein schaffe „durch maßlose Übertreibungen und mutwillige Fehlinformationen nur antisemitischen Ressentiments neue Nahrung." Zitiert nach Ernst Piper, „Vorwort," in Ders. (Hg), Gibt es wirklich eine Holocaust-Industrie? Zur Auseinandersetzung um Norman Finkelstein (Zürich: Pendo, 2001), S. 10.

selbst in den prominenten Nachrichten-Sendungen *Tagesthemen* und *heute-journal* wird ihm in ausführlichen Beiträgen eine Aufmerksamkeit geschenkt – was Finkelstein sagt, stößt auf Interesse, obschon zugleich eine ‚zugespitzte' Position ausgemacht wird. Zudem bekommen Finkelsteins Thesen auch die „Weihen des deutschen Feuilletons".1817

Im *Rheinischen Merkur* freut sich exemplarisch ein Autor über das Buch, „als bislang fast jeder Ansatz von Kritik an Bürgern jüdischen Glaubens oder jüdischen Organisationen in der Bundesrepublik schnell als ‚antisemitisch' von der Öffentlichkeit wahrgenommen wurde."1818 Diese eigenwillige Sicht auf politische Diskurse in der Bundesrepublik, durch welche eher ein Popanz eines vermeintlich hegemonialen Philosemitismus und einer vorgeblich dominierenden *political correctness* kreiert wird als dass der demokratische Diskurs widergespiegelt würde, wird mit Hinweisen auf den in Deutschland lange isolierten Geschichtsrevisionisten Ernst Nolte und dessen Forderung nach mehr „wissenschaftliche[r] Redlichkeit im Umgang mit deutschen Hypotheken"1819 unterfüttert. Durch Finkelstein scheint so auch Nolte wieder zitier- und verwendungsfähig zu werden. Während des ‚Historikerstreits' hatten die so genannten „Geschichtsrevisionisten" zwar mit ihren Wünschen nach einer geschönten, identitätsstiftenden Nationalgeschichtsschreibung gegenüber den Vertretern einer aufklärerisch-demokratischen Historiographie in der öffentlichen Auseinandersetzung eher eine Niederlage erlitten, allerdings zugleich viele demokratische Normen (bzw. ‚Tabus') gebrochen. Aber auch die *Süddeutsche Zeitung*, die Finkelstein als Erste vermarktet hat, behauptet, nichts sei so „unbeabsichtigt" wie der Beifall aus dem „Lager rechtsextremer Ressentiments" und fordert kühn zur „Lektüre seines Buches" auf, das vermeintlich „die Belege seiner These enthält."1820 Jedes Ressentiment, das Finkelstein freimütig verlautbart, so wird suggeriert, ist demnach ‚wissenschaftlich' belegt; so steht es auch in der *Jungen Freiheit*.1821 Umso mehr freuen sich später SZ-Leser über „Finkelsteins mutigen Anfang".

Diese Suggestion der ‚Objektivität' einer antisemitisch-erinnerungsabwehrenden Diskursfolie durch Finkelsteins Buch ist ein wichtiger Aspekt der Debatte. In der *Berliner Zeitung* gerinnt die Präzedenzlosigkeit des Holocausts, die Finkelstein vehement bestreitet, unter Berufung auf den Politologen folgerichtig zur bloßen These, die noch dazu aus einem „pervertierten deutschen Erwähltheitsbewusstsein in der Tradition von Hegel und Fichte (und später wohl auch Adorno)"1822 stamme. Die kritischen Kommentare zu Finkelstein, wie Peter Longerichs scharfe Kritik in der *Frankfurter Rundschau*1823, können die negative Wirkung dieses Konflikts somit kaum abschwächen. Auch in der kurzen Finkelstein-Kontroverse scheinen, trotz dieser Kritiken, insgesamt poli-

---

1817 Vgl. Arne Behrensen, „The Holocaust Industry – Eine deutsche Debatte," in Ernst Piper (Hg.), Gibt es wirklich eine Holocaust-Industrie? Zur Auseinandersetzung um Norman Finkelstein (Zürich: Pendo, 2001), S.15 – 43, hier S. 36.
1818 Bernd Kallina, „Du sollst vergleichen!," Rheinischer Merkur, 25. August 2000.
1819 Ibid.
1820 Vgl. die Einleitung zu Finkelsteins Beitrag, Süddeutsche Zeitung, 11. August 2000.
1821 Vgl. Ivan Denes, „Der Milliardenpoker," Junge Freiheit, 28. Juli 2000.
1822 Philipp Blom, „Dachau meets Disneyland," Berliner Zeitung, 11. August 2000.
1823 Peter Longerich, „Ein Mann sieht rot," Frankfurter Rundschau, 22. August 2000.

tisch-kulturelle Tabu- und Schamgrenzen weiter erodiert, und zwar als *Element* des zeitgenössischen Diskurses über den Holocaust. Die (sekundär-)antisemitische Konstruktion, dass sich Juden gerade mittels der Geschichte des Holocausts als Erpresser betätigen und, von materieller Gier beseelt, sich „feilschend" an Staat und Wirtschaft in Deutschland „eine goldene Nase verdienen" (so Wolfgang Gibowski, Sprecher des Stiftungsverbandes der deutschen Industrie) – für diese Phantasmagorie liefert auch Finkelstein eine *homepage*. Die erregte Finkelstein-Rezeption in der politischen Öffentlichkeit ist nur im spezifischen politisch-kulturellen Kontext zu begreifen. Jene Aufmerksamkeit ist mitnichten der ‚Qualität' des Buches geschuldet, sondern vielmehr, wie Arne Behrensen argumentiert, „dem weitverbreiteten Bedürfnis nach ‚Normalität' und damit verbundenem sekundären Antisemitismus."[1824]

7.4.6 Zur Gesamtbewertung der Entschädigungsdebatte und ihrer politisch-kulturellen Bedeutung

Die Entschädigungsdebatte reiht sich in die jüngere Diskursgeschichte zu ‚Vergangenheitsbewältigung' und Antisemitismus in der politischen Kommunikation ein. Zu beobachten ist zunächst eine schleichende Ausweitung der Legitimität und des Opportunitätsrahmens antijüdischer Klischees (etwa desjenigen von überzogener ‚jüdischer Geldgier', die noch aus der eigenen Verfolgung materiellen Vorteil zu ziehen sucht) in Bezug auf materielle Kompensationsforderungen, die schon in vergangenen Jahrzehnten vereinzelt Anlass für antisemitische Ausfälle gewesen waren. Weniger die Kritik an der Wiederbelebung solcher Klischees als die zuerst von der internationalen politischen Öffentlichkeit forcierte Kritik an der Zahlungsverweigerung deutscher Unternehmen sowie drohende Sammelklagen haben das Verhältnis der politischen Öffentlichkeit zu den Rechten von ehemaligen Zwangsarbeitern sukzessiv verändert und den erinnerungsabwehrenden und teils antisemitischen Argumentationsweisen der Industrie-Vertreter Grenzen gesetzt. Wie in vorangegangenen Debatten setzt der Prozess einer kritischen Reflexion und Grenzziehung gegenüber antisemitischen Positionen und Stereotypen nur sehr verzögert und oftmals nur vereinzelt ein. Diese Ambivalenz, Verspätung und diskursive Dialektik steht augenscheinlich im Kontext eines übergreifenden Wechselspiels in der politischen Kultur: eines vermehrt in den letzten Jahren dynamisierten „constant seesaw" (Saul Friedlander) zwischen kritischer Thematisierung der NS-Vergangenheit im Rahmen einer breiteren ‚Thematisierungswelle' und ‚selbstbewussten' Abwehraggressionen innerhalb dieser öffentlichen Auseinandersetzung mit Antisemitismus und Nationalsozialismus, bei der zunehmend auch selbst Antisemitismus öffentlich gemacht wird.

Hierbei sind mit der Kritischen Theorie Bedürfnisse nach Rehabilitierung präpolitischer, konventioneller nationaler Identifikationen und Gratifikationen erkennbar. Diese werden vielfach mit sekundär-antisemitischen Ideologemen besetzt und amalga-

---

[1824] Arne Behrensen, „The Holocaust Industry – eine deutsche Debatte," a.a.O., S. 38.

mieren sich mit dem gerade in Zeiten rapiden kulturellen Wandels re-mobilisierbaren anti-modernen Hass auf Juden als projektive Personifikationen von Geld(gier), Heimatlosigkeit, Kosmopolitismus und bürgerlichem Recht; Identifikationen und kulturelle Zuschreibungen, die auch die Entschädigungsdebatte mitprägten. Verschärft wurde dieses Segment der Debatte durch die Eruptionen der ‚Finkelstein-Kontroverse', in der ein unbedeutender jüdisch-amerikanischer Autor mit einem dünnen, belegarmen Buch, das mit antisemitischen Klischees arbeitet und den Holocaust relativiert, nicht nur eine enorme mediale Aufmerksamkeit, sondern auch, im Unterschied zu Goldhagens Studie, überwiegend positive Resonanz erzielt hat. Initiiert wurde diese Diskussion diesmal von der *Süddeutschen Zeitung*, die die Ressentiments des Autors zuerst veröffentlicht hat und seine Meriten ausdrücklich lobte.

Antisemitische Vorurteile manifestieren sich so heute im Besonderen auch innerhalb der öffentlichen Debatten über den Holocaust. Die Entschädigungsdebatte und die Finkelstein-Debatte sind dafür ein besonderer Ausdruck. Bis zur Walser-Debatte waren sekundär-antisemitische Stereotypen und Antisemitismus insgesamt zwar bereits in beträchtlichen Teilen im Elektorat vorhanden; sie sind aber kaum politisch-medial transportiert worden oder als ‚legitime Meinungsäußerung' wahrgenommen worden. Umfragen geben zur begründeten Vermutung Anlass, dass diese Veränderung hinsichtlich öffentlicher Legitimität wiederum zu einem Anstieg sekundär-antisemitischer Vorurteile in der Gesellschaft beiträgt oder zumindest zur Bereitschaft, sich zu diesen zu bekennen. So stimmen unmittelbar nach der Entschädigungs- und Finkelstein-Debatte bis zu 80% der Generationskohorte der 25- bis 29-jährigen ganz oder zum Teil der Aussage zu, „jüdische Organisationen stellen überzogene Entschädigungsforderungen an Deutschland, um sich zu bereichern."[1825] Dies ist ein in der Geschichte der Bundesrepublik bisher unerreichter Wert. Die vermehrte, repetitive politische Beschwörung von Normalität[1826] und der Behauptung eines neuen Selbstbewusstseins der „Berliner Republik" mag zu diesem politisch-kulturellen Verschiebungsprozess beigetragen haben. Entsprechende ‚normalisierte Wunschgeschichten' der nationale Geschichte entsprechen dabei einem nach wie vor starken politischen und gesellschaftlichen Wunsch, das Vergangene ungeschehen zu machen, als bloße ‚Episode' zu integrieren oder, nach Adorno, die Geschichte im Sinne kollektiv-narzisstischer Ansprüche umzumodeln.

Das politisch-kulturelle Selbstverständnis in der deutschen Demokratie ist notwendig auf eine Positionierung im kollektiven und politischen Selbstverhältnis zur Erbschaft der Vergangenheit und zur politisch-kulturellen Erbschaft des Antisemitismus angewiesen. Erinnerungsverweigerung und antijüdische Stereotype werden im gegenwärtigen Prozess einer offenbar zunehmend konventionalisierten Bestimmung dieses Verhältnisses bisweilen auch von führenden Repräsentanten der politischen Willensbildung *in* der Demokratie neu zum Ausdruck gebracht. Welche politische Wirkung solche ‚Tabubrüche' erzielen, auf welches gesellschaftliche Fundament sie derzeit aufbauen

---

1825 Repräsentative Umfrage von Emnid, zitiert nach Der Spiegel 7 (2001), S. 224.
1826 Zur geschichtlichen Folie dieses in die Gegenwart wirkenden Zusammenhangs vgl. Stefan Berger, The Search für Normality: National Identity and Historical Consciousness in Germany since 1800 (Oxford: Berghahn, 1997).

können, inwieweit sie tatsächlich eine neue nationale Identitätsstiftung mobilisieren und wie die Reaktionen der politischen Kultur auf Erscheinungsformen und Codes des Antisemitismus zu bewerten sind, bleibt in der Forschung jedoch weithin umstritten. Zur weiteren Klärung dieses Sachverhaltes werden wird uns nun dem vielleicht politisch bedeutendsten Konflikt zum Antisemitismus in der ‚Berliner Republik' zuwenden, dem Wahlkampf der FDP zur Bundestagswahl 2002 und seiner Resonanz.

7.5 Die FDP-Affäre, der Bundestagswahlkampf 2002 und der zweite ‚Antisemitismusstreit' der ‚Berliner Republik': Neuer politischer Antisemitismus als Mobilisierungsgrundlage einer liberal-demokratischen Partei?

Das komplexe Verhältnis der demokratischen politischen Kultur und ihrer Opportunitäts- und Gelegenheitsstrukturen gegenüber ‚modernisierten' Formen eines sekundären und mithin politischen Antisemitismus – also einer Judenfeindschaft als Teil politischer Programmatik – lässt sich exemplarisch darstellen und interpretieren am Beispiel des politischen Skandals um judenfeindliche Positionen in der FDP im Bundestagswahlkampf 2002 und anhand der Debatte, die diese ausgelöst haben. Zugleich stellt die dabei vom mittlerweile verstorbenen, damaligen Vize-Vorsitzenden der Freien Demokraten und ehemaligen Bundeswirtschaftsminister Jürgen W. Möllemann initiierte Kampagne in Deutschland selbst eine präzedenzlose politische Erscheinung in der politischen Kultur der bundesrepublikanische Demokratie nach 1945, und ein gewichtiges Element im politischen *Prozess* hinsichtlich der in dieser Studie angenommenen Transformation des Problems des Antisemitismus nach der deutschen Einheit dar. Erstmals wurde dabei, so meine These, Antisemitismus zum Mobilisierungs- und Auseinandersetzungsgegenstand von demokratischen Parteien im Vorfeld einer Bundestagswahl.

Die nach eigenem Anspruch liberal-demokratische FDP hatte zunächst im Vor-Bundestagswahlkampf 2002 mit Jamal Karsli zwischenzeitlich einen Landtagsabgeordneten der Grünen in ihre Partei aufgenommen, der bereits zuvor mit antisemitischen Äußerungen und „antizionistischen" Verschwörungstheorien aufgefallen war. Karsli hat dabei zunächst Rückendeckung durch die Landes- und Bundes-Parteiführung erfahren. Diese politische Unterstützung eines israelfeindlichen und antisemitischen Politikers sowie im Verlauf der Debatte über Wochen nicht revidierte antisemitische Aussagen des Vize-Vorsitzenden Möllemann selbst haben zur begründeten Vermutung Anlass gegeben, die FDP versuche mit einem antisemitisch grundierten Rechtspopulismus ihr überaus ehrgeiziges Wahlziel (anvisierte 18% der Wählerstimmen) zu erreichen und mache nunmehr einen modernisierten Antisemitismus zum zentralen politischen Programmpunkt.[1827]

[1827] Zur ersten Bestandsaufnahme der Debatte vgl. Lars Rensmann und Hajo Funke, „Wir sind so frei: Zum rechtspopulistischen Kurswechsel der FDP," Blätter für deutsche und internationale Politik 47 (2002), S. 822 – 828.

Im Verlauf von Wochen avancierte der parteipolitisch gewünschte und inszenierte Übertritt des Abgeordneten Karsli zum Ereignis, schließlich auch zum Skandal in der politischen Öffentlichkeit. Vor allem aber wurde zuletzt die zunehmende Unterfütterung dieses Ereignisses mit antisemitischen und rechtspopulistischen Positionen durch die FDP, gerichtet insbesondere gegen alle (jüdischen) Kritiker, skandalisiert. Hierbei mischten sich bei politischen Akteuren der FDP scheinbar politisch-psychologische Motive eines sekundären Antisemitismus im Kontext von ‚Vergangenheitsbewältigung', eines neuen Antisemitismus im Horizont von Israelfeindschaft, und moderner antisemitischer Stereotypie, was die Frage zulässt, inwieweit die FDP einen neuen modernisierten politischen Antisemitismus außerhalb des extremistischen Spektrums zu etablieren und zu bedienen suchte. Die politisch-diskursive Dynamik dieses Vorgangs und der widersprüchliche Prozess im Wechselspiel mit den politischen Reaktionsbildungen sollen im Folgenden untersucht werden. Dieser Prozess, der nach der Walser-Debatte zu einem zweiten großen ‚Antisemitismusstreit' der „Berliner Republik" führte, ist auch deshalb von besonderer Bedeutung für die politische Kultur, weil erstmals führende Repräsentanten des politischen Systems und der demokratischen Willensbildung antisemitische Ressentiments in einem Wahlkampf politisch verbreitet haben und in Folge ein offener Konflikt über Antisemitismus in der Demokratie entbrannt ist, der das gegenwärtige, teils konfligierende Selbstverständnis von Politik und Öffentlichkeit gegenüber Judenfeindschaft und nationaler Identität sowie die entsprechende Konflikt-, Opportunitäts- und Gelegenheitsstruktur für die Mobilisierung antijüdischer Ideologeme in ihrem Zustand wie Wandel reflektiert.

7.5.1 Zum politisch-historischen Kontext rechtspopulistischer und antisemitischer Bestrebungen in der FDP

In der FDP hat es in der Nachkriegsgeschichte und auch in jüngerer Zeit immer wieder Versuche gegeben, so genannte „nationalliberale" (die die ‚Freiheit der Nation' über die Freiheit des Einzelnen stellen) und nationalistische Traditionen aufzugreifen und zu mobilisieren. Diese Versuche reflektieren und adaptieren das spezifische Erbe des deutschen Liberalismus, der nur begrenzt auf bürgerlich-demokratischen Werten fußte. Stattdessen war dieser traditionell vielfach von nationalistischen und antisemitischen Orientierungen geprägt (gerade die „Nationalliberalen" des 19. und 20. Jahrhunderts haben den Antisemitismus gepflegt[1828]), die sich auch partiell in der Geschichte der FDP, also nach 1945 wieder finden lassen.

Anfang der 1950er Jahren war die neu gegründete Partei in Nordrhein-Westfalen zu Teilen ein Sammelbecken für ehemalige Nationalsozialisten, die auf Einladung der Parteiführung in die FDP eintraten und versuchten, diese zu nationalisieren und nazifizieren.[1829]

[1828] Vgl. knapp Julius H. Schoeps, „Westerwelle redet blanken Unsinn," Interview, Spiegel-Online 13. Juni 2002.
[1829] Vgl. Norbert Frei, „Deutsches Programm," Die Zeit, 29. Mai 2002, S. 82.

Das politische Anliegen einer „nationalen Sammlungsbewegung" aller Kräfte rechts von der Union und insgesamt des Programms einer „Öffnung nach rechts" scheiterte schließlich parteiintern.[1830] Ehemalige Nationalsozialisten fanden in der Partei dennoch ihre Heimat und prägten sie auch anschließend mit. Dies mag dazu beigetragen haben, dass in der FDP lange Zeit, ja bis heute, antisemitische, erinnerungsabwehrende und israelfeindliche Positionen einen im Vergleich überdurchschnittlichen Wirkungsradius behalten haben: so z.B. bei der kategorischen Ablehnung der Wiedergutmachungsverträge 1952/53, bei der Unterstützung der Verjährungsgesetze für NS-Straftäter 1964, bei einer Resolution gegen Israel unter dem späteren Bundespräsidenten Walter Scheel und bei der entschiedenen Parteinahme gegen Israel beim Yom-Kippur-Krieg 1973, als die FDP als einzige demokratische Partei forderte, Waffenlieferungen zur Verteidigung des Staates zu stoppen. Die „Öffnung nach rechts" und Neuorientierung der FDP zu einer rechtspopulistischen und „nationalliberalen" Partei wurde auch in den 1990er Jahren wiederholt versucht, teils mit Unterstützung der „Neuen Rechten". Die radikalen Ideologen Heiner Kappel und Rainer Zitelmann fanden dabei Resonanz bei höheren Funktionären wie Alexander von Stahl, dem ehemaligen Bundesgeneralstaatsanwalt.[1831] Die FDP wurde so zeitweilig, wie Alice Brauner-Orthen folgert, zum „Sammelbecken nationalliberaler Kräfte."[1832] Dieses Projekt scheiterte zwar ebenfalls, konnte aber nicht unberechtigter Weise auf eine bestimmte nationalistische Basis in der FDP hoffen. Auf diese Mobilisierungsversuche und „das Erbe der Nationalliberalen"[1833] könnten populistische Politik-Ansätze in der FDP bauen.

Anlass der zentralen Debatte um einen programmatischen Antisemitismus und modernen Rechtspopulismus in der FDP, die von Ende April bis Mitte Juni 2002 den politischen Diskurs in Deutschland nachhaltig prägte und auch für internationale Aufmerksamkeit sorgte, ist eine Reihe besonders radikaler, eskalierender Statements Möllemanns, der bereits seit Jahrzehnten durch antiisraelische Positionen aufgefallen war.[1834] Zu Beginn erklärt Möllemann Anfang April gegenüber der Berliner *tageszeitung* in Bezug auf die Selbstmordattentate palästinensischer Terroristen gegen israelische Zivilbevölkerung: „Was würde man denn selber tun, wenn Deutschland besetzt würde? Ich würde mich auch wehren, und zwar mit Gewalt. Ich bin Fallschirmjäger-Offizier der Reserve. Es wäre dann meine Aufgabe, mich zu wehren. Und ich würde das nicht nur im eigenen Land tun, sondern auch im Land des Aggressors."[1835] Der FDP-Vize-Vorsitzende rechtfertigt hier in einer für demokratische Politiker erstaunlichen Weise willkürliche Gewalt gegen (die israelische) Zivilbevölkerung. Hiermit bricht Möllemann

---

1830 Vgl. ibid.
1831 Vgl. Alice Brauner-Orthen, Die Neue Rechte in Deutschland, a.a.O., S. 162 – 173.
1832 Ibid, S. 163.
1833 Gunter Hofmann, „Die Scherzgrenze: Karsli, Möllemann und das Erbe der Nationalliberalen," Die Zeit, 22 (2002), S. 4.
1834 Vgl. etwa Möllemanns Erklärung anläßlich des Staatsbesuches des syrischen Präsidenten Assad, der erst kurz zuvor mit antisemitischer Demagogie auf sich aufmerksam gemacht hatte; hier betont Möllemann seine Unterstützung von Assads politischen Angriffen auf Israel durch eine vermeintliche „anti-arabische Lobby"; vgl. „Erklärung von Jürgen W. Möllemann zum Staatsbesuch des syrischen Präsidenten Assad in Deutschland," Juli 2001.
1835 Zitiert nach „Empörung über Möllemann," Der Tagesspiegel, 5. April 2002, S. 5.

7. Antisemitismus in öffentlichen Konflikten der ‚Berliner Republik'

einen demokratischen Grundkonsens: das ‚Tabu' des unbedingten Schutzes der körperlichen Unversehrtheit, zumal von unbeteiligten Zivilisten.

Skandalisiert wird diese Aussage im frühen Vor-Wahlkampf zunächst nur von einem der politischen Gegner, der Partei Bündnis 90/Die Grünen. Deren Bundesgeschäftsführer Reinhard Bütikofer sagt, Möllemann habe „die letzte Grenze überschritten, die ein Politiker nie überschreiten darf. Möllemann legitimiert damit ausdrücklich Terror gegen die israelische Zivilbevölkerung. Das ist ein unglaublicher Skandal."[1836] Weitere kritische Reaktionen bleiben zunächst auf den Zentralrat der Juden in Deutschland beschränkt;[1837] dessen Präsident sieht einen „moralischen Bankrott" Möllemanns und einen „Schulterschluss mit Antisemiten."[1838]

Sechs Wochen später kritisiert Außenminister Joseph Fischer (Bündnis 90/Die Grünen) noch einmal, dass Möllemann „schlicht den Bombenterror [der Hamas] rechtfertigte." Doch kein Aufschrei sei durchs Land gegangen, kein „fälliger Rücktritt" habe stattgefunden: „Es scheint sich etwas verändert zu haben in Deutschland," so Fischer, „und niemand spürt dies unmittelbarer und bedrängender als die deutschen Juden."[1839] Möllemann könnte diese geringfügige politische Reaktionsbildung, noch dazu fast einzig vom direkten politischen Konkurrenten, als Ermutigung verstanden haben, israelfeindliche und antisemitische Positionen weiter in die politische Agenda der FDP zu überführen.[1840] Denn darauf erfolgen erst weitere politische Eskalationen. Dies gibt nun endgültig den Anlass zu einer wochenlangen öffentlichen Debatte über die Frage, ob die FDP nunmehr mit Antisemitismus Politik machen wolle und einen rechtspopulistischen Kurswechsel vollzogen habe. Hierbei entwickelt sich die „Affäre Karsli-Möllemann" in versetzten Phasen zur Affäre FDP und Affäre Westerwelle. Vor allem

---

1836 Zitiert nach ibid.
1837 Bernd Ulrich kommentiert allerdings zehn Tage später kritisch im Leitartikel des Berliner „Tagesspiegel", es habe „immer mal wieder antisemitische Anklänge bei deutschen Politikern gegeben. Aber sie wurden geahndet. [...] Christian Ströbele wurde 1991 zum Rücktritt als grüner Parteisprecher gezwungen, weil er irakischen Raketenbeschuss Israels mit dem Selbst-Schuld-Argument kommentierte. Heute wird Möllemann für dasselbe perfide Argument von seinem Vorsitzenden Westerwelle nicht mal öffentlich zur Rechenschaft gezogen." Ulrich konnte noch nicht ahnen, wie weit sich Möllemanns Aussagen und Westerwelles Unterstützung noch entwickeln würden. Bei den Thesen von Norbert Blüm und Jürgen Möllemann, Israel stelle sich außerhalb der Zivilisation und betreibe einen „Vernichtungskritik", während palästinensische Gewalt nur legitimer Widerstand gegen eine illegitime Besatzung sei, handele es sich laut Ulrich um eine verräterische Projektion: „Die Deutschen haben sich vor fünfzig Jahren außerhalb der Zivilisation gestellt und einen Vernichtungskrieg geführt. Darum tauchen diese Begriffe jetzt, auf Israel gemünzt, wieder auf: weil sie die Deutschen entlasten, nicht weil sie das Verhalten von Juden in Israel treffend beschreiben." Siehe Bernd Ulrich, „Neuer Antisemitismus? Wir sind so frei," Der Tagesspiegel, 14. April 2002, S. 1.
1838 Zitiert nach ibid.
1839 Joseph Fischer, „Deutschland, deine Juden: Wider die neue Sprachlosigkeit im deutsch-jüdischen Verhältnis," Frankfurter Allgemeine Zeitung, 11. Mai 2002, S. 11. Bundeskanzler Gerhard Schröder warf der FDP in der Folge eine „Haiderisierung" der Partei vor; vgl. Süddeutsche Zeitung, 15. Mai 2002, S. 1.
1840 Dass gerade für die antisemitisch und israelfeindlich orientierten Teile des Elektorats noch neue parteiliche Anbindungsmöglichkeiten bestünden und israelfeindliche Töne zu dieser Zeit besonders verbreitet und populistisch nutzbar sein könnten, belegen Umfragen (siehe unten) sowie die zunehmende Bereitschaft in Teilen der Bevölkerung, antijüdische Aggressionen mit dem Medium der Israelkritik öffentlich zu machen; siehe z.B. die Dokumentation „Wir spucken auf euch': Wenn sich Antisemitismus mit sogenannter Israelkritik vermischt: Eine Auswahl an Briefen dieser Tage an den Zentralrat der Juden in Deutschland," Jüdische Allgemeine 9 (2002), S. 3.

entwickelt sich ein „Antisemitismusstreit", der in seiner Interaktionsdynamik, im politischen Prozess und in seinem Ergebnis zu rekonstruieren und zu deuten ist.[1841]

7.5.2 Die Affäre Karsli-Möllemann als politisch-kulturelle Grenzüberschreitung: Antisemitismus, Israelfeindschaft und politisches ‚Agenda Setting'

Der Bundestagswahlkampf 2002 ist, insbesondere in seiner Früh- und Spätphase, nicht zu unwesentlichen Teilen von weiteren israelfeindlichen und antisemitischen Invektiven der FDP-Führung geprägt worden. Führende Politiker der Partei, allen voran Partei-Vize Möllemann, Erfinder der Idee von der FDP als „neue Volkspartei", betreiben hierbei meiner These nach seit April 2002 eine Form des *agenda setting*, die auf eine zielgerichtete Mobilisierung gegen jüdische Politiker und Institutionen in Deutschland und Israel setzt. In der politischen Kommunikation bleiben die Rolle und die Bewertung dieser Angriffe indes lange umstritten. So wird über Wochen über die Legitimität des vornehmlich von Juden erhobenen „Antisemitismus-Vorwurfs" debattiert, und das Bild einer zweipoligen Konfliktstruktur zwischen Möllemann und dem Bundesvorsitzenden Guido Westerwelle wird aufgebaut, der vielfach als überfordert, aber als „gemäßigt" bzw. als Gegner des Möllemann-Kurses perzipiert wird. Diese Vorstellung, die lange Zeit die öffentliche Wahrnehmung strukturiert, allmählich aber auch im öffentlichen Diskurs an Plausibilität verliert, wird bis heute retrospektiv von Westerwelle selbst perpetuiert, nachdem dieser in Folge des für die Partei enttäuschenden Wahlausgangs die Absetzung Möllemanns und schließlich dessen Parteiausschluss vorangetrieben hat. Der „Fehler", den Westerwelle eingesteht, ist, dass er „selbst zu sehr vertraut habe, vielleicht auch zu lange".[1842] In einem ersten Schritt sollen nun die antisemitischen Gehalte der FDP-Kampagne untersucht werden sowie die politisch-diskursiven Reaktionsbildungen in Politik und Öffentlichkeit in ihrer prozessualen Dynamik erfasst werden. Schließlich wird auf politisch-kulturelle Resonanzböden, die Elektoratsstrukturen und -potenziale der FDP sowie auf die gesellschaftspolitischen Wirkungen der Bundestagswahlkampagne eingegangen, bevor zuletzt die Rolle der FDP und die von ihr mit avisierten antisemitischen Mobilisierungsmöglichkeiten nach der Wahl beurteilt werden.

Jamal Karsli, zu diesem Zeitpunkt noch als Abgeordneter und migrationspolitischer Sprecher von Bündnis 90/Die Grünen im nordrhein-westfälischen Landtag, hat schon im März 2002 in einer Presseerklärung unter dem Titel „Israelische Armee wendet Nazi-Methoden an!" erklärt, der jüdische Staat würde „Trinkwasser vergiften." Es gebe überdies eine „Konzentration Tausender gefangener Palästinenser in großen Lagern, wo diesen Nummern in die Hand tätowiert werden." Gerade von Deutschen erwartet Karsli „eine besondere Sensibilität [...], wenn ein unschuldiges Volk den Nazi-

---

[1841] Die Analyse und Interpretation dieses politischen „Antisemitismusstreits" um die FDP stützt sich auf die empirische Auswertung von über 330 Artikeln in führenden, überregionalen Tages- und Wochenzeitungen und –zeitschriften in Deutschland im Zeitraum vom 25. April bis 15. Juni 2002, in dem die Auseinandersetzung die politische Öffentlichkeit weithin dominierte.
[1842] Zitiert nach Jüdische Allgemeine 11 (2003), S.2.

Methoden einer rücksichtslosen Militärmacht schutzlos ausgeliefert ist."[1843] Karsli arbeitet hierbei nicht nur mit Gleichsetzungen von Nationalsozialismus und Israel. Karsli bedient insbesondere zahlreiche antisemitische Klischees wie das von der ‚jüdischen Brunnenvergiftung'. Nach parteiinterner Kritik und massiver Kritik des Landesvorstandes von Bündnis 90/Die Grünen verlässt Karsli die Partei und folgt einem Angebot vom NRW-Landesvorsitzenden Möllemann, in die Landtagsfraktion der FDP Nordrhein-Westfalen zu wechseln. Die Gelegenheit des Parteiwechsels nutzt Karsli Anfang Mai zu einem Interview mit der rechtsextremen Wochenzeitung *Junge Freiheit*, der er zu Protokoll gibt: Der „Einfluss der zionistischen Lobby" sei „sehr groß". Sie habe „den größten Teil der Medienmacht in der Welt inne und kann jede auch noch so bedeutende Persönlichkeit ‚klein' kriegen. Denken Sie nur an Präsident Clinton und die Monica-Lewinsky-Affäre. Vor dieser Macht haben die Menschen in Deutschland Angst." Karsli spezifiziert, den Menschen in Deutschland werde beim Thema Israel „mit der Erinnerung an die Epoche des Nationalsozialismus schlicht und ergreifend Angst einzujagen versucht, damit sie den Mund nicht aufmachen."[1844] Hierbei offenbart Karsli eine geschlossene antisemitische Weltsicht und Welterklärung, die sich indes – scheinbar instrumentell für die deutsche Öffentlichkeit – auch sekundärer Motive der Schuldabwehr bedient. Die Clinton-Affäre, vermeintliche ‚Tabus' über Israel, eine imaginierte „zionistische" Weltmacht, die jede Persönlichkeit weltweit unterjochen könne – dies sind Elemente einer antisemitischen, soziale Geschehnisse ethnisierend personifizierenden Weltverschwörungstheorie, die noch entlegendste politische Ereignisse in ihr Deutungssystem, dass die Welt von Juden unsichtbar beherrscht und manipuliert werde, einordnet und subsumiert. Dieses Verfahren kann mit Adorno als Form einer antisemitischen sozialen Paranoia gedeutet werden, die die eigene autoritärkognitive Ohnmacht in einen Verfolgungswahn auflöst, der hinter jedem ökonomischen und politischen Ereignis weltweit ‚jüdische Macht' vermutet. Auch die Auffassung, die Kritik Israels sei in Deutschland unterdrückt und tabu, trägt Züge einer Wahnvorstellung im Angesicht der durchaus breiten Kritiken, Diskussionen, Karikaturen und teils antisemitisch grundierten Angriffe gegen Israel, die sich heute nicht mehr nur in rechts- oder linksextremen, „antizionistischen" Medien wie der *Jungen Welt* oder der *National-Zeitung* finden lassen.

Zentral für unsere Analyse sind freilich nicht die politische Meinung oder der Parteiwechsel eines einzelnen Politikers, sondern im Besonderen der Umgang der Führung einer etablierten demokratischen Partei mit diesem Wechsel eines antisemitisch agierenden Akteurs und die politisch-systemischen und politisch-kulturellen Reaktionen darauf. Kritik erfahren Möllemann, der nach eigenem Bekunden mit Karslis Position zu Israel „völlig" übereinstimme,[1845] Karsli selbst und die FDP unmittelbar erneut fast aus-

---

1843 Presseerklärung Jamal Karsli, Migrationspolitischer Sprecher der Fraktion Bündnis 90/Die Grünen, Düsseldorf, 18. März 2002.
1844 Zitiert nach Süddeutsche Zeitung, 18./19. Mai 2002, S. 5.
1845 Zitiert nach Katharina Sperber, „Für ein paar Prozente mehr: Wie die FDP im Wahlkampf Möllemann mit seinen doppelbödigen Nahost-Kommentaren gewähren lässt," Frankfurter Rundschau, 30. April 2002; in diesem Artikel wird erstmals vermutet, dass Möllemanns israelfeindliche ‚Nahost-Politik' nicht im Konflikt stünde mit der Politik des Parteivorsitzenden Westerwelle, sondern von diesem bewusst geduldet wird.

schließlich vom Zentralrat der Juden und von den Grünen/Bündnis 90, deren Vorsitzender, Außenminister Fischer, Möllemann schon zuvor kritisiert hat; der damalige Vize-Präsident des Zentralrates der Juden, Michel Friedman, fordert als erster die FDP auf, eine „Notbremse" zu ziehen und sich von Karsli zu trennen.1846 Zuvor hat der konservative deutsch-jüdische Politikwissenschaftler Michael Wolffsohn bereits die Juden Deutschlands aufgefordert, sich angesichts der israelfeindlichen Tendenzen zu „überlegen, ob sie nicht zu einem Wahlboykott der FDP aufrufen."1847 Im Kontext früher medialer Positionierungen und Kritiken sticht wiederum ein Kommentar von Bernd Ulrich im Berliner *Tagesspiegel* hervor, der die Walser-Veranstaltung von Kanzler Gerhard Schröder (SPD) am 8. Mai mit dem ‚neuen FDP'-Kurs als Ausdruck einer „neuen nationalen Unbefangenheit" in Zusammenhang bringt. Guido Westerwelle toleriere „in seiner Partei anti-israelische und antisemitische Töne; er nimmt es hin, dass ein grüner Landtagsabgeordneter zur FDP wechselt, der Scharon mit den Nazis verglichen hat."1848 Thomas Steinfeld, der energischste nationalkonservative Verteidiger Walsers, vermutet in der *Süddeutschen Zeitung* hingegen eine grassierende „Gesinnungshygiene" in Deutschland. Er unterstellt Michel Friedman, der auch Gerhard Schröder wegen dessen Walser-Veranstaltung Stimmenfang bei „rechtsnationalen Wählern" vorgeworfen hatte, eine „Sehnsucht des Talkmasters nach Begrenzung der Meinungsfreiheit."1849 Hier wird latent mit dem antisemitischen Klischee gespielt, der jüdische Moderator fungiere als medialer ‚Meinungswächter'. Der Kritiker des Antisemitismus und des menschenfeindlichen Ressentiments erscheint als Repräsentant einer ‚Meinungsdiktatur', der verbieten wolle, dass die Deutschen sagen können, was sie dächten. Gerade in konservativen Zeitungen, die einen CDU/FDP-Regierungswechsel befürworten, ist ebenfalls lange Zeit vom bloßen, scheinbar von der rot-grünen Gegenseite wahltaktisch inszenierten „Antisemitismus-Vorwurf" die Rede; die FDP gerate, so die FAZ, „in den üblen Geruch, antiisraelisch zu sein", dabei „gelten dort die Grundlagen der deutschen Außenpolitik in Bezug auf Israel und die Palästinenser unverändert fort."1850

Der FDP-Vorsitzende und Kanzlerkandidat Guido Westerwelle verteidigt zu diesem Zeitpunkt Möllemanns Kurs und verwehrt sich noch in einer zentralen Rede auf dem Bundesparteitag Mitte Mai 2002 gegen die „Unterstellung", die FDP biete einen Raum für anti-israelische und antisemitische Positionen, wohl aber müsse „man Israel kritisieren dürfen",1851 wobei Westerwelle selbst subtil das antijüdische Ressentiment mobilisiert, die Möllemann kritisierenden Juden verböten in Deutschland Kritik an

---

1846 Zitiert nach „Die FDP und der Antisemitismus," Der Tagesspiegel, 16. Mai 2002, S. 5.
1847 Zitiert nach Marianne Heuwagen, „Möllemann, Karsli und die Folgen," Süddeutsche Zeitung, 27./28. April 2002, S. 5.
1848 Bernd Ulrich, „Deutschland am 8. Mai: Kanzler, Dichter, Westerwelle," Der Tagesspiegel, 8./9. Mai 2002, S. 1.
1849 Thomas Steinfeld, „Hygiene: Die Entrüstung über Walser und den Kanzler," Süddeutsche Zeitung, 8./9. Mai 2002, S. 9.
1850 Peter Carstens, „Die FDP will nicht als Haider-Partei dastehen," Frankfurter Allgemeine Zeitung, 8. Mai 2002, S. 4.
1851 Siehe Marianne Heuwagen, „Möllemann, Karsli und die Folgen," Süddeutsche Zeitung, 27./28. April 2002, S. 5

Israel und hätten zudem die Macht dazu. Die öffentliche Kritik nimmt allerdings von Ende April bis Mitte Mai zu und geht allmählich deutlicher über die jüdische Gemeinde und den Zentralrat der Juden hinaus. Sie erreicht schließlich alle demokratischen Parteien, und auch Teile der FDP, die am neuen Kurs der Führung zweifeln. Der Fall Karsli entwickelt seither eine enorme politische Dynamik und wird im Frühsommer 2002 über sechs Wochen zum medialen und politischen Epizentrum des Vor-Wahlkampfes, schließlich auch zum Skandalon; er dominiert zeitweise die Titelseiten der Tageszeitungen wie kein „Antisemitismus-Skandal" in der Bundesrepublik zuvor.

7.5.3 Politische und gesellschaftliche Reaktionsbildungen: Muster der Kritik durch Bundesregierung und demokratische Medien

Als auch Bundeskanzler Gerhard Schröder, der sich freilich noch eine Woche zuvor zum öffentlichen Gespräch mit Martin Walser über „Patriotismus" eingefunden hatte, erklärt, dass die „Haiderisierung der FDP" begonnen habe, und damit meine er „die Form und Teile der Inhalte"[1852] der Partei, hat Möllemanns Initiative endgültig die bundespolitische Ebene erreicht; eine zweite Phase der Debatte ist damit initialisiert. Nunmehr geht es um die Frage der Gesamtausrichtung der FDP und der Parteienlandschaft wie der demokratischen politischen Kultur insgesamt gegenüber Antisemitismus. Auf der politischen Agenda ist die Frage, inwieweit demokratische Parteien antiisraelische und antisemitische Positionen politisch integrieren dürfen. Zugleich wird der entbrennende ‚Antisemitismusstreit' erstmals Teil einer Wahlkampfauseinandersetzung.

Unbeirrt hält die FDP-Führung dabei weiter an Karsli und an der Unterstützung von Möllemanns Kurs fest, Israelfeindschaft und Antisemitismus zur Wahlkampfplanke zu machen. Am 15. Mai 2002 wird der Aufnahme-Antrag Karslis in die FDP auf Initiative von Möllemann durch den NRW-Kreisverband Recklinghausen positiv beschieden. Zu diesem Zeitpunkt wird indes seitens der liberalen Öffentlichkeit die Abgrenzung gegenüber dem hier von Karsli mit Unterstützung gewichtigen Führungspersonals der FDP gelösten Entrebillet antisemitischer Stereotypie in eine demokratische Partei schärfer. In einem Leitkommentar der *Süddeutschen Zeitung* von Heribert Prantl ist nicht mehr von einem bloßen Antisemitismus-Vorwurf die Rede, sondern von den Gefahren für die politische Kultur des Landes: „Dieser Fall Karsli ist ein Einzelfall, und doch ist er symptomatisch. Die Freiheit, braunen Unsinn zu reden, gehört selbstredend zur Meinungsfreiheit, die die Demokratie gewährt. Sie qualifizierte aber bisher nicht dazu, Mitglied einer demokratischen Partei zu werden. Das hat sich offensichtlich geändert. Man kann heute Mitglied der Freien Demokratischen Partei werden, wenn man, wie Karsli, von einer zionistischen Lobby in Deutschland und einer zionistischen Weltverschwörung schwadroniert. Man hat dann nämlich einen FDP-Landesvorsitzenden über sich, der den Bombenterror in Israel gerechtfertigt hat."[1853] Prantl setzt den von ihm

---

1852 Zitiert nach Der Tagesspiegel, 15. Mai 2002, S. 1.
1853 Heribert Prantl, „Juden in Kollektivhaft," Süddeutsche Zeitung, 17. Mai 2002, S. 4.

diagnostizierten Erosionsprozess auf Parteien-Ebene in Beziehung zu einem gesellschaftlichen Erosionsprozess, der soziale Vorurteile gegen Juden, von der Politik gestärkt, freisetze. Dabei fungiere auch Israelfeindschaft als Medium: „Man hat sich hierzulande daran gewöhnt, dass jüdische Einrichtungen ausschauen müssen wie Festungen, und dass tagtäglich jüdische Gräber geschändet werden. Soll man sich jetzt auch noch daran gewöhnen, dass Kindern in der S-Bahn der Davidstern vom Halskettchen gerissen wird – und die Politik Scharons als Entschuldigungsgrund dafür herhalten muss?" Scharon werde „schon jetzt wie ein Korkenzieher benutzt, um die Flasche mit den alten Vorurteilen zu entkorken."[1854] Resignativ resümiert der SZ-Journalist: „Politiker können vielleicht nicht sehr viel im Positiven bewirken, aber sehr viel im Negativen anrichten. Es dauert lang, Vorurteile abzubauen; es geht aber sehr schnell, sie zu wecken, zu verschärfen und zu vereinigen. Gespeist werden diese Vorurteile von Quellen, die in verschiedenen Ecken entspringen – rechtsaußen und linksaußen. [...] Linker, rechter und islamistischer Antisemitismus fließen jetzt in einen großen See zusammen – und das Gewässer lädt im Sommer 2002 zum Bade."[1855]

Massive Kritik an der FDP findet sich allerdings schließlich auch in konservativen Medien wie weitgehend im Boulevard-Journalismus. In der Münchner *Abendzeitung* ist zum einen zu lesen, es wäre ein Leichtes gewesen, Karsli mit seiner Rede von einer „jüdischen Medienmacht", vor der sich „Deutschland fürchten müsse", von der Partei fern zu halten, aber „man wollte nicht. [...] Das ist nicht liberal, sondern eine Schande."[1856] Zum anderen wird in der *Hamburger Morgenpost* der gängigen These widersprochen, die wiederholten, von Möllemann geförderten antisemitischen Aussagen Karslis seien „Entgleisungen": „Karslis Äußerungen waren keine einmalige Entgleisung, sondern sind seine tiefste Überzeugung." Dass hiermit die FDP Wähler gewinnen wolle, sei „nicht lustig" sondern „beängstigend".[1857] In der *Rhein Neckar-Zeitung* wird diese Kritik zugespitzt, freilich nicht ohne Verweis auf die *ehemalige* Partei-Zugehörigkeit Karslis. Es gelte, „was Otto Graf Lambsdorff über die Äußerung des Ex-Grünen Karsli sagte: Nazi-Jargon."[1858]

Nur die konservative *Frankfurter Allgemeine Zeitung* relativiert weiterhin die Position Möllemanns und suggeriert, bei der Skandalisierung der Weltsicht des von Möllemann gestützten Karsli handele es sich lediglich um ein gewolltes „Missverständnis", bei dem Hinweis, hierbei würde mit der „Unterstellung" des Antisemitismus auf Wählerstimmen kalkuliert. Hierbei wird offenbar auch befürchtet, der mögliche kleine Koalitionspartner der von der FAZ favorisierten CDU könne durch den Skandal politisch Schaden nehmen: „Man kann Möllemann vorwerfen, dass seine Einlassungen *nicht professionell* waren, dass sie *missverstehen* konnte, *wer das unbedingt wollte*. Doch *genauso missverständlich* ist die *Unterstellung*, man könne in diesem Land mit Antisemitismus Wähler gewinnen. [...] Es ist ein Vorwurf, der lächerlich ist. Bedauerlich dagegen ist es, dass der Zen-

---

1854 Ibid.
1855 Ibid.
1856 Abendzeitung (München), 17. Mai 2002.
1857 Hamburger Morgenpost, 17. Mai 2002.
1858 Rhein-Neckar-Zeitung, 17. Mai 2002.

tralrat der Juden seine Sorgen auf eine Art und Weise äußert, die parteipolitische Mühlen antreiben könnte."[1859] Hier wird einmal mehr der Zentralrat für den Skandal, also den „Antisemitismusvorwurf", angegriffen, nicht aber der Antisemitismus und seine prekäre politische Tolerierung. In ähnlicher Weise gibt der hessische Ministerpräsident Roland Koch (CDU) eher seinem Parteikollegen Friedman die Verantwortung für die Eskalation des Konflikts und stellt sich dabei schützend vor den möglichen Koalitionspartner: Ohne Möllemanns Haltung zu kritisieren betont Koch, Friedman sei „immer in Gefahr, mehr zusätzliche Konflikte zu schüren, als dass er eindämmt."[1860] Auch am nächsten Tag ist in der FAZ lediglich vom „Antisemitismus-Vorwurf" die Rede, den Möllemann als „Strategie der Einschüchterung" kommentiert.[1861] In der liberalen *Berliner Zeitung* wird ebenfalls beschwichtigend kommentiert. Es gerate der „Grundkonsens" der deutschen Demokratie, das „Existenzrecht Israels" – und gemeint ist wohl auch der ‚Anti-Antisemitismus' –, „nicht schon dadurch ins Wanken, dass ein Möllemann *verbal entgleist*."[1862] Eine bloß verbale, nicht politische „Entgleisung" sowie „Unprofessionalität" sind hier die Vorwürfe gegenüber der nordrheinwestfälischen Landesspitze und der Bundes-FDP.

Doch vermehrt ergreifen nunmehr im politisch-kommunikativen Prozess des Konfliktes auch bürgerliche Kommentatoren stärker Partei gegen Möllemann und Karsli. Die FDP sei nun gefordert: „Je länger die Affäre dauert, desto stärker wird die Polarisierung in der Partei und in der Gesellschaft."[1863] Schon zuvor, am 11. Mai, hat die FDP-Ehrenvorsitzende Hildegard Hamm-Brücher nach 54-jähriger Mitgliedschaft mit Parteiaustritt gedroht (den sie später vollziehen sollte), sollte Karsli in der FDP eine Heimstatt finden und die FDP weiter mit anti-israelischen Positionen eine „neue Variante von Antisemitismus salonfähig" machen.[1864] Wie der CDU-Politiker und Fernsehmoderator Michel Friedman, zugleich Vizepräsident des Zentralrates der Juden in Deutschland, wertet auch die FDP-Politikerin Sabine Leutheusser-Schnarrenberger Karslis Äußerungen über eine „zionistische Lobby" als Anleihe aus dem NS-Organ „Der Stürmer".[1865] Aber der innerparteiliche Druck wächst seit Mitte Mai nicht nur innerhalb des linksliberalen Flügels. Der Ehrenvorsitzende Otto Graf Lambsdorff verlangt, dass der NRW-Landesvorstand den Aufnahmebeschluss Karslis wieder aufhebe, weil dieser sich „unzweifelhaft antisemitisch" geäußert habe.[1866] Der Ex-Innenminister Burkhard Hirsch kündigt schließlich an, ob des „unerträglichen und empörenden Vorgangs" bis auf weiteres nicht mehr für die FDP zu werben, nachdem er noch wenige Tage zuvor auf einer Veranstaltung des Zentralrates der Juden seine Partei

---

1859 Frankfurter Allgemeine Zeitung, 17. Mai 2002. Hervorhebung des Autors, L.R.
1860 „Die FDP ist der geeignete Partner für uns: Interview mit Roland Koch," Der Tagesspiegel, 18. Mai 2002, S. 5.
1861 „Antisemitismus-Vorwurf gegen die FDP – Möllemann: Strategie der Einschüchterung," Frankfurter Allgemeine Zeitung, 18. Mai 2002, S. 1.
1862 Berliner Zeitung, 17. Mai 2002. Hervorhebung L.R.
1863 Stephan-Andreas Casdorff, „Bloß mit Feigenblatt," Der Tagesspiegel, 18. Mai 2002, S. 6.
1864 Zitiert nach: „FDP debattiert über Antisemitismus," Der Tagesspiegel, 12. Mai 2002, S. 1.
1865 Zitiert nach: „Grüne zeigen Möllemann an," Der Tagesspiegel, 18. Mai 2002, S.1.
1866 Ibid.

gegen den Vorwurf des Antisemitismus in Schutz genommen habe.[1867] Auch der stellvertretende Parteivorsitzende Rainer Brüderle interveniert nun in die Debatte. Karsli habe in der FDP nichts verloren, seine Äußerungen disqualifizierten ihn als Liberalen.[1868] Der FDP-Vorsitzende Westerwelle, der bis dato vehement auf Seiten Möllemanns agiert und sich scharf gegen die Kritiker der FDP gewendet hat, die der Partei Antisemitismus vorgeworfen haben, verweigert bis dato zwar weiterhin eine Kritik an Möllemann oder die Forderung nach einem Austritt Karslis, betont nun aber im Zuge des gestiegenen öffentlichen Drucks, die „Äußerungen Karslis sind in keiner Weise akzeptabel."[1869]

Tags darauf fordert Westerwelle nun gemeinsam mit dem Ehrenvorsitzenden und ehemaligen Außenminister Hans-Dietrich Genscher erstmals die Rücknahme der Parteiaufnahme Karslis.[1870] Westerwelle, der zuvor jeden Antisemitismus-Vorwurf empört zurückgewiesen und als illegitime Unterstellung kritisiert hat, sagt nun, dass Karsli „mit seinen antisemitischen Aussagen" untragbar sei für die Liberalen.[1871] In scheinbar verhalten kritischer Anspielung auf Möllemann formuliert Westerwelle, er rufe jeden „in unserer Partei auf, sich unserer großen Tradition bewusst zu sein und seine Worte sorgsam zu wählen."[1872] Der öffentliche Druck scheint somit nun eine politische Deeskalation des Antisemitismus zu bewirken, die politisch-diskursiven Sanktionsmechanismen gegenüber als antisemitisch zu bewertenden politischen Vorstößen scheinen insofern nun partiell zu greifen.

Indes trügt der zu diesem Zeitpunkt vorherrschende Schein, der Konflikt werde nun aufgrund der massiven außer- wie innerparteilichen öffentlichen Kritik mit einem Rückzug Westerwelles, Möllemanns und Karslis zu einem Ende kommen, ebenso wie das Projekt zumindest eines Teils der FDP-Führung, mit Antisemitismus Politik zu machen und Wahlkampf zu betreiben. Sowohl im Blick auf bisherige politische Auseinandersetzungen und Konfliktverläufe in Bezug auf antisemitische Positionen innerhalb etablierter demokratischer Parteien in der bundesrepublikanischen Geschichte,[1873] als auch vor dem Hintergrund des öffentlichen wie innerparteilichen Drucks wäre zu diesem Zeitpunkt ein politischer Rückzug durch Möllemann zu erwarten gewesen. Stattdessen kommt es aber zu einer weiteren Radikalisierung antisemitischer Äußerungen durch Möllemann selbst, die sich nun nicht mehr nur auf Israel und seine Staatsbürger, sondern nun auch explizit gegen Juden in Deutschland richten. Die „Debatte" erreicht so trotz der gestiegenen öffentlichen Kritik eine neue Ebene der Eskalation und geht in eine dritte Phase.

1867 „Machtkampf in der FDP," Süddeutsche Zeitung, 18./19. Mai 2002, S. 1.
1868 Ibid.
1869 Zitiert nach Peter Carstens, „Der Kampf um das Machtwort," Frankfurter Allgemeine Zeitung, 18. Mai 2002, S. 4.
1870 Vgl. Frankfurter Allgemeine Sonntagszeitung, 19. Mai 2002.
1871 Bild am Sonntag, 19. Mai 2002.
1872 Zitiert nach: „Null Prozent für Möllemann," Süddeutsche Zeitung, 21. Mai 2002, S. 6.
1873 Vgl. hierzu Werner Bergmann, Antisemitismus in öffentlichen Konflikten, a.a.O.

7.5.4 Politischer Antisemitismus? Die Radikalisierung der FDP zwischen Judenhass, Erinnerungsabwehr und Israelfeindschaft und politische Skandalisierungsprozesse

Der FDP-Spitzenpolitiker Möllemann bleibt weiterhin, auch im Angesicht einer täglich zunehmenden öffentlichen Kritik an Karsli, bei seiner vorbehaltlos verteidigenden Position gegenüber seinem Kollegen: „Karsli kritisiert wie ich die kaum noch nachvollziehbare Politik Ariel Sharons, und da soll man nicht mit dem Totschlags-Argument kommen, dies sei antisemitisch."[1874]

In Adaption einer traditionellen politisch-psycholo-gischen Verkehrung und der begrifflichen Konstruktion der ‚Neuen Rechten' von der „Auschwitzkeule" oder der „Antisemitismuskeule" schiebt auch Möllemann den Kritikern des Antisemitismus die Gewalt des „Totschlags" rhetorisch zu, um den realen Antisemitismus eines von ihm „völlig" unterstützten Parteimitglieds gegenüber Kritik zu immunisieren und diesen Antisemitismus selbst politisch zu legitimieren.

Möllemann widersetzt sich überdies der Forderung nun auch anderer Liberaler, die Aufnahme Karslis zurückzunehmen oder zumindest eine avisierte Sitzung des NRW-Landesvor-standes vorzuziehen, um den Fall neu zu bewerten. Von entscheidender Bedeutung für die Eskalation des „Antisemitismusstreits" ist der dann folgende politische Vorstoß Möllemanns, der nun selbst zu offen antisemitischer Ranküne übergeht: Im Zweiten Deutschen Fernsehen (ZDF) beschuldigt der FDP-Spitzenpolitiker Möllemann den jüdischen CDU-Politiker und Talkmaster Michel Friedman, Antisemitismus zu befördern: „Ich fürchte," so Möllemann, „dass kaum jemand den Antisemiten, die es in Deutschland leider gibt und die wir bekämpfen müssen, mehr Zulauf verschafft hat als Herr Scharon und in Deutschland ein Herr Friedman mit seiner intoleranten und gehässigen Art."[1875] Hiermit bedient sich Möllemann des eingeschliffenen Musters, Juden und deren unmittelbares Verhalten für Antisemitismus selbst verantwortlich zu machen.[1876]

Dies ist indes nur möglich, wenn man der antisemitischen Wahrnehmungsstruktur selbst folgt, dass Antisemitismus sich aus dem Verhalten von Juden ableite und ein Jude mit seinem vermeintlich ‚ungebührlichen Verhalten' den kollektiven, „rassischen" Attributen der „Judenheit" nur Ausdruck verleihe. Das Verhalten ‚des Juden' dient somit zur Rationalisierung der eigenen antisemitischen Attribuierung, die jenes Verhalten selbst erst mit einer antisemitischen Brille strukturiert.

Während der Vorsitzende des Zentralrats für solche Aussagen „einfach keine Worte mehr" findet, erstattet die Bundesvorsitzende von Bündnis 90/Die Grünen, Claudia Roth, daraufhin Anzeige gegen Möllemann wegen Volksverhetzung, übler Nachrede und Verleumdung einer Person des öffentlichen Lebens. Roth erkennt den „Versuch der

---

[1874] Siehe ntv-Journal, 16. Mai 2002.
[1875] Zitiert nach: „Machtkampf in der FDP," Süddeutsche Zeitung, 18./19. Mai 2002, S. 1.
[1876] Vgl. hierzu Alex Demirovic, „Vom Vorurteil zum Neorassismus," a.a.O., S. 26. Nach einer dort zitierten jüngeren Studie des Instituts für Sozialforschung (Frankfurt a.M.) folgten 23% der Befragten dem antisemitischen Stereotyp, dass die Juden an ihrer Verfolgung selbst schuld seien.

rechtspopulistischen Entsorgung unserer historischen Verantwortung."[1877] Sie wirft nun als erste Möllemann selbst eine „antisemitische Haltung" vor.[1878] Damit ist der Konflikt weiter eskaliert und endgültig zu einem ‚Antisemitismusstreit' über die politischen Parteien und die politische Kultur geworden.

Zahlreiche politische und öffentliche Akteure reagieren trotz Möllemanns neuerlicher Radikalisierung indes auch weiterhin verhalten positiv auf dessen Invektiven und skandalisieren nicht den Antisemitismus in der Politik, sondern den „Antisemitismus-Vorwurf", der Demokraten diffamiere und ausgrenze. Focus-Herausgeber Helmut Markwort sieht in einem Editorial nunmehr ein „Killerwort Antisemit" in der politischen Arena[1879], und Guido Westerwelle spricht in einem Interview mit dem populären Wochenmagazin *Stern* Möllemann nochmals seine volle Unterstützung gegen die vermeintlich in Deutschland herrschenden „Tabuwächter" und „Meinungsmonopole" aus, die ihm „gestohlen bleiben" könnten.[1880]

Weder Walser noch Möllemann seien Antisemiten, räsoniert exemplarisch Hans-Ulrich Jörges in gleicher Haltung und in derselben Zeitschrift; beide seien nicht durch Antisemitismus verbunden, sondern durch „ein anderes, überwölbendes Motiv: die Meinungsfreiheit jener zu brechen, die sie als 68er begreifen." Beide kämpften „gegen die Gesinnungspolizei der Political Correctness", gegen laut Jörges existierende Denk- und Sprechverbote im „Mainstream des Alarmismus". Die Debatte richte insofern Schaden an, weil sie die rechtsextreme Propaganda „zu belegen scheint, zulässige Meinungen dürften nicht vertreten werden, weil das eine jüdisch dominierte Lobby in Politik und Medien verhindere."[1881] Jörges sieht also die rechtsextreme Propaganda im Recht, weil auch er eine „jüdische dominierte Lobby" von ‚Meinungswächtern' wahrnimmt. Damit wird die rechtspopulistische Inszenierung eines „Tabubruchs" für die „Meinungsfreiheit" reproduziert, wobei in Wahrheit mit der Öffnung des politischen Raumes für antisemitische Mobilisierungen wohl eher der liberal-demokratische Grundkonsens des Rechtes auf individuelle Menschenwürde ‚gebrochen' wird. Die politische Artikulation antisemitischer Diskriminierungen, Stereotype und Affekte wird hier bisweilen innerhalb dieses Dispositivs, durchaus analog zur österreichischen FPÖ, als Ausweitung der Freiheit, des Rechtes auf freie Meinungsäußerung und der Demokratie dargestellt.

Gegen die Politik Karslis und Möllemanns melden sich an diesem Punkt jedoch nunmehr auch Vertreter nahezu aller demokratischen Parteien zu Wort. Kanzler Schröder fordert Westerwelle auf, „unmissverständlich Klarheit darüber zu schaffen, dass die FDP mit Versuchen, über antisemitische Stimmungen Politik zu gestalten, nichts zu tun haben will." Auch CDU-Generalsekretär Laurenz Meyer sagt, Möllemanns Aussagen „bedienen latent vorhandene antisemitische Stimmungen." Er könne deshalb in einer

---

[1877] Siehe „Grüne zeigen Möllemann an," Der Tagesspiegel, 18. Mai 2002, S.1.
[1878] Deutschlandfunk, 18. Mai 2002.
[1879] Siehe Helmut Markwort, „Das Killerwort Antisemit," Focus, 27. Mai 2002, S.2002, S. 3.
[1880] „Diese Tabuwächter können mir gestohlen bleiben," Interview mit Guido Westerwelle, Stern, 6. Juni (22) 2002, S. 52.
[1881] Hans-Ulrich Jörger, „Was darf man in Deutschland sagen?," Stern, 6. Juni (22) 2002, S. 41 und 43f.

CDU/FDP-Koalition nicht Minister werden.[1882] CDU-Kanzlerkandidat Edmund Stoiber hofft nun, dass Möllemann den Rückzug antrete.[1883] Damit hat sich der Fall Karsli längst auch zur Affäre Möllemann und vor allem auch zu einer Affäre FDP ausgeweitet, deren Versuch, mit nationalem Rechtspopulismus und Antisemitismus ihr Elektorat zu erweitern, nun selbst skandalisiert wird. Die politische Kultur setzt mittlerweile der Möglichkeit, über die FDP politischen Antisemitismus in die demokratische Parteienlandschaft zu integrieren, somit auch Grenzen. Der Berliner *Tagesspiegel* kommentiert retrospektiv den bisherigen politischen Verlauf des Skandals als Kritik an der Gesamt-Partei: „Vor sechs Wochen hatte Möllemann Selbstmordattentate gerechtfertigt. Und Westerwelle schwieg. Vier Wochen sind bereits vergangen, seit der NRW-Landesvorsitzende Karsli im Handstreich in die FDP-Landtagsfraktion holte. Nicht obwohl, sondern weil er bei den Grünen wegen anti-israelischer Agitation rausgeflogen war. Dann legte Möllemann ein paar antisemitische Sprüche drauf, woraufhin Möllemann dessen Aufnahme in die FDP betrieb. Und Westerwelle schwieg." Möllemann wolle „die 18 Prozent wirklich: mit Muslimen, mit Antisemiten, mit allen, denen die ganze Konsensdemokratie nicht mehr passt."[1884]

Zugespitzt formuliert der Grünen-Politiker Daniel Cohn-Bendit: „Die FDP wird so lange eine antisemitische Partei sein, wie Möllemann nicht zurückgetreten ist."[1885] Möllemann habe mit seinen Angriffen auf den stellvertretenden Vorsitzenden des Zentralrates „das uralte Schema faschistischer Parteien aufgegriffen, wonach die Juden selbst schuld am Antisemitismus seien."[1886] Außenminister Fischer schließlich ergänzt in einem Akt öffentlicher politisch-kultureller Selbstreflexion über die Enttabuisierungsprozesse der letzten Jahre, nicht Möllemann habe sich geändert, „sondern eine Gesellschaft, die seine Aussagen akzeptiert."[1887] Möllemanns im Hinblick auf die demokratische politische Kultur grenzüberschreitender Vorstoß, mit Antisemitismus Politik in einer etablierten demokratischen Partei zu betreiben, wird nun politisch-öffentlich weitgehend negativ sanktioniert. Der Versuch eines FDP-Bundestagsabgeordneten, mit einer Strafanzeige gegen Außenminister Fischer wegen dessen Äußerungen, die FDP sei „ein Hort des Antisemitismus"[1888] und ein „Sammelbecken für anti-israelische Positionen", was 60.000 FDP-Mitglieder diffamiert hätte,[1889] entragt dabei zu diesem Zeitpunkt kaum einer politischen Defensive.

In Zeiten gestiegenen politischen Drucks lanciert und wiederholt Möllemann indes seine antisemitischen Vorwürfe gegen Friedman, den er als „übergeschnappt" und „größenwahnsinnig" bezeichnet: „Wenn man wie Friedman als angeblicher Sachwalter des Zentralrats der Juden Kritiker der Politik Israels niedermacht, wer wie er mit Gehässigkeiten um sich wirft, mit unverschämten Unterstellungen – Antisemitismus und

---

[1882] Alle Zitate nach: „Auch Westerwelle will Karsli nicht," Der Tagesspiegel, 19./20. Mai 2002, S.1.
[1883] „FDP-Politiker zeigt Fischer an," Der Tagesspiegel, 21. Mai 2002, S. 1.
[1884] „Die Affäre hat einen Namen: Möllemann," Der Tagesspiegel, 19./20. Mai 2002, S. 6.
[1885] Zitiert nach: „Auch Westerwelle will Karsli nicht," Der Tagesspiegel, 19./20. Mai 2002, S.1.
[1886] Zitiert nach: „FDP-Politiker zeigt Fischer an," Der Tagesspiegel, 21. Mai 2002, S. 1.
[1887] Zitiert nach: „Auch Westerwelle will Karsli nicht," Der Tagesspiegel, 19./20. Mai 2002, S.1.
[1888] Zitiert nach: Frankfurter Allgemeine Zeitung.net, 11. Mai 2002.
[1889] „FDP-Politiker zeigt Fischer an," Der Tagesspiegel, 21. Mai 2002, S. 1.

so weiter – der schürt den Unmut gegen die Zielgruppe, die er zu vertreten vorgibt." Möllemann fügt hinzu: Die Zeiten, „in denen man uns das Denken verbieten wollte, sind vorbei."[1890] Möllemann imaginiert sich hier offenbar in einen Widerstandskampf gegen ‚jüdische Macht', den er jetzt nicht mehr nur „im Land des Aggressors" (Israel) führen möchte respektive verteidigt. Es vermengen sich das antisemitische Stereotyp vom ‚jüdischen Verhalten', das Antisemitismus provoziere, und die latente Chiffre von der ‚jüdischen Meinungsmacht' mit dem zentralen nationalpopulistischen Ressentiment, den Deutschen sei lange Zeit „der Mund", ja „das Denken verboten worden" durch alliierte Re-education und ‚Auschwitzkeule' – dies scheint der politisch-historische Bedeutungshof der ‚Denkverbots'-Konstruktion. Der populistische Bezug auf das nationale ‚Wir-Kollektiv', das sich unverschämter Unterstellungen seitens ‚der Juden' anhören müsse und dem ‚der Jude das Denken verbieten will', korreliert mit der Überzeugung oder Hoffnung, man wisse das solcher Art ‚unterdrückte Volk' der ‚kleinen Leute' an seiner Seite, für das man katalytisch spricht. Mit diesem Aussagekomplex erweist sich Möllemann somit zugleich als Vertreter eines nationalistischen Populismus.

Friedman kritisiert den Parteivorsitzenden Westerwelle ob seiner Unterstützung des Möllemann-Kurses und fordert zur gleichen Zeit den Parteiausschluss Möllemanns, dessen Bemerkungen sich „auf dem Niveau der Republikaner und der NPD" bewegten.[1891] Als Jamal Karsli in einem Brief an den FDP-Landesvorsitzenden Möllemann, auf dessen Initiative hin verfasst, schließlich am 22. Mai ankündigt, seine Mitgliedsrechte ruhen lassen zu wollen, ist der politische Konflikt nicht gelöst. Erstens weil Karsli weiterhin in der FDP-Landtagsfraktion mitarbeiten und laut Möllemann eine „wichtige politische Aufgabe übernehmen"[1892] soll, zweitens weil Möllemann seine antijüdischen Vorurteile nochmals bekräftigt und keinen Grund für einen Rückzug oder eine ‚Entschuldigung' sieht, und drittens, weil der FDP-Vorsitzende und Kanzlerkandidat Westerwelle, trotz zwischenzeitlicher Distanzierung von Karsli und verhaltener Kritik an Möllemann, seine Unterstützung für die Position Möllemanns nicht aufkündigt, nicht mehr auf einem Parteiausschluss Karslis besteht und schließlich noch selbst zu Angriffen auf Michel Friedman übergeht, der aufhören solle, mit „Antisemitismus-Vorwürfen um sich zu werfen."[1893] Ebenso populistisch kann Westerwelles im Laufe des Konflikts bei jeder Gelegenheit wiederholte Aussage gelten, man müsse Israel auch kritisieren dürfen. Dieser Satz suggeriert erstens fälschlicherweise, dass Israel-Kritik in Deutschland nicht erlaubt oder tabu sei, und zweitens, dass der „Antisemitismus-Vorwurf" sich nicht auf realen Antisemitismus bezöge, der von Westerwelle in Abrede gestellt wird, sondern lediglich gegen diejenigen instrumentalisiert werde, die Israel kritisieren: insbesondere gegen die FDP als vermeintlich ‚mutigem' Opfer einer Medienkampagne. Trotz dieser Haltung Westerwelles wird Ende Mai von weiten Teilen der öffentlichen Meinung insinuiert, es gebe in der FDP nur ein Problem mit Möllemann, der vermeintlich

---

1890 Zitiert nach ibid.
1891 Zitiert nach ibid.
1892 Zitiert nach Marianne Heuwagen, „Kritik an Möllemann in der FDP dauert an," Süddeutsche Zeitung, 24. Mai 2002, S. 8.
1893 Zitiert nach: Ibid.

in einem „Machtkampf" mit Westerwelle um die Ausrichtung stünde,[1894] was von beiden selbst dementiert wird. Dergestalt ist zwar eine gewisse parteipolitische und politisch-kulturelle Gegen-Mobilisierung gegen den politischen Antisemitismus und die Mobilisierungsversuche Möllemanns erfolgt, diese Judenfeindschaft ist bis dato jedoch bisher ohne (negative) praktische Konsequenzen für die FDP und ihr Führungspersonal geblieben.

Die weitere Entwicklung und folgende Dynamisierung der Auseinandersetzung taxiert die Grenzen in der heutigen politischen Kultur gegenüber einem offenen politischen Antisemitismus, aber auch ihre Ambivalenzen gegenüber Antisemitismus in der Politik. Der öffentliche Konflikt zeigt dabei, was in der Gegenwart möglich ist: Der nationalpopulistische und antisemitische Vorstoß Möllemanns stößt, wenn auch mit Verzögerung, auf Kritik in erheblichen Teilen der politischen Öffentlichkeit, führt aber im Wahlkampf nicht zum Rücktritt Möllemanns oder Westerwelles oder zu anderen politischen Folgen, wie dies wenige Jahre zuvor noch wahrscheinlich gewesen wäre,[1895] sondern wird überwiegend als legitime Meinung ‚toleriert'. In der Debatte treten hierbei zudem teilweise politische Diskursmechanismen und Muster im Umgang mit Antisemitismus auf, die schon in der Walser-Debatte prägend gewesen sind, so u.a. der Versuch, den politischen Konflikt und das Problem auf einen ‚persönlichen Streit' – hier zwischen Möllemann und Friedman – zu reduzieren.

Erst allmählich und partiell erodiert dabei in der politischen Öffentlichkeit auch das Bild vom (politisch verantwortlichen Vorsitzenden) Westerwelle, der „in der Falle" säße, der mäßigend wirken wolle, aber wirkungslos und „überfordert" sei. Der damalige SPD-Generalsekretär Franz Müntefering vermutet nun für die SPD, Westerwelle wolle wohl nicht gegen Karsli aktiv werden.[1896] Die liberale Wochenzeitung *Die Zeit* bezieht dabei über Wochen kritisch zu Möllemann und gegen die neue FDP-Politik Stellung, die eine nationalistische Transformation der Republik anvisiere. Ende Mai wird dort resümiert, die FDP sei mittlerweile „unwählbar" aufgrund eines „diffusen Extremismus, der aus der Mitte der FDP kommt". Möllemann und Westerwelle betreiben die „offizielle Approbation der Geisteshaltung von Ernst Nolte, die zum Historikerstreit über die Relativierung der Vergangenheit führte, sowie der Parolen Martin Walsers von der ‚Moralkeule' Auschwitz." Die Opferpose, basierend auf der Konstruktion, dass man sich nicht frei äußern dürfe, wirke „geradezu lächerlich". Westerwelle sei der Repräsentant eines Ressentiments, und die FDP breche nicht Tabus, sondern sie stelle „die innere Verfasstheit der Republik zur Disposition."[1897]

Parteichef Westerwelle behauptet Ende Mai nichts desto weniger, er habe „gehandelt", indem er – gemeinsam mit Möllemann – einen neuen politischen Weg gefunden zu haben meint: Karsli solle nun den Antrag auf FDP-Mitgliedschaft vorerst zurückziehen und fortan als parteiloser Abgeordneter der FDP-Fraktion des Düsseldorfer

---

1894 So z.B. „Machtkampf in der FDP," Süddeutsche Zeitung, 18./19./20. Mai 2002, S. 1.
1895 Siehe zu den politischen Folgen in der alten Bundesrepublik bis 1989 Werner Bergmann, Antisemitismus in öffentlichen Konflikten, a.a.O.
1896 „Gerhardt: Möllemann schädigt die FDP," Der Tagesspiegel, 22. Mai 2002, S. 4.
1897 Gunter Hofmann, „Der Aufstand der Unanständigen: So ist die FDP unwählbar," Die Zeit 23 (2002), S. 1.

Landtags angehören. Der Berliner *Tagesspiegel* sieht daraufhin das Problem gelöst: die FDP-Führung habe einen „widerspenstigen Möllemann" dazu gebracht, seinen „Schützling Karsli fallen zu lassen."[1898] Diese Einschätzung soll sich im Folgenden als ebenso falsch erweisen wie die Vermutung, der Konflikt sei nun endgültig ad acta gelegt. Noch wenige Tage zuvor hat Möllemann öffentlich deklariert, er und Karsli würden Wahlstimmen von Millionen Muslimen in Deutschland zur FDP bringen können. Dessen engagierte Arbeit in der Fraktion sollte auch nach der „öffentlichen Hetzjagd" „wie besprochen" fortgesetzt werden.[1899] Nach einer Präsidiumssitzung der FDP zwei Tage später wiederholt Möllemann seine Invektiven gegen Friedman, der arrogant sei und eine „maßlose Selbstüberschätzung" an den Tag lege, während zugleich Westerwelle den Zentralrat der Juden zum Gespräch einlädt, „um Missverständnisse auszuräumen."[1900]

In dieser Situation erneuern auch Kanzler Schröder und die SPD ihre Kritik an der FDP. Bei der FDP seien offenbar „Dämme gebrochen". Die Integration Karslis in die Landtagsfraktion der FDP Nordrhein-Westfalen nennt Schröder „hoch brisant und hochgradig gefährlich." Die Liberalen seien folgerichtig zwar „willig zu regieren, aber nicht fähig."[1901] Auch andere Parteien und politische wie mediale Akteure melden sich vermehrt kritisch zu Wort. Gregor Gysi (PDS) meint, die FDP zerschneide das Tischtuch zu den demokratischen Parteien; die „bürgerliche Demokratie" sei „gegen den Rechtspopulismus zu verteidigen."[1902] Friedman fragt sich mittlerweile, „ob die FDP nichts anderes mehr im Programm hat, als Hass auf Juden zu säen."[1903] Auf seiner anberaumten Israel-Reise, so auch die *Süddeutsche Zeitung*, werde Westerwelle Schwierigkeiten haben zu begründen, warum sich „heute ausgerechnet ein liberaler Politiker wie Möllemann traut, offen antisemitische Ressentiments zu bedienen."[1904] Möllemann entstigmatisiere „rechtsextreme Ideologie."[1905] Beobachtet wird, dass zehn Jahre nach der Skandalisierung einer Aussage von Franz Schönhuber, Bubis sorge für Antisemitismus in Deutschland, „der Sturm der Entrüstung nach einer ähnlichen Äußerung Möllemanns weniger stürmisch" sei; mit Möllemann werde die „Scheu der demokratischen Parteien davor, antisemitische Vorurteile zu bedienen," in der FDP aufgelöst.[1906]

Gegen diesen Gegenwind mobilisieren im öffentlichen Raum die nationalliberalen Weggefährten Möllemanns in der FDP. Sie scheinen von dem eingeschlagenen nationalpopulistischen Kurswechsel der FDP und von der Öffnung zu antisemitischen Ressentiments nicht mehr ablassen und die Gunst der Stunde nutzen zu wollen. Der schleswig-holsteinische FDP-Vorsitzende Wolfgang Kubicki etwa beschwert sich über

---

[1898] Siehe Jürgen Zurheide, „Umdenken auf Norderney," Der Tagesspiegel, 23. Mai 2002, S. 4.
[1899] Zitiert nach Frankfurter Allgemeine Zeitung, 23. Mai 2002, S. 3.
[1900] Beide Zitate zitiert nach Kurt Kister, „Kanzler distanziert sich von der FDP," Süddeutsche Zeitung, 25./26. Mai 2002, S. 1.
[1901] Ibid.
[1902] Zitiert nach ntv, 26. Mai 2002.
[1903] Zitiert nach ntv, 26. Mai 2002.
[1904] Marianne Heuwagen, „Mit schwerem Gepäck: FDP-Chef Westerwelles heikle Reise nach Israel," Süddeutsche Zeitung, 27. Mai 2002, S. 1.
[1905] Heribert Prantl, „Die Paulinchen-Partei," Süddeutsche Zeitung, 27. Mai 2002, S. 4.
[1906] Siehe ibid.

„Maßlosigkeit der Kritik", den „moralischen Rigorismus" in der Politik und hält die Kritik an Möllemann durch seinen Parteikollegen Wolfgang Gerhardt, den damals designierten Außenminister in spe, gar für „baren Unsinn". Kubicki wittert, nicht ohne verschwörungstheoretische Anklänge, „alles" als einen Teil einer „Kampagne von unseren politischen Gegnern. Möllemann wird für den Machtkampf zwischen Paul Spiegel und Michel Friedman instrumentalisiert. Das wird nicht gelingen."[1907] Kubicki insinuiert hier, der Zentralrat der Juden sei der politische Gegner der FDP und bringt damit indirekt den vermeintlichen neuen ‚Anwalt des Volkes', des nationalen ‚Wir-Kollektivs' – eine populistische FDP – gegen ‚die Juden' in Stellung.

Karsli habe sich im Übrigen mehrfach entschuldigt („was soll der arme Mann denn noch tun"). Dass Karsli derzeit keine Möglichkeit habe, in der FDP mitzuwirken, sieht Kubicki als „ein Zeichen mangelnder politischer Kultur in Deutschland." Hiermit fordert Kubicki implizit eine Normalisierung antisemitischer Auffassungen als ‚legitime' demokratische Meinungsäußerungen. In Anspielung auf den von Bundeskanzler Gerhard Schröder im Sommer 2000 geforderten „Aufstand der Anständigen" gegen Rechtsextremismus in der deutschen Gesellschaft formuliert Kubicki: „Ich erwarte einen Aufstand der Anständigen beim Zentralrat der Juden." Dergestalt wird suggeriert, dieser müsse nun Flagge zeigen gegen extremistische Tendenzen unter Juden, und solche vorgeblichen Tendenzen werden zum Problem der politischen Kultur. Die FDP solle „nicht zu Kreuze kriechen." Schließlich imaginiert Kubicki eine gezielte Kampagne gegen die Meinungsfreiheit und gegen die FDP seitens des Zentralrates: Es gebe „Stimmen im Zentralrat, die fordern, Möllemann müsste zurücktreten. Das nächste wird sein, zu fordern, Westerwelle müsse zurücktreten, und dann soll am besten die ganze Partei nicht mehr antreten."[1908] Das rechtsextreme Motiv von der durch die ‚Macht der Juden' forcierten ‚gebuckelten Haltung' resoniert hier ebenso wie die antisemitische Suggestion, der Zentralrat der Juden verlange von deutschen Spitzenpolitikern, sie sollten jenem gegenüber „zu Kreuze kriechen."

Möllemann findet freilich auch über seine Parteifreunde hinaus insgesamt weiterhin einen durchaus breiten Kreis von Unterstützern im öffentlichen Raum. So meint der ehemals linksradikale Journalist Thomas Schmid in einem Leitartikel der *Frankfurter Allgemeinen,* die starke Position Möllemanns habe den Parteivorsitzenden der FDP dazu gezwungen, die „liberale Grundweisheit zu verkünden, dass selbstverständlich auch die Regierung Israels nicht sakrosankt sei." Unerwartet sei es der „kleine[n] und auch deswegen bewegliche[n] FDP gelungen, diese Kritik [an Israel, L.R.] vom Ruch zu befreien, stets und unausweichlich Ausdruck von Antisemitismus zu sein."[1909] Auch im Feuilleton der FAZ wird weiterhin nicht der Antisemitismus in der FDP, sondern den „schrille[n] Ton", mit dem „in den vergangenen Wochen der Vorwurf des Antisemitismus mobilisiert" worden sei, zum Problem erkoren. Befürchtet wird, dass „fatale Antisemitismus-

---

1907 „Eine Kampagne des politischen Gegners'," Interview mit Wolfgang Kubicki, Der Tagesspiegel, 22. Mai 2002, S. 4.
1908 Zitiert nach ntv-Nachrichten, 31. Mai 2002.
1909 Thomas Schmid, „Der Tabubruch," Frankfurter Allgemeine Zeitung, 23. Mai 2002, S. 1.

Gerücht über die FDP" könne „demnächst auch diplomatische Folgen" haben.[1910] Nicht das „Gerücht über die Juden" (Adorno), politisch forciert respektive toleriert von der FDP-Führung, sondern das „Gerücht über den Antisemitismus" wird auf dieser Seite politisch skandalisiert.

Dabei bestätigen die führenden FDP-Politiker Möllemann und Westerwelle unlängst selbst, dass es ihr politisches Anliegen ist, um die „Stimmen am Rand" zu werben. Das indirekte Bekenntnis zum Rechtspopulismus manifestiert sich in Westerwelles verlautbarter Zielsetzung, Stimmen am rechten Rand zu gewinnen, was dieser nunmehr offen als „ehrenwert und ein Dienst an der Demokratie bezeichnet."[1911] Möllemann formuliert diese Position in der PDS-nahen Tageszeitung *Neues Deutschland* direkter und leitet hiermit eine vierte, letzte Phase des „Antisemitismusstreits" ein, in der es – von Ende Mai bis Mitte Juni – nicht mehr zentral um Karsli und Möllemann, sondern endgültig im Wesen um die Zukunft des Antisemitismus und Rechtspopulismus im politischen Profil der FDP und in der politischen Kultur der Republik geht. Dies wird insbesondere auch durch eine einberufene Debatte zum Antisemitismus im Bundestag dokumentiert.

7.5.5 Politische Konfliktlinien und Reaktionen im Deutschen Bundestag

Der Beginn der vierten Phase wird also wiederum von einer Initiative von Möllemann diktiert, nach dem von ihm selbst proklamierten Projekt, „Dinge" auszusprechen, die „von anderen Politikern tabuisiert werden."[1912] Insofern wird jede neue Invektive gegen Israel, ‚die Juden' und die ‚politische Klasse' als „Tabubruch" im Sinne des vox populi inszeniert und interpretiert. In der Kolumne für das *Neue Deutschland* stilisiert sich Möllemann als ein ‚Mann des Volkes', der – dies vor dem Hintergrund seiner nicht zurückgenommenen antisemitischen Invektiven – dessen Sprache spreche und im Gegensatz stehe zu den etablierten Parteien. Möllemann sieht in den europaweiten Niederlagen der großen Parteien und den Siegen von Rechtspopulisten – „es begann in Österreich" – eine „Emanzipation der Demokraten", letztlich einen Befreiungsschlag von der liberalen Demokratie und ihren Prinzipien. Die Wahlergebnisse seien „Tatsachenbeweis" dafür, dass es „nicht mehr um Rechts oder Links" ginge, sondern „nur noch darum, wer die tatsächlichen Probleme der Menschen ohne ideologische Scheuklappen erkennt, in der Sprache des Volkes nennt und zu ihrer Zufriedenheit löst." Möllemann schiebt den anderen europäischen Rechtspopulisten dabei eine soziale Problemlösungskompetenz zu, die diese erwiesenermaßen nicht haben. Diese scheinen „ohne Ideologie" „für das Volk" zu *handeln*, ihm zu *dienen,* und nicht nur zu reden (hier resoniert der Affekt

---

[1910] Siehe Lorenz Jäger, „Kampf der Riesen: Antisemitismus. Ein Gespenst geht um in Deutschland," Frankfurter Allgemeine Zeitung, 23. Mai 2002, S. 41.
[1911] Zitiert nach Hans Monath und Christoph Schmidt Lunau, „Stimmenfang am rechten Rand," Der Tagesspiegel, 26. Mai 2002, S. 4; siehe auch „Westerwelle will Protestwähler gewinnen," Frankfurter Allgemeine Zeitung, 27. Mai 2002, S.1.
[1912] Zitiert nach ibid.

gegen das Parlament als ‚Schwatzbude') oder klientelistische Partikularinteressen zu verfolgen. Sie sprächen – wie Möllemann – die „Sprache des Volkes". Schließlich erhebt Möllemann die rechtspopulistischen Wahlerfolge in geschichtsphilosophischen Spekulationen in den Rang nationaler Erweckungsbewegungen gegen die „politische Klasse", die den Beginn einer „neuen Zeit" einläuten: „Die Historiker werden später schreiben: Zu Beginn des dritten Jahrtausends prägte eine Welle des erwachenden Selbstbewusstseins der Menschen die Völker und Staaten. Ein mündiges Volk von Demokraten nach dem anderen zwang die politische Klasse, sich an Haupt und Gliedern zu erneuern."[1913]

Diese Sympathiebekundung Möllemanns für die rechtspopulistischen Akteure und Bewegungen Europas, verklärt als „Emanzipation der Demokraten", stößt in der politischen Kommunikation überwiegend auf Kritik. Paul Spiegel kritisiert dafür nunmehr nicht nur Möllemann, sondern auch den ihn unterstützenden Parteivorsitzenden Westerwelle und die FDP als Partei. Spiegel bezeichnet die Aussage Möllemanns, die Juden seien mit ihren Äußerungen für den Antisemitismus selbst verantwortlich, als „die größte Beleidigung, die eine Partei in der Geschichte der Bundesrepublik ausgesprochen hat." Diese Aussage des Vorsitzenden des Zentralrates der Juden in Deutschland macht die Dimension des politischen Vorgangs deutlich. Mit dem Programm, über solchen Äußerungen auch Wähler aus den Reihen der „Republikaner" ansprechen zu wollen, zeige auch der FDP-Parteivorsitzende Westerwelle „sein wahres Gesicht." Dieser wolle „im Stil von Haider und Le Pen Stimmen fangen und unterstützt antisemitisches Gedankengut."[1914]

Auch führende politische Akteure der CDU distanzieren sich jetzt, Ende Mai 2002, und in der Folge zunehmend nicht nur von Möllemann, sondern auch von der FDP, die nun zu ihrem neuen Profil zu stehen scheint, gleichwohl man sich weiterhin „nicht in die rechtsradikale Ecke drängen" (Westerwelle) lassen wolle. Union-Fraktionschef Wolfgang Bosbach betont: „Herr Möllemann ist eine Zumutung für die Union." Im Falle eines Wahlsieges würde sich die Union sehr schwer tun, mit ihm ein Kabinett zu bilden.[1915]

Für den damaligen SPD-Fraktionschef Peter Struck ist es eine „Heuchelei", wenn die FDP mit „Möllemanns Ausfällen gegen Israel und Vertreter des deutschen Judentums" am rechten Rand Stimmen fangen und im Bundestag dann den „demokratischen Saubermann" spielen wolle. Deshalb verweigert Struck der FDP im Angesicht der jüngeren politischen Entwicklung die Unterstützung einer im Bundestag geplanten Resolution gegen Antisemitismus.[1916] Die *Frankfurter Allgemeinen Zeitung* kommentiert wiederum diesen Vorgang, und nicht den anhaltenden antisemitischen Skandal einer etablierten demokratischen Partei, mit Empörung: Die FAZ sieht einen politisch instrumentalisierten „Generalverdacht" gegen die FDP. Die „Verzweiflung im rot-grünen Lager über das eigene Popularitätstief und das Fehlen einer Idee, wie es zu überwinden

---

[1913] Alle Zitate aus Jürgen W. Möllemann, „In die neue Zeit," Neues Deutschland, 27. Mai 2002, S. 4.
[1914] Zitiert nach Marianne Heuwagen, „Auch die CDU rückt von der FDP ab," Süddeutsche Zeitung, 27. Mai 2002, S. 6.
[1915] Zitiert nach ibid.
[1916] Siehe „Möllemann lobt Haider," Der Tagesspiegel, 27. Mai 2002, S. 4.

wäre, lässt auch die Hemmschwelle von SPD und Grünen zur Benutzung eines Themas sinken, vor dessen Instrumentalisierung sie selbst warnen. [...] Den Preis, den solche Eskalationsbereitschaft fordert, ist allerdings hoch: Die Glaubwürdigkeit eines Anliegens schwindet, wenn die damit verbundenen Behauptungen und Begriffe maßlos werden."1917 Der Autor, FAZ-Herausgeber Berthold Kohler, insinuiert, der Begriff des Antisemitismus sei bezogen auf Möllemanns Verdikt über die Juden (diese seien für Judenfeindschaft selbst verantwortlich) „maßlos". Im Zuge einer projektiven Begriffsinversion sieht er nicht sinkende Hemmschwellen und Eskalationsbereitschaft bei den neuen antisemitischen und rechtspopulistischen Tiraden des damaligen FDP-Spitzenpolitikers, sondern hinsichtlich deren Thematisierung durch SPD und Grüne, die als Parteien freilich nicht frei von parteipolitischen Überlegungen agieren.

Der nächste Versuch der FDP-Führung um Westerwelle, den Anforderungen öffentlicher Kritik gerecht zu werden, ist ein neuer Parteivorstandsbeschluss, die so genannte „Berliner Erklärung" vom 31. Mai 2002. Sie enthält keine Forderung des Fraktionsausschlusses Karslis, auch keine Verurteilung des Antisemitismus. Der Beschluss wirkt eher als eine Bestätigung des neuen Kurses als „Pflicht zu neuem Denken."1918 Für Westerwelle, der keinen Antisemitismus, sondern nur einen Antisemitismus-Vorwurf und, gestützt vom teils vorherrschenden Dispositiv in der politischen Kommunikation, nur einen persönlichen Konflikt oder „Streit" zwischen Möllemann und Friedman konstruiert,1919 sei nun der „Zentralrat am Zug". Für die liberale Öffentlichkeit wird auf einen kurz zuvor verfassten knappen Brief von Möllemann an Paul Spiegel verwiesen, in dem jener knapp erklärt, Herrn Friedman für die Entstehung von antisemitischen Ressentiments mitverantwortlich zu machen, hätte er „nicht sagen sollen." In der Tat lehnt Möllemann jedoch weiterhin jede Form der Entschuldigung ab und fordert vielmehr, dies auch im Brief an Spiegel, die Rücknahme des „Antisemitismusvorwurfs." Schließlich wird die Formulierung Kubickis, man solle nicht gegenüber dem Zentralrat „zu Kreuze kriechen", von Möllemann noch in dem Moment aufgegriffen, an dem die mediale Öffentlichkeit im Kontext der „Berliner Erklärung" und des Spiegel-Briefes überwiegend eine „Entschuldigung" Möllemanns wahrnimmt: „Vor Herrn Friedman werde ich nicht kriechen."1920 Eine solche Diskrepanz von tatsächlicher Aussage und öffentlich-politisch perzipierter ‚Entschuldigung' oder ‚Versöhnung' erinnert an die Rezeption des vermeintlichen „Versöhnungsgesprächs" von Walser und Bubis.

Dabei offenbart sich seitens des FDP die Fortsetzung einer Doppelstrategie: einerseits Aufrechterhaltung des aggressiven Kurses Möllemanns, der gesellschaftlichen Antisemitismus politisch mobilisiert und eine „neue Politik" gegenüber der Vergangen-

---

1917 Berthold Kohler, „Die Gefahr," Frankfurter Allgemeine Zeitung, 27. Mai 2002, S. 1.
1918 „Möllemann bleibt der Chef," Die tageszeitung, 1. Juni 2002, S. 1.
1919 Hierzu kommentiert die Berliner *tageszeitung*: Vergeblich versuche Westerwelle, „die Ausfälle seines Stellvertreters und dessen bockige Weigerung, sich dafür zu entschuldigen, als ‚Streit' darzustellen. Als hätten irgendwie beide Seiten Unrecht und müssten aufeinander zugehen." Siehe Heide Oestreich, „Möllemann macht Westerwelle hilflos," Die tageszeitung, 4. Juni 2002, S. 7. Gleichwohl überwiegt auch hier das Bild, Westerwelle sei lediglich ‚überfordert' mit der Situation und nicht politisch verantwortlich.
1920 „Möllemann will sich keinesfalls entschuldigen," Frankfurter Rundschau, 3. Juni 2002, S. 4.

heit einleitet, andererseits die anhaltende Betonung „unseres Charakters als Toleranzpartei". Vielfach wird diese Doppelposition, die keine Konsequenzen oder Grenzziehung gegenüber Antisemitismus zu implizieren scheint, in großen Teilen der politischen Öffentlichkeit nach Möllemanns vermeintlicher „Entschuldigung" oder „Rüge" akzeptiert.[1921]

Vereinzelt wird allerdings auch gegen die Perzeption einer scheinbar demokratiepolitisch zufrieden stellenden Lösung opponiert. Heribert Prantl etwa qualifiziert in der *Süddeutschen Zeitung* den Parteivorstandsbeschluss als eine „Armseligkeitserklärung der FDP". Die „Berliner Erklärung" habe sich in den Hinweis auf liberale Traditionen geflüchtet und erneut „davor gewarnt, die FDP als antisemitisch zu bezeichnen." Dass der Parteivorsitzende zwar die Wortwahl Möllemanns bedauerte, aber die von ihm ausgelöste Debatte „für eine in der Sache notwendige Debatte" erklärt, zeige, wes Geistes Kind Westerwelle sei: „Der Parteivorsitzende steht in der Sache, wenn auch nicht im Ton, hinter Möllemann. Und damit ist klar, dass er an dessen rechtspopulistischer Strategie nichts auszusetzen hat. Es gibt keine Reue, es gibt kein Schuldbewusstsein dafür, was man anrichtet."[1922] Auch die *Frankfurter Rundschau* moniert: „Die FDP verharrt in Zweideutigkeiten, wo klares Bekenntnis gefordert wäre" und „beruft sich auf den hohe Wert der Toleranz, ohne freilich deren Grenzen zu markieren."[1923] 100 deutsche Journalisten erheben derweil in einer öffentlichen Erklärung ihren „Einspruch" gegen Möllemann. Wer behaupte, es sei ein Tabu, israelische Politik zu kritisieren, verfälsche die Realität: „Er benutzt das alte antisemitische Klischee vom Juden, der die öffentliche Meinung kontrolliert."

Auf der bundespolitischen Ebene folgt ein SPD-Parteivorstandsbeschluss, dass eine Partei, die die „Instrumentalisierung des Antisemitismus in ihren Reihen duldet oder gar durch Führungspersonen befördert", keine Regierungsverantwortung in Deutschland bekommen dürfe. Westerwelle wendet darauf ein, man dürfe weder mit Antisemitismus, noch mit „Antisemitismusvorwürfen gegen Demokraten" Wahlkampf betreiben.[1924] Auch bedeutende Teile der politischen Öffentlichkeit wünschen sich weiterhin ein „Machtwort von Westerwelle"[1925], das dem ‚Problem' ein Ende setzen solle.

Als Karsli nach einer neuerlichen ‚Krisensitzung' in der FDP-Fraktion Nordrhein-Westfalen verbleibt, wird dies von den Medien fast einhellig als Sieg Möllemanns und „Führungsschwäche" Westerwelles gedeutet,[1926] obschon Westerwelle verniedlichend und akzeptierend argumentiert, jede Partei habe „ihren Franz Josef Strauss."[1927] Der

---

[1921] Ibid.
[1922] Heribert Prantl, „Die Armseligkeitserklärung der FDP," Süddeutsche Zeitung, 1./2. Juni 2002, S. 4.
[1923] „Irrungen," Frankfurter Rundschau, 1. Juni 2002, S. 3.
[1924] Beide Zitate zitiert nach Frankfurter Allgemeine Zeitung, 3. Juni 2002, S. 1.
[1925] Siehe u.a. „Machtwort von Westerwelle?," Der Tagesspiegel, 4. Juni 2002, S. 1; Marianne Heuwagen, „Westerwelle müht sich um Machtwort," Süddeutsche Zeitung, 4. Juni 2002, S. 1.
[1926] Siehe Stefan Reinecke, „Westerwelle redet, andere handeln," Die tageszeitung, 5. Juni 2002, S. 1; Bettina Gaus, „Unter Möllemanns Daumen," Die tageszeitung, 5. Juni 2002, S. 3; Marianne Heuwagen, „Paul Spiegel fordert Aufstand der Demokraten," Süddeutsche Zeitung, 5. Juni 2002, S. 1; Kristian Frigelj, „Westerwelles Niederlage," Süddeutsche Zeitung, 5. Juni 2002, S. 5.
[1927] „Westerwelle: Jede Partei hat ihren Franz Josef Strauss," Frankfurter Allgemeine Zeitung, 5. Juni 2002, S. 1.

liberale Flügel der FDP hat sich damit vergeblich für einen Ausschluss Karslis eingesetzt. Westerwelles Inszenierung eines pluralen Positionskampfes wird insofern in der Öffentlichkeit weitgehend akzeptiert; eine bewusste Arbeitsteilung wird, anders als Peter Lösche argumentiert, der eine „durchkalkulierte Wahlkampfstrategie" erkennt,[1928] kaum vermutet. Der jüdische FDP-Politiker Wolfgang Jungnickel, kulturpolitischer Sprecher der FDP im Berliner Abgeordnetenhaus, fordert hingegen als Einziger die Ablösung der Partei von beiden Vorsitzenden, Westerwelle und Möllemann.[1929]

Die „FDP-Debatte" kulminiert schließlich in einer Demonstration vor der FDP-Parteizentrale am 5. Juni 2002 in Berlin, bei der sich Politiker aus unterschiedlichen demokratischen Parteien (einschließlich der FDP) beteiligen, und in einer nun viel beachteten Debatte respektive aktuellen Stunde zum Antisemitismus in Deutschland im Bundestag am gleichen Tag. Die Berliner Jüdische Gemeinde hat – ein in der bundesdeutschen Parteiengeschichte einmaliger Vorgang – zur Protestkundgebung vor der FDP-Zentrale aufgerufen, um „gegen den Versuch der FDP, mit antisemitischen Parolen Wahlpropaganda zu machen," zu demonstrieren.[1930] Der Parteivorsitzende Westerwelle zeigt sich davon unbeeindruckt. So erklärt er in der Zeitschrift „Stern" im rechtspopulistischen Jargon Möllemanns die FDP zur Protestpartei gegen das „etablierte Parteiensystem": „Der Protest gegen das etablierte politische Parteiensystem kommt nicht von Rechtsaußen, sondern das ist der Protest aus der breiten Mitte. Ihm bieten wir eine neue demokratische Heimat."[1931] Dabei empört sich Westerwelle über nicht näher benannte „Tugendwächter" und „Tabuwächter"[1932], die vermeintlich in Deutschland herrschten; mindestens im Kontext der Debatte kann dies als latent antisemitisch verstanden werden.

Eine einberaumte ‚aktuelle Stunde' im Deutschen Bundestag zeitigt indes wenig Neues. Westerwelle wirft der SPD vor, sie wolle die FDP in ein „rechtsradikales Feindbild" verwandeln. Er fordert die Sozialdemokraten auf, sich zu schämen. Die Regierung lege „die Axt an die Wurzel der Gemeinsamkeit der Demokraten." Damit wird eine Opferpose reproduziert, die die FDP-Führung in der ganzen Debatte eingenommen hat, und erneut die Kritik am Antisemitismus, nicht dieser selbst zum demokratiepolitischen Problem stilisiert. Ansonsten werfen sich die unterschiedlichen Fraktionen und ‚Lager' gegenseitig vor, das Thema des Antisemitismus zu Wahlkampfzwecken zu instrumentalisieren. Dabei schlägt sich nun auch die CDU/CSU indirekt wieder auf die Seite der FDP. Wolfgang Schäuble etwa erteilt den Rat, die Regierungsfraktionen „sollten den Verdacht meiden, sie wollten mit dieser Debatte von ihren eigenen Problemen ablenken."[1933] Schäuble glaubt „nicht, dass das Wiederaufleben von Antisemitismus unsere größte Sorge in Deutschland ist"[1934] und versucht damit, das Problem herunterzuspielen.

[1928] Zitiert nach Christian Böhme, „Eine liberale Kalkulation," Der Tagesspiegel, 23. Mai 2002, S. 4.
[1929] Siehe „Liberale Juden gegen FDP," Die tageszeitung, 5. Juni 2002, S. 21.
[1930] Siehe ibid; „Demo vor der FDP-Parteizentrale," Süddeutsche Zeitung, 5. Juni 2002, S. 12;
[1931] Zitiert nach „Aatackieren statt arrangieren," Frankfurter Allgemeine Zeitung, 6. Juni 2002, S. 3.
[1932] Zitiert nach „Nachwehen eines Sieges," Süddeutsche Zeitung, 7. Juni 2002, S 2.
[1933] Zitiert nach Bettina Gaus, „Probleme? Welche Probleme?," Die tageszeitung, 6. Juni 2002, S. 7.
[1934] Zitiert nach Die Zeit 24 (2002), S. 2.

Die politische Öffentlichkeit ist dabei bis zuletzt von divergierenden, ja konträren Deutungen des politischen Prozesses bestimmt. Sieht die *Frankfurter Rundschau* durch das „Zusammentreffen von Populismus und Antisemitismus"1935 und den „opportunistischen Appell an vermeintliche oder tatsächliche Stimmungen" eine „Entwertung des Liberalen",1936 entwickeln sich in der FAZ, in der zur gleichen Zeit Herausgeber Schirrmacher gegen den Antisemitismus Walsers interveniert, auch apologetische Deutungen des politischen Skandals, die in das traditionelle nationalkonservative Lagerdenken zurückfallen. Die politischen Konfliktlinien gehen jetzt allerdings insgesamt bei allen führenden Tageszeitungen quer durch die Redaktionen der Medien. Sie lassen sich immer weniger nach ‚konservativ', ‚liberal' oder ‚links' zuordnen. Dafür seien zwei Beispiele genannt:

1) FAZ-Autor Volker Zastrow übernimmt die Konstruktion Möllemanns, diesen als verfolgtes Opfer einer quasi-totalitären Meinungsmacht darzustellen und imaginiert projektiv gerade denjenigen, der den Antisemitismus erneuert, quasi als ‚Juden der Gegenwart': „Möllemann wird zum Ungeziefer stilisiert". Für einen „zerstörerischen, unzivilisierten Streit, in dem der politische Gegner keine Achtung mehr genießt", wird nicht Möllemann, sondern werden seine Kritiker verantwortlich gemacht, die scheinbar den zivilen Konsens ‚zersetzen'. Die FDP solle sich deshalb den „destruktiven Streitritualen" verweigern, denn schließlich ginge es ausschließlich um „Diskursmacht": „Die moralische Denunziation des politischen Gegners ist für SPD, Grüne und PDS ein unentbehrliches legitimatorisches Element, um das strukturelle Defizit auszugleichen, das der Linken die Erlangung einer Stimmenmehrheit in Deutschland erschwert."1937 Zum Gegner werden im Zuge der politisch-psychologischen Dynamik einer nationalen Schimpfrede schließlich auch diejenigen CDU-Politiker erklärt, die den „Nazi-Vorwurf, die Juden seien schuld am Antisemitismus" (so der thüringische Ministerpräsident Bernhard Vogel) kritisieren oder davor warnen, dass „antisemitische Ressentiments in Deutschland salonfähig gemacht werden" (Jürgen Rüttgers).1938

2) Ähnlich argumentiert auch die „linke", „anti-zionistische" und israelfeindliche Tageszeitung *Junge Welt*. Die gegenwärtige „Antisemitismus-Debatte" sei das „Gegenteil von Aufklärung", denn sie sei nur das Vorspiel einer politischen Kampagne, in diesem Fall um „sozialen Rassismus" zu legitimieren: „Ein solcher Anti-Antisemitismus orientiert nicht auf den gesellschaftlichen Konsens, sondern auf eine moralische Erniedrigung der als ‚Neidgesellschaft' denunzierten unteren Klassen. Er kann schon sehr bald zu einem Knüppel der sozialen Disziplinierung werden." Art und Verlauf der gegenwärtigen Antisemitismus-Debatte deuteten laut Autor Werner Pirker „darauf hin, dass sich der Antikapitalismus schon bald generell des Antisemitismus-Verdachtes zu erwehren haben wird. Den Kritikern des Finanzkapitals geht es heute schon so."1939 Auch die

---

1935 Harry Nutt, „Nörgeln und Schmutz: Zur gegenwärtigen Konjunktur von Anti-Politik," Frankfurter Rundschau, 5. Juni 2002, S. 19.
1936 Astrid Hölscher, „Entwertung des Liberalen," Frankfurter Rundschau, 5. Juni 2002, S. 3.
1937 Alle Zitate von Volker Zastrow, „Kamel und Nadelöhr," Frankfurter Allgemeine Zeitung, 5. Juni 2002, S. 1.
1938 Zitiert nach ibid.
1939 Werner Pirker, „Sozialer Rassismus," Junge Welt, 8. Juni 2002.

junge Welt wittert wie die *Frankfurter Allgemeine Zeitung* dergestalt im „Antisemitismus-Vorwurf" nur eine politische Kampagne: den einen dient er scheinbar zur „sozialen Disziplinierung der unteren Klassen", den anderen zur „moralischen Denunziation" einer freiheitlichen, nationalen politischen Kraft. Kritische Kommentatoren ziehen dagegen eine Verbindung zwischen den Antisemitismus-Debatten im Frühjahr und Frühsommer 2002, und damit von Walser zur FDP: „Was Walser seit Jahren vorbereitet," analysiert Micha Brumlik, „setzt Jürgen Möllemann, dessen arabisch imprägnierte Judenfeindschaft eine beachtliche Kontinuität aufweist, im Bereich der Politik um."[1940]

Eine Wendung scheint die Debatte in der „Nachspielzeit"[1941] zu nehmen, als Westerwelle im Namen der FDP schließlich überraschend ein Ultimatum an Möllemann stellt. Westerwelle formuliert, seine Geduld sei nach neuerlichen Äußerungen Karslis am Ende; sollte die FDP-Fraktion in NRW Karsli in der kommenden Woche nicht ausschließen, „kann ich nicht mehr mit Möllemann als stellvertretendem Vorsitzenden vertrauensvoll zusammenarbeiten."[1942] Die antisemitischen Äußerungen von Möllemann selbst bleiben jedoch weiterhin unerwähnt. Ausgerechnet in diesem Ultimatum sieht die *Süddeutsche Zeitung* eine „Eskalation" des „Antisemitismus-Streits",[1943] die *Frankfurter Rundschau* erblickt eine „Drohung" Westerwelles.[1944] Möllemann zeigt sich darüber verwundert, der FDP-Vorstand und Landes-Schatzmeister Andreas Reichel in NRW findet die Begründung wenig stichhaltig und betont, in dieser Debatte, in der die FDP „ein wichtiges Signal" gesetzt habe, ginge es „im Kern um Meinungsfreiheit"[1945], ohne zu bestimmen, wer die Meinungsfreiheit in Deutschland einschränkt. Möllemann lenkt dennoch in der Folge scheinbar ein: Karsli wird von ihm zum Rücktritt bewogen und Möllemann liefert unaufgefordert eine „Entschuldigung", die zuvor drei Wochen lang verweigert wurde: Sollte er „die Empfindungen jüdischer Menschen verletzt haben," möchte er sich „dafür entschuldigen."[1946] Noch am selben Tag legt Möllemann indes nach; er werde sich nicht bei Herrn Friedman entschuldigen, der habe „das gar nicht verdient." Ein zwischenzeitliches Gesprächsangebot zieht der Zentralrat der Juden in Deutschland daraufhin zurück. Mit seiner „fortgesetzten Strategie der Doppelzüngigkeit" habe sich Möllemann „endgültig disqualifiziert."[1947] In der Tat ist es eine gängige rechtspopulistische politische Strategie, sich nach antisemitischen Invektiven auf öffentlichen Druck hin zeitweise zurückzuziehen, sich zwischenzeitlich zu entschuldigen, um anschließend ‚nachzulegen' und immer neue „Tabubrüche" zu inszenieren; ein Konzept, das von Haiders FPÖ systematische politische Methode ist.

Möllemann, Westerwelle und die FDP haben schließlich insofern „ein wichtiges Signal" gesetzt, ohne dass bis zur Bundestagswahl im September 2002 jemand zurück-

---

[1940] Micha Brumlik, „Gezielt und ohne Reue," Frankfurter Rundschau, 7. Juni 2002, S. 13.
[1941] Christian Semler, „Konter in der Nachspielzeit," Die tageszeitung, 6 . Juni 2002, S. 1.
[1942] „Antisemitismus-Streit eskaliert," Süddeutsche Zeitung, 6. Juni 2002, S. 1.
[1943] Siehe ibid.
[1944] „Westerwelle droht Möllemann," Frankfurter Rundschau, 6. Juni 2002, S. 1.
[1945] Zitiert nach „Nachwehen eines Sieges," Süddeutsche Zeitung, 7. Juni 2002, S 2.
[1946] „Karsli geht, Wetserwelle zufrieden: Möllemann entschuldigt sich – nicht bei Friedman," Frankfurter Allgemeine Zeitung, 7. Juni 2002, S. 1.
[1947] Zitiert nach „Möllemann holzt weiter," Die tageszeitung, 7. Juni 2002, S. 1.

tritt oder andere politische Konsequenzen gezogen werden. Nur vereinzelt erscheinen in der Folge noch kritische Nachbetrachtungen zu den politischen Implikationen des Vorstoßes: Die *Stuttgarter Nachrichten* weisen darauf hin, dass die FDP-Führung von Westerwelle und Möllemann „an einem Strick" gezogen habe. In der *Frankfurter Rundschau* liest man, beide FDP-Politiker verbinde mehr als sie trenne; Möllemann sei nur „etwas kühner".1948 Auch SPD-Generalsekretär Müntefering erinnert daran, Westerwelle und Möllemann seien „auf der gleichen Welle"1949. Wolfgang Bosbach (CDU) wiederholt, Möllemann wäre eine „Zumutung" für die Union im Fall einer Regierungskoalition,1950 wogegen die CDU-Vorsitzende Angela Merkel über ihren avisierten Koalitionspartner bereits wieder im affirmativen Sinn betont, deren Vorsitzender habe deutlich gemacht, wofür die liberale Partei stehe.1951

Einen vorläufigen, symbolisch ‚versöhnenden' Abschluss der Diskussion offeriert auch eine politische Normalitätsbeschwörung im Berliner *Tagesspiegel*, die sich über die konfliktreiche Realität des „Antisemitismusstreits" ebenso hinweg setzt wie über die komplexe Wirklichkeit der politischen Kultur und gesellschaftlicher Einstellungen: Deutschland habe „ein bisschen mehr Vertrauen" und „Entspannung" verdient. In der deutschen Öffentlichkeit sei der „schlimmste Verdacht", den es gebe, der „Antisemit" zu sein. Wenn eine „Partei in diesen Verdacht gerät, bewegen sich ihre Umfragewerte Richtung Keller." In der Affäre ginge, so der Autor Harald Martenstein, „es nicht wirklich um einen neu aufwallenden Antisemitismus." Vielmehr sei es bei diesen „Spielchen" in einem gründlich demokratisierten Land, die „nicht mit der Wirklichkeit in Deutschland [zu] verwechseln" seien, nur um die „Lust" an einem Skandal gegangen.1952 Für die FDP, die einmal mehr einen „Schlussstrich" zieht,1953 aber auch für die politische Öffentlichkeit und die demokratischen Parteien ist insgesamt mit der „Entschuldigung" und dem Rückzug Karslis die Angelegenheit ‚geregelt'.

7.5.6 ‚Flugblatt-Affäre' und Wahlergebnisse der FDP bei der Bundestagswahl 2002

Als in der letzten Wahlkampf-Woche Partei-Vize Möllemann, scheinbar ohne direkte Absprache mit der Parteiführung auf Bundesebene, mit einem millionenfach verteilten antisemitischen Flugblatt Aufmerksamkeit erregt, eskaliert der Konflikt ein weiteres Mal. Das Faltblatt mit der Aufschrift „Mut. Klartext. Möllemann" stilisiert Möllemann als einsamen deutschen Kämpfer gegen jüdische Mächte, personifiziert in Bildern von Michel Friedman und dem israelischen Regierungschef Ariel Scharon, die die Juden in Deutschland und Israel repräsentieren und mit den Fotos, einem Steckbrief gleich, als Feinde ausgemacht werden, gegen die Möllemann auch künftig „mutig" „Klartext" für

---

1948 Zitiert nach Frankfurter Allgemeine Zeitung, 8. Juni 2002, S. 2.
1949 Ibid, S. 4.
1950 „Möllemann nach neuen Ausfällen zunehmend isoliert," Süddeutsche Zeitung, 8./9. Juni 2002, S. 6.
1951 Zitiert nach ibid.
1952 Siehe Harald Martenstein, „Deutschland vertrauen," Der Tagesspiegel, 9. Juni 2002, S. 1.
1953 Günter Bannas, „Die FDP zieht einen ‚Schlussstrich'," Frankfurter Allgemeine Zeitung, 11. Juni 2002, S. 4.

Deutschland sprechen will – in der Bundesregierung und für die FDP. Das Flugblatt ist wenige Tage vor der Bundestagswahl an alle nordrhein-westfälischen Haushalte geschickt worden. Damit endet der Wahlkampf der FDP so wie er, schon ein halbes Jahr zuvor, begonnen hat: mit politischer Agitation, die Juden zum Feind der Deutschen respektive der Völker stilisiert und jene für den eigenen Antisemitismus selbst verantwortlich macht.[1954]

Das Faltblatt erfährt eine überwiegend kritische Rezeption in der politischen Öffentlichkeit, obgleich es wiederum fast durchweg nicht als antisemitisch, sondern, in Möllemanns Sinn, nur als „israelkritisch" (und populistisch) wahrgenommen wird. Westerwelle äußert zu diesem Zeitpunkt verhalten Kritik am „unabgesprochenen Vorgehen" Möllemanns.

Bei der Bundestagswahl am 22. September 2002 fällt die FDP mit 7,4% bundesweit weit hinter die selbst angestrebten „18 Prozent" zurück. In Nordrhein-Westfalen erreicht die FDP unter Führung von Möllemann indes 9,3% der Zweitstimmen; dies bedeutet einen Zuwachs von 2,1% und zusammen mit Rheinland-Pfalz das beste Landesergebnis für die Partei; Möllemann verzeichnet bei 10,6% in seinem Wahlkreis Warendorf einen Zuwachs von 2,2%, womit die FDP dort drittstärkste Kraft wird. Ein negativer Einfluss auf das Bundes-Wahlergebnis durch Möllemanns Flugblatt-Aktion ist laut Wahlforschern nicht nachweisbar.[1955]

Dennoch wird Möllemann noch am Wahlabend als Schuldiger für das aus FDP-Sicht enttäuschende Abschneiden ausgemacht, wobei vor allem das späte Flugblatt kurz vor der Wahl als Hauptgrund genannt wird. Im Besonderen steht in der Folge weniger der antisemitische Inhalt des Flyers als dessen Finanzierung und der Umstand, dass die Parteigremien nicht unterrichtet worden seien, im Zentrum der Kritik durch die FDP-Führung.[1956] Insofern scheinen auch die nunmehr vom Vorsitzenden nach der Wahl geäußerte Kritik an und die Distanzierung von Möllemann taktischer Natur zu sein. Öffentlich wird in der nachfolgenden Auseinandersetzung und Parteispenden-Affäre um Möllemann, dass der FDP-Vorsitzende Westerwelle „den antisemitischen Kurs seines damaligen Vize aktiv unterstützte – und zwar monatelang."[1957] Allerdings scheint mit dem mäßigen Abschneiden der Partei, dem von Westerwelle umgehend geforderten Rücktritt Möllemanns und dem offensichtlichen Scheitern des von Möllemann kreierten „Projekts 18", des ambitionierten Versuchs, aus der FDP eine „Volkspartei" zu machen,

---

[1954] Auch das bewusst vor der Wahl lancierte Flugblatt widerlegt einmal mehr Deckers These, es habe sich bei Möllemanns Vorstößen weder um Rechtspopulismus noch um Antisemitismus gehandelt, sondern um „spontane" Äußerungen, die Produkt eines „kolloquialen Redestils" seien.
[1955] „Dokumentation der Bundestagswahlergebnisse und der vorläufig gewählten Wahlkreis- und Landeslistenbewerber," Das Parlament 30. September 2002, S. 3ff; vgl. auch Samuel Salzborn und Marc Schwietring, „Antizivilisatorische Affektmobilisierung: Zur Normalisierung des sekundären Antisemitismus," in Michael Klundt, Samuel Salzborn, Marc Schwietring und Gerd Wiegel, Erinnern, verdrängen, vergessen: Geschichtspolitische Wege ins 21. Jahrhundert (Giessen: Netzwerk für politische Bildung, Kultur und Kommunikation, 2003), S. 43 – 76a.a.O., S. 69.
[1956] Samuel Salzborn und Marc Schwietring, „Antizivilisatorische Affektmobilisierung," a.a.O., S. 69.
[1957] Karen Andresen et al., „Projekt Größenwahn," Der Spiegel, 4. November 2002, S. 23; zitiert nach Samuel Salzborn und Marc Schwietring, „Antizivilisatorische Affektmobilisierung," a.a.O., S. 69.

auch der Versuch einer rechtspopulistischen, israelfeindlichen und antisemitischen Profilierung der Partei nunmehr bis auf weiteres ad acta gelegt.

Mit dem Landesparteitag der FDP Nordrhein-Westfalen im November 2002 wird dem rechtspopulistischen Kurswechsel auch auf Bundesebene eine explizite Absage erteilt. Gleichwohl bleibt der Abschied Möllemanns trotz des neuerlichen Kurswechsels durch die FDP-Führung nach der Wahl weiterhin ein Abschied auf Raten. Möllemann erweist sich noch über Monate als „Beharrungskünstler"[1958] mit erheblicher Rückendeckung in der Partei. Die FAZ suggeriert dabei entsprechend, die FDP müsse „das Recht der abweichenden Meinung"[1959] dulden.

Der Begründungszusammenhang des parteiinternen Drucks fokussierte sich dabei nicht auf Antisemitismus, sondern fast ausschließlich auf ein Hintergehen der Partei und ihre Schädigung durch illegale Wahlspenden, die Möllemann offenbar auch zur Finanzierung des umstrittenen antisemitischen Flyers genutzt hatte. Insbesondere Teile der FDP Nordrhein-Westfalen zeigten bis weit in das Jahr 2003 eine ausgeprägte Loyalität gegenüber Möllemann, der erst nach Veröffentlichung seines verschwörungstheoretischen Pamphlets „Klartext Für Deutschland" im Frühjahr 2003 nach einem ersten, gescheiterten Versuch des NRW-Landesvorstandes zur Niederlegung der Mandate gebracht wurde.

7.5.7 Politisch-kulturelle Resonanzböden, das Elektorat der FDP und gesellschaftliche Wirkungen

Der hier festgestellte und nachweisbare rechtspopulistische und antisemitische Kurswechsel der FDP im Frühjahr 2002 war, so ist zu vermuten, u.a. auch von der politischen Hoffnung getragen, Teile eines zuvor noch nicht von der Partei erreichten Elektorats anzusprechen, wie auch offen bekundet wurde. Dass durch die neue politische Orientierung der Partei die Umfragwerte abstürzen würden, wie manche Kommentatoren nahe gelegt haben, hat sich zunächst nicht erfüllt. Zu Anfang scheint das Gegenteil der Fall. In den ersten drei Wochen der antisemitischen Vorstöße konnte die FDP offenbar antisemitische, israelfeindliche sowie rechtsgerichtete Wählerschichten mobilisieren und legte zwischenzeitlich von 9% auf 12% zu.[1960] Ohnehin besitzt die FDP eine ausgeprägt „israelkritische" Basis, die in dieser Partei deutlich größer ist als in anderen Parteien. Nach einer Umfrage im Mai 2002 machen 43% der FDP-Wähler Israel für die Eskalation im Nahen Osten allein verantwortlich, gegenüber 31% im Bundesdurchschnitt.[1961] Auch dies mag die FDP-Führung in ihrer neuen Politik bestärkt haben, zumal auch in der Gesamtbevölkerung nur eine Minderheit (28%) noch

---

[1958] Jürgen Zurheide und Robert Birnbaum, „Der Beharrungskünstler," Der Tagesspiegel, 5. Februar 2003, S. 3.
[1959] Peter Schilder, „Das Recht der abweichenden Meinung," Frankfurter Allgemeine Zeitung, 5. Februar 2003, S. 4.
[1960] Daten laut Infratest, zitiert nach: Der Spiegel, 27. Mai 2002, S. 36f.
[1961] Forschungsgruppe Wahlen (Mannheim), zitiert nach „FDP-Wähler israelkritisch", Der Tagesspiegel, 8. Mai 2002, S. 4.

der Auffassung ist, die Deutschen müssten bei Kritik am Staat Israel zurückhaltend sein, während 62% meinen, die Politik der israelischen Regierung dürfe „rund 60 Jahre nach den Verbrechen unter den Nationalsozialisten ebenso kritisiert werden wie jedes andere Land."[1962] Bei über 70% der Bevölkerung geht das ‚pluralistische' Demokratieverständnis so weit, dass sie meinen, die FDP müsse einen Karsli aushalten.[1963]

Laut dem Meinungsforschungsinstitut Forsa hätte die Debatte um den Antisemitismus in der FDP der Partei noch weitere neue Wähler zuführen können.[1964] Dabei standen im Besonderen 28%, also weit über das bisherige Wählerpotenzial der FDP hinaus, hinter Möllemanns „Vorwurf", Friedman fördere antisemitische Haltungen. Dieser anfängliche politische Interaktions- und Korrespondenzprozess zwischen Teilen des Elektorats und FDP-Führung mag diese Positionen weiter bestärkt haben. Die höchste Zustimmung fand Möllemann in dieser Phase unter den FDP-Anhängern: 40% zollten Möllemann Beifall, 37% kritisierten ihn. Bei den anderen Parteien hielt eine Mehrheit jene Aussage (Friedman fördere Antisemitismus) für falsch (42%), 30% wollten sich dazu nicht äußern.[1965] In einer Forsa-Umfrage eine Woche später stimmten 35% der Aussage zu, Friedman verstärke durch sein Verhalten und Auftreten den Antisemitismus, während nur 24% die Ansicht vertreten, es sei Möllemann, der Antisemitismus verstärke.[1966]

Ein Rückgang der FDP-Werte im Verlauf des Juni 2002 und bis zur Bundestagswahl scheint weniger der politischen Radikalisierung und Neuorientierung zuzuschreiben als dem zwischenzeitlichen Eindruck, die Parteiführung sei zerstritten und unklar im Kurs. Allerdings haben die Zugewinne der FDP sich in den Folgemonaten nach der Debatte nicht stabilisieren können und sind wieder abgeflaut (auf 8%).[1967]

Der Anteil von manifesten Antisemiten in der Gesamtgesellschaft, die bisher kaum politisch repräsentiert werden und die normalerweise „durch den rechten Flügel der Union" abgedeckt würden,[1968] beträgt um die 20%.[1969] Der Anteil derjenigen, die sich für antisemitische Vorurteile anfällig erweisen könnten – zumal wenn von einer etablierten demokratischen Partei verkörpert werden –, geht noch deutlich darüber hinaus.[1970] Dabei wirkt es begünstigend, dass antisemitische Ressentiments insgesamt wieder zu-

---

1962 Daten nach „Sie sind so frei," Der Tagesspiegel, 26. Mai 2002, S. 4. Vgl. auch die umfassende aktuelle Studie Infratest Sozialforschung, Die Einstellung der Deutschen zu Juden, Holocaust und den USA (The American Jewish Committee: Berlin, 2003).
1963 Umfrage von n-tv, zitiert nach Hans Peter Schütz, „Die Liberalen und der ‚braune Dreck'," Stern, 22 (2002), S. 44 – 48, hier S. 48.
1964 Vgl. „Meinungsforscher sehen FDP im Umfragehoch," Die Welt, 28. Mai 2002, S. 3.
1965 Forschungsgruppe Wahlen, zitiert nach „Beifall für Möllemann," Der Tagesspiegel, 1. Juni 2002, S. 5.
1966 Vgl. Forsa, „Was ist tabu?," Stern, 6. Juni 2002, S. 58.
1967 Vgl. hierzu auch Lars Rensmann und Hajo Funke, „Wir sind so frei: Zum rechtspopulistischen Kurswechsel der FDP," a.a.O., S. 827.
1968 So Dieter Roth (Forschungsgruppe Wahlen); zitiert nach Marcus Krämer, „In trübem Wasser auf Stimmenfang," Süddeutsche Zeitung, 25./26. Mai 2002, S. 7.
1969 Vgl. hierzu jüngst Klaus Ahlheim und Bardo Heger, Die unbequeme Vergangenheit, a.a.O.; Elmar Brähler/Horst-Eberhard Richter, Politische Einstellungen in Deutschland: Ergebnisse einer repräsentativen Erhebung (Frankfurt a.M.: Sigmund-Freud-Institut, 2002); Wilhelm Heitmeyer (Hg.), Deutsche Zustände: Ein jährlicher Report – Folge 1 (Frankfurt a.M.: Suhkamp, 2002).
1970 Laut dem Potsdamer Moses-Mendelssohn-Zentrum, zitiert nach Frank Jansen, „Ein mutwilliger Tabubruch," Der Tagesspiegel, 4. Juni 2002, S. 4.

nehmend öffentlich gemacht werden und breiteren Anklang zu finden scheinen, ein Prozess, der durch die FDP als liberaldemokratischem Akteur noch forciert worden ist. Zumindest zeigen empirische Erhebungen der quantitativen Sozial- und Meinungsforschung, dass die *soziale Erwünschtheit* antisemitischer Einstellungen, ja judeophober politischer Weltdeutungen in den letzten Jahren deutlich gestiegen ist, also die Bereitschaft, auf anonymisierten Fragebögen Abneigungen und Klischees gegenüber Juden zu dokumentieren. Der *manifeste* Antisemitismus nimmt demnach zu in allen Schichten und Segmenten der deutschen Gesellschaft. Konnte noch in vergangenen Jahren von durchschnittlich 20% ,latenten' Antisemiten geredet werden, denen etwa ein „Jude als Nachbar" unangenehm wäre[1971], so macht heute jeder fünfte Deutsche „die Juden" im Rahmen einer stereotypen politischen Welterklärung für alle „großen Konflikte der Welt" verantwortlich".[1972] Dies deutet nicht auf ,latenten Antisemitismus', sondern auf ein geschlossenes politisches Weltbild. Mit ihren Invektiven verstärkte die FDP im Vorfeld der Bundestagswahl somit einen gesellschaftlichen Trend, an deren politische Spitze sie sich zu setzen suchte, um selbst zum Mobilisierungsakteur zu avancieren.

Die neue politische Ausrichtung der FDP vor der Wahl bewegte sich insofern im Horizont eines in jüngerer Zeit zunehmend gesellschaftliche und politische Opportunität gewinnenden Antisemitismus, der sich in verschiedenen neuen Formen ausdrückt und der offenbar in gestiegenem Maße im öffentlichen Raum als ,legitime Meinungsäußerung' toleriert wird, während seine Benennung oftmals neutral oder abwertend als „Antisemitismus-Vorwurf" firmiert. In der FDP konnten diese Motive im Bundestagswahlkampf 2002 – erstmals seit der Frühphase der Bundesrepublik – eine offene politische Plattform innerhalb der demokratischen Parteienlandschaft finden. Förderlich war hierzu, dass die Kriterien, zwischen Antisemitismus und ,Antisemitismus-Vorwurf' zu unterscheiden, in der politischen Kommunikation überwiegend verschwommen zu sein scheinen und diese Unterscheidung in einer postmodernen Beliebigkeit aufzugehen scheint.

Das Potenzial für eine eigenständige Partei Möllemanns blieb dabei auch nach seiner sukzessiven Dissolution von der FDP bei beträchtlichen 9%; vor allem aber sticht die hohe Bereitschaft, Möllemann zu unterstützen, bei der rechtsextremen Klientel hervor. Nach einer Emnid-Umfrage (n=1002) von Ende November 2002 stimmten 9% der Deutschen der Aussage zu „Ich würde eine von Jürgen Möllemann gegründete Partei wählen". Immerhin 13 von 100 SPD-Wählern erklärten diese Bereitschaft, nur noch 3% der FDP-Wähler, je 9% der CDU/CSU- und PDS-Wähler, nur 6% des Grünen-Elektorats, aber 33% des rechtsextremen Klientels von NPD, DVU und „Republikanern".[1973]

1971 Vgl. Klaus Ahlheim und Bardo Heger, Der unbequeme Fremde, a.a.O., S. 53ff.
1972 Vgl. Elmar Brähler/Horst-Eberhard Richter, Politische Einstellungen in Deutschland, a.a.O., S. 5.
1973 Emnid-Umfrage vom 27./28.November, Focus 49 (2002), S. 30.

7.5.8 Neuer politischer Antisemitismus, Israelfeindschaft, Rechtspopulismus und Erinnerungsabwehr als Wahlkampf-Programmatik einer liberal-demokratischen Partei? Zur politisch-kulturellen Bedeutung des zweiten ‚Antisemitismusstreits'

Die Kampagne der FDP-Führung gegen Friedman, „Meinungsmonopole", „Tabuwächter" und Israel war, so lässt sich schlüssig nachweisen, eine *antisemitische* Bundestagswahl-Kampagne, und zwar die erste seitens einer etablierten demokratischen Partei in der bundesrepublikanischen Geschichte. Nie zuvor, so resümiert Margret Chatwin, wurde „der seit 1945 bestehende demokratische Konsens der Ächtung judenfeindlicher Äußerungen und Handlungen in der Öffentlichkeit durch politische Entscheidungsträger in dieser Form missachtet."[1974] Die FDP hat insofern neue politische Maßstäbe gesetzt, indem sie den Bereich dessen, was an offenem Antisemitismus in der politischen Kultur möglich und legitim erscheint, ausgeweitet hat, obgleich diesem Versuch zugleich auch Grenzen durch die politische Öffentlichkeit gesetzt worden sind. Bereits ein Jahr zuvor haben Ursula Birsl und Peter Lösche diagnostiziert, die FDP sei im Zuge einer Erosion der politischen Mitte „unter den etablierten jene Partei, die [...]am ehesten unter bestimmten Bedingungen sich rechtspopulistisch wenden, sich haiderisieren könnte."[1975]

Über Wochen stand die FDP, als über fünf Jahrzehnte etablierte liberaldemokratische Partei und langjährige Regierungspartei, mit unwiderrufenen antisemitischen und rechtspopulistischen Äußerungen im Mittelpunkt der politischen Kommunikation und des Vor-Wahlkampfes. Die Affäre berührte in vielleicht präzedenzloser Weise Fragen des demokratischen Selbstverständnisses der Freien Demokraten und insgesamt demokratischer Parteien in der Bundesrepublik. Wie kein anderer Konflikt indizierte die Auseinandersetzung die gegenwärtigen Möglichkeiten und Grenzen eines ‚demokratischen Antisemitismus', also die zeitgenössischen politischen Opportunitäts- und Gelegenheitsstrukturen, mit antisemitischen Vorurteilen *innerhalb* des demokratischen Spektrums Politik zu machen und jene politisch im Wahlkampf mobilisieren zu können. Die Frage nach der möglichen Nobilitierung des Antisemitismus durch eine demokratische Partei, den politischen Effekten dieses Prozesses, und den politischen Reaktionsbildungen wie gesellschaftlichen Wirkungen erweist sich so normativ und empirisch als bedeutende Frage der demokratischen politischen Kultur in Deutschland.

Die von der Parteispitze über Monate geduldeten und forcierten antisemitischen Invektiven des damaligen Vize-Parteivorstands Jürgen W. Möllemann haben dabei keine einmaligen ‚Entgleisungen' oder nur das ‚Spiel' mit rechtsradikalen Wählern und antisemitischen Stimmungen offenbart, wie bisweilen in der politischen Öffentlichkeit nahe gelegt wurde, sondern, so ist in der retrospektiven Bewertung plausibel zu begründen, politische Formen eines modernisierten, sekundären Antisemitismus und eines Antiis-

---

[1974] Margret Chatwin, „Die Rolle des Antisemitismus im Rechtsextremismus," a.a.O., S. 174.
[1975] Ursula Birsl und Peter Lösche, „(Neo-)Populismus in der deutschen Parteienlandschaft: Oder: Erosion der politischen Mitte," in Dietmar Loch und Wilhelm Heitmeyer (Hg.), Schattenseiten der Globalisierung: Rechtsradikalismus, Rechtspopulismus und separatistischer Regionalismus in westlichen Demokratien (Frankfurt a.M.: Suhrkamp, 2001), S. 346 – 377, hier S. 374.

raelismus als integrale Elemente eines von der Führung geplanten Kurswechsels der Partei zur Zeit des Bundestagswahlkampfes. Dieser Kurswechsel wurde erst nach der ‚relativen' Wahl-Niederlage grundsätzlich revidiert.

Hierbei sind zwei Entwicklungen zu bewerten: erstens der ideologische und politische Gehalt der FDP-Initiativen und die Handlungsmöglichkeiten politischer Akteure innerhalb der FDP, einen politischen Antisemitismus zu reetablieren; zweitens die Reaktionen auf diesen Vorgang und seine Bewertung in der politischen Kultur, also der Grad seiner Akzeptanz, Relativierung oder Abwehr. Die Rekonstruktion des politischen Prozesses indiziert, kurz gefasst, zweierlei: die Möglichkeit, mit einem modernisierten „Antisemitismus der Demokraten" in der Bundesrepublik Deutschland Politik zu machen, bestehen und sind durch die FDP austariert und ausgeweitet worden, ohne dass ein führender Politiker zurücktreten musste (auch Möllemann bestritt trotz des zwischenzeitlichen Drucks und trotz seine repitiven antisemitischen Vorstöße bis zur Wahl den Wahlkampf in seiner Funktion als Vize-Vorsitzender). Zugleich zeigt freilich auch die FDP-Affäre die Grenzen eines offenen politischen Antisemitismus in der demokratischen politischen Kultur der Bundesrepublik; wenngleich die Bewertung des Vorgangs in der politischen Kommunikation umstritten geblieben ist. Während manche Kommentatoren und Politiker durchweg den „Antisemitismusvorwurf" zu skandalisieren suchten, gab es insgesamt schließlich zumindest eine weitgehende Skandalisierung und Diskreditierung von Möllemanns Antisemitismus, die allerdings mit dessen Tod und der anschließenden so genannten „Affäre Friedman" eine partielle Revision erfahren zu haben scheint. Jene partielle Delegitimierung antisemitischer politisch-kultureller Grenzüberschreitungen vollzog sich gleichwohl, wie in der Walser-Debatte, erneut nur mit einer Verzögerung bzw. erst sukzessiv mit der etappenweisen Radikalisierung der FDP-Invektiven. Zudem wurde der Bereich des ‚sagbaren' Antisemitismus ausgeweitet, seine öffentliche Entcodierung und Legitimierung durch die FDP vorangetrieben, und die Skandalisierungsschwelle öffentlicher wie politischer antisemitischer Mobilisierungsversuche gesenkt.

Diese Mobilisierungen sind seitens der FDP-Politiker von teils modernisierten, teils codierten, teils unverhüllten antisemitischen Ressentimentstrukturen geprägt gewesen. In der These einer weltweit operierenden „zionistischen Lobby", die „jeden kleinkriegt", zeigt sich die von der Kritischen Theorie analysierte soziale Paranoia des primären Antisemitismus. Die Behauptung, „es gebe ein weltweites jüdisches Netzwerk, das die Medien kontrolliere [...] gehört ins Arsenal des alten, aus dem Koma erwachenden Antisemitismus."[1976] Indem überdies Juden für den Antisemitismus verantwortlich gemacht werden, offenbart sich nicht nur ein klassisch antisemitischer Topos, sondern auch ein geschlossen antisemitisches Denkmuster, das Juden selbst nur im Kontext antisemitischer Zuschreibungen wahrnimmt. Zu dieser antisemitischen Wahrnehmungsstruktur zählt, hierauf hat Henryk M. Broder aufmerksam gemacht,[1977] dass sich Möllemann in eine Notwehrsituation gegenüber „den Juden" phantasierte und behaup-

---

[1976] Fania Oz-Salzberger, „Der globalisierte Jude: Wo der Antisemitismus beginnt," Frankfurter Allgemeine Zeitung, 15. Juni 2002, S. 47.
[1977] Henryk M. Broder, „Ein moderner Antisemit," Der Spiegel, 27. Mai 2002, S. 26.

tete, seine Angriffe seien eine Reaktion darauf, dass Friedman ihn „fünfzehn oder sechzehn Mal im letzten halben Jahr als Antisemiten beschimpft hat ‚weil ich Israel kritisiert habe"[1978] – eine öffentlichkeitswirksame Aussage, für die Möllemann nie einen Beleg liefern konnte. Dass sich Antisemiten indes nicht zur Ideologie des Antisemitismus bekennen, sondern sich als „überzeugte Demokraten" (Möllemann) verstehen und dessen Benennung als „Unverschämtheit" empfinden, ist heute längst ein gängiges Muster. Der modernisierte „demokratische Antisemitismus", den die FDP zu etablieren suchte, bedient sich in toto notwendiger Weise weiterhin verschiedener, jedoch scheinbar immer (zumindest in diesem Fall) schwächerer Codierungstechniken, die leicht zu dechiffrieren sind. Ähnlich zu Möllemanns These, er könne als Freund von Semiten wie Arafat und als Demokrat kein Antisemit sein, behauptete Westerwelle, die FDP sei eine Partei der Mitte und könne schon deshalb nicht antisemitisch sein. Julius H. Schoeps sieht darin eine „umwerfende" Geschichtslosigkeit.[1979] Auch dort, wo man sich – unter demokratischen Systemvoraussetzungen – nicht mehr zum Antisemitismus, sondern zur Demokratie bekennt, ist der Antisemitismus ohnehin noch, so Jan Philipp Reemtsma, „im allgemeinen Gefühlshaushalt latent präsent."[1980]

Die scheinbar unschuldige Behauptung der FDP während des Wahlkampfs, Kritik an Israel müsse erlaubt sein, wenn es in Wirklichkeit um Antisemitismus geht, operiert mit dem Vorurteil der jüdischen Medienmacht und Weltverschwörung. Die Wahrnehmung eines kollektiven Ressentiments gegen die Deutschen, das mittels Medienmacht die freie Meinungsäußerung verhindere und die „mutigen" Deutschen an den „Pranger" stelle, attribuiert projektiv und anti-demokratisch. Die Projektion korrespondiert mit dem eingeschliffenen rechtsradikalen Ideologem, die Bundesrepublik sei nicht demokratisch sondern von Juden beherrscht, die den Deutschen das Denken verböten, und sie zielt auf die Enthemmung und ‚Enttabuisierung' von anti-demokratischen Ressentiments. Möllemann nutzte hierbei auch das anti-israelische Ressentiment, um antisemitische Klischees zu vermitteln. Als ein führender Politiker der Bundesrepublik lieferte Möllemann mit Unterstützung Westerwelles eine antijüdische „eindeutige Rechtfertigung des palästinensischen Terrors"[1981], die bis heute kaum skandalisiert worden ist. Auch hiermit brachen Möllemann und die FDP einen demokratischen Grundkonsens: das ‚Tabu' des unbedingten Schutzes der körperlichen Unversehrtheit, zumal von unbeteiligter Zivilbevölkerung. Unter dem „Vorwand der Israel-Kritik, die als befreiender Tabubruch dargestellt wird, sind die Stereotypen der Judenfeindschaft in die öffentliche Auseinandersetzung zurückgekehrt",[1982] resümiert Wolfgang Benz diesen Prozess. Wir seien dabei an einem Punkt angekommen, „wo es kaum noch Hemmschwellen gibt. [...] Bisher spiegelte sich der latente, also tief sitzende, aber nicht nach außen hin artikulierte Antisemitismus nur in Meinungsumfragen. Seit Möllemann ist das anders.

[1978] ntv-Journal, 24. Mai 2002.
[1979] „Westerwelle redet blanken Unsinn," www.spiegel.de, 13. Juni 2002.
[1980] Jan Philipp Reemtsma, „18 – aha: Die Fälle Jürgen W. Möllemann und Martin Walser. Die Elite und der Mob," Frankfurter Rundschau, 1. Juni 2002, S. 19.
[1981] Siehe Jan Philipp Reemtsma, „18 – aha: Die Fälle Jürgen W. Möllemann und Martin Walser. Die Elite und der Mob," Frankfurter Rundschau, 1. Juni 2002, S. 19.
[1982] Wolfgang Benz, „Antisemitismus ohne Antisemiten?," Jüdische Allgemeine, 4. Juli 2002.

Manche beschimpfen Juden und berufen sich darauf, dass es möglich sein muss, Kritik zu üben. [...] Solcher offener Antisemitismus ist neu."[1983]

Schließlich sind in den inszenierten Tabubrüchen des Wahlkampfes markante erinnerungsabwehrende Gehalte. Die FDP suggerierte, es gebe in Deutschland herrschende „Meinungswächter" und „Denkverbote" und artikulierte damit auch sekundär-antisemitische Ressentiments, die mit dem Bedürfnis nach einer ‚Befreiung' von der ‚Last der Vergangenheit verbunden' sind. Auch hiermit knüpfte die FDP vor der Bundestagswahl nach Adorno an autoritäre Bedürfnisse und Phantasien an, die eine „aggressive Bereitschaft zum Zurückzuschlagen" (Adorno) zeitigen.

Sowohl in Inhalt, als auch in politischer Methodik und Diskursstrategie erfüllte die von der FDP über Monate getragene und den politischen Diskurs bestimmende Politik Möllemanns alle Kriterien dessen, was als „Rechtspopulismus" oder „nationaler Populismus" bezeichnet werden kann. Ohne Geschichtsrevisionismus kommen solche Politik-Ansätze in Deutschland nicht aus. Denn in Deutschland ist Rechtspopulismus, der letztlich auf die Rehabilitierung der Überhöhung des Nationalen zielt, ohne Erinnerungsabwehr, eine deklarierte ‚Befreiung' von der ‚von außen' das konventionalisierte Nationalbewusstsein unterdrückenden ‚Last der Vergangenheit' und ohne Antisemitismus kaum zu denken. Frank Decker irrt deshalb m.E. in seiner Bewertung des FDP-Kurswechsels grundlegend, so er vermutet, „wenn Möllemann tatsächlich eine rechtspopulistische Kursänderung der FDP verfolgt hätte, war der Antisemitismus dafür das denkbar ungeeignetste Thema. Populisten müssen, wenn sie in der Bundesrepublik Erfolg haben wollen, einer Stigmatisierung als rechtsextrem unter allen Umständen entgehen."[1984] Gerade weil Antisemitismus, im signifikanten Unterschied zum Ethnozentrismus, wie Michael Minkenberg nachgewiesen hat[1985], bisher in der Nachkriegsrepublik (auch aufgrund der spezifischen politisch-historischen Konstellation) nicht oder kaum von den demokratischen Parteien (und insbesondere den ‚Volksparteien') repräsentiert oder bedient worden ist, wohl aber Antisemitismus eine hohe ‚Kommunikationslatenz' und ein beträchtliches Potenzial im Elektorat aufweist, scheint Judenfeindlichkeit in Deutschland mitunter das geeignetste Thema schlechthin, um diese Diskrepanz, dieses Vakuum politisch zu überbrücken und in rechtspopulistischer Politik zu mobilisieren. In diesem politischen Feld und bei diesem Issue sehen sich Teile der Wählerschaft von den etablierten, demokratischen Parteien nicht repräsentiert. Voraussetzung für eine langfristig erfolgreiche Mobilisierung es derzeit allerdings scheinbar, und zwar gerade vor dem Hintergrund der in Deutschland traditionell hohen Parteien-

---

1983 „Es gibt kaum noch Hemmschwellen," Interview mit Wolfgang Benz, Berliner Zeitung, 2. November 2002.
1984 Frank Decker, „Insel der Seligen? Warum deutsche Rechtspopulisten oft scheitern," Internationale Politik 58 (2003), S. 13 – 22, S. 20. Für ebenso so unzutreffend halte ich Deckers spekulative Einschätzung, die Attacken auf Friedman seien „nicht einer langfristig vorgeplanten politischen Strategie [entsprungen], sondern hatten eher spontanen Charakter und waren ein Produkt des kolloquialen Redestils Möllemanns." Für diese These gibt es keine Indizien. Möllemann hat seine Invektiven über Wochen wiederholt und radikalisiert, so dass es schwer fällt anzunehmen, ein medial geschulter Politiker sei „spontan" entgleist. Auch ist fraglich, ob sich Antisemitismus aus einem „kolloquialen Redestil" ableiten lässt.
1985 Vgl. Michael Minkenberg, Die neue radikale Rechte im Vergleich, a.a.O., S. 156ff.

und Staatsidentifikation1986, dass eine *etablierte* Partei (wie die FDP) entsprechend agiert und damit schon aufgrund ihrer historischen und strukturellen Bedingungen, im Unterschied zu marginalisierten Rechtsextremen und Partei-Neugründungen, dem Antisemitismus politische Legitimität verschaffen kann.

Der – in diesem Fall in Deutschland nicht überraschend antisemitisch bestimmte – ‚Rechtspopulismus im demokratischen Gewand' operiert seit der „Neuen Rechten" mit politisch-kulturellen Grenzüberschreitungen, die Rechtspopulisten als „Tabubrüche" inszenieren und stilisieren. Die Logik des vermeintlichen oder realen Tabubruchs ist essentieller Teil ihrer Diskursstrategie, die das demokratisch Sagbare ausreizt und zu überschreiten sucht, indem normative demokratische Selbstverständnisse gebrochen werden. Der Antisemitismus Möllemanns wurde entsprechend mit dem Gestus des politischen Tabubruchs inszeniert, der vermeintlich herrschende „Denkverbote" durchbricht, ohne Rücksicht darauf, ob gewisse ‚Tabus' und Rücksichtnahmen – etwa auf Menschenrechte oder das Tabu physischer Unversehrtheit – zum notwendigen Grundkonsens demokratischer Politik gehören sollten. Die vormals politisch-kulturell inopportune, offene Artikulation von gesellschaftlichen Vorurteilen erscheint dergestalt als ‚demokratischer Akt', der dem ‚normalen Volk' Sprache und Stimme verleiht. So verknüpfte die FDP, ähnlich wie vormals Walser, ihre politisch-diskursiven Aggressionen mit der Beschwörung einer Befreiung von – scheinbar von Juden etablierten – „Denkverboten". Rechtspopulistische Politik-Modelle zielen überhaupt darauf, so Hans-Georg Betz, „in der Bevölkerung latent oder offen vorhandene Ressentiments aufzugreifen, zu mobilisieren und emotional aus ihnen Kapital zu schlagen." Dabei vermarkten sich rechtspopulistische Parteien und Bewegungen „als Interpreten und Fürsprecher der Meinungen und Forderungen des ‚einfachen Mannes' und seines gesunden Menschenverstandes. Sie konstruieren damit bewusst das Bild einer Frontstellung zwischen der ‚schweigenden Mehrheit' der Bevölkerung und den angeblich nur ihr eigenen Interessen verfolgenden Machthabern. Das erklärte Ziel ist, die ‚politische Klasse' soweit wie möglich ihrer Macht zu berauben, um so dem ‚Volk' seine Souveränität zurückzugeben."1987

Drei Elemente sind, wie gezeigt, für den Rechtspopulismus prägend, der vom Rechtsextremismus schon darin zu unterscheiden ist, dass er sich zwischen diesem und einer ‚moderateren' nationalistisch-ethnozentristischen Position bewegt und in solch einer „Grauzone" an den Grenzen des demokratischen Spektrums oszilliert: 1) das Bedienen ethnozentrisch-fremdenfeindlicher, nationalistischer und/oder, gerade in Deutschland, antisemitischer Ideologieelemente; 2) der inszenierte Gestus von ‚Tabubrechern', die aufräumen mit der Sprache und den Verkehrsformen der liberalen, Interessen vermittelnden parlamentarischen Demokratien; 3) eine anti-elitäre Stilisierung gegen die „herrschende politische Klasse" (Haider) und die Einrichtung einer – freilich autoritär-charismatisch gelenkten – „Bürgerdemokratie". All diese Merkmale ließen sich für die FDP im Bundestagswahlkampf als Politik-Modell nachweisen, was ihr indirekt

---

1986 Vgl. Oskar Niedermayer, Bürger und Politik, a.a.O.
1987 Hans-Georg Betz, „Rechtspopulismus: Ein internationaler Trend?," Aus Politik und Zeitgeschichte 9-10 (1998), S. 3 – 12, hier S. 5.

eine rechtspopulistische Programmatik verlieh, ohne dass explizit das Partei-Programm geändert worden wäre.

Der ehemalige Staatsminister für Kultur, Michael Naumann, konstatiert retrospektiv eine „gerade Linie" von Walser Rede „bis zu den Jürgen Möllemanns und den populistischen Attitüden der FDP-Spitze."[1988] Möllemann und die FDP haben es partiell realisiert, Antisemitismus zu einem anerkannten Faktor in der politischen Kultur der Bundesrepublik zu machen,[1989] so argumentiert Micha Brumlik. Zumindest aber ist es der Partei ohne Zweifel gelungen, die soziale und politische Akzeptanz eines politischen Antisemitismus über das rechtsextreme Milieu, das der FDP „in der Sache" (*Junge Freiheit*) applaudiert hat, zeitweise auszuweiten. Die FDP wirkte dabei zwischenzeitlich als ein Katalysator eines Erosionsprozesses von antijüdischen Ressentiments und entsprechenden öffentlichen Hemm- und Skandalisierungsschwellen.[1990]

Die jüngste Entwicklung der FDP und der „zweite Antisemitismusstreit" der Berliner Republik stellen gleichwohl keinen politisch-kulturellen Erdrutsch dar, sondern sie sind vielmehr als Teil eines *schleichenden* politisch-diskursiven Erosions- und Interaktionsprozesses zu verstehen, der m.E. seit Mitte der 1990er Jahre (im Besonderen seit der ‚Goldhagen-Debatte') zu erkennen ist. In den verschiedenen Phasen der Debatte ist mit der Zunahme antisemitischer Äußerungen in der FDP schließlich überwiegend durchaus auch eine Problematisierung und Skandalisierung in der politischen Kultur erfolgt, und zwar zeitweise quer durch die Parteien und Medien (diese ist indes im Jahr darauf ein Stück weit revidiert worden). Dennoch können sich Antisemiten durch die neue Unterstützung von liberaldemokratischen Repräsentanten des politischen Systems und der politischen Willensbildung darin bestärkt fühlen, ihre Vorurteile öffentlich zu machen. Die FDP bestätigte und verstärkte insofern bestehende Ressentiments und beförderte die rechtsextreme Gefahr.[1991] Die unterstützenden Effekte für rechtsextreme Mobilisierungen dokumentierten sich u.a. in einem Neonazi-Aufmarsch in Leipzig Anfang Juni 2002 unter dem Banner „Solidarität mit Möllemann" sowie einer parallelen diffamierenden Kampagne gegen Friedman in der *Deutschen National-Zeitung* im Juni 2002. Eine Schrift der rechtsextremen DVU erklärte solidarisch, Möllemann habe zum Ausdruck gebracht, was große Teile des deutschen Volkes denken, doch kaum zu sagen wagten[1992] sowie eine neue, jetzt auch parteipolitisch mobilisierte ‚Unbekümmertheit'

[1988] Michael Naumann, „Vorwort," in Ders.(Hg.), „Es muss doch in diesem Lande wieder möglich sein…": Der neue Antisemitismus-Streit (München 2002), S. 10; zu ähnlichem Ergebnis gelangen die Beiträge eines Sammelbandes von Nea Weissberg-Bob (Hg.), „Was ich den Juden schon immer mal sagen wollte…" (Berlin: Lichtig-Verlag, 2002).

[1989] Vgl. Micha Brumlik, „Gezielt und ohne Reue," a.a.O.

[1990] Vgl. Julius H. Schoeps, „Rolle rückwärts? Der Umgang deutscher Politiker mit Juden und dem antisemitischen Vorurteil," in Tobias Kaufmann und Manja Orlowski (Hg.), „Ich würde mich auch wehren…" Antisemitismus und Israel-Kritik: Bestandsaufnahme nach Möllemann (Potsdam: Kai Weber Medienproduktionen, 2002), S. 17 – 20.

[1991] Werner Bergmann weist darauf hin, dass auch Neonazis ihren Judenhass „gesellschaftlich gerechtfertigt" sähen. Dies zeige der Beifall, den Möllemann in rechtsextremen Publikationen und im Internet erhielte. Dass ein deart prominenter Politiker die Szene bestätige und über Wochen hinweg auf seiner Haltung beharre, „bedeutet eine neue Qualität," so Bergmann; zitiert nach Frank Jansen, „Ein mutwilliger Tabubruch," Der Tagesspiegel, 4. Juni 2002, S. 4.

[1992] Zitiert nach Margret Chatwin, „Die Rolle des Antisemitismus im Rechtsextremismus," a.a.O., S. 174.

gegenüber der nationalsozialistischen Vergangenheit und ihrem Erbe, welche schon in den vorangegangenen Debatten zum Antisemitismus Niederschlag gefunden hatte. Der politische Vorstoß der FDP stellt insofern eine „neue Qualität" und womöglich einer „Probebohrung"[1993] dar.

Die FDP heute hat die Rolle als rechtspopulistischer und antisemitischer Akteur freilich wieder verloren und nach der Bundestagswahl einen Distanzierungsprozess von jenen Positionen eingeleitet, nicht zuletzt induziert durch die politische Konstellation, öffentlichen Druck und eine zudem mit Möllemann verknüpfte Spenden-Affäre. Dieser erneute Kurswechsel zog allerdings keine Auseinandersetzung mit den im Wahlkampf vertretenen Auffassungen nach sich, und führte nur in begrenztem Maße auch zu personellen Konsequenzen, welche wesentlich auf den erzwungenen Parteiaustritt Möllemanns beschränkt geblieben sind. Wäre die Wahl am Ende anders verlaufen, hätte die ernste Gefahr bestanden, dass das neue rechtspopulistische Konzept und Profil die demokratische Parteienlandschaft mit einem ‚neuen alten' rechtspopulistischen, antidemokratischen Akteur neu strukturierte. Aufgrund der neuen politischen Situation und der Niederlage des „Projekt 18" ist die FDP jedoch bis auf weiteres gezwungen, rechtspopulistische Mobilisierungsversuche aufzugeben und sich wieder liberalen Werten bzw. vornehmlich wirtschaftsliberalen Positionen (und einer entsprechenden Klientel-Politik) zu verschreiben.

Was bisher den nur kurzzeitig erfolgreichen, verschiedenen rechtspopulistischen Parteien in der Bundesrepublik trotz eines im europäischen Vergleich keineswegs unterdurchschnittlichen ethnozentrischen und antisemitischen Potenzials nicht gelungen ist, nämlich zu einem dauerhaften Faktor in der Politik zu werden, drohte durch die FDP Realität zu werden: nicht von außerhalb des demokratischen Spektrums, sondern von innen heraus wäre eine politische Veränderung herbeigeführt geworden, die die politische Kultur nachhaltig hätte erschüttern können. Auch wenn die Parteispitze der FDP dagegen nach der Wahl notgedrungen die Bremse gezogen hat: Von innen her waren die normativ liberal-demokratischen Kräfte, trotz einiger gewichtiger Gegenakteure in der Partei, offenbar nicht stark genug, um den über sechs Monate, bis zu den Wahlen anhaltenden Erosionsprozess nach rechts außen zu verhindern oder zumindest wirkungsvoll zu bekämpfen. Aus dieser inneren demokratischen Schwäche der Partei und der offenbaren Anfälligkeit beträchtlicher Teile ihres Elektorats erwächst auch die Gefahr, dass sich langfristig der Versuch einer Haiderisierung der FDP[1994] und einer Wiederkehr des politischen Antisemitismus in der Demokratie wiederholen könnte.

Anders als etwa in der Walser-Debatte wurden die antisemitischen Invektiven in der Öffentlichkeit zwar verzögert, aber insgesamt zuletzt überwiegend skandalisiert. Diese politische Skandalisierung, insbesondere durch die anderen demokratischen

---

1993 „Die Probebohrung," Der Spiegel 22 (2002), S. 22ff.
1994 Zum Problem einer ‚Haiderisierung' der FDP, zu den entsprechenden Potenzialen in der Partei und der Rolle Westerwelles vgl. auch Jürgen Dittberner, „Die FDP vor der Entscheidung: Liberalismus oder Rechtspopulismus," in Tobias Kaufmann und Manja Orlowski, „Ich würde mich auch wehren…" Antisemitismus und Israel-Kritik: Bestandsaufnahme nach Möllemann (Potsdam: Kai Weber Medienproduktionen, 2002), S. 33 – 41; zum strukturellen Potenzial in der FDP vgl. Peter Lösche und Franz Walter, Die FDP: Richtungsstreit und Zukunftszweifel (Darmstadt: Wissenschaftliche Buchgesellschaft, 1996).

Parteien, blieb am Ende nicht nur der jüdischen Gemeinde überlassen, die man in der politischen Öffentlichkeit ansonsten oftmals als zuständig dafür erachtet, antisemitische Tendenzen zu kritisieren. Das kaum thematisierte und reflektierte Problemfeld in Bezug auf die politisch-kulturelle Reaktionsbildung lag allerdings vornehmlich in der medialen Rezeption der politischen „Antisemitismus-Debatte". Denn diese wurde lange Zeit überwiegend wahlweise auf eine bloße Wahlkampf-Auseinandersetzung, in der ‚beide Seiten' das Thema Antisemitismus ‚instrumentalisierten', oder eine ‚private Fehde' von Möllemann und Friedman reduziert. Dabei wurde kaum – bzw. erst sehr spät – Antisemitismus selbst thematisiert, sondern meist lediglich, in scheinbar neutraler medialer Distanz, die sich der Bewertung politischer Prozesse enthält, ein „Antisemitismus-Vorwurf".

Das verschiedenen spezifischen Umständen geschuldete Scheitern der FDP-Strategie dürfte neuerlichen Mobilisierungsversuchen mit offenem politischen Antisemitismus in demokratischen Parteien für die nächste Zeit indes neue Schranken auferlegt haben; zugleich aber hat die FDP den derzeitigen Möglichkeitsbereich eines „demokratischen" politischen Antisemitismus expandiert. Denn die soziale Erwünschtheit ehedem verdrückter judenfeindlicher Ressentiments hat auch mit diesem Diskursereignis und -prozess im öffentlichen Raum zugenommen. Davon kündeten nicht zuletzt 35.000 zustimmende Briefe, e-mails und Anrufe, die Möllemann im Zuge des Wahlkampfs gratuliert haben sollen und die seine demokratische Anwaltschaft für die wahre Volksmeinung belegen sollten[1995], analog zu den „tausend Briefen" Martin Walsers. In der Tat zeigen sich buchstäblich Tausende von antisemitischen Angriffen auf dem Internet-Forum der FDP und ihrer Bundestagsfraktion, zumeist mit kompletten Namen und oftmals auch mit Anschrift und akademischen Titeln versehen, nachdrücklich „unzensiert" durch die Forums-Redaktion, was auf ein Sinken der subjektiv empfundenen Scham- und Opportunitätsgrenze verweist[1996]; mehr als 1.000 Neu-Beitritte hatte die FDP zu verzeichnen.[1997] Überdies musste schließlich wegen des Antisemitismus kein politischer Akteur Verantwortung übernehmen oder zurücktreten. Dieser Umstand, der den Raum für antisemitische politische Mobilisierung öffnet, unterscheidet sich signifikant von ähnlichen Skandalen in der bundesrepublikanischen Vergangenheit.

Im Sommer 2003 fand der ‚Antisemitismusstreit' schließlich ein politisch-diskursives wie politisch-kulturelles Nachspiel außerhalb des Rahmens der Parteipolitik. Mit dem Tod Möllemanns und der ‚Affäre' um den Vize-Präsidenten des Zentralrates der Juden, Michel Friedman, wurde dabei eine neuerliche Verschiebung der Diskursverhältnisse und Grenzen sichtbar. Im Rahmen der beiden Anlässe wurde die symbolische Ordnung zwischen den beiden Akteuren neu konfiguriert respektive, im Sinne des von Horkheimer diagnostizierten Rollentausches, wieder hergestellt. Der verstorbene Möllemann nimmt hierbei überwiegend in der politischen Kommunikation die Rolle des „Opfers" ein (des Opfers von Westerwelle, Friedman, „der Medien", der „mangelnden politischen Moral", der „political correctness" oder gar der „Meinungsmonopole"),

---

[1995] Siehe Samuel Salzborn und Marc Schwietring, „Antizivilisatorische Affektmobilisierung," a.a.O., S. 67.
[1996] Vgl. Margret Chatwin, „Die Rolle des Antisemitismus im Rechtsextremismus," a.a.O., S. 174.
[1997] Vgl. Samuel Salzborn und Marc Schwietring, „Antizivilisatorische Affektmobilisierung," a.a.O., S. 67f.

nicht eines selbstverantwortlichen Akteurs. Friedman erscheint in der folgenden Diskussion über seinen vorgeblichen Kokainkonsum und sein Verhältnis zu osteuropäischen Prostituierten bisweilen als lüsterner „Täter". Vor allem aber wird dieses moralische Dispositiv des Diskurses vielfach latent auf Friedmans Verhältnis zu und seiner Kritik an Möllemann rückbezogen. Dabei erscheint Friedman mithin als „Moralapostel" und „Inquisitor", Möllemann als eines seiner Opfer.

Gleichzeitig wird die mühsam und zögerlich etablierte Skandalisierung des Möllemannschen Antisemitismus retrospektiv relativiert oder revidiert („Möllemann war kein Antisemit"). Der politische Konflikt zum Antisemitismus, der auf die Kampagne des Bundestags-Wahlkampfes zurückgeht, wird hierbei in etlichen Medien als Konflikt zwischen Möllemann und Friedman personalisiert und bagatellisiert.

Zunächst tötet sich Möllemann bei einem Fallschirmabsprung selbst, als wegen staatsanwaltlicher Ermittlungen bezüglich illegaler Parteispenden u.a in dessen Haus Durchsuchungen stattfinden. In der medialen Öffentlichkeit werden die „Tragik" seines Todes fokussiert sowie seine „Leistungen" als Politiker und „großer Kommunikator"[1998] herausgestellt. Die schweren Anschuldigungen der Familie gegen die FDP, die Möllemann „in den Tod" getrieben habe, werden breit berichtet, zeitweise wird die hohe Ehrung eines Staatsaktes für Möllemann ins Gespräch gebracht. Die *Welt* erinnert indes an die „unverhohlen antijüdische Grundierung" von Möllemanns politischer Kampagne und fordert „keinen Staatsakt für Möllemann".[1999] Die große Mehrheit der abgedruckten Leserbriefe dieser Zeitung sprechen eine andere Sprache: Ein Leser sieht „Jäger und Vernichter" von Möllemann, ein anderer Möllemanns Tod als „Folge unserer progressiv verfallenden politischen Kultur", wieder andere machen eine politische „Hetzjagd" für Möllemanns Tod verantwortlich; sie stelle das „Ende jeder anständigen Politik" dar.[2000]

Nur eine Woche später koinzidiert mit der Trauer um Möllemann der Beginn einer so genannten „Affäre Friedman". Friedmans Büroräume und Wohnung in Frankfurt werden mit großem Aufwand vom BGS im Auftrag der Berliner Staatsanwaltschaft durchsucht. Ermittelt wird offenbar wegen Kokainmissbrauchs und Verkehrs mit osteuropäischen Prostituierten (Wochen später akzeptiert Friedman einen Strafbefehl, der einen öffentlichen Prozess abwendet). Daraufhin beginnt eine Debatte, die von Klischees gegenüber dem öffentlich und politisch engagierten Anwalt, Talkmaster, CDU-Politiker und Vorstandsmitglied des Zentralrates der Juden durchzogen ist, obschon diese vielfach subtil und verdrückt zutage treten. In der linksalternativen *tageszeitung* wird Friedman, nicht ohne Häme und antiintellektuelle Ranküne, als „Streber, Einsenschreiber" diffamiert, der mit seinem „entnervenden" „Geschwafel" die Anderen „immer nur ins Unrecht setzen will."[2001] Diese vermeintliche moralische (und intellektuelle) Überlegenheit und Überheblichkeit wird auch in anderen Zeitungen und Zeitschriften

---

[1998] Bettina Gaus, „Verletzungen eines Grenzgängers," Die tageszeitung, 6. Juni 2003, S. 3.. Wer „will sich jetzt schon," fragt Gaus, mit einer Detailanalyse der jüngsten Äußerungen des ehemaligen FDP-Politikers beschäftigen?"
[1999] Die Welt, 10. Juni 2003, S. 8.
[2000] „Möllemanns Tod und die politische Moral," Leserbriefe, Die Welt, 7. Juni 2003, S. 7.
[2001] Die tageszeitung, 21. Juni 2003.

wiederholt angeprangert; eine wahrgenommene Überlegenheit, die nun scheinbar mit Blick auf die gefundenen ‚Verfehlungen' Friedmans demontiert werden kann.

Das symbolische Dispositiv eines sekundären Antisemitismus ist hier vor allem präsent, obgleich auch andere Stereotypen aufscheinen und latent bedient werden, vom ‚heimatlosen', ruhelosen *wandering Jew* über den intellektuellen Kosmopoliten bis zur lüsternen, hemmungslosen sexuellen Gier. In der *Frankfurter Rundschau*, in der zur FDP-Kampage mehrheitlich kritische Artikel erschienen waren, wird Friedman, wenn auch in lakonisch-ironischem Jargon, explizit vorgeworfen, dass ihm die „ersehnte Harmonie der Deutschen mit ihrer Vergangenheit" „herzlich gleichgültig" war.[2002] Hier wie andernorts wird Friedman, wie vor ihm Goldhagen, als „Großinquisitor"[2003] dargestellt, der sich als „Gewissen der Nation"[2004] aufspiele und dabei scheinbar die Deutschen verfolge. Die moralische Demontage Friedmans zielt somit offenbar im Wesen nicht auf die vorgeblich bemühte Kritik einer Doppelmoral hinsichtlich einer einwandfreien und drogenfreien Lebensführung, die Friedman von seinen Talkshow-Gästen eingefordert hätte (was nicht bekannt ist), sondern politisch-psychologisch eher auf dessen über Jahre aktive öffentliche Rolle bei der Kritik und Ahndung von Rechtsextremismus und Antisemitismus in der bundesrepublikanischen Gesellschaft. Vor allem scheint die Demontage auch auf die entsprechend perzipierte jüdische Personifizierung einer kritischen Erinnerung an die deutschen Verbrechen und einer diesbezüglich externalisierten wie sozialpsychologisch verkörperten Gewissensinstanz zu zielen.

Insbesondere der *Stern* initiiert eine Kampagne gegen Friedman. Eine erste Ausgabe ist mit „Der Fall Friedman: Ein Moralist am Pranger" betitelt. Hans-Ulrich Jörges fordert hier die „Aberkennung der moralischen Reputation" des Anwalts. Im Editorial ergänzt Chefredakteur Thomas Osterkorn im Rückblick: „Wer ihm begegnete, fühlte sich in der Defensive: Er ist Sohn von Holocaust-Überlebenden, steht für die Opfer. Man ist in seinen Augen zwar nicht schuldig, aber doch verantwortlich, denn es gibt für ihn keine Gnade der späten Geburt."[2005] Hier offenbart der Journalist, dass er kollektive Verantwortung als etwas von außen Zugeschriebenes erachtet, von Juden wie Friedman, die scheinbar keine „Gnade" walten lassen wollen. Dabei, schreibt der *Stern*, sei Friedman „Kosmopolit"; er könne „eine gewisse Unbehaustheit nie ganz verdecken"[2006]. Bedient wird hier neben dem Motiv der Heimatlosigkeit auch das Muster, den Antisemitismusstreit als persönlichen Konflikt darzustellen zwischen Möllemann und dem „TV-Inquisitor" Friedman, und entdeckt wird mit Hans-Olaf Henkel bei Friedman eine „gewisse tragische Parallele zu Möllemann."[2007]

In einem Leitartikel der *Frankfurter Allgemeinen Zeitung* von Volker Zastrow erscheint Friedman als medialer „Dreckwäscher", der mit „eitler Leidenschaft" unter dem Banner des öffentlichen Interesses seine „Ware" vertreibe: „Das bringt nicht nur Geld, sondern auch Einfluss." Friedmans Judentum habe „ihm den Schutz der jüdischen Gemein-

---

[2002] Frankfurter Rundschau, 20. Juni 2003.
[2003] Frankfurter Rundschau, 13. Juni 2003.
[2004] Ibid.
[2005] Thomas Osterkorn, „Muss Friedman gehen?," Der Stern 26 (2003), 18. Juni, 2003, S. 3.
[2006] Hans-Ulrich Jörges u.a., „Warum tun sie das?", Stern 26 (2003), S. 35f.
[2007] Thomas Osterkorn, „Muss Friedman gehen?," a.a.O., S. 3.

schaft eingetragen: Er konnte so verletzend sein, weil er als unverletzlich galt, sich unverletzlich dünkte." Erneut steht schließlich Möllemann als Opfer Friedmans und eines scheinbar beliebigen, haltlosen „Antisemitismus*vorwurfs*" im Zentrum. Die jüdische Gemeinde hätte geschlossen zu Friedman gehalten: „Wäre die FDP mit Möllemann ebenso verfahren – als Friedman ihn in der öffentlich erklärten Absicht angriff, Möllemann aus der Partei zu drängen –, hätte die jüngere Geschichte vermutlich einen anderen Verlauf genommen. Doch die FDP fürchtete und instrumentalisierte zugleich den Antisemitismusvorwurf, der in Deutschland billig, allgegenwärtig, aber auch sozial tödlich ist – je nachdem, wer ihn wann erhebt."2008

Die Problematik dieser Konstruktionen von vermeintlich „allgegenwärtigen Antisemitismusvorwürfen" und die hier reüssierenden symbolisch-moralischen Dispositive dokumentieren m.E., dass trotz der Skandalisierung und Grenzziehung gegenüber der FDP-Politik zu Ende des Bundestagswahlkampfes 2002 der politisch-kommunikative Erosionsprozess einer partiellen ‚Enttabuisierung' stereotyper Judenbilder insgesamt in der Öffentlichkeit noch kein Ende gefunden hat.2009 Dies berührt das demokratische Selbstverständnis der *res publica* und der politischen Kultur im Ganzen.

8. Interaktionsverhältnisse im politischen Prozess der Gegenwart: Zur zeitgenössischen diskursiven Opportunitätsstruktur von Judenfeindlichkeit und zur Entwicklung antisemitischer Einstellungen in der politischen Kultur

Im Folgenden werde ich die Thesen zur politischen Opportunitätsstruktur und zeitgenössischen politisch-psychologischen Dynamik der von der Kritischen Theorie dechiffrierten Ressentiments eines Post-Holocaust-Antisemitismus noch einmal zusammenführen und im Kontext der politischen Kultur der Gegenwart verorten. Ich werde dabei die Ergebnisse der politischen Analysen in Beziehung setzen mit den Ergebnissen der empirischen Sozialforschung zu jüngsten Entwicklungslinien von antisemitischen, autoritären und erinnerungsabwehrenden Dispositionen wie Einstellungen in der Gesellschaft. Hieran lässt sich m.E. die These einer Interaktionsdynamik von Politik, „Zeitgeist", sozialen Dispositionen und Gesellschaft begründen,2010 in deren Folge virulente und ‚kommunikationslatente' antisemitische Vorurteile des gesellschaftlichen Unbewussten politisch aktualisiert werden können.

2008 Volker Zastrow, „Normalität," Frankfurter Allgemeine Zeitung, 9. Juli 2003, S. 1.
2009 Über tausend Anrufer antworten bei einer (nicht repräsentativen) Umfrage des Sender n-tv auf die Frage, ob Michel Friedman eine „zweite Chance" bekommen solle; 69% sagen nein. Für die doch ‚privaten' Vergehen und angesichts des Umstands, dass Friedman sich nicht um ein Staatsamt bewirbt, sondern als Talkmaster und Anwalt arbeitet, ein außerordentlich hoher Wert; siehe n-tv-Umfrage, 9. Juli 2003.
2010 Vgl. hierzu am Beispiel des Rechtsextremismus Hajo Funke, „Zusammenhänge zwischen rechter Gewalt, Einstellungen in der Bevölkerung sowie der Verantwortung von Politik und Öffentlichkeit," in Christoph Butterwegge und Georg Lohmann (Hg), Jugend, Rechtsextremismus und Gewalt (Opladen: Leske und Budrich, 2001), S. 61 – 80.

8. Interaktionsverhältnisse im politischen Prozess der Gegenwart

8.1 Konstellationen, Dynamiken und Opportunität in der politischen Öffentlichkeit

Werner Bergmann hat in seiner Untersuchung zu Antisemitismus in öffentlichen Konflikten der bundesrepublikanischen Geschichte einen quasi linearen „kollektiven Lernprozess" seit 1949 konstatiert.[2011] Dieser sukzessiv voranschreitende Lernprozess beträfe sowohl die politische Öffentlichkeit, als auch, in der Folge, die gesellschaftlichen Einstellungen und die politische Kultur als Ganzes. Bergmanns Untersuchungsgegenstand beschränkt sich dabei auf die Zeit bis 1989. Nach Bergmanns Diagnose bestätigt sich die These vom kollektiven Lernen auch nach 1990.[2012] Diese These Bergmann ist m.E., wie gezeigt, in dieser Form nicht mehr haltbar. Auch die These Bergmanns, dass der Antisemitismus in Deutschland in die „Sphäre privater Ressentiments verbannt"[2013] sei, ist in dieser Generalisierung nicht zutreffend. Wie Martin Kloke in einer früheren Studie herausgearbeitet hat, traf diese These nicht einmal für die Teilöffentlichkeit der deutschen Linken bis zu Beginn der 1990er Jahre zu.[2014]

Weder ist heute eine zunehmende, durchgängige oder gar widerspruchslose „Delegitimierung antijüdischer Beiträge und die Stigmatisierung von Personen als Antisemiten"[2015] in der demokratischen Öffentlichkeit zu beobachten, noch befinden sich die politischen Orientierungen und gesellschaftlichen Dispositionen in einem stetig voranschreitenden Prozess der Demokratisierung, Emanzipierung und des „demokratischen Lernens". Die zufriedene Feststellung, die „Breite des anti-antisemitischen Konsenses" sei gewachsen[2016] und der Antisemitismus spiele gegenüber fremdenfeindlich-ethnozentrischen Einstellungen und politischen Möglichkeiten „eine deutlich geringere Rolle"[2017], ist in der Sicht der aktuellen qualitativen wie quantitativen Forschungsergebnisse und vor dem Hintergrund der rekonstruktiven Analyse des politischen Prozesses folgerichtig weder nachzuweisen noch unplausibel.[2018]

Meine These ist vielmehr, dass der politisch-kulturelle Prozess im Umgang mit Antisemitismus, insbesondere in der neuen politischen bzw. gesellschaftlichen Konstellation nach der deutschen Vereinigung, höchst widersprüchlich und komplex ist. Wie in der Auseinandersetzung mit der NS-Vergangenheit, vor deren Folie heute vielfach auch öffentliche Konflikte zum Antisemitismus entstehen und ausgetragen werden, sind

---

2011 Werner Bergmann, Antisemitismus in öffentlichen Konflikten, a.a.O., S. 502ff.
2012 In einer früheren Untersuchung kam Bergmann noch zu einem ganz anderen Ergebnis. Demnach habe „weniger ein durchgreifender Einstellungswandel stattgefunden als vielmehr nur die Abdrängung des Vorurteils in die Latenz." Neben einem öffentlichen Kommunikationsverbot sei bis 1987 von einer Kommunikationslatenz von antisemitischen Einstellungen bei gleichzeitiger psychischer Präsenz auszugehen; siehe Werner Bergmann, „Sind die Deutschen antisemitisch? Meinungsumfragen von 1946 – 1987 in der Bundesrepublik Deutschland," in Werner Bergmann und Rainer Erb (Hg.), Antisemitismus in der politischen Kultur nach 1945 (Wiesbaden: Westdeutscher Verlag, 1990), S. 117 und 112.
2013 Werner Bergmann, Ausmaß und Formen des heutigen Antisemitismus in der Bundesrepublik Deutschland, zitiert nach Martin W. Kloke, Israel und die deutsche Linke, a.a.O., S. 302.
2014 Vgl. Martin W. Kloke, Israel und die deutsche Linke, a.a.O., S. 302.
2015 Werner Bergmann, Antisemitismus in öffentlichen Konflikten, a.a.O.,, S. 22.
2016 Werner Bergmann, „Antisemitismus in öffentlichen Konflikten 1949 – 1994," a.a.O., S. 87.
2017 Werner Bergmann, „Antisemitismus in Deutschland," a.a.O., S. 146.
2018 Vgl. Hierzu auch die kritische Einschätzung bei: Bundesamt für Verfassungsschutz, Die Bedeutung des Antisemitismus im aktuellen deutschen Rechtsextremismus, a.a.O., S. 4f.

weiterhin eher ein „constant seesaw between learning and forgetting"[2019] zu beobachten, in dem immer wieder die von der Kritischen Theorie analysierten gesellschaftlichen Motive und politisch-psychologischen Dynamiken von Antisemitismus in die Öffentlichkeit gespült werden. Dass sich die „Schwelle der Skandalisierung [...] über die Jahrzehnte gesenkt"[2020] hat, wie Bergmann vermutet, lässt sich dagegen im mindesten für die hier untersuchten Konflikte von 1996 bis 2002, in denen Antisemitismus in einem bisher nicht gekannten Ausmaß zum Gegenstand politisch-öffentlicher Auseinandersetzungen geworden ist, ebenfalls nicht bestätigen.

Einerseits zeigen sich gewisse politisch-normative Grenzen gegenüber offenem Antisemitismus in der politischen Kultur als gefestigt und sind entsprechende skandalisierende Reaktionsbildungen präjudizierbar. Ferner hat die Auseinandersetzung mit dem Holocaust und Antisemitismus in den 1990er Jahren eher zu- denn abge-nommen, wie an den eruptiven errinnerungspolitischen Debatten zu erkennen ist, mit denen das lange Zeit dominierende ‚beredte Schweigen' und die generelle Tabuierung der Themen evaporiert ist. Andererseits steigt in den letzten Jahren, seit Bitburg und dem Historikerstreit 1986, vor allem aber in jüngster Zeit auch durchaus *innerhalb* der vergangenheitspolitischen Diskussionen, die Tendenz, Antisemitismus „öffentlich zu machen."[2021] Diese Tendenz ist vielfach verknüpft mit einem erinnerungsabwehrenden Bedürfnis, einen ‚Schlussstrich' unter die Geschichte des Holocaust zu ziehen und Juden für die Geschichte und ihre Erinnerung, die die Rehabilitierung konventioneller Konstruktionen nationaler Identität desavouiert, verantwortlich zu machen. Vermehrte rechtspopulistische Vorstöße und inszenierte „Tabubrüche" (Walser, Finkelstein, FDP) gegenüber mühsam etablierten demokratischen Normen künden innerhalb der ‚Öffnung' des politischen Diskurses über die NS-Vergangenheit und, vor allem seit 1990, über ‚nationale Identität' von einer partiellen Erosion vormals scheinbar konsensueller demokratischer Selbstverständnisse zum Umgang mit Antisemitismus in der politischen Kultur. Wer freilich die Errungenschaften eines Zuwachses an liberaler Gesinnung „zur Folge eines Tabus erklärt, das es abzuschütteln gilt," so formuliert Habermas pointiert, „will Regression unter dem Deckmantel einer augenzwinkernd in Anspruch genommenen Emanzipation. Er bedient sich eines sprachlichen Tricks, um die Entsublimierung von geläuterten Affekten und den Rückfall hinter ein erreichtes Reflexionsniveau in Befreiungsakte umzudeuten."[2022]

Im mindesten latent antisemitische politische Kampagnen und Inszenierungen wie jüngst diejenigen von Walser und von der FDP finden dabei nicht zufällig auch politische Resonanz in der extremen Rechten wie in ressentimentbereiten Bevölkerungsteilen, was zu einer interaktionsdynamischen Aufwertung sowohl der extremen Rechten, als auch des öffentlich gemachten Antisemitismus führt.

[2019] Saul Friedlander, Memory, History, and the Extermination of the Jews of Europe, a.a.O., p. 8.
[2020] Werner Bergmann, Antisemitismus in öffentlichen Konflikten, a.a.O., S. 505.
[2021] Wolfgang Benz, „Alltäglicher Antisemitismus in der Bundesrepublik," a.a.O., S. 9.
[2022] Jürgen Habermas, „Tabuschranken: Eine semantische Anmerkung," Süddeutsche Zeitung, 7. Juni 2002, S. 13.

Folgerichtig ist auch eine weitere, spezifischere These Bergmanns zu problematisieren. Dieser hat zur Skandalisierungsbereitschaft gegenüber Antisemitismus in den Medien und im politischen Diskurs diagnostiziert: „In den Medien sind eine Konsonanz in der Ablehnung von Antisemitismus und eine große Bereitschaft zur Skandalisierung von Normverstößen auf diesem Feld zu beobachten, die eine wesentliche Voraussetzung für den Abbau antijüdischer Einstellungen ist, da damit antisemitischen Argumentationen ein Forum und die Legitimation entzogen sind."[2023] Auch diese These Bergmanns in Bezug auf die Medien als Agenturen der politischen Willensbildung, welche vorgeblich durch einhellige Ablehnungen antisemitischer Normverstöße zum Abbau antijüdischer Einstellungen beitragen, ist so mindestens für die Entwicklung seit 1990, vor allem in den letzten Jahren seit der Walser-Debatte, nicht mehr zutreffend. Dies konnte anhand der konkreten, exemplarischen Untersuchung des politischen Diskurses und seiner gesellschaftlichen Wirkungen nachgewiesen werden. Hierbei zeigt sich jüngst u.a. eine teils wieder höherschwellige Skandalisierungsbereitschaft gegenüber Antisemitismus in Politik und Öffentlichkeit, mitunter eine Freisetzung antisemitischer Vorurteilsdynamiken, sowie eine wenig konsonante, sondern eher hoch umstrittene Bewertung antisemitischer Äußerungen in den Medien und infolgedessen in der gestiegenen Bereitschaft antisemitisch eingestellter Bürger, ihre Vorurteile publik zu machen und sich hierzu ermuntert zu fühlen. Nicht zuletzt der „casus FDP" belegt, dass zwar durchaus eine breitere politische Skandalisierungsbereitschaft existiert, die deutlich ‚niedrigschwelliger' ist als etwa in Österreich, zugleich aber antisemitische Äußerungen in Politik und Öffentlichkeit aber heute wieder möglich sind und teilweise Legitimitätsgewinne verzeichnen. Antisemitischen Argumentationen wie denen von Martin Walser, Rudolf Augstein oder Jürgen W. Möllemann, bis zur Bundestagswahl einem der führenden Repräsentanten der politischen Systems, ist nicht (mehr) die Legitimation entzogen, auch wenn es nach wie vor in der Demokratie als illegitim gilt, Antisemit zu sein oder sich als solcher zu bezeichnen.

Dass antisemitische Klischees im Zuge der jüngeren Konflikte zu ‚legitimen' (wenn auch umstrittenen und teils skandalisierten) öffentlichen Meinungsäußerungen oder gar Teil politischer Praxis demokratischer Parteien werden können, stellt, dies wird jüngst auch von Bergmann im Kontext der FDP-Debatte konzediert, eine „neue Qualität" dar.[2024] In der Tat dokumentieren die genannten öffentlich-politischen Kampagnen, so meine These, einen gewissen qualitativen Sprung. Bis vor wenigen Jahren galt es als unmöglich und politisch inopportun, mit Antisemitismus Politik zu machen. Insofern stehen wir heute mithin seit der Walser-Debatte, den auf sie folgenden Erosionsprozessen und einer nachgewiesen expandierten politische Opportunität judenfeindlicher Vorurteile vor einer mithin präzedenzlosen Bewährungsprobe der demokratischen politischen Kultur in Deutschland. Zudem trifft Peter Pulzers Resümee eine empirische Tendenz der politischen Kultur-Entwicklung nach 1990. Pulzer betont die ‚verbesserten' Ermöglichungsbedingungen und die Zunahme eines ethnischen Nationalismus und Antisemitismus: „An inward-looking nationalism, directed at the stranger within and

---

2023 Werner Bergmann, Antisemitismus in öffentlichen Konflikten, a.a.O., S. 504.
2024 Zitiert nach Frank Jansen, „Ein mutwilliger Tabubruch," Der Tagesspiegel, 4. Juni 2002, S. 4.

linked, however indirectly, with the older *völkisch* view of nationality, also already evident before 1990, is on the increase."[2025] Die jüngeren antisemitischen Eruptionen in der politischen Öffentlichkeit in den 1990er Jahren, so auch Moishe Postone, „have also been paralled by a more general turn to nationalism on the part of many intellectuals. [...] The sort of recovery of the past that is related to the recent growth of national feelings in Germany, negates, or at least marginalizes, Jewish collective memory."[2026]

Hinzu kommt die teils bedrohliche Entwicklung einer in verschiedenen sozio- und subkulturellen Milieus expandierenden extremen Rechten, die den Antisemitismus in den letzten Jahren zunehmend in den Mittelpunkt ihrer politischen Programmatik und Agitation gerückt hat. Der Antisemitismus der gegenwärtigen extremen Rechten, insbesondere der NPD und der Neo-Nationalsozialisten, konstituiert sich über eine konkretistische, paranoide politische Welterklärung, die bereits den modernen Antisemitismus der Nationalsozialisten motiviert und politisch-psychologisch strukturiert hat. Dabei werden oftmals zeitgenössische Probleme und Stichworte des Zeitgeistes politisch aufgegriffen (z. B. „Globalisierung"), die in das antisemitische und nationalistische Weltbild integriert werden können (Juden als „Globalisten"). Die politische Agitation gegen eine in Juden personifizierte „Globalisierung", die die „Völker der Welt" mittels Geld, „multinationaler" Konzerne, „Imperialismus", „Zionismus" und gesteuerter Migrationsbewegungen unterjoche, basiert auf einer antisemitischen, anti-modernen und fetischistischen autoritären Reaktionsbildung gegenüber Phänomenen soziokulturellen Wandels und sozioökonomischer wie politischer Transformation. Mit der Adaption scheinbar ‚linker' Begrifflichkeiten und dem Aufgreifen als bedrohlich empfundener sozialer Probleme verbinden Rechtsextreme im Übrigen die – aufgrund der, wie gezeigt, eigenen ideologischen Traditionslinien der deutschen Linken nicht unberechtigt – ensteht ein Brückenschlag in der politisch-ideologischen Mobilisierung zur radikalen und nationalen Linken. Vor allem aber ist die politische Wirkung bedrohlich, die entsprechende antiamerikanische, israelfeindliche und „antiimperialistische" Ideologeme, die vielfach auf antisemitischen Stereotype basieren, in der demokratischen Öffentlichkeit seit den Terrorattentaten vom 11. September 2001 und der neuen Eskalation im Nahost-Konflikt entfalten.

Der Rechtsextremismus und sein heute kaum mehr codierter Antisemitismus sind, zumindest über zehn Jahre bis zum Jahr 2000, bisher nicht auf angemessene Antworten und Bekämpfungsstrategien in der Politik und durch die Justiz getroffen. Rechtsextreme Agitatoren und Gefolgschaft fühlen sich überdies trotz der eigenen, teils scharfen verfassungsfeindlichen Abgrenzung gegenüber dem ‚korrupten System der BRD' und der Demokratie, die durch die ‚wahre Demokratie' Volksgemeinschaft zu ersetzen sei, durch den nationalen Populismus und neuen Antisemitismus in der politischen Öffentlichkeit anscheinend bestärkt. Rechtsextreme Publikationen berufen sich vielfach positiv

---

2025 Peter Pulzer, „Unified Germany: A Normal State?," German Politics, 3, 1 (1994), pp. 1 – 17, here p. 16.
2026 Moishe Postone, „The End of the Postwar Era and the Reemergence of the Past," in: Y. Michal Bodemann (ed.), Jews, Germans, Memory: Reconstructions of Jewish Life in Germany (Ann Arbour: The University of Michigan Press, 1996), pp. 273 – 279, here p. 275.

auf Möllemann und Walser sowie, wie diese, auf die ‚Stimmung im Volk' und das, was das Volk ‚wirklich' denke.

Im Hinblick auf die Gesamtentwicklung des politischen Diskurses als zentralem Faktor für die Gelegenheitsstruktur und die Ermöglichungsbedingungen von Antisemitismus in der politischen Kultur erscheinen allerdings sowohl die Thesen übertrieben, die eine neu erworbene „kulturelle Hegemonie" der „Neuen Rechten" diagnostizieren und den Einfluss ihrer Akteure aufblähen,[2027] als auch, wie gezeigt, diejenigen Thesen abwegig, die davon ausgehen, „das linksdemokratische Spektrum" sei der „Inhaber der politisch-kulturellen Hegemonie in der Bundesrepublik."[2028] Vielmehr sind antijüdische Stereotype in der demokratischen, etablierten politischen Öffentlichkeit heute quer durch die politischen Lager und durch unterschiedliche Akteure verbreiteter als noch vor Jahren. Insofern gewinnt Adornos Diktum ein Moment von Aktualität, dass sich „das Nachleben des Nationalsozialismus in der Demokratie" als „potenziell bedrohlicher erweisen könnte „denn das Nachleben faschistischer Tendenzen gegen die Demokratie."[2029] Ein gewisser Antisemitismus, über Jahrzehnte politisch wie gesellschaftlich überwiegend inopportun, hat im gegenwärtigen politischen Diskurs *in der Demokratie* zugenommen, obgleich auch Gegenreaktionen und Skandalisierungen in Teilen der politischen Öffentlichkeit und der Politik wahrnehmbar sind (meist jedoch nur in einem verzögerten politisch-diskursven *Prozess*).

Die in dieser Untersuchung an konkreten Fallrekonstruktionen aufgezeigten Veränderungen in der politischen Kultur im Hinblick auf partielle Nationalisierungen der politischen Diskurse und gewisse Rehabilitierungen modernisierter antisemitischer Stereotype, die vormals großenteils öffentlich ‚tabuisiert' und in Formen der Kommunikationslatenz und Privatsphäre abgedrängt waren, machen indes auch in dieser Hinsicht die von Wolfgang Gessenharter geforderte analytische „Neuvermessung des politisch-ideologischen Raumes"[2030] erforderlich. Insbesondere der von der Kritischen

---

[2027] Gleichwohl nimmt jüngst umgekehrt die Bereitschaft zu, die antidemokratischen Vordenker der Weimarer Republik und insbesondere der „Konservativen Revolution", die die „Neue Rechte" zu ihren spiriti rectores erkoren hat, zu rehabilitieren. In der *Süddeutschen Zeitung,* der größten deutschen Tageszeitung, wird etwa der antidemokratische konservativ-revolutionäre Demagoge Oswald Spengler gegen Adorno in Anschlag gebracht. Der Apokalyptiker Spengler, der mit seinem Hass auf die Demokratie und seinem Ekel vor dem Abstrakten wie der ‚Allmacht des Geldes' laut Adorno im gleichen Ton spricht „wie ein Agitator", der „gegen die Weltverschwörung der Börse loszieht," wird gegen Adorno zum großen, prophetischen Diagnostiker erklärt. Dass der nationalistische, antidemokratische, „kleinbürgerliche Wahrsager, der an die „Schwäche des Ich appelliert" (Adorno über Spengler), der „große Dilettant" (Kurt Sontheimer), selbst am totalitären Verhängnis strickte, welches er als „Untergang des Abendlandes" apokalyptisch beschwor (welchen Spengler in der modernen Demokratie erblickte), wird hier nicht problematisiert. Siehe Wolf Lepenies, „Endzeitgemäße Betrachtungen: Amerikanische Entrückungen und der Untergang des Abendlandes," Süddeutsche Zeitung, 8. August 2002, S. 11. Vgl. zur Kritik Spenglers Theodor W. Adorno, „Wird Spengler recht behalten?," in Ders., Kritik. Kleine Schriften zur Gesellschaft, a.a.O., S. 94 – 104; sowie zum Überblick Kurt Sontheimer, Antidemokratisches Denken in der Weimarer Republik (München: dtv, 1994 [1962]), insbesondere S. 197ff.
[2028] So Steffen Kailitz, Die politische Deutungskultur im Spiegel des ‚Historikerstreits': What's right? What's left? (Wiesbaden: Westdeutscher Verlag, 2001), S. 303; ähnlich auch jüngst Ulrike Ackermann, Sündenfall der Intellektuellen: Ein deutsch-französischer Streit von 1945 bis heute (Stuttgart: Klett-Cotta, 2000).
[2029] Theodor W. Adorno, „Was bedeutet: Aufarbeitung der Vergangenheit," a.a.O., S. 555f.
[2030] Siehe Wolfgang Gessenharter, „Neue radikale Rechte, intellektuelle Neue Rechte und Rechtsextremismus," a.a.O.

Theorie untersuchte spezifische Motivationskomplex eines „sekundären Antisemitismus" aus Erinnerungsabwehr spielt hierbei eine bedeutende Rolle. Die deutsche Einheit, das „Ende der Nachkriegszeit" und die neue errungene Machtposition Deutschlands nach 1990 haben zweifellos politisch die neuerliche Diskussion um, Betonung auf und Rückorientierung zu Fragen ‚nationaler Identität' gegenüber ‚post-nationalen' Identitätsdiffusionen begünstigt: „Indeed, events of the last decade have shown that the rise of German power has been tied to a very perceptible rise in German national consciousness. The real question, then, is what the effects of increased German power will be on the nature of German political culture."2031

Mit diesem neuen ‚Nationalbewusstsein' ist mehr und mehr auch eine öffentliche Postulierung, mithin die Beschwörung nationaler ‚Normalität' einhergegangen, die weit verbreiteten Sehnsüchten nach einer ‚normalisierten' ‚nationalen Identität' entspringt. Hierzu konstatiert Mary Fulbrook: „The repeated quest, in some quarters, to define some quintessential German national identity, which would forever place a line beneath the past and allow Germany to take its place among ‚normal nations', is doomed to fail."2032 Solche Beschwörung zielt letztlich auf eine erwünschte Rehabilitierung konventioneller deutscher Identitätskonstruktion und die Möglichkeit, sich wieder ‚unbefangen' und ‚frei von der Geschichte' mit der deutschen Nation zu identifizieren. In dieser Rekonstruktion des Nationalen wirkt die Erinnerung an Auschwitz jedoch störend, was eine ‚Schlussstrichmentalität' ebenso befördert wie sekundär-antisemitische Wahrnehmungen begünstigt, die die Geschichte abspalten, auf Juden delegieren und diese als ‚Repräsentanten der Erinnerung' ausgrenzen. Da das Thema der NS-Vergangenheit und das Problem des Antisemitismus in der Gesellschaft die Sisyphos-Arbeit der Normalitätsprojektion immer wieder untergräbt, wird von ihren Befürwortern in der politischen Öffentlichkeit eine erhöhte Sensibilisierung und Aufmerksamkeit gegenüber antisemitischen Vorurteilen vielfach als „Alarmismus" geziehen und oftmals mit bloßen Antisemitismus-Vorwürfen verwechselt. Obgleich eine unberechtigte Inflationierung von Antisemitismus-Etikettierungen, wie sie mitunter der Begriff des ‚strukturellen Antisemitismus' nahe legt, kaum dienlich sein dürfte: Bearbeitungen des NS-Erbes und Sensibilisierungen gegenüber Ressentiments sind meist keine ‚Obsessionen' und Alarmismen, sondern Ausdruck wichtiger Demokratisierungsprozesse in der politischen Kultur.

Die Durcharbeitung der NS-Vergangenheit und Kritik an Antisemitismus sind ohnehin keine Aufgaben, die – einmal bewältigt – gesellschaftlich und politisch ad acta gelegt werden könnten, auch wenn Wunsch und Sehnsucht danach in Teilen der politischen wie wissenschaftlichen Öffentlichkeit genauso virulent zu sein scheinen sowie in jüngeren Jahren zugenommen haben wie in der Bevölkerung. So meinen die Politikwissenschaftler Helmut König, Michael Kohlstruck und Andreas Wöll, „mehr als 50 Jahre

---

2031 Moishe Postone, „The End of the Postwar Era and the Reemergence of the Past," a.a.O., p. 278.
2032 Mary Fulbrook, German National Identity after the Holocaust, a.a.O., p. 238.

nach dem Ende des Nationalsozialismus [könne] von einem aktuellen politischen Handlungsbedarf zur Bewältigung dieser Vergangenheit kaum noch die Rede sein."[2033]

In Wirklichkeit stellt die kritische politische und öffentliche Auseinandersetzung mit der NS-Vergangenheit, ihrem gesellschaftlichen Erbe, dem Antisemitismus der Gegenwart und seinen Ursachen eine anhaltende demokratische Herausforderung dar. Gerade die jüngeren Konflikte zeigen dabei meiner Auffassung nach, dass die weitere Entwicklung der demokratischen politischen Kultur durchaus stark umkämpft ist und „depends on the extent to which Germans [...] are willing to openly deal with the Holocaust and other crimes against humanity in an ongoing and serious manner and to regard Nazism as a national shame. [...] It also depends on the degree to which Germany and Austria will develop in the direction of multicultural and multethnic societies in which the notion of ‚citizen' would become separated from that of membership in the German *ethnos*."[2034]

8.2 Korrespondenzen: Zur gegenwärtigen Entwicklung antisemitischer Einstellungskomplexe in der Gesellschaft

Abschließend soll noch einmal der These nachgegangen werden, dass die widersprüchliche politische Entwicklung zum Umgang mit Antisemitismus in der ‚Berliner Republik' – namentlich die ambivalente ‚Enttabuisierung' der Thematisierung der NS-Vergangenheit sowie die gestiegene Opportunität, nationale und judenfeindliche Vorurteile öffentlich zu machen und politische einzubinden – mit der Entwicklung gesellschaftlicher Dispositionen und politischen Orientierungen gerade in den jüngeren Generationen negativ interagiert. Dies entspräche der Bedeutung, die die Kritische Theorie dem politischen Klima und den politischen Angebotsstrukturen hinsichtlich der Entfaltung autoritätsgebundener, gesellschaftlich sedimentierter wie politisch-kulturell tradierter Vorurteilsdispositionen zugesprochen hat, und sollte sich in den neuesten empirischen Befunden der Sozialforschung spiegeln.

Dass es in Politik, Öffentlichkeit und Bewusstsein der Bevölkerung seit 1945 einen wahrnehmbaren Wandel in der Haltung gegenüber Juden gegeben hat, kann nicht bestritten werden. Die extrem hohen Werte der OMGUS-Reports aus der unmittelbaren Nachkriegszeit, nach denen nur 2% der Deutschen als wirklich vorurteilsfrei gelten konnten, sind nie wieder erreicht und zu erheblichen Teilen diffundiert. Die tendenzielle Demokratisierung der politischen Kultur der Bundesrepublik und die überwiegende Skandalisierung des Antisemitismus haben zu dieser Veränderung beigetragen. Dadurch, dass Antisemitismus in der politischen Öffentlichkeit weitgehend tabuisiert war, wurde auch seine Dynamik zu großen Teilen stillgestellt, ohne freilich aufzuhören, als gesellschaftliche Unterströmung fortzuwirken. Nach einer langen Latenzperiode ist Antisemitismus, wie gezeigt, in Teilen wieder in öffentlichen Konflikten zum Vorschein

---

[2033] Helmut König/Michael Kohlstruck/Andreas Wöll (Hg), Vergangenheitsbewältigung am Ende des zwanzigsten Jahrhunderts (Opladen und Wiesbaden: Westdeutscher Verlag, 1998), S. 12.
[2034] Moishe Postone, „The End of the Postwar Era and the Reemergence of the Past," a.a.O., p. 274.

gekommen und thematisiert, aber auch zum Teil problematisiert und skandalisiert worden. Eine markante Zunahme von antisemitischen Haltungen lässt sich trotz dieses öffentlich-politischen Prozesses nur partiell beobachten. Dennoch sind Interaktionsdynamiken von Politik, Öffentlichkeit und „Zeitgeist" einerseits, gesellschaftlichen Dispositionen und antisemitischen Einstellungen andererseits erkennbar, die derzeit qualitative wie quantitative Konsequenzen zu zeitigen scheinen, also sowohl im Hinblick auf die Intensität und das Ausmaß von Antisemitismus in der Gesellschaft.

Insbesondere bei Jugendlichen und in den jüngeren Generationen ist – vor allem im Osten – in den letzten Jahren eine sukzessive Zunahme antisemitischer Orientierungen zu beobachten, die freilich gerade im Osten in großen Teilen von der Verstetigung autoritärer, rechtsextremer Sub- und Dominanzkulturen profitiert. So ist insbesondere in Ostdeutschland unter Jugendlichen eine antisemitische teils gewaltbereite Diskriminierungsbereitschaft gestiegen. Nur 59,1% der männlichen Jugendlichen in Brandenburg haben nach Welskopf, Freytag und Sturzbecher kein Verständnis für die Schändung jüdischer Friedhöfe; 5,2% völliges, 10,1% teilweise und 14,7% „kaum" Verständnis. In Nordrhein-Westfalen haben, zum Vergleich, über 80% der männlichen wie weiblichen Jugendlichen heute kein Verständnis für solche Formen antisemitischer Gewalt.[2035] Überdies sind 39% der männlichen Jugendlichen in Brandenburg nicht bereit, mit Juden tanzen zu gehen (weiblich: 17,6 %; NRW, männlich: 10,6%; NRW, weiblich: 2,8%).[2036] Insgesamt zeigen heute 36,7% der männlichen ostdeutschen (brandenburgischen) Jugendlichen eher hohe bis hohe antisemitische Vorurteile,[2037] während ansonsten antisemitische Ressentiments in der ostdeutschen Gesellschaft im Vergleich zu Westdeutschland weniger stark verbreitet sind. Hier ist also intergenerativ eine negative Tendenz beobachtbar.

In einer neuen Studie zu Erinnerungsabwehr und Antisemitismus bei Studierenden, die explizit die Walser-Debatte und folgende politische Kontroversen zu Judenfeindschaft und ‚Vergangenheitsbewältigung' mit einbezieht, bestätigt sich dieser Befund teilweise. Auch Ahlheim und Heger konstatieren insgesamt einen Rückgang „geschlossen antisemitischer Vorurteilskomplexe" in der Geschichte der Bundesrepublik im Zuge der langfristigen Wirkungen einer gewandelten politischen Kultur. Gleichwohl nehme die von Adorno konzeptionalisierte „sekundäre" Ausprägung des aktuellen Antisemitismus zu, „die, vordergründig ‚korrekt', auf traditionelle antijüdische Vorurteile weitgehend verzichtet, die Thema und Dynamik aus dem problematischen Umgang mit der NS-Vergangenheit und dem Holocaust gewinnt, die sich an der ‚Schuldfrage' festmacht und an der für viele Deutsche ganz und gar nicht bequemen Erinnerungsarbeit und –‚leistung'."[2038] Jeder fünfte Studierende glaubt beispielsweise das sekundärantisemitische Vorurteil, „die Juden verstehen es ganz gut, das schlechte Gewissen der Deutschen auszunutzen."[2039] Dass heute (2001) bis zu 80% der gesamten Kohorte von

---

[2035] Vgl. Rudolf Welskopf, Ronald Freytag und Dietmar Sturzbecher, „Antisemitismus unter Jugendlichen in Ost und West," Jahrbuch für Antisemitismusforschung 9 (2000), S. 35 – 70, hier S. 41
[2036] Vgl. ibid, S. 39.
[2037] Ibid, S. 38.
[2038] Klaus Ahlheim und Bardo Heger, Die unbequeme Vergangenheit, a.a.O., S. 49f.
[2039] Vgl. ibid, S. 59.

25 bis 29 Jahre ganz oder zum Teil der Aussage zu, „jüdische Organisationen stellen überzogene Entschädigungsforderungen an Deutschland, um sich zu bereichern,"[2040] stellt in der Bundesrepublik ein Novum dar in Bezug auf den Verbreitungsgrad sekundär-antijüdischer Klischees dar.

Auch zeigt sich ein gestiegenes, hohes autoritäres Potenzial bei Jugendlichen und jungen Erwachsenen in der Bundesrepublik, dass antisemitische Ordnungsphantasien und rechtsextreme politische Orientierungen begünstigt: 27% der Westdeutschen und 42% der Ostdeutschen im Alter von 16 bis 29 Jahre wünschen sich eine „starke Hand", die „mal wieder Ordnung in unseren Staat bringt." Nur 21% der Unter-30-jährigen in Ostdeutschland erteilen dieser antidemokratischen, anti-pluralistischen Haltung keine Zustimmung.[2041] Auch die Akzeptanz nationalsozialistischer Werte hat zugenommen. Stimmten 1994 nur 7% der 16- bis 25jährigen in Westdeutschland der Aussage zu, „der Nationalsozialismus hatte auch seine guten Seiten", sind dies 1998 14%. In den neuen Bundesländern waren es 1994 15% und 1998 sogar 28%.[2042]

In einer quantitativen Erhebung sehen Elmar Brähler und Horst-Eberhard Richter einen weiteren „dramatischen Anstieg des Antisemitismus" von 1999 bis 2002.[2043] Heute ist es 36% verständlich (gegenüber 20% 1999), dass „manchen Leuten Juden unangenehm sind", nur noch 38% ist dies unverständlich – die Minderheit (statt 56%; 26% sind unentschieden). Darunter ist jeder Vierte PDS- oder Grünen-Wähler, 40% sind es bei der CDU.[2044] Dies sind freilich nur die, die sich gegenüber einem unbekannten Dritten offen so äußern; was jenseits des Faktors der sozialen Erwünschtheit gedacht wird, ist freilich noch eine andere Frage.

Gerade im Kontext der teils polarisierten öffentlichen Auseinandersetzungen zum Antisemitismus, in denen dieser auch öffentlich artikuliert wurde, haben antisemitische Vorurteile und auch sozial-paranoide antisemitische Weltdeutungen zugenommen bzw. die Bereitschaft, im Sinne einer gestiegenen sozialen Erwünschtheit sich zu diesen zu bekennen. War es 1999 noch 56% der Bevölkerung „unverständlich", „dass manchen Leuten Juden unangenehm sind." Im Jahre 2002 ist diese kollektive Ablehnung von Juden nur noch einer Minderheit von 38% unverständlich. 36% finden es sogar „verständlich" (1999: 20%), unverändert um 25% sind „unentschieden".[2045] Besonders deutlich ist Zunahme in der Altbundesrepublik; hier ist der Wert in drei Jahren von 21% auf 37% gestiegen. Dabei ist auffällig, dass 41% der Männer und nur 31% der Frauen dieses „Verständnis" für Antisemitismus hegen.[2046] Bezüglich der Parteipräferenz ist außerhalb des rechtsextremen Spektrums ist der Wert bei den Anhängern der

---

[2040] Repräsentative Umfrage von Emnid, zitiert nach Der Spiegel 7 (2001), S. 224.
[2041] Vgl. Corinna Kleinert/Johann de Rijke, „Rechtsextreme Orientierungen bei Jugendlichen und jungen Erwachsenen," in Wilfried Schubarth/Richard Stöss (Hg), Rechtsextremismus in der Bundesrepublik Deutschland: Eine Bilanz (Bonn: Bundeszentrale für politische Bildung, 2000) S. 167 – 198, hier S. 177.
[2042] Vgl. ibid, S. 178.
[2043] Vgl. Elmar Brähler und Horst-Eberhard Richter, Politische Einstellungen in Deutschland: Ergebnisse einer repräsentativen Erhebung (Frankfurt a.M.: Sigmund-Freud-Institut, 2002), S. 2.
[2044] Vgl. ibid, S. 4.
[2045] Vgl.ibid, S. 2.
[2046] Vgl. ibid, S. 3.

CDU/CSU (40,1%) am höchsten.[2047] Der Anteil manifester Antisemiten bleibt zwar insgesamt bei 20% in etwa konstant[2048]; allerdings wird die moderne antisemitische Welterklärung nun von mehr Menschen offen vertreten: 22% meinen im Jahre 2002 (1999: 14%), die Juden seien „daran schuld, dass wir so große Weltkonflikte haben." Immerhin weitere 29% (1999: 21%) können als latent antisemitisch eingestuft werden; sie stimmen der Aussage „teils" zu.[2049]

Solche soziale Paranoia, die stereotyp mit „dem Juden" in einer verdinglichten, antisemitisch strukturierten Wahrnehmung die Konflikte der Welt ‚erklärt' und aus den unübersichtlichen, komplexen und subjektlosen/versachlichten Herrschafts- und Vergesellschaftungsprozessen „den Juden" als Ursache allen modernen Übels personifizierend destilliert und ‚haftbar' macht, verweist, folgt man der Kritischen Theorie, auf das fortwirkende Problem des gesellschaftlich bedingten modernen Autoritarismus. Aus ihm entspringt die Sehnsucht, Ich-Schwäche, Ohnmacht und mangelnde kognitive, moralisch und emotionale Kompetenzen mit rigide ordnenden Schemata, Gewalt und regressiven Identitätsbezügen zu kompensieren. So sehen heute drei Viertel der Ostdeutschen, 55% der Westdeutschen „Recht und Ordnung" zumindest tendenziell in Gefahr; 22% stimmen dieser Aussage „voll und ganz" zu.[2050] Konsequenter Weise fordert ein Fünftel uneingeschränkt und weitere 44% (im Westen: 39%) tendenziell eine „starke Hand" für Deutschland und glauben, „nur einer der durchgreift und eine starke Partei im Rücken hat, kann es schaffen, die gegenwärtigen Probleme in den Griff zu kriegen."[2051]

Die autoritäre Sehnsucht durchzugreifen äußert sich wie der Hass auf die Differenz vielfach fremdenfeindlich[2052] und meist auch antisemitisch. Angesichts dieses noch erheblichen Potenzials autoritärer wie kollektiv-nationaler Bedürfnisse und stereotyper

---

[2047] Vgl. ibid, S. 4.
[2048] Allerdings wird in einer anderen Studie konstatiert, dass die Zustimmung zur These, der Einfluss „der Juden" sei „zu groß", insbesondere in Westdeutschland von 1998 bis 2002 enorm gestiegen sei; von 14% auf 31%; vgl. Oskar Niedermayer und Elmar Brähler, Rechtsextreme Einstellungen in Deutschland: Ergebnisse einer repräsentativen Erhebung im April 2002. Fassung der Pressekonferenz am 5. September 2002, Berlin 2002, S. 8ff.
[2049] Vgl. Elmar Brähler und Horst-Eberhard Richter, Politische Einstellungen in Deutschland, a.a.O., S. 5. Zu weniger dramatischen Einschätzungen gelangt eine Studie von Infratest im Auftrag des American Jewish Committee (n=1250, Befragungszeitraum 8. bis 25. Oktober 2002). Demnach wollen 17% der Deutschen Juden liebe nicht als Nachbar haben (S. 3); dass Juden Feindseligkeiten selbst herausfordern meinen ‚nur' 6% (S. 11). Allerdings meinen 20%, Juden hätten zuviel Einfluss (S.18), und 59% stimmen vollkommen oder eher der Aussage zu, dass viele Deutsche sich lediglich nicht trauen, ihre wirkliche Meinung über Juden zu sagen (S.43) – was auch für die Interviewten selbst gelten könnte. 9% stimmen vollkommen zu, dass Möllemann Respekt dafür verdiene, dass er sich mit dem Zentralrat der Juden angelegt habe, immerhin weitere 14% stimmen eher zu, und nur 31% stimmen überhaupt nicht zu (S. 47). Auch stimmt auch in dieser Untersuchung eine Mehrheit (52%) der sekundär-antisemischen Aussage vollkommen oder eher zu, „die Juden" nutzten die Erinnerung an den Holocaust für ihre eigenen Vorteile aus (S. 65); siehe American Jewish Committe, Die Einstellungen der Deutschen zu Juden, dem Holocaust und den USA (Berlin: AJC, 2003).
[2050] Vgl. Friedrich-Ebert-Stiftung, Die gesellschaftliche Akzeptanz von Rechtsextremismus und Gewalt, a.a.O., S. 8f.
[2051] Vgl. ibid, S. 10.
[2052] So stimmen heute 30 % voll und ganz, weitere 17 % teilweise der Forderung zu, für alle Einwanderer, die nach Deutschland kommen, einen Aids-Test vorzuschreiben. Vgl. Manfred Güllner, „Haiders heimlich Anhänger," Die Woche, 18. Februar 2000, S. 8.

Bewusstseinsformen überrascht es nicht, dass anti-moderne, identitäre Reaktionen wie Nationalismus, personfizierende und simplifizierende Verschwörungstheorien und Antisemitismus, also tradierte wie moderne kulturelle und fetischistische Deutungsmuster der sozialen Welt, gerade in Zeiten enormen soziokulturellen Wandels und gesellschaftlicher Transformation in der politischen Kultur partiell mobilisierbar sind. Auch der Nationalismus, der laut Kritischer Theorie mit kollektiv-narzisstischen Bedürfnissen und autoritären Ordnungsvorstellungen korrespondiert, hat in jüngerer Zeit zugenommen. Die Losung „Deutschland den Deutschen", ehedem eine rechtsradikale Parole, wird heute von 38% der Bevölkerung geteilt (vs. 28% 1994).[2053] Die „postnationalen" Orientierungen scheinen von daher, auch im Kontext einer politisch wie ökonomisch partiell bereits „postnationalen Konstellation"[2054], im gesellschaftlichen Bewusstsein weniger vorangeschritten als vielfach behauptet oder erwünscht. Die konventionelle nationale Sehnsucht aber, dies hat die Kritische Theorie aufgezeigt und dies bestätigt die empirische Forschung, ist – auch und gerade in Deutschland nach Auschwitz – einer der wesentlichen Begünstigungsfaktoren für (sekundären) Antisemitismus.

Der dargestellte Prozess lässt schließlich vermuten, dass auch der angenommene kollektive Lernprozess vor 1989 in Bezug auf Einstellungspotenziale, politisches Verhalten und die demokratische Öffentlichkeit nicht so einheitlich und widerspruchsfrei gewesen sein mag wie etwa von Bergmann vermutet, sondern vielmehr gerade in Zeiten beschleunigten soziokulturellen Wandels noch regressive, anti-moderne wie antisemitische politisch-kulturelle Reservoirs aktualisierbar zu sein scheinen. Anselm Doering-Manteuffel, der die Amerikanisierung und Westernisierung Deutschlands untersucht hat, kommt zu dem Schluss, dass diese Prozesse weit weniger tief greifend abgelaufen sind als gemeinhin vermutet, ja auch – z. B. anti-individualistische – Mentalitäten bewahrt und weiterentwickelt worden sind, die lange im Verborgenen wirkten.[2055]

Der judeophobe Wahn ist, das hat die empirische Sozialforschung gezeigt, offenbar auch heute in Teilen des Elektorats wieder aktuell, und nicht nur derjenige, der sich überwiegend aus Erinnerungsabwehr und einer „Schlussstrich-Mentalität" speist und der sich in vergangenheitspolitischen Diskussionen Bahn bricht. Das sozialpsychologische Potenzial antisemitischer Paranoia ist insgesamt in der Geschichte der Bundesrepublik sukzessiv kleiner geworden, hat aber seit den neunziger Jahren auch in den jüngeren Generationen wieder zugenommen. Als Weltbild verbindet der Antisemitismus gegenwärtig die Rechtsextremen im Osten und im Westen der Bundesrepublik. Juden werden dabei als „Drahtzieher" hinter der modernen Vergesellschaftung, den „multinationalen Konzernen", den gegenwärtigen Migrationsbewegungen und hinter der heutigen „Globalisierung" gesehen. Judenfeindschaft wird so in der extremen Rechten verstärkt politisch mobilisiert, als latente Stereotypstruktur hat er noch gesamtge-

---

2053 Vgl. Elmar Brähler und Horst-Eberhard Richter, Politische Einstellungen in Deutschland, a.a.O., S. 6.
2054 Vgl. hierzu ausführlich Jürgen Habermas, „Die postnationale Konstellation und die Zukunft der Demokratie," in: Ders., Die postnationale Konstellation (Frankfurt a.M.: Suhrkamp, 1998), S. 91 – 169.
2055 Vgl. Anselm Doering-Manteuffel, Wie westlich sind die Deutschen? Amerikanisierung und Westernisierung im 20. Jahrhundert (Göttingen: Vandenhoeck & Ruprecht, 1999); vgl. auch Thymian Bussemer, „‚Che jedenfalls lebt in unseren Herzen': Die Achtundsechziger und ihr Amerika," Vorgänge (2000), S. 37 – 45, hier S. 44.

sellschaftliche Relevanz. Sie schlägt sich sowohl in chiffrierten Codes (z.B. von der „Macht der amerikanische Ostküste") als auch in z.T. fragmentarisierten Vorurteilsbildern und Klischees nieder, die sich bisweilen zu paranoiden Weltdeutungen verdichten können. Dass solcher Antisemitismus quasi „ohne Juden" überlebt, deutet sowohl auf seinen irrationalen, projektiven Charakter, als auch auf die Beharrlichkeit und fortwährende ‚Attraktivität' seiner heterogenen, widersprüchlichen Ressentimentstruktur. Sie integriert praktisch alles, was vom Subjekt als eigene Regung nicht akzeptiert und autoritär nach außen projiziert wird, und sie personifiziert alles, was dem Subjekt als subjektives oder soziales Problem erscheint. Das moderne antisemitische ‚Ticket' hat dergestalt seinen ist dabei mannigfach modernisiert und teils subtiler geworden. Es basiert freilich weiterhin auf autoritären Dispositionen, stereotypen Freund-Feindbildern und Weltdeutungen, mobilisierbaren Ethnizitätskonstruktionen und bietet eine spezifische moderne, gleichwohl anti-modern ausgerichtete reifizierte Erklärung soziokultureller Transformationen. Vielfach heftet sich der Antisemitismus dabei an Israel, perzipiert als ‚kollektiver Jude', und die „US-Ostküste".

Trotz eines partiellen Erosionsprozesses gegenüber antisemitischen Klischees in der politischen Öffentlichkeit in jüngster Zeit sind gegenüber den latenten antisemitischen Potenzialen in der Gesellschaft freilich heute auch die Grenzen zu betonen, die die zeitgenössische politische Kultur der Entfaltung und Enthemmung des Antisemitismus nach wie vor setzt. Die Skandalisierungsbereitschaft und -schwelle in der politischen Kultur erweist sich hier vergleichsweise höher als etwa in Österreich, das auch mit dem nationalsozialistischen Erbe belastet ist.

Dennoch scheint sich mit der insgesamt gestiegenen politischen Opportunität von antijüdischen Stereotypen und nationalen Normalitätspostulaten in der ‚Berliner Republik', was mit Wolfgang Kraushaar als eine gewisse „Radikalisierung der Mitte"[2056] beschrieben werden kann, der Renaissance latent antisemitischer Ideologeme in der politischen Kommunikation, ferner dem anhaltenden und teils neu mobilisierten Reservoir antijüdischer Vorurteile auf der Ebene gesellschaftlicher Haltungen, sowie den zunehmenden, expandierenden rechtsextremen wie teils auch linksradikalen politischen Angebotsstrukturen auch die allgemeine Gelegenheitsstruktur des Antisemitismus als nationale Identitätsfolie und verdinglicht-stereotype Weltdeutung in der politischen Kultur ‚verbessert' zu haben. Diese politische Gelegenheitsstruktur ist schließlich auch vor dem Hintergrund der strukturellen Probleme des modernen Autoritarismus und den prekären gesellschaftlichen Verhältnissen in den (post-)industriellen kapitalistischen Demokratien zu begreifen, aus denen jener mit hervorgeht. Ferner erscheinen die spezifischen sozioökonomischen Transformations- und soziokulturellen Modernisierungsprozesse der Gegenwart mit begünstigend. Im autoritären Bewusstsein können diese erfahrenen ‚Krisen' als ‚jüdische Verschwörung' personifiziert, oder auch, codierter, als Produkt ‚monetärer' und ‚deutschfeindlicher' Operationen von ‚Drahtziehern' der ‚US-Ostküste' oder der ‚Wall Street' projektiv-stereotyp gedeutet werden.

[2056] Siehe Wolfgang Kraushaar, „Radikalisierung der Mitte: Auf dem Weg zur Berliner Republik," in: Richard Faber, Hajo Funke und Gerhard Schoenberner (Hg), Rechtsextremismus: Ideologie und Gewalt (Berlin: Edition Hentrich, 1995), S. 52 – 69.

IV. Resümee und Forschungsperspektiven

In dieser Untersuchung wurden theoretische Konzeptionalisierungen und Parameter zur Erforschung von antijüdischen Stereotypen und antisemitischen politischen Mobilisierungsversuchen in der demokratischen politischen Kultur entwickelt und in die politikwissenschaftliche Forschung überführt. Fünf Dimensionen zur Analyse der zeitgenössischen *politisch-kulturellen Gelegenheitsstrukturen*, d.h. der spezifischen politischen, kulturellen und diskursiven Ermöglichungsbedingungen und Chancen politischer Mobilisierungen, standen im Zentrum dieser Studie: (1) die Struktur und Bedeutung antisemitischer Ideologeme und politischer Angebotsstrukturen insbesondere der extremen Rechten; (2) die Reaktionsformen demokratischer Akteure, des politischen Systems und des Rechtssystems, der staatlichen Institutionen und der demokratischen Parteien; (3) die politischen Kommunikations- und Verarbeitungsprozesse im weiteren Sinn, einschließlich der Medien und weiterer intermediärer Akteure, insbesondere in Bezug auf öffentliche Konflikte und Diskurse zum Thema oder zu angrenzenden Themenbereichen; (4) die politischen Orientierungen und politisch-kulturellen Reservoirs von bestimmten Judenbildern, antisemitischen Stereotypen und ethnisch-nationalen kulturellen Identifizierungen im Elektorat sowie (5) die sozialen und soziokulturellen Bedingungen, Transformations- und Modernisierungsprozesse und die mit ihnen verbundenen neuen soziokulturellen Konfliktlinien. Diese Dimensionen sollten vor allem in ihren Interaktionen und in ihrer Rolle im politischen *Prozess* sichtbar gemacht werden, wobei besonders die politische Kommunikation, das politische System und politische Akteure fokussiert wurden.

Dabei galt es *vier zentrale Thesen* im empirischen Prozess zu überprüfen: Es ließ sich *erstens* zeigen, dass antisemitische Erscheinungsformen und Ideologeme sowohl in der extremen Rechten, als auch in einer antizionistischen Linken sowie in Teilen der demokratischen Öffentlichkeit und im Elektorat jeweils hoch mit konventionellen nationalen Identitätsnarrativen und kulturellen Identifikationen sowie mit politischem Autoritarismus korrelieren.

Zweitens zielen neue antisemitische Mobilisierungsversuche, in Form eines offenen Antisemitismus, einer teils antisemitisch besetzten Globalisierungskritik oder eines manifesten Antiamerikanismus und Antiisraelismus insbesondere auf eine autoritäre, soziokulturelle Abwehr der ambivalenten Prozesse kultureller, politischer und ökonomischer Modernisierung, aber auch universalistischer Normen und demokratischer Freiheitsversprechen wie Institutionen.

Dabei sind insbesondere in jüngerer Zeit neue Mobilisierungen der extremen Rechten und von Teilen der radikalen Linken wahrzunehmen, in denen sich beide ideologisch annähren. Globalisierungs- und israelfeindliche wie vielfach gegen Juden gerichtete verschwörungstheoretische Ideologeme und Vorstellungen sowie Ressentiments gegen die „amerikanische Ostküste" diffundieren dabei teils in die politisch-gesellschaftliche ‚Mitte' bzw. interagieren auf ideologischer Ebene mit etablierten politischen wie medialen Akteuren, während andererseits der politische Antisemitismus von Parteien und Organisationen am Rand des politischen Spektrums kaum Erfolgschancen hat und politisch ausgegrenzt bleibt.

Die Analyse der politisch-kommunikativen Prozesse, Verlaufsformen und Wirkungen hat *drittens* plausibel nachweisen können, dass die politische *Wirkungsmächtigkeit* antisemitischer Projektionen nicht nur von sozialstrukturellen Bedingungen, psychosozialen Dispositionen und verfestigten unbewussten Stereotypen abhängig ist, sondern auch in hohem Maß von den demokratischen Rahmenbedingungen und der *Opportunität* in der politischen Kultur. Hierbei hat sich im Zuge der Renaissance konventionalisierter Identitätsnarrative und nationaler Selbstverständigungsprozesse im politischen Prozess seit der deutschen Einheit die politisch-soziale Akzeptanz sowie die Skandalisierungsschwelle von antisemitischen Motiven und israelfeindlichen Bildern, die auf Israel als Kollektiv-Juden zielen und dämonisieren, erhöht. Im Kontext einer Renaissance nationaler Identitätspolitik ist eine zunehmende Tendenz zu erkennen, modernisierten Antisemitismus öffentlich zu machen und zu vertreten. Frank Stern analysiert: „Der historische Hintergrund latenter antijüdischer Stereotypen verbindet sich heute mit der Neuformung deutscher Identität und deutschen Nationalbewusstseins, die sich oftmals nicht nur auf der extremen politischen Rechten als unverhüllter Nationalismus ausdrücken. Die longue durée antisemitischer Einstellungen findet im Einheitsprozess genügend Katalysatoren [...] antisemitischer Hemmschwellenüberschreitung."[2057] Eine partielle ‚Enttabuisierung' von neo-nationalistischen wie judenfeindlichen, z.T. sekundärantisemitischen Ressentiments respektive politisch-psychologischen Dynamiken vollzieht sich, wie gezeigt werden konnte, aussichtsreich überwiegend im Zuge geschichtspolitischer Kontroversen, jüngst aber auch – wie im Fall der FDP – im Kontext populistischer politischer Neuorientierungen innerhalb demokratischer Parteien und im Zuge eines neu mobilisierten Antiisraelismus im Horizont der neuen Debatten zum Nahost-Konflikt. Dabei zeigen sich heute mithin Teile der demokratischen Linken in Politik und Medien tendenziell eher offen für antiisraelische und antiamerikanische Positionen sowie Bagatellisierungen des antijüdischen Terrorismus als Konservative, während Teile der nationalen Rechten eher zu historischer „Schuldabwehr", der direkten Relativierung des Holocaust unter Täter-Opfer-Verkehrung sowie zu einem mit Antisemitismus in hohem Maß korrelierenden ethnischen Nationalismus tendieren.

In Bezug auf *viertens* die gerade in der deutschen politischen Kultur für den Antisemitismus entscheidende Komponente der Auseinandersetzung oder politisch-psychologischen Abwehr der Erinnerung an die Shoah zeigen sich insgesamt widersprüchliche Entwicklungen. Einerseits hat die Thematisierung der NS-Vergangenheit zugenommen und die politische Verdrängung des Geschehenen weitgehend abgelöst, andererseits hat

---

[2057] Frank Stern, „Die deutsche Einheit und das Problem des Antisemitismus," in Chrsitine Kulke und Gerda Lederer (Hg.), Der gewöhnliche Antisemitismus, a.a.O., S. 171 – 189, hier S. 175.

aber auch die Proklamation ‚selbstbewusster' nationaler Identität wie die Beschwörung nationaler ‚Normalität' – vielfach *innerhalb* dieser vergangenheitspolitischen Diskurse – Terrain gewonnen.

Antisemitische politische Mobilisierungsversuche können dabei auf bestimmte politisch-kulturelle Ressourcen an unbewussten Vorurteilen und autoritär-ethnozentrischen Orientierungen zurückgreifen, stoßen aber in der Demokratie auf strukturelle, rechtliche und politische Grenzen. Modernisierte und codierte antisemitische Stereotype inkorporieren freilich langlebige Traditionen kultureller Semantiken und Normorientierungen. Deren Signifikanz und Bedeutung hängt indes u.a. von politischen bzw. lebensweltlichen Kommunikationsprozessen ab, in denen kulturelle Wahrnehmungsmuster rekonstruiert, aktualisiert oder verändert werden. Eine hier neu begründete politische Kulturforschung zum Problem des Antisemitismus greift die triftigen unter den Erklärungsansätzen kritischer Theorien auf. Sie überwindet aber deren Verallgemeinerungen und fokussiert die dort vernachlässigten konkreten Akteure wie *politisch-kulturellen Interaktionsprozesse* sowie die politisch-psychologischen Dynamiken, die durch sie in Gang gesetzt oder gebremst werden.

Antisemitismus konnte hier gedeutet werden als eine spezifische Form ressentimentgeladener, stereotyper Weltdeutung, die alle möglichen politisch-psychologischen Funktionen übernehmen kann. Dies gilt für seine modernen, totalitären wie für seine unter demokratischen Rahmenbedingungen *modernisierten* ideologischen Varianten. Gegenwärtiger ‚postmoderner Antisemitismus' wurde konzeptionalisiert als eine besondere *antimodernistische Reaktionsbildung* auf die Moderne – ihre fortwährenden sozialen, politischen und kulturellen Umwälzungsprozesse – als Teil dieser Moderne und der besonderen politischen Kultur selbst. In antisemitischen Wahrnehmungsformen, die konventionelle kulturelle Deutungsmuster und Vorurteile aufgreifen und amplifizieren, gelten Juden als Personifikation aller negativ erfahrenen oder bewerteten Prozesse wie sozialen Widersprüche soziokultureller Modernisierung. Antisemitische Deutungen ermöglichen es, undurchschaute sowie als bedrohlich und verunsichernd erfahrene gesellschaftliche Entwicklungen, wie das soziale und subjektive Unbehagen, das auf jene zurückgeht, in verdinglichter und verschwörungstheoretischer Weise mit dem Bild von Juden als allgegenwärtige, weltweite Akteure des geschichtlichen Ganges zu *erklären* und ‚greifbar' zu machen. Vor allem in der vordemokratischen deutschen politischen Kulturtradition fungierte das *Gegenbild* vom Juden ideologiehistorisch lange Zeit als eine zentrale Quelle nationaler Identifikationen, die als politische und kulturelle Matrix mitgeschleift worden ist. Aus dem historischen Erbe des nationalsozialistischen Antisemitismus und seiner gesellschaftlichen Verarbeitung begründet sich überdies, im Besonderen in Deutschland, die virulente Motivstruktur eines *sekundären Antisemitismus* aus Erinnerungsabwehr. Juden werden demnach oftmals als kollektive Repräsentanten des Holocaust wahrgenommen und mit der unliebsamen Erinnerung an die deutschen Verbrechen identifiziert – einer nicht selten vom nationalen Narrativ abgespaltenen Erinnerung, die gleichwohl die Idealisierung nationaler Identitätsnarrative und entsprechende kollektive Identifikationen beständig unterminiert. Der sekundäre Antisemitismus adaptiert und reproduziert – vielfach unbewusst – mit dem Motiv, die Geschichte der NS-Verbrechen bagatellisieren oder ‚normalisieren' zu wollen, in spezifischer Weise tradierte antijüdische Klischees und Projektionen (etwa von ‚jüdischer Rachsucht' und ‚jüdischer Geldgier') gegenüber den Opfern und ihren Nachkommen, welche als perzipierte ‚Störenfriede der Erinnerung' die Vergangenheit vermeintlich oder real wach halten.

Nimmt man „alle Einstellungen und Orientierungsmuster zusammen, die unter den Schlussstrich-Befürwortern weiter verbreitet sind als unter den Schlussstrich-Gegnern," so analysieren auch Klaus Ahlheim und Bardo Heger in ihrer neuesten empirischen Untersuchung zu Antisemitismus und Erinnerungsabwehr unter Studierenden, „dann entdeckt man viel von jenem ‚autoritären Syndrom', dass Theodor W. Adorno u.a. schon in den fünfziger Jahren erforscht und beschrieben haben."[2058] Die stereotype, autoritäre Abwehr der Erinnerung blockiert das Bewusstsein: Nicht zuletzt darin liegt die Gefahr, „dass man es nicht an sich herankommen lässt" und den, der nur an Auschwitz erinnert, zum Schuldigen, zum Täter, sich selbst aber zum (kollektiven) Opfer kürt.[2059] Dabei werden oftmals alte antijüdische Klischees und Codes – von der „Rachsucht" bis ‚ins siebte Glied', einem vermeintlichen „Zorn von alttestamentarischem Atem" bis zur Vorstellung, Juden wollten aus der eigenen Verfolgung nur materielle Vorteile ziehen – aufgegriffen und modernisiert. Eine weitere demokratiepolitische Gefahr liegt darin, dass Antisemitismus heute vielfach nur noch als – im Besonderen ‚jüdischer' – Vorwurf in der politischen Kommunikation wahrgenommen wird.

Die politische Bedeutung und der Handlungsspielraum von antisemitischen Gesellschaftsdeutungen ist, wie gezeigt, in hohem Maße abhängig von der öffentlichen Auseinandersetzung mit und *politischen Opportunität* von judenfeindlichen Stereotypen in der politischen Kultur. In den letzten Jahren haben im Zuge dieses Erosionsprozesses Rechtsextremisten „ihre taktische Zurückhaltung aufgegeben und tragen antisemitische Phobien offensiver und aggressiver vor.."[2060] Hierbei werden sozial partiell virulente Vorurteile gegen Juden sowie autoritäre Dispositionen in einer „Revolte gegen die Moderne"[2061] teils auch *politisch* re-mobilisiert. Antisemitische, erinnerungsabwehrende und antiisraelische Ressentiments und negative Judenbilder sind in Prozessen der politischen Kommunikation überdies zunehmend öffentlich gemacht worden und haben in öffentlichen Konflikten und politischen Interaktionsdynamiken eine gestiegene Resonanz und Legitimität erfahren. Die Opportunität antisemitischer Judenbilder ist indes heute ebenso umkämpft und umstritten wie die Definition davon, was als Antisemitismus gelten soll, und wie die Deutungsnarrative der Geschichtsbetrachtung. Wahrnehmbar ist in jedem Fall nicht nur eine verstärkte Thematisierung des Antisemitismus der Geschichte und Gegenwart, sondern auch bei manchen Akteuren in der politischen Öffentlichkeit eine Erosion der Grenzziehungen gegenüber antisemitischen Vorurteilen und eine erhöhte Bereitschaft, diese selbst einzusetzen. Dabei sind teils die Grenzen des

---

2058 Klaus Ahlheim/Bardo Heger, Die unbequeme Vergangenheit, a.a.O., S. 110.
2059 Vgl. Theodor W. Adorno, „Erziehung nach Auschwitz," a.a.O., S. 679.
2060 Bundesamt für Verfassungsschutz, Die Bedeutung des Antisemitismus im aktuellen deutschen Rechtsextremismus, a.a.O., S. 1.
2061 Moishe Postone, „Nationalsozialismus und Antisemitismus," a.a.O., S. 246.

demokratisch Sagbaren erweitert und neu gezogen worden, wobei antisemitische Akteure scheinbar zunehmend im öffentlichen Raum ausloten, was man Juden sanktionslos zumuten darf. Dies stellt m.E. eine neue Qualität dar.

Begünstigt wird dieser Prozess durch nach wie vor gängige abwehraggressive, geschichtsrelativierende Muster. Darunter stechen die insistierende öffentliche Betonung der vorgeblichen ‚Verbrechen der anderen' (z.B. der Vertreibung) oder die Forderung nach einem ‚Schlussstrich', einem ‚tabulosen' ‚Neuanfang' und Umgang mit der NS-Vergangenheit in der Berliner Republik sowie der Rekurs auf „deutsche Leiden" durch Krieg und Vertreibung, die vermeintlich in der deutschen Nachkriegszeit „tabuisiert" worden seien[2062], hervor – Motive, welche sich in der Öffentlichkeit des letzten Jahrzehnts auch als politische Diskursstränge haben etablieren können: „A number of German politicians", so William Safran, „have oscillated between admission and rejection of collective responsibility."[2063] Auch die symbolischen Politiken sind diesbezüglich, wie dargelegt, oft ambivalenten Charakters. So stark die ‚Schlussstrich-Mentalität' freilich ist, die Vergangenheit lässt sich nicht mehr einfach aus dem sozialen Bewusstsein tilgen. Es gehört zur eigensinnigen Dialektik des Schlussstrich-Dispositivs, dass es immer wieder auf die Agenda setzt, was es der Geschichte zueignen möchte. Dennoch hat es problematische Wirkungen, dass der Holocaust oftmals als der deutschen Geschichte äußerliches Ereignis begriffen und die Erinnerung an Juden delegiert wird. Diese Delegation und Externalisierung fördert sekundären Antisemitismus.

Während offener Antisemitismus weiterhin überwiegend in der demokratischen politischen Kultur, wenn auch in teils zähen und verzögerten Reaktionsbildungen, als inopportun bewertet und skandalisiert wird, so verändert sich das Bild bei antijüdischen *Codes*, Chiffren und Judenbildern. Die Problematisierung des Antisemitismus, dies ließ sich in den Konfliktstrukturen und Diskursprozessen nachweisen, bleibt ferner zumindest in der Frühphase von politisch-kulturellen Auseinandersetzungen zumeist Juden selbst überlassen, während andererseits vielfach zunächst nur ein ‚Antisemitismus-Vorwurf' wahrgenommen wird. Eine zunehmende Legitimität antisemitischer Äußerungen könnte – dies zeigen neuere empirische Erhebungen – aber auch die gesellschaftliche Bereitschaft, sich zu antisemitischen Wahrnehmungsformen zu bekennen, genauso erhöhen wie ihre gesamtgesellschaftliche ‚soziale Erwünschtheit'. Dies hat Folgen für die soziale und politische Gelegenheitsstruktur von Antisemitismus insgesamt. So reüssieren modernisierte antisemitische Ideologieformen und Reaktionsbildungen auch über eine extreme Rechte hinaus, die selbst in den letzten zehn Jahren an Terrain gewonnen hat und von neuen Interaktionsdynamiken zwischen Zeitgeist, Politik, Medien und Gesellschaft profitiert.

Die über Jahrzehnte verstärkte Diskreditierung und Tabuierung antisemitischer Sentimente im öffentlichen Raum hat gesellschaftlich zweifelsohne positive Wirkungen gezeigt. Der modernisierte, teils codierte Antisemitismus der extremen Rechten ist so

---

2062 Vgl. jüngst Eric Langenbacher, „Changing Memory Regimes in Contemporary Germany?," German Politics & Society 21 (2003), pp. 46 – 68.
2063 William Safran, „Germans and Jews since 1945: The Politics of Absolution, Amends, and Ambivalence," a.a.O., p. 43.

weitgehend isoliert und diskreditiert geblieben, obschon die Distanzierung von einer gemäßigteren, gleichwohl auch neo-nationalistischen, geschichtsrevisionistischen und subtil antisemitischen „Neuen Rechten" bereits seit den 1980er Jahren oft weniger eindeutig gewesen ist, und nunmehr die Grenzen zum politischen System auch diesbezüglich permissiver erscheinen.

Schließlich können der beschleunigte soziale Wandel der Gegenwart, die rapiden sozioökonomischen Umbrüche und soziokulturellen Modernisierungsprozesse mit ihren einschneidenden sozialen Folgen dazu beitragen, antisemitische Deutungsschemen und Verschwörungstheorien zu verstärken. Ein reaktiver Antisemitismus bietet dabei eine griffige, pseudo-konkrete Erklärung der übergreifenden gesellschaftlichen Transformationsprozesse (vom Neoliberalismus über die Globalisierung bis zur transnationalen Migration), die sich hinter dem Rücken des Elektorats und seiner Entscheidungskompetenzen durchsetzen und zugleich homogenisierte Konstruktionen von kollektiver Identität bedrohen, die mitunter gegen die perzipierte ‚Verschwörung' mobilisiert werden.

In den empirischen Untersuchungen von Phänomenen eines ‚postmodernen' Post-Holocaust-Antisemitismus in den Publikationen und Organisationen der extremen Rechten finden sich folgerichtig zunehmend Angebotsstrukturen eines *politischen Antisemitismus*, die die „soziale Frage" nationalistisch und antisemitisch besetzen und den Kampf gegen „Globalismus", „US-Imperialismus", „Zionismus", die „Wall Street" und „multinationale Konzerne" ins Zentrum ihrer Programmatik stellen. Mit der Adaption von Stichworten der Zeit sucht die extreme Rechte Anschluss auch an identitär verkürzte, nationalistisch unterlegte Globalisierungskritiken und ‚linken' Anti-Imperialismus. In der extremen Rechten erfährt derzeit in toto ein immer weniger codierter Antisemitismus derzeit nachweislich eine Renaissance. Mit dem antisemitischen Feindbild der abstrakten, nicht real greifbaren „amerikanischen Ostküste" wächst zugleich die gefährliche rechtsextreme Mischung aus politischer Paranoia und nationalem Größenwahn, die das Bewusstsein der autoritären Gefolgschaft strukturiert. Gerade der rechtsextreme Antisemitismus zeitigt heute eine geschlossene anti-moderne Reaktionsbildung und judenfeindliche Welterklärung. So gesellschaftlich marginalisiert der Rechtsextremismus heute sein mag, so zeigt er sich gerade als informeller „Rechtsextremismus neuen Typs" besonders bedrohlich und gewalttätig. Dieser „neue Rechtsextremismus" baut auf eine zunehmend autoritär, fremdenfeindlich wie antisemitisch orientierte Jugend- und Alltagskultur insbesondere im Osten Deutschlands. Bisher ist dieser alltagskulturell expandierende Rechtsextremismus nur unzureichend politisch bekämpft worden.

Elektorale Erfolgsaussichten eines politischen Antisemitismus scheinen in Deutschland indes bis auf weiteres aufgrund der hohen Staats- und Parteienidentifikation begrenzt. Wahlerfolge judenfeindlicher politischer Mobilisierung, nachaltige zumal, wären mittelfristig am ehesten durch etablierte demokratische Parteien zu erreichen; dieser Erkenntnis entspricht der Versuch eines Teils der FDP im Bundestagswahlkampf 2002, einen moderierten „demokratischen Antisemitismus" zu mobilisieren.

Als besonderes Problem der politischen Kultur erweist sich schließlich der – auch infolge der rechtsextremen Alltagskultur, soziokultureller Transformationsprozesse und eines veränderten politischen Klimas der Auseinandersetzung mit Israel und der NS-Vergangenheit – erstmals wieder gestiegene Antisemitismus bei den heranwachsenden Generationen. Die von einigen Forschern weiterhin vertretene These vom sukzessiven, quasi-linearen „kollektiven Lernprozess" gegenüber dem Antisemitismus in der politischen Kultur ist in dieser Form m.E. nicht mehr zu halten. Gleiches gilt für die These einer durchgängigen und stetig zunehmenden Stigmatisierung antijüdischer Ideologeme in Politik, Medien und Gesellschaft. Diese Thesen widersprechen nicht nur den jüngeren empirischen Daten und Diskursen, sondern werden auch der *Komplexität* des Phänomens nicht gerecht. Vielmehr sind die Entwicklungen widersprüchlich und zeitigen ein immer noch *umkämpftes politisches Terrain demokratischer Selbstverständnisse*, auch in einer weithin demokratisierten und liberalen politischen Kultur. Die Frage nach den potenziellen Mobilisierungschancen antisemitischer Ideologeme ist dabei u.a. gekoppelt an die teils polarisierten Auseinandersetzungen zum ethnischen Nationsverständnis und zum politischen Umgang mit der NS-Vergangenheit. Während Antisemitismus als geschlossene politische Ideologie nur von einer kleinen Minderheit virulent vertreten wird und überdies weitgehend politisch-kulturell tabuiert bleibt, so ist die Skandalisierungsbereitschaft gegenüber antijüdischen Vorurteilen insgesamt heute höherschwelliger als noch vor zehn Jahren, die politische Gelegenheitsstruktur insgesamt heute günstiger. Mithin ist, trotz liberal-demokratischer Grenzen, eine negative *Interaktionsdynamik* von Politik, ‚Zeitgeist' und sozialen Dispositionen zu beobachten, in deren Folge ‚kommunikationslatente' antisemitische Vorurteile des gesellschaftlichen Unbewussten aktualisiert werden können. In diese ideologiehistorischen Folien wirken nicht nur unbewusste Determinanten des Antisemitismus hinein, sondern auch die „spezifische Situation des deutschen Nationalismus", die traditionell besonders weitgehende „Fetischisierung des Begriffs der Nation, [...] der an sich selber schon dies Prekäre und Repressive nach innen und außen hat."[2064]

Insgesamt findet sich dergestalt eine widerspruchsvolle, auch politisch umkämpfte Situation und Dynamik in der politischen Kultur. Mögen die Chancen eines manifesten ‚politischen Antisemitismus' im traditionellen Sinn insgesamt aufgrund von funktionierenden liberal-demokratischen und rechtlichen Mechanismen wie Gegenkräften gering sein, so sind die politischen Legitimitäts- und Opportunitätsgewinne von judenfeindlichen Motiven in der jüngeren Zeit ernst zu nehmen; dies gerade vor dem Hintergrund der prekären gesellschaftlichen Transformationsprozesse und der negativen Entwicklungstendenz von antisemitischen Einstellungen in Elektorat und Gesamtgesellschaft.

Um diesen Prozess umfassend zu bewerten, werden weitere Untersuchungen und Sekundäranalysen zum Antisemitismus, seiner Wirkung und dem politischen Umgang mit ihm in der politischen Kultur vonnöten sein. Diese Studie hofft, unter Rückgriff auf politisch-psychologische Théoreme, durch die Integration kritischer Diskursforschung und eine theoretische wie empirische Neubegründung der Forschung zu ethnozentrischen Affekten, politischen Vorurteilsmobilisierungen und ihren Gelegenheitsstruktu-

---

[2064] Theodor W. Adorno, Zur Lehre von der Geschichte und von der Freiheit, a.a.O., S. 162f.

ren in politischen Kulturen, für nachfolgende Untersuchungen auch methodisch neue Schneisen geschlagen zu haben.

Das zurecht in der Wissenschaft betonte Desiderat einer international komparativen Forschung, die gerade über den Vergleich auch weiteren Aufschluss geben könnte über die spezifischen Funktionen, Bedeutungen und politischen Wirkungen von Antisemitismus in Deutschland, ist bisher weitgehend unerfüllt geblieben. Gerade im Bereich der interpretativen, politisch-kulturell und politisch-psychologisch deutenden Sekundäranalysen empirischer Befunde steckt die international vergleichende Forschung noch ganz in den Anfängen. Sie wird weiter an Gewicht gewinnen, gerade vor dem Hintergrund eines neuen europäischen und mithin globalen oder „globalisierten" Antisemitismus. Judenfeindschaft erweist sich mehr und mehr als internationales Phänomen. Sie kristallisiert sich zunehmend international in antisemitischen Personifizierungen von Globalisierungsprozessen und in einer erstaunlich virulenten Israelfeindschaft sowie einem neuen, teils offen antijüdisch legierten Antiamerikanismus. Im Zuge dessen werden in einer eigentümlichen politisch-ideologischen Vereinigung von Linken, Rechten und Islamisten vielfach Israel und die USA als Hauptverbrecher in der internationalen Arena und mithin als „zionistische Verschwörer" ausgemacht, werden soziale Veränderungen und soziokulturelle Konfliktlinien in erstaunlichem Maße auf diese Länder projiziert.[2065]

Antisemitismus réüssiert heute auch im rechtsextremen und linksradikalen Bereich des *europäischen* politischen Spektrums. Hierin scheint sich die These zu bestätigen, dass der modernisierte Antisemitismus u.a. eine spezifische kulturalistische, antipluralistische und identitätskonstituierende Antwort auf allgemeinere, komplexe soziokulturelle Modernisierungsprozesse wie und demokratiepolitische Dilemmata im Kontext von Globalisierung und europäischer Vereinigung kommuniziert.

In entsprechenden autoritär-stereotypen Bewusstseinsformen fungieren Juden und Einwanderer (und jüngst auch verstärkt Amerikaner und Israelis) vielfach über die Landesgrenzen hinweg als zentrale Feindbilder, freilich in unterschiedlicher Weise und kultureller Gewichtung, und teils vor dem Hintergrund divergierender politisch-kultureller und politisch-psychologischer Ursachenkomplexe. Juden erscheinen dabei besonders als die Personifikation der als bedrohlich für die eigene, schwache persönliche wie kollektive Identitätskonstruktion empfundenen, kapitalistisch induzierten soziokulturellen Globalisierungsprozesse: Sie repräsentieren sozialpsychologisch demokratischen Universalismus, Individualismus, Abweichung, Heimatlosigkeit, Multikulturalismus und Migration, zugleich aber auch ‚alternative' Formen soziokulturellen Zusammenhalts und lebensweltlicher Kommunikation in einer sozialen Welt der Fragmentierung, sowie mithin die Ambivalenzen und Widersprüche der modernen Welt schlechthin. Die Bedeutung des Nationalstaats, konventioneller nationaler Identitätsnarrative, Vergemeinschaftungsformen und besonderer politisch-kultureller Zusammenhänge erweist sich dabei als nachhaltiger als oftmals sozialwissenschaftlich erwartet.

[2065] Vgl. Daniel Jonah Goldhagen, „Der alte neue Hass: Wie der Antisemitismus global wurde," Die Welt, 28. Juni 2003. Auch das Problem des Antisemitismus bei Immigranten, der insbesondere bei arabischen und muslimischen Jugendlichen überproportional hoch in Erscheinung tritt, ist noch kaum erforscht.

Auch am neuen Antisemitismus und wieder belebten antijüdischen Stereotypen zeigen sich die gegenwärtigen Probleme einer post-nationalen Demokratieentwicklung und die Herausforderungen für post-konventionelle Bewusstseinsformen. Die länderübergreifenden Mobilisierungsversuche eines neuen Antisemitismus spiegeln dabei u.a. in radikaler Weise die neuen soziokulturellen Konfliktlinien gegenüber sozialem und kulturellem Wandel, die in den letzten Jahrzehnten zunehmend zentrale Scheidelinien politischer Orientierung darstellen. In einer bereits globalisierten Alltagskultur werden bei bestimmten Teilen des Elektorats, die gesellschaftliche Veränderung als besonders bedrohlich empfinden, deren ‚negative', für die individuelle wie kollektive Identität prekären Aspekte zugleich oft reifiziert und im Bild von Juden personifiziert.

Für normativ und politisch geboten erscheint heute m.E. eine offene, politisch-kommunikative Bearbeitung und Durchdringung antisemitischer Stereotype und konventionalisierter nationaler Identitätsnarrative sowie eine kritische Auseinandersetzung mit der NS-Vergangenheit und entsprechenden intergenerativen, kulturellen Selbstanteilen. Ebenso wichtig ist indes die negative Santkionierung, Skandalisierung und Ausgrenzung von Antisemitismus in der politischen Kommunikation, eine erneute Begrenzung seines Opportunitätsspielraums im öffentlichen Raum. Antisemitismus ist keine ‚legitime' Position im demokratischen Gespräch, wie bisweilen insinuiert wird. Schließlich ist der staatliche Repressionsdruck gegenüber antisemitischen Parteien, Gruppen und Organisationen im Sinne einer aktiven „streitbaren Demokratie" zu erhöhen, obschon die repressive Kraft bei der Bekämpfung des Rechtsextremismus keinesfalls ausreicht. Der politische Antisemitismus der extremen Rechten ist aber offener und deutlicher geworden, und dies deutet auch auf einen geschwächten Verfolgungsdruck.

Von der Durchdringung der gesellschaftlichen Ursachen, politisch-psychologischen Dynamiken sowie politisch-kulturell tradierten Vorurteilsmuster hängt es ab, welche Judenbilder in der Demokratie überleben oder überwunden werden können. Von entscheidender Bedeutung erweisen sich hierbei die Prozesse der politischen Kommunikation und die Selbstverständnisse, die durch sie generiert werden. Die Bekämpfung des Antisemitismus und die Verarbeitung der NS-Vergangenheit sollten als *anhaltende* Herausforderungen für die bundesrepublikanische Demokratie verstanden werden. Das Problem des Antisemitismus wird sich, darauf deutet vieles hin, weiterhin in Deutschland und Europa als aktuell erweisen, und damit auch als Gegenstand für die politische Wissenschaft aktuell bleiben. Seine zukünftige Bedeutung in der politischen Kommunikation und in der Kultur wird nicht zuletzt von der weiteren Entwicklung der soziokulturellen wie politischen Gelegenheits- und vor allem politisch-diskursiven Opportunitätsstrukturen abhängen, also davon, wieviel Antisemitismus sich die Demokratie erlaubt.

V. Literatur

1. Zitierte und analysierte Nachrichtenmagazine, Zeitschriften, Tages- und Wochenzeitungen

Abendzeitung (München)
B.Z. (Berlin)
Berliner Morgenpost
Berliner Zeitung
Bild
Deutsche National-Zeitung
Deutsche Stimme
Frankfurter Allgemeine Zeitung (FAZ)
Frankfurter Rundschau (FR)
Freie Presse Chemnitz
Focus
Hamburger Abendblatt
Hamburger Morgenpost
Heilbronner Stimme
Junge Freiheit
Junge Welt
Jungle World
Konkret
Magdeburger Volksstimme
Neues Deutschland (ND)
Rheinischer Merkur
Rhein-Neckar-Zeitung
Der Spiegel
Stern
Süddeutsche Zeitung (SZ)
Der Tagesspiegel
Die tageszeitung (taz)
Die Welt
Welt am Sonntag
Westdeutsche Allgemeine Zeitung (WAZ)
Die Woche
Die Zeit

2. Wissenschaftliche Literatur

Ackermann, Ulrike, Sündenfall der Intellektuellen: Ein deutsch-französischer Streit von 1945 bis heute (Stuttgart: Klett-Cotta, 2000).

Adorno, Theodor W., „Antisemitismus und faschistische Propaganda," in Ernst Simmel (Hg.), Antisemitismus (Frankfurt a.M.: Fischer, 1993), S. 148 – 161.

-------, „Auf die Frage: Was ist deutsch," in Ders., Stichworte: Kritische Modelle 2. Gesammelte Schriften Bd. 10.2 (Frankfurt a.M.: Suhrkamp, 1977), S. 691 – 701.

-------, „Bemerkungen über Politik und Neurose," in Ders., Soziologische Schriften I: Gesammelte Schriften Bd. 8 (Frankfurt a.M.: Suhrkamp, 1979), S. 434 – 439.

-------, „Die auferstandene Kultur," in Ders., Gesammelte Schriften Bd. 20.2 (Frankurt a.M.: Suhrkamp, 1986), S. 453 – 464.

-------, „Die Freudsche Theorie und die Struktur der faschistischen Propaganda," in: Ders., Kritik. Kleine Schriften zur Gesellschaft (Frankfurt a.M.: Suhrkamp, 1971), S. 34 – 66.

-------, Einleitung in die Soziologie (Frankfurt a.M.: Suhrkamp, 1993).

-------, „Erziehung nach Auschwitz," in Ders., Stichworte. Kritische Modelle 2. Gesammelte Schriften Bd. 10.2 (Frankfurt a.M.: Suhrkamp, 1977), S. 674 – 690.

-------, „Kritik," in Ders., Gesammelte Schriften Bd 10.2 (Frankfurt a.M.: Suhrkamp, 1977), S. 785 – 793.

-------, Minima Moralia: Reflexionen aus dem beschädigten Leben (Frankfurt a.M.: Suhrkamp, 1991 [1951]).

-------, Negative Dialektik (Frankfurt a.M.: Suhrkamp, 1988 [1966]).

-------, „Schuld und Abwehr: Eine qualitative Analyse zum ‚Gruppenexperiment'," in Ders., Soziologische Schriften II: Gesammelte Schriften Bd. 9.2 (Frankfurt a.M.: Suhrkamp, 1975), S. 121 – 324.

-------, „Starrheit und Integration," in Ders., Soziologische Schriften II: Gesammelte Schriften Bd. 9.2, Frankfurt a.M. (Suhrkamp) 1975, S. 374 – 377.

-------, Studien zum autoritären Charakter (Frankfurt a.M.: Suhrkamp, 1973).

-------, „The Psychological Technique of Martin Luther Thomas' Radio Addresses," in Ders., Soziologische Schriften II: Gesammelte Schriften Bd. 9.2 (Frankfurt a. M.: Suhrkamp, 1975), S. 7 – 141.

-------, „Was bedeutet: Aufarbeitung der Vergangenheit," in Ders., Eingriffe: Neun kritische Modelle. Gesammelte Schriften Bd. 10.2 (Frankfurt a.M.: Suhrkamp,1977), S. 555 – 572.

-------, „Wozu noch Philosophie," in Ders., Gesammelte Schriften Bd. 10.2 (Frankfurt a.M.: Suhrkamp, 1977).

-------, Zur Lehre von der Geschichte und von der Freiheit: Nachgelassene Schriften Bd. 13 (Frankfurt a.M.: Suhrkamp, 2001).

-------, „Zur Bekämpfung des Antisemitismus heute," in Ders., Kritik. Kleine Schriften zur Gesellschaft (Frankfurt a.M.: Suhrkamp, 1971), S. 105 – 133.

Ahlheim, Klaus und Bardo Heger, Der unbequeme Fremde: Fremdenfeindlichkeit in Deutschland – empirische Befunde (Schwalbach/Ts.: Wochenschau Verlag, 1999).

-------, Die unbequeme Vergangenheit: NS-Vergangenheit, Holocaust und die Schwierigkeit des Erinnerns (Schwalbach/Ts.: Wochenschau Verlag, 2002).

Alker, Hayward R., "Political Methodology, Old and New," in Robert E. Goodin and Hans-Dieter Klingemann (eds.), A New Handbook of Political Science (Oxford: Oxford University Press, 1996), pp. 787 – 799.

Allport, Gordon W., The Nature of Prejudice (Reading, MA: Addison-Wesley, 1954).

Almond, Gabriel A. and G. B. Powell, Comparative Politics Today (Boston and Toronto: Little, Brown & Co, 1984).

Almond, Gabriel A. and Sidney Verba, The Civic Culture: Political Attitudes and Democracy in Five Nations (Princeton, NJ: Princeton University Press, 1963)

Altfelix, Thomas, „The ‚post-Holocaust Jew' and the instrumentalization of philosemitism," Patterns of Prejudice, Vol. 34 (2000), pp. 41 – 56.

Améry, Jean, „Der ehrbare Antisemitismus," Die Zeit, 25. Juli 1969.

Anderson, Benedict, Imagined Communities (London: Verso, 1991).

Arendt, Hannah, Elemente und Ursprünge totaler Herrschaft (München: Piper, 1993)

-------, „Antisemitismus und faschistische Internationale," in Dies., Nach Auschwitz: Essays & Kommentare 1 (Berlin: Edition Tiamat, 1989), S. 31 – 48.

-------, „Besuch in Deutschland: Die Nachwirkungen des Naziregimes," in Dies., Zur Zeit: Politische Essays (Berlin: Rotbuch Verlag, 1986), S. 43 – 70.

-------, „Die vollendete Sinnlosigkeit," in Dies., Nach Auschwitz: Essays & Kommentare 1 (Berlin: Edition Tiamat, 1989), S. 7 – 30.

-------, Eichmann in Jerusalem: Ein Bericht von der Banalität des Bösen (München: Piper, 1986).

-------, „Organized guilt and universal responsibility," Jewish Frontier, Vol. 12 (1945), pp. 19 – 23.

-------, „Wahrheit und Politik," in Dies., Wahrheit und Lüge in der Politik (München: Piper, 1987), S. 44 – 92.

Arnold, Caroline and Herma Silverstein, Anti-Semitism: A modern perspective (New York: Julian Messner, 1985).

Aschheim, Steven, „Archetypes and the German-Jewish dialogue: Reflections occasioned by the Goldhagen affair," German History 15 (1997), 240 – 250.

Ash, Mitchell G., „American and German perspectives on the Goldhagen debate: History, identity, and the media," Holocaust and Genocide Studies 11 (1997), pp. 396 – 411.

Assmann, Aleida und Ute Frevert, Geschichtsvergessenheit – Geschichtsversessenheit: Vom Umgang mit deutschen Vergangenheit nach 1945 (Stuttgart: Deutsche Verlags-Anstalt, 1999).

Atkinson, Graeme, „Germany: Nationalism, Nazism and Violence," in Tore Björgo and Rob Witte (Hg.), Racist Violence in Europe (New York: St. Martin's Press, 1993), S. 154 – 166.

Auer, Dirk, „Dass die Naturbefangenheit nicht das letzte Wort behalte: Fortschritt, Vernunft und Aufklärung," in Ders., Thorsten Bonacker und Stefan Müller-Doohm (Hg.), Die Gesellschaftstheorie Adornos (Darmstadt: Wissenschaftliche Buchgesellschaft, 1998), S. 21 – 40.

Autonome Nahost-Gruppe Hamburg, „Warum wir an der Solidarität mit dem Kampf des palästinensischen Volkes festhalten werden!," Mescalero: Zeitschrift über politische Gefangene 2 (1988), S. 18 – 23.

Backes, Uwe, Politischer Extremismus in demokratischen Verfassungsstaaten: Elemente einer normativen Rahmentheorie (Wiesbaden: Westdeutscher Verlag, 1989).

Backes, Uwe und Eckhard Jesse, „Extremistische GefahrenPotenziale," Jahrbuch Extremismus & Demokratie 3 (1992), S. 7 – 32.

-------, Politischer Extremismus in der Bundesrepublik Deutschland (Bonn: Bundeszentrale für politische Bildung, 1989).

Backes, Uwe, Eckhard Jesse und Rainer Zitelmann (Hg.), Die Schatten der Vergangenheit: Impulse zur Historisierung des Nationalsozialismus (Berlin: Ullstein, 1990).

Bärsch, Claus-Ekkehard, „Die Konstruktion der kollektiven Identität der Deutschen gegen die Juden in der politischen Religion des Nationalsozialismus," in Peter Alter/Claus-Ekkehard Bärsch/Peter Berghoff (Hg.), Die Konstruktion der Nation gegen die Juden (München: Wilhelm Fink Verlag, 1999), S. 191 – 224

Bar-Tal, Daniel, „The Delegitimization of Jews in Germany 1933-1945: A Case of Group Beliefs," in: Christine Kulke und Gerda Lederer (Hg.), Der gewöhnliche Antisemitismus: Zur politischen Psychologie der Verachtung (Pfaffenweiler: Centaurus-Verlagsanstalt, 1994), S. 53 – 69.

Barkan, Elazar, The Guilt of Nations: Restitution and Negotiating Historical Injustices (New York: W. W. Norton, 2000).

Bartov, Omer, Hitlers Wehrmacht: Soldaten, Fanatismus und die Brutalisierung des Krieges (Reinbek: Rowohlt, 1999).

Bauman, Zygmunt, Dialektik der Ordnung (Hamburg: Europäische Verlagsanstalt, 1992).

-------, Modernity and the Holocaust (Cambridge: Polity Press, 1989).

-------, „Große Gärten, kleine Gärten – Allosemitismus: Vormodern, modern, postmodern," in Michael Werz (Hg.), Antisemitismus und Gesellschaft (Frankfurt a.M.: Verlag Neue Kritik, 1995), S. 44 – 61.

Bauer, Yehuda, „Vom christlichen Judenhaß zum modernen Antisemitismus," Jahrbuch für Antisemitismusforschung 1 (1992).

Bavendamm, Dirk, Roosevelts Krieg 1937 – 1945 und das Rätsel von Pearl Harbour (München und Berlin: Herbig Verlag, 1993).

Behrens, Rolf, Raketen gegen Steinewerfer: Das Bild Israels im ‚Spiegel' (Münster: Lit-Verlag, 2003).

Behrensen, Arne, „The Holocaust Industry – Eine deutsche Debatte," in Ernst Piper (Hg.), Gibt es wirklich eine Holocaust-Industrie? Zur Auseinandersetzung um Norman Finkelstein (Zürich: Pendo, 2001), S.15 – 43.

Bendix, Reinhard, „Strukturgeschichtliche Voraussetzungen der nationalen und kulturellen Identität in der Neuzeit," in Bernhard Giesen (Hg.), Nationale und kulturelle Identität: Studien zur Entwicklung des kollektiven Bewusstseins in der Neuzeit (Frankfurt a.M.: Suhrkamp, 1991), S. 39 – 55.

Benhabib, Seyla, Critique, Norm, and Utopia: A Study of the Foundation of Critical Theory (New York: Columbia University Press, 1986).

-------, Situating the Self: Gender, Community, and Postmodernism in Contemporary Ethics (New York: Routledge, 1992).

-------, Kulturelle Vielfalt und demokratische Gleichheit: Politische Partizipation im Zeitalter der Globalisierung (Frankfurt a.M.: Fischer, 1999).

Benjamin, Jessica, „Die Antinomien des patriarchalischen Denkens: Kritische Theorie und Psychoanalyse," in Wolfgang Bonß und Axel Honneth (Hg.), Sozialforschung als Kritik: Zum sozialwissenschaftlichen Potenzial der Kritischen Theorie (Frankfurt a.M.: Suhrkamp, 1994), S. 426 – 455.

-------, Die Fesseln der Liebe: Psychoanalyse, Feminismus und das Problem der Macht (Frankfurt a.M. : Fischer, 1993).

-------, „Opposition and Reconciliation: Reason and Nature, Reality and Pleasure," in Institut für Sozialforschung (Hg.), Kritik und Utopie im Werk von Herbert Marcuse (Frankfurt a.M.: Suhrkamp, 1992), S. 124 – 141.

Benjamin, Walter, Das Kunstwerk im Zeitalter seiner technischen Reproduzierbarkeit: Drei Studien zur Kunstsoziologie (Frankfurt a.M.: Suhrkamp,1966 [1936]).

-------, „Geschichtsphilosophische Thesen," in Ders., Zur Kritik der Gewalt und andere Aufsätze (Frankfurt a.M.: Suhrkamp,1965), S. 78 – 94.

Benke, Gertraud und Ruth Wodak, „Fulfilling one's duty? Memorizing what has not been," in Eleonore Lappin und Bernhard Schneider (Hg.), Die Lebendigkeit der Geschichte: (Dis-)Kontinuitäten in Diskursen über den Nationalsozialismus (St. Ingbert: Röhrig Universitätsverlag), 2001, S. 257 – 295.

Benthin, Rainer, Die Neue Rechte in Deutschland und ihr Einfluss auf den politischen Diskurs der Gegenwart (New York: Peter Lang Europäischer Verlag der Wissenschaften, 1996).

-------, „Neurechter Antiamerikanismus in Deutschland," Vorgänge 39 (2000), S. 46 – 54.

Benz, Wolfgang, „Alltäglicher Antisemitismus in der Bundesrepublik," in Ders. (Hg.), Antisemitismus in Deutschland: Zur Aktualität eines Vorurteils (München: dtv, 1995), S. 7 – 14.

-------, „Antisemitismus nach Hitler: Beobachtungen der amerikanischen Militärregierung aus dem Jahre 1947," Jahrbuch für Antisemitismusforschung 6 (1997), S. 348 – 362.

-------, „Antisemitismusforschung als gesellschaftliche Notwendigkeit und akademische Anstrengung," in Ders., Bilder vom Juden: Studien zum alltäglichen Antisemitismus (München: C.H. Beck, 2001), S. 129 – 142.

-------, „Das Konstrukt der jüdischen Verschwörung gegen die Welt: Die ‚Protokolle der Weisen von Zion'," in Ders., Bilder vom Juden, a.a.O., S. 27 – 43.

-------, „Realitätsverweigerung als antisemitisches Prinzip: Die Leugnung des Völkermords," in Ders. (Hg.), Antisemitismus in Deutschland: Zur Aktualität eines Vorurteils (München: Deutscher Taschenbuch Verlag, 1995), S. 121 – 139.

-------, „Nachkriegsgesellschaft und Nationalsozialismus. Erinnerung, Amnesie, Abwehr," Dachauer Hefte 6 (1994), S. 12 – 24.

-------(Hg.), Antisemitismus in Deutschland: Zur Aktualität eines Vorurteils (München: dtv, 1995).

Berding, Helmut, Moderner Antisemitismus in Deutschland (Frankfurt a.M.: Suhrkamp, 1988).

-------, „Antisemitismus in der modernen Gesellschaft: Kontinuität und Diskontinuität," in Manfred Hettling und Paul Nolte (Hg.), Nation und Gesellschaft in Deutschland (München: C.H. Beck, 1996), S. 192 – 207.

------- (Hg.), Nationales Bewusstsein und kollektive Identität Studien zur Entwicklung des kollektiven Bewusstseins in der Neuzeit 2 (Frankfurt a.M.: Suhrkamp, 1996).

Bereswill, Mechthild und Leonie Wagner (Hg.), Bürgerliche Frauenbewegung und Antisemitismus (Tübingen: edition dsikord, 1998).

Bergem, Wolfgang, Tradition und Transformation: Eine vergleichende Untersuchung zur politischen Kultur in Deutschland (Wiesbaden: Westdeutscher Verlag, 1993).

Berger, Stefan, The search for normality: National identity and historical consciousness in Germany since 1800 (Providence and Oxford: Berghahn, 1997).

Berger Waldenegg, Georg Christoph, „Antisemitismus: Eine gefährliche Vokabel? Zur Diagnose eines Begriffs," Jahrbuch für Antisemitismusforschung 9 (2000), S. 108 – 126.

Berghoff, Peter, „‚Der Jude' als Todesmetapher des ‚politischen Körpers' und der Kampf gegen die Zersetzung des nationalen Überlebens," in Peter Alter, Claus-Ekkehard Bärsch und Peter Berghoff (Hg.), Die Konstruktion der Nation gegen die Juden (München: Wilhelm Fink Verlag, 1999), S. 159 – 172.

Bergmann, Werner, „Antisemitism and xenophobia in Germany since unification," in Hermann Kurthen, Werner Bergmann and Rainer Erb (Eds.), Antisemitism and xenophobia in Germany after unification (Oxford: Oxford University Press, 1997), pp. 21 – 38.

-------, Antisemitismus in öffentlichen Konflikten: Kollektives Lernen in der politischen Kultur der Bundesrepublik 1949 – 1989 (Frankfurt a.M.: Campus, 1997).

-------, „Nationalismus und Antisemitismus im vereinigten Deutschland," in Peter Alter, Claus-Ekkehard Bärsch und Peter Berghoff (Eds.), Die Konstruktion der Nation gegen die Juden (München: Verlag Wilhelm Fink, 1999), S. 137 – 155.

-------, „Antisemitismus in Deutschland," in Wilfried Schubarth und Richard Stöss (Hg.), Rechtsextremismus in der Bundesrepublik Deutschland: Eine Bilanz (Bonn: Leske & Budrich, 2001), S. 131 – 154.

-------, „Antisemitismus in öffentlichen Konflikten 1949 – 1994," in Wolfgang Benz (Hg.), Antisemitismus in Deutschland: Zur Aktualität eines Vorurteils (München: dtv, 1995), S. 64 – 88.

-------, „Antisemitismus-Umfragen nach 1945 im internationalen Vergleich," Jahrbuch für Antisemitismusforschung 5 (1996), S. 172 – 195.

-------, „Approaches to Antisemitism Based on Psychodynamics and Personality Theory," in Ders. (Ed.), Error without Trial: Psychological Research on Antisemitism (Berlin und New York: Walter de Gruyter, 1987), pp. 9 – 34.

-------, „Der Antisemitismus in der Bundesrepublik Deutschland," in Herbert A. Strauss, Werner Bergmann und Christhard Hoffmann (Hg.), Der Antisemitismus der Gegenwart (Frankfurt a.M. und New York: Campus, 1990), S. 151 – 166.

-------, Geschichte des Antisemitismus (München: C.H. Beck, 2002).

-------, „Medienöffentlichkeit und extremistisches Meinungsspektrum: Die Süddeutsche Zeitung und der Fall ‚Adolf Bleibtreu'," Jahrbuch für Antisemitismusforschung 3 (1994).

-------, „Politische Psychologie des Antisemitismus. Kritischer Literaturbericht," Leviathan SH 9 (1988), S. 217 – 234.

-------, „Sind die Deutschen antisemitisch? Meinungsumfragen von 1946 – 1987 in der Bundesrepublik Deutschland," in Ders. und Rainer Erb (Hg.), Antisemitismus in der politischen Kultur nach 1945 (Wiesbaden: Westdeutscher Verlag, 1990), S. 108 – 130.

Bergmann, Werner und Rainer Erb, Antisemitismus in der Bundesrepublik Deutschland: Ergebnisse der empirischen Forschung von 1946 – 1989 (Opladen: Leske & Budrich, 1991).

-------, Anti-Semitism in Germany (New Brunswick, NJ: Transaction Publishers, 1995).

-------, Die Nachtseite der Judenemanzipation: Der Widerstand gegen die Integration der Juden in Deutschland 1780 – 1860 (Berlin: Metropol Verlag, 1989).

-------, „Extreme Antisemiten in der Bundesrepublik Deutschland," in Uwe Backes und Eckhard Jesse (Hg.), Jahrbuch Extremismus & Demokratie 3 (1992), S. 70 – 93.

-------, „Kommunikationslatenz, Moral und öffentliche Meinung: Theoretische Überlegungen zum Antisemitismus in der Bundesrepublik Deutschland," Kölner Zeitschrift für Soziologie und Sozialpsychologie 38 (1986), S. 223 – 246.

-------, „Neue Perspektiven der Antisemitismusforschung," in Dies. (Hg), Antisemitismus in der politischen Kultur nach 1945 (Opladen: Leske & Budrich, 1990), S. 11 – 18.

-------, „Wie antisemitisch sind die Deutschen? Meinungsumfragen 1945 – 1994," in Wolfgang Benz (Hg.), Antisemitismus in Deutschland. Zur Aktualität eines Vorurteils (München: Deutscher Taschenbuch Verlag, 1995), S. 47 – 63.

Bergmann, Werner, Rainer Erb und Albert Lichtblau (Hg.), Schwieriges Erbe: Der Umgang mit Nationalsozialismus und Antisemitismus in Österreich, der DDR und der Bundesrepublik Deutschland (Frankfurt a.M.: Campus, 1995).

Berman, Russell A., „Demokratischer Krieg, repressiver Frieden?," Merkur: Zeitschrift für europäisches Denken 57 (2003), S. 570 – 582.

Best, Steven and Douglas Kellner, Postmodern Theory: Critical Interrogations (New York: The Guilford Press, 1991).

Bethge, Herbert, „Der teilsouveräne Nationalstaat: Ein Zukunftsmodell," in Heinrich Oberrreuther und Michael Piazzolo (Hg.), Global denken: Die Rolle des Staates in der internationalen Politik zwischen Kontinuität und Wandel (München: Olzog, 2001), S. 13 – 21.

Betz, Hans-Georg, „Rechtspopulismus: Ein internationaler Trend?," Aus Politik und Zeitgeschichte B 9 – 10 (1998), S. 3 – 12.

------, Postmodern Politics in Germany: The Politics of Resentment (New York: St. Martin's Press, 1991).

Beyme, Klaus von, „Die Massenmedien und die politische Agenda des parlamentarischen Systems," Kölner Zeitschrift für Soziologie und Sozialpsychologie SH 34 (1994), S. 320 – 336.

Bielefeld, Ulrich, „Die institutionalisierte Phobie: Einige soziologisch-sozialpsychologische Anmerkungen," in Roland Merten & Hans-Uwe Otto (Hg.), Rechtsradikale Gewalt im vereinigten Deutschland: Jugend im gesellschaftlichen Umbruch (Bonn: Bundeszentrale für politische Bildung, 1993), S. 34 - 42

Biermann, Veronica, „‚Metropolenguerilla' contra ‚Schweinesystem': ‚Rechtsstaat' contra ‚Baader-Meinhof-Bande'," in Christoph Jahr, Uwe Mai und Kathrin Roller (Hg.), Feindbilder in der deutschen Geschichte: Studien zur Vorurteilsgeschichte im 19. und 20. Jahrhundert (Berlin: Metropol, 1994), S. 225 – 250.

Biernacki, Richard, „Method and Metaphor after the New Cultural History," in Victoria E. Bonnell and Lynn Hunt (eds.), Beyond the Cultural Turn: New Directions in the Study of Society and Culture (Berkeley: University of California Press, 1999), pp. 62 – 92.

-------, The Fabrication of Labor: Germany and Britain, 1640 – 1914 (Berkeley: University of California Press, 1995).

Birsl, Ursula und Peter Lösche, „(Neo-)Populismus in der deutschen Parteienlandschaft: Oder: Erosion der politischen Mitte," in Dietmar Loch/Wilhelm Heitmeyer (Hg.), Schattenseiten der Globalisierung: Rechtsradikalismus, Rechtspopulismus und separatistischer Regionalismus in westlichen Demokratien (Frankfurt a.M.: Suhrkamp, 2001), S. 346 – 377.

Blank, Thomas, „Wer sind die Deutschen? Nationalismus, Patriotismus, Identität: Ergebnisse einer empirischen Längsschnittstudie," Aus Politik und Zeitgeschichte B 13 (1997), S. 38 – 46.

Blaschke, Olaf, Katholizismus und Antisemitismus im Deutschen Kaiserreich (Göttingen: Vandenhoeck & Ruprecht, 1999).

Blumler, Jay G. and Michael Gurevitch, „Towards a Comparative Framework for Political Communication Research," in Steven Chaffee (ed.), Political Communication: Issues and Strategies for Research (Beverley Hills, CA: Sage, 1975).

Bodemann, Michael Y., Gedächtnistheater. Die jüdische Gemeinschaft und ihre deutsche Erfindung (Berlin: Rotbuch Verlag, 1996).

Bohleber, Werner, „Antisemitismus als Gegenstand interdisziplinärer Erforschung," in Ders. und John S. Kafka (Hg.), Antisemitismus (Bielefeld: Aisthesis Verlag, 1992), S. 11 – 18.

-------, „Die Konstruktion imaginärer Gemeinschaften und das Bild von den Juden – unbewusste Determinanten des Antisemitismus in Deutschland," Psyche 51 (1997), S. 570 – 605.

Bonacker, Thorsten, „Die Kontingenz politischen Handelns: Adorno, Arendt und die Legitimationsprobleme in der politischen Gesellschaft," in Dirk Auer, Lars Rensmann und Julia Schulze Wessel (Hg.), Arendt und Adorno (Frankfurt a.M.: Suhrkamp, 2003), S. 286 – 310.

Botsch, Gideon, „Gewalt, Profit und Propaganda: Konturen des rechtsextremen Musik-Netzwerkes," Blätter für deutsche und internationale Politik 3 (2001), S. 335 – 344.

Brähler, Elmar, und Horst-Eberhard Richter, Politische Einstellungen in Deutschland: Ergebnisse einer repräsentativen Erhebung (Frankfurt a.M.: Sigmund-Freud-Institut, 2002).

Brainin, Elisabeth, „Psychoanalyse des Antisemitismus nach 1945," in Alphons Silbermann und Julius H. Schoeps (Hg.), Antisemitismus nach dem Holocaust: Bestandsaufnahme und Erscheinungsformen in deutschsprachigen Ländern (Köln: Verlag Wissenschaft und Politik, 1986), S. 105 – 113.

Brakelmann, Günter und Martin Roskowski (Hg.), Antisemitismus: Von religiöser Judenfeindschaft zur Rassenideologie (Göttingen: Vandenhoeck & Ruprecht, 1989).

Braun, Christina von, „‚Blut und Blutschande': Zur Bedeutung des Blutes in der antisemitischen Denkwelt," in Julius H. Schoeps und Joachim Schlör (Hg.), Antisemitismus: Vorurteile und Mythen (München: Piper, 1995), S. 80 – 95.

-------, „Und der Feind ist Fleisch geworden. Der rassistische Antisemitismus," in Dies. und Ludger Heid (Hg.), Der ewige Judenhass: Christlicher Antijudaismus, Deutschnationale Judenfeindlichkeit, Rassistischer Antisemitismus (Berlin/Wien: Philo Verlag, 2000), S. 149 – 213.

Brauner-Orthen, Alice, Die Neue Rechte in Deutschland: Antidemokratische und rassistische Tendenzen (Opladen: Leske & Budrich, 2001).

Brede, Karola, „Die Walser-Bubis-Debatte: Aggression als Element öffentlicher Auseinandersetzung," Psyche 54 (2000), S. 203 – 233.

Bredthauer, Karl D., „Wenn Wohl-Täter stiften gehen: Die beiden Wahrheiten über die Bundesstiftung Erinnerung, Verantwortung, Zukunft," Blätter für deutsche und internationale Politik 6 (2000), S. 674 – 686.

Brendler, Konrad, „Die Holocaust-Rezeption der Enkelgeneration im Spannungsfeld von Abwehr und Traumatisierung," Jahrbuch für Antisemitismusforschung 3 (1994), S. 303 – 340.

Brinks, Jan Herman, Children of a New Fatherland: Germany's Post-War Right-Wing Politics (London: I.B. Tauris, 2000).

Broder, Henryk M., Der ewige Antisemit: Über Sinn und Funktion eines beständigen Gefühls (Frankfurt a.M.: Fischer, 1986).

Brown, Rupert, Prejudice: Its Social Psychology (Oxford und Cambridge, MA: Blackwell, 1995).

Browning, Christopher, „Daniel Goldhagen's Willing Executioners," History and Memory 2 (1996), pp. 88 – 108.

-------, Ordinary Men. Reserve Police Battalion 101 and the Final Solution in Poland (New York: Harper Collins, 1992).

Brubaker, Rogers, Citizenship and Nationhood in France and Germany (Cambridge, MA: Harvard University Press, 1992).

Brumlik, Micha, „The situation of the Jews in today's Germany," in Y. Michal Bodemann (Ed.), Jews, Germans, memory: Reconstructions of Jewish life in Germany (Ann Arbour: The University of Michigan Press, 1996), pp. 1 – 16.

-------, „Der Prozeß der Rebarbarisierung. Interaktion von Politik und anomischer Jugend," in Hans-Uwe Otto und Roland Merten (Hg.), Rechtsradikale Gewalt im vereinigten Deutschland: Jugend im gesellschaftlichen Umbruch (Opladen: Bundeszentrale für politische Bildung, 1993), S. 55 – 63.

-------, Deutscher Geist und Judenhass: Das Verhältnis des philosophischen Idealismus zum Judentum (Darmstadt: Luchterhand, 2000).

-------, „Die Angst vor dem Vater. Judenfeindliche Tendenzen im Umkreis neuer sozialer Bewegungen," in Alphons Silbermann und Julius H. Schoeps (Hg.), Antisemitismus nach dem Holocaust: Bestandsaufnahme und Erscheinungsformen in deutschsprachigen Ländern (Köln: Verlag Wissenschaft und Politik, 1986), S. 133 – 163.

------, „Geisteswissenschaftlicher Revisionismus – auch eine Verharmlosung des Nationalsozialismus," in Richard Faber, Hajo Funke und Gerhard Schoenberner (Hg.), Rechtsextremismus. Ideologie und Gewalt (Berlin: Edition Hentrich, 1995), S. 178 – 188.

------, „Neuer Staatsmythos Ostfront," in „Historikerstreit": Die Dokumentation der Kontroverse um die Einzigartigkeit der nationalsozialistischen Judenvernichtung (München: Piper, 1995), S. 77 – 83.

------, „Trauerrituale und politische Kultur nach der Shoah in der Bundesrepublik," in Hanno Loewy (Hg.), Holocaust: Die Grenzen des Verstehens. Eine Debatte über die Besetzung der Geschichte (Reinbek bei Hamburg: Rowohlt, 1992), S. 191 – 212.

------, „Über die Verwechslung von Standortpolitik und Verantwortung," Blätter für deutsche und internationale Politik 7 (2000), S. 830 – 837.

Brusten, Manfred, „Wie sympathisch sind uns die Juden? Empirische Anmerkungen zum Antisemitismus aus einem Forschungsprojekt über Einstellungen deutscher Studenten in West und Ost," Jahrbuch für Antisemitismusforschung 4 (1995), S. 107 – 129.

------, „Knowledge, feelings, and attitudes of German university students toward the Holocaust," in Hermann Kurthen, Werner Bergmann and Rainer Erb (Eds.), Antisemitism and xenophobia in Germany after unification (Oxford: Oxford University Press, 1997), pp. 88 – 109.

Buck-Morss, Susan, Dreamworld and Catastrophe: The Passing of Mass Utopia in East and West (Cambridge, MA: MIT Press, 2000).

Bülow, Andreas von, Die CIA und der 11. September: Internationaler Terror und die Rolle der Geheimdienste (München: Piper, 2003).

Bundesminister des Inneren, Verfassungsschutzberichte 1990 - 2002 (Bonn/Berlin: BMI, 1991 – 2003).

Bünger, I. „Apocalypse Now? Diskursanalyse der BILD-Zeitung," Prokla: Zeitschrift für kritische Sozialwissenschaft 31, 4 (2001), S. 603 – 624.

Bussemer, Thymian, „,Che jedenfalls lebt in unseren Herzen': Die Achtundsechziger und ihr Amerika," Vorgänge: Zeitschrift für Bürgerrechte und Gesellschaftspolitik 1 (2000), S. 37 – 45.

Büttner, Friedemann, „Der fundamentalistische Impuls und die Herausforderung der Moderne," Leviathan 24 (1996), S. 469 – 492.

------, „Germany's Middle East Policy: The Dilemmas of a ‚Policy of Evenhandedness'," in Haim Goren (ed.), Germany and the Middle East: Past, Present, and Future (Jerusalem: The Hebrew University Magnes Press, 2003), pp. 115 – 159.

Butterwegge, Christoph, Rechtsextremismus, Rassismus und Gewalt: Erklärungsmodelle in der Diskussion (Darmstadt: Wissenschaftliche Buchgesellschaft, 1996), S. 15 – 30.

------, „Rechtsextremismus, Rassismus und Nationalismus im Zeitalter der Globalisierung," Österreichische Zeitschrift für Politikwissenschaft 1 (1999), S. 87 – 99.

Calhoun, Craig, Critical Social Theory: Culture, History, and the Challenge of Difference (Oxford: Blackwell, 1995).

------, "Nationalism and the Contradictions of Modernity," Berkeley Journal of Sociology 42 (1997-1998), pp. 1 – 30.

Caplan, Richard, and John Feffer (eds.), Europe's New Nationalism: States and Minorities in Conflict (Oxford: Oxford University Press, 1996).

Carr, Godfrey & Georgina Paul, „Unification and its aftermath: The challenge of history," in Rob Burns (Ed.), German Cultural Studies (Oxford: Oxford University Press, 1995), pp. 325 – 348.

Cole, Michael, Cultural psychology: A once and future discipline (Cambridge, MA: Harvard University Press, 1996).

Claussen, Detlev, „Die Banalisierung des Bösen: Über Auschwitz, Alltagsreligion und Gesellschaftstheorie," in Michael Werz (Hg.), Antisemitismus und Gesellschaft: Zur Diskussion um Auschwitz, Kulturindustrie und Gewalt (Frankfurt a.M.: Verlag Neue Kritik, 1995), S. 13 – 28.

-------, Grenzen der Aufklärung: Zur gesellschaftlichen Geschichte des modernen Antisemitismus (Frankfurt a.M.: Fischer, 1987).

-------, „Nach Auschwitz. Ein Essay über die Aktualität Adornos," in Dan Diner (Hg.), Zivilisationsbruch: Denken nach Auschwitz (Frankfurt a.M.: Fischer, 1977), S. 54 – 68.

-------, „Über Psychoanalyse und Antisemitismus," Psyche 41 (1987), S. 1 – 21.

------- (Hg.), Vom Judenhass zu Antisemitismus. Materialien zu einer verleugneten Geschichte (Darmstadt: Luchterhand, 1988).

Cullen, Michael S. (Hg.), Das Holocaust-Mahnmal. Dokumentation einer Debatte (Zürich: Pendo, 1999).

Curtis, Michael, „Antisemitismus in den Vereinigten Staaten," in Herbert A. Strauss, Werner Bergmann und Christhard Hoffmann (Hg.), Der Antisemitismus der Gegenwart (Frankfurt a.M. und New York: Campus, 1990), S. 226 – 259.

Cutter, John M., „Sounds of hate: White power rock and roll and the neo-Nazi skinhead subculture," Terrorism and Political Violence 11 (1999), pp. 111 – 140.

Dahmer, Helmut, „Antisemitismus und Xenophobie," in Hans-Uwe Otto und Roland Merten (Hg.), Rechtsradikale Gewalt im vereinigten Deutschland: Jugend im gesellschaftlichen Umbruch (Opladen: Bundeszentrale für politische Bildung, 1993), S. 80 – 87.

-------, „Antisemitismus gestern und heute," in Ernst Simmel (Hg.), Antisemitismus (Frankfurt a.M.: Fischer, 1993), S. 179 – 199.

-------, „Holocaust und die Amnesie," Psyche 33 (1979).

Darmstädter, Tim, „Die Verwandlung der Barbarei in Kultur. Zur Rekonstruktion der nationalsozialistischen Verbrechen im historischen Gedächtnis," in Michael Werz (Hg.), Antisemitismus und Gesellschaft (Frankfurt a.M.: Verlag Neue Kritik, 1995), S. 115 – 140.

Davis, Earl E., „Zum gegenwärtigen Stand der Vorurteilsforschung," Politische Psychologie 3 (1964).

Dawidowicz, Lucy S., The Holocaust and the Historians (Cambridge, MA and London: Harvard University Press, 1981).

Decker, Frank, Parteien unter Druck: Der neue Rechtspopulismus in den westlichen Demokratien (Opladen: Leske & Budrich, 2000).

Demirovic, Alex, „Vom Vorurteil zum Neorassismus: Das Objekt ‚Rassismus' in Ideologiekritik und Ideologietheorie," in Siegfried Jäger (Hg.), Der Diskurs des Rassismus (Osnabrück: DISS, 1992), S. 13 – 36.

Deutscher Bundestag (Hg.), Materialien der Enquete-Kommission ‚Aufarbeitung von Geschichte und Folgen der SED-Diktatur in Deutschland': 12. Wahlperiode des Deutschen Bundestages. Neun Bände in 18 Teilbänden (Baden-Baden und Frankfurt a.M: Nomos Verlag und Suhrkamp Verlag, 1995).

Deutscher Bundestag, „Debatte zur Errichtung eines Holocaust-Mahnmals. 48. Sitzung des Deutschen Bundestages in der 14. Wahlperiode am 25. Juni 1999," Das Parlament 28 (1999), S. 3 – 10.

-------, Drucksache 14/941, 1999.

-------, Drucksache 14/965, 1999.

-------, Drucksache 14/981, 1999.

-------, Drucksache 14/4245, 2002.

-------, Drucksache 14/9226, 2002.

-------, Drucksache 14/9261, 2002.

-------, Drucksache 14/9480, 2002.

-------, Plenarprotokoll 14. Wahlperiode, 6. Juli 2000.

-------, Plenarprotokoll 14. Wahlperiode, 27. Juli 2002.

Dichanz, Horst et al., Antisemitismus in Medien (Bonn: Bundeszentrale für politische Bildung, 1997).

Dietrich, Susanne und Julia Schulze Wessel, Zwischen Selbstorganisation und Stigmatisierung: Die Lebenswirklichkeit jüdischer Displaced Persons und die neue Gestalt des Antisemitismus in der deutschen Nachkriegsgesellschaft (Stuttgart: Klett-Cotta, 1998).

Dietzsch, Martin und Alfred Schobert (Hg.), Ein „jüdischer David Irving"? Norman G. Finkelstein im Diskurs der Rechten: Erinnerungsabwehr und Antizionismus (Duisburg: Duisburger Institut für Sprach– und Sozialforschung, 2001).

Dietzsch, Martin, Siegfried Jäger und Alfred Schobert (Hg.), Endlich ein normales Volk? Vom rechten Verständnis der Friedenspreis-Rede Martin Walsers (Duisburg: Duisburger Institut für Sprach– und Sozialforschung, 1999).

Diner, Dan, Verkehrte Welten: Antiamerikanismus in Deutschland (Frankfurt a.M.: Eichborn, 1993).

-------, Kreisläufe: Nationalsozialismus und Gedächtnis (Berlin: Berlin Verlag, 1995).

-------, „Negative Symbiose: Deutsche und Juden nach Auschwitz," in Ders., Ist der Nationalsozialismus Geschichte? Zu Historisierung und Historikerstreit (Frankfurt a.M.: Fischer, 1993), S. 185 – 197.

-------, „Aporie der Vernunft. Horkheimers Überlegungen zu Antisemitismus und Massenvernichtung," in Ders. (Hg.), Zivilisationsbruch: Denken nach Auschwitz (Frankfurt a.M.: Fischer, 1988), S. 30 – 53.

------- (Hg.), Zivilisationsbruch: Denken nach Auschwitz (Frankfurt a.M.: Fischer, 1988)

Dittberner, Jürgen, „Die FDP vor der Entscheidung: Liberalismus oder Rechtspopulismus," in Tobias Kaufmann und Manja Orlowski, „Ich würde mich auch wehren…" Antisemitismus und Israel-Kritik: Bestandsaufnahme nach Möllemann (Potsdam: Kai Weber Medienproduktionen, 2002), S. 33 – 41.

Dönhoff, Marion et al., Weil das Land sich ändern muss. Ein Manifest (Reinbek bei Hamburg: Rowohlt, 1992).

Doering-Manteuffel, Anselm, Wie westlich sind die Deutschen? Amerikanisierung und Westernisierung im 20. Jahrhundert (Göttingen: Vandenhoeck & Ruprecht, 1999).

Dörner, Andreas, Politischer Mythos und symbolische Politik (Reinbek: Rowohlt, 1996).

-------, Politainment: Politik in der medialen Erlebnisgesellschaft (Frankfurt a.M.: Suhrkamp, 2001).

Duckitt, John, The Social Psychology of Prejudice (New York: Praeger, 1992).

-------, „Culture, personality and prejudice," in Steven A. Renshon & John Duckitt (Eds.), Political psychology: Cultural and crosscultural foundations (Houndmills: Macmillan, 2000), pp. 89 – 107.

Dubiel, Helmut, „Kommentar zu Leo Löwenthals ‚Individuum und Terror'," in Dan Diner (Hg.), Zivilisationsbruch: Denken nach Auschwitz (Frankfurt a.M.: Fischer, 1977), S. 26 – 29.

-------, Niemand ist frei von Geschichte: Die nationalsozialistische Herrschaft in den Debatten des Deutschen Bundestages (München: Carl Hanser, 1999).

Dubiel, Helmut und Alfons Söllner, „Die Nationalsozialismusforschung des Instituts für Sozialforschung – ihre wissenschaftsgeschichtliche Stellung und ihre gegenwärtige Bedeutung," in Dies. (Hg.), Wirtschaft,

Recht und Staat im Nationalsozialismus: Analysen des Instituts für Sozialforschung 1939 – 1942 (Frankfurt a.M.: Suhrkamp, 1981), S. 7 – 32.

Duisburger Institut für Sozialforschung, Die Nahost-Berichterstattung zur Zweiten Intifada in deutschen Printmedien unter besonderer Berücksichtigung des Israel-Bildes: Analyse diskursiver Ereignisse im Zeitraum von September 2000 bis August 2001 (Duisburg: Duisburger Institut für Sozialforschung, 2002).

Dührssen, Annemarie, Ein Jahrhundert Psychoanalytische Bewegung in Deutschland: Die Psychotherapie unter dem Einfluß Freuds (Göttingen: Vandenhoeck & Ruprecht, 1994).

Dülffer, Jost, „Erinnerungspolitik und Erinnerungskultur – kein Ende der Geschichte," in Hamburger Institut für Sozialforschung (Hg.), Eine Ausstellung und ihre Folgen (Hamburg: HIS, 1999), S. 289 – 312.

Ebels-Dolanová, Vera, „On ,the Rich Jew' of Fassbinder: An Essay on Literary Antisemitism," Patterns of Prejudice 23, 4 (1989), pp. 23 – 16.

Ebrecht, Angelika, „Zwischen Produktivität und Destruktion: Die psychische Konstitution von Macht und Herrschaft im Geschlechterverhältnis," in Virginia Penrose und Clarissa Rudolph (Hg.), Zwischen Machtkritik und Machtgewinn: Feministische Konzepte und politische Realität (Frankfurt a.M. und New York: Campus Verlag, 1996), S. 35 – 52.

Eckstaedt, Anita, Nationalsozialismus in der „zweiten Generation": Psychoanalyse von Hörigkeitsverhältnissen (Frankfurt a.M.: Suhrkamp, 1992).

Eckstein, Harry, „A Culturalist Theory of Political Change," American Political Science Review 82 (1988), pp. 789 – 804.

Eisenstadt, Shmuel Noah, „Antinomien der Moderne und des Antisemitismus. Zur Vorgeschichte der Barbarei," in Michael Herz (Hg.), Antisemitismus und Gesellschaft: Zur Diskussion um Auschwitz, Kulturindustrie und Gewalt (Frankfurt a.M.: Verlag Neue Kritik, 1995), S. 62 – 85.

-------, „Die Konstruktion nationaler Identitäten in vergleichender Perspektive," in Bernhard Giesen (Hg.), Nationale und kulturelle Identität: Studien zur Entwicklung des kollektiven Bewusstseins in der Neuzeit (Frankfurt a.M.: Suhrkamp, 1991), S. 21 – 38.

Eley, John, „The Frankfurter Allgemeine Zeitung and Contemporary National Conservatism," German Politics and Society 2 (1995), pp. 80 – 121.

Elias, Norbert, Studien über die Deutschen. Machtkämpfe und Habitusentwicklung im 19. und 20. Jahrhundert (Frankfurt a.M.: Suhrkamp, 1989).

Elm, Ludwig, „,Zwei Diktaturen' – ,zwei totalitäre Regimes': Die Enquete-Kommissionen des Bundestags und der konservative Geschichtsrevisionismus der neunziger Jahre," in: Joannes Klotz/Ulrich Schneider, Die selbstbewusste Nation und ihr Geschichtsbild: Geschichtslegenden der Neuen Rechten (Köln: Papyrossa, 1997) S. 205 – 220.

Elsässer, Jürgen, Antisemitismus: Das alte Gesicht des neuen Deutschland (Berlin: Dietz Verlag, 1992).

Emmerich, Wolfgang, Zur Kritik der Volkstumideologie (Frankfurt a.M.: Suhrkamp, 1971).

Emnid-Institut, „Umfrage über Einsichten und Ansichten der Deutschen zum Ende des Zweiten Weltkriegs," Der Spiegel 19 (1995), S. 76 – 77.

Epstein, Simon, Cyclical Patterns in Antisemitism: The dynamics of anti-Jewish Violence in Western Countries since the 1950s (Jerusalem: Hebrew University of Jerusalem, 1993).

Erb, Rainer, „Antisemitismus wegen Auschwitz in der jungen Generation," in Konrad Brendler und Günter Rexelius (Hg.), Drei Generationen im Schatten der NS-Vergangenheit. Beiträge zum internationalen Forschungskolloquium Lernen und Pseudo-Lernen in der Aufarbeitung des Holocaust (Wuppertal: Universität Wuppertal, 1991), S. 204 – 218.

-------, „Antisemitische Straftäter der Jahre 1993 bis 1995," Jahrbuch für Antisemitismusforschung 6 (Frankfurt a.M.: Campus, 1997), S. 160 – 180.

-------, „Die Wahrnehmung der Physiognomie der Juden: Die Nase," in Heinrich Pleticha (Hg.), Das Bild der Juden in der Volks- und Jugendliteratur vom 18. Jahrhundert bis 1945 (Würzburg: Königshausen und Neumann, 1985), S. 107 – 126.

-------, „Unangenehme Fragen neu gestellt: Anmerkungen zur Goldhagen-Kontroverse," Zeitschrift für Geschichtswissenschaft 9 (1996).

Estel, Bernd, „Nationale Identität und Antisemitismus in Deutschland," in Werner Bergmann und Rainer Erb (Hg.), Antisemitismus in der politischen Kultur nach 1945 (Wiesbaden: Westdeutscher Verlag, 1990).

-------, Soziale Vorurteile und soziale Urteile: Kritik und wissenssoziologische Grundlegung der Vorurteilsforschung (Wiesbaden: Westdeutscher Verlag, 1983)

Evans, Richard, In Hitler's shadow: West German historians and the attempt to escape the Nazi past (New York: Pantheon Books, 1989).

-------, Rereading German History: From Unification to Reunification, 1800 – 1996 (London: Routledge, 1997).

Evers, Lothar, „Die Opfer der NS-Zwangsarbeit und die Arroganz der Macht," Blätter für deutsche und internationaler Politik 7 (2000), S. 837 – 844.

Faber, Klaus, „Globalisierung – nur ein neues Wort für Verwestlichung?," Die Neue Gesellschaft/Frankfurter Hefte 5 (2000), S. 274ff.

-------, "Nach Möllemann: Antisemitismus und Antizionismus in Deutschland. Eine gefährliche Verbindung in Medien und Politik," in Tobias Kaufmann und Manja Orlowski, „Ich würde mich auch wehren…" Antisemitismus und Israel-Kritik: Bestandsaufnahme nach Möllemann (Potsdam: Kai Weber Medienproduktionen, 2002), S. 143 – 154.

-------, „Die Dämonisierung Scharons durch die Macht der Bilder," Neue Gesellschaft/Frankfurter Hefte 4 (2002).

Fairclough, Norman, Discourse and Social Change (Cambridge: Polity Press, 1992).

Falter, Jürgen W., Hitlers Wähler (München: C.H. Beck, 1991).

Fenichel, Otto, „Elemente einer psychoanalytischen Theorie des Antisemitismus," in Ernst Simmel (Hg.), Antisemitismus (Frankfurt a.M.: Fischer, 1993), S. 35 – 57.

Fichter, Tilman, Die SPD und die Nation: Vier sozialdemokratische Generationen zwischen nationaler Selbstbestimmung und Zweistaatlichkeit (Berlin und Frankfurt a.M.: Ullstein, 1993).

Finkelstein, Norman G., The Holocaust Industry: Reflections on the Exploitation of Jewish Suffering (London and New York: Verso, 2000).

Fischer, Fritz, Griff nach der Weltmacht (Düsseldorf: Droste, 1961).

Fischer, Klaus P., The history of an obsession: German judeophobia and the Holocaust (New York: Continuum, 1998).

Flory, Wendy Stallard, „The Psychology of Antisemitism. Conscience-Proof Rationalization and the Deferring of Moral Choice," in Michael Curtis (Hg.), Antisemitism in the Contemporary World (Boulder and London: Westview Press, 1986), S. 238 – 250.

Forsa-Institut, „Der ewige Antisemit," Die Woche, 24. Dezember 1999, S. 8 – 9.

-------, „Die Deutschen und die NS-Vergangenheit," Die Woche 23, 1. Juni 1994.

Foster, Arnold and Benjamin Epstein, The New Antisemitism (New York: McGraw Hill, 1974).

Foucault, Michel, Die Ordnung des Diskurses (Frankfurt a.M.: Fischer, 1998).

-------, Der Wille zum Wissen (Frankfurt a.M.: Suhrkamp, [1976] 1983).

Frei, Norbert, Vergangenheitspolitik: Die Anfänge der Bundesrepublik und die NS-Vergangenheit (München: C.H. Beck, 1997).

-------, „Von deutscher Erfindungskraft oder: Die Kollektivschuldthese in der Nachkriegszeit," in Gary Smith (Ed.), Hannah Arendt Revisited: ‚Eichmann in Jerusalem' und die Folgen (Frankfurt a. M.: Suhrkamp, 2000), S. 163 – 176.

Frenkel-Brunswick, Else und R. Nevitt Sanford, „Die antisemitische Persönlichkeit. Ein Forschungsbericht," in Ernst Simmel (Hg.), Antisemitismus (Frankfurt a.M.: Fischer, 1993), S. 119 – 147.

Freud, Sigmund, „Jenseits des Lustprinzips," in Ders., Studienausgabe Bd. III (Frankfurt a.M.: Fischer, 1975 [1920]), S. 213 – 272.

-------, „Das Ich und das Es," in Ders., Studienausgabe Bd. III (Frankfurt a.M: Fischer, 1975 [1923]), S. 273 – 330.

-------, „Das Unbehagen in der Kultur," in Ders., Studienausgabe Bd. IX (Frankfurt a.M. : Fischer, 1974 [1930]), S. 191 – 270.

-------, „Massenpsychologie und Ich-Analyse," in Ders., Studienausgabe Bd. IX (Frankfurt a.M.: Fischer, 1974 [1921]), S. 61 – 134.

-------, „Warum Krieg?," in Ders., Studienausgabe Bd. IX (Frankfurt a.M.: Fischer, 1974 [1933]), S. 271 – 286.

Freyhold, Michaela von, Autoritarismus und politische Apathie: Analyse einer Skala zur Ermittlung autoritätsgebundener Verhaltensweisen (Frankfurt a.M.: Frankfurter Beiträge zur Soziologie, Bd. 22, 1971).

Friedländer, Saul, Memory, History, and the Extermination of the Jews of Europe (Bloomington and Indianapolis: Indiana University Press, 1993).

-------, „Vom Antisemitismus zur Judenvernichtung: Eine historiographische Studie zur nationalsozialistischen Judenpolitik und Versuch einer Interpretation," in Eberhard Jäckel und Jürgen Rohwer (Hg.), Der Mord an den Juden im Zweiten Weltkrieg (Frankfurt a.M.: Fischer, 1987), S. 18 – 60.

-------, Reflections of Nazism: An Essay on Kitsch and Death (Bloomington and Indianapolis: Indiana University Press, 1993).

-------, Nazi Germany and the Jews Volume I: The years of persecution, 1933 – 1939 (New York: HarperCollins, 1997).

Friedrich, Jörg, Die kalte Amnesie. NS-Täter in der Bundesrepublik (Frankfurt a.M.: Fischer, 1994).

Friedrich-Ebert-Stiftung (Hg.), Die gesellschaftliche Akzeptanz von Rechtsextremismus und Gewalt (Bonn: FES, 2000).

Frindte, Wolfgang, „Antisemitismus," in Ders. (Hg.), Fremde, Freunde, Feindlichkeiten: Sozialpsychologische Untersuchungen (Wiesbaden: Westdeutscher Verlag, 1999).

Fromm, Erich, Arbeiter und Angestellte am Vorabend des Dritten Reiches: Eine sozialpsychologische Untersuchung (München: dtv wissenschaft, 1983 [1929]).

-------, „Der autoritäre Charakter," in Ders., Die Gesellschaft als Gegenstand der Psychoanalyse: Frühe Schriften zur Analytischen Sozialpsychologie (Frankfurt a.M.: Suhrkamp, 1993), S. 69 – 132.

-------, „Über Methode und Aufgabe einer analytischen Sozialpsychologie," in Ders., Die Gesellschaft als Gegenstand der Psychoanalyse, a.a.O., S. 23 – 35.

Fromm, Rainer und Barbara Kernbach, Rechtsextremismus im Internet: Die neue Gefahr (München: Olzog, 2001).

Fulbrook, Mary, German national identity after the Holocaust (Oxford: Blackwell, 1999).

Funke, Friedrich, „Autoritarismus: Renaissance einer Erklärungstradition," in Wolfgang Frindte (Hg.), Fremde, Freunde, Feindlichkeiten: Sozialpsychologische Untersuchungen (Wiesbaden: Westdeutscher Verlag, 1999), S. 119 – 141.

Funke, Hajo, „Bitburg und ‚die Macht der Juden'. Zu einem Lehrstück antijüdischen Ressentiments in Deutschland," in Alphons Silbermann und Julius H. Schoeps (Hg.), Antisemitismus nach dem Holocaust: Bestandsaufnahme und Erscheinungsformen in deutschsprachigen Ländern (Köln: Verlag Wissenschaft und Politik, 1986), S. 41 – 52.

-------, „Bergen-Belsen, Bitburg, Hambach: Bericht über eine negative Katharsis," in Ders. (Hg.), Von der Gnade der geschenkten Nation: Zur politischen Moral der Bonner Republik (Berlin: Rotbuch Verlag, 1988), S. 20 – 34.

-------, „Republikaner": Rassismus, Judenfeindschaft, nationaler Größenwahn (Berlin: ASF, 1989)

-------, Die andere Erinnerung: Gespräche mit jüdischen Wissenschaftlern im Exil (Frankfurt a.M.: Fischer, 1989).

-------, ‚Jetzt sind wir dran'. Nationalismus im geeinten Deutschland (Königswinter: Aktion Sühnezeichen, 1991).

-------, „Aufarbeitung der Vergangenheit: Zur Wirkung nationalsozialistischer Erziehung vor und nach 1945," in Dan Bar-On, F. Beiner & Manfred Brusten (Hg.), Der Holocaust: Familiale und gesellschaftliche Folgen (Wuppertal: Universität Wuppertal, 1991), S. 132 – 145.

-------, Brandstifter: Deutschland zwischen Demokratie und völkischem Nationalismus (Göttingen: Lamuv, 1993).

-------, „Rechtsextremismus - Zeitgeist, Politik und Gewalt: Eine Zwischenbilanz," in Richard Faber, Hajo Funke und Gerhard Schoenberner (Hg.), Rechtsextremismus: Ideologie und Gewalt (Berlin: Edition Hentrich, 1995), S. 14 – 51.

-------, „Der Verlust des Erinnerns im Gedenken," Blätter für deutsche und internationale Politik 40 (1995), S. 37 – 45.

-------, „Der aufhaltsame Marsch der neuen Rechten durch die Institutionen," Blätter für deutsche und internationale Politik 43 (1998), S. 175 – 185.

-------, „‚Wir haben sechs Juden erschossen': So steht es im Tagebuch. Ich weiss es nicht." In Schuld verstrickt, die nicht tilgbar ist?," in Helgard Kramer (Hg.), Die Gegenwart der NS-Vergangenheit (Berlin: Philo Verlag, 2000), S. 255 – 277.

-------, „Zusammenhänge zwischen rechter Gewalt, Einstellungen in der Bevölkerung sowie der Verantwortung von Öffentlichkeit und Politik," in Christoph Butterwegge und Georg Lohmann (Hg.), Jugend, Rechtsextremismus und Gewalt: Analysen und Argumente (Opladen: Leske und Budrich, 2001), S. 61 – 80.

-------, Paranoia und Politik: Rechtsextremismus in der Berliner Republik (Berlin: Verlag Hans Schiler, 2002).

Funke, Hajo und Lars Rensmann, „Kinder der Einheit: Die soziale Dynamik des Rechtsextremismus," Blätter für deutsche und internationale Politik 45 (2000), S. 1069 – 1078.

Gast, Wolfgang, „‚Holocaust' und die Presse," Rundfunk und Fernsehen 30 (1982).

Geisel, Eike, Die Banalität der Guten: Deutsche Seelenwanderungen (Berlin: edition tiamat, 1992).

Geißler, Norman, Expliziter und impliziter Antisemitismus und Rassismus: Ein Vergleich (Potsdam: Diplom-Arbeit am Institut für Psychologie der Universität Potsdam (2002).

Gerhards, Jürgen, Neue Konfliktlinien in der Mobilisierung öffentlicher Meinung: Eine Fallstudie (Wiesbaden: Westdeutscher Verlag, 1993).

Gerhards, Jürgen, Friedhelm Neidhardt und Dieter Rucht, Zwischen Palaver und Diskurs: Strukturen und öffentliche Meinungsbildung am Beispiel der deutschen Diskussion zur Abtreibung (Wiesbaden: Westdeutscher Verlag, 1998).

Gerson, Daniel, „Der Jude als Bolschewist: Die Wiederholung eines Stereotyps," in Wolfgang Benz (Hg.), Antisemitismus in Deutschland: Zur Aktualität eines Vorurteils (München: dtv, 1995), S. 157 – 180.

Gessenharter, Wolfgang, Kippt die Republik? Die Neue Rechte und ihre Unterstützung durch Politik und Medien (München: Knaur, 1994).

-------, „Neue radikale Rechte, intellektuelle Neue Rechte und Rechtsextremismus: Zur theoretischen und empirischen Neuvermessung eines politisch-ideologischen Raumes, in Ders. und Helmut Fröchling (Hg.), Rechtsextremismus und Neue Rechte in Deutschland: Neuvermessung eines politisch-ideologischen Raumes? (Opladen: Leske & Budrich, 1998), S. 25 – 66.

Geyer, Michael und Miriam Hansen, „German-Jewish Memory and National Consciousness," in Geoffrey H. Hartman (Hg.), Holocaust Remembrance: The Shapes of Memory (Oxford und Cambridge, MA: Blackwell, 1994), pp. 175 – 190.

Giddens, Anthony, The Consequences of Modernity (Cambridge: Polity Press, 1990).

Bernhard Giesen (Hg.), Nationale und kulturelle Identität: Studien zur Entwicklung des kollektiven Bewusstseins in der Neuzeit (Frankfurt a.M.: Suhrkamp, 1991).

Giesen, Bernhard, Kay Junge und Christian Kritschgau, „Vom Patriotismus zum völkischen Denken: Intellektuelle als Konstrukteure der deutschen Identität," in Bernhard Giesen (Hg.), Nationales Bewusstsein und kollektive Identität: Studien zur Entwicklung des kollektiven Bewusstseins 2 (Frankfurt a.M.: Suhrkamp, 1996), S. 345 – 393.

Giordano, Ralph, Die zweite Schuld oder von der Last Deutscher zu sein (Hamburg: Rasch und Röhring, 1987).

Gioseffi, Daniela (ed.), On Prejudice: A Global Perspective (New York: Anchor Books, 1993).

Gilman, Sander L., „Male Sexualty and Contemporary Jewish Literature in German: The Damaged Body as the Image of the Damaged Soul," in Sander L. Gilman and Karen Remmler (Hg.), Reemerging Jewish Culture in Germany: Life and Literature Since 1989 (New York und London: New York University Press, 1994), S. 210 – 249.

Glaser, Hermann, Bildungsbürgertum und Nationalismus. Politik und Kultur im Wilheminischen Deutschland (München: dtv, 1993).

Glass, James M., „Life unworthy of Life": Racial Phobia and Mass Murder in Hitler's Germany (New York: Basic Books, 1997).

Görtemaker, Manfred, Deutschland im 19. Jahrhundert: Entwicklungslinien (Opladen: Leske & Budrich, 1989).

Goldhagen, Daniel Jonah, Hitler's Willing Executioners: Ordinary Germans and the Holocaust (New York: Alfred A. Knopf, 1996).

-------, „The Globalization of Antisemitism," Forward May 2, 2003.

Goldhagen, Erich, „Weltanschauung und Endlösung: Zum Antisemitismus der nationalsozialistischen Führungsschicht," Vierteljahrshefte für Zeitgeschichte 4 (1976), S. 379 – 405.

Golub, Jennifer, Current German Attitudes towards Jews and other Minorities (New York: The American Jewish Committee, 1994).

Gondermann, Thomas, „Ein gewisser Antisemitismus: Rudolf Augstein und die Juden," in Johannes Klotz und Gerd Wiegel (Hg.), Geistige Brandstiftung: Die neue Sprache der Berliner Republik (Berlin: Aufbau Verlag, 2001), S. 233 – 261.

Graml, Hermann, „Zur politisch-kulturellen Tradition des Antisemitismus in Deutschland," in Wolfgang Benz (Hg.), Antisemitismus in Deutschland. Zur Aktualität eines Vorurteils (München: dtv, 1995), S. 15 – 24.

Greiffenhagen, Martin und Sylvia (Hg.), Handwörterbuch zur politischen Kultur der Bundesrepublik Deutschland (Wiesbaden: Westdeutscher Verlag, 2002).

Greive, Hermann, Geschichte des modernen Antisemitismus in Deutschland (Darmstadt: Wissenschaftliche Buchgesellschaft, 1983).

Greß, Franz, Hans-Gerd Jaschke und Klaus Schönekäs (Hg.), Neue Rechte und Rechtsexremismus in Europa (Opladen: Leske & Budrich, 1990).

Greven, Michael Th., „‚Der Schoß aus dem das kroch…', ist ‚diese unsere Gesellschaft': Zur Immanenz des Rechtsextremismus," Vorgänge 33 (1994), S. 83 – 93.

-------, Kritische Theorie und historische Politik (Opladen: Leske & Budrich, 1994), S. 157 – 181.

-------, Die politische Gesellschaft (Opladen: Leske & Budrich, 1999).

Grumke, Thomas und Anetta Kahane, „Grundbegriffe," in Zentrum Demokratische Kultur (Hg.): Rechtsextremismus heute: Eine Einführung in Denkwelten, Erscheinungsformen und Gegenstrategien (Leipzig: Klett, 2002), S. 4 – 10.

Grunenberg, Antonia, Die Lust an der Schuld: Von der Macht der Vergangenheit über die Gegenwart (Berlin: Rowohlt, 2001).

-------, „Mit bloßem Dagegensein ist es nicht getan," Universitas 12 (1998), S. 1165 – 1178.

Gruppe 3 Frankfurt a.M., „Ressentiment und Rancune: Antisemitische Stereotype in der Entschädigungsdebatte," in Ulrike Winkler (Hg.): Stiften gehen: NS-Zwangsarbeit und Entschädigungsdebatte (Köln, PapyRossa, 2000), S. 251 – 271.

Güllner, Manfred, „Haiders heimliche Anhänger," Die Woche, 18. Februar 2000.

Gugenberger, Eduard, Franko Petri und Roman Schweidlenka, Weltverschwörungstheorien: Die neue Gefahr von rechts (Wien und München: Deuticke, 1998).

Gurevitch, Michael and Jay G. Blumler, „Political communications and democratic values," in Judith Lichtenberg (ed.), Democracy and the Mass Media (Cambridge: Cambridge University Press, 1990), pp. 269 – 289.

Habermas, Jürgen, Theorie und Praxis (Frankfurt a.M.: Suhrkamp, 1968).

-------, Legitimationsprobleme im Spätkapitalismus (Frankfurt a.M.: Suhrkamp, 1973).

-------, Theorie kommunikativen Handelns [2 Bd.e] (Frankfurt a.M.: Suhrkamp, 1981).

-------, Die neue Unübersichtlichkeit (Frankfurt a.M.: Suhrkamp, 1985).

-------, „Concerning the Public Use of History," New German Critique 44 (1988), pp. 40 – 50.

-------, „Die zweite Lebenslüge der Bundesrepublik: Wir sind wieder ‚normal' geworden," Die Zeit, 11.Dezember 1992.

-------, „Die Kulturkritik der Neokonservativen in den USA und in der Bundesrepublik," in Ders., Die Moderne: Ein unvollendetes Projekt. Philosophisch-politische Aufsätze 1977 – 1992 (Frankfurt a.M.: Suhrkamp, 1992).

-------, „Was bedeutet ‚Aufarbeitung der Vergangenheit' heute? Bemerkungen zur ‚doppelten Vergangenheit'," in Ders., Die Moderne: Ein unvollendetes Projekt. Philosophisch-politische Aufsätze 1977 – 1992 (Leipzig: Reclam, 1992), S. 242 – 267.

-------, Die Normalität einer Berliner Republik (Frankfurt a.M.: Suhrkamp, 1995).

-------, „Der europäische Nationalstaat: Zu Vergangenheit und Zukunft von Souveränität und Staatsbürgerschaft," in Ders., Die Einbeziehung des Anderen: Studien zur politischen Theorie (Frankfurt a.M.: Suhrkamp, 1996), S. 128 – 153.

-------, „Über den öffentlichen Gebrauch der Historie: Warum ein ‚Demokratiepreis' für Daniel Goldhagen?," Blätter für deutsche und internationale Politik 4 (1997), S. 408 – 416.

-------, „Die postnationale Konstellation und die Zukunft der Demokratie," in Ders., Die postnationale Konstellation: Politische Essays (Frankfurt a.M.: Suhrkamp, 1998), S. 91 – 169.

-------, „Konzeptionen der Moderne: Ein Rückblick auf zwei Traditionen," in Ders., Die postnationale Konstellation, a.a.O., S. 195 – 231.

-------, „Über den öffentlichen Gebrauch der Historie," in Ders., Die postnationale Konstellation, a.a.O., S. 47 – 61.

-------, „Der Zeigefinger: Die Deutschen und ihr Denkmal," Die Zeit, 31. März 1999, S. 42 – 44.

Hamburger Institut für Sozialforschung (Hg.), Besucher einer Ausstellung (Hamburg: Hamburger Institut für Sozialforschung, 1998).

Hardtmann, Gertrud, „Ein Volk ohne Schatten? in Dies. (Hg.), Spuren der Verfolgung: Seelische Auswirkungen des Holocaust auf die Opfer und ihre Kinder (Gerlingen: Bleicher, 1992), S. 251 – 260.

-------, „‚Und Du bist raus...': Rechtsradikale Jugendliche – im ‚Aus' der Gesellschaft," in Richard Faber, Hajo Funke und Gerhard Schoenberner (Hg.), Rechtsextremismus: Ideologie und Gewalt (Berlin: Edition Hentrich, 1995), S. 96 – 110.

-------, „Von unerträglicher Schuld zu erträglichem Schuldgefühl?," in Dan Bar-On et al., Der Holocaust. Familiale und gesellschaftliche Folgen - Aufarbeitung in Wissenschaft und Erziehung (Wuppertal: Universität Wuppertal, 1988), S. 56 – 60.

Hartman, Geoffrey H. (Hg.), Bitburg in Moral and Political Perspective (Bloomington: Indiana University Press, 1986).

Haß, Ulrike, „Mahnmaltexte 1945 bis 1988. Annäherung an eine schwierige Textsorte," in Wolfgang Benz und Barbara Diestel (Hg.), Erinnern oder Verweigern: Dachauer Hefte Bd. 6 (München, 1994), S. 135 – 161.

Hauer, Nadine, Die Mitläufer oder die Unfähigkeit zu fragen. Auswirkungen des Nationalsozialismus auf die Demokratie heute (Opladen: Leske und Budrich, 1994).

Haug, Wolfgang Fritz, „Antisemitismus und Rassismus als Bewährungsprobe der Ideologie-Theorie," in Ders., Elemente einer Theorie des Ideologischen (Hamburg: Argument, 1993), S. 209 – 232.

-------, Die Faschisierung des bürgerlichen Subjekts (Hamburg: Argument, 1987).

-------, Vom hilflosen Antifaschismus zur Gnade der späten Geburt (Hamburg: Argument, 1993).

Haury, Thomas, „Antizionismus - Antisemitismus von links? Zur Kritik des ‚anti-imperialistischen Weltbildes'," in Shelley Berlowitz, Elinor Burgauer und Bea Schwager (Hg), Antisemitismus in der Linken (Zürich: Rote Fabrik, 1994), S. 32 – 52.

-------, Antisemitismus von Links: Kommunistische Ideologie, Nationalismus und Antizionismus in der frühen DDR (Hamburg: Hambuger Institut für Sozialforschung, 2002).

-------, „Der Antizionismus der Neuen Linken in der BRD: Sekundärer Antisemitismus nach Auschwitz," in Arbeitskreis Kritik des deutschen Antisemitismus (Hg.), Antisemitismus: Geschichte und Wirkungsweise des Vernichtungswahns (Freiburg: ca ira, 2001), S. 217 – 229.

-------, „‚Finanzkapitel oder Nation': Zur ideologischen Genese des Antizionismus der SED," Jahrbuch für Antisemitismusforschung 5 (1996), S. 148 – 171.

-------, „Zur Logik des bundesdeutschen Antizionismus," in Léon Poliakov, Vom Antizionismus zum Antisemitismus (Freiburg: ca ira, 1993), S. 125 – 149.

Heer, Hannes und Klaus Naumann (Hg.), Vernichtungskrieg: Verbrechen der Wehrmacht 1941 – 1944 (Hamburg: Hamburger Editionen des Instituts für Sozialforschung, 1995).

Heidegger, Martin, Sein und Zeit (Tübingen: Max Niemeyer, 1993 [1927]).

Heil, Johannes, „‚Antijudaismus' und ‚Antisemitismus': Begriffe als Bedeutungsträger," Jahrbuch für Antisemitismusforschung 6 (1997).

Heilbrunn, Jacob, „Germany's New Right," Foreign Affairs 75, 6 (1996), S. 80 – 96.

Heimrod, Ute, Günter Schlusche, Horst Seferens (Hg.), Der Denkmalstreit – Ein Denkmal? Die Debatte um das „Denkmal für die ermordeten Juden Europas": Eine Dokumentation (Berlin: Philo, 1999).

Heitmeyer, Wilhelm (Hg.) 2002, Deutsche Zustände – ein jährlicher Report: Folge 1 (Frankfurt a.M.: Suhrkamp, 2002).

Hellfeld, Matthias, Die Nation erwacht: Zur Trendwende der deutschen politischen Kultur (Köln: Papyrossa Verlag, 1993).

Helmreich, William B., „The Sociological Study of Antisemitism in the United States," in Michael Brown (Ed.), Approaches to Antisemitism: Context and Curriculum (New York and Jerusalem: The American Jewish Committee and The International Center for University Teaching of Jewish Civilization, 1994).

Hentges, Gudrun, Schattenseiten der Aufklärung: Die Darstellung von Juden und „Wilden" in philosophischen Schriften des 18. Und 19. Jahrhunderts (Schwalbach/Taunus: Wochenschau Verlag, 1999).

Herbert, Ulrich, „Academic and public discourses on the Holocaust: The Goldhagen debate in Germany," German Politics & Society 17 (1999), pp. 35 – 53.

-------, „Arbeit und Vernichtung. Ökonomisches Interesse und Primat der ‚Weltanschauung' im Nationalsozialismus," in Dan Diner (Hg.), Ist der Nationalsozialismus Geschichte? Zu Historisierung und Historikerstreit (Frankfurt a.M.: Fischer, 1987), S. 198 – 236.

Herf, Jeffrey, „Legacies of divided memory for German debates about the Holocaust in the 1990s," German Politics & Society, 17 (1999), pp. 9 – 34.

Herz, Thomas A., „Rechtsradikalismus und die ‚Basiserzählung': Wandlungen in der politischen Kultur Deutschlands," in Jürgen W. Falter, Hans-Gerd Jaschke und Jürgen R. Winkler, Rechtsextremismus: Ergebnisse und Perspektiven der Forschung, Politische Vierteljahresschrift/PVS-Sonderheft 27 (1996), S. 485 – 501.

Heyl, Matthias, „Die Goldhagen-Debatte im Spiegel der englisch- und deutschsprachigen Rezensionen von Februar bis Juli 1996," Mittelweg 36 4 (1996), S. 41 – 56.

-------, „Jews are no metaphors, oder: Die Kontextualisierung des Holocaust in Deutschland," in Helmut Schreier und Matthias Heyl (Hg.), „Dass Auschwitz nicht noch einmal sei..." Zur Erziehung nach Auschwitz (Hamburg: Krämer, 1995), S. 27 – 62.

Hoffmann, Christhard, „Das Judentum als Antithese. Zur Tradition eines kulturellen Wertungsmusters, in Wolfgang Benz (Hg.), Antisemitismus in Deutschland: Zur Aktualität eines Vorurteils (München: dtv, 1995), S. 25 – 46.

Hoffmann, Lutz, Das deutsche Volk und seine Feinde: Die völkische Droge (Köln: Papyrossa Verlag, 1994).

-------, „Die Konstitution des Volkes durch seine Feinde," in: Jahrbuch für Antisemitismusforschung 2 (1993).

Holz, Klaus, Nationaler Antisemitismus: Wissenssoziologie einer Weltanschauung (Hamburg: Hamburger Institut für Sozialforschung, 2001).

Holz, Klaus, Elfriede Müller und Enzo Traverso, „Schuld und Erinnerung," Jungle World 47 (2002).

Honderich, Ted, Nach dem Terror: Ein Traktat (Frankfurt a.M.: Suhrkamp, 2003).

Honneth, Axel, Kritik der Macht: Reflexionsstufen einer kritischen Gesellschaftstheorie (Frankfurt a.M.: Suhrkamp, 1985).

-------, „Die soziale Dynamik von Mißachtung: Zur Ortsbestimmung einer kritischen Gesellschaftstheorie," Leviathan 2 (1994), S. 78ff.

-------, „Integrität und Mißachtung: Grundmotive einer Moral der Anerkennung," Merkur 501 (1990), S. 1043 – 1054.

-------, Kampf um Anerkennung (Frankfurt a.M.: Suhrkamp, 1998).

-------, „Kritische Theorie: Vom Zentrum zur Peripherie einer Denktradition," in Ders., Die zerrissene Welt des Sozialen: Sozialphilosophische Aufsätze (Frankfurt a.M.: Suhrkamp, 1999), S. 25 – 72.

Hopf, Christel, „Autoritäres Verhalten: Ansätze zur Interpretation rechtsextremer Tendenzen," in Hans-Uwe Otto und Roland Merten (Hg.), Rechtsradikale Gewalt im vereinigten Deutschland. Jugend im gesellschaftlichen Umbruch (Opladen: Bundeszentrale für politische Bildung, 1993), S. 157 – 165.

Hopf, Christel und Wulf, Familie, Persönlichkeit, Politik. Eine Einführung in die politische Sozialisation (Weinheim und München: Juventa, 1997).

Horkheimer, Max, „Antisemitismus: Der soziologische Hintergrund des psychoanalytischen Forschungsansatzes," in Ders., Gesammelte Schriften Bd. 5 (Frankfurt a.M.: Fischer, 1987), S. 364 – 372.

-------, „Autorität und Familie," in Ders., Gesammelte Schriften Bd. 3 (Frankfurt a.M.: Fischer, 1988), S. 336 – 417.

-------, „Autorität und Familie in der Gegenwart," in Ders., Gesammelte Schriften Bd. 5 (Frankfurt a.M.: Fischer, 1987), S. 377 – 395.

-------, „Die gegenwärtige Lage der Sozialphilosophie und die Aufgaben eines Instituts für Sozialforschung," in Ders., Gesammelte Schriften Bd. 3 (Frankfurt a.M.: Fischer, 1988), S. 20 – 35.

-------, „Die Psychologie des Nazitums: Zu Richard M. Bricknens ‚Is Germany Incurable?'," in Ders., Gesammelte Schriften Bd. 5 (Frankfurt a.M.: Fischer, 1987), S. 354 – 359.

-------, „Sozialpsychologische Forschungen zum Problem des Autoritarismus, Nationalismus und Antisemitismus," in K.D. Hartmann (Hg.), Vorurteile, Ängste, Aggressionen. Ausgewählte Beiträge aus der Reihe Politische Psychologie (Frankfurt a.M. und Köln: Europäische Verlagsanstalt, 1975), S. 19 – 24.

-------, „Über das Vorurteil," in Ders., Gesellschaft im Übergang. Aufsätze, Reden und Vorträge 1942 – 1970 (Frankfurt a.M.:Fischer, 1981), S. 103 – 108.

-------, „Vergangenheitsbewältigung IV," in Ders., Gesammelte Schriften Bd. 14 (Frankfurt a.M.: Fischer, 1988), S. 108 – 109.

-------, „Vom Sinn des Neonazismus," in Ders., Gesammelte Schriften Bd. 14 (Frankfurt a.M.: Fischer, 1988), S. 101f.

-------, „Zur Funktion des Antisemitismus heute," in Ders., Gesammelte Schriften Bd. 14 (Frankfurt a.M.: Fischer, 1988), S. 139.

-------, „Zur Tätigkeit des Instituts: Forschungsprojekt über den Antisemitismus," in Ders., Gesammelte Schriften Bd. 4 (Frankfurt a.M.: Fischer, 1988), S. 373 – 411.

Horkheimer, Max und Theodor W. Adorno, „Vorurteil und Charakter," in Theodor W. Adorno, Soziologische Schriften II: Gesammelte Schriften Bd. 9.2 (Frankfurt a.M.: Suhrkamp, 1975), S. 360 – 373.

-------, Dialektik der Aufklärung: Philosophische Fragmente (Frankfurt a.M.: Fischer, 1986).

-------, „Vorwort zu Paul W. Massings ‚Vorgeschichte des politischen Antisemitismus'," in Max Horkheimer, Gesammelte Schriften Bd. 8 (Frankfurt a.M.: Fischer, 1985), S. 126 – 130.

Horkheimer, Max and Samuel H. Flowerman (eds.), Studies in Prejudice (New York: W.W. Norton, 1949f).

Hund, Wulf D., „Der scheußlichste aller Verdächte: Martin Walser und der Antisemitismus," in Johannes Klotz und Gerd Wiegel (Hg.), Geistige Brandstiftung: Die neue Sprache der Berliner Republik (Berlin: Aufbau Verlag, 2001), S. 183 – 232.

-------, „Auf dem Unsäglichkeitsberg: Martin Walser, Ignatz Bubis und die tausend Briefe," Blätter für deutsche und internationale Politik 10 (1999), S. 1245 – 1254.

Innenministerium des Landes NRW (Hg.), Die Kultur als Machtfrage: Die Neue Rechte in Deutschland (Düsseldorf: Innenministerium NRW, 2003).

Inglehart, Ronald, Culture Shift in Advanced Industrial Society (Princeton, NJ: Princeton University Press, 1990).

Institut für Demoskopie Allensbach, Ausmaß und Formen des heutigen Antisemitismus in der Bundesrepublik Deutschland: Repräsentativbefragung im Auftrag der Antidefamation League des B'nai B'rith New York in Zusammenarbeit mit dem Zentrum für Antisemitismusforschung der TU Berlin (Allensbach: IfD, 1987).

Institute for Jewish Policy Research/American Jewish Committee (eds.), Antisemitism World Report (New York and London: JPR/AJC, 1992 – 2000)

Jäger, Siegfried, Kritische Diskursanalyse: Eine Einführung (Duisburg: Duisburger Institut für Sozialforschung, 2001).

Jahn, Joachim, Strafrechtliche Mittel gegen Rechtsextremismus: Die Änderungen der §§ 130 und 86a StGB als Reaktion auf femdenfeindliche Gewalt in Deutschland im Licht der Geschichte des politischen Strafrechts in Deutschland (Frankfurt a.M.: Peter Lang Europäischer Verlag der Wissenschaften, 1998).

Jaschke, Hans-Gerd, Rechtsextremismus und Fremdenfeindlichkeit (Wiesbaden: Westdeutscher Verlag, 1994).

Jay, Martin, The Dialectical Imagination: The History of the Frankfurt School 1923 - 1950 (London and New York: Harvester/Weatsheaf, 1973).

-------, „Frankfurter Schule und Judentum: Die Antisemitismusanalyse der Kritischen Theorie," Geschichte und Gesellschaft 5 (1979), S. 439 – 454.

Jeissmann, Michael (Hg.), Mahnmal Mitte (Köln: Dumont, 1999).

Jelpke, Ulla/Rüdiger Lötzer, „Geblieben ist der Skandal: Ein Gesetz zum Schutz der deutschen Wirtschaft," in Ulrike Winkler (Hg.), Stiften gehen: NS-Zwangsarbeit und Entschädigungsdebatte (Köln: Papyrossa, 2000), S. 235 – 250.

Jensen, Uffa, „Ein Ritterschlag zum Lehrmeister? Die Apotheose des Daniel J. Goldhagen in der Laudatio von Jürgen Habermas," in Johannes Heil und Rainer Erb (Hg.), Geschichtswissenschaft und Öffentlichkeit: Der Streit um Daniel J. Goldhagen (Frankfurt a.M.: Fischer, 1998), S. 148 – 163.

Jesse, Eckhard, „Fließende Grenzen zum Rechtsextremismus? Zur Debatte über Brückenspektren, Grauzonen, Vernetzungen und Scharniere am rechten Rand – Mythos und Realität," in Jürgen W. Falter, Hans-

Gerd Jaschke und Jürgen R. Winkler (Hg.), Rechtsextremismus: Ergebnisse und Perspektiven der Forschung (Wiesbaden: Westdeutscher Verlag, 1996), S. 514 – 529.

-------, „Philosemitismus, Antisemitismus und Anti-Antisemitismus," in Uwe Backes, Eckhard Jesse und Rainer Zitelmann (Hg.), Die Schatten der Vergangenheit: Impulse zur Historisierung des Nationalsozialismus (Berlin: Ullstein, 1990).

Jochmann, Werner, „Antisemitismus im Deutschen Kaiserreich 1871 – 1914," in Ders., Gesellschaftskrise und Judenfeindschaft in Deutschland 1870 – 1945 (Hamburg: Röhring, 1988), S. 30 – 98.

Jodice, David A., United Germany and Jewish Concerns: Attitudes towards Jews, Israel, and the Holocaust (New York: The American Jewish Committee, 1991).

Johnson, Andrew, „The political unconscious: Stories and politics in two South American cultures," in Steven A. Renshon and John Duckitt (Eds.), Political psychology: Cultural and crosscultural foundations (Houndmills: Macmillan, 2000, pp. 159 – 181.

Juelich, Dierk, „Die Wiederkehr des Verdrängten: Sozialpsychologische Aspekte zur Identität der Deutschen nach Auschwitz," in Christine Kulke und Gerda Lederer (Hg.), Der gewöhnliche Antisemitismus: Zur politischen Psychologie der Verachtung (Pfaffenweiler: Centaurus Verlagsanstalt, 1994), S. 86 – 104.

Juelich, Dierk, „Erlebtes und ererbtes Trauma. Von den psychischen Beschädigungen bei den Urhebern der Schoah," in Helmut Schreier und Matthias Heyl (Hg.), ‚Dass Auschwitz nicht noch einmal sei...': Zur Erziehung nach Auschwitz (Hamburg: Krämer, 1995), S. 83 –110.

Kaase, Max, „Massenkommunikation und politischer Prozess," in Ders. (Hg.), Politische Wissenschaft und politische Ordnung: Analysen zur Theorie und Empirie demokratischer Regierungsweise (Wiesbaden: Westdeutscher Verlag, 1986), S. 357 – 374

Kailitz, Steffen, Die politische Deutungskultur im Spiegel des ‚Historikerstreits': What's right? What's left? (Wiesbaden: Westdeutscher Verlag, 2001).

Katz, Jacob, Die Hep-Hep-Verfolgungen des Jahres 1819 (Berlin: Metropol, 1994).

Kallmeyer, Werner et.al., Lektürekolleg zur Textlinguistik (Königstein/Ts: Athäneum, 1986).

Keilson, Hans, „Linker Antisemitismus?," Psyche 42 (1988), S. 769 – 794.

Kellershohn, Helmut, „Dies selbsternannte Elite: Herkunft und Selbstvertändnis des Personals der ‚Jungen Freiheit'," in Ders. (Hg.), Das Plagiat: Der völkische Nationalismus der Jungen Freiheit (Duisburg: Duisburger Institut für Sprach- und Sozialforschung, 1994), S. 51 – 116.

Kellner, Douglas, Critical Theory, Marxism and Modernity (Baltimore: Johns Hopkins University Press, 1989).

Kemper, Peter und Ulrich Sonnenschein (Hg.), Globalisierung im Alltag (Frankfurt a.M.: Suhrkamp, 2002).

Ketelhut, Ina, Rechtsextremismus in den USA und Frankreich: Eine Fallstudie über das Wählerpotenzial von Jean-Marie Le Pen und George Wallace (Frankfurt a.M.: Peter Lang Europäischer Verlag der Wissenschaften, 1999).

Kittsteiner, Heinz D., Die Entstehung des modernen Gewissens (Frankfurt a.M.: Suhrkamp, 1995).

Kitschelt, Herbert, „Political Opportunity Structure and Political Protest," British Journal of Political Science 16 (1986), pp. 57 – 85.

-------, The Radical Right in Western Europe (Ann Arbor: University of Michigan Press, 1995).

-------, „Politische Konfliktlinien in westlichen Demokratien: Ethnisch-kulturelle und wirtschaftliche Verteilungskonflikte," in Dietmar Loch/Wilhelm Heitmeyer (Hg.), Schattenseiten der Globalisierung: Rechtsradikalismus, Rechtspopulismus und separatistischer Regionalismus in westlichen Demokratien (Frankfurt a.M.: Suhrkamp, 2001), S. 418 – 442.

Kirsch, Jan Holger, „Identität durch Normalität: Der Konflikt um Martin Walsers Friedenspreisrede," Leviathan 27 (1999), S. 309 – 353.

Klärner, Andreas, Aufstand der Ressentiments: Einwanderungsdiskurs, völkischer Nationalismus und die Kampagne der CDU/CSU gegen die doppelte Staatsbürgerschaft (Köln: Papyrossa, 2000).

Kleinert, Corinna und Johann de Rijke, „Rechtsextreme Orientierungen bei Jugendlichen und jungen Erwachsenen," in Wilfried Schubarth und Richard Stöss (Hg.), Rechtsextremismus in der Bundesrepublik Deutschland: Eine Bilanz (Opladen: Leske & Budrich, 2001), S. 167 – 198.

Kliche, Thomas, Suzanne Adam und Helge Jannink, „'Wirklich die Hölle': Diskursanalysen zur Konstruktion von ‚Islam' in einem deutschen Printmedium," in Rainer Dollase, Thomas Kliche und Helmut Moser (Hg.), Politische Psychologie der Fremdenfeindlichkeit (Weinheim: Juventa, 1999), S. 307 – 324.

Kloke, Matin W., „Kathartische Zerreißprobe. Zur Israel-Diskussion in der Partei ‚Die Grünen'," in: Herbert A. Strauss, Werner Bergmann und Christhard Hoffmann (Hg.), Der Antisemitismus der Gegenwart (Frankfurt a.M. und New York: Campus Verlag, 1990), S. 124 – 148.

-------, Israel und die deutsche Linke: Zur Geschichte eines schwierigen Verhältnisses (Frankfurt a.M.: Haag und Herchen, 1994).

-------, „Zwischen Ressentiment und Heldenmythos: Das Bild der Palästinenser in der deutschen Linkspresse," Jahrbuch für Antisemitismusforschung 3 (1992), S. 227 – 253

-------, „Ausgelebte Projektionen," Konkret 5 (1998), S. 18 – 20.

Klotz, Johannes und Gerd Wiegel, „Gegenwart ohne Vergangenheit," in Dies. (Hg.), Geistige Brandstiftung: Die neue Sprache der Berliner Republik (Berlin: Aufbau Verlag, 2001), S. 17 – 52.

Knütter, Hans-Helmuth, „Antifaschismus als innen- und außenpolitisches Kampfmittel," in Ders. (Hg.), Antifaschismus als innen- und außenpolitisches Kampfmittel (Bornheim, 1991), S. 7 – 23.

-------, Die Faschismus-Keule: Das letzte Aufgebot der deutschen Linken (Berlin und Frankfurt a.M.: Ullstein, 1993).

-------, „Der Antifaschismus als politisches Kampfmittel der Linken im Wahljahr 1998 und was dagegen zu tun ist," in Gesellschaft für Freie Publizistik (Hg.), Mut zur Freiheit: 1848 – 1998. 150 Jahre Kampf um Selbtbestimmung und Einheit (Oberboihingen: GFP, 1998), S. 150 – 159.

-------, „Die Linke und der Rechtsextremismus," in Bundesministerium des Inneren (Hg.), Verfassungsschutz, Rechtsentwicklung, Bekämpfung des Extremismus (Bonn: BMI, 1992), S. 83 – 111.

-------, „Die Weimarer Republik in der Klammer von Rechts- und Linksextremismus," in Karl Dietrich Bracher, Manfred Funke und Hans-Adolf Jacobsen (Hg), Die Weimarer Republik 1918 - 1933. Politik, Wirtschaft, Gesellschaft (Bonn: Bundeszentrale für politische Bildung, 1988), S. 387 – 406.

-------, „Deutschfeindlichkeit im westlichen Ausland," in Rainer Zitelmann et al. (Hg.), Westbindung: Chancen und Risiken für Deutschland (Frankfurt a.M. und Berlin: Ullstein, 1993), S. 421 – 437.

-------, „Von der ‚Freiheitlich-demokratischen Grundordnung' zur ‚Antifaschistisch-volksdemokratischen Ordnung'," in Gesellschaft für Freie Publizistik (Hg.), Deutschland wird leben (Oberboihingen: GFP, 2001), S. 117 – 134.

Kohli, Martin and Alison Woodward (eds.), Inclusions and Exclusions in European Societies (London: Routledge, 2001).

Köhler, Kai, „Ein aggressives Zurück: Martin Walser ein Jahr nach der Preisredendebatte," in Johannes Klotz und Gerd Wiegel (Hg.), Geistige Brandstiftung: Die neue Sprache der Berliner Republik (Berlin: Aufbau Verlag, 2001), S. 155 – 182.

-------, „Die poetische Nation: Zu Martin Walsers Friedenspreisrede und seinen neueren Romanen," in Johannes Klotz und Gerd Wiegel (Hg.), Geistige Brandstiftung, a.a.O., S. 101 – 154.

Könitz, Barbara, Gefahren eines deutschen Sonderwegs: deutschlands Zukunft zwischen Ost und West? (Bonn: Deutsche Atlantische Gesellschaft, 1986)

Koopmans, Ruud, "Explaining the rise of racist ans extreme right violence in Western Europe: Grievances or opportunities?," European Journal of Political Research 30 (1996), pp. 185 – 216.

Koopmans, Ruud und Hanspeter Kriesi, „Citizenship, National Identity and the Mobilisation of the Extreme Right: A Comparison of France, Germany, the Netherlands and Switzerland," (Berlin: Wissenschaftszentrum Berlin für Sozialforschung, 1997).

Koopmans, Ruud und Dieter Rucht, „Rechtsradikalismus als soziale Bewegung?," in Jürgen W. Falter, Hans-Gerd Jaschke und Jürgen R. Winkler, Rechtsextremismus: Ergebnisse und Perspektiven der Forschung, PVS-Sonderheft 27 (1996), S. 265 – 287.

Koopmans, Ruud and Paul Statham, "Ethnic and Civic Conceptions of Nationhood and the Differential Success of the Extreme Right in Germany and Italy," in Marco Giugni, Doug McAdam, and Charles Tilly (eds.), How Social Movements Matter (Minneapolis: University of Minnesota Press, 1999), pp. 225 – 251.

Kopke, Christoph und Lars Rensmann, „Die Extremismus-Formel: Zur politischen Karriere einer wissenschaftlichen Ideologie," Blätter für deutsche und internationale Politik 45 (2000), S. 1451 – 1462.

König, Helmut, „Politikwissenschaft und Politische Psychologie - eine Bestandsaufnahme," Leviathan 22 (1994), S. 195 - 221.

-------, Die Zukunft der Vergangenheit: Der Nationalsozialismus im politischen Bewusstsein der Bundesrepublik (Frankfurt a.M.: Fischer, 2003)

König, Helmut, Kohlstruck, Michael und Andreas Wöll (Hg), Vergangenheitsbewältigung am Ende des zwanzigsten Jahrhunderts (Wiesbaden: Westdeutscher Verlag, 1998).

Kött, Martin, Goldhagen in der Qualitätspresse: Eine Debatte über „Kollektivschuld" und „Nationalcharakter" der Deutschen (Konstanz: Universitäts-Verlag Konstanz, 1999).

Kornhauser, William, The Politics of Mass Society (New York: The Free Press, 1959).

Kraushaar, Wolfgang, „Radikalisierung der Mitte: Auf dem Weg zur Berliner Republik," in Richard Faber, Hajo Funke und Gerhard Schoenberner (Hg.), Rechtsextremismus: Ideologie und Gewalt (Berlin: Edition Hentrich, 1995), S. 52 – 69.

Kuechler, Manfred, „Germans and ‚Others': Racism, xenophobia, or ‚legitimate conservatism'?," German Politics, 3 (1994), pp. 47 – 74.

Küntzel, Matthias, „Normalität und Wahn," Konkret 2 (1999), S. 16 – 19.

Küntzel, Matthias et al., Goldhagen und die deutsche Linke (Berlin: Elefanten Press, 1997).

Kulke, Christine, „Antisemitismus und politische Kultur: Aspekte einer politischen Psychologie der Verachtung," in Dies. und Gerda Lederer (Hg.), Der gewöhnliche Antisemitismus: Zur politischen Psychologie der Verachtung (Pfaffenweiler, Centaurus Verlagsanstalt, 1994), S. 7 – 18.

Kurthen, Hermann, „Antisemitism and xenophobia in united Germany: How the burden of the past affects the present," in Hermann Kurthen, Werner Bergmann and Rainer Erb (Eds.), Antisemitism and xenophobia in Germany after unification (Oxford: Oxford University Press, 1997), pp. 39 – 87.

Kurzweil, Edith, „The Holocaust: Memory and Theory," Partisan Review 3 (1996).

LaCapra, Dominick, „Representing the Holocaust: Reflections on the Historians' Debate," in Saul Friedlander (Ed.), Probing the Limits of Representation: Nazism and the „Final Solution" (Cambridge, MA: Harvard University Press, 1992), pp. 108 – 127.

Langenbacher, Eric, „Changing Memory Regimes in Contemporary Germany?," German Politics & Society 21 (2003), pp. 46 – 68.

Langewiesche, Dieter, „Kulturelle Nationsbildung im Deutschland des 19. Jahrhunderts," in Manfred Hettling und Paul Nolte (Hg), Nation und Gesellschaft in Deutschland (München: C. H. Beck, 1996), S. 46 – 64.

Langmuir, Gavin A., Toward a Definition of Antisemitism (Berkeley and Los Angeles: University of California Press, 1990).

Laplanche, J. und J.-B. Pontalis, Das Vokabular der Psychoanalyse (Frankfurt a.M.: Suhrkamp, 1994).

Lederer, Gerda, „Autoritarismus und Fremdenfeindlichkeit im deutsch-deutschen Vergleich: Ein Land mit zwei Sozialisationskulturen," in Susanne Rippl, Christian Seipel und Angela Kindervater (Hg.), Autoritarismus: Kontroversen und Ansätze der aktuellen Autoritarismusforschung (Opladen: Leske & Budrich, 2000).

-------, „Wie antisemitisch sind die Deutschen? Studien zum Antijudaismus," in Christine Kulke und Gerda Lederer (Hg), Der gewöhnliche Antisemitismus: Zur politischen Psychologie der Verachtung (Pfaffenweiler: Centaurus Verlagsanstalt, 1994).

Lederer, Gerda und Angela Kindervater, „Internationale Vergleiche," in Gerda Lederer und Peter Schmidt (Hg), Autoritarismus und Gesellschaft: Trendanalysen und vergleichende Jugenduntersuchungen (Opladen: Leske & Budrich, 1995).

Lederer, Gerda und Peter Schmidt (Hg.), Autoritarismus und Gesellschaft: Trendanalysen und vergleichende Jugenduntersuchungen (Opladen: Leske & Budrich, 1995).

Leggewie, Claus, Die Republikaner: Phantombild der Neuen Rechten (Berlin: Rotbuch, 1989).

-------, „Rechts gegen Globalisierung," Internationale Politik 58, 4 (2003), S. 33 – 40.

Lenk, Kurt, „Jugendlicher Rechtsextremismus als gesamtdeutsches Problem," in: Richard Faber, Hajo Funke und Gerhard Schoenberner (Hg.), Rechtsextremismus: Ideologie und Gewalt (Berlin: Edition Hentrich, 1995), S. 86 – 94.

-------, „Neokonservative Positionen im ‚Historikerstreit' oder wie Täter zu Opfern werden," in Ders., Rechts, wo die Mitte ist: Rechtsextremismus,Nationalsozialismus, Konservatismus (Baden Baden: Nomos Verlag, 1994).

Lepsius, Rainer M., „Das Erbe des Nationalsozialismus und die politische Kultur der Nachfolgestaaten des ‚großdeutschen Reiches'," in M. Haller, H.J. Nowotny & W. Zapf (Eds.), Kultur und Gesellschaft (New York: Campus, 1989), pp. 247 – 264.

Lewis, Thomas T., „Authoritarian Attitudes and Personalities: A Psychohistorical Perspective," The Psychohistory Review: Studies of Motivation in History and Culture 18, 2 (1990), S. 141 – 168.

Lichtenstein, Heiner (Hg.), Die Fassbinder-Kontroverse oder Das Ende der Schonzeit (Königstein, Ts.: Athenäum, 1986).

Link, Jürgen, Versuch über den Normalismus: Wie Normalität produziert wird (Wiesbaden: Westdeutscher Verlag, 1997).

Lipstadt, Deborah, Denying the Holocaust: The Growing Assault on Truth and Memory (New York: Plume Books, 1994).

Lipset, Seymour Martin and Earl Raab, The Politics of Unreason: Right-Wing Extremism in America, 1790 – 1977 (Chicago: University of Chicago Press, 1978).

Littell, Franklin H. (ed.), Hyping the Holocaust: Scholars answer Goldhagen (East Rockaway, NY: Cummings and Hathaway Publishers, 1997).

Louw, Eric, The Media and Cultural Production (London: Sage, 2001).

Lösche, Peter und Franz Walter, Die FDP: Richtungsstreit und Zukunftszweifel (Darmstadt: Wissenschaftliche Buchgesellschaft, 1996).

Löwenthal, Leo, „Autorität in der bürgerlichen Gesellschaft: Ein Entwurf," in Ders., Falsche Propheten: Studien zum Autoritarismus. Schriften Bd. 3 (Frankfurt a.M.: Suhrkamp, 1982), S. 241 - 333.

-------, „Falsche Propheten: Studien zur faschistischen Agitation," in Ders., Falsche Propheten: Studien zum Autoritarismus. Schriften Bd. 3 (Frankfurt a.M.: Suhrkamp, 1982), S. 11 – 159.

-------, „Humanität und Kommunikation," in Ders., Literatur und Massenkultur: Schriften Bd.1 (Frankfurt a.M.: Suhrkamp, 1980), S. 368 – 380.

-------, „Individuum und Terror," in Ders., Falsche Propheten: Studien zum Autoritarismus. Schriften Bd. 3 (Frankfurt a.M.: Suhrkamp, 1982), S. 161 – 174.

-------, „Vorurteilsbilder: Antisemitismus unter amerikanischen Arbeitern," in Ders., Falsche Propheten: Studien zum Autoritarismus. Schriften Bd. 3 (Frankfurt a.M.: Suhrkamp, 1982), S. 175 – 237.

Loewy, Hanno und Werner Schneider, „‚Wir Deutsche' und die ‚Ehre des Vaterlandes': Über Klaus von Dohnanyis Rede zur Ausstellung 'Aufstand des Gewissens' in der Paulskirche," Blätter für deutsche und internationale Politik 3 (1998), S. 359 – 370.

Luhmann, Niklas, „Gesellschaftliche Komplexität und öffentliche Meinung," in Ders., Soziologische Aufklärung Bd. 5 (Wiesbaden: Westdeutscher Verlag, 1990).

Maegerle, Anton, „APO von rechts: Von linken Internationalisten zu rechten Nationalisten," Tribüne: Zeitschrift zum Verständnis des Judentums (2001), S. 134 – 152.

Maier, Charles S., The Unmasterable Past: History, Holocaust, and German National Identity (Cambridge, MA and London: Harvard University Press, 1988).

Manoschek, Walter, „Es gibt nur eines für das Judentum: Vernichtung": Das Judenbild in deutschen Soldatenbriefen 1939 - 1944 (Hamburg: Hamburger Institut für Sozialforschung, 1995).

Markovits, Andrei S., „Störfall im Endlager der Geschichte. Daniel Goldhagen und seine deutschen Kritiker," Blätter für deutsche und internationale Politik 6 (1996), S. 667 – 674.

-------, „Anti-Americanism and the Struggle for a West-German Identity," in Peter H. Merkl (Hg.), The Federal Republic at Forty (New York: New York University Press, 1989), pp. 35 – 54.

Markus, H.R. and S. Kitayama, „The Cultural Psychology of Personality," Journal of Cross-Cultural Psychology 1 (1998), S. 63 – 87.

Marcuse, Herbert, „Das Veralten der Psychoanalyse," in Ders., Kulturkritik und Gesellschaft 2 (Frankfurt a.M.: Suhrkamp, 1965), S. 85 – 106.

-------, „Der Kampf gegen den Liberalismus in der totalitären Staatsauffassung," in Ders., Kultur und Gesellschaft I (Frankfurt a.M.: Suhrkamp, 1965), S. 17 – 55.

-------, „Studie über Autorität und Familie," in Ders., Ideen zu einer kritischen Theorie der Gesellschaft (Frankfurt a.M.: Suhrkamp, 1969), S. 55 – 156.

Margalit, Gilad, „On Ethnic Essence and the Notion of German Victimization: Martin Walser and Asta Scheib's 'Armer Nanonosh' and the Jew within the Gypsy," German Politics & Society 20 (2002), pp. 15 – 39.

Marin, Bernd, „Ein historisch neuartiger „Antisemitismus ohne Antisemiten?," in John Bunzl und Bernd Marin (Hg.), Antisemitismus in Österreich: Sozialhistorische und soziologische Studien (Innsbruck: Inn-Verlag, 1983), S. 173 – 192.

Marrus, Michael R., „Sind die Franzosen antisemitisch? Belege aus den achtziger Jahren," in Herbert A. Strauss, Werner Bergmann und Christhard Hoffmann (Hg), Der Antisemitismus der Gegenwart (Frankfurt a.M. und New York: Campus Verlag, 1990), S. 167 – 184.

May, Tim, Social Research: Issues, Methods and Process (Buckingham: Opne University Press, 1993)

Meloen, Jos, „A critical analysis of forty years of authoritarianism research," in R.F. Farnen (Ed.), Nationalism, ethnicity, and identity: Cross national and comparative perspectives (London: Transaction, 1994).

-------, „The political culture of state authoritarianism," in S.A. Renshon & J. Duckitt (Eds.), Political psychology: Cultural and crosscultural foundations (Houndmills, England: Macmillan, 2000), pp. 108 – 127.

Menzel, Ulrich, Globalisierung versus Fragmentierung (Frankfurt a.M.: Suhrkamp, 1998).

Merrit, Anna J. und Richard L. (Hg.), Public Opinion in Occupied Germany The OMGUS Surveys 1945 - 1948 (Urbana: University of Illinois Press, 1970).

Mertens, Lothar, „Antizionismus: Feindschaft gegen Israel als neue Form des Antisemitismus," in Wolfgang Benz (Hg.), Antisemitismus in Deutschland. Zur Aktualität eines Vorurteils (München: dtv, 1995), S. 89 – 100.

Minkenberg, Michael, „Die Neue Radikale Rechte im Vergleich: Frankreich und Deutschland," Zeitschrift für Parlamentsfragen 28 (1997), S. 140 – 149.

-------, Die neue radikale Rechte im Vergleich: USA, Frankreich, Deutschland (Wiesbaden: Westdeutscher Verlag, 1998).

Mitscherlich, Alexander und Margarete, Die Unfähigkeit zu trauern: Grundlagen kollektiven Verhaltens (München: Piper, 1967).

Mitscherlich, Margarete, „Antisemitismus - eine Männerkrankheit?," Psyche 37 (1983).

Möllemann, Jürgen W. 2003, Klartext Für Deutschland (Random House, 2003).

Moeller, R. G., „War stories: The search for a usable past in the Federal Republic of Germany," American Historical Review 101 (1996), pp. 1008 – 1048.

Moog, Sandar and Jeff Sluyter-Beltrao, "The Transformation of Political Communication?," in Barrie Axford/Richard Huggins (eds.), New Media and Politics (London: Sage, 2000).

Mommsen, Wolfgang J., „Die Vergangenheit, die nicht vergehen will: Auseinandersetzung oder Schlussstrich," in Helmut Dubiel (Hg.), Populismus und Aufklärung (Frankfurt: Suhrkamp, 1986), S. 211 – 220.

Mosse, George L., Die Geschichte des Rassismus in Europa (Frankfurt a.M.: Fischer, 1995).

Mudde, Cas, „The War of the Words Defining the Extreme Right," West European Politics 9 (1996), pp. 225 – 248.

Münch, Richard, Das Projekt Europa: Zwischen Nationalstaat, regionaler Autonomie und Weltgesellschaft (Frankfurt a.M.: Suhrkamp, 1995).

Nassehi, Armin, „Der Fremde als Vertrauter: Soziologische Betrachtungen zur Konstruktion von Identitäten und Differenzen," Kölner Zeitschrift für Soziologie und Sozialpsychologie 47 (1995), S. 443 – 463.

Naumann, Klaus, „Die Rhetorik des Schweigens. Die Lagerbefreiungen im Gedächtnisraum der Presse 1995," Mittelweg 36 3 (1996).

-------, Der Krieg als Text: Das Jahr 1945 im kulturellen Gedächtnis der Presse (Hamburg: Hamburger Institut für Sozialforschung, 1998).

-------, „‚Neuanfang ohne Tabus': Deutscher Sonderweg und politische Semantik," in Hans-Martin Lohmann (Hg.), Extremismus der Mitte. Vom rechten Verständnis deutscher Nation (Frankfurt a.M.: Fischer, 1994), S. 70 – 87.

-------, „Zirkel der Erinnerung: Publikumszuschriften zu einer Goldhagen-Debatte," Mittelweg 36 6 (1996).

Neaman, Elliot, „A new Conservative Revolution? Neo-nationalism, collective memory, and the New Right in Germany since unification," in Hermann Kurthen, Werner Bergmann and Rainer Erb (Eds.), Antisemitism and xenophobia in Germany after unification (Oxford: Oxford University Press, 1997), pp. 190 – 208.

-------, „The War that Took Place in Germany: Intellectuals and September 11," German Politics & Society 20 (2002), pp. 56 – 78.

Neue Gesellschaft für Bildende Kunst (Hg.), Der Wettbewerb für das „Denkmal für die ermordeten Juden Europas". Eine Streitschrift (Berlin: NGBK, 1995).

Neumann, Franz, „Angst und Politik," in Ders., Demokratischer und autoritärer Staat: Beiträge zur Soziologie der Politik (Frankfurt a.M.: Europäische Verlagsanstalt, 1967), S. 184 – 214.

Neureiter, Marcus, Rechtsextremismus im vereinten Deutschland: Eine Untersuchung sozialwissenschaftlicher Deutungsmuster und Erklärungsmuster (Marburg: Tectum Verlag, 1996), S. 41 – 67.

Nicklas, Hans, „Psychologie des Unfriedens: Ergebnisse der psychologischen Friedensforschung," in Ulrike Wasmuth (Hg.), Friedensforschung: Eine Handlungsorientierung zwischen Politik und Wissenschaft (Darmstadt: Wissenschaftliche Buchgesellschaft, 1991), S. 149 – 163.

Niedermayer, Oskar, Bürger und Politik: Politische Orientierungen und Verhaltensweisen der Deutschen (Wiesbaden: Westdeutscher Verlag, 2001)

Niedermayer, Oskar und Elmar Brähler, Rechtsextreme Einstellungen in Deutschland: Ergebnisse einer repräsentativen Erhebung im April 2002. Fassung der Pressekonferenz am 5. September 2002, Berlin 2002,

Nolte, Ernst, „Abschließende Reflexionen über den sogenannten Historikerstreit," in Uwe Backes, Eckhard Jesse und Rainer Zitelmann (Hg.), Die Schatten der Vergangenheit. Impulse zur Historisierung des Nationalsozialismus (Berlin: Ullstein, 1990), S. 83 – 109.

-------, Der europäische Bürgerkrieg 1917 – 1945: Nationalsozialismus und Bolschewismus (Berlin und Frankfurt a.M.: Ullstein, 1990).

-------, Streitpunkte: Heutige und künftige Kontroversen um den Nationalsozialismus (Berlin: Propyläen, 1993).

-------, „Vergangenheit, die nicht vergehen will," in „Historikerstreit". Die Dokumentation der Kontroverse um die Einzigartigkeit der nationalsozialistischen Judenvernichtung (München: Piper, 1987), S. 39 – 47.

-------, „Zwischen Geschichtslegende und Revisionismus? Das Dritte Reich im Blickwinkel des Jahres 1980," in „Historikerstreit" (München: Piper, 1987) S. 13 – 35.

Ochse, Katharina, „‚What could be More Fruitful, More Healing, More Purifying?': Representations of Jews in the German Media of 1989," in Sander L. Gilman and Karen Remmler (ed.), Reemerging Jewish Culture in Germany: Life and Literature Since 1989 (New York: New York University Press) 1994, pp. 113 – 129.

Oesterreich, Detlef, Autoritäre Persönlichkeit und Gesellschaftsordnung: Der Stellenwert psychischer Faktoren für politische Einstellungen - eine empirische Untersuchung von Jugendlichen in Ost und West (Weinheim und München: Juventa, 1993).

-----, Flucht in die Sicherheit: Zur Theorie des Autoritarismus und der autoritären Reaktion (Opladen: Leske & Budrich, 1996).

Ofer, Dalia, „Holocaust historiography: The return of antisemitism and ethnic stereotypes as major themes," Patterns of Prejudice 33 (1999), pp. 87 – 106.

Olick, Jeffrey K., „What does it mean to normalize the past? Official memory in German politics since 1989," Social Science History, 22 (1998), pp. 547 – 571.

Ono, Kent A., „Communicating Prejudice in the Media," in Michael L. Hecht, Communicating Prejudice (London: Sage, 1998), pp. 206 – 220.

Osten-Sacken, Thomas von der, „Aggressiver Antisemitismus: Kein Platz für Juden," in Rundbrief Freundeskreis Kirche und Israel in Baden Nr. 64 (2003), S. 23 – 27.

Ostow, Mortimer, Myth and Madness: The Psychodynamics of Antisemitism (New Brunswick und Oxford: Transaction Publishers, 1996).

Ostow, Robin, „Imperialist agents, anti-fascist monuments, eastern refugees, property claims: Jews as incorporations of East German social trauma, 1945 – 94," in Y.M. Bodemann (Ed.), Jews, Germans, memory: Reconstructions of Jewish life in Germany (Ann Arbour: The University of Michigan Press, 1996), pp. 227 – 241.

-------, „Jews in Germany's Five New Provinces," in Sander L. Gilman and Karen Remmler (eds.), Reemerging Jewish Culture in Germany: Life and Literature Since 1989 (New York: New York University Press, 1994), pp. 62 – 74.

Pappi, Franz Urban, „Politische Kultur. Forschungsparadigma, Fragestellungen, Untersuchungsmöglichkeiten, in: Max Kaase (Hg.), Politische Wissenschaft und politische Ordnung: Festschrift zum 65. Geburtstag von R. Wildenmann (Wiesbaden: Westdeutscher Verlag, 1986), S. 279 – 291.

Parsons, Talcott, „The Sociology of Modern Anti-Semitism," in Isaque Graeber und Steuart Henerson Britt (eds.), Jews in a Gentile World: The Problem of Anti-Semitism (New York: Macmillan, 1942).

Peck, Jeffrey M., „The ‚Ins' and ‚Outs' of the New Germany: Jews, Foreigners, Asylum Seekers," in Sander L. Gilman and Karen Remmler (eds.), Reemerging Jewish Culture in Germany: Life and Literature Since 1989 (New York: New York University Press, 1994), pp. 130 – 147.

Pecora, Vincent P., „Habermas, Enlightenment, and Antisemitism," in Saul Friedlander (ed.), Probing the Limits of Representation: Nazism and the ‚Final Solution' (Cambridge, MA und London: Harvard University Press, 1992), pp. 155 – 170.

Perels, Joachim, „Die Zerstörung von Erinnerung als Herrschaftstechnik. Adornos Analysen zur Blockierung der Aufarbeitung der NS-Vergangenheit," in Helmut König, Michael Kohlstruck und Andreas Wöll (Hg.), Vergangenheitsbewältigung am Ende des zwanzigsten Jahrhunderts (Opladen/Wiesbaden: Westdeutscher Verlag, 1998), S. 53 – 68.

Pfahl-Traughber, Armin, Rechtsextremismus (Bonn: Bouvier, 1993).

-------, Rechtsextremismus in der Bundesrepublik (München: C.H. Beck, 2001).

-------, „Die Erben der ‚Konservativen Revolution': Zu Bedeutung, Definition und Ideologie der ‚Neuen Rechten'," in Wolfgang Gessenharter/Helmut Fröchling (Hg.), Rechtsextremismus und Neue Rechte in Deutschland Neuvermessung eines politisch-ideologischen Raumes? (Opladen: Leske und Budrich, 1998), S. 77 – 95.

Piper, Ernst (Hg.), Gibt es wirklich eine Holocaust-Industrie? Zur Auseinandersetzung um Norman Finkelstein (Zürich: Pendo, 2001).

Pipes, Daniel, Conspiracy: How the paranoid style flourishes and where it comes from (New York and London: The Free Press, 1997).

Poliakov, Léon, Geschichte des Antisemitismus (Worms: Georg Heintz, 1987).

Pollock, F. et al., Gruppenexperiment: Ein Studienbericht (Frankfurt: Europäische Verlagsanstalt, 1970).

Pörksen, Bernhard, Die Konstruktion von Feindbildern: Zum Sprachgebrauch in neonazistischen Medien (Wiesbaden: Westdeutscher Verlag, 2000).

Postone, Moishe, „Nationalsozialismus und Antisemitismus: Ein theoretischer Versuch," in Dan Diner (Hg.), Zivilisationsbruch: Denken nach Auschwitz (Frankfurt a.M.: Fischer, 1988), S. 242 – 254.

-------, „Antisemitismus und Nationalsozialismus," Alternative 24 (1981), S. 241 – 258.

-------, „Bitburg: 5. Mai 1985 und danach," Bahamas 5 (1993), S. 25 – 27.

-------, „Deutsche Opfer-Mythologie," Mittelweg 36 2 (1992).

-------, „The End of the Postwar Era and the Reemergence of the Past," in Y. Michal Bodemann (ed.), Jews, Germans, Memory: Reconstructions of Jewish Life in Germany (Ann Arbor: The University of Michigan Press, 1996), pp. 273 – 279.

-------, Time, Labor and Social Domination: A reinterpretation of Marx's critical theory (Cambridge: Cambridge University Press, 1996).

-------, „Die Logik des Antisemitismus," Merkur 36 (1982), S. 13 – 25.

Prantl, Heribert (Hg.), Wehrmachtsverbrechen. Eine deutsche Kontroverse (Hamburg: Hoffmann & Campe, 1997).

Pross, Christian, Wiedergutmachung. Der Kleinkrieg gegen die Opfer (Frankfurt a.M.: Athenäum Verlag, 1988).

Ptak, Ralf, „Die soziale Frage als Politikfeld der extremen Rechten: Zwischen marktwirtschaftlichen Grundsätzen, vormodernem Antikapitalismus und Sozialismus-Demagogie," in Jens Meckelnburg (Hg.), Braune Gefahr: DVU, NPD, REP (Berlin: Elefanten Press, 1999)

Pulzer, Peter, „Erasing the Past: German Historians Debate the Holocaust," Patterns of Prejudice 21, 3 (1987), pp. 4 – 13.

-------, The Rise of Political Anti-Semitism in Germany and Austria (Cambridge, MA: Harvard University Press, 1988).

-------, „Unified Germany: A Normal State?," German Politics 3, 1 (1994), pp. 1 – 17.

-------, "The new antisemitism, or when is a taboo not a taboo?," in Paul Ignaski and Barry Kosmin, A New Antisemitism? Debating Judeophobia in 21st-century Britain (London: Profile Books, 2003), pp. 79 – 101.

Radford, Jean, „The Woman and the Jew: Sex and Modernity," in Bryan Cheyette and Laura Marcus (eds.), Modernity, Culture and ‚the Jew' (Oxford & Cambridge: Polity Press, 1998), pp. 91 – 104.

Redaktion Diskus (Hg.), Küss den Boden der Freiheit: Texte der Neuen Linken (Berlin: Edition ID-Archiv, 1991).

Reeb, Hans-Joachim, Mediendemokratie (Schwalbach, Ts.: Wochenschau Verlag, 2001).

Reemtsma, Jan Philip, „Eine ins Lob gekleidete Mahnung: Daniel Jonah Goldhagens ‚Modell Bundesrepublik' und das Echo," Blätter für deutsche und internationale Politik 42, 6 (1997).

Reiche, Reimut, „Von innen nach außen? Sackgassen im Diskurs über Psychoanalyse und Gesellschaft," Psyche 49 (1995), S. 227 – 258.

Reichel, Peter, Politik mit der Erinnerung: Gedächtnisorte im Streit um die nationalsozialistische Vergangenheit (München und Wien: Carl Hanser, 1995).

-------, Vergangenheitsbewältigung in Deutschland: Die Auseinandersetzung mit der NS-Diktatur von 1945 bis heute (Munich: C.H. Beck, 2001).

Reichling, Norbert, „Der Antifaschismus als Grundtorheit unserer Epoche? Zu Risiken und Nebenwirkungen der ‚wehrhaften Demokratie'," Vorgänge 32 (1993), S. 38 – 53.

Rensmann, Lars, „Auf den Spuren der Dialektik von Negation und Utopie: Theoriegeschichtliche Bemerkungen zu Leo Löwenthal," Perspektiven 10 (1993/94), S. 47 – 57.

-------, „Psychoanalytic Anti-Semitism: A Review Essay," The Psychohistory Review: Studies of Motivation in History and Culture 24 (1996), pp. 197 – 206.

-------, „Holocaust Memory and Mass Media in Contemporary Germany: Reflections on the Goldhagen Debate," Patterns of Prejudice 33, 1 (1999), pp. 59 – 76.

-------, „Politische Psychologie des Antisemitismus und Politische-Kultur-Forschung: Überlegungen zur Vorbereitung einer verspäteten Hochzeit," Zeitschrift für Politische Psychologie 7, Sonderheft (1999), S. 303 – 316.

-------, „Belated Narratives: New testimonies of ordinary perpetrators in the context of contemporary post-Holocaust Germany," in Sharon Leder & Milton Teichman (eds.), The burdens of history: Post-Holocaust generations in dialogue (Merion Station, PA: Merion Westfield Press, 2000), pp. 79 – 102.

-------, „Enthauptung der Medusa: Zur diskurshistorischen Rekonstruktion der Walser-Debatte im Licht politischer Psychologie," in Micha Brumlik, Hajo Funke und Lars Rensmann (Hg.), Umkämpftes Vergessen: Walser-Debatte, Holocaust-Mahnmal und neuere deutsche Geschichtspolitik (Berlin: Das Arabische Buch, 2000), S. 28 – 126.

-------, „Baustein der Erinnerungspolitik: Die politische Textur der Bundestagsdebatte über ein zentrales ‚Holocaust-Mahnmal'," in Micha Brumlik, Hajo Funke und Lars Rensmann (Hg.), Umkämpftes Vergessen, a.a.O., S. 135 – 167.

-------, „Zur Erforschung gegenwärtiger Dynamiken von Nationalismus und Judäophobie," in Siegfried Jäger und Alfred Schobert (Hg.), Weiter auf unsicherem Grund: Faschismus, Rechtsextremismus, Rassismus: Kontinuitäten und Brüche (Duisburg: Duisburger Institut für Sprach- und Sozialforschung, 2000), S. 75 – 102.

-------, „Reexamining the Political Psychology of Antisemitism: Origins, Dynamics, and Transitions in the Contemporary Post-Holocaust Era," Paper presented at the Conference ‚Remembering for the Future: The Holocaust in the Age of Genocide', Oxford University, July 16 – 23, 2000.

-------, „Politisch-psychologische Nachwirkungen des Nationalsozialismus in der Gegenwart: Zum Verhältnis von neueren Vergangenheitsdiskursen und gesellschaftlichen Einstellungen gegenüber dem Holocaust in Deutschland," in Eleonore Lappin und Bernhard Schneider (Hg.), Die Lebendigkeit der Geschichte: (Dis-)Kontinuitäten in Diskursen über den Nationalsozialismus (St. Ingbert: Röhrig Universitätsverlag, 2001), S. 336 – 369.

-------, Kritische Theorie über den Antisemitismus: Studien zu Struktur, Erklärungspotenzial und Aktualität, 3., überab. Aufl. (Hamburg: Argument, 2001).

-------, „Antisemitismus und ‚Volksgesundheit': Zu ideologiehistorischen Verbindungslinien im politischen Imaginären und in der Politik," in Christoph Kopke (Hg.), Medizin und Verbrechen: Festschrift für Walter Wuttke zum 60. Geburtstag (Ulm: Klemm & Oelschläger, 2001), S. 44 – 86.

-------, „Das Besondere im Allgemeinen: Totale Herrschaft und Nachkriegsgesellschaft in den politisch-theoretischen Narrativen von Arendt und Adorno," in Dirk Auer, Lars Rensmann und Julia Schulze Wessel (Hg.), Arendt und Adorno (Frankfurt a.M.: Suhrkamp, 2003), S. 150 – 195.

-------, „Collective guilt, national identity, and political processes in contemporary Germany," in Nyla Branscombe and Bertjan Doosje (eds.), Collective Guilt: International Perspectives (Cambridge: Cambridge University Press, 2003 [im Erscheinen]).

Rensmann, Lars und Hajo Funke, „Wir sind so frei: Zum rechtspopulistischen Kurswechsel der FDP," Blätter für deutsche und internationale Politik 47 (2002), S. 822 – 828.

Rensmann, Lars und Julia Schulze Wessel, „Radikalisierung oder ‚Verschwinden' der Judenfeindschaft? Arendts und Adornos Theorien zum modernen Antisemitismus," in Dirk Auer, Lars Rensmann und Julia Schulze Wessel (Hg.), Arendt und Adorno (Frankfurt a.M.: Suhrkamp, 2003), S. 97 – 129.

Richter, Dirk, Nation als Form (Wiesbaden: Westdeutscher Verlag, 1996).

Rippl, Susanne, Christian Seipel und Angela Kindervater (Hg.), Autoritarismus: Kontroversen und Ansätze der aktuellen Autoritarismusforschung (Opladen: Leske & Budrich, 2000).

Rohe, Karl, „Politische Kultur und ihre Analyse: Probleme und Perspektiven der politischen Kulturforschung," Historische Zeitschrift 250 (1990), S. 321 – 346.

-------, „Politische Kultur und der kulturelle Aspekt von politischer Wirklichkeit: Konzeptionelle und typologische Überlegungen zu Gegenstand und Fragestellung Politischer Kultur-Forschung," in Dirk Berg-Schlosser/Jakob Schissler (Hg.), Politische Kultur in Deutschland: Bilanz und Perspektiven der Forschung (Wiesbaden: Westdeutscher Verlag, 1987), S. 39 – 48.

-------, „Politische Kultur und ihre Analyse," in Andreas Dornheim und Sylvia Greiffenhagen (Hg.), Identität und politische Kultur (Stuttgart: Kohlhammer, 2003), S. 110 – 126.

Rohloff, Joachim, Ich bin das Volk: Martin Walser, Auschwitz und die Berliner Republik (Hamburg, Konkret Verlag, 1999).

Rommelspacher, Birgit, Dominanzkultur. Texte zu Fremdheit und Macht (Berlin: Orlanda Frauenverlag, 1995).

-------, „Rechtsextreme als Opfer der Risikogesellschaft: Zur Täterentlastung in den Sozialwissenschaften," 1999. Zeitschrift für Sozialgeschichte des 20. und 21. Jahrhunderts 2 (1991), S. 75 – 87.

-------, Schuldlos – Schuldig? Wie sich junge Frauen mit Antisemitismus auseinandersetzen (Hamburg: Konkret Literatur Verlag, 1995).

-------, „Generationenkonflikte und deutsches Selbstverständnis: Sozialpsychologische Aspekte der Goldhagen-Debatte," in Helgard Kramer (Hg.), Die Gegenwart der NS-Vergangenheit (Berlin: Philo Verlag, 2000), S. 314 – 328.

Rose, Arnold, „Anti-Semitism's Root in City-Hatred," Commentary 6 (1948), pp. 374 – 378.

Rose, Paul Lawrence, German Question/Jewish Question: Revolutionary Antisemitism from Kant to Wagner (Princeton: Princeton University Press, 1990).

-------, Richard Wagner und der Antisemitismus (Zürich: Pendo, 1999).

Rosenthal, Gabriele, „Antisemitismus im lebensgeschichtlichen Kontext. Soziale Prozesse der Dehumanisierung und Schuldzuweisung," Österreichische Zeitschrift für Geschichtswissenschaften 4 (1992), S. 449 – 479.

-------, Die Hitlerjugend-Generation: Biographische Thematisierung als Vergangenheitsbewältigung (Essen: Die Blaue Eule, 1986).

-------, Der Holocaust im Leben von drei Generation. Familiale Folgen von Überlebenden der Shoah und von Nazi-Tätern (Gießen: Psychosozial Verlag, 1998).

Ross, M.H., „The relevance of culture for the study of political psychology," in Steven A. Renshon and John Duckitt (Eds.), Political psychology: Cultural and crosscultural foundations (Houndmills: Macmillan, 2000), pp. 33 – 46.

Rössler, Patrick, Heribert Schatz und Jörg-Uwe Nieland (Hg.), Politische Akteure in der Mediendemokratie: Neue Anforderungen an die politische Kommunikation (Wiesbaden: Westdeutscher Verlag, 2001).

Rürup, Reinhard, Emanzipation und Antisemitismus: Studien zur ‚Judenfrage' der bürgerlichen Gesellschaft (Göttingen: Vandenhoeck & Ruprecht, 1975).

-------, „Viel Lärm um nichts? Daniel Jonah Goldhagens ‚radikale Revision' der Holocaust-Forschung," Neue Politische Literatur 41 (1996), S. 357 – 363.

Runge, Irene, „Ignoranz, Solidarität und Nationalwahn zu Zeiten der DDR: Innensicht aus jüdischer Perspektive," in Christine Kulke und Gerda Lederer (Hg.), Der gewöhnliche Antisemitismus: Zur politischen Psychologie der Verachtung (Pfaffenweiler: Centaurus Verlagsanstalt, 1994), S. 159 – 170.

Safran, William, „Germans and Jews since 1945: The politics of absolution, amends, and ambivalence," in A. Del Caro & Janet Ward (Eds.), German Studies in the post-Holocaust age: The politics of memory, identity, and ethnicity (Boulder, CO: University Press of Colorado, 2000), pp. 41 – 51.

Santner, Eric, Stranded objects: Mourning, memory, and film in postwar Germany (Ithaca, NY: Cornell University Press, 1990).

Sarcinelli, Ulrich (Hg.), Politikvermittlung und Demokratie in der Mediengesellschaft: Beiträge zur politischen Kommunikationskultur (Wiesbaden: Westdeutscher Verlag, 1998).

Sartre, Jean-Paul, „Betrachtungen zur Judenfrage," in Ders., Drei Essays (Frankfurt a.M. und Berlin: Ullstein, 1973), S. 108 – 190.

Saurwein, Karl-Heinz, „Die Konstruktion kollektiver Identitäten und die Realität der Konstruktion," in Ders., & Werner Gephart (Hg.), Gebrochene Identitäten: Zur Kontroverse um kollektive Identitäten in Deutschland, Israel, Südafrika, Europa und im Identitätskampf der Kulturen (Opladen: Leske & Budrich, 1999), S. 9 – 27.

-------, „Antisemitismus als nationales Identitätsprojekt? Der soziologische Gehalt der Goldhagen-These" in Ders./Werner Gephart (Hg.), Gebrochene Identitäten, a.a.O., S. 61 – 98.

Scharenberg, Albert und Oliver Schmidtke (Hg.), Das Ende der Politik? Globalisierung und der Strukturwandel des Politischen (Münster: Westfälischen Dampfboot, 2003).

Schäuble, Wolfgang, Und der Zukunft zugewandt (Berlin: Siedler, 1994).

Scheff, Thomas J., „Emotions and Identity: A Theory of Ethnic Nationalism," in Craig Calhoun (ed.), Social Theory and the Politics of Identity (Oxford und Cambridge: Blackwell Publishers, 1994), pp. 277 – 303.

Scheit, Gerhard, Verborgener Staat, lebendiges Geld: Zur Dramaturgie des Antisemitismus (Freiburg: ca ira, 1999).

Scheuch, Erwin K. und Hans-Dieter Klingemann, „Theorie des Rechtsradikalismus in westlichen Industriegesellschaften," Hamburger Jahrbuch für Wirtschafts- und Gesellschaftspolitik 12, 1967, S. 11 – 29.

Schirrmacher, Frank (Hg.), Die Walser-Bubis-Debatte (Frankfurt a.M.: Suhrkamp, 1999).

Schittenhelm, Karin, „Mahnmal Pulitzerbrücke: Ein antisemitischer Bildersturm und seine Folgen," Jahrbuch für Antisemitismusforschung 3 (1994), S. 121 – 139.

Schmitz-Berning, Cornelia, Vokabular des Nationalsozialismus (Berlin und New York: de Gruyter, 2000).

Schneider, Peter, „Der Bundestag wolle beschließen. Zur Debatte über die Ausstellung ‚Vernichtungskrieg: Verbrechen der Wehrmacht 1941 bis 1944'," in Hamburger Institut für Sozialforschung (Hg.), Eine Ausstellung und ihre Folgen: Zur Rezeption der Ausstellung ‚Vernichtungskrieg: Verbrechen der Wehrmacht 1941 bis 1944' (Hamburg: Hamburger Institut für Sozialforschung, 1999), S. 112 – 122.

Schobert, Alfred, „Option Terror: Die NPD im Organisationsgeflecht der extremen Rechten seit der deutschen Einigung," in Sozialistische Jugend Deutschlands/Die Falken (Hg.), Gemeinsam gegen rechts (Bonn: SJD, 2001), S. 65 – 68.

-------, „Ein Jude spricht die Deutschen frei": Norman G. Finkelstein im Diskurs der Rechten," in Martin Dietzsch und Alfred Schobert (Hg.), Ein ‚jüdischer David Irving'? Norman G. Finkelstein im Diskurs der Rechten – Erinnerungsabwehr und Antizionismus (Duisburg: Duisburger Institut für Sozialforschung, 2001), S. 5 – 29.

-------, „Geschichtsrevisionismus à la carte. Mit Nolte und Zitelmann gegen ‚Westextremismus'," in Helmut Kellershohn (Hg.), Das Plagiat. Der völkische Nationalismus der ‚Jungen Freiheit' (Duisburg: Duiburger Institut für Sozialforschung, 1994), S. 269 – 296.

-------, „Mitte und Normalität: Zur Gleichzeitigkeit von moderner Kollektivsymbolik und traditioneller institutionalistischer Symbolik," in Ernst Schulte-Holtey (Hg.), Grenzmarkierungen: Normalisierung und diskursive Ausgrenzung (Duisburg: Duisburger Insitut für Sprach- und Sozialforschung, 1995).

-------, „Walsers Wunschgeschichte der Nation," in Adi Grewenig und Margret Jäger (Hg.), Medien in Konflikten: Holocaust, Krieg, Ausgrenzung (Duisburg: Duisburger Institut für Sozialforschung, 2000), S. 49 – 67.

Schoeps Julius H. (Hg.), Ein Volk von Mördern? Die Dokumentation zur Goldhagen-Kontroverse um die Rolle der Deutschen im Holocaust (Hamburg: Hoffmann und Campe, 1996).

-------, „Rolle rückwärts? Der Umgang deutscher Politiker mit Juden und dem antisemitischen Vorurteil," in Tobias Kaufmann und Manja Orlowski (Hg.), „Ich würde mich auch wehren". Antisemitismus und Israel-Kritik: Bestandsaufnahme nach Möllemann (Potsdam: Kai Weber Medienproduktionen, 2002), S. 17 – 20.

Schoeps, Julius H. und Joachim Schlör (Hg.), Antisemitismus: Vorurteile und Mythen (München: Piper, 1995).

Schönhuber, Franz und Horst Mahler, Schluss mit deutschem Selbsthass (Berg am Starnberger See: Verlagsgesellschaft Berg, 2000).

Schröder, Burkhard, Im Griff der rechten Szene: Ostdeutsche Städte in Angst (Reinbek bei Hamburg: Rowohlt, 1997).

Schulte-Sasse, Jochen und Renate Werner, Einführung in die Literaturwissenschaft (München: Wilhelm Fink, 1990).

Schwan, Gesine, Politik und Schuld: Die zerstörerische Macht des Schweigens (Frankfurt a.M.: Fischer, 1997).

Schwelling, Birgit (Hg.), Politikwissenschaft als Kulturwissenschaft: Theorien, Methoden, Problemstellungen (Opladen: Leske & Budrich, 2003 [im Erscheinen]).

Schwilk, Heimo und Ulrich Schacht (Hg.), Die selbstbewusste Nation: ‚Anschwellender Bocksgesang und weitere Beiträge zu einer deutschen Debatte (Berlin: Ullstein, 1994).

Sears, D.O., „Symbolic Racism," in P.A. Katz and D.A. Taylor (eds.), Eliminating Racism: Profiles in controversy (New York: Plenum, 1988), pp. 53 – 84.

Seymour-Ure, Colin, The Political Impact of Mass Media (London: Constable, 1974).

Shandler, Jeffrey, While America Watches: Televising the Holocaust (Oxford: Oxford University Press, 1999).

Shandley, R.R. (Ed.), Unwilling Germans? The Goldhagen debate (Minneapolis: University of Minnesota Press, 1998).

Shapiro, Shlomo, „Barking or biting? Media and parliamentary investigation of right-wing extremism in the Bundeswehr," German Politics 9 (2000), pp. 217 – 240.

Silbermann, Alphons, Sind wir Antisemiten? Ausmaß und Wirkung eines sozialen Vorurteils in der Bundesrepublik Deutschland (Köln: Verlag Wissenschaft und Politik, 1982).

Silbermann, Alphons und Francis Hüsers, Der ‚normale' Hass auf die Fremden. Eine sozialwissenschaftliche Studie zu Ausmaß und Hintergründen von Fremdenfeindlichkeit in Deutschland (München: Quintessenz, 1995).

Silbermann, Alphons und Manfred Stoffers, Auschwitz: Nie davon gehört? Erinnern und Vergessen in Deutschland (Berlin: Rowohlt, 2000).

Silbermann, Alphons und Herbert Sallen, Juden in Westdeutschland. Selbstbild und Fremdbild einer Minorität (Köln: Verlag Wissenschaft und Politik, 1992).

Sontheimer, Kurt, „Maskenbildner schminken eine neue Identität," in „Historikerstreit" (München: Piper, 1987), S. 275 – 280.

-------, Deutschlands politische Kultur (München: Piper, 1990).

Sontheimer, Kurt und Wilhelm Bleek, Grundzüge des politischen Systems der Bundesrepublik Deutschland (München: Piper, 1997).

Sozialdemokratische Partei Deutschlands (SPD), „Nation. Patriotismus. Demokratische Kultur: Wir in Deutschland," Berlin, Willy-Brandt-Haus, 8. Mai 2002.

Speit, Andreas, „Jargon der Tabubrecher: Norman G. Finkelsteins Rezeption in der Jungen Freiheit," in Rolf Surmann (Hg), Das Finkelstein-Alibi: ‚Holocaust-Industrie' und Tätergesellschaft (Köln: PapyRossa, 2001), S. 154 – 172.

Spülbeck, Susanne, Ordnung der Angst: Russische Juden in einem ostdeutschen Dorf (Frankfurt a.M.: Campus, 1997).

Stein, Dieter, „Politische Begegnungen," in Roland Bubik (Hg.), Wir 89er: Wer wir sind und was wir wollen (Berlin: Ullstein Verlag, 1995), S. 165 – 180.

Stern, Frank, „Die deutsche Einheit und das Problem des Antisemitismus," in Christine Kulke und Gerda Lederer (Hg), Der gewöhnliche Antisemitismus: Zur politischen Psychologie der Verachtung (Pfaffenweiler: Centaurus Verlagsanstalt, 1994), S. 171 – 190.

-------, „From overt Philosemitism to Discreet Antisemitism and Beyond," in Shmuel Almog (Hg.), Antisemitism through the Ages (Oxford: Pergamon Press, 1988), S. 385 – 402.

-------, Im Anfang war Auschwitz: Antisemitismus und Philosemitismus im deutschen Nachkrieg (Gerlingen: Bleicher, 1991).

-------, The whitewashing of the yellow badge: Antisemitism and philosemitism in postwar Germany (Oxford, Pergamon Press, 1992).

-------, „The revival of antisemitism in united Germany: Historical aspects and methodological considerations," in Michael Brown (Ed.), Approaches to antisemitism: Context and curriculum (New York: The American Jewish Committee, 1994), pp. 78 – 94.

-------, „German-Jewish relations in the postwar period: The ambiguities of antisemitic and philosemitic discourse," in M.Y. Bodemann (Ed.), Jews, Germans, memory: Reconstructions of Jewish life in Germany (Ann Arbor: The University of Michigan Press, 1996), pp. 77 – 98.

Stern, Fritz, „The Goldhagen Controversy: One Nation, One People, One Theory?," Foreign Affairs 6 (1996), pp. 128 – 138.

Stöss, Richard, „Rechtsextremismus in einer geteilten politischen Kultur," in Oskar Niedermayer und Klaus von Beyme, Politische Kultur in Ost- und Westdeutschland (Wiesbaden: Westdeutscher Verlag, 1996), S. 105 – 139.

-------, Die extreme Rechte in der Bundesrepublik: Entwicklung, Ursachen, Gegenmaßnahmen (Wiesbaden: Westdeutscher Verlag, 1989).

------, Rechtsextremismus im vereinten Deutschland (Bonn: Friedrich-Ebert-Stiftung, 1999).

------, „Rechtsextremismus in Berlin 1990," Berliner Arbeitshefte und Berichte zur sozialwissenschaftlichen Forschung 80 (1993).

Strauss, Herbert A., „Vom modernen zum neuen Antisemitismus," in Ders., Werner Bergmann und Christhard Hoffmann (Hg.), Der Antisemitismus der Gegenwart (Frankfurt a.M. und New York: Campus, 1990), S. 7 – 28.

Sünker, Heinz, „Zur Geschichte der politischen Kultur in Deutschland," in Roland Merten & Hans-Uwe Otto (Hg.), Rechtsradikale Gewalt im vereinigten Deutschland: Jugend im gesellschaftlichen Umbruch (Bonn: Bundeszentrale für politische Bildung, 1993), S. 43 – 54.

Surmann, Rolf, „Der jüdische Kronzeuge: Die Reaktionen auf Finkelsteins Pamphlet als Ausdruck eines zeitgeschichtlichen Paradigmenwechsels," in Ders. (Hrsg.), Das Finkelstein-Alibi: ‚Holocaust-Industrie' und Tätergesellschaft (Köln: PapyRossa Verlag, 2001), S. 104 – 125.

Taguieff, Pierre-André, Die Macht des Vorurteils: Der Rassismus und sein Double (Hamburg: Hamburger Institut für Sozialforschung, 2000).

Thiele, Hans-Günther (Hg.), Die Wehrmachtausstellung. Dokumentation einer Kontroverse (Bonn: Bundeszentrale für politische Bildung, 1997).

Thompson, Michael, Gunnar Grendstad and Per Selle (eds.), Cultural Theory as Political Science (London: Routledge, 1999).

Thränhardt, Dietrich, „Scandals, Changing Norms and Agenda Setting in West Germany's Political System," Beiträge zur Politikwissenschaft und Verwaltungswissenschaft 8 (1988).

Treitschke, Heinrich von, „Unsere Aussichten," in Walter Boehlich (Hg), Der Berliner Antisemitismusstreit (Frankfurt a.M.: Insel Verlag, 1988), S. 7 – 14.

Turner, Henry Ashby jr., „Deutsches Staatsbürgerrecht und der Mythos der deutschen Nation," in: Manfred Hettling und Paul Nolte (Hg.), Nation und Gesellschaft in Deutschland (München: C.H. Beck, 1996), S. 142 – 150.

Ueberschär, Gerd, „Der Mord an den Juden und der Ostkrieg. Zum Forschungsstand über den Holocaust," in Heiner Lichtenstein und Otto R. Romberg (Hg.), Täter, Opfer, Folgen: Der Holocaust in Geschichte und Gegenwart (Bonn: Bundeszentrale für politische Bildung, 1995), S. 49 – 81.

Verba, Sidney, „Comparative Political Culture," in Lucian W. Pye and Sidney Verba (eds.), Political Culture and Political Development (Princeton, NJ: Princeton University Press, 1965).

Vogt, Barbara und Rolf Vogt, „Goldhagen und die Deutschen: Psychoanalytische Reflexionen über die Resonanz auf ein Buch und seinen Autor in der deutschen Öffentlichkeit," Psyche 51 (1997), S. 494 – 569.

Volkov, Shulamit, Antisemitismus als kultureller Code (München: C.H. Beck, 2000).

------, „Antisemitismus und Antifeminismus: Soziale Norm und kultureller Code," in Dies., Das jüdische Projekt der Moderne (München: C.H. Beck, 2001), S. 62 – 81.

Wagner, Bernd, Rechtsextremismus als soziale Bewegung (Berlin: Zentrum für demokratische Kultur, 1998).

------, „Rechtsextremismus und völkische Orientierung: Zur gegenwärtigen Lage in den neuen Bundesländern," Jahrbuch für Antisemitismusforschung 9 (2000), S. 22 – 34.

Waldhoff, Hans-Peter, Fremde und Zivilisierung (Frankfurt a.M.: Suhrkamp, 1995).

------, „Erinnerung als zweite Natur? Die Walser-Bubis-Debatte, die Regierung Schröder und die Utopie einer ‚dritten Natur'," in Wolfgang Lenk, Mechtild Rumpf, Lutz Hieber (Hg.), Kritische Theorie und politischer Eingriff: Oskar Negt zum 65. Geburtstag (Hannover: Offizin, 1999), S. 632 – 645.

Walser, Martin, „Auschwitz und kein Ende," in Jürgen Habermas (Hg.), Stichworte zur Geistigen Situation der Zeit (Frankfurt a.M.: Suhrkamp, 1979).

Watzal, Ludwig, „Der Irrweg von Maastricht," in Rainer Zitelmann, Karlheinz Weissmann und Michael Grossheim (Hg.), Westbindung: Chancen und Risiken für Deutschland (Berlin: Propyläen, 1993), S. 477 – 500.

------,„Ist Deutschland souverän? Die Normalisierungsdebatte kommt diesmal von links," Neue Gesellschaft/Frankfurter Hefte 3 (1999), S. 249 – 251.

Weber, Herbert, „Soziokulturelle Dimensionen des modernen Rechtsextremismus: Rechtsextreme Alltagskultur," in Zentrum für Demokratische Kultur (Hg.), Rechtsextremismus heute: Eine Einführung in Denkwelten, Erscheinungsformen und Gegenstrategien (Berlin: ZDK, 2002), S. 28 – 29.

Weber, Herbert und Sven Pötsch, „Erscheinungsformen rechtsextremer Kulturelemente: Rechtsextreme Musik," in Zentrum für Demokratische Kultur (Hg.), Rechtsextremismus heute: Eine Einführung in Denkwelten, Erscheinungsformen und Gegenstrategien (Berlin: ZDK, 2002), S. 35 – 47.

Wehmeier, Klaus, „Vom linken Antizionismus zum deutschen Antiimperialismus," Bahamas 20 (1996), S. 24 – 28.

Weingart, Peter, Jürgen Kroll und Kurt Bayertz, Rasse, Blut und Gene: Geschichte der Eugenik und Rassenhygiene in Deutschland (Frankfurt a.M.: Suhrkamp, 1992).

Weiss, Hilde, „Latenz und Aktivierung antisemitischer Stereotype und Ideologien in Österreich," in Christine Kulke und Gerda Lederer (Hg.), Der gewöhnliche Antisemitismus: Zur politischen Psychologie der Verachtung (Pfaffenweiler: Centaurus, 1994), S. 105 – 124.

Weissbrod, Lily, „Nationalism in reunified Germany," German Politics 3 (1994), pp. 222 – 232.

Welskopf, Rudolf, Ronald Freytag und Dietmar Sturzbecher, „Antisemitismus unter Jugendlichen in Ost und West," Jahrbuch für Antisemitismusforschung 9 (2000), S. 35 – 70.

Wetzel, Juliane, „Antisemitismus als Element rechtsextremer Ideologie und Propaganda," in Wolfgang Benz (Hg.), Antisemitismus in Deutschland: Zur Aktualität eines Vorurteils (München: dtv, 1995), S. 101 – 120.

------, „Antisemitism among Right-Wing Extremist Groups, Organizations, and Parties in Postunification Germany," in Hermann Kurthen, Werner Bergmann and Rainer Erb (Eds.), Antisemitism and xenophobia in Germany after unification (Oxford: Oxford University Press, 1997), pp. 159 – 173.

Wiggershaus, Rolf, Die Frankfurter Schule: Geschichte, Theoretische Entwicklung, Politische Bedeutung (München: dtv, 1989).

Wilds, Karl, „Identity creation and the culture of contrition: Recasting ‚normality' in the Berlin Republic," German Politics, 9 (2000), pp. 83 – 102.

Winkler, Heinrich August, „Auf ewig in Hitlers Schatten? Zum Streit über das Geschichtsbild der Deutschen," in ‚Historikerstreit'. Die Dokumentation über die Einzigartigkeit der nationalsozialistischen Judenverfolgung (München: Piper, 1987), S. 256 – 263.

Winkler, Jürgen R., „Rechtsextremismus: Gegenstand, Erklärungsansätze, Grundprobleme," in Wilfried Schubarth/Richard Stöss (Hrsg.), Rechtsextremismus in der Bundesrepublik Deutschland: Eine Bilanz (Bonn: Bundeszentrale für politische Bildung, 2000), S. 38 – 68.

------, „Bausteine einer allgemeinen Theorie des Rechtsextremismus: Zur Stellung und Integration von Persönlichkeits- und Umweltfaktoren," in Jürgen W. Falter, Hans-Gerd Jaschke und Jürgen R. Winkler, Rechtsextremismus: Ergebnisse und Perspektiven der Forschung, Politische Vierteljahresschrift/PVS-Sonderheft 27 (1996), S. 25 – 47

Winter, Leon de „Erzwingt den Frieden," Die Zeit 27 (2003).

V. Literatur

Winter, Rainer und Karl H. Hörning (Hg.), Widerspenstige Kulturen: Cultural Studies als Herausforderung (Frankfurt a.M.: Suhrkamp, 1999).

Wippermann, Wolfgang, „Das Blutsrecht der Blutsnation: Zur Ideologie- und Politikgeschichte des ius sanguinis in Deutschland," in Jochen Baumann, Andreas Dietl und Wolfgang Wippermann, Blut oder Boden. Doppel-Pass, Staatsbürgerschaftsrecht und Nationsverständnis (Berlin: Elefanten Press, 1999), S. 10 – 48.

-------, Wessen Schuld? Vom Historiker-Streit zur Goldhagen-Kontroverse (Berlin: Elefanten Press, 1997).

Wistrich, Robert S., Antisemitism: The Longest Hatred (New York: Schocken Books, 1994).

Wittenberg, Reinhard, Bernhard Prosch und Martin Abraham, „Struktur und Ausmaß des Antisemitismus in der ehemaligen DDR: Ergebnisse einer repräsentativen Umfrage unter Erwachsenen und einer regional begrenzten schriftlichen Befragung unter Jugendlichen," Jahrbuch für Antisemitismusforschung 4 (1995), S. 88 – 106.

Wodak, Ruth et al., „Wir sind alle unschuldige Täter": Diskurshistorische Studien zum Nachkriegsantisemitismus (Frankfurt a.M.: Suhrkamp, 1990).

Wolinetz, Steven B., „Party System Change: The Catch-all Thesis Revisited," West European Politics 14 (1991), pp. 113 – 128.

Zick, Andreas, Vorurteile und Rassismus: Eine sozialpsychologische Analyse (Münster & New York: Waxmann, 1997).

AUS DEM PROGRAMM

Politikwissenschaft

Joachim Jens Hesse, Thomas Ellwein
Das Regierungssystem der Bundesrepublik Deutschland
Band 1: Text, Band 2: Materialien
8., völlig neubearb. und erw. Aufl. 1997. 1.400 S.
Br. EUR 49,90
ISBN 3-531-13124-9
Geb. EUR 74,00
ISBN 3-531-13125-7

Das Standardwerk über das Regierungssystem der Bundesrepublik Deutschland wurde für die achte Auflage umfassend überarbeitet und auf den neuesten Stand gebracht. Allgemein verständlich geschrieben, vereint das Lehrbuch die Vorzüge einer kompakten Gesamtdarstellung mit denen eines Handbuchs und Nachschlagewerkes.

Klaus von Beyme
Das politische System der Bundesrepublik Deutschland
Eine Einführung
9., neu bearb. und akt. Aufl. 1999. 475 S. Br. EUR 15,50
ISBN 3-531-13426-4

Der seit vielen Jahren in Lehre und Studium bewährte Band ist vor allem dem schwierigen Prozess der deutschen Einigung gewidmet. Außen- und innenpolitische Hindernisse des Prozesses werden dargestellt. Die Schwierigkeiten des Zusammenwachsens von Ost- und Westdeutschland werden mit der Analyse der Institutionen – Parteien, Bundestag, Regierung, Verwaltung, Verfassungsgerichtsbarkeit und Föderalismus – und der politischen Prozesse – Wahlverhalten, Legitimierung des Systems, Durchsetzung organisierter Interessen und Führungsauslese – verknüpft.

Bernhard Schreyer, Manfred Schwarzmeier
**Grundkurs Politikwissenschaft:
Studium der Politischen Systeme**
Eine studienorientierte Einführung
2000. 243 S. Br. EUR 17,00
ISBN 3-531-13481-7

Konzipiert als studienorientierte Einführung, richtet sich diese Einführung in erster Linie an die Zielgruppe der Studienanfänger. Auf der Grundlage eines politikwissenschaftlichen Systemmodells werden alle wichtigen Bereiche eines politischen Systems dargestellt. Im Anhang werden die wichtigsten Begriffe in einem Glossar zusammengestellt. Ein Sach- und Personenregister sowie ein ausführliches allgemeines Literaturverzeichnis runden das Werk ab.

www.westdeutscher-verlag.de

Erhältlich im Buchhandel oder beim Verlag.
Änderungen vorbehalten. Stand: Juli 2003.

Abraham-Lincoln-Str. 46
65189 Wiesbaden
Tel. 0611. 78 78 - 285
Fax. 06 11. 78 78 - 400

Westdeutscher Verlag

AUS DEM PROGRAMM

Politikwissenschaft

Wilfried von Bredow (Hrsg.)
Die Außenpolitik Kanadas
2003. 324 S. Br. EUR 34,90 ISBN 3-531-14076-0

Manfred Brocker, Hartmut Behr, Mathias Hildebrandt (Hrsg.)
Religion – Staat – Politik
Zur Rolle der Religion in der nationalen und internationalen Politik
2003. 359 S. Br. EUR 39,90 ISBN 3-531-13859-6

Andreas Busch
Staat und Globalisierung (Arbeitstitel)
2003. ca. 300 S. Br. ca. EUR 32,90 ISBN 3-531-14104-X

Michael Haus
Kommunitarismus
Einführung und Analyse
2003. 290 S. Br. EUR 26,90 ISBN 3-531-13662-3

Hessische Staatskanzlei (Hrsg.)
Die Familienpolitik muss neue Wege gehen!
Der „Wiesbadener Entwurf" zur Familienpolitik. Referate und Diskussionsbeiträge
2003. 528 S. Br. EUR 32,90 ISBN 3-531-13881-2

Stefan Lange
Niklas Luhmanns Theorie der Politik (Arbeitstitel)
Eine Abklärung der Staatsgesellschaft
2003. ca. 422 S. mit 6 Tab. Br. ca. EUR 34,90 ISBN 3-531-14125-2

Michael Minkenberg, Ulrich Willems (Hrsg.)
Politik und Religion
2003. 616 S. Br. EUR 48,00 ISBN 3-531-13718-2

Werner J. Patzelt (Hrsg.)
Parlamente und ihre Funktionen
Institutionelle Mechanismen und institutionelles Lernen im Vergleich
2003. 476 S. Br. EUR 39,90 ISBN 3-531-13837-5

Ulrich Teusch
Die Staatengesellschaft im Globalisierungsprozess
Wege zu einer antizipatorischen Politik
2003. 321 S. Br. EUR 29,90 ISBN 3-531-13856-1

www.westdeutscher-verlag.de

Abraham-Lincoln-Str. 46
65189 Wiesbaden
Tel. 06 11. 78 78 - 285
Fax. 06 11. 78 78 - 400

Erhältlich im Buchhandel oder beim Verlag.
Änderungen vorbehalten. Stand: Juli 2003.

Westdeutscher Verlag